Legislação PENAL Especial

Ricardo Antonio Andreucci

Procurador de Justiça Criminal do Ministério Público de São Paulo.
Doutor e Mestre em Direito. Pós-doutor pela Universidade de Messina – Itália.
Professor universitário, de cursos de pós-graduação e preparatórios às carreiras jurídicas e OAB.

Legislação PENAL Especial

16ª edição
2025

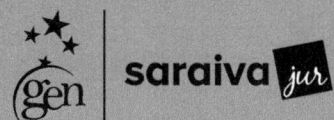

- O autor deste livro e a editora empenharam seus melhores esforços para assegurar que as informações e os procedimentos apresentados no texto estejam em acordo com os padrões aceitos à época da publicação, *e todos os dados foram atualizados pelo autor até a data de fechamento do livro*. Entretanto, tendo em conta a evolução das ciências, as atualizações legislativas, as mudanças regulamentares governamentais e o constante fluxo de novas informações sobre os temas que constam do livro, recomendamos enfaticamente que os leitores consultem sempre outras fontes fidedignas, de modo a se certificarem de que as informações contidas no texto estão corretas e de que não houve alterações nas recomendações ou na legislação regulamentadora.

- Data do fechamento do livro: 05/02/2025

- O autor e a editora se empenharam para citar adequadamente e dar o devido crédito a todos os detentores de direitos autorais de qualquer material utilizado neste livro, dispondo-se a possíveis acertos posteriores caso, inadvertida e involuntariamente, a identificação de algum deles tenha sido omitida.

- Direitos exclusivos para a língua portuguesa
  Copyright ©2025 by
  Saraiva Jur, um selo da SRV Editora Ltda.
  Uma editora integrante do GEN | Grupo Editorial Nacional
  Travessa do Ouvidor, 11
  Rio de Janeiro – RJ – 20040-040

- Atendimento ao cliente: https://www.editoradodireito.com.br/contato

- Reservados todos os direitos. É proibida a duplicação ou reprodução deste volume, no todo ou em parte, em quaisquer formas ou por quaisquer meios (eletrônico, mecânico, gravação, fotocópia, distribuição pela Internet ou outros), sem permissão, por escrito, da **SRV Editora Ltda.**

- Capa: Tiago Fabiano Dela Rosa
  Diagramação: Guilherme Salvador

- **DADOS INTERNACIONAIS DE CATALOGAÇÃO NA PUBLICAÇÃO (CIP)**
  VAGNER RODOLFO DA SILVA – CRB-8/9410

A5611   Andreucci, Ricardo Antonio
Legislação penal especial / Ricardo Antonio Andreucci. – 16. ed. – São Paulo: Saraiva Jur, 2025.

832 p.
ISBN: 978-85-5362-547-5 (impresso)

1. Direito. 2. Direito Penal. 3. Legislação penal especial. I. Título.

	CDD 345
2024-4611	CDU 343

Índices para catálogo sistemático:
1. Direito Penal   345
2. Direito Penal   343

*Dedico esta obra
a DEUS, pela sublime inspiração,
por mais esse degrau alcançado,
e à MÁRCIA, companheira de todas as horas,
pelo incentivo e apoio.*

Sumário

Prefácio	XLI
Nota à 16ª edição	XLV

1. Abuso de Autoridade – Lei n. 13.869/2019 1
    1. Introdução 1
    2. Objetividade jurídica 1
    3. Elemento subjetivo... 1
    4. Sujeitos do crime 2
    5. Crime de hermenêutica 3
    6. Ação penal... 4
    7. A tríplice responsabilização do agente 5
    8. Penas restritivas de direitos... 6
    9. Decretação ilegal de restrição de liberdade 8
        9.1. Objetividade jurídica... 9
        9.2. Veto e vigência 9
        9.3. Sujeito ativo e sujeito passivo 10
        9.4. Conduta do crime previsto no *caput* 10
        9.5. Hipóteses de privação de liberdade e medidas cautelares alternativas 10
        9.6. *Habeas corpus* 13
        9.7. Conduta do crime previsto no parágrafo único 13
        9.8. Prazo razoável 14
        9.9. Elemento subjetivo 15
        9.10. Consumação e tentativa... 15
        9.11. Ação penal e competência 15
    10. Decretação descabida de condução coercitiva 16
        10.1. Objetividade jurídica 16
        10.2. Síntese das decisões proferidas nas ADPFs 394 e 444 17
        10.3. Sujeito ativo e sujeito passivo 18
        10.4. Conduta 18
        10.5. Elemento subjetivo 19
        10.6. Consumação e tentativa... 19
        10.7. Ação penal e competência 19
    11. Captura, prisão ou busca e apreensão ilegais de pessoa 20
        11.1. Dispositivo legal vetado.. 20

12. Omissão de comunicação de prisão 20
    12.1. Objetividade jurídica 21
    12.2. Sujeito ativo e sujeito passivo 21
    12.3. Conduta 21
    12.4. Elemento subjetivo 22
    12.5. Consumação e tentativa 22
    12.6. Ação penal e competência 22
    12.7. Figuras equiparadas 22
13. Constrangimento ilegal à exibição do corpo, vexame ou produção de prova 24
    13.1. Objetividade jurídica 24
    13.2. Sujeito ativo e sujeito passivo 24
    13.3. Conduta 24
    13.4. Elemento subjetivo 26
    13.5. Consumação e tentativa 26
    13.6. Ação penal e competência 26
14. Fotografia ou filmagem não autorizada de preso 27
    14.1. Dispositivo legal vetado 27
15. Constrangimento a depoimento ou a prosseguimento de interrogatório 28
    15.1. Objetividade jurídica 28
    15.2. Sujeito ativo e sujeito passivo 28
    15.3. Conduta 28
    15.4. A necessidade de advogado no inquérito policial 29
    15.5. Elemento subjetivo 31
    15.6. Consumação e tentativa 31
    15.7. Ação penal e competência 31
15-A. Violência Institucional 32
    15-A.1. Introdução 32
    15-A.2. Objetividade jurídica 33
    15-A.3. Sujeito ativo e sujeito passivo 33
    15-A.4. Conduta 34
    15-A.5. Elemento subjetivo 34
    15-A.6. Consumação e tentativa 34
    15-A.7. Causas de aumento de pena 35
    15-A.8. Ação penal e competência 35
16. Omissão de identificação a preso 35
    16.1. Veto presidencial 35
    16.2. Objetividade jurídica 36

16.3. Sujeito ativo e sujeito passivo	36
16.4. Conduta	36
16.5. Elemento subjetivo	36
16.6. Consumação e tentativa	37
16.7. Ação penal e competência	37
17. Emprego irregular de algemas	37
17.1. Dispositivo legal vetado	37
18. Interrogatório policial durante o período de repouso noturno	38
18.1. Objetividade jurídica	38
18.2. Sujeito ativo e sujeito passivo	38
18.3. Conduta	38
18.4. Elemento subjetivo	39
18.5. Consumação e tentativa	39
18.6. Ação penal e competência	40
19. Impedimento ou retardamento de pleito de preso	40
19.1. Objetividade jurídica	40
19.2. Sujeito ativo e sujeito passivo	40
19.3. Conduta	41
19.4. Elemento subjetivo	41
19.5. Consumação e tentativa	41
19.6. Ação penal e competência	42
20. Impedimento de entrevista pessoal e reservada do preso com seu advogado	42
20.1. Veto presidencial	43
20.2. Objetividade jurídica	43
20.3. Direito de entrevista do preso com seu advogado	43
20.4. Sujeito ativo e sujeito passivo	44
20.5. Conduta	44
20.6. Elemento subjetivo	45
20.7. Consumação e tentativa	45
20.8. Ação penal e competência	45
21. Manutenção de presos de ambos os sexos na mesma cela ou espaço de confinamento	45
21.1. Objetividade jurídica	46
21.2. Separação de presos	46
21.3. Sujeito ativo e sujeito passivo	48
21.4. Conduta	48
21.5. Elemento subjetivo	48

21.6. Consumação e tentativa.. 48

21.7. Ação penal e competência... 49

22. Violação de domicílio com abuso de autoridade 49

22.1. Objetividade jurídica.. 50

22.2. Sujeito ativo e sujeito passivo 50

22.3. Conduta 51

22.4. Elemento subjetivo 52

22.5. Consumação e tentativa.. 53

22.6. Ação penal e competência... 53

23. Fraude processual com abuso de autoridade.. 54

23.1. Objetividade jurídica.. 54

23.2. Sujeito ativo e sujeito passivo 54

23.3. Conduta 54

23.4. Elemento subjetivo 54

23.5. Consumação e tentativa.. 55

23.6. Ação penal e competência... 55

24. Constrangimento ilegal de funcionário ou empregado de instituição hospitalar 56

24.1. Objetividade jurídica.. 56

24.2. Sujeito ativo e sujeito passivo 56

24.3. Conduta 56

24.4. Elemento subjetivo 57

24.5. Consumação e tentativa.. 58

24.6. Ação penal e competência... 58

25. Obtenção ou utilização de prova ilícita 58

25.1. Objetividade jurídica.. 58

25.2. Provas ilícitas e derivadas.. 58

25.3. Sujeito ativo e sujeito passivo 60

25.4. Conduta 60

25.5. Elemento subjetivo 61

25.6. Consumação e tentativa.. 61

25.7. Ação penal e competência... 61

26. Flagrante preparado.. 62

26.1. Dispositivo legal vetado... 62

27. Requisição ou instauração de procedimento investigatório sem indícios 62

27.1. Objetividade jurídica.. 62

27.2. Sujeito ativo e sujeito passivo 63

27.3. Conduta 63

27.4. Elemento subjetivo	63
27.5. Consumação e tentativa	64
27.6. Ação penal e competência	64
28. Divulgação ilegal de gravação	64
28.1. Objetividade jurídica	64
28.2. Sujeito ativo e sujeito passivo	64
28.3. Conduta	64
28.4. Elemento subjetivo	65
28.5. Consumação e tentativa	65
28.6. Ação penal e competência	66
29. Falsa informação sobre procedimento	66
29.1. Objetividade jurídica	66
29.2. Sujeito ativo e sujeito passivo	67
29.3. Conduta	67
29.4. Elemento subjetivo	67
29.5. Consumação e tentativa	67
29.6. Ação penal e competência	68
29.7. Veto ao parágrafo único	68
30. Deflagração indevida de persecução penal, civil ou administrativa	68
30.1. Veto presidencial	68
30.2. Objetividade jurídica	69
30.3. Sujeito ativo e sujeito passivo	69
30.4. Conduta	69
30.5. Elemento subjetivo	69
30.6. Consumação e tentativa	70
30.7. Ação penal e competência	70
31. Procrastinação injustificada de investigação, execução ou conclusão de procedimento	70
31.1. Objetividade jurídica	71
31.2. Sujeito ativo e sujeito passivo	71
31.3. Conduta	71
31.4. Elemento subjetivo	72
31.5. Consumação e tentativa	72
31.6. Ação penal e competência	72
32. Negativa de acesso a autos de procedimento investigatório	72
32.1. Veto presidencial	73
32.2. Objetividade jurídica	73

32.3. Sujeito ativo e sujeito passivo	73
32.4. Conduta	73
32.5. Elemento subjetivo	74
32.6. Consumação e tentativa	74
32.7. Ação penal e competência	74
33. Exigência de informação ou do cumprimento de obrigação sem amparo legal	75
33.1. Objetividade jurídica	75
33.2. Sujeito ativo e sujeito passivo	75
33.3. Conduta	75
33.4. Elemento subjetivo	76
33.5. Consumação e tentativa	76
33.6. Figura equiparada	76
33.7. Ação penal e competência	77
34. Omissão de correção de erro relevante	77
34.1. Dispositivo legal vetado	77
35. Atentado à liberdade de associação	77
35.1. Dispositivo legal vetado	77
36. Decretação excessiva de indisponibilidade de ativos	78
36.1. Objetividade jurídica	78
36.2. Sujeito ativo e sujeito passivo	78
36.3. Conduta	78
36.4. Elemento subjetivo	79
36.5. Consumação e tentativa	79
36.6. Ação penal e competência	79
37. Demora demasiada e injustificada no exame de processo	80
37.1. Objetividade jurídica	80
37.2. Sujeito ativo e sujeito passivo	80
37.3. Conduta	80
37.4. Elemento subjetivo	81
37.5. Consumação e tentativa	81
37.6. Ação penal e competência	81
38. Antecipação de atribuição de culpa por meio de comunicação	81
38.1. Veto presidencial	82
38.2. Objetividade jurídica	82
38.3. Sujeito ativo e sujeito passivo	82
38.4. Conduta	82
38.5. Elemento subjetivo	83

38.6. Consumação e tentativa	83
38.7. Ação penal e competência	83
2. Agrotóxicos – Lei n. 14.785/2023	84
1. Noções gerais	84
2. Dos crimes e das penas	86
3. Apresentação e Uso de Documentos de Identificação Pessoal – Lei n. 5.553/68	88
4. Arguição de Inelegibilidade – Lei Complementar n. 64/90	91
1. Noções gerais	91
2. Crime em espécie	91
5. Biossegurança – Lei n. 11.105/2005	93
1. Introdução	93
2. Terminologia legal	93
3. Responsabilidade civil e administrativa	95
4. Dos crimes e das penas	95
6. Código de Trânsito Brasileiro – Lei n. 9.503/97	100
1. Normas gerais do Código Penal aplicáveis aos crimes de trânsito	100
1.1. Dolo	100
1.1.1. Crime doloso	100
1.1.2. Conceito de dolo	100
1.1.3. Teorias sobre o dolo	100
1.1.4. Teoria adotada pelo Brasil	100
1.1.5. Espécies de dolo	101
1.2. Crime culposo	101
1.2.1. Cuidado objetivo	101
1.2.2. Previsibilidade	102
1.2.3. Elementos do fato típico culposo	102
1.2.4. Imprudência, negligência e imperícia	102
1.2.5. Espécies de culpa	102
1.2.6. Excepcionalidade do crime culposo	103
1.2.7. Outras questões referentes à culpa	103
2. Aplicação da Lei n. 9.099/95 aos crimes de trânsito	103
3. Suspensão ou proibição de se obter a permissão ou a habilitação para dirigir veículo automotor	105
3.1. Pena principal, isolada ou cumulada	105
3.2. Prazo de duração	105
3.3. Entrega do documento à autoridade judiciária	105

3.4. Início da penalidade 105
3.5. Medida cautelar 106
3.6. Comunicação da penalidade... 106
3.7. Reincidência em crime de trânsito...................................... 106
3.8. Não cabimento de *habeas corpus*.. 106
4. Multa reparatória.. 107
5. Circunstâncias agravantes.. 107
6. Prisão em flagrante em crimes de trânsito.................................... 107
7. Crimes em espécie.. 108
    7.1. Homicídio culposo.. 108
    7.2. Lesão corporal culposa... 111
    7.3. Omissão de socorro 112
    7.4. Fuga do local do acidente.. 114
    7.5. Embriaguez ao volante 116
    7.6. Violação de suspensão ou proibição de se obter permissão ou habilitação para dirigir veículo automotor...................... 119
    7.7. Participação em competição não autorizada – "racha".......... 121
    7.8. Direção sem habilitação.. 122
    7.9. Entrega da direção de veículo automotor a pessoa não autorizada 124
    7.10. Tráfego em velocidade incompatível com a segurança........... 124
    7.11. Fraude processual 125
    7.12. Penas restritivas de direitos 126

7. Criança e Adolescente – Lei n. 8.069/90.. 127
1. Os direitos da criança e do adolescente na Constituição Federal. Teoria da proteção integral.. 127
2. O Estatuto da Criança e do Adolescente: concepção, estrutura e princípios. Direitos fundamentais 129
3. Política de atendimento 130
4. Medidas de proteção. Medidas aplicáveis aos pais ou responsáveis.................... 131
5. Ato infracional (direito material) 131
6. Crimes e infrações administrativas 132
    6.1. Legislação 132
    6.2. Colocação do assunto no ECA... 132
    6.3. Crimes no ECA... 132
    6.4. Disposições gerais... 132
    6.5. Competência em relação aos crimes contra a criança e o adolescente......... 133
        6.5.1. Justiça Estadual e Justiça Federal............................. 133

6.6. Os crimes em espécie do ECA 133
    6.6.1. Crimes relacionados a hospitais e centros de saúde (arts. 228 e 229).. 133
    6.6.2. Crimes relacionados a atos infracionais (arts. 230 a 235)................ 133
    6.6.3. Crimes relacionados à atuação da autoridade judiciária, membro do Ministério Público e membro do Conselho Tutelar (art. 236) 133
    6.6.4. Crimes relacionados à colocação irregular em família substituta (arts. 238 e 239) 134
    6.6.5. Crimes relacionados a pornografia, sexo explícito ou exploração sexual e corrupção (arts. 240, 241, 241-A, 241-B, 241-C, 241-D, 241-E, 244-A, 244-B e 244-C) 134
6.7. Infrações administrativas... 134
6.8. A infiltração de agentes de polícia para investigação de crimes contra a dignidade sexual de criança e de adolescente 134
7. Análise dos crimes em espécie 135
    7.1. Omissão do registro de atividades ou do fornecimento da declaração de nascimento 135
    7.2. Omissão de identificação do neonato e da parturiente ou de exames necessários 136
    7.3. Privação de liberdade da criança ou do adolescente, fora dos casos permitidos ou sem observância das formalidades legais 137
    7.4. Omissão da comunicação de apreensão de criança ou de adolescente 137
    7.5. Submissão de criança ou adolescente a vexame ou a constrangimento 138
    7.6. Submissão da criança ou do adolescente à tortura (art. 233).................... 138
    7.7. Omissão da imediata liberação de criança ou adolescente, em face da ilegalidade da apreensão 138
    7.8. Descumprimento injustificado de prazo fixado em lei 139
    7.9. Impedimento ou embaraço da ação de autoridade 139
    7.10. Subtração de criança ou adolescente.. 139
    7.11. Promessa ou entrega de filho ou pupilo.. 140
    7.12. Envio ilícito ou para fins lucrativos de criança ou adolescente para o exterior 140
    7.13. Utilização de criança ou adolescente em cena pornográfica ou de sexo explícito 141
    7.14. Fotografia, vídeo ou registro de cena de sexo explícito ou pornográfica...... 143
    7.15. Transação de fotografia, vídeo ou outro registro de cena de sexo explícito ou pornográfica 144
    7.16. Aquisição, posse ou armazenamento de fotografia, vídeo ou registro de cena de sexo explícito ou pornográfica... 145
    7.17. Simulação de participação de criança ou adolescente em cena de sexo explícito ou pornográfica 146

7.18. Aliciamento, assédio, instigação ou constrangimento para a prática de ato libidinoso 147
7.19. Cena de sexo explícito ou pornográfica 148
7.20. Venda, fornecimento ou entrega de arma, munição ou explosivo a criança ou adolescente... 148
7.21. Venda, fornecimento ou entrega, sem justa causa, a criança ou adolescente de produtos cujos componentes possam causar dependência física ou psíquica.. 149
7.22. Venda, fornecimento ou entrega de fogos de estampido ou de artifício a criança ou adolescente... 149
7.23. Submissão de criança ou adolescente à prostituição e à exploração sexual.... 150
7.24. Corrupção de criança ou adolescente 151
7.25. Omissão na comunicação de desaparecimento de criança ou adolescente 153
8. A proteção da criança e do adolescente em juízo: individual e coletiva 153

8. **Crime da Lei de Alimentos – Lei n. 5.478/68** 154
   1. Introdução 154
   2. Crime em espécie 154

9. **Crime Organizado – Lei n. 12.850/2013** 156
   1. A evolução legislativa da definição de crime organizado, organização criminosa e associação criminosa 156
      1.1. Noções gerais 156
      1.2. Organizações criminosas na Lei n. 10.217/2001 156
      1.3. A Convenção de Palermo.. 157
      1.4. Colegiado para o processo e julgamento dos crimes praticados por organizações criminosas.. 158
      1.5. Nova sistemática instituída pela Lei n. 12.850/2013 159
      1.6. Crime organizado e contravenção penal 160
      1.7. Crime organizado por natureza e crime organizado por extensão 161
   2. Âmbito de aplicação da lei 161
   3. Procedimentos de investigação e formação de provas............................ 162
      3.1. Colaboração premiada 162
      3.2. Captação ambiental de sinais eletromagnéticos, ópticos ou acústicos.......... 163
      3.3. Ação controlada 164
      3.4. Acesso a registros de ligações telefônicas e telemáticas, a dados cadastrais constantes de bancos de dados públicos ou privados e a informações eleitorais ou comerciais... 166
      3.5. Interceptação de comunicações telefônicas e telemáticas, nos termos da legislação específica... 166
      3.6. Afastamento dos sigilos financeiro, bancário e fiscal, nos termos da legislação específica... 167

3.7.	Infiltração, por policiais, em atividade de investigação	168
3.7.1.	Infiltração virtual	170
3.8.	Cooperação entre instituições e órgãos federais, distritais, estaduais e municipais na busca de provas e informações de interesse da investigação ou da instrução criminal	171

4. Dos crimes 172
5. Disposições processuais e prazo para encerramento da instrução criminal........... 173
6. Sigilo da investigação 173

10. Crimes contra a Ordem Econômica e Sistema de Estoque de Combustíveis – Lei n. 8.176/91 174

11. Crimes Resultantes de Preconceito de Raça ou de Cor – Lei n. 7.716/89.... 177
1. Noções gerais 177
   1.1. Racismo, discriminação e preconceito 177
   1.2. Raça, cor, etnia, religião e procedência nacional 178
   1.3. Injúria por preconceito 178
   1.4. "Lei Afonso Arinos" 180
2. Dos demais crimes e das penas... 181
3. Disposições gerais 188
   3.1. Racismo recreativo 188
   3.2. Racismo praticado por funcionário público 189
   3.3. Interpretação da lei pelo juiz.. 189
   3.4. Acompanhamento de advogado ou defensor público 190

12. Crimes de Responsabilidade dos Prefeitos – Decreto-Lei n. 201/67 191
1. Dos crimes em espécie 191
2. Das penas 193
3. Da ação penal 193
4. Do processo 193
   4.1. Defesa preliminar 193
   4.2. Prisão preventiva e afastamento do exercício do cargo...................... 193
5. Do inquérito policial... 194
6. Do foro competente para a ação penal 194
7. Crimes cometidos antes e após o exercício do cargo 194
8. Crimes cometidos no exercício do cargo e término do mandato 195
9. Continência e conexão 195
10. Do julgamento e recurso.. 195
11. Dos efeitos da condenação... 196
12. Da situação do ex-prefeito.. 196

13. Crimes da Lei Geral do Esporte – Lei n. 14.597/2023 197
  1. Introdução 197
  2. Dos Crimes contra a Ordem Econômica Esportiva 198
    2.1. Do crime de corrupção privada no esporte 198
      2.1.1. Corrupção privada passiva 198
      2.1.2. Corrupção privada ativa 199
    2.2. Dos crimes na relação de consumo em eventos esportivos 199
      2.2.1. Cambismo 199
      2.2.1. Favorecimento ao cambismo 203
    2.3. Dos crimes contra a propriedade intelectual das organizações esportivas 204
      2.3.1. Utilização indevida de símbolos oficiais 204
      2.3.2. *Marketing* de emboscada por associação 206
      2.3.3. *Marketing* de emboscada por intrusão 207
  3. Dos crimes contra a Integridade e a Paz no Esporte 208
    3.1. Dos crimes contra a incerteza no resultado esportivo 208
      3.1.1. Corrupção passiva esportiva 208
      3.1.2. Corrupção ativa esportiva 209
      3.1.3. Estelionato esportivo 210
    3.2. Dos crimes contra a paz no esporte 210
      3.2.1. Tumulto e violência em eventos esportivos 210
      3.2.2. Figuras assemelhadas 212
      3.2.3. Pena impeditiva 214
      3.2.4. Obrigação suplementar 215
      3.2.5. Juizado Especial Criminal 215
      3.2.6. Causas de aumento de pena 215

14. Crimes Falimentares – Leis n. 11.101/2005 e 14.112/2020 217
  1. Noção de crime falimentar 217
  2. Crimes de dano ou de perigo 218
  3. Classificação dos crimes falimentares 218
    3.1. Quanto ao sujeito ativo 218
      3.1.1. Crimes próprios 218
      3.1.2. Crimes impróprios 218
      3.1.3. Concurso de agentes 218
    3.2. Quanto ao momento da execução 219
      3.2.1. Crimes antefalimentares 219
      3.2.2. Crimes pós-falimentares 219
  4. Crimes concursais 219

5. Objeto jurídico dos crimes falimentares	219
6. Objeto material dos crimes falimentares	220
7. Unidade do crime falimentar	220
8. Condição objetiva de punibilidade dos crimes falimentares	220
9. Dos crimes falimentares em espécie	221
9.1. Fraude a credores	221
9.2. Violação de sigilo empresarial	225
9.3. Divulgação de informações falsas	226
9.4. Indução a erro	227
9.5. Favorecimento de credores	228
9.6. Desvio, ocultação ou apropriação de bens	229
9.7. Aquisição, recebimento ou uso ilegal de bens	230
9.8. Habilitação ilegal de crédito	231
9.9. Exercício ilegal de atividade	231
9.10. Violação de impedimento	232
9.11. Omissão dos documentos contábeis obrigatórios	233
10. Efeitos da condenação	234
11. Prescrição dos crimes falimentares	235
12. Procedimento do crime falimentar	236
12.1. Competência do juiz criminal	236
12.2. Ação penal	236
12.3. Procedimento judicial	237
12.4. Juizado Especial Criminal e os crimes falimentares	238
15. Crimes Hediondos – Lei n. 8.072/90	**239**
1. Noção de crime hediondo	239
2. Anistia, graça e indulto	241
3. Fiança e liberdade provisória	242
4. Fiança e liberdade provisória em tráfico de drogas	242
5. Regime inicialmente fechado	243
6. Suspensão condicional da pena em crimes hediondos	245
7. Penas restritivas de direitos em crimes hediondos	245
8. Recolhimento à prisão para apelar	246
9. Prisão temporária em crimes hediondos	246
10. Estabelecimento prisional de segurança máxima	247
11. Livramento condicional em crimes hediondos	247
12. Associação criminosa para a prática de crimes hediondos	248
13. Delação premiada	248

14. Causas especiais de aumento de pena	249
15. Contagem em dobro dos prazos procedimentais	249

16. Desarmamento – Lei n. 10.826/2003 250

1. Estrutura legal e regulamentar do Estatuto do Desarmamento	250
2. Crimes em espécie	251
2.1. Posse irregular de arma de fogo de uso permitido	251
2.2. Omissão de cautela	254
2.3. Porte de arma de fogo de uso permitido	255
2.3.1. Porte ilegal de arma e outros crimes	260
2.3.2. Crime inafiançável	260
2.4. Disparo de arma de fogo	261
2.4.1. Crime inafiançável	262
2.5. Posse ou porte ilegal de arma de fogo de uso restrito	262
2.6. Supressão ou alteração de marca, numeração ou sinal de identificação de arma de fogo ou artefato	265
2.7. Modificação das características da arma de fogo	266
2.8. Posse, detenção, fabricação ou emprego de artefato explosivo ou incendiário	266
2.9. Porte de arma de fogo de numeração raspada	267
2.10. Venda, entrega ou fornecimento de arma de fogo, acessório, munição ou explosivo a criança ou adolescente	267
2.10.1. Revogação do art. 242 do ECA	268
2.11. Produção, recarga, reciclagem ou adulteração de munição ou explosivo	268
2.12. Arma de fogo de uso proibido	268
2.13. Comércio ilegal de arma de fogo	269
2.13.1. Venda ou entrega de arma de fogo, acessório ou munição a agente policial disfarçado	270
2.14. Tráfico internacional de arma de fogo	270
2.14.1. Venda ou entrega de arma de fogo, acessório ou munição a agente policial disfarçado	271
2.15. Causas especiais de aumento de pena	271
2.16. Fiança e liberdade provisória	272

17. Drogas – Lei n. 11.343/2006 273

1. Noções gerais	273
1.1. Estrutura da Lei n. 11.343/2006	273
1.2. Do Sistema Nacional de Políticas Públicas sobre Drogas – SISNAD	273
1.3. Terminologia para substâncias entorpecentes	275
1.4. Terminologia da Organização Mundial da Saúde (OMS)	275

1.5.	Classificação do uso de drogas segundo a Organização Mundial da Saúde (OMS)	276
1.6.	Tratamento da toxicomania	277
1.7.	Prevenção do uso de drogas...	277
	1.7.1. Tipos de intervenção preventiva	277
1.8.	Tratamento do dependente químico e internação	278

2. Dos crimes e das penas 279
   2.1. Posse para consumo pessoal... 279
      2.1.1. Posse conjunta e compartilhamento da droga............................ 284
      2.1.2. Quantidade ínfima de tóxico 284
      2.1.3. Plantação para consumo pessoal 285
      2.1.4. Posse e importação de sementes 285
      2.1.5. Prisão em flagrante.. 289
      2.1.6. O Supremo Tribunal Federal e a descriminalização do porte e da posse de maconha para consumo pessoal.. 289
   2.2. Tráfico de drogas.. 292
      2.2.1. Matéria-prima... 293
      2.2.2. Semeação e cultivo 294
      2.2.3. Utilização de local 294
      2.2.4. Venda ou entrega de drogas a agente policial disfarçado 294
      2.2.5. Instigação, induzimento ou auxílio ao uso 295
      2.2.6. Oferecimento de droga para consumo conjunto 295
      2.2.7. Causa de diminuição de pena (tráfico privilegiado).................... 296
      2.2.8. Quantidade de droga e tráfico 299
      2.2.9. Traficante e viciado.. 299
      2.2.10. Flagrante preparado e crime impossível 300
      2.2.11. Penas restritivas de direitos 300
      2.2.12. Crime assemelhado a hediondo – fiança e liberdade provisória...... 301
      2.2.13. Apelação em liberdade 302
      2.2.14. Tráfico internacional e competência 302
      2.2.15. Lança-perfume 302
      2.2.16. Continuidade delitiva – aplicação do art. 70 do Código Penal 302
   2.3. Aparelhagem para a produção de substância entorpecente 303
   2.4. Associação para o tráfico... 304
      2.4.1. Associação para o financiamento ou custeio do tráfico................. 306
      2.4.2. Associação para o tráfico e associação criminosa 306
      2.4.3. Associação para o tráfico e tráfico ilícito de drogas 306

          2.4.4. Associação para o tráfico e crime hediondo 307
          2.4.5. Livramento condicional e associação para o tráfico 307
   2.5. Financiamento ou custeio do tráfico de drogas 308
   2.6. Colaboração ao tráfico 309
   2.7. Prescrição culposa 310
   2.8. Condução de embarcação ou aeronave após o consumo de drogas 311
   2.9. Causas especiais de aumento de pena 311
          2.9.1. Delito transnacional 312
          2.9.2. Agente que se prevalece da função pública 313
          2.9.3. Crimes da Lei de Drogas e estabelecimentos de ensino, hospitalares, prisionais etc. 313
          2.9.4. Crime praticado mediante violência, grave ameaça, emprego de arma de fogo ou processo de intimidação 313
          2.9.5. Tráfico interestadual 314
          2.9.6. Crime envolvendo ou visando a criança, adolescente ou pessoa com capacidade diminuída ou suprimida 314
          2.9.7. Financiamento ou custeio da prática do crime 314
   2.10. Colaboração voluntária 315
   2.11. Circunstâncias preponderantes 315
   2.12. Fixação da pena de multa 316
   2.13. Fiança, *sursis*, graça, indulto, anistia, liberdade provisória e penas restritivas de direitos 316
   2.14. Dependência e inimputabilidade 317
          2.14.1. Conceito de dependência 318
          2.14.2. Viciado e dependente 318
          2.14.3. Medida de segurança 318
          2.14.4. Aplicação da isenção de pena a outros delitos 318
          2.14.5. Incidente de dependência toxicológica 319
   2.15. Semi-imputabilidade 319
3. Do procedimento criminal 319
   3.1. Procedimento em caso de posse para consumo pessoal 319
   3.2. Procedimento em caso de tráfico de drogas 320
   3.3. Busca e apreensão domiciliar 323
   3.4. Busca pessoal 325
   3.5. Busca em veículo 325
   3.6. Flagrante preparado e crime impossível 325
   3.7. Proteção a colaboradores e testemunhas 326

3.8.	Infiltração policial e entrega vigiada	326
	3.8.1. Infiltração	326
	3.8.2. Entrega vigiada	327
	3.8.3. Outros procedimentos investigatórios	328
3.9.	Prisão temporária e tráfico de drogas	328
3.10.	Laudo de constatação	329
3.11.	Laudo de exame químico toxicológico	329
3.12.	Competência da Justiça Estadual e da Justiça Federal	330
3.13.	Destino da substância entorpecente apreendida	331
3.14.	Medidas assecuratórias	331
3.15.	Utilização dos bens apreendidos	332
3.16.	Confisco	332

18. Economia Popular – Lei n. 1.521/51 334
1. Crimes e contravenções contra a economia popular 334
2. Crimes em espécie 335
3. Crime de usura real ou pecuniária 341
4. Suspensão condicional da pena e livramento condicional 342
5. Interdição temporária de direitos e suspensão provisória 343
6. Recurso de ofício 343
7. Prova pericial 343
8. Procedimento 344
9. Júri de economia popular 344

19. Estatuto do Índio – Lei n. 6.001/73 347
1. A situação jurídica do índio no Brasil 347
2. Das normas penais 347
3. Dos crimes contra os índios 348

20. Execução Penal – Lei n. 7.210/84 350
1. Noções gerais sobre execução penal 350
   - 1.1. Conceito de execução penal 350
   - 1.2. Finalidade da Lei de Execução Penal quanto às penas e às medidas de segurança 350
   - 1.3. Natureza jurídica da execução penal 350
   - 1.4. Autonomia do Direito de Execução Penal ou Direito Penitenciário 351
   - 1.5. Humanização da execução penal 351
   - 1.6. Garantias processuais 352
   - 1.7. A relação jurídica na execução penal 352
   - 1.8. Competência 352

2. Princípios da execução penal 353
   2.1. Princípio da legalidade 353
   2.2. Princípio da isonomia 354
   2.3. Princípio da personalização da pena 354
        2.3.1. Classificação dos condenados e individualização da pena 354
        2.3.2. Comissão técnica de classificação 354
        2.3.3. Ausência de laudo psiquiátrico em exame criminológico 355
        2.3.4. Identificação do perfil genético... 357
        2.3.5. Cadastro Nacional de Pedófilos e Predadores Sexuais 358
   2.4. Princípio da jurisdicionalidade... 359
   2.5. Princípio reeducativo 360
3. Direitos do condenado 360
   3.1. Direito ao sigilo da correspondência 360
   3.2. Direito à visita íntima 361
   3.3. Direitos políticos.. 362
4. Deveres do condenado 362
   4.1. Faltas disciplinares dos condenados 363
   4.2. A posse de telefone celular 364
   4.3. Regime Disciplinar Diferenciado 364
   4.4. Apuração das faltas disciplinares e aplicação das sanções 366
5. Órgãos da execução penal 367
   5.1. Conselho Nacional de Política Criminal e Penitenciária 367
   5.2. Juízo da execução 368
        5.2.1. Jurisdição 368
        5.2.2. Juiz competente... 368
        5.2.3. Atribuições do juízo da execução 369
                5.2.3.1. Aplicação da lei mais benigna.. 369
                5.2.3.2. Declaração de extinção da punibilidade........................... 369
                5.2.3.3. Decisão sobre soma ou unificação de pena 369
                5.2.3.4. Decisão sobre progressão ou regressão de regime 370
                          5.2.3.4.1. Progressão de regime... 370
                          5.2.3.4.2. Regressão de regime... 371
                                     5.2.3.4.2.1. Regressão cautelar............. 372
                          5.2.3.4.3. Decisão sobre detração de pena 372
                          5.2.3.4.4. Decisão sobre remição de pena 373
                          5.2.3.4.5. Decisão sobre suspensão condicional da pena 374

5.2.3.4.6.	Decisão sobre livramento condicional.......	375
5.2.3.4.7.	Decisão sobre incidentes da execução.......	375
5.2.3.4.8.	Autorização de saídas temporárias...........	375
5.2.3.4.9.	Determinação da forma de cumprimento da pena restritiva de direitos e fiscalização de sua execução..	376
5.2.3.4.10.	Determinação da conversão da pena restritiva de direitos e de multa em privativa de liberdade..	378
5.2.3.4.11.	Determinação da conversão da pena privativa de liberdade em restritiva de direitos........	378
5.2.3.4.12.	Determinação da aplicação da medida de segurança, bem como da substituição da pena por medida de segurança......................	379
5.2.3.4.13.	Determinação da revogação da medida de segurança e da desinternação e restabelecimento da situação anterior	379
5.2.3.4.14.	Determinação do cumprimento de pena ou de medida de segurança em outra comarca..	379
5.2.3.4.15.	Determinação da remoção do condenado na hipótese prevista no § 1º do art. 86 da LEP..	380
5.2.3.4.16.	Zelo pelo correto cumprimento da pena e da medida de segurança	380
5.2.3.4.17.	Inspeção mensal dos estabelecimentos penais, tomando providências para o adequado funcionamento e promovendo, quando for o caso, a apuração de responsabilidade.........	380
5.2.3.4.18.	Interdição, no todo ou em parte, de estabelecimento penal que estiver funcionando em condições inadequadas ou com infringência aos dispositivos desta Lei......................	380
5.2.3.4.19.	Compor e instalar o Conselho da Comunidade	380
5.2.3.4.20.	Emissão anual de atestado de pena a cumprir	381

5.3. Ministério Público 381
5.4. Conselho Penitenciário 381
5.5. Departamentos penitenciários... 382
5.6. Patronato 383
5.7. Conselho da Comunidade 383
5.8. Defensoria Pública.. 383

6. Estabelecimentos penais.. 384
  6.1. Prisão especial 384
  6.2. Penitenciária 385
  6.3. Colônia agrícola, industrial ou similar 386
  6.4. Casa do Albergado 387
  6.5. Centro de Observação 388
  6.6. Hospital de Custódia e Tratamento Psiquiátrico 388
  6.7. Cadeia pública 389
7. Execução das penas em espécie 390
  7.1. Penas privativas de liberdade 390
    7.1.1. Execução provisória 390
    7.1.2. Superveniência de doença mental 390
    7.1.3. Cumprimento e extinção da pena 391
    7.1.4. Dos regimes 391
      7.1.4.1. Regimes de cumprimento de pena privativa de liberdade – fechado, semiaberto e aberto 391
    7.1.5. Progressão de regime 392
      7.1.5.1. Sistema progressivo de execução da pena privativa de liberdade 392
        7.1.5.1.1. Requisito objetivo (temporal) 394
        7.1.5.1.2. Requisito subjetivo (mérito) 395
        7.1.5.1.3. Exame criminológico 396
        7.1.5.1.4. Progressão especial 397
        7.1.5.1.5. Progressão por salto 397
        7.1.5.1.6. Competência para decidir sobre a progressão 397
        7.1.5.1.7. Falta grave e progressão de regime 398
        7.1.5.1.8. Tempo máximo de cumprimento de pena privativa de liberdade e progressão de regime .. 398
        7.1.5.1.9. Falta de vagas e progressão de regime 399
      7.1.5.2. Progressão para o regime aberto 402
        7.1.5.2.1. Prisão albergue domiciliar 403
    7.1.6. Regressão de regime 404
      7.1.6.1. Introdução 404
      7.1.6.2. Causas da regressão 404
        7.1.6.2.1. Prática de fato definido como crime doloso 405
        7.1.6.2.2. Prática de falta grave 405

	7.1.6.2.3.	Condenação, por crime anterior, cuja pena, somada ao restante da pena em execução, torne incabível o regime	405
	7.1.6.2.4.	Frustrar os fins da execução	406
	7.1.6.2.5.	Não pagar, podendo, a multa cumulativamente imposta	406

- 7.1.7. Autorizações de saída 406
  - 7.1.7.1. Generalidades 406
  - 7.1.7.2. Permissão de saída 406
  - 7.1.7.3. Saída temporária 407
- 7.1.8. Remição 408
  - 7.1.8.1. Noções gerais 408
  - 7.1.8.2. Remição pelo estudo 409
  - 7.1.8.3. Estabelecimento que não dispõe de condições para o trabalho 410
  - 7.1.8.4. Perda dos dias remidos 410
  - 7.1.8.5. Remição pela leitura 410
- 7.1.9. Suspensão condicional da pena – *sursis* 412
  - 7.1.9.1. Noções gerais 412
  - 7.1.9.2. Conceito 412
  - 7.1.9.3. Sistemas 412
  - 7.1.9.4. Formas.. 412
  - 7.1.9.5. Requisitos 413
  - 7.1.9.6. Período de prova 413
  - 7.1.9.7. Condições 413
  - 7.1.9.8. Revogação do *sursis* 414
    - 7.1.9.8.1. Cassação do *sursis* 414
    - 7.1.9.8.2. Restabelecimento do *sursis* 414
  - 7.1.9.9. Prorrogação do *sursis* 414
  - 7.1.9.10. Execução do *sursis* 415
  - 7.1.9.11. *Sursis* sem efeito ou ineficaz 415
  - 7.1.9.12. Crime hediondo 415
- 7.1.10. Livramento condicional... 416
  - 7.1.10.1. Requisitos 416
  - 7.1.10.2. Concessão 417
  - 7.1.10.3. Condições 417
  - 7.1.10.4. Revogação... 418
  - 7.1.10.5. Restauração do livramento 418

	7.1.10.6.	Prorrogação do livramento	418
	7.1.10.7.	Extinção do livramento	418
	7.1.10.8.	Juízo da execução	419

7.2. Penas restritivas de direitos ... 419
    7.2.1. Introdução ... 419
    7.2.2. Espécies ... 419
        7.2.2.1. Prestação pecuniária ... 419
            7.2.2.1.1. Prestação de outra natureza ... 420
        7.2.2.2. Perda de bens ou valores ... 420
        7.2.2.3. Prestação de serviços à comunidade ... 420
        7.2.2.4. Interdição temporária de direitos ... 421
        7.2.2.5. Limitação de fim de semana ... 421
        7.2.2.6. Cabimento ... 421

7.3. Pena de multa ... 422
    7.3.1. Conceito ... 422
    7.3.2. Cominação e aplicação ... 422
    7.3.3. Pagamento da multa ... 422
    7.3.4. Execução da pena de multa ... 423

7.4. Medida de segurança ... 424
    7.4.1. Conceito ... 424
    7.4.2. Pressupostos de aplicação ... 425
    7.4.3. Espécies ... 425
    7.4.4. Prazo de duração ... 426
    7.4.5. Medida de segurança substitutiva ... 426
    7.4.6. Execução da medida de segurança ... 427
        7.4.6.1. Ausência de vagas para internação ... 427
    7.4.7. A Política Antimanicomial do Poder Judiciário e a Resolução n. 487/2023 do Conselho Nacional de Justiça – CNJ ... 427

8. Incidentes da execução ... 430
    8.1. Introdução ... 430
    8.2. Conversões ... 431
        8.2.1. Conversão da pena privativa de liberdade em pena restritiva de direitos ... 431
        8.2.2. Conversão da pena privativa de liberdade em medida de segurança ... 431
        8.2.3. Conversão da pena restritiva de direitos em pena privativa de liberdade ... 431
    8.3. Excesso ou desvio ... 432
        8.3.1. Excesso ... 432

       8.3.2. Desvio 433
       8.3.3. Competência para suscitar o incidente 433
  8.4. Anistia e indulto 433
       8.4.1. Anistia 433
              8.4.1.1. Procedimento 434
       8.4.2. Indulto 434
              8.4.2.1. Indulto individual – procedimento 434
              8.4.2.2. Indulto coletivo – procedimento 435
  9. Recursos na execução penal 435

21. Fiscalização na Elaboração de Substâncias Entorpecentes – Lei n. 10.357/2001 436

22. Forma e Apresentação dos Símbolos Nacionais – Lei n. 5.700/71 440
  1. Introdução 440
  2. Da contravenção em espécie 440

23. Genocídio – Lei n. 2.889/56 442
  1. Noções gerais sobre o genocídio 442
  2. Crime de genocídio 442

24. Identificação Criminal – Lei n. 12.037/2009 447
  1. Identificação criminal 447
  2. Análise das hipóteses legais 448

25. Pessoa idosa – Lei n. 10.741/2003 455
  1. Introdução 455
  2. Dos crimes em espécie 457
     2.1. Discriminação por motivo de idade 457
     2.2. Omissão de socorro 458
     2.3. Abandono de pessoa idosa 458
     2.4. Maus-tratos a pessoa idosa 459
     2.5. Outros crimes 460
          2.5.1. Inciso I 460
          2.5.2. Inciso II 460
          2.5.3. Inciso III 461
          2.5.4. Inciso IV 461
          2.5.5. Inciso V 461
     2.6. Desobediência 462
     2.7. Apropriação indébita 462
     2.8. Recusa de acolhimento ou permanência de pessoa idosa 463
     2.9. Retenção indevida de cartão magnético ou outro documento 463

2.10. Veiculação de dados depreciativos da pessoa idosa 464

2.11. Induzimento de pessoa idosa a outorgar procuração 464

2.12. Coação da pessoa idosa a doar, contratar, testar ou outorgar procuração 465

2.13. Lavratura de ato notarial sem representação legal da pessoa idosa 466

2.14. Impedimento ou embaraço a ato do representante do Ministério Público 466

3. Alterações introduzidas pelo Estatuto da Pessoa Idosa no Código Penal e na legislação especial 467

26. Improbidade Administrativa – Lei n. 8.429/92 469

1. Probidade administrativa 469

    1.1. Fundamento constitucional da probidade administrativa 469

    1.2. Finalidade dos princípios constitucionais 469

2. Administração Pública 469

    2.1. Conceito de Administração Pública 469

    2.2. Natureza da Administração Pública 469

    2.3. Finalidade da Administração Pública 469

    2.4. Princípios da Administração Pública 470

3. Improbidade administrativa 470

    3.1. Conceito de patrimônio público 470

    3.2. Definição 470

    3.3. Lei de Improbidade Administrativa 470

    3.4. Responsabilidade subjetiva do administrador público 470

    3.5. Responsabilidade objetiva do administrador público 471

    3.6. Características dos atos de improbidade administrativa 471

        3.6.1. Natureza civil dos atos de improbidade administrativa 471

        3.6.2. Responsabilidade civil e penal 471

        3.6.3. Necessidade de tipificação em lei federal 471

    3.7. Irretroatividade da lei de improbidade 471

    3.8. Controle interno dos atos de improbidade 472

    3.9. Controle legislativo dos atos de improbidade 472

    3.10. Controle judicial dos atos de improbidade 472

    3.11. Sujeito ativo da improbidade administrativa 472

    3.12. Sujeito passivo da improbidade administrativa 473

    3.13. Atos de improbidade em espécie 473

        3.13.1. Atos de improbidade que importam em enriquecimento ilícito (art. 9º) 473

        3.13.2. Atos de improbidade que causam prejuízo ao erário (art. 10) 474

        3.13.3. Atos de improbidade que atentam contra os princípios da Administração Pública (art. 11) 476

3.14. Sanções por ato de improbidade administrativa	477
3.15. Forma e gradação das sanções	477
3.16. Aplicação das sanções	478
3.17. Representação administrativa	478
3.18. Representação ao Ministério Público	479
3.19. Instauração de procedimento administrativo	479
3.20. Medidas cautelares	479
3.21. Ação judicial por ato de improbidade	480
3.22. Acordo de não persecução civil	481
3.23. Intervenção do órgão público lesado	482
3.24. Ação de caráter sancionatório	482
3.25. Ação de improbidade e foro privilegiado	482
3.26. Destinação das verbas apuradas na ação	482
3.27. Prescrição	482
3.28. Imprescritibilidade	483
27. Infrações Penais de Repercussão Interestadual ou Internacional – Lei n. 10.446/2002	484
28. Interceptação de Comunicações Telefônicas – Lei n. 9.296/96	487
29. Investigação criminal pelo delegado de polícia – Lei n. 12.830/2013	500
1. Introdução	500
2. Contexto histórico e finalidade da Lei n. 12.830/2013	500
3. Natureza jurídica das funções exercidas pelo delegado de polícia	500
4. A investigação criminal e o Inquérito Policial	501
4.1. Conceito e objetivo da investigação criminal	501
4.2. Características	501
4.3. O Inquérito Policial	501
5. Poderes e Garantias do Delegado de Polícia	501
5.1. Poderes requisitórios	501
5.2. Garantias funcionais	502
5.3. Avocação e redistribuição de inquéritos	502
6. O indiciamento	502
6.1. Requisitos do indiciamento	502
6.2. Controle judicial	502
7. Interação com o Ministério Público e o Judiciário	503
30. Juizado Especial Criminal – Lei n. 9.099/95	504
1. Previsão constitucional	504
2. Competência (em razão da matéria)	504

3. Princípios processuais 505
4. Concurso de crimes 505
5. Infrações tentadas e consumadas 506
6. Crime qualificado e causas de aumento de pena 506
7. Circunstâncias judiciais e agravantes 506
8. Crimes sujeitos a procedimento especial 506
9. Competência de foro 507
10. Citação 507
11. Citação por mandado 507
12. Citação por edital 508
13. Intimação 508
14. Necessidade de defensor 508
15. Lavratura do termo circunstanciado 509
16. Termo circunstanciado e encaminhamento ao Juizado 509
17. Auto de prisão em flagrante 510
18. Violência doméstica 510
19. Adiamento da audiência preliminar 510
20. Ausência do autor do fato 511
21. Audiência preliminar 511
22. Título executivo 511
23. Representação verbal 512
24. Falta de representação 513
25. Arquivamento do termo circunstanciado 513
26. Transação 513
27. Ausência de proposta de transação pelo Ministério Público 514
28. Impossibilidade de proposta pelo juiz 514
29. Aplicação analógica do art. 28 do Código de Processo Penal ... 514
30. Aceitação da transação 514
31. Descumprimento da transação 515
32. Denúncia oral 516
33. Resposta prévia 516
34. Audiência de instrução e julgamento 516
35. Representação 516
36. Contravenção de vias de fato 517
37. Suspensão condicional do processo 517
38. Prazo e condições da suspensão 517
39. Iniciativa da proposta de suspensão condicional do processo ... 518

40. Aplicação analógica do art. 28 do Código de Processo Penal	518
41. Suspensão condicional na desclassificação e na procedência parcial	519
42. Revogação da suspensão	519
43. Extinção da punibilidade	520
44. Prescrição	520

31. "Lavagem" de Dinheiro – Lei n. 9.613/98 521

1. Legislação 521
2. Objetivo da lei 521
   - 2.1. Prevenir o uso do Sistema Financeiro para atividades criminosas 521
   - 2.2. Reprimir a lavagem de dinheiro 521
   - 2.3. Ampliar o rol de crimes antecedentes 522
   - 2.4. Fortalecer a cooperação internacional 522
   - 2.5. Instituir o Conselho de Controle de Atividades Financeiras (COAF) 522
   - 2.6. Impor obrigações de *compliance* a instituições financeiras e setores relacionados 522
   - 2.7. Estabelecer medidas de sequestro, confisco e perdimento de bens 522
   - 2.8. Promover a transparência e a responsabilização 522
3. Conceito de lavagem de dinheiro 523
4. Fases da lavagem de dinheiro 523
5. Técnicas de lavagem 524
   - 5.1. Lavagem de dinheiro por meio de criptoativos, criptomoedas e ativos virtuais. 524
6. Objetividade jurídica da Lei n. 9.613/98 525
7. Crimes em espécie 525
8. Competência 529
   - 8.1. Justiça Estadual 529
   - 8.2. Justiça Federal 529
9. Questões processuais 529
   - 9.1. Denúncia 530
   - 9.2. Apreensão e sequestro dos bens 531
   - 9.3. Colaboração premiada 532
   - 9.4. Suspensão do processo (art. 366 do CPP) 532
   - 9.5. Aumento de pena 532
   - 9.6. Ação controlada e infiltração de agentes 533

32. Lei das Contravenções Penais – Decreto-Lei n. 3.688/41 534

33. Licitações – Lei n. 14.133/2021 581

1. Noções gerais 581

2. Revogação da Lei n. 8.666/93 e vigência da nova Lei n. 14.133/2021 582
3. Dos crimes em Licitações e Contratos Administrativos................................ 583
   3.1. Novas figuras penais e princípio da continuidade normativo-típica 583
   3.2. Dos crimes em espécie.. 584

34. Meio Ambiente – Lei n. 9.605/98 598
1. Antecedentes da lei 598
2. Conceito de meio ambiente 598
3. Responsabilidade penal da pessoa física... 598
4. Responsabilidade penal das pessoas jurídicas 599
5. A responsabilidade das pessoas jurídicas não exclui a das pessoas físicas......... 599
   5.1. Princípio da insignificância e crime ambiental 599
6. Desconsideração da personalidade jurídica 599
7. Sanções aplicáveis às pessoas jurídicas 600
8. Liquidação forçada da pessoa jurídica.. 600
9. Aplicação da pena 600
10. Penas restritivas de direitos.. 601
11. Espécies de penas restritivas de direitos... 601
12. Circunstâncias atenuantes e agravantes 601
13. Suspensão condicional da pena 602
14. Cálculo da multa 602
15. Ação penal... 602
16. Competência 603
17. Transação 603
18. Suspensão condicional do processo.. 604
19. Crimes contra a fauna 604
20. Crimes contra a flora 606
21. Dos crimes de poluição e outros crimes ambientais................................... 608
22. Dos crimes contra o ordenamento urbano e o patrimônio cultural 610
23. Dos crimes contra a administração ambiental 611
24. Infrações administrativas 611

35. Ordem Tributária, Ordem Econômica e Relações de Consumo – Lei n. 8.137/90 613
Nota introdutória 613
I – Crimes contra a Ordem Tributária.. 614
   1. Sujeito ativo 614
   2. Concurso de pessoas 614
   3. Sujeito passivo dos crimes de sonegação fiscal....................................... 614
   4. Sonegação fiscal 614

5. Objetividade jurídica 614
6. Objeto material 614
7. Condutas 614
8. Elemento subjetivo 615
9. Consumação 616
10. Tentativa 616
11. Competência e ação penal 616
12. Representação fiscal 616
13. Autonomia da instância penal e esgotamento da via administrativa – início da ação penal 617
14. Instauração de investigação criminal e esgotamento da via administrativa 618
15. Extinção da punibilidade 619
16. Parcelamento do débito 620
17. Impossibilidade de pagar o tributo 621
18. Delação premiada 621
19. Crimes em espécie 622

    19.1. Supressão ou redução de tributo ou contribuição social ou qualquer acessório 622

    19.2. Omissão de informação ou prestação de declaração falsa às autoridades fazendárias 622

    19.3. Fraude à fiscalização tributária 623

    19.4. Falsificação ou alteração de documento relativo a operação tributável 623

    19.5. Elaboração, distribuição, fornecimento, emissão ou utilização de documento falso ou inexato 624

    19.6. Negativa ou ausência de fornecimento de nota fiscal ou fornecimento em desacordo com a legislação 624

    19.7. Falta de atendimento da exigência da autoridade 625

    19.8. Declaração falsa ou omissão de declaração 625

    19.9. Omissão no recolhimento de valor de tributo ou contribuição social 626

    19.10. Exigência, pagamento ou recebimento de percentagem sobre a parcela de imposto ou contribuição 627

    19.11. Omissão ou aplicação indevida de incentivo fiscal ou parcelas de imposto 628

    19.12. Utilização ou divulgação indevida de programa de processamento de dados 629

20. Crimes funcionais contra a ordem tributária 629

II – Crimes contra a Ordem Econômica 631

    1. Abuso do poder econômico 631
    2. Formação de cartel 631

III – Crimes contra as Relações de Consumo 632

36. **Parcelamento do Solo Urbano – Lei n. 6.766/79**.................................... 636
   1. Noções preliminares 636
   2. Dos crimes em espécie 637

37. **Pessoas com deficiência – Lei n. 7.853/89 e Lei n. 13.146/2015** 642
   1. Noções gerais da Lei n. 7.853/89 642
   2. Dos crimes e das penas na Lei n. 7.853/89 643
   3. Dos crimes e das penas na Lei n. 13.146/2015 646
      3.1. Induzimento ou instigação à discriminação de pessoa com deficiência 646
      3.2. Apropriação ou desvio de bens ou rendimentos de pessoa com deficiência .. 647
      3.3. Abandono de pessoa com deficiência 648
      3.4. Retenção indevida de cartão magnético ou outro documento 649

38. **Prisão Temporária – Lei n. 7.960/89** 650
   1. Noções gerais 650
   2. Hipóteses legais 650

39. **Proibição de Exigência de Atestado de Gravidez e Esterilização – Lei n. 9.029/95** 657
   1. Noções gerais 657
   2. Proibição de práticas discriminatórias 657
   3. Crimes em espécie 658
   4. Infrações administrativas 659

40. **Proibição do Desenvolvimento, Produção, Estocagem e Uso de Armas Químicas – Lei n. 11.254/2005** 661
   1. Noções gerais 661
   2. Crimes em espécie 662

41. **Proteção a Vítimas e Testemunhas Ameaçadas – Lei n. 9.807/99** 664

42. **Proteção da Propriedade Intelectual de Programa de Computador – Lei n. 9.609/98** 674
   1. Conceito legal de programa de computador 674
   2. Dos crimes e das penas 675

43. **Relações de Consumo – Lei n. 8.078/90 – Código de Defesa do Consumidor** .. 679
   1. Legislação 679
   2. Noção 679
   3. Sujeito ativo 679
   4. Sujeito passivo dos crimes contra as relações de consumo 679
      4.1. Sujeito passivo primário 679
      4.2. Sujeito passivo secundário 680
   5. Objeto jurídico 680

6. Conduta típica	680
7. Objeto material	680
8. Elemento subjetivo	680
9. Natureza jurídica dos crimes contra a relação de consumo	680
10. Crimes contra as relações de consumo na legislação penal	681
10.1. Crimes no próprio Código Penal	681
11. Crimes contra a ordem econômica, tributária e relações de consumo (Lei n. 8.137/90)	681
12. Crimes contra a relação de consumo no Código de Defesa do Consumidor	681
13. Substância avariada (art. 62)	682
14. Omissão de dizeres ou sinais ostensivos sobre a nocividade ou periculosidade de produtos (art. 63)	683
15. Omissão na comunicação de nocividade ou periculosidade de produtos (art. 64)	683
16. Execução de serviço de alto grau de periculosidade (art. 65)	684
17. Propaganda enganosa (art. 66)	684
18. Publicidade enganosa (art. 67)	685
19. Publicidade capaz de induzir o consumidor (art. 68)	685
20. Omissão na organização de dados que dão base à publicidade (art. 69)	686
21. Emprego de peças ou componentes de reposição usados (art. 70)	686
22. Cobrança vexatória (art. 71)	687
23. Impedimento de acesso às informações do consumidor (art. 72)	687
24. Omissão na correção de informações inexatas (art. 73)	688
25. Omissão na entrega de termo de garantia (art. 74)	688
26. Concurso de pessoas (art. 75)	689
27. Circunstâncias agravantes (art. 76)	689
28. Pena de multa (art. 77)	689
29. Penas restritivas de direitos (art. 78)	690
30. Fiança (art. 79)	690
31. Outras disposições processuais (art. 80)	690
32. Juizado Especial Criminal	691
44. Remoção de Órgãos, Tecidos e Partes do Corpo Humano – Lei n. 9.434/97	**692**
1. Introdução	692
2. Dos crimes e das penas	693
45. Responsabilidade Criminal por Atos Relacionados com Atividades Nucleares – Lei n. 6.453/77	**700**
1. Noções gerais	700
2. Dos crimes em espécie	701

46. Sistema Financeiro Nacional – Lei n. 7.492/86 709
   1. Conceito de instituição financeira para efeitos penais............................. 709
   2. Crimes em espécie 710
      2.1. Impressão ou publicação não autorizadas 710
           2.1.1. Material de propaganda.. 712
      2.2. Divulgação falsa ou incompleta de informação 712
      2.3. Gestão fraudulenta ou temerária 713
      2.4. Apropriação indébita e desvio de recursos 714
           2.4.1. Figura equiparada 715
      2.5. Sonegação de informação 715
      2.6. Emissão, oferecimento ou negociação irregular de títulos ou valores mobiliários 716
      2.7. Exigência de remuneração acima da legalmente permitida 716
      2.8. Fraude à fiscalização ou ao investidor.. 717
      2.9. Documentos contábeis falsos ou incompletos 718
      2.10. Contabilidade paralela 718
      2.11. Omissão de informações.. 719
      2.12. Desvio de bem indisponível 719
      2.13. Apresentação de declaração ou reclamação falsa 720
      2.14. Manifestação falsa 721
      2.15. Operação desautorizada de instituição financeira 722
      2.16. Empréstimo a administradores ou parentes e distribuição disfarçada de lucros 722
      2.17. Violação de sigilo bancário 723
      2.18. Obtenção fraudulenta de financiamento 724
      2.19. Aplicação irregular de financiamento 725
      2.20. Falsa identidade 726
      2.21. Evasão de divisas 727
      2.22. Prevaricação financeira... 728
   3. Responsabilidade penal... 728
      3.1. Sujeito ativo... 728
      3.2. Delação premiada.. 729
   4. Ação penal.. 730
   5. Comunicação da existência de crime 730
   6. Sigilo bancário e Ministério Público 730
   7. Prisão preventiva 731
   8. Fiança e apelo em liberdade 732
   9. Pena de multa 732

47. Tortura – Lei n. 9.455/97 733
   1. Noções gerais 733
   2. Análise do tipo penal 733
   3. Crimes em espécie 734
   4. Tortura imprópria... 736
   5. Tortura qualificada pelo resultado 737
   6. Causas de aumento de pena 737
   7. Efeito automático da condenação 737
   8. Fiança, graça e anistia... 738
   9. Regime inicial fechado 738
  10. Extraterritorialidade... 739

48. Violência Doméstica e Familiar contra a Mulher – Lei n. 11.340/2006 740
   1. Antecedentes da "Lei Maria da Penha"..................................... 740
   2. Constituição Federal e proteção dos vulneráveis..................... 740
   3. Convenção sobre a eliminação de todas as formas de discriminação contra a mulher 741
   4. Convenção interamericana para prevenir, punir e erradicar a violência contra a mulher 742
   5. Da violência doméstica e familiar contra a mulher 745
   6. Formas de manifestação da violência doméstica e familiar contra a mulher 746
   7. Sujeito ativo da violência doméstica e familiar 746
   8. Sujeito passivo da violência doméstica e familiar.................... 747
   9. Medidas integradas de proteção 747
  10. Medidas administrativas gerais reagentes............................... 748
  11. Medidas de natureza policial 749
  12. Medidas de natureza judicial 751
  13. Medidas protetivas de urgência à ofendida............................. 753
  14. Crime de descumprimento de medidas protetivas de urgência 754
  15. Crime de perseguição 755
      15.1. Causa de aumento de pena 757
      15.2. Cúmulo material 757
  16. Juizados de Violência Doméstica e Familiar contra a Mulher 758
  17. Violência doméstica e familiar contra a mulher e a Lei n. 9.099/95 759
  18. Ação penal... 759
  19. Prisão preventiva do agressor 761
  20. Vedação de pena de cestas básicas e outras............................. 761
  21. Notificação compulsória dos casos de violência contra a mulher 762

22. Atuação do Ministério Público 763

23. Alterações no Código Penal, no Código de Processo Penal e na Lei de Execução Penal 763

    23.1. Alterações no Código Penal 763

    23.2. Alterações no Código de Processo Penal 764

    23.3. Alterações na Lei de Execução Penal 764

24. Assistência judiciária à mulher em situação de violência doméstica e familiar 765

49. Terrorismo – Lei n. 13.260/2016 766

1. Introdução 766

2. Terrorismo e manifestações sociais 767

3. Crimes de terrorismo 767

    3.1. Organização terrorista 767

    3.2. Atos preparatórios de terrorismo 768

    3.3. Auxílio e treinamento a terroristas 769

    3.4. Financiamento do terrorismo 770

    3.5. Causas de aumento de pena 771

    3.6. Desistência voluntária e arrependimento eficaz 771

4. Disposições processuais 771

50. Tráfico de Pessoas – Lei n. 13.344/2016 773

1. Introdução 773

2. Breve histórico do tráfico de seres humanos 775

    2.1. A escravidão em Roma 775

    2.2. A evolução da escravidão 776

3. O tráfico de seres humanos como expressão do crime organizado transnacional ... 777

4. A Política Nacional de Enfrentamento ao Tráfico de Pessoas 779

5. A legislação brasileira 781

6. Prevenção, repressão e assistência às vítimas 782

7. Novo tipo penal – tráfico de pessoas 783

8. Disposições processuais 784

9. Acréscimos ao Código de Processo Penal – arts. 13-A e 13-B 785

Prefácio

É com muito gosto que, atendendo ao honroso convite do Dr. Ricardo Antonio Andreucci, membro do Ministério Público do Estado de São Paulo, Promotor de Justiça e professor de Direito Penal, venho dizer algumas palavras de apresentação a este seu livro.

Legislação penal especial é obra de grande interesse prático, pois compendia de modo sintético e exaustivo a legislação especial e os comentários aplicáveis a uma série de leis que vêm sendo editadas no Brasil nas últimas décadas, e que nenhum advogado que atue na área do Direito Penal pode desconhecer. Essas normas têm, quase todas, um fio condutor ideológico e filosófico comum, e até seria um tema instigador e desafiador, para um talento como o do Dr. Andreucci, examinar e analisar, no âmbito da Filosofia do Direito, esse *substractum* comum a todas elas. Não foi, entretanto, intenção do autor produzir obra de cunho filosófico ou teórico, mas quis escrever – e de fato conseguiu-o admiravelmente – um livro voltado para a prática, de fácil consulta e por isso mesmo de grande utilidade.

As leis que o distinto mestre analisa e comenta situam-se num quadro mais geral. Muitas delas são justas, razoáveis, até indispensáveis. Mas, em meu modo de entender, algumas, sob certo aspecto, fraquejam.

Se considerarmos o Direito Penal brasileiro de meados do século XX, veremos que ele, à maneira clássica, apresentava como características ser tutelar, fragmentário e de intervenção mínima.

Era tutelar porque visava à proteção dos bens jurídicos fundamentais da sociedade. Não o fazia, entretanto, de maneira absoluta: somente os bens jurídicos considerados mais relevantes eram protegidos pela lei penal. Era fragmentário porque não previa todas as atitudes potencialmente ofensivas desses bens jurídicos fundamentais, mas somente as de gravidade maior. Por isso mesmo, intervinha minimamente, tão só de modo subsidiário e como *ultima ratio*, pois se entendia que era atribuição de outras disciplinas legais tutelar direta e imediatamente os valores maiores da convivência social. Somente quando os mecanismos normais de controle social tinham falhado no exercício dessa tutela, cabia ao Direito Penal, supletivamente, restabelecer o equilíbrio[1].

Nas últimas décadas, porém, como já dissemos, vem prevalecendo no Brasil um novo Direito Penal, simbólico, promocional, excessivamente intervencionista e preventivo, com fundamento na infusão do medo na população e na sugestão da suposta garantia da tranquilidade social[2]. Numa perspectiva psicossocial, vemos que a opinião pública, bombardeada continuamente pelos meios de comunicação social com noticiário aterrador sobre crimes espantosos (assaltos, sequestros, corrupções, latrocínios, estupros, crimes "do colarinho branco", crimes ambientais etc.), sente-se insegura e aceita como única solução possível o estabelecimento de um sistema legal extremamente repressivo e severo. Tal sistema, à força de ser abrangente e draconiano, acaba por produzir, paradoxalmente, um efeito contrário ao visado. Em vez

---

1. BATISTA, Nilo. *Introdução crítica ao direito penal brasileiro*. Rio de Janeiro: [s.n.], [1999].
2. HASSEMER, Winfried. Perspectivas de uma moderna política criminal. *Revista Brasileira de Ciências Criminais*, São Paulo, v. 8, p. 41, 1994.

de garantir as liberdades individuais do cidadão honesto, limita drasticamente o exercício de tais liberdades. Assim, por exemplo, praticamente proíbe o porte "legal" de arma de fogo, tais as exigências da lei, sem conceder aos cidadãos a proteção necessária.

De fato, não é função do Direito Penal punir todas as pessoas que agem mal, nem poderia fazê-lo. Nenhum Código Penal pode ter esse alcance. Entre o criminoso e o cidadão idealmente perfeito há uma larga faixa intermediária dentro da qual pode atuar livremente a imensa maioria dos cidadãos corretos.

A ser aplicada à letra, a legislação penal brasileira converteria o Brasil num imenso presídio, e somente parte da população ficaria do lado de fora. É impossível não recordar, a propósito, a figura tragicômica do Dr. Simão Bacamarte, o médico tão bem retratado por Machado de Assis em *O alienista*: levado por seus altíssimos estudos sobre a psique humana, o protagonista do conto foi pouco a pouco ampliando seu critério para a classificação dos doentes mentais; e em pouco tempo estava internada no manicômio a população inteira da vila.

O Direito Penal brasileiro de hoje – não escondo a ninguém meu modo de pensar a respeito – é demasiadamente preventivo e estabelece normas incriminadoras a um sem-número de setores da atividade humana, pouco importando a natureza do fato, seja ele ambiental, seja referente ao consumo, à informática, ao pagamento de tributos etc. Atribui-se-lhe a tarefa de disciplinar os conflitos antes mesmo que eles sejam regulamentados pelas disciplinas próprias dessas áreas[3]. Com isso, perde o caráter de intervenção mínima e última e adquire a natureza de um conjunto de normas de atuação primária e imediata. Deixa de ser a *ultima*, para ser a *prima ratio*. A sanção penal passa a ser considerada pelo legislador como indispensável para a solução de todos os conflitos sociais, a panaceia para os males sociais[4].

O efeito, insisto, reside em que, em vez de serem garantidas as liberdades sociais, o cidadão honesto sente-se manietado e violentado no exercício de suas legítimas liberdades, comprimido entre duas entidades com poderes igualmente amplos e ameaçadores: de um lado, os *out-law*, os criminosos cada vez mais organizados e tendentes a constituir um verdadeiro Estado dentro do Estado; de outro, o Governo inquisitorial e fiscalizador, dispondo de mecanismos legais e repressivos amplos, generalizados, minuciosos e drásticos. Mas que não funciona. Essa visão errônea do Direito Penal, ademais de servir a correntes extremistas do Direito, tem a funesta consequência de fazer o Direito Penal e o Direito Processual Penal perderem a sua própria forma.

Hans-Heinrich Jescheck, um dos maiores penalistas do mundo, disse-me há algum tempo que já fazia cinco anos que não alterava as edições do seu *Manual de direito penal* em face da ausência de modificações legislativas no Código Penal alemão. Infelizmente, não é o que podemos falar da nossa legislação criminal[5]. Vivemos num verdadeiro cipoal, com centenas de leis chocando-se e ferindo princípios constitucionais, como os da legalidade, da proporcionalidade e da dignidade humana.

O legislador, numa vertigem criativa, procurando resolver problemas sociais por intermédio da norma penal, elabora centenas de projetos de leis, abarrotando os diários oficiais, cujo destino é sempre

---

3. HASSEMER, Winfried. História das ideias penais na Alemanha do pós-guerra. Tradução de Carlos Eduardo Vasconcelos. *Revista Brasileira de Ciências Criminais*, São Paulo, v. 6, p. 63, n. 4.2.2, 1994.
4. DOTTI, René Ariel. Penas e medidas de segurança no Anteprojeto de Código Penal. *Revista de Direito Penal e Criminologia*, Rio de Janeiro, v. 32, p. 52, 1981.
5. *Tratado de derecho penal*; parte general. Tradução de José Luis Manzanares Samaniego. Granada, 2002.

a aprovação pelo Congresso Nacional, nos famigerados votos de liderança. O resultado é fatal: disposições sobre disposições, deixando atordoado o intérprete que procura, desalentado, considerar qual a lei em vigor.

Estão em vigor no País mais de 600 mil leis[6]. Um brasileiro que conseguisse ler 100 leis por dia somente ao cabo de 16 anos teria conseguido deglutir toda a caudalosa legislação nacional. É impossível, nesse verdadeiro cipoal legislativo, não haver confusões e contradições.

Frequentemente sou procurado por antigos alunos, que me consultam sobre que lei se aplica a determinada situação concreta. Nem sempre é fácil responder. Muitas vezes, verificam-se situações paradoxais e quase cômicas. Costumo dar como exemplo aos meus alunos a seguinte situação: se, no dia do aniversário de uma menina de 14 anos de idade, seu namorado, de 18 anos, der-lhe um beijo lascivo, cometerá atentado violento ao pudor (Código Penal, art. 214), considerado crime hediondo (Lei n. 8.072/90), com pena de seis anos de reclusão, aumentada de metade por ser menor a vítima. O rapaz será condenado, pois, a nove anos de reclusão, sem direito a liberdade provisória e outros benefícios. Mas, se no mesmo dia, em vez de beijar sua namorada, o rapaz a matar, sem circunstância qualificadora, a pena será de seis anos de reclusão. E, como não se trata de crime hediondo, cabe a liberdade provisória (art. 310, parágrafo único, do Código de Processo Penal), além de outros privilégios.

De acordo com o art. 180 do Código Penal, com redação da Lei n. 9.426/96, se um sujeito, cometendo receptação, "sabe" que o objeto é produto de furto e o compra, a pena é de um a quatro anos de reclusão. Se se trata de comerciante que alega "não saber" a origem criminosa do objeto material, origem esta que ele "deveria saber", a pena é de três a oito anos de reclusão. É menos grave, pois, saber que está adquirindo um objeto roubado do que não saber...

É sobre essa massa legislativa que o Prof. Dr. Ricardo Antonio Andreucci lança seus comentários. Obra hercúlea, uma vez que pretende ser concisa, harmônica, clara e objetiva, o que consegue, num manancial de dispositivos criminais confusos e muitas vezes contraditórios. Abordando a legislação especial, justamente aquela por meio da qual o legislador maior intenta solucionar questões que não são em sua natureza e fonte propriamente criminais, o autor lança-se a uma missão extremamente difícil, qual seja a de interpretar da maneira mais simples, didática e compreensível normas que procuram disciplinar temas complexos e controversos.

Não escondo, repito, minha preocupação com os rumos atuais do Direito Penal brasileiro. Quem me conhece sabe bem o que penso e como propendo para uma justiça muito mais ágil, simples, flexível, efetiva, responsável e justa. Uma justiça que não apenas puna o crime, mas que demonstre particular atenção para com a vítima e com a família desta; que procure também, sempre que possível, recuperar o delinquente; que seja de tolerância zero para com o crime, mas ao mesmo tempo se preocupe em ressocializar o criminoso; que valorize as penas alternativas, reservando as prisões para os criminosos perigosos.

Num processo de adequação da interpretação teleológica das leis analisadas aos princípios constitucionais, *Legislação penal especial* nos traz uma contribuição de fôlego, como poucos livros da parte

---

6. Entendendo-se latamente a expressão "lei", ou seja, abrangendo não só as leis propriamente ditas, de âmbito federal, estadual e municipal, mas também decretos-leis, normas, medidas provisórias, pareceres normativos etc.

especial o fazem. Apresentando uma apreciação das normas de forma muito fácil de ser entendida, o autor, quando se depara com temas controvertidos, mostra seu preparo e competência, sempre adotando posições corretas de grande conteúdo doutrinário e jurisprudencial.

Trata-se de obra de especial valor, a qual consultarei sempre que necessitar de uma opinião séria e respeitável.

São Paulo, abril de 2005.

Damásio de Jesus

Nota à 16ª edição

É com grande satisfação que apresentamos mais uma edição da nossa consagrada obra "Legislação Penal Especial", amplamente reconhecida pela comunidade jurídica como um dos mais abrangentes e confiáveis compêndios de comentários às leis penais extravagantes no Brasil.

Esta nova edição, atualizada e ampliada, contempla 51 leis analisadas com profundidade e precisão, reafirmando nosso compromisso em oferecer um recurso indispensável para profissionais do Direito, estudantes e concursandos. Cada página reflete a preocupação que sempre nos guiou: proporcionar uma fonte de consulta segura, clara e atualizada, capaz de atender às demandas de um campo jurídico em constante transformação.

O resultado é fruto de um trabalho contínuo de revisão e adaptação às mudanças incessantes de nossa legislação penal e processual, garantindo que esta obra continue sendo uma ferramenta essencial para magistrados, membros do Ministério Público, advogados, defensores públicos, delegados e demais operadores do Direito. Nosso objetivo permanece o mesmo: fornecer os subsídios necessários para fortalecer e impulsionar o sucesso profissional de nossos leitores.

Reconhecemos com gratidão o papel dos professores de Direito, cuja confiança e recomendação tornaram a obra uma referência em cursos de graduação e pós-graduação. A vocês, mestres do saber, nosso mais sincero agradecimento.

Por fim, reafirmamos nosso compromisso com a excelência e permanecemos abertos às críticas e sugestões dos leitores, que são a verdadeira força motriz do aprimoramento contínuo desta obra.

Com apreço,

O autor

1 Abuso de Autoridade
Lei n. 13.869/2019

1. Introdução

A Lei n. 13.869/2019, sancionada pelo Presidente da República no dia 5 de setembro de 2019, alcunhada Nova Lei de Abuso de Autoridade, revogou expressamente a Lei n. 4.898/65, que regulava o direito de representação e o processo de responsabilidade administrativa, civil e penal, contra as autoridades que, no exercício de suas funções, cometessem abusos.

A nova lei de abuso de autoridade teve 19 vetos e ainda previu um período de *vacatio legis* de 120 dias.

De acordo com o disposto no art. 1º, *caput*, a lei define os crimes de abuso de autoridade cometidos por agente público, servidor ou não, que, no exercício de suas funções ou a pretexto de exercê-las, abuse do poder que lhe tenha sido atribuído.

Nesse aspecto, o abuso de autoridade se caracteriza como a conduta praticada por agente público, servidor ou não, que, ultrapassando os limites do poder que lhe tenha sido atribuído por lei, atenta contra os direitos e garantias fundamentais do cidadão, em regra praticando excessos e/ou arbitrariedades, violando o normal funcionamento da Administração e desrespeitando os princípios constitucionais da legalidade, da impessoalidade, da moralidade, da publicidade e da eficiência.

2. Objetividade jurídica

Com relação ao bem jurídico tutelado, os tipos penais previstos pela lei são pluriofensivos, ou seja, visam proteger não apenas a normalidade e a regularidade dos serviços públicos, como também direitos e garantias individuais, tais como liberdade de locomoção, liberdade individual, integridade física, inviolabilidade de domicílio etc., a depender do crime.

3. Elemento subjetivo

O elemento subjetivo presente em todos os tipos penais da lei de abuso de autoridade é o dolo, não sendo prevista nenhuma modalidade delitiva culposa. Agindo com culpa o agente público, deixando de observar o cuidado objetivo necessário em sua atuação funcional, poderá ser responsabilizado na esfera administrativa e/ou na esfera cível.

Entretanto, além do dolo direto, a lei estabeleceu, ainda, a necessidade de um especial fim de agir para a configuração dos crimes nela previstos, devendo o agente público praticar as condutas típicas com a finalidade específica de prejudicar outrem ou beneficiar a si mesmo ou a terceiro, ou, ainda, por mero capricho ou satisfação pessoal. São crimes de tendência intensificada, crimes de intenção ou crimes de tendência interna transcendente.

Ausente o elemento subjetivo específico (especial fim de agir) do agente, descaracterizado estará o crime de abuso de autoridade.

Esse elemento subjetivo específico (dolo específico), portanto, deverá constar expressamente da inicial acusatória (denúncia ou queixa subsidiária), sob pena de inépcia (art. 395, I, CPP).

Assim as finalidades específicas previstas na lei, alternativamente, são as seguintes: prejudicar outrem; beneficiar a si mesmo; beneficiar terceiro; por mero capricho; satisfação pessoal.

Conforme bem observam Adriano Sousa Costa, Eduardo Fontes e Henrique Hoffmann (*Lei de Abuso de Autoridade*. Salvador: JusPodivm, 2020. p. 47, Coleção Carreiras Policiais):

"Os tipos penais da Lei de Abuso de Autoridade são incongruentes, porquanto requerem a demonstração não somente do dolo (vontade e consciência de realizar os elementos do tipo penal), mas também de um especial fim de agir do agente. Outras leis já utilizam essa técnica de pluralidade de elementos subjetivos do tipo. O que há de novo aqui é a presença de multidolos específicos e cumulativos.

Esse elemento subjetivo especial que anima a vontade do agente e que deve permear todas as condutas criminosas é rotulado como *animus abutendi*. A exigência de um dolo e de mais um requisito subjetivo que o transcende dificulta a incidência dos tipos penais da Lei de Abuso de Autoridade".

Vale ressaltar que, em razão da necessidade do elemento subjetivo especial, não se admite o dolo eventual nos crimes de abuso de autoridade previstos na Lei n. 13.869/2019.

4. Sujeitos do crime

Os crimes previstos na Lei n. 13.869/2019 são considerados próprios, ou seja, somente podem ser praticados por uma determinada categoria de pessoas com a qualidade exigida pelo tipo penal: os agentes públicos.

Nesse aspecto, estabelece o art. 2º que é considerado sujeito ativo do crime de abuso de autoridade qualquer agente público, servidor ou não, da administração direta, indireta ou fundacional de qualquer dos Poderes da União, dos Estados, do Distrito Federal, dos Municípios e de Território, compreendendo, mas não se limitando a: I – servidores públicos e militares ou pessoas a eles equiparadas; II – membros do Poder Legislativo; III – membros do Poder Executivo; IV – membros do Poder Judiciário; V – membros do Ministério Público; VI – membros dos tribunais ou conselhos de contas.

Trata-se de um rol meramente exemplificativo.

O parágrafo único do art. 2º esclarece que "reputa-se agente público, para os efeitos desta Lei, todo aquele que exerce, ainda que transitoriamente ou sem remuneração, por eleição, nomeação, designação, contratação ou qualquer outra forma de investidura ou vínculo, mandato, cargo, emprego ou função em órgão ou entidade abrangidos pelo *caput* deste artigo".

Urge ressaltar que a lei não alcança os agentes públicos aposentados, os quais se desvincularam da Administração. Mas, caso o agente público tenha praticado o crime de abuso de autoridade quando estava na ativa e depois tenha se aposentado, poderá ser processado com base na Lei n. 13.869/2019, pois nesse caso considera-se praticado o delito no momento da ação ou omissão (art. 4º do CP).

O particular (*extraneus*) que, de qualquer modo, concorrer para o crime de abuso de autoridade, ciente da qualidade de agente público de seu coautor ou partícipe, também responderá pelo crime funcional, nos termos do disposto no art. 30 do Código Penal. Nesse caso, a qualidade de agente público (*intraneus*) é elementar dos crimes de abuso de autoridade, comunicando-se ao particular (*extraneus*) que para ele de qualquer modo concorrer.

Com relação aos militares, após a mudança na competência da Justiça Militar instituída pela Lei n. 13.491/2017, que deu nova redação ao art. 9º do Código Penal Militar (Decreto-lei n. 1.001/69), os crimes de abuso de autoridade por eles praticados serão processados e julgados pela Justiça Castrense.

Assim, praticado qualquer dos crimes de abuso de autoridade previstos na Lei n. 13.869/2019 por militares das Forças Armadas, serão eles processados e julgados pela Justiça Militar da União. Se praticados por militares da Polícia Militar, serão processados e julgados pela Justiça Militar dos Estados.

Em vista do acima exposto, encontram-se prejudicadas as Súmulas 6, 75 e 172 do Superior Tribunal de Justiça.

Sujeito passivo dos crimes de abuso de autoridade é a pessoa eventualmente lesada pela conduta do agente público. Secundariamente, é o Estado.

5. Crime de hermenêutica

Tratou a Lei de Abuso de Autoridade, no art. 1º, § 2º, de ressalvar expressamente que "a divergência na interpretação da lei ou na avaliação de fatos e provas não configura abuso de autoridade", vedando o que se convencionou chamar de "crime de hermenêutica", expressão cunhada pelo grande Rui Barbosa, na defesa que fez perante o Supremo Tribunal Federal do juiz municipal Alcides de Mendonça Lima, que, no início da República, se recusou a cumprir a Lei n. 10/1895, do Estado do Rio Grande do Sul, editada pelo governador Júlio de Castilhos.

O dispositivo estampado no art. 1º, § 2º, da lei surgiu da necessidade de salvaguardar a autoridade, conferindo-lhe um mínimo de segurança jurídica para decidir, exercendo a atividade hermenêutica no caso concreto sem o receio de sofrer represálias e punições, ainda mais à vista de vários tipos penais que exigem como elemento normativo a infringência da lei, como ocorre no art. 9º ("prazo razoável", "manifestamente cabível"), no art. 10 ("manifestamente descabida"), no art. 20 ("sem justa causa") etc.

Trata-se de causa excludente da tipicidade, eis que a divergência na interpretação da lei ou na avaliação dos fatos e provas exclui o dolo caracterizador do crime de abuso de autoridade.

Importante ressaltar, por fim, que eventuais representações indevidas por abuso de autoridade podem ensejar a responsabilização do representante no âmbito penal e no âmbito civil, sendo certo que a representação feita contra juízes, promotores de Justiça, delegados ou agentes públicos em geral não enseja, por si só, a suspeição, aplicando-se o disposto no art. 256 do Código de Processo Penal.

Nesse sentido, aliás, são os Enunciados 29 e 30 do Conselho Nacional de Procuradores-Gerais dos Ministérios Públicos dos estados e da União – CNPG e do Grupo Nacional de Coordenadores de Centro de Apoio Criminal – GNCCRIM:

"ENUNCIADO 29 (representações indevidas): Representações indevidas por abuso de autoridade podem, em tese, caracterizar crime de denunciação caluniosa (CP, art. 339), dano civil indenizável (CC, art. 953) e, caso o reclamante seja agente público, infração disciplinar ou político-administrativa."

"ENUNCIADO 30 (art. 256 CPP): A representação indevida por abuso de autoridade contra juiz, promotor de Justiça, delegados ou agentes públicos em geral, não enseja, por si só, a suspeição ante a aplicação da regra de que ninguém pode se beneficiar da própria torpeza, nos termos do que disposto, inclusive, no art. 256 do CPP."

6. Ação penal

De acordo com o disposto no art. 3º da Lei n. 13.869/2019, "os crimes previstos nesta Lei são de ação penal pública incondicionada".

De maneira absolutamente desnecessária, a lei estabeleceu no § 1º que "será admitida ação privada se a ação penal pública não for intentada no prazo legal, cabendo ao Ministério Público aditar a queixa, repudiá-la e oferecer denúncia substitutiva, intervir em todos os termos do processo, fornecer elementos de prova, interpor recurso e, a todo tempo, no caso de negligência do querelante, retomar a ação como parte principal". Acrescentou, ainda, no § 2º, que "a ação privada subsidiária será exercida no prazo de 6 (seis) meses, contado da data em que se esgotar o prazo para oferecimento da denúncia".

Esse dispositivo é de todo inócuo, uma vez que o regramento acerca da ação penal já vem estabelecido no art. 100 do Código Penal, que dispõe: "A ação penal é pública, salvo quando a lei expressamente a declara privativa do ofendido".

Com relação à ação penal privada subsidiaria, já há disposição expressa no art. 29 do Código de Processo Penal, que diz: "Será admitida ação privada nos crimes de ação pública, se esta não for intentada no prazo legal, cabendo ao Ministério Público aditar a queixa, repudiá-la e oferecer denúncia substitutiva, intervir em todos os termos do processo, fornecer elementos de prova, interpor recurso e, a todo tempo, no caso de negligência do querelante, retomar a ação como parte principal".

Inclusive, tão evidente é a prescindibilidade dessa regra na Lei de Abuso de Autoridade, que o Presidente da República houve por bem vetar o art. 3º, expondo nas razões do veto:

"A ação penal será sempre pública incondicionada, salvo quando a lei expressamente declarar o contrário, nos termos do art. 100 do Código Penal, logo, é desnecessária a previsão do *caput* do dispositivo proposto. Ademais, a matéria, quanto à admissão de ação penal privada, já é suficientemente tratada na codificação penal vigente, devendo ser observado o princípio segundo o qual o mesmo assunto não poderá ser disciplinado em mais de uma lei, nos termos do inciso IV do art. 7º da Lei Complementar n. 95, de 1998. Ressalta-se, ainda, que nos crimes que se procedam mediante ação pública incondicionada não há risco de extinção da punibilidade pela decadência prevista no art. 103 cumulada com o inciso IV do art. 107 do CP, conforme precedentes do STF (v.g., STF, RHC 108.382/SC, Rel. Min. Ricardo Lewandowski. T1, j. 21-6-2011)."

Com absoluta razão o Presidente da República em vetar o citado art. 3º da lei, após a oitiva dos órgãos de consulta: Controladoria-Geral da União, Advocacia-Geral da União, Secretaria-Geral da Presidência da República e Ministério da Justiça e Segurança Pública.

A regra, no processo penal, é a ação penal pública incondicionada, que se aplica à maioria dos casos, devendo as exceções (ação penal pública condicionada ou ação penal privada) ser trazidas expressamente pela lei em caso contrário.

Ora, a nova Lei de Abuso de Autoridade não precisava reafirmar regra já constante do Código de Processo Penal e do Código Penal, repetindo dispositivos absolutamente desnecessários, que somente contribuiu para a confirmação do total despreparo do legislador e da absoluta falta de técnica legislativa.

Outrossim, a ação penal privada subsidiária tem lastro constitucional, estando prevista no art. 5º, LIX, que diz: "será admitida ação privada nos crimes de ação pública, se esta não for intentada no prazo legal".

7. A tríplice responsabilização do agente

A anterior Lei n. 4.898/65 já estabelecia a tríplice responsabilização da autoridade que cometesse abuso, prevendo sanções administrativas, civis e penais.

A sistemática de criminalização da lei anterior, entretanto, era diversa, trazendo as condutas caracterizadoras do abuso de autoridade em dois artigos (3º e 4º) separadas das sanções administrativas, civis e penais, previstas em outro dispositivo (art. 6º).

Na nova lei, as sanções de natureza civil e administrativa vieram trazidas no Capítulo V, sendo certo que as sanções penais são as constantes do preceito secundário das normas incriminadoras, todas consistentes em pena privativa de liberdade de detenção e multa.

O art. 6º da nova lei dispõe expressamente que "as penas previstas nesta Lei serão aplicadas independentemente das sanções de natureza civil ou administrativa cabíveis", deixando clara a autonomia de cada espécie de sanção e a possibilidade de aplicação cumulativa ao mesmo fato caracterizador do abuso de autoridade.

O parágrafo único do art. 6º traz novidade, consistente na obrigatoriedade de serem as notícias de crimes previstos na lei, que descreverem falta funcional, informadas à autoridade competente com vistas à apuração, ou seja, para a instauração da competente investigação administrativa, que poderá consistir em mera sindicância ou em processo administrativo disciplinar, a depender da densidade da narrativa dos fatos e das provas que eventualmente a acompanharem.

No art. 7º, a nova lei estabeleceu que "as responsabilidades civil e administrativa são independentes da criminal, não se podendo mais questionar sobre a existência ou a autoria do fato quando essas questões tenham sido decididas no juízo criminal".

Essa regra trazida pelo art. 7º muito se assemelha à regra do art. 935 do Código Civil, que diz: "A responsabilidade civil é independente da criminal, não se podendo questionar mais sobre a existência do fato, ou sobre quem seja o seu autor, quando estas questões se acharem decididas no juízo criminal".

Nesse diapasão, a norma consagra, de um lado, a independência entre a jurisdição civil, administrativa e penal; de outro, dispõe que não se pode questionar mais sobre a existência ou autoria do fato quando essas questões tenham sido decididas no juízo criminal. Essa relativização da independência de jurisdições se justifica pelo fato de o direito penal incorporar exigência probatória mais rígida para a solução das controvérsias, sobretudo em decorrência do princípio da presunção de inocência.

Nada impede, portanto, que a vítima do abuso de autoridade apresente a notícia do crime junto à polícia judiciária ou ao Ministério Público, para a respectiva persecução criminal e, paralelamente, represente administrativamente contra o agente público perante a autoridade competente. Com relação à responsabilidade civil, se resume a indenização por eventuais danos causados, inclusive morais, a serem buscados, por meio de advogado, na esfera respectiva.

Nesse caso específico da indenização civil, poderá a vítima do abuso de autoridade ingressar em juízo com a correspondente ação civil *ex delicto* ou, se preferir, poderá aguardar o trânsito em julgado da sentença penal condenatória e promover a execução *ex delicto*, oportunidade em que, já estabelecido o *an debeatur*, restará apenas a liquidação do *quantum debeatur*.

A sentença penal é condenatória em relação ao crime de abuso de autoridade e declaratória em relação à indenização civil, uma vez que nela não há mandamento expresso de o réu reparar o dano resultante do crime. Entretanto, a sentença penal condenatória é título executivo no cível, não havendo mais a necessidade do interessado comprovar a materialidade, a autoria e a ilicitude do crime para obter a reparação civil.

Há que se ressaltar, outrossim, que o art. 4º, I, da nova lei estabelece como efeito da condenação "tornar certa a obrigação de indenizar o dano causado pelo crime, devendo o juiz, a requerimento do ofendido, fixar na sentença o valor mínimo para reparação dos danos causados pela infração, considerando os prejuízos por ele sofridos".

Por fim, o art. 8º da nova lei dispõe que faz coisa julgada no âmbito cível, assim como no administrativo-disciplinar, a sentença penal que reconhecer ter sido o fato praticado em estado de necessidade, em legítima defesa, em estrito cumprimento de dever legal ou no exercício regular de direito.

Portanto, o reconhecimento, na sentença penal, de uma causa excludente de ilicitude, repercute na responsabilidade civil e administrativa, impedindo, em grande parte, o pleito de indenização, exceção feita às hipóteses de estado de necessidade agressivo.

8. Penas restritivas de direitos

As penas restritivas de direitos, tal como acontece com as penas privativas de liberdade, implicam a diminuição de um bem jurídico do criminoso. São comumente chamadas de penas alternativas, uma vez que visam afastar o cumprimento da pena privativa de liberdade de curta duração.

As penas restritivas de direitos são autônomas e substituem as penas privativas de liberdade, por força de disposição legal, implicando certas restrições e obrigações ao condenado.

No Código Penal brasileiro (art. 43), são cinco as espécies de penas restritivas de direitos:

a) prestação pecuniária;

b) perda de bens e valores;

c) prestação de serviços à comunidade ou a entidades públicas;

d) interdição temporária de direitos;

e) limitação de fim de semana.

Salvo a prestação pecuniária e a perda de bens ou valores, as demais penas restritivas de direitos consistem na inabilitação temporária de um ou mais direitos do condenado, impostas em substituição à pena privativa de liberdade, cuja espécie escolhida deve ter relação direta com a infração cometida.

Essas penas alternativas, como acima mencionado, foram instituídas para substituir as penas privativas de liberdade, não perdendo, entretanto, o caráter de castigo, porém evitando os malefícios da pena carcerária de curta duração.

As características das penas restritivas de direitos são as seguintes:

a) são substitutivas, pois visam afastar as penas privativas de liberdade de curta duração;

b) gozam de autonomia, pois têm características e forma de execução própria;

c) a pena substituída deve ser não superior a 4 (quatro) anos ou resultante de crime culposo;

d) o crime não pode ter sido cometido com violência ou grave ameaça à pessoa;

e) exigem como condição objetiva que o réu não seja reincidente em crime doloso;

f) para a substituição também devem ser analisados os elementos subjetivos do condenado, pois somente são aplicadas se a culpabilidade, os antecedentes, a conduta social e a sua personalidade, bem como os motivos e as circunstâncias do crime, indicarem que a transformação operada seja suficiente.

As penas restritivas de direitos consistentes em prestação de serviços à comunidade ou a entidades públicas, interdição temporária de direitos e limitação de fim de semana, têm a mesma duração das penas privativas de liberdade que substituem, ressalvado o disposto no art. 46, § 4º, do Código Penal (art. 55 do CP).

Merece ser ressaltado que, dada a sua característica de substitutivas, as penas restritivas de direitos não podem ser aplicadas cumulativamente com as penas privativas de liberdade. Ao definir a espécie e duração da pena à luz do caso concreto, deve o juiz aplicar a pena privativa de liberdade ou substituí-la pela pena restritiva de direitos. Entretanto, na condenação igual ou inferior a 1 (um) ano, a substituição pode ser feita por multa ou por uma pena restritiva de direitos. Na condenação superior a 1 (um) ano, a pena privativa de liberdade pode ser substituída por uma pena restritiva de direitos e multa ou por duas penas restritivas de direitos (art. 44, § 2º, do CP).

Obrigatoriamente, a pena restritiva de direitos converte-se em privativa de liberdade quando ocorrer o descumprimento injustificado da restrição imposta. Do cálculo da pena privativa de liberdade a executar será deduzido o tempo cumprido da pena restritiva de direitos, respeitado o saldo mínimo de 30 dias de detenção ou reclusão. Sobrevindo condenação à pena privativa de liberdade, por outro crime, o juiz da execução penal decidirá sobre a conversão, podendo deixar de aplicá-la se for possível ao condenado cumprir a pena substitutiva anterior. A Lei de Execução Penal traz outras causas de conversão no art. 181.

Urge ressaltar que as penas restritivas de direitos não podem ser aplicadas nos casos de violência doméstica e familiar contra a mulher, de acordo com o que dispõe a Súmula 588 do STJ: "A prática de crime ou contravenção penal contra a mulher com violência ou grave ameaça no ambiente doméstico impossibilita a substituição da pena privativa de liberdade por restritiva de direitos".

Na nova Lei de Abuso de Autoridade (Lei n. 13.869/2019), as penas restritivas de direitos foram tratadas no art. 5º, que diz:

"Art. 5º As penas restritivas de direitos substitutivas das privativas de liberdade previstas nesta Lei são:

I – prestação de serviços à comunidade ou a entidades públicas;

II – suspensão do exercício do cargo, da função ou do mandato, pelo prazo de 1 (um) a 6 (seis) meses, com a perda dos vencimentos e das vantagens;

III – (VETADO).

Parágrafo único. As penas restritivas de direitos podem ser aplicadas autônoma ou cumulativamente."

O vetado inciso III dispunha: "III – proibição de exercer funções de natureza policial ou militar no Município em que tiver sido praticado o crime e naquele em que residir ou trabalhar a vítima, pelo prazo de 1 (um) a 3 (três) anos".

A razão do veto foi a de que "A propositura legislativa, ao prever a proibição apenas àqueles que exercem atividades de natureza policial ou militar no município da prática do crime e na residência ou trabalho da vítima, fere o princípio constitucional da isonomia. Podendo, inclusive, prejudicar as forças de segurança de determinada localidade, a exemplo do Distrito Federal, pela proibição do exercício de natureza policial ou militar".

Restaram, portanto, a prestação de serviços à comunidade ou a entidades públicas e a suspensão do exercício do cargo, da função ou do mandato, pelo prazo de 1 (um) a 6 (seis) meses, com a perda dos vencimentos e das vantagens.

Por ausência de tratamento específico na nova lei, o cumprimento da pena restritiva de direitos de prestação de serviços à comunidade ou a entidades públicas deve se subordinar às mesmas regras do Código Penal e da Lei de Execução Penal.

Assim, a prestação de serviços à comunidade ou a entidades públicas consiste na atribuição ao condenado, de maneira compatível e de acordo com a sua aptidão, de tarefas gratuitas junto a entidades assistenciais, hospitais, escolas, orfanatos ou outros estabelecimentos congêneres. O serviço prestado é gratuito e realizado aos sábados, domingos e feriados, ou em dias úteis, de modo a não prejudicar a jornada normal de trabalho do condenado, à razão de uma hora de tarefa por dia de condenação. Transitada em julgado a sentença, o juiz da execução designará a entidade ou programa comunitário ou estatal, devidamente credenciado ou conveniado, junto ao qual o condenado deverá trabalhar gratuitamente, de acordo com as suas aptidões, intimando-o e cientificando-o do local, dias e horário em que deverá cumprir a pena. A execução, nesses casos, terá início a partir da data do primeiro comparecimento. Caberá à entidade beneficiada com a prestação de serviços à comunidade encaminhar, mensalmente, ao juiz da execução, relatório circunstanciado das atividades do condenado, bem como, a qualquer tempo, comunicação sobre a ausência ou falta disciplinar.

Vale lembrar que a prestação de serviços à comunidade será convertida em pena privativa de liberdade quando, além das causas já mencionadas e elencadas no art. 45 do Código Penal, o condenado: a) não for encontrado por estar em lugar incerto e não sabido, ou desatender a intimação por edital; b) não comparecer, injustificadamente, à entidade ou programa em que deva prestar serviço; c) recusar-se, injustificadamente, a prestar o serviço que lhe foi imposto; ou d) praticar falta grave.

Com relação à segunda modalidade de pena restritiva de direitos prevista pela nova Lei de Abuso de Autoridade, o detentor de cargo ou função pública, ou de mandato eletivo, poderá ser suspenso de seu exercício pelo prazo de 1 (um) a 6 (seis) meses, com a perda dos vencimentos e das vantagens.

A nosso ver, essa modalidade de pena alternativa deve ser aplicada com muito cuidado e discernimento pelo julgador, a fim de que a pena não passe da pessoa do criminoso, eis que, ao suspender um detentor de cargo ou função pública, e mesmo de mandato eletivo, com a consequente perda dos vencimentos e das vantagens, poderá estar atingindo indiretamente filhos, familiares e cônjuge do condenado, que dele dependam diretamente para a sua subsistência. A perda de vencimentos por até 6 (seis) meses poderá significar a perda da moradia da família, em caso de locação, a falta de assistência médica, em caso de plano de saúde particular, e até mesmo a fome e a mendicância por parte da prole.

Por fim, vale ressaltar que a nova Lei de Abuso de Autoridade previu a possibilidade de aplicação autônoma ou cumulativa das penas restritivas de direitos, nada impedindo que o agente tenha que cumprir prestação de serviços à comunidade ou a entidades públicas e também suspensão do exercício do cargo, da função ou do mandato, pelo prazo de 1 (um) a 6 (seis) meses, com a perda dos vencimentos e das vantagens.

9. Decretação ilegal de restrição de liberdade

Art. 9º Decretar medida de privação da liberdade em manifesta desconformidade com as hipóteses legais:
Pena – detenção, de 1 (um) a 4 (quatro) anos, e multa.
Parágrafo único. Incorre na mesma pena a autoridade judiciária que, dentro de prazo razoável, deixar de:
I – relaxar a prisão manifestamente ilegal;

II – substituir a prisão preventiva por medida cautelar diversa ou de conceder liberdade provisória, quando manifestamente cabível;

III – deferir liminar ou ordem de *habeas corpus*, quando manifestamente cabível.

9.1. Objetividade jurídica

O crime de decretação ilegal de restrição de liberdade foi introduzido pela Lei n. 13.869/2019, tendo como objetividade jurídica a tutela da Administração Pública e o direito à liberdade de locomoção da pessoa, previsto no art. 5º, XV e LXI, da Constituição Federal. A dignidade da pessoa também pode ser inserida como bem jurídico tutelado pela norma.

O revogado art. 350 do Código Penal já trazia disposição semelhante, ao punir com detenção de um mês a um ano as condutas de ordenar ou executar medida privativa de liberdade individual, sem as formalidades legais ou com abuso de poder. No parágrafo único, o revogado artigo ainda punia o funcionário que ilegalmente recebesse e recolhesse alguém a prisão, ou a estabelecimento destinado a execução de pena privativa de liberdade ou de medida de segurança; que prolongasse a execução de pena ou de medida de segurança, deixando de expedir em tempo oportuno ou de executar imediatamente a ordem de liberdade; que submetesse pessoa sob sua guarda ou custódia a vexame ou a constrangimento não autorizado em lei; e que efetuasse, com abuso de poder, qualquer diligência.

Também na antiga Lei n. 4.898/65 havia disposição semelhante no art. 4º, *a*.

9.2. Veto e vigência

Esse art. 9º foi vetado pelo Presidente da República. Na ocasião, foram as seguintes as razões do veto:

"A propositura legislativa, ao dispor que se constitui crime 'decretar medida de privação da liberdade em manifesta desconformidade com as hipóteses legais', gera insegurança jurídica por se tratar de tipo penal aberto e que comportam interpretação, o que poderia comprometer a independência do magistrado ao proferir a decisão pelo receio de criminalização da sua conduta".

Posteriormente, o veto foi rejeitado pelo Congresso Nacional.

O grande desafio na aplicação do art. 9º da nova lei é justamente compatibilizar o respeito à independência de entendimento judicial, preservando a liberdade de decisão do magistrado (*vide* comentários no item 4 *supra*), e o desencorajamento a prisões ilegais e postergações de atos essenciais à garantia da lei e da liberdade de locomoção do indivíduo.

Mais uma vez, a crítica que se faz ao dispositivo é pela utilização de termos vagos e genéricos, de arriscada amplitude, tais como "manifesta desconformidade", "prazo razoável", "manifestamente ilegal" e "manifestamente cabível".

Como bem adverte Pierpaolo Cruz Bottini (*Comentários à Lei de Abuso de Autoridade*: Lei n. 13.869, de 5 de setembro de 2019. Coord. Gustavo Henrique Badaró e Juliano Breda. 1. ed. São Paulo: Thomson Reuters Brasil, 2020. p. 78), "em especial nos tipos penais que tratam da atuação de magistrados, o intérprete deverá cuidar de aplicar a lei sem adentrar nos espaços de independência de entendimento judicial, sem afetar a *liberdade de decisão* e criminalizar a *hermenêutica*. O juiz, no exercício de suas funções, deve se manter dentro da legalidade e qualquer excesso doloso deve ser inibido. Por outro lado, há um espaço legítimo de interpretação que deve ser preservado. Ainda que decisões sejam minoritárias ou criticáveis, não apresentam – e não podem apresentar – *dignidade penal* se mantidas nos contornos do texto legal. A definição desses parâmetros e limites, essencial para garantir a independência judicial, será a tarefa dos intérpretes do direito, que, no cotidiano, e diante de situações concretas, fixarão balizas e critérios em precedentes que pautarão interpretações posteriores".

9.3. Sujeito ativo e sujeito passivo

Sujeito ativo do crime previsto no *caput* do art. 9º é somente aquele que tem atribuição ou competência para determinar medida de privação de liberdade em manifesta desconformidade com as hipóteses legais, tais como delegados, agentes de polícia, policiais militares e magistrados. Trata-se de crime próprio.

Inclusive, nesse sentido é o Enunciado 5 do Conselho Nacional de Procuradores-Gerais dos Ministérios Públicos dos Estados e da União – CNPG e do Grupo Nacional de Coordenadores de Centro de Apoio Criminal – GNCCRIM, que dispõe: "O sujeito ativo do art. 9º, *caput*, da Lei de Abuso de Autoridade, diferentemente do parágrafo único, não alcança somente autoridade judiciária. O verbo nuclear 'decretar' tem o sentido de determinar, decidir e ordenar medida de privação da liberdade em manifesta desconformidade com as hipóteses legais".

Já nas hipóteses do parágrafo único do art. 9º, o sujeito ativo somente pode ser a autoridade judiciária que, dentro de prazo razoável, deixar de relaxar a prisão manifestamente ilegal; deixar de substituir a prisão preventiva por medida cautelar diversa ou de conceder liberdade provisória, quando manifestamente cabível; ou deixar de deferir liminar ou ordem de *habeas corpus*, quando manifestamente cabível.

Sujeito passivo é a pessoa em detrimento da qual foi decretada a medida de privação de liberdade em manifesta desconformidade com as hipóteses legais. Secundariamente, é o Estado. Nas hipóteses do parágrafo único, além do Estado, a pessoa ilegalmente presa ou que faz jus a liberdade provisória ou medida cautelar diversa da prisão preventiva.

9.4. Conduta do crime previsto no *caput*

Com relação à conduta típica, vem expressa, no *caput*, pelo verbo "decretar", que significa determinar, decidir, ordenar a medida privativa de liberdade.

O objeto da decretação ilegal é medida de privação da liberdade em manifesta desconformidade com as hipóteses legais. Essa privação de liberdade nada mais é que a prisão.

9.5. Hipóteses de privação de liberdade e medidas cautelares alternativas

Prisão é a supressão da liberdade individual, somente podendo ocorrer, no Brasil, por ordem escrita e fundamentada da autoridade judiciária competente ou em flagrante delito.

Diz a Constituição Federal, no art. 5º, LXI, que "ninguém será preso senão em flagrante delito ou por ordem escrita e fundamentada da autoridade judiciária competente, salvo nos casos de transgressão militar ou crime propriamente militar, definidos em lei". No mesmo sentido, o art. 283, *caput*, do Código de Processo Penal, com a redação dada pela Lei n. 13.964/2019 – Lei Anticrime.

São espécies de prisão:

a) prisão com pena (decorrente de sentença penal condenatória irrecorrível);

b) prisão sem pena (que não decorre de condenação).

No caso de prisão com pena, decorrente de sentença penal condenatória irrecorrível, as espécies de prisão, bem assim de regimes prisionais, é matéria regulada pelo Código Penal e pela Lei de Execução Penal.

Já a prisão sem pena, que não decorre de sentença penal condenatória irrecorrível, apresenta as seguintes modalidades:

a) prisão cautelar, de natureza processual, que pode ser:

– prisão em flagrante (arts. 301 a 310 do CPP);

– prisão preventiva (arts. 311 a 316 do CPP);

– prisão temporária (Lei n. 7.960/89);

b) prisão civil (devedor de alimentos – art. 5º, LXVII, da CF);

c) prisão administrativa; e

d) prisão disciplinar (art. 5º, LXI, da CF).

A prisão cautelar de natureza processual, imposta ao agente antes do trânsito em julgado da sentença penal condenatória, apresenta, como já mencionado anteriormente, três modalidades: prisão em flagrante, prisão preventiva e prisão temporária.

Em razão da Lei n. 12.403/2011, o Código de Processo Penal inseriu a prisão cautelar no Título IX, juntamente com as medidas cautelares alternativas à prisão processual.

Pela atual sistemática legislativa, a prisão cautelar é medida extrema, que deve ceder lugar, sempre que possível, a outras medidas cautelares alternativas, previstas no art. 319 do Código de Processo Penal, tais como:

I – comparecimento periódico em juízo, no prazo e nas condições fixadas pelo juiz, para informar e justificar atividades;

II – proibição de acesso ou frequência a determinados lugares quando, por circunstâncias relacionadas ao fato, deva o indiciado ou acusado permanecer distante desses locais para evitar o risco de novas infrações;

III – proibição de manter contato com pessoa determinada quando, por circunstâncias relacionadas ao fato, deva o indiciado ou acusado dela permanecer distante;

IV – proibição de ausentar-se da Comarca quando a permanência seja conveniente ou necessária para a investigação ou instrução;

V – recolhimento domiciliar no período noturno e nos dias de folga quando o investigado ou acusado tenha residência e trabalho fixos;

VI – suspensão do exercício de função pública ou de atividade de natureza econômica ou financeira quando houver justo receio de sua utilização para a prática de infrações penais;

VII – internação provisória do acusado nas hipóteses de crimes praticados com violência ou grave ameaça, quando os peritos concluírem ser inimputável ou semi-imputável (art. 26 do CP) e houver risco de reiteração;

VIII – fiança, nas infrações que a admitem, para assegurar o comparecimento a atos do processo, evitar a obstrução do seu andamento ou em caso de resistência injustificada à ordem judicial;

IX – monitoração eletrônica.

Inegavelmente, portanto, o intuito das disposições relativas às medidas cautelares é reduzir e, até mesmo, evitar a prisão processual, seja substituindo a prisão em flagrante por medida cautelar alternativa, seja evitando a decretação de prisão preventiva no curso da instrução.

Para tanto, a aplicação das medidas cautelares substitutivas da prisão processual deve obedecer ao binômio necessidade-adequação (art. 282 do CPP). Deve o juiz observar a necessidade da medida para a aplicação da lei penal, para a investigação ou instrução criminal e até mesmo para evitar a prática de infrações penais, nos casos expressamente previstos. Deve também o juiz observar a adequação da medida à gravidade do crime, às circunstâncias do fato e às condições pessoais do indiciado ou acusado.

A aplicação da medida cautelar alternativa à prisão processual deve ser fundamentada em um dos motivos previstos no inciso I do art. 282 do Código de Processo Penal e deve ser proporcional às circunstâncias previstas no inciso II do mesmo dispositivo. Mas, atenção: não sendo cominada ao fato pena privativa de liberdade, descabe aplicação de medida cautelar – art. 283, § 1º, do CPP.

Atendendo justamente ao binômio necessidade-adequação, poderá o juiz aplicar as medidas cautelares previstas no art. 319 do Código de Processo Penal isolada ou cumulativamente. Assim, por exemplo, poderá o juiz determinar o recolhimento domiciliar do acusado cumulado com a monitoração eletrônica. Somente o juiz poderá decretar medidas cautelares, fazendo-o no processo, de ofício ou a requerimento das partes.

Durante a investigação criminal (fase policial) é cabível a decretação de medidas cautelares, mediante decisão judicial, por representação da autoridade policial ou mediante requerimento do MP. Pela redação do art. 282, § 2º, infere-se que o juiz somente poderá decretar medidas cautelares no curso da investigação criminal por representação da autoridade policial ou requerimento do MP. Não poderá o juiz, no curso da investigação criminal, decretar medidas cautelares de ofício.

As medidas cautelares poderão ser decretadas pelo juiz *inaudita altera pars*, nos casos de urgência ou perigo de ineficácia da medida. Nesse caso, o juiz concede a medida cautelar sem ciência e sem oitiva da parte contrária, que somente poderá manifestar-se após a efetivação da medida (contraditório diferido). Os casos de urgência ou de perigo deverão ser justificados e fundamentados em decisão que contenha elementos do caso concreto que justifiquem essa medida excepcional. Afora essas hipóteses, deve o juiz, ao receber o pedido de medida cautelar, determinar a intimação da parte contrária, para se manifestar no prazo de 5 (cinco) dias, fornecendo-lhe cópia do requerimento e das peças necessárias, permanecendo os autos em juízo.

Ressalte-se, outrossim, que, uma vez que o intuito das medidas cautelares é evitar a prisão processual, em caso de descumprimento de qualquer obrigação imposta, o juiz poderá, a requerimento do Ministério Público, de seu assistente ou do querelante, substituir a medida, impor outra em cumulação ou, em último caso, decretar a prisão preventiva. O juiz pode, portanto, substituir uma medida cautelar imposta por outra.

Por fim, merece ser destacado que, segundo o disposto no art. 310 do Código de Processo Penal, o juiz, após receber o auto de prisão em flagrante, no prazo máximo de até 24 (vinte e quatro) horas após a realização da prisão, deverá promover audiência de custódia com a presença do acusado, seu advogado constituído ou membro da Defensoria Pública e o membro do Ministério Público, e, nessa audiência, o juiz deverá, fundamentadamente:

a) relaxar a prisão ilegal; ou

b) converter a prisão em flagrante em preventiva, quando presentes os requisitos constantes do art. 312 deste Código, e se revelarem inadequadas ou insuficientes as medidas cautelares diversas da prisão; ou

c) conceder liberdade provisória, com ou sem fiança.

A prisão em flagrante, portanto, cessa com a realização da audiência de custódia. Nessa solenidade, tirante as hipóteses de decretação de prisão preventiva e relaxamento da prisão em flagrante, a concessão de liberdade provisória (com ou sem fiança) e a aplicação de uma ou mais medidas cautelares são providências praticamente obrigatórias.

Com relação à prisão preventiva, vem regulada pelos arts. 311 a 316, devendo ser observadas as modificações introduzidas pela Lei n. 13.964/2019 – Lei Anticrime.

A prisão temporária tem seus contornos estabelecidos pela Lei n. 7.960/89, valendo destacar as alterações introduzidas ao art. 2º pela nova Lei de Abuso de Autoridade ora em comento.

9.6. Habeas corpus

A expressão *habeas corpus* procede do latim e, em seu sentido literal, significa "tome o corpo". A expressão completa era *habeas corpus subjiciendum*, remontando à *Magna Carta Libertarum* de 1215, para controle legal da prisão de qualquer indivíduo.

O *habeas corpus* é um remédio constitucional destinado a tutelar, de maneira eficaz e imediata, a liberdade de locomoção (direito de ir e vir e de permanecer).

Embora incluído no Código de Processo Penal como um recurso, a doutrina é unânime em considerar o *habeas corpus* como verdadeira ação, de lastro constitucional (art. 5º, LXVIII, da CF), que tem por finalidade amparar o direito de liberdade. É uma ação autônoma de impugnação.

A doutrina e a jurisprudência têm admitido o uso anômalo do *habeas corpus* para pedidos de trancamento de inquéritos policiais e ações penais, sob o argumento de constrangimento ilegal que poderia afetar, no futuro, eventualmente, o direito de liberdade.

O *habeas corpus* pode ser impetrado por qualquer pessoa, inclusive pelo paciente (aquele que está sofrendo coação ilegal ou que se encontra na iminência de sofrê-la). Quando impetrado por advogado, não há necessidade de o paciente outorgar-lhe procuração.

O *habeas corpus* pode ser: preventivo, quando impetrado contra uma ameaça à liberdade de locomoção que ainda não se concretizou, mas que está na iminência de ocorrer, e liberatório, quando o paciente já estiver sofrendo a coação ilegal em sua liberdade de locomoção.

De acordo com o disposto no art. 648 do Código de Processo Penal, a coação considerar-se-á ilegal:

a) quando não houver justa causa;

b) quando alguém estiver preso por mais tempo do que determina a lei;

c) quando quem ordenar a coação não tiver competência para fazê-lo;

d) quando houver cessado o motivo que autorizou a coação;

e) quando não for alguém admitido a prestar fiança, nos casos em que a lei a autoriza;

f) quando o processo for manifestamente nulo;

g) quando extinta a punibilidade.

9.7. Conduta do crime previsto no parágrafo único

A conduta incriminada no parágrafo único do art. 9º é omissiva, caracterizada pelo verbo "deixar" e se referindo ao relaxamento da prisão ilegal, à substituição da prisão preventiva por medida cautelar diversa ou de conceder liberdade provisória, quando manifestamente cabível, e ao deferimento de liminar ou ordem de *habeas corpus*, quando manifestamente cabível.

Essa conduta já vinha prevista na revogada Lei n. 4.898/65, no art. 4º, *d*.

Trata-se de crime omissivo próprio.

Conforme ressaltam com propriedade Rogério Greco e Rogério Sanches Cunha (*Abuso de autoridade:* Lei n. 13.869/2019 comentada artigo por artigo. Salvador: JusPodivm, 2020. p. 89), "nada impede que o fato seja praticado via omissão imprópria, na hipótese em que o agente ou autoridade, gozando do *status* de garantidor (art. 13, § 2º, do CP), dolosamente (aderindo subjetivamente), omite seu dever jurídico de impedir o abuso.

Com relação à utilização de termos vagos e genéricos, de arriscada amplitude, tais como "manifesta desconformidade", "prazo razoável", "manifestamente ilegal" e "manifestamente cabível", *vide* item 9.2. *supra*.

9.8. Prazo razoável

A utilização da expressão *prazo razoável* trouxe celeuma na doutrina pátria, fazendo com que os comentaristas da nova lei divergissem em praticamente todos os aspectos.

De início, deve-se ter em mente que não há um prazo padronizado em lei para a prática dos atos previstos no parágrafo único do art. 9º, devendo ser considerada cada hipótese concreta, dada a amplitude terminológica empregada pelo legislador.

Na modalidade do inciso I, há várias hipóteses em que a prisão pode ser considerada ilegal e demandar o relaxamento pela autoridade judiciária. Uma prisão preventiva pode ser manifestamente ilegal, decretada em desconformidade com o disposto nos arts. 311 a 316 do Código de Processo Penal. Se não for apontada a ilegalidade por quem de direito ou se um juízo *ad quem* dela não tomar conhecimento, não haverá relaxamento e a segregação ilegal perdurará além do *prazo razoável*. Inclusive, de acordo com o disposto no parágrafo único do art. 316 do Código de Processo Penal, decretada a prisão preventiva, deverá o órgão emissor da decisão revisar a necessidade de sua manutenção a cada 90 (noventa) dias, mediante decisão fundamentada, de ofício, sob pena de tornar a prisão ilegal.

Outrossim, a prisão em flagrante ilegal deve ser relaxada imediatamente após a apresentação do acusado ao juiz, na audiência de custódia, que deverá ser realizada no prazo máximo de até 24 (vinte e quatro) horas após a realização da prisão.

No caso de *habeas corpus*, o art. 660 do Código de Processo Penal prevê o prazo de 24 (vinte e quatro) horas para a decisão do juiz.

Alguns estudiosos sustentam que o *prazo razoável* seria o de 24 (vinte e quatro) horas, à vista do disposto no art. 800, III, do Código de Processo Penal. Outros divergem, alegando que o inciso III do mencionado dispositivo se refere a "despacho de expediente" e que o relaxamento de prisão ilegal, a substituição de prisão preventiva por medida cautelar diversa ou a concessão de liberdade provisória são decisões interlocutórias e deveriam se subordinar ao prazo de 5 (cinco) dias, de acordo com o disposto no inciso II do art. 800.

Outros, ainda, se apoiam no art. 322, parágrafo único, do Código de Processo Penal, defendendo o prazo de 48 (quarenta e oito) horas como razoável.

Em suma, como afirmamos acima, não se deve estabelecer um prazo padronizado para a caracterização do crime omissivo de que ora se trata. Havendo prazo estabelecido em lei, deverá ele ser seguido estritamente pelo magistrado, sob pena de responsabilidade criminal. Não havendo prazo previsto em lei para a prática do ato, cada caso concreto deve ser analisado em sua especificidade, conferindo-se prudente interpretação à expressão *prazo razoável*, à luz da razoabilidade.

9.9. Elemento subjetivo

O elemento subjetivo é o dolo, não sendo prevista a modalidade delitiva culposa.

Agindo com culpa o agente público, deixando de observar o cuidado objetivo necessário em sua atuação funcional, poderá ser responsabilizado na esfera administrativa e/ou na esfera cível.

Além do dolo direto, vale ressaltar, a lei estabeleceu, ainda, no art. 1º, § 1º, a necessidade de um especial fim de agir para a configuração dos crimes nela previstos, devendo o agente público praticar as condutas típicas com a finalidade específica de prejudicar outrem ou beneficiar a si mesmo ou a terceiro, ou, ainda, por mero capricho ou satisfação pessoal. São crimes de tendência intensificada, crimes de intenção ou crimes de tendência interna transcendente. As finalidades específicas previstas na lei, alternativamente, são as seguintes: prejudicar outrem; beneficiar a si mesmo; beneficiar terceiro; por mero capricho; satisfação pessoal.

9.10. Consumação e tentativa

Na modalidade do *caput* do artigo, trata-se de crime formal, que se consuma no momento em que o agente público decreta a medida de privação da liberdade em manifesta desconformidade com as hipóteses legais. Não há necessidade, assim, para a consumação do crime, que a privação de liberdade efetivamente ocorra. Havendo, será considerada exaurimento do crime. A tentativa, em tese, é admissível se a decretação ilegal for escrita.

Na modalidade do parágrafo único, tratando-se de crime omissivo, a consumação se dá com a expiração do *prazo razoável* sem que a autoridade judiciária tenha proferido a sua decisão. Não se admite tentativa nessa modalidade de conduta.

9.11. Ação penal e competência

De acordo com o disposto no art. 3º, *caput*, da Lei n. 13.869/2019, "os crimes previstos nesta Lei são de ação penal pública incondicionada". Admite-se, no § 1º, a ação penal privada subsidiária.

A pena cominada, de 1 (um) a 4 (quatro) anos de detenção e multa afasta o menor potencial ofensivo e inviabiliza o processo e julgamento pelo Juizado Especial Criminal (Lei n. 9.099/95). Possível, entretanto, a suspensão condicional do processo prevista no art. 89 da citada lei de pequenas causas.

Em razão da pena cominada e não sendo o crime praticado com violência ou grave ameaça, o Ministério Público poderá propor acordo de não persecução penal, desde que necessário e suficiente para reprovação e prevenção do crime, mediante as condições estampadas no art. 28-A do Código de Processo Penal.

Inclusive, nesse sentido é o Enunciado 28 do Conselho Nacional de Procuradores-Gerais dos Ministérios Públicos dos Estados e da União – CNPG e do Grupo Nacional de Coordenadores de Centro de Apoio Criminal – GNCCRIM, que dispõe: "Crimes de abuso de autoridade, cometidos sem violência ou grave ameaça à pessoa, presentes os pressupostos do art. 18 da Res. n. 181/2017 do CNMP, admitirão o acordo de não persecução penal, salvo se a sua celebração não atender ao que seja necessário e suficiente para a reprovação e prevenção do crime".

Aplica-se a este crime afiançável o procedimento especial dos crimes de responsabilidade dos funcionários públicos, previsto nos arts. 513 a 518 do Código de Processo Penal, admitindo-se a defesa preliminar.

A competência para o processo e julgamento é, em regra, da Justiça Estadual, salvo na ocorrência de alguma das hipóteses previstas no art. 109 da Constituição Federal, quando, então, a competência será da Justiça Federal.

10. Decretação descabida de condução coercitiva

> Art. 10. Decretar a condução coercitiva de testemunha ou investigado manifestamente descabida ou sem prévia intimação de comparecimento ao juízo:
> Pena – detenção, de 1 (um) a 4 (quatro) anos, e multa.

10.1. Objetividade jurídica

O crime de decretação descabida de condução coercitiva vem previsto no art. 10 da Lei n. 13.869/2019, tendo como objetividade jurídica a tutela da Administração Pública e também o direito à liberdade de locomoção da pessoa, previsto no art. 5º, XV e LXI, da Constituição Federal. Também a dignidade humana recebe, nesse delito, a proteção legal.

Nas ADPFs 395 e 444, em que se impugnava a condução coercitiva para interrogatório, na investigação e na instrução criminal, o Supremo Tribunal Federal, por meio do relator Min. Gilmar Mendes, entendeu que a condução coercitiva de investigado para interrogatório ofende os direitos fundamentais da presunção de não culpabilidade (art. 5º, LVII, CF), dignidade da pessoa humana (art. 1º, III, CF), liberdade de locomoção (art. 5º, *caput*, e LXI, LXV, LXVI, LXVII e LXVIII, CF), além do direito a não autoincriminação e do direito à ampla defesa (art. 5º, LV, CF).

Eis a ementa do acórdão:

"1. Arguição de Descumprimento de Preceito Fundamental. Constitucional. Processo penal. Direito à não autoincriminação. Direito ao tempo necessário à preparação da defesa. Direito à liberdade de locomoção. Direito à presunção de não culpabilidade. 2. Agravo Regimental contra decisão liminar. Apresentação da decisão, de imediato, para referendo pelo Tribunal. Cognição completa da causa com a inclusão em pauta. Agravo prejudicado. 3. Cabimento da ADPF. Objeto: ato normativo pré-constitucional e conjunto de decisões judiciais. Princípio da subsidiariedade (art. 4º, § 1º, da Lei n. 9.882/99): ausência de instrumento de controle objetivo de constitucionalidade apto a tutelar a situação. Alegação de falta de documento indispensável à propositura da ação, tendo em vista que a petição inicial não se fez acompanhar de cópia do dispositivo impugnado do Código de Processo Penal. Art. 3º, parágrafo único, da Lei n. 9.882/99. Precedentes desta Corte no sentido de dispensar a prova do direito, quando 'transcrito literalmente o texto legal impugnado' e não houver dúvida relevante quanto ao seu teor ou vigência – ADI 1.991, Rel. Min. Eros Grau, j. 3-11-2004. A lei da ADPF deve ser lida em conjunto com o art. 376 do CPC, que confere ao alegante o ônus de provar o direito municipal, estadual, estrangeiro ou consuetudinário, se o juiz determinar. *Contrario sensu*, se impugnada lei federal, a prova do direito é desnecessária. Preliminar rejeitada. Ação conhecida. 4. Presunção de não culpabilidade. A condução coercitiva representa restrição temporária da liberdade de locomoção mediante condução sob custódia por forças policiais, em vias públicas, não sendo tratamento normalmente aplicado a pessoas inocentes. Violação. 5. Dignidade da pessoa humana (art. 1º, III, da CF/88). O indivíduo deve ser reconhecido como um membro da sociedade dotado de valor intrínseco, em condições de igualdade e com direitos iguais. Tornar o ser humano mero objeto no Estado, consequentemente, contraria a dignidade humana (COSTA NETO, João. *Dignidade humana*. São Paulo: Saraiva, 2014. p. 84). Na condução coercitiva, resta evidente que o investigado é conduzido para demonstrar sua submissão à força, o que desrespeita a dignidade da pessoa humana. 6. Liberdade de locomoção. A condução coercitiva representa uma supressão absoluta, ainda que temporária, da liberdade de locomoção. Há uma clara interferência na liberdade de locomoção, ainda que por período breve. 7. Potencial violação ao direito à não autoincriminação, na modalidade direito ao silêncio. Direito consistente na prerrogativa do implicado a recursar-se a depor em investigações ou ações penais contra si movimentadas, sem que o silêncio seja interpretado como admissão de responsabilidade. Art. 5º, LXIII, combinado com os arts. 1º, III; 5º, LIV, LV e LVII. O direito ao silêncio e o direito a ser advertido quanto ao seu exercício são previstos na legislação e aplicáveis à ação penal e ao interrogatório policial, tanto ao indivíduo preso quanto ao solto – art. 6º, V, e art. 186 do CPP. O conduzido é assistido pelo direito ao silêncio e pelo direito à respectiva advertência. Também é assistido pelo direito a fazer-se aconselhar por seu advogado. 8. Potencial violação à presunção de não culpabilidade. Aspecto relevante ao caso é a vedação de tratar pessoas não condenadas como culpadas – art. 5º, LVII. A restrição temporária da liberdade e a condução sob custódia por forças policiais em vias públicas não são tratamentos que normalmente possam ser aplicados a pessoas inocentes. O investigado é claramente tratado como culpado. 9. A legislação prevê o direito de ausência do investigado ou acusado ao interrogatório. O direito de ausência, por sua vez, afasta a possibilidade de condução coercitiva. 10. Arguição julgada procedente, para declarar a incompatibilidade com a Constituição Federal da condução coercitiva de investigados ou de réus para interrogatório, tendo em vista que o imputado não é legalmente obrigado a participar do ato, e pronunciar a não recepção da expressão 'para o interrogatório', constante do art. 260 do CPP."

10.2. Síntese das decisões proferidas nas ADPFs 394 e 444

O plenário do Supremo Tribunal Federal decidiu julgar procedentes as arguições de descumprimento de preceito fundamental para pronunciar a não recepção da expressão "para o interrogatório", constante do art. 260 do Código de Processo Penal, e declarar a incompatibilidade com a Constituição Federal da condução coercitiva de investigados ou de réus para interrogatório, sob pena de responsabilidade disciplinar, civil e penal do agente ou da autoridade e de ilicitude das provas obtidas, sem prejuízo da responsabilidade civil do Estado.

Na oportunidade, ficou destacado, ainda, que a decisão não desconstituía interrogatórios realizados até a data daquele julgamento, mesmo que os interrogados tenham sido coercitivamente conduzidos para tal ato.

A vedação à condução coercitiva para interrogatório, portanto, abrange tanto os investigados quanto os acusados, ou seja, incide na fase de investigação e na fase de instrução processual.

Assim, é permitida a condução coercitiva de investigado ou réu para atos ou diligências que não acarretem autoincriminação, tais como reconhecimento pessoal, dúvida sobre a identidade civil do imputado (art. 313, parágrafo único, CPP) etc.

Por consequência, não é permitida a condução coercitiva de investigado ou réu para interrogatório ou outra diligência que acarrete autoincriminação, ainda que não tenha atendido intimação prévia.

Nesse sentido, o Enunciado 6 do Conselho Nacional de Procuradores-Gerais dos Ministérios Públicos dos Estados e da União – CNPG e do Grupo Nacional de Coordenadores de Centro de Apoio Criminal – GNCCRIM, que dispõe: "Os investigados e réus não podem ser conduzidos coercitivamente à presença da autoridade policial ou judicial para serem interrogados. Outras hipóteses de condução coercitiva, mesmo de investigados ou réus para atos diversos do interrogatório, são possíveis, observando-se as formalidades legais".

Vale lembrar que a condução coercitiva continua sendo permitida para testemunhas, vítimas e peritos.

10.3. Sujeito ativo e sujeito passivo

Ao que se infere da redação do art. 10, sujeito ativo do delito somente pode ser o agente público que tem o poder de decretar a condução coercitiva de testemunha ou investigado, não se restringindo apenas ao juiz, mas alcançando também o membro do Ministério Público, o delegado e o parlamentar em Comissão Parlamentar de Inquérito (CPI).

Na primeira parte do tipo penal (decretação descabida), podem ser sujeitos ativos juízes, membros do Ministério Público, delegados e parlamentares em CPIs.

Na segunda parte do tipo penal (decretação sem prévia intimação de comparecimento ao juízo), somente pode ser sujeito ativo o juiz.

Na doutrina pátria, há quem entenda que apenas o juiz pode ser sujeito ativo do crime em comento, em qualquer de suas modalidades. É o entendimento de Renato Brasileiro de Lima (*Nova Lei de Abuso de Autoridade.* Salvador: JusPodivm, 2020. p. 113), que destaca: "Ora, estamos diante de medida que importa em supressão absoluta da liberdade de locomoção, ainda que temporária, sujeita, pois, à cláusula de reserva de jurisdição. Em síntese, a função de polícia judiciária e de apuração de infrações penais atribuída às Polícias Civis e à Polícia Federal, assim como a atribuição investigatória exercida subsidiariamente pelo Ministério Público, não lhes confere poderes para decretar medidas cautelares de coação pessoal, as quais pressupõem prévia autorização judicial, consoante disposto no art. 5º, inciso LXI, da Constituição Federal, interpretado extensivamente, e no art. 282, § 2º, do CPP".

A nossa posição é no sentido de que não apenas o juiz, mas também o membro do Ministério Público e o delegado podem decretar condução coercitiva de testemunhas e investigados e, portanto, podem figurar como sujeitos ativos do crime.

Com relação ao delegado, há precedente no Supremo Tribunal Federal (HC 107.644/SP, 1ª Turma, Rel. Min. Ricardo Lewandowski, *DJe* 17-10-2011).

Com relação ao Ministério Público, há permissivo para a decretação de condução coercitiva não apenas na lei (art. 26, I, da Lei n. 8.625/93 – Lei Orgânica Nacional do Ministério Público), como também na Res. n. 181/2017 do Conselho Nacional do Ministério Público.

Sujeito passivo é a testemunha ou investigado em detrimento do qual foi decretada a condução coercitiva descabida ou sem prévia intimação de comparecimento ao juízo. Secundariamente, é o Estado.

Vale ressaltar que o tipo penal se refere apenas a *investigado,* podendo-se concluir, a nosso ver, que o *acusado* não pode ser vítima desse delito, sob pena de violação ao princípio da legalidade. Vedada, outrossim, a analogia *in mallam partem*. Portanto, não caracteriza o crime em comento a condução coercitiva de réu, durante a instrução criminal.

10.4. Conduta

A conduta típica vem expressa pelo verbo *decretar,* que significa proferir a decisão, determinar o cumprimento de medida, ordenar, determinar, mandar.

Elementos normativos do tipo vêm caracterizados pelas expressões "manifestamente descabida" e "sem prévia intimação".

Manifestamente descabida, por exemplo, é a condução coercitiva de investigados ou de réus para interrogatório perante a autoridade policial ou em juízo, uma vez que afronta o quanto decidido nas ADPFs 395 e 444 (*vide* item 10.2. *supra*).

Com relação à prévia intimação, é necessária para a legalidade do ato (art. 260, CPP), seja em relação a testemunhas, seja em relação a investigados ou réus para atos que não acarretem autoincriminação. Inexistindo prévia intimação e sendo decretada a condução coercitiva, estará caracterizado o delito.

10.5. Elemento subjetivo

O elemento subjetivo é o dolo, não sendo prevista a modalidade delitiva culposa.

Agindo com culpa o agente público, deixando de observar o cuidado objetivo necessário em sua atuação funcional, poderá ser responsabilizado na esfera administrativa e/ou na esfera cível.

Além do dolo direto, vale ressaltar, a lei estabeleceu, ainda, no art. 1º, § 1º, a necessidade de um especial fim de agir para a configuração dos crimes nela previstos, devendo o agente público praticar as condutas típicas com a finalidade específica de prejudicar outrem ou beneficiar a si mesmo ou a terceiro, ou, ainda, por mero capricho ou satisfação pessoal. São crimes de tendência intensificada, crimes de intenção ou crimes de tendência interna transcendente. As finalidades específicas previstas na lei, alternativamente, são as seguintes: prejudicar outrem; beneficiar a si mesmo; beneficiar terceiro; por mero capricho; satisfação pessoal.

10.6. Consumação e tentativa

O crime se consuma com a decretação da condução coercitiva manifestamente descabida de testemunha ou investigado ou sem prévia intimação de comparecimento ao juízo.

Trata-se de crime formal, que não necessita da ocorrência do resultado naturalístico para sua consumação. Assim, não há necessidade de que a testemunha ou investigado sejam efetivamente conduzidos coercitivamente à presença da autoridade.

Embora de difícil configuração prática, entendemos que é admissível a tentativa, uma vez que fracionável o *iter criminis*.

10.7. Ação penal e competência

De acordo com o disposto no art. 3º, *caput*, da Lei n. 13.869/2019, "os crimes previstos nesta Lei são de ação penal pública incondicionada". Admite-se, no § 1º, a ação penal privada subsidiária.

A pena cominada, de 1 (um) a 4 (quatro) anos de detenção e multa afasta o menor potencial ofensivo e inviabiliza o processo e julgamento pelo Juizado Especial Criminal (Lei n. 9.099/95). Possível, entretanto, a suspensão condicional do processo prevista no art. 89 da citada lei de pequenas causas.

Em razão da pena cominada e não sendo o crime praticado com violência ou grave ameaça, o Ministério Público poderá propor acordo de não persecução penal, desde que necessário e suficiente para reprovação e prevenção do crime, mediante as condições estampadas no art. 28-A do Código de Processo Penal.

Inclusive, nesse sentido é o Enunciado 28 do Conselho Nacional de Procuradores-Gerais dos Ministérios Públicos dos Estados e da União – CNPG e do Grupo Nacional de Coordenadores de Centro de Apoio Criminal – GNCCRIM, que dispõe: "Crimes de abuso de autoridade, cometidos sem violência ou grave ameaça à pessoa, presentes os pressupostos do art. 18 da Res. n. 181/2017 do CNMP, admitirão o acordo de não persecução penal, salvo se a sua celebração não atender ao que seja necessário e suficiente para a reprovação e prevenção do crime".

Aplica-se a este crime afiançável o procedimento especial dos crimes de responsabilidade dos funcionários públicos, previsto nos arts. 513 a 518 do Código de Processo Penal, admitindo-se a defesa preliminar.

A competência para o processo e julgamento é, em regra, da Justiça Estadual, salvo na ocorrência de alguma das hipóteses previstas no art. 109 da Constituição Federal, quando, então, a competência será da Justiça Federal.

11. Captura, prisão ou busca e apreensão ilegais de pessoa

> Art. 11. Executar a captura, prisão ou busca e apreensão de pessoa que não esteja em situação de flagrante delito ou sem ordem escrita de autoridade judiciária, salvo nos casos de transgressão militar ou crime propriamente militar, definidos em lei, ou de condenado ou internado fugitivo:
> Pena – detenção, de 1 (um) a 4 (quatro) anos, e multa.

11.1. Dispositivo legal vetado

O crime de captura, prisão ou busca e apreensão ilegais de pessoa foi vetado pelo Presidente da República.

São as seguintes as razões do veto:

"A propositura legislativa, ao dispor sobre a criminalização de execução de captura, prisão ou busca e apreensão de pessoa que não esteja em situação de flagrante delito gera insegurança jurídica, notadamente aos agentes da segurança pública, tendo em vista que há situações que a flagrância pode se alongar no tempo e depende de análise do caso concreto. Ademais, a propositura viola o princípio da proporcionalidade entre o tipo penal descrito e a pena cominada".

12. Omissão de comunicação de prisão

> Art. 12. Deixar injustificadamente de comunicar prisão em flagrante à autoridade judiciária no prazo legal:
> Pena – detenção, de 6 (seis) meses a 2 (dois) anos, e multa.
> Parágrafo único. Incorre na mesma pena quem:
> I – deixa de comunicar, imediatamente, a execução de prisão temporária ou preventiva à autoridade judiciária que a decretou;
> II – deixa de comunicar, imediatamente, a prisão de qualquer pessoa e o local onde se encontra à sua família ou à pessoa por ela indicada;
> III – deixa de entregar ao preso, no prazo de 24 (vinte e quatro) horas, a nota de culpa, assinada pela autoridade, com o motivo da prisão e os nomes do condutor e das testemunhas;
> IV – prolonga a execução de pena privativa de liberdade, de prisão temporária, de prisão preventiva, de medida de segurança ou de internação, deixando, sem motivo justo e excepcionalíssimo, de executar o alvará de soltura imediatamente após recebido ou de promover a soltura do preso quando esgotado o prazo judicial ou legal.

12.1. Objetividade jurídica

O crime de omissão de comunicação de prisão vem previsto no art. 12 da Lei n. 13.869/2019, tendo como objetividade jurídica a tutela da Administração Pública e o direito à liberdade de locomoção da pessoa, previsto no art. 5º, XV e LXI, da Constituição Federal. Também o direito à comunicação da prisão de qualquer pessoa e o local onde se encontre (art. 5º, LXII, CF) recebe, nesse delito, a proteção legal.

12.2. Sujeito ativo e sujeito passivo

O *caput* do art. 12 se refere à omissão injustificada de comunicação de prisão em flagrante à autoridade judiciária no prazo legal. O art. 5º, LXII, da Constituição Federal estabelece que "a prisão de qualquer pessoa e o local onde se encontre serão comunicados imediatamente ao juiz competente e à família do preso ou à pessoa por ele indicada".

No mesmo sentido, o art. 306 do Código de Processo Penal estabelece que "A prisão de qualquer pessoa e o local onde se encontre serão comunicados imediatamente ao juiz competente, ao Ministério Público e à família do preso ou à pessoa por ele indicada".

Portanto, infere-se que o sujeito ativo somente pode ser o agente público (art. 2º – *vide* item 4 *supra*) que tenha o dever legal de comunicar imediatamente ao juiz competente a prisão de qualquer pessoa e o local onde se encontra, ou seja, o Delegado de Polícia. É ele a autoridade competente a que se refere o art. 304 do Código de Processo Penal. Nesse aspecto é o art. 2º, § 1º, da Lei n. 12.830/2013.

Adriano Sousa Costa, Eduardo Fontes e Henrique Hoffmann (Op. cit., p. 123) incluem também como sujeitos ativos o escrivão e o investigador, asseverando: "O sujeito ativo principal no art. 12, *caput* é o delegado de polícia, podendo também ser praticado pelo escrivão ou investigador".

Tratando-se de crime militar, a mesma obrigação de comunicação ao juiz vem estampada no art. 222 do Código de Processo Penal Militar, recaindo a responsabilidade penal, em caso de omissão, sobre a autoridade policial militar.

Sujeito passivo é a pessoa presa em flagrante. Secundariamente, é o Estado.

12.3. Conduta

A conduta típica vem expressa pelo verbo *deixar*, indicando a omissão da autoridade responsável pela comunicação da prisão em flagrante à autoridade judiciária.

A dúvida que se estabelece é justamente a de saber qual o prazo para a comunicação da prisão em flagrante à autoridade judiciária, à vista do que dispõe o art. 306 do Código de Processo Penal.

A nosso entender, o prazo é de 24 (vinte e quatro) horas, pois o art. 12, *caput*, se refere a "prazo legal". Ora, o prazo legal (previsto em lei) é aquele estabelecido no art. 306, § 1º, do Código de Processo Penal, no qual a autoridade policial deverá encaminhar ao juiz competente o auto de prisão em flagrante.

Não se ignora, evidentemente, que a comunicação *imediata* da prisão em flagrante ao juiz, prevista no *caput* do art. 306 não se confunde com a remessa do respectivo auto. São providências diversas.

Até em razão disso, há autores que discordam do prazo de 24 (vinte e quatro) horas para a comunicação da prisão em flagrante, conforme acima mencionado, sustentando que a referida comunicação deve ser feita *imediatamente,* ou seja, desde logo, de imediato, sem delonga, no mesmo instante, conforme determina expressamente o art. 306, *caput*.

Mantemos, entretanto, a nossa posição no sentido de que o "prazo legal" a que se refere o dispositivo em comento é o prazo de 24 (vinte e quatro) horas, até em consonância com o princípio da legalidade e da taxatividade.

Outrossim, a omissão de comunicação da prisão em flagrante ao juiz deve ser injustificada. O tipo penal traz o elemento normativo *injustificadamente,* que significa sem justificativa plausível, sem razão relevante. Havendo justo impedimento para que ocorra a comunicação, haverá a exclusão da própria tipicidade, não se configurando o delito.

Por fim, vale mencionar que se a autoridade policial responsável pela apreensão de criança ou adolescente deixar de fazer imediata comunicação à autoridade judiciária competente e à família do apreendido ou à pessoa por ele indicada, estará tipificado o crime do art. 231 da Lei n. 8.069/90 – Estatuto da Criança e do Adolescente.

12.4. Elemento subjetivo

O elemento subjetivo é o dolo, não sendo prevista a modalidade delitiva culposa.

Agindo com culpa o agente público, deixando de observar o cuidado objetivo necessário em sua atuação funcional (agindo, por exemplo, com negligência), poderá ser responsabilizado na esfera administrativa e/ou na esfera cível.

Além do dolo direto, vale ressaltar, a lei estabeleceu, ainda, no art. 1º, § 1º, a necessidade de um especial fim de agir para a configuração dos crimes nela previstos, devendo o agente público praticar as condutas típicas com a finalidade específica de prejudicar outrem ou beneficiar a si mesmo ou a terceiro, ou, ainda, por mero capricho ou satisfação pessoal. São crimes de tendência intensificada, crimes de intenção ou crimes de tendência interna transcendente. As finalidades específicas previstas na lei, alternativamente, são as seguintes: prejudicar outrem; beneficiar a si mesmo; beneficiar terceiro; por mero capricho; satisfação pessoal.

12.5. Consumação e tentativa

Trata-se de crime de mera conduta, que se consuma com a omissão de comunicação da prisão no prazo de 24 (vinte e quatro) horas (item 10.5. *supra*) a partir da apresentação do preso à autoridade policial. Por ser crime omissivo próprio, não se admite a tentativa.

12.6. Ação penal e competência

De acordo com o disposto no art. 3º, *caput*, da Lei n. 13.869/2019, "os crimes previstos nesta Lei são de ação penal pública incondicionada". Admite-se, no § 1º, a ação penal privada subsidiária.

A pena cominada é de 6 (seis) meses a 2 (dois) anos de detenção e multa.

Sendo crime de menor potencial ofensivo, a competência é do Juizado Especial Criminal (Lei n. 9.099/95), não sendo possível o acordo de não persecução penal em razão do disposto no art. 28-A, § 2º, I, do Código de Processo Penal.

12.7. Figuras equiparadas

No parágrafo único do art. 12 vêm previstas figuras equiparadas à do *caput,* incorrendo o agente na mesma pena.

No inciso I, pune-se a conduta do agente que deixa de comunicar, imediatamente, a execução de prisão temporária ou preventiva à autoridade judiciária que a decretou. Trata-se de obrigação já estampada no art. 289-A, §§ 2º e 3º, do Código de Processo Penal, que estabelece a obrigatoriedade de comunicação imediata da prisão ao juiz que a decretou ou ao juiz do local de cumprimento da medida, o qual providenciará a certidão extraída do registro do Conselho Nacional de Justiça e informará ao juízo que a decretou. O mesmo se diga com relação à prisão temporária (Lei n. 7.960/89). *Imediatamente* significa desde logo, de imediato, sem delonga, no mesmo instante. Nesse caso, o sujeito ativo pode ser qualquer agente público responsável pelo cumprimento do mandado de prisão, inclusive o juiz ao qual o preso foi apresentado, quando não for o responsável pela expedição do mandado de prisão.

No inciso II, pune-se a conduta do agente que deixa de comunicar, imediatamente, a prisão de qualquer pessoa e o local onde se encontra à sua família ou à pessoa por ela indicada. Essa obrigação vem estampada no art. 306, *caput*, do Código de Processo Penal. Aqui também a comunicação deve ser imediata. O sujeito ativo, a nosso ver, somente pode ser o Delegado de Polícia, valendo, nesse passo, as observações já feitas no item 12.2. *supra*.

No inciso III, pune-se a conduta do agente que deixa de entregar ao preso, no prazo de 24 (vinte e quatro) horas, a nota de culpa, assinada pela autoridade, com o motivo da prisão e os nomes do condutor e das testemunhas. Nota de culpa é uma peça informativa, escrita, que deve ser obrigatoriamente entregue ao preso em flagrante, devidamente assinada pela autoridade, com o motivo da prisão, o nome do condutor e os das testemunhas (art. 306, § 2º). No caso de prisão temporária, o mandado de prisão deverá ser expedido em duas vias, uma das quais será entregue ao indiciado e servirá como nota de culpa. O sujeito ativo, nesse crime, poderá ser tanto o Delegado de Polícia quanto qualquer outro agente público encarregado de entregar ao preso a nota de culpa.

No inciso IV, pune-se a conduta do agente que prolonga a execução de pena privativa de liberdade, de prisão temporária, de prisão preventiva, de medida de segurança ou de internação, deixando, sem motivo justo e excepcionalíssimo, de executar o alvará de soltura imediatamente após recebido ou de promover a soltura do preso quando esgotado o prazo judicial ou legal. Ninguém pode ficar preso por mais tempo do que determina a lei ou do que foi estabelecido pelo juiz, seja a prisão provisória ou definitiva.

Assim, recebido o alvará de soltura, deverá o agente público encarregado da custódia do preso colocá-lo em liberdade *imediatamente*. É evidente que o agente público, antes de soltar o preso, deve se certificar de que contra ele não há outra ordem de prisão, submetendo-o, por vezes, a exame de corpo de delito, legitimação ou conferência da autenticidade do alvará de soltura. Mas tais providências não podem ensejar procrastinação do cumprimento da ordem por prazo além do razoável.

Ademais, há que se atender às regras administrativas de cada estabelecimento prisional para a soltura de presos, daí por que o próprio Conselho Nacional de Justiça, por meio da Res. n. 108/2010, estabeleceu o prazo de 24 (vinte e quatro) horas para cumprimento do alvará de soltura ("Art. 1º. O juízo competente para decidir a respeito da liberdade ao preso provisório ou condenado será também responsável pela expedição e cumprimento do respectivo alvará de soltura, no prazo máximo de vinte e quatro horas.").

Por fim, merece destacar que, na prisão temporária (art. 2º, § 7º, da Lei n. 7.960/89), decorrido o prazo contido no mandado de prisão, a autoridade responsável pela custódia deverá, independentemente de nova ordem da autoridade judicial, pôr imediatamente o preso em liberdade, salvo se já tiver sido comunicada da prorrogação da prisão temporária ou da decretação da prisão preventiva.

13. Constrangimento ilegal à exibição do corpo, vexame ou produção de prova

> Art. 13. Constranger o preso ou o detento, mediante violência, grave ameaça ou redução de sua capacidade de resistência, a:
> I – exibir-se ou ter seu corpo ou parte dele exibido à curiosidade pública;
> II – submeter-se a situação vexatória ou a constrangimento não autorizado em lei;
> III – produzir prova contra si mesmo ou contra terceiro:
> Pena – detenção, de 1 (um) a 4 (quatro) anos, e multa, sem prejuízo da pena cominada à violência.

13.1. Objetividade jurídica

O crime de constrangimento ilegal à exibição do corpo, vexame ou produção de prova vem previsto no art. 13 da Lei n. 13.869/2019, tendo como objetividade jurídica a tutela da Administração Pública e também a dignidade humana (art. 1º, III, CF), o direito à integridade física e moral (art. 5º, XLIX, CF), além do direito à honra e à imagem. Trata-se de crime pluriofensivo.

O crime já existia anteriormente, estando previsto no inciso II do revogado art. 350 do Código Penal e também no art. 4º, *b*, da revogada Lei n. 4.898/65.

13.2. Sujeito ativo e sujeito passivo

Sujeito ativo do delito somente pode ser o agente público (arts. 1º e 2º da lei) que tem o preso ou detento sob seu cuidado, guarda, autoridade ou vigilância.

O particular que, de qualquer modo, concorre para o crime, responde também por esse delito de abuso de autoridade, em vista do disposto no art. 30 do Código Penal.

Sujeito passivo é o preso ou detento e, secundariamente, o Estado.

Tratando-se a vítima de criança ou adolescente, estará configurado o crime do art. 232 da Lei n. 8.069/90 – Estatuto da Criança e do Adolescente.

Preso é a pessoa que já teve sua prisão formalizada, sendo indiferente se prisão em flagrante, prisão preventiva, prisão temporária ou prisão decorrente de sentença condenatória irrecorrível.

Detento é aquele que se encontra privado transitoriamente de sua liberdade antes de formalizada a prisão.

Tratando-se de investigado ou réu solto, não se configura a prática delitiva em comento.

13.3. Conduta

A conduta típica vem representada pelo verbo *constranger*, que significa obrigar, forçar, compelir, submeter.

Para a caracterização do crime, é necessário que o constrangimento se dê mediante violência, ou seja, mediante utilização de força física (*vis absoluta*), ou mediante grave ameaça (violência moral – *vis compulsiva*), ou ainda mediante redução da capacidade de resistência do preso ou detento (violência imprópria).

O constrangimento deve se voltar à prática das seguintes atuações por parte do preso ou detento:

I – exibir-se ou ter seu corpo ou parte dele exibido à curiosidade pública;

Visa a regra a preservação da integridade moral do preso ou detento, que não pode ser exposto à curiosidade pública. Deve ele ter resguardada a sua dignidade não podendo ser exibido publicamente ou ter seu corpo ou parte dele exibido.

Nesse sentido, a Lei n. 13.964/2019 – Lei Anticrime, ao instituir no sistema processual brasileiro o juiz das garantias, estabeleceu como uma das atribuições desse magistrado, no art. 3º-F, *caput*, justamente "assegurar o cumprimento das regras para o tratamento dos presos, impedindo o acordo ou ajuste de qualquer autoridade com órgãos da imprensa para explorar a imagem da pessoa submetida à prisão, sob pena de responsabilidade civil, administrativa e penal".

II – submeter-se a situação vexatória ou a constrangimento não autorizado em lei;

Vexame significa vergonha, humilhação. Situação vexatória é aquela que expõe o preso ou detento ao ridículo, ou a situação de embaraço, vergonha ou humilhação. O termo constrangimento aqui é utilizado em seu sentido moral, como sinônimo de embaraço, mal-estar, rebaixamento.

Com relação ao uso de algemas, a situação já vem de certa forma equacionada pelo disposto na Súmula Vinculante 11 do STF, que diz:

"Só é lícito o uso de algemas em casos de resistência e de fundado receio de fuga ou de perigo à integridade física própria ou alheia, por parte do preso ou de terceiros, justificada a excepcionalidade por escrito, sob pena de responsabilidade disciplinar, civil e penal do agente ou da autoridade e de nulidade da prisão ou do ato processual a que se refere, sem prejuízo da responsabilidade civil do Estado".

Inclusive, a própria Lei n. 13.869/2019, ora em comento, teve seu art. 17, que tratava do uso indevido de algemas, vetado pelo Presidente da República.

Dispunha o art. 17 da lei:

"Art. 17. Submeter o preso, internado ou apreendido ao uso de algemas ou de qualquer outro objeto que lhe restrinja o movimento dos membros, quando manifestamente não houver resistência à prisão, internação ou apreensão, ameaça de fuga ou risco à integridade física do próprio preso, internado ou apreendido, da autoridade ou de terceiro:

Pena – detenção, de 6 (seis) meses a 2 (dois) anos, e multa.

Parágrafo único. A pena é aplicada em dobro se:

I – o internado tem menos de 18 (dezoito) anos de idade;

II – a presa, internada ou apreendida estiver grávida no momento da prisão, internação ou apreensão, com gravidez demonstrada por evidência ou informação;

III – o fato ocorrer em penitenciária".

Referido artigo foi vetado sob a seguinte razão: "A propositura legislativa, ao tratar de forma genérica sobre a matéria, gera insegurança jurídica por encerrar tipo penal aberto e que comporta interpretação. Ademais, há ofensa ao princípio da intervenção mínima, para o qual o Direito Penal só deve ser aplicado quando estritamente necessário, além do fato de que o uso de algemas já se encontra devidamente tratado pelo Supremo Tribunal Federal, nos termos da Súmula Vinculante 11, que estabelece parâmetros e a eventual responsabilização do agente público que o descumprir".

III – produzir prova contra si mesmo ou contra terceiro.

Esse dispositivo havia sido inicialmente vetado pelo Presidente da República, sob o seguinte argumento: "A propositura legislativa gera insegurança jurídica, pois o princípio da não produção de prova contra si mesmo não é absoluto como nos casos em que se demanda apenas uma cooperação meramente passiva do investigado. Neste sentido, o dispositivo proposto contraria o sistema jurídico nacional ao criminalizar condutas legítimas, como a identificação criminal por datiloscopia, biometria e submissão obrigatória de perfil genético (DNA) de condenados, nos termos da Lei n. 12.037, de 2009".

Posteriormente, o veto foi rejeitado pelo Congresso Nacional.

Trata-se, na primeira parte do inciso, de decorrência do princípio *nemo tenetur se detegere,* segundo o qual ninguém é obrigado a produzir prova contra si mesmo.

Conforme observam Adriano Sousa Costa, Eduardo Fontes e Henrique Hoffmann (Op. cit., p. 150), "não afronta o privilégio contra a autoincriminação e por isso não configura crime por parte do agente público submeter o cidadão à identificação e à produção de prova que não exija comportamento autoincriminador nem configure prova invasiva".

Citam como exemplo, os ditos autores, a identificação civil (sob pena de incidir no art. 68 da Lei de Contravenções Penais e a Súmula 522 do STJ sobre o crime de falsa identidade – art. 307 do CP), a identificação criminal (art. 3º da Lei n. 12.037/2009), o reconhecimento pessoal (art. 260, 2ª parte, do CPP), dentre outros.

Na segunda parte do inciso, a lei veda também o constrangimento do preso ou detento a produzir prova contra terceiro.

13.4. Elemento subjetivo

O elemento subjetivo é o dolo, não sendo prevista a modalidade delitiva culposa.

Agindo com culpa o agente público, deixando de observar o cuidado objetivo necessário em sua atuação funcional (agindo, por exemplo, com negligência), poderá ser responsabilizado na esfera administrativa e/ou na esfera cível.

Além do dolo direto, vale ressaltar, a lei estabeleceu, ainda, no art. 1º, § 1º, a necessidade de um especial fim de agir para a configuração dos crimes nela previstos, devendo o agente público praticar as condutas típicas com a finalidade específica de prejudicar outrem ou beneficiar a si mesmo ou a terceiro, ou, ainda, por mero capricho ou satisfação pessoal. São crimes de tendência intensificada, crimes de intenção ou crimes de tendência interna transcendente. As finalidades específicas previstas na lei, alternativamente, são as seguintes: prejudicar outrem; beneficiar a si mesmo; beneficiar terceiro; por mero capricho; satisfação pessoal.

13.5. Consumação e tentativa

O crime se consuma com o comportamento positivo do preso ou detento, fazendo aquilo a que foi constrangido.

Trata-se de crime material. Portanto, a consumação ocorre quando o preso ou detento, em razão do constrangimento exercido mediante violência, grave ameaça ou redução de sua capacidade de resistência, efetivamente se exiba ou tenha seu corpo ou parte dele exibido à curiosidade pública; se submeta a situação vexatória ou a constrangimento não autorizado em lei; ou produza prova contra si mesmo ou contra terceiro.

A tentativa é admissível, uma vez fracionável o *iter criminis.*

13.6. Ação penal e competência

De acordo com o disposto no art. 3º, *caput,* da Lei n. 13.869/2019, "os crimes previstos nesta Lei são de ação penal pública incondicionada". Admite-se, no § 1º, a ação penal privada subsidiária.

A pena cominada, de 1 (um) a 4 (quatro) anos de detenção e multa afasta o menor potencial ofensivo e inviabiliza o processo e julgamento pelo Juizado Especial Criminal (Lei n. 9.099/95). Possível, entretanto, a suspensão condicional do processo prevista no art. 89 da citada lei de pequenas causas.

Em razão da pena cominada e não sendo o crime praticado com violência ou grave ameaça, o Ministério Público poderá propor acordo de não persecução penal, desde que necessário e suficiente para reprovação e prevenção do crime, mediante as condições estampadas no art. 28-A do Código de Processo Penal. Portanto, cabe acordo de não persecução penal somente quando o constrangimento se dá com o emprego da violência imprópria (redução de capacidade de resistência).

Inclusive, nesse sentido, o Enunciado 28 do Conselho Nacional de Procuradores-Gerais dos Ministérios Públicos dos Estados e da União – CNPG e do Grupo Nacional de Coordenadores de Centro de Apoio Criminal – GNCCRIM, que dispõe: "Crimes de abuso de autoridade, cometidos sem violência ou grave ameaça à pessoa, presentes os pressupostos do art. 18 da Res. n. 181/2017 do CNMP, admitirão o acordo de não persecução penal, salvo se a sua celebração não atender ao que seja necessário e suficiente para a reprovação e prevenção do crime".

Aplica-se a este crime afiançável o procedimento especial dos crimes de responsabilidade dos funcionários públicos, previsto nos arts. 513 a 518 do Código de Processo Penal, admitindo-se a defesa preliminar.

A competência para o processo e julgamento é, em regra, da Justiça Estadual, salvo na ocorrência de alguma das hipóteses previstas no art. 109 da Constituição Federal, quando, então, a competência será da Justiça Federal.

14. Fotografia ou filmagem não autorizada de preso

> Art. 14. Fotografar ou filmar, permitir que fotografem ou filmem, divulgar ou publicar fotografia ou filmagem de preso, internado, investigado, indiciado ou vítima, sem seu consentimento ou com autorização obtida mediante constrangimento ilegal, com o intuito de expor a pessoa a vexame ou execração pública:
>
> Pena – detenção, de 6 (seis) meses a 2 (dois) anos, e multa.
>
> Parágrafo único. Não haverá crime se o intuito da fotografia ou filmagem for o de produzir prova em investigação criminal ou processo penal ou o de documentar as condições de estabelecimento penal.

14.1. Dispositivo legal vetado

O crime de fotografia ou filmagem não autorizada de preso foi vetado pelo Presidente da República.

São as seguintes as razões do veto:

"A propositura legislativa, ao prever como elemento do tipo 'com o intuito de expor a pessoa a vexame ou execração pública', gera insegurança jurídica por se tratar de tipo penal aberto e que comporta interpretação, notadamente aos agentes da segurança pública, tendo em vista que não se mostra possível o controle absoluto sobre a captação de imagens de indiciados, presos e detentos e sua divulgação ao público por parte de particulares ou mesmo da imprensa, cuja responsabilidade criminal recairia sobre os agentes públicos. Por fim, o registro e a captação da imagem do preso, internado, investigado ou indiciado poderá servir no caso concreto ao interesse da própria persecução criminal, o que restaria prejudicado se subsistisse o dispositivo".

15. Constrangimento a depoimento ou a prosseguimento de interrogatório

> Art. 15. Constranger a depor, sob ameaça de prisão, pessoa que, em razão de função, ministério, ofício ou profissão, deva guardar segredo ou resguardar sigilo:
>
> Pena – detenção, de 1 (um) a 4 (quatro) anos, e multa.
>
> Parágrafo único. Incorre na mesma pena quem prossegue com o interrogatório:
>
> I – de pessoa que tenha decidido exercer o direito ao silêncio; ou
>
> II – de pessoa que tenha optado por ser assistida por advogado ou defensor público, sem a presença de seu patrono.

15.1. Objetividade jurídica

O crime de constrangimento a depoimento ou a prosseguimento de interrogatório vem previsto no art. 15 da Lei n. 13.869/2019, tendo como objetividade jurídica a tutela da Administração Pública e também o direito ao sigilo de pessoas que exercem determinadas funções, ministérios, ofícios ou profissões. Também é protegido o direito ao silêncio e o direito à assistência de advogado, previstos no art. 5º, LXIII, da Constituição Federal ("o preso será informado de seus direitos, entre os quais o de permanecer calado, sendo-lhe assegurada a assistência da família e de advogado"). Trata-se de crime pluriofensivo.

15.2. Sujeito ativo e sujeito passivo

Na figura do *caput* do art. 15, sujeito ativo pode ser qualquer agente público (arts. 1º e 2º da lei), não apenas a autoridade policial ou judiciária. Ainda que o depoimento seja colhido pelo delegado, pelo juiz ou pelo promotor de Justiça (em procedimentos de investigação criminal, por exemplo), outro agente público pode ser o executor do constrangimento a depor sob ameaça de prisão. Nesse caso, o sujeito passivo é a pessoa que tem o dever de guardar segredo ou resguardar sigilo em razão da função, ministério, ofício ou profissão. São os chamados confidentes necessários. Secundariamente, o sujeito passivo é o Estado.

Nessa primeira figura, trata-se de crime biprópio, que requer, além de uma qualidade especial do sujeito ativo, também uma qualidade especial do sujeito passivo (pessoa que deva guardar segredo ou resguardar sigilo em razão da função, ministério, ofício ou profissão).

Na modalidade do parágrafo único, inciso I, o sujeito ativo somente pode ser o agente público que ostente a qualidade de delegado, juiz, promotor de Justiça ou até mesmo parlamentar em Comissão Parlamentar de Inquérito. Sujeito passivo é a pessoa cujo direito ao silêncio foi violado. Secundariamente, o Estado.

Na modalidade do parágrafo único, inciso II, também o sujeito ativo somente pode ser o agente público que ostente a qualidade de delegado, juiz, promotor de Justiça ou até mesmo parlamentar em Comissão Parlamentar de Inquérito. Sujeito passivo é a pessoa cujo direito à assistência de advogado foi violado. Secundariamente, o Estado.

15.3. Conduta

A conduta típica da modalidade delitiva do *caput* vem representada pelo verbo *constranger*, que significa obrigar, forçar, compelir, submeter.

Para a caracterização dessa modalidade do crime, é necessário que o constrangimento se dê *sob ameaça de prisão*. Trata-se, pois, de crime de forma vinculada. Se o constrangimento se der mediante qualquer outro meio, não estará configurado *este* delito.

A vítima deve ser constrangida a *depor*. O Código de Processo penal, no art. 202, estabelece que "toda pessoa poderá ser testemunha". No art. 206 vêm previstas as pessoas que podem se recusar a depor e no art. 207 estão as pessoas que são proibidas de depor. Assim, são proibidas de depor as pessoas que, em razão de função, ministério, ofício ou profissão, devam guardar segredo, salvo se, desobrigadas pela parte interessada, quiserem dar o seu testemunho (exemplos: médicos, sacerdotes, advogados etc.). Especificamente com relação ao advogado, consulte-se: art. 7º, XIX, da Lei n. 8.906/94 – EAOAB e art. 26 do Código de Ética e Disciplina da OAB.

No parágrafo único do artigo em comento, a conduta típica vem expressa pelo verbo *prosseguir*, que significa continuar, seguir, levar adiante.

Assim, comete o delito o delegado, juiz, promotor de Justiça e parlamentar que preside CPI que prossegue com o interrogatório:

I – de pessoa que tenha decidido exercer o direito ao silêncio. Nesse caso, a pessoa interrogada pode invocar seu direito constitucional ao silêncio, oportunidade em que o agente público não poderá prosseguir com o interrogatório. Vale anotar que, tão logo seja invocado o direito ao silêncio, o interrogatório deve cessar, não podendo nem mesmo ser consignadas pela autoridade, no termo de interrogatório, as perguntas não respondidas pelo interrogando.

II – de pessoa que tenha optado por ser assistida por advogado ou defensor público, sem a presença de seu patrono. Aqui também a pessoa interrogada poderá invocar o seu direito constitucional de ser assistida por advogado ou defensor público, oportunidade em que a autoridade que preside o interrogatório deverá interrompê-lo imediatamente, para dar continuidade em outra ocasião, ou suspendê-lo e aguardar a chegada do advogado ou defensor público.

Vale lembrar que, em juízo, a presença do advogado é indispensável, uma vez que o art. 261 do Código de Processo Penal estabelece que "nenhum acusado, ainda que ausente ou foragido, será processado ou julgado sem defensor".

Já na fase de investigação preliminar (inquérito policial ou procedimento de investigação criminal do Ministério Público), a presença de advogado para o investigado é facultativa e não obrigatória. Entretanto, se o investigado optar por ser assistido por advogado ou defensor público, esse desejo deve ser respeitado, não podendo a autoridade prosseguir com o interrogatório.

15.4. A necessidade de advogado no inquérito policial

De acordo com o disposto no art. 7º, XXI, da Lei n. 8.906/94 (Estatuto da Ordem dos Advogados do Brasil), com a redação dada pela Lei n. 13.245/2016, constitui direito do advogado, "assistir a seus clientes investigados durante a apuração de infrações, sob pena de nulidade absoluta do respectivo interrogatório ou depoimento e, subsequentemente, de todos os elementos investigatórios e probatórios dele decorrentes ou derivados, direta ou indiretamente, podendo, inclusive, no curso da respectiva apuração: a) apresentar razões e quesitos".

Referido dispositivo, ainda que tenha significado um reconhecido avanço para a lisura do procedimento investigatório, por óbvio não instituiu a obrigatoriedade de o advogado assistir a seus clientes investigados durante a apuração das infrações.

Com relação ao sigilo, a questão já veio pacificada pela Súmula Vinculante 14 ("É direito do defensor, no interesse do representado, ter acesso amplo aos elementos de prova que, já documentados em procedimento investigatório realizado por órgão com competência de polícia judiciária, digam respeito ao exercício do direito de defesa."), cujos ditames receberam reforço pela nova redação dada ao inciso XIV do art. 7º do EOAB ("examinar, em qualquer instituição responsável por conduzir investigação, mesmo sem procuração, autos de flagrante e de investigações de qualquer natureza, findos ou em andamento, ainda que conclusos à autoridade, podendo copiar peças e tomar apontamentos, em meio físico ou digital.").

Tendo o advogado o direito de assistir a seus clientes investigados durante a apuração de infrações, não significa que se possa abrir contraditório no inquérito policial ou em qualquer outra investigação, em que repartição pública seja.

Como se sabe, no âmbito do inquérito policial, o procedimento investigatório é, por excelência, inquisitivo, nada obstante possa o investigado, por si ou por intermédio de seu advogado, requerer diligências e apresentar arrazoados.

A nulidade mencionada pelo citado inciso XXI do art. 7º do EAOAB ocorrerá apenas quando o respectivo direito do advogado for cerceado ou tolhido por ato da autoridade encarregada de conduzir a investigação.

E mesmo que ocorra cerceamento ao exercício desse direito, não se trata de anular todo o inquérito policial ou investigação simplesmente porque o investigado não foi assistido por advogado no curso dos respectivos atos, mas somente de se declarar nulo o "interrogatório ou depoimento" e, subsequentemente, todos os elementos investigatórios e probatórios "dele decorrentes ou derivados", direta ou indiretamente.

Portanto, o cerceamento ao direito do advogado de assistir a seus clientes investigados durante a apuração de infrações acarreta a nulidade absoluta tão somente do próprio interrogatório ou depoimento, assim como dos elementos investigatórios e probatórios dele decorrentes ou derivados.

Trata-se de uma corruptela da teoria dos frutos da árvore envenenada, que, no caso, se aplica única e exclusivamente aos elementos investigatórios e probatórios decorrentes ou derivados do interrogatório ou depoimento do investigado e não de todo o inquérito policial ou instrumento investigativo.

Nesse sentido, se a autoridade que investiga (seja a autoridade policial, o órgão do Ministério Público ou qualquer outra a quem a lei atribui esse poder) já tiver muito bem clara e traçada a linha da investigação, com embasamento probatório suficiente para a apuração dos fatos, o interrogatório ou depoimento do investigado pouco influenciará na condução dos trabalhos, daí por que eventual nulidade por falta de advogado afetará unicamente o ato em si (interrogatório ou depoimento) e os que dele derivem ou decorram. Não se anulará, repita-se, todo o inquérito policial ou mesmo o processo já instaurado, em que os elementos eventualmente inquinados de nulidade absoluta na fase investigativa poderão ser refeitos.

Isso decorre logicamente, inclusive, da dispensabilidade do inquérito policial, já que, nos termos do art. 27 do Código de Processo Penal, "qualquer pessoa do povo poderá provocar a iniciativa do Ministério Público, nos casos em que caiba a ação pública, fornecendo-lhe, por escrito, informações sobre o fato e a autoria e indicando o tempo, o lugar e os elementos de convicção".

Assim, se o inquérito policial é dispensável, pouco importa ao processo haja ou não nele nulidade absoluta por falta de advogado.

Diga-se mais, a presença do advogado não se tornou obrigatória no inquérito policial, mas passou a constituir um direito do investigado, que dele pode abrir mão a seu alvedrio, sem que isso inquine de nulo o caderno investigativo. Vale lembrar a possibilidade de configuração do crime previsto no art. 15, parágrafo único, inciso II, ora em comento.

A reforçar a conclusão acima, vale lembrar que o Código de Processo Penal, no art. 261, estabelece que "nenhum acusado, ainda que ausente ou foragido, será processado ou julgado sem defensor", não havendo, pois, obrigatoriedade da presença de advogado no inquérito policial.

Ademais, a disposição do inciso XXI do art. 7º do EAOAB não inovou tanto assim, já que o art. 5º, LXIII, da CF dispõe, desde 5 de outubro de 1988, que "o preso será informado de seus direitos, entre os quais o de permanecer calado, sendo-lhe assegurada a assistência da família e de advogado", em nada modificando a indispensabilidade do advogado à Administração da Justiça (art. 133, CF).

15.5. Elemento subjetivo

O elemento subjetivo é o dolo, não sendo prevista a modalidade delitiva culposa.

Agindo com culpa o agente público, deixando de observar o cuidado objetivo necessário em sua atuação funcional (agindo, por exemplo, com negligência), poderá ser responsabilizado na esfera administrativa e/ou na esfera cível.

Além do dolo direto, vale ressaltar, a lei estabeleceu, ainda, no art. 1º, § 1º, a necessidade de um especial fim de agir para a configuração dos crimes nela previstos, devendo o agente público praticar as condutas típicas com a finalidade específica de prejudicar outrem ou beneficiar a si mesmo ou a terceiro, ou, ainda, por mero capricho ou satisfação pessoal. São crimes de tendência intensificada, crimes de intenção ou crimes de tendência interna transcendente. As finalidades específicas previstas na lei, alternativamente, são as seguintes: prejudicar outrem; beneficiar a si mesmo; beneficiar terceiro; por mero capricho; satisfação pessoal.

15.6. Consumação e tentativa

Na modalidade de conduta do *caput*, crime se consuma com o comportamento positivo da vítima, depondo e violando o sigilo por ter sido ameaçada de prisão. Trata-se de crime material.

Nas modalidades do parágrafo único, a consumação ocorre no momento em que o agente público prossegue com o interrogatório, após a vítima ter exercido o direito ao silêncio ou ter optado por ser assistida por advogado ou defensor público. Aqui também se trata de crime material.

A tentativa é admissível, uma vez fracionável o *iter criminis*.

15.7. Ação penal e competência

De acordo com o disposto no art. 3º, *caput*, da Lei n. 13.869/2019, "os crimes previstos nesta Lei são de ação penal pública incondicionada". Admite-se, no § 1º, a ação penal privada subsidiária.

A pena cominada, de 1 (um) a 4 (quatro) anos de detenção e multa afasta o menor potencial ofensivo e inviabiliza o processo e julgamento pelo Juizado Especial Criminal (Lei n. 9.099/95). Possível, entretanto, a suspensão condicional do processo prevista no art. 89 da citada lei de pequenas causas.

Em razão da pena cominada e não sendo o crime praticado com violência ou grave ameaça, o Ministério Público poderá propor acordo de não persecução penal, desde que necessário e suficiente para reprovação e prevenção do crime, mediante as condições estampadas no art. 28-A do Código de Processo Penal.

Inclusive, nesse sentido, o Enunciado 28 do Conselho Nacional de Procuradores-Gerais dos Ministérios Públicos dos Estados e da União – CNPG e do Grupo Nacional de Coordenadores de Centro de Apoio Criminal – GNCCRIM, que dispõe: "Crimes de abuso de autoridade, cometidos sem violência ou grave ameaça à pessoa, presentes os pressupostos do art. 18 da Res. n. 181/2017 do CNMP, admitirão o acordo de não persecução penal, salvo se a sua celebração não atender ao que seja necessário e suficiente para a reprovação e prevenção do crime".

Aplica-se a este crime afiançável o procedimento especial dos crimes de responsabilidade dos funcionários públicos, previsto nos arts. 513 a 518 do Código de Processo Penal, admitindo-se a defesa preliminar.

A competência para o processo e julgamento é, em regra, da Justiça Estadual, salvo na ocorrência de alguma das hipóteses previstas no art. 109 da Constituição Federal, quando, então, a competência será da Justiça Federal.

15-A. Violência Institucional

> Art. 15-A. Submeter a vítima de infração penal ou a testemunha de crimes violentos a procedimentos desnecessários, repetitivos ou invasivos, que a leve a reviver, sem estrita necessidade:
>
> I – a situação de violência; ou
>
> II – outras situações potencialmente geradoras de sofrimento ou estigmatização:
>
> Pena – detenção, de 3 (três) meses a 1 (um) ano, e multa.
>
> § 1º Se o agente público permitir que terceiro intimide a vítima de crimes violentos, gerando indevida revitimização, aplica-se a pena aumentada de 2/3 (dois terços).
>
> § 2º Se o agente público intimidar a vítima de crimes violentos, gerando indevida revitimização, aplica-se a pena em dobro.

15-A.1. Introdução

O crime de violência institucional foi tipificado pela Lei n. 14.321, sancionada pelo Presidente da República em 31-3-2022 e publicada no *DOU* em 1-4-2022, inserindo o art. 15-A na Lei n. 13.869/2019 – Lei de Abuso de Autoridade.

Trata-se de mais um desdobramento legislativo do "caso Mariana Ferrer", que ganhou repercussão na imprensa e mídias eletrônicas após a modelo e blogueira relatar, em suas redes sociais, ter sido vítima de agressões sexuais e estupro praticado por um empresário, o qual, após ser processado pelo crime, veio a ser absolvido por falta de provas, sendo a sentença confirmada pelo Tribunal de Justiça de Santa Catarina.

Além da indignação pública provocada pelo caso, houve reação inclusive do Conselho Nacional de Justiça, que instaurou procedimento disciplinar contra o juiz do processo, após o vídeo da audiência ser publicado pelo portal de notícias "The Intercept Brasil", mostrando cenas do magistrado permitindo que a vítima sofresse ataques do advogado de defesa do réu durante o julgamento.

Nesse aspecto, anteriormente, já veio a lume a Lei n. 14.245/2021 (alcunhada de "Lei Mariana Ferrer"), que alterou dispositivos do Código Penal, do Código de Processo Penal e da Lei n. 9.099/95 (Lei dos Juizados Especiais Cíveis e Criminais), para coibir a prática de atos atentatórios à dignidade da vítima e de testemunhas e para estabelecer causa de aumento de pena no crime de coação no curso do processo. Foram inseridos no Código de Processo Penal os arts. 400-A e 474-A, que estabelecem a obrigatoriedade de todas as partes e demais sujeitos processuais presentes na audiência de instrução e julgamento, especialmente naquelas que apurem crimes contra a dignidade sexual, zelarem pela integridade física e psicológica da vítima, sob pena de responsabilização civil, penal e administrativa. Ademais, deve o juiz garantir o cumprimento dessa determinação, sendo vedadas a manifestação sobre circunstâncias ou elementos alheios aos fatos objeto de apuração nos autos, bem como a utilização de linguagem, de informações ou de material que ofendam a dignidade da vítima ou de testemunhas.

A preocupação do legislador não é nova.

Com relação à proteção de crianças e adolescentes vítimas ou testemunhas de violência, a Lei n. 13.431/2017, no art. 4º, IV, define violência institucional como sendo aquela "praticada por instituição pública ou conveniada, inclusive quando gerar revitimização".

Já o Decreto n. 9.603/2018, que regulamenta a Lei n. 13.431/2017, conceitua violência institucional e revitimização, no art. 5º, I e II, da seguinte forma: "Art. 5º Para fins do disposto neste Decreto, considera-se: I – violência institucional – violência praticada por agente público no desempenho de função pública, em instituição de qualquer natureza, por meio de atos comissivos ou omissivos que prejudiquem o atendimento à criança ou ao adolescente vítima ou testemunha de violência; II – revitimização – discurso ou prática institucional que submeta crianças e adolescentes a procedimentos desnecessários, repetitivos, invasivos, que levem as vítimas ou testemunhas a reviver a situação de violência ou outras situações que gerem sofrimento, estigmatização ou exposição de sua imagem."

15-A.2. Objetividade jurídica

O crime de violência institucional tem como objetividade jurídica a tutela da Administração Pública, protegendo, ainda, a integridade psíquica e moral (intimidade) da vítima de infração penal e da testemunha de crimes violentos. A ideia do legislador foi a de evitar e punir a vitimização secundária, também conhecida como revitimização ou sobrevitimização, processo emocional magistralmente estudado por Muñoz Conde ("Introducción a la Criminología y al Derecho Penal". Valencia: Tirant lo Blanch. 1989), que consiste, basicamente, em sofrimento adicional causado à vítima por órgãos do Estado responsáveis pela persecução penal.

Trata-se de crime pluriofensivo.

15-A.3. Sujeito ativo e sujeito passivo

Por ter sido o novo tipo penal inserido na Lei de Abuso de Autoridade, evidentemente que os sujeitos ativos do crime somente podem ser os agentes públicos, assim considerados nos termos do art. 2º da lei. No caso específico do novo crime, são sujeitos ativos os agentes públicos envolvidos em todas as etapas da persecução penal, tais como delegados de polícia, membros do Ministério Público, magistrados, incluídos os policiais militares e civis nos atos iniciais de investigação, inclusive informal.

Ficam fora da incriminação os advogados que, no desempenho dos atos de advocacia defensiva, ocasionarem ou forem protagonistas de revitimizações a vítimas e a testemunhas de crimes violentos, o que, a nosso ver, enfraquece bastante a proteção que se pretendeu conferir aos sujeitos passivos do novo crime. Exceção feita aos advogados que forem nomeados para desempenhar funções de defensoria pública ou dativa.

Sujeito passivo é a vítima de infração penal ou a testemunha de crimes violentos. Secundariamente, o sujeito passivo é o Estado.

15-A.4. Conduta

A conduta típica da modalidade delitiva do *caput* vem representada pelo verbo *submeter*, que significa sujeitar, subordinar, constranger.

No § 1º, a conduta típica é *permitir*, que significa consentir, concordar, autorizar, aquiescer. Nessa hipótese, o agente público permite que terceiro intimide a vítima de crimes violentos, gerando indevida revitimização.

No § 2º, a conduta típica é *intimidar*, que significa coagir, forçar, pressionar, amedrontar. Nesse caso, o próprio agente público intimida a vítima de crimes violentos, gerando indevida revitimização.

O dispositivo penal peca pela utilização de expressões muito vagas, tais como "procedimentos desnecessários" e "situações potencialmente geradoras de sofrimento ou estigmatização", tornando o tipo demasiadamente aberto, o que é desaconselhável.

Vale lembrar que Lei de Abuso de Autoridade, no art. 1º, § 2º, tratou de ressalvar expressamente que "A divergência na interpretação da lei ou na avaliação de fatos e provas não configura abuso de autoridade", vedando o que se convencionou chamar de "crime de hermenêutica", expressão cunhada pelo grande Rui Barbosa, na defesa que fez perante o Supremo Tribunal Federal do juiz municipal Alcides de Mendonça Lima, que, no início da República, se recusou a cumprir a Lei n. 10/1895, do Estado do Rio Grande do Sul, editada pelo governador Júlio de Castilhos. Esse dispositivo surgiu da necessidade de salvaguardar a autoridade, conferindo-lhe um mínimo de segurança jurídica para decidir, exercendo a atividade hermenêutica no caso concreto sem o receio de sofrer represálias e punições, ainda mais à vista de vários tipos penais que exigem como elemento normativo a infringência da lei. Trata-se de causa excludente da tipicidade, eis que a divergência na interpretação da lei ou na avaliação dos fatos e provas exclui o dolo caracterizador do crime de abuso de autoridade.

15-A.5. Elemento subjetivo

O elemento subjetivo é o dolo, não sendo prevista a modalidade delitiva culposa.

Vale lembrar que, para que se configure qualquer dos crimes de abuso de autoridade tipificados pela Lei n. 13.869/2019 – Lei de Abuso de Autoridade, inclusive o novo crime de violência institucional, há necessidade, além do dolo direto, de um especial fim de agir (art. 1º, § 1º), devendo o agente público praticar as condutas típicas com a finalidade específica de prejudicar outrem ou beneficiar a si mesmo ou a terceiro, ou, ainda, por mero capricho ou satisfação pessoal.

São crimes de tendência intensificada, crimes de intenção ou crimes de tendência interna transcendente.

15-A.6. Consumação e tentativa

A consumação do crime ocorre com a prática de uma ou mais das modalidades de condutas previstas no tipo penal, independentemente da revitimização do sujeito passivo.

Trata-se de crime formal, bastando, para a consumação, a potencialidade da conduta em levar a vítima a reviver, sem estrita necessidade, a situação de violência ou outras situações potencialmente geradoras de sofrimento ou estigmatização, ou seja, a revitimização.

Nesse aspecto, vale ressaltar que se trata de crime de perigo concreto, demandando, para sua configuração, que a conduta do agente público ocasione risco concreto à integridade psíquica e moral (intimidade) da vítima de infração penal ou da testemunha de crimes violentos.

A tentativa, em tese, é admissível.

15-A.7. Causas de aumento de pena

No § 1º vem prevista causa de aumento de pena de 2/3 (dois terços), se o agente público permitir que terceiro intimide a vítima de crimes violentos, gerando indevida revitimização.

No § 2º a pena é aplicada em dobro se o próprio agente público intimidar a vítima de crimes violentos, gerando indevida revitimização.

15-A.8. Ação penal e competência

De acordo com o disposto no art. 3º, *caput*, da Lei n. 13.869/2019, "Os crimes previstos nesta Lei são de ação penal pública incondicionada". Admite-se, no § 1º, a ação penal privada subsidiária.

A pena cominada, de 3 (três) meses a 1 (um) ano de detenção e multa.

Sendo crime de menor potencial ofensivo, mesmo nas modalidades majoradas (§ 1º e § 2º), a competência é do Juizado Especial Criminal (Lei n. 9.099/95), não sendo possível o acordo de não persecução penal em razão do disposto no art. 28-A, § 2º, I, do Código de Processo Penal.

16. Omissão de identificação a preso

> Art. 16. Deixar de identificar-se ou identificar-se falsamente ao preso por ocasião de sua captura ou quando deva fazê-lo durante sua detenção ou prisão:
>
> Pena – detenção, de 6 (seis) meses a 2 (dois) anos, e multa.
>
> Parágrafo único. Incorre na mesma pena quem, como responsável por interrogatório em sede de procedimento investigatório de infração penal, deixa de identificar-se ao preso ou atribui a si mesmo falsa identidade, cargo ou função.

16.1. Veto presidencial

O crime de omissão de identificação a preso foi vetado pelo Presidente da República, sendo que, posteriormente, o Congresso Nacional rejeitou o veto.

São as seguintes as razões do veto: "A propositura legislativa contraria o interesse público pois, embora seja exigível como regra a identificação da autoridade pela prisão, também se mostra de extrema relevância, ainda que em situações excepcionais, a admissão do sigilo da identificação do condutor do flagrante, medida que se faz necessária com vistas à garantia da vida e integridade física dos agentes de segurança e de sua família, que, não raras vezes, têm que investigar crimes de elevada periculosidade, tal como aqueles praticados por organizações criminosas".

16.2. Objetividade jurídica

O crime de omissão de identificação a preso vem previsto no art. 16 da Lei n. 13.869/2019, tendo como objetividade jurídica a tutela da Administração Pública e também o direito à informação, previsto no art. 5º, LXIV, da Constituição Federal, que diz: "o preso tem direito à identificação dos responsáveis por sua prisão ou por seu interrogatório policial". Trata-se de crime pluriofensivo.

16.3. Sujeito ativo e sujeito passivo

Na modalidade do *caput* do artigo, sujeito ativo pode ser qualquer agente público. Nesse aspecto, estabelece o art. 2º que é considerado sujeito ativo do crime de abuso de autoridade qualquer agente público, servidor ou não, da administração direta, indireta ou fundacional de qualquer dos Poderes da União, dos Estados, do Distrito Federal, dos Municípios e de Território, compreendendo, mas não se limitando a: I – servidores públicos e militares ou pessoas a eles equiparadas; II – membros do Poder Legislativo; III – membros do Poder Executivo; IV – membros do Poder Judiciário; V – membros do Ministério Público; VI – membros dos tribunais ou conselhos de contas. O parágrafo único do art. 2º esclarece que "reputa-se agente público, para os efeitos desta Lei, todo aquele que exerce, ainda que transitoriamente ou sem remuneração, por eleição, nomeação, designação, contratação ou qualquer outra forma de investidura ou vínculo, mandato, cargo, emprego ou função em órgão ou entidade abrangidos pelo *caput* deste artigo".

Já na modalidade de conduta do parágrafo único, somente pode ser sujeito ativo o agente público responsável por interrogatório em sede de procedimento investigatório de infração penal, ou seja, o delegado de polícia ou o membro do Ministério Público.

Sujeito passivo é a pessoa presa que tem o direito à informação sobre a identificação de quem a prendeu ou de quem a está interrogando. Secundariamente, o sujeito passivo é o Estado.

16.4. Conduta

A conduta típica se desenvolve na modalidade omissiva, pela expressão "deixar de identificar-se", e, na modalidade comissiva, pela expressão "identificar-se falsamente". No primeiro caso, o agente público deixa de fornecer ao preso dados de sua qualificação, tais como nome e cargo que ocupa. Na segunda hipótese, o agente público se identifica falsamente, fornecendo ao preso dados de qualificação que não são verdadeiros.

O tipo penal ainda traz os elementos normativos *captura, detenção ou prisão*. Captura significa o arrebatamento, a apreensão da pessoa. Detenção significa a privação de liberdade, do direito de ir e vir. Já prisão, tal qual colocada no dispositivo legal, significa a materialização da captura e detenção, por meio do encarceramento.

No parágrafo único, além da conduta omissiva semelhante à do *caput*, há conduta comissiva expressa pelo verbo *atribuir*, que significa imputar, inculcar, conferir. Nesse caso, o agente público atribui a si mesmo falsa identidade, cargo ou função.

16.5. Elemento subjetivo

O elemento subjetivo é o dolo, não sendo prevista a modalidade delitiva culposa.

Agindo com culpa o agente público, deixando de observar o cuidado objetivo necessário em sua atuação funcional (agindo, por exemplo, com negligência), poderá ser responsabilizado na esfera administrativa e/ou na esfera cível.

Além do dolo direto, vale ressaltar, a lei estabeleceu, ainda, no art. 1º, § 1º, a necessidade de um especial fim de agir para a configuração dos crimes nela previstos, devendo o agente público praticar as condutas típicas com a finalidade específica de prejudicar outrem ou beneficiar a si mesmo ou a terceiro, ou, ainda, por mero capricho ou satisfação pessoal. São crimes de tendência intensificada, crimes de intenção ou crimes de tendência interna transcendente. As finalidades específicas previstas na lei, alternativamente, são as seguintes: prejudicar outrem; beneficiar a si mesmo; beneficiar terceiro; por mero capricho; satisfação pessoal.

16.6. Consumação e tentativa

Nas modalidades omissivas de conduta, o crime se consuma no momento em que o agente público deixa de se identificar ao preso. Nesse caso, não se admite a tentativa.

Na modalidade comissiva de conduta, o crime se consuma quando o agente público atribui a si mesmo falsa identidade, cargo ou função. Nessa hipótese, a tentativa é admissível.

16.7. Ação penal e competência

De acordo com o disposto no art. 3º, *caput*, da Lei n. 13.869/2019, "os crimes previstos nesta Lei são de ação penal pública incondicionada". Admite-se, no § 1º, a ação penal privada subsidiária.

A pena cominada, de 6 (seis) meses a 2 (dois) anos de detenção e multa.

Sendo crime de menor potencial ofensivo, a competência é do Juizado Especial Criminal (Lei n. 9.099/95), não sendo possível o acordo de não persecução penal em razão do disposto no art. 28-A, § 2º, I, do Código de Processo Penal.

17. Emprego irregular de algemas

> Art. 17. Submeter o preso, internado ou apreendido ao uso de algemas ou de qualquer outro objeto que lhe restrinja o movimento dos membros, quando manifestamente não houver resistência à prisão, internação ou apreensão, ameaça de fuga ou risco à integridade física do próprio preso, internado ou apreendido, da autoridade ou de terceiro:
>
> Pena – detenção, de 6 (seis) meses a 2 (dois) anos, e multa.
>
> Parágrafo único. A pena é aplicada em dobro se:
>
> I – o internado tem menos de 18 (dezoito) anos de idade;
>
> II – a presa, internada ou apreendida estiver grávida no momento da prisão, internação ou apreensão, com gravidez demonstrada por evidência ou informação;
>
> III – o fato ocorrer em penitenciária.

17.1. Dispositivo legal vetado

O crime de emprego irregular de algemas foi vetado pelo Presidente da República.

São as seguintes as razões do veto:

"A propositura legislativa, ao tratar de forma genérica sobre a matéria, gera insegurança jurídica por encerrar tipo penal aberto e que comporta interpretação. Ademais, há ofensa ao princípio da intervenção mínima, para o qual o Direito Penal só deve ser aplicado quando estritamente necessário, além do fato de que o uso de algemas já se encontra devidamente tratado pelo Supremo Tribunal Federal, nos termos da Súmula Vinculante 11, que estabelece parâmetros e a eventual responsabilização do agente público que o descumprir".

18. Interrogatório policial durante o período de repouso noturno

> Art. 18. Submeter o preso a interrogatório policial durante o período de repouso noturno, salvo se capturado em flagrante delito ou se ele, devidamente assistido, consentir em prestar declarações:
> Pena – detenção, de 6 (seis) meses a 2 (dois) anos, e multa.

18.1. Objetividade jurídica

O crime de interrogatório policial durante o período de repouso noturno vem previsto no art. 18 da Lei n. 13.869/2019, tendo como objetividade jurídica a tutela da Administração Pública e também a dignidade humana (art. 1º, III, CF) e a liberdade de autodeterminação do preso a ser interrogado. Trata-se de crime pluriofensivo.

18.2. Sujeito ativo e sujeito passivo

Sujeito ativo somente pode ser o agente público responsável pela submissão do preso ao interrogatório policial, ou seja, o delegado de polícia. De acordo com o disposto no art. 2º, § 1º, da Lei n. 12.830/2013, "ao delegado de polícia, na qualidade de autoridade policial, cabe a condução da investigação criminal por meio de inquérito policial ou outro procedimento previsto em lei, que tem como objetivo a apuração das circunstâncias, da materialidade e da autoria das infrações penais.

Exclui-se, portanto, do alcance da norma, o escrivão de polícia, o agente, o membro do Ministério Público ou qualquer outro agente público, sob pena de indevida analogia *in mallam partem*.

Sujeito passivo é a pessoa presa, que foi submetida ao interrogatório policial indevido durante o período de repouso noturno. Secundariamente, o sujeito passivo é o Estado.

Apenas para registro, o investigado solto não pode ser vítima deste crime.

18.3. Conduta

A conduta típica vem expressa pelo verbo *submeter*, que significa sujeitar, expor, subjugar. A submissão deve ser a *interrogatório policial*, excluindo-se, portanto, qualquer outro tipo de interrogatório ou oitiva.

Além disso, prevê o tipo penal o elemento normativo *repouso noturno*, que deve ser entendido, por interpretação sistemática, à vista do disposto no art. 22, § 1º, III, da própria Lei de Abuso de

Autoridade, como o período compreendido entre as 21 (vinte e uma) horas de um dia e as 5 (cinco) horas do dia seguinte.

Deve ser ressaltado que, mesmo que o interrogatório policial se inicie antes das 21 (vinte e uma) horas, deve ser interrompido quando alcançar esse horário, sendo retomado às 5 (cinco) horas da manhã do dia subsequente.

Vale colacionar o teor dos Enunciados 11 e 12 do Conselho Nacional de Procuradores-Gerais dos Ministérios Públicos dos estados e da União – CNPG e do Grupo Nacional de Coordenadores de Centro de Apoio Criminal – GNCCRIM:

ENUNCIADO 11 (art. 18): "Para efeitos do artigo 18 da Lei de Abuso de Autoridade, compreende-se por repouso noturno o período de 21 a 5h, nos termos do artigo 22, § 1º, III, da mesma Lei".

ENUNCIADO 12 (art. 18): "Ressalvadas as hipóteses de prisão em flagrante e concordância do interrogado devidamente assistido, o interrogatório extrajudicial do preso iniciado antes, não pode adentrar o período de repouso noturno, devendo ser o ato encerrado e, se necessário, complementado no dia seguinte".

O crime não se configura se o interrogatório policial, embora realizado durante o período de repouso noturno, envolver pessoa capturada em flagrante delito ou se o preso, devidamente assistido, consentir em prestar declarações. *Devidamente assistido* significa acompanhado de advogado ou de Defensor Público, já que a intenção da norma incriminadora é preservar o preso de tratamento indevido e de práticas abusivas e degradantes.

18.4. Elemento subjetivo

O elemento subjetivo é o dolo, não sendo prevista a modalidade delitiva culposa.

Agindo com culpa o agente público, deixando de observar o cuidado objetivo necessário em sua atuação funcional (agindo, por exemplo, com negligência), poderá ser responsabilizado na esfera administrativa e/ou na esfera cível.

Além do dolo direto, vale ressaltar, a lei estabeleceu, ainda, no art. 1º, § 1º, a necessidade de um especial fim de agir para a configuração dos crimes nela previstos, devendo o agente público praticar as condutas típicas com a finalidade específica de prejudicar outrem ou beneficiar a si mesmo ou a terceiro, ou, ainda, por mero capricho ou satisfação pessoal. São crimes de tendência intensificada, crimes de intenção ou crimes de tendência interna transcendente. As finalidades específicas previstas na lei, alternativamente, são as seguintes: prejudicar outrem; beneficiar a si mesmo; beneficiar terceiro; por mero capricho; satisfação pessoal.

18.5. Consumação e tentativa

O crime se consuma quando o agente público (delegado de polícia) inicia ou prossegue no interrogatório policial durante o período de repouso noturno (das 21 às 5h).

Trata-se de crime permanente, cuja consumação se protrai no tempo, de modo que, enquanto estiver ocorrendo o indevido interrogatório policial durante o período de repouso noturno, o crime estará se consumando.

A tentativa é admissível.

18.6. Ação penal e competência

De acordo com o disposto no art. 3º, *caput,* da Lei n. 13.869/2019, "os crimes previstos nesta Lei são de ação penal pública incondicionada". Admite-se, no § 1º, a ação penal privada subsidiária.

A pena cominada é de 6 (seis) meses a 2 (dois) anos de detenção e multa.

Sendo crime de menor potencial ofensivo, a competência é do Juizado Especial Criminal (Lei n. 9.099/95), não sendo possível o acordo de não persecução penal em razão do disposto no art. 28-A, § 2º, I, do Código de Processo Penal.

19. Impedimento ou retardamento de pleito de preso

> Art. 19. Impedir ou retardar, injustificadamente, o envio de pleito de preso à autoridade judiciária competente para a apreciação da legalidade de sua prisão ou das circunstâncias de sua custódia:
>
> Pena – detenção, de 1 (um) a 4 (quatro) anos, e multa.
>
> Parágrafo único. Incorre na mesma pena o magistrado que, ciente do impedimento ou da demora, deixa de tomar as providências tendentes a saná-lo ou, não sendo competente para decidir sobre a prisão, deixa de enviar o pedido à autoridade judiciária que o seja.

19.1. Objetividade jurídica

O crime de impedimento ou retardamento de pleito de preso vem previsto no art. 19 da Lei n. 13.869/2019, tendo como objetividade jurídica a tutela da Administração Pública e também o direito de petição (art. 5º, XXXIV, *a*, CF), além do direito à liberdade e à regularidade da prisão. Trata-se de crime pluriofensivo.

De se notar que o art. 41, XIV, da Lei n. 7.210 – Lei de Execução Penal, estabelece que constitui direito do preso, dentre outros, "representação e petição a qualquer autoridade, em defesa de direito".

Com propriedade assinala Renato Brasileiro de Lima (Op. cit., p. 193): "Aqui, é importante ter em mente que, quando alguém está preso, é comum que procure entrar em contato com o juiz para que este reavalie a sua situação. Muitas vezes o faz escrevendo uma carta de próprio punho, ou, a depender do grau de conhecimento jurídico que tiver, até mesmo redigindo ele mesmo um *habeas corpus*. Como esse indivíduo está custodiado em uma cela, esse trabalho costuma ser feito pelo próprio advogado ou defensor público. No entanto, nem sempre o preso dispõe dessa assistência profissional. Daí por que necessita da cooperação de um agente público, como, por exemplo, o diretor do presídio, um agente penitenciário, para que recolha seus pleitos e os direcione ao juiz competente, doravante sob pena de responsabilidade criminal nos termos do art. 19, *caput,* da Lei n. 13.869/2019".

19.2. Sujeito ativo e sujeito passivo

Sujeito ativo somente pode ser o agente público responsável pela custódia do preso, tal como o diretor ou agente de estabelecimento penitenciário, o carcereiro, o delegado de polícia etc.

Na figura do parágrafo único, o sujeito ativo somente pode ser o magistrado que, ciente do impedimento ou da demora, deixa de tomar as providências tendentes a saná-lo ou, não sendo competente para decidir sobre a prisão, deixa de enviar o pedido à autoridade judiciária que o seja.

Sujeito passivo é a pessoa presa, que tem o envio de seu pleito impedido ou retardado injustificadamente. Secundariamente, o sujeito passivo é o Estado.

19.3. Conduta

A conduta típica vem expressa pelos verbos *impedir* (obstruir, obstar, barrar, obstaculizar) e *retardar* (atrasar, demorar, procrastinar, delongar).

O objeto material é o *pleito de preso à autoridade judiciária competente*. Esse pleito nada mais é do que qualquer pedido ou solicitação do preso à autoridade judiciária buscando a apreciação da legalidade de sua prisão ou das circunstâncias de sua custódia. Pode ser desde um simples bilhete, escrito de próprio punho em papel comum, até um *habeas corpus* redigido pelo próprio preso com as formalidades legais.

O *caput* do artigo emprega o elemento normativo *injustificadamente,* indicando que o impedimento ou retardamento não podem ocorrer por razões legítimas.

No parágrafo único, a conduta vem expressa pelo verbo *deixar,* indicando omissão própria. Nesse caso, o magistrado competente, ciente do impedimento ou da demora, deixa de tomar as providências tendentes a saná-lo. Ou ainda, não sendo competente para decidir sobre a prisão, deixa de enviar o pleito à autoridade judiciária que o seja.

19.4. Elemento subjetivo

O elemento subjetivo é o dolo, não sendo prevista a modalidade delitiva culposa.

Agindo com culpa o agente público, deixando de observar o cuidado objetivo necessário em sua atuação funcional (agindo, por exemplo, com negligência), poderá ser responsabilizado na esfera administrativa e/ou na esfera cível.

Além do dolo direto, vale ressaltar, a lei estabeleceu, ainda, no art. 1º, § 1º, a necessidade de um especial fim de agir para a configuração dos crimes nela previstos, devendo o agente público praticar as condutas típicas com a finalidade específica de prejudicar outrem ou beneficiar a si mesmo ou a terceiro, ou, ainda, por mero capricho ou satisfação pessoal. São crimes de tendência intensificada, crimes de intenção ou crimes de tendência interna transcendente. As finalidades específicas previstas na lei, alternativamente, são as seguintes: prejudicar outrem; beneficiar a si mesmo; beneficiar terceiro; por mero capricho; satisfação pessoal.

19.5. Consumação e tentativa

Na hipótese do *caput* do artigo ora em comento, na primeira modalidade de conduta, a consumação ocorre com o efetivo impedimento injustificado de envio de pleito de preso à autoridade judiciária competente. Trata-se de crime material que pressupõe a ocorrência do resultado naturalístico. Portanto, nesse caso, o pleito não foi enviado.

Na segunda modalidade de conduta do *caput,* a consumação ocorre com o efetivo retardamento, com a demora no envio do pleito à autoridade judiciária competente. Nesse caso, se trata de crime formal, ou seja, não se requer a ocorrência do resultado naturalístico para a consumação. Basta que haja a procrastinação no envio.

Nesta última hipótese, deve-se considerar o crime consumado quando o retardamento romper o prazo de 24 (vinte e quatro) horas, quando, então, passaria a ser *injustificado*. Embora a lei não estabeleça um prazo para o envio do pleito do preso à autoridade judiciária competente, deve-se tomar o prazo de 24 (vinte e quatro) horas previsto no art. 306, § 1º, do Código de Processo Penal.

Em ambas as modalidades de conduta do *caput*, admite-se a tentativa.

Já na hipótese do parágrafo único do art. 19, o crime se consuma com a omissão do magistrado, seja deixando de tomar as providências tendentes a sanar o impedimento ou demora, seja deixando de enviar o pedido à autoridade judiciária competente para decidir sobre a prisão, quando não o seja. Aqui também deve ser considerado prazo de 24 (vinte e quatro) horas.

Nesse caso, por se tratar de crime omissivo, não se admite a tentativa.

19.6. Ação penal e competência

De acordo com o disposto no art. 3º, *caput*, da Lei n. 13.869/2019, "os crimes previstos nesta Lei são de ação penal pública incondicionada". Admite-se, no § 1º, a ação penal privada subsidiária.

A pena cominada, de 1 (um) a 4 (quatro) anos de detenção e multa afasta o menor potencial ofensivo e inviabiliza o processo e julgamento pelo Juizado Especial Criminal (Lei n. 9.099/95). Possível, entretanto, a suspensão condicional do processo prevista no art. 89 da citada lei de pequenas causas.

Em razão da pena cominada e não sendo o crime praticado com violência ou grave ameaça, o Ministério Público poderá propor acordo de não persecução penal, desde que necessário e suficiente para reprovação e prevenção do crime, mediante as condições estampadas no art. 28-A do Código de Processo Penal.

Inclusive, nesse sentido, o Enunciado 28 do Conselho Nacional de Procuradores-Gerais dos Ministérios Públicos dos Estados e da União – CNPG e do Grupo Nacional de Coordenadores de Centro de Apoio Criminal – GNCCRIM, que dispõe: "Crimes de abuso de autoridade, cometidos sem violência ou grave ameaça à pessoa, presentes os pressupostos do art. 18 da Res. n. 181/2017 do CNMP, admitirão o acordo de não persecução penal, salvo se a sua celebração não atender ao que seja necessário e suficiente para a reprovação e prevenção do crime".

Aplica-se a este crime afiançável o procedimento especial dos crimes de responsabilidade dos funcionários públicos, previsto nos arts. 513 a 518 do Código de Processo Penal, admitindo-se a defesa preliminar.

A competência para o processo e julgamento é, em regra, da Justiça Estadual, salvo na ocorrência de alguma das hipóteses previstas no art. 109 da Constituição Federal, quando, então, a competência será da Justiça Federal.

20. Impedimento de entrevista pessoal e reservada do preso com seu advogado

Art. 20. Impedir, sem justa causa, a entrevista pessoal e reservada do preso com seu advogado:
Pena – detenção, de 6 (seis) meses a 2 (dois) anos, e multa.
Parágrafo único. Incorre na mesma pena quem impede o preso, o réu solto ou o investigado de entrevistar-se pessoal e reservadamente com seu advogado ou defensor, por prazo razoável, antes de audiência judicial, e de

sentar-se ao seu lado e com ele comunicar-se durante a audiência, salvo no curso de interrogatório ou no caso de audiência realizada por videoconferência.

20.1. Veto presidencial

O crime de impedimento de entrevista pessoal e reservada do preso com seu advogado foi vetado pelo Presidente da República, sendo que, posteriormente, o Congresso Nacional rejeitou o veto.

São as seguintes as razões do veto: "O dispositivo proposto, ao criminalizar o impedimento da entrevista pessoal e reservada do preso ou réu com seu advogado, mas de outro lado autorizar que o impedimento se dê mediante justa causa, gera insegurança jurídica por encerrar tipo penal aberto e que comporta interpretação. Ademais, trata-se de direito já assegurado nas Leis n. 7.210, de 1984 e 8.906, de 1994, sendo desnecessária a criminalização da conduta do agente público, como no âmbito do sistema Penitenciário Federal, destinado a isolar presos de elevada periculosidade".

20.2. Objetividade jurídica

O crime de impedimento de entrevista pessoal e reservada do preso com seu advogado vem previsto no art. 20 da Lei n. 13.869/2019, tendo como objetividade jurídica a tutela da Administração Pública e também o direito ao devido processo legal, no âmbito da ampla defesa (art. 5º, LIV, CF), e também o direito à assistência de advogado (art. 5º, LXIII, CF). Trata-se de crime pluriofensivo.

20.3. Direito de entrevista do preso com seu advogado

O direito a entrevista pessoal e reservada do preso com seu advogado ou defensor já vem estampado em diversos diplomas legais vigentes no País, tendo o legislador, agora, criminalizado a conduta daquele que impede o exercício desse direito.

A Convenção Americana de Direitos Humanos (Pacto de São José da Costa Rica) traz, em seu art. 8º, item 2, *d*, o "direito do acusado de defender-se pessoalmente ou de ser assistido por um defensor de sua escolha e de comunicar-se, livremente e em particular, com seu defensor".

O Código de Processo Penal, no art. 185, § 5º, dispõe: "Em qualquer modalidade de interrogatório, o juiz garantirá ao réu o direito de entrevista prévia e reservada com o seu defensor; se realizado por videoconferência, fica também garantido o acesso a canais telefônicos reservados para comunicação entre o defensor que esteja no presídio e o advogado presente na sala de audiência do Fórum, e entre este e o preso".

Também na Lei n. 7.210/84 (Lei de Execução Penal), no art. 41, IX, vem garantido o direito do preso a "entrevista pessoal e reservada com o advogado".

Questão interessante a ser enfrentada, entretanto, diz respeito ao alcance do crime em comento a adolescentes privados de liberdade. Estaria configurado o crime do art. 20 em caso de violação ao art. 124, III, do Estatuto da Criança e do Adolescente?

Dispõe o art. 124, III, do ECA, que são direitos do adolescente privado de liberdade, dentre outros, o de "avistar-se reservadamente com seu defensor".

Para alguns, não se poderia dizer, a rigor, que o adolescente privado de liberdade estaria "preso", já que a apreensão em flagrante de ato infracional e a internação provisória têm características próprias e particulares, à vista da doutrina da proteção integral que permeia o tratamento de crianças e adolescentes no Estatuto. Daí por que estender o alcance da norma do art. 20 também nesses casos configuraria indevida analogia *in mallam partem*, vedada no Direito Penal brasileiro.

Há que se considerar, entretanto, que o legislador, ao criminalizar a conduta de impedir o preso de entrevistar-se pessoal e reservadamente com seu advogado, pretendeu justamente conferir eficácia a todas as normas do ordenamento jurídico brasileiro que garantem a qualquer pessoa presa ou detida o direito não apenas à ampla defesa, mas também ao devido processo legal como um todo, abrangidas aí todas as formas de privação de liberdade, inclusive as apreensões de adolescentes em conflito com a lei e as internações, cautelares ou definitivas.

Portanto, a nosso ver, a norma do art. 20 da nova Lei de Abuso de Autoridade se aplica também aos adolescentes privados de liberdade.

Vale ressaltar, ainda, que o novo tipo penal faz menção a entrevista "pessoal" (com a presença física do preso) e "reservada" (em local adequado, distante de outras pessoas ou agentes públicos, garantindo-se a privacidade da conversa), por prazo "razoável" (suficiente para que o preso apresente sua versão do fato, manifestando suas pretensões, percepções e observações ao advogado ou defensor e para que este lhe passe as instruções e orientações pertinentes à ampla defesa), mencionando, ainda, o parágrafo único, a garantia de sentar-se o preso, durante a audiência, ao lado de seu advogado ou defensor, podendo com ele se comunicar, salvo no curso de interrogatório ou audiência realizada por videoconferência.

20.4. Sujeito ativo e sujeito passivo

Na modalidade do *caput* do artigo, sujeito ativo somente pode ser o agente público que se enquadre nos moldes do art. 2º da referida lei. Evidentemente que legislador visou as autoridades judiciárias e policiais, responsáveis pela condução de interrogatórios, audiências de custódia (juízes) e prisões em flagrante (delegados).

Sujeito passivo, nesse caso, é o preso, que tem violado o seu direito à ampla defesa e o seu direito à assistência de advogado. Secundariamente, é o Estado.

Com relação ao advogado ou defensor, que tem sua prerrogativa violada, resta tipificado o art. 7º-B da Lei n. 8.906/94 (EAOAB), acrescentado pela Lei n. 13.869/2019, uma vez violada a prerrogativa estampada no art. 7º, III, daquele diploma.

Na modalidade do parágrafo único do art. 20, sujeito ativo somente pode ser o magistrado, já que há referência expressa a "audiência judicial". Nada impede, entretanto, que, em caso de audiência por videoconferência, sem a presença física do juiz no estabelecimento prisional em que esteja o preso custodiado, este seja impedido por outro agente público de entrevistar-se pessoal e reservadamente com seu advogado ou defensor.

Nessa última modalidade de conduta, sujeito passivo pode ser o preso, o réu solto ou o investigado. Secundariamente, é o Estado.

20.5. Conduta

A conduta típica vem expressa pelo verbo *impedir*, que significa obstruir, obstar, barrar, obstaculizar.

O tipo penal faz menção a entrevista "pessoal" (com a presença física do preso) e "reservada" (em local adequado, distante de outras pessoas ou agentes públicos, garantindo-se a privacidade da conversa), mencionando, ainda, no parágrafo único, por prazo "razoável" (suficiente para que o preso apresente sua versão do fato, manifestando suas pretensões, percepções e observações ao advogado ou defensor e para que este lhe passe as instruções e orientações pertinentes à ampla defesa), além da garantia de sentar-se o preso, durante a audiência, ao lado de seu advogado ou defensor, podendo com ele se comunicar, salvo no curso de interrogatório ou audiência realizada por videoconferência.

O *caput* do artigo emprega o elemento normativo *sem justa causa*, indicando que o impedimento não pode ocorrer por razões legítimas e justificadas.

20.6. Elemento subjetivo

O elemento subjetivo é o dolo, não sendo prevista a modalidade delitiva culposa.

Agindo com culpa o agente público, deixando de observar o cuidado objetivo necessário em sua atuação funcional (agindo, por exemplo, com negligência), poderá ser responsabilizado na esfera administrativa e/ou na esfera cível.

Além do dolo direto, vale ressaltar, a lei estabeleceu, ainda, no art. 1º, § 1º, a necessidade de um especial fim de agir para a configuração dos crimes nela previstos, devendo o agente público praticar as condutas típicas com a finalidade específica de prejudicar outrem ou beneficiar a si mesmo ou a terceiro, ou, ainda, por mero capricho ou satisfação pessoal. São crimes de tendência intensificada, crimes de intenção ou crimes de tendência interna transcendente. As finalidades específicas previstas na lei, alternativamente, são as seguintes: prejudicar outrem; beneficiar a si mesmo; beneficiar terceiro; por mero capricho; satisfação pessoal.

20.7. Consumação e tentativa

O crime se consuma com o efetivo impedimento injustificado da entrevista pessoal e reservada do preso com seu advogado, em qualquer circunstância, ou, ainda, antes de audiência judicial, com o impedimento de entrevista pessoal e reservada do preso, réu solto ou investigado com seu advogado ou defensor, por prazo razoável. Consuma-se, também, o delito com o impedimento de sentar-se o preso, réu solto ou investigado ao lado de seu advogado ou defensor, privando-o de com ele comunicar-se durante a audiência.

Embora de difícil configuração prática, a tentativa é admissível, por ser o crime plurissubsistente.

20.8. Ação penal e competência

De acordo com o disposto no art. 3º, *caput*, da Lei n. 13.869/2019, "os crimes previstos nesta Lei são de ação penal pública incondicionada". Admite-se, no § 1º, a ação penal privada subsidiária.

A pena cominada é de 6 (seis) meses a 2 (dois) anos de detenção e multa.

Sendo crime de menor potencial ofensivo, a competência é do Juizado Especial Criminal (Lei n. 9.099/95), não sendo possível o acordo de não persecução penal em razão do disposto no art. 28-A, § 2º, I, do Código de Processo Penal.

21. Manutenção de presos de ambos os sexos na mesma cela ou espaço de confinamento

> Art. 21. Manter presos de ambos os sexos na mesma cela ou espaço de confinamento:
> Pena – detenção, de 1 (um) a 4 (quatro) anos, e multa.
> Parágrafo único. Incorre na mesma pena quem mantém, na mesma cela, criança ou adolescente na companhia de maior de idade ou em ambiente inadequado, observado o disposto na Lei n. 8.069, de 13 de julho de 1990 (Estatuto da Criança e do Adolescente).

21.1. Objetividade jurídica

O crime de manutenção de presos de ambos os sexos na mesma cela ou espaço de confinamento vem previsto no art. 21 da Lei n. 13.869/2019, tendo como objetividade jurídica a tutela da Administração Pública e também a dignidade humana (art. 1º, III, CF) e o direito do preso de ser recolhido a estabelecimento adequado de acordo com o seu sexo e orientação sexual (art. 5º, XLVIII, CF).

21.2. Separação de presos

A preocupação com a separação de sexos no sistema prisional brasileiro vem de longa data sendo observada na maioria dos estabelecimentos penitenciários, ainda que, de vez em quando, aqui e acolá, haja notícias de descumprimento dessa regra básica de convivência carcerária.

Ao tratar dos estabelecimentos penais, o art. 82 e seguintes da Lei de Execução Penal apenas disciplinam regras de separação entre homens e mulheres, indicando que estas últimas e os maiores de 60 anos, separadamente, devem ser recolhidos a estabelecimento próprio e adequado à sua condição pessoal.

No mesmo sentido, a Lei de Execução Penal traz, em seu art. 89, determinação no sentido de que a penitenciária de mulheres, além dos requisitos mínimos de metragem e salubridade, seja dotada de berçário, onde as condenadas possam cuidar de seus filhos, e mesmo amamentá-los, no mínimo, até 6 (seis) meses de idade, e também de seção para gestante e parturiente e de creche para abrigar crianças maiores de 6 (seis) meses e menores de 7 (sete) anos, com a finalidade de assistir a criança desamparada cuja responsável estiver presa. Ademais, de acordo com regramento trazido pela Lei n. 12.121/2009, os estabelecimentos prisionais femininos devem possuir, exclusivamente, agentes do sexo feminino na segurança de suas dependências internas.

No que tange às mulheres mães privadas de liberdade, o Conselho Nacional de Justiça aprovou a Res. n. 252/2018, que estabelece princípios e diretrizes para o acompanhamento das mulheres mães e gestantes privadas de liberdade e dá outras providências. Dispõe o art. 7º da referida resolução que todos os direitos das mulheres privadas de liberdade com filhos serão garantidos, conforme disposto na Lei de Execução Penal, por meio da efetivação dos direitos fundamentais constitucionais nos estabelecimentos prisionais, respeitadas as especificidades de gênero, cor ou etnia, orientação sexual, idade, maternidade, nacionalidade, religiosidade e de deficiências física e mental. O art. 8º estabelece que a convivência entre mães e filhos em unidades prisionais ou de detenção deverá ser garantida, visando apoiar o desenvolvimento da criança e preservar os vínculos entre mãe e filhos, resguardando-se sempre o interesse superior destes, conforme disposto no Estatuto da Criança e do Adolescente.

Inclusive, a proteção penal, refletida no novo tipo penal, também recai sobre a criança ou adolescente, que não pode ser mantido na mesma cela na companhia de maior de idade ou em ambiente inadequado. O descumprimento dessa regra, portanto, configura crime de abuso de autoridade.

Com relação à pessoa idosa, maior de 60 (sessenta) anos, a nova proteção penal instituída pelo legislador a ele não se estendeu, de modo que não pode ser acusado de abuso de autoridade o agente público que não observar a regra estampada no art. 82, § 1º, da Lei de Execução Penal, deixando de recolhê-lo a estabelecimento próprio e adequado à sua condição pessoal, remanescendo, nesse caso, exclusivamente a responsabilização administrativa.

Outrossim, quanto ao recolhimento ao cárcere de lésbicas, gays, bissexuais, travestis e transexuais, merece destaque a decisão proferida pelo Min. Roberto Barroso, do Supremo Tribunal Federal, nos autos do HC 152.491, de São Paulo, determinando que dois réus transexuais fossem colocados em estabelecimento prisional compatível com suas respectivas orientações sexuais.

A questão de fundo, que raras vezes vem enfrentada com seriedade nos processos e nas decisões judiciais, diz respeito à situação de cumprimento de pena privativa de liberdade dos transexuais no sistema penitenciário brasileiro.

A nossa Lei de Execução Penal (Lei n. 7.210/84), no art. 5º, dispõe que "os condenados serão classificados, segundo os seus antecedentes e personalidade, para orientar a individualização da execução penal", nada mencionando acerca da orientação sexual, o mesmo ocorrendo em outros dispositivos legais, que apenas admitem a duplicidade de gênero: masculino e feminino.

O *habeas corpus* que mencionamos acima, com pedido de concessão de liminar, impetrado junto ao Supremo Tribunal Federal contra acórdão unânime da 5ª Turma do Superior Tribunal de Justiça, não teve como objeto a discussão sobre a situação dos transexuais no sistema prisional, buscando apenas que um dos condenados aguardasse o processo em liberdade, já que sentenciado em primeira e segunda instância perante a Justiça Paulista.

Na decisão atacada, o Superior Tribunal de Justiça ressaltou "a periculosidade dos acusados e a gravidade concreta no cometimento do delito, no qual o paciente e corréu, ambos transsexuais, praticaram extorsão, com o uso de arma branca (faca), contra vítima que as deixara entrar em seu carro com intuito de praticar um programa sexual, tendo esta sua liberdade restrita e sendo obrigada, sob ameaças de morte, a entregar todo seu dinheiro e dirigir-se a um caixa eletrônico para sacar mais".

O Min. Luís Roberto Barroso, em sua decisão, negou seguimento ao HC, mantendo a custódia cautelar já decretada, concedendo, entretanto, a ordem de ofício para determinar ao juízo da comarca de Tupã/SP, que as duas travestis, que foram colocadas em celas masculinas na Penitenciária de Presidente Prudente/SP, fossem transferidas para estabelecimento prisional compatível com a sua orientação sexual.

O Min. Barroso baseou sua decisão na Res. Conjunta n. 1, de 15 de abril de 2014, do Conselho Nacional de Política Criminal e Penitenciária (CNPCP) e do Conselho Nacional de Combate à Discriminação (CNCD/LGBT). Atualmente, o assunto vem tratado pela Res. Conjunta n. 2, de 26 de março de 2024, dos mesmos órgãos, que estabelece parâmetros para o acolhimento de pessoas LGBTQIA+ em privação de liberdade no Brasil.

O Conselho Nacional de Combate à Discriminação e Promoção dos Direitos de Lésbicas, Gays, Bissexuais, Travestis e Transexuais (CNCD/LGBT) é um órgão colegiado, integrante da estrutura básica da Secretaria de Direitos Humanos da Presidência da República (SDH/PR), criado por meio da Medida Provisória n. 2.216-37, de 31 de agosto de 2001. O CNCD/LGBT, órgão colegiado composto por trinta membros, sendo quinze representantes da sociedade civil e quinze do governo federal, tem por finalidade formular e propor diretrizes de ação governamental, em âmbito nacional, voltadas para o combate à discriminação e para a promoção e defesa dos direitos de lésbicas, gays, bissexuais, travestis e transexuais.

No estado de São Paulo, a Res. SAP n. 11, de 30 de janeiro de 2014, que também fundamentou a decisão do Min. Barroso, dispunha sobre a atenção a travestis e transexuais no âmbito do sistema penitenciário, facultando às unidades prisionais a implantação, após análise de viabilidade, de cela ou ala específica para população de travestis e transexuais, de modo a garantir sua dignidade, individualidade e adequado alojamento. Atualmente, o assunto vem regulado pela Res. SAP n. 27, de 21 de fevereiro de 2024.

21.3. Sujeito ativo e sujeito passivo

Trata-se de crime próprio, que somente pode ter como sujeito ativo o agente público, servidor ou não, da administração direta, indireta ou fundacional de qualquer dos Poderes da União, dos Estados, do Distrito Federal, dos Municípios e de Território, ainda que exerça, transitoriamente ou sem remuneração, por eleição, nomeação, designação, contratação ou qualquer outra forma de investidura ou vínculo, mandato, cargo, emprego ou função. Além disso, o agente público deve a atribuição para determinar a manutenção de presos em determinadas celas, pavilhões ou locais de confinamento. Pode ser sujeito ativo, por exemplo, o delegado de polícia, o juiz de direito, o agente penitenciário, o diretor de presídio etc.

Sujeito passivo é a pessoa privada de liberdade que seja misturada com outras do sexo oposto ou com maiores de idade, no caso de criança ou adolescente. Secundariamente, o sujeito passivo é o Estado, eis que se trata de abuso de autoridade.

21.4. Conduta

A conduta típica vem expressa pelo verbo *manter,* que significa permanecer, conservar, reter, perpetuar, indicando tratar-se de crime permanente, cuja consumação se protrai no tempo.

Para a caracterização do crime, o preso deve ser mantido *na mesma cela ou espaço de confinamento* com outro preso do sexo oposto. A criança ou adolescente, por seu turno, deve ser mantida na companhia de maior de idade ou em ambiente inadequado.

Vale lembrar que o art. 123 da Lei n. 8.069/90 estabelece: "A internação deverá ser cumprida em entidade exclusiva para adolescentes, em local distinto daquele destinado ao abrigo, obedecida rigorosa separação por critérios de idade, compleição física e gravidade da infração. Parágrafo único. Durante o período de internação, inclusive provisória, serão obrigatórias atividades pedagógicas".

21.5. Elemento subjetivo

O elemento subjetivo é o dolo, não sendo prevista a modalidade delitiva culposa.

Agindo com culpa o agente público, deixando de observar o cuidado objetivo necessário em sua atuação funcional (agindo, por exemplo, com negligência), poderá ser responsabilizado na esfera administrativa e/ou na esfera cível.

Além do dolo direto, vale ressaltar, a lei estabeleceu, ainda, no art. 1º, § 1º, a necessidade de um especial fim de agir para a configuração dos crimes nela previstos, devendo o agente público praticar as condutas típicas com a finalidade específica de prejudicar outrem ou beneficiar a si mesmo ou a terceiro, ou, ainda, por mero capricho ou satisfação pessoal. São crimes de tendência intensificada, crimes de intenção ou crimes de tendência interna transcendente. As finalidades específicas previstas na lei, alternativamente, são as seguintes: prejudicar outrem; beneficiar a si mesmo; beneficiar terceiro; por mero capricho; satisfação pessoal.

21.6. Consumação e tentativa

O crime se consuma no momento em que o preso é mantido no local inadequado do ponto de vista da separação dos sexos e no momento em que a criança ou adolescente é mantida na companhia de maior de idade ou em ambiente inadequado.

Trata-se de crime permanente, cuja consumação se protrai no tempo. Assim, enquanto o sujeito passivo estiver mantido em local inadequado, o crime estará se consumando.

Embora a característica da conduta possa indicar o contrário, entendemos que não há necessidade de habitualidade para a configuração do delito. A prática de apenas um ato já é apta à caracterização do crime.

Admite-se a tentativa, uma vez fracionável o *iter criminis*.

21.7. Ação penal e competência

De acordo com o disposto no art. 3º, *caput*, da Lei n. 13.869/2019, "os crimes previstos nesta Lei são de ação penal pública incondicionada". Admite-se, no § 1º, a ação penal privada subsidiária.

A pena cominada, de 1 (um) a 4 (quatro) anos de detenção e multa afasta o menor potencial ofensivo e inviabiliza o processo e julgamento pelo Juizado Especial Criminal (Lei n. 9.099/95). Possível, entretanto, a suspensão condicional do processo prevista no art. 89 da citada lei de pequenas causas.

Em razão da pena cominada e não sendo o crime praticado com violência ou grave ameaça, o Ministério Público poderá propor acordo de não persecução penal, desde que necessário e suficiente para reprovação e prevenção do crime, mediante as condições estampadas no art. 28-A do Código de Processo Penal.

Inclusive, nesse sentido, o Enunciado 28 do Conselho Nacional de Procuradores-Gerais dos Ministérios Públicos dos Estados e da União – CNPG e do Grupo Nacional de Coordenadores de Centro de Apoio Criminal – GNCCRIM, que dispõe: "Crimes de abuso de autoridade, cometidos sem violência ou grave ameaça à pessoa, presentes os pressupostos do art. 18 da Res. n. 181/2017 do CNMP, admitirão o acordo de não persecução penal, salvo se a sua celebração não atender ao que seja necessário e suficiente para a reprovação e prevenção do crime".

Aplica-se a este crime afiançável o procedimento especial dos crimes de responsabilidade dos funcionários públicos, previsto nos arts. 513 a 518 do Código de Processo Penal, admitindo-se a defesa preliminar.

A competência para o processo e julgamento é, em regra, da Justiça Estadual, salvo na ocorrência de alguma das hipóteses previstas no art. 109 da Constituição Federal, quando, então, a competência será da Justiça Federal.

22. Violação de domicílio com abuso de autoridade

> Art. 22. Invadir ou adentrar, clandestina ou astuciosamente, ou à revelia da vontade do ocupante, imóvel alheio ou suas dependências, ou nele permanecer nas mesmas condições, sem determinação judicial ou fora das condições estabelecidas em lei:
>
> Pena – detenção, de 1 (um) a 4 (quatro) anos, e multa.
>
> § 1º Incorre na mesma pena, na forma prevista no *caput* deste artigo, quem:
>
> I – coage alguém, mediante violência ou grave ameaça, a franquear-lhe o acesso a imóvel ou suas dependências;
>
> II – (VETADO);
>
> III – cumpre mandado de busca e apreensão domiciliar após as 21h (vinte e uma horas) ou antes das 5h (cinco horas).
>
> § 2º Não haverá crime se o ingresso for para prestar socorro, ou quando houver fundados indícios que indiquem a necessidade do ingresso em razão de situação de flagrante delito ou de desastre.

22.1. Objetividade jurídica

O crime de violação de domicílio com abuso de autoridade vem previsto no art. 22 da Lei n. 13.869/2019, tendo como objetividade jurídica a tutela da Administração Pública e também a inviolabilidade de domicílio prevista no art. 5º, XI, da Constituição Federal, que diz: "A casa é asilo inviolável do indivíduo, ninguém nela podendo penetrar sem consentimento do morador, salvo em caso de flagrante delito ou desastre, ou para prestar socorro, ou, durante o dia, por determinação judicial".

A propósito da inviolabilidade de domicílio e suas exceções, vale conferir o acórdão prolatado no Recurso Extraordinário 603.616/Rondônia, relator Min. Gilmar Mendes, publicado no *DJe* em 10-5-2016, cuja ementa estabelece:

"Recurso extraordinário representativo da controvérsia. Repercussão geral. 2. Inviolabilidade de domicílio – art. 5º, XI, da CF. Busca e apreensão domiciliar sem mandado judicial em caso de crime permanente. Possibilidade. A Constituição dispensa o mandado judicial para ingresso forçado em residência em caso de flagrante delito. No crime permanente, a situação de flagrância se protrai no tempo. 3. Período noturno. A cláusula que limita o ingresso ao período do dia é aplicável apenas aos casos em que a busca é determinada por ordem judicial. Nos demais casos – flagrante delito, desastre ou para prestar socorro – a Constituição não faz exigência quanto ao período do dia. 4. Controle judicial *a posteriori*. Necessidade de preservação da inviolabilidade domiciliar. Interpretação da Constituição. Proteção contra ingerências arbitrárias no domicílio. Muito embora o flagrante delito legitime o ingresso forçado em casa sem determinação judicial, a medida deve ser controlada judicialmente. A inexistência de controle judicial, ainda que posterior à execução da medida, esvaziaria o núcleo fundamental da garantia contra a inviolabilidade da casa (art. 5º, XI, da CF) e deixaria de proteger contra ingerências arbitrárias no domicílio (Pacto de São José da Costa Rica, artigo 11, 2, e Pacto Internacional sobre Direitos Civis e Políticos, artigo 17, 1). O controle judicial *a posteriori* decorre tanto da interpretação da Constituição, quanto da aplicação da proteção consagrada em tratados internacionais sobre direitos humanos incorporados ao ordenamento jurídico. Normas internacionais de caráter judicial que se incorporam à cláusula do devido processo legal. 5. Justa causa. A entrada forçada em domicílio, sem uma justificativa prévia conforme o direito, é arbitrária. Não será a constatação de situação de flagrância, posterior ao ingresso, que justificará a medida. Os agentes estatais devem demonstrar que havia elementos mínimos a caracterizar fundadas razões (justa causa) para a medida. 6. Fixada a interpretação de que a entrada forçada em domicílio sem mandado judicial só é lícita, mesmo em período noturno, quando amparada em fundadas razões, devidamente justificadas *a posteriori*, que indiquem que dentro da casa ocorre situação de flagrante delito, sob pena de responsabilidade disciplinar, civil e penal do agente ou da autoridade e de nulidade dos atos praticados. 7. Caso concreto. Existência de fundadas razões para suspeitar de flagrante de tráfico de drogas. Negativa de provimento ao recurso".

22.2. Sujeito ativo e sujeito passivo

Sujeito ativo do crime somente pode ser o agente público (arts. 1º e 2º da lei) que invade ou adentra irregularmente imóvel alheio ou suas dependências ou nele permanece nas mesmas condições. Assim também o agente público que coage alguém, mediante violência ou grave ameaça, a franquear-lhe o acesso a imóvel ou suas dependências, ou que cumpre mandado de busca e apreensão domiciliar após as 21(vinte e uma) horas ou antes das 5 (cinco) horas. Trata-se de crime próprio.

Sujeito passivo é o ocupante do imóvel, podendo ser o proprietário ou não do bem. Secundariamente, é o Estado.

22.3. Conduta

No *caput* do artigo, são três as condutas, representadas pelos verbos *invadir* (entrar indevidamente ou com violência, ocupar, ultrapassar o limite), *adentrar* (entrar de forma não violenta, ingressar) e *permanecer* (continuar, prosseguir, persistir, ficar).

As duas primeiras condutas são comissivas, implicando ação por parte do sujeito ativo. Já a terceira conduta é omissiva, indicando que o agente ingressou no imóvel ou em suas dependências com autorização do ocupante e depois se recusou a sair quando instado a fazê-lo.

Nessa modalidade do *caput*, o tipo é misto alternativo. Ou seja, a prática de mais de uma conduta caracteriza um só crime.

Vale ressaltar que o legislador empregou a expressão *imóvel alheio ou suas dependências* em vez de *casa*. Isso não impede que se possa utilizar como parâmetro o disposto nos §§ 4º e 5º do art. 150 do Código Penal, que dispõem:

"Art. 150. (...)

§ 4º A expressão 'casa' compreende:

I – qualquer compartimento habitado;

II – aposento ocupado de habitação coletiva;

III – compartimento não aberto ao público, onde alguém exerce profissão ou atividade.

§ 5º Não se compreendem na expressão 'casa':

I – hospedaria, estalagem ou qualquer outra habitação coletiva, enquanto aberta, salvo a restrição do n. II do parágrafo anterior;

II – taverna, casa de jogo e outras do mesmo gênero."

A invasão ou adentramento devem se dar *clandestinamente* (de maneira ilícita, ilegalmente, às escondidas) ou *astuciosamente* (ardilosamente, com esperteza, fraudulentamente, maliciosamente), ou ainda *à revelia da vontade do ocupante* (contra a vontade expressa ou tácita de quem de direito).

As condutas, ainda, devem ser praticadas *sem determinação judicial ou fora das condições estabelecidas em lei*.

Nesse aspecto, estabelece o art. 5º, XI, da Constituição Federal que "a casa é asilo inviolável do indivíduo, ninguém nela podendo penetrar sem consentimento do morador, salvo em caso de flagrante delito ou desastre, ou para prestar socorro, ou, durante o dia, por determinação judicial".

O art. 245 do Código de Processo Penal, por seu turno, prescreve:

"Art. 245. As buscas domiciliares serão executadas de dia, salvo se o morador consentir que se realizem à noite, e, antes de penetrarem na casa, os executores mostrarão e lerão o mandado ao morador, ou a quem o represente, intimando-o, em seguida, a abrir a porta.

§ 1º Se a própria autoridade der a busca, declarará previamente sua qualidade e o objeto da diligência.

§ 2º Em caso de desobediência, será arrombada a porta e forçada a entrada.

§ 3º Recalcitrando o morador, será permitido o emprego de força contra coisas existentes no interior da casa, para o descobrimento do que se procura.

§ 4º Observar-se-á o disposto nos §§ 2º e 3º, quando ausentes os moradores, devendo, neste caso, ser intimado a assistir à diligência qualquer vizinho, se houver e estiver presente.

§ 5º Se é determinada a pessoa ou coisa que se vai procurar, o morador será intimado a mostrá-la.

§ 6º Descoberta a pessoa ou coisa que se procura, será imediatamente apreendida e posta sob custódia da autoridade ou de seus agentes.

§ 7º Finda a diligência, os executores lavrarão auto circunstanciado, assinando-o com duas testemunhas presenciais, sem prejuízo do disposto no § 4º".

E remata o art. 246 do mesmo diploma:

"Art. 246. Aplicar-se-á também o disposto no artigo anterior, quando se tiver de proceder a busca em compartimento habitado ou em aposento ocupado de habitação coletiva ou em compartimento não aberto ao público, onde alguém exercer profissão ou atividade".

No § 1º do artigo ora em comento vêm previstas figuras equiparadas às do *caput*, punindo com a mesma pena o agente público que coage (obriga, constrange, força) alguém, mediante violência ou grave ameaça, a franquear-lhe o acesso a imóvel ou suas dependências, ou cumpre mandado de busca e apreensão domiciliar após as 21 horas ou antes das 5 horas.

Interessante notar que o legislador estabeleceu um limite temporal mais específico para o cumprimento do mandado de busca e apreensão domiciliar, fazendo constar expressamente o horário em que tal diligência é permitida. A legislação processual penal (art. 245, CPP) até então se baseava nos critérios voláteis de "dia" e "noite" que, não raras vezes, geravam intensa celeuma acerca dos seus perfeitos contornos.

O inciso II do § 1º foi vetado pelo Presidente da República. A redação era a seguinte:

"II – executa mandado de busca e apreensão em imóvel alheio ou suas dependências, mobilizando veículos, pessoal ou armamento de forma ostensiva e desproporcional, ou de qualquer modo extrapolando os limites da autorização judicial, para expor o investigado a situação de vexame; (...)."

As razões do veto foram: "A propositura legislativa, ao prever como elemento do tipo a 'forma ostensiva e desproporcional', gera insegurança jurídica por encerrar tipo penal aberto e que comporta interpretação. Além disso, em operações policiais, o planejamento da logística de bens e pessoas competem às autoridades da segurança pública".

O § 2º do art. 22 prevê causa excludente de ilicitude, não havendo crime "se o ingresso for para prestar socorro, ou quando houver fundados indícios que indiquem a necessidade do ingresso em razão de situação de flagrante delito ou de desastre".

Acerca dos fundados indícios que indiquem a necessidade do ingresso em razão de situação de flagrante delito, *vide* item 22.1. *supra*.

22.4. Elemento subjetivo

O elemento subjetivo é o dolo, não sendo prevista a modalidade delitiva culposa.

Agindo com culpa o agente público, deixando de observar o cuidado objetivo necessário em sua atuação funcional (atuando, por exemplo, com negligência), poderá ser responsabilizado na esfera administrativa e/ou na esfera cível.

Além do dolo direto, vale ressaltar, a lei estabeleceu, ainda, no art. 1º, § 1º, a necessidade de um especial fim de agir para a configuração dos crimes nela previstos, devendo o agente público praticar as condutas típicas com a finalidade específica de prejudicar outrem ou beneficiar a si mesmo ou a terceiro, ou, ainda, por mero capricho ou satisfação pessoal. São crimes de tendência intensificada, crimes de intenção ou crimes de tendência interna transcendente. As finalidades específicas previstas na lei, alternativamente, são as seguintes: prejudicar outrem; beneficiar a si mesmo; beneficiar terceiro; por mero capricho; satisfação pessoal.

22.5. Consumação e tentativa

Nas modalidades de conduta comissivas (*invadir* e *adentrar*), o crime é instantâneo, se consumando no momento em que o agente público ingressa ou adentra irregularmente o imóvel ou suas dependências. Trata-se de crime de mera conduta (simples atividade), já que o tipo penal não prevê nenhum resultado naturalístico.

Na modalidade de conduta omissiva (*permanecer*), o crime é permanente, protraindo-se a consumação pelo tempo em que o agente público ficar no imóvel ou suas dependências após ser instado a dele sair pelo ocupante.

Nas modalidades de conduta do § 1º, o crime se consuma no momento em que o agente público, mediante violência ou grave ameaça, coage a vítima a franquear-lhe o acesso a imóvel ou suas dependências. Ou ainda quando cumpre mandado de busca e apreensão domiciliar fora dos horários estabelecido na lei.

Salvo na modalidade de conduta omissiva, admite-se a tentativa.

22.6. Ação penal e competência

De acordo com o disposto no art. 3º, *caput*, da Lei n. 13.869/2019, "os crimes previstos nesta Lei são de ação penal pública incondicionada". Admite-se, no § 1º, a ação penal privada subsidiária.

A pena cominada, de 1 (um) a 4 (quatro) anos de detenção e multa afasta o menor potencial ofensivo e inviabiliza o processo e julgamento pelo Juizado Especial Criminal (Lei n. 9.099/95). Possível, entretanto, a suspensão condicional do processo prevista no art. 89 da citada lei de pequenas causas.

Em razão da pena cominada e não sendo o crime praticado com violência ou grave ameaça, o Ministério Público poderá propor acordo de não persecução penal, desde que necessário e suficiente para reprovação e prevenção do crime, mediante as condições estampadas no art. 28-A do Código de Processo Penal.

Inclusive, nesse sentido, o Enunciado 28 do Conselho Nacional de Procuradores-Gerais dos Ministérios Públicos dos Estados e da União – CNPG e do Grupo Nacional de Coordenadores de Centro de Apoio Criminal – GNCCRIM, que dispõe: "Crimes de abuso de autoridade, cometidos sem violência ou grave ameaça à pessoa, presentes os pressupostos do art. 18 da Res. n. 181/2017 do CNMP, admitirão o acordo de não persecução penal, salvo se a sua celebração não atender ao que seja necessário e suficiente para a reprovação e prevenção do crime".

Violência ou grave ameaça são exigidas apenas para a configuração da modalidade criminosa prevista no § 1º, I, para a qual, evidentemente, descabe a proposta de acordo de não persecução penal.

Aplica-se a este crime afiançável o procedimento especial dos crimes de responsabilidade dos funcionários públicos, previsto nos arts. 513 a 518 do Código de Processo Penal, admitindo-se a defesa preliminar.

A competência para o processo e julgamento é, em regra, da Justiça Estadual, salvo na ocorrência de alguma das hipóteses previstas no art. 109 da Constituição Federal, quando, então, a competência será da Justiça Federal.

23. Fraude processual com abuso de autoridade

> Art. 23. Inovar artificiosamente, no curso de diligência, de investigação ou de processo, o estado de lugar, de coisa ou de pessoa, com o fim de eximir-se de responsabilidade ou de responsabilizar criminalmente alguém ou agravar-lhe a responsabilidade:
>
> Pena – detenção, de 1 (um) a 4 (quatro) anos, e multa.
>
> Parágrafo único. Incorre na mesma pena quem pratica a conduta com o intuito de:
>
> I – eximir-se de responsabilidade civil ou administrativa por excesso praticado no curso de diligência;
>
> II – omitir dados ou informações ou divulgar dados ou informações incompletos para desviar o curso da investigação, da diligência ou do processo.

23.1. Objetividade jurídica

O crime de fraude processual com abuso de autoridade vem previsto no art. 23 da Lei n. 13.869/2019, tendo como objetividade jurídica a tutela da Administração Pública e também da administração da Justiça, evitando-se a fraude.

Esse crime se assemelha ao crime de fraude processual previsto no art. 347 do Código Penal e do crime de fraude processual previsto no art. 312 da Lei n. 9.503/97 – Código de Trânsito Brasileiro.

23.2. Sujeito ativo e sujeito passivo

Sujeito ativo do crime somente pode ser o agente público (arts. 1º e 2º da lei) que inova artificiosamente, no curso de diligência, de investigação ou de processo, o estado de lugar, de coisa ou de pessoa, com os fins previstos no dispositivo legal. Trata-se de crime próprio.

Sujeito passivo é a pessoa prejudicada pela inovação artificiosa. Secundariamente, é o Estado.

23.3. Conduta

A conduta típica vem caracterizada pela expressão *inovar artificiosamente*, que significa modificar, adulterar, com o emprego de artifício. O agente modifica, altera ou adultera o estado de lugar, de coisa ou de pessoa inserindo alguma novidade.

É imprescindível para a caracterização do delito, que a inovação artificiosa seja feita *no curso de diligência, de investigação ou de processo*. Qualquer diligência ou investigação pode ser objeto de inovação artificiosa, até mesmo as preliminares feitas pela polícia ou ainda aquelas levadas a cabo no curso de processo. O processo a que se refere a lei pode ser criminal, civil ou administrativo.

23.4. Elemento subjetivo

O elemento subjetivo é o dolo, não sendo prevista a modalidade delitiva culposa.

Agindo com culpa o agente público, deixando de observar o cuidado objetivo necessário em sua atuação funcional (agindo, por exemplo, com negligência), poderá ser responsabilizado na esfera administrativa e/ou na esfera cível.

Além do dolo direto, a lei estabeleceu, ainda, a necessidade de um especial fim de agir para a configuração dos crimes nela previstos, devendo o agente público praticar as condutas típicas com uma das finalidades específicas previstas no art. 23, que se mostram mais peculiares do que aquelas previstas no art. 1º, § 1º, da lei. Trata-se de crime de tendência intensificada, crime de intenção ou crime de tendência interna transcendente.

As finalidades específicas previstas no artigo são as seguintes: eximir-se de responsabilidade (criminal); responsabilizar criminalmente alguém; agravar a responsabilidade de alguém; eximir-se de responsabilidade civil ou administrativa por excesso praticado no curso de diligência; omitir dados ou informações ou divulgar dados ou informações incompletos para desviar o curso da investigação, da diligência ou do processo.

23.5. Consumação e tentativa

O crime se consuma com a inovação artificiosa do estado de lugar, de coisa ou de pessoa, com uma das finalidades previstas no tipo penal.

Tratando-se de crime formal, não há necessidade, para a consumação, de que o agente público alcance o resultado naturalístico previsto em lei, que seria eximir-se de responsabilidade (criminal); responsabilizar criminalmente alguém; agravar a responsabilidade de alguém; eximir-se de responsabilidade civil ou administrativa por excesso praticado no curso de diligência; omitir dados ou informações ou divulgar dados ou informações incompletos para desviar o curso da investigação, da diligência ou do processo.

Caso um ou mais desses resultados seja alcançado, estaremos em face do exaurimento do crime.

Tratando-se de crime plurissubsistente, é admissível a tentativa.

Vale colacionar, entretanto, a percuciente observação de Renato Brasileiro de Lima (Op. cit., p. 237), no sentido de que, "para fins de caracterização do *conatus*, exige-se a idoneidade do meio fraudulento, que deve apresentar potencialidade real para enganar o agente policial, o perito ou o juiz. Logo, se o artifício for grosseiro, perceptível *ictu oculi* (a olho nu), não há falar em tentativa do crime do art. 23 da Lei n. 13.869/2019, mas sim em verdadeiro crime impossível (CP, art. 17), haja vista a ineficácia absoluta do meio".

23.6. Ação penal e competência

De acordo com o disposto no art. 3º, *caput*, da Lei n. 13.869/2019, "os crimes previstos nesta Lei são de ação penal pública incondicionada". Admite-se, no § 1º, a ação penal privada subsidiária.

A pena cominada, de 1 (um) a 4 (quatro) anos de detenção e multa afasta o menor potencial ofensivo e inviabiliza o processo e julgamento pelo Juizado Especial Criminal (Lei n. 9.099/95). Possível, entretanto, a suspensão condicional do processo prevista no art. 89 da citada lei de pequenas causas.

Em razão da pena cominada e não sendo o crime praticado com violência ou grave ameaça, o Ministério Público poderá propor acordo de não persecução penal, desde que necessário e suficiente para reprovação e prevenção do crime, mediante as condições estampadas no art. 28-A do Código de Processo Penal.

Inclusive, nesse sentido, o Enunciado 28 do Conselho Nacional de Procuradores-Gerais dos Ministérios Públicos dos Estados e da União – CNPG e do Grupo Nacional de Coordenadores de Centro de Apoio Criminal – GNCCRIM, que dispõe: "Crimes de abuso de autoridade, cometidos sem violência ou grave ameaça à pessoa, presentes os pressupostos do art. 18 da Res. n. 181/2017 do CNMP, admitirão o acordo de não persecução penal, salvo se a sua celebração não atender ao que seja necessário e suficiente para a reprovação e prevenção do crime".

Aplica-se a este crime afiançável o procedimento especial dos crimes de responsabilidade dos funcionários públicos, previsto nos arts. 513 a 518 do Código de Processo Penal, admitindo-se a defesa preliminar.

A competência para o processo e julgamento é, em regra, da Justiça Estadual, salvo na ocorrência de alguma das hipóteses previstas no art. 109 da Constituição Federal, quando, então, a competência será da Justiça Federal.

24. Constrangimento ilegal de funcionário ou empregado de instituição hospitalar

> Art. 24. Constranger, sob violência ou grave ameaça, funcionário ou empregado de instituição hospitalar pública ou privada a admitir para tratamento pessoa cujo óbito já tenha ocorrido, com o fim de alterar local ou momento de crime, prejudicando sua apuração:
> Pena – detenção, de 1 (um) a 4 (quatro) anos, e multa, além da pena correspondente à violência.

24.1. Objetividade jurídica

O crime de constrangimento ilegal de funcionário ou empregado de instituição hospitalar vem previsto no art. 24 da Lei n. 13.869/2019, tendo como objetividade jurídica a tutela da Administração Pública e também a administração da Justiça, preservando-se o devido processo legal e a lisura dos fatos a serem apurados, evitando-se a fraude.

24.2. Sujeito ativo e sujeito passivo

Sujeito ativo do crime é o agente público (arts. 1º e 2º da lei) que constrange, sob violência ou grave ameaça, funcionário ou empregado de instituição hospitalar pública ou privada a admitir para tratamento pessoa cujo óbito já tenha ocorrido, com o fim de alterar local ou momento de crime, prejudicando sua apuração. Não há necessidade de que o agente público tenha sido o responsável pela morte e nem tampouco que tenha, de qualquer modo, concorrido para este evento. Não há necessidade, outrossim, de que o agente público pertença aos quadros policiais.

Sujeito passivo é o funcionário ou empregado de instituição hospitalar pública ou privada que sofre o constrangimento ilegal. Secundariamente, é o Estado.

24.3. Conduta

A conduta típica vem expressa pelo verbo *constranger,* que significa obrigar, forçar, compelir, submeter.

Para a caracterização do crime, é necessário que o constrangimento se dê mediante *violência,* ou seja, mediante utilização de força física (*vis absoluta*), ou mediante *grave ameaça* (violência moral – *vis compulsiva*).

O constrangimento deve se voltar à admissão para tratamento de pessoa cujo óbito já tenha ocorrido, ou seja, pessoa morta.

Evidentemente que o crime somente ocorre se o agente público tiver ciência inequívoca de que a pessoa socorrida já está morta. A dúvida o favorece, até porque, para a caracterização do crime, há necessidade do elemento subjetivo específico, que será analisado oportunamente.

O intuito da lei é evitar que ocorra, ou mesmo punir, práticas abjetas de alguns agentes públicos, principalmente policiais, que, após a ocorrência de alguma irregularidade em diligência da qual resulte a morte de pessoa envolvida em crime ou suspeita, procuram retirar rapidamente o cadáver do local, socorrendo quem já se encontra morto.

Inclusive, no Estado de São Paulo, a Secretaria de Segurança Pública editou a Res. SSP n. 5, de 7 de janeiro de 2013, fixando parâmetros aos agentes públicos que atendam ou que estejam envolvidos em ocorrência na qual haja morte decorrente de intervenção policial. Entre os parâmetros estabelecidos está a preservação do local até a chegada da perícia, isolando-o e zelando para que nada seja alterado, em especial cadáver(es) e objeto(s) relacionados ao fato. Dispõe o art. 1º da citada resolução:

"Art. 1º. Nas ocorrências policiais relativas a lesões corporais graves, homicídio, tentativa de homicídio, latrocínio e extorsão mediante sequestro com resultado morte, inclusive as decorrentes de intervenção policial, os policiais que primeiro atenderem a ocorrência, deverão:

I – acionar, imediatamente, a equipe do resgate, SAMU ou serviço local de emergência, para o pronto e imediato socorro;

II – comunicar, de pronto, ao COPOM ou CEPOL, conforme o caso;

III – preservar o local até a chegada da perícia, isolando-o e zelando para que nada seja alterado, em especial, cadáver(es) e objeto(s) relacionados ao fato; ressalvada a intervenção da equipe do resgate, SAMU ou serviço local de emergência, por ocasião do socorro às vítimas.

Parágrafo único. Caberá ao COPOM dar ciência imediata da ocorrência ao CEPOL, a quem incumbirá acionar, imediatamente, a Superintendência da Polícia Técnico-Científica para a realização de perícia no local".

24.4. Elemento subjetivo

O elemento subjetivo é o dolo, não sendo prevista a modalidade delitiva culposa.

Agindo com culpa o agente público, deixando de observar o cuidado objetivo necessário em sua atuação funcional (agindo, por exemplo, com negligência), poderá ser responsabilizado na esfera administrativa e/ou na esfera cível.

É necessário que haja, por parte do agente público, ciência inequívoca de que a pessoa socorrida já está morta. Caso contrário, haverá erro sobre elemento constitutivo do tipo legal, que exclui o dolo, permitindo apenas a punição por crime culposo, se previsto em lei (art. 20, *caput*, CP). Como não se admite a modalidade culposa nesse crime, o fato se torna atípico.

Além do dolo direto, a lei estabeleceu, ainda, a necessidade de um especial fim de agir para a configuração dos crimes nela previstos, devendo o agente público praticar as condutas típicas com a finalidade específica prevista no art. 24, que se mostra mais peculiar do que aquelas previstas no art. 1º, § 1º, da lei. Trata-se de crime de tendência intensificada, crime de intenção ou crime de tendência interna transcendente.

A finalidade específica prevista no artigo é justamente alterar local ou momento de crime, prejudicando sua apuração.

24.5. Consumação e tentativa

O crime se consuma com a prática do constrangimento, sob violência ou grave ameaça, a funcionário ou empregado de instituição hospitalar pública ou privada, com a finalidade estabelecida no tipo penal.

Tratando-se de crime formal, não há necessidade, para a consumação, de que o agente público alcance o resultado naturalístico previsto em lei, que seria a alteração do local ou do momento do crime, com o consequente prejuízo para a apuração. Caso esse resultado seja alcançado, estaremos em face do exaurimento do crime.

Tratando-se de crime plurissubsistente, é admissível a tentativa.

24.6. Ação penal e competência

De acordo com o disposto no art. 3º, *caput*, da Lei n. 13.869/2019, "os crimes previstos nesta Lei são de ação penal pública incondicionada". Admite-se, no § 1º, a ação penal privada subsidiária.

A pena cominada, de 1 (um) a 4 (quatro) anos de detenção e multa afasta o menor potencial ofensivo e inviabiliza o processo e julgamento pelo Juizado Especial Criminal (Lei n. 9.099/95). Possível, entretanto, a suspensão condicional do processo prevista no art. 89 da citada lei de pequenas causas.

Sendo o crime praticado com violência ou grave ameaça, não é cabível o acordo de não persecução penal, nos termos do disposto no art. 28-A do Código de Processo Penal.

Aplica-se a este crime afiançável o procedimento especial dos crimes de responsabilidade dos funcionários públicos, previsto nos arts. 513 a 518 do Código de Processo Penal, admitindo-se a defesa preliminar.

A competência para o processo e julgamento é, em regra, da Justiça Estadual, salvo na ocorrência de alguma das hipóteses previstas no art. 109 da Constituição Federal, quando, então, a competência será da Justiça Federal.

25. Obtenção ou utilização de prova ilícita

> Art. 25. Proceder à obtenção de prova, em procedimento de investigação ou fiscalização, por meio manifestamente ilícito:
>
> Pena – detenção, de 1 (um) a 4 (quatro) anos, e multa.
>
> Parágrafo único. Incorre na mesma pena quem faz uso de prova, em desfavor do investigado ou fiscalizado, com prévio conhecimento de sua ilicitude.

25.1. Objetividade jurídica

O crime de obtenção ou utilização de prova ilícita vem previsto no art. 25 da Lei n. 13.869/2019, tendo como objetividade jurídica a tutela da Administração Pública e também a administração da Justiça, no particular aspecto da inadmissibilidade das provas obtidas por meios ilícitos.

25.2. Provas ilícitas e derivadas

O nosso ordenamento jurídico, em algumas oportunidades, impõe limitações à produção de provas decorrentes da violação da lei. É o caso das provas obtidas por meio de tortura, por exemplo, ou da captação clandestina de conversações telefônicas, assim como da violação de sigilo de correspondência, dentre outras.

Essas provas produzidas com violação da lei são denominadas provas ilegais, e podem ser:

a) provas ilegítimas, quando são produzidas com infração às normas processuais. Ex.: inobservância do disposto nos arts. 210 e 226 do CPP;

b) provas ilícitas, quando produzidas com ofensa ao direito material. Ex.: prova obtida por meio de violação de domicílio (art. 5º, XI, da CF), ou por meio de violação do sigilo das comunicações telefônicas (art. 5º, XII, da CF).

Para as provas ilegítimas já vem fixada a sanção no próprio Código de Processo Penal, não podendo ser admitidas.

Já as provas ilícitas são vedadas pelo disposto no art. 5º, LVI, da CF, também sendo vedada a sua utilização no processo.

A bem da verdade, a distinção entre provas ilegítimas e provas ilícitas não vem agasalhada pelo texto legal, dispondo o art. 157 do Código de Processo Penal, genericamente, que são inadmissíveis as provas ilícitas, assim entendidas as obtidas com violação a normas constitucionais ou legais. Nesse dispositivo, o Código tratou das provas ilícitas como aquelas que violam normas constitucionais e normas legais (de cunho material ou de cunho processual).

Deve ser ressaltado que o *caput* do art. 157 do Código de Processo Penal determina o desentranhamento das provas ilícitas do processo, prevendo, ainda, no § 3º, a sua inutilização por decisão judicial, facultado às partes acompanhar o incidente. No § 5º, acrescentado pela Lei n. 13.964/2019, veio prevista a teoria da descontaminação do julgado, segundo a qual o juiz que teve contato com a prova ilícita não pode julgar o caso concreto ("O juiz que conhecer do conteúdo da prova declarada inadmissível não poderá proferir a sentença ou acórdão.").

Resta, entretanto, uma pergunta: podem as provas ilícitas ter algum valor probante, se seu conteúdo for verdadeiro? Para alguns autores, essas provas nunca podem ser admitidas. Para outros, já que no processo penal se busca a verdade real, nada impediria que o juiz se baseasse, apenas para firmar convicção, no conteúdo verdadeiro de provas ilícitas.

A posição que vem sendo acatada atualmente é a de que as provas ilícitas somente são aceitas no processo penal quando favorecerem a defesa do acusado.

Outrossim, em decorrência da proibição constitucional das provas ilícitas, surgiu nos Estados Unidos a doutrina do *fruits of the poisonous tree*, ou seja, a doutrina dos frutos da árvore envenenada (ou contaminada).

Segundo essa doutrina, desenvolvida pela Suprema Corte norte-americana no caso Silverthorne Lumber Co. *vs.* United States, não se pode admitir uma prova derivada de outra obtida ilicitamente, eis que estaria ela irremediavelmente "contaminada" na origem.

Mesmo diante da ausência, antigamente, de dispositivo legal vedando expressamente a prova derivada da ilícita, os Tribunais Superiores já vinham adotando o entendimento de que a prova produzida com violação ao direito material – assim como aquelas que dela decorrerem – não tem qualquer eficácia jurídica.

Atualmente, o art. 157, § 1º, do Código de Processo Penal, com a redação que lhe foi dada pela Lei n. 11.690/2008, estabeleceu que são também inadmissíveis as provas derivadas das ilícitas.

O referido dispositivo legal, entretanto, estabeleceu duas exceções em que a prova derivada é válida:

a) quando não evidenciado nexo causal entre a prova ilícita e a prova derivada;

b) quando as provas derivadas puderem ser obtidas por uma fonte independente (*independent source*). Considera-se fonte independente (§ 2º) aquela que por si só, seguindo os trâmites típicos e de praxe, próprios da investigação ou instrução criminal, seria capaz de conduzir ao fato objeto de prova.

25.3. Sujeito ativo e sujeito passivo

Sujeito ativo do crime é o agente público (arts. 1º e 2º da lei) que procede à obtenção de prova ilícita, em procedimento de investigação ou fiscalização, e também aquele que dela faz uso, em desfavor do investigado ou fiscalizado, com prévio conhecimento de sua ilicitude. Trata-se de crime próprio. Podem ser delegados de polícia, membros do Ministério Público e demais agentes públicos envolvidos com procedimento de investigação ou fiscalização.

Sujeito passivo é a pessoa prejudicada pela produção ou utilização da prova ilícita, ou seja, o investigado ou fiscalizado. Secundariamente, sujeito passivo é o Estado.

25.4. Conduta

No *caput* do artigo em comento, a conduta típica vem caracterizada pela expressão *proceder à obtenção*, que nada mais é que *obter*, ou seja, alcançar, conseguir, lograr. O meio utilizado pelo agente para a obtenção da prova deve ser *manifestamente ilícito*, ou seja, o meio flagrantemente ilegal, inconstitucional, vedado por lei.

No parágrafo único, a conduta vem caracterizada pela expressão *fazer uso*, que significa utilizar, usar, empregar, manejar. Nesse caso, a utilização da prova ilícita deve se dar *em desfavor do investigado ou fiscalizado*. A *contrario sensu*, o dispositivo legal não criminaliza a utilização da prova ilícita em favor do investigado ou fiscalizado. Nesse sentido, os Tribunais Superiores, em diversos precedentes, já se manifestaram pela possibilidade de utilização da prova ilícita em favor do réu.

Nesse sentido, vale citar a decisão do Min. Gilmar Mendes (Rcl 34941/SP – *DJe* em 24-6-2019), do seguinte teor: "Na verdade, o uso de eventual prova ilícita em favor do réu constitui a única exceção à regra estabelecida no art. 5º, LVI, da CF/88 (são inadmissíveis, no processo, as provas obtidas por meios ilícitos)".

Importante notar que, em virtude da redação do art. 157 do Código de Processo Penal ("São inadmissíveis, devendo ser desentranhadas do processo, as provas ilícitas, assim entendidas as obtidas em violação a normas constitucionais ou legais."), não há distinção, para a caracterização da ilicitude, entre a prova obtida com violação a norma legal de cunho material ou a norma legal de cunho processual.

Assim, sem embargo das posições doutrinárias em contrário, a nosso ver, o crime do art. 25 da Lei de Abuso de Autoridade somente se caracteriza com a obtenção ou utilização da prova ilícita obtida com violação a normas constitucionais ou a normas legais de cunho material. Não seria razoável criminalizar a obtenção ou a utilização de provas ilícitas obtidas com violação a norma legal de cunho processual (provas ilegítimas), as quais ficam alcançadas apenas pela nulidade.

Outrossim, embora o dispositivo legal em análise se refira apenas à prova ilícita, entendemos que esse conceito deve abranger também a prova derivada da ilícita (*vide* item 25.2 *supra*).

Nesse sentido, aliás, é o enunciado 16 do Conselho Nacional de Procuradores-Gerais dos Ministérios Públicos dos estados e da União – CNPG e do Grupo Nacional de Coordenadores de Centro de Apoio Criminal – GNCCRIM:

"ENUNCIADO 16

Ressalvadas situações excepcionais pacificadas, o uso da prova derivada da ilícita está abrangido pelo tipo penal incriminador do art. 25 da Lei de Abuso de Autoridade, devendo o agente ter conhecimento inequívoco da sua origem e do nexo de relação entre a prova ilícita e aquela dela derivada."

25.5. Elemento subjetivo

O elemento subjetivo é o dolo, não sendo prevista a modalidade delitiva culposa.

Agindo com culpa o agente público, deixando de observar o cuidado objetivo necessário em sua atuação funcional (agindo, por exemplo, com negligência), poderá ser responsabilizado na esfera administrativa e/ou na esfera cível.

Além do dolo direto, vale ressaltar, a lei estabeleceu, ainda, no art. 1º, § 1º, a necessidade de um especial fim de agir para a configuração dos crimes nela previstos, devendo o agente público praticar as condutas típicas com a finalidade específica de prejudicar outrem ou beneficiar a si mesmo ou a terceiro, ou, ainda, por mero capricho ou satisfação pessoal. São crimes de tendência intensificada, crimes de intenção ou crimes de tendência interna transcendente. As finalidades específicas previstas na lei, alternativamente, são as seguintes: prejudicar outrem; beneficiar a si mesmo; beneficiar terceiro; por mero capricho; satisfação pessoal.

Na modalidade do parágrafo único, há necessidade de *prévio conhecimento da ilicitude* da prova, indicando a ocorrência do crime lá tipificado apenas quando o agente público atuar com dolo direto.

25.6. Consumação e tentativa

O crime se consuma com a efetiva obtenção da prova ilícita ou ainda com a sua efetiva utilização em desfavor do investigado ou fiscalizado. Trata-se de crime material.

Admite-se a tentativa.

25.7. Ação penal e competência

De acordo com o disposto no art. 3º, *caput*, da Lei n. 13.869/2019, "os crimes previstos nesta Lei são de ação penal pública incondicionada". Admite-se, no § 1º, a ação penal privada subsidiária.

A pena cominada, de 1 (um) a 4 (quatro) anos de detenção e multa afasta o menor potencial ofensivo e inviabiliza o processo e julgamento pelo Juizado Especial Criminal (Lei n. 9.099/95). Possível, entretanto, a suspensão condicional do processo prevista no art. 89 da citada lei de pequenas causas.

Em razão da pena cominada e não sendo o crime praticado com violência ou grave ameaça, o Ministério Público poderá propor acordo de não persecução penal, desde que necessário e suficiente para reprovação e prevenção do crime, mediante as condições estampadas no art. 28-A do Código de Processo Penal.

Inclusive, nesse sentido, o Enunciado 28 do Conselho Nacional de Procuradores-Gerais dos Ministérios Públicos dos Estados e da União – CNPG e do Grupo Nacional de Coordenadores de Centro de Apoio Criminal – GNCCRIM, que dispõe: "Crimes de abuso de autoridade, cometidos sem violência ou grave ameaça à pessoa, presentes os pressupostos do art. 18 da Res. n. 181/2017 do CNMP, admitirão o acordo de não persecução penal, salvo se a sua celebração não atender ao que seja necessário e suficiente para a reprovação e prevenção do crime".

Aplica-se a este crime afiançável o procedimento especial dos crimes de responsabilidade dos funcionários públicos, previsto nos arts. 513 a 518 do Código de Processo Penal, admitindo-se a defesa preliminar.

A competência para o processo e julgamento é, em regra, da Justiça Estadual, salvo na ocorrência de alguma das hipóteses previstas no art. 109 da Constituição Federal, quando, então, a competência será da Justiça Federal.

26. Flagrante preparado

> Art. 26. Induzir ou instigar pessoa a praticar infração penal com o fim de capturá-la em flagrante delito, fora das hipóteses previstas em lei:
> Pena – detenção, de 6 (seis) meses a 2 (anos) anos, e multa.
> § 1º Se a vítima é capturada em flagrante delito, a pena é de detenção, de 1 (um) a 4 (quatro) anos, e multa.
> § 2º Não configuram crime as situações de flagrante esperado, retardado, prorrogado ou diferido.

26.1. Dispositivo legal vetado

O crime de flagrante preparado foi vetado pelo Presidente da República.

São as seguintes as razões do veto:

"A propositura legislativa gera insegurança jurídica por indeterminação do tipo penal, e por ofensa ao princípio da intervenção mínima, para o qual o Direito Penal só deve ser aplicado quando estritamente necessário, tendo em vista que a criminalização da conduta pode afetar negatividade a atividade investigativa, ante a potencial incerteza de caracterização da conduta prevista no art. 26, pois não raras são as vezes que a constatação da espécie de flagrante, dada a natureza e circunstâncias do ilícito praticado, só é possível quando da análise do caso propriamente dito, conforme se pode inferir da jurisprudência do Supremo Tribunal Federal (v.g. HC 105.929, Rel. Min. Gilmar Mendes, 2ªT. j. 24-5-2011)."

27. Requisição ou instauração de procedimento investigatório sem indícios

> Art. 27. Requisitar instauração ou instaurar procedimento investigatório de infração penal ou administrativa, em desfavor de alguém, à falta de qualquer indício da prática de crime, de ilícito funcional ou de infração administrativa:
> Pena – detenção, de 6 (seis) meses a 2 (dois) anos, e multa.
> Parágrafo único. Não há crime quando se tratar de sindicância ou investigação preliminar sumária, devidamente justificada.

27.1. Objetividade jurídica

O crime de requisição ou instauração de procedimento investigatório sem indícios vem previsto no art. 27 da Lei n. 13.869/2019, tendo como objetividade jurídica a tutela da Administração Pública e também a administração da Justiça, maculada pela requisição ou instauração de investigação sem indícios da prática de crime, de ilícito funcional ou de infração administrativa. Tutela-se também a honra e a imagem da pessoa indevidamente investigada.

27.2. Sujeito ativo e sujeito passivo

Sujeito ativo do crime é o agente público (arts. 1º e 2º da lei) que tem o poder de requisitar ou instaurar procedimento investigatório de infração penal ou administrativa. Trata-se de crime próprio. Com relação a infração penal, podem ser delegados de polícia, membros do Ministério Público, magistrados etc. Com relação a infração administrativa, pode ser qualquer agente público que tenha o poder de requisitar ou instaurar a investigação no âmbito da Administração.

Sujeito passivo é a pessoa prejudicada pela requisição ou instauração, contra si, da investigação abusiva. Secundariamente, sujeito passivo é o Estado.

27.3. Conduta

A conduta típica vem representada pelos verbos *requisitar* (exigir, demandar, requerer, determinar) e *instaurar* (inaugurar, dar início, abrir, promover).

O agente público deve requisitar a instauração ou instaurar *procedimento investigatório de infração penal ou administrativa,* tais como inquérito policial, termo circunstanciado de ocorrência policial, procedimento de investigação criminal, procedimento administrativo disciplinar etc.

Vale ressaltar que o parágrafo único ressalva expressamente que "não há crime quando se tratar de sindicância ou investigação preliminar sumária, devidamente justificada". Nesses casos, incide causa excludente de ilicitude, eis que se trata de procedimentos preliminares que visam apurar irregularidades penais e administrativas sem rigor investigativo. Devem, entretanto, ser *devidamente justificadas,* ou seja, dotadas de fundamentação.

É necessário, ainda, para a caracterização do crime, que a requisição ou instauração de investigação ocorra sem qualquer indício da prática de crime, de ilícito funcional ou de infração administrativa, ou seja, sem justa causa.

Considera-se indício, de acordo com o disposto no art. 239 do Código de Processo Penal, a circunstância conhecida e provada, que, tendo relação com o fato, autorize, por indução, concluir-se a existência de outra ou outras circunstâncias.

27.4. Elemento subjetivo

O elemento subjetivo é o dolo, não sendo prevista a modalidade delitiva culposa.

Agindo com culpa o agente público, deixando de observar o cuidado objetivo necessário em sua atuação funcional (agindo, por exemplo, com negligência), poderá ser responsabilizado na esfera administrativa e/ou na esfera cível.

Além do dolo direto, vale ressaltar, a lei estabeleceu, ainda, no art. 1º, § 1º, a necessidade de um especial fim de agir para a configuração dos crimes nela previstos, devendo o agente público praticar as condutas típicas com a finalidade específica de prejudicar outrem ou beneficiar a si mesmo ou a terceiro, ou, ainda, por mero capricho ou satisfação pessoal. São crimes de tendência intensificada, crimes de intenção ou crimes de tendência interna transcendente. As finalidades específicas previstas na lei, alternativamente, são as seguintes: prejudicar outrem; beneficiar a si mesmo; beneficiar terceiro; por mero capricho; satisfação pessoal.

27.5. Consumação e tentativa

Na modalidade de conduta *requisitar*, o crime se consuma com a mera requisição pelo agente público, independentemente da efetiva instauração do procedimento investigatório de infração penal ou administrativa. Nesse caso, se trata de crime formal.

Já na modalidade de conduta *instaurar*, o crime se consuma com a efetiva instauração do procedimento investigatório de infração penal ou administrativa, tratando-se de crime material.

Em ambas as modalidades de conduta, a tentativa é admissível, já que fracionável o *iter criminis*.

27.6. Ação penal e competência

De acordo com o disposto no art. 3º, *caput,* da Lei n. 13.869/2019, "os crimes previstos nesta Lei são de ação penal pública incondicionada". Admite-se, no § 1º, a ação penal privada subsidiária.

A pena cominada é de 6 (seis) meses a 2 (dois) anos de detenção e multa.

Sendo crime de menor potencial ofensivo, a competência é do Juizado Especial Criminal (Lei n. 9.099/95), não sendo possível o acordo de não persecução penal em razão do disposto no art. 28-A, § 2º, I, do Código de Processo Penal.

28. Divulgação ilegal de gravação

> Art. 28. Divulgar gravação ou trecho de gravação sem relação com a prova que se pretenda produzir, expondo a intimidade ou a vida privada ou ferindo a honra ou a imagem do investigado ou acusado:
>
> Pena – detenção, de 1 (um) a 4 (quatro) anos, e multa.

28.1. Objetividade jurídica

O crime de divulgação ilegal de gravação vem previsto no art. 28 da Lei n. 13.869/2019, tendo como objetividade jurídica a tutela da Administração Pública e também da intimidade, da honra e da imagem da pessoa investigada ou acusada (art. 5º, X, CF).

28.2. Sujeito ativo e sujeito passivo

Sujeito ativo do crime é o agente público (arts. 1º e 2º da lei) que tem acesso à gravação ou a trecho dela. A autoria não se limita a magistrados, membros do Ministério Público, defensores públicos, delegados de polícia, mas a todos os agentes públicos que, de uma forma ou de outra, tenham acesso à gravação ou a trecho dela, como os peritos, serventuários da Justiça, agentes policiais etc. Trata-se de crime próprio.

Sujeito passivo é a pessoa prejudicada pela divulgação ilegal da gravação ou do trecho da gravação, que teve sua intimidade ou vida privada exposta ou sua honra ou imagem ferida. Secundariamente, sujeito passivo é o Estado.

28.3. Conduta

A conduta típica vem expressa pelo verbo *divulgar,* que significa tornar público, propagar, difundir, revelar.

O objeto material do crime é a gravação ou trecho de gravação (fonética ou visual) sem relação com a prova que se pretenda produzir.

A Lei n. 9.296/96 disciplina a interceptação de comunicações telefônicas, de qualquer natureza, para prova em investigação criminal e em instrução processual penal. Em seu art. 10, com a redação dada pela presente Lei de Abuso de Autoridade, vem criminalizada a conduta de realizar interceptação de comunicações telefônicas, de informática ou telemática, promover escuta ambiental ou quebrar segredo da Justiça, sem autorização judicial ou com objetivos não autorizados em lei. No art. 10-A pune-se a realização de captação ambiental de sinais eletromagnéticos, ópticos ou acústicos para investigação ou instrução criminal sem autorização judicial, quando esta for exigida.

Vale lembrar, ainda que o Conselho Nacional de Justiça, por meio da Res. n. 59, de 9 de setembro de 2008, disciplinou e uniformizou as rotinas visando ao aperfeiçoamento do procedimento de interceptação de comunicações telefônicas e de sistemas de informática e telemática nos órgãos jurisdicionais do Poder Judiciário, a que se refere a Lei n. 9.296/96.

Além do mais, a divulgação ilegal deve ser apta a expor a intimidade ou a vida privada ou ferir a honra ou a imagem do investigado ou acusado.

Tratando-se de divulgação de fato que seja de conhecimento público ou de fato que não exponha a intimidade ou a vida privada ou que não fira a honra ou a imagem do investigado, inexistirá o crime.

28.4. Elemento subjetivo

O elemento subjetivo é o dolo, não sendo prevista a modalidade delitiva culposa.

Agindo com culpa o agente público, deixando de observar o cuidado objetivo necessário em sua atuação funcional (agindo, por exemplo, com negligência), poderá ser responsabilizado na esfera administrativa e/ou na esfera cível.

Além do dolo direto, vale ressaltar, a lei estabeleceu, ainda, no art. 1º, § 1º, a necessidade de um especial fim de agir para a configuração dos crimes nela previstos, devendo o agente público praticar as condutas típicas com a finalidade específica de prejudicar outrem ou beneficiar a si mesmo ou a terceiro, ou, ainda, por mero capricho ou satisfação pessoal. São crimes de tendência intensificada, crimes de intenção ou crimes de tendência interna transcendente. As finalidades específicas previstas na lei, alternativamente, são as seguintes: prejudicar outrem; beneficiar a si mesmo; beneficiar terceiro; por mero capricho; satisfação pessoal.

28.5. Consumação e tentativa

A consumação ocorre com a divulgação ilegal de gravação ou de trecho de gravação (sem relação com a prova que se pretenda produzir), expondo a intimidade ou a vida privada ou ferindo a honra ou a imagem do investigado ou acusado. Trata-se de crime material.

Não podemos concordar com a posição de alguns doutrinadores que sustentam a desnecessidade de efetiva exposição da intimidade ou da vida privada ou ainda de ofensa à honra ou à imagem do investigado ou acusado para a consumação do delito. Para esses autores, o crime estaria consumado com a mera divulgação ilegal da gravação ou de trecho dela, sendo dispensada a efetiva ofensa à intimidade, à vida privada, à honra ou à imagem do investigado ou acusado.

Não nos parece ser o melhor entendimento. O tipo penal demanda expressamente que a divulgação ilegal deve, necessariamente, expor a intimidade ou a vida privada ou ferir a honra ou a imagem do investigado ou acusado. Esse resultado naturalístico é condição *sine qua non* para a realização do tipo penal. Não sendo alcançado esse resultado, inexiste o crime.

A tentativa é admissível, por se tratar de crime plurissubsistente.

28.6. Ação penal e competência

De acordo com o disposto no art. 3º, *caput*, da Lei n. 13.869/2019, "os crimes previstos nesta Lei são de ação penal pública incondicionada". Admite-se, no § 1º, a ação penal privada subsidiária.

A pena cominada, de 1 (um) a 4 (quatro) anos de detenção e multa afasta o menor potencial ofensivo e inviabiliza o processo e julgamento pelo Juizado Especial Criminal (Lei n. 9.099/95). Possível, entretanto, a suspensão condicional do processo prevista no art. 89 da citada lei de pequenas causas.

Em razão da pena cominada e não sendo o crime praticado com violência ou grave ameaça, o Ministério Público poderá propor acordo de não persecução penal, desde que necessário e suficiente para reprovação e prevenção do crime, mediante as condições estampadas no art. 28-A do Código de Processo Penal.

Inclusive, nesse sentido, o Enunciado 28 do Conselho Nacional de Procuradores-Gerais dos Ministérios Públicos dos Estados e da União – CNPG e do Grupo Nacional de Coordenadores de Centro de Apoio Criminal – GNCCRIM, que dispõe: "Crimes de abuso de autoridade, cometidos sem violência ou grave ameaça à pessoa, presentes os pressupostos do art. 18 da Res. n. 181/2017 do CNMP, admitirão o acordo de não persecução penal, salvo se a sua celebração não atender ao que seja necessário e suficiente para a reprovação e prevenção do crime".

Aplica-se a este crime afiançável o procedimento especial dos crimes de responsabilidade dos funcionários públicos, previsto nos arts. 513 a 518 do Código de Processo Penal, admitindo-se a defesa preliminar.

A competência para o processo e julgamento é, em regra, da Justiça Estadual, salvo na ocorrência de alguma das hipóteses previstas no art. 109 da Constituição Federal, quando, então, a competência será da Justiça Federal.

29. Falsa informação sobre procedimento

> Art. 29. Prestar informação falsa sobre procedimento judicial, policial, fiscal ou administrativo com o fim de prejudicar interesse de investigado:
>
> Pena – detenção, de 6 (seis) meses a 2 (dois) anos, e multa.
>
> Parágrafo único. (VETADO).

29.1. Objetividade jurídica

O crime de falsa informação sobre procedimento judicial, policial, fiscal ou administrativo vem previsto no art. 29 da Lei n. 13.869/2019, tendo como objetividade jurídica a tutela da Administração Pública e também da fé pública, no aspecto da verdade sobre as informações prestadas por agentes públicos, e da administração da Justiça.

29.2. Sujeito ativo e sujeito passivo

Sujeito ativo do crime é o agente público (arts. 1º e 2º da lei) que tem acesso às informações sobre os procedimentos e tem o dever de prestá-las de forma verdadeira (ex.: autoridade coatora que deve prestar informações em sede de *habeas corpus*). Trata-se de crime próprio.

Sujeito passivo é o investigado. Secundariamente, sujeito passivo é o Estado.

29.3. Conduta

A conduta típica vem expressa pelo verbo *prestar* (fornecer, apresentar, narrar, dispensar), referindo-se a informação falsa sobre procedimento judicial (processo penal, civil etc.), policial (inquérito, termo circunstanciado etc.), fiscal (processo administrativo fiscal) ou administrativo (processo administrativo em geral, disciplinar etc.).

Evidentemente, se trata de uma modalidade especial de falsidade ideológica, em que o agente público insere ou faz inserir informação falsa.

Embora a conduta de *prestar informação falsa* denote crime de ação (comissivo), entendemos que a omissão proposital de dados, evidências e notícias relevantes nas informações prestadas também caracterizam o delito. Informação que omite dados relevantes pode ser considerada informação falsa, ainda mais quando o propósito do agente público é prejudicar interesse de investigado. Essa nossa posição não conflita com o veto ao parágrafo único, que se refere genericamente a omissão de dado ou informação sobre fato juridicamente relevante e não sigiloso.

29.4. Elemento subjetivo

O elemento subjetivo é o dolo, não sendo prevista a modalidade delitiva culposa.

Agindo com culpa o agente público, deixando de observar o cuidado objetivo necessário em sua atuação funcional (agindo, por exemplo, com negligência), poderá ser responsabilizado na esfera administrativa e/ou na esfera cível.

O agente público deve ter a ciência de que presta informação falsa.

Além disso, o tipo penal previu a necessidade de um especial fim de agir para a configuração do crime, devendo o agente público praticar a conduta típica *com o fim de prejudicar interesse de investigado*.

Se a falsa informação for prestada com o fim de beneficiar o investigado, estará configurado, em tese, o crime de falsidade ideológica, previsto no art. 299 do Código Penal, ou até mesmo o crime de prevaricação, previsto no art. 319 do Código Penal.

Nesse sentido, inclusive, como bem lembrado por Renato Brasileiro de Lima (Op. cit., p. 276), é o teor do Enunciado 19 do Conselho Nacional de Procuradores-Gerais dos Ministérios Públicos dos Estados e da União – CNPG e do Grupo Nacional de Coordenadores de Centro de Apoio Criminal – GNCCRIM, que dispõe: "O legislador, na tipificação do crime do art. 29 da Lei de Abuso de Autoridade, optou por restringir o alcance do tipo, pressupondo por parte do agente a finalidade única de prejudicar interesse de investigado. Agindo com a finalidade de beneficiar, pode responder por outro delito, como prevaricação (art. 319 do CP), a depender das circunstâncias do caso concreto".

29.5. Consumação e tentativa

A consumação ocorre com a efetiva prestação de informação falsa, ou seja, quando a informação chega ao conhecimento do destinatário, não sendo necessário, entretanto, que haja o prejuízo ao investigado.

Trata-se, portanto, de crime formal, que se consuma independentemente de ter a informação falsa efetivamente prejudicado interesse do investigado.

A tentativa é admissível apenas na hipótese de informação prestada por escrito.

29.6. Ação penal e competência

De acordo com o disposto no art. 3º, *caput,* da Lei n. 13.869/2019, "os crimes previstos nesta Lei são de ação penal pública incondicionada". Admite-se, no § 1º, a ação penal privada subsidiária.

A pena cominada é de 6 (seis) meses a 2 (dois) anos de detenção e multa.

Sendo crime de menor potencial ofensivo, a competência é do Juizado Especial Criminal (Lei n. 9.099/95), não sendo possível o acordo de não persecução penal em razão do disposto no art. 28-A, § 2º, I, do Código de Processo Penal.

29.7. Veto ao parágrafo único

O parágrafo único foi vetado pelo Presidente da República. A redação era a seguinte:

"Parágrafo único. Incorre na mesma pena quem, com igual finalidade, omite dado ou informação sobre fato juridicamente relevante e não sigiloso."

As razões do veto foram: "A propositura legislativa, ao prever como elemento do tipo 'informação sobre fato juridicamente relevante e não sigiloso', gera insegurança jurídica por encerrar tipo penal aberto e que comporta interpretação. Além disso, pode vir a conflitar com a Lei n. 12.527, de 2011, (Lei de Acesso à Informação), tendo em vista que pode conduzir ao entendimento pela possibilidade de divulgação de informações de caráter pessoal, as quais nem sempre são sigilosas, mas são protegidas por aquele normativo".

30. Deflagração indevida de persecução penal, civil ou administrativa

> Art. 30. Dar início ou proceder à persecução penal, civil ou administrativa sem justa causa fundamentada ou contra quem sabe inocente:
>
> Pena – detenção, de 1 (um) a 4 (quatro) anos, e multa.

30.1. Veto presidencial

O crime de deflagração indevida de persecução penal, civil ou administrativa foi vetado pelo Presidente da República, sendo que, posteriormente, o Congresso Nacional rejeitou o veto.

São as seguintes as razões do veto: "A propositura legislativa viola o interesse público, além de gerar insegurança jurídica, tendo em vista que põe em risco o instituto da delação anônima (a exemplo do disque-denúncia), em contraposição ao entendimento consolidado no âmbito da Administração Pública e do Poder Judiciário, na esteira do entendimento do Supremo Tribunal Federal (v.g. Inq. 1.957-7/PR, *DJ* 11-11-2005), de que é possível a apuração de denúncia anônima, por intermédio de apuração preliminar, inquérito policial e demais medidas sumárias de verificação do ilícito, e se esta revelar indícios da ocorrência do noticiado na denúncia, promover a formal instauração da ação penal".

30.2. Objetividade jurídica

O crime de deflagração de persecução penal, civil ou administrativa sem justa causa vem previsto no art. 30 da Lei n. 13.869/2019, tendo como objetividade jurídica a tutela da Administração Pública e também a honra e os direitos e garantias individuais da pessoa inocente indevidamente processada. Trata-se de crime pluriofensivo.

30.3. Sujeito ativo e sujeito passivo

Sujeito ativo do crime é o agente público (arts. 1º e 2º da lei) que tem atribuição para dar início ou proceder à persecução penal, civil ou administrativa contra alguém. Assim, pode ser sujeito ativo desse crime o Delegado de Polícia, o Promotor de Justiça, o Procurador da República, a autoridade administrativa etc. Inclusive o Juiz de Direito pode ser sujeito ativo do crime, ao proceder (prosseguir, levar adiante) à persecução penal ou civil sem justa causa fundamentada ou contra quem sabe inocente.

Sujeito passivo é a pessoa física ou jurídica inocente, que tem contra si deflagrada a persecução penal, civil ou administrativa sem justa causa fundamentada. Secundariamente, sujeito passivo é o Estado.

30.4. Conduta

A conduta típica vem caracterizada pela expressão *dar início* (iniciar, deflagrar, instaurar) e pelo verbo *proceder* (principiar a fazer, prosseguir, dar seguimento). A bem da verdade, quando o legislador utilizou o verbo *proceder*, o fez para indicar o prosseguimento de persecução penal, civil ou administrativa já instaurada.

A deflagração indevida de persecução penal, civil ou administrativa deve se dar *sem justa causa fundamentada* ou *contra quem sabe inocente*.

A expressão *justa causa fundamentada* indica que, para dar início ou proceder à persecução penal, civil ou administrativa contra alguém, o agente público deve ter razões legítimas, justificadas e devidamente fundamentadas, ou seja, um lastro probatório mínimo.

Vale mencionar o teor do Enunciado 20 do Conselho Nacional de Procuradores-Gerais dos Ministérios Públicos dos Estados e da União – CNPG e do Grupo Nacional de Coordenadores de Centro de Apoio Criminal – GNCCRIM, que dispõe: "O crime do art. 30 da Lei de Abuso de Autoridade deve ser declarado, incidentalmente, inconstitucional. Não apenas em razão da elementar 'justa causa' ser expressão vaga e indeterminada, como também porque gera retrocesso na tutela dos bens jurídicos envolvidos, já protegidos pelo art. 339 do CP, punido, inclusive, com pena em dobro".

A expressão *contra quem sabe inocente*, por sua vez, indica que o agente público deve saber, deve ter a certeza, de que a pessoa contra quem a persecução indevida foi deflagrada é inocente. A dúvida o favorece, descaracterizando o crime.

30.5. Elemento subjetivo

O elemento subjetivo é o dolo, não sendo prevista a modalidade delitiva culposa.

Agindo com culpa o agente público, deixando de observar o cuidado objetivo necessário em sua atuação funcional (agindo, por exemplo, com negligência), poderá ser responsabilizado na esfera administrativa e/ou na esfera cível.

O dolo direto foi previsto expressamente na hipótese de persecução *contra quem sabe inocente*.

Vale ressaltar, outrossim, que a lei estabeleceu, ainda, no art. 1º, § 1º, a necessidade de um especial fim de agir para a configuração dos crimes nela previstos, devendo o agente público praticar as condutas típicas com a finalidade específica de prejudicar outrem ou beneficiar a si mesmo ou a terceiro, ou, ainda, por mero capricho ou satisfação pessoal. São crimes de tendência intensificada, crimes de intenção ou crimes de tendência interna transcendente. As finalidades específicas previstas na lei, alternativamente, são as seguintes: prejudicar outrem; beneficiar a si mesmo; beneficiar terceiro; por mero capricho; satisfação pessoal.

30.6. Consumação e tentativa

Na modalidade de conduta *dar início*, o crime se consuma quando o agente público inicia, deflagra, a persecução indevida. Nesse caso, o crime é instantâneo.

Já na modalidade de conduta *proceder*, o crime se consuma com o prosseguimento da persecução penal indevida já iniciada. Nesse caso, se trata de crime permanente, que se protrai pelo tempo em que prosseguir a persecução indevida.

Tratando-se de crime plurissubsistente, a tentativa é admissível.

30.7. Ação penal e competência

De acordo com o disposto no art. 3º, *caput*, da Lei n. 13.869/2019, "os crimes previstos nesta Lei são de ação penal pública incondicionada". Admite-se, no § 1º, a ação penal privada subsidiária.

A pena cominada, de 1 (um) a 4 (quatro) anos de detenção e multa afasta o menor potencial ofensivo e inviabiliza o processo e julgamento pelo Juizado Especial Criminal (Lei n. 9.099/95). Possível, entretanto, a suspensão condicional do processo prevista no art. 89 da citada lei de pequenas causas.

Em razão da pena cominada e não sendo o crime praticado com violência ou grave ameaça, o Ministério Público poderá propor acordo de não persecução penal, desde que necessário e suficiente para reprovação e prevenção do crime, mediante as condições estampadas no art. 28-A do Código de Processo Penal.

Inclusive, nesse sentido, o Enunciado 28 do Conselho Nacional de Procuradores-Gerais dos Ministérios Públicos dos Estados e da União – CNPG e do Grupo Nacional de Coordenadores de Centro de Apoio Criminal – GNCCRIM, que dispõe: "Crimes de abuso de autoridade, cometidos sem violência ou grave ameaça à pessoa, presentes os pressupostos do art. 18 da Res. n. 181/2017 do CNMP, admitirão o acordo de não persecução penal, salvo se a sua celebração não atender ao que seja necessário e suficiente para a reprovação e prevenção do crime".

Aplica-se a este crime afiançável o procedimento especial dos crimes de responsabilidade dos funcionários públicos, previsto nos arts. 513 a 518 do Código de Processo Penal, admitindo-se a defesa preliminar.

A competência para o processo e julgamento é, em regra, da Justiça Estadual, salvo na ocorrência de alguma das hipóteses previstas no art. 109 da Constituição Federal, quando, então, a competência será da Justiça Federal.

31. Procrastinação injustificada de investigação, execução ou conclusão de procedimento

> Art. 31. Estender injustificadamente a investigação, procrastinando-a em prejuízo do investigado ou fiscalizado:
> Pena – detenção, de 6 (seis) meses a 2 (dois) anos, e multa.

> Parágrafo único. Incorre na mesma pena quem, inexistindo prazo para execução ou conclusão de procedimento, o estende de forma imotivada, procrastinando-o em prejuízo do investigado ou do fiscalizado.

31.1. Objetividade jurídica

O crime de procrastinação injustificada de investigação, execução ou conclusão de procedimento vem previsto no art. 31 da Lei n. 13.869/2019, tendo como objetividade jurídica a tutela da Administração Pública e também a preservação da garantia constitucional da razoável duração do processo (art. 5º, LXXVIII, CF).

Não obstante o preceito constitucional se referir a *processo* e o tipo penal em análise se referir a *investigação*, é pacífica nos Tribunais Superiores a orientação segundo a qual o princípio da razoável duração do processo é aplicável também ao procedimento investigatório, uma vez que não se admite que alguém seja objeto de investigação além do tempo razoável.

31.2. Sujeito ativo e sujeito passivo

Sujeito ativo do crime é o agente público (arts. 1º e 2º da lei) que estende injustificadamente a investigação ou que estende de forma imotivada a execução ou conclusão de procedimento, em prejuízo do investigado ou fiscalizado.

A autoria do crime não se restringe apenas ao agente público que tenha atribuição para presidir a investigação, mas se estende também a todo agente público que, de qualquer forma, intervenha no procedimento investigatório (perito, por exemplo).

Sujeito passivo é o investigado ou fiscalizado prejudicado pela procrastinação. Secundariamente, sujeito passivo é o Estado.

31.3. Conduta

A conduta típica vem expressa pelo verbo *estender,* que significa alongar, aumentar, prolongar no tempo.

Na figura do *caput,* a extensão deve ser injustificada e conduzir à procrastinação da investigação. O elemento normativo *injustificadamente* indica que a investigação se alonga no tempo sem escusa legítima, sem justo motivo, sem justa causa.

O mesmo ocorre no parágrafo único, em que a extensão deve ser *imotivada*, procrastinando a execução ou conclusão de procedimento.

A extensão pode se dar por ação ou por omissão. Na conduta comissiva, o agente público atua positivamente para que a investigação ou procedimento se alongue no tempo, praticando atos tendentes à procrastinação. Na conduta omissiva, o agente público, intencionalmente, deixa de movimentar, de dar andamento, de proceder às diligências necessárias para que a investigação ou procedimento tenham seu término, execução ou conclusão em prazo legal ou razoável.

Vale mencionar o teor do Enunciado 21 do Conselho Nacional de Procuradores-Gerais dos Ministérios Públicos dos Estados e da União – CNPG e do Grupo Nacional de Coordenadores de Centro de Apoio Criminal – GNCCRIM, que dispõe: "A elementar 'injustificadamente' deve ser interpretada no sentido de que o excesso de prazo na instrução do procedimento investigatório não resultará de simples operação aritmética, impondo-se considerar a complexidade do feito, atos procrastinatórios não atribuíveis ao presidente da investigação e ao número de pessoas envolvidas na apuração. Todos fatores que, analisados em conjunto ou separadamente, indicam ser, ou não, razoável o prazo para o seu encerramento".

Considerando as duas modalidades do crime previstas no *caput* e no *parágrafo único*, é forçoso concluir que a primeira se refere a investigação com prazo estabelecido em lei e a segunda se refere a procedimento no qual não haja prazo legal para execução ou conclusão.

31.4. Elemento subjetivo

O elemento subjetivo é o dolo, não sendo prevista a modalidade delitiva culposa.

Agindo com culpa o agente público, deixando de observar o cuidado objetivo necessário em sua atuação funcional (agindo, por exemplo, com negligência), poderá ser responsabilizado na esfera administrativa e/ou na esfera cível.

Além do dolo direto, vale ressaltar, a lei estabeleceu, ainda, no art. 1º, § 1º, a necessidade de um especial fim de agir para a configuração dos crimes nela previstos, devendo o agente público praticar as condutas típicas com a finalidade específica de prejudicar outrem ou beneficiar a si mesmo ou a terceiro, ou, ainda, por mero capricho ou satisfação pessoal. São crimes de tendência intensificada, crimes de intenção ou crimes de tendência interna transcendente. As finalidades específicas previstas na lei, alternativamente, são as seguintes: prejudicar outrem; beneficiar a si mesmo; beneficiar terceiro; por mero capricho; satisfação pessoal.

31.5. Consumação e tentativa

A consumação do crime ocorre com a extensão injustificada da investigação, em prejuízo do investigado ou fiscalizado. E também com a extensão de forma imotivada do prazo para execução ou conclusão de procedimento, em prejuízo do investigado ou do fiscalizado.

Ocorrendo a extensão injustificada ou de forma imotivada por ação, a tentativa é admissível, uma vez que é fracionável o *iter criminis*. Entretanto, se ocorrer por omissão, não se admite a tentativa.

31.6. Ação penal e competência

De acordo com o disposto no art. 3º, *caput*, da Lei n. 13.869/2019, "os crimes previstos nesta Lei são de ação penal pública incondicionada". Admite-se, no § 1º, a ação penal privada subsidiária.

A pena cominada é de 6 (seis) meses a 2 (dois) anos de detenção e multa.

Sendo crime de menor potencial ofensivo, a competência é do Juizado Especial Criminal (Lei n. 9.099/95), não sendo possível o acordo de não persecução penal em razão do disposto no art. 28-A, § 2º, I, do Código de Processo Penal.

32. Negativa de acesso a autos de procedimento investigatório

> Art. 32. Negar ao interessado, seu defensor ou advogado acesso aos autos de investigação preliminar, ao termo circunstanciado, ao inquérito ou a qualquer outro procedimento investigatório de infração penal, civil ou administrativa, assim como impedir a obtenção de cópias, ressalvado o acesso a peças relativas a diligências em curso, ou que indiquem a realização de diligências futuras, cujo sigilo seja imprescindível:
>
> Pena – detenção, de 6 (seis) meses a 2 (dois) anos, e multa.

32.1. Veto presidencial

O crime de negativa de acesso a autos de procedimento investigatório foi vetado pelo Presidente da República, sendo que, posteriormente, o Congresso Nacional rejeitou o veto.

São as seguintes as razões do veto: "A propositura legislativa gera insegurança jurídica, pois o direito de acesso aos autos possui várias nuances e pode ser mitigado, notadamente, em face de atos que, por sua natureza, impõem o sigilo para garantir a eficácia da instrução criminal. Ademais, a matéria já se encontra parametrizada pelo Supremo Tribunal Federal, nos termos da Súmula Vinculante nº 14".

32.2. Objetividade jurídica

O crime de negativa de acesso a autos de procedimento investigatório vem previsto no art. 32 da Lei n. 13.869/2019, tendo como objetividade jurídica a tutela da Administração Pública e também o direito a assistência de advogado (art. 5º, LXIII, CF) e o devido processo legal (art. 5º, LIV, CF) que pressupõe tenha o investigado e/ou a defesa técnica acesso aos autos de procedimento investigatório. Trata-se de crime pluriofensivo.

32.3. Sujeito ativo e sujeito passivo

Sujeito ativo do crime é o agente público (arts. 1º e 2º da lei) que tem atribuição para presidir investigação preliminar, termo circunstanciado, inquérito ou qualquer outro procedimento investigatório de infração penal, civil ou administrativa e que possa negar ao interessado, seu defensor ou advogado o acesso aos respectivos autos ou impedir a obtenção de cópias.

Sujeito passivo é o interessado, seu defensor ou advogado. Secundariamente, sujeito passivo é o Estado.

32.4. Conduta

A conduta típica vem expressa pelos verbos *negar* (recusar, rejeitar, não admitir) e *impedir* (impossibilitar, obstar, obstruir).

Na primeira modalidade de conduta, o agente público nega ao interessado, seu defensor ou advogado acesso aos autos de investigação preliminar, ao termo circunstanciado, ao inquérito ou a qualquer outro procedimento investigatório de infração penal, civil ou administrativa.

Na segunda modalidade de conduta, o agente público impede o interessado, seu defensor ou advogado de obter cópias dos referidos procedimentos.

Trata-se de tipo misto alternativo, ou seja, se o agente público negar acesso aos procedimentos e também impedir a obtenção de cópias deles, estará incurso em um só delito.

O tipo penal faz ressalva ao acesso a peças relativas a diligências em curso, ou que indiquem a realização de diligências futuras, cujo sigilo seja imprescindível, nos termos do que já dispõe a Súmula Vinculante 14 do Supremo Tribunal Federal e o art. 7º do Estatuto da Advocacia e da Ordem dos Advogados do Brasil.

Assim é que a Súmula Vinculante 14 dispõe: "É direito do defensor, no interesse do representado, ter acesso amplo aos elementos de prova que, já documentados em procedimento investigatório realizado por órgão com competência de polícia judiciária, digam respeito ao exercício do direito de defesa".

Disposição semelhante se encontra estampada no art. 7º, XIV, da Lei n. 8.906/94 – EAOAB, que dispõe ser direito do advogado: "examinar, em qualquer instituição responsável por conduzir investigação, mesmo sem procuração, autos de flagrante e de investigações de qualquer natureza, findos ou em andamento, ainda que conclusos à autoridade, podendo copiar peças e tomar apontamentos, em meio físico ou digital".

O § 11 do referido artigo complementa dispondo: "No caso previsto no inciso XIV, a autoridade competente poderá delimitar o acesso do advogado aos elementos de prova relacionados a diligências em andamento e ainda não documentados nos autos, quando houver risco de comprometimento da eficiência, da eficácia ou da finalidade das diligências".

É de se notar, ainda, que o § 12 do art. 7º do EAOAB se afina totalmente à incriminação ora analisada, ao dispor: "A inobservância aos direitos estabelecidos no inciso XIV, o fornecimento incompleto de autos ou o fornecimento de autos em que houve a retirada de peças já incluídas no caderno investigativo implicará responsabilização criminal e funcional por abuso de autoridade do responsável que impedir o acesso do advogado com o intuito de prejudicar o exercício da defesa, sem prejuízo do direito subjetivo do advogado de requerer acesso aos autos ao juiz competente".

32.5. Elemento subjetivo

O elemento subjetivo é o dolo, não sendo prevista a modalidade delitiva culposa.

Agindo com culpa o agente público, deixando de observar o cuidado objetivo necessário em sua atuação funcional (agindo, por exemplo, com negligência), poderá ser responsabilizado na esfera administrativa e/ou na esfera cível.

Além do dolo direto, vale ressaltar, a lei estabeleceu, ainda, no art. 1º, § 1º, a necessidade de um especial fim de agir para a configuração dos crimes nela previstos, devendo o agente público praticar as condutas típicas com a finalidade específica de prejudicar outrem ou beneficiar a si mesmo ou a terceiro, ou, ainda, por mero capricho ou satisfação pessoal. São crimes de tendência intensificada, crimes de intenção ou crimes de tendência interna transcendente. As finalidades específicas previstas na lei, alternativamente, são as seguintes: prejudicar outrem; beneficiar a si mesmo; beneficiar terceiro; por mero capricho; satisfação pessoal.

32.6. Consumação e tentativa

O crime se consuma no momento em que o agente público negar o acesso aos autos ao interessado, seu defensor ou advogado, ou, ainda, no momento em que impedir a obtenção de cópias dos procedimentos.

A tentativa é admitida, uma vez que fracionável o *iter criminis*.

32.7. Ação penal e competência

De acordo com o disposto no art. 3º, *caput*, da Lei n. 13.869/2019, "os crimes previstos nesta Lei são de ação penal pública incondicionada". Admite-se, no §1º, a ação penal privada subsidiária.

A pena cominada é de 6 (seis) meses a 2 (dois) anos de detenção e multa.

Sendo crime de menor potencial ofensivo, a competência é do Juizado Especial Criminal (Lei n. 9.099/95), não sendo possível o acordo de não persecução penal em razão do disposto no art. 28-A, § 2º, I, do Código de Processo Penal.

33. Exigência de informação ou do cumprimento de obrigação sem amparo legal

> Art. 33. Exigir informação ou cumprimento de obrigação, inclusive o dever de fazer ou de não fazer, sem expresso amparo legal:
> Pena – detenção, de 6 (seis) meses a 2 (dois) anos, e multa.
> Parágrafo único. Incorre na mesma pena quem se utiliza de cargo ou função pública ou invoca a condição de agente público para se eximir de obrigação legal ou para obter vantagem ou privilégio indevido.

33.1. Objetividade jurídica

O crime de exigência de informação ou do cumprimento de obrigação sem amparo legal vem previsto no art. 33, *caput*, da Lei n. 13.869/2019, tendo como objetividade jurídica a tutela da Administração Pública (principalmente no tocante ao princípio da legalidade) e também o direito constitucional não ser obrigado a fazer ou deixar de fazer alguma coisa senão em virtude de lei (art. 5º, II, CF). Trata-se de crime pluriofensivo.

33.2. Sujeito ativo e sujeito passivo

Sujeito ativo do crime, nos termos do art. 2º da lei, é o agente público, servidor ou não, da administração direta, indireta ou fundacional de qualquer dos Poderes da União, dos Estados, do Distrito Federal, dos Municípios e de Território, compreendendo, mas não se limitando a: I – servidores públicos e militares ou pessoas a eles equiparadas; II – membros do Poder Legislativo; III – membros do Poder Executivo; IV – membros do Poder Judiciário; V – membros do Ministério Público; VI – membros dos tribunais ou conselhos de contas. O parágrafo único do art. 2º esclarece, ainda, que "reputa-se agente público, para os efeitos desta Lei, todo aquele que exerce, ainda que transitoriamente ou sem remuneração, por eleição, nomeação, designação, contratação ou qualquer outra forma de investidura ou vínculo, mandato, cargo, emprego ou função em órgão ou entidade abrangidos pelo *caput* deste artigo".

Sujeito passivo é a pessoa física ou jurídica sobre a qual recai a conduta criminosa. Secundariamente, sujeito passivo é o Estado.

33.3. Conduta

A conduta típica vem expressa pelo verbo *exigir*, que significa determinar, impor, obrigar. No contexto da norma em análise, a exigência implica na imposição de modo intimidativo, em razão dos poderes inerentes à função exercida pelo agente púbico, embora não haja o emprego de violência ou grave ameaça.

A exigência tem por finalidade obter *informação* (qualquer que seja ela) ou o *cumprimento de obrigação*, inclusive o dever de fazer ou de não fazer.

É imprescindível, para a configuração do delito, que a exigência feita pelo agente público não tenha expresso amparo legal. Esse elemento normativo do tipo denota a ilegalidade da exigência, que não encontra amparo na legislação.

33.4. Elemento subjetivo

O elemento subjetivo é o dolo, não sendo prevista a modalidade delitiva culposa.

Agindo com culpa o agente público, deixando de observar o cuidado objetivo necessário em sua atuação funcional (agindo, por exemplo, com negligência), poderá ser responsabilizado na esfera administrativa e/ou na esfera cível.

Além do dolo direto, vale ressaltar, a lei estabeleceu, ainda, no art. 1º, § 1º, a necessidade de um especial fim de agir para a configuração dos crimes nela previstos, devendo o agente público praticar as condutas típicas com a finalidade específica de prejudicar outrem ou beneficiar a si mesmo ou a terceiro, ou, ainda, por mero capricho ou satisfação pessoal. São crimes de tendência intensificada, crimes de intenção ou crimes de tendência interna transcendente. As finalidades específicas previstas na lei, alternativamente, são as seguintes: prejudicar outrem; beneficiar a si mesmo; beneficiar terceiro; por mero capricho; satisfação pessoal.

33.5. Consumação e tentativa

O crime se consuma com a mera exigência do agente público, independentemente da efetiva obtenção da informação ou do cumprimento de obrigação. Trata-se de crime formal. Na ocorrência do resultado naturalístico previsto em lei, estará configurado o exaurimento do crime.

A tentativa é admissível, já que o *iter criminis* pode ser fracionado.

33.6. Figura equiparada

De acordo com o disposto no parágrafo único do art. 33, incorre na mesma pena quem se utiliza de cargo ou função pública ou invoca a condição de agente público para se eximir de obrigação legal ou para obter vantagem ou privilégio indevido.

Trata-se de tipo penal sem precedente na legislação anterior, que criminaliza a utilização pelo agente do cargo ou função pública, ou ainda a invocação de sua condição de agente público, para se eximir de obrigação legal ou para obter vantagem ou privilégio indevido.

Trata-se da conduta vulgarmente denominada de *carteirada,* prática que, infelizmente, é muito comum por parte de autoridades em nosso País.

Não efetuar o pagamento de comidas e/ou bebidas em padarias, lanchonetes, restaurantes e congêneres; *furar* fila; não se submeter a busca pessoal ou *scanner* corporal em aeroportos, agências bancárias etc.; não se submeter ao teste do *bafômetro;* não ser autuado quando infringe normas de trânsito; ingressar em espetáculos, *shows* e cinemas sem pagar; frequentar casas noturnas sem pagamento; são apenas alguns exemplos de condutas que podem caracterizar o crime em comento.

Nesse caso, não há exigência por parte do agente público de vantagem ou privilégio indevido.

Se o agente público *exigir* (impor, determinar, obrigar) a vantagem indevida, estará configurado o crime de concussão, previsto no art. 316 do Código Penal.

Da mesma forma, se o agente público *solicitar, receber* ou *aceitar promessa* de vantagem indevida, estará configurado o crime de corrupção passiva, previsto no art. 317 do Código Penal.

Vale ressaltar que, nos crimes de concussão e corrupção passiva, ocorre a indevida negociação do ato funcional, estando o comportamento atrelado à finalidade de contraprestação do agente público, o que não ocorre na mera *carteirada,* prevista no parágrafo único do art. 33. Nesse último caso, o agente tão somente se utiliza do cargo ou função pública ou invoca a condição de agente público para se eximir de obrigação legal ou para obter vantagem ou privilégio indevido, sem, contudo, mercadejar o ato funcional.

Trata-se de crime formal, que se consuma com a mera utilização de cargo ou função pública ou com a invocação da sua condição, independentemente de conseguir o agente público efetivamente se eximir de obrigação legal ou obter vantagem ou privilégio indevido.

A tentativa é admissível, em tese, como no caso de ser a utilização ou invocação feita por escrito.

33.7. Ação penal e competência

De acordo com o disposto no art. 3º, *caput*, da Lei n. 13.869/2019, "os crimes previstos nesta Lei são de ação penal pública incondicionada". Admite-se, no § 1º, a ação penal privada subsidiária.

A pena cominada é de 6 (seis) meses a 2 (dois) anos de detenção e multa.

Sendo crime de menor potencial ofensivo, a competência é do Juizado Especial Criminal (Lei n. 9.099/95), não sendo possível o acordo de não persecução penal em razão do disposto no art. 28-A, § 2º, I, do Código de Processo Penal.

34. Omissão de correção de erro relevante

> Art. 34. Deixar de corrigir, de ofício ou mediante provocação, com competência para fazê-lo, erro relevante que sabe existir em processo ou procedimento:
> Pena – detenção, de 3 (três) a 6 (seis) meses, e multa.

34.1. Dispositivo legal vetado

O crime de flagrante preparado foi vetado pelo Presidente da República.

São as seguintes as razões do veto: "A proposta legislativa, ao dispor que 'erro relevante' constitui requisito como condição da própria tipicidade, gera insegurança jurídica por encerrar tipo penal aberto e que comporta interpretação. Ademais, o dispositivo proposto contraria o interesse público ao disciplinar hipótese análoga ao crime de prevaricação, já previsto no art. 319 do Código Penal, ao qual é cominado pena de três meses a um ano, e multa, em ofensa ao inciso III do art. 7º da Lei Complementar nº 95 de 1998, que dispõe sobre a elaboração, a redação, a alteração e a consolidação das leis, em razão do inadequado tratamento do mesmo assunto em mais de um diploma legislativo".

35. Atentado à liberdade de associação

> Art. 35. Coibir, dificultar ou impedir, por qualquer meio, sem justa causa, a reunião, a associação ou o agrupamento pacífico de pessoas para fim legítimo:
> Pena – detenção, de 3 (três) meses a 1 (um) ano, e multa.

35.1. Dispositivo legal vetado

O crime de flagrante preparado foi vetado pelo Presidente da República.

São as seguintes as razões do veto: "A proposta legislativa gera insegurança jurídica, tendo em vista a generalidade do dispositivo, que já encontra proteção no art. 5º, XVI, da Constituição da

República, e que não se traduz em uma salvaguarda ilimitada do seu exercício, nos termos da jurisprudência do Supremo Tribunal Federal, cujo entendimento é no sentido de que o direito à liberdade de se reunir não se confunde com incitação à prática de delito nem se identifica com apologia de fato criminoso".

36. Decretação excessiva de indisponibilidade de ativos

> Art. 36. Decretar, em processo judicial, a indisponibilidade de ativos financeiros em quantia que extrapole exacerbadamente o valor estimado para a satisfação da dívida da parte e, ante a demonstração, pela parte, da excessividade da medida, deixar de corrigi-la:
> Pena – detenção, de 1 (um) a 4 (quatro) anos, e multa.

36.1. Objetividade jurídica

O crime de decretação excessiva de indisponibilidade de ativos vem previsto no art. 36 da Lei n. 13.869/2019, tendo como objetividade jurídica a tutela da Administração Pública (adequada administração da justiça) e também o patrimônio do devedor. Trata-se de crime pluriofensivo.

36.2. Sujeito ativo e sujeito passivo

Sujeito ativo do crime é o agente público (arts. 1º e 2º) responsável pela decretação da indisponibilidade de ativos financeiros. Como o tipo penal faz referência expressa a *processo judicial,* somente pode ser sujeito ativo do crime a autoridade judiciária (juiz).

Sujeito passivo é o devedor (pessoa física ou jurídica) sobre cujo patrimônio recai a indisponibilidade. Secundariamente, sujeito passivo é o Estado.

36.3. Conduta

A conduta típica vem expressa pelos verbos *decretar* (determinar, mandar, ordenar) e *deixar* (não fazer, se omitir).

Para a caracterização do crime, a conduta deve se desenvolver em duas etapas. Na primeira etapa, o juiz decreta, em processo judicial, a indisponibilidade de ativos financeiros em quantia que extrapole exacerbadamente o valor estimado para a satisfação da dívida da parte. Em seguida, diante da demonstração pela parte da excessividade da medida, o juiz deixa de corrigi-la. Assim, o crime somente estará configurado com a execução das duas etapas.

É nesse sentido, inclusive, o Enunciado 23 do Conselho Nacional de Procuradores-Gerais dos Ministérios Públicos dos Estados e da União – CNPG e do Grupo Nacional de Coordenadores de Centro de Apoio Criminal – GNCCRIM, que dispõe: "O delito do art. 36 da Lei de Abuso de Autoridade (abusiva indisponibilidade de ativos financeiros) pressupõe, objetivamente, uma ação (decretar) seguida de uma omissão (deixar de corrigir)".

O objeto material do crime são os *ativos financeiros* (art. 2º da Res. n. 4.593 do Banco Central), não estando incluídos nesse conceito os bens móveis ou imóveis do devedor.

Deve o magistrado, ademais, obedecer ao "princípio da menor onerosidade", previsto no art. 805, *caput,* do Código de Processo Civil, que diz: "Quando por vários meios o exequente puder promover a execução, o juiz mandará que se faça pelo modo menos gravoso para o executado".

Ademais, o Código de Processo Civil estabelece, no art. 835, a prioridade da penhora "sobre dinheiro, em espécie ou em depósito ou aplicação em instituição financeira", sendo certo que o art. 854 estabelece o trâmite judicial da penhora, com a indisponibilidade de ativos financeiros do executado, e também a arguição de excessividade por parte do devedor.

36.4. Elemento subjetivo

O elemento subjetivo é o dolo, não sendo prevista a modalidade delitiva culposa.

Agindo com culpa o agente público, deixando de observar o cuidado objetivo necessário em sua atuação funcional (agindo, por exemplo, com negligência), poderá ser responsabilizado na esfera administrativa e/ou na esfera cível.

Além do dolo direto, vale ressaltar, a lei estabeleceu, ainda, no art. 1º, § 1º, a necessidade de um especial fim de agir para a configuração dos crimes nela previstos, devendo o agente público praticar as condutas típicas com a finalidade específica de prejudicar outrem ou beneficiar a si mesmo ou a terceiro, ou, ainda, por mero capricho ou satisfação pessoal. São crimes de tendência intensificada, crimes de intenção ou crimes de tendência interna transcendente. As finalidades específicas previstas na lei, alternativamente, são as seguintes: prejudicar outrem; beneficiar a si mesmo; beneficiar terceiro; por mero capricho; satisfação pessoal.

36.5. Consumação e tentativa

Trata-se de crime omissivo próprio, que se consuma no momento em que o magistrado, demonstrada pela parte a excessividade da medida anteriormente decretada, deixa de corrigi-la.

Não se admite a tentativa por se tratar de crime omissivo.

36.6. Ação penal e competência

De acordo com o disposto no art. 3º, *caput*, da Lei n. 13.869/2019, "os crimes previstos nesta Lei são de ação penal pública incondicionada". Admite-se, no § 1º, a ação penal privada subsidiária.

A pena cominada, de 1 (um) a 4 (quatro) anos de detenção e multa afasta o menor potencial ofensivo e inviabiliza o processo e julgamento pelo Juizado Especial Criminal (Lei n. 9.099/95). Possível, entretanto, a suspensão condicional do processo prevista no art. 89 da citada lei de pequenas causas.

Em razão da pena cominada e não sendo o crime praticado com violência ou grave ameaça, o Ministério Público poderá propor acordo de não persecução penal, desde que necessário e suficiente para reprovação e prevenção do crime, mediante as condições estampadas no art. 28-A do Código de Processo Penal.

Inclusive, nesse sentido, o Enunciado 28 do Conselho Nacional de Procuradores-Gerais dos Ministérios Públicos dos Estados e da União – CNPG e do Grupo Nacional de Coordenadores de Centro de Apoio Criminal – GNCCRIM, que dispõe: "Crimes de abuso de autoridade, cometidos sem violência ou grave ameaça à pessoa, presentes os pressupostos do art. 18 da Res. n. 181/2017 do CNMP, admitirão o acordo de não persecução penal, salvo se a sua celebração não atender ao que seja necessário e suficiente para a reprovação e prevenção do crime".

Aplica-se a este crime afiançável o procedimento especial dos crimes de responsabilidade dos funcionários públicos, previsto nos arts. 513 a 518 do Código de Processo Penal, admitindo-se a defesa preliminar.

A competência para o processo e julgamento é, em regra, da Justiça Estadual, salvo na ocorrência de alguma das hipóteses previstas no art. 109 da Constituição Federal, quando, então, a competência será da Justiça Federal, observadas, em ambas as esferas, as disposições referentes ao foro por prerrogativa de função dos magistrados.

37. Demora demasiada e injustificada no exame de processo

> Art. 37. Demorar demasiada e injustificadamente no exame de processo de que tenha requerido vista em órgão colegiado, com o intuito de procrastinar seu andamento ou retardar o julgamento:
> Pena – detenção, de 6 (seis) meses a 2 (dois) anos, e multa.

37.1. Objetividade jurídica

O crime de demora demasiada e injustificada no exame do processo vem previsto no art. 37 da Lei n. 13.869/2019, tendo como objetividade jurídica a tutela da Administração Pública, no aspecto da célere administração da justiça por meio da observância do princípio da razoável duração do processo, previsto no art. 5º, LXXVIII, da Constituição Federal ("a todos, no âmbito judicial e administrativo, são assegurados a razoável duração do processo e os meios que garantam a celeridade de sua tramitação").

37.2. Sujeito ativo e sujeito passivo

Sujeito ativo do crime é o agente público (arts. 1º e 2º) com atribuição e competência para o exame de processos em órgãos colegiados.

O tipo penal se refere genericamente a *exame de processo em órgão colegiado,* dado a entender que pode se tratar de processo judicial (civil, criminal, trabalhista etc.) e de processo administrativo.

Assim, no caso de processo judicial, sujeito ativo pode ser o Desembargador ou Ministro de Tribunais Superiores, que integram órgãos colegiados (câmaras, turmas, seções), e também o juiz singular que atue em órgãos colegiados, como nos casos de Turmas Recursais (JEC e JECRIM), processo e o julgamento colegiado em primeiro grau de jurisdição de crimes praticados por organizações criminosas (Lei n. 12.694/2012) e convocação para atuar em Tribunais (art. 118, LC n. 35/79).

No processo administrativo, sujeito ativo pode ser o Ministro de Tribunais de Contas, Conselheiro do CADE, membro de comissões processantes, integrante de Câmaras Julgadores do Tribunal de Impostos e Taxas etc.

Sujeito passivo é a parte (pessoa física ou jurídica) que suportou prejuízo em virtude da demora demasiada e injustificada no exame do processo. Secundariamente, sujeito passivo é o Estado.

37.3. Conduta

A conduta típica vem expressa pelo verbo *demorar,* que significa delongar, atrasar, dilatar.

A demora no exame de processo deve ser *demasiada* e *injustificada.* Demora demasiada é aquela que extrapola os limites do razoável, que deve ser analisado à luz do caso concreto, levando em conta as peculiaridades dos autos que devam ser examinados. Não achamos prudente estabelecer um limite linear para todos os casos, uma vez que, no mais das vezes, a lei pode estabelecer prazos (como no caso do art. 940 do Código de Processo Civil) e também os regimentos internos dos tribunais.

Além disso, a demora demasiada deve ser injustificada, ou seja, sem razão plausível, sem justa causa, sem motivo justificado, que precisa, também aqui, ser verificada em cada caso específico.

O Objeto material é o *processo de que tenha requerido vista em órgão colegiado*, podendo se tratar de processo judicial (civil, criminal, trabalhista etc.) e de processo administrativo.

37.4. Elemento subjetivo

O elemento subjetivo é o dolo, não sendo prevista a modalidade delitiva culposa.

Agindo com culpa o agente público, deixando de observar o cuidado objetivo necessário em sua atuação funcional (agindo, por exemplo, com negligência), poderá ser responsabilizado na esfera administrativa e/ou na esfera cível.

Além do dolo direto, vale ressaltar, a lei estabeleceu, ainda, no art. 1º, § 1º, para todos os crimes de abuso de autoridade, a necessidade de um especial fim de agir para a configuração dos crimes nela previstos, devendo o agente público praticar as condutas típicas com a finalidade específica de prejudicar outrem ou beneficiar a si mesmo ou a terceiro, ou, ainda, por mero capricho ou satisfação pessoal. São crimes de tendência intensificada, crimes de intenção ou crimes de tendência interna transcendente. As finalidades específicas previstas na lei, alternativamente, são as seguintes: prejudicar outrem; beneficiar a si mesmo; beneficiar terceiro; por mero capricho; satisfação pessoal.

No caso específico desse crime do art. 37, o próprio tipo penal requer o especial fim de agir consistente em procrastinar o andamento do processo ou retardar o seu julgamento. Ausente esse especial fim de agir, restará apenas configurada, em tese, infração administrativa por parte do agente público.

37.5. Consumação e tentativa

A consumação ocorre no momento em que fica caracterizada a demora demasiada e injustificada (*vide* item 37.3 *supra*) no exame de processo, independentemente da efetiva procrastinação de seu andamento ou retardo no julgamento. Trata-se de crime formal.

Dada a característica da conduta típica, não se admite a tentativa.

37.6. Ação penal e competência

De acordo com o disposto no art. 3º, *caput*, da Lei n. 13.869/2019, "os crimes previstos nesta Lei são de ação penal pública incondicionada". Admite-se, no § 1º, a ação penal privada subsidiária.

A pena cominada é de 6 (seis) meses a 2 (dois) anos de detenção e multa.

Sendo crime de menor potencial ofensivo, a competência é do Juizado Especial Criminal (Lei n. 9.099/95), não sendo possível o acordo de não persecução penal em razão do disposto no art. 28-A, § 2º, I, do Código de Processo Penal.

38. Antecipação de atribuição de culpa por meio de comunicação

> Art. 38. Antecipar o responsável pelas investigações, por meio de comunicação, inclusive rede social, atribuição de culpa, antes de concluídas as apurações e formalizada a acusação:
> Pena – detenção, de 6 (seis) meses a 2 (dois) anos, e multa.

38.1. Veto presidencial

O crime de antecipação de atribuição de culpa por meio de comunicação foi vetado pelo Presidente da República, sendo que, posteriormente, o Congresso Nacional rejeitou o veto.

São as seguintes as razões do veto: "A propositura legislativa viola o princípio constitucional da publicidade previsto no art. 37, que norteia a atuação da Administração Pública, garante a prestação de contas da atuação pública à sociedade, cujos valores da coletividade prevalecem em regra sobre o individual, nos termos da jurisprudência do Supremo Tribunal Federal. Por fim, a comunicação a respeito de determinadas ocorrências, especialmente sexuais ou que violam direitos de crianças e adolescentes, podem facilitar ou importar em resolução de crimes".

38.2. Objetividade jurídica

O crime de antecipação de atribuição de culpa por meio de comunicação vem previsto no art. 38 da Lei n. 13.869/2019, tendo como objetividade jurídica a tutela da Administração Pública e também o direito à intimidade e à vida privada (art. 5º, X, CF), assim como a presunção de inocência (art. 5º, LVII, CF) . Trata-se de crime pluriofensivo.

Nesse sentido, inclusive, o teor do art. 3º-F, do Código de Processo Penal, acrescentado pela Lei n. 13.964/2019:

"Art. 3º-F. O juiz das garantias deverá assegurar o cumprimento das regras para o tratamento dos presos, impedindo o acordo ou ajuste de qualquer autoridade com órgãos da imprensa para explorar a imagem da pessoa submetida à prisão, sob pena de responsabilidade civil, administrativa e penal.

Parágrafo único. Por meio de regulamento, as autoridades deverão disciplinar, em 180 (cento e oitenta) dias, o modo pelo qual as informações sobre a realização da prisão e a identidade do preso serão, de modo padronizado e respeitada a programação normativa aludida no *caput* deste artigo, transmitidas à imprensa, assegurados a efetividade da persecução penal, o direito à informação e a dignidade da pessoa submetida à prisão."

38.3. Sujeito ativo e sujeito passivo

Sujeito ativo do crime é o agente público (arts. 1º e 2º da lei) *responsável pelas investigações,* sejam elas penais ou extrapenais.

Sujeito passivo é aquele que sofre a conduta abusiva de atribuição de culpa antecipada. Sujeito passivo secundário é o Estado.

38.4. Conduta

A conduta típica vem expressa pelo verbo *antecipar,* que significa adiantar, apressar, predizer, avisar com antecedência.

A antecipação de atribuição de culpa é vedada pela Constituição Federal, que estabelece, no art. 5º, LVII, a presunção de inocência ou de não culpabilidade ("ninguém será considerado culpado até o trânsito em julgado de sentença penal condenatória").

Vale ressaltar que a atribuição de culpa deve ser dar *antes de concluídas as apurações e formalizada a acusação.* Daí se inferir que, concluídas as apurações e formalizada a acusação, com o oferecimento da denúncia ou queixa, não estará configurado o crime com a eventual comunicação de atribuição de culpa.

Outrossim, para a ocorrência do delito, a antecipada e indevida atribuição de culpa deve ser feita por meio de comunicação, inclusive rede social. Meio de comunicação é todo aquele que permita o fornecimento de informações, de dados, de notícias, mensagem, para um número indeterminado de pessoas, tais como jornais e revistas, televisão, rádio.

O tipo penal faz referência também a *rede social*, muito comum nos dias atuais, como *instagram*, *facebook*, *twitter*, *whatsapp* etc. No caso do *whatsapp*, não restará configurado o crime se a antecipada atribuição de culpa ocorrer em conversa privada entre dois interlocutores. Entretanto, caso a antecipada atribuição de culpa ocorra em grupo de *whatsapp*, aí sim entendemos caracterizado o crime.

38.5. Elemento subjetivo

O elemento subjetivo é o dolo, não sendo prevista a modalidade delitiva culposa.

Agindo com culpa o agente público, deixando de observar o cuidado objetivo necessário em sua atuação funcional (agindo, por exemplo, com negligência), poderá ser responsabilizado na esfera administrativa e/ou na esfera cível.

Além do dolo direto, vale ressaltar, a lei estabeleceu, ainda, no art. 1º, § 1º, a necessidade de um especial fim de agir para a configuração dos crimes nela previstos, devendo o agente público praticar as condutas típicas com a finalidade específica de prejudicar outrem ou beneficiar a si mesmo ou a terceiro, ou, ainda, por mero capricho ou satisfação pessoal. São crimes de tendência intensificada, crimes de intenção ou crimes de tendência interna transcendente. As finalidades específicas previstas na lei, alternativamente, são as seguintes: prejudicar outrem; beneficiar a si mesmo; beneficiar terceiro; por mero capricho; satisfação pessoal.

38.6. Consumação e tentativa

O crime se consuma no momento em que ocorrer a publicidade da antecipada atribuição de culpa no meio de comunicação ou na rede social. Trata-se de crime de mera conduta, que não tem resultado naturalístico. Portanto, é dispensável para a consumação do crime que haja qualquer mácula à imagem do investigado.

Tratando-se de crime plurissubsistente, é admissível a tentativa, como no caso, por exemplo, de ser a atribuição de culpa veiculada na forma escrita, não chegando a se tornar pública por circunstâncias alheias à vontade do agente.

38.7. Ação penal e competência

De acordo com o disposto no art. 3º, *caput*, da Lei n. 13.869/2019, "os crimes previstos nesta Lei são de ação penal pública incondicionada". Admite-se, no § 1º, a ação penal privada subsidiária.

A pena cominada é de 6 (seis) meses a 2 (dois) anos de detenção e multa.

Sendo crime de menor potencial ofensivo, a competência é do Juizado Especial Criminal (Lei n. 9.099/95), não sendo possível o acordo de não persecução penal em razão do disposto no art. 28-A, § 2º, I, do Código de Processo Penal.

2 Agrotóxicos
Lei n. 14.785/2023

1. Noções gerais

A Lei n. 14.785/2023 passou a reger a pesquisa, a experimentação, a produção, a embalagem, a rotulagem, o transporte, o armazenamento, a comercialização, a utilização, a importação, a exportação, o destino final dos resíduos e das embalagens, o registro, a classificação, o controle, a inspeção e a fiscalização de agrotóxicos, de produtos de controle ambiental, de seus produtos técnicos e afins.

Essa lei também revogou as Leis n. 7.802/89, e n. 9.974/2000, além de partes de anexos das Leis n. 6.938/81, e n. 9.782/99.

Anteriormente, a matéria era tratada pela Lei n. 7.802/89, que era considerada o principal diploma regente dos agrotóxicos no Brasil.

A lei atual manteve a terminologia "agrotóxico", nomenclatura contestada por muitos integrantes do segmento agrícola brasileiro, que o julgam pejorativo e que consideram mais adequado o termo "defensivo agrícola" ou o termo "pesticida" (do inglês "pesticide"), utilizado mundialmente.

Vale lembrar que o Brasil é o único país a utilizar o termo "agrotóxico", que surgiu em 1977 e foi criado pelo pesquisador e PhD em agronomia Adilson Paschoal, autor do livro "Pragas, agrotóxicos e a crise ambiente: Problemas e soluções".

De acordo com a Lei n. 14.785/2023, "agrotóxicos" são produtos e agentes de processos físicos, químicos ou biológicos destinados ao uso nos setores de produção, no armazenamento e no beneficiamento de produtos agrícolas, nas pastagens ou na proteção de florestas plantadas, cuja finalidade seja alterar a composição da flora ou da fauna, a fim de preservá-las da ação danosa de seres vivos considerados nocivos.

A utilização de agrotóxicos e defensivos agrícolas é uma prática amplamente adotada na agricultura mundial, incluindo o cenário brasileiro. Esses produtos desempenham papel fundamental na proteção das plantações e lavouras contra pragas, doenças e ervas daninhas, contribuindo para o aumento da produtividade e para a garantia da segurança alimentar. No entanto, a problemática associada a esses compostos é complexa e multifacetada, envolvendo diversas questões que vão desde os benefícios para a agricultura até os impactos negativos para o meio ambiente e para a saúde humana.

É importante destacar as vantagens proporcionadas pelos agrotóxicos e defensivos agrícolas. Esses produtos desempenham um papel fundamental no controle de pragas e doenças que podem comprometer as plantações, ajudando os agricultores a garantirem a qualidade e a quantidade dos alimentos produzidos. Além disso, os agrotóxicos possibilitam a produção em larga escala, contribuindo para o abastecimento do mercado e para a estabilidade econômica do setor agrícola, contribuindo, ainda, em grande parte, para o aumento do PIB brasileiro e para a redução da desigualdade social.

No entanto, o uso indiscriminado e inadequado dos agrotóxicos pode acarretar uma série de impactos ambientais negativos. A contaminação do solo, da água e do ar por resíduos de agrotóxicos representa uma ameaça à biodiversidade e aos ecossistemas naturais. A poluição decorrente da utilização inadequada desses produtos pode comprometer a saúde de animais e seres humanos, gerando consequências nocivas a longo prazo para a saúde pública.

Especificamente no Brasil, a questão dos agrotóxicos assume contornos específicos devido à extensão e diversidade do nosso território, bem como à importância do agronegócio para a economia do país. O Brasil é um dos maiores consumidores de agrotóxicos do mundo, o que levanta preocupações quanto aos seus impactos ambientais e à segurança dos alimentos produzidos. Apesar das regulamentações existentes, a fiscalização e o controle sobre o uso dessas substâncias nem sempre são eficazes, deixando margem para práticas inadequadas e para o uso de produtos proibidos.

Do ponto de vista legal, a Lei n. 14.785/2023 é bastante específica e detalhada ao regulamentar não apenas a utilização, como também a pesquisa, a experimentação, a produção, a embalagem, a rotulagem, o transporte, o armazenamento, a comercialização, a importação, a exportação, o destino final dos resíduos e das embalagens, o registro, a classificação, o controle, a inspeção e a fiscalização de agrotóxicos, de produtos de controle ambiental, de seus produtos técnicos e afins.

Vale lembrar que, diante desse cenário, as novas tecnologias na área da agricultura e da ciência desempenham papel fundamental na busca por soluções mais sustentáveis e seguras. A pesquisa e o desenvolvimento de métodos alternativos de controle de pragas e doenças, como a agricultura orgânica, o uso de bioinsumos e a biotecnologia, oferecem alternativas promissoras para reduzir a dependência dos agrotóxicos e mitigar seus impactos negativos.

É bem verdade que, no âmbito governamental, os órgãos competentes têm a responsabilidade de promover políticas públicas que incentivem práticas agrícolas mais sustentáveis e seguras. Isso inclui a implementação de programas de educação e conscientização, o fortalecimento da fiscalização e o estímulo à pesquisa e inovação no setor agrícola. A atuação conjunta entre governo, sociedade civil e setor produtivo é essencial para enfrentar os desafios relacionados aos agrotóxicos e promover uma agricultura mais responsável e sustentável.

Em relação aos crimes e às penas que envolvem o tratamento ilegal dos agrotóxicos, a nova Lei n. 14.785/2023 traz duas figuras típicas, nos arts. 56 e 57, de acentuada gravidade, ambas punidas com reclusão e multa.

No art. 56 vem punidas com reclusão, de 3 (três) a 9 (nove) anos e multa, as condutas de "Produzir, armazenar, transportar, importar, utilizar ou comercializar agrotóxicos, produtos de controle ambiental ou afins não registrados ou não autorizados", vindo previstas, no parágrafo único, causas de aumento de pena quando resultar dano à propriedade alheia ou ao meio ambiente, ou ainda, quando resultar lesão corporal de natureza grave ou morte.

No art. 57, por seu turno, punem-se com reclusão, de 2 (dois) a 4 (quatro) anos e multa, as condutas de "Produzir, importar, comercializar ou dar destinação a resíduos e a embalagens vazias de agrotóxicos, de produtos de controle ambiental ou afins em desacordo com esta Lei".

Em suma, é necessário ressaltar que a problemática dos agrotóxicos e defensivos agrícolas representa um desafio complexo que envolve questões ambientais, econômicas, sociais e de saúde pública, não podendo ser equacionada, evidentemente, apenas com a regulamentação legal e com a criminalização de condutas irregulares. É fundamental adotar uma abordagem integrada e multifacetada da questão, promovendo práticas agrícolas mais sustentáveis, garantindo a segurança alimentar e protegendo o meio ambiente e a saúde da população.

2. Dos crimes e das penas

> Art. 56. Produzir, armazenar, transportar, importar, utilizar ou comercializar agrotóxicos, produtos de controle ambiental ou afins não registrados ou não autorizados:
> Pena: reclusão, de 3 (três) a 9 (nove) anos, e multa.
> Parágrafo único. A pena será aumentada:
> I – de 1/6 (um sexto) a 1/3 (um terço), se do crime resultar dano à propriedade alheia;
> II – de 1/3 (um terço) até a metade, se do crime resultar dano ao meio ambiente;
> III – da metade até 2/3 (dois terços), se do crime resultar lesão corporal de natureza grave em outrem;
> IV – de 2/3 (dois terços) até o dobro, se do crime resultar a morte.

Objetividade jurídica: a norma visa proteger a saúde pública, a segurança ambiental e a integridade das propriedades, prevenindo os riscos relacionados ao uso inadequado de produtos químicos potencialmente prejudiciais.

Sujeito ativo: pode ser qualquer pessoa. Não há exigência de qualificações ou características específicas para o agente, caracterizando-o como crime comum.

Sujeito passivo: é a coletividade em geral, incluindo o meio ambiente, a saúde pública e, eventualmente, pessoas físicas que possam ser prejudicadas diretamente pelas práticas irregulares.

Conduta típica: o tipo penal estabelece diversas condutas relacionadas ao manuseio e comércio de agrotóxicos, abrangendo "produzir, armazenar, transportar, importar, utilizar ou comercializar" sem o devido registro ou autorização legal, o que caracteriza um tipo misto alternativo. Dessa forma, a realização de qualquer uma das ações descritas configura o crime.

Norma penal em branco: trata-se de uma norma penal em branco, pois depende de regulamentações complementares que definem os registros e autorizações exigidos para cada tipo de produto, conforme determinações dos órgãos competentes.

Elemento subjetivo: é o dolo, não sendo admitida a modalidade culposa. O agente deve ter a ciência da ausência de registro ou autorização.

Consumação: o crime se consuma com a prática de qualquer das condutas descritas no *caput* do artigo, independentemente de resultado lesivo específico, configurando um crime de perigo abstrato, em que o simples descumprimento das exigências legais basta para a consumação.

Tentativa: é admissível.

Causas de aumento de pena: o parágrafo único estabelece causas de aumento de pena, de acordo com o resultado causado. O patamar dos aumentos de pena varia conforme a gravidade dos resultados, como dano à propriedade alheia (aumento de 1/6 a 1/3), dano ambiental (de 1/3 a metade), lesão corporal grave (metade a 2/3) ou morte (2/3 até o dobro).

Ação penal: é pública incondicionada.

> Art. 57. Produzir, importar, comercializar ou dar destinação a resíduos e a embalagens vazias de agrotóxicos, de produtos de controle ambiental ou afins em desacordo com esta Lei:
> Pena: reclusão, de 2 (dois) a 4 (quatro) anos, e multa.

Objetividade jurídica: a norma visa proteger a saúde pública e o meio ambiente ao regular a destinação e o manejo de resíduos e embalagens de produtos potencialmente nocivos.

Sujeito ativo: pode ser qualquer pessoa, pois o tipo penal não impõe requisitos específicos para o agente. Trata-se, portanto, de crime comum.

Sujeito passivo: é a coletividade e o meio ambiente, devido ao potencial dano à saúde pública e aos ecossistemas.

Conduta típica: o tipo penal estabelece as ações de "produzir, importar, comercializar ou dar destinação" a resíduos e embalagens vazias de agrotóxicos e produtos afins, em desacordo com a legislação. Assim, é um tipo misto alternativo, em que a prática de qualquer uma das condutas configura o crime.

Norma penal em branco: trata-se de norma penal em branco, que necessita de regulamentações complementares sobre o manejo e destinação de resíduos e embalagens, estabelecidas pela legislação ambiental e sanitária pertinente.

Elemento subjetivo: é o dolo. Não se admite a modalidade culposa.

Consumação: ocorre com a prática de qualquer uma das ações mencionadas no tipo, independentemente de resultar em dano concreto. É um crime de perigo abstrato, bastando a simples contrariedade aos requisitos legais para configurar a infração.

Tentativa: é admissível.

Ação penal: é pública incondicionada.

3 Apresentação e Uso de Documentos de Identificação Pessoal

Lei n. 5.553/68

> Art. 1º A nenhuma pessoa física, bem como a nenhuma pessoa jurídica, de direito público ou de direito privado, é lícito reter qualquer documento de identificação pessoal, ainda que apresentado por fotocópia autenticada ou pública-forma, inclusive comprovante de quitação com o serviço militar, título de eleitor, carteira profissional, certidão de registro de nascimento, certidão de casamento, comprovante de naturalização e carteira de identidade de estrangeiro.

Identificação pessoal: pode ser definida como o registro de todos os dados e informações necessários para estabelecer a identidade de uma pessoa.

Documento de identificação pessoal: é aquele que corporifica o registro dos dados e informações de identidade, permitindo que uma pessoa seja identificada por meio de sua exibição.

Retenção de documento de identificação pessoal: é prática vedada pela presente lei, sendo considerada contravenção penal, sujeitando seu autor às penas estabelecidas no art. 3º.

Rol exemplificativo: o rol constante do dispositivo em análise é meramente exemplificativo, comportando a inclusão de qualquer outro documento de identificação pessoal, como Carteira de Identidade, CPF, carteira funcional, carteira de estudante, Carteira Nacional de Habilitação etc.

> Art. 2º Quando, para a realização de determinado ato, for exigida a apresentação de documento de identificação, a pessoa que fizer a exigência fará extrair, no prazo de até 5 (cinco) dias, os dados que interessarem devolvendo em seguida o documento ao seu exibidor.

Exigência de apresentação de documento de identificação: uma autoridade pode justificadamente solicitar ou exigir dados relativos à identidade de uma pessoa, sendo, inclusive, contravenção penal a recusa de fornecimento desses dados, conforme o disposto no art. 68 do Dec.-Lei n. 3.688/41 – Lei das Contravenções Penais. Contudo, não pode a autoridade ou qualquer outra pessoa reter o documento de identificação pessoal, sob pena de também incidir em infração penal.

Art. 68 da Lei das Contravenções Penais: "Recusar à autoridade, quando por esta justificadamente solicitados ou exigidos, dados ou indicações concernentes à própria identidade, estado, profissão, domicílio e residência: Pena – multa, de duzentos mil réis a dois contos de réis".

Recusa de dados sobre a própria identidade: essa infração penal visa resguardar o normal funcionamento da Administração Pública, podendo ter como sujeito ativo qualquer pessoa. Sujeito passivo é o Estado. A autoridade solicitante pode ser policial, administrativa, ministerial (MP) ou judiciária. Trata-se de infração penal dolosa, que se consuma com a mera recusa no fornecimento dos dados de identificação. Nesse sentido: *"A recusa de dados sobre a própria identidade ou qualificação, por si só, caracteriza a infração contravencional, quando solicitada por autoridade"*(RT, 683/321).

> § 1º Além do prazo previsto neste artigo, somente por ordem judicial poderá ser retido qualquer documento de identificação pessoal. (*Renumerado pela Lei n. 9.453, de 20-3-1997.*)

Retenção além do prazo legal: somente pode ocorrer por ordem judicial. Deve, nesse caso, a autoridade judiciária fundamentar sua exigência, que, em regra, ocorre no curso de investigação criminal, processo judicial (cível ou criminal), ou em qualquer outra situação, amparada por lei, em que se faça necessária a retenção de um documento de identificação pessoal. Ex.: retenção de passaporte de um acusado em liberdade provisória, com o fito de que não se ausente do país, frustrando a instrução criminal.

> § 2º Quando o documento de identidade for indispensável para a entrada de pessoa em órgãos públicos ou particulares, serão seus dados anotados no ato e devolvido o documento imediatamente ao interessado. (*Incluído pela Lei n. 9.453, de 20-3-1997.*)

Ingresso em estabelecimentos públicos ou particulares: nada impede que, para a entrada de pessoas em suas dependências, as repartições públicas ou particulares exijam a apresentação de documento de identificação pessoal. Essa é medida corriqueira em nossos dias, visando o resguardo da segurança de autoridades e pessoas que ali se encontram, além da tutela do patrimônio público ou particular.

Anotação dos dados: a retenção do documento de identificação pessoal apresentado é proibida, devendo o responsável pela exigência, ou seu preposto, anotar os dados que necessitar (sendo facultada a extração de cópia por qualquer meio) e devolver imediatamente o documento ao apresentante, sob pena de incidir na contravenção penal do art. 3º.

Imediatidade: as expressões "no ato" e "imediatamente" indicam que a anotação dos dados necessários e a devolução do documento ao interessado devem se dar sem procrastinação ou qualquer outro tipo de retardamento.

> Art. 3º Constitui contravenção penal, punível com pena de prisão simples de 1 (um) a 3 (três) meses ou multa de NCR$ 0,50 (cinquenta centavos) a NCR$ 3,00 (três cruzeiros novos), a retenção de qualquer documento a que se refere esta Lei.

Contravenção penal: a retenção de documento de identificação pessoal constitui infração penal, punida com prisão simples e multa.

Objetividade jurídica: o dispositivo em análise tem a função precípua de assegurar o direito à identificação, à posse e uso do documento de identificação pessoal, preservando o cidadão de qualquer atentado aos direitos garantidos pela Constituição Federal, tais como direito à imagem, à honra e à dignidade humana.

Sujeito ativo: qualquer pessoa que retenha o documento de identificação pessoal. Se for pessoa jurídica, sujeito ativo será o responsável que tiver dada a ordem, ou, em caso de desobediência, o subordinado.

Sujeito passivo: qualquer pessoa que tenha seu documento retido.

Documentos de identificação pessoal: o rol de documentos constante do art. 1º é exemplificativo, vez que a lei busca coibir a retenção de qualquer documento de identificação pessoal.

Tipo objetivo: reter, manter sob a posse, segurar, qualquer documento que identifique o indivíduo.

Tipo subjetivo: trata-se de dolo genérico, ou seja, vontade livre e consciente de agir.

Consumação: ocorre com a mera retenção, em desacordo com as disposições dessa lei.

Tentativa: não se admite, vez que se trata de uma contravenção, conforme art. 4º da Lei de Contravenções Penais.

Ação penal: é pública incondicionada e fica a cargo dos Juizados Especiais Criminais.

> Parágrafo único. Quando a infração for praticada por preposto ou agente de pessoa jurídica, considerar-se-á responsável quem houver ordenado o ato que ensejou a retenção, a menos que haja, pelo executante, desobediência ou inobservância de ordens ou instruções expressas, quando, então, será este o infrator.

Obediência hierárquica: é causa de inexigibilidade de conduta diversa, em que o agente tem sua culpabilidade afastada, não respondendo pelo crime, que é imputável ao superior.

Requisitos da obediência hierárquica: a) que haja relação de direito público entre superior e subordinado; b) que a ordem não seja manifestamente ilegal; c) que a ordem preencha os requisitos formais; d) que a ordem seja dada dentro da competência funcional do superior; e) que o fato seja cumprido dentro da estrita obediência à ordem do superior.

Cumprimento da ordem manifestamente ilegal: caso o subordinado cumpra ordem manifestamente ilegal, responderá pelo delito juntamente com o superior, militando em seu favor apenas uma circunstância atenuante genérica prevista no art. 65, III, c, segunda figura, do Código Penal ("em cumprimento de ordem de autoridade superior").

Situação do preposto: na contravenção penal em análise, não obstante inexista, no caso de órgão privado, relação de direito público entre o preposto e a pessoa jurídica, o dispositivo estende a ele a excludente da obediência hierárquica, desconsiderando o fato de ser a ordem manifestamente ilegal. No caso de obediência, pelo preposto, da ordem ou instrução para reter documento de identificação pessoal, somente responderá pela contravenção penal quem houver ordenado o ato de retenção, salvo se a ilegalidade se deu por desobediência ou inobservância de ordens expressas, oportunidade em que o preposto será responsabilizado pessoalmente.

> Art. 4º O Poder Executivo regulamentará a presente Lei dentro do prazo de 60 (sessenta) dias, a contar da data de sua publicação.
> Art. 5º Revogam-se as disposições em contrário.

4 Arguição de Inelegibilidade
Lei Complementar n. 64/90

1. Noções gerais

A Lei Complementar n. 64/90, alterada pela Lei Complementar n. 135/2010, trata da inelegibilidade, estabelecendo, no art. 1º, extenso rol de pessoas consideradas inelegíveis, seja para qualquer cargo, seja para os cargos de Presidente e Vice-Presidente da República, Governador e Vice-Governador do Estado e do Distrito Federal, Prefeito e Vice-Prefeito, membro do Senado Federal, Câmara dos Deputados, Assembleia Legislativa e Câmara Municipal.

As arguições de inelegibilidade devem ser conhecidas e decididas pela Justiça Eleitoral, estabelecendo a lei complementar, nos arts. 2º e s., o foro competente para as respectivas deduções e o procedimento a ser seguido em caso de impugnação de registro de candidato.

De interesse penal há apenas o art. 25, que trata do crime de arguição de inelegibilidade, ou impugnação de registro de candidato feito por interferência do poder econômico, desvio ou abuso do poder de autoridade, deduzida de forma temerária ou de manifesta má-fé, do qual passaremos a dispor em seguida.

2. Crime em espécie

> Art. 25. Constitui crime eleitoral a arguição de inelegibilidade, ou a impugnação de registro de candidato feito por interferência do poder econômico, desvio ou abuso do poder de autoridade, deduzida de forma temerária ou de manifesta má-fé:
>
> Pena: detenção de 6 (seis) meses a 2 (dois) anos, e multa de 20 (vinte) a 50 (cinquenta) vezes o valor do Bônus do Tesouro Nacional (BTN) e, no caso de sua extinção, de título público que o substitua.

Objetividade jurídica: a tutela da regularidade do processo eleitoral, que pode sofrer prejuízos em razão de indevidas e irregulares arguições de inelegibilidade ou impugnações de registro de candidato.

Competência para processar ação penal por crimes eleitorais e conexos: Justiça Eleitoral. Nesse sentido: STF: CC7033/SP – SÃO PAULO, Rel. Min. Sydney Sanches; MS 24991/DF, Rel. Min. Gilmar Mendes, j. em 22-6-2006.

Forma temerária: é a arguição de inelegibilidade realizada de forma imprudente, sem fundamento.

Má-fé: é a arguição de inelegibilidade realizada de forma maldosa, com fim de prejudicar a vítima. Ressalte-se que a má-fé, como a própria lei diz, deve ser manifesta, evidente.

Sujeito ativo: qualquer pessoa que tenha, por lei, legitimidade para arguir inelegibilidade ou para impugnar registros de candidatos. A lei não prevê a responsabilidade penal da pessoa jurídica, daí por que os partidos políticos não podem ser sujeitos ativos desse crime, seguindo a regra geral do Direito Penal, segundo a qual *societas delinquere non potest*.

Sujeito passivo: candidato que teve seu registro impugnado ou que teve sua inelegibilidade arguida.

Elemento subjetivo: é o dolo. Não se admite a modalidade culposa, por falta de previsão legal.

Consumação: ocorre com a efetiva arguição de inelegibilidade ou com a efetiva impugnação de registro de candidato, feitas por interferência do poder econômico, desvio ou abuso do poder de autoridade, ou deduzidas de forma temerária ou de manifesta má-fé.

Tentativa: admite-se, desde que a arguição ou a impugnação não sejam verbais.

Prazo para arguição de inelegibilidade ou impugnação de registro de candidato: 5 (cinco) dias, contados da publicação do requerimento de registro de candidato.

Ação penal: pública incondicionada.

5 Biossegurança
Lei n. 11.105/2005

1. Introdução

A Lei n. 11.105/2005 estabelece normas de segurança e mecanismos de fiscalização sobre a construção, o cultivo, a produção, a manipulação, o transporte, a transferência, a importação, a exportação, o armazenamento, a pesquisa, a comercialização, o consumo, a liberação no meio ambiente e o descarte de organismos geneticamente modificados – OGM e seus derivados

A lei tem como diretrizes o estímulo ao avanço científico na área de biossegurança e biotecnologia, a proteção à vida e à saúde humana, animal e vegetal, e a observância do princípio da precaução para a proteção do meio ambiente.

2. Terminologia legal

A lei da biossegurança estabelece uma terminologia própria, a qual deve ser utilizada como parâmetro para o estudo dos institutos nela inseridos, permitindo, ainda, a perfeita configuração dos tipos penais.

Assim, estabelece a lei a seguinte terminologia:

a) *Atividade de pesquisa*: é a realizada em laboratório, regime de contenção ou campo, como parte do processo de obtenção de OGM e seus derivados ou de avaliação da biossegurança de OGM e seus derivados, o que engloba, no âmbito experimental, a construção, o cultivo, a manipulação, o transporte, a transferência, a importação, a exportação, o armazenamento, a liberação no meio ambiente e o descarte de OGM e seus derivados.

b) *Atividade de uso comercial de OGM e seus derivados*: é a que não se enquadra como atividade de pesquisa, e que trata do cultivo, da produção, da manipulação, do transporte, da transferência, da comercialização, da importação, da exportação, do armazenamento, do consumo, da liberação e do descarte de OGM e seus derivados para fins comerciais.

c) *Atividades e projetos que envolvam OGM e seus derivados, relacionados ao ensino com manipulação de organismos vivos, à pesquisa científica, ao desenvolvimento tecnológico e à produção industrial no âmbito de entidades de direito público ou privado*: são os conduzidos em instalações próprias ou sob a responsabilidade administrativa, técnica ou científica da entidade. Essas atividades e projetos ficam restritos ao âmbito de entidades de direito público ou privado, que serão responsáveis pela obediência aos preceitos desta Lei e de sua regulamentação, bem como pelas eventuais consequências ou efeitos advindos de seu descumprimento, sendo vedados a pessoas físicas em atuação autônoma e independente, ainda que mantenham vínculo empregatício ou qualquer outro com pessoas jurídicas.

d) *Organismo*: toda entidade biológica capaz de reproduzir ou transferir material genético, inclusive vírus e outras classes que venham a ser conhecidas.

e) *Ácido desoxirribonucleico – ADN, ácido ribonucleico – ARN*: material genético que contém informações determinantes dos caracteres hereditários transmissíveis à descendência.

f) *Moléculas de ADN/ARN recombinante*: as moléculas manipuladas fora das células vivas mediante a modificação de segmentos de ADN/ARN natural ou sintético e que possam multiplicar-se em uma célula viva, ou ainda as moléculas de ADN/ARN resultantes dessa multiplicação; consideram-se também os segmentos de ADN/ARN sintéticos equivalentes aos de ADN/ARN natural.

g) *Engenharia genética*: atividade de produção e manipulação de moléculas de ADN/ARN recombinante.

h) *Organismo geneticamente modificado – OGM*: organismo cujo material genético – ADN/ARN tenha sido modificado por qualquer técnica de engenharia genética. Não se inclui na categoria de OGM o resultante de técnicas que impliquem a introdução direta, num organismo, de material hereditário, desde que não envolvam a utilização de moléculas de ADN/ARN recombinante ou OGM, inclusive fecundação *in vitro*, conjugação, transdução, transformação, indução poliploide e qualquer outro processo natural.

i) *Derivado de OGM*: produto obtido de OGM e que não possua capacidade autônoma de replicação ou que não contenha forma viável de OGM. Não se inclui na categoria de derivado de OGM a substância pura, quimicamente definida, obtida por meio de processos biológicos e que não contenha OGM, proteína heteróloga ou ADN recombinante.

j) *Célula germinal humana*: célula-mãe responsável pela formação de gametas presentes nas glândulas sexuais femininas e masculinas e suas descendentes diretas em qualquer grau de ploidia.

k) *Clonagem*: processo de reprodução assexuada, produzida artificialmente, baseada em um único patrimônio genético, com ou sem utilização de técnicas de engenharia genética.

l) *Clonagem para fins reprodutivos*: clonagem com a finalidade de obtenção de um indivíduo.

m) *Clonagem terapêutica*: clonagem com a finalidade de produção de células-tronco embrionárias para utilização terapêutica.

n) *Células-tronco embrionárias*: células de embrião que apresentam a capacidade de se transformar em células de qualquer tecido de um organismo.

o) *Tecnologias genéticas de restrição do uso*: qualquer processo de intervenção humana para geração ou multiplicação de plantas geneticamente modificadas para produzir estruturas reprodutivas estéreis, bem como qualquer forma de manipulação genética que vise à ativação ou desativação de genes relacionados à fertilidade das plantas por indutores químicos externos.

p) *CNTBio*: a Comissão Técnica Nacional de Biossegurança – integrante do Ministério da Ciência e Tecnologia – é instância colegiada multidisciplinar de caráter consultivo e deliberativo, para prestar apoio técnico e de assessoramento ao Governo Federal na formulação, atualização e implementação da PNB de OGM e seus derivados, bem como no estabelecimento de normas técnicas de segurança e de pareceres técnicos referentes à autorização para atividades que envolvam pesquisa e uso comercial de OGM e seus derivados, com base na avaliação de seu risco zoofitossanitário, à saúde humana e ao meio ambiente. A CTNBio deverá acompanhar o desenvolvimento e o progresso técnico e científico nas áreas de biossegurança, biotecnologia, bioética e afins, com o objetivo de aumentar sua capacitação para a proteção da saúde humana, dos animais e das plantas e do meio ambiente. Sua competência vem estabelecida no art. 14 da lei.

3. Responsabilidade civil e administrativa

Estabelece a lei textualmente, no art. 20, que, sem prejuízo da aplicação das penas nela previstas, os responsáveis pelos danos ao meio ambiente e a terceiros responderão, solidariamente, por sua indenização ou reparação integral, independentemente da existência de culpa.

Inclusive, a Lei estabelece também a responsabilidade administrativa, independentemente da civil e da penal, além de multa, aos agentes das condutas tipificadas. Nesse sentido, estabelece o art. 21 da Lei, que se considera infração administrativa toda ação ou omissão que viole as normas nela previstas e demais disposições legais pertinentes. As infrações administrativas serão punidas na forma estabelecida no regulamento da lei, independentemente das medidas cautelares de apreensão de produtos, suspensão de venda de produto e embargos de atividades. As sanções administrativas estabelecidas pela Lei são: I – advertência; II – multa; III – apreensão de OGM e seus derivados; IV – suspensão da venda de OGM e seus derivados; V – embargo da atividade; VI – interdição parcial ou total do estabelecimento, atividade ou empreendimento; VII – suspensão de registro, licença ou autorização; VIII – cancelamento de registro, licença ou autorização; IX – perda ou restrição de incentivo e benefício fiscal concedidos pelo governo; X – perda ou suspensão da participação em linha de financiamento em estabelecimento oficial de crédito; XI – intervenção no estabelecimento; XII – proibição de contratar com a Administração Pública, por período de até 5 (cinco) anos.

4. Dos crimes e das penas

> Art. 24. Utilizar embrião humano em desacordo com o que dispõe o art. 5º desta Lei:
> Pena – detenção, de 1 (um) a 3 (três) anos, e multa.

Objetividade jurídica: a vida humana embrionária e a dignidade reprodutiva humana.

Sujeito ativo: qualquer pessoa natural (crime comum). Deve ser ressaltado que, embora o art. 5º preveja a utilização de embrião humano por instituições de pesquisa e serviços de saúde, não se admite a responsabilidade penal da pessoa jurídica. A responsabilidade penal, nesse caso, fica restrita às pessoas naturais que, de qualquer modo, participarem da indevida utilização do embrião humano.

Sujeito passivo: a coletividade. Prevendo o § 1º do art. 5º o consentimento dos genitores para a utilização do embrião humano nas condições que estabelece, poderão ser eles, secundariamente, sujeitos passivos do delito.

Conduta: a conduta incriminada é *utilizar*, que significa usar, empregar, tirar proveito de embrião humano.

Norma penal em branco: o art. 5º desta lei dispõe que é permitida, para fins de pesquisa e terapia, a utilização de células-tronco embrionárias obtidas de embriões humanos produzidos por fertilização *in vitro* e não utilizados no respectivo procedimento, atendidas as seguintes condições: serem embriões inviáveis; serem embriões congelados há 3 (três) anos ou mais, na data da publicação desta Lei, ou que, já congelados na data da publicação desta Lei, depois de completarem 3 (três) anos, contados a partir da data de congelamento. Em qualquer caso, é necessário o consentimento dos genitores. Instituições de pesquisa e serviços de saúde que realizem pesquisa ou terapia com células-tronco embrionárias humanas deverão submeter seus projetos à apreciação e aprovação dos respectivos comitês de ética em pesquisa. Assim, o desrespeito destes procedimentos é que tipificam este crime.

Objeto material: é o embrião humano utilizado em desacordo com o que dispõe o art. 5º desta Lei.

Embrião humano: é o ser humano vivo em sua fase de diferenciação orgânica, da segunda à sétima semana depois da fecundação, etapa conhecida como período embrionário.

Elemento subjetivo: é o dolo. Não se admite a modalidade culposa.

Consumação: com a efetiva utilização do embrião humano em desacordo com o que dispõe o art. 5º desta Lei, para qualquer finalidade.

Tentativa: não se admite.

Ação penal: pública incondicionada.

> Art. 25. Praticar engenharia genética em célula germinal humana, zigoto humano ou embrião humano:
> Pena – reclusão, de 1 (um) a 4 (quatro) anos, e multa.

Objetividade jurídica: identidade genética do ser humano.

Sujeito ativo: qualquer pessoa natural (crime comum).

Sujeito passivo: a humanidade.

Conduta: a conduta incriminada é *praticar*, que significa realizar, efetuar, engenharia genética em célula germinal humana, zigoto humano ou embrião humano.

Objeto material: a célula germinal humana (célula-mãe responsável pela formação de gametas presentes nas glândulas sexuais femininas e masculinas e suas descendentes diretas em qualquer grau de ploidia), o zigoto humano (produto da reprodução sexuada) ou embrião humano (segunda à sétima semana depois da fecundação).

Elemento subjetivo: é o dolo. Não se admite a modalidade culposa.

Consumação: ocorre com a prática de qualquer atividade de produção e manipulação de moléculas de ADN/ARN recombinante. Moléculas de ADN/ARN recombinante são as moléculas manipuladas fora das células vivas mediante a modificação de segmentos de ADN/ARN natural ou sintético e que possam multiplicar-se em uma célula viva, ou ainda as moléculas de ADN/ARN resultantes dessa multiplicação; consideram-se também os segmentos de ADN/ARN sintéticos equivalentes aos de ADN/ARN natural.

Tentativa: admite-se.

Ação penal: pública incondicionada.

> Art. 26. Realizar clonagem humana:
> Pena – reclusão, de 2 (dois) a 5 (cinco) anos, e multa.

Objetividade jurídica: é a proteção da identidade genética e a dotação genética dupla (ou diferenciada) do ser humano (clonagem humana reprodutiva), além da proteção à vida humana embrionária e à dignidade reprodutiva humana.

Sujeito ativo: qualquer pessoa natural (crime comum).

Sujeito passivo: a humanidade e, secundariamente, a pessoa da qual se extraia o material genético necessário à clonagem.

Conduta: a conduta incriminada é realizar (praticar, efetuar) clonagem humana.

Clonagem humana: é o processo de reprodução humana assexuada, produzida artificialmente, baseada em um único patrimônio genético, com ou sem utilização de técnicas de engenharia genética.

Objeto material: óvulos humanos fecundados mediante clonagem.

Elemento subjetivo: é o dolo. Não se admite a modalidade culposa.

Consumação: com a reprodução artificial do genoma humano (crime material).

Tentativa: admite-se.

Ação penal: pública incondicionada.

> Art. 27. Liberar ou descartar OGM no meio ambiente, em desacordo com as normas estabelecidas pela CTNBio e pelos órgãos e entidades de registro e fiscalização:
>
> Pena – reclusão, de 1 (um) a 4 (quatro) anos, e multa.
>
> § 1º (*Vetado*)
>
> § 2º Agrava-se a pena:
>
> I – de 1/6 (um sexto) a 1/3 (um terço), se resultar dano à propriedade alheia;
>
> II – de 1/3 (um terço) até a metade, se resultar dano ao meio ambiente;
>
> III – da metade até 2/3 (dois terços), se resultar lesão corporal de natureza grave em outrem;
>
> IV – de 2/3 (dois terços) até o dobro, se resultar a morte de outrem.

Objetividade jurídica: o equilíbrio ecológico e a biodiversidade (*caput* e inciso II); e, indiretamente, a vida (inciso IV), a integridade física ou saúde (inciso III) e o patrimônio (inciso I).

Sujeito ativo: qualquer pessoa natural (crime comum).

Sujeito passivo: a coletividade e o meio ambiente; ou ainda, subsidiariamente, a vida, a integridade corporal e o patrimônio.

Conduta: as condutas incriminadas são *liberar* (soltar, tornar livre) e *descartar* (livrar-se, jogar fora) OGM no meio ambiente, em desacordo com as normas estabelecidas pela CTNBio e pelos órgãos e entidades de registro e fiscalização.

Norma penal em branco: o complemento do preceito está contido em normas extrapenais (normas estabelecidas pela CTNBio e pelos órgãos e entidades de registro e fiscalização).

Objeto material: é o Organismo geneticamente modificado – OGM, que consiste no organismo cujo material genético – ADN/ARN tenha sido modificado por qualquer técnica de engenharia genética.

Elemento subjetivo: é o dolo. Não se admite a modalidade culposa.

Consumação: com a realização da liberação ou descarte de OGM no meio ambiente, em desacordo com as normas estabelecidas pela CTNBio e pelos órgãos e entidades de registro e fiscalização (crime de mera conduta). Se da conduta derivar resultado naturalístico estabelecido no § 2º, a pena será agravada.

Tentativa: não se admite.

Causas de aumento de pena: apesar de erroneamente denominadas agravantes, há quatro hipóteses de causas de aumento de pena que incidirão na punibilidade prevista no *caput*: se a liberação ou o descarte do OGM resultarem em dano à propriedade alheia; dano ao meio ambiente; lesão corporal de natureza grave ou morte de outrem.

Ação penal: pública incondicionada.

> Art. 28. Utilizar, comercializar, registrar, patentear e licenciar tecnologias genéticas de restrição do uso:
> Pena – reclusão, de 2 (dois) a 5 (cinco) anos, e multa.

Objetividade jurídica: a biodiversidade.

Sujeito ativo: qualquer pessoa natural (crime comum).

Sujeito passivo: a coletividade e o meio ambiente.

Conduta: as condutas incriminadas são *utilizar* (usar, empregar), *comercializar* (negociar, vendendo ou comprando), *registrar* (inscrever, consignar por escrito, anotar), *patentear* (registrar como patente) e *licenciar* (autorizar, habilitar, permitir, ter licença) tecnologias genéticas de restrição do uso.

Objeto material: é a planta geneticamente modificada por uma tecnologia genética de restrição do uso.

Elemento subjetivo: é o dolo. Não se admite a modalidade culposa.

Consumação: ocorre com a efetiva utilização, comercialização, registro, patenteamento ou licenciamento de tecnologias genéticas de restrição de uso, independentemente da ocorrência de qualquer resultado naturalístico.

Tentativa: admite-se nas condutas de comercializar, registrar, patentear e licenciar. Na conduta de utilizar, não se admite.

Ação penal: pública incondicionada.

> Art. 29. Produzir, armazenar, transportar, comercializar, importar ou exportar OGM ou seus derivados, sem autorização ou em desacordo com as normas estabelecidas pela CTNBio e pelos órgãos e entidades de registro e fiscalização:
> Pena – reclusão, de 1 (um) a 2 (dois) anos, e multa.

Objetividade jurídica: o equilíbrio ecológico, a biodiversidade e a saúde pública.

Sujeito ativo: qualquer pessoa natural (crime comum).

Sujeito passivo: a coletividade e o meio ambiente.

Conduta: as condutas incriminadas são *produzir* (elaborar, criar, gerar), *armazenar* (guardar, estocar), *transportar* (levar, carregar algo de um lugar para o outro), *comercializar* (negociar, vendendo ou comprando), *importar* (introduzir em território nacional), *exportar* (enviar para o exterior) OGM ou seus derivados.

Norma penal em branco: o complemento do preceito está contido em normas extrapenais (normas estabelecidas pela CTNBio e pelos órgãos e entidades de registro e fiscalização). Assim, o desrespeito das normas estabelecidas é que tipificam este crime.

Objeto material: é o OGM (micro-organismo, planta ou animal) ou seus derivados que foram produzidos, armazenados, transportados, comercializados, importados ou exportados sem autorização ou em desacordo com as normas estabelecidas pela CTNBio e pelos órgãos de registro e fiscalização.

Elemento subjetivo: é o dolo. Não se admite a modalidade culposa.

Consumação: ocorre com a efetiva produção, armazenamento, transporte, comercialização, importação ou exportação do OGM e seus derivados, ausente autorização ou em desacordo com as normas estabelecidas pela CTNBio e pelos órgãos e entidades de registro e fiscalização.

Tentativa: admite-se.

Ação penal: pública incondicionada.

6 Código de Trânsito Brasileiro
Lei n. 9.503/97

1. Normas gerais do Código Penal aplicáveis aos crimes de trânsito

1.1. Dolo

1.1.1. Crime doloso

Segundo o disposto no art. 18 do Código Penal, o *crime* é *doloso* quando o agente quis o resultado ou assumiu o risco de produzi-lo.

1.1.2. Conceito de dolo

Dolo, segundo a teoria finalista da ação, é o elemento subjetivo do tipo; é a vontade de concretizar as características objetivas do tipo.

1.1.3. Teorias sobre o dolo

Existem três teorias a respeito do conteúdo do dolo:

a) *Teoria da vontade*, segundo a qual dolo é a vontade de praticar uma ação consciente, um fato que se sabe contrário à lei.

Exige, para sua configuração, que quem realiza a ação tenha consciência de sua significação, estando disposto a produzir o resultado.

b) *Teoria da representação*, segundo a qual dolo é a vontade de praticar a conduta, prevendo o agente a possibilidade de o resultado ocorrer, sem, entretanto, desejá-lo. É suficiente que o resultado seja previsto pelo sujeito.

c) *Teoria do assentimento (ou do consentimento)*, segundo a qual basta para o dolo a previsão ou consciência do resultado, não exigindo que o sujeito queira produzi-lo. É suficiente o assentimento do agente ao resultado.

1.1.4. Teoria adotada pelo Brasil

O Brasil adotou, no art. 18, I, do Código Penal, a *teoria da vontade* (para que exista dolo é preciso que haja a consciência e a vontade de produzir o resultado – dolo direto) e a *teoria do assentimento* (existe dolo também quando o agente aceita o risco de produzir o resultado – dolo eventual).

1.1.5. Espécies de dolo

a) *Dolo natural:* para a teoria finalista da ação, adotada pelo Código Penal, o dolo é natural, ou seja, corresponde à simples vontade de concretizar os elementos objetivos do tipo, não portando a consciência da ilicitude. Assim, o dolo situado na conduta é composto apenas por consciência e vontade. A consciência da ilicitude é requisito da culpabilidade.

b) *Dolo normativo:* para a teoria clássica (naturalista ou causal da ação) ou tradicional, o dolo é *normativo,* ou seja, contém a consciência da ilicitude. Situa-se ele na culpabilidade e não na conduta.

c) *Dolo direto* ou *determinado:* é a vontade de praticar a conduta e produzir o resultado.

d) *Dolo indireto* ou *indeterminado:* ocorre quando a vontade do sujeito não se dirige a certo e determinado resultado.

O *dolo indireto* possui duas formas:

– *dolo alternativo,* quando a vontade do sujeito se dirige a um ou outro resultado, indiferentemente. Exemplo: o agente desfere golpes de faca na vítima com intenção alternativa: matar ou ferir.

– *dolo eventual,* quando o sujeito assume o risco de produzir o resultado, ou seja, aceita o risco de produzi-lo. O agente não quer o resultado, pois, se assim fosse, ocorreria o dolo direto. O dolo eventual não se dirige ao resultado, mas sim à conduta, percebendo o agente que é possível causar o resultado. Exemplo: motorista dirigindo em velocidade excessiva aceita a possibilidade de atropelar um pedestre.

e) *Dolo de dano:* é a vontade de produzir uma lesão a um bem jurídico.

f) *Dolo de perigo:* é a vontade de expor um bem jurídico a perigo de lesão.

g) *Dolo genérico:* é a vontade de praticar a conduta sem uma finalidade específica.

h) *Dolo específico* (ou *dolo com intenção ulterior):* é a vontade de praticar a conduta visando a uma finalidade específica.

Essa classificação de *dolo genérico* e *dolo específico,* a nosso ver, encontra-se superada em face da teoria finalista da ação. Entendemos que o dolo é natural, uno, variando de acordo com a descrição típica de cada delito, não podendo ser confundido com os demais elementos subjetivos do tipo.

i) *Dolo geral* (também chamado de *erro sucessivo* ou *"aberratio causae"):* ocorre quando o agente, tendo realizado a conduta e supondo ter conseguido o resultado pretendido, pratica nova ação, que, aí sim, alcança a consumação do crime. Exemplo clássico largamente difundido na doutrina é o do agente que, tendo esfaqueado a vítima e supondo-a morta, joga o corpo desta nas águas de um rio. Entretanto, a vítima ainda estava viva, vindo a falecer em virtude de afogamento.

1.2. Crime culposo

Segundo o disposto no art. 18, II, do Código Penal, o crime é culposo quando o agente deu causa ao resultado por imprudência, negligência ou imperícia.

1.2.1. Cuidado objetivo

A *culpa* é elemento subjetivo do tipo penal, pois resulta da inobservância do dever de diligência.

Cuidado objetivo é a obrigação determinada a todos, na comunidade social, de realizar condutas de forma a não produzir danos a terceiros.

Assim, a conduta culposa torna-se típica a partir do momento em que não tenha o agente observado o cuidado necessário nas relações com outrem.

1.2.2. Previsibilidade

Para saber se o sujeito ativo do crime deixou de observar o cuidado objetivo necessário é preciso comparar a sua conduta com o comportamento que teria uma pessoa, dotada de discernimento e de prudência, colocada na mesma situação do agente.

Surge, então, a *previsibilidade objetiva*, que é a possibilidade de antever o resultado produzido, previsível ao homem comum, nas circunstâncias em que o sujeito realizou a conduta.

Até aí se realiza a tipicidade do crime culposo, também antijurídico, se ausente causa excludente.

Já a *culpabilidade* do delito culposo decorre da *previsibilidade subjetiva*, questionando-se a possibilidade de o sujeito, segundo suas aptidões pessoais e na medida de seu poder individual, prever o resultado.

Assim, quando o resultado era previsível *para o sujeito*, temos a reprovabilidade da conduta e a consequente culpabilidade.

1.2.3. Elementos do fato típico culposo

São elementos do fato típico culposo:

a) a conduta humana voluntária, consistente numa ação ou omissão;

b) a inobservância do cuidado objetivo manifestada por meio da imprudência, negligência e imperícia;

c) a previsibilidade objetiva;

d) a ausência de previsão;

e) o resultado involuntário;

f) o nexo de causalidade;

g) a tipicidade.

1.2.4. Imprudência, negligência e imperícia

A inobservância do cuidado objetivo necessário manifesta-se por meio de três modalidades de culpa: *imprudência*, *negligência* e *imperícia*.

A imprudência é a prática de um fato perigoso, atuando o agente com precipitação, sem cautela. Exemplo: desobedecer a sinal semafórico vermelho, indicativo de parada obrigatória.

A negligência é a ausência de precaução ou indiferença em relação ao ato realizado. Exemplo: deixar substância tóxica ao alcance de uma criança.

A imperícia é a falta de aptidão, de conhecimentos técnicos, para o exercício de arte ou profissão. Exemplo: médico que se dispõe a realizar cirurgia, sem ter conhecimentos adequados sobre a especialidade da moléstia.

1.2.5. Espécies de culpa

a) *Culpa inconsciente:* o resultado não é previsto pelo agente, embora previsível. É a culpa comum, normal, manifestada pela imprudência, negligência ou imperícia.

b) *Culpa consciente* (ou *culpa com previsão*): o resultado é previsto pelo agente, que espera inconsideradamente que aquele não ocorra ou que possa evitá-lo. Exemplo difundido na doutrina é o do agente que, numa caçada, percebe que um animal se encontra nas proximidades de seu companheiro, estando ciente de que, disparando a arma, poderá acertá-lo. Confiante em sua perícia com armas de fogo, atira e mata o companheiro.

No dolo eventual, o agente tolera a produção do resultado, pois o evento lhe é indiferente; tanto faz que ocorra ou não.

Na culpa consciente, o agente não quer o resultado, não assume o risco nem ele lhe é tolerável ou indiferente. O evento lhe é previsto, mas confia em sua não produção.

c) *Culpa própria:* o resultado, embora previsível, não é previsto pelo agente.

d) *Culpa imprópria (culpa por extensão, culpa por assimilação* ou *culpa por equiparação):* o agente quer o resultado, estando sua vontade viciada por erro que poderia evitar se observasse o cuidado necessário. Ocorre por erro de tipo inescusável, por erro de tipo escusável nas descriminantes putativas ou por excesso nas causas de justificação.

e) *Culpa mediata* ou *indireta:* o agente, dando causa a resultado culposo imediato, vem a determinar, mediata ou indiretamente, outro resultado culposo. Exemplo difundido na doutrina é o da pessoa que, socorrendo ente querido que se encontra atropelado, acaba por ser também atingido por outro veículo, sendo ferido ou morto. O interesse nessa modalidade de culpa está justamente na responsabilidade do primeiro agente com relação ao segundo atropelamento. Deve-se perquirir, nesse caso, se o primeiro atropelador tinha previsibilidade do segundo resultado. Se tinha, responderá por ele. Se não tinha, inexistirá responsabilidade penal pelo segundo fato.

1.2.6. Excepcionalidade do crime culposo

O critério para saber se um crime admite a *modalidade culposa* é a análise da *norma penal incriminadora*. Quando o Código admite a *modalidade culposa*, faz referência expressa à culpa. Se não fala na modalidade culposa, é porque não a admite (art. 18, parágrafo único, do CP).

Assim, quando o sujeito pratica o fato culposamente, e o tipo penal não faz menção à modalidade culposa, não há crime.

1.2.7. Outras questões referentes à culpa

A *divisão da culpa em graus* (leve, grave e gravíssima), embora não tenha previsão legal, apresenta interesse na dosimetria da pena do crime culposo. Será questionado pelo julgador se o agente tinha maior ou menor possibilidade de previsão do resultado se observando ou não o cuidado necessário.

Outrossim, no direito penal não se admite a *compensação de culpas,* como acontece no direito civil. Assim, a culpa da vítima não exclui a do agente, a não ser que seja exclusiva. Na hipótese de culpa concorrente, em que os agentes, por imprudência, negligência ou imperícia, deram causa a resultado culposo, em que ambos são vítimas, aplica-se a cada qual a pena correspondente ao delito praticado.

2. Aplicação da Lei n. 9.099/95 aos crimes de trânsito

O art. 291, *caput*, do Código de Trânsito Brasileiro estabelece a aplicação da Lei n. 9.099/95 aos crimes de trânsito, "no que couber".

Assim, atendendo ao conceito de infrações penais de menor potencial ofensivo estabelecido pelo art. 61 da Lei do Juizado Especial Criminal, com a redação que lhe deu a Lei n. 11.313/2006 ("as contravenções penais e os crimes a que a lei comine pena máxima não superior a 2 (dois) anos").

Forçoso é concluir que se aplicam as disposições da Lei n. 9.099/95, inclusive relativas à transação (art. 76), a praticamente todos os crimes de trânsito, à exceção do homicídio culposo (art. 302), cuja pena máxima em abstrato cominada é de 4 (quatro) anos de detenção.

A Lei n. 11.705/2008, entretanto, que, dentre outras disposições, deu nova redação ao § 1º do art. 291 do Código de Trânsito Brasileiro, vedou expressamente a aplicação do rito do juizado especial criminal aos crimes de trânsito de lesão corporal culposa quando o agente estiver:

a) sob a influência de álcool ou qualquer outra substância psicoativa que determine dependência;

b) participando, em via pública, de corrida, disputa ou competição automobilística, de exibição ou demonstração de perícia em manobra de veículo automotor, não autorizada pela autoridade competente;

c) transitando em velocidade superior à máxima permitida para a via em 50 km/h (cinquenta quilômetros por hora).

Por consequência, a aplicação das disposições da Lei n. 9.099/95 aos crimes de lesão corporal culposa na direção de veículo automotor somente será possível se inexistentes qualquer das hipóteses acima elencadas.

Inclusive, tendo em vista a redação do parágrafo primeiro do art. 291, excluiu-se da competência do juizado especial criminal o crime de embriaguez ao volante, previsto no art. 306, cuja pena privativa de liberdade é de 6 meses a 3 anos de detenção, que era expressamente excepcionado na redação do anterior parágrafo único. O mesmo ocorreu com o art. 308, cuja pena privativa de liberdade foi fixada em detenção de 6 (seis) meses a 3 (três) anos pela Lei n. 12.971/2014, que alterou o CTB.

Nesses casos, haverá a necessidade de instauração de inquérito policial para a investigação da infração penal, conforme dispõe o parágrafo segundo do art. 291, acrescentado pela Lei n. 11.705/2008.

Portanto, diante da redação do art. 291 do Código de Trânsito Brasileiro, aplicam-se as disposições da Lei n. 9.099/95 (Juizado Especial Criminal) aos seguintes crimes:

- Lesão corporal culposa (art. 303), exceto nas hipóteses dos incisos I, II e III, do § 1º do art. 291.
- Omissão de socorro (art. 304);
- Fuga do local do acidente (art. 305);
- Violação da suspensão ou proibição de se obter a permissão ou a habilitação para dirigir veículo automotor (art. 307);
- Direção sem habilitação (art. 309);
- Entrega da direção de veículo automotor a pessoa não autorizada (art. 310);
- Tráfego em velocidade incompatível com a segurança (art. 311);
- Fraude processual em caso de acidente automobilístico com vítima (art. 312).

Por conseguinte, não se aplicam as disposições da Lei n. 9.099/95 aos seguintes crimes:

- Homicídio culposo na direção de veículo automotor (art. 302);
- Lesão corporal culposa na direção de veículo automotor (art. 303), nas hipóteses dos incisos I, II e III do § 1º do art. 291;
- Embriaguez ao volante (art. 306);
- Participação em corrida, disputa ou competição não autorizada (art. 308).

A Lei n. 13.546/2017 acrescentou o § 4º ao art. 291 dispondo que "o juiz fixará a pena-base segundo as diretrizes previstas no art. 59 do Decreto-Lei n. 2.848, de 7 de dezembro de 1940 (Código Penal), dando especial atenção à culpabilidade do agente e às circunstâncias e consequências do crime".

3. Suspensão ou proibição de se obter a permissão ou a habilitação para dirigir veículo automotor

3.1. Pena principal, isolada ou cumulada

Segundo estabelece o art. 292 do Código de Trânsito Brasileiro, com a redação dada pela Lei n. 12.971/2014, a suspensão ou proibição de se obter a permissão ou a habilitação para dirigir veículo automotor pode ser imposta isolada ou cumulativamente com outras penalidades.

A suspensão ou proibição tratada, portanto, pode ser aplicada ao lado da pena privativa de liberdade prevista em cada tipo penal. Pode ser aplicada isolada ou cumulativamente com a pena privativa de liberdade ou com a pena pecuniária.

Não há, entretanto, nenhuma hipótese de crime no Código de Trânsito Brasileiro em que a suspensão ou proibição de se obter a permissão ou a habilitação para dirigir veículo automotor possa ser aplicada isoladamente.

Vale ressaltar que a Lei n. 13.804/2019 acrescentou o art. 278-A ao Código de Trânsito Brasileiro, prevendo hipóteses de cassação do documento de habilitação ou proibição de obter a habilitação para dirigir veículo automotor.

Nesse sentido, dispõe o art. 278-A:

"Art. 278-A. O condutor que se utilize de veículo para a prática do crime de receptação, descaminho, contrabando, previstos nos arts. 180, 334 e 334-A do Decreto-Lei n. 2.848, de 7 de dezembro de 1940 (Código Penal), condenado por um desses crimes em decisão judicial transitada em julgado, terá cassado seu documento de habilitação ou será proibido de obter a habilitação para dirigir veículo automotor pelo prazo de 5 (cinco) anos.

§ 1º O condutor condenado poderá requerer sua reabilitação, submetendo-se a todos os exames necessários à habilitação, na forma deste Código.

§ 2º No caso do condutor preso em flagrante na prática dos crimes de que trata o *caput* deste artigo, poderá o juiz, em qualquer fase da investigação ou da ação penal, se houver necessidade para a garantia da ordem pública, como medida cautelar, de ofício, ou a requerimento do Ministério Público ou ainda mediante representação da autoridade policial, decretar, em decisão motivada, a suspensão da permissão ou da habilitação para dirigir veículo automotor, ou a proibição de sua obtenção".

3.2. Prazo de duração

De acordo com o disposto no art. 293 do Código de Trânsito Brasileiro, a duração dessa penalidade é de 2 meses a 5 anos.

3.3. Entrega do documento à autoridade judiciária

Transitada em julgado a sentença condenatória, o réu será intimado a entregar à autoridade judiciária, em 48 horas, a permissão para dirigir ou a Carteira de Habilitação (§ 1º).

3.4. Início da penalidade

A penalidade referida não se inicia enquanto o sentenciado, por efeito de condenação penal, estiver recolhido a estabelecimento penal (§ 2º).

3.5. Medida cautelar

Estabelece o art. 294 do Código de Trânsito Brasileiro que, em qualquer fase da investigação ou da ação penal, havendo necessidade para a garantia da ordem pública, poderá o juiz, como medida cautelar, de ofício, ou a requerimento do Ministério Público, ou ainda mediante representação da autoridade policial, decretar, em decisão motivada, a suspensão da permissão ou da habilitação para dirigir veículo automotor ou a proibição de sua obtenção.

Nesse caso, suas características são as seguintes:

1) Será sempre decretada pelo juiz (decisão motivada):

a) de ofício;

b) a requerimento do Ministério Público;

c) mediante representação da autoridade policial.

2) Pode ser decretada em qualquer fase da investigação ou da ação penal.

3) Único requisito cautelar previsto pelo Código de Trânsito Brasileiro: garantia da ordem pública.

4) Requisito cautelar não previsto pelo Código de Trânsito Brasileiro: *fumus commissi delicti*.

Não se deve confundir com a suspensão do direito de dirigir, imposta pela autoridade de trânsito, prevista nos arts. 256, III, 261 e 265 do Código de Trânsito Brasileiro.

Dessa decisão que decretar a suspensão ou a medida cautelar, ou da que indeferir o requerimento do Ministério Público, caberá recurso em sentido estrito, sem efeito suspensivo.

3.6. Comunicação da penalidade

A suspensão para dirigir veículo automotor ou a proibição de se obter a permissão ou a habilitação será sempre comunicada pela autoridade judiciária ao Conselho Nacional de Trânsito – CONTRAN e ao órgão de trânsito do Estado em que o indiciado ou réu for domiciliado ou residente (art. 295).

3.7. Reincidência em crime de trânsito

Se o réu for reincidente na prática de crime de trânsito, o juiz aplicará a penalidade de suspensão da permissão ou habilitação para dirigir veículo automotor, sem prejuízo das demais sanções cabíveis (art. 296, com a nova redação dada pela Lei n. 11.705/2008).

3.8. Não cabimento de *habeas corpus*

De acordo com a jurisprudência do Superior Tribunal de Justiça, a imposição da penalidade de suspensão do direito de dirigir veículo automotor não tem o condão, por si só, de caracterizar ofensa ou ameaça à liberdade de locomoção do paciente, razão pela qual não é cabível o manejo do *habeas corpus*.

Nesse sentido:

"AGRAVO REGIMENTAL NO *HABEAS CORPUS* SUBSTITUTIVO DE RECURSO ESPECIAL. HOMICÍDIO CULPOSO. ART. 302 DO CÓDIGO DE TRÂNSITO BRASILEIRO. DOSIMETRIA. PENA-BASE. CULPABILIDADE. GRAVIDADE CONCRETA DA CONDUTA. SUSPENSÃO DO DIREITO DE DIRIGIR. PATAMAR MÍNIMO. INEXISTÊNCIA DE LESÃO OU AMEAÇA À LIBERDADE DE LOCOMOÇÃO. RECURSO NÃO PROVIDO. 1. A gravidade concreta do delito, demonstrada pela velocidade excessiva e pela ingestão de bebida alcoólica da conduta é suficiente para a manutenção da valoração negativa da circunstância judicial da culpabilidade e justificar o acréscimo de 1/6 à pena-base. 2. A imposição da medida administrativa de suspensão do direito de dirigir veículo automotor, em razão da ausência de previsão legal de sua conversão em pena privativa de liberdade caso descumprida, não tem o condão, por si só, de caracterizar ofensa ou ameaça à liberdade de locomoção do paciente, razão pela qual não é cabível o manejo do *habeas corpus*. 3. Agravo regimental não provido" (AgRg no HC 443.003/RS – Rel. Min. Jorge Mussi – 5ª Turma – *DJe* 3-9-2018).

Ainda: AgRg no HC 436084/SP, Rel. Min. Joel Ilan Paciornik, 5ª Turma, *DJe* 23-8-2018, AgInt no HC 402129/SP, Rel. Min. Reynaldo Soares da Fonseca, 5ª Turma, *DJe* 26-9-2017.

4. Multa reparatória

A multa reparatória, prevista no art. 297 do Código de Trânsito Brasileiro, consiste no pagamento, mediante depósito judicial em favor da vítima, ou seus sucessores, de quantia calculada com base no disposto no § 1º do art. 49 do Código Penal, sempre que houver prejuízo material resultante do crime.

Essa multa reparatória é prevista apenas no Código de Trânsito Brasileiro, tendo caráter eminentemente de sanção civil, visando à reparação dos danos causados pelo ilícito penal.

Pode ser requerida pela vítima ou seus sucessores e será fixada pelo juiz no momento da sentença condenatória, em dias-multa, nos parâmetros fixados pelo § 1º do art. 49 acima citado.

A multa reparatória não impede a propositura de ação civil *ex delicto* pela vítima ou seus sucessores, visto que, a teor do § 3º do art. 297 do Código de Trânsito Brasileiro, seu valor será descontado na indenização civil do dano.

Por fim, aplica-se à multa reparatória o disposto nos arts. 50 a 52 do Código Penal.

5. Circunstâncias agravantes

Ao elencar as circunstâncias agravantes nos crimes de trânsito, o art. 298 do Código de Trânsito Brasileiro utiliza o advérbio "sempre", indicando que a exacerbação da pena-base, no caso, é obrigatória.

Entretanto, cessa a obrigatoriedade de exacerbação da pena se qualquer das circunstâncias agravantes mencionadas constituir elemento integrativo da estrutura de um tipo penal (circunstância elementar) ou figura como causa especial de aumento de pena. É que, nesse caso, haveria *bis in idem*, valorando-se duplamente uma mesma circunstância, o que não pode ser admitido.

O *quantum* do agravamento da pena fica a critério do juiz.

O Superior Tribunal de Justiça entende que é compatível com delitos de trânsito praticados na modalidade culposa a agravante do art. 298, I, do Código de Trânsito Brasileiro – CTB, que prevê aumento de pena nos casos em que haja dano potencial para duas ou mais pessoas ou grande risco de grave dano patrimonial a terceiros. Nesse sentido: AgRg no AREsp 2391112/SP, 5ª Turma, Rel. Min. Ribeiro Dantas, *DJe* 19-9-2023; AgRg no AREsp 1186600/SP, 6ª Turma, Rel. Min. Maria Thereza de Assis Moura, *DJe* 9-4-2018; AREsp 2487045/TO, 5ª Turma, Rel. Min. Reynaldo Soares da Fonseca, *DJe* 15-1-2024.

6. Prisão em flagrante em crimes de trânsito

O art. 301 do Código de Trânsito Brasileiro, com a redação que lhe foi dada pela Lei n. 14.599/2023, estabelece que: "Ao condutor de veículo, nos casos de sinistros de trânsito que resultem em vítima, não se imporá a prisão em flagrante nem se exigirá fiança, se prestar pronto e integral socorro àquela".

O socorro tem de ser "pronto" e "integral", o que significa que deve o motorista socorrer a vítima imediatamente ao acidente, fazendo tudo o que estiver ao seu alcance para evitar-lhe o perecimento.

Visou o legislador despertar no motorista o sentimento de solidariedade e respeito à vítima, concedendo-lhe, em contrapartida, o favor processual.

7. Crimes em espécie

7.1. Homicídio culposo

> Art. 302. Praticar homicídio culposo na direção de veículo automotor:
>
> Penas – detenção, de 2 (dois) a 4 (quatro) anos, e suspensão ou proibição de se obter a permissão ou a habilitação para dirigir veículo automotor.
>
> § 1º No homicídio culposo cometido na direção de veículo automotor, a pena é aumentada de 1/3 (um terço) à metade, se o agente:
>
> I – não possuir Permissão para Dirigir ou Carteira de Habilitação;
>
> II – praticá-lo em faixa de pedestres ou na calçada;
>
> III – deixar de prestar socorro, quando possível fazê-lo sem risco pessoal, à vítima do sinistro;
>
> IV – no exercício de sua profissão ou atividade, estiver conduzindo veículo de transporte de passageiros.
>
> § 2º (Revogado pela Lei n. 13.281, de 4-5-2016.)
>
> § 3º Se o agente conduz veículo automotor sob a influência de álcool ou de qualquer outra substância psicoativa que determine dependência:
>
> Penas – reclusão, de cinco a oito anos, e suspensão ou proibição do direito de se obter a permissão ou a habilitação para dirigir veículo automotor.

Objetividade jurídica: a proteção do direito à vida.

Sujeito ativo: qualquer pessoa que atue na direção de veículo automotor.

Sujeito passivo: qualquer pessoa.

Conduta: vem representada pelo verbo "praticar" (realizar, cometer). Homicídio é a eliminação da vida humana, para a qual atua o agente com culpa, nas modalidades imprudência, negligência ou imperícia (*vide* item 1.2, *supra*).

Elemento subjetivo: culpa (imprudência, negligência e imperícia).

Embriaguez e homicídio culposo: de acordo com o disposto no § 3º do art. 302, acrescentado pela Lei n. 13.546/2017, se o agente conduz veículo automotor sob a influência de álcool ou de qualquer outra substância psicoativa que determine dependência, está sujeito às penas de reclusão, de cinco a oito anos, e suspensão ou proibição do direito de se obter a permissão ou a habilitação para dirigir veículo automotor. Trata-se de hipótese de homicídio culposo qualificado. Nesse caso, de acordo com o disposto no art. 312-B do CTB, acrescentado pela Lei n. 14.071/2020, não pode a pena privativa de liberdade ser substituída por pena restritiva de direitos.

Entretanto, o Superior Tribunal de Justiça tem tese no sentido de que os crimes de embriaguez ao volante (art. 306 do CTB) e o de lesão corporal culposa em direção de veículo automotor (art. 303 do CTB) são autônomos e o primeiro não é meio normal, nem fase de preparação ou de execução para o cometimento do segundo, não havendo falar em aplicação do princípio da consunção. Nesse sentido:

AgRg no RHC 110158/SP, 6ª Turma, Rel. Min. Sebastião Reis Júnior, DJe 2-8-2019; AgRg no REsp 1798124/RS, 5ª Turma, Rel. Min. Reynaldo Soares da Fonseca, DJe 16-4-2019; RHC 99585/PR, 5ª Turma, Rel. Min. Jorge Mussi, DJe 26-3-2019; HC 427472/SP, 6ª Turma, Rel. Min. Maria Thereza de Assis Moura, DJe 12-12-2018.

Embriaguez e homicídio doloso: existe a possibilidade de tipificação da embriaguez ao volante com morte como homicídio doloso, com dolo eventual, sustentando-se que o motorista que dirige embriagado assume o risco de causar acidente com morte. Para que o delito seja assim tipificado, entretanto, há necessidade de perfeita caracterização, à luz do caso concreto, do dolo eventual, comprovando-se que o agente, dirigindo embriagado, previu o resultado morte, mas nada fez para evitá-lo, agindo com total indiferença em relação a ele e assumindo o risco de sua ocorrência. Isso nem sempre é fácil, ainda mais considerando que o agente pode ter atuado com culpa consciente, prevendo o resultado, mas aguardando, esperando e confiando, inconsideradamente, que o mesmo não ocorreria ou que pudesse evitá-lo. Deve-se, nesses casos, desconsiderar o clamor popular por um enquadramento mais rigoroso e atentar detidamente para as circunstâncias do fato, que, no mais das vezes, revelarão o elemento subjetivo do crime.

O Superior Tribunal de Justiça, acerca do dolo eventual em crime de trânsito, fixou a seguinte tese: "Na hipótese de homicídio praticado na direção de veículo automotor, havendo elementos nos autos indicativos de que o condutor agiu, possivelmente, com dolo eventual, o julgamento acerca da ocorrência deste ou da culpa consciente compete ao Tribunal do Júri, na qualidade de juiz natural da causa" (Jurisprudência em Teses – edição n. 114).

Nesse sentido: AgRg no AREsp 1013330/TO, 5ª Turma, Rel. Min. Jorge Mussi, DJe 3-10-2018; AgRg no AREsp 1142134/CE, 5ª Turma, Rel. Min. Ribeiro Dantas, DJe 14-9-2018; HC 454375/SP, Rel. Min. Reynaldo Soares da Fonseca, 5ª Turma, DJe 10-8-2018; AgRg no REsp 1688027/SP, 6ª Turma, Rel. Min. Nefi Cordeiro, DJe 1º-8-2018; AgRg no AREsp 1226580/DF, 6ª Turma, Rel. Min. Rogério Schietti Cruz, DJe 12-6-2018; AgRg no AREsp 1006681/SP, 5ª Turma, Rel. Min. Feliz Fischer, 5ª Turma, DJe 23-3-2018.

No mesmo sentido: "HC. PRONÚNCIA. DESCLASSIFICAÇÃO. JÚRI. O paciente foi pronunciado pela suposta prática de crime doloso contra a vida (art. 121, *caput*, do CP), uma vez que deu causa a acidente automobilístico quando dirigia em velocidade excessiva e embriagado, o que resultou a morte de uma pessoa. A Turma denegou a ordem ao entender que a decisão de pronúncia encerra simples juízo de admissibilidade da acusação, exigindo o ordenamento jurídico somente o exame da ocorrência do crime e de indícios de sua autoria, não se demandando aqueles requisitos de certeza necessária à prolação de uma sentença condenatória, sendo que as dúvidas, nessa fase processual, resolvem-se contra o réu e a favor da sociedade, a teor do art. 413 do CPP. Afirmar se o recorrente agiu com dolo eventual ou culpa consciente é tarefa que deve ser analisada de acordo com a narrativa dos fatos expostos na denúncia, com o auxílio do conjunto fático-probatório produzido, no âmbito do devido processo legal, pelo tribunal do júri, o que impede a análise do elemento subjetivo de sua conduta neste Superior Tribunal. Precedentes citados: HC 118.071-MT, DJe 1º-2-2011; HC 91.397/SP, DJe 15-12-2008; HC 60.942/GO, DJ 29-10-2007, e REsp 912.060/DF, DJe 10/3/2008" (STJ – HC 199.100/SP – Rel. Min. Jorge Mussi – j. 4-8-2011).

"COMPETÊNCIA. JÚRI. ACIDENTE. TRÂNSITO. HOMICÍDIO. Trata-se de acidente de trânsito fatal com duas vítimas e quatro lesões corporais – segundo consta dos autos, o recorrente, no momento em que colidiu com outro veículo, trafegava em alta velocidade e sob a influência de álcool. Por esse motivo, foi denunciado pela suposta prática dos delitos previstos nos arts. 121, *caput*, por duas vezes e 129 por quatro vezes, ambos do CP, e pronunciado para ser submetido a julgamento no tribunal do júri. Ressalta o Min. Relator que o dolo eventual imputado ao recorrente com submissão ao júri deu-se pela soma de dois fatores: o suposto estado de embriaguez e o excesso de velocidade. Nesses casos, explica, o STJ entende que os referidos fatores caracterizariam, em tese, o elemento subjetivo do tipo inerente aos crimes de competência do júri popular. Ademais, a atribuição de indícios de autoria e da materialidade do delito foi fundamentada nas provas dos autos, não sendo possível o reexame em REsp (óbice da Súm. n. 7-STJ). Quanto à desclassificação do delito de homicídio doloso para o crime previsto no art. 302 do CTB – conforme a alegação da defesa, não está provada, nos autos, a ocorrência do elemento subjetivo do tipo (dolo) –, segundo o Min. Relator, faz-se necessário aprofundado exame probatório para ser reconhecida a culpa consciente ou o dolo eventual, pois deve ser feita de acordo com as provas colacionadas. Assim, explica que, além da vedação da citada súmula, conforme a jurisprudência, entende-se que, de acordo com o princípio do juiz natural, o julgamento sobre a ocorrência de dolo eventual ou culpa consciente deve ficar a cargo do tribunal do júri, constitucionalmente competente para julgar os crimes dolosos contra a vida. Dessa forma, a Turma negou provimento ao recurso, considerando que não houve ofensa aos arts. 408 e 74, § 1º, do CPP nem ao art. 302, parágrafo único, V, da Lei n. 9.503/1997, diante de indícios suficientes de autoria e da materialidade delitiva. Quanto à reavaliação desses elementos, isso não seria possível em REsp, pois incide a citada súmula, bem como não cabe o exame de dispositivo da CF. Precedentes citados: HC 118.071/MT, *DJe* 1º-2-2011; REsp 912.060/DF, *DJe* 10-3-2008; HC 26.902/SP, *DJ* 16-2-2004; REsp 658.512/GO, *DJe* 7-4-2008; HC 36.714/SP, *DJ* 1º-7-2005; HC 44.499/RJ, *DJ* 26-9-2005; HC 91.397/SP, *DJe* 15-12-2008, e HC 60.942/GO, *DJ* 29-10-2007" (STJ – REsp 1.224.263/RJ – Rel. Min. Jorge Mussi – j. 12-4-2011).

"CRIME. TRÂNSITO. HOMICÍDIO DOLOSO QUALIFICADO. No caso, o denunciado, ao conduzir seu veículo à velocidade de 165 Km/h, colidiu com o veículo da vítima, que trafegava à sua frente, provocando sua morte. Para o Min. Relator, ainda que a qualificadora de "perigo comum" (art. 121, § 2º, III, do CP) possa, em tese, ocorrer na hipótese de homicídio informado por dolo eventual no trânsito automotivo, na hipótese, todavia, revela-se adequada a sua exclusão pela sentença de pronúncia e pelo acórdão que a confirmou, tratando-se, portanto, de qualificadora improcedente. Mas, para o Min. Napoleão Nunes Maia Filho, voto-vencedor, pela verificação objetiva da ação praticada pelo agente – conduzir um veículo em via pública a 165 Km/h –, é evidentemente, causador de perigo comum. Observou que a inclusão da qualificadora do perigo comum não impede que o Tribunal do Júri a exclua, mas a não inclusão impede que o Tribunal do Júri a acrescente. E concluiu preservar a denúncia e, principalmente, preservar a soberania do Tribunal do Júri de excluir a qualificadora, se achar que deva, e dar provimento ao recurso do Ministério Público, porque a descrição da conduta, embora sumária, breve, revela-se suficientemente completa para permitir a conclusão de que a conduta praticada pelo agente produziu esse perigo comum" (STJ – REsp 912.060/DF – Rel. Min. Arnaldo Esteves Lima – Rel. para acórdão Min. Napoleão Nunes Maia Filho – j. 14-11-2007).

Homicídio culposo e "racha": o § 2º do art. 302, acrescentado pela Lei n. 12.971/2014, qualificava o homicídio culposo quando o agente participasse, em via, de corrida, disputa ou competição automobilística ou ainda de exibição ou demonstração de perícia em manobra de veículo automotor, não autorizada pela autoridade competente. Ressalte-se que essa qualificadora, que previa pena de reclusão de 2 (dois) a 4 (quatro) anos ao agente, em tudo se assemelhava à hipótese prevista no § 2º do art. 308, também acrescentado pela mencionada lei. Entretanto, a Lei n. 13.281/2016 revogou expressamente o § 2º do art. 302 do CTB, restando em vigor, agora, a punição do crime de "racha" com resultado morte, previsto no art. 308, § 2º.

Consumação: com o resultado morte.

Tentativa: não se admite.

Causas especiais de aumento de pena: o § 1º estabelece causas especiais de aumento de pena de um terço até a metade, se o agente:

– não possuir Permissão para Dirigir ou Carteira de Habilitação. Nesse caso, o agente não responde pelo crime do art. 309 em concurso com o crime de homicídio culposo na direção de veículo automotor. Pelo princípio da consunção, o crime de direção sem habilitação resta absorvido, respondendo ao agente somente pelo crime do art. 302, § 1º, I, do Código de Trânsito Brasileiro.

– praticar o homicídio culposo em faixa de pedestre ou na calçada. O Superior Tribunal de Justiça entende que esta causa de aumento de pena é objetiva e deve ser aplicada sempre que o delito de trânsito ocorrer em faixa de pedestre ou em calçadas. Nesse sentido: AgRg nos EDcl no REsp 1499912/SP, Rel. Min. Ribeiro Dantas, 5ª Turma, *DJe* 23-3-2020; HC 164467/AC, Rel. Min. Arnaldo Estevas Lima, 5ª Turma, *DJe* 21-6-2010.

– deixar de prestar imediato socorro, quando possível fazê-lo sem risco pessoal, à vítima do sinistro. Nesse caso não incide a figura penal do art. 304, uma vez que o agente que omite socorro é o mesmo que deu causa ao sinistro.

– no exercício de sua profissão ou atividade, estiver conduzindo veículo de transporte de passageiros.

Suspensão da habilitação ao motorista profissional: o Supremo Tribunal Federal, em sede de repercussão geral (Tema 486), no julgamento do RE 607107/MG, em 12-2-2020, sob a relatoria do Ministro Roberto Barroso, fixou a seguinte Tese: "É constitucional a imposição da pena de suspensão de habilitação para dirigir veículo automotor ao motorista profissional condenado por homicídio culposo no trânsito".

Nesse sentido, inclusive, o Superior Tribunal de Justiça já tinha tese fixada: "O fato de a infração ao art. 302 do Código de Trânsito Brasileiro – CTB ter sido praticada por motorista profissional não conduz à substituição da pena acessória de suspensão do direito de dirigir por outra reprimenda, pois é justamente de tal categoria que se espera maior cuidado e responsabilidade no trânsito" (Jurisprudência em Teses – edição n. 114).

A corroborar esse entendimento: AgRg no AREsp 1068852/RS – Rel. Min. Nefi Cordeiro – 6ª Turma – *DJe* 2-4-2018; AgInt no REsp 1706417/CE – Rel. Min. Maria Thereza de Assis Moura – 6ª Turma – *DJe* 12-12-2017; AgRg no AREsp 1044553/MS – Rel. Min. Reynaldo Soares da Fonseca – 5ª Turma – *DJe* 31-5-2017; HC 383225/MG – Rel. Min. Jorge Mussi – 5ª Turma – *DJe* 12-5-2017; AgRg no Ag 1000838/RS – Rel. Min. Nilson Naves – 6ª Turma – *DJe* 6-10-2008; REsp 1019673/SP – Rel. Min. Felix Fischer – 5ª Turma – *DJe* 1-9-2008.

7.2. Lesão corporal culposa

> Art. 303. Praticar lesão corporal culposa na direção de veículo automotor:
>
> Penas – detenção, de 6 (seis) meses a 2 (dois) anos e suspensão ou proibição de se obter a permissão ou a habilitação para dirigir veículo automotor.
>
> § 1º Aumenta-se a pena de 1/3 (um terço) à metade, se ocorrer qualquer das hipóteses do § 1º do art. 302.
>
> § 2º A pena privativa de liberdade é de reclusão de dois a cinco anos, sem prejuízo das outras penas previstas neste artigo, se o agente conduz o veículo com capacidade psicomotora alterada em razão da influência de álcool ou de outra substância psicoativa que determine dependência, e se do crime resultar lesão corporal de natureza grave ou gravíssima.

Objetividade jurídica: a proteção do direito à integridade corporal.

Sujeito ativo: qualquer pessoa que atue na direção de veículo automotor.

Sujeito passivo: qualquer pessoa.

Conduta: vem representada pelo verbo "praticar" (realizar, cometer). Lesão corporal culposa é a ofensa à integridade corporal do ser humano, atuando o agente com culpa, nas modalidades imprudência, negligência ou imperícia (*vide* item 1.2, *supra*).

Absorção da falta de habilitação: a falta de habilitação para dirigir veículo é absorvida pelo crime de lesão corporal culposa. Nesse caso, o agente não responde pelo crime do art. 309, mas somente pelo crime do art. 303, § 1º, c/c art. 302, § 1º, I, do Código de Trânsito Brasileiro, ou seja, por lesão corporal culposa na direção de veículo automotor com a causa de aumento de pena de não possuir Permissão para Dirigir ou Carteira de Habilitação.

O Superior Tribunal de Justiça, acerca do assunto, fixou a seguinte tese: "Quando não reconhecida a autonomia de desígnios, o crime de lesão corporal culposa (art. 303 do CTB) absorve o delito de direção sem habilitação (art. 309 do CTB), funcionando este como causa de aumento de pena (art. 303, parágrafo único, do CTB)".

Nesse sentido: RHC 61464/RJ, Rel. Min. Ribeiro Dantas, 5ª Turma, *DJe* 30-5-2018; HC 299223/RJ, Rel. Min. Nefi Cordeiro, 6ª Turma, *DJe* 6-6-2016.

Embriaguez como núcleo da culpa: *vide* comentários ao art. 302.

Consumação: com o resultado lesão corporal.

Tentativa: não se admite.

Causas especiais de aumento de pena: o § 1º remete às causas especiais de aumento de pena de um terço até a metade, previstas para o homicídio culposo, se o agente:

— não possuir Permissão para Dirigir ou Carteira de Habilitação;

— praticar a lesão corporal culposa em faixa de pedestre ou na calçada;

— deixar de prestar imediato socorro, quando possível fazê-lo sem risco pessoal, à vítima do sinistro;

— no exercício de sua profissão ou atividade, estiver conduzindo veículo de transporte de passageiros.

Lesão corporal culposa qualificada: de acordo com o disposto no § 2º do art. 303, introduzido pela Lei n. 13.546/2017, a pena privativa de liberdade é de reclusão de dois a cinco anos, sem prejuízo das outras penas previstas neste artigo, se o agente conduz o veículo com capacidade psicomotora alterada em razão da influência de álcool ou de outra substância psicoativa que determine dependência, e se do crime resultar lesão corporal de natureza grave ou gravíssima. Nesse caso, de acordo com o disposto no art. 312-B do CTB, acrescentado pela Lei n. 14.071/2020, não pode a pena privativa de liberdade ser substituída por pena restritiva de direitos.

7.3. Omissão de socorro

> Art. 304. Deixar o condutor do veículo, na ocasião do sinistro, de prestar imediato socorro à vítima, ou, não podendo fazê-lo diretamente, por justa causa, deixar de solicitar auxílio da autoridade pública:
>
> Penas – detenção, de 6 (seis) meses a 1 (um) ano, ou multa, se o fato não constituir elemento de crime mais grave.
>
> Parágrafo único. Incide nas penas previstas neste artigo o condutor do veículo, ainda que a sua omissão seja suprida por terceiros ou que se trate de vítima com morte instantânea ou com ferimentos leves.

Objetividade jurídica: a proteção da vida e da saúde da pessoa humana, por meio da tutela da segurança individual.

Sujeito ativo: somente o condutor do veículo automotor envolvido no sinistro com vítima, que não tenha agido com culpa. Trata-se de crime próprio. Se o condutor tiver agido com culpa, estará configurada outra figura penal, que poderá ser homicídio culposo ou lesão corporal culposa, com o aumento de pena da omissão de socorro.

Sujeito passivo: a vítima do sinistro de veículo automotor.

Conduta: é um *crime omissivo puro*, já que a conduta típica é *deixar de prestar imediato socorro*, que tem como elemento subjetivo o dolo, consistente na vontade de não prestar assistência. Constituem circunstâncias elementares do tipo a *possibilidade* de prestar assistência e também a ausência de *justa causa* por parte do agente (p. ex.: risco pessoal). Entretanto, em caso de impossibilidade de socorro ou de justa causa, existe a *obrigação de pedir auxílio à autoridade pública*, conforme determina a segunda parte do *caput* do artigo. A respeito da recusa da vítima em obter socorro, manifesta-se com propriedade Guilherme de Souza Nucci (*Código Penal comentado,* 3. ed., São Paulo: Revista dos Tribunais, 2003, p. 435) no sentido de que, "se o caso configurar hipótese de vítima consciente e lúcida que, pretendendo buscar socorro sozinha, recusar o auxílio oferecido por terceiros, não se pode admitir a configuração do tipo penal. Seria por demais esdrúxulo fazer com que alguém constranja fisicamente uma pessoa ferida, por exemplo, a permitir seja socorrida, podendo daí resultar maiores lesões e consequências".

Espécies de omissão de socorro: envolvendo os crimes de trânsito, podem ocorrer 3 espécies de omissão de socorro:

1ª espécie: art. 302, § 1º, III, do Código de Trânsito Brasileiro; ocorre quando o condutor omitente é o causador do sinistro (agiu com culpa), deixando de prestar socorro à vítima. Nesse caso, estará configurado o crime do art. 302, § 1º, III, do Código de Trânsito Brasileiro (homicídio culposo com causa de aumento de pena por omissão de socorro).

2ª espécie: art. 304 do Código de Trânsito Brasileiro; ocorre quando o condutor omitente não é o causador do sinistro (não agiu com culpa), mas nele está envolvido. Nesse caso, estará configurado o crime do art. 304 do Código de Trânsito Brasileiro (omissão de socorro por motorista envolvido em sinistro com vítima).

3ª espécie: art. 135 do Código Penal; ocorre quando o omitente não é o causador do sinistro e também nele não está envolvido. Tem o dever genérico de assistência. Nesse caso, estará configurado o crime do art. 135 do Código Penal.

Elemento subjetivo: dolo.

Consumação: com a mera omissão, independentemente de outro resultado. Ressalte-se que o parágrafo único do artigo é expresso em dispor que o condutor será responsabilizado pela omissão de socorro, "ainda que a sua omissão seja suprida por terceiros ou que se trate de vítima com morte instantânea ou com ferimentos leves".

Tentativa: não se admite, por se tratar de crime omissivo puro.

Socorro a vítima morta: prescreve o parágrafo único que "Incide nas penas previstas neste artigo o condutor do veículo, ainda que a sua omissão seja suprida por terceiros ou que se trate de vítima com morte instantânea ou com ferimentos leves".

Considerando que a objetividade jurídica do crime de omissão de socorro é a proteção da vida e da incolumidade física da pessoa, vítima de acidente de trânsito envolvendo veículo automotor, como justificar a existência do referido parágrafo único em relação à vítima com morte instantânea? O morto seria sujeito passivo do crime? Poderia se falar em crime impossível?

Evidentemente, buscou o legislador, com esta disposição, evitar que o agente envolvido em acidente deixasse de prestar assistência sob a alegação de que a vítima teve morte instantânea. Assim, impôs a lei a obrigação de socorrer a vítima, mesmo que esta esteja morta.

A nosso ver, neste caso de omissão de socorro, comprovada evidentemente e claramente a morte instantânea da vítima em razão do acidente, não restaria configurado o crime do art. 304 do Código de Trânsito Brasileiro, por constituir crime impossível (impropriedade absoluta do objeto – art. 17 do Código Penal), podendo o agente, quando muito, responder pelo delito do art. 305, caso se afaste do local do acidente para fugir à responsabilidade penal ou civil que lhe possa ser atribuída.

Mesmo assim, o Superior Tribunal de Justiça e o Supremo Tribunal Federal já decidiram que não cabe ao condutor do veículo, no instante do acidente, supor que a gravidade das lesões resultou na morte para deixar de prestar o devido socorro. Nesse sentido: STJ, AgRgh no Ag 1.140.929/MG, Rel. Min. Laurita Vaz, 5ª Turma, *DJe* 8-9-2009; STJ, AgRg no Ag 1371062/SC, Rel. Min. Og Fernandes, 6ª Turma, *DJe* 6-11-2011; STF, HC 84.380/MG – Rel. Min. Gilmar Mendes, 2ª Turma, *DJ* 3-6-2005.

7.4. Fuga do local do acidente

> Art. 305. Afastar-se o condutor do veículo do local do sinistro, para fugir à responsabilidade penal ou civil que lhe possa ser atribuída:
>
> Penas – detenção, de 6 (seis) meses a 1 (um) ano, ou multa.

Objetividade jurídica: a tutela da administração da Justiça.

Sujeito ativo: somente o condutor do veículo automotor envolvido em sinistro. Trata-se de crime próprio.

Sujeito passivo: o Estado. Secundariamente, a pessoa eventualmente prejudicada pela conduta do agente.

Conduta: vem representada pelo verbo "afastar(-se)", que significa distanciar-se, deslocar-se.

Elemento subjetivo: dolo.

Consumação: com a efetiva fuga do local do sinistro.

Tentativa: admite-se, embora se trate de crime formal.

Inconstitucionalidade: o disposto neste artigo, obrigando o condutor do veículo responsável pelo acidente a permanecer no local, não estaria ferindo o princípio da não autoincriminação, já que ninguém está obrigado a fazer prova contra si mesmo (*nemo tenetur se detegere*)? Cremos que sim. Isso porque qualquer criminoso pode fugir do local do crime, menos o autor de delito de trânsito, que seria obrigado a permanecer no local do sinistro para ser responsabilizado criminalmente e civilmente.

A questão não é pacífica. O Setor de Recursos Extraordinários e Especiais da Procuradoria-Geral de Justiça do Estado de São Paulo tem a Tese 333 a respeito do assunto, do seguinte teor: "CRIMES DE TRÂNSITO – FUGA À RESPONSABILIDADE – ARTIGO 305 DA LEI N. 9.503/97 – CONSTITUCIONALIDADE – O crime de fuga à responsabilidade não ofende o inciso LXIII, do artigo 5º, da Constituição da República, eis que o suposto direito à fuga não pode prevalecer sobre o interesse do Estado na identificação dos envolvidos no evento de trânsito" (*DOE*, 4-5-2011, p. 137).

O Supremo Tribunal Federal também enfrentou a questão ora ventilada, que, desde 2016, já tinha repercussão geral reconhecida (tema 907) nos autos do RE 971.959/RS, tendo como relator o Ministro Luiz Fux.

No julgamento, o Plenário do STF, por maioria, deu provimento ao recurso extraordinário para reformar o acórdão recorrido, que declarou a inconstitucionalidade do referido tipo penal e, consequentemente, absolveu o réu. O entendimento foi o de que "a regra que prevê o crime do art. 305 do Código de Trânsito Brasileiro é constitucional, posto não infirmar o princípio da não incriminação, garantido o direito ao silêncio e ressalvadas as hipóteses de exclusão da tipicidade e da antijuridicidade".

Efetivamente, no caso sob análise, o réu havia sido denunciado pelo Ministério Público estadual e condenado como incurso nas sanções do crime previsto no art. 305 do CTB. Ao julgar a apelação, o juízo de segundo grau a proveu para declarar a inconstitucionalidade do crime de fuga, com a consequente absolvição do réu. Baseou-se o Tribunal de Justiça do Rio Grande do Sul no art. 386, III, do Código de Processo Penal, entendendo que ninguém está obrigado a produzir prova contra si mesmo.

O Ministério Público estadual recorreu, sustentando que o crime de fuga não ofende os direitos à não autoincriminação e ao silêncio, uma vez que o objetivo dessas garantias não abarca a simples exigência de permanência no local do acidente do agente que o tenha provocado. Não há obrigação legal de prestar declarações ou assumir culpa, mas apenas de evitar o uso de subterfúgios à ação do poder de polícia administrativo, viabilizando a identificação dos envolvidos em acidente de trânsito, inclusive para o fim de evitar futuras punições ou responsabilizações judiciais injustas.

Para o STF, "é admissível a flexibilização do princípio da vedação à autoincriminação proporcionada pela opção do legislador de criminalizar a conduta de fugir do local do acidente". Isso porque a criminalização da conduta não afeta o núcleo irredutível daquela garantia enquanto direito fundamental, qual seja, jamais obrigar o investigado ou réu a agir ativamente na produção de prova contra si próprio. O tipo penal do art. 305 do CTB apenas obriga à permanência do agente no local para garantir a identificação dos envolvidos no sinistro e o devido registro da ocorrência pela autoridade competente.

Como bem ressaltado pelo STF, o bem jurídico tutelado é a administração da justiça, prejudicada pela fuga do agente do local do evento, uma vez que tal atitude impede sua identificação e a consequente apuração do ilícito, para fins de se promover a responsabilização cível ou penal de quem, eventualmente, provocar um acidente de trânsito, dolosa ou culposamente. Essa diligência administrativa, aliás, transforma-se em meio de defesa do próprio acusado.

Em suma, ao decidir pela constitucionalidade do polêmico artigo, estabeleceu o STF que a exigência de permanência no local do acidente e de identificação perante a autoridade de trânsito não obriga o condutor a assumir eventual responsabilidade cível ou penal pelo sinistro, tampouco enseja que contra ele se aplique qualquer penalidade caso não o faça. O condutor, após sua identificação pela autoridade de trânsito, pode optar, quando indagado, por permanecer em silêncio e não prestar nenhum esclarecimento acerca das circunstâncias do acidente. E, concluiu a Suprema Corte, o princípio da não autoincriminação pode ser relativizado pelo legislador justamente por possuir natureza de direito fundamental, que, no contexto da teoria geral dos direitos fundamentais, implica a valoração do princípio da proporcionalidade e seus desdobramentos como critério balizador do juízo de ponderação, inclusive no que condiz com os postulados da proibição de excesso e de vedação à proteção insuficiente.

No mesmo sentido a decisão proferida pelo Supremo Tribunal Federal na Ação Declaratória de Constitucionalidade (ADC) 35, com ementa do seguinte teor:

"AÇÃO DECLARATÓRIA DE CONSTITUCIONALIDADE. DIREITO CONSTITUCIONAL E PENAL. CRIME PREVISTO NO ART. 305 DO CÓDIGO DE TRÂNSITO NACIONAL. SOLUÇÃO DA CONTROVÉRSIA EM ÂMBITO NACIONAL QUANDO DO JULGAMENTO DO RECURSO EXTRAORDINÁRIO EM REPERCUSSÃO GERAL. MANUTENÇÃO DO ENTENDIMENTO. AÇÃO JULGADA PROCEDENTE. 1. A regra que prevê o crime do art. 305 do Código de Trânsito Brasileiro (Lei n. 9.503/97) é constitucional, posto não infirmar o princípio da não incriminação, garantido o direito ao silêncio e ressalvadas as hipóteses de exclusão da tipicidade e da antijuridicidade. Precedente. 2. Ação direta julgada procedente".

7.5. Embriaguez ao volante

> Art. 306. Conduzir veículo automotor com capacidade psicomotora alterada em razão da influência de álcool ou de outra substância psicoativa que determine dependência:
>
> Penas – detenção, de 6 (seis) meses a 3 (três) anos, multa e suspensão ou proibição de se obter a permissão ou a habilitação para dirigir veículo automotor.
>
> § 1º As condutas previstas no *caput* serão constatadas por:
>
> I – concentração igual ou superior a 6 decigramas de álcool por litro de sangue ou igual ou superior a 0,3 miligrama de álcool por litro de ar alveolar; ou
>
> II – sinais que indiquem, na forma disciplinada pelo Contran, alteração da capacidade psicomotora.
>
> § 2º A verificação do disposto neste artigo poderá ser obtida mediante teste de alcoolemia ou toxicológico, exame clínico, perícia, vídeo, prova testemunhal ou outros meios de prova em direito admitidos, observado o direito à contraprova.
>
> § 3º O Contran disporá sobre a equivalência entre os distintos testes de alcoolemia ou toxicológicos para efeito de caracterização do crime tipificado neste artigo.
>
> § 4º Poderá ser empregado qualquer aparelho homologado pelo Instituto Nacional de Metrologia, Qualidade e Tecnologia – INMETRO – para se determinar o previsto no *caput*.

Objetividade jurídica: a proteção da incolumidade pública.

Sujeito ativo: qualquer pessoa.

Sujeito passivo: a coletividade.

Conduta: vem representada pelo verbo "conduzir", que significa controlar, dirigir. Deve o motorista estar "com capacidade psicomotora alterada em razão da influência de álcool ou de outra substância psicoativa que determine dependência", não exigindo expressamente a lei esteja ele "embriagado". Trata-se de crime de perigo abstrato, presumido.

Caso o motorista esteja dirigindo veículo automotor na via pública sob a influência de álcool ou de qualquer outra substância psicoativa que determine dependência, ocorrerá também a infração administrativa estabelecida no art. 165 do Código de Trânsito Brasileiro. Inclusive, o art. 165-A, acrescentado pela Lei n. 13.281/2016, considera infração gravíssima recusar-se o condutor a ser submetido a teste, exame clínico, perícia ou outro procedimento que permita certificar a influência de álcool ou outra substância psicoativa.

Teste do bafômetro: a bem da verdade, o vulgarmente chamado "teste do bafômetro" é o teste em aparelho de ar alveolar pulmonar (etilômetro), que afere a embriaguez por meio da concentração de álcool em miligramas por litro de ar expelido dos pulmões. O critério de equivalência com o exame sanguíneo é dado pelo Decreto n. 6.488/2008, que assim dispõe:

"Art. 2º Para os fins criminais de que trata o art. 306 da Lei n. 9.503, de 1997 – Código de Trânsito Brasileiro, a equivalência entre os distintos testes de alcoolemia é a seguinte:

I – exame de sangue: concentração igual ou superior a seis decigramas de álcool por litro de sangue; ou

II – teste em aparelho de ar alveolar pulmonar (etilômetro): concentração de álcool igual ou superior a três décimos de miligrama por litro de ar expelido dos pulmões".

Obrigatoriedade do teste do bafômetro: o art. 277, *caput*, com a redação dada pela Lei n. 14.599/2023, dispõe que o condutor de veículo automotor envolvido em sinistro de trânsito ou que for alvo de fiscalização de trânsito poderá ser submetido a teste, exame clínico, perícia ou outro procedimento que, por meios técnicos ou científicos, na forma disciplinada pelo Contran, permita certificar influência de álcool ou outra substância psicoativa que determine dependência. Já o § 3º do art. 277, com a redação dada pela Lei n. 13.281/2016, dispõe que serão aplicadas as penalidades e medidas administrativas estabelecidas no art. 165-A do CTB ao condutor que se recusar a ser submetido a teste, exame clínico, perícia ou outro procedimento que permita certificar a influência de álcool ou outra substância psicoativa. Ou seja, o condutor que se recusar a se submeter ao teste do bafômetro ou qualquer dos outros testes mencionados no art. 277 estará sujeito a multa e suspensão do direito de dirigir por 12 meses, além da retenção do veículo e do recolhimento do documento de habilitação.

Inconstitucionalidade: não pode o motorista, entretanto, ser compelido a submeter-se ao exame sanguíneo ou ao teste do bafômetro, em atenção ao consagrado princípio do *nemo tenetur se detegere*, segundo o qual ninguém está obrigado a produzir prova contra si mesmo, consagrado na Convenção Americana de Direitos Humanos. Esta, em seu art. 8º, II, *g*, estabelece que toda pessoa acusada de um delito tem o direito de não ser obrigada a depor contra si mesma, nem a confessar-se culpada, o que pode ser estendido para a colaboração com a colheita de provas que possam incriminá-lo. A aplicação da sanção administrativa prevista no § 3º do art. 277, entretanto, não se confunde com a imputação penal, de modo que o dispositivo legal se afigura totalmente constitucional. Nesse sentido, inclusive, a Tese de Repercussão Geral fixada no Tema n. 1.079 do Supremo Tribunal Federal: "Não viola a Constituição a previsão legal de imposição das sanções administrativas ao condutor de veículo automotor que se recuse à realização dos testes, exames clínicos ou perícias voltados a aferir a influência de álcool ou outra substância psicoativa (art. 165-A e art. 277, §§ 2º e 3º, todos do Código de Trânsito Brasileiro, na redação dada pela Lei 13.281/2016)".

O Superior Tribunal de Justiça, por seu turno, fixou tese no sentido de que a recusa a se submeter ao teste do bafômetro (art. 277, § 3º, do CTB) não presume a embriaguez prevista no art. 165 do CTB e não se confunde com a infração lá estabelecida, pois se trata de infrações distintas, que não podem ser confundidas, embora as condutas sejam sancionadas com as mesmas penalidades e medidas administrativas. Nesse sentido: AgInt nos EDcl no PUIL 1656/DF – Rel. Min. Francisco Falcão – 1ª Seção – *DJe* 31-8-2023; AgInt no REsp 1808809/SP – Rel. Min. Regina Helena Costa – 1ª Turma – *DJe* 26-9-2019; REsp 1677380/RS – Rel. Min. Herman Benjamin – 2ª Turma – *DJe* 16-10-2017.

Prova da capacidade psicomotora alterada: a prova da capacidade psicomotora alterada pode ser obtida mediante teste de alcoolemia ou toxicológico, exame clínico, perícia, vídeo, prova testemunhal ou outros meios de prova em direito admitidos, observado o direito à contraprova. Inclusive, dispõe o § 3º do art. 306 que o CONTRAN disporá sobre a equivalência entre os distintos testes de alcoolemia ou toxicológicos para efeito de caracterização do crime. O § 4º, acrescentado pela Lei n. 13.840/2019, possibilita o emprego de qualquer aparelho homologado pelo Instituto Nacional de Metrologia, Qualidade e Tecnologia – INMETRO – para se determinar a capacidade psicomotora alterada em razão da influência de álcool ou de outra substância psicoativa que determine dependência.

Resolução n. 432/2013 do CONTRAN: Dispõe sobre os procedimentos a serem adotados pelas autoridades de trânsito e seus agentes na fiscalização do consumo de álcool ou de outra substância psicoativa que determine dependência, para aplicação do disposto nos arts. 165, 276, 277 e 306 da Lei n. 9.503/97. Diz o art. 3º da referida resolução:

"Art. 3º. A confirmação da alteração da capacidade psicomotora em razão da influência de álcool ou de outra substância psicoativa que determine dependência dar-se-á por meio de, pelo menos, um dos seguintes procedimentos a serem realizados no condutor de veículo automotor:

I – exame de sangue;

II – exames realizados por laboratórios especializados, indicados pelo órgão ou entidade de trânsito competente ou pela Polícia Judiciária, em caso de consumo de outras substâncias psicoativas que determinem dependência;

III – teste em aparelho destinado à medição do teor alcoólico no ar alveolar (etilômetro);

IV – verificação dos sinais que indiquem a alteração da capacidade psicomotora do condutor.

§ 1º Além do disposto nos incisos deste artigo, também poderão ser utilizados prova testemunhal, imagem, vídeo ou qualquer outro meio de prova em direito admitido.

§ 2º Nos procedimentos de fiscalização deve-se priorizar a utilização do teste com etilômetro.

§ 3º Se o condutor apresentar sinais de alteração da capacidade psicomotora na forma do art. 5º ou haja comprovação dessa situação por meio do teste de etilômetro e houver encaminhamento do condutor para a realização do exame de sangue ou exame clínico, não será necessário aguardar o resultado desses exames para fins de autuação administrativa."

Embriaguez e falta de habilitação: são delitos autônomos, não se aplicando o princípio da consunção. Nesse sentido, no Superior Tribunal de Justiça: "Segundo a jurisprudência desta Corte Superior, 'os crimes previstos nos artigos 306 e 309 do CTB são autônomos, com objetividades jurídicas distintas, motivo pelo qual não incide o postulado da consunção. Dessarte, o delito de condução de veículo automotor sem habilitação não se afigura como meio necessário nem como fase de preparação ou de execução do crime de embriaguez ao volante' (AgRg no REsp n. 1.745.604/MG, relator Ministro Reynaldo Soares da Fonseca, Quinta Turma, julgado em 14/8/2018, *DJe* 24/8/2018)" (AgRg no HC 784789/SP – 6ª Turma – Rel. Min. Jesuíno Rissato – *DJe* 20-4-2023).

Súmula 664 do STJ: "É inaplicável a consunção entre o delito de embriaguez ao volante e o de condução de veículo automotor sem habilitação".

Presunção de culpa e inversão do ônus da prova: o Superior Tribunal de Justiça fixou tese no sentido de que o estado de embriaguez do agente ao conduzir veículo automotor gera presunção de culpa do condutor e inversão do ônus da prova. Nesse sentido: REsp 1749954/RO – Rel. Min. Marco Aurélio Bellizze – 3ª Turma – *DJe* 15-3-2019; REsp 1478271/SP – Rel. Min. Maria Isabel Gallotti – 4ª Turma – publicado em 1-6-2021; REsp 1849932/PR – Rel. Min. Antonio Carlos Ferreira – 4ª Turma – publicado em 6-2-2020.

Elemento subjetivo: dolo.

Consumação: com a efetiva direção do veículo automotor em via pública, estando o motorista com a capacidade psicomotora alterada em razão da influência de álcool ou de outra substância psicoativa que determine dependência, independentemente da geração de perigo. Trata-se de crime de perigo abstrato.

O Superior Tribunal de Justiça também fixou tese no seguinte sentido: "O crime do art. 306 do CTB é de perigo abstrato, sendo despicienda a demonstração da efetiva potencialidade lesiva da conduta".

A propósito, RHC 97585/SP – Rel. Min. Maria Thereza de Assis Moura – 6ª Turma – *DJe* 2-8-2018; AgRg no AREsp 1241914/SP – Rel. Min. Jorge Mussi – 5ª Turma – *DJe* 28-6-2018; AgRg no AREsp 1258692/MG – Rel. Min. Rogério Schietti Cruz – 6ª Turma – *DJe* 15-6-2018; AgRg no AREsp 1241318/PR – Rel. Min. Joel Ilan Paciorni – 5ª Turma – *DJe* 25-4-2018; AgRg nos EDcl no HC 354810/PB – Rel. Min. Reynaldo Soares da Fonseca – 5ª Turma – *DJe* 23-10-2017; RHC 80363/SP – Rel. Min. Felix Fischer – 5ª Turma – *DJe* 10-8-2017.

Tentativa: não se admite.

7.6. Violação de suspensão ou proibição de se obter permissão ou habilitação para dirigir veículo automotor

> Art. 307. Violar a suspensão ou a proibição de se obter a permissão ou a habilitação para dirigir veículo automotor imposta com fundamento neste Código:
>
> Penas – detenção, de 6 (seis) meses a 1 (um) ano e multa, com nova imposição adicional de idêntico prazo de suspensão ou de proibição.
>
> Parágrafo único. Nas mesmas penas incorre o condenado que deixa de entregar, no prazo estabelecido no § 1º do art. 293, a Permissão para Dirigir ou a Carteira de Habilitação.

Objetividade jurídica: tutela da Administração Pública.

Sujeito ativo: somente pode ser sujeito ativo aquele que foi suspenso ou sofreu proibição de obter permissão ou habilitação para dirigir veículo automotor.

Sujeito passivo: o Estado.

Conduta: vem expressa pelo verbo "violar", que significa desrespeitar, descumprir.

Elemento subjetivo: dolo.

Consumação: com a efetiva violação da suspensão ou da proibição de se obter permissão ou a habilitação para dirigir veículo automotor. Trata-se de crime formal.

Tentativa: não se admite.

Crime omissivo: de acordo com o disposto no parágrafo único, nas mesmas penas incorre o condenado que deixa de entregar, em 48 horas da intimação pessoal, a Permissão para Dirigir ou Carteira de Habilitação. Trata-se, nessa hipótese, de crime omissivo próprio, que não admite tentativa.

Atipicidade da violação administrativa da suspensão: o Código de Trânsito Brasileiro prevê, basicamente, duas espécies de suspensão da habilitação para dirigir veículo automotor: a primeira delas imposta pela autoridade administrativa (restrição administrativa), em casos de infração das normas de trânsito; a segunda imposta pelo juiz de Direito (decisão judicial), quando da prática de infração penal.

No caso da primeira hipótese, dispõe o art. 22, II, do Código de Trânsito Brasileiro que compete aos órgãos ou entidades executivos de trânsito dos Estados e do Distrito Federal, no âmbito de sua circunscrição, dentre outras atribuições, realizar, fiscalizar e controlar o processo de formação, aperfeiçoamento, reciclagem e suspensão de condutores, expedir e cassar Licença de Aprendizagem, Permissão para Dirigir e Carteira Nacional de Habilitação, mediante delegação do órgão federal competente.

O art. 162, II, do mesmo diploma, por seu turno, prevê como infração gravíssima (de cunho não penal), a conduta de dirigir veículo com Carteira Nacional de Habilitação, Permissão para Dirigir ou Autorização para Conduzir Ciclomotor cassada ou com suspensão do direito de dirigir, que deverá ser aplicada pela autoridade de trânsito, na esfera das competências estabelecidas neste Código e dentro de sua circunscrição.

Nesse aspecto, a penalidade de suspensão do direito de dirigir, nos termos do disposto no art. 261, será imposta nos seguintes casos: I – sempre que o infrator atingir a contagem de 20 (vinte) pontos, no período de 12 meses, conforme a pontuação prevista no art. 259; II – por transgressão às normas estabelecidas no Código, cujas infrações preveem, de forma específica, a penalidade de suspensão do direito de dirigir. Estabelece, ainda, o § 2º do citado artigo que, quando ocorrer a suspensão do direito de dirigir, a Carteira Nacional de Habilitação será devolvida a seu titular imediatamente após cumprida a penalidade e o curso de reciclagem. Nos termos do § 3º, a imposição da penalidade de suspensão do direito de dirigir elimina os 20 pontos computados para fins de contagem subsequente.

Ainda no âmbito administrativo, as penalidades de suspensão do direito de dirigir e de cassação do documento de habilitação serão aplicadas por decisão fundamentada da autoridade de trânsito competente, em processo administrativo, assegurado ao infrator amplo direito de defesa.

Já com relação à segunda hipótese de suspensão, aplicada pelo juiz de Direito (decisão judicial), estabelece o art. 292 do Código de Trânsito Brasileiro, com a redação dada pela Lei n. 12.971/2014, que a suspensão ou proibição de se obter a permissão ou a habilitação para dirigir veículo automotor pode ser imposta isolada ou cumulativamente com outras penalidades. Essa suspensão tratada, portanto, pode ser aplicada ao lado da pena privativa de liberdade prevista em cada tipo penal constante do Código de Trânsito Brasileiro. Pode ser aplicada isolada ou cumulativamente com a pena privativa de liberdade ou com a pena pecuniária.

Seria possível a configuração do delito do art. 307 do Código de Trânsito Brasileiro, ora em comento, quando a suspensão da habilitação for decretada em decisão administrativa, não judicial?

O Superior Tribunal de Justiça, no julgamento do HC 427.472/SP, em 23-8-2018, tendo como relatora a Min. Maria Thereza de Assis Moura, por maioria de votos, entendeu que a criminalização se cinge às hipóteses de suspensão da habilitação decretada por decisão judicial, sendo atípica a violação da suspensão administrativa.

Em acórdão publicado no *DJe* em 12-12-2018, o Superior Tribunal de Justiça entendeu que é atípica a conduta contida no art. 307 do Código de Trânsito Brasileiro quando a suspensão ou a proibição de se obter a permissão ou a habilitação para dirigir veículo automotor advém de restrição administrativa.

Cingiu-se a controvérsia justamente em analisar se a tipicidade requerida pela descrição penal do art. 307 do Código de Trânsito abrangeria tanto a restrição administrativa quanto a judicial que impõe a suspensão ou a proibição de se obter a permissão ou a habilitação para dirigir veículo automotor.

Isso porque a suspensão da habilitação para dirigir veículo automotor, antes restrita a mera penalidade de cunho administrativo, passou a ser disciplinada como sanção criminal autônoma, tanto pelo

Código Penal, ao defini-la como modalidade de pena restritiva de direitos, como pelo Código de Trânsito Brasileiro, ao definir penas para os denominados "crimes de trânsito".

Segundo o entendimento do Tribunal, resta evidente que o legislador quis qualificar a suspensão ou proibição para dirigir veículo automotor como pena de natureza penal, deixando para a hipótese administrativa o seu viés peculiar.

Assim, em conclusão, a conduta de violar decisão administrativa que suspende a habilitação para dirigir veículo automotor não configura o crime do art. 307 do Código de Trânsito Brasileiro, embora possa constituir outra espécie de infração administrativa, segundo as normas correlatas, pois, dada a natureza penal da sanção, somente a decisão lavrada por juízo penal pode ser objeto do descumprimento previsto no tipo penal referido.

Vale conferir, também, no Superior Tribunal de Justiça: AgRg no RHC 110158/SP – Rel. Min. Sebastião Reis Júnior – 6ª Turma – *DJe* 2-8-2019; AgRg no REsp 1798124/RS – Rel. Min. Reynaldo Soares da Fonseca – 5ª Turma – *DJe* 16-4-2019; RHC 99585/PR – Rel. Min. Jorge Mussi – 5ª Turma – *DJe* 26-3-2019; HC 427472/SP – Rel. Min. Maria Thereza de Assis Moura – 6ª Turma – *DJe* 12-12-2018.

7.7. Participação em competição não autorizada – "racha"

> Art. 308. Participar, na direção de veículo automotor, em via pública, de corrida, disputa ou competição automobilística ou ainda de exibição ou demonstração de perícia em manobra de veículo automotor, não autorizada pela autoridade competente, gerando situação de risco à incolumidade pública ou privada:
>
> Penas – detenção, de 6 (seis) meses a 3 (três) anos, multa e suspensão ou proibição de se obter a permissão ou a habilitação para dirigir veículo automotor.
>
> § 1º Se da prática do crime previsto no *caput* resultar lesão corporal de natureza grave, e as circunstâncias demonstrarem que o agente não quis o resultado nem assumiu o risco de produzi-lo, a pena privativa de liberdade é de reclusão, de 3 (três) a 6 (seis) anos, sem prejuízo das outras penas previstas neste artigo.
>
> § 2º Se da prática do crime previsto no *caput* resultar morte, e as circunstâncias demonstrarem que o agente não quis o resultado nem assumiu o risco de produzi-lo, a pena privativa de liberdade é de reclusão de 5 (cinco) a 10 (dez) anos, sem prejuízo das outras penas previstas neste artigo.

Objetividade jurídica: a tutela da incolumidade pública.

Sujeito ativo: qualquer pessoa.

Sujeito passivo: a coletividade.

Conduta: vem representada pelo verbo "participar" (tomar parte, integrar). A participação do agente deve ser em "corrida, disputa ou competição automobilística ou ainda de exibição ou demonstração de perícia em manobra de veículo automotor, não autorizada pela autoridade competente". Inclui a disputa automobilística conhecida popularmente como "racha".

Elemento normativo: a falta de autorização da autoridade competente, nos termos do art. 67 do Código de Trânsito Brasileiro.

Elemento subjetivo: dolo.

Consumação: com a efetiva participação em corrida, disputa ou competição automobilística ou ainda de exibição ou demonstração de perícia em manobra de veículo automotor não autorizada. Trata-se de crime de perigo concreto. Alguns autores, entretanto, sustentam que a situação de risco à incolumidade pública ou privada está ínsita na conduta, não havendo necessidade de comprovação. O Superior Tribunal de Justiça vem entendendo que se trata de crime de perigo abstrato: "A jurisprudência desta Corte entendia que o delito de racha previsto no art. 308 da Lei n. 9.503/97, por ser de perigo concreto, necessitava, para a sua configuração, da demonstração da potencialidade lesiva (REsp 585.345/PB, Rel. Ministro FELIX FISCHER, QUINTA TURMA, julgado em 16/12/2003, DJ 16/02/2004, p. 342). Todavia, a alteração promovida pela Lei n. 12.971, de 2014, que substituiu a expressão 'dano potencial' por 'situação de risco', teve como objetivo esclarecer que o crime do artigo 308 do CTB é de perigo abstrato. No caso, a conduta dos recorrentes, efetivamente, gerou perigo à incolumidade pública e privada, haja vista que muitos pedestres transitavam pelo local no horário em que se deu o 'racha'. Nesse contexto, encontra-se suficientemente caracterizada a situação capaz de gerar risco à incolumidade pública ou privada exigida pelo artigo 308, do CNT" (AgRg no REsp 1852303/ES – Rel. Min. Ribeiro Dantas – 5ª Turma – DJe 28-2-2020).

Infração administrativa: no caso de participação em corrida, disputa ou competição automobilística ou ainda de exibição ou demonstração de perícia em manobra de veículo automotor, não autorizada pela autoridade competente, sem exposição a risco da incolumidade pública ou privada, poderão estar configuradas apenas as infrações administrativas previstas nos arts. 173, 174 e 175 do Código de Trânsito Brasileiro.

Tentativa: não se admite. Há autores, entretanto, que consideram possível a tentativa, como no caso dos participantes que, já acionados os motores e alinhados os veículos para início da disputa, são surpreendidos e impedidos pela autoridade pública.

Figuras qualificadas: os §§ 1º e 2º foram acrescentados pela Lei n. 12.971/2014, prevendo penas mais graves para as hipóteses de resultados lesão corporal de natureza grave e morte. Essa qualificadora do § 2º do art. 308 prevê pena de reclusão de 5 (cinco) a 10 (dez) anos ao agente em caso de morte, e pena de reclusão de 3 (três) a 6 (seis) anos em caso de lesão corporal de natureza grave.

Resultado imputado a todos os participantes: o Superior Tribunal de Justiça já decidiu que "no contexto de disputa automobilística do tipo 'racha', o resultado pode ser imputado aos participantes, mesmo que um deles não tenha efetivamente colidido o veículo" (AgRg nos EDcl no REsp 2041588/DF – Rel. Min. Joel Ilan Paciornik – 6ª Turma – DJe 16-6-2023).

7.8. Direção sem habilitação

> Art. 309. Dirigir veículo automotor, em via pública, sem a devida Permissão para Dirigir ou Habilitação ou, ainda, se cassado o direito de dirigir, gerando perigo de dano:
>
> Penas – detenção, de 6 (seis) meses a 1 (um) ano, ou multa.

Objetividade jurídica: a tutela da incolumidade pública.

Sujeito ativo: qualquer pessoa.

Sujeito passivo: a coletividade.

Conduta: vem representada pelo verbo "dirigir", que significa conduzir, operar. A direção deve ser de "veículo automotor", assim definido pelo Código de Trânsito Brasileiro, "em via pública".

Permissão para Dirigir: a permissão para dirigir é conferida ao candidato aprovado nos exames de habilitação e terá validade de 1 (um) anos (art. 148, § 2º, CTB).

Habilitação: dispõe o art. 148, § 3º, do Código de Trânsito Brasileiro que a Carteira Nacional de Habilitação será conferida ao condutor no término de um ano, desde que o mesmo não tenha cometido nenhuma infração de natureza grave ou gravíssima ou seja reincidente em infração média.

Elemento subjetivo: dolo.

Consumação: com a efetiva direção do veículo automotor, em via pública, sem a devida Permissão para Dirigir ou Habilitação (ou ainda se cassado o direito de dirigir), "gerando perigo de dano".

Perigo concreto: trata-se de crime de perigo concreto, uma vez que a lei exige a efetiva ocorrência do perigo de dano.

Nesse sentido, no Superior Tribunal de Justiça: AgRg no AREsp 2512047/DF – Rel. Min. Reynaldo Soares da Fonseca – 5ª Turma – DJe 8-4-2024; AgRg no HC 704525/SP – Rel. Min. Olindo Menezes (Desembargador convocado do TRF 1ª Região) – 6ª Turma – DJe 21-3-2022; AgRg no AgRg no AREsp 1556343/SC – Rel. Min. Joel Ilan Paciornik – 5ª Turma – DJe 13-10-2020; AgRg no AREsp 1668855/MG – Rel. Min. Nefi Cordeiro – 6ª Turma – DJe 14-9-2020; REsp 1688163/RS – Rel. Min. Rogério Schietti Cruz – 6ª Turma – DJe 29-4-2019.

Absorção da falta de habilitação: a falta de habilitação para dirigir veículo é absorvida pelo crime de lesão corporal culposa. O Superior Tribunal de Justiça, acerca do assunto, fixou a seguinte tese: "Quando não reconhecida a autonomia de desígnios, o crime de lesão corporal culposa (art. 303 do CTB) absorve o delito de direção sem habilitação (art. 309 do CTB), funcionando este como causa de aumento de pena (art. 303, parágrafo único, do CTB)".

Nesse sentido: RHC 61464/RJ – Rel. Min. Ribeiro Dantas – 5ª Turma – DJe 30-5-2018; HC 299223/RJ – Rel. Min. Nefi Cordeiro – 6ª Turma – DJe 6-6-2016.

Embriaguez e falta de habilitação: são delitos autônomos, não se aplicando o princípio da consunção. Nesse sentido, no Superior Tribunal de Justiça: "Segundo a jurisprudência desta Corte Superior, 'os crimes previstos nos artigos 306 e 309 do CTB são autônomos, com objetividades jurídicas distintas, motivo pelo qual não incide o postulado da consunção. Dessarte, o delito de condução de veículo automotor sem habilitação não se afigura como meio necessário nem como fase de preparação ou de execução do crime de embriaguez ao volante' (AgRg no REsp n. 1.745.604/MG, relator Ministro Reynaldo Soares da Fonseca, Quinta Turma, julgado em 14/8/2018, DJe 24/8/2018)" (AgRg no HC 784789/SP – Rel. Min. Jesuíno Rissato – 6ª Turma – DJe 20-4-2023).

Súmula 664 do STJ: "É inaplicável a consunção entre o delito de embriaguez ao volante e o de condução de veículo automotor sem habilitação".

Tentativa: não se admite.

Revogação do art. 32 do Decreto-Lei n. 3.688/41 – Lei das Contravenções Penais: tendo a nova descrição típica da direção sem habilitação exigido, para a configuração do delito, o efetivo perigo de dano, inexistindo este ocorrerá mera infração administrativa, tendo havido verdadeira *abolitio criminis* em relação à norma do art. 32 da Lei das Contravenções Penais.

Nesse sentido, inclusive, a recente Súmula 720 do Supremo Tribunal Federal: "O art. 309 do Código de Trânsito Brasileiro, que reclama decorra do fato perigo de dano, derrogou o art. 32 da Lei das Contravenções Penais no tocante à direção sem habilitação em vias terrestres".

Porte da Carteira de Habilitação e Carteira de Habilitação Vencida: o crime não se consuma se o motorista, embora habilitado, não estiver portando a CNH. Nesse caso, ocorre tão somente a infração administrativa prevista no art. 232 do Código de Trânsito Brasileiro. Também não configura o crime em análise na direção de veículo com a CNH vencida, ou seja, com o exame médico vencido. Nesse último caso: STJ – REsp 1.188.333/SC – Rel. Min. Gilson Dipp – 5ª T. – *DJe* 1º-2-2011.

7.9. Entrega da direção de veículo automotor a pessoa não autorizada

> Art. 310. Permitir, confiar ou entregar a direção de veículo automotor a pessoa não habilitada, com habilitação cassada ou com o direito de dirigir suspenso, ou, ainda, a quem, por seu estado de saúde, física ou mental, ou por embriaguez, não esteja em condições de conduzi-lo com segurança:
>
> Penas – detenção, de 6 (seis) meses a 1 (um) ano, ou multa.

Objetividade jurídica: a tutela da incolumidade pública.

Sujeito ativo: qualquer pessoa.

Sujeito passivo: a coletividade.

Conduta: vem representada pelos verbos "permitir" (conceder, possibilitar, tolerar), "confiar" (entregar, incumbir) e "entregar" (dar, passar às mãos). Deve o agente, pois, permitir, confiar ou entregar a direção de veículo automotor a:

– pessoa não habilitada;

– pessoa com habilitação cassada;

– pessoa com o direito de dirigir suspenso;

– pessoa que, por seu estado de saúde, física ou mental, não esteja em condições de conduzi-lo com segurança;

– pessoa que, por embriaguez, não esteja em condições de conduzi-lo com segurança.

Elemento subjetivo: dolo.

Consumação: com a realização da conduta, independentemente da prática, pelo condutor, de qualquer anormalidade. Trata-se de crime de perigo abstrato.

Nesse sentido: AgRg no REsp 1445330/MG – Rel. Min. Ribeiro Dantas – 5ª Turma – *DJe* 26-5-2017; Rcl 28824/RS – Rel. Min. Jorge Mussi – 3ª Seção – *DJe* 3-6-2016; Rcl 28805/RS – Rel. Min. Reynaldo Soares da Fonseca – 3ª Seção – *DJe* 15-3-2016; Rcl 29042/RS – Rel. Min. Maria Thereza de Assis Moura – 3ª Seção – *DJe* 3-3-2016.

Nos termos da Súmula 575 do STJ: "Constitui crime a conduta de permitir, confiar ou entregar a direção de veículo automotor a pessoa que não seja habilitada, ou que se encontre em qualquer das situações previstas no art. 310 do CTB, independentemente da ocorrência de lesão ou de perigo de dano concreto na condução do veículo".

Tentativa: não se admite.

7.10. Tráfego em velocidade incompatível com a segurança

> Art. 311. Trafegar em velocidade incompatível com a segurança nas proximidades de escolas, hospitais, estações de embarque e desembarque de passageiros, logradouros estreitos, ou onde haja grande movimentação ou concentração de pessoas, gerando perigo de dano:
>
> Penas – detenção, de 6 (seis) meses a 1 (um) ano, ou multa.

Objetividade jurídica: a tutela da incolumidade pública.

Sujeito ativo: qualquer pessoa.

Sujeito passivo: a coletividade.

Conduta: vem expressa pelo verbo "trafegar", que significa transitar, andar, dirigir. O tráfego deve dar-se "em velocidade incompatível com a segurança", a qual deve ser aferida em função das peculiaridades do local por onde trafega o motorista, que tem o dever de atentar para a movimentação de pessoas e para o risco que sua conduta possa gerar à incolumidade pública. Deve ser ressaltado que, mesmo diante da colocação de sinalização indicativa de velocidade máxima permitida, nos locais elencados no artigo, não está o motorista isento do dever de cautela imposto pela situação peculiar de movimentação de pessoas. Trata-se de crime de perigo concreto.

Elemento subjetivo: dolo.

Consumação: com o efetivo tráfego em velocidade incompatível com a segurança, nos locais indicados, gerando perigo de dano. Não há necessidade, para a configuração do delito, de que efetivamente ocorra o dano, bastando o perigo de dano.

Tentativa: não se admite.

7.11. Fraude processual

> Art. 312. Inovar artificiosamente, em caso de sinistro automobilístico com vítima, na pendência do respectivo procedimento policial preparatório, inquérito policial ou processo penal, o estado de lugar, de coisa ou de pessoa, a fim de induzir a erro o agente policial, o perito ou o juiz:
>
> Penas – detenção, de 6 (seis) meses a 1 (um) ano, ou multa.
>
> Parágrafo único. Aplica-se o disposto neste artigo, ainda que não iniciados, quando da inovação, o procedimento preparatório, o inquérito ou o processo aos quais se refere.

Objetividade jurídica: proteção da administração da Justiça.

Sujeito ativo: qualquer pessoa.

Sujeito passivo: o Estado.

Conduta: vem representada pela expressão "inovar artificiosamente", que significa modificar, adulterar, com o emprego de artifício. Ex.: agente que, após dar causa a acidente em cruzamento sinalizado, retira a placa "pare" do local visando alegar em sua defesa a ausência de sinalização; ou então o agente que, após dar causa a acidente com vítima, rapidamente manda consertar seu veículo para prejudicar a perícia. Trata-se de figura típica especial em relação ao delito do art. 347 do Código Penal, pois requer a existência de "acidente automobilístico com vítima".

Elemento subjetivo: dolo. Deve o agente, ainda, ter o especial fim de agir: induzir a erro o agente policial, o perito, ou o juiz.

Consumação: consuma-se o delito com a simples inovação, independentemente do efetivo engano ou erro do agente policial, do perito ou do juiz. Trata-se de crime formal, que independe da efetiva ocorrência do resultado naturalístico para a sua consumação.

Tentativa: admite-se.

Procedimento não iniciado: configura-se o crime ainda que não iniciados, quando da inovação, o procedimento preparatório, o inquérito ou os processos aos quais se refere.

7.12. Penas restritivas de direitos

> Art. 312-A. Para os crimes relacionados nos arts. 302 a 312 deste Código, nas situações em que o juiz aplicar a substituição de pena privativa de liberdade por pena restritiva de direitos, esta deverá ser de prestação de serviço à comunidade ou a entidades públicas, em uma das seguintes atividades:
>
> I – trabalho, aos fins de semana, em equipes de resgate dos corpos de bombeiros e em outras unidades móveis especializadas no atendimento a vítimas de trânsito;
>
> II – trabalho em unidades de pronto-socorro de hospitais da rede pública que recebem vítimas de sinistro de trânsito e politraumatizados;
>
> III – trabalho em clínicas ou instituições especializadas na recuperação de sinistrados de trânsito;
>
> IV – outras atividades relacionadas ao resgate, atendimento e recuperação de vítimas de sinistros de trânsito.

Essa disposição foi inserida pela Lei n. 13.281/2016, determinando ao juiz que, em caso de substituição da pena privativa de liberdade por pena restritiva de direitos, aplique obrigatoriamente a prestação de serviços à comunidade ou a entidades públicas, nas atividades elencadas no artigo.

Outrossim, caso seja possível a substituição da pena privativa de liberdade por duas penas restritivas de direitos, decidiu o Superior Tribunal de Justiça que uma delas deve ser a prestação de serviços à comunidade, sendo descabida a sua substituição por multa.

"A jurisprudência do STJ já se firmou no sentido de que, em casos de delitos de trânsito, quando possível a substituição da pena privativa de liberdade por duas restritivas de direito, uma delas deve ser a prestação de serviços à comunidade, sendo descabida a sua substituição por multa. Precedentes. 3. Agravo regimental desprovido" (AgRg no HC 644.069/SC – Rel. Min. João Otávio de Noronha – 5ª Turma – *DJe* 30-9-2022).

> Art. 312-B. Aos crimes previstos no § 3º do art. 302 e no § 2º do art. 303 deste Código não se aplica o disposto no inciso I do *caput* do art. 44 do Decreto-Lei n. 2.848, de 7 de dezembro de 1940 (Código Penal).

De acordo com este artigo, acrescentado ao CTB pela Lei n. 14.071/2020, descabe a substituição da pena privativa de liberdade por pena restritiva de direitos no crime de homicídio culposo na direção de veículo automotor, se o agente conduz veículo automotor sob a influência de álcool ou de qualquer outra substância psicoativa que determine dependência. Descabe também a mesma substituição no crime de lesão corporal culposa na direção de veículo automotor, se o agente conduz o veículo com capacidade psicomotora alterada em razão da influência de álcool ou de outra substância psicoativa que determine dependência, e se do crime resultar lesão corporal de natureza grave ou gravíssima.

7 Criança e Adolescente
Lei n. 8.069/90

1. Os direitos da criança e do adolescente na Constituição Federal. Teoria da proteção integral

O Estatuto da Criança e do Adolescente é um diploma moderno e que visa a proteção integral da criança e do adolescente.

Conforme dispõe o art. 2º do ECA, considera-se criança a pessoa até doze anos de idade incompletos e adolescente a pessoa entre doze e dezoito anos de idade.

O direito menorista, com o passar dos tempos, conseguiu importantes avanços que culminaram com a promulgação do Estatuto da Criança e do Adolescente, um dos mais modernos diplomas protetivos do mundo, reflexo de uma Constituição que valorizou profundamente a infância e a juventude.

Em termos de evolução histórica das doutrinas menoristas, observa-se que, anteriormente ao surgimento da Doutrina do Menor em Situação Irregular, adotada pelo anterior Código de Menores, foi amplamente aceita em nosso sistema a Doutrina do Direito Penal do Menor, que inspirou o Código Criminal do Império (1830), o primeiro Código Penal Republicano (1890) e o primitivo Código de Menores de 1927.

Essa doutrina tratava a questão infantojuvenil apenas sob o ângulo da delinquência, trazendo normas que previam exclusivamente a sua tutela penal.

O Código de 1830 tratava da responsabilidade penal dos menores, classificando-os em quatro categorias, segundo a idade e o grau de discernimento. Assim, além do critério cronológico, segundo o qual aos vinte e um anos atingia-se a imputabilidade penal plena, adotou o critério do discernimento, ao prever que, na hipótese do menor de 14 anos praticar fato delituoso com consciência e capacidade de entendimento, seria reconhecido como imputável e receberia, então, penas corporais.

Já o CP de 1890 alterou em alguns aspectos a legislação anterior, prevendo que os menores de nove anos de idade, em hipótese alguma, poderiam ser considerados imputáveis, sendo tratados como não criminosos. Foram criados estabelecimentos disciplinares industriais para encaminhamento dos maiores de nove e menores de catorze anos que praticassem ilícitos com discernimento sobre sua conduta.

Apenas em 1927 é que surge o primeiro Código de Menores brasileiro, tratando apenas das medidas aplicáveis aos menores de 18 anos pela prática de fatos considerados infrações penais, muito embora, em menor escala, tenha introduzido normas de proteção do menor em situação irregular, ao estabelecer medidas de assistência ao menor abandonado e coibir o trabalho do menor de doze anos e o trabalho noturno do menor de dezoito.

Somente no ano de 1979 é que o Código de Menores (Lei n. 6.697), rompendo com a Doutrina do Direito Penal do Menor, adota, em seus dispositivos, a Doutrina do Menor em Situação Irregular, avançando em relação à doutrina anterior, muito embora no contexto internacional já existissem inúmeros diplomas e tratados inspirados na Doutrina da Proteção Integral.

A Doutrina do Menor em Situação Irregular estabelece que a proteção estatal deve dirigir-se à erradicação da irregularidade da situação em que eventualmente se encontre o menor, sempre com a preocupação de assisti-lo, protegê-lo e vigiá-lo.

O Código de 1979, assim, previu a tutela apenas nas hipóteses em que o menor não estivesse inserido nos padrões sociais normais. Protegia-se, pois, o menor carente, abandonado e infrator, bem como qualquer outro que estivesse em situação irregular, sem, no entanto, proporcionar-lhe proteção integral.

Assim é que a Constituição Federal de 1988 introduziu em nosso ordenamento legal a Doutrina da Proteção Integral, garantindo, em seu art. 227, às crianças, aos adolescentes e aos jovens prioridade absoluta, estabelecendo o dever de proteção pela família, sociedade e Estado, não obstante, no cenário internacional desde 1924, com a Declaração de Genebra, já se vislumbrasse cogentemente a necessidade de proporcionar à criança uma proteção especial.

Dispõe o art. 227 da Constituição Federal:

"Art. 227. É dever da família, da sociedade e do Estado assegurar à criança, ao adolescente e ao jovem, com absoluta prioridade, o direito à vida, à saúde, à alimentação, à educação, ao lazer, à profissionalização, à cultura, à dignidade, ao respeito, à liberdade e à convivência familiar e comunitária, além de colocá-los a salvo de toda forma de negligência, discriminação, exploração, violência, crueldade e opressão".

Merece destaque, ainda, a Declaração Universal dos Direitos Humanos das Nações Unidas, em Paris, no ano de 1948, que proclamava o direito a cuidados e assistências especiais aos menores. Também no mesmo sentido a Convenção Americana sobre os Direitos Humanos de 1969, conhecida como Pacto de San José da Costa Rica, estabelecendo que toda criança tem direito às medidas de proteção que sua condição de menor requer, por parte da família, da sociedade e do Estado.

Antes mesmo da Constituição de 1988 ainda temos as Regras de Beijing (Res. 40/33 da Assembleia Geral das Nações Unidas, em 29-11-1985), estabelecendo as Regras Mínimas para a Administração da Justiça da Infância e da Juventude.

Assim, a principal característica da Doutrina da Proteção Integral foi tornar crianças e adolescentes sujeitos de direitos, colocando-os em posição de igualdade em relação aos adultos, pois são vistos como pessoa humana, possuindo direitos subjetivos que podem ser exigidos judicialmente. É o que vem estabelecido expressamente no art. 3º do ECA:

"A criança e o adolescente gozam de todos os direitos fundamentais inerentes à pessoa humana, sem prejuízo da proteção integral de que trata esta Lei, assegurando-se-lhes, por lei ou por outros meios, todas as oportunidades e facilidades, a fim de lhes facultar o desenvolvimento físico, mental, moral, espiritual e social, em condições de liberdade e dignidade".

E neste contexto, tais direitos devem ser assegurados solidariamente pela família, comunidade, sociedade em geral e Poder Público conforme a previsão constante do art. 4º da referida lei:

"É dever da família, da comunidade, da sociedade em geral e do Poder Público assegurar, com absoluta prioridade, a efetivação dos direitos referentes à vida, à saúde, à alimentação, à educação, ao esporte, ao lazer, à profissionalização, à cultura, à dignidade, ao respeito, à liberdade e à convivência familiar e comunitária".

Assim, diante da impossibilidade de assegurar direitos a todos os que necessitam da prestação, deve-se atender primeiramente à infância e à juventude. Em verdade, trata-se de um princípio que caracteriza o direito da criança que, como tal, irá desempenhar, dentre outras funções, a de servir como instrumento de interpretação nos mais variados casos.

2. O Estatuto da Criança e do Adolescente: concepção, estrutura e princípios. Direitos fundamentais

O Estatuto da Criança e do Adolescente foi concebido como um diploma jurídico regulador de toda a matéria atinente à infância e juventude, estando conforme a "Convenção sobre os Direitos da Criança" de 20 de novembro de 1989.

O direito da criança e do adolescente situa-se na esfera do direito público, em razão do interesse do Estado na proteção e reeducação dos futuros cidadãos que se encontram em situação irregular.

DIREITOS FUNDAMENTAIS (exemplos):

a) Art. 7º A criança e o adolescente têm direito a proteção à vida e à saúde, mediante a efetivação de políticas sociais públicas que permitam o nascimento e o desenvolvimento sadio e harmonioso, em condições dignas de existência.

"Políticas sociais públicas" são mecanismos executados pelo Poder Público com a intenção de aniquilar ou reduzir drasticamente o espectro da fome, da pobreza e da injustiça social.

As políticas sociais públicas são de incumbência do Poder Executivo, que deve reservar parte do seu orçamento para a consecução desses objetivos. A omissão deste pode ser sanada por meio de ação civil pública, a qual o Ministério Público possui legitimidade para propor (art. 201, V).

b) Art. 11. Contempla o atendimento integral do menor com relação ao SUS, devendo esse dispositivo ser colocado em prática pelas autoridades.

c) Art. 15. A criança e o adolescente têm direito à liberdade, ao respeito e à dignidade como pessoas humanas em processo de desenvolvimento e como sujeitos de direitos civis, humanos e sociais garantidos pela Constituição e pelas leis.

– Direito à liberdade: art. 16.

– Direito ao respeito: art. 17.

– Direito à dignidade: art. 18.

Nesse aspecto, a Lei n. 13.010/2014, denominada "Lei da Palmada", dispôs, no art. 18-A, que a criança e o adolescente têm o direito de ser educados e cuidados sem o uso de castigo físico ou de tratamento cruel ou degradante, como formas de correção, disciplina, educação ou qualquer outro pretexto, pelos pais, pelos integrantes da família ampliada, pelos responsáveis, pelos agentes públicos executores de medidas socioeducativas ou por qualquer pessoa encarregada de cuidar deles, tratá-los, educá-los ou protegê-los. Para os fins da referida lei, considera-se:

I – castigo físico: ação de natureza disciplinar ou punitiva aplicada com o uso da força física sobre a criança ou o adolescente que resulte em:

a) sofrimento físico; ou

b) lesão;

II – tratamento cruel ou degradante: conduta ou forma cruel de tratamento em relação à criança ou ao adolescente que:

a) humilhe; ou

b) ameace gravemente; ou

c) ridicularize.

Já o art. 18-B, também acrescentado, dispôs que os pais, os integrantes da família ampliada, os responsáveis, os agentes públicos executores de medidas socioeducativas ou qualquer pessoa encarregada de cuidar de crianças e de adolescentes, tratá-los, educá-los ou protegê-los que utilizarem castigo físico ou tratamento cruel ou degradante como formas de correção, disciplina, educação ou qualquer outro pretexto estarão sujeitos, sem prejuízo de outras sanções cabíveis, às seguintes medidas, que serão aplicadas de acordo com a gravidade do caso:

I – encaminhamento a programa oficial ou comunitário de proteção à família;

II – encaminhamento a tratamento psicológico ou psiquiátrico;

III – encaminhamento a cursos ou programas de orientação;

IV – obrigação de encaminhar a criança a tratamento especializado;

V – advertência.

d) Art. 19. Toda criança ou adolescente tem direito a ser criado e educado no seio da sua família e, excepcionalmente, em família substituta, assegurada a convivência familiar e comunitária, em ambiente livre da presença de pessoas dependentes de substâncias entorpecentes. Inclusive, a Lei n. 12.962/2014 acrescentou o § 4º ao referido artigo, dispondo que será garantida a convivência da criança e do adolescente com a mãe ou o pai privado de liberdade, por meio de visitas periódicas promovidas pelo responsável ou, nas hipóteses de acolhimento institucional, pela entidade responsável, independentemente de autorização judicial. *Vide* alterações introduzidas neste dispositivo pela Lei n. 13.509/2017.

e) Arts. 53 a 59. Direito à educação, à cultura, ao esporte e ao lazer.

f) Arts. 60 a 69. Direito à profissionalização e à proteção do trabalho.

PREVENÇÃO:

A prevenção à criança e ao adolescente pode ser *geral* ou *especial*.

No que concerne à prevenção *geral*, "é dever de todos prevenir a ocorrência de ameaça ou violação dos direitos da criança e do adolescente" (art. 70).

Nesse sentido, "a criança e o adolescente têm direito a informação, cultura, lazer, esportes, diversões, espetáculos e produtos e serviços que respeitem sua condição peculiar de pessoa em desenvolvimento" (art. 71).

Em relação à prevenção *especial*, a cargo do Poder Público, temos a regulamentação da informação, cultura, lazer, esportes, diversões e espetáculos (art. 74).

3. Política de atendimento

A política de atendimento dos direitos da criança e do adolescente, segundo dispõe o art. 86, far-se-á por meio de um conjunto articulado de ações governamentais e não governamentais, da União, dos Estados, do Distrito Federal e dos Municípios. Assim:

Art. 87 – linhas de ação da política de atendimento.

Art. 88 – diretrizes da política de atendimento.

4. Medidas de proteção. Medidas aplicáveis aos pais ou responsáveis

As medidas de proteção estão elencadas no art. 101 do Estatuto. São elas: encaminhamento aos pais ou responsável, mediante termo de responsabilidade; orientação, apoio e acompanhamento temporários; matrícula e frequência obrigatórias em estabelecimento oficial de ensino fundamental; inclusão em programa comunitário ou oficial de auxílio à família, à criança e ao adolescente; requisição de tratamento médico, psicológico ou psiquiátrico, em regime hospitalar ou ambulatorial; inclusão em programa oficial ou comunitário de auxílio, orientação e tratamento a alcoólatras e toxicômanos; acolhimento institucional; inclusão em programa de acolhimento familiar; e colocação em família substituta.

Direcionam-se essas medidas à criança ou adolescente em situação irregular (art. 98) e também à criança que cometa ato infracional (art. 105). Podem ser aplicadas de modo cumulativo.

As medidas aplicáveis aos pais e responsáveis vêm previstas no art. 129 do citado diploma. São elas: encaminhamento a programa oficial ou comunitário de proteção à família; inclusão em programa oficial ou comunitário de auxílio, orientação e tratamento a alcoólatras e toxicômanos; encaminhamento a cursos ou programas de orientação; obrigação de matricular o filho ou pupilo e acompanhar sua frequência e aproveitamento escolar; obrigação de encaminhar a criança ou adolescente a tratamento especializado; advertência; perda da guarda; destituição da tutela; e suspensão ou destituição do poder familiar.

No art. 130 encontra-se a possibilidade de afastamento do agressor da moradia comum, por ordem judicial, quando verificada a hipótese de maus-tratos, opressão ou abuso sexual imposto pelos pais ou responsável, com a fixação provisória dos alimentos de que necessitem a criança ou o adolescente dependendo do agressor.

As medidas socioeducativas, aplicáveis ao adolescente infrator, vêm previstas no art. 112 do Estatuto. São elas: advertência; obrigação de reparar o dano; prestação de serviços à comunidade; liberdade assistida; inserção em regime de semiliberdade; internação em estabelecimento educacional; e qualquer uma das medidas previstas no art. 101, I a VI.

5. Ato infracional (direito material)

Segundo o art. 103, "considera-se ato infracional a conduta descrita como crime ou contravenção penal".

A imputabilidade penal tem início aos 18 anos. Segundo o disposto no art. 104, os menores de 18 anos são penalmente inimputáveis, sujeitos às medidas previstas no Estatuto da Criança e do Adolescente. Disposição semelhante se encontra no art. 27 do Código Penal, constituindo a idade de 18 anos para início da imputabilidade penal de matéria constitucional, prevista no art. 128 da Constituição Federal. Não se trata, entretanto, de cláusula pétrea, eis que ausente do rol do art. 60, § 4º, da Carta Magna. Entretanto, para ocorrer mudança na idade penal é necessária emenda à Constituição.

Conforme já dissemos, ao ato infracional praticado por criança corresponderão as medidas de proteção previstas no art. 101. Ao ato infracional praticado por adolescente, após regular processo, aplicam-se as medidas socioeducativas previstas no art. 112 do Estatuto da Criança e do Adolescente:

advertência; obrigação de reparar o dano; prestação de serviços à comunidade; liberdade assistida; inserção em regime de semiliberdade; internação em estabelecimento educacional; e qualquer uma das medidas previstas no art. 101, I a VI (medidas de proteção). Deve ser ressaltado que a Lei n. 12.594, de 18 de janeiro de 2012, instituiu o Sistema Nacional de Atendimento Socioeducativo (SINASE), regulamentando a execução das medidas socioeducativas destinadas a adolescente que pratique ato infracional. Recomendamos, portanto, a leitura integral da referida lei.

Vale ressaltar, também, o teor da **Súmula 605 do STJ**: "A superveniência da maioridade penal não interfere na apuração de ato infracional nem na aplicabilidade de medida socioeducativa em curso, inclusive na liberdade assistida, enquanto não atingida a idade de 21 anos".

6. Crimes e infrações administrativas

6.1. Legislação

A lei que regulamenta os crimes contra a criança e o adolescente é, como já mencionado, a Lei n. 8.069/90 (ECA), que dispõe sobre a proteção integral à criança e ao adolescente (art. 1º da lei). E disso não destoa a tutela criminal, que visa precipuamente a proteção dos direitos destes.

6.2. Colocação do assunto no ECA

Os crimes do Estatuto da Criança e do Adolescente são colocados num sistema de fornecimento de eficácia ou de efetividade às normas de proteção à criança e ao adolescente. Por exemplo: a norma do art. 10 obriga o fornecimento da declaração de nascimento, com as intercorrências do parto e do desenvolvimento do neonato. Se houver desobediência desse mandamento, o agente responsável será punido criminalmente segundo o art. 228. Nesse passo, exerce a norma penal estatutária, além da função protetiva, a função preventiva. O ECA, nesse escopo de busca de efetividade, visa coibir o desrespeito da norma menorista de duas formas: 1) pela órbita criminal, por meio dos crimes; 2) pelo prisma administrativo, por meio das infrações administrativas.

6.3. Crimes no ECA

Os crimes estão dispostos no Título VII, que cuida dos crimes e das infrações administrativas. O Capítulo I dispõe especificamente sobre os crimes e divide-se em duas partes: a primeira versa sobre as disposições gerais (arts. 225, 226 e 227) e a segunda, sobre os crimes em espécie (arts. 228 a 244).

6.4. Disposições gerais

O art. 225 menciona que o capítulo versa sobre crimes praticados contra a criança e o adolescente, disposição, a rigor, de todo desnecessária. O art. 226 prevê a aplicação das normas da Parte Geral do Código Penal aos crimes do Estatuto da Criança e do Adolescente, além das disposições do Código de Processo Penal. Finalmente, o art. 227 define que os crimes tratados no ECA são de ação penal pública incondicionada. No § 1º, incluído pela Lei n. 14.344/2022, vem prevista a inaplicabilidade da Lei n. 9.099/95 aos crimes cometidos contra a criança e o adolescente, independentemente da pena prevista. No § 2º, também incluído pela Lei n. 14.344/2022, vem disposto que, nos casos de violência doméstica e familiar contra a criança e o adolescente, é vedada a aplicação de penas de cesta básica ou de outras de prestação pecuniária, bem como a substituição de pena que implique o pagamento isolado de multa.

De acordo com o disposto no art. 227-A, incluído pela Lei n. 13.869/2019, "os efeitos da condenação prevista no inciso I do *caput* do art. 92 do Decreto-Lei n. 2.848, de 7 de dezembro de 1940 (Código Penal), para os crimes previstos nesta Lei, praticados por servidores públicos com abuso de autoridade, são condicionados à ocorrência de reincidência. Parágrafo único. A perda do cargo, do mandato ou da função, nesse caso, independerá da pena aplicada na reincidência".

6.5. Competência em relação aos crimes contra a criança e o adolescente

Como regra geral (e isso quanto à competência da Justiça Estadual), para o processo e julgamento dos crimes previstos no Estatuto, a competência é da Vara Criminal e não da Vara da Infância e da Juventude. A razão é clara: não existe disposição no art. 148 fornecendo competência criminal à Vara Menorista.

6.5.1. Justiça Estadual e Justiça Federal

1) A regra no Estatuto é de que, ordinariamente, compete à Justiça Estadual julgar os crimes contra a criança e o adolescente. Trata-se de competência em razão da matéria e de natureza absoluta.

2) Em segundo lugar, cabe à Justiça Federal julgar os crimes contra a criança e o adolescente quando presente alguma das hipóteses do art. 109 da Constituição Federal.

6.6. Os crimes em espécie do ECA

1) De regra, todos os crimes do ECA possuem objetividade jurídica uniforme: tutela dos direitos da criança (0 a 12 anos) e do adolescente (12 a 18 anos) e ainda de sua integridade física e psíquica. Tutela, ainda, o nascituro (indivíduo não nascido, mas que conta com a proteção antecipada).

2) Pode-se dizer que existe implicitamente uma objetividade jurídica específica, a justificar uma segunda divisão, nos seguintes termos:

6.6.1. Crimes relacionados a hospitais e centros de saúde (arts. 228 e 229)

Objetividade jurídica: integridade física e psíquica do neonato (recém-nascido e, portanto, criança) e de seus direitos. Um desses direitos é o direito à paternidade biológica, coibindo a troca de recém-nascidos, tanto dolosa (art. 229, *caput*) como culposa (art. 229, parágrafo único).

6.6.2. Crimes relacionados a atos infracionais (arts. 230 a 235)

A objetividade jurídica é a integridade física e psíquica do adolescente e dos seus direitos fundamentais elencados no ECA, quando submetido a procedimento por ato infracional. O Estatuto faz uma diferenciação quanto ao ato infracional (crime ou contravenção cometida por criança ou adolescente – art. 103). Se for adolescente cabe medida socioeducativa, devendo-se obedecer ao procedimento dos arts. 171 a 190. O art. 233 foi revogado pela Lei n. 9.455/97 (Crime de Tortura).

6.6.3. Crimes relacionados à atuação da autoridade judiciária, membro do Ministério Público e membro do Conselho Tutelar (art. 236)

Objetividade jurídica: visa à proteção dos direitos da criança e do adolescente, por via indireta, por meio das pessoas com o *munus* de proteção à criança e ao adolescente: os juízes, os promotores de justiça e os membros do Conselho Tutelar, que é o órgão encarregado do cumprimento dos direitos da criança e do adolescente (art. 131). Na prática forense, o crime ocorre com alta frequência em razão de se impedir (não deixar que o juiz, promotor ou membro do Conselho atue) ou embaraçar a atuação das referidas autoridades.

6.6.4. Crimes relacionados à colocação irregular em família substituta (arts. 238 e 239)

Objetividade jurídica: integridade física e psíquica do neonato (recém-nascido e, portanto, criança) e de seus direitos.

6.6.5. Crimes relacionados a pornografia, sexo explícito ou exploração sexual e corrupção (arts. 240, 241, 241-A, 241-B, 241-C, 241-D, 241-E, 244-A, 244-B e 244-C)

Possuem particular interesse os crimes dos arts. 241, 241-A, 241-B, 241-C, 241-D e 241-E, que serão analisados adiante.

6.7. Infrações administrativas

As infrações administrativas estão elencadas no ECA nos arts. 245 a 258, cominando pena de multa ao transgressor, além de outras sanções administrativas em caso de reincidência. O art. 248 foi expressamente revogado pela Lei n. 13.431/2017. A multa, de acordo com a jurisprudência, deve ser fixada tendo como parâmetro o salário-mínimo, já que extinto o salário de referência. São de competência do juiz da infância e da juventude (arts. 194 a 199).

6.8. A infiltração de agentes de polícia para investigação de crimes contra a dignidade sexual de criança e de adolescente

A Lei n. 13.441/2017 acrescentou ao Capítulo III do Título VI da Parte Especial do Estatuto da Criança e do Adolescente a Seção V-A, cuidando da infiltração de agentes de polícia para a investigação de crimes contra a dignidade sexual de criança e adolescente.

A infiltração de agentes de polícia em investigações envolvendo crime organizado e organizações criminosas já vinha prevista na Lei n. 12.850/2013, mediante "circunstanciada, motivada e sigilosa autorização judicial".

Na Lei n. 12.850/2013, a infiltração pode ser representada pelo Delegado de Polícia ou requerida pelo MP, quando houver indícios de infração penal praticada por "organização criminosa".

As disposições acrescentadas ao Estatuto da Criança e do Adolescente, entretanto, não se referem a qualquer tipo de organização ou associação criminosa, estabelecendo regras para a infiltração de agentes de polícia na "internet" com o fim de investigar os crimes previstos nos arts. 240, 241, 241-A a 241-D do próprio Estatuto e também nos arts. 154-A, 217-A, 218, 218-A e 218-B do Código Penal, todos crimes contra a dignidade sexual de crianças e adolescentes.

A referida lei estabelece rigoroso regramento para essa infiltração, que deverá ser precedida de autorização judicial devidamente circunstanciada e fundamentada, que estabelecerá os limites da infiltração para obtenção de prova, ouvido o Ministério Público.

A infiltração se dará mediante requerimento do Ministério Público ou representação de delegado de polícia e conterá a demonstração de sua necessidade, o alcance das tarefas dos policiais, os nomes ou apelidos das pessoas investigadas e, quando possível, os dados de conexão ou cadastrais que permitam a identificação dessas pessoas.

Com relação à duração, a infiltração não poderá exceder o prazo de 90 (noventa) dias, sem prejuízo de eventuais renovações, desde que o total não exceda a 720 (setecentos e vinte) dias e seja demonstrada sua efetiva necessidade, a critério da autoridade judicial.

A infiltração de agentes de polícia na internet não será admitida, entretanto, se a prova puder ser obtida por outros meios, evitando-se, assim, a banalização do instituto, que deve ser restrito aos casos de efetiva necessidade.

Prevê, ainda, a citada lei, que as informações da operação de infiltração serão encaminhadas diretamente ao juiz responsável pela autorização da medida, que zelará por seu sigilo, acrescentando que, antes da conclusão da operação, o acesso aos autos será reservado ao juiz, ao Ministério Público e ao delegado de polícia responsável pela operação, com o objetivo de garantir o sigilo das investigações.

Outro aspecto importante das disposições legais acrescentadas ao Estatuto da Criança e do Adolescente diz respeito à responsabilidade penal do agente infiltrado.

É sabido que, muitas vezes, o agente infiltrado é compelido a participar de ações criminosas, até mesmo para granjear a confiança de seus comparsas e garantir o sucesso da investigação. Na Lei n. 12.850/2013, que cuida das organizações criminosas, há disposição expressa no sentido de que deve o agente infiltrado guardar, em sua atuação, "a devida proporcionalidade com a finalidade da investigação", respondendo pelos excessos praticados, prevendo, no parágrafo único do art. 13 que "não é punível, no âmbito da infiltração, a prática de crime pelo agente infiltrado no curso da investigação, quando inexigível conduta diversa", estabelecendo expressamente causa excludente de culpabilidade, consistente na inexigibilidade de conduta diversa (conforme o Direito), a acobertar eventuais ilicitudes praticadas pelo infiltrado, isentando-o de responsabilidade.

A Lei n. 13.441/2017, por sua vez, acrescentou ao Estatuto da Criança e do Adolescente o art. 190-C, dispondo que "não comete crime o policial que oculta a sua identidade para, por meio da internet, colher indícios de autoria e materialidade dos crimes previstos nos arts. 240, 241, 241-A a 241-D desta Lei e nos arts. 154-A, 217-A, 218, 218-A e 218-B do Decreto-Lei n. 2.848, de 7 de dezembro de 1940 (Código Penal)". Inclusive, o seu parágrafo único aduz que "o agente policial infiltrado que deixar de observar a estrita finalidade da investigação responderá pelos excessos praticados".

Concluída a investigação, de acordo com a lei, todos os atos eletrônicos praticados durante a operação deverão ser registrados, gravados, armazenados e encaminhados ao juiz e ao Ministério Público, juntamente com relatório circunstanciado. Esses atos eletrônicos registrados serão reunidos em autos apartados e apensados ao processo criminal juntamente com o inquérito policial, assegurando-se a preservação da identidade do agente policial infiltrado e a intimidade das crianças e dos adolescentes envolvidos.

7. Análise dos crimes em espécie

7.1. Omissão do registro de atividades ou do fornecimento da declaração de nascimento

> Art. 228. Deixar o encarregado de serviço ou o dirigente de estabelecimento de atenção à saúde de gestante de manter registro das atividades desenvolvidas, na forma e prazo referidos no art. 10 desta Lei, bem como de fornecer à parturiente ou a seu responsável, por ocasião da alta médica, declaração de nascimento, onde constem as intercorrências do parto e do desenvolvimento do neonato:

> Pena – detenção de 6 (seis) meses a 2 (dois) anos.
>
> Parágrafo único. Se o crime é culposo:
>
> Pena – detenção de 2 (dois) a 6 (seis) meses, ou multa.

Sujeito ativo: trata-se de crime próprio – somente pode praticar esse crime o "encarregado de serviço" ou o "dirigente" de "estabelecimento de atenção à saúde da gestante".

Sujeito passivo: a gestante ou a parturiente.

Conduta: trata-se de crime omissivo, punindo-se as condutas de "deixar de manter" e "deixar de fornecer". A conduta vem complementada pelo disposto no art. 10. Assim, os hospitais e demais estabelecimentos de atenção à saúde de gestantes, públicos e particulares, são obrigados, dentre outros, a manter registro das atividades desenvolvidas, por meio de prontuários individuais, pelo prazo de dezoito anos, e a fornecer declaração de nascimento onde constem necessariamente as intercorrências do parto e do desenvolvimento do neonato.

Elemento subjetivo: dolo (*caput*) e culpa (parágrafo único).

Consumação: com a mera omissão. Trata-se de crime omissivo próprio.

Tentativa: não se admite, por tratar-se de crime omissivo.

7.2. Omissão de identificação do neonato e da parturiente ou de exames necessários

> Art. 229. Deixar o médico, enfermeiro ou dirigente de estabelecimento de atenção à saúde de gestante de identificar corretamente o neonato e a parturiente, por ocasião do parto, bem como deixar de proceder aos exames referidos no art. 10 desta Lei:
>
> Pena – detenção de 6 (seis) meses a 2 (dois) anos.
>
> Parágrafo único. Se o crime é culposo:
>
> Pena – detenção de 2 (dois) a 6 (seis) meses, ou multa.

Sujeito ativo: trata-se de crime próprio. Na primeira modalidade de conduta, podem ser agentes do crime o médico, o enfermeiro ou o dirigente de estabelecimento de atenção à saúde da gestante. Na segunda modalidade de conduta, somente pode ser agente do crime o médico que deixa de providenciar os exames referidos no art. 10.

Sujeito passivo: o neonato e a parturiente.

Conduta: trata-se de crime omissivo, punindo-se as condutas de "deixar de identificar" e "deixar de proceder". A conduta vem complementada pelo art. 10. Assim, os hospitais e demais estabelecimentos de atenção à saúde de gestantes, públicos e particulares, são obrigados, dentre outros, a identificar o recém-nascido mediante o registro de sua impressão plantar e digital e da impressão digital da mãe, sem prejuízo de outras formas normatizadas pela autoridade administrativa competente, e a proceder a exames visando ao diagnóstico e terapêutica de anormalidades no metabolismo do recém-nascido, bem como prestar orientação aos pais.

Elemento subjetivo: dolo (*caput*) e culpa (parágrafo único).

Consumação: com a mera omissão. Trata-se de crime omissivo próprio.

Tentativa: não se admite, por tratar-se de crime omissivo.

7.3. Privação de liberdade da criança ou do adolescente, fora dos casos permitidos ou sem observância das formalidades legais

> Art. 230. Privar a criança ou o adolescente de sua liberdade, procedendo à sua apreensão sem estar em flagrante de ato infracional ou inexistindo ordem escrita da autoridade judiciária competente:
>
> Pena – detenção de 6 (seis) meses a 2 (dois) anos.
>
> Parágrafo único. Incide na mesma pena aquele que procede à apreensão sem observância das formalidades legais.

Sujeito ativo: qualquer pessoa, independentemente da qualidade de autoridade.

Sujeito passivo: a criança ou o adolescente.

Conduta: privar a criança ou o adolescente de sua liberdade, mediante apreensão: a) sem estar em flagrante de ato infracional; b) inexistindo ordem escrita da autoridade judiciária competente; c) sem observância das formalidades legais. A respeito, *vide* art. 106, que determina que "nenhum adolescente será privado de sua liberdade senão em flagrante de ato infracional ou por ordem escrita e fundamentada de autoridade judiciária competente". *Vide*, ainda, art. 172 do ECA.

Elemento subjetivo: dolo.

Consumação: com a privação de liberdade da criança ou do adolescente fora das hipóteses legalmente autorizadas ou em desconformidade com as formalidades legais.

Tentativa: admite-se.

7.4. Omissão da comunicação de apreensão de criança ou de adolescente

> Art. 231. Deixar a autoridade policial responsável pela apreensão de criança ou adolescente de fazer imediata comunicação à autoridade judiciária competente e à família do apreendido ou à pessoa por ele indicada:
>
> Pena – detenção de 6 (seis) meses a 2 (dois) anos.

Sujeito ativo: trata-se de crime próprio. Somente pode ser sujeito ativo a autoridade policial.

Sujeito passivo: a criança ou o adolescente.

Conduta: trata-se de crime omissivo próprio. A respeito, o art. 107 determina que "a apreensão de qualquer adolescente e o local onde se encontra recolhido serão incontinenti comunicados à autoridade judiciária competente e à família do apreendido ou à pessoa por ele indicada". Caso a autoridade policial não tenha condições de localizar a família do apreendido, seja porque ele não forneceu dados necessários a essa localização ou se recusou a fazê-lo, e nem tenha havido indicação de qualquer outra pessoa, a comunicação deverá ser feita ao Conselho Tutelar (arts. 131 a 135 do ECA).

Elemento subjetivo: dolo.

Consumação: com a mera omissão.

Tentativa: não se admite, por tratar-se de crime omissivo.

7.5. Submissão de criança ou adolescente a vexame ou a constrangimento

> Art. 232. Submeter criança ou adolescente sob sua autoridade, guarda ou vigilância a vexame ou a constrangimento:
> Pena – detenção de 6 (seis) meses a 2 (dois) anos.

Sujeito ativo: qualquer pessoa que exercer, a qualquer título, autoridade, guarda ou vigilância sobre a criança ou o adolescente (pai, mãe, tutor, curador, guardiões, empregadas, responsáveis por instituições de internação etc.).

Sujeito passivo: a criança ou o adolescente.

Conduta: submeter (sujeitar, subordinar) a vexame (vergonha, desonra, afronta) ou a constrangimento (embaraço, encabulação, acanhamento, vergonha), por qualquer meio. Nesse sentido, dispõe o art. 18 do ECA: "É dever de todos velar pela dignidade da criança e do adolescente, pondo-os a salvo de qualquer tratamento desumano, violento, aterrorizante, vexatório ou constrangedor.

Uso de algemas: não há vedação ao uso de algemas, quando necessário. Entretanto, os parâmetros para a utilização de algemas vêm estabelecidos pela Súmula Vinculante n. 11 do STF.

Condução ou transporte em compartimento fechado de veículo policial: *vide* art. 178 do ECA.

Elemento subjetivo: o dolo.

Consumação: com a efetiva submissão da criança ou do adolescente a vexame ou a constrangimento, por qualquer meio.

Tentativa: admite-se.

7.6. Submissão da criança ou do adolescente à tortura (art. 233)

Esse artigo foi revogado pelo art. 4º da Lei n. 9.455/97.

7.7. Omissão da imediata liberação de criança ou adolescente, em face da ilegalidade da apreensão

> Art. 234. Deixar a autoridade competente, sem justa causa, de ordenar a imediata liberação de criança ou adolescente, tão logo tenha conhecimento da ilegalidade da apreensão:
> Pena – detenção de 6 (seis) meses a 2 (dois) anos.

Sujeito ativo: trata-se de crime próprio. Somente pode ser agente desse crime o delegado de polícia ou o juiz de direito. Alguns autores admitem também como sujeito ativo o promotor de justiça.

Sujeito passivo: a criança ou o adolescente.

Conduta: trata-se de crime omissivo próprio. A autoridade competente abstém-se, *sem justa causa*, de liberar imediatamente a criança ou o adolescente ilegalmente apreendido. Arts. 107, parágrafo único (para o juiz de direito), e 174 (para o delegado de polícia).

Elemento subjetivo: dolo.

Consumação: com a mera omissão na liberação, *sem justa causa*.

Tentativa: tratando-se de crime omissivo, não se admite a tentativa.

7.8. Descumprimento injustificado de prazo fixado em lei

> Art. 235. Descumprir, injustificadamente, prazo fixado nesta Lei em benefício de adolescente privado de liberdade:
> Pena – detenção de 6 (seis) meses a 2 (dois) anos.

Sujeito ativo: trata-se de crime próprio. Agente do crime será sempre o juiz de direito, o promotor de justiça ou o delegado de polícia.

Sujeito passivo: o adolescente.

Conduta: vem representada pelo verbo "descumprir". O não cumprimento dos prazos estabelecidos pelo ECA denota omissão. Deve o prazo ter sido estabelecido em benefício do adolescente privado de liberdade. Exs.: arts. 175, 183, 185, § 2º etc.

Elemento subjetivo: dolo – vontade deliberada de descumprir o prazo.

Consumação: com o efetivo descumprimento do prazo legalmente estabelecido no ECA em benefício do adolescente privado de liberdade.

Tentativa: por se tratar de crime omissivo, não se admite a tentativa.

7.9. Impedimento ou embaraço da ação de autoridade

> Art. 236. Impedir ou embaraçar a ação de autoridade judiciária, membro do Conselho Tutelar ou representante do Ministério Público no exercício de função prevista nesta Lei:
> Pena – detenção de 6 (seis) meses a 2 (dois) anos.

Sujeito ativo: qualquer pessoa.

Sujeito passivo: autoridade judiciária, membro do Conselho Tutelar e representante do Ministério Público, desde que *no exercício de função prevista* no ECA.

Conduta: representada pelos verbos "impedir" (obstaculizar) ou "embaraçar" (dificultar, atrapalhar) a ação das autoridades nominadas.

Atribuições do Conselho Tutelar: *vide* art. 136 do ECA.

Atribuições do Ministério Público: *vide* art. 201 do ECA.

Atribuições do Juiz da infância e juventude: *vide* arts. 148 e 149 do ECA.

Elemento subjetivo: dolo.

Consumação: com o efetivo impedimento ou embaraço à ação das autoridades nominadas.

Tentativa: admite-se.

7.10. Subtração de criança ou adolescente

> Art. 237. Subtrair criança ou adolescente ao poder de quem o tem sob sua guarda em virtude de lei ou ordem judicial, com o fim de colocação em lar substituto:
> Pena – reclusão de 2 (dois) a 6 (seis) anos, e multa.

Sujeito ativo: qualquer pessoa, inclusive o pai ou a mãe, se destituídos do pátrio poder.

Sujeito passivo: a pessoa que tem a criança ou o adolescente sob sua guarda, em virtude de lei ou ordem judicial.

Conduta: vem representada pelo verbo "subtrair", indicando que a criança ou o adolescente devem ser retirados da esfera de vigilância daquele que detenha sua guarda, em virtude de lei ou ordem judicial. Deve haver a finalidade de *colocação em lar substituto*. Se inexistir esta última, poderá configurar-se o crime do art. 249 do Código Penal.

Elemento subjetivo: dolo.

Consumação: trata-se de crime formal, que se consuma com a mera subtração da criança ou do adolescente *com o fim de colocação em lar substituto,* sendo irrelevante, portanto, à consumação do delito a efetiva ocorrência desta última providência.

Tentativa: admite-se.

7.11. Promessa ou entrega de filho ou pupilo

> Art. 238. Prometer ou efetivar a entrega de filho ou pupilo a terceiro, mediante paga ou recompensa:
> Pena – reclusão de 1 (um) a 4 (quatro) anos, e multa.
> Parágrafo único. Incide nas mesmas penas quem oferece ou efetiva a paga ou recompensa.

Sujeito ativo: no *caput*, trata-se de crime próprio. Podem ser agentes do delito os pais, tutores e também os guardiões judicialmente nomeados (arts. 28 a 35 do ECA). No parágrafo único, sujeito ativo pode ser qualquer pessoa que oferece ou efetiva a paga ou recompensa.

Sujeito passivo: filhos, pupilos ou menores postos sob guarda.

Conduta: vem representada pelos verbos "prometer" e "efetivar", referindo-se à *entrega* do filho ou pupilo a terceiro. Deve, necessariamente, haver a contrapartida: *paga* ou *recompensa*. No parágrafo único, pune-se a conduta daquele que "oferece" ou "efetiva" a paga ou recompensa.

Elemento subjetivo: dolo.

Consumação: com a promessa ou efetiva entrega. Na modalidade do parágrafo único, com o oferecimento ou efetivação da paga ou recompensa.

Tentativa: admite-se nas modalidades de conduta "efetivar" a entrega (*caput*) e "efetivar" a paga ou recompensa (parágrafo único).

7.12. Envio ilícito ou para fins lucrativos de criança ou adolescente para o exterior

> Art. 239. Promover ou auxiliar a efetivação de ato destinado ao envio de criança ou adolescente para o exterior com inobservância das formalidades legais ou com o fito de obter lucro:
> Pena – reclusão de 4 (quatro) a 6 (seis) anos, e multa.
> Parágrafo único. Se há emprego de violência, grave ameaça ou fraude:
> Pena – reclusão, de 6 (seis) a 8 (oito) anos, além da pena correspondente à violência.

Sujeito ativo: qualquer pessoa.

Sujeito passivo: a criança ou o adolescente.

Conduta: vem representada pelos verbos "promover" e "auxiliar". Promover indica atuação direta do sujeito ativo, enquanto auxiliar indica a participação de terceira pessoa. O ato deve ser "destinado ao envio de criança ou adolescente para o exterior com inobservância das formalidades legais ou com o fito de obter lucro". A doutrina entende que houve revogação do art. 245, § 2º, do Código Penal.

Adoção internacional: *vide* arts. 51, 52 e 52-A a D do ECA.

Autorização de viagens ao exterior de crianças e adolescentes brasileiros: *vide* Resolução n. 131 do Conselho Nacional de Justiça, de 16 de maio de 2011.

Elemento subjetivo: dolo.

Consumação: com a promoção ou auxílio à prática do ato, independentemente do efetivo envio da criança ou do adolescente para o exterior ou da obtenção de lucro. Trata-se de crime formal.

Tentativa: admite-se, já que o *iter criminis* é fracionável.

Figura qualificada: se houver emprego de violência, grave ameaça ou fraude, a pena é de reclusão de 6 a 8 anos, sem prejuízo da pena correspondente à violência (parágrafo único introduzido pela Lei n. 10.764, de 12-11-2003).

Competência: da Justiça Federal. "*Compete à Justiça Federal processar e julgar delito de tráfico internacional de crianças* (Dec. Legislativo 28/90, Dec. 99.710/1990 c.c. art. 109, V, da CF)" (*RSTJ*, 77/280).

Tráfico de pessoas na Lei n. 13.344/2016: o art. 11 da Lei n. 13.344/2016 acrescentou ao Código de Processo Penal o art. 13-A, do seguinte teor: "Art. 13-A. Nos crimes previstos nos arts. 148, 149 e 149-A, no § 3º do art. 158 e no art. 159 do Decreto-Lei n. 2.848, de 7 de dezembro de 1940 (Código Penal), e no art. 239 da Lei n. 8.069, de 13 de julho de 1990 (Estatuto da Criança e do Adolescente), o membro do Ministério Público ou o delegado de polícia poderá requisitar, de quaisquer órgãos do poder público ou de empresas da iniciativa privada, dados e informações cadastrais da vítima ou de suspeitos.

Parágrafo único. A requisição, que será atendida no prazo de 24 (vinte e quatro) horas, conterá:

I – o nome da autoridade requisitante;

II – o número do inquérito policial; e

III – a identificação da unidade de polícia judiciária responsável pela investigação".

7.13. Utilização de criança ou adolescente em cena pornográfica ou de sexo explícito

> Art. 240. Produzir, reproduzir, dirigir, fotografar, filmar ou registrar, por qualquer meio, cena de sexo explícito ou pornográfica, envolvendo criança ou adolescente:
>
> Pena – reclusão, de 4 (quatro) a 8 (oito) anos, e multa.
>
> § 1º Incorre nas mesmas penas quem:
>
> I – agencia, facilita, recruta, coage ou de qualquer modo intermedeia a participação de criança ou adolescente nas cenas referidas no *caput* deste artigo, ou ainda quem com esses contracena;
>
> II – exibe, transmite, auxilia ou facilita a exibição ou transmissão, em tempo real, pela internet, por aplicativos, por meio de dispositivo informático ou qualquer meio ou ambiente digital, de cena de sexo explícito ou pornográfica com a participação de criança ou adolescente.

§ 2º Aumenta-se a pena de 1/3 (um terço) se o agente comete o crime:

I – no exercício de cargo ou função pública ou a pretexto de exercê-la;

II – prevalecendo-se de relações domésticas, de coabitação ou de hospitalidade; ou

III – prevalecendo-se de relações de parentesco consanguíneo ou afim até o terceiro grau, ou por adoção, de tutor, curador, preceptor, empregador da vítima ou de quem, a qualquer outro título, tenha autoridade sobre ela, ou com seu consentimento.

Sujeito ativo: qualquer pessoa. De acordo com a parte final do § 1º, pode ser sujeito ativo também qualquer pessoa que contracene com criança ou adolescente em cena de sexo explícito ou pornográfica. A pena é aumentada de 1/3 (um terço) se o sujeito ativo estiver nas condições estabelecidas pelo § 2º.

Sujeito passivo: a criança ou o adolescente.

Conduta: vem representada pelos verbos "produzir", "reproduzir", "dirigir", "fotografar", "filmar", "registrar", "agenciar", "facilitar", "recrutar", "coagir", "intermediar", "contracenar", "exibir", transmitir" ou "auxiliar" a exibição ou transmissão. O produtor, em regra, é aquele que financia a representação ou película, a atividade fotográfica ou outro meio visual. Diretor é o responsável pelo desenvolvimento dos trabalhos. Pretendeu o legislador que não houvesse qualquer tipo de registro, por qualquer meio, de cena pornográfica ou de sexo explícito envolvendo criança ou adolescente. Também qualquer tipo de exibição ou transmissão em tempo real, pela *internet*, por aplicativos, por meio de dispositivo informático ou qualquer meio ou ambiente digital.

Cenas de sexo explícito ou pornográficas: estabelece o art. 241-E que, para efeito dos crimes previstos nesta Lei, a expressão "cena de sexo explícito ou pornográfica" compreende qualquer situação que envolva criança ou adolescente em atividades sexuais explícitas, reais ou simuladas, ou exibição dos órgãos genitais de uma criança ou adolescente para fins primordialmente sexuais.

Elemento subjetivo: dolo.

Consumação: ocorre no momento em que a criança ou o adolescente é utilizado como participante da cena de sexo explícito ou pornográfica. Na conduta de "contracenar", a consumação ocorre com a atuação do ator com a criança ou adolescente em cena de sexo explícito ou pornográfica. Trata-se de crime formal, uma vez que a consumação se opera independentemente de qualquer resultado naturalístico, ou seja, sem necessidade de que a cena de sexo explícito ou pornográfica envolvendo criança ou adolescente seja utilizada, de qualquer modo, ou divulgada, por qualquer meio.

Nesse sentido: "O crime do art. 240 do ECA se insere no contexto de proibição da produção e registro visual, por qualquer meio, de cenas de sexo explícito, no sentido da interpretação autêntica do art. 241-F do ECA, envolvendo crianças e adolescentes, o que caracteriza violência sexual, nos termos do art. 4º da Lei 13.431/17. Trata-se de crime comum, de subjetividade passiva própria, consistente em tipo misto alternativo, de forma que a prática de mais de um verbo típico no mesmo contexto implica a subsunção típica única. No caso, o arcabouço fático estabelecido, segundo as instâncias ordinárias, indica que o paciente D. F., mediante aparelho celular, registrou imagens e filmou cenas de sexo explícito entre os corréus e as duas adolescentes, o que, segundo o Tribunal *a quo*, com uma única conduta teria cometido dois crimes, incidindo o concurso formal de crimes. Primeiramente, o fato de ter fotografado e filmado as cenas de sexo indica a execução de dois verbos, com dupla conduta, todavia, representando subordinação típica única, tendo em vista sua realização no mesmo contexto fático. Por conseguinte, da execução de mais de um verbo típico representa único crime, dada a natureza de crime de ação múltipla ou conduta variada do tipo em comento. O concurso formal próprio ou perfeito (CP, art. 70, primeira parte), cuja regra para a aplicação da pena é a da exasperação, foi criado com intuito de favorecer o réu nas hipóteses de unicidade de conduta, com pluralidade de resultados, não derivados de desígnios autônomos, afastando-se, pois, os rigores do concurso material (CP, art. 69). No caso, as instâncias ordinárias entenderam que a conduta do réu realizou dois resultados típicos, haja vista a existência de duas adolescentes filmadas e fotografadas em sexo explícito. Verifica-se, entrementes, que inexistem dois resultados típicos, porquanto o crime em questão é formal ou de consumação antecipada, consumando-se, pois, unicamente pela prática da conduta de filmar ou fotografar cenas de sexo explícito, da qual participe criança ou adolescente. O efetivo abalo psíquico e moral por elas sofrido ou a disponibilidade das filmagens ou fotos é mero exaurimento do crime, irrelevantes para sua consumação, motivo pelo qual a quantidade de vítimas menores filmadas ou fotografadas é elemento meramente circunstancial, apto a ser valorado na pena-base, sem, contudo, indicar qualquer subsunção típica adicional. Por conseguinte, como as condutas de filmar e fotografar foram executadas durante o mesmo contexto fático, relativo ao ato sexual conjunto de dois corréus com as duas adolescentes, há duas condutas de subsunção típica única, motivo pelo qual se conclui pela existência de crime único. 6. Diante do afastamento do concurso formal de crimes, de rigor a redução da pena para 4 anos de reclusão. Ademais, como a pena-base foi fixada no mínimo legal, sendo o réu reincidente, de rigor a fixação do regime semiaberto ao paciente, nos termos do art. 33, § 2º, 'c', e § 3º do Código Penal" (PExt no HC 438.080/MG – Rel. Min. Ribeiro Dantas – 5ª Turma – *DJe* 2-9-2019).

Tentativa: admite-se.

Causa de aumento de pena: a pena é aumentada de 1/3 (um terço), se o agente cometer o crime nas hipóteses do § 2º do artigo.

Concurso formal com os crimes de satisfação de lascívia mediante presença de criança ou adolescente (art. 218-A, CP) ou de favorecimento da prostituição ou outra forma de exploração sexual de vulnerável (art. 218-B do CP): é admissível, devendo a pena ser aplicada de acordo com o disposto no art. 70, *caput*, segunda parte, do CP.

Crime hediondo: o crime previsto no § 1º do art. 240 é considerado hediondo, de acordo com o disposto no art. 1º, parágrafo único, VII, da Lei n. 8.072/90, acrescentado pela Lei n. 14.811/2024.

7.14. Fotografia, vídeo ou registro de cena de sexo explícito ou pornográfica

> Art. 241. Vender ou expor à venda fotografia, vídeo ou outro registro que contenha cena de sexo explícito ou pornográfica envolvendo criança ou adolescente:
> Pena – reclusão, de 4 (quatro) a 8 (oito) anos, e multa.
> Sujeito ativo: qualquer pessoa.

Sujeito passivo: a criança ou o adolescente.

Conduta: vem representada pelos verbos "vender" e "expor" à venda fotografia, vídeo ou registro que contenha cena de sexo explícito ou pornográfica envolvendo criança ou adolescente.

Cenas de sexo explícito ou pornográficas: estabelece o art. 241-E que, para efeito dos crimes previstos nesta Lei, a expressão "cena de sexo explícito ou pornográfica" compreende qualquer situação que envolva criança ou adolescente em atividades sexuais explícitas, reais ou simuladas, ou exibição dos órgãos genitais de uma criança ou adolescente para fins primordialmente sexuais.

Elemento subjetivo: dolo.

Consumação: com os atos de "vender" e "expor à venda" fotografia, vídeo ou outro registro contendo as cenas proibidas.

Tentativa: admite-se.

Competência da Justiça Federal: em sede de repercussão geral (Tema 393), o pleno do Supremo Tribunal Federal, no julgamento do RE 628624/MG, em 6-4-2016, sob a relatoria do Ministro Edson Fachin, fixou a seguinte tese: "Compete à Justiça Federal processar e julgar os crimes consistentes em disponibilizar ou adquirir material pornográfico envolvendo criança ou adolescente (arts. 241, 241-A e 241-B da Lei n. 8.069/1990) quando praticados por meio da rede mundial de computadores".

7.15. Transação de fotografia, vídeo ou outro registro de cena de sexo explícito ou pornográfica

> Art. 241-A. Oferecer, trocar, disponibilizar, transmitir, distribuir, publicar ou divulgar por qualquer meio, inclusive por meio de sistema de informática ou telemático, fotografia, vídeo ou outro registro que contenha cena de sexo explícito ou pornográfica envolvendo criança ou adolescente:
>
> Pena – reclusão, de 3 (três) a 6 (seis) anos, e multa.
>
> § 1º Nas mesmas penas incorre quem:
>
> I – assegura os meios ou serviços para o armazenamento das fotografias, cenas ou imagens de que trata o *caput* deste artigo;
>
> II – assegura, por qualquer meio, o acesso por rede de computadores às fotografias, cenas ou imagens de que trata o *caput* deste artigo.
>
> § 2º As condutas tipificadas nos incisos I e II do § 1º deste artigo são puníveis quando o responsável legal pela prestação do serviço, oficialmente notificado, deixa de desabilitar o acesso ao conteúdo ilícito de que trata o *caput* deste artigo.

Sujeito ativo: qualquer pessoa.

Sujeito passivo: a criança e o adolescente.

Conduta: vem representada pelos verbos "oferecer", "trocar", "disponibilizar", "transmitir", "distribuir", "publicar", "divulgar" e "assegurar". A conduta de "assegurar", prevista como figura equiparada no § 1º, refere-se aos meios ou serviços para o armazenamento das fotografias, cenas ou imagens proibidas, ou ainda, ao acesso por rede de computadores.

Condição objetiva de punibilidade: estabelece o § 2º como condição objetiva de punibilidade das figuras previstas pelo § 1º, I e II, a negativa do responsável legal pela prestação do serviço (de armazenamento ou de acesso), após oficialmente notificado, em desabilitar o acesso ao conteúdo ilícito.

Objeto material: é composto pelas fotografias, vídeos ou outros registros que contenham cenas de sexo explícito ou pornográficas envolvendo criança ou adolescente.

Cenas de sexo explícito ou pornográficas: estabelece o art. 241-E que, para efeito dos crimes previstos nesta Lei, a expressão "cena de sexo explícito ou pornográfica" compreende qualquer situação que envolva criança ou adolescente em atividades sexuais explícitas, reais ou simuladas, ou exibição dos órgãos genitais de uma criança ou adolescente para fins primordialmente sexuais.

No Superior Tribunal de Justiça: "V. Hipótese em que o Tribunal *a quo* afastou a tipicidade da conduta dos réus, sob o fundamento de que o ato de divulgar não é sinônimo de publicar, pois "nem todo aquele que divulga, publica", entendendo que os réus divulgavam o material, "de forma restrita, em comunicação pessoal, utilizando a internet", concluindo que não estariam, desta forma, publicando as imagens. VI. Se os recorridos trocaram fotos pornográficas envolvendo crianças e adolescentes pela internet, resta caracterizada a conduta descrita no tipo penal previsto no art. 241 do Estatuto da Criança e do Adolescente, uma vez que permitiram a difusão da imagem para um número indeterminado de pessoas, tornando-as públicas, portanto. VII. Para a caracterização do disposto no art. 241 do Estatuto da Criança e do Adolescente, "não se exige dano individual efetivo, bastando o potencial. Significa não se exigir que, em face da publicação, haja dano real à imagem, respeito à dignidade etc. de alguma criança ou adolescente, individualmente lesados. O tipo se contenta com o dano à imagem abstratamente considerada". VIII. O Estatuto da Criança e do Adolescente garante a proteção integral a todas as crianças e adolescentes, acima de qualquer individualização. IX. A proposta de suspensão condicional do processo incumbe ao Ministério Público, titular da ação penal pública, sendo inviável sua propositura pelo julgador. X. Recurso parcialmente provido, para cassar o acórdão recorrido, dando-se prosseguimento à ação penal instaurada contra os réus (*STJ* – 5ªT., RE 617.221/RJ, Rel. Min. Gilson Dipp, j. 19-10-2004, v.u., *DJ*, 9-2-2005).

Elemento subjetivo: é o dolo.

Consumação: ocorre com a efetiva prática das condutas incriminadas, independentemente de qualquer resultado naturalístico. Trata-se de crime formal.

Tentativa: admite-se.

Crime de computador: internet e imagem pornográfica. "'*Publicar*': *difundir imagem para número indeterminado de pessoas. Não se restringe, portanto, a revistas e jornais, alcançando a internet*" (STF – HC 76.689-0/PB – Rel. Min. Sepúlveda Pertence – (*DJ*, 6-11-1998, p. 3).

Competência da Justiça Federal: em sede de repercussão geral (Tema 393), o pleno do Supremo Tribunal Federal, no julgamento do RE 628624/MG, em 6-4-2016, sob a relatoria do Ministro Edson Fachin, fixou a seguinte Tese: "Compete à Justiça Federal processar e julgar os crimes consistentes em disponibilizar ou adquirir material pornográfico envolvendo criança ou adolescente (arts. 241, 241-A e 241-B da Lei n. 8.069/1990) quando praticados por meio da rede mundial de computadores".

7.16. Aquisição, posse ou armazenamento de fotografia, vídeo ou registro de cena de sexo explícito ou pornográfica

Art. 241-B. Adquirir, possuir ou armazenar, por qualquer meio, fotografia, vídeo ou outra forma de registro que contenha cena de sexo explícito ou pornográfica envolvendo criança ou adolescente:

Pena – reclusão, de 1 (um) a 4 (quatro) anos, e multa.

§ 1º A pena é diminuída de 1 (um) a 2/3 (dois terços) se de pequena quantidade o material a que se refere o *caput* deste artigo.

§ 2º Não há crime se a posse ou o armazenamento tem a finalidade de comunicar às autoridades competentes a ocorrência das condutas descritas nos arts. 240, 241, 241-A e 241-C desta Lei, quando a comunicação for feita por:

I – agente público no exercício de suas funções;

II – membro de entidade, legalmente constituída, que inclua, entre suas finalidades institucionais, o recebimento, o processamento e o encaminhamento de notícia dos crimes referidos neste parágrafo;

III – representante legal e funcionários responsáveis de provedor de acesso ou serviço prestado por meio de rede de computadores, até o recebimento do material relativo à notícia feita à autoridade policial, ao Ministério Público ou ao Poder Judiciário.

§ 3º As pessoas referidas no § 2º deste artigo deverão manter sob sigilo o material ilícito referido.

Sujeito ativo: qualquer pessoa.

Sujeito passivo: a criança ou adolescente.

Conduta: vem representada pelos verbos "adquirir", "possuir" ou "armazenar". Com relação à posse ou armazenamento, não há crime quando a conduta se dá nas hipóteses elencadas no § 2º.

Objeto material: é composto pelas fotografias, vídeos ou outros registros que contenham cenas de sexo explícito ou pornográficas envolvendo criança ou adolescente.

Cenas de sexo explícito ou pornográficas: estabelece o art. 241-E que, para efeito dos crimes previstos nesta Lei, a expressão "cena de sexo explícito ou pornográfica" compreende qualquer situação que envolva criança ou adolescente em atividades sexuais explícitas, reais ou simuladas, ou exibição dos órgãos genitais de uma criança ou adolescente para fins primordialmente sexuais.

Elemento subjetivo: é o dolo.

Consumação: ocorre com a efetiva prática das condutas incriminadas, independentemente de qualquer resultado naturalístico. Trata-se de crime formal.

Tentativa: admite-se.

Causa de diminuição de pena: a pena é diminuída de 1 (um) a 2/3 (dois terços), de acordo com o disposto no § 1º, se de pequena quantidade o material adquirido, possuído ou armazenado.

Finalidade de comunicar às autoridades competentes: se o armazenamento ou posse do material proibido tiver como finalidade a comunicação às autoridades competentes acerca das condutas proibidas, não haverá crime. Nesse caso, entretanto, o agente terá que se inserir em uma das categorias elencadas nos incisos I, II e III do § 2º.

Sigilo: na hipótese do item acima, segundo dispõe o § 3º, as pessoas inseridas nas categorias elencadas nos incisos I, II e III do § 2º deverão manter sob sigilo o material proibido.

Competência da Justiça Federal: em sede de repercussão geral (Tema 393), o pleno do Supremo Tribunal Federal, no julgamento do RE 628624/MG, em 6-4-2016, sob a relatoria do Ministro Edson Fachin, fixou a seguinte Tese: "Compete à Justiça Federal processar e julgar os crimes consistentes em disponibilizar ou adquirir material pornográfico envolvendo criança ou adolescente (arts. 241, 241-A e 241-B da Lei n. 8.069/1990) quando praticados por meio da rede mundial de computadores".

Crime hediondo: esse crime previsto no art. 241-B é considerado hediondo, de acordo com o disposto no art. 1º, parágrafo único, VII, da Lei n. 8.072/90, acrescentado pela Lei n. 14.811/2024.

7.17. Simulação de participação de criança ou adolescente em cena de sexo explícito ou pornográfica

> Art. 241-C. Simular a participação de criança ou adolescente em cena de sexo explícito ou pornográfica por meio de adulteração, montagem ou modificação de fotografia, vídeo ou qualquer outra forma de representação visual:
>
> Pena – reclusão, de 1 (um) a 3 (três) anos, e multa.
>
> Parágrafo único. Incorre nas mesmas penas quem vende, expõe à venda, disponibiliza, distribui, publica ou divulga por qualquer meio, adquire, possui ou armazena o material produzido na forma do *caput* deste artigo.

Sujeito ativo: qualquer pessoa.

Sujeito passivo: a criança ou adolescente.

Conduta: vem representada pelo verbo "simular". No parágrafo único, também estão previstas as condutas "vender", "expor à venda", "disponibilizar", "distribuir", "publicar", "divulgar", adquirir", "possuir" ou "armazenar".

Objeto material: é composto pelas fotografias, vídeos ou outros registros, adulterados, montados ou modificados, que contenham cenas de sexo explícito ou pornográficas envolvendo criança ou adolescente.

Cenas de sexo explícito ou pornográficas: estabelece o art. 241-E que, para efeito dos crimes previstos nesta Lei, a expressão "cena de sexo explícito ou pornográfica" compreende qualquer situação que envolva criança ou adolescente em atividades sexuais explícitas, reais ou simuladas, ou exibição dos órgãos genitais de uma criança ou adolescente para fins primordialmente sexuais.

Elemento subjetivo: é o dolo.

Consumação: ocorre com a efetiva prática das condutas incriminadas, independentemente de qualquer resultado naturalístico. Trata-se de crime formal.

Tentativa: admite-se.

7.18. Aliciamento, assédio, instigação ou constrangimento para a prática de ato libidinoso

> Art. 241-D. Aliciar, assediar, instigar ou constranger, por qualquer meio de comunicação, criança, com o fim de com ela praticar ato libidinoso:
>
> Pena – reclusão, de 1 (um) a 3 (três) anos, e multa.
>
> Parágrafo único. Nas mesmas penas incorre quem:
>
> I – facilita ou induz o acesso à criança de material contendo cena de sexo explícito ou pornográfica com o fim de com ela praticar ato libidinoso;
>
> II – pratica as condutas descritas no *caput* deste artigo com o fim de induzir criança a se exibir de forma pornográfica ou sexualmente explícita.

Sujeito ativo: qualquer pessoa.

Sujeito passivo: a criança. Nesse dispositivo, o legislador não se referiu a "adolescente" como fez nos artigos anteriores.

Conduta: vem representada pelos verbos "aliciar", "assediar", "instigar" e "constranger". No parágrafo único ainda estão previstas as condutas "facilitar" e "induzir". Nas condutas do *caput* do artigo, deve haver a finalidade específica do agente de praticar ato libidinoso com a criança, o mesmo ocorrendo com as figuras do parágrafo único, I. Já na figura do parágrafo único, II, a finalidade do agente deve ser de induzir a criança a se exibir de forma pornográfica ou sexualmente explícita.

Elemento subjetivo: é o dolo. Tanto no *caput* quanto no § único, deve haver elemento subjetivo específico, consistente na finalidade de praticar com a criança ato libidinoso ou de induzi-la a se exibir de forma pornográfica ou sexualmente explícita.

Consumação: ocorre com a efetiva prática das condutas incriminadas, independentemente de qualquer resultado naturalístico. Trata-se de crime formal.

Tentativa: admite-se.

7.19. Cena de sexo explícito ou pornográfica

> Art. 241-E. Para efeito dos crimes previstos nesta Lei, a expressão "cena de sexo explícito ou pornográfica" compreende qualquer situação que envolva criança ou adolescente em atividades sexuais explícitas, reais ou simuladas, ou exibição dos órgãos genitais de uma criança ou adolescente para fins primordialmente sexuais.

Cena de sexo explícito ou pornográfica: nesse dispositivo o legislador definiu o que se deve entender como cena de sexo explícito ou pornográfica, expressão que compreende qualquer situação que envolva criança ou adolescente em atividades sexuais explícitas, reais ou simuladas, ou exibição de órgãos genitais para fins primordialmente sexuais.

Pornografia infantil: *vide* Protocolo Facultativo à Convenção sobre os Direitos da Criança referente à venda de crianças, à prostituição infantil e à pornografia infantil, promulgado no Brasil pelo Decreto n. 5.007, de 8 de março de 2004.

7.20. Venda, fornecimento ou entrega de arma, munição ou explosivo a criança ou adolescente

> Art. 242. Vender, fornecer ainda que gratuitamente ou entregar, de qualquer forma, a criança ou adolescente arma, munição ou explosivo:
> Pena – reclusão, de 3 (três) a 6 (seis) anos.

Sujeito ativo: qualquer pessoa.

Sujeito passivo: a criança ou o adolescente.

Conduta: vem representada pelos verbos "vender", "fornecer" e "entregar", a título oneroso ou gratuito.

Objeto material: o objeto material é arma, munição ou explosivo. Nesse ponto encontra-se mais visível a distinção do dispositivo em comento com o art. 16, V, da Lei n. 10.826/2003 (Estatuto do Desarmamento), que se refere à conduta de "vender, entregar ou fornecer, ainda que gratuitamente, *arma de fogo*, acessório, munição ou explosivo a criança ou adolescente" (grifo nosso). Portanto, se a venda, fornecimento ou entrega a criança ou adolescente for de *arma de fogo*, estará configurada a hipótese criminosa do art. 16, V, da Lei n. 10.826/2003. Caso a venda, fornecimento ou entrega a criança ou adolescente for de qualquer outra arma, que não arma de fogo, estará configurada a hipótese deste art. 242 ora analisado.

Elemento subjetivo: dolo.

Consumação: ocorre com a efetiva venda, fornecimento ou entrega, de qualquer forma, a título oneroso ou gratuito.

Tentativa: admite-se.

Pena: conforme alteração introduzida pela Lei n. 10.764/2003, a pena passou a ser de reclusão de 3 a 6 anos.

7.21. Venda, fornecimento ou entrega, sem justa causa, a criança ou adolescente de produtos cujos componentes possam causar dependência física ou psíquica

> Art. 243. Vender, fornecer, servir, ministrar ou entregar, ainda que gratuitamente, de qualquer forma, a criança ou adolescente, bebida alcoólica ou, sem justa causa, outros produtos cujos componentes possam causar dependência física ou psíquica:
> Pena – detenção de 2 (dois) a 4 (quatro) anos, e multa, se o fato não constitui crime mais grave.

Sujeito ativo: qualquer pessoa.

Sujeito passivo: a criança ou o adolescente.

Conduta: vem caracterizada pelos verbos "vender", "fornecer", "servir", "ministrar" e "entregar". Não haverá crime se ocorrer *justa causa* para a prática da conduta, nas hipóteses em que o objeto material do crime for representado por *produtos cujos componentes podem causar dependência física ou psíquica, ainda que por utilização indevida* ("cola de sapateiro", acetona, éter, esmalte de unha, bebida alcoólica etc.). Com relação à bebida alcoólica, não há que falar em justa causa, caracterizando-se o delito com a simples prática de qualquer modalidade de conduta. Nesse sentido, a nova redação do citado artigo, dada pela Lei n. 13.106/2015, visou punir expressamente qualquer tipo de fornecimento de bebidas alcoólicas a crianças e adolescentes, revogando expressamente o inciso I do art. 63 do Decreto-Lei n. 3.688/41 – Lei das Contravenções Penais.

Drogas: se a substância for considerada *droga* (Portaria n. 344/98 – SVS-MS) estará configurado o crime do art. 33 da Lei n. 11.343/2006.

Elemento subjetivo: dolo.

Consumação: ocorre com a efetiva prática de uma das modalidades de conduta.

Tentativa: admite-se.

Pena: conforme alteração introduzida pela Lei n. 10.764/2003, a pena passou a ser de detenção de 2 a 4 anos, se o fato não constituir crime mais grave.

7.22. Venda, fornecimento ou entrega de fogos de estampido ou de artifício a criança ou adolescente

> Art. 244. Vender, fornecer ainda que gratuitamente ou entregar, de qualquer forma, a criança ou adolescente fogos de estampido ou de artifício, exceto aqueles que, pelo seu reduzido potencial, sejam incapazes de provocar qualquer dano físico em caso de utilização indevida:
> Pena – detenção de 6 (seis) meses a 2 (dois) anos, e multa.

Sujeito ativo: qualquer pessoa.

Sujeito passivo: a criança ou o adolescente.

Conduta: vem representada pelos verbos "vender", "fornecer" e "entregar". O fornecimento poder dar-se a título oneroso ou gratuito. A entrega poder ser de qualquer forma. O objeto material é constituído por *fogos de estampido ou de artifício*. A lei excetua os fogos de estampido ou de artifício que, *pelo seu reduzido potencial, sejam incapazes de provocar qualquer dano físico em caso de utilização indevida*.

Elemento subjetivo: dolo.

Consumação: com a efetiva venda, fornecimento ou entrega. Trata-se de crime de perigo abstrato (presumido), pois a lei não condiciona a ocorrência do ilícito à demonstração do perigo a que deve ser exposta a criança ou o adolescente.

Tentativa: admite-se.

7.23. Submissão de criança ou adolescente à prostituição e à exploração sexual

> Art. 244-A. Submeter criança ou adolescente, como tais definidos no *caput* do art. 2º desta Lei, à prostituição ou à exploração sexual:
>
> Pena – reclusão de quatro a dez anos e multa, além da perda de bens e valores utilizados na prática criminosa em favor do Fundo dos Direitos da Criança e do Adolescente da unidade da Federação (Estado ou Distrito Federal) em que foi cometido o crime, ressalvado o direito de terceiro de boa-fé.
>
> § 1º Incorrem nas mesmas penas o proprietário, o gerente ou o responsável pelo local em que se verifique a submissão de criança ou adolescente às práticas referidas no *caput* deste artigo.
>
> § 2º Constitui efeito obrigatório da condenação a cassação da licença de localização e de funcionamento do estabelecimento.

Sujeito ativo: qualquer pessoa.

Sujeito passivo: a criança ou o adolescente.

Conduta: vem representada pelo verbo "submeter" (sujeitar, subjugar). A criança e o adolescente devem ser submetidos à prostituição (relações sexuais por dinheiro) ou à exploração sexual (de qualquer natureza).

Vítimas já iniciadas na prostituição: "PENAL. EXPLORAÇÃO SEXUAL. ART. 244-A DO ECA. RÉUS QUE SE APROVEITAM DOS SERVIÇOS PRESTADOS. VÍTIMAS JÁ INICIADAS NA PROSTITUIÇÃO. NÃO ENQUADRAMENTO NO TIPO PENAL. EXPLORAÇÃO POR PARTE DOS AGENTES NÃO CONFIGURADA. RECURSO ESPECIAL IMPROVIDO. 1. O Superior Tribunal de Justiça tem entendimento no sentido de que o crime previsto no art. 244-A do ECA não abrange a figura do cliente ocasional, diante da ausência de exploração sexual nos termos da definição legal. Exige-se a submissão do infante à prostituição ou à exploração sexual, o que não ocorreu no presente feito. REsp 884.333/SC, Rel. Min. GILSON DIPP, Quinta Turma, *DJ*, 29-6-2007. 2. Recurso especial improvido" (STJ – REsp 820018/MS – Rel. Min. Arnaldo Esteves Lima – 5ª T. – *DJe*, 15-6-2009).

No mesmo sentido: "I. O crime previsto no art. 244-A do ECA não abrange a figura do cliente ocasional, diante da ausência de 'exploração sexual' nos termos da definição legal. II. Hipótese em que o réu contratou adolescente, já entregue à prostituição, para a prática de conjunção carnal, o que não encontra enquadramento na definição legal do art. 244-A do ECA, que exige a submissão do infante à prostituição ou à exploração sexual. III. Caso em que a adolescente afirma que, arguida pelo réu acerca de sua idade, teria alegado ter 18 anos de idade e ter perdido os documentos, o que afasta o dolo da conduta do recorrido. IV. A ausência de certeza quanto à menoridade da 'vítima' exclui o dolo, por não existir no agente a vontade de realizar o tipo objetivo. E, em se tratando de delito para o qual não se permite punição por crime culposo, correta a conclusão a que se chegou nas instâncias ordinárias, de absolvição do réu. V. Recurso desprovido" (STJ – REsp 884333/SC – Rel. Min. Gilson Dipp – 5ª T. – *DJ*, 29-6-2007 – p. 708).

Elemento subjetivo: dolo.

Consumação: com a efetiva submissão da criança ou adolescente à prostituição ou à exploração sexual.

Nesse sentido: "Para a configuração do delito de exploração sexual de criança e adolescente, previsto no art. 244-A do ECA, basta a submissão da vítima à prostituição ou exploração sexual, sendo irrelevante o seu consentimento. Recurso especial conhecido e provido para restabelecer a sentença condenatória" (STJ – REsp 1104802/RS – Rel. Min. Arnaldo Esteves Lima – 5ªT. – *DJe*, 3-8-2009).

Tentativa: admite-se.

Figura equiparada: estabelece o § 1º que incorrem nas mesmas penas o proprietário, o gerente ou o responsável pelo local em que se verifique a submissão de criança ou adolescente à prostituição ou à exploração sexual.

Efeito da condenação: constitui efeito obrigatório da condenação, segundo dispõe o § 2º, a cassação da licença de localização ou de funcionamento do estabelecimento.

7.24. Corrupção de criança ou adolescente

> Art. 244-B. Corromper ou facilitar a corrupção de menor de 18 (dezoito) anos, com ele praticando infração penal ou induzindo-o a praticá-la:
>
> Pena – reclusão, de 1 (um) a 4 (quatro) anos.

Conceito de corrupção de criança ou adolescente: a corrupção de criança ou adolescente tratada no presente dispositivo decorre da deturpação da formação da personalidade do menor de 18 (dezoito) anos, no específico aspecto de sua inserção na criminalidade. Esse artigo foi inserido no ECA pela Lei n. 12.015/2009, que revogou expressamente a Lei n. 2.252/54 (Lei de Corrupção de Menores). O legislador repetiu literalmente a disposição do *caput* do artigo e acrescentou os parágrafos primeiro e segundo. A redação do *caput* é deficiente e antiquada, tendo gerado, por anos, severo dissídio jurisprudencial e doutrinário no que tange à consumação do crime. Perdeu o legislador uma excelente oportunidade de modernizar a descrição típica, revelando, de vez, a intenção de proteção integral à criança e ao adolescente.

Objetividade jurídica: a norma penal se destina à *proteção da infância e juventude*, tendo por objetivo que os maiores imputáveis não pratiquem, em concurso com crianças ou adolescentes, infrações penais e que, também, não os induzam a tanto.

Sujeito ativo: qualquer pessoa.

Sujeito passivo: o menor de 18 anos, criança ou adolescente.

Conduta: constituem condutas típicas "corromper" (perverter, estragar) e "facilitar a corrupção" (tornar fácil a corrupção, a perversão). As formas de conduta devem ser desenvolvidas praticando a infração penal com o menor de 18 anos ou induzindo-o a praticá-la. Na primeira hipótese, o agente tem o menor de 18 anos como seu coautor ou partícipe na infração penal. Na segunda hipótese, o agente induz o menor de 18 anos a praticar a infração penal: o menor torna-se autor da infração (ato infracional), e o agente torna-se partícipe (participação moral na modalidade induzimento).

Ato infracional: em ambas as modalidades de conduta, o menor de 18 anos pratica ato infracional (art. 103 do Estatuto da Criança e do Adolescente).

Elemento subjetivo: dolo.

Consumação: ocorre com a mera prática de infração penal com menor de 18 anos ou com o mero induzimento a praticá-la, presumindo-se a corrupção. Trata-se de crime formal, que independe da efetiva comprovação da corrupção ou da facilitação da corrupção do menor de 18 anos.

Inovação legislativa: tendo o legislador inserido no art. 244-B a figura típica já existente no art. 1º da Lei n. 2.252/54 (revogado), deu indicação clara de que a norma, agora, visa a proteção integral da infância e juventude, nos termos do preceito constitucional estampado no art. 227 da CF. Assim sendo, a mera prática de infração penal com menor de 18 anos ou o mero induzimento a praticá-la, já caracterizam o crime, presumindo-se a corrupção. Trata-se, portanto, após a inovação legislativa, de crime formal, que independe para a sua consumação da efetiva comprovação da corrupção ou da facilitação da corrupção do menor de 18 anos.

Súmula 500 do STJ: "A configuração do art. 244-B do ECA independe da prova da efetiva corrupção do menor, por se tratar de delito formal."

Tentativa: admite-se.

Ação penal: pública incondicionada.

Juizado Especial Criminal: o processo por crime de corrupção de menores não se sujeita ao rito da Lei n. 9.099/95, uma vez que não se trata de crime de menor potencial ofensivo. Entretanto, é possível a suspensão condicional do processo, desde que preenchidos os requisitos legais (art. 89 da Lei n. 9.099/95).

> § 1º Incorre nas penas previstas no *caput* deste artigo quem pratica as condutas ali tipificadas utilizando-se de quaisquer meios eletrônicos, inclusive salas de bate-papo da internet.

Esse parágrafo foi inserido pela Lei n. 12.015/2009, inexistindo na antiga redação do crime de corrupção de menores previsto na revogada Lei n. 2.252/54.

O parágrafo apenas explicita o modo de execução do crime, deixando clara a configuração das condutas do *caput* por quaisquer meios eletrônicos (internet e suas múltiplas ferramentas, redes sociais, *instagram, whatsapp, twitter, facebook, e-mail* etc.), inclusive "salas de bate-papo" virtuais (*chats*).

> § 2º As penas previstas no *caput* deste artigo são aumentadas de um terço no caso de a infração cometida ou induzida estar incluída no rol do art. 1º da Lei n. 8.072, de 25 de julho de 1990.

Esse parágrafo também foi incluído pela Lei n. 12.015/2009, inexistindo na redação original da revogada Lei n. 2.252/54.

Trata-se de uma causa de aumento de pena de um terço, incidente quando a corrupção ou facilitação dela tiver como objeto crimes hediondos, assim considerados aqueles inseridos no rol do art. 1º da Lei n. 8.072/90. Silenciou o legislador sobre os crimes assemelhados ou equiparados a hediondos, ou seja, o tráfico de drogas, o terrorismo e a tortura. Cremos, entretanto, que devem ser incluídos tais crimes na causa de aumento do § 2º, uma vez que o intuito do legislador foi justamente o de majorar a pena daqueles que praticarem com criança ou adolescente, ou induzi-los a praticar, crimes de acentuada gravidade, como o são os hediondos, não havendo razão lógica para excluir os assemelhados a hediondos (que recebem o mesmo tratamento legal), ainda mais à vista da adoção, pelo ECA, da Doutrina da Proteção Integral. Nesse caso, prevalecem os interesses da criança e do adolescente.

7.25. Omissão na comunicação de desaparecimento de criança ou adolescente

> Art. 244-C. Deixar o pai, a mãe ou o responsável legal, de forma dolosa, de comunicar à autoridade pública o desaparecimento de criança ou adolescente:
> Pena – reclusão, de 2 (dois) a 4 (quatro) anos, e multa.

Sujeito ativo: somente pode ser o pai, a mãe ou o responsável legal pela criança ou adolescente. Trata-se de crime próprio.

Sujeito passivo: a criança ou o adolescente.

Conduta: vem representada pelo verbo "deixar", denotando omissão própria. O desaparecimento de criança ou adolescente é um problema social que pode ter várias causas, como tráfico infantil, exploração sexual, conflitos familiares, uso de drogas, trabalho escravo, adoção ilegal, entre outros. Em caso de desaparecimento de uma criança ou adolescente, deve-se agir imediatamente e comunicar as autoridades competentes, como as polícias, o Conselho Tutelar e qualquer outra autoridade pública que puder auxiliar nas providências visando a localização do desaparecido.

Elemento subjetivo: é o dolo. O tipo penal prevê expressamente que o crime somente se configura se a omissão for dolosa, intencional. Se a omissão for culposa, por imprudência ou negligência, não estará configurado ilícito penal, podendo, entretanto, os pais ou responsável legal sofrerem sanções civis decorrentes da sua incúria.

Consumação: com a omissão na comunicação à autoridade pública do desaparecimento da criança ou adolescente. É crime de mera conduta. Trata-se, ademais, de crime omissivo, já que existe um dever legal de proteção que recai sobre o pai, a mãe ou o responsável (art. 13, § 2º, *a*, CP).

Tentativa: não se admite, uma vez que se trata de crime omissivo.

8. A proteção da criança e do adolescente em juízo: individual e coletiva

A proteção da criança e do adolescente em juízo pode ser *individual* e *coletiva*.

A proteção coletiva dá-se por meio de *ação civil pública* (art. 223), proposta nos termos do disposto nos arts. 208 e 209.

Têm legitimidade para essas ações civis públicas o Ministério Público, a União, os Estados, os Municípios, o Distrito Federal e os Territórios, além das associações legalmente constituídas há pelo menos um ano e que incluam entre seus fins institucionais a defesa dos interesses e direitos protegidos pelo ECA, dispensada a autorização da assembleia, se houve prévia autorização estatutária (art. 210).

A proteção individual é feita por meio de todas as espécies de ações pertinentes (art. 212) e, fundamentalmente, pela *ação mandamental* (art. 212, § 2º) e pelo *mandado de segurança*.

8 Crime da Lei de Alimentos
Lei n. 5.478/68

1. Introdução

Na precisa lição de Silvio Rodrigues (*Direito Civil. Direito de Família*. V. 6. São Paulo: Saraiva, 1995), "alimentos, em Direito, denomina-se a prestação fornecida a uma pessoa, em dinheiro ou em espécie, para que possa atender às necessidades da vida. A palavra tem conotação muito mais ampla do que na linguagem vulgar, em que significa o necessário para o sustento. Aqui se trata não só do sustento, como também do vestuário, habitação, assistência médica em caso de doença, enfim de todo o necessário para atender às necessidades da vida; e, em se tratando de criança, abrange o que for preciso para sua instrução".

Assim, por alimentos deve ser entendido tudo aquilo que é capaz de propiciar à pessoa as condições necessárias à sua sobrevivência, respeitados os seus padrões sociais.

A natureza jurídica do direito à prestação alimentar, segundo nos parece, é de um direito de conteúdo patrimonial e finalidade pessoal, pois os alimentos se inserem no plano econômico do alimentante e do alimentando, tendo o encargo alimentar como fundamento o princípio da solidariedade entre os membros que compõem o núcleo familiar.

2. Crime em espécie

> Art. 22. Constitui crime contra a administração da justiça deixar o empregador ou funcionário público de prestar ao juízo competente as informações necessárias à instrução de processo ou execução de sentença ou acordo que fixe pensão alimentícia:
>
> Pena – Detenção de 6 (seis) meses a 1 (um) ano, sem prejuízo da pena acessória de suspensão do emprego de 30 (trinta) a 90 (noventa) dias.
>
> Parágrafo único. Nas mesmas penas incide quem, de qualquer modo, ajuda o devedor a eximir-se ao pagamento de pensão alimentícia judicialmente acordada, fixada ou majorada, ou se recusa, ou procrastina a executar ordem de descontos em folhas de pagamento, expedida pelo juiz competente.

Objetividade jurídica: proteção à Administração da Justiça no que tange à garantia do cumprimento das determinações judiciais. Secundariamente, tutela-se a assistência ao alimentado.

Sujeito ativo: na figura do *caput*, trata-se de crime próprio, tendo como sujeito ativo somente o empregador ou o funcionário público responsável pela prestação ao juízo competente das informações necessárias. Na figura do parágrafo único, sujeito ativo pode ser qualquer pessoa que, de qualquer modo, ajudar o devedor a eximir-se do pagamento da pensão alimentícia judicialmente acordada, fixada ou majorada, bem como aquela que se recusar a obedecer ou procrastinar a execução de ordem de descontos em folhas de pagamento.

Sujeito passivo: é o Estado, e secundariamente, a pessoa lesada pelo não recebimento da pensão alimentícia.

Conduta: a conduta incriminada no *caput* do artigo vem representada pela expressão *deixar de prestar* (não atender), referindo-se às informações necessárias à instrução de processo ou execução de sentença ou acordo que fixe pensão alimentícia. No parágrafo único, as condutas incriminadas são *ajudar* (auxiliar) o devedor a eximir-se ao pagamento de pensão alimentícia judicialmente acordada, fixada ou majorada, ou *se recusar* (rejeitar, rechaçar) ou *procrastinar* (atrasar, deixar para mais tarde, demorar) a execução de ordem de descontos em folhas de pagamento, expedida pelo juiz competente.

Prazo para o cumprimento da ordem: se o juízo competente fixar prazo para o cumprimento da ordem, o crime estará consumado ao cabo desse prazo, em não havendo o atendimento. Caso não haja prazo fixado para o atendimento da ordem, a praxe forense tem fixado prazo de 30 (trinta) dias.

Objeto material: são as informações necessárias à instrução de processo ou execução de sentença ou acordo que fixe pensão alimentícia.

Elemento subjetivo: é o dolo. Não se admite a modalidade culposa.

Ciência inequívoca do destinatário: a ordem deve ser transmitida diretamente ao destinatário, que dela deve ter ciência inequívoca.

Consumação: as condutas de *deixar de prestar* e *se recusar* são crimes omissivos próprios, consumando-se com a simples conduta negativa. As condutas de *ajudar* e *procrastinar* são comissivas, consumando-se com a realização do resultado.

Tentativa: inadmissível nos casos das condutas elencadas como crimes omissivos próprios.

Ação penal: pública incondicionada.

Procedimento: sumaríssimo, regido pela Lei n. 9.099/95, cabendo transação.

Pena acessória: as penas acessórias foram abolidas pela reforma penal de 1984 (Lei n. 7.209/84), de modo que não mais subsiste a suspensão do emprego de 30 a 90 dias para o sujeito ativo.

9 Crime Organizado
Lei n. 12.850/2013

1. A evolução legislativa da definição de crime organizado, organização criminosa e associação criminosa

1.1. Noções gerais

Até o ano de 1995, o Brasil não contava com uma definição legal de crime organizado ou de organização criminosa e nem tampouco com uma legislação específica que tratasse dos meios legais de combate e essa incipiente modalidade criminosa.

A Lei n. 9.034/95 trouxe inegável evolução no trato da criminalidade organizada, dispondo sobre a utilização de meios operacionais para a prevenção e repressão de ações praticadas por organizações criminosas.

A referida lei não era perfeita, embora representasse sensível avanço no trato do crime organizado, tendo sofrido severas críticas da doutrina especializada.

Um dos aspectos mais criticados da lei foi justamente que a redação primitiva do art. 1º referia-se apenas a "ações praticadas por quadrilha ou bando", gerando confusão doutrinária e jurisprudencial acerca dos efetivos contornos da expressão "crime organizado".

Isto porque equiparava o bando ou quadrilha ao crime organizado, fazendo crer a muitos doutrinadores que, necessariamente, o conceito de crime organizado deveria conter os elementos daquele delito.

Foi somente com a edição da Lei n. 10.217/2001, que a noção de crime organizado foi alargada, passando a abranger não apenas os ilícitos decorrentes de ações praticadas por quadrilha ou bando, mas também aqueles envolvendo as "organizações ou associações criminosas de qualquer tipo".

1.2. Organizações criminosas na Lei n. 10.217/2001

Não obstante a redação dada ao art. 1º da Lei n. 9.034/95 pela Lei n. 10.217/2001, o problema da conceituação de crime organizado não estava solucionado, uma vez que surgiram mais dúvidas ainda sobre a eventual equiparação de bando ou quadrilha a organização criminosa, e mesmo sobre a distinção entre organização criminosa e associação criminosa.

Diante da omissão conceitual da legislação, passaram os estudiosos a considerar que, em vez de conceituar o crime organizado, suportando o risco de ver o conceito desatualizado com o passar dos anos e com o incremento da tecnologia criminosa, melhor seria identificar os elementos constitutivos básicos do crime organizado, de maneira a identificá-lo e assim rotulá-lo à vista da análise da situação concreta apresentada.

Partindo de uma perspectiva de política criminal para a fixação dos critérios de determinação do crime organizado, o professor Guillermo J. Yacobucci (*El crimen organizado – Desafíos y perspectivas en el marco de la globalización*. Buenos Aires: Editorial Ábaco de Rodolfo Depalma, 2005, p. 55) esclarece: "Un estudio comparativo de los sistemas penales permite discernir lo que es considerado de manera más o menos precisa el núcleo de la ilicitud que caracterizaría desde una perspectiva político-criminal al crimen organizado. En ese campo, una primera conclusión es que lo determinante a la hora de ponderar los comportamientos u omisiones como constitutivos de delincuencia organizada es la mayor capacidad de amenaza y la tranquilidad pública que supone una estructura tendiente, básicamente, a delinquir. De esa forma, lo que se presenta como núcleo de interés político es la organización criminal en si misma, entendida como entidad que amenaza las regulaciones del Estado, incluso antes de concretar algún hecho ilícito. Por eso se suele distinguir entre la conducta asociativa misma y los delitos fines que se propone realizar orgánicamente.

Esta asociación delictiva, sin embargo, debe representar un mayor grado de agresión o peligro que la simple sumatoria de personas. Por eso se habla de organización o criminalidad organizada. La estructuración de los participantes es un punto relevante en la cuestión en tanto suponen medios y personas orientados a delinquir en ámbitos sensibles de la convivencia. Desde ese punto de vista, importa el nivel de amenaza que representa para el orden público en general, para las instituciones políticas del Estado pero también, y en especial, para el sistema socioeconómico y el respeto por las reglas de juego que regulan los intercambios sociales".

Nesse sentido, a política criminal aponta como integrante do conceito de crime organizado a atividade grupal, mais ou menos estável, ordenada para a prática de delitos considerados graves. O Conselho da União Europeia, em 1998, descreveu a organização criminosa como uma associação estruturada de mais de duas pessoas, com estabilidade temporal, que atua de maneira concertada com a finalidade de cometer delitos que contemplem uma pena privativa de liberdade pessoal ou medida de segurança de igual característica, não inferior a quatro anos, ou com pena mais grave, delitos que tenham como finalidade em si mesma ou sejam meio de obter um benefício material, ou para influir indevidamente na atividade da autoridade pública.

1.3. A Convenção de Palermo

A Convenção das Nações Unidas contra o Crime Organizado Transnacional, de 15 de dezembro de 2000, com sede em Palermo, no art. 2º, definiu organização criminosa como "grupo estruturado de três ou mais pessoas, existente há algum tempo e atuando concertadamente com o fim de cometer infrações graves, com a intenção de obter benefício econômico ou moral". Essa Convenção foi ratificada, no Brasil, pelo Decreto Legislativo n. 231/2003, integrando o ordenamento jurídico nacional com a promulgação do Decreto n. 5.015, de 12-3-2004.

Assim, para a existência de uma organização criminosa, segundo a Convenção, são necessários os seguintes elementos:

a) atuação conjunta de, no mínimo, três pessoas;

b) estrutura organizacional;

c) estabilidade temporal;

d) atuação concertada;

e) finalidade de cometer infrações graves;

f) intenção de obter benefício econômico ou moral.

1.4. Colegiado para o processo e julgamento dos crimes praticados por organizações criminosas

A Lei n. 12.694/2012, visando preservar a segurança das autoridades judiciárias, estabeleceu que, em processos ou procedimentos que tenham por objeto crimes praticados por organizações criminosas, o juiz poderá decidir pela formação de colegiado para a prática de qualquer ato processual.

A figura do "juiz sem rosto" ou "juiz anônimo" não é nova no ordenamento jurídico mundial, já tendo sido adotada em diversos países como Colômbia, Peru, México e Nicarágua com o objetivo de conferir, em situações de excepcional gravidade, segurança aos magistrados que atuam em processos envolvendo crime organizado e organizações criminosas de qualquer natureza.

Na Europa, a Itália se destacou no combate ao crime organizado, principalmente a partir de 1992, quando a denominada "operação mãos limpas" foi iniciada pelo promotor Antonio di Pietro, para combater a corrupção que então assolava o país, envolvendo em tráfico de influência e corrupção diversos líderes políticos, ex-chefes de governo e empresários poderosos que foram parar no banco dos réus. As investigações envolviam a máfia, colocando em risco a vida e a integridade corporal dos promotores, juízes e suas famílias, sendo adotada então, na época, figura assemelhada ao "juiz sem rosto" que, embora de contornos diferentes, preservava a identidade das autoridades judiciárias envolvidas nas investigações e julgamentos.

No Brasil, essa figura também já foi discutida por ocasião da análise do Projeto de Lei do Senado n. 87, de 2003, de autoria do então senador Hélio Costa, suscitando intensos debates acerca, primordialmente, da constitucionalidade de um julgamento sem a identificação formal do julgador.

A Lei n. 12.694/2012, é bom que se diga, não criou a figura do "juiz sem rosto" ou "juiz anônimo", mas sim instituiu a possibilidade de formação de um colegiado de juízes para a prática de qualquer ato processual em processos ou procedimentos que tenham por objeto crimes praticados por organizações criminosas.

Assim, nos casos de decretação de prisão ou de medidas assecuratórias, concessão de liberdade provisória ou revogação de prisão, prolação de sentenças, decisões sobre progressão ou regressão de regime de cumprimento de pena, concessão de liberdade condicional, transferência de preso para estabelecimento prisional de segurança máxima e inclusão do preso no regime disciplinar diferenciado, dentre outras, o juiz natural poderá instaurar o colegiado, indicando os motivos e as circunstâncias que acarretam risco à sua integridade física em decisão fundamentada, da qual será dado conhecimento ao órgão correicional. Esse colegiado será formado pelo juiz do processo e por dois outros juízes escolhidos por sorteio eletrônico dentre aqueles de competência criminal em exercício no primeiro grau de jurisdição, sendo certo que a competência do colegiado limitar-se-á ao ato para o qual foi convocado.

Prevê a lei, ainda, que as reuniões poderão ser sigilosas sempre que houver risco de que a publicidade resulte em prejuízo à eficácia da decisão judicial. A reunião do colegiado composto por juízes domiciliados em cidades diversas poderá ser feita pela via eletrônica.

No que tange às decisões do colegiado, serão devidamente fundamentadas e firmadas, sem exceção, por todos os seus integrantes, e publicadas sem qualquer referência a voto divergente de qualquer membro.

Não se trata, portanto, da instituição, no Brasil, da figura do "juiz sem rosto" ou "juiz anônimo", de vez que todas as decisões serão devidamente assinadas por todos os integrantes do colegiado, como forma de dividir a responsabilidade pelo ato jurisdicional praticado. Buscou o legislador, ao fracionar a responsabilidade pelas decisões jurisdicionais envolvendo atos praticados por organizações criminosas, preservar os magistrados atuantes de qualquer tipo de pressão ou ameaça, ostensiva ou velada, que pudesse, de alguma forma, trazer-lhes risco à vida ou à integridade corporal, própria e de seus familiares.

Outrossim, de acordo com o art. 1º-A dessa lei, incluído pela Lei n. 13.964/2019 (Lei Anticrime), os Tribunais de Justiça e os Tribunais Regionais Federais poderão instalar, nas comarcas sedes de Circunscrição ou Seção Judiciária, mediante resolução, Varas Criminais Colegiadas com competência para o processo e julgamento de crimes de pertinência a organizações criminosas armadas ou que tenham armas à disposição; do crime do art. 288-A do Código Penal; e das infrações penais conexas aos crimes a que se referem os incisos I e II do *caput* deste artigo. As Varas Criminais Colegiadas terão competência para todos os atos jurisdicionais no decorrer da investigação, da ação penal e da execução da pena, inclusive a transferência do preso para estabelecimento prisional de segurança máxima ou para regime disciplinar diferenciado. Ainda, ao receber, segundo as regras normais de distribuição, processos ou procedimentos que tenham por objeto os crimes mencionados no *caput* do artigo, o juiz deverá declinar da competência e remeter os autos, em qualquer fase em que se encontrem, à Vara Criminal Colegiada de sua Circunscrição ou Seção Judiciária. Nesse caso, a Vara Criminal Colegiada terá competência para todos os atos processuais posteriores, incluindo os da fase de execução.

Para essa referida lei, considera-se organização criminosa a associação, de 3 (três) ou mais pessoas, estruturalmente ordenada e caracterizada pela divisão de tarefas, ainda que informalmente, com objetivo de obter, direta ou indiretamente, vantagem de qualquer natureza, mediante a prática de crimes cuja pena máxima seja igual ou superior a 4 (quatro) anos ou que sejam de caráter transnacional (art. 2º).

1.5. Nova sistemática instituída pela Lei n. 12.850/2013

A Lei n. 12.850/2013 definiu organização criminosa e dispôs sobre a investigação criminal, os meios de obtenção da prova, infrações penais correlatas e o procedimento criminal a ser aplicado.

Para essa lei, considera-se organização criminosa a associação de 4 (quatro) ou mais pessoas estruturalmente ordenada e caracterizada pela divisão de tarefas, ainda que informalmente, com objetivo de obter, direta ou indiretamente, vantagem de qualquer natureza, mediante a prática de infrações penais cujas penas máximas sejam superiores a 4 (quatro) anos, ou que sejam de caráter transnacional (art. 1º, § 1º).

Foram mantidos, na nova conceituação, os elementos da estrutura ordenada, da divisão de tarefas e do objetivo de obtenção de vantagem de qualquer natureza (e não somente "benefício econômico ou moral", como previa a Convenção de Palermo).

Entretanto, na nova conceituação de organização criminosa, fixou-se o número de integrantes em "4 (quatro) ou mais pessoas", ao contrário da conceituação anterior, dada pela Lei n. 12.694/2012, que exigia "3 (três) ou mais pessoas". Outra mudança: na Lei n. 12.850/2013 se requer "a prática de infrações penais cujas penas máximas sejam superiores a 4 (quatro) anos, ou que sejam de caráter transnacional"; na Lei n. 12.694/2012, exige-se a "prática de crimes cuja pena máxima seja igual ou superior a 4 (quatro) anos ou que sejam de caráter transnacional".

A nosso ver, a nova conceituação da Lei n. 12.850/2013 estreitou ainda mais a caracterização de uma organização criminosa, exigindo um mínimo de 4 (quatro) pessoas e a prática de infrações penais com penas máximas superiores a 4 (quatro) anos.

Mas a dúvida que remanesce é a seguinte: teria a Lei n. 12.850/2013 revogado a Lei n. 12.694/2012 quanto à definição de organização criminosa? Teria havido revogação tácita, já que, expressamente, a Lei n. 12.850/2013, no art. 26, revogou apenas a Lei n. 9.034/95? Ou teríamos dois conceitos diversos de organização criminosa?

Vicente Greco Filho (*Comentários à Lei de Organização Criminosa – Lei n. 12.850/2013*. São Paulo: Saraiva, 2014. p. 19) sustenta que a definição de organização criminosa pela Lei n. 12.694/2012 é "aplicável apenas para os fins daquela lei", posição com a qual concordamos integralmente, já que o próprio art. 2º desse diploma dispõe expressamente que a definição de organização criminosa lá estampada é apenas "para os efeitos desta Lei". Há, entretanto, posição contrária de parcela da doutrina, sustentando que teria havido revogação tácita parcial da Lei n. 12.694/2012 pela Lei n. 13.850/2013, especificamente quanto ao conceito de organização criminosa.

Portanto, a nosso ver, é forçoso concluir que há duas definições diversas de organização criminosa: uma para os efeitos da Lei n. 12.694/2012 e outra para os demais efeitos. Ou seja, somente para o processo e o julgamento colegiado em primeiro grau de jurisdição de crimes praticados por organizações criminosas é que será utilizada a definição do art. 2º da Lei n. 12.694/2012 (três ou mais pessoas e prática de crime cuja pena máxima seja igual ou superior a quatro anos). Para todos os demais efeitos legais, será considerada organização criminosa "a associação de 4 (quatro) ou mais pessoas estruturalmente ordenada e caracterizada pela divisão de tarefas, ainda que informalmente, com objetivo de obter, direta ou indiretamente, vantagem de qualquer natureza, mediante a prática de infrações penais cujas penas máximas sejam superiores a 4 (quatro) anos, ou que sejam de caráter transnacional".

Outrossim, a Lei n. 12.850/2013 também se aplica, segundo o disposto no § 2º de seu art. 1º, às infrações penais previstas em tratado ou convenção internacional quando, iniciada a execução no País, o resultado tenha ou devesse ter ocorrido no estrangeiro, ou reciprocamente, e às organizações terroristas, entendidas como aquelas voltadas para a prática dos atos de terrorismo legalmente definidos (redação dada pela Lei n. 13.260/2016).

Vale mencionar, ainda, que a referida Lei n. 12.850/2013 também definiu associação criminosa, modificando o *nomen iuris* do crime e dando nova redação ao tipo penal do art. 288 do Código Penal.

Assim, não há mais o crime de *quadrilha ou bando*, sendo considerada *associação criminosa* a associação de 3 (três) ou mais pessoas, para o fim específico de cometer crimes.

Em síntese, portanto, temos o seguinte:

Crime organizado: fenômeno criminal sem definição legal, que caracteriza as ações praticadas por organização criminosa, confundindo-se com o conceito desta.

Organização criminosa para os efeitos da Lei n. 12.694/2012: associação, de 3 (três) ou mais pessoas, estruturalmente ordenada e caracterizada pela divisão de tarefas, ainda que informalmente, com objetivo de obter, direta ou indiretamente, vantagem de qualquer natureza, mediante a prática de crimes cuja pena máxima seja igual ou superior a 4 (quatro) anos ou que sejam de caráter transnacional.

Organização criminosa para os demais efeitos penais: a associação de 4 (quatro) ou mais pessoas estruturalmente ordenada e caracterizada pela divisão de tarefas, ainda que informalmente, com objetivo de obter, direta ou indiretamente, vantagem de qualquer natureza, mediante a prática de infrações penais cujas penas máximas sejam superiores a 4 (quatro) anos, ou que sejam de caráter transnacional.

Associação criminosa: associação de 3 (três) ou mais pessoas, para o fim específico de cometer crimes.

1.6. Crime organizado e contravenção penal

Em princípio, a expressão "crime organizado", por si só, excluiria de seu âmbito de abrangência as contravenções penais.

Entretanto, como a Lei n. 9.034/95, em seu art. 1º, não falava mais em "crime" e sim em "ilícitos", sustentou Fernando Capez (*Curso de Direito Penal – legislação penal especial*. São Paulo: Saraiva,

2006, v. 4, p. 234) que "ficam alcançadas todas as contravenções penais", ressaltando, ainda, que, "embora somente exista quadrilha ou bando para a prática de crimes, conforme redação expressa do art. 288 do CP, nada impede que tal agrupamento, formado para a prática de crimes, também resolva se dedicar ao cometimento de contravenções".

Nossa posição, entretanto, sempre foi em sentido contrário, não podendo aquela Lei do Crime Organizado alcançar as contravenções penais.

E isso porque, inicialmente, o antigo crime de bando ou quadrilha (hoje substituído por associação criminosa) se referia apenas à prática de "crimes", excluindo de seu âmbito de atuação as contravenções penais, uma vez que vedada, em Direito Penal, a analogia *in malam partem*.

Além disso, ao ratificar a Convenção de Palermo pelo Decreto n. 5.015, de 12-3-2004, o ordenamento jurídico pátrio reconheceu que a organização criminosa deve agir com o fim de cometer "infração grave" (art. 2º da Convenção), assim definida como "ato que constitua infração punível com uma pena privativa de liberdade, cujo máximo não seja inferior a quatro anos ou com pena superior", explicitando a expressão "ilícitos" do art. 1º da revogada Lei n. 9.034/95 e excluindo, portanto, de seu âmbito de abrangência as contravenções penais, consideradas infrações penais de menor potencial ofensivo (art. 61 da Lei n. 9.099/95).

Mesmo com a definição atual de organização criminosa, dada pela Lei n. 12.850/2013, utilizando a expressão "infrações penais", mantemos a nossa posição no sentido de que não é possível a existência de crime organizado ou organização criminosa para a prática de contravenção penal, que requer, para sua configuração, a prática de infrações penais cujas penas máximas sejam superiores a 4 (quatro) anos. Não há no Brasil nenhuma contravenção penal a que seja cominada pena máxima superior a 4 (quatro) anos. E mantemos nossa posição mesmo considerando a extensão prevista no § 2º do art. 1º da Lei n. 12.850/2013.

1.7. Crime organizado por natureza e crime organizado por extensão

Crime organizado por natureza significa a própria formação da organização criminosa. No caso da Lei n. 12.850/2013, trata-se da figura típica estampada no art. 2º.

Crime organizado por extensão significa os crimes praticados pela organização criminosa.

Portanto, há uma autonomia do tipo penal do art. 2º da Lei n. 12.850/2013 em relação aos demais crimes praticados pela organização criminosa. O simples fato de promover, constituir, financiar ou integrar, pessoalmente ou por interposta pessoa, organização criminosa, já caracteriza crime, que é punido com reclusão, de 3 (três) a 8 (oito) anos, e multa, sem prejuízo das penas correspondentes às demais infrações penais praticadas, que constituiriam o chamado crime organizado por extensão.

Nesse sentido, já entendeu o Supremo Tribunal Federal: "O delito de organização criminosa classifica-se como formal e autônomo, de modo que sua consumação dispensa a efetiva prática das infrações penais compreendidas no âmbito de suas projetadas atividades criminosas" (HC 131005 AgR – 1ª Turma – Rel. Min. Edson Fachin – *DJe* 18-10-2016).

2. Âmbito de aplicação da lei

Além de se destinar especificamente às ações praticadas por organizações criminosas, a Lei n. 12.850/2013 também se aplica às infrações penais previstas em tratado ou convenção internacional quando, iniciada a execução no País, o resultado tenha ou devesse ter ocorrido no estrangeiro, ou reciprocamente; e às organizações terroristas, entendidas como aquelas voltadas para a prática dos atos de terrorismo legalmente definidos.

3. Procedimentos de investigação e formação de provas

"Art. 3º Em qualquer fase da persecução penal, serão permitidos, sem prejuízo de outros já previstos em lei, os seguintes meios de obtenção da prova:"

Permitiu o dispositivo os procedimentos de investigação e formação de provas em qualquer fase da persecução criminal, seja na fase de inquérito policial ou de investigação pelo Ministério Público, seja na fase judicial, sob o crivo da ampla defesa e do contraditório.

3.1. Colaboração premiada

A chamada delação premiada já vinha tratada no art. 6º da revogada Lei n. 9.034/95, tendo contornos bem parecidos com a agora denominada "colaboração premiada", que, a rigor, é a mesma coisa.

Cioso registrar que o vocábulo *delação*, no sentido literal, é empregado para indicar a denúncia ou acusação que é feita por uma das próprias pessoas que participaram da conspiração, revelando uma traição aos próprios companheiros. Logo, se alguém que não participou do delito indicar seus autores, não será delator, mas testemunha.

Em verdade, delação premiada consiste na diminuição de pena ou no perdão judicial do coautor ou partícipe do delito, que, com sua confissão espontânea, contribua para que a autoridade identifique os demais coautores ou partícipes do crime, localize a vítima com sua integridade física preservada ou que concorra para a recuperação, total ou parcial, do produto do crime.

Cumpre ressaltar que o instituto em tela é antigo, já inserido no direito pátrio pelas Ordenações Filipinas, tendo como marco a delação de Joaquim Silvério dos Reis, o qual, não obstante tenha participado da inconfidência mineira, traiu Tiradentes e seus companheiros em troca de perdão.

Com efeito, o acusado deve confessar espontaneamente sua participação no crime, não sendo válido, para a aplicação do instituto, o mero depoimento ou declaração em que venha, eximindo-se da culpa, a incriminar os demais increpados na persecução criminal.

A delação, embora realizada em sede de confissão, com relação a terceiros, terá efeito de testemunho, razão pela qual haverá contraditório, exercido por meio de reperguntas no interrogatório do delator. Outrossim, como qualquer outra prova, a delação premiada está sujeita ao princípio da livre apreciação da prova.

A Lei n. 9.807/99, que trata da proteção a testemunhas, por ser mais recente que a anterior Lei do Crime Organizado (Lei n. 9.034/95), ampliou a aplicação do instituto para todos os crimes praticados por bando ou quadrilha (atual associação criminosa), podendo ocorrer, em razão da derrogação causada pela *novatio legis*, o perdão judicial. Em todos os casos, de acordo com a citada lei, a diminuição da pena do delator será de 1/3 a 2/3, de acordo com a medida da colaboração, sendo certo que, para obter o perdão judicial, o delator deverá ser primário, levando-se em conta, ainda, a personalidade do agente, a natureza, a repercussão social e a gravidade da conduta. Não fazendo jus ao perdão judicial, ainda restará ao delator a diminuição de pena.

Atualmente, o instituto da "colaboração premiada" vem previsto no art. 3º, I, da Lei n. 12.850/2013, ora em comento, e explicitado nos arts. 3º-A a 7º.

Nos termos da lei, o acordo de colaboração premiada é negócio jurídico processual e meio de obtenção de prova, que pressupõe utilidade e interesse públicos

Assim, após os trâmites da proposta e da formalização do acordo de colaboração premiada, o negócio jurídico processual deverá ser devidamente homologado pelo juiz. O juiz, de posse do respectivo termo de acordo, das declarações do colaborador e de cópia da investigação, deve ouvir sigilosamente o colaborador, acompanhado de seu defensor, oportunidade em que analisará, na homologação, os aspectos previstos nos incisos I a IV do § 7º do art. 4º.

O juiz poderá recusar a homologação da proposta que não atender aos requisitos legais, devolvendo-a às partes para as adequações necessárias.

Depois de homologado o acordo, o colaborador poderá, sempre acompanhado pelo seu defensor, ser ouvido pelo membro do Ministério Público ou pelo delegado de polícia responsável pelas investigações.

Interessante notar que as partes podem retratar-se da proposta, caso em que as provas autoincriminatórias produzidas pelo colaborador não poderão ser utilizadas exclusivamente em seu desfavor.

E, ainda, em todas as fases do processo, deve-se garantir ao réu delatado a oportunidade de manifestar-se após o decurso do prazo concedido ao réu que o delatou. Esse entendimento, embora não esteja previsto na lei, que não faz qualquer distinção entre réu colaborador e réu delatado, foi fixado pelo Supremo Tribunal Federal no julgamento do HC 166.373/PR, sob a relatoria do Ministro Edson Fachin, em que, por maioria de votos, se entendeu que "a prerrogativa do réu delatado de produzir suas alegações finais após a apresentação de memoriais ou de alegações finais do litisconsorte penal passivo que, mediante colaboração premiada o incriminou, traduz solução hermenêutica mais compatível com os postulados que informam o estatuto constitucional do direito de defesa".

Nos termos do art. 4º, *caput*, o juiz poderá, a requerimento das partes, conceder o perdão judicial, reduzir em até 2/3 (dois terços) a pena privativa de liberdade ou substituí-la por restritiva de direitos daquele que tenha colaborado efetiva e voluntariamente com a investigação e com o processo criminal. Entretanto, para que o instituto possa ser efetivamente aplicado, da colaboração deve advir um ou mais dos seguintes resultados:

a) a identificação dos demais coautores e partícipes da organização criminosa e das infrações penais por eles praticadas;

b) a revelação da estrutura hierárquica e da divisão de tarefas da organização criminosa;

c) a prevenção de infrações penais decorrentes das atividades da organização criminosa;

d) a recuperação total ou parcial do produto ou do proveito das infrações penais praticadas pela organização criminosa;

e) a localização de eventual vítima com a sua integridade física preservada.

Todos os demais aspectos relevantes da colaboração premiada vêm tratados nos §§ 1º a 18 do art. 4º da lei, aos quais remetemos o leitor, aconselhando a memorização do conteúdo dos dispositivos para o enfrentamento das provas de concursos. O mesmo se diga quanto ao conteúdo dos arts. 3º-B, 3º-C, 4º-A a 7º da mesma lei.

3.2. Captação ambiental de sinais eletromagnéticos, ópticos ou acústicos

Essa medida já tinha sido novidade trazida em nosso sistema jurídico pela Lei n. 10.217/2001, que apenas conhecia, até então, a interceptação e a escuta telefônicas, disciplinadas pela Lei n. 9.296/96.

A rigor, interceptação ambiental pode ser definida como a captação de uma conversa alheia (não telefônica), feita por terceiro, valendo-se de qualquer meio de gravação. Se nenhum dos interlocutores sabe da captação, fala-se em interceptação ambiental em sentido estrito; se um deles tem conhecimento, fala-se em captação ambiental.

A captação ambiental, para ser válida como meio de prova no combate ao crime organizado, deve ser precedida de circunstanciada autorização judicial.

Nesse aspecto: "Interceptação telefônica – Autorização dada por autoridade judiciária – Renovação – Admissibilidade – Necessidade do prosseguimento das investigações" (TRF-4 – *RT*, 809/710).

Acerca da gravação ambiental realizada por colaborador premiado: "O acórdão recorrido está em conformidade com a jurisprudência desta Corte, de que a gravação ambiental realizada por colaborador premiado, um dos interlocutores da conversa, sem o consentimento dos outros, é lícita, ainda que obtida sem autorização judicial, e pode ser validamente utilizada como meio de prova no processo penal. No caso, advogado decidiu colaborar com a Justiça e, munido com equipamentos estatais, registrou a conversa que entabulou com policiais no momento da entrega do dinheiro após a extorsão mediante sequestro" (STJ, HC 512290/RJ – Rel. Min. Rogério Schietti Cruz – 6ª Turma – *DJe* 25-8-2020).

Mais recentemente, a Lei n. 13.964/2019 (Lei Anticrime) acrescentou o art. 8º-A à Lei n. 9.296/96, tratando detalhadamente da captação ambiental.

Assim é que, para investigação ou instrução criminal, poderá ser autorizada pelo juiz, a requerimento da autoridade policial ou do Ministério Público, a captação ambiental de sinais eletromagnéticos, ópticos ou acústicos, quando a prova não puder ser feita por outros meios disponíveis e igualmente eficazes; e houver elementos probatórios razoáveis de autoria e participação em infrações criminais cujas penas máximas sejam superiores a 4 (quatro) anos ou em infrações penais conexas.

Nesse caso, o requerimento deverá descrever circunstanciadamente o local e a forma de instalação do dispositivo de captação ambiental.

A captação ambiental não poderá exceder o prazo de 15 (quinze) dias, renovável por decisão judicial por iguais períodos, se comprovada a indispensabilidade do meio de prova e quando presente atividade criminal permanente, habitual ou continuada.

Por fim, previu o dispositivo que se aplicam subsidiariamente à captação ambiental as regras previstas na legislação específica para a interceptação telefônica e telemática.

3.3. Ação controlada

Dentre os meios operacionais para a prevenção e repressão de ações praticadas por organizações criminosas, a revogada Lei n. 9.034/95 já cuidava da "ação controlada", instrumento de larga utilização no combate ao crime organizado, que consistia, na redação daquela lei, em retardar a interdição policial do que se supõe ação praticada por organizações criminosas, desde que mantida sob observação e acompanhamento para que a medida legal se concretize no momento mais eficaz do ponto de vista da formação de provas e fornecimento de informações. Sob aquela sistemática, a característica principal da ação controlada era justamente o retardamento da intervenção policial, apesar de o fato criminoso já se encontrar numa situação de flagrância, permitindo a efetivação do chamado "flagrante prorrogado ou diferido". A ação controlada, na lei revogada, prescindia de autorização judicial, ficando ao prudente arbítrio da autoridade policial e seus agentes.

Não se pode olvidar, entretanto, do instituto correlato da "entrega vigiada", que é um procedimento previsto e recomendado pelas Nações Unidas, na Convenção de Viena de 1988 (Convenção contra o Tráfico Ilícito de Entorpecentes e Substâncias Psicotrópicas), aprovada pelo Decreto Legislativo n. 162, de 14-9-1991, e incorporada ao nosso ordenamento jurídico pelo Decreto n. 154, de 26-6-1991.

Os arts. 1º, *l*, e 11 da referida Convenção Internacional conceituam entrega vigiada, nos seguintes termos:

"Artigo 1º (...)

l) Por 'entrega vigiada' se entende a técnica de deixar que remessas ilícitas ou suspeitas de entorpecentes, substâncias psicotrópicas, substâncias que figuram no Quadro I e no Quadro II anexos nesta Convenção, ou substâncias que tenham substituído as anteriormente mencionadas, saiam do território de um ou mais países, que o atravessem ou que nele ingressem, com o conhecimento e sob a supervisão de suas autoridades competentes, com o fim de identificar as pessoas envolvidas em praticar delitos especificados no § 1º do artigo 3º desta Convenção.

(...)

Artigo 11. Entrega Vigiada

1. (...), as Partes adotarão as medidas necessárias, dentro de suas possibilidades, para que se possa recorrer, de forma adequada, no plano internacional, à entrega vigiada, com base nos acordos e ajustes mutuamente negociados, com a finalidade de descobrir as pessoas implicadas em delitos estabelecidos de acordo com o § 1º do artigo 3º e de encetar ações legais contra estes. (...) 3. As remessas ilícitas, cuja entrega vigiada tenha sido negociada, poderão, com o consentimento das Partes interessadas, ser interceptadas e autorizadas a prosseguir intactas ou tendo sido retirados ou subtraídos, total ou parcialmente, os entorpecentes ou substâncias psicotrópicas que continham".

Inclusive, a Convenção de Palermo, incorporada ao ordenamento jurídico brasileiro pelo Decreto n. 5.015, de 12-3-2004, define a "entrega vigiada", como "técnica que consiste em permitir que remessas ilícitas ou suspeitas saiam do território de um ou mais Estados, os atravessem ou neles entrem, com o conhecimento e sob o controle das suas autoridades competentes, com a finalidade de investigar infrações e identificar as pessoas envolvidas na sua prática".

Entre nós, a entrega vigiada veio tratada na Lei n. 10.409/2002, antiga Lei de Entorpecentes, que, no art. 33, II, previa "a não atuação policial sobre os portadores de produtos, substâncias ou drogas ilícitas que entrem no território brasileiro, dele saiam ou nele transitem, com a finalidade de, em colaboração ou não com outros países, identificar e responsabilizar maior número de integrantes de operações de tráfico e distribuição, sem prejuízo da ação penal cabível".

Atualmente, a Lei n. 11.343/2006, Lei de Drogas, traz disposição semelhante no art. 53, II, dispondo sobre "a não atuação policial sobre os portadores de drogas, seus precursores químicos ou outros produtos utilizados em sua produção, que se encontrem no território brasileiro, com a finalidade de identificar e responsabilizar maior número de integrantes de operações de tráfico e distribuição, sem prejuízo da ação penal cabível".

Em suma, o objetivo dessa forma de investigação é permitir que todos os integrantes da rede de narcotraficantes sejam identificados e presos, além de garantir maior eficiência na investigação, uma vez que, se a remessa da droga é interceptada antes de chegar ao seu destino, será ignorado o destinatário ou, se conhecido, não se poderá incriminá-lo. Por razões de política criminal, considera-se mais conveniente não interceptar imediatamente o carregamento de droga, seus precursores químicos ou outros produtos utilizados em sua produção, para conseguir um resultado mais positivo, qual seja, o desbaratamento de toda a organização criminosa.

A meu ver, entretanto, a Lei n. 12.850/2013, de certa forma, fundiu os institutos da "ação controlada" propriamente dita e da "entrega vigiada", chamando tudo de "ação controlada".

Isso porque o art. 8º explicita que a ação controlada consiste em retardar a intervenção policial ou administrativa relativa à ação praticada por organização criminosa ou a ela vinculada, desde que mantida sob observação e acompanhamento para que a medida legal se concretize no momento mais eficaz à formação de provas e obtenção de informações. E, no art. 9º, cuida do que seria uma verdadeira "entrega vigiada", aduzindo que se a ação controlada envolver transposição de fronteiras, o retardamento da intervenção policial ou administrativa somente poderá ocorrer com a cooperação das autoridades dos países como provável itinerário ou destino do investigado, de modo a reduzir os riscos de fuga e extravio do produto, instrumento ou proveito do crime.

Ademais, pela lei, o retardamento da intervenção policial ou administrativa será previamente comunicado ao juiz competente que, se for o caso, estabelecerá seus limites e comunicará ao Ministério Púbico. Essa comunicação deverá ser sigilosamente distribuída de forma a não conter informações que possam indicar a operação a ser efetuada.

Nesse sentido, inclusive, recente decisão do Superior Tribunal de Justiça: "A ação controlada prevista no § 1º do art. 8º da Lei n. 12.850/2013 não necessita de autorização judicial. A comunicação prévia ao Poder Judiciário, a seu turno, visa a proteger o trabalho investigativo, de forma a afastar eventual crime de prevaricação ou infração administrativa por parte do agente público, o qual responderá por eventuais abusos que venha a cometer." (STJ – HC 512.290/RJ – Rel. Min. Rogério Schietti Cruz – 6ª Turma – DJe 25-8-2020).

3.4. Acesso a registros de ligações telefônicas e telemáticas, a dados cadastrais constantes de bancos de dados públicos ou privados e a informações eleitorais ou comerciais

Dispõe o art. 15 da lei, explicitando o disposto no inciso IV do art. 3º, que o delegado de polícia e o Ministério Público terão acesso, independentemente de autorização judicial, **apenas** aos dados cadastrais do investigado que informarem exclusivamente a qualificação pessoal, a filiação e o endereço mantidos pela Justiça Eleitoral, empresas telefônicas, instituições financeiras, provedores de internet e administradoras de cartão de crédito.

Para a obtenção de quaisquer outras informações constantes dos bancos de dados acima indicados, será necessária autorização judicial.

Inclusive, a lei determina que as empresas de transporte possibilitarão, pelo prazo de 5 (cinco) anos, acesso direto e permanente do juiz, do Ministério Público ou do delegado de polícia aos bancos de dados de reservas e registro de viagens.

Por fim, ainda sobre esse acesso, as concessionárias de telefonia fixa ou móvel deverão manter, pelo prazo de 5 (cinco) anos, à disposição do delegado de polícia e do Ministério Público, registros de identificação dos números dos terminais de origem e de destino das ligações telefônicas internacionais, interurbanas e locais.

3.5. Interceptação de comunicações telefônicas e telemáticas, nos termos da legislação específica

A interceptação de comunicações telefônicas e telemáticas vem disciplinada pela Lei n. 9.296/96, para cujos comentários remetemos o leitor.

3.6. Afastamento dos sigilos financeiro, bancário e fiscal, nos termos da legislação específica

A quebra de sigilo de tais dados, mencionada no inciso VI do art. 3º, deve dar-se, sempre, mediante prévia e fundamentada autorização judicial.

O sigilo bancário vem tratado na Lei n. 4.595/64, com as alterações impostas pela Lei Complementar n. 105/2001 e pelo Decreto Regulamentar n. 3.724/2001.

Assim, o sigilo bancário somente pode ser quebrado:

a) pelo Poder Judiciário (art. 93, IX, da CF);

b) por autoridades administrativas do Banco Central, no desempenho de suas atividades de fiscalização e apuração de irregularidades, independentemente de autorização judicial;

c) por agentes e fiscais tributários da União, Estados, Distrito Federal e Municípios, mediante a existência de processo administrativo ou fiscal em curso, desde que considerado indispensável pela autoridade administrativa, independentemente de autorização judicial;

d) por Comissão Parlamentar de Inquérito (CPI), uma vez que tem poderes de investigação próprios das autoridades judiciais, nos termos do art. 58, § 3º, da Constituição Federal.

A propósito:

"Sigilo – Bancário e telefônico – Quebra – Admissibilidade – Relevante suspeita do envolvimento da impetrante com o tráfico de drogas – Investigação relativa ao crime organizado e à lavagem de dinheiro – Art. 1º, § 4º, II, da Lei Complementar Federal n. 105/2001 – Justa causa para a adoção da medida impugnada – Segurança denegada" (MS 409.115-3/8-SP – Rel. Ribeiro dos Santos – 6ª Câm. Crim. – v. u. – 13-3-2003).

"Quebra de sigilo fiscal e bancário. A orientação jurisprudencial desta Corte firmou-se no sentido de que demonstradas as razões para eventual quebra de sigilo fiscal e bancário, necessárias ao pleno esclarecimento dos fatos delituosos, não constitui constrangimento ilegal o seu deferimento pela autoridade judicial. Ordem denegada" (STJ – HC 13.006/MA – Rel. Min. Jorge Scartezzini – 5ª T. – *DJU*, 10-6-2002, p. 227).

Nesse sentido, o Ministério Público não pode requisitar diretamente informações bancárias, financeiras e fiscais, sendo majoritário o entendimento de que deverá requerer a quebra ao Poder Judiciário.

O Supremo Tribunal Federal, entretanto, no MS 21.729/DF, entendeu que o Ministério Público pode requisitar informações bancárias, sem autorização judicial, em se tratando de informações e documentos para instruir procedimento administrativo instaurado em defesa do patrimônio público, em função do princípio da publicidade (art. 37 da CF).

A Segunda Turma do Supremo Tribunal, em 29 de setembro de 2017, nos autos do RHC 133.118, negou provimento ao recurso ordinário em que se discutia justamente a requisição direta do Ministério Público de informações bancárias, para a preservação do interesse público. Restou pacificada a possibilidade da referida requisição, uma vez que as operações financeiras que envolvam recursos públicos não estão abrangidas pelo sigilo bancário a que alude a Lei Complementar n. 105/2001, visto que as operações desta espécie estão submetidas aos princípios da Administração Pública, esculpidos no art. 37 da Constituição Federal.

Vale ressaltar que o pleno do Supremo Tribunal Federal, no julgamento do RE 1055941/SP, sob a relatoria do Min. Dias Toffoli, reconhecida repercussão geral (Tema 990), fixou as seguintes teses: "1. É constitucional o compartilhamento dos relatórios de inteligência financeira da UIF e da íntegra do procedimento fiscalizatório da Receita Federal do Brasil – em que se define o lançamento do tributo – com os órgãos de persecução penal para fins criminais sem prévia autorização judicial, devendo ser resguardado o sigilo das informações em procedimentos formalmente instaurados e sujeitos a posterior controle jurisdicional; 2. O compartilhamento pela UIF e pela RFB referido no item anterior deve ser feito unicamente por meio de comunicações formais, com garantia de sigilo, certificação do destinatário e estabelecimento de instrumentos efetivos de apuração e correção de eventuais desvios" (publicação no *DJe* em 6-10-2020).

3.7. Infiltração, por policiais, em atividade de investigação

Dentre os meios de obtenção de prova para apuração de infrações penais praticadas por organizações criminosas, a lei destaca, no art. 3º, VII, a infiltração, por policiais, em atividades de investigação.

A infiltração não é figura nova em nosso ordenamento jurídico, já tendo sido prevista na redação originária do art. 2º, inciso I, da Lei n. 9.034/95, dispositivo esse que recebeu, à época, veto presidencial. O inciso I vetado pelo Presidente da República referia-se à "infiltração de agentes da polícia especializada em quadrilhas ou bandos, vedada qualquer coparticipação delituosa, exceção feita ao disposto no art. 288 do Decreto-Lei n. 2.848, de 7 de dezembro de 1940 – Código Penal, de cuja ação se preexclui, no caso, a antijuridicidade".

Nas razões do veto, o Presidente da República reportou-se à manifestação do Ministério da Justiça, sustentando que o dispositivo, nos termos em que tinha sido aprovado, contrariava o interesse público, uma vez que permitia que o agente policial, independentemente de autorização do Poder Judiciário, se infiltrasse em quadrilhas ou bandos para a investigação de crime organizado.

Baseava-se o veto, portanto, claramente na ausência de autorização judicial para a infiltração policial, ressaltando, ainda, a polêmica preexclusão da antijuridicidade do crime cometido pelo agente infiltrado.

Posteriormente, a infiltração foi acrescentada ao art. 2º da revogada Lei n. 9.034/95 pela Lei n. 10.217/2001, "mediante circunstanciada autorização judicial".

Dispositivo semelhante também já havia sido introduzido na antiga Lei de Entorpecentes (Lei n. 10.409/2002), no art. 33, I, e reproduzido pela atual Lei de Drogas (Lei n. 11.343/2006) no art. 53, I.

Nessa sistemática, o "agente de polícia ou de inteligência" (na redação do art. 2º, V, da Lei n. 9.034/95, com a redação dada pela Lei n. 10.217/2001) atuaria com a identidade encoberta, tentando cultivar a confiança dos criminosos. Entretanto, diferentemente do agente provocador, estaria o infiltrado autorizado pelo juiz a participar da organização, ouvido, previamente, o Ministério Público.

Assim, o controle judicial da providência investigatória retiraria da autoridade policial o pleno poder discricionário de investigar, minimizando eventual hipótese de arbitrariedade.

Certamente que a infiltração de agentes, nos moldes em que foi prevista na lei anterior, não os autoriza, por si só, à prática delituosa, o que gerou interessante celeuma na doutrina e jurisprudência pátrias.

Poderia o agente infiltrado, para granjear a confiança dos demais integrantes da organização criminosa e não levantar suspeitas acerca de sua real situação, praticar ou participar de crimes? Nesse caso, seria responsabilizado penalmente pelos crimes que praticou?

Parcela da doutrina pátria já sustentava que a resposta a essas indagações estaria no Princípio da Proporcionalidade Constitucional (*Verhaltnismaßigkeitsgrundsatz*, na doutrina alemã), segundo o qual, numa situação real de conflito entre dois princípios constitucionais, deve-se decidir por aquele de maior peso. Assim, entre dois princípios constitucionais aparentemente de igual peso, prevalecerá aquele de maior valor. Nesse sentido, não se justificaria, por exemplo, o sacrifício de uma vida em favor da infiltração do agente.

Assim, para que efetivamente ocorresse a isenção de responsabilidade penal do agente infiltrado, deveriam concorrer algumas exigências: a) a atuação do agente infiltrado precisaria ser judicialmente autorizada; b) a atuação do agente infiltrado que cometesse a infração penal deveria ser consequência necessária e indispensável para o desenvolvimento da investigação, além de ser proporcional à finalidade perseguida, de modo a evitar ou coibir abusos ou excessos; c) o agente infiltrado não poderia induzir ou instigar os membros da organização criminosa a cometer o crime.

Na Lei n. 12.850/2013, a infiltração recebeu tratamento um pouco diferente, estando restrita a "agentes de polícia" (e não mais "de polícia ou de inteligência" da redação anterior), mantendo-se, entretanto, a necessidade de "circunstanciada, motivada e sigilosa autorização judicial".

Na nova sistemática, a infiltração poderá ser representada pelo Delegado de Polícia ou requerida pelo MP, quando houver indícios de infração penal praticada por organização criminosa e a prova não puder ser produzida por outros meios disponíveis. A infiltração será autorizada pelo prazo inicial de até 6 (seis) meses, podendo ser renovada, desde que comprovada sua necessidade, apresentando o infiltrado, ou a autoridade a quem estiver subordinado, relatório circunstanciado de tudo o que for apurado.

Explicitando ainda mais a operacionalização da infiltração, precioso instrumento de combate ao crime organizado, a lei exige que o requerimento do MP ou a representação do Delegado de Polícia contenham, dentre outros elementos, "o alcance das tarefas dos agentes", a fim de que possa o juiz, ao autorizar a operação, estabelecer os "seus limites", como expressamente dispõe a parte final do art. 10.

Prevê expressamente a lei, ainda, a obrigatoriedade de o agente infiltrado guardar, em sua atuação, "a devida proporcionalidade com a finalidade da investigação", respondendo pelos excessos praticados.

Nesse aspecto, sempre sustentamos, ainda sob a égide da Lei n. 9.034/95, que a melhor solução seria considerar-se a eventual conduta criminosa praticada pelo agente infiltrado (muitas vezes necessária aos propósitos da infiltração e visando obter a confiança dos demais integrantes da organização criminosa) acobertada por uma causa de preexclusão da antijuridicidade, consistente na infiltração propriamente dita, autorizada judicialmente, atendido o Princípio da Proporcionalidade Constitucional.

Curioso notar, entretanto, que a lei, a par de se alinhar ao Princípio da Proporcionalidade Constitucional no *caput* do art. 13, estabelece, no parágrafo único, que "não é punível, no âmbito da infiltração, a prática de crime pelo agente infiltrado no curso da investigação, quando inexigível conduta diversa", estabelecendo expressamente causa excludente de culpabilidade, consistente na inexigibilidade de conduta diversa (conforme o Direito), a acobertar eventuais ilicitudes praticadas pelo infiltrado, isentando-o de responsabilidade. Essa não nos pareceu a melhor solução, até porque coloca o agente infiltrado em delicadíssima posição de ter que avaliar, muitas vezes em situação concreta de perigo durante o desenrolar da infiltração, a inexigibilidade de conduta diversa em sua atuação, a qual será posteriormente reavaliada e até mesmo rechaçada pelas autoridades, acarretando-lhe a eventual responsabilização pelos "excessos praticados". Melhor seria tivesse a lei ousado mais e erigido a infiltração propriamente dita em causa de preexclusão de antijuridicidade.

Vale citar, ainda, que o art. 14 do novo diploma previu expressamente alguns direitos do agente infiltrado, que poderá recusar ou fazer cessar a atuação infiltrada, ter a sua identidade alterada, ter seu nome, sua qualificação, sua imagem, sua voz e demais informações pessoais preservadas durante a investigação e o processo criminal, além de não ter sua identidade revelada, não ser fotografado ou filmado pelos meios de comunicação, sem sua prévia autorização por escrito.

Aconselhamos a atenta leitura dos arts. 10 a 14 da lei.

3.7.1. Infiltração virtual

Acrescentando à Lei n. 12.850/2013 os arts. 10-A a 10-D, a Lei n. 13.964/2019 (Lei Anticrime) criou a figura do infiltrado virtual.

Assim, foi admitida a ação de agentes de polícia infiltrados virtuais, obedecidos os requisitos do *caput* do art. 10, na internet, com o fim de investigar os crimes previstos na Lei n. 12.850/2013 e a eles conexos, praticados por organizações criminosas, desde que demonstrada sua necessidade e indicados o alcance das tarefas dos policiais, os nomes ou apelidos das pessoas investigadas e, quando possível, os dados de conexão ou cadastrais que permitam a identificação dessas pessoas.

A inovação legislativa definiu também *dados de conexão* como sendo informações referentes a hora, data, início, término, duração, endereço de Protocolo de Internet (IP) utilizado e terminal de origem da conexão; e *dados cadastrais* como informações referentes a nome e endereço de assinante ou de usuário registrado ou autenticado para a conexão a que endereço de IP, identificação de usuário ou código de acesso tenha sido atribuído no momento da conexão.

A infiltração virtual deve ser deferida pelo juiz, mediante requerimento do Ministério Público ou representação da autoridade policial. Na hipótese de representação do delegado de polícia, o juiz competente, antes de decidir, ouvirá o Ministério Público.

Entretanto, somente será admitida a infiltração se houver indícios de infração penal de que trata o art. 1º da Lei n. 12.850/2013 e se as provas não puderem ser produzidas por outros meios disponíveis.

Quanto à duração, a infiltração será autorizada pelo prazo de até 6 (seis) meses, sem prejuízo de eventuais renovações, mediante ordem judicial fundamentada e desde que o total não exceda a 720 (setecentos e vinte) dias e seja comprovada sua necessidade.

Findo o prazo, o relatório circunstanciado, juntamente com todos os atos eletrônicos praticados durante a operação deverão ser registrados, gravados, armazenados e apresentados ao juiz competente, que imediatamente cientificará o Ministério Público.

No curso do inquérito policial, o delegado de polícia poderá determinar aos seus agentes, e o Ministério Público e o juiz competente poderão requisitar, a qualquer tempo, relatório da atividade de infiltração.

Vale anotar que o § 7º do art. 10-A dispõe expressamente que é nula a prova obtida sem a observância das regras fixadas em lei para a infiltração virtual.

Ademais, a lei prevê no art. 10-C que não comete crime o policial que oculta a sua identidade para, por meio da internet, colher indícios de autoria e materialidade dos crimes previstos no art. 1º da Lei n. 12.850/2013. Entretanto, o agente policial infiltrado que deixar de observar a estrita finalidade da investigação responderá pelos excessos praticados. Inclusive, a lei admite que os órgãos de registro e cadastro público incluam nos bancos de dados próprios, mediante procedimento sigiloso e requisição da autoridade judicial, as informações necessárias à efetividade da identidade fictícia criada, nos casos de infiltração de agentes na internet.

Por fim, concluída a investigação, todos os atos eletrônicos praticados durante a operação deverão ser registrados, gravados, armazenados e encaminhados ao juiz e ao Ministério Público, juntamente com relatório circunstanciado. Os atos eletrônicos registrados serão reunidos em autos apartados e apensados ao processo criminal juntamente com o inquérito policial, assegurando-se a preservação da identidade do agente policial infiltrado e a intimidade dos envolvidos.

3.8. Cooperação entre instituições e órgãos federais, distritais, estaduais e municipais na busca de provas e informações de interesse da investigação ou da instrução criminal

No âmbito federal, o Decreto n. 3.695, de 21-12-2000, instituiu o Subsistema de Inteligência de Segurança Pública, no âmbito do SISBIN (Sistema Brasileiro de Inteligência, criado pelo Decreto n. 4.376, de 13-9-2002), que tem por finalidade "coordenar e integrar as atividades de inteligência de segurança pública em todo o País, bem como suprir os governos federal e estaduais de informações que subsidiem a tomada de decisões neste campo".

Cabe aos integrantes desse Subsistema, no âmbito de suas respectivas competências, identificar, acompanhar e avaliar ameaças reais ou potenciais de segurança pública e produzir conhecimentos e informações que subsidiem ações para neutralizar, coibir e reprimir atos criminosos de qualquer natureza.

Integram o Subsistema de Inteligência de Segurança Pública os Ministérios da Justiça (atual Ministério da Justiça e Segurança Pública), da Fazenda, da Defesa e da Integração Nacional (em 1º de janeiro de 2019, o Ministério da Integração Nacional e o Ministério das Cidades foram fundidos e transformados em Ministério do Desenvolvimento Regional) e o Gabinete de Segurança Institucional da Presidência da República. Seu órgão central é a Secretaria Nacional de Segurança Pública do Ministério da Justiça (SENASP). O Decreto prevê, ainda, que poderão fazer parte do Subsistema de Inteligência de Segurança Pública os órgãos de Inteligência de Segurança Pública dos Estados e do Distrito Federal.

Assim é que a comunidade de inteligência é formada, portanto, por unidades de inteligência instituídas nos mais variados setores da Administração Pública. No âmbito do Poder Executivo Federal, os órgãos com poder de polícia ou com atribuições que envolvam fiscalização e controle dispõem, ou deveriam dispor, de setores de inteligência.

Em suma, além da ABIN (Agência Brasileira de Inteligência, criada pela Lei n. 9.883, de 7-12-1999), que é o órgão federal responsável pelas ações de inteligência, destacam-se:

a) os setores de inteligência dos Comandos Militares – do Exército, da Marinha e da Aeronáutica – e do Ministério da Defesa, voltados, preponderantemente, à inteligência militar;

b) os setores de inteligência de órgãos de fiscalização, como Receita Federal, INSS e IBAMA;

c) os setores de inteligência direcionados à área financeira – Banco Central ou bancos estatais, como a Caixa Econômica Federal;

d) a unidade de inteligência financeira encarregada da coordenação das atividades de combate à lavagem de dinheiro – o COAF;

e) as unidades de inteligência policial – na Polícia Federal, na Polícia Rodoviária Federal e nas polícias estaduais civis e militares.

Deve ser ressaltado que a Lei n. 13.675/2018 instituiu o Sistema Único de Segurança Pública (Susp) e criou a Política Nacional de Segurança Pública e Defesa Social (PNSPDS), com a finalidade de preservação da ordem pública e da incolumidade das pessoas e do patrimônio, por meio de atuação conjunta, coordenada, sistêmica e integrada dos órgãos de segurança pública e defesa social da União, dos Estados, do Distrito Federal e dos Municípios, em articulação com a sociedade.

O Sistema Único de Segurança Pública (Susp), segundo a lei, tem como órgão central o Ministério Extraordinário da Segurança Pública (não existe mais como pasta independente, tendo suas atribuições incorporadas ao Ministério da Justiça e Segurança Pública) e é integrado pelos órgãos de que trata o art. 144 da Constituição Federal, pelos agentes penitenciários, pelas guardas municipais e pelos demais integrantes estratégicos e operacionais, que atuarão nos limites de suas competências, de forma cooperativa, sistêmica e harmônica.

São integrantes estratégicos do Susp: a União, os Estados, o Distrito Federal e os Municípios, por intermédio dos respectivos Poderes Executivos; os Conselhos de Segurança Pública e Defesa Social dos três entes federados.

São integrantes operacionais do Susp: polícia federal; polícia rodoviária federal; polícias civis; polícias militares; corpos de bombeiros militares; guardas municipais; órgãos do sistema penitenciário; institutos oficiais de criminalística, medicina legal e identificação; Secretaria Nacional de Segurança Pública (Senasp); secretarias estaduais de segurança pública ou congêneres; Secretaria Nacional de Proteção e Defesa Civil (Sedec); Secretaria Nacional de Política Sobre Drogas (Senad); agentes de trânsito; guarda portuária.

4. Dos crimes

A Lei n. 12.850/2013, ao contrário da lei anterior, trouxe algumas figuras típicas novas, descrevendo crimes ocorridos na investigação e na obtenção da prova e um crime relativo à promoção, constituição, financiamento e integração de organização criminosa.

O art. 2º prevê o crime de organização criminosa, punindo a conduta daquele que promover, constituir, financiar ou integrar, pessoalmente ou por interposta pessoa, organização criminosa, prevendo a pena de reclusão de 3 (três) a 8 (oito) anos e multa, sem prejuízo das penas correspondentes às demais infrações penais praticadas. Impôs, ainda, as mesmas penas a quem impedir ou, de qualquer forma, embaraçar a investigação de infração penal que envolver organização criminosa. Nos parágrafos 2º, 3º e 4º foram previstas várias causas de aumento de pena, e nos parágrafos 5º, 6º e 7º estão previstas hipóteses de participação de funcionário público e de policiais nos crimes.

Conforme já mencionado no item 1.7 *supra*, há uma autonomia do tipo penal do art. 2º da Lei n. 12.850/2013 em relação aos demais crimes praticados pela organização criminosa. O simples fato de promover, constituir, financiar ou integrar, pessoalmente ou por interposta pessoa, organização criminosa, já caracteriza crime, que é punido com reclusão, de 3 (três) a 8 (oito) anos, e multa, sem prejuízo das penas correspondentes às demais infrações penais praticadas, que constituiriam o chamado crime organizado por extensão. Nesse sentido, já entendeu o Supremo Tribunal Federal: "O delito de organização criminosa classifica-se como formal e autônomo, de modo que sua consumação dispensa a efetiva prática das infrações penais compreendidas no âmbito de suas projetadas atividades criminosas" (HC 131005 AgR – 1ª Turma – Rel. Min. Edson Fachin – *DJe* 18-10-2016).

Vale ressaltar que o crime de organização criminosa foi erigido à categoria de crime hediondo pela Lei n. 13.964/2019 (Lei Anticrime). Assim é que a referida Lei Anticrime deu nova redação ao art. 1º da Lei n. 8.072/90 (Lei dos Crimes Hediondos), classificando como hediondo, no inciso V do seu parágrafo único, "o crime de organização criminosa, quando direcionado à prática de crime hediondo ou equiparado."

Nos arts. 18 e 19 foram previstos dois crimes relacionados à infiltração e à colaboração premiada, respectivamente. Nos arts. 20 e 21 os crimes se referem ao descumprimento da determinação de sigilo das investigações que envolvam ação controlada e infiltração de agentes, e à recusa ou omissão de dados cadastrais etc., requisitados pelo juiz, Ministério Público ou delegado de polícia, no curso de investigação ou do processo.

5. Disposições processuais e prazo para encerramento da instrução criminal

De acordo com o disposto no art. 22 da Lei n. 12.850/2013, os crimes nela previstos e as infrações conexas serão apurados mediante procedimento ordinário, previsto no Código de Processo Penal.

O dispositivo fixou, ainda, que a instrução criminal deverá ser encerrada em *prazo razoável*, o qual não poderá exceder a 120 (cento e vinte) dias quando o réu estiver preso, prorrogáveis em até igual período, por decisão fundamentada, devidamente motivada pela complexidade da causa ou por fato procrastinatório atribuível ao réu.

6. Sigilo da investigação

Desnecessário dizer que em toda investigação envolvendo ações praticadas por organização criminosa é imprescindível o sigilo, sob pena de serem frustradas as diligências levadas a cabo pela polícia ou pelo Ministério Público.

Nesse aspecto, segundo o art. 23 da lei ora em comento, o sigilo da investigação poderá ser decretado pela autoridade judicial competente, para garantia da celeridade e da eficácia das diligências investigatórias, assegurando-se ao defensor, no interesse do representado, amplo acesso aos elementos de prova que digam respeito ao exercício do direito de defesa, devidamente precedido de autorização judicial, ressalvados os referentes às diligências em andamento.

Dispõe ainda o parágrafo único do citado artigo que, determinado o depoimento do investigado, seu defensor terá assegurada a prévia vista dos autos, ainda que classificados como sigilosos, no prazo mínimo de 3 (três) dias que antecedem ao ato, podendo ser ampliado, a critério da autoridade responsável pela investigação.

10 Crimes contra a Ordem Econômica e Sistema de Estoque de Combustíveis

Lei n. 8.176/91

> Art. 1º Constitui crime contra a ordem econômica:
>
> I – adquirir, distribuir e revender derivados de petróleo, gás natural e suas frações recuperáveis, álcool etílico hidratado carburante e demais combustíveis líquidos carburantes, em desacordo com as normas estabelecidas na forma da lei;
>
> II – usar gás liquefeito de petróleo em motores de qualquer espécie, saunas, caldeiras e aquecimento de piscinas, ou para fins automotivos, em desacordo com as normas estabelecidas na forma da lei.
>
> Pena: detenção de um a cinco anos.

Objetividade jurídica: a política econômica do Estado relativa à normalidade do abastecimento nacional de petróleo, de seus combustíveis derivados, de álcool destinado para fins carburantes e de outros combustíveis líquidos carburantes, além do Sistema Nacional de Estoque de Combustíveis. A propósito, *vide* art. 177 da Constituição Federal, Lei n. 9.478/97 (que dispõe sobre a política energética nacional, as atividades relativas ao monopólio do petróleo, institui o Conselho Nacional de Política Energética e a Agência Nacional do Petróleo e dá outras providências) e Lei n. 9.847/99 (que dispõe sobre a fiscalização das atividades relativas ao abastecimento nacional de combustíveis, de que trata a Lei n. 9.478, de 6 de agosto de 1997, estabelece sanções administrativas e dá outras providências).

Sujeito ativo: nas modalidades de conduta do inciso I, sujeito ativo é o proprietário, diretor ou gerente de estabelecimento industrial ou comercial. Na modalidade de conduta do inciso II, sujeito ativo é qualquer pessoa.

Sujeito passivo: é a União e, eventualmente, as empresas estatais ou privadas por ela contratadas para a realização das atividades de que detém o monopólio. Sujeito passivo secundário é o terceiro eventualmente prejudicado.

Conduta: no inciso I, as condutas incriminadas são *adquirir* (comprar, obter), *distribuir* (espalhar, dispor) e *revender* (tornar a vender) derivados de petróleo, gás natural e suas frações recuperáveis, álcool etílico, hidratado carburante e demais combustíveis líquidos carburantes, em desacordo com as normas estabelecidas na forma da lei. No inciso II, a conduta incriminada é *usar* (utilizar, empregar) GLP em desacordo com as normas estabelecidas na forma da lei.

Norma penal em branco: o tipo penal depende de complementação para caracterização. Assim, a prática das condutas em desacordo com as normas estabelecidas na forma da lei é que tipifica este crime.

Objeto material: no inciso I são os derivados de petróleo, o gás natural e suas frações recuperáveis, o álcool etílico hidratado carburante e demais combustíveis líquidos carburantes. No inciso II, é o gás liquefeito de petróleo – GLP.

Definições: as definições de gás natural, petróleo etc. são dadas pelo art. 6º da Lei n. 9.478/97.

Elemento subjetivo: é o dolo. Não se pune a modalidade culposa.

Consumação: ocorre com a efetiva aquisição, distribuição e revenda dos derivados de petróleo, gás natural e suas frações recuperáveis, álcool etílico, hidratado carburante e demais combustíveis líquidos carburantes, em desacordo com as normas estabelecidas na forma da lei; ocorre também com a utilização de GLP em motores de qualquer espécie, saunas, caldeiras e aquecimento de piscinas, ou para fins automotivos, em desacordo com as normas estabelecidas na forma da lei.

Tentativa: não se admite na modalidade de conduta *usar*. Admite-se nos demais casos.

Ação penal: pública incondicionada.

Competência: a questão não é pacífica. O STF tem entendido que a competência é da Justiça Estadual, uma vez que não há lesão a interesse da União. A propósito, *vide* RE 459513/SP – Rel. Min. Marco Aurélio – j. 26-5-2009 – *DJe*, 21-8-2009. No mesmo sentido: "COMPETÊNCIA. Criminal. Ação penal. Crime contra a ordem econômica. Comercialização de combustível fora dos padrões fixados pela Agência Nacional do Petróleo. Art. 1º, inciso I, da Lei n. 8.176/91. Interesse direto e específico da União. Lesão à atividade fiscalizadora da ANP. Inexistência. Feito da competência da Justiça estadual. Recurso improvido. Precedentes. Inteligência do art. 109, IV e VI, da CF. Para que se defina a competência da Justiça Federal, objeto do art. 109, IV, da Constituição da República, é preciso tenha havido, em tese, lesão a interesse direto e específico da União, não bastando que esta, por si ou por autarquia, exerça atividade fiscalizadora sobre o bem objeto do delito" (STF – RE 513446/SP – Rel. Min. Cezar Peluso – j. 16-12-2008 – *DJe*, 27-2-2009).

Nossa posição, entretanto, é no sentido de que a competência é da Justiça Federal, uma vez que há evidente lesão a interesse da União, responsável pela normalidade do abastecimento nacional de petróleo, de seus combustíveis derivados, de álcool destinado para fins carburantes e de outros combustíveis líquidos carburantes. Ademais há evidente lesão ao Sistema Nacional de Estoque de Combustíveis, criado pela União (Dec. n. 238/91).

Jurisprudência:

"DIREITO PENAL E PROCESSUAL PENAL. AGRAVO REGIMENTAL NO AGRAVO EM RECURSO ESPECIAL. CRIME CONTRA A ORDEM ECONÔMICA. COMERCIALIZAÇÃO DE COMBUSTÍVEIS EM QUANTIDADE INFERIOR À INDICADA NA BOMBA MEDIDORA. CRIME DE PERIGO ABSTRATO. NECESSIDADE DE COMPROVAÇÃO DO DOLO. NÃO OCORRÊNCIA. AGRAVO REGIMENTAL PROVIDO PARA CONHECER DO AGRAVO E DAR PROVIMENTO AO RECURSO ESPECIAL.

1. Denúncia oferecida pelo Ministério Público imputando ao agravante, sócio gestor de posto de combustíveis, a prática de crime contra a ordem econômica, consistente na comercialização de combustíveis em quantidade inferior à indicada na bomba medidora, nos termos do art. 1º, inciso I, da Lei 8.176/1991.

2. A controvérsia centra-se na necessidade de comprovação do dolo para a caracterização do crime de perigo abstrato previsto no art. 1º, inciso I, da Lei 8.176/1991, e na análise da compatibilidade de uma condenação fundada em responsabilidade penal objetiva com os princípios da presunção de inocência e da intervenção mínima do Direito Penal.

3. Nos crimes de perigo abstrato, a presunção de risco não dispensa a comprovação de dolo específico, não sendo possível a responsabilização penal objetiva.

4. A ausência de dolo, demonstrada pela falta de provas de que o acusado tinha intenção deliberada de lesar o consumidor, impede a subsunção da conduta ao tipo penal descrito no art. 1º, inciso I, da Lei 8.176/1991.

5. A condenação imposta pelo tribunal de origem, fundada apenas na violação da norma sem a devida comprovação do dolo, é incompatível com os princípios fundamentais do Direito Penal, notadamente a presunção de inocência e a necessidade de intervenção mínima.

6. Tese fixada: Para a configuração do crime de perigo abstrato previsto no art. 1º, inciso I, da Lei 8.176/1991, é imprescindível a comprovação do dolo, sendo vedada a responsabilização penal objetiva.

7. Agravo regimental provido para conhecer do agravo e dar provimento ao recurso especial, absolvendo o réu nos termos do art. 386, inciso III, do CPP, com a consequente restauração da sentença absolutória" (STJ – AgRg no AREsp 2349885/BA – Rel. Min. Joel Ilan Paciornik – 5ª Turma – DJe 10-9-2024).

> Art. 2º Constitui crime contra o patrimônio, na modalidade de usurpação, produzir bens ou explorar matéria-prima pertencentes à União, sem autorização legal ou em desacordo com as obrigações impostas pelo título autorizativo.
>
> Pena: detenção, de um a cinco anos e multa.
>
> § 1º Incorre na mesma pena aquele que, sem autorização legal, adquirir, transportar, industrializar, tiver consigo, consumir ou comercializar produtos ou matéria-prima, obtidos na forma prevista no *caput* deste artigo.
>
> § 2º No crime definido neste artigo, a pena de multa será fixada entre dez e trezentos e sessenta dias-multa, conforme seja necessário e suficiente para a reprovação e a prevenção do crime.
>
> § 3º O dia-multa será fixado pelo juiz em valor não inferior a quatorze nem superior a duzentos Bônus do Tesouro Nacional (BTN).

Objetividade jurídica: patrimônio público.

Sujeito ativo: pode ser qualquer pessoa.

Sujeito passivo: a União.

Conduta: no *caput*, as condutas incriminadas são *produzir* (gerar, engendrar, fazer) bens e *explorar* (aproveitar, tirar lucro) matéria-prima pertencentes à União, sem autorização legal ou em desacordo com as obrigações impostas pelo título autorizativo. No parágrafo 1º as condutas incriminadas são *adquirir* (conseguir, obter), *transportar* (levar de um local para o outro), *industrializar* (promover o desenvolvimento industrial), *ter consigo* (ter em poder, portar), *consumir* (gastar, usar) ou *comercializar* (comprar e vender, negociar) produtos ou matéria-prima, obtidos na forma prevista no *caput* do artigo.

Objeto material: são os bens e a matéria-prima pertencentes à União.

Elemento subjetivo: é o dolo. Não se pune a modalidade culposa.

Consumação: ocorre com a efetiva produção de bens ou exploração de matéria-prima pertencentes à União sem autorização legal ou em desacordo com as obrigações impostas pelo título autorizativo. Consuma-se, ainda, com a efetiva aquisição, transporte, industrialização, posse, consumo ou comercialização de produtos ou matéria-prima produzidos ou explorados sem autorização legal ou em desacordo com as obrigações impostas pelo título autorizativo. Trata-se de crime formal, que não necessita de resultado naturalístico para sua consumação.

Nesse sentido: "Os crimes previstos nos artigos 2º da Lei 8.176/91 e 55 da Lei 9.605/98 são formais, ou seja, não exigem resultado naturalístico para a sua consumação, razão pela qual ainda que haja efetivo dano não há que se falar em indispensabilidade de perícia para sua comprovação. Doutrina. Jurisprudência" (STJ – AgRg no HC 539223/SP – Rel. Min. Jorge Mussi – 5ªT. – *DJe* 16-12-2019).

Tentativa: admite-se.

Ação penal: pública incondicionada.

Competência: da Justiça Federal, uma vez que há lesão ao patrimônio da União.

11 Crimes Resultantes de Preconceito de Raça ou de Cor
Lei n. 7.716/89

1. Noções gerais

1.1. Racismo, discriminação e preconceito

É muito comum estabelecer-se a confusão entre racismo, discriminação e preconceito.

O termo "racismo" geralmente expressa o conjunto de teorias e crenças que estabelecem uma hierarquia entre as raças, entre as etnias, ou ainda uma atitude de hostilidade em relação a determinadas categorias de pessoas. Pode ser classificado como um fenômeno cultural, praticamente inseparável da história humana.

A "discriminação", por seu turno, expressa a quebra do princípio da igualdade, como distinção, exclusão, restrição ou preferência, motivado por raça, cor, sexo, idade, trabalho, credo religioso ou convicções políticas.

Já o "preconceito" indica opinião ou sentimento, quer favorável, quer desfavorável, concebido sem exame crítico, ou ainda atitude, sentimento ou parecer insensato, assumido em consequência da generalização apressada de uma experiência pessoal ou imposta pelo meio, conduzindo geralmente à intolerância.

Portanto, em regra, o racismo ou o preconceito é que levam à discriminação.

Não obstante, a Lei n. 12.288/2010 – Estatuto da Igualdade Racial, no art. 1º, parágrafo único, definiu alguns termos relacionados ao assunto, a saber:

"I – Discriminação racial ou étnico-racial: toda distinção, exclusão, restrição ou preferência baseada em raça, cor, descendência ou origem nacional ou étnica que tenha por objeto anular ou restringir o reconhecimento, gozo ou exercício, em igualdade de condições, de direitos humanos e liberdades fundamentais nos campos político, econômico, social, cultural ou em qualquer outro campo da vida pública ou privada;

II – Desigualdade racial: toda situação injustificada de diferenciação de acesso e fruição de bens, serviços e oportunidades, nas esferas pública e privada, em virtude de raça, cor, descendência ou origem nacional ou étnica;

III – Desigualdade de gênero e raça: assimetria existente no âmbito da sociedade que acentua a distância social entre mulheres negras e os demais segmentos sociais;

IV – População negra: o conjunto de pessoas que se autodeclaram pretas e pardas, conforme o quesito cor ou raça usado pela Fundação Instituto Brasileiro de Geografia e Estatística (IBGE), ou que adotam autodefinição análoga;

V – Políticas públicas: as ações, iniciativas e programas adotados pelo Estado no cumprimento de suas atribuições institucionais; e

VI – Ações afirmativas: os programas e medidas especiais adotados pelo Estado e pela iniciativa privada para a correção das desigualdades raciais e para a promoção da igualdade de oportunidades".

1.2. Raça, cor, etnia, religião e procedência nacional

> Art. 1º Serão punidos, na forma desta Lei, os crimes resultantes de discriminação ou preconceito de raça, cor, etnia, religião ou procedência nacional.

A Lei n. 7.716/89, nesse artigo, estabelece punição aos crimes resultantes de discriminação ou preconceito de raça, cor, etnia, religião ou procedência nacional, sem, entretanto, esclarecer os precisos contornos de cada uma dessas expressões.

Raça pode ser definida como cada um dos grupos em que se subdividem algumas espécies animais (no caso específico da lei, o homem), cujos caracteres diferenciais se conservam com o passar das gerações (p. ex., raça branca, amarela, negra).

Cor indica a coloração da pele em geral (branca, preta, vermelha, amarela, parda).

Etnia significa coletividade de indivíduos que se diferencia por sua especificidade sociocultural, refletida principalmente na língua, religião e maneiras de agir. Há quem inclua fatores de natureza política no conceito de etnia (p. ex., índios, árabes, judeus etc.).

Religião é a crença ou culto praticados por um grupo social, ou ainda a manifestação de crença por meio de doutrinas e rituais próprios (p. ex., católica, protestante, espírita, muçulmana, islamita etc.). Não se inclui o ateísmo nessa noção de religião. A discriminação por ateísmo, portanto, constitui fato atípico. Isso porque, como bem ressalta Christiano Jorge Santos (*Crimes de Preconceito e de Discriminação – Análise Jurídico-Penal da Lei n. 7.716/89 e Aspectos Correlatos*. São Paulo: Max Limonad. 2001. p. 80), "considerando-se o ateu como aquele que não crê em Deus ou em deuses e, por sua vez, religião como crença necessariamente vinculada à existência de Ente ou entes superiores, nos termos da conceituação adotada acima, o ateísmo enquadrar-se-ia como espécie de doutrina filosófica não amparada pela Lei n. 7.716/89)".

Procedência nacional significa o lugar de origem da pessoa, a nação da qual provém, o lugar de onde procede o indivíduo (p. ex., italiano, japonês, português, árabe, argentino etc.), incluindo, a nosso ver, a procedência interna do País (p. ex., nordestino, baiano, cearense, carioca, gaúcho, mineiro, paulista etc.).

Deve ser ressaltado que inexiste no Brasil legislação específica criminalizando o preconceito ou discriminação por orientação sexual.

Mais recentemente, entrou em vigor outro importante diploma legal, a Lei n. 12.984, de 2-6-2014, que definiu o crime de discriminação dos portadores do vírus da imunodeficiência humana (HIV) e doentes de AIDS.

1.3. Injúria por preconceito

A injúria por preconceito, também chamada de injúria racial, foi acrescentada ao Código Penal pela Lei n. 9.459/97, e consistia na utilização de elementos referentes à raça, cor, etnia, religião ou origem, *para ofender a honra subjetiva da vítima (autoestima)*. Vinha prevista no § 3º do art. 140 do Código Penal, que tinha a seguinte redação: "§ 3º Se a injúria consiste na utilização de elementos referentes a raça, cor, etnia, religião, origem ou a condição de pessoa idosa ou portadora de deficiência".

Ocorre que, por força da Lei n. 14.532/2023, a injúria racial foi deslocada do art. 140, § 3º, do Código Penal, para o art. 2º-A da Lei n. 7.716/89, com o seguinte teor:

> Art. 2º-A Injuriar alguém, ofendendo-lhe a dignidade ou o decoro, em razão de raça, cor, etnia ou procedência nacional.
>
> Pena: reclusão, de 2 (dois) a 5 (cinco) anos, e multa.
>
> Parágrafo único. A pena é aumentada de metade se o crime for cometido mediante concurso de 2 (duas) ou mais pessoas.

Por conseguinte, assim ficou a redação do art. 140, § 3º, do Código Penal:

> Art. 140 (...)
>
> § 3º Se a injúria consiste na utilização de elementos referentes a religião ou à condição de pessoa idosa ou com deficiência:
>
> Pena – reclusão, de 1 (um) a 3 (três) anos, e multa.

Assim agindo, o legislador passou a considerar a injúria racial como uma forma de racismo, na esteira do que já havia decidido o Supremo Tribunal Federal no julgamento do HC 154.248, da relatoria do Min. Edson Fachin, em 28-10-2021 (publicação em 23-2-2022), cominando-lhe pena mais severa, que passou a ser de reclusão, de 2 (dois) a 5 (cinco) anos, e multa.

Passemos à análise do tipo penal:

Objetividade jurídica: o bem jurídico protegido é a dignidade e o decoro da pessoa, com especial proteção contra ofensas discriminatórias que atentem contra sua identidade racial, étnica ou de origem. A norma visa resguardar a honra subjetiva do indivíduo, especialmente em face de discriminações, assegurando respeito à diversidade e à igualdade.

Sujeito ativo: pode ser qualquer pessoa (crime comum). O parágrafo único do artigo prevê uma causa de aumento de pena de metade quando o crime for cometido em concurso de duas ou mais pessoas. O art. 20-B da lei prevê, ainda, que a pena será aumentada de 1/3 (um terço) até a metade quando o crime for praticado por funcionário público, conforme definição prevista no Código Penal (art. 327), no exercício de suas funções ou a pretexto de exercê-las.

Sujeito passivo: é a pessoa ofendida em sua dignidade ou decoro, em razão de sua raça, cor, etnia ou procedência nacional.

Conduta: consiste em *injuriar* alguém, ou seja, ofender a honra subjetiva da vítima, com foco na sua dignidade ou decoro, especificamente em razão de raça, cor, etnia ou procedência nacional. No contexto específico do crime, a ofensa deve estar fundamentada em elementos raciais ou étnicos, evidenciando o viés discriminatório.

Atitude ou tratamento discriminatório: o art. 20-C dispõe que, na interpretação desta Lei, o juiz deve considerar como discriminatória qualquer atitude ou tratamento dado à pessoa ou a grupos minoritários que cause constrangimento, humilhação, vergonha, medo ou exposição indevida, e que usualmente não se dispensaria a outros grupos em razão da cor, etnia, religião ou procedência.

Elemento subjetivo: o crime exige dolo, ou seja, a intenção consciente de ofender a honra da vítima em razão de sua identidade racial, étnica ou de procedência. Não se admite a forma culposa.

Racismo recreativo: a pena será aumentada de 1/3 (um terço) até a metade, se o crime ocorrer em contexto ou com intuito de descontração, diversão ou recreação.

Consumação: ocorre com a efetiva ofensa à dignidade ou ao decoro da vítima, quando o conteúdo ofensivo é levado ao seu conhecimento.

Tentativa: somente é admitida se a ofensa não for verbal.

Ação penal: é pública incondicionada.

Vítima acompanhada de advogado: dispõe o art. 20-D da lei que, em todos os atos processuais, cíveis e criminais, a vítima dos crimes de racismo deverá estar acompanhada de advogado ou defensor público.

Crime imprescritível: o Supremo Tribunal Federal, no julgamento do HC 154.248/DF, já havia entendido que o crime de injúria racial reunia todos os elementos necessários à sua caracterização como uma das espécies de racismo. Em consequência, por ser espécie do gênero racismo, o crime de injúria racial foi considerado imprescritível.

Nesse sentido:

"*HABEAS CORPUS*. MATÉRIA CRIMINAL. INJÚRIA RACIAL (ART. 140, § 3º, DO CÓDIGO PENAL). ESPÉCIE DO GÊNERO RACISMO. IMPRESCRITIBILIDADE. DENEGAÇÃO DA ORDEM. 1. Depreende-se das normas do texto constitucional, de compromissos internacionais e de julgados do Supremo Tribunal Federal o reconhecimento objetivo do racismo estrutural como dado da realidade brasileira ainda a ser superado por meio da soma de esforços do Poder Público e de todo o conjunto da sociedade. 2. O crime de injúria racial reúne todos os elementos necessários à sua caracterização como uma das espécies de racismo, seja diante da definição constante do voto condutor do julgamento do HC 82.424/RS, seja diante do conceito de discriminação racial previsto na Convenção Internacional Sobre a Eliminação de Todas as Formas de Discriminação Racial. 3. A simples distinção topológica entre os crimes previstos na Lei 7.716/1989 e o art. 140, § 3º, do Código Penal não tem o condão de fazer deste uma conduta delituosa diversa do racismo, até porque o rol previsto na legislação extravagante não é exaustivo. 4. Por ser espécie do gênero racismo, o crime de injúria racial é imprescritível. 5. Ordem de *habeas corpus* denegada" (STF – HC 154.248/DF – Rel. Min. Edson Fachin – *DJe* 23-2-2022).

1.4. "Lei Afonso Arinos"

A Lei n. 1.390/51, denominada "Lei Afonso Arinos", em homenagem ao ilustre deputado federal mineiro Afonso Arinos de Melo Franco, seu autor, teve o mérito de ser a primeira lei brasileira a tipificar atos resultantes de preconceito de raça e cor.

Posteriormente, a referida lei sofreu sensível alteração pela Lei n. 7.437/85, que aumentou a abrangência das normas penais, prevendo, além do preconceito de raça e cor, também o preconceito de sexo e estado civil, diploma esse que ainda se encontra em pleno vigor.

Portanto, as condutas resultantes de preconceito ou discriminação por raça, cor, etnia, religião ou procedência nacional encontram-se tipificadas na Lei n. 7.716/89 como crimes, enquanto as condutas resultantes de preconceito ou discriminação por sexo e estado civil encontram-se tipificadas na Lei n. 7.437/85 como contravenções penais.

Como já ressaltamos acima, não são tipificadas como crime ou contravenção, no Brasil, as condutas resultantes de preconceito ou discriminação por orientação sexual.

2. Dos demais crimes e das penas

É mister ressaltar, antes de proceder ao estudo dos crimes em espécie previstos pela Lei n. 7.716/89, que, para a configuração dos tipos penais previstos nos arts. 3º, 4º, 5º, 6º, 7º, 8º, 9º, 10, 11, 12, 13 e 14, há a necessidade de que todas as condutas sejam resultantes de discriminação ou preconceito de raça, cor, etnia, religião ou procedência nacional.

Assim, embora tal elemento não conste expressamente da descrição típica de cada ilícito estudado, deve ser necessariamente considerado em razão do contido no art. 1º dessa lei.

> Art. 3º Impedir ou obstar o acesso de alguém, devidamente habilitado, a qualquer cargo da Administração Direta ou Indireta, bem como das concessionárias de serviços públicos:
>
> Pena – reclusão de 2 (dois) a 5 (cinco) anos.
>
> Parágrafo único. Incorre na mesma pena quem, por motivo de discriminação de raça, cor, etnia, religião ou procedência nacional, obstar a promoção funcional. (NR)

Objetividade jurídica: a tutela do direito à igualdade, o respeito à personalidade e à dignidade da pessoa.

Sujeito ativo: qualquer pessoa.

Sujeito passivo: o Estado. Secundariamente, a pessoa devidamente habilitada ao cargo.

Conduta: vem representada pelos verbos "impedir" (impossibilitar, interromper) e "obstar" (obstruir, obstaculizar).

Objeto material: o acesso a qualquer cargo da administração direta ou indireta, bem como das concessionárias de serviços públicos. Também a promoção funcional, conforme parágrafo único inserido pela Lei n. 12.288/2010 – Estatuto da Igualdade Racial.

Elemento subjetivo: dolo.

Consumação: com o efetivo impedimento ou obstrução do acesso ao cargo, independentemente do posterior acesso do sujeito passivo ao cargo pretendido. Na conduta do parágrafo único, consuma-se com a obstrução a promoção funcional.

Tentativa: admite-se, quando fracionável o *iter criminis*.

> Art. 4º Negar ou obstar emprego em empresa privada:
>
> Pena – reclusão de 2 (dois) a 5 (cinco) anos.
>
> § 1º Incorre na mesma pena quem, por motivo de discriminação de raça ou de cor ou práticas resultantes do preconceito de descendência ou origem nacional ou étnica:
>
> I – deixar de conceder os equipamentos necessários ao empregado em igualdade de condições com os demais trabalhadores;

> II – impedir a ascensão funcional do empregado ou obstar outra forma de benefício profissional;
>
> III – proporcionar ao empregado tratamento diferenciado no ambiente de trabalho, especialmente quanto ao salário.
>
> § 2º Ficará sujeito às penas de multa e de prestação de serviços à comunidade, incluindo atividades de promoção da igualdade racial, quem, em anúncios ou qualquer outra forma de recrutamento de trabalhadores, exigir aspectos de aparência próprios de raça ou etnia para emprego cujas atividades não justifiquem essas exigências.

Objetividade jurídica: a tutela do direito à igualdade, do respeito à personalidade e à dignidade da pessoa.

Sujeito ativo: qualquer pessoa.

Sujeito passivo: o Estado. Secundariamente, a pessoa pretendente ao emprego (*caput*) ou o empregado (§ 1º).

Conduta: vem expressa pelos verbos "negar" (recusar, vedar) e "obstar" (obstruir, obstaculizar), tendo por objeto emprego em empresa privada. No § 1º, as condutas vêm expressas pelos verbos *deixar* (crime omissivo), *impedir* (impossibilitar, interromper) ou *obstar* (obstruir, obstaculizar) e *proporcionar* (dar, oferecer, prestar).

Elemento subjetivo: dolo.

Consumação: com a efetiva negação ou obstaculização do emprego, independentemente de sua posterior obtenção pelo sujeito passivo. Nas figuras do § 1º, ocorre a consumação com a missão no fornecimento dos equipamentos necessários, com o impedimento da ascensão funcional ou obstaculização de benefício profissional, e com a dispensa de tratamento diferenciado ao empregado.

Tentativa: na conduta "negar", inadmissível a tentativa; na conduta "obstar", admite-se, desde que fracionável o *iter criminis*. No § 1º, a conduta "deixar" traduz crime omissivo, não sendo admitida a tentativa; quanto às demais condutas, admite-se a tentativa.

Exigência indevida de aspectos de aparência: dispõe o § 2º, acrescentado pela Lei n. 12.288/2010 – Estatuto da Igualdade Racial, que fica sujeito às penas de multa e de prestação de serviços à comunidade, incluindo atividades de promoção da igualdade racial, quem, em anúncios ou qualquer outra forma de recrutamento de trabalhadores, exigir aspectos de aparência próprios de raça ou etnia para emprego cujas atividades não justifiquem essas exigências.

> Art. 5º Recusar ou impedir acesso a estabelecimento comercial, negando-se a servir, atender ou receber cliente ou comprador:
>
> Pena – reclusão de 1 (um) a 3 (três) anos.

Objetividade jurídica: a tutela do direito à igualdade, do respeito à personalidade e à dignidade da pessoa.

Sujeito ativo: qualquer pessoa.

Sujeito passivo: o Estado. Secundariamente, o cliente ou comprador discriminado.

Conduta: vem representada pelos verbos "recusar" (não aceitar, repelir, negar), "impedir" (obstar, proibir) e "negar" (recusar, repudiar). A recusa ou impedimento de acesso ao estabelecimento comercial deve dar-se pela negativa em servir, atender ou receber o cliente ou comprador, condutas estas resultantes do preconceito racial.

Elemento subjetivo: dolo.

Consumação: com a efetiva recusa ou impedimento de acesso, pela negativa em servir, atender ou receber. Trata-se de crime omissivo impróprio ou comissivo por omissão.

Tentativa: tratando-se de crime omissivo, inadmissível a tentativa.

> Art. 6º Recusar, negar ou impedir a inscrição ou ingresso de aluno em estabelecimento de ensino público ou privado de qualquer grau:
>
> Pena – reclusão de 3 (três) a 5 (cinco) anos.
>
> Parágrafo único. Se o crime for praticado contra menor de 18 (dezoito) anos a pena é agravada de 1/3 (um terço).

Objetividade jurídica: a tutela do direito à igualdade, o respeito à personalidade e à dignidade da pessoa.

Sujeito ativo: qualquer pessoa que tenha poderes para a realização do ato. Pode ser o diretor, proprietário, administrador, funcionário etc.

Sujeito passivo: o Estado. Secundariamente, o aluno discriminado.

Conduta: vem expressa pelos verbos "recusar" (não aceitar, repelir), "negar" (recusar, repudiar) e "impedir" (obstar, proibir), referindo-se a inscrição ou ingresso em estabelecimento de ensino público ou privado.

Elemento subjetivo: dolo.

Consumação: com a efetiva recusa, negação ou impedimento.

Tentativa: admite-se apenas na modalidade de conduta "impedir", desde que fracionável o *iter criminis*.

Causa de aumento de pena: o parágrafo único estabelece causa de aumento de pena de um terço se o crime for praticado contra menor de 18 anos.

> Art. 7º Impedir o acesso ou recusar hospedagem em hotel, pensão, estalagem, ou qualquer estabelecimento similar:
>
> Pena – reclusão de 3 (três) a 5 (cinco) anos.
>
> Art. 8º Impedir o acesso ou recusar atendimento em restaurantes, bares, confeitarias, ou locais semelhantes abertos ao público:
>
> Pena – reclusão de 1 (um) a 3 (três) anos.
>
> Art. 9º Impedir o acesso ou recusar atendimento em estabelecimentos esportivos, casas de diversões, ou clubes sociais abertos ao público:
>
> Pena – reclusão de 1 (um) a 3 (três) anos.
>
> Art. 10. Impedir o acesso ou recusar atendimento em salões de cabeleireiros, barbearias, termas ou casas de massagem ou estabelecimentos com as mesmas finalidades:
>
> Pena – reclusão de 1 (um) a 3 (três) anos.
>
> Art. 11. Impedir o acesso às entradas sociais em edifícios públicos ou residenciais e elevadores ou escada de acesso aos mesmos:
>
> Pena – reclusão de 1 (um) a 3 (três) anos.
>
> Art. 12. Impedir o acesso ou uso de transportes públicos, como aviões, navios, barcas, barcos, ônibus, trens, metrô ou qualquer outro meio de transporte concedido:

> Pena – reclusão de 1 (um) a 3 (três) anos.
>
> Art. 13. Impedir ou obstar o acesso de alguém ao serviço em qualquer ramo das Forças Armadas.
>
> Pena – reclusão de 2 (dois) a 4 (quatro) anos.
>
> Art. 14. Impedir ou obstar, por qualquer meio ou forma, o casamento ou convivência familiar e social.
>
> Pena – reclusão de 2 (dois) a 4 (quatro) anos.

Objetividade jurídica: a tutela do direito à igualdade, o respeito à personalidade e à dignidade da pessoa.

Sujeito ativo: qualquer pessoa.

Sujeito passivo: o Estado. Secundariamente, a pessoa discriminada.

Conduta: vem representada, nos tipos penais em comento, pelos verbos "impedir" (obstar, obstaculizar, proibir), "recusar" (não aceitar, repelir) e "obstar" (impedir, obstaculizar).

Objeto material: o objeto material varia de acordo com cada tipo penal. Pode ser hospedagem em hotel, pensão ou estalagem; atendimento em restaurantes, bares, confeitarias; atendimento em estabelecimentos esportivos, casas de diversões ou clubes sociais abertos ao público; atendimento em salões de cabeleireiros, barbearias, termas, casas de massagem etc.; acesso às entradas sociais em edifícios públicos ou residenciais e elevadores ou escada de acesso aos mesmos; acesso ou uso de transportes públicos, como aviões, navios, barcas, barcos, ônibus, trens, metrô ou qualquer outro meio de transporte concedido; acesso ao serviço em qualquer ramo das Forças Armadas; e casamento ou convivência familiar e social.

Deve ser ressaltado que não haverá crime previsto na Lei n. 7.716/89 se a recusa, impedimento, negativa etc. se der por outra razão que não o preconceito de raça, cor, etnia, religião ou procedência nacional.

Elemento subjetivo: dolo.

Consumação: com a efetiva prática das condutas caracterizadoras dos tipos penais, independentemente de outro resultado.

Tentativa: admite-se nas condutas "impedir" e "obstar", desde que fracionável o *iter criminis*.

Efeitos da condenação

> Art. 16. Constitui efeito da condenação a perda do cargo ou função pública, para o servidor público, e a suspensão do funcionamento do estabelecimento particular por prazo não superior a 3 (três) meses.

Segundo o disposto no art. 16 da lei, constituem efeitos da condenação:

– para o servidor público: a perda do cargo ou função pública;

– para o estabelecimento particular: suspensão do funcionamento por prazo não superior a 3 meses.

Merece ser destacado que alguns autores entendem ter havido derrogação do art. 16 pelos arts. 92, I, *a* e *b*, e 47, II, ambos do Código Penal, uma vez que constituem dispositivos legais posteriores, tratando da mesma matéria de maneira diferente.

Cremos, entretanto, que, à luz do que dispõe o art. 12 do Código Penal, deve subsistir a regra específica do art. 16 da Lei n. 7.716/89, dispondo de modo diverso sobre os efeitos da condenação, especificamente nos crimes de preconceito racial.

Fundamentação na sentença condenatória

> Art. 18. Os efeitos de que tratam os arts. 16 e 17 desta Lei não são automáticos, devendo ser motivadamente declarados na sentença.

Os citados efeitos da condenação, entretanto, segundo estabelece o art. 18, não são automáticos, devendo ser motivadamente declarados na sentença.

> Art. 20. Praticar, induzir ou incitar a discriminação ou preconceito de raça, cor, etnia, religião ou procedência nacional:
> Pena – reclusão de 1 (um) a 3 (três) anos e multa.
> § 1º Fabricar, comercializar, distribuir ou veicular símbolos, emblemas, ornamentos, distintivos, propaganda que utilizem a cruz suástica ou gamada, para fins de divulgação do nazismo:
> Pena – reclusão de 2 (dois) a 5 (cinco) anos e multa.
> § 2º Se qualquer dos crimes previstos no *caput* é cometido por intermédio dos meios de comunicação social ou publicação de qualquer natureza:
> Pena – reclusão de 2 (dois) a 5 (cinco) anos e multa.
> § 3º No caso do parágrafo anterior, o juiz poderá determinar, ouvido o Ministério Público ou a pedido deste, ainda antes do inquérito policial, sob pena de desobediência:
> I – o recolhimento imediato ou a busca e apreensão dos exemplares do material respectivo;
> II – a cessação das respectivas transmissões radiofônicas, televisivas, eletrônicas ou da publicação por qualquer meio;
> III – a interdição das respectivas mensagens ou páginas de informação na rede mundial de computadores.
> § 4º Na hipótese do § 2º, constitui efeito da condenação, após o trânsito em julgado da decisão, a destruição do material apreendido.

Objetividade jurídica: a tutela do direito à igualdade, o respeito à personalidade e à dignidade da pessoa.

Sujeito ativo: qualquer pessoa.

Sujeito passivo: o Estado.

Conduta: vem representada pelos verbos "praticar" (realizar, executar), "induzir" (influenciar, persuadir) e "incitar" (estimular, aguçar).

Objeto material: discriminação ou preconceito de raça, cor, etnia, religião ou procedência nacional (*vide* item 1, *retro*).

Elemento subjetivo: dolo.

Nesse sentido:

"RESP. INCITAÇÃO AO PRECONCEITO RACIAL. CONSIDERAÇÃO DE INEXISTÊNCIA DE DOLO COM BASE EM PROVAS. DESCONSTITUIÇÃO. IMPOSSIBILIDADE.

– Incitar, consoante a melhor doutrina é instigar, provocar ou estimular e o elemento subjetivo consubstancia-se em ter o agente vontade consciente dirigida a estimular a discriminação ou preconceito racial. Para a configuração do delito, sob esse prisma, basta que o agente saiba que pode vir a causá-lo ou assumir o risco de produzi-lo (dolo direto ou eventual).

– Ao se considerar a inexistência de dolo com base em provas e fatos, torna-se impossibilitado o reexame das mesmas provas e fatos para se chegar a conclusão diversa da adotada (Súmula 7/STJ).

– Recurso não conhecido" (STJ – REsp 157.805/DF – Rel. Min. Jorge Scartezzini – 5ª T. – j. 17-8-1999 – *DJ*, 13-9-1999, p. 87).

Elemento subjetivo específico: "Para configuração do delito previsto no art. 20 da Lei Federal n. 7.716/89 exige-se, além do dolo, o elemento subjetivo específico consistente na vontade de discriminar a vítima" (STJ – AgRg no REsp 1817240/RS – Rel. Min. Joel Ilan Paciornik – 5ª T. – *DJe* 27-9-2019).

Consumação: com a prática de uma ou mais modalidades de conduta típica. Trata-se de crime formal, que independe de qualquer outro resultado.

Tentativa: admite-se na conduta "praticar", se fracionável o *iter criminis*.

Imprescritibilidade: "*HABEAS CORPUS*. MATÉRIA CRIMINAL. INJÚRIA RACIAL (ART. 140, § 3º, DO CÓDIGO PENAL). ESPÉCIE DO GÊNERO RACISMO. IMPRESCRITIBILIDADE. DENEGAÇÃO DA ORDEM. 1. Depreende-se das normas do texto constitucional, de compromissos internacionais e de julgados do Supremo Tribunal Federal o reconhecimento objetivo do racismo estrutural como dado da realidade brasileira ainda a ser superado por meio da soma de esforços do Poder Público e de todo o conjunto da sociedade. 2. O crime de injúria racial reúne todos os elementos necessários à sua caracterização como uma das espécies de racismo, seja diante da definição constante do voto condutor do julgamento do HC 82.424/RS, seja diante do conceito de discriminação racial previsto na Convenção Internacional Sobre a Eliminação de Todas as Formas de Discriminação Racial. 3. A simples distinção topológica entre os crimes previstos na Lei 7.716/1989 e o art. 140, § 3º, do Código Penal não tem o condão de fazer deste uma conduta delituosa diversa do racismo, até porque o rol previsto na legislação extravagante não é exaustivo. 4. Por ser espécie do gênero racismo, o crime de injúria racial é imprescritível. 5. Ordem de *habeas corpus* denegada" (STF – HC 154.248/DF – Rel. Min. Edson Fachin – *DJe* 23-2-2022).

Utilização da cruz suástica ou gamada

O § 1º pune a conduta daquele que "fabricar" (produzir, construir), "comercializar" (negociar, exercer comércio), "distribuir" (espalhar, dividir, repartir) ou "veicular" (divulgar, propagar) símbolos, emblemas, ornamentos, distintivos ou propagandas que utilizem a cruz suástica ou gamada, para fins de divulgação do nazismo. *Cruz suástica* é símbolo religioso em forma de cruz cujas hastes têm as extremidades recurvas ou angulares (com a forma da letra grega maiúscula *gama*). Entre brâmanes e budistas, representava a felicidade, a boa sorte, a saudação ou a salvação. É também chamada de *cruz gamada*. Essa mesma cruz, com os braços voltados para o lado direito, foi adotada como emblema oficial do III *Reich* e do Partido Nacional-Socialista alemão. Tornou-se símbolo do nazismo. O *nazismo* (abreviatura de nacional-socialismo, em alemão), como se sabe, era a doutrina que exacerbava as tendências nacionalistas e racistas, constituindo a ideologia de Adolf Hitler (1889-1945).

Prática através dos meios de comunicação

O § 2º prevê qualificadora ao crime de preconceito cometido através dos meios de comunicação social ou publicação de qualquer natureza (rádio, televisão, jornais, revistas, panfletos, livros, fitas de vídeo etc.).

O § 2º, com a redação dada pela Lei n. 14.532/2023, prevê qualificadora se qualquer dos crimes previstos neste artigo for cometido por intermédio dos meios de comunicação social, de publicação em redes sociais, da rede mundial de computadores ou de publicação de qualquer natureza. Nesses casos, a pena é de reclusão de 2 (dois) a 5 (cinco) anos e multa.

Racismo pela internet – competência

"CONFLITO NEGATIVO DE COMPETÊNCIA. ART. 20, § 2º, DA LEI N.7.716/89. DISCRIMINAÇÃO E PRECONCEITO CONTRA O POVO JUDEU. CONVENÇÃO INTERNACIONAL ACERCA DO TEMA. RATIFICADA PELO BRASIL. DISSEMINAÇÃO. PRATICADA POR MEIO DA REDE SOCIAL 'FACEBOOK'. SÍTIO VIRTUAL DE AMPLO ACESSO. CONTEÚDO RACISTA ACESSÍVEL NO EXTERIOR. POTENCIAL TRANSNACIONALIDADE CONFIGURADA. COMPETÊNCIA DA JUSTIÇA FEDERAL. IDENTIFICAÇÃO DA ORIGEM DAS POSTAGENS. POSSIBILIDADE DE FIXAÇÃO DE TERCEIRO JUÍZO ESTRANHO AO CONFLITO. 1. O presente conflito de competência deve ser conhecido, por se tratar de incidente instaurado entre juízos vinculados a Tribunais distintos, nos termos do art. 105, inciso I, alínea *d*, da Constituição Federal – CF. 2. Segundo o art. 109, V, da Constituição Federal – CF, compete aos juízes federais processar e julgar 'os crimes previstos em tratado ou convenção internacional, quando iniciada a execução no País, o resultado tenha ou devesse ter ocorrido no estrangeiro, ou reciprocamente'. 3. Na presente investigação é incontroverso que o conteúdo divulgado na rede social 'Facebook', na página 'Hitler Depressão – A Todo Gás', possui conteúdo discriminatório contra todo o povo judeu e não contra pessoa individualmente considerada. Também é incontroverso que a 'Convenção Internacional sobre a Eliminação de Todas as Formas de Discriminação Racial', promulgada pela Assembleia das Nações Unidas foi ratificada pelo Brasil em 27-3-1968. O núcleo da controvérsia diz respeito exclusivamente à configuração ou não da internacionalidade da conduta. 4. À época em que tiveram início as investigações, não havia sólido entendimento da Suprema Corte acerca da configuração da internacionalidade de imagens postadas no 'Facebook'. Todavia, o tema foi amplamente discutido em recurso extraordinário cuja repercussão geral foi reconhecida. 'A extração da potencial internacionalidade do resultado advém do nível de abrangência próprio de sítios virtuais de amplo acesso, bem como da reconhecida dispersão mundial preconizada no art. 2º, I, da Lei n. 12.965/2014, que instituiu o Marco Civil da Internet no Brasil' (RE 628624, Rel. Min. Marco Aurélio, Relator p/ Acórdão: Min. Edson Fachin, Tribunal Pleno, *DJe* 6-4-2016). 5. Muito embora o paradigma da repercussão geral diga respeito à pornografia infantil, o mesmo raciocínio se aplica ao caso concreto, na medida em que o acórdão da Suprema Corte vem repisar o disposto na Constituição Federal, que reconhece a competência da Justiça Federal não apenas no caso de acesso da publicação por alguém no estrangeiro, mas também nas hipóteses em que a amplitude do meio de divulgação tenha o condão de possibilitar o acesso. No caso dos autos, diante da potencialidade de o material disponibilizado na internet ser acessado no exterior, está configurada a competência da Justiça Federal, ainda que o conteúdo não tenha sido efetivamente visualizado fora do território nacional. 6. Na singularidade do caso concreto diligências apontam que as postagens de cunho racista e discriminatório contra o povo judeu partiram de usuário localizado em Curitiba. Nos termos do art. 70 do Código de Processo Penal – CPP, 'a competência será, de regra, determinada pelo lugar em que se consumar a infração, ou, no caso de tentativa, pelo lugar em que for praticado o último ato de execução'. 7. 'A jurisprudência tem reconhecido a possibilidade de declaração da competência de um terceiro juízo que não figure no conflito de competência em julgamento, quer na qualidade de suscitante, quer na qualidade de suscitado' (CC 168.575/MS, Rel. Min. Reynaldo Soares da Fonseca, 3ª Seção, *DJe* 14-10-2019). 8. Conflito conhecido para declarar a competência da Justiça Federal atuante em Curitiba –

SJ/PR, a quem couber a distribuição do feito" (STJ – CC 163420/PR – Rel. Min. Joel Ilan Paciornik – 3ª Seção – *DJe* 1º-6-2020).

Atividades esportivas, religiosas, artísticas e culturais

O § 2º-A, acrescentado pela Lei n. 14.532/2023 prevê forma qualificada se qualquer dos crimes previstos neste artigo for cometido no contexto de atividades esportivas, religiosas, artísticas ou culturais destinadas ao público. Nesses casos, a pena é de reclusão, de 2 (dois) a 5 (cinco) anos, e proibição de frequência, por 3 (três) anos, a locais destinados a práticas esportivas, artísticas ou culturais destinadas ao público, conforme o caso.

Racismo religioso

O § 2º-B, acrescentado pela Lei n. 14.532/2023, estabelece que, sem prejuízo da pena correspondente à violência, incorre nas mesmas penas previstas no *caput* do artigo quem obstar, impedir ou empregar violência contra quaisquer manifestações ou práticas religiosas.

Busca e apreensão cautelar

Dispõe o § 3º que, sendo o crime cometido nas circunstâncias do § 2º, poderá o juiz determinar, ouvido o Ministério Público ou a pedido deste, ainda antes do inquérito policial:

– o recolhimento imediato ou a busca e apreensão dos exemplares do material respectivo (*vide* art. 14, c/c o art. 51 da Lei n. 5.250/67 – Lei de Imprensa);

– a cessação das respectivas transmissões radiofônicas, televisivas, eletrônicas ou da publicação por qualquer meio;

– a interdição das respectivas mensagens ou páginas de informação na rede mundial de computadores.

Efeito da condenação

Após o trânsito em julgado da sentença condenatória, nas hipóteses do § 2º, constitui efeito da condenação a destruição do material apreendido (§ 4º).

3. Disposições gerais

3.1. Racismo recreativo

A criminalização expressa do racismo recreativo se deu com a vigência da Lei n. 14.532/2023, que alterou a Lei n. 7.716/89 e incluiu o art. 20-A, ora em comento.

O termo "racismo recreativo" é usado para se referir a ações ou comportamentos que, de forma consciente ou inconsciente, perpetuam estereótipos e preconceitos raciais, em um contexto que supostamente seria de "diversão" ou "brincadeira".

Por exemplo, piadas que ridicularizam pessoas de determinada raça, cor, etnia ou procedência nacional, comentários jocosos sobre sua aparência física, criação de estereótipos negativos, veiculação de caricaturas racistas, dentre outras formas de exteriorização.

A rigor, são comportamentos que desrespeitam ou humilham pessoas de determinada raça, cor, etnia ou procedência nacional.

O racismo recreativo é uma prática discriminatória que muitas vezes é vista como "inofensiva" ou "brincadeira", mas que pode ter graves consequências para as vítimas. Embora possa parecer inofensivo ou engraçado para alguns, contribui para a marginalização e opressão de grupos étnicos e raciais historicamente discriminados, podendo causar sofrimento e desconforto a pessoas que são alvo dessas ações, além de reforçar uma cultura de exclusão e desrespeito.

Assim, o art. 20-A da Lei n. 7.716/89 prevê aumento de pena de 1/3 (um terço) até a metade para os crimes de preconceito e discriminação nela previstos, "quando ocorrerem em contexto ou com intuito de descontração, diversão ou recreação".

Portanto, a referida causa de aumento de pena será aplicada a qualquer dos crimes previstos na Lei n. 7.716/89, incluída a injúria racial, fazendo com que, ainda que por meio de punição mais severa, sejam impostas vedações a piadas, brincadeiras e todos os tipos de manifestação humorística, qualquer que seja a forma de veiculação, por qualquer meio de comunicação (televisão, rádio, publicações etc.), seja em meio físico ou virtual/digital ("internet", redes sociais, aplicativos de mensagens etc.).

Por fim, é importante lembrar que o racismo recreativo, mesmo quando praticado de forma "inocente" ou "brincalhona", é uma violação dos direitos humanos e pode ter graves consequências para as vítimas. É fundamental que as autoridades e a sociedade como um todo trabalhem juntas para combater todas as formas de discriminação racial e garantir que todos sejam tratados com igualdade e respeito.

3.2. Racismo praticado por funcionário público

De acordo com o disposto no art. 20-B da Lei n. 7.716/89, acrescentado pela Lei n. 14.532/2023, os crimes previstos nos arts. 2º-A e 20 terão as penas aumentadas de 1/3 (um terço) até a metade, quando praticados por funcionário público, conforme definição prevista no Código Penal, no exercício de suas funções ou a pretexto de exercê-las.

Para os efeitos penais, de acordo com o art. 327 do Código Penal, considera-se funcionário público quem, embora transitoriamente ou sem remuneração, exerce cargo, emprego ou função pública.

3.3. Interpretação da lei pelo juiz

O dispositivo introduzido pela Lei n. 14.532/2023, que acrescentou o art. 20-C à Lei n. 7.716/89, traz uma diretriz interpretativa para o juiz ao analisar casos de racismo e discriminação. O artigo dispõe que, na aplicação da Lei, deve-se considerar como discriminatória qualquer atitude ou tratamento que imponha constrangimento, humilhação, vergonha, medo ou exposição indevida a indivíduos ou grupos minoritários, desde que tal tratamento não seja usualmente dispensado a outros grupos em razão de fatores como cor, etnia, religião ou procedência.

Do ponto de vista jurídico, o dispositivo busca objetivar a caracterização de discriminação ao indicar que o critério para análise não se limita à intenção do agente, mas ao impacto da conduta sobre a vítima. A norma adota, assim, uma perspectiva que dá centralidade ao efeito degradante e diferenciador da conduta, atendendo a uma função protetiva dos direitos de grupos historicamente vulneráveis. Ao fazê-lo, amplia-se o alcance interpretativo do direito antidiscriminatório, facilitando a caracterização judicial da discriminação indireta, ou seja, aquela em que o efeito discriminatório é subentendido, ainda que não explicitamente intencionado.

Enquanto orientação normativa, o dispositivo também reflete o compromisso com os princípios de dignidade humana e igualdade, centralizando o sofrimento da vítima como elemento essencial para a caracterização da prática discriminatória, enfatizando o papel do Judiciário na repressão de práticas que reforçam desigualdades sociais.

3.4. Acompanhamento de advogado ou defensor público

O art. 20-D, também introduzido pela Lei n. 14.532/2023 na Lei n. 7.716/89, estabelece que a vítima de crimes de racismo deverá estar assistida por um advogado ou defensor público em todos os atos processuais, sejam eles cíveis ou criminais. Esse dispositivo reforça o cuidado especial dado à vítima, nesses crimes, reconhecendo a gravidade dos impactos do racismo e a necessidade de apoio jurídico qualificado.

Sob a perspectiva jurídica, a norma em comento visa garantir proteção efetiva e assistência técnica integral para a vítima durante o processo, buscando minimizar os efeitos psicológicos e sociais do ato discriminatório. A presença obrigatória de um advogado ou defensor público objetiva não apenas uma defesa adequada dos interesses da vítima, mas também um acompanhamento que assegure o cumprimento dos direitos processuais, evitando, inclusive, a revitimização.

12 Crimes de Responsabilidade dos Prefeitos

Decreto-Lei n. 201/67

1. Dos crimes em espécie

Os crimes de responsabilidade de prefeitos vêm estampados no art. 1º, I a XXIII, do Dec.-Lei n. 201/67. Os incisos XVI a XXIII foram introduzidos pela Lei n. 10.028, de 19-10-2000.

São 23 incisos que capitulam condutas que podem ser praticadas por prefeitos municipais no exercício do mandato, nada impedindo que venha o prefeito municipal a ser processado por outros delitos capitulados no Código Penal ou na legislação especial.

A saber:

I – apropriar-se de bens ou rendas públicas, ou desviá-los em proveito próprio ou alheio;

II – utilizar-se, indevidamente, em proveito próprio ou alheio, de bens, rendas ou serviços públicos;

III – desviar, ou aplicar indevidamente, rendas ou verbas públicas;

IV – empregar subvenções, auxílios, empréstimos ou recursos de qualquer natureza, em desacordo com os planos ou programas a que se destinam;

V – ordenar ou efetuar despesas não autorizadas por lei, ou realizá-las em desacordo com as normas financeiras pertinentes;

VI – deixar de prestar contas anuais da administração financeira do Município a Câmara de Vereadores, ou ao órgão que a Constituição do Estado indicar, nos prazos e condições estabelecidos;

VII – deixar de prestar contas, no devido tempo, ao órgão competente, da aplicação de recursos, empréstimos subvenções ou auxílios internos ou externos, recebidos a qualquer título;

VIII – contrair empréstimo, emitir apólices, ou obrigar o Município por títulos de crédito, sem autorização da Câmara, ou em desacordo com a lei;

IX – conceder empréstimo, auxílios ou subvenções sem autorização da Câmara, ou em desacordo com a lei;

X – alienar ou onerar bens imóveis, ou rendas municipais, sem autorização da Câmara, ou em desacordo com a lei;

XI – adquirir bens, ou realizar serviços e obras, sem concorrência ou coleta de preços, nos casos exigidos em lei;

XII – antecipar ou inverter a ordem de pagamento a credores do Município, sem vantagem para o erário;

XIII – nomear, admitir ou designar servidor, contra expressa disposição de lei;

XIV – negar execução a lei federal, estadual ou municipal, ou deixar de cumprir ordem judicial, sem dar o motivo da recusa ou da impossibilidade, por escrito, à autoridade competente;

XV – deixar de fornecer certidões de atos ou contratos municipais, dentro do prazo estabelecido em lei.

XVI – deixar de ordenar a redução do montante da dívida consolidada, nos prazos estabelecidos em lei, quando o montante ultrapassar o valor resultante da aplicação do limite máximo fixado pelo Senado Federal;

XVII – ordenar ou autorizar a abertura de crédito em desacordo com os limites estabelecidos pelo Senado Federal, sem fundamento na lei orçamentária ou na de crédito adicional ou com inobservância de prescrição legal;

XVIII – deixar de promover ou de ordenar, na forma da lei, o cancelamento, a amortização ou a constituição de reserva para anular os efeitos de operação de crédito realizada com inobservância de limite, condição ou montante estabelecido em lei;

XIX – deixar de promover ou de ordenar a liquidação integral de operação de crédito por antecipação de receita orçamentária, inclusive os respectivos juros e demais encargos, até o encerramento do exercício financeiro;

XX – ordenar ou autorizar, em desacordo com a lei, a realização de operação de crédito com qualquer um dos demais entes da Federação, inclusive suas entidades da administração indireta, ainda que na forma de novação, refinanciamento ou postergação de dívida contraída anteriormente;

XXI – captar recursos a título de antecipação de receita de tributo ou contribuição cujo fato gerador ainda não tenha ocorrido;

XXII – ordenar ou autorizar a destinação de recursos provenientes da emissão de títulos para finalidade diversa da prevista na lei que a autorizou;

XXIII – realizar ou receber transferência voluntária em desacordo com limite ou condição estabelecida em lei.

Esses crimes são denominados *crimes de responsabilidade,* mas, a rigor, são verdadeiros *crimes funcionais,* que têm como sujeito ativo somente o prefeito municipal.

Denominam-se *crimes de responsabilidade* as condutas que caracterizam infrações político-administrativas, de caráter não penal (não acarretam a imposição de pena criminal), que sujeitam seu autor, em regra, à perda do cargo ou mandato e à suspensão dos direitos políticos. Já os *crimes funcionais* são efetivamente infrações penais, julgadas pelo Poder Judiciário, que têm como sujeito ativo o funcionário público (elementar do tipo), ostentando o prefeito municipal essa condição, para os efeitos penais, nos termos do disposto no art. 327 do Código Penal.

O Dec.-Lei n. 201/67, outrossim, adota, no art. 1º, a terminologia *crimes de responsabilidade* como sinônimo de *crimes funcionais,* tipificando condutas sujeitas ao julgamento pelo Poder Judiciário, e cominando as respectivas sanções penais. No art. 4º estabelece as infrações político-administrativas que podem ser praticadas por prefeitos, sujeitas ao julgamento pela Câmara dos Vereadores e sancionadas com a cassação do mandato.

Portanto, empregando rigor terminológico, as infrações tipificadas no art. 1º são *crimes funcionais*, enquanto as infrações tipificadas no art. 4º são *crimes de responsabilidade* (político-administrativas).

No presente estudo, entretanto, manteremos a terminologia utilizada pelo decreto-lei, tratando os crimes funcionais como sinônimos de crimes de responsabilidade.

Impende ressaltar, por fim, para o julgamento dos crimes de responsabilidade de prefeitos pelo Poder Judiciário, não há necessidade de prévio pronunciamento da Câmara dos Vereadores.

2. Das penas

As penas cominadas aos crimes de responsabilidade de prefeitos são *privativas de liberdade*, podendo consistir em:

a) reclusão de 2 (dois) a 12 (doze) anos – nas hipóteses dos incisos I e II;

b) detenção de 3 (três) meses a 3 (três) anos – nas hipóteses dos incisos III a XXIII.

3. Da ação penal

A ação penal, nos crimes de responsabilidade de prefeitos, é *pública incondicionada*, de iniciativa exclusiva do Ministério Público.

Deve ser anotado que o prefeito municipal tem prerrogativa de foro, conforme será analisado adiante, razão pela qual, constitui atribuição do Procurador-Geral de Justiça ajuizar ação penal de competência originária do Tribunal de Justiça do Estado, nela oficiando, de acordo com o que dispõe o art. 29, V, da Lei n. 8.625/93 (Lei Orgânica Nacional do Ministério Público) e o art. 116, I, da Lei Complementar Estadual n. 734/93.

Cabe ressaltar que os crimes em análise, em razão do montante das penas, não são considerados de menor potencial ofensivo para efeitos de aplicação da transação, prevista na Lei n. 9.099/95. Cabível, entretanto, nas hipóteses dos incisos III e XXIII, preenchidos os requisitos legais, suspensão condicional do processo, nos termos do art. 89 da Lei n. 9.099/95.

4. Do processo

O processo dos crimes de responsabilidade de prefeitos é o comum do juízo singular (arts. 394 e seguintes do CPP), com as seguintes peculiaridades:

4.1. Defesa preliminar

Determina o art. 2º, I, do Dec.-Lei n. 201/67, que, antes de receber a denúncia, o juiz ordenará a notificação do acusado para apresentar defesa prévia, no prazo de 5 (cinco) dias. Se o acusado não for encontrado, ser-lhe-á nomeado defensor, para a apresentação daquela peça no mesmo prazo.

4.2. Prisão preventiva e afastamento do exercício do cargo

De acordo com o disposto na norma legal constante do art. 2º, II, ao receber a denúncia, o juiz deverá manifestar-se obrigatoriamente, em decisão motivada, sobre a *prisão preventiva* do acusado (no caso de denúncia pelos crimes dos incisos I e II do art. 1º), e sobre o seu *afastamento do exercício do cargo* durante a instrução criminal (em todos os casos).

Adequando-se a norma em análise ao dispositivo constitucional estampado no art. 29, X, da Constituição Federal, o recebimento ou rejeição da denúncia será feito pelo desembargador relator, perante o Tribunal de Justiça do Estado e não pelo juiz de Direito, o mesmo ocorrendo com a análise de eventual necessidade de prisão preventiva.

Do despacho (decisão), concessivo ou denegatório, de prisão preventiva, ou de afastamento do cargo do acusado, caberá *recurso em sentido estrito*, para o tribunal competente, no prazo de 5 (cinco) dias, em autos apartados. Se o despacho (decisão) for de decretação de prisão preventiva ou de afastamento do cargo, o recurso será processado com *efeito suspensivo*. Aqui também cabe a atualização do dispositivo legal ao texto constitucional, haja vista a prerrogativa de foro do Prefeito Municipal. Portanto, o recurso cabível não é mais o recurso em sentido estrito, mas sim agravo regimental, previsto no regimento interno do Tribunal de Justiça do Estado.

5. Do inquérito policial

A instauração de inquérito policial, para a apuração de crime de responsabilidade de prefeitos, poderá ser requerida pelos órgãos federais, estaduais e municipais interessados. Poderá ainda ser requerida a propositura de ação penal diretamente ao Ministério Público. Os interessados poderão intervir em qualquer fase do processo como assistentes de acusação.

Caso a autoridade policial não instaure o inquérito requerido ou o Ministério Público não intente a ação penal, essas providências poderão ser requeridas pelo interessado ao procurador-geral da República. Portanto, se o Ministério Público estadual, por meio do Procurador-Geral de Justiça, não propuser a ação penal, ficando inerte, essa providência poderá ser requerida ao Procurador-Geral da República. Trata-se da ação penal pública subsidiária da pública.

6. Do foro competente para a ação penal

Segundo disposição constante do art. 29, X, da Constituição Federal, os prefeitos são processados perante o Tribunal de Justiça de seu Estado, seja pela prática de crimes de responsabilidade, previstos no Dec.-Lei n. 201/67, seja pela prática de infrações capituladas no Código Penal e na legislação especial.

Tratando-se de crimes eleitorais, crimes políticos e crimes praticados em detrimento de bens, serviços ou interesses da União, ou suas entidades autárquicas ou empresas públicas, a competência é da Justiça Federal.

Nesse sentido, inclusive, o disposto na Súmula 702 do STF: "A competência do Tribunal de Justiça para julgar Prefeitos restringe-se aos crimes de competência da Justiça comum estadual; nos demais casos, a competência originária caberá ao respectivo tribunal de segundo grau".

7. Crimes cometidos antes e após o exercício do cargo

Se o prefeito municipal pratica a infração penal antes de ser eleito, quando assume o cargo ganha prerrogativa de função. Nesse caso, a competência para o processo e julgamento do feito será do

Tribunal de Justiça do Estado. Caso expire o tempo do mandato sem pronunciamento definitivo, a ação penal retornará à primeira instância.

8. Crimes cometidos no exercício do cargo e término do mandato

Pelo entendimento anterior, assentado na Súmula 394 do STF, se o prefeito municipal cometesse o crime no exercício do cargo, ainda que terminasse o mandato, continuaria a ter direito ao foro privilegiado.

Ocorre que a Súmula 394 foi cancelada, passando o Supremo Tribunal Federal a adotar outro posicionamento, com teses definidas no julgamento da AP 937 QO, Rel. Min. Roberto Barroso, j. 3-5-2018, *DJe* de 11-12-2018, nos seguintes termos: "(I) O foro por prerrogativa de função aplica-se apenas aos crimes cometidos durante o exercício do cargo e relacionados às funções desempenhadas; e (II) Após o final da instrução processual, com a publicação do despacho de intimação para apresentação de alegações finais, a competência para processar e julgar ações penais não será mais afetada em razão de o agente público vir a ocupar outro cargo ou deixar o cargo que ocupava, qualquer que seja o motivo".

Nada impede, entretanto, que, de acordo com o disposto na Súmula 703 do STF, haja a instauração de processo pela prática dos crimes previstos no art. 1º do Decreto-Lei n. 201/67, mesmo após a extinção do mandato do prefeito.

Vale lembrar também que, mesmo para os processos em curso, não cabe a perpetuação da jurisdição, devendo eles, no caso de extinção do mandato, baixar à primeira instância.

9. Continência e conexão

Nada impede que o prefeito municipal pratique crime comum ou de responsabilidade em concurso com pessoa que não ostente essa condição.

Nesse caso, tratando-se de crime de responsabilidade tipificado no art. 1º do Decreto-lei em análise, a qualidade de prefeito municipal constitui elementar do tipo, condição essa que se comunica ao coautor ou partícipe, que também responderá pelo crime funcional.

No que tange à competência, conforme bem acentua André Medeiros do Paço (*Foro por prerrogativa de função – Prefeitos Municipais*. Belo Horizonte: Del Rey. 2000. p. 63), se o delito for cometido pelo Prefeito Municipal em coautoria com o tesoureiro ou o contador, por exemplo, que não têm foro por prerrogativa de função, a competência será do Tribunal de Justiça, pois há continência (art. 77, I, do CPP), o que implica a unidade de processo e julgamento. No concurso de jurisdições de diversas categorias, predominará a de maior graduação (art. 78, III, do CPP), salvo nos crimes dolosos contra a vida.

A propósito, o teor da Súmula 704 do STF: "Não viola as garantias do juiz natural, da ampla defesa e do devido processo legal a atração por continência ou conexão do processo do corréu ao foro por prerrogativa de função de um dos denunciados".

10. Do julgamento e recurso

O julgamento da ação penal se dará, como já mencionado, pelo Tribunal de Justiça do Estado, de acordo com as regras de seu Regimento Interno.

Da decisão proferida pelo colegiado não caberá duplo grau de jurisdição. Apenas caberão embargos de declaração, recurso extraordinário ao STF (em caso de ofensa à Constituição) ou recurso especial ao STJ. Caberá, ainda, revisão criminal, após o trânsito em julgado de eventual sentença condenatória.

11. Dos efeitos da condenação

A condenação definitiva (com trânsito em julgado) em qualquer dos crimes de responsabilidade do Dec.-Lei n. 201/67, acarreta:

a) perda do cargo;

b) inabilitação, pelo prazo de 5 (cinco) anos, para o exercício do cargo ou função pública, eletivo ou de nomeação;

c) reparação civil do dano causado ao patrimônio público ou particular.

12. Da situação do ex-prefeito

Ao término do mandato, em tese o prefeito municipal perderia o foro por prerrogativa de função.

Ainda que tenha praticado o crime no exercício do mandato eletivo, ao final desse não mais teria direito ao foro privilegiado, devendo os autos, em caso de processo em andamento, ser encaminhados à primeira instância.

Ocorre que o Supremo Tribunal Federal passou a adotar outro posicionamento, com teses definidas no julgamento da AP 937 QO, Rel. Min. Roberto Barroso, j. 3-5-2018, *DJe* de 11-12-2018, nos seguintes termos: "(I) O foro por prerrogativa de função aplica-se apenas aos crimes cometidos durante o exercício do cargo e relacionados às funções desempenhadas; e (II) Após o final da instrução processual, com a publicação do despacho de intimação para apresentação de alegações finais, a competência para processar e julgar ações penais não será mais afetada em razão de o agente público vir a ocupar outro cargo ou deixar o cargo que ocupava, qualquer que seja o motivo".

Caso o prefeito municipal tenha praticado o crime de responsabilidade no exercício do mandato, a extinção deste também não impedirá a instauração do processo, como já mencionado anteriormente, nos precisos termos da Súmula 703 do STF: "A extinção do mandato do prefeito não impede a instauração de processo pela prática dos crimes previstos no art. 1º do Dec.-Lei 201/67".

Praticado crime, entretanto, após cessada definitivamente a atividade funcional, não incide a competência especial por prerrogativa de função, nos termos da Súmula 451 do Supremo Tribunal Federal.

13 Crimes da Lei Geral do Esporte
Lei n. 14.597/2023

1. Introdução

A Lei Geral do Esporte (Lei n. 14.597/2023), que sucedeu o anterior Estatuto do Torcedor (Lei n. 10.671/2003), representa um marco regulatório abrangente e inovador no cenário esportivo brasileiro, consolidando e atualizando diversas normas relacionadas ao esporte no país. A lei cria e disciplina o Sistema Nacional do Esporte (SINESP) e o Sistema Nacional de Informações e Indicadores Esportivos (SNIIE), além de estabelecer diretrizes sobre a ordem econômica esportiva, a integridade nas competições e o desenvolvimento do esporte em suas múltiplas manifestações.

A Lei organiza o esporte em três níveis distintos: a formação esportiva, a excelência esportiva e o esporte para toda a vida, sem hierarquia entre eles, mas integrados para garantir uma abordagem inclusiva e acessível. Além disso, a Lei define o esporte como uma atividade predominantemente física que pode ser praticada de forma recreativa, competitiva ou com fins de promoção da saúde e do entretenimento, conferindo-lhe *status* de direito fundamental de todos os cidadãos.

Entre os princípios fundamentais do esporte previstos no art. 2º da Lei Geral do Esporte, se destacam a democratização, a inclusão, a integridade, a transparência e a liberdade, norteando as políticas e ações esportivas a serem implementadas. Considerado o esporte como de alto interesse social, sua exploração e gestão, segundo a Lei, se sujeitam à observância dos princípios da transparência financeira e administrativa e conformidade com as leis e os regulamentos externos e internos; da moralidade na gestão esportiva; e da responsabilidade social de seus dirigentes.

Ademais, o texto legal aborda a importância da integridade esportiva, com medidas de combate a práticas ilícitas, como dopagem, manipulação de resultados, além de discriminações de qualquer natureza, refletindo um compromisso com a ética e a moralidade no esporte.

Nesse sentido, a Lei destaca a responsabilidade social e a gestão transparente das organizações esportivas, impondo aos seus dirigentes e gestores uma série de deveres que visam assegurar a boa governança e a conformidade com as normas legais, instituindo mecanismos de controle, regulação e fomento à prática esportiva, com atenção especial às populações em vulnerabilidade social e às pessoas com deficiência, reafirmando o esporte como ferramenta de inclusão social e desenvolvimento humano. Além disso, é assegurada a igualdade de oportunidades para as mulheres no esporte, tanto no aspecto competitivo quanto em posições de liderança e gestão.

Por fim, a Lei Geral do Esporte trata detalhadamente dos crimes cometidos no âmbito esportivo, trazendo uma série de tipificações penais voltadas a reprimir práticas lesivas à integridade esportiva e à moralidade das competições, as quais serão analisadas em seguida.

2. Dos Crimes contra a Ordem Econômica Esportiva

2.1. Do crime de corrupção privada no esporte

2.1.1. Corrupção privada passiva

> Art. 165. Exigir, solicitar, aceitar ou receber vantagem indevida, como representante de organização esportiva privada, para favorecer a si ou a terceiros, direta ou indiretamente, ou aceitar promessa de vantagem indevida, a fim de realizar ou de omitir ato inerente às suas atribuições:
> Pena – reclusão, de 2 (dois) a 4 (quatro) anos, e multa.

Objetividade jurídica: é a proteção da ordem econômica esportiva e a higidez das relações sociais oriundas das atividades desportivas. Nesse aspecto, dispõe o art. 57 da lei que "A ordem econômica esportiva visa a assegurar as relações sociais oriundas de atividades esportivas, e cabe ao Poder Público zelar pela sua higidez, em razão do relevante interesse social". O art. 58 dispõe que, "Para a promoção e a manutenção da higidez da ordem econômica esportiva, os gestores da área do esporte submetem-se a regras de gestão corporativa, de conformidade legal e regulatória, de transparência e de manutenção da integridade da prática e das competições esportivas".

Sujeito ativo: somente o representante da organização esportiva privada. Trata-se de crime próprio

Sujeito passivo: a coletividade. Secundariamente, a organização esportiva privada, cujo agente representa.

Condutas: o tipo penal estabelece cinco condutas delitivas: a) *exigir*, que significa impor, ordenar, determinar; b) *solicitar*, que significa requerer, pedir, rogar; c) *aceitar*, que significa acolher, concordar, consentir; d) *receber*, que significa auferir, embolsar, obter; e) *aceitar* promessa, que significa concordar com o que foi prometido, aquiescer com a proposta.

Vantagem indevida: inclui qualquer benefício que não tenha respaldo legal ou justificativa legítima para sua solicitação, concessão ou recebimento, podendo ter qualquer forma, como dinheiro, bens materiais, vantagens pessoais, entre outros.

Elemento subjetivo: é o dolo. Não se admite a modalidade culposa.

Consumação: ocorre com a prática de qualquer dos verbos componentes da figura típica. Trata-se de tipo misto alternativo, de modo que, ainda que o agente pratique mais de uma modalidade de conduta, responderá por apenas um crime. Trata-se de crime formal, que não demanda, para sua consumação, o efetivo favorecimento próprio ou de terceiro, ou a realização ou omissão de ato inerente às suas atribuições.

Tentativa: nas modalidades de conduta *exigir e solicitar*, a tentativa é admissível apenas na forma escrita, descabendo na exigência ou solicitação verbal. Nas modalidades de conduta *aceitar e receber*, não se admite a tentativa.

Ação penal: é pública incondicionada.

2.1.2. Corrupção privada ativa

> Parágrafo único. Nas mesmas penas incorre quem oferece, promete, entrega ou paga, direta ou indiretamente, ao representante da organização esportiva privada, vantagem indevida.

Objetividade jurídica: é a proteção da ordem econômica esportiva e a higidez das relações sociais oriundas das atividades desportivas. Nesse aspecto, dispõe o art. 57 da lei que "A ordem econômica esportiva visa a assegurar as relações sociais oriundas de atividades esportivas, e cabe ao poder público zelar pela sua higidez, em razão do relevante interesse social". O art. 58 dispõe que, "Para a promoção e a manutenção da higidez da ordem econômica esportiva, os gestores da área do esporte submetem-se a regras de gestão corporativa, de conformidade legal e regulatória, de transparência e de manutenção da integridade da prática e das competições esportivas".

Sujeito ativo: pode ser qualquer pessoa.

Sujeito passivo: a coletividade. Secundariamente, a organização esportiva privada, cujo agente representa.

Condutas: o tipo penal estabelece quatro condutas delitivas: a) *oferecer*, que significa ofertar, propor; b) *prometer*, que significa assegurar, afiançar, comprometer-se a fazer; c) *entregar*, que significa conceder, dar, ceder; d) *pagar*, que significa quitar, saldar, satisfazer.

Vantagem indevida: inclui qualquer benefício que não tenha respaldo legal ou justificativa legítima para sua solicitação, concessão ou recebimento, podendo ter qualquer forma, como dinheiro, bens materiais, vantagens pessoais, entre outros.

Elemento subjetivo: é o dolo. Não se admite a modalidade culposa.

Consumação: ocorre com a prática de qualquer dos verbos componentes da figura típica. Trata-se de tipo misto alternativo, de modo que, ainda que o agente pratique mais de uma modalidade de conduta, responderá por apenas um crime. Trata-se de crime formal, que não demanda, aqui também, para sua consumação, o efetivo favorecimento próprio ou de terceiro, ou a realização ou omissão de ato inerente às suas atribuições.

Tentativa: nas modalidades de conduta *oferecer e prometer*, a tentativa é admissível apenas na forma escrita, descabendo na oferta ou promessa verbal. Nas modalidades de conduta *entregar e pagar*, admite-se a tentativa.

Ação penal: é pública incondicionada.

2.2. Dos crimes na relação de consumo em eventos esportivos

2.2.1. Cambismo

> Art. 166. Vender ou portar para venda ingressos de evento esportivo, por preço superior ao estampado no bilhete:
> Pena – reclusão, de 1 (um) a 2 (dois) anos, e multa.

Objetividade jurídica: as relações de consumo que envolvem espectador e a organização esportiva que administra a competição e a organização de prática esportiva mandante da partida. O art.

143 estabelece que o espectador tem o direito de que os ingressos para partidas que fazem parte de competições com a participação de atletas profissionais sejam disponibilizados para venda até 48 horas antes do início da respectiva partida. A venda deve ocorrer por meio de um sistema que garanta agilidade e amplo acesso à informação, sendo assegurado ao espectador o recebimento de um comprovante de pagamento imediatamente após a aquisição dos ingressos. Além disso, não será exigida, em nenhuma hipótese, a devolução do comprovante de pagamento. Para competições nacionais ou regionais de primeira e segunda divisões, os ingressos devem ser vendidos em no mínimo cinco pontos de venda distribuídos em diferentes distritos da cidade, salvo se a venda pela internet for suficientemente eficiente para substituir a venda física. No art. 144, fica estipulado que a organização esportiva responsável pela competição e a organização mandante da partida devem implementar, no sistema de emissão e venda de ingressos, mecanismos de segurança que previnam falsificações, fraudes e outras práticas que possam causar evasão de receitas do evento esportivo. O art. 145, por sua vez, garante ao espectador os direitos de que todos os ingressos emitidos sejam numerados e de que possa ocupar o local correspondente ao número indicado no ingresso. No entanto, essa regra não se aplica a locais onde é permitida a assistência em pé, sendo nesses casos limitado o número de pessoas conforme critérios de saúde, segurança e bem-estar. Para eventos com público superior a 20.000 pessoas, os ingressos e o acesso à arena devem ser controlados por sistema eletrônico, que permita a fiscalização da quantidade de público e do movimento financeiro. É também direito do espectador que o preço pago conste no ingresso, sendo vedada a emissão de ingressos com valores diferentes para um mesmo setor da arena, exceto nos casos de venda antecipada de pacotes para pelo menos três partidas de uma mesma equipe ou quando houver redução de preço prevista em lei.

Sujeito ativo: qualquer pessoa. Geralmente, as pessoas que comercializam ingressos de eventos esportivos são denominadas "cambistas", expressão que tem sua origem na palavra câmbio. Câmbio significa troca, permuta, escambo, barganha, sendo corrente no vulgo popular a expressão "câmbio negro", significando um mercado paralelo, onde se negociam mercadorias à margem da lei, irregularmente, no mais das vezes por valores muito acima daqueles estabelecidos.

Sujeito passivo: o espectador, na qualidade de consumidor.

Conduta: vem expressa pelo verbo *vender,* que significa alienar, negociar, ceder por certo preço. A venda tem que se dar *por preço superior ao estampado no bilhete,* oportunidade em que ocorre a lesão à relação de consumo. A conduta típica também vem expressa pelo verbo *portar,* que significa trazer consigo, carregar. Nesse último caso, o porte do ingresso deve se destinar à venda.

Elemento subjetivo: é o dolo.

Consumação: ocorre com a efetiva venda de um ou mais ingressos de evento esportivo, por preço superior ao estampado no bilhete, ou ainda com o efetivo porte do ingresso com a destinação de venda. Neste último caso, se trata de crime permanente.

Tentativa: admite-se.

Ação penal: pública incondicionada.

Atipicidade do cambismo em eventos não esportivos: a origem do termo "cambismo" não é clara, mas é provavelmente uma referência à prática ilegal de câmbio monetário. Assim como no câmbio ilegal, o cambismo envolve a compra e venda de algo por um valor diferente do estabelecido oficialmente, significando um mercado paralelo, onde se negociam mercadorias à margem da lei, irregularmente, no mais das vezes por valores muito acima daqueles estabelecidos.

No caso do cambismo de ingressos em eventos, os revendedores obtêm os ingressos a preços regulares e os revendem a um valor muito mais alto, aproveitando-se da escassez e da alta demanda.

Essa prática é frequentemente associada a eventos esportivos, nos quais os torcedores estão dispostos a pagar valores elevados para assistir a jogos importantes ou finais de campeonatos. Os revendedores de ingressos geralmente lucram consideravelmente, explorando a paixão dos torcedores e a falta de opções legítimas de compra.

Vale ressaltar que a criminalização do cambismo varia de acordo com a legislação de cada país ou estado. Muitas legislações proíbem explicitamente a revenda de ingressos acima do valor original ou em mercados paralelos não autorizados. A intenção é proteger os consumidores de práticas desleais e garantir que os ingressos sejam acessíveis a um preço justo.

As penalidades para o cambismo também podem variar, mas geralmente incluem multas, apreensão dos ingressos, proibição de entrada nos eventos e até mesmo prisão, dependendo da gravidade da infração e da legislação local.

Até a entrada em vigor do antigo Estatuto do Torcedor, não havia no Brasil norma penal específica punindo a prática do cambismo, sendo utilizada, em vários precedentes jurisprudenciais, a antiga tipificação constante do art. 2º, IX, da Lei n. 1.521/51 (Lei de Economia Popular), do seguinte teor: "IX – obter ou tentar obter ganhos ilícitos em detrimento do povo ou de número indeterminado de pessoas mediante especulações ou processos fraudulentos ('bola de neve', 'cadeias', 'pichardismo' e quaisquer outros equivalentes)".

A tipificação do cambismo como venda de ingressos de evento esportivo, por preço superior ao estampado no bilhete somente ocorreu no Estatuto do Torcedor, sendo mantida na nova Lei Geral do Esporte, se referindo tão somente a "ingressos de evento esportivo", deixando de fora todos os demais tipos de ingressos, como os de shows em geral, eventos artísticos, eventos carnavalescos, apresentações de artistas e músicos nacionais e internacionais, festas populares, dentre outros.

A nova Lei Geral do Esporte – Lei n. 14.597/2023 – foi recentemente sancionada pelo Presidente da República, regulamentando a prática do esporte no País e consolidando a atividade em um grande arcabouço jurídico.

A nova lei reúne dispositivos de outras normas que tratam do esporte e revoga várias delas, como o Estatuto do Torcedor (Lei n. 10.671/2003) e a Lei do Bolsa-Atleta (Lei n. 10.891/2004), criando novos marcos para o setor.

O crime de cambismo, que já vinha previsto no revogado Estatuto do Torcedor, no art. 41-F, foi mantido na Lei Geral do Esporte, no art. 166, com descrição típica um tanto semelhante à anterior e com a mesma pena.

Na nova descrição do crime, ao lado da conduta típica "vender", que já existia, foi acrescentada a conduta de "portar para venda", se referindo ao objeto material "ingressos de evento esportivo".

O novo tipo penal assim estabelece:

> Art. 166. Vender ou portar para venda ingressos de evento esportivo, por preço superior ao estampado no bilhete:
> Pena – reclusão, de 1 (um) a 2 (dois) anos, e multa.

Mas deve ser ressaltado que a atual tipificação do cambismo se refere apenas à comercialização de "ingressos de evento esportivo".

Nesse aspecto, é muito comum encontrar cambistas que comercializam ingressos de outros tipos de eventos, tais como eventos culturais ou de entretenimento, fora dos guichês, bilheterias ou pontos de venda. Esses cambistas, tal como ocorre em eventos esportivos, adquirem ingressos pelo preço normal de venda em guichês, bilheterias ou congêneres e, depois, geralmente minutos antes dos espetáculos, os revendem a quem queira pagar, cobrando valor acima daquele gasto com a aquisição originária.

Essa conduta seria criminosa? Seria possível a responsabilização criminal do cambismo que não envolvesse "ingressos de evento esportivo"?

A premissa da qual se deve partir é a de que as simples condutas de "vender ou portar para venda" ingressos de "evento esportivo" por preço superior ao estampado no bilhete configura o crime do art. 166 da Lei Geral do Esporte (Lei n. 14.597/2023), enquanto a venda ou o porte para venda de ingresso para qualquer outro tipo de evento caracterizaria, em tese, o crime previsto no art. 2º, IX, da Lei de Economia Popular (Lei n. 1.521/51).

Ocorre que, para a caracterização do crime previsto na Lei de Economia Popular, é necessário que o cambista obtenha ou tente obter "ganhos ilícitos em detrimento do povo ou de número indeterminado de pessoas mediante especulações ou processos fraudulentos".

Alguns questionamentos, então, devem ser feitos: os ganhos obtidos pelo cambista são ilícitos? O simples fato de comprar algo por um valor menor e vendê-lo por um valor maior caracteriza "ganho ilícito" mediante "especulação ou processo fraudulento"?

Cremos que não.

Os cambistas visam o lucro, obviamente, prestando um serviço de conveniência ou comodidade àqueles que não se dispõe a enfrentar filas ou permanecer muito tempo à espera da compra direta do bilhete de ingresso aos shows ou eventos culturais ou de entretenimento.

Inclusive, são muito difundidas, hoje em dia, na maioria dos meios de comunicação e principalmente na internet, em sites e redes sociais, empresas e, até mesmo, aplicativos, que vendem ingressos de shows e eventos diversos, cobrando as denominadas "taxas de conveniência", que nada mais são que uma espécie de cambismo disfarçado de atividade empresarial, fazendo com que os bilhetes custem valores muito acima daqueles comercializados diretamente nos guichês ou bilheterias.

Qual a diferença entre os cambistas e essas empresas que comercializam ingressos cobrando as denominadas "taxas de conveniência", por valor final bem acima daquele estampado no bilhete?

A resposta é: nenhuma.

Não estamos aqui a falar dos cambistas que empregam fraudes, que enganam as pessoas, que falsificam bilhetes, que utilizam documentos falsos para adquirir ingressos e que empregam toda sorte de artifícios e meios fraudulentos. Esses são criminosos que devem ser punidos com o rigor da lei penal.

Atentando apenas ao disposto no art. 2º, IX, da Lei n. 1.521/51, percebe-se que, nessa prática do cambismo em eventos não esportivos, considerando apenas a venda de ingressos por valor superior ao estampado no bilhete, não há "ganhos ilícitos" e nem "processos fraudulentos". Compra do cambista quem quer; quem, por conveniência, se dispõe a pagar mais pela comodidade de ter acesso aos ingressos ou bilhetes imediatamente. Há, obviamente, uma "especulação", mas que, a nosso ver, não pode ser considerada aprioristicamente ilícita, lesiva ou fraudulenta.

Portanto, a nosso ver, é totalmente inadequada e equivocada a tipificação do cambismo em eventos não esportivos no art. 2º, IX, da Lei n. 1.521/51.

Ainda que se reprove moralmente esse tipo de cambismo, o que seria discutível, cumpre às autoridades e aos organizadores de eventos esportivos adotar estratégias para combater essa prática, incluindo, dentre outras providências, a implementação de sistemas de venda de ingressos com tecnologia avançada, a limitação do número de ingressos vendidos por pessoa e a conscientização do público sobre os riscos e desvantagens de comprar ingressos de cambistas.

Portanto, até que haja uma lei tipificando o cambismo em eventos não esportivos, nos mesmos moldes do que ocorre na Lei Geral do Esporte com os eventos esportivos, a venda de qualquer outro tipo de ingresso ou bilhete que não seja de evento esportivo por preço superior ao comercializado nos guichês ou bilheterias configura fato atípico, desde que, como já ressaltamos, não haja fraude ou ilicitude na aquisição e posterior comercialização, arcando os interessados com os custos de sua conveniência e com o lucro lícito obtido pelo cambista.

2.2.1. Favorecimento ao cambismo

> Art. 167. Fornecer, desviar ou facilitar a distribuição de ingressos para venda por preço superior ao estampado no bilhete:
>
> Pena – reclusão, de 2 (dois) a 4 (quatro) anos, e multa.
>
> Parágrafo único. A pena será aumentada de 1/3 (um terço) até a metade se o agente for servidor público, dirigente ou funcionário de organização esportiva que se relacione com a promoção do evento ou competição, de empresa contratada para o processo de emissão, distribuição e venda de ingressos ou de torcida organizada e se utilizar dessa condição para os fins previstos neste artigo.

Objetividade jurídica: as relações de consumo que envolvem espectador e a organização esportiva que administra a competição e a organização de prática esportiva mandante da partida. O art. 143 estabelece que o espectador tem o direito de que os ingressos para partidas que fazem parte de competições com a participação de atletas profissionais sejam disponibilizados para venda até 48 horas antes do início da respectiva partida. A venda deve ocorrer por meio de um sistema que garanta agilidade e amplo acesso à informação, sendo assegurado ao espectador o recebimento de um comprovante de pagamento imediatamente após a aquisição dos ingressos. Além disso, não será exigida, em nenhuma hipótese, a devolução do comprovante de pagamento. Para competições nacionais ou regionais de primeira e segunda divisões, os ingressos devem ser vendidos em no mínimo cinco pontos de venda distribuídos em diferentes distritos da cidade, salvo se a venda pela internet for suficientemente eficiente para substituir a venda física. No art. 144, fica estipulado que a organização esportiva responsável pela competição e a organização mandante da partida devem implementar, no sistema de emissão e venda de ingressos, mecanismos de segurança que previnam falsificações, fraudes e outras práticas que possam causar evasão de receitas do evento esportivo. O art. 145, por sua vez, garante ao espectador os direitos de que todos os ingressos emitidos sejam numerados e de que possa ocupar o local correspondente ao número indicado no ingresso. No entanto, essa regra não se aplica a locais onde é permitida a assistência em pé, sendo nesses casos limitado o número de pessoas conforme critérios de saúde, segurança e bem-estar. Para eventos com público superior a 20.000 pessoas, os ingressos e o acesso à arena devem ser controlados por sistema eletrônico, que permita a fiscalização da quantidade de público e do movimento financeiro. É também direito do espectador que o preço pago conste no ingresso, sendo vedada a emissão de ingressos com valores diferentes para um mesmo setor da arena, exceto nos casos de venda antecipada de pacotes para pelo menos três partidas de uma mesma equipe ou quando houver redução de preço prevista em lei.

Sujeito ativo: qualquer pessoa. Se for servidor público, dirigente ou funcionário de organização esportiva que se relacione com a promoção do evento ou competição, de empresa contratada para o processo de emissão, distribuição e venda de ingressos ou de torcida organizada e se utilizar dessa condição para os fins previstos neste artigo, a pena será aumentada de 1/3 (um terço) até a metade.

Sujeito passivo: o espectador, na qualidade de consumidor.

Conduta: vem representada pelo verbo *fornecer*, que significa dar, proporcionar, prover, abastecer; pelo verbo *desviar*, que significa desencaminhar, dar outra destinação; e pelo verbo *facilitar*, que significa tornar fácil, auxiliar, desempatar.

Objeto material: são os ingressos de evento esportivo.

Elemento subjetivo: é o dolo. Requer o tipo, ainda, a finalidade específica de venda por preço superior ao estampado no bilhete.

Consumação: ocorre com o fornecimento ou o desvio de ingressos de evento esportivo, ou com a facilitação de distribuição destes, independentemente de sua efetiva venda por preço superior ao nele estampado. Trata-se de crime formal.

Tentativa: admite-se.

Ação penal: pública incondicionada.

2.3. Dos crimes contra a propriedade intelectual das organizações esportivas

2.3.1. Utilização indevida de símbolos oficiais

> Art. 168. Reproduzir, imitar, falsificar ou modificar indevidamente quaisquer sinais visivelmente distintivos, emblemas, marcas, logomarcas, mascotes, lemas, hinos e qualquer outro símbolo de titularidade de organização esportiva:
>
> Pena – detenção, de 3 (três) meses a 1 (um) ano, ou multa.

Objetividade jurídica: o bem jurídico protegido é a propriedade intelectual das organizações esportivas, com o objetivo de resguardar a identidade, a imagem e os direitos relacionados aos seus símbolos oficiais. A tutela jurídica busca proteger a confiança do público, a integridade do mercado esportivo e evitar fraudes relacionadas ao uso indevido desses sinais distintivos.

Sujeito ativo: trata-se de crime comum, podendo ser praticado por qualquer pessoa.

Sujeito passivo: é a organização esportiva detentora dos direitos sobre os símbolos oficiais indevidamente utilizados. Secundariamente, pode-se considerar a coletividade, que é prejudicada pela violação da confiança nas práticas comerciais e esportivas.

Organização esportiva: no contexto da Lei Geral do Esporte, "organização esportiva" se refere a qualquer entidade, associação, clube, federação ou outra forma de instituição que promova, administre ou participe de práticas esportivas de forma organizada e regular. Essas organizações podem atuar em diversos níveis de prática esportiva, abrangendo desde a formação e treinamento de atletas até a organização de competições e eventos esportivos, tanto profissionais quanto amadores. A Lei Geral do Esporte também estende o conceito de organização esportiva a pessoas jurídicas de direito privado que participam de atividades de fomento, promoção, gestão, regulação e inclusão no esporte. Essas entidades têm autonomia para gerir suas atividades, mas devem seguir os princípios e diretrizes legais, como a transparência, a integridade, e a responsabilidade social, respeitando as normas estabelecidas para manter a higidez da prática esportiva e evitar práticas fraudulentas. Em resumo, uma organização esportiva é qualquer entidade envolvida na promoção, desenvolvimento ou administração do esporte, cumprindo papel central no Sistema Nacional do Esporte (SINESP) ao organizar atividades, treinos, competições e outras ações voltadas ao desenvolvimento do esporte no Brasil.

Condutas: o tipo penal contempla quatro modalidades de conduta: a) *reproduzir*, que significa fazer cópias ou réplicas de símbolos oficiais; b) *imitar*, que consiste em criar algo muito similar, de modo que possa ser confundido com o símbolo original; c) *falsificar*, que é a criação ou alteração fraudulenta do símbolo, com a intenção de fazer parecer autêntico; d) *modificar*, que se refere à alteração indevida do símbolo, afetando sua originalidade ou autenticidade.

Objeto material: é o símbolo oficial de titularidade da organização esportiva, como emblemas, marcas, logomarcas, mascotes, lemas, hinos e quaisquer outros sinais distintivos.

Elemento subjetivo: é o dolo, ou seja, a vontade consciente de praticar a conduta descrita no tipo penal. Não se admite a modalidade culposa.

Consumação: o crime se consuma no momento em que ocorre a reprodução, imitação, falsificação ou modificação indevida de qualquer símbolo oficial, independentemente de eventuais danos concretos à organização esportiva. Trata-se de crime formal, não sendo necessária a ocorrência de prejuízo efetivo à entidade esportiva para a consumação do delito.

Tentativa: a tentativa é possível em todas as modalidades previstas no tipo, ou seja, nas condutas de reproduzir, imitar, falsificar ou modificar indevidamente os símbolos.

Ação penal: é pública incondicionada.

> Art. 169. Importar, exportar, vender, distribuir, oferecer ou expor à venda, ocultar ou manter em estoque quaisquer sinais visivelmente distintivos, emblemas, marcas, logomarcas, mascotes, lemas, hinos e qualquer outro símbolo de titularidade de organização esportiva ou produtos resultantes de sua reprodução, imitação, falsificação ou modificação não autorizadas para fins comerciais ou de publicidade:
>
> Pena – reclusão, de 2 (dois) a 4 (quatro) anos, e multa.

Objetividade jurídica: o bem jurídico protegido é a propriedade intelectual e o direito exclusivo de uso e exploração comercial dos símbolos oficiais das organizações esportivas. O crime visa resguardar a integridade da atividade econômica esportiva, prevenindo a exploração comercial indevida e a concorrência desleal, além de proteger os direitos autorais e de marca, evitando fraudes e enganos ao consumidor.

Sujeito ativo: o crime pode ser praticado por qualquer pessoa, caracterizando-se como um crime comum. Portanto, qualquer pessoa que se envolva nas atividades descritas no tipo penal pode ser sujeito ativo.

Sujeito passivo: é organização esportiva titular dos direitos sobre os símbolos oficiais indevidamente comercializados. Secundariamente, a coletividade também é prejudicada pela violação de confiança nas relações de consumo e pela fraude decorrente da comercialização de produtos falsificados ou modificados.

Condutas: o tipo penal abrange diversas condutas criminosas: a) *importar*, trazer de outro país os produtos ou símbolos falsificados; b) *exportar*, enviar para outro país os símbolos indevidos; c) *vender*, alienar os produtos ao público; d) *distribuir*, repassar para venda ou circulação; e) *oferecer ou expor à venda*, disponibilizar os produtos ao público, seja por meios físicos ou virtuais; f) *ocultar*, esconder ou dissimular os produtos indevidos; g) *manter em estoque*, guardar ou armazenar com intenção de comercialização futura. Todas essas condutas têm o fim específico de exploração comercial ou publicitária.

Objeto material: são os símbolos oficiais das organizações esportivas ou os produtos resultantes de sua reprodução, imitação, falsificação ou modificação não autorizadas, especialmente quando destinados à comercialização ou publicidade.

Elemento subjetivo: é o dolo, ou seja, a intenção de realizar as condutas descritas com a finalidade específica de obtenção de vantagem econômica, seja por meio da venda, distribuição ou publicidade indevida. Não se admite a forma culposa.

Consumação: o crime se consuma com a prática de qualquer uma das condutas previstas no tipo penal, independentemente da efetiva comercialização ou lucro obtido. Trata-se de crime formal, não sendo necessária a efetiva lesão econômica para a consumação.

Tentativa: é admissível em todas as modalidades descritas no tipo penal, como nas condutas de importar, vender, distribuir ou ocultar os símbolos ou produtos indevidamente modificados ou falsificados.

Ação penal: é pública condicionada a representação da organização esportiva titular dos direitos violados.

2.3.2. Marketing de emboscada por associação

> Art. 170. Divulgar marcas, produtos ou serviços, com o fim de alcançar vantagem econômica ou publicitária, por meio de associação com sinais visivelmente distintivos, emblemas, marcas, logomarcas, mascotes, lemas, hinos e qualquer outro símbolo de titularidade de organização esportiva, sem sua autorização ou de pessoa por ela indicada, induzindo terceiros a acreditar que tais marcas, produtos ou serviços são aprovados, autorizados ou endossados pela organização esportiva titular dos direitos violados:
>
> Pena – detenção, de 3 (três) meses a 1 (um) ano, ou multa.
>
> Parágrafo único. Na mesma pena incorre quem, sem autorização da organização esportiva promotora de evento esportivo ou de pessoa por ela indicada, vincular o uso de ingressos, de convites ou de qualquer espécie de autorização de acesso aos eventos esportivos a ações de publicidade ou a atividades comerciais, com o intuito de obter vantagem econômica.

Objetividade jurídica: a proteção recai sobre a ordem econômica e a exploração legítima dos direitos comerciais e de imagem das organizações esportivas, garantindo que apenas patrocinadores e parceiros autorizados possam associar suas marcas aos eventos esportivos. O objetivo é coibir práticas fraudulentas que levem o público a crer que determinadas marcas ou produtos são endossados pelas organizações esportivas, quando, na verdade, tal autorização não foi concedida.

***Marketing* de emboscada por associação:** é uma prática comercial em que uma marca ou empresa tenta associar-se indevidamente a um evento esportivo ou a uma organização esportiva sem ter patrocinado ou recebido permissão oficial para isso. Esse tipo de *marketing* ocorre quando a empresa utiliza, de forma não autorizada, símbolos, marcas, logomarcas, mascotes, lemas ou outros elementos visivelmente distintivos pertencentes à organização esportiva para promover seus produtos ou serviços, fazendo com que o público acredite, erroneamente, que essa marca é apoiadora, patrocinadora ou parceira oficial do evento ou da organização.

Sujeito ativo: trata-se de crime comum, podendo ser praticado por qualquer pessoa que busque obter vantagem econômica ou publicitária por meio de associação indevida a símbolos ou eventos esportivos.

Sujeito passivo: é a organização esportiva titular dos direitos sobre os símbolos ou evento esportivo. Secundariamente, pode-se considerar o consumidor, que é induzido a acreditar na aprovação ou endosso da organização esportiva.

Condutas: o tipo penal contempla duas condutas principais: a) *divulgar* marcas, produtos ou serviços, de forma que se associe indevidamente a símbolos ou eventos esportivos; e b) *induzir* terceiros a acreditar que esses produtos ou serviços são endossados, aprovados ou autorizados pela organização esportiva. O parágrafo único ainda prevê como crime a vinculação de ingressos ou autorizações de acesso a eventos esportivos com ações promocionais não autorizadas.

Objeto material: o objeto material do crime é a marca, o produto ou o serviço que se utiliza dos símbolos ou eventos esportivos sem a devida autorização, bem como os ingressos e convites que são vinculados a ações comerciais indevidas.

Elemento subjetivo: é o dolo, requerendo o tipo penal a finalidade específica de obter vantagem econômica ou publicitária por meio de associação indevida. Não se admite a modalidade culposa.

Consumação: o crime se consuma no momento em que ocorre a divulgação da marca, produto ou serviço de forma a induzir terceiros a acreditar que há endosso ou autorização da organização esportiva, independentemente da obtenção efetiva de vantagem econômica. Trata-se de crime formal.

Tentativa: é admissível, sendo possível nos casos em que o agente inicia a prática de divulgação ou promoção, mas é impedido de completá-la.

Ação penal: é pública condicionada à representação da organização esportiva titular dos direitos violados.

2.3.3. Marketing *de emboscada por intrusão*

> Art. 171. Expor marcas, negócios, estabelecimentos, produtos ou serviços ou praticar atividade promocional, não autorizados pela organização esportiva proprietária ou por pessoa por ela indicada, atraindo de qualquer forma a atenção pública nos locais da ocorrência de eventos esportivos, com o fim de obter vantagem econômica ou publicitária:
>
> Pena – detenção, de 3 (três) meses a 1 (um) ano, ou multa.

Objetividade jurídica: o bem jurídico protegido é a exploração econômica exclusiva dos eventos esportivos e seus espaços, garantindo que apenas patrocinadores e parceiros autorizados possam realizar ações promocionais no âmbito dos eventos. A lei busca preservar a integridade das parcerias comerciais oficiais e evitar práticas que desviem a atenção do público para marcas que não estão legalmente associadas ao evento.

***Marketing* de emboscada por intrusão:** é uma prática em que uma marca, empresa ou pessoa física promove seus produtos ou serviços de forma não autorizada dentro ou nas proximidades de eventos esportivos, com o objetivo de atrair a atenção do público e obter vantagem econômica ou publicitária. Esse tipo de *marketing* ocorre sem a permissão da organização esportiva proprietária do evento, geralmente em locais onde há grande concentração de espectadores, aproveitando-se da visibilidade do evento para gerar exposição indevida. A prática inclui a exposição de marcas, atividades promocionais ou qualquer iniciativa de *marketing* em áreas onde acontecem eventos esportivos sem autorização dos organizadores, desviando a atenção do público para marcas que não têm vínculo oficial com o evento.

Sujeito ativo: pode ser qualquer pessoa que realize atividades promocionais ou exponha marcas e produtos de forma não autorizada em locais de eventos esportivos, com o intuito de obter vantagem econômica ou publicitária.

Sujeito passivo: é a organização esportiva proprietária dos direitos sobre o evento. Secundariamente, o público consumidor, que pode ser confundido pela promoção indevida de marcas e produtos não autorizados.

Condutas: o tipo penal prevê as seguintes condutas: a) *expor* marcas, produtos, negócios ou estabelecimentos, sem autorização, em locais de eventos esportivos; b) *praticar* atividades promocionais nesses locais, também sem a devida autorização. Ambas as condutas visam obter vantagem econômica ou publicitária indevida.

Objeto material: é a marca, produto ou serviço que é exposto ou promovido sem autorização, nos locais onde ocorrem os eventos esportivos.

Elemento subjetivo: é o dolo, com a finalidade específica de obter vantagem econômica ou publicitária por meio de exposição não autorizada. Não se admite a forma culposa.

Consumação: o crime se consuma quando a marca, produto ou serviço é efetivamente exposto ou a atividade promocional é realizada, mesmo que por curto período, no ambiente do evento esportivo. Não é necessária a obtenção de vantagem econômica efetiva para a consumação. Trata-se de crime formal.

Tentativa: é possível, sendo configurada quando a atividade promocional ou a exposição de marca é iniciada, mas não chega a ser finalizada.

Ação penal: é pública condicionada a representação da organização esportiva titular dos direitos violados.

3. Dos crimes contra a Integridade e a Paz no Esporte

3.1. Dos crimes contra a incerteza no resultado esportivo

3.1.1. Corrupção passiva esportiva

> Art. 198. Solicitar ou aceitar, para si ou para outrem, vantagem ou promessa de vantagem patrimonial ou não patrimonial para qualquer ato ou omissão destinado a alterar ou falsear o resultado de competição esportiva ou evento a ela associado:
> Pena – reclusão, de 2 (dois) a 6 (seis) anos, e multa.

Objetividade jurídica: a lisura dos resultados desportivos. Também a moralidade e a regularidade das partidas desportivas.

Sujeito ativo: qualquer pessoa. A nosso ver, não há que se falar em crime próprio, uma vez que, dada a amplitude do dispositivo, que se refere a *qualquer ato ou omissão destinado a alterar ou falsear o resultado da competição esportiva ou evento a ele associado,* é possível que qualquer pessoa, de qualquer maneira, possa praticar o crime, e não apenas as pessoas que manipulem ou sejam responsáveis pelo resultado da competição.

Sujeito passivo: é a coletividade. Secundariamente, as pessoas físicas ou jurídicas eventualmente prejudicadas.

Conduta: vem expressa pelo verbo *solicitar,* que significa pedir, requerer, e pelo verbo *aceitar,* que significa anuir, consentir no recebimento.

Objeto material: é a vantagem ou promessa de vantagem, patrimonial ou não patrimonial. Neste passo, agiu bem o legislador em ampliar o objeto material, incluindo também a vantagem não patrimonial, que é muito comum no meio desportivo. Portanto, qualquer tipo de vantagem ou promessa dela, solicitada ou aceita pelo sujeito ativo, caracterizará o delito.

Solicitação direta ou indireta: embora o artigo não tenha referido expressamente, a solicitação pode ser *direta*, quando o sujeito ativo se manifesta explicitamente ao corruptor, pessoalmente ou por escrito; ou *indireta*, quando o sujeito ativo o faz por meio de outra pessoa.

Finalidade do agente: a prática de qualquer ação ou omissão destinada a alterar ou falsear o resultado de competição esportiva ou evento a ela associado.

Elemento subjetivo: é o dolo.

Consumação: a corrupção passiva desportiva é um crime formal. Para a sua consumação, basta que a solicitação chegue ao conhecimento do terceiro, ou que o agente aceite a vantagem ou a promessa dela, independentemente da prática da ação ou omissão destinada a alterar ou falsear o resultado da competição desportiva ou evento a ela associado.

Tentativa: no tocante à conduta *solicitar*, se praticada verbalmente, não se admite a tentativa. Se for escrita, admite-se. Na conduta *aceitar*, não se admite a tentativa.

Ação penal: é pública incondicionada.

3.1.2. Corrupção ativa esportiva

> Art. 199. Dar ou prometer vantagem patrimonial ou não patrimonial com o fim de alterar ou falsear o resultado de competição esportiva ou evento a ela associado:
> Pena – reclusão, de 2 (dois) a 6 (seis) anos, e multa.

Objetividade jurídica: a lisura dos resultados esportivos. Também a moralidade e a regularidade das partidas esportivas ou evento a elas associado.

Sujeito ativo: qualquer pessoa.

Sujeito passivo: é a coletividade. Secundariamente, as pessoas físicas ou jurídicas eventualmente prejudicadas.

Conduta: vem expressa pelo verbo *dar*, que significa ceder, entregar, conferir, pagar, e pelo verbo *prometer*, que significa asseverar, pressagiar, anunciar, fazer promessa.

Objeto material: é a vantagem patrimonial ou não patrimonial. Nesse passo, agiu bem o legislador em ampliar o objeto material, incluindo também a vantagem não patrimonial, que é muito comum no meio desportivo. Portanto, qualquer tipo de vantagem dada ou prometida pelo sujeito ativo caracterizará o delito.

Entrega ou promessa direta ou indireta: embora o artigo não tenha referido expressamente, a entrega ou promessa pode ser *direta*, quando o sujeito ativo se manifesta explicitamente ao corrupto, pessoalmente ou por escrito; ou *indireta*, quando o sujeito ativo o faz por meio de outra pessoa.

Finalidade do agente: a prática de qualquer conduta destinada a alterar ou falsear o resultado de competição esportiva ou evento a ela associado.

Elemento subjetivo: é o dolo.

Consumação: a corrupção ativa esportiva é um crime formal. Para a sua consumação, basta que a promessa chegue ao conhecimento do terceiro, ou que a vantagem seja dada efetivamente a ele, independentemente da prática de conduta destinada a alterar ou falsear o resultado da competição esportiva ou evento a ela associado.

Tentativa: no tocante à conduta *prometer*, se praticada verbalmente, não se admite a tentativa. Se for escrita, admite-se. Na conduta *dar*, admite-se a tentativa, uma vez que fracionável o *iter criminis*.

Ação penal: é pública incondicionada.

3.1.3. Estelionato esportivo

> Art. 200. Fraudar, por qualquer meio, ou contribuir para que se fraude, de qualquer forma, o resultado de competição esportiva ou evento a ela associado:
> Pena – reclusão, de 2 (dois) a 6 (seis) anos, e multa.

Objetividade jurídica: a lisura dos resultados esportivos. Também a moralidade e a regularidade das partidas esportivas, ou evento a elas associado, no particular aspecto da igualdade e competitividade entre os participantes.

Sujeito ativo: qualquer pessoa.

Sujeito passivo: a coletividade. Secundariamente, a pessoa física ou jurídica eventualmente prejudicada.

Conduta: vem expressa pelo verbo *fraudar*, que significa enganar, lesar, lograr, e pelo verbo *contribuir*, concorrer, cooperar, tomar parte. Nesta última modalidade de conduta, o sujeito ativo concorre de qualquer modo para a fraude, tendo a sua participação a mesma importância que a conduta principal.

Meio de execução: a fraude pode ser perpetrada por qualquer meio, seja material, eletrônico, cibernético ou de qualquer outra natureza. A contribuição para a fraude também poderá ocorrer de qualquer forma.

Vantagem ilícita: o estelionato esportivo não requer, para sua configuração, a obtenção de qualquer vantagem, para o agente ou para terceiro.

Elemento subjetivo: é o dolo.

Consumação: ocorre com a prática da fraude ou com a contribuição para a sua prática, independentemente de qualquer resultado naturalístico, que não vem expresso no tipo penal. Trata-se, portanto, de crime de mera conduta.

Tentativa: é possível a tentativa, já que tanto a fraude quanto a contribuição para sua prática, dependendo das circunstâncias, podem admitir o fracionamento do *iter criminis*.

Ação penal: pública incondicionada.

3.2. Dos crimes contra a paz no esporte

3.2.1. Tumulto e violência em eventos esportivos

> Art. 201. Promover tumulto, praticar ou incitar a violência ou invadir local restrito aos competidores ou aos árbitros e seus auxiliares em eventos esportivos:
> Pena – reclusão, de 1 (um) a 2 (dois) anos, e multa.

Objetividade jurídica: a paz pública, no particular aspecto da prevenção da violência nos esportes. Antecipou-se o legislador, criminalizando condutas anteriores à efetiva ofensa à vida, à integridade física ou ao patrimônio de outrem. De acordo com o art. 179 da Lei, é obrigação do Poder Público em todos os níveis, das organizações esportivas, dos torcedores e dos espectadores de eventos esportivos promover e manter a paz no esporte.

Sujeito ativo: é o torcedor, assim considerado como é toda pessoa que aprecia, apoia ou se associa a qualquer organização esportiva que promove a prática esportiva do País e acompanha a prática de determinada modalidade esportiva, incluído o espectador-consumidor do espetáculo esportivo (art. 178).

Pessoa jurídica: se as condutas tipificadas forem praticadas por torcidas organizadas, não haverá crime, aplicando-se o disposto no § 5º do art. 178, respondendo elas civilmente, de forma objetiva e solidária, pelos danos causados por qualquer de seus associados ou membros no local do evento esportivo, em suas imediações ou no trajeto de ida e volta para o evento. Inclusive, dispõe o § 2º do art. 183 que a torcida organizada que em evento esportivo promover tumulto, praticar ou incitar a violência, praticar condutas discriminatórias, racistas, xenófobas, homofóbicas ou transfóbicas, ou invadir local restrito aos competidores, aos árbitros, aos fiscais, aos dirigentes, aos organizadores ou aos jornalistas, será impedida, bem como seus associados ou membros, de comparecer a eventos esportivos pelo prazo de até 5 (cinco) anos.

Sujeito passivo: a coletividade. Trata-se de crime vago.

Condutas: o tipo penal estabelece três condutas delitivas: a) *promover tumulto*, que significa fomentar, propor, dar impulso à desordem, à confusão, à agitação ou alvoroço; b) *praticar* (fazer, exercer, levar a efeito) ou *incitar* (instigar, induzir, excitar, provocar) a violência (física ou moral); e *invadir* (entrar à força, ingressar sem autorização) local restrito aos competidores ou aos árbitros e seus auxiliares em eventos esportivos. Na modalidade *incitar*, não há exigência legal de que a incitação seja feita publicamente, tal como ocorre com o crime do art. 286 do Código Penal. Entretanto, cremos que a incitação deve se dar perante um número indeterminado de pessoas. Caso a incitação tenha como destino uma ou duas pessoas apenas, o agente poderá ser considerado partícipe (por induzimento ou instigação) do ato de violência que vier a ser praticado, aplicando-se, inclusive, o disposto no art. 31 do Código Penal. Outro aspecto importante a ser ressaltado é que o *caput* do dispositivo não estabelece expressamente o âmbito espacial das práticas delitivas de *promover* tumulto, *praticar* ou *incitar* a violência, ou seja, não menciona o lugar em que essas condutas devem ser praticadas. Cremos que as mencionadas condutas, para caracterizar o crime do *caput* do artigo, devem ser praticadas no interior do local de realização do evento desportivo, uma vez que a figura típica assemelhada do § 1º, I, estabeleceu âmbito espacial consistente num raio de 5.000 metros ao redor deste local, bem como no trajeto de ida e volta do local da realização do evento. A esta conclusão se chega, inclusive, a partir da análise da parte final do *caput*, quando menciona "em eventos esportivos". Pela redação deficiente do tipo penal, pode-se entender que a expressão "em eventos esportivos" se refira apenas à conduta de "invadir local restrito aos competidores ou aos árbitros e seus auxiliares" e não às demais condutas anteriores. Portanto, em síntese, se as condutas típicas de *promover* tumulto, *praticar* ou *incitar* a violência forem cometidas no interior do local de realização do evento desportivo, estará caracterizado o crime do *caput* do art. 41-B. Caso tais condutas ocorram num raio de 5.000 metros ao redor ou no trajeto de ida e volta deste local, estará caracterizada a figura típica do § 1º, I. Fora dos âmbitos espaciais assinalados, as condutas poderão caracterizar outros tipos previstos na parte especial do Código Penal.

Elemento subjetivo: é o dolo. Na incitação, deve o sujeito ativo ter consciência de que um número indeterminado de pessoas está tendo conhecimento da provocação.

Consumação: na modalidade de conduta *provocar tumulto,* a consumação se dá com a efetiva ocorrência da desordem, da agitação, tratando-se de crime material. Na modalidade de conduta *praticar violência,* a consumação se dá com a efetiva ocorrência do ato de violência (física ou moral), tratando-se também de crime material. Na modalidade de conduta *incitar violência,* a consumação ocorre com a prática da incitação, não sendo necessário que alguém venha a praticar efetivamente a violência. Trata-se de crime formal. Por último, na modalidade de conduta *invadir local restrito,* a consumação ocorre com a simples invasão (crime instantâneo). Trata-se de crime de mera conduta.

Tentativa: na modalidade de conduta *provocar tumulto,* a tentativa é admissível, uma vez que se trata de crime plurissubsistente. Na modalidade de conduta *praticar violência,* a tentativa também é admissível. Na modalidade de conduta *incitar violência,* a tentativa é admissível, desde que a incitação não seja oral. Na modalidade de conduta *invadir local restrito,* a tentativa é admissível, em tese, não obstante se trate de crime de mera conduta.

Ação penal: é pública incondicionada.

3.2.2. Figuras assemelhadas

> § 1º Incorrerá nas mesmas penas o torcedor que:
> I – promover tumulto, praticar ou incitar a violência em um raio de 5.000 m (cinco mil metros) ao redor do local de realização do evento esportivo ou durante o trajeto de ida e volta do local da realização do evento;

Elemento objetivo do tipo: ao estabelecer o raio de 5.000 metros ao redor do local da realização do evento esportivo, o legislador fixou o âmbito espacial da prática delitiva. Haverá, de certo, dificuldade prática na caracterização deste raio, que deverá ser delimitado pela autoridade pública como pressuposto para a configuração do crime. Para a caracterização deste raio, qualquer forma técnica de aferição poderá ser utilizada no curso das providências policiais e judiciais. Não estará a autoridade policial, durante o inquérito policial, ou o Ministério Público, ao oferecer denúncia ou no curso da instrução criminal, obrigada a apresentar laudo pericial oficial comprobatório de que a conduta ocorreu no raio mencionado, podendo esta prova ser feita por quaisquer meios hábeis, tais como mapas oficiais da cidade, *croquis,* constatações cartográficas de qualquer natureza etc.

Crime *in itinere*: o dispositivo faz referência, ainda, à promoção de tumulto, à prática ou incitação de violência no trajeto de ida e volta do local da realização do evento, elemento que deverá ficar bem caracterizado para a perfeita configuração típica. Resta evidente que esta prática delitiva *in itinere* não se subordina ao raio de 5.000 metros ao redor do local de realização do evento esportivo.

> II – portar, deter ou transportar, no interior da arena esportiva, em suas imediações ou no seu trajeto, em dia de realização de evento esportivo, quaisquer instrumentos que possam servir para a prática de violência;

Objetividade jurídica: proteção da incolumidade pública, representada pela segurança coletiva.

Sujeito ativo: é o torcedor, assim considerado como é toda pessoa que aprecia, apoia ou se associa a qualquer organização esportiva que promove a prática esportiva do País e acompanha a prática de determinada modalidade esportiva, incluído o espectador-consumidor do espetáculo esportivo (art. 178).

Sujeito passivo: a coletividade. Trata-se de crime vago.

Conduta: vem representada pelos verbos *portar* (trazer consigo, ter sob sua posse), *deter* (reter, conservar em seu poder) e *transportar* (levar consigo, conduzir).

Elemento objetivo: o tipo em análise apresenta dois elementos objetivos: um de natureza espacial – *no interior da arena esportiva, em suas imediações ou no seu trajeto* – e outro de natureza temporal – *em dia de realização de evento esportivo*. Aspecto espacial que suscita severas dúvidas, gerando desnecessárias celeumas interpretativas, vem representado pela palavra *imediações,* utilizada pelo dispositivo penal. Melhor tivesse o legislador delimitado em metros a abrangência espacial da norma, como fez no inciso antecedente. A palavra *imediações* nada esclarece, prejudicando o pleno exercício da persecução criminal. Hipótese semelhante, que há anos gera dificuldades para a acusação e defesa, vem estampada no inciso III do art. 40 da Lei n. 11.343/2006, que até hoje ainda não teve perfeitamente delineado o âmbito de abrangência da expressão *imediações* (ao referir-se ao tráfico de drogas). Outra impropriedade gritante foi a utilização da expressão *em dia de realização de evento esportivo,* também restringindo a abrangência da norma exclusivamente ao *dia* (data) em que o evento esportivo se realizará. Ficam de fora, portanto, as hipóteses de realização da conduta nas vésperas do evento, tais como durante a venda de ingressos, ou nas concentrações esportivas nas cercanias dos locais de realização do evento que antecedem a data de sua realização. Se o intuito do legislador foi promover a paz desportiva, coibindo condutas que pudessem gerar dano ou perigo de dano a bens jurídicos, a restrição normativa é injustificável.

Objeto material: consiste em *quaisquer instrumentos que possam servir para a prática de violência*. Pecou o legislador pela abrangência da expressão. Absurdamente, aplicando-se a norma tal como vem redigida, poderia alguém ser preso em flagrante por estar portando uma bengala, um guarda-chuva, um rádio, ou até mesmo uma bandeira de seu time de futebol. Um tênis ou sapato pode ser utilizado para a prática de violência. Portanto, melhor seria ter o legislador se referido a *instrumento ou objeto especialmente destinado à prática de violência.*

Elemento subjetivo: é o dolo.

Consumação: ocorre com o efetivo porte ou transporte do instrumento ou sua detenção, independentemente de qualquer outro resultado. Trata-se de crime de mera conduta.

Tentativa: tratando-se de crime de mera conduta e considerando as modalidades de ação criminosa, não se admite a tentativa.

Ação penal: é pública incondicionada.

> III – participar de brigas de torcidas.

Objetividade jurídica: proteção da incolumidade pública, representada pela segurança coletiva.

Sujeito ativo: é o torcedor, assim considerado como é toda pessoa que aprecia, apoia ou se associa a qualquer organização esportiva que promove a prática esportiva do País e acompanha a prática de determinada modalidade esportiva, incluído o espectador-consumidor do espetáculo esportivo (art. 178).

Sujeito passivo: a coletividade. Trata-se de crime vago.

Conduta: vem representada pelo verbo *participar*, que significa envolver-se, tomar parte.

Torcidas: o art. 178, § 1º, assegura ao torcedor o direito de se organizar em entidades associativas, conhecidas como torcidas organizadas. O § 2º esclarece que, para efeitos desta Lei, considera-se torcida organizada a pessoa jurídica de direito privado ou existente de fato, constituída com fins lícitos, especialmente para torcer por uma organização esportiva de qualquer natureza ou modalidade. O § 3º enfatiza que a torcida organizada não deve ser confundida com a organização esportiva por ela apoiada.

O § 4º estabelece a obrigatoriedade de as torcidas organizadas manterem um cadastro atualizado de seus associados ou membros, que deve conter, pelo menos, as seguintes informações: nome completo, fotografia, filiação, número do registro civil, número de inscrição no Cadastro de Pessoas Físicas (CPF), data de nascimento, estado civil, profissão, endereço completo e escolaridade. Conforme o § 5º, a torcida organizada é responsável civilmente, de forma objetiva e solidária, pelos danos causados por qualquer de seus associados ou membros no local do evento esportivo, em suas imediações ou no trajeto de ida e volta para o evento. O § 6º complementa, dispondo que o dever de reparar o dano recai sobre a própria torcida organizada, seus dirigentes e membros, que respondem solidariamente, inclusive com o próprio patrimônio.

Briga de torcidas: no contexto da Lei Geral do Esporte, "briga de torcidas" se refere a confrontos ou atos de violência física entre grupos de torcedores, geralmente associados a torcidas organizadas, que ocorrem antes, durante ou após eventos esportivos, ou ainda em seus arredores e no trajeto de ida ou volta para os locais das competições.

Elemento subjetivo: é o dolo.

Consumação: ocorre com a efetiva participação na briga de torcidas, ou seja, quando o sujeito ativo se insere no confronto, praticando atos de violência ou de provocação. Trata-se de crime de mera conduta.

Tentativa: tratando-se de crime de mera conduta e considerando a modalidade de ação criminosa, não se admite a tentativa.

Ação penal: é pública incondicionada.

3.2.3. Pena impeditiva

> § 2º Na sentença penal condenatória, o juiz deverá converter a pena de reclusão em pena impeditiva de comparecimento às proximidades da arena esportiva, bem como a qualquer local em que se realize evento esportivo, pelo prazo de 3 (três) meses a 3 (três) anos, de acordo com a gravidade da conduta, na hipótese de o agente ser primário, ter bons antecedentes e não ter sido punido anteriormente pela prática de condutas previstas neste artigo.
>
> § 3º A pena impeditiva de comparecimento às proximidades da arena esportiva, bem como a qualquer local em que se realize evento esportivo, converter-se-á em privativa de liberdade quando ocorrer o descumprimento injustificado da restrição imposta.

Pena restritiva de direitos: nestes dispositivos, cuidou o legislador de uma modalidade de pena restritiva de direitos que, na prática, já era utilizada em casos de violência praticada por torcedores. Trata-se da pena impeditiva de comparecimento às proximidades da arena esportiva, bem como a qualquer local em que se realize o evento esportivo.

Prazo de duração: a pena tem duração de 3 meses a 3 anos, devendo sua dosimetria levar em conta a gravidade da conduta.

Requisitos: são três os requisitos da conversão: a) agente primário; b) bons antecedentes; c) não ter sido punido anteriormente pela prática de condutas previstas neste artigo. Quanto a este último requisito, algumas observações devem ser feitas. A *punição* a que se refere o dispositivo deve ser considerada de natureza penal. Se assim é, não pode ter havido o trânsito em julgado da sentença condenatória que aplicou a medida, pois neste caso haveria conflito com o primeiro requisito. O único entendimento cabível, portanto, para esse requisito, é que se refere ele à condenação ainda não transitada em julgado.

Direito do condenado: não se trata de faculdade do juiz, mas de direito subjetivo do condenado, uma vez cumpridos os requisitos legais.

Âmbito espacial: poderia o legislador, em vez de utilizar a expressão *proximidades da arena esportiva*, ter delimitado a abrangência territorial da medida em metros, como o fez no inciso I do § 1º.

Descumprimento da medida: em caso de descumprimento injustificado da medida, a pena impeditiva converter-se-á em privativa de liberdade.

3.2.4. Obrigação suplementar

> § 4º Na conversão de pena prevista no § 2º deste artigo, a sentença deverá determinar ainda a obrigatoriedade suplementar de o agente permanecer em estabelecimento indicado pelo juiz, no período compreendido entre as 2 (duas) horas antecedentes e as 2 (duas) horas posteriores à realização de provas ou de partidas de organização esportiva ou de competição determinada.

Obrigatoriedade suplementar: o dispositivo estabelece que o juiz, ao proceder à conversão mencionada, deverá determinar ao agente que permaneça em estabelecimento indicado (delegacias de polícia, batalhões ou destacamentos da Polícia Militar, postos da guarda civil ou qualquer outra repartição pública adequada), no período compreendido entre as duas horas antecedentes e as duas horas posteriores à realização de eventos esportivos especificamente fixados.

3.2.5. Juizado Especial Criminal

> § 5º No caso de o representante do Ministério Público propor aplicação da pena restritiva de direito prevista no art. 76 da Lei n. 9.099, de 26 de setembro de 1995, o juiz aplicará a sanção prevista no § 2º deste artigo.

Transação: todas as hipóteses delitivas tratadas pelo art. 201 constituem infrações penais de menor potencial ofensivo, aplicando-se o rito sumaríssimo (art. 394, § 1º, III, do CPP), e sendo possível a transação prevista no art. 76 da Lei n. 9.099/95. Em caso de proposta pelo Ministério Público de aplicação imediata de pena restritiva de direitos, deverá o juiz aplicar a modalidade impeditiva de comparecimento às proximidades da arena esportiva, bem como a qualquer local em que se realize o evento esportivo.

Proposta circunstanciada: na qualidade de *dominus litis* e sendo a proposta de transação de atribuição exclusiva do Ministério Público, é conveniente que o Promotor de Justiça que atue perante os juizados do torcedor ou juizados especiais criminais já proponha a medida impeditiva com a sua respectiva duração, indicando o local em que o autor do fato deverá permanecer, antes, durante e depois da realização do evento esportivo, e quais as partidas ou competições restringidas.

3.2.6. Causas de aumento de pena

> § 6º A pena prevista neste artigo será aumentada de 1/3 (um terço) até a metade para aquele que organiza ou prepara o tumulto ou incita a sua prática, inclusive nas formas dispostas no § 1º deste artigo, não lhe sendo aplicáveis as medidas constantes dos §§ 2º, 3º, 4º e 5º deste artigo.

Organização, preparação ou incitação ao tumulto: além de prever o aumento de pena de 1/3 (um terço) até a metade para o agente, nos casos mencionados, o dispositivo veda a aplicação da pena impeditiva de comparecimento às proximidades da arena esportiva, bem como a qualquer local em que se realize o evento esportivo.

> § 7º As penalidades previstas neste artigo serão aplicadas em dobro quando se tratar de casos de racismo no esporte brasileiro ou de infrações cometidas contra as mulheres.

Racismo: ocorrendo qualquer das condutas prevista neste art. 201 por motivação racista, a pena será aumentada de 1/3 (um terço) até a metade, não se aplicando o art. 20 da Lei n. 7.716/89. Caso haja qualquer outra manifestação racista no âmbito do esporte, alheia ao espectro de abrangência do art. 201, aí sim terá aplicabilidade a Lei n. 7.716/89.

Infrações contra as mulheres: neste caso, para a aplicação da causa de aumento de pena de 1/3 (um terço) até a metade, basta que a vítima seja mulher, prescindindo-se de qualquer motivação específica.

14 Crimes Falimentares
Leis n. 11.101/2005 e 14.112/2020

1. Noção de crime falimentar

A noção de crime falimentar está intimamente ligada aos conceitos de falência, recuperação judicial e recuperação extrajudicial.

Conforme bem assinala Fábio Ulhoa Coelho (*Comentários à nova Lei de Falências e de Recuperação de Empresas*, São Paulo: Saraiva, 2005, n. 349, p. 410), "a nova Lei de Falências não se vale da expressão 'crime falimentar' para identificar os crimes por ela tipificados.

O motivo provável é o contido no dispositivo acima [art. 180], que estabelece como condição objetiva de punibilidade não só a Sentença Declaratória da Falência (SDF), como também a de concessão da recuperação judicial e homologação da recuperação extrajudicial.

Deve ter parecido ao legislador que o crime tipificado após a concessão da recuperação judicial ou extrajudicial, mas sem a decretação da falência, não poderia ser mais adequadamente chamado de 'falimentar'".

E conclui o ilustre jurista: "Continuarei utilizando a expressão, até porque crime falimentar pode ser entendido como o tipificado na Lei de Falências e não aquele para o qual é condição a decretação da quebra de um empresário".

Assim é que a Lei n. 11.101, de 9 de fevereiro de 2005, manteve-se fiel à tradição do direito brasileiro, agasalhando os institutos da falência, que já existiam na legislação anterior, da recuperação judicial e da recuperação extrajudicial, recentemente introduzidos, em relação ao *empresário* e à *sociedade empresária* (art. 1º).

O crime falimentar, portanto, necessita, como condição objetiva de punibilidade, da sentença que decreta a falência, concede a recuperação judicial ou concede a recuperação extrajudicial (art. 180), a qual lhe confere existência jurídica.

É que, a rigor, os crimes antefalimentares, conforme ressaltava Nélson Hungria (*Comentários ao Código Penal*, Rio de Janeiro: Forense, 1941, v. I, p. 231), são classificados como *crimes condicionados*, nos quais a punibilidade é subordinada a um acontecimento extrínseco e ulterior à consumação.

Referidos crimes, nas palavras de Manoel Pedro Pimentel (*Legislação penal especial*, São Paulo: Revista dos Tribunais, 1972, p. 82), "já se encontravam consumados, isto é, integrados todos os elementos constitutivos da figura típica, mas não podiam ser punidos antes que sobreviesse a sentença declaratória de falência".

Esse panorama não foi modificado pela Lei n. 14.112/2020, que promoveu sensíveis alterações na Lei n. 11.101/2005.

2. Crimes de dano ou de perigo

Conforme explica Manoel Pedro Pimentel (*Legislação penal especial*, São Paulo: Revista dos Tribunais, 1972, p. 84), "os crimes falimentares são sempre dolosos. A lesão ou ameaça de um bem ou interesse tutelado pela lei constituem o conteúdo material da ofensa. A ofensa, portanto, pode dar causa a dois tipos de consequências relevantes para o direito: lesão total, ou parcial, de um bem ou interesse, e ameaça de lesão de um bem ou interesse. No primeiro caso ocorrerá o *dano* e, no segundo, o *perigo*".

Assim, os crimes falimentares são denominados *crimes concursais*, uma vez que os fatos concorrentes com a quebra, descritos nos tipos penais, são punidos porque a falência, a recuperação judicial ou a recuperação extrajudicial se verificou, ainda que não tenham sido eles a causa dessa situação.

Os crimes falimentares da Lei n. 11.101/2005, em sua grande maioria, como acontecia no Decreto-Lei n. 7.661/45, são de mera conduta, não se verificando resultado naturalístico, sendo punidos justamente pelo perigo representado pelo comportamento. Assim, os crimes de mera conduta são infrações de perigo presumido, sempre dolosos.

3. Classificação dos crimes falimentares

3.1. Quanto ao sujeito ativo

3.1.1. Crimes próprios

Crimes próprios são aqueles que somente podem ser praticados por uma categoria de pessoas. Nesse sentido, nos crimes falimentares temos o devedor, na maioria dos casos, como sujeito ativo. É o que ocorre com os arts. 168, 171, 172, 176 e 178.

O art. 177 da lei, que praticamente reproduz o anterior art. 190 do Decreto-Lei n. 7.661/45, menciona como sujeitos ativos o juiz, o representante do Ministério Público, o administrador judicial, o gestor judicial, o perito, o avaliador, o escrivão, o oficial de justiça ou o leiloeiro.

3.1.2. Crimes impróprios

São considerados crimes falimentares impróprios os praticados por qualquer outra pessoa que não o devedor ou as pessoas expressamente mencionadas nos tipos penais, em conexão com a falência.

Assim, os crimes dos arts. 169, 170, 173, 174 e 175 têm como sujeito ativo qualquer pessoa.

3.1.3. Concurso de agentes

Em duas oportunidades, a Lei de Falências e de Recuperação de Empresas prevê a hipótese de concurso de agentes.

A primeira delas vem estampada no art. 168, § 3º, que determina: "Nas mesmas penas incidem os contadores, técnicos contábeis, auditores e outros profissionais que, de qualquer modo, concorrerem para as condutas criminosas descritas neste artigo, na medida de sua culpabilidade".

A segunda hipótese, de cunho mais amplo que a anterior, pois não se cinge apenas a um tipo penal, vem estampada no art. 179, que diz: "Na falência, na recuperação judicial e na recuperação extrajudicial de sociedades, os seus sócios, diretores, gerentes, administradores e conselheiros, de fato ou de direito, bem como o administrador judicial, equiparam-se ao devedor ou falido para todos os efeitos penais decorrentes desta Lei, na medida de sua culpabilidade".

Adotou a Lei Falimentar, portanto, expressamente, a Teoria Monista, também chamada de Unitária ou Igualitária, sujeitando às mesmas penas do crime os coautores e partícipes, na medida de sua culpabilidade.

3.2. Quanto ao momento da execução

3.2.1. Crimes antefalimentares

Crimes antefalimentares são os praticados antes da declaração judicial da falência, podendo ser incluídos nessa categoria também aqueles cometidos antes da sentença que conceder a recuperação judicial ou homologar a recuperação extrajudicial.

São, na lei, os delitos dos arts. 168, 169, 172 e 178, com a ressalva de que o primeiro e os dois últimos citados podem ser incluídos também na categoria de crimes pós-falimentares, já que há referência expressa nos tipos penais ao elemento objetivo do tipo "antes ou depois da sentença que decretar a falência, conceder a recuperação judicial ou homologar a recuperação extrajudicial".

3.2.2. Crimes pós-falimentares

Crimes pós-falimentares são os praticados depois de decretada a falência, podendo ser incluídos nessa categoria também aqueles cometidos após a sentença que conceder a recuperação judicial ou homologar a recuperação extrajudicial.

São, na lei, os delitos dos arts. 168, 170, 171, 172, 173, 174, 175, 176, 177 e 178, com as mesmas ressalvas feitas acima com relação ao elemento objetivo do tipo.

4. Crimes concursais

Explicitando o que foi mencionado anteriormente, os crimes falimentares são *crimes concursais*, pois seu reconhecimento depende de um fato exterior à sua própria conceituação típica, ou seja, depende da sentença que decretar a falência ou que conceder a recuperação judicial ou extrajudicial.

Nesse sentido, devem as condutas típicas falimentares, para sua configuração, concorrer com outro fato jurídico estranho à esfera do direito penal.

A Lei de Falências e de Recuperação de Empresas menciona expressamente, no art. 180, que "a sentença que decreta a falência, concede a recuperação judicial ou concede a recuperação extrajudicial de que trata o art. 163 desta Lei é *condição objetiva de punibilidade* das infrações penais descritas nesta Lei" (grifo nosso).

Portanto, não há que falar em crime falimentar sem a sentença que decreta a falência ou concede a recuperação judicial ou extrajudicial.

5. Objeto jurídico dos crimes falimentares

Os crimes falimentares têm em comum o mesmo objeto jurídico, que é justamente a proteção ao *crédito público*. Há, entretanto, crimes falimentares impróprios, que podem ser praticados por pessoas diversas do devedor, em conexão com a falência ou com a recuperação judicial ou extrajudicial. Nesse caso, pode-se afirmar ser o crime falimentar pluriobjetivo, mesclando a proteção aos bens jurídicos fé pública, comércio e economia, administração da justiça, propriedade etc.

6. Objeto material dos crimes falimentares

Conforme se verifica pela análise dos tipos penais falimentares, há diversidade de *modus operandi*, o que faz com que, em cada conduta típica, ressalte uma particular maneira de ser completada a ação ou omissão.

De todo modo, o objeto material comum aos crimes falimentares é o *crédito*, concretamente considerado.

7. Unidade do crime falimentar

Manoel Pedro Pimentel, em primorosa lição (*Legislação penal especial*, São Paulo: Revista dos Tribunais, 1972, p. 96-97), ensina que "*unidade* ou *universalidade* é o que caracteriza o crime falimentar", esclarecendo que cada crime falimentar "é, em si mesmo, uma ação delituosa e basta a existência de um só para justificar a punição". Adverte, ainda, que, "se várias forem as ações delituosas, passarão a ser consideradas como atos e a unidade complexa se transforma em uma *universalidade*, punindo-se o todo e não as partes, com uma só pena".

Efetivamente, ressalta Rubens Requião (*Curso de direito falimentar*, São Paulo: Saraiva, 1979, v. 2, p. 141) que, "muito embora sejam várias as infrações delituosas falimentares, a aplicação da pena se determina pelo evento de maior gravidade".

Nesse sentido: "É entendimento prevalecente na jurisprudência que, concorrendo diversos fatos descritos como delitos falimentares na lei específica, dá-se uma só ação punível, e não pluralidade de ações, visto tratar-se de crime de estrutura complexa, em que o comportamento dos falidos deve restar unificado, em uma perspectiva abrangente e unitária da direção ilícita que imprimiram a seus negócios. A pluralidade natural é apenas aparente nesses delitos, que, em verdade, nada mais são do que o complexo unitário de fatos pelos quais se exterioriza um só comportamento" (TJSP – *RT*, 575/364).

8. Condição objetiva de punibilidade dos crimes falimentares

Ainda sob a vigência do Decreto-Lei n. 7.661/45, entendia a doutrina, como Luiz Carlos Betanho (*Leis penais especiais e sua interpretação jurisprudencial*, São Paulo: Revista dos Tribunais, 2001, v. 1, p. 1120), ao comentar os crimes da lei falimentar, que "todo e qualquer crime falimentar só pode ser assim considerado se existir uma sentença declaratória da falência. Os atos praticados antes da quebra ou são penalmente irrelevantes ou constituem crime comum; só passam a ser crimes falimentares depois da declaração judicial da falência. Por consequência, se a sentença de falência for reformada (para torná-la sem efeito) ou anulada, o crime falimentar deixará de estar configurado. Assim como sem sentença de quebra não há a situação jurídica denominada 'falência', pouco importando o estado econômico do devedor, também não há crime falimentar".

Conforme já mencionado no item 5 *supra*, os crimes falimentares são *concursais*, no sentido de que seu reconhecimento depende de um fato exterior à sua própria conceituação típica, ou seja, depende da sentença que decreta a falência ou que concede a recuperação judicial ou extrajudicial.

De todo modo, a questão ficou expressa no art. 180 da Lei de Falências e de Recuperação de Empresas, que dispõe:

"Art. 180. A sentença que decreta a falência, concede a recuperação judicial ou concede a recuperação extrajudicial de que trata o art. 163 desta Lei é condição objetiva de punibilidade das infrações penais descritas nesta Lei".

9. Dos crimes falimentares em espécie

9.1. Fraude a credores

> Art. 168. Praticar, antes ou depois da sentença que decretar a falência, conceder a recuperação judicial ou homologar a recuperação extrajudicial, ato fraudulento de que resulte ou possa resultar prejuízo aos credores, com o fim de obter ou assegurar vantagem indevida para si ou para outrem.
> Pena – reclusão, de 3 (três) a 6 (seis) anos, e multa.

Objetividade jurídica: os crimes falimentares têm em comum o mesmo objeto jurídico, que é justamente a proteção ao *crédito público*. Há, entretanto, conforme já referido em linhas anteriores, crimes falimentares impróprios, que podem ser praticados por pessoas diversas do devedor, em conexão com a falência ou com a recuperação judicial ou extrajudicial. Nesse caso, pode-se afirmar ser o crime falimentar pluriobjetivo, mesclando a proteção aos bens jurídicos fé pública, comércio e economia, administração da justiça, propriedade etc.

Sujeito ativo: é o devedor ou falido que pratique atos fraudulentos antes ou depois da sentença que decretar a falência, conceder a recuperação judicial ou homologar a recuperação extrajudicial. O § 3º do artigo em comento refere-se ainda ao concurso de pessoas, adotando a Teoria Unitária (também chamada de igualitária ou monista), determinando a sujeição às mesmas penas os contadores, técnicos contábeis, auditores e outros profissionais que, de qualquer modo, concorrerem para as condutas criminosas descritas na medida de sua culpabilidade.

Sujeito passivo: é o credor que sofre ou possa sofrer prejuízo com a prática da conduta.

Conduta: vem expressa pelo verbo "praticar", que significa realizar, executar. A conduta deve referir-se a *ato fraudulento*, de que resulte ou possa resultar prejuízo aos credores. Na legislação anterior, esse crime era denominado *falência fraudulenta*.

A Lei n. 14.112/2020 acrescentou o art. 6º-A à Lei de Falências, vedando expressamente ao devedor, até a aprovação do plano de recuperação judicial, a distribuição de lucros ou dividendos a sócios e acionistas, sob pena de responder o infrator pelo art. 168, ora em comento.

Fraude: conforme primorosa lição de Manoel Pedro Pimentel (*Legislação penal especial*, São Paulo: Revista dos Tribunais, 1972, p. 116-117), "a fraude é a simulação posta a serviço do engano. De um recurso natural, que originariamente era, provendo as necessidades de seres vivos, converteu-se em arma perigosa da malícia quando empregada pelo homem para enganar o semelhante. O dano resultante dá a medida da fraude e clama, em certos casos, pela defesa dos bens ou interesses tutelados através de enérgicas medidas penais".

No caso do artigo em análise, a fraude é valorada como danosa ou perigosa, idônea a causar prejuízo. Trata-se, portanto, de crime de perigo e de dano, conforme *resulte* ou *possa resultar* prejuízo aos credores.

Vantagem indevida: é somente de natureza econômica ou traduzível em valor econômico, contrária ao direito.

Objeto material: a conduta danosa recai sobre o crédito, concretamente considerado, não obstante a variedade do *modus operandi*.

Elemento subjetivo: é o dolo, caracterizado pela vontade livre e consciente do devedor ou falido de praticar ato fraudulento de que resulte ou possa resultar prejuízo aos credores.

Elemento subjetivo específico: vem retratado pela expressão *com o fim de obter ou assegurar vantagem indevida para si ou para outrem*. Nesse caso, a figura típica exige um particular elemento subjetivo para a sua integração, consistente em determinada finalidade. O fato típico, portanto, somente estará completo se estiver presente o particular elemento subjetivo.

Consumação: ocorre com a prática do ato fraudulento, de que resulte (crime de dano) ou possa resultar (crime de perigo) prejuízo aos credores, independentemente da efetiva obtenção ou manutenção da vantagem indevida para si ou para outrem. Trata-se de crime formal. A consumação ocorre também com a distribuição de lucros ou dividendos a sócios ou acionistas antes da aprovação do plano de recuperação judicial.

Tentativa: é admissível a tentativa, se fracionável o *iter criminis*.

Condição objetiva de punibilidade: segundo expressamente dispõe o art. 180 da Lei de Falências e de Recuperação de Empresas, a sentença que decreta a falência, concede a recuperação judicial ou extrajudicial é condição objetiva de punibilidade das infrações penais descritas na lei. Portanto, a chamada sentença declaratória de falência (que apresenta também caráter constitutivo) e a sentença que concede a recuperação judicial e extrajudicial concedem existência jurídica aos crimes falimentares, convertendo-se em condição objetiva de punibilidade.

Ação penal: é pública incondicionada.

> Aumento da pena
>
> § 1º A pena aumenta-se de 1/6 (um sexto) a 1/3 (um terço), se o agente:
>
> I – elabora escrituração contábil ou balanço com dados inexatos;
>
> II – omite, na escrituração contábil ou no balanço, lançamento que deles deveria constar, ou altera escrituração ou balanço verdadeiros;
>
> III – destrói, apaga ou corrompe dados contábeis ou negociais armazenados em computador ou sistema informatizado;
>
> IV – simula a composição do capital social;
>
> V – destrói, oculta ou inutiliza, total ou parcialmente, os documentos de escrituração contábil obrigatórios.

Causas de aumento de pena: muitas condutas elencadas como causas de aumento de pena no artigo em comento constavam como figuras típicas autônomas no art. 188 do Decreto-Lei n. 7.661/45. Assim, o § 1º estabelece aumento de pena de um sexto a um terço ao agente nestes casos:

Inciso I: trata o dispositivo de verdadeira *falsidade ideológica*, em que o agente insere ou faz inserir dados inexatos na escrituração contábil ou balanço. Entretanto, ocorrendo a falsidade ideológica *após* a decretação da falência ou a concessão de recuperação judicial ou extrajudicial, consideradas pela lei condição objetiva de punibilidade, estará tipificado o crime falimentar, resolvendo-se o conflito aparente de normas pelo princípio da especialidade.

Inciso II: nesse inciso, o legislador mescla hipótese de *falsidade ideológica*, ao criminalizar a *omissão*, na escrituração contábil ou no balanço, de lançamento que deles devia constar, com hipótese de *falsidade material*, ao tipificar a hipótese de *alteração* da escrituração ou balanço verdadeiros. Como assinalado nos comentários ao inciso anterior, decretada a falência ou concedida a recuperação judicial ou extrajudicial, resolve-se o conflito aparente de normas pelo princípio da especialidade, prevalecendo o crime falimentar.

Inciso III: a hipótese aventada pelo dispositivo em análise é novidade instituída pela nova lei, punindo a conduta danosa (crime de dano) daquele que *destrói, apaga* ou *corrompe* dados contábeis ou negociais armazenados em computador ou sistema de informação. Não se trata, a rigor, de crime de falso, já que, a nosso ver, há fundadas controvérsias em se considerar como *documento* os dados armazenados em computador ou sistema de informação (hipótese em que estaria caracterizado o crime do art. 305 do CP). Mais acertado seria considerar essa figura típica como crime de dano, em que a conduta do agente deve ter como finalidade específica obter ou assegurar vantagem indevida para si ou para outrem, em prejuízo aos credores.

Inciso IV: o capital social, nas palavras de Manoel Pedro Pimentel (*Legislação penal especial*, São Paulo: Revista dos Tribunais, 1972, p. 121), "é a expressão objetiva máxima da força da empresa". O capital social é o acervo de bens e interesses econômicos da sociedade, com o qual ela conta para desenvolver suas atividades e atingir os seus fins. Portanto, a conduta do agente que simula a composição do capital social constitui o ato fraudulento, mencionado pelo *caput* do artigo, de que resulte ou possa resultar prejuízo aos credores, com o fim de obter ou assegurar vantagem indevida para si ou para outrem. Na legislação anterior (Dec.-Lei n. 7.661/45) havia dispositivo semelhante, de âmbito mais restrito, previsto no art. 188, I, criminalizando a simulação de capital social *para obtenção de maior crédito*, situação que, no contexto falimentar, inegavelmente ocasionava prejuízo aos credores.

Inciso V: nesse inciso, previu a nova lei hipótese de crime contra a fé pública, em que o agente *destrói, oculta* ou *inutiliza,* total ou parcialmente, os documentos da escrituração contábil obrigatórios. Antes da sentença que decretar a falência ou conceder a recuperação judicial ou extrajudicial, estaria caracterizado o crime do art. 305 do Código Penal. Mas, após a dita sentença, pelo princípio da especialidade, fica tipificado o crime falimentar, resolvendo-se, ainda uma vez, o conflito aparente de normas.

> Contabilidade paralela e distribuição de lucros ou dividendos a sócios e acionistas até a aprovação do plano de recuperação judicial
>
> § 2º A pena é aumentada de 1/3 (um terço) até metade se o devedor manteve ou movimentou recursos ou valores paralelamente à contabilidade exigida pela legislação, inclusive na hipótese de violação do disposto no art. 6º-A desta Lei.

Contabilidade paralela: desde sua redação originária, a Lei n. 11.101/2005 instituiu como causa de aumento de pena do crime de fraude a credores a conduta do devedor que, paralelamente à contabilidade exigida pela legislação, manteve ou movimentou recursos ou valores.

Merece ser destacado, entretanto, que inexiste um crime autônomo de *contabilidade paralela*, ou seja, não constitui crime a manutenção, por si só, de contabilidade paralela pelo devedor, ou seja, a manutenção ou movimentação de recursos ou valores paralelamente à contabilidade exigida pela legislação, que, na linguagem popular, convencionou-se chamar de "caixa dois". Advindo, entretanto, a sentença de quebra ou de concessão de recuperação judicial ou extrajudicial, surge a condição objetiva necessária à punibilidade dos crimes falimentares, aí sim punindo-se mais severamente o devedor que, com o fim de obter ou assegurar vantagem indevida para si ou para outrem, manteve contabilidade paralela, caracterizadora do ato fraudulento de que resulte ou possa resultar prejuízo aos credores.

Na Lei n. 7.492, de 16 de junho de 1986, que define os crimes contra o sistema financeiro nacional, existe disposição semelhante, criminalizando a contabilidade paralela no art. 11. Entretanto, para esse delito, embora parcela da doutrina entenda tratar-se de crime comum, estamos com Sebastião de Oliveira Lima e Carlos Augusto Tosta de Lima (*Crimes contra o Sistema Financeiro Nacional*, São Paulo: Atlas, 2003, p. 63), quando ressaltam que, cuidando a lei de crimes contra o sistema financeiro nacional praticado em instituições financeiras, o crime passa a ser próprio, pois que somente praticado pelo controlador, administradores ou equiparados, nos termos do art. 25. A contabilidade paralela de outra entidade que não instituição financeira não vem tratada por essa lei em exame.

Caso a manutenção de contabilidade paralela tenha por finalidade a supressão ou redução de tributo ou contribuição social e qualquer acessório, poderá, em tese, estar tipificado crime contra a ordem tributária, previsto pela Lei n. 8.137, de 27 de dezembro de 1990.

Esse § 2º, ora em comento, sofreu alteração em sua redação pela Lei n. 14.112/2020, que passou a prever a causa de aumento de pena de 1/3 (um terço) até a metade também para a hipótese de infração ao disposto no art. 6º-A, que veda ao devedor, até a aprovação do plano de recuperação judicial, a distribuição de lucros ou dividendos a sócios e acionistas.

> Concurso de pessoas
>
> § 3º Nas mesmas penas incidem os contadores, técnicos contábeis, auditores e outros profissionais que, de qualquer modo, concorrerem para as condutas criminosas descritas neste artigo, na medida de sua culpabilidade.

Concurso de pessoas: não havia disposição expressa na legislação falimentar anterior sobre o concurso de pessoas nos crimes falimentares. Limitava-se o art. 191 da lei anterior a dispor que, "na falência das sociedades, os seus diretores, administradores, gerentes ou liquidantes são equiparados ao devedor falido, para todos os efeitos penais previstos nesta lei", regra que foi mantida, com alterações, pelo art. 179 da lei.

Na lei falimentar em vigor, entretanto, o § 3º do artigo em comento expressamente equiparou ao devedor, para efeito do crime de fraude a credores, os contadores, técnicos contábeis, auditores e outros profissionais que, de qualquer modo (Teoria Unitária), concorrerem para as condutas criminosas descritas no artigo, na medida de sua culpabilidade.

> Redução ou substituição da pena
>
> § 4º Tratando-se de falência de microempresa ou de empresa de pequeno porte, e não se constatando prática habitual de condutas fraudulentas por parte do falido, poderá o juiz reduzir a pena de reclusão de 1/3 (um terço) a 2/3 (dois terços) ou substituí-la pelas penas restritivas de direitos, pelas de perda de bens e valores ou pelas de prestação de serviços à comunidade ou a entidades públicas.

Causa de redução ou substituição de pena: esse § 4º do artigo em análise também constitui novidade na lei falimentar, sendo certo que, na legislação anterior, havia apenas, no art. 186, parágrafo único, causa de exclusão de pena fundada em circunstância de caráter pessoal, quando tivesse o devedor instrução insuficiente e explorasse comércio exíguo.

Na nova sistemática, o juiz poderá reduzir a pena de 1/3 a 2/3, ou substituí-la pelas penas restritivas de direitos, pelas de perda de bens e valores ou pelas de prestação de serviços à comunidade ou a entidades públicas, quando:

a) tratar-se de *falência* de microempresa ou de empresa de pequeno porte. Note-se que o dispositivo refere-se apenas à *falência,* deixando de mencionar a recuperação judicial e a recuperação extrajudicial, apesar de nenhuma restrição existir, na lei falimentar, para a concessão desses benefícios à microempresa e à empresa de pequeno porte. Inclusive, para a microempresa e para a empresa de pequeno porte, estabelece a lei falimentar tratamento diferenciado no que tange à recuperação judicial, conforme se dessume do disposto nos arts. 70 a 72, o que se estende à recuperação extrajudicial por força do disposto no art. 161. Não terá, então, o devedor em processo de recuperação judicial ou em procedimento de recuperação extrajudicial direito à redução da pena privativa de liberdade, ou substituição dela por pena restritiva de direitos? Cremos que, não obstante a omissão legislativa, é perfeitamente possível a redução da pena privativa de liberdade ou sua substituição por pena restritiva de direitos nessas condições. Isso porque, a teor da sistemática instituída pela Lei n. 11.101, de 9 de fevereiro de 2005, a falência é a medida mais drástica a acometer o devedor, sendo a recuperação judicial e a recuperação extrajudicial justamente mecanismos para evitar a quebra, corrigindo algumas disfunções do sistema econômico. Assim, nada impede, por força de interpretação extensiva analógica *in bonam partem*, aplique o juiz a redução ou substituição da pena privativa de liberdade ao devedor em processo de recuperação judicial ou em procedimento de recuperação extrajudicial;

b) não for habitual a prática de condutas fraudulentas por parte do falido. Nesse caso, a vida pregressa do devedor terá especial relevância, na medida em que cumprirá ao juiz analisar se houve a prática anterior de condutas reputadas fraudulentas ou se o caso sob sua análise constituiu fato isolado na atuação comercial ou empresarial daquele.

9.2. Violação de sigilo empresarial

> Art. 169. Violar, explorar ou divulgar, sem justa causa, sigilo empresarial ou dados confidenciais sobre operações ou serviços, contribuindo para a condução do devedor a estado de inviabilidade econômica ou financeira:
>
> Pena – reclusão, de 2 (dois) a 4 (quatro) anos, e multa.

Objetividade jurídica: os crimes falimentares têm em comum o mesmo objeto jurídico, que é justamente a proteção ao *crédito público.* Há, entretanto, conforme já referido em linhas anteriores, crimes falimentares impróprios, que podem ser praticados por pessoas diversas do devedor, em conexão com a falência ou com a recuperação judicial ou extrajudicial. Nesse caso, pode-se afirmar ser o crime falimentar pluriobjetivo, mesclando a proteção aos bens jurídicos fé pública, comércio e economia, administração da justiça, propriedade etc. No caso específico do crime em análise, o objeto jurídico é a proteção do sigilo empresarial e dos dados confidenciais sobre operações ou serviços.

Sujeito ativo: qualquer pessoa pode praticar o crime em análise, e não somente o detentor dos dados empresariais sigilosos ou confidenciais sobre operações ou serviços. A lei não exige qualidade especial do agente, daí por que se trata de crime comum.

Sujeito passivo: é não apenas o devedor, conduzido a estado de inviabilidade econômica ou financeira, como também o credor, que sofra ou possa sofrer prejuízo com a prática da conduta.

Conduta: vem representada, inicialmente, pelo verbo "violar", que significa devassar, revelar indevidamente. A violação pode dar-se por ação (pela revelação indevida do sigilo) ou por omissão, excepcionalmente (pela omissão na cautela devida na guarda e proteção das informações). Também pelo verbo "explorar", que significa tirar partido ou proveito, e pelo verbo "divulgar", que significa tornar público, propagar. A conduta típica deve necessariamente contribuir para a condução do devedor a estado de inviabilidade econômica ou financeira.

Objeto material: é o sigilo empresarial ou dados confidenciais sobre operações ou serviços. O sigilo das operações ou serviços não é absoluto, havendo várias hipóteses de quebra previstas na legislação (p. ex., arts. 155 da Lei n. 6.404/76, 33 da Lei n. 8.212/91, 195 do CTN etc.).

Elemento normativo do tipo: vem representado pela expressão "sem justa causa". Conforme foi dito acima, o sigilo das operações ou serviços não é absoluto, havendo várias hipóteses de quebra previstas na legislação (p. ex., arts. 155 da Lei n. 6.404/76, 33 da Lei n. 8.212/91, 195 do CTN etc.). De qualquer modo, a justa causa, afora essas hipóteses, deve ser analisada à vista do caso concreto.

Elemento subjetivo do tipo: é o dolo, representado pela vontade livre e consciente de violar, explorar ou divulgar, sem justa causa, o sigilo empresarial ou dados confidenciais sobre operações ou serviços, contribuindo para a condução do devedor a estado de inviabilidade econômica ou financeira.

Consumação: ocorre com a efetiva violação, exploração ou divulgação do sigilo empresarial ou dos dados confidenciais sobre operações ou serviços, *contribuindo para a condução do devedor a estado de inviabilidade econômica ou financeira*. Em não havendo a referida *contribuição*, não se caracteriza o delito em tela.

Tentativa: admite-se nas modalidades de conduta "violar" e "explorar". Na modalidade de conduta "divulgar", admite-se a tentativa desde que a divulgação não seja oral.

Ação penal: é pública incondicionada.

9.3. Divulgação de informações falsas

> Art. 170. Divulgar ou propalar, por qualquer meio, informação falsa sobre devedor em recuperação judicial, com o fim de levá-lo à falência ou de obter vantagem:
>
> Pena – reclusão, de 2 (dois) a 4 (quatro) anos, e multa.

Objetividade jurídica: os crimes falimentares têm em comum o mesmo objeto jurídico, que é justamente a proteção ao *crédito público*. Há, entretanto, conforme já referido em linhas anteriores, crimes falimentares impróprios, que podem ser praticados por pessoas diversas do devedor, em conexão com a falência ou com a recuperação judicial ou extrajudicial. Nesse caso, pode-se afirmar ser o crime falimentar pluriobjetivo, mesclando a proteção aos bens jurídicos fé pública, comércio e economia, administração da justiça, propriedade etc.

Sujeito ativo: qualquer pessoa.

Sujeito passivo: é não apenas o devedor em recuperação judicial, como também o credor que sofra ou possa sofrer prejuízo com a prática da conduta.

Conduta: vem representada pelo verbo "divulgar", que significa difundir, publicar, e pelo verbo "propalar", que significa divulgar, tornar público. A divulgação ou propalação pode ser feita "por qualquer meio", público ou particular.

Objeto material: a conduta recai sobre a veracidade das informações, atingida pela divulgação ou propalação de informação falsa, inverídica, sobre devedor em recuperação judicial (arts. 47 e s.).

Elemento subjetivo: é o dolo, caracterizado pela vontade livre e consciente de divulgar ou propalar informação falsa sobre devedor em recuperação judicial.

Elemento subjetivo específico: é a finalidade de levar o devedor em recuperação judicial à falência ou de obter qualquer vantagem com a divulgação.

Consumação: ocorre com a mera divulgação ou propalação da falsa informação, independentemente da efetiva condução do devedor em recuperação judicial à falência ou da obtenção de vantagem. Trata-se de crime formal.

Tentativa: admite-se, salvo se a divulgação ou propalação for oral.

Ação penal: é pública incondicionada.

9.4. Indução a erro

> Art. 171. Sonegar ou omitir informações ou prestar informações falsas no processo de falência, de recuperação judicial ou de recuperação extrajudicial, com o fim de induzir a erro o juiz, o Ministério Público, os credores, a assembleia geral de credores, o Comitê ou o administrador judicial:
>
> Pena – reclusão, de 2 (dois) a 4 (quatro) anos, e multa.

Objetividade jurídica: os crimes falimentares têm em comum o mesmo objeto jurídico, que é justamente a proteção ao *crédito público*. Há, entretanto, conforme já referido em linhas anteriores, crimes falimentares impróprios, que podem ser praticados por pessoas diversas do devedor, em conexão com a falência ou com a recuperação judicial ou extrajudicial. Nesse caso, pode-se afirmar ser o crime falimentar pluriobjetivo, mesclando a proteção aos bens jurídicos fé pública, comércio e economia, administração da justiça, propriedade etc. No caso específico do crime em análise, a finalidade do agente de induzir em erro as pessoas e órgãos mencionados faz ressaltar o intuito do legislador de proteger a administração da justiça e o patrimônio dos credores.

Sujeito ativo: pode ser o devedor ou falido, ou qualquer pessoa que intervenha ou seja chamada a intervir no processo de falência, de recuperação judicial ou de recuperação extrajudicial.

Sujeito passivo: se for considerada a administração da justiça como bem jurídico protegido, o Estado será o sujeito passivo, representado pelo juiz, Ministério Público ou administrador judicial induzidos em erro. Caso haja intuito de lesão patrimonial, sendo o patrimônio dos credores o bem jurídico protegido, serão eles os sujeitos passivos do crime.

Conduta: vem representada pelo verbo "sonegar" (ocultar deixando de mencionar, ocultar com fraude, deixar de prestar) e pelo verbo "ocultar" (encobrir, esconder, não revelar), denotando, nas duas hipóteses, conduta omissiva. Também se caracteriza a conduta pelo verbo "prestar" (conceder, apresentar), indicando conduta comissiva.

Objeto material: a conduta dano recai sobre o dever de prestar informações verdadeiras, que são sonegadas ou omitidas, ou prestadas falsamente, no processo de falência, de recuperação judicial ou de recuperação extrajudicial.

Elemento subjetivo: é o dolo, consistente na vontade livre e consciente de sonegar ou omitir informações verdadeiras, ou prestar informações falsas.

Elemento subjetivo específico: vem caracterizado pela finalidade de induzir em erro o juiz, o Ministério Público, os credores, a assembleia geral de credores, o Comitê ou o administrador judicial.

Consumação: ocorre com a efetiva sonegação ou omissão de informações verdadeiras, ou com a prestação de informações falsas, *com o fim de* induzir as pessoas e órgãos mencionados, independentemente da efetiva obtenção do resultado naturalístico. Trata-se de crime formal.

Tentativa: admite-se apenas na forma comissiva de conduta, desde que fracionável o *iter criminis*.

Ação penal: é pública incondicionada.

9.5. Favorecimento de credores

> Art. 172. Praticar, antes ou depois da sentença que decretar a falência, conceder a recuperação judicial ou homologar plano de recuperação extrajudicial, ato de disposição ou oneração patrimonial ou gerador de obrigação, destinado a favorecer um ou mais credores em prejuízo dos demais:
>
> Pena – reclusão, de 2 (dois) a 5 (cinco) anos, e multa.
>
> Parágrafo único. Nas mesmas penas incorre o credor que, em conluio, possa beneficiar-se de ato previsto no *caput* deste artigo.

Objetividade jurídica: os crimes falimentares têm em comum o mesmo objeto jurídico, que é justamente a proteção ao *crédito público*. Há, entretanto, conforme já referido em linhas anteriores, crimes falimentares impróprios, que podem ser praticados por pessoas diversas do devedor, em conexão com a falência ou com a recuperação judicial ou extrajudicial. Nesse caso, pode-se afirmar ser o crime falimentar pluriobjetivo, mesclando a proteção aos bens jurídicos fé pública, comércio e economia, administração da justiça, propriedade etc. No caso específico do crime em análise, a finalidade, o intuito do legislador é proteger o patrimônio dos credores.

Sujeito ativo: é o devedor ou falido que pratique atos fraudulentos antes ou depois da sentença que decretar a falência, conceder a recuperação judicial ou homologar a recuperação extrajudicial, estendendo-se a responsabilidade às pessoas enumeradas no art. 179 da lei. Também o credor pode ser sujeito ativo do crime em tela, que, em conluio com o devedor, possa beneficiar-se do ato de disposição ou oneração patrimonial ou gerador de obrigação.

Sujeito passivo: é o credor que sofra ou possa sofrer prejuízo com a prática da conduta. Os credores têm o direito de igualdade de tratamento (*par conditio creditorum*), e o ato de favorecimento a algum deles significa perda econômica para todos os outros.

Conduta: vem expressa pelo verbo "praticar", que significa realizar, executar. A conduta deve referir-se a *ato de disposição ou oneração patrimonial ou gerador de obrigação*, destinado a favorecer um ou mais credores em prejuízo dos demais.

Objeto material: a conduta danosa recai sobre o crédito, concretamente considerado, não obstante a variedade do *modus operandi*.

Elemento subjetivo: é o dolo, caracterizado pela vontade livre e consciente do devedor ou falido de praticar ato de disposição ou oneração patrimonial ou gerador de obrigação destinado a favorecer um ou mais credores em prejuízo dos demais.

Elemento subjetivo específico: vem retratado pela *destinação* (finalidade) do ato a favorecer um ou mais credores em prejuízo dos demais. O fato típico, portanto, somente estará completo se estiver presente o particular elemento subjetivo.

Consumação: ocorre com a efetiva prática do ato de disposição ou oneração patrimonial ou gerador de obrigação, destinado a favorecer (crime de perigo) um ou mais credores em prejuízo dos demais. Trata-se de crime formal.

Tentativa: é admissível a tentativa, se fracionável o *iter criminis*.

Condição objetiva de punibilidade: segundo expressamente dispõe o art. 180 da Lei de Falências e de Recuperação de Empresas, a sentença que decreta a falência, concede a recuperação judicial ou extrajudicial, é condição objetiva de punibilidade das infrações penais descritas na lei. Portanto, a chamada sentença declaratória de falência (que apresenta também caráter constitutivo) e a sentença que concede a recuperação judicial e extrajudicial concedem existência jurídica aos crimes falimentares, convertendo-se em condição objetiva de punibilidade.

Ação penal: é pública incondicionada.

Constituição de garantia subordinada: o art. 69-C, acrescentado pela Lei n. 14.112/2020, dispõe que o juiz poderá autorizar a constituição de garantia subordinada sobre um ou mais ativos do devedor em favor do financiador de devedor em recuperação judicial, dispensando a anuência do detentor da garantia original. Neste caso, diante da autorização judicial, não se pode falar na incidência do crime ora em comento. O mesmo se diga em relação ao disposto no art. 69-A.

9.6. Desvio, ocultação ou apropriação de bens

> Art. 173. Apropriar-se, desviar ou ocultar bens pertencentes ao devedor sob recuperação judicial ou à massa falida, inclusive por meio da aquisição por interposta pessoa:
>
> Pena – reclusão, de 2 (dois) a 4 (quatro) anos, e multa.

Objetividade jurídica: os crimes falimentares têm em comum o mesmo objeto jurídico, que é justamente a proteção ao *crédito público*. Há, entretanto, conforme já referido em linhas anteriores, crimes falimentares impróprios, que podem ser praticados por pessoas diversas do devedor, em conexão com a falência ou com a recuperação judicial ou extrajudicial. Nesse caso, pode-se afirmar ser o crime falimentar pluriobjetivo, mesclando a proteção aos bens jurídicos fé pública, comércio e economia, administração da justiça, propriedade etc. No caso específico do crime em análise, a finalidade, o intuito do legislador é proteger o patrimônio dos credores.

Sujeito ativo: qualquer pessoa, inclusive o devedor sob recuperação judicial ou falido. Deve ser observado que o dispositivo legal não fez menção específica ao devedor ou falido como sujeito ativo, como ocorria na legislação anterior (art. 189, I, que se referia a "qualquer pessoa, inclusive o falido"). Nada impede, entretanto, seja ele sujeito ativo do crime, quer isoladamente, desviando, ocultando ou se apropriando de bens pertencentes à massa falida, quer em concurso com outra pessoa, até mesmo o credor.

Sujeito passivo: é, em regra, o credor, que sofra ou possa sofrer prejuízo com a prática da conduta. O devedor sob recuperação judicial, excepcionalmente, também pode ser vítima do crime, se a apropriação, desvio ou ocultação de bens ocorrerem sem o seu consentimento ou participação.

Conduta: vem representada pelos verbos "apropriar(-se)" (tomar como seu, apoderar-se), "desviar" (mudar a destinação, alterar o destino) e "ocultar" (encobrir, esconder). Qualquer forma de apropriação, desvio ou ocultação se presta à prática criminosa, inclusive a aquisição por interposta pessoa.

Objeto material: a conduta típica deve recair sobre bens pertencentes ao devedor sob recuperação judicial ou à massa falida.

Elemento subjetivo: é o dolo, caracterizado pela vontade livre e consciente de apropriar-se, desviar ou ocultar bens pertencentes ao devedor sob recuperação judicial ou à massa falida.

Consumação: ocorre com a efetiva apropriação, com a inversão do *animus* da posse, com o efetivo desvio ou ocultação dos bens.

Tentativa: admite-se.

Ação penal: é pública incondicionada.

9.7. Aquisição, recebimento ou uso ilegal de bens

> Art. 174. Adquirir, receber, usar, ilicitamente, bem que sabe pertencer à massa falida ou influir para que terceiro, de boa-fé, o adquira, receba ou use:
> Pena – reclusão, de 2 (dois) a 4 (quatro) anos, e multa.

Objetividade jurídica: os crimes falimentares têm em comum o mesmo objeto jurídico, que é justamente a proteção ao *crédito público*. Há, entretanto, conforme já referido em linhas anteriores, crimes falimentares impróprios, que podem ser praticados por pessoas diversas do devedor, em conexão com a falência ou com a recuperação judicial ou extrajudicial. Nesse caso, pode-se afirmar ser o crime falimentar pluriobjetivo, mesclando a proteção aos bens jurídicos fé pública, comércio e economia, administração da justiça, propriedade etc. No caso específico do crime em análise, a finalidade, o intuito do legislador é proteger o patrimônio dos credores.

Sujeito ativo: qualquer pessoa.

Sujeito passivo: o credor, lesado com a disposição do bem pertencente à massa falida.

Conduta: vem representada pelos verbos "adquirir" (obter, conseguir, comprar), "receber" (aceitar) e "usar" (utilizar, empregar). Também pelo verbo "influir" (sugerir, inspirar, influenciar). O tipo penal em análise assemelha-se à receptação, nas modalidades simples dolosa própria (adquirir, receber, usar) e simples dolosa imprópria (influir), podendo-se falar em um tipo de *receptação falimentar*.

Elemento normativo do tipo: vem representado pela expressão "ilicitamente", indicando que deve haver ilegalidade (contrariedade às hipóteses permitidas em lei) em relação à aquisição, recebimento ou uso do bem pertencente à massa falida.

Objeto material: a conduta ilícita recai sobre o bem (móvel ou imóvel) pertencente à massa falida.

Elemento subjetivo: é o dolo, caracterizado pela vontade livre e consciente de adquirir, receber ou usar, ilicitamente, bem que sabe pertencer à massa falida, ou influir para que terceiro de boa-fé o adquira, receba ou use. Portanto, é imprescindível à caracterização do delito a ciência da origem do bem.

Consumação: ocorre com a efetiva aquisição, recebimento ou uso do bem (crime material) ou com a influência sobre o terceiro de boa-fé (crime formal), independentemente, nesse caso, da efetiva aquisição, recebimento ou uso por parte dele.

Tentativa: admite-se a tentativa apenas nas modalidades de crime material (aquisição, recebimento, uso), não na modalidade de crime formal (influência).

Ação penal: é pública incondicionada.

9.8. Habilitação ilegal de crédito

> Art. 175. Apresentar, em falência, recuperação judicial ou recuperação extrajudicial, relação de créditos, habilitação de créditos ou reclamação falsas, ou juntar a elas título falso ou simulado:
> Pena – reclusão, de 2 (dois) a 4 (quatro) anos, e multa.

Objetividade jurídica: os crimes falimentares têm em comum o mesmo objeto jurídico, que é justamente a proteção ao *crédito público*. Há, entretanto, conforme já referido em linhas anteriores, crimes falimentares impróprios, que podem ser praticados por pessoas diversas do devedor, em conexão com a falência ou com a recuperação judicial ou extrajudicial. Nesse caso, pode-se afirmar ser o crime falimentar pluriobjetivo, mesclando a proteção aos bens jurídicos fé pública, comércio e economia, administração da justiça, propriedade etc. No caso específico do crime em análise, a finalidade, o intuito do legislador é proteger o patrimônio dos credores, e assim a administração da justiça, visto que os documentos falsos ou inexatos podem conduzir a julgamentos equivocados.

Sujeito ativo: qualquer pessoa, inclusive o credor, o procurador do credor e o devedor ou falido.

Sujeito passivo: é o credor, efetiva ou potencialmente prejudicado. Também o devedor ou falido pode figurar como sujeito passivo. A Administração Pública é também sujeito passivo do crime, em razão da falsidade praticada no processo de falência, recuperação judicial ou extrajudicial.

Conduta: vem representada pelos verbos "apresentar" (mostrar, exibir) e "juntar" (acrescentar, aduzir).

Objeto material: é a relação de créditos, habilitação de créditos ou reclamação falsas, e também os títulos falsos ou simulados, apresentados ou juntados na falência, recuperação judicial ou recuperação extrajudicial.

Elemento subjetivo: é o dolo, caracterizado pela vontade livre e consciente de apresentar, na falência, recuperação judicial ou recuperação extrajudicial, relação de créditos, habilitação de créditos ou reclamação falsas, ou juntar a elas título falso ou simulado.

Consumação: ocorre com a efetiva apresentação da relação de créditos, habilitação de créditos ou reclamação falsas, e com a efetiva juntada a elas de título falso ou simulado.

Tentativa: em regra não é admitida a tentativa, pois na modalidade de conduta "apresentar", trata-se de crime formal. Entretanto, na modalidade de conduta "juntar", como bem observa Luiz Carlos Betanho (*Leis penais especiais e sua interpretação jurisprudencial*, São Paulo: Revista dos Tribunais, 2001, v. 1, p. 1141), em tese, pode ser admitida hipótese de tentativa, como, por exemplo, no caso de ser o pretenso credor surpreendido em vias de protocolar petição de juntada de título falso anexo.

Ação penal: é pública incondicionada.

9.9. Exercício ilegal de atividade

> Art. 176. Exercer atividade para a qual foi inabilitado ou incapacitado por decisão judicial, nos termos desta Lei:
> Pena – reclusão, de 1 (um) a 4 (quatro) anos, e multa.

Objetividade jurídica: os crimes falimentares têm em comum o mesmo objeto jurídico, que é justamente a proteção ao *crédito público*. Há, entretanto, conforme já referido em linhas anteriores, crimes falimentares impróprios, que podem ser praticados por pessoas diversas do devedor, em conexão com a falência ou com a recuperação judicial ou extrajudicial. Nesse caso, pode-se afirmar ser o crime falimentar pluriobjetivo, mesclando a proteção aos bens jurídicos fé pública, comércio e economia, administração da justiça, propriedade etc. No caso específico do crime em análise, a finalidade, o intuito do legislador é proteger o comércio e o prestígio da Administração Pública, representado pelo dever de cumprimento das determinações judiciais.

Sujeito ativo: é o devedor ou falido. Trata-se de crime próprio. Como bem observa Fábio Ulhoa Coelho (*Comentários à nova Lei de Falências e de Recuperação de Empresas*, São Paulo: Saraiva, 2005, p. 285), em comentários aos arts. 102 e s. da lei, "a decretação da falência do empresário individual não lhe subtrai a capacidade civil, embora a restrinja. O falido não é incapaz, mas, a partir da sentença de quebra, ele perde o direito de administrar e dispor de seu patrimônio".

Sujeito passivo: é a Administração Pública, na medida em que ocorre o efetivo desrespeito à decisão judicial.

Conduta: vem representada pelo verbo "exercer" (praticar, exercitar, desempenhar). Trata-se de uma espécie de desobediência, em que é imprescindível a existência de decisão judicial, da qual decorra a inabilitação ou incapacidade para o exercício da atividade. O verbo "exercer" dá a ideia de crime habitual, que demanda para a configuração típica a prática reiterada de atos. Ao utilizar a expressão "nos termos desta Lei", refere-se o dispositivo não apenas às hipóteses em que se impõe ao devedor ou falido restrições de cunho patrimonial (arts. 66 e 102 da lei), mas também à hipótese de "inabilitação para o exercício de atividade empresarial", expressamente prevista como efeito da condenação por crime falimentar, no art. 181, I.

Elemento subjetivo: é o dolo, representado pela vontade livre e consciente de desobedecer a decisão judicial de que tem ciência.

Consumação: ocorre com o efetivo exercício da atividade proibida. Ao utilizar o verbo "exercer" como núcleo da conduta típica, o crime requer, para sua configuração, a prática reiterada da atividade proibida, tratando-se, portanto, de crime habitual.

Tentativa: não é admitida, por se tratar de crime habitual.

Ação penal: é pública incondicionada.

9.10. Violação de impedimento

> Art. 177. Adquirir o juiz, o representante do Ministério Público, o administrador judicial, o gestor judicial, o perito, o avaliador, o escrivão, o oficial de justiça ou o leiloeiro, por si ou por interposta pessoa, bens de massa falida ou de devedor em recuperação judicial, ou, em relação a estes, entrar em alguma especulação de lucro, quando tenham atuado nos respectivos processos:
>
> Pena – reclusão, de 2 (dois) a 4 (quatro) anos, e multa.

Objetividade jurídica: os crimes falimentares têm em comum o mesmo objeto jurídico, que é justamente a proteção ao *crédito público*. Há, entretanto, conforme já referido em linhas anteriores, crimes falimentares impróprios, que podem ser praticados por pessoas diversas do devedor, em conexão com a falência ou com a recuperação judicial ou extrajudicial. Nesse caso, pode-se afirmar ser o crime falimentar pluriobjetivo, mesclando à proteção aos bens jurídicos fé pública, comércio e economia, administração da justiça, propriedade etc. No caso específico do crime em análise, a proteção legal recai sobre o patrimônio dos credores, sobre a administração da justiça e sobre a fé pública.

Sujeito ativo: trata-se de crime próprio, que só pode ser praticado pelos agentes especificados em lei: juiz, representante do Ministério Público, administrador judicial, gestor judicial, perito, avaliador, escrivão, oficial de justiça e leiloeiro.

Sujeito passivo: em regra, é o credor, prejudicado com a prática da conduta. Pode também ser o devedor ou falido, prejudicado com as ações especulativas praticadas pelos agentes.

Conduta: vem representada pelos verbos "adquirir" (obter, conseguir, comprar) e "entrar" (ingressar, participar), referindo-se, neste último caso, à especulação de lucro (intuito de lucro).

Objeto material: deve a conduta típica recair sobre bens da massa falida ou de devedor em recuperação judicial.

Elemento subjetivo: é o dolo, caracterizado pela vontade livre e consciente de adquirir bens da massa falida ou de devedor em recuperação judicial, ou, em relação a eles, entrar em alguma especulação de lucro. Neste último caso, o intuito de lucro é inafastável.

Consumação: ocorre com a efetiva aquisição de bem da massa falida ou de devedor em recuperação judicial, ou com a concretização do negócio especulativo.

Tentativa: é admitida, já que fracionável o *iter criminis*.

Ação penal: é pública incondicionada.

9.11. Omissão dos documentos contábeis obrigatórios

> Art. 178. Deixar de elaborar, escriturar ou autenticar, antes ou depois da sentença que decretar a falência, conceder a recuperação judicial ou homologar o plano de recuperação extrajudicial, os documentos de escrituração contábil obrigatórios:
>
> Pena – detenção, de 1 (um) a 2 (dois) anos, e multa, se o fato não constitui crime mais grave.

Objetividade jurídica: os crimes falimentares têm em comum o mesmo objeto jurídico, que é justamente a proteção ao *crédito público*. Há, entretanto, conforme já referido em linhas anteriores, crimes falimentares impróprios, que podem ser praticados por pessoas diversas do devedor, em conexão com a falência ou com a recuperação judicial ou extrajudicial. Nesse caso, pode-se afirmar ser o crime falimentar pluriobjetivo, mesclando à proteção aos bens jurídicos fé pública, comércio e economia, administração da justiça, propriedade etc. No caso específico do crime em análise, a proteção legal recai sobre o patrimônio dos credores, afetado pela omissão do devedor ou falido.

Sujeito ativo: é o devedor ou falido. No caso de sociedade empresária, poderão ser agentes os sócios, diretores, gerentes, administradores e conselheiros, bem como o administrador judicial, por disposição expressa do art. 179 da lei falimentar.

Sujeito passivo: é o credor, eventualmente lesado pela omissão do sujeito ativo. Por se tratar de crime de perigo, também pode ser sujeito passivo a coletividade, o comércio em geral.

Conduta: vem representada pelo verbo "deixar" (largar, abandonar), indicando omissão e referindo-se à elaboração, escrituração ou autenticação dos documentos de escrituração contábil obrigatórios, assim definidos pela legislação própria, sendo, em geral, o Livro Diário e o Livro de Registro de Duplicatas. A respeito do assunto, merecem destaque as observações de Roberto Podval e Paula Kahan Mandel Hakim (*Crime falimentar na nova Lei de Falências*, disponível em www.fenacon.org.br): "Desde a década de 40, juristas e magistrados se voltaram contra a criminalização de 'administrativismos' da lavra do art. 186 do Decreto-lei n. 7.661/45 (deixar de levar os balanços à rubrica judicial). E qual não é a surpresa ao vermos a incriminação repetida na nova lei. É de se notar que continuamos carregando o peso da burocracia de nossos descobridores. Já passou da hora de abrandarmos essas regras que em nada contribuem para a seriedade das relações comerciais. Nos atreveríamos a dizer que o excesso de burocracia não só não contribui como atrapalha nosso desenvolvimento".

Elemento subjetivo: é o dolo. Embora, sob a égide da legislação anterior, comentando disposição semelhante estampada no art. 186, VI, parcela considerável da doutrina entendesse ser esse crime culposo, verdade é que, pela sistemática instituída pela nova Parte Geral do Código Penal (Lei n. 7.209/84), o crime culposo é excepcional em relação ao doloso, somente podendo ser punido quando expressamente previsto em lei (art. 18, parágrafo único). Assim, como a Lei de Falências e de Recuperação de Empresas não descreve nenhum crime culposo, segue-se que só há crimes falimentares dolosos, ainda que se admita, excepcionalmente, o dolo eventual.

Consumação: ocorre com a mera omissão do agente. Trata-se de crime de mera conduta, de perigo presumido (*vide* item 3, *supra*). É preciso ressaltar que a decretação da quebra ou a concessão de recuperação judicial ou extrajudicial é requisito concursal do crime em análise, uma vez que, ocorrendo a omissão do agente antes dela, devem os atos já estar consumados para a caracterização do ilícito.

Condição objetiva de punibilidade: segundo expressamente dispõe o art. 180 da Lei de Falências e de Recuperação de Empresas, a sentença que decreta a falência, concede a recuperação judicial ou extrajudicial é condição objetiva de punibilidade das infrações penais descritas na lei. Portanto, a chamada sentença declaratória de falência (que apresenta também caráter constitutivo) e a sentença que concede a recuperação judicial e extrajudicial concedem existência jurídica aos crimes falimentares, convertendo-se em condição objetiva de punibilidade. Logo, inexistente a sentença de quebra ou de concessão de recuperação judicial ou extrajudicial, a omissão na elaboração, escrituração ou autenticação dos documentos de escrituração contábil obrigatória torna-se atípica.

Tentativa: não se admite, uma vez que se trata de crime omissivo.

Ação penal: é pública incondicionada.

"Recurso em sentido estrito. COMPETÊNCIA CRIMINAL – Foro – Crime falimentar – Omissão dos documentos contábeis obrigatórios – Artigo 178 da Lei n. 11.101/2005 – Denúncia oferecida, declinada a competência para o Juízo Especial Criminal – Admissibilidade – Delito classificado como infração penal de menor potencial ofensivo – Competência Juízo Universal da Falência repelida – Remessa dos autos mantida – Recurso desprovido" (Recurso em Sentido Estrito n. 99009115764300 – São Paulo – Rel. Luiz Christiano Gomes dos Reis Kuntz – 7ª Câm. de Direito Criminal – 13-8-2009 – 14.046).

10. Efeitos da condenação

> Art. 181. São efeitos da condenação por crime previsto nesta Lei:
> I – a inabilitação para o exercício de atividade empresarial;

> II – o impedimento para o exercício de cargo ou função em conselho de administração, diretoria ou gerência das sociedades sujeitas a esta Lei;
>
> III – a impossibilidade de gerir empresa por mandato ou por gestão de negócio.
>
> § 1º Os efeitos de que trata este artigo não são automáticos, devendo ser motivadamente declarados na sentença, e perdurarão até 5 (cinco) anos após a extinção da punibilidade, podendo, contudo, cessar antes pela reabilitação penal.
>
> § 2º Transitada em julgado a sentença penal condenatória, será notificado o Registro Público de Empresas para que tome as medidas necessárias para impedir novo registro em nome dos inabilitados.

Em regra, a sentença penal condenatória acarreta um efeito principal, que é a imposição da pena, e efeitos secundários, que podem ser de natureza penal ou extrapenal.

No caso da condenação por crime falimentar, a Lei de Falências e de Recuperação de Empresas estabelece, no art. 181, três efeitos secundários, de natureza extrapenal, a saber:

a) a inabilitação para o exercício de atividade empresarial;

b) o impedimento para o exercício de cargo ou função em conselho de administração, diretoria ou gerência das sociedades sujeitas à lei;

c) a impossibilidade de gerir empresa por mandato ou por gestão de negócios.

Esclarece, entretanto, o § 1º do citado dispositivo que tais efeitos não são automáticos, devendo ser motivadamente declarados na sentença condenatória.

Ainda, tais efeitos perdurarão até 5 anos após a extinção da punibilidade, por qualquer razão, salvo se, antes disso, o condenado obtiver a reabilitação criminal (CP, arts. 93 a 95 e LEP, art. 202).

Outrossim, para dar efetividade a essa norma, determina o § 2º do artigo referido que, após o trânsito em julgado da sentença penal condenatória, será notificado o Registro Público de Empresas (Junta Comercial) para que tome as medidas necessárias para impedir novo registro em nome dos inabilitados.

Merece ser registrado que, na legislação anterior (Dec.-Lei n. 7.661/45) os efeitos da condenação por crime falimentar vinham tratados nos arts. 195 a 198.

11. Prescrição dos crimes falimentares

> Art. 182. A prescrição dos crimes previstos nesta Lei reger-se-á pelas disposições do Decreto-lei n. 2.848, de 7 de dezembro de 1940 – Código Penal, começando a correr do dia da decretação da falência, da concessão da recuperação judicial ou da homologação do plano de recuperação extrajudicial.
>
> Parágrafo único. A decretação da falência do devedor interrompe a prescrição cuja contagem tenha iniciado com a concessão da recuperação judicial ou com a homologação do plano de recuperação extrajudicial.

Contrariando a orientação anterior, em que a prescrição do crime falimentar, de acordo com o art. 199 do Decreto-Lei n. 7.661/45, se operava em 2 anos, começando o prazo a correr da data em que transitasse em julgado a sentença que encerrasse a falência ou que julgasse cumprida a concordata, a Lei de Falências e de Recuperação de Empresas, no art. 182, submeteu a prescrição de tais delitos às regras constantes do Código Penal, que trata da matéria nos arts. 109 a 119.

Assim, o crime falimentar não tem mais a prescrição operada em 2 anos, independentemente da pena privativa de liberdade cominada.

Na atual sistemática, a prescrição da pretensão punitiva do crime falimentar terá como base de cálculo o máximo da pena em concreto cominada ao delito, e a prescrição da pretensão executória será calculada tendo em vista a pena em concreto aplicada ao agente, aplicando-se o valor, em ambos os casos, à tabela do art. 109 do Código Penal.

O início do prazo prescricional do crime falimentar deverá ser contado do dia da decretação da falência, da concessão da recuperação judicial ou da homologação do plano de recuperação extrajudicial.

12. Procedimento do crime falimentar

12.1. Competência do juiz criminal

> Art. 183. Compete ao juiz criminal da jurisdição onde tenha sido decretada a falência, concedida a recuperação judicial ou homologado o plano de recuperação extrajudicial, conhecer da ação penal pelos crimes previstos nesta Lei.

A Lei de Falências e de Recuperação de Empresas, em seu art. 183, estabeleceu o juízo criminal da jurisdição onde tenha sido decretada a falência, concedida a recuperação judicial ou homologado o plano de recuperação extrajudicial como o competente para conhecer da ação penal.

Em São Paulo, entretanto, ainda sob a vigência do Decreto-Lei n. 7.661/45, por força do disposto no art. 15 da Lei n. 3.974/83 ("as ações por crime falimentar e as que lhe sejam conexas passam para a competência do respectivo juízo universal da falência"), foi atribuída ao juiz da falência (juízo cível) a competência para processar e sentenciar tais crimes, firmando-se a competência do juízo universal da falência para o julgamento dos crimes falimentares. Merece ser destacado que essa lei estadual constitui norma de organização judiciária, de simples divisão de competência, não ofendendo, assim, a Constituição Federal. Ainda, o Código Judiciário do Estado dispõe que a mesma competência firmada para a capital aplica-se no interior.

Portanto, sob a vigência da lei atual, tem-se entendido que, referindo-se ela ao "juiz criminal" da jurisdição onde tenha sido decretada a falência, foi retirada do "juízo universal da falência", que é de natureza extrapenal, a competência para o processo e julgamento dos delitos falimentares, sendo revogada a norma do art. 15 da Lei n. 3.974/83.

Essa posição é contestada, entretanto, por Fábio Ulhoa Coelho (*Comentários à nova Lei de Falências e de Recuperação de Empresas*, São Paulo: Saraiva, 2005, p. 412), para quem a norma do art. 183, "na verdade, é inconstitucional. Cabe à lei estadual de organização judiciária definir a competência para a ação penal por crimes falimentares. Na distribuição de competência que a Constituição estabelece, não é da União, mas sim dos Estados, a de estruturar os serviços judiciários, definindo que órgãos serão criados e com qual competência jurisdicional".

12.2. Ação penal

> Art. 184. Os crimes previstos nesta Lei são de ação penal pública incondicionada.
>
> Parágrafo único. Decorrido o prazo a que se refere o art. 187, § 1º, sem que o representante do Ministério Público ofereça denúncia, qualquer credor habilitado ou o administrador judicial poderá oferecer ação penal privada subsidiária da pública, observado o prazo decadencial de 6 (seis) meses.

A ação penal nos crimes falimentares é pública incondicionada, conforme disposição expressa do art. 184 da lei, sendo admitida também a ação penal privada subsidiária se o Ministério Público, no prazo legal, permanecer inerte.

O prazo para oferecimento da denúncia, no caso, segue a regra geral do Código de Processo Penal, sendo de 5 dias estando o réu preso e de 15 dias estando o réu solto ou afiançado. Entretanto, pode o Ministério Público, nesse último caso, decidir aguardar o relatório circunstanciado a que se refere o art. 186 da lei, devendo, em seguida, oferecer denúncia no prazo de 15 dias.

Na antiga Lei de Falências (Dec.-Lei n. 7.661/45), os arts. 103 e s. previam que a investigação do crime falimentar seria feita em juízo, por meio do inquérito judicial. Pela sistemática instituída pela lei, intimado da sentença que decreta a falência ou concede a recuperação judicial, o Ministério Público, verificando a ocorrência de crime falimentar, promoverá imediatamente a competente ação penal. Poderá o Ministério Público, ainda, se entender necessários maiores elementos para a formação da *opinio delicti*, requisitar a instauração de inquérito policial (art. 187, *caput*).

Até mesmo, em qualquer fase processual, surgindo indícios da prática de crime falimentar, o juiz da falência ou da recuperação judicial ou extrajudicial cientificará o Ministério Público, que tomará as medidas adequadas que o caso ensejar.

12.3. Procedimento judicial

> Art. 185. Recebida a denúncia ou a queixa, observar-se-á o rito previsto nos arts. 531 a 540 do Decreto-lei n. 3.689, de 3 de outubro de 1941 – Código de Processo Penal.
>
> Art. 186. No relatório previsto na alínea *e* do inciso III do *caput* do art. 22 desta Lei, o administrador judicial apresentará ao juiz da falência exposição circunstanciada, considerando as causas da falência, o procedimento do devedor, antes e depois da sentença, e outras informações detalhadas a respeito da conduta do devedor e de outros responsáveis, se houver, por atos que possam constituir crime relacionado com a recuperação judicial ou com a falência, ou outro delito conexo a estes.
>
> Parágrafo único. A exposição circunstanciada será instruída com laudo do contador encarregado do exame da escrituração do devedor.
>
> Art. 187. Intimado da sentença que decreta a falência ou concede a recuperação judicial, o Ministério Público, verificando a ocorrência de qualquer crime previsto nesta Lei, promoverá imediatamente a competente ação penal ou, se entender necessário, requisitará a abertura de inquérito policial.
>
> § 1º O prazo para oferecimento da denúncia regula-se pelo art. 46 do Decreto-lei n. 3.689, de 3 de outubro de 1941 – Código de Processo Penal, salvo se o Ministério Público, estando o réu solto ou afiançado, decidir aguardar a apresentação da exposição circunstanciada de que trata o art. 186 desta Lei, devendo, em seguida, oferecer a denúncia em 15 (quinze) dias.
>
> § 2º Em qualquer fase processual, surgindo indícios da prática dos crimes previstos nesta Lei, o juiz da falência ou da recuperação judicial ou da recuperação extrajudicial cientificará o Ministério Público.
>
> Art. 188. Aplicam-se subsidiariamente as disposições do Código de Processo Penal, no que não forem incompatíveis com esta Lei.

Estabelece o art. 185 da Lei de Falências e de Recuperação de Empresas que, recebida a denúncia ou queixa, deverá ser observado o rito processual estabelecido pelos arts. 531 a 540 do Código de Processo Penal.

Assim, o rito processual eleito pela lei era o do processo sumário, dos crimes apenados com detenção.

A Lei n. 11.719/2008 estabeleceu modificações sensíveis nos ritos processuais, trazendo, nos arts. 531 e s. as novas regras do procedimento sumário, que deverão ser observadas nos processos dos crimes falimentares.

Assim, oferecida a denúncia, o juiz, se não a rejeitar (art. 395 do CPP), recebê-la-á e ordenará a citação do acusado para responder à acusação, por escrito, no prazo de 10 (dez) dias. Nessa resposta à acusação, que é obrigatória, o acusado poderá arguir preliminares e alegar tudo o que interesse à sua defesa, oferecer documentos e justificações, especificar as provas pretendidas e arrolar testemunhas, qualificando-as e requerendo sua intimação, quando necessário. Após essa fase, o juiz deverá absolver sumariamente o acusado quando verificar: I – a existência manifesta de causa excludente da ilicitude do fato; II – a existência manifesta de causa excludente da culpabilidade do agente, salvo inimputabilidade; III – que o fato narrado evidentemente não constitui crime; ou IV – extinta a punibilidade do agente.

Não sendo o caso de absolvição sumária e já estando recebida a denúncia, o juiz designará dia e hora para a audiência, ordenando a intimação do acusado, de seu defensor e do Ministério Público.

Na audiência de instrução e julgamento, a ser realizada no prazo máximo de 30 (trinta) dias, proceder-se-á à inquirição das testemunhas arroladas pela acusação e pela defesa (no máximo 5), nesta ordem, bem como aos esclarecimentos dos peritos, às acareações e ao reconhecimento de pessoas e coisas, interrogando-se, em seguida, o acusado e procedendo-se, finalmente, ao debate oral. Em seguida, o juiz proferirá sentença.

12.4. Juizado Especial Criminal e os crimes falimentares

Dos crimes falimentares tipificados pela lei, o do art. 178 é punido com *detenção*, de 1 a 2 anos, e multa. Todos os demais são punidos com *reclusão*, de 2 a 4 anos, e multa, com exceção dos crimes dos arts. 168 e 176, para os quais o legislador estabeleceu pena de *reclusão*, de 3 a 6 anos, e multa, em relação ao primeiro, e de *reclusão*, de 1 a 4 anos, e multa, quanto ao último.

Portanto, caberá transação penal (art. 76 da Lei n. 9.099/95) apenas no crime de omissão dos documentos contábeis obrigatórios, previsto no art. 178 da lei, cabendo, ainda, suspensão condicional do processo (art. 89 da Lei n. 9.099/95) apenas no crime de exercício ilegal de atividade previsto no art. 176 do citado diploma.

15 Crimes Hediondos
Lei n. 8.072/90

1. Noção de crime hediondo

Art. 1º São considerados hediondos os seguintes crimes...:

I – homicídio (art. 121), quando praticado em atividade típica de grupo de extermínio, ainda que cometido por 1 (um) só agente, e homicídio qualificado (art. 121, § 2º, incisos I, II, III, IV, V, VII, VIII e IX);

I-A – lesão corporal dolosa de natureza gravíssima (art. 129, § 2º) e lesão corporal seguida de morte (art. 129, § 3º), quando praticadas contra autoridade ou agente descrito nos arts. 142 e 144 da Constituição Federal, integrantes do sistema prisional e da Força Nacional de Segurança Pública, no exercício da função ou em decorrência dela, ou contra seu cônjuge, companheiro ou parente consanguíneo até terceiro grau, em razão dessa condição;

I-B – feminicídio (art. 121-A);

II – roubo:

a) circunstanciado pela restrição de liberdade da vítima (art. 157, § 2º, inciso V);

b) circunstanciado pelo emprego de arma de fogo (art. 157, § 2º-A, inciso I) ou pelo emprego de arma de fogo de uso proibido ou restrito (art. 157, § 2º-B);

c) qualificado pelo resultado lesão corporal grave ou morte (art. 157, § 3º);

III – extorsão qualificada pela restrição da liberdade da vítima, ocorrência de lesão corporal ou morte (art. 158, § 3º);

IV – extorsão mediante sequestro e na forma qualificada (art. 159, *caput*, e §§ 1º, 2º e 3º);

V – estupro (art. 213, *caput* e §§ 1º e 2º);

VI – estupro de vulnerável (art. 217-A, *caput* e §§ 1º, 2º, 3º e 4º);

VII – epidemia com resultado morte (art. 267, § 1º);

VII-A – (VETADO);

VII-B – falsificação, corrupção, adulteração ou alteração de produto destinado a fins terapêuticos ou medicinais (art. 273, *caput* e § 1º, § 1º-A e § 1º-B, com a redação dada pela Lei n. 9.677, de 2 de julho de 1998);

VIII – favorecimento da prostituição ou de outra forma de exploração sexual de criança ou adolescente ou de vulnerável (art. 218-B, *caput*, e §§ 1º e 2º);

IX – furto qualificado pelo emprego de explosivo ou de artefato análogo que cause perigo comum (art. 155, § 4º-A).

X – induzimento, instigação ou auxílio a suicídio ou a automutilação realizados por meio da rede de computadores, de rede social ou transmitidos em tempo real (art. 122, *caput* e § 4º);

XI – sequestro e cárcere privado cometido contra menor de 18 (dezoito) anos (art. 148, § 1º, inciso IV);

XII – tráfico de pessoas cometido contra criança ou adolescente (art. 149-A, *caput*, incisos I a V, e § 1º, inciso II).

Parágrafo único. Consideram-se também hediondos, tentados ou consumados:

I – o crime de genocídio, previsto nos arts. 1º, 2º e 3º da Lei n. 2.889, de 1º de outubro de 1956;

II – o crime de posse ou porte ilegal de arma de fogo de uso proibido, previsto no art. 16 da Lei n. 10.826, de 22 de dezembro de 2003;

III – o crime de comércio ilegal de armas de fogo, previsto no art. 17 da Lei n. 10.826, de 22 de dezembro de 2003;

IV – o crime de tráfico internacional de arma de fogo, acessório ou munição, previsto no art. 18 da Lei n. 10.826, de 22 de dezembro de 2003;

V – o crime de organização criminosa, quando direcionado à prática de crime hediondo ou equiparado.

VI – os crimes previstos no Decreto-Lei n. 1.001, de 21 de outubro de 1969 (Código Penal Militar), que apresentem identidade com os crimes previstos no art. 1º desta Lei.

VII – os crimes previstos no § 1º do art. 240 e no art. 241-B da Lei n. 8.069, de 13 de julho de 1990 (Estatuto da Criança e do Adolescente).

O Brasil adotou o *critério legal*, estabelecendo taxativamente quais os crimes considerados hediondos e assemelhados na Lei n. 8.072/90.

Assim, são considerados hediondos:

a) homicídio simples (art. 121, *caput*), apenas quando praticado em atividade típica de grupo de extermínio, ainda que por um só agente;

b) homicídio qualificado (art. 121, § 2º, incisos I, II, III, IV, V, VII, VIII e IX);

c) lesão corporal dolosa de natureza gravíssima (art. 129, § 2º) e lesão corporal seguida de morte (art. 129, § 3º), quando praticadas contra autoridade ou agente descrito nos arts. 142 e 144 da Constituição Federal, integrantes do sistema prisional e da Força Nacional de Segurança Pública, no exercício da função ou em decorrência dela, ou contra seu cônjuge, companheiro ou parente consanguíneo até terceiro grau, em razão dessa condição;

d) feminicídio (art. 121-A);

e) roubo circunstanciado pela restrição de liberdade da vítima (art. 157, § 2º, inciso V);

f) roubo circunstanciado pelo emprego de arma de fogo (art. 157, § 2º-A, inciso I) ou pelo emprego de arma de fogo de uso proibido ou restrito (art. 157, § 2º-B);

g) roubo qualificado pelo resultado lesão corporal grave ou morte (art. 157, § 3º);

h) extorsão qualificada pela restrição da liberdade da vítima, ocorrência de lesão corporal ou morte (art. 158, § 3º);

i) extorsão mediante sequestro e na forma qualificada (art. 159, *caput*, e §§ 1º, 2º e 3º);

j) estupro (art. 213, *caput* e §§ 1º e 2º);

k) estupro de vulnerável (art. 217-A, *caput* e §§ 1º, 2º, 3º e 4º);

l) epidemia com resultado morte (art. 267, § 1º);

m) falsificação, corrupção, adulteração ou alteração de produto destinado a fins terapêuticos ou medicinais (art. 273, *caput* e § 1º, § 1º-A e § 1º-B, com a redação dada pela Lei n. 9.677, de 2 de julho de 1998);

n) favorecimento da prostituição ou de outra forma de exploração sexual de criança ou adolescente ou de vulnerável (art. 218-B, *caput*, e §§ 1º e 2º);

o) furto qualificado pelo emprego de explosivo ou de artefato análogo que cause perigo comum (art. 155, § 4º-A);

p) induzimento, instigação ou auxílio a suicídio ou a automutilação realizados por meio da rede de computadores, de rede social ou transmitidos em tempo real (art. 122, *caput* e § 4º);

q) sequestro e cárcere privado cometido contra menor de 18 (dezoito) anos (art. 148, § 1º, inciso IV);

r) tráfico de pessoas cometido contra criança ou adolescente (art. 149-A, *caput*, incisos I a V, e § 1º, inciso II);

s) genocídio, previsto nos arts. 1º, 2º e 3º da Lei n. 2.889, de 1º de outubro de 1956;

t) posse ou porte ilegal de arma de fogo de uso proibido, previsto no art. 16 da Lei n. 10.826, de 22 de dezembro de 2003;

u) comércio ilegal de armas de fogo, previsto no art. 17 da Lei n. 10.826, de 22 de dezembro de 2003;

v) tráfico internacional de arma de fogo, acessório ou munição, previsto no art. 18 da Lei n. 10.826, de 22 de dezembro de 2003;

x) organização criminosa, quando direcionado à prática de crime hediondo ou equiparado;

y) os crimes previstos no Decreto-Lei n. 1.001, de 21 de outubro de 1969 (Código Penal Militar), que apresentem identidade com os crimes previstos no art. 1º da Lei;

z) os crimes previstos no § 1º do art. 240 e no art. 241-B da Lei n. 8.069, de 13 de julho de 1990 (Estatuto da Criança e do Adolescente).

No art. 2º, a lei menciona outros delitos igualmente graves, que recebem o mesmo tratamento dos já mencionados, e que são denominados crimes assemelhados (ou equiparados) a hediondos. São eles:

a) tortura (Lei n. 9.455/97);

b) tráfico ilícito de entorpecentes e drogas afins (Lei n. 11.343/2006);

c) terrorismo (Lei n. 13.260/2016).

Vale mencionar que o art. 394-A do Código de Processo Penal, acrescentado pela Lei n. 13.285/2016, dispõe que "Os processos que apurem a prática de crime hediondo terão prioridade de tramitação em todas as instâncias".

2. Anistia, graça e indulto

Os crimes hediondos e assemelhados são insuscetíveis de *anistia*, *graça* e *indulto*, de acordo com o disposto no art. 2º, I, da lei

Anistia é o esquecimento jurídico de uma ou mais infrações penais. Segundo o disposto no art. 48, VIII, da Constituição Federal, a concessão de *anistia* é atribuição do Congresso Nacional, que a promove por meio de lei penal de efeito retroativo. A *anistia* pode alcançar várias pessoas, pois se refere a fatos, extinguindo a punibilidade do crime, que deixa de existir, assim como os demais efeitos de natureza penal. Anistiado o crime, o sujeito, se cometer novo delito, não será considerado reincidente.

A *graça* é a *concessão de clemência*, de perdão ao criminoso pelo Presidente da República, nos termos do art. 84, XII, da Constituição Federal, feita mediante decreto. A *graça* é *sempre individual*, ou seja, concedida a um sujeito determinado, e deve, nos termos do art. 188 da Lei de Execução Penal, ser solicitada por petição do condenado, por iniciativa do Ministério Público, do Conselho

Penitenciário ou da autoridade administrativa. O *pedido de graça* será sempre submetido à apreciação do Conselho Penitenciário, por exigência do art. 189 da Lei de Execução Penal. *Graça* é sinônimo de *indulto individual*.

Indulto (ou *indulto coletivo*) também representa uma clemência, um perdão concedido pelo Presidente da República por meio de decreto. O *indulto* tem caráter de generalidade, ou seja, abrange várias pessoas, referindo-se a fatos, e pode ser concedido sem qualquer requerimento. A Constituição Federal, no art. 5º, XLIII, estabelece apenas vedação de graça e anistia aos crimes hediondos e assemelhados, silenciando acerca do indulto. O Supremo Tribunal Federal, entretanto, em diversos precedentes, vem entendendo que a vedação ao indulto decorre diretamente da vedação constitucional à graça, sendo ambos os institutos espécies de clemência soberana concedida pelo Presidente da República.

Nesse sentido: STF Pleno – HC 90.364/MG – Rel. Min. Ricardo Lawandowski – *DJe* 29-11-2007.

Jurisprudência:

"AGRAVO REGIMENTAL NO RECURSO ORDINÁRIO EM *HABEAS CORPUS*. IMPOSSIBILIDADE DE CONCESSÃO DE INDULTO AOS CONDENADOS POR CRIMES HEDIONDOS, DE TORTURA, TERRORISMO OU TRÁFICO ILÍCITO DE ENTORPECENTES E DROGAS AFINS. AGRAVO A QUE SE NEGA SEGUIMENTO. I – No julgamento da ADI 2.795-MC, de relatoria do Ministro Maurício Corrêa, o Plenário deste Supremo Tribunal assentou revelar-se '[...] inconstitucional a possibilidade de que o indulto seja concedido aos condenados por crimes hediondos, de tortura, terrorismo ou tráfico ilícito de entorpecentes e drogas afins, independentemente do lapso temporal da condenação'. II – Agravo a que se nega provimento" (STF – RHC 176673 AgR/SP – Rel. Min. Ricardo Lewandowski – 2ª Turma – *DJe* 28-2-2020).

3. Fiança e liberdade provisória

Os crimes hediondos e assemelhados são insuscetíveis de *fiança*, conforme o disposto no art. 2º, II, da Lei n. 8.072/90.

Entretanto, referido dispositivo incluía, ainda, na sua redação originária, a proibição de liberdade provisória a tais crimes, instalando, por anos, instigante dissídio doutrinário e jurisprudencial que cessou com a edição da Lei n. 11.464/2007, que modificou a redação do citado inciso, suprimindo o termo "liberdade provisória", e possibilitando, portanto, a concessão desse benefício aos crimes hediondos e assemelhados.

Efetivamente, com a nova redação legal, os crimes hediondos e assemelhados permaneceram insuscetíveis de fiança, nada impedindo, por consequência, segundo nosso entendimento, a concessão de liberdade provisória sem fiança.

Atualmente, o Supremo Tribunal Federal tem entendido que o fato de ser um crime considerado hediondo ou assemelhado não impede a concessão de liberdade provisória, devendo o juiz avaliar, à luz do caso concreto, a viabilidade de concessão do benefício, sempre atento à imprescindibilidade da manutenção da custódia cautelar, segundo os requisitos dos arts. 312 e 313 do Código de Processo Penal.

É bom ressaltar que o panorama apresentado não sofreu modificação com a vigência da Lei n. 12.403/2011, que alterou o art. 323 do Código de Processo Penal, vedando expressamente, no inciso II, a concessão de fiança nos crimes de tortura, tráfico ilícito de entorpecentes e drogas afins, terrorismo e nos definidos como crimes hediondos.

4. Fiança e liberdade provisória em tráfico de drogas

Com a alteração da Lei dos Crimes Hediondos, introduzida pela Lei n. 11.464, de 28 de março de 2007, surgiu o entendimento de que os crimes hediondos e assemelhados, entre eles o de tráfico, passaram a comportar a concessão de liberdade provisória sem fiança (art. 2º, II), sendo alterado, por consequência, o teor do art. 44 da Lei de Drogas. Essa é a nossa posição.

No julgamento do HC 104.339/SP, entretanto, o pleno do Supremo Tribunal Federal, em 10 de maio de 2012 (*DJe* 5-12-2012), por maioria de votos, declarou, *incidenter tantum*, a inconstitucionalidade da expressão "e liberdade provisória", constante do *caput* do art. 44 da Lei n. 11.343/2006, afirmando a necessidade de ser a custódia cautelar analisada à luz do disposto no art. 312 do Código de Processo Penal.

Após essa decisão, o Supremo Tribunal Federal vem seguindo, em regra, essa orientação, o mesmo ocorrendo com o Superior Tribunal de Justiça.

A propósito, a mesma inconstitucionalidade foi reconhecida na Repercussão Geral no Recurso Extraordinário RE 1038925 RG/SP, em que o Tribunal Pleno, em 18 de agosto de 2017, firmou a seguinte Tese: "É inconstitucional a expressão 'e liberdade provisória', constante do *caput* do artigo 44 da Lei 11.343/2006".

5. Regime inicialmente fechado

A pena aplicada em razão da prática de crimes hediondos e assemelhados, segundo a redação originária da Lei n. 8.072/90, deveria ser cumprida integralmente em *regime fechado*, vedando-se qualquer espécie de progressão. Essa previsão, tal como ocorreu com outros dispositivos legais, instalou interessante celeuma doutrinária e jurisprudencial, que havia sido, de certo modo, pacificada, com decisão do Supremo Tribunal Federal entendendo pela inconstitucionalidade do dispositivo.

Efetivamente, em polêmica decisão proferida em 26-2-2006, por seis votos a cinco, o Plenário do Supremo Tribunal Federal reconheceu a inconstitucionalidade do § 1º do art. 2º da Lei n. 8.072/90 que proibia a progressão de regime de cumprimento de pena nos crimes hediondos e assemelhados ao impor o regime integralmente fechado. A questão foi decidida no *Habeas Corpus* n. 82.959, de São Paulo, em que o réu foi condenado a 12 anos e 3 meses de reclusão pelo crime de atentado violento ao pudor.

Assim, o Supremo Tribunal Federal afastou a combatida proibição da progressão do regime de cumprimento da pena aos réus condenados pela prática de crimes hediondos e assemelhados, cabendo ao juiz da execução penal, segundo o Plenário, analisar os pedidos de progressão, considerando o comportamento de cada apenado – o que caracteriza a individualização da pena.

Ocorre que, no ano seguinte, a Lei n. 11.464, de 28 de março de 2007, alterou, nesse mister, a Lei n. 8.072/90, prevendo expressamente no § 1º do art. 2º que "a pena por crime previsto neste artigo será cumprida inicialmente em regime fechado", permitindo, por consequência, a progressão de regime.

Com a declaração, pelo Supremo Tribunal Federal, da inconstitucionalidade do art. 2º, § 1º, em sua redação originária, que impunha o regime integralmente fechado, passou a ser admitida a progressão de regime de cumprimento de pena, para os crimes hediondos e assemelhados, de acordo com as disposições constantes do art. 112 da Lei n. 7.210/84 (Lei de Execução Penal), ou seja, cumprindo-se os requisitos exigidos na época, que eram: requisito objetivo-temporal (de ao menos 1/6 da pena no regime anterior) e o requisito subjetivo (bom comportamento carcerário).

Segundo o disposto no art. 2º, § 2º, da Lei n. 8.072/90, com a nova redação dada pela Lei n. 11.464/2007, a progressão de regime em crimes hediondos e assemelhados se daria após o cumprimento de 2/5 (dois quintos) da pena, se o apenado for primário, e de 3/5 (três quintos) da pena, se reincidente, cuidando-se, portanto, de *novatio legis in pejus* em relação à forma de progressão anterior, cuja aplicação estaria restrita aos fatos praticados posteriormente à sua vigência.

Em razão disso, o Superior Tribunal de Justiça editou a Súmula 471, do seguinte teor: "Os condenados por crimes hediondos ou assemelhados cometidos antes da vigência da Lei n. 11.464/2007 sujeitam-se ao disposto no art. 112 da Lei n. 7.210/1984 (Lei de Execução Penal) para a progressão de regime prisional".

Entretanto, posteriormente, veio o Supremo Tribunal Federal a se debruçar sobre a eventual inconstitucionalidade da imposição de regime inicial fechado aos crimes hediondos e assemelhados, por força da nova redação do art. 2º, § 1º, da Lei dos Crimes Hediondos, dada pela citada Lei n. 11.464/2007.

Assim é que, em sede de repercussão geral, com reafirmação de jurisprudência, o Supremo Tribunal Federal, por maioria, no julgamento do Recurso Extraordinário com Agravo 1.052.700/MG, da relatoria do Min. Edson Fachin, fixou a seguinte tese: "É inconstitucional a fixação *ex lege*, com base no art. 2º, § 1º, da Lei 8.072/1990, do regime inicial fechado, devendo o julgador, quando da condenação, ater-se aos parâmetros previstos no artigo 33 do Código Penal" (Tese de Repercussão Geral fixada no Tema 972/STF).

Portanto, em suma, em crimes hediondos e assemelhados a fixação do regime inicial de cumprimento de pena deve seguir os parâmetros comuns do art. 33 do Código Penal, sem nenhuma diferença em relação aos crimes comuns.

Essa é também a posição do Superior Tribunal de Justiça, que firmou o mesmo entendimento do Supremo Tribunal Federal de que está superada a obrigatoriedade de início do cumprimento de pena no regime fechado aos condenados por crimes hediondos ou a eles equiparados. Nesse sentido:

"AGRAVO REGIMENTAL NO *HABEAS CORPUS*. PROCESSUAL PENAL. CRIME DE TORTURA. PENA ESTABELECIDA INFERIOR A 4 (QUATRO) ANOS DE RECLUSÃO. CIRCUNSTÂNCIAS JUDICIAIS FAVORÁVEIS. PRIMARIEDADE. IMPOSIÇÃO DO REGIME MAIS GRAVOSO. POSSIBILIDADE. EXISTÊNCIA DE CIRCUNSTÂNCIAS CONCRETAS QUE DENOTAM GRAVIDADE DO CRIME. FIXAÇÃO DO REGIME INICIAL SEMIABERTO. RECURSO DESPROVIDO. 1. O Plenário do Supremo Tribunal Federal, ao julgar o HC n. 111.840/ES, afastou a obrigatoriedade do regime inicial fechado para os condenados por crimes hediondos e equiparados, devendo-se observar, também nesses crimes, o disposto no art. 33, c.c. o art. 59, ambos do Código Penal, e as Súmulas n. 440/STJ, 718/STF e 719/STF. 2. Na hipótese, apesar de fixada a pena-base no mínimo legal, a Corte de origem manteve o regime inicial fechado com base em circunstâncias concretas do crime. Contudo, tratando-se de Réus primários, com pena definitiva inferior a 4 (quatro) anos, revela-se adequada a fixação do regime inicial semiaberto. 3. Agravo regimental desprovido" (AgRg no HC 664.171/SP – Rel. Min. Laurita Vaz – 6ª Turma, *DJe* 27-9-2021).

Merece destacar que a Lei n. 13.769/2018 deu nova redação ao § 2º do art. 2º da Lei n. 8.072/90, assim dispondo: "§ 2º A progressão de regime, no caso dos condenados pelos crimes previstos neste artigo, dar-se-á após o cumprimento de 2/5 (dois quintos) da pena, se o apenado for primário, e de 3/5 (três quintos), se reincidente, observado o disposto nos §§ 3º e 4º do art. 112 da Lei n. 7.210, de 11 de julho de 1984 (Lei de Execução Penal)". Esse § 2º, entretanto, foi revogado expressamente pela Lei n. 13.964/2019 (Lei Anticrime), que fixou novos parâmetros objetivos para a progressão de regime, cuidando, inclusive, dos crimes hediondos e assemelhados.

Mesmo com a vigência da Lei n. 13.964/2019 (Lei Anticrime), que alterou parte da redação do art. 112 da Lei n. 7.210/84 (Lei de Execução Penal), não houve alteração dos §§ 3º e 4º desse dispositivo, que permaneceram íntegros.

Os §§ 3º e 4º do art. 112 da LEP estabelecem a figura da progressão especial, para mulher gestante ou que for mãe ou responsável por crianças ou pessoas com deficiência. Nesse caso, os requisitos para a progressão de regime são, cumulativamente:

I – não ter cometido crime com violência ou grave ameaça a pessoa;

II – não ter cometido o crime contra seu filho ou dependente;

III – ter cumprido ao menos 1/8 (um oitavo) da pena no regime anterior;

IV – ser primária e ter bom comportamento carcerário, comprovado pelo diretor do estabelecimento;

V – não ter integrado organização criminosa.

Portanto, ainda que a mulher gestante ou que for mãe ou responsável por crianças ou pessoas com deficiência pratique crime hediondo ou assemelhado, estará sujeita à progressão especial, desde que atendidos os requisitos do § 3º do art. 112 da LEP. Neste caso, mesmo em caso de crime hediondo ou assemelhado, a progressão se dará após o cumprimento de, no mínimo, 1/8 da pena no regime anterior.

6. Suspensão condicional da pena em crimes hediondos

A concessão de *sursis* aos crimes hediondos e assemelhados veio sendo, com o passar do tempo, vedada pelo Supremo Tribunal Federal, sob os argumentos da gravidade dos delitos dessa natureza e da obrigatoriedade legal de cumprimento da pena privativa de liberdade integralmente em regime fechado.

Entretanto, com a alteração instituída pela Lei n. 11.464/2007, que admitiu a progressão de regime em crimes hediondos e assemelhados, a possibilidade de concessão de *sursis* voltou à baila, ensejando o argumento de que não mais se justifica a vedação jurisprudencial em face da modernização legislativa.

Conforme anotado no item 5 *supra*, a fixação do regime inicial de cumprimento de pena deve seguir os parâmetros comuns do art. 33 do Código Penal, sem nenhuma diferença em relação aos crimes comuns, daí por que não mais se justifica a restrição à concessão de suspensão condicional da pena em crimes hediondos e assemelhados, inclusive o tráfico de drogas.

7. Penas restritivas de direitos em crimes hediondos

É controvertida na doutrina e na jurisprudência a possibilidade de substituição da pena privativa de liberdade imposta em crime hediondo ou assemelhado por pena restritiva de direitos.

Com a declaração incidental, pelo Supremo Tribunal Federal, por maioria de votos, no julgamento do HC 97.256/RS, de inconstitucionalidade da vedação de conversão de pena privativa de liberdade em pena restritiva de direitos, no caso de tráfico de drogas, constante dos arts. 33, § 4º, e 44 da Lei n. 11.343/2006, o Senado Federal editou a seguinte resolução:

"**RESOLUÇÃO n. 5, de 2012, do Senado Federal.**

Suspende, nos termos do art. 52, inciso X, da Constituição Federal, a execução de parte do § 4º do art. 33 da Lei n. 11.343, de 23 de agosto de 2006.

O Senado Federal resolve:

Art. 1º É suspensa a execução da expressão **'vedada a conversão em penas restritivas de direitos'** do § 4º do art. 33 da Lei n. 11.343, de 23 de agosto de 2006, declarada inconstitucional por decisão definitiva do Supremo Tribunal Federal nos autos do *Habeas Corpus* n. 97.256/RS.

Art. 2º Esta Resolução entra em vigor na data de sua publicação.

Senado Federal, em 15 de fevereiro de 2012.

Senador JOSÉ SARNEY

Presidente do Senado Federal".

Diante disso, e também do disposto no § 5º do art. 112 da Lei n. 7.210/84 ("§ 5º Não se considera hediondo ou equiparado, para os fins deste artigo, o crime de tráfico de drogas previsto no § 4º do art. 33 da Lei n. 11.343, de 23 de agosto de 2006."), é perfeitamente possível a conversão da pena privativa de liberdade em pena restritiva de direitos no caso de tráfico privilegiado. Em consequência, entendemos que não mais se justifica qualquer restrição a que essa possibilidade seja estendida aos demais crimes hediondos e assemelhados.

Assim, preenchidos os requisitos do art. 44 do Código Penal, é perfeitamente possível a substituição da pena privativa de liberdade por pena restritiva de direitos nos crimes hediondos e assemelhados.

8. Recolhimento à prisão para apelar

Dispõe o § 3º do art. 2º da Lei dos Crimes Hediondos que em caso de sentença condenatória o juiz decidirá fundamentadamente se o réu poderá apelar em liberdade.

Entretanto, e principalmente após a reforma processual penal instituída pela Lei n. 11.719/2008, que aboliu a prisão em razão de sentença condenatória recorrível, o juiz, na sentença condenatória, deve decidir, fundamentadamente, sobre a manutenção ou, se for o caso, imposição de prisão preventiva, sem prejuízo do conhecimento da apelação que vier a ser interposta.

Ademais, o Supremo Tribunal Federal, no julgamento do HC 87.585/TO (Rel. Min. Marco Aurélio – *DJe* 25-6-2009) passou a considerar que os tratados internacionais de direitos humanos têm *status normativo supralegal,* se sobrepondo à legislação infraconstitucional. Nesse caso, o Pacto de São José da Costa Rica, ao prever expressamente a garantia do duplo grau de jurisdição, sem qualquer subordinação à prisão do acusado, se sobrepõe ao § 3º do art. 2º da Lei dos Crimes Hediondos.

Assim, a orientação mais moderna é no sentido de que não há obrigatoriedade do recolhimento do réu à prisão para apelar, nem tampouco a sentença condenatória implica automaticamente em prisão, devendo o juiz, em decisão fundamentada, manifestar-se expressamente sobre a manutenção ou não da custódia cautelar, fazendo-o à luz dos requisitos cautelares do art. 312 do Código de Processo Penal.

9. Prisão temporária em crimes hediondos

A duração da prisão temporária, nos crimes hediondos e assemelhados, é de 30 dias, com possibilidade de prorrogação por mais 30 dias.

Essa já era a disposição originária da Lei n. 8.072/90, confirmada pela Lei n. 11.464/2007, dispondo, no § 4º do art. 2º, que "a prisão temporária, sobre a qual dispõe a Lei n. 7.960, de 21 de dezembro de 1989, nos crimes previstos neste artigo, terá o prazo de 30 (trinta) dias, prorrogável por igual período em caso de extrema e comprovada necessidade".

Jurisprudência:

"AGRAVO REGIMENTAL EM *HABEAS CORPUS*. TRÁFICO DE DROGAS. PRISÃO TEMPORÁRIA. PACIENTE APONTADO, EM TESE, COMO FORNECEDOR, DESTRUIU UM APARELHO CELULAR AO NOTAR A PRESENÇA DOS POLICIAIS. AUSÊNCIA DE FLAGRANTE ILEGALIDADE. AGRAVO REGIMENTAL DESPROVIDO. 1. É firme o entendimento de que a 'prisão temporária tem como objetivo assegurar a investigação criminal quando estiverem sendo apurados crimes graves expressamente elencados na lei de regência e houver fundado receio de que os investigados – sobre quem devem pairar fortes indícios de autoria – possam tentar embaraçar a atuação estatal.' (RHC 144.813/BA, Rel. Ministro Antonio Saldanha Palheiro, Sexta Turma, julgado em 24-8-2021, *DJe* 31-8-2021). 2. No caso, o Relator da ação originária destacou que a prisão temporária foi embasada na imprescindibilidade da medida para a conclusão das investigações, destacando que o paciente apontado, em tese, como fornecedor, destruiu um aparelho celular ao notar a presença dos policiais. 3. Agravo regimental a que se nega provimento" (STJ – AgRg no HC 712737/SP – Rel. Min. Reynaldo Soares da Fonseca – 5ª Turma – *DJe* 15-2-2022).

10. Estabelecimento prisional de segurança máxima

Os condenados por crimes hediondos e assemelhados deverão cumprir pena em estabelecimentos penais de segurança máxima. De acordo com o disposto no art. 3º da Lei, a União manterá estabelecimentos penais, de segurança máxima, destinados ao cumprimento de penas impostas a condenados de alta periculosidade, cuja permanência em presídios estaduais ponha em risco a ordem ou incolumidade pública.

11. Livramento condicional em crimes hediondos

O livramento condicional, para os crimes hediondos e assemelhados, somente poderá ser concedido se houver o preenchimento dos requisitos genéricos do art. 83 do Código Penal (com a redação dada pela Lei n. 13.964/2019 – Lei Anticrime), além de dois requisitos específicos, impostos pela Lei n. 8.072/90: a) cumprimento de mais de dois terços da pena,; b) ausência de reincidência específica por parte do apenado.

Vale destacar que a Lei n. 13.964/2019 (Lei Anticrime), ao conferir nova redação ao art. 112 da Lei n. 7.210/84 (Lei de Execução Penal), estabeleceu duas novas restrições ao livramento condicional em crimes hediondos e assemelhados:

a) condenado pela prática de crime hediondo ou equiparado, com resultado morte, ainda que seja primário (art. 112, VI, *a*);

b) apenado reincidente em crime hediondo ou equiparado com resultado morte (art. 112, VIII).

Jurisprudência:

"EXECUÇÃO PENAL. AGRAVO REGIMENTAL NO *HABEAS CORPUS*. CONDENAÇÃO PELA PRÁTICA DE CRIME HEDIONDO OU EQUIPARADO. LEI N. 13.964/2019 (PACOTE ANTICRIME). NOVA REDAÇÃO DO ART. 112 DA LEP. VEDAÇÃO AO LIVRAMENTO CONDICIONAL E SAÍDA TEMPORÁRIA. INTERPRETAÇÃO SISTEMÁTICA. ART. 83, V, DO CÓDIGO PENAL, VIGENTE. COMBINAÇÃO DE LEIS. INOCORRÊNCIA. TESE FIRMADA EM RECURSO ESPECIAL REPETITIVO. AGRAVO REGIMENTAL DESPROVIDO. 1. A Terceira Seção desta Corte, por ocasião do julgamento do REsp 1.910.240/MG – representativo de controvérsia, fixou a seguinte tese (tema 1.084): 'É reconhecida a retroatividade do patamar estabelecido no art. 112, V, da Lei n. 13.964/2019, àqueles apenados que, embora tenham cometido crime hediondo ou equiparado sem resultado morte, não sejam reincidentes em delito de natureza semelhante' (relator Ministro Rogerio Schietti Cruz, *DJe* de 31-5-2021). 2. Havendo o resultado morte, a jurisprudência sedimentou o entendimento de que se aplica o disposto na alínea *a* do mencionado dispositivo, o qual indica o patamar de 50% para progressão de regime 3. Quanto à tese de que o Pacote Anticrime seria prejudicial ao apenado por vedar livramento condicional e saídas temporárias, o Superior Tribunal de Justiça firmou entendimento segundo o qual os benefícios podem ser pleiteados nos termos do art. 83, inciso V, do Código Penal. Precedentes. 3. Agravo regimental desprovido" (STJ – AgRg nos EDcl no HC 695760 SC – Rel. Min. Antonio Saldanha Palheiro – 6ª Turma – *DJe* 18-8-2022).

> "AGRAVO REGIMENTAL NO *HABEAS CORPUS*. EXECUÇÃO PENAL. PROGRESSÃO DE REGIME. CRIME HEDIONDO COM RESULTADO MORTE. REINCIDÊNCIA GENÉRICA. LEI N. 13.964/2019 (PACOTE ANTICRIME). APLICAÇÃO DO PERCENTUAL DE 50% (CINQUENTA POR CENTO). AGRAVO REGIMENTAL DESPROVIDO. 1. De acordo com a jurisprudência desta Corte Superior de Justiça, 'não há por que vedar a aplicação da retroatividade no tocante à fração para progressão de regime, em razão da vedação do livramento condicional, porque não há combinação de leis, uma vez que este instituto estava há época regulamentado materialmente em lei diversa da lei que dispunha sobre a progressão de regime. Portanto, não haveria a criação de uma terceira lei, nem se violaria a vontade do Poder Legislativo, porque o diploma legislativo que delibera sobre as regras do livramento condicional para o condenado em crime hediondo com resultado morte é o Código Penal alterado pela Lei 7.209/1984 e pela Lei 13.344/2016 que permanece em plena vigência, e não a Lei 7.210/1984 e a Lei 8.072/1990, como no caso da progressão de regime, as quais eram vigentes na data do delito' (AgRg nos Edcl no HC n. 689.031/SC, relator o Ministro Reynaldo Soares da Fonseca, Quinta Turma, *DJe* 19-11-2021). 2. Aliás, de acordo com o mencionado julgado, 'revela-se possível aplicação retroativa do art. 112, VI, *a*, da LEP aos condenados por crime hediondo ou equiparado com resultado morte que sejam primários ou reincidentes não específicos, sem que tal retroação implique em imposição concomitante de sanção mais gravosa ao apenado, tendo em vista que, em uma interpretação sistemática, a vedação de concessão de livramento condicional prevista na parte final do dispositivo somente atingiria o período previsto para a progressão de regime, não impedindo posterior pleito com fundamento no art. 83, V, do CP'. 3. No caso dos autos, o agente foi condenado por homicídio qualificado – delito equiparado a hediondo –, e a condenação anterior se deu por furto (e-STJ fl. 27). Assim, tendo o paciente sido condenado por crime hediondo, com resultado morte, ainda que reincidente (mas não sendo reincidente específico), deve ele cumprir 50% (cinquenta por cento) da pena, tal como previsto no art. 112, VI, *a*, da Lei de Execução Penal (redação dada pela Lei n. 13.964/2019). 4. Agravo regimental desprovido" (STJ – AgRg no HC 664742/SC – Rel. Min. Antonio Saldanha Palheiro – 6ª Turma – *DJe* 24-6-2022).

12. Associação criminosa para a prática de crimes hediondos

De acordo com o art. 8º da Lei n. 8.072/90,

> Será de 3 (três) a 6 (seis) anos de reclusão a pena prevista no art. 288 do Código Penal, quando se tratar de crimes hediondos, prática da tortura, tráfico ilícito de entorpecentes e drogas afins ou terrorismo.

Temos, no ordenamento jurídico brasileiro, três espécies de *associação criminosa*:

a) *associação criminosa* genérica, prevista no art. 288 do Código Penal, com a nova redação dada pela Lei n. 12.850/2013;

b) *associação criminosa* específica para a prática de crimes hediondos ou assemelhados, prevista no art. 8º da Lei n. 8.072/90;

c) *associação criminosa* específica para a prática de tráfico ilícito de entorpecentes e drogas afins (duas ou mais pessoas), prevista nos arts. 35 e 36, ambos da Lei n. 11.343/2006. Nesse caso, o crime recebe o nome de *associação criminosa para o tráfico*, sendo certo que a definição típica da Lei de Drogas deve prevalecer, por ser ela mais recente e específica, com a pena de 3 a 10 anos de reclusão, e pagamento de 700 a 1.200 dias-multa.

Portanto, o disposto no art. 8º da Lei dos Crimes Hediondos se encontra em pleno vigor.

13. Delação premiada

A Lei n. 8.072/90 prevê, ainda, a *delação premiada*, atualmente denominada colaboração premiada, para o crime de associação criminosa (anteriormente denominado bando ou quadrilha) envolvendo crimes hediondos ou assemelhados.

Dispõe o parágrafo único do art. 8º:

> O participante e o associado que denunciar à autoridade o bando ou quadrilha, possibilitando seu desmantelamento, terá a pena reduzida de 1 (um) a 2/3 (dois terços).

Essa causa de redução de pena somente se aplica ao crime de associação criminosa (anteriormente denominado bando ou quadrilha) para a prática de crimes hediondos e assemelhados, ou seja, o disposto no referido parágrafo único se aplica somente ao *caput* do art. 8º e não ao tipo penal básico do art. 288 do Código Penal.

Vale ressaltar que essa modalidade de delação premiada continua em vigor, não obstante tenha a Lei n. 12.850/2013 (com a redação dada pela Lei n. 13.964/2019 – Lei Anticrime) dado novo tratamento a esse instituto, denominando-o *colaboração premiada*, nos arts. 3º-A a 7º, aplicável somente às infrações penais praticadas por organizações criminosas.

14. Causas especiais de aumento de pena

> Art. 9º As penas fixadas no art. 6º para os crimes capitulados nos arts. 157, § 3º, 158, § 2º, 159, *caput* e seus §§ 1º, 2º e 3º, 213, *caput*, e sua combinação com o art. 223, *caput* e parágrafo único, 214 e sua combinação com o art. 223, *caput* e parágrafo único, todos do Código Penal, são acrescidas de metade, respeitado o limite superior de 30 (trinta) anos de reclusão, estando a vítima em qualquer das hipóteses referidas no art. 224 também do Código Penal.

O art. 9º da Lei n. 8.072/90 prevê a incidência de causas especiais de aumento de pena, previstas no art. 224 do Código Penal, especificamente para os crimes que aponta. Com a revogação do citado art. 224, discute-se se teria havido ou não a revogação tácita do art. 9º da Lei dos Crimes Hediondos. A nosso ver, diante da revogação expressa do art. 224, estando as hipóteses antes consideradas de violência presumida integradas nos crimes contra a dignidade sexual praticados contra vulneráveis, inclusive com resultado lesão grave ou morte, não tem mais aplicação o dispositivo transcrito.

Nesse sentido: "Este Superior Tribunal firmou a orientação de que a majorante inserta no art. 9º da Lei n. 8.072/1990, nos casos de presunção de violência, consistiria em afronta ao princípio *ne bis in idem*. Entretanto, tratando-se de hipótese de violência real ou grave ameaça perpetrada contra criança, seria aplicável a referida causa de aumento. Com a superveniência da Lei n. 12.015/2009, foi revogada a majorante prevista no art. 9º da Lei dos Crimes Hediondos, não sendo mais admissível sua aplicação para fatos posteriores à sua edição. Não obstante, remanesce a maior reprovabilidade da conduta, pois a matéria passou a ser regulada no art. 217-A do CP, que trata do estupro de vulnerável, no qual a reprimenda prevista revela-se mais rigorosa do que a do crime de estupro (art. 213 do CP). Tratando-se de fato anterior, cometido contra menor de 14 anos e com emprego de violência ou grave ameaça, deve retroagir o novo comando normativo (art. 217-A) por se mostrar mais benéfico ao acusado, *ex vi* do art. 2º, parágrafo único, do CP" (STJ – REsp 1.102.005/SC – Rel. Min. Felix Fischer – j. 29-9-2009).

15. Contagem em dobro dos prazos procedimentais

O art. 10 da lei ora comentada acrescentou o parágrafo único ao art. 35 da revogada Lei n. 6.368/76, determinando, naquela oportunidade, a contagem em dobro dos prazos procedimentais nos casos dos crimes previstos nos arts. 12, 13 e 14 dessa lei.

Essa previsão, entretanto, perdeu a eficácia em razão dos novos prazos procedimentais previstos pela Lei n. 11.343/2006 (Lei de Drogas), nos arts. 48 e 59, já comentados no capítulo próprio desta obra.

16 Desarmamento
Lei n. 10.826/2003

1. Estrutura legal e regulamentar do Estatuto do Desarmamento

O Estatuto do Desarmamento – Lei n. 10.826/2003 se consolidou como um marco legislativo na regulamentação das armas de fogo no Brasil, tendo por objetivo central, dentre outros, a restrição à circulação de armas no território nacional. Seu escopo abrange a aquisição, o registro, a posse, o porte e a comercialização de armas de fogo e munições, além de estabelecer tipos penais específicos. O Sistema Nacional de Armas (Sinarm), instituído no âmbito da Polícia Federal, vem previsto no Estatuto como órgão responsável pela gestão dessas atividades, incluindo o controle e o monitoramento de armas de fogo no país, com vistas a assegurar maior controle estatal sobre sua utilização.

Nesse aspecto, a Lei n. 10.826/2003 estabelece critérios rigorosos para a aquisição e o porte de armas, como a comprovação de idoneidade, aptidão técnica e psicológica do solicitante, além da justificativa da necessidade para o porte. O porte de armas é vedado, salvo em casos excepcionais previstos em lei, como para membros das Forças Armadas, polícias e determinadas categorias funcionais. Adicionalmente, a norma introduz tipos penais próprios para condutas relacionadas ao porte ilegal e ao uso indevido de armas de fogo.

O Decreto n. 11.615/2023, atualmente em vigor, por seu turno, regulamenta o Estatuto do Desarmamento, para estabelecer regras e procedimentos relativos à aquisição, ao registro, à posse, ao porte, ao cadastro e à comercialização nacional de armas de fogo, munições e acessórios, disciplinar as atividades de caça excepcional, de caça de subsistência, de tiro desportivo e de colecionamento de armas de fogo, munições e acessórios, disciplinar o funcionamento das entidades de tiro desportivo e dispor sobre a estruturação do Sistema Nacional de Armas – Sinarm.

Inclusive, o decreto estabelece conceitos que incluem desde a categorização de armas de fogo obsoletas até a diferenciação entre armas de uso permitido, restrito e proibido, reforçando o papel do Sinarm, ao integrar novos cadastros e estabelecer a interoperabilidade entre esse sistema e o Sigma, vinculando a Polícia Federal e o Exército no gerenciamento e fiscalização das armas de fogo. Além disso, introduz normas detalhadas sobre a comercialização, aquisição e transporte de armas e munições, ampliando o controle estatal sobre o fluxo desses materiais.

2. Crimes em espécie

2.1. Posse irregular de arma de fogo de uso permitido

> Art. 12. Possuir ou manter sob sua guarda arma de fogo, acessório ou munição, de uso permitido, em desacordo com determinação legal ou regulamentar, no interior de sua residência ou dependência desta, ou, ainda no seu local de trabalho, desde que seja o titular ou o responsável legal do estabelecimento ou empresa:
>
> Pena – detenção, de 1 (um) a 3 (três) anos, e multa.

Objetividade jurídica: a proteção da incolumidade pública, representada pela segurança coletiva.

Sujeito ativo: qualquer pessoa.

Sujeito passivo: a coletividade.

Registro da arma de fogo: de acordo com o disposto no art. 3º da Lei n. 10.826/2003, é obrigatório o registro de arma de fogo no órgão competente, que é justamente a Polícia Federal. De acordo com a lei e com o art. 15 do Decreto n. 11.615/2023, a aquisição de arma de fogo de uso permitido dependerá de autorização prévia da Polícia Federal e o interessado deverá:

I – ter, no mínimo, vinte e cinco anos de idade;

II – apresentar documentação de identificação pessoal;

III – comprovar a efetiva necessidade da posse ou do porte de arma de fogo;

IV – comprovar idoneidade e inexistência de inquérito policial ou processo criminal, por meio de certidões de antecedentes criminais das Justiças Federal, Estadual ou Distrital, Militar e Eleitoral;

V – apresentar documento comprobatório de ocupação lícita e de residência certa;

VI – comprovar capacidade técnica para o manuseio de arma de fogo, na forma prevista no § 5º;

VII – comprovar aptidão psicológica para o manuseio de arma de fogo, atestada em laudo conclusivo fornecido por psicólogo do quadro da Polícia Federal ou por esta credenciado; e

VIII – apresentar declaração de que a sua residência possui cofre ou lugar seguro, com tranca, para armazenamento das armas de fogo desmuniciadas de que seja proprietário, e de que adotará as medidas necessárias para impedir que menor de dezoito anos de idade ou pessoa civilmente incapaz se apodere de arma de fogo sob sua posse ou de sua propriedade, observado o disposto no art. 13 da Lei n. 10.826, de 2003.

Nesse aspecto, de acordo com o § 1º do art. 4º do Estatuto do Desarmamento, é o Sinarm o órgão competente que expedirá autorização de compra de arma de fogo após atendidos os requisitos anteriormente estabelecidos, em nome do requerente e para a arma indicada, sendo intransferível esta autorização.

No mesmo sentido, o § 6º do art. 15 do Decreto n. 11.615/2023 dispõe que após a apresentação dos documentos respectivos, na hipótese de manifestação favorável, será expedida, pela Polícia Federal, em nome do interessado, a autorização para a aquisição da arma de fogo indicada.

Expedida autorização pelo Sinarm e adquirida a arma de fogo em estabelecimento comercial credenciado pelo Ministério do Exército (art. 17º, Decreto n. 11.615/2023), a Polícia Federal expedirá o Certificado de Registro de Arma de Fogo (CRAF), com validade de 5 (cinco) anos (art. 24, II, Decreto n. 11.615/2023) em todo o território nacional, o qual autoriza o seu proprietário a manter a arma de fogo exclusivamente no interior de sua residência ou domicílio, ou dependência desses, ou, ainda, no seu local de trabalho, desde que seja ele o titular ou o responsável legal pelo estabelecimento ou empresa.

Local: de acordo com o art. 23 do Decreto n. 11.615/2023, considera-se:

I – interior da residência ou dependências desta – toda a extensão da área particular registrada do imóvel, edificada ou não, em que resida o titular do registro, inclusive quando se tratar de imóvel rural;

II – interior do local de trabalho – toda a extensão da área particular registrada do imóvel, edificada ou não, em que esteja instalada a pessoa jurídica, registrada como sua sede ou filial;

III – titular do estabelecimento ou da empresa – aquele indicado em seu instrumento de constituição; e

IV – responsável legal pelo estabelecimento ou pela empresa – aquele designado em contrato individual de trabalho, com poderes de gerência.

Deve ser ressaltado que, de acordo com o § 5º do art. 5º do Estatuto do Desarmamento, aos residentes em área rural, considera-se residência ou domicílio toda a extensão do respectivo imóvel rural. Esse parágrafo foi acrescentado pela Lei n. 13.870/2019 e visou atender aos anseios dos proprietários de armas de fogo residentes na zona rural do país, assolados pela criminalidade e que, não raras vezes, se viam desprotegidos tendo em vista a ausência ou demora em obter socorro por parte da polícia.

Conduta: vem representada pelos verbos "possuir" (ter, deter) e "manter" (reter, conservar). A posse ou manutenção da arma de fogo, acessório ou munição de uso permitido deve dar-se no interior da residência do sujeito ativo, ou dependência desta, ou ainda no seu local de trabalho, desde que seja o titular ou responsável legal do estabelecimento ou empresa. Afora esses locais, estará configurado o crime do art. 14 da lei.

Com relação ao local de trabalho:

"APELAÇÃO. Crime de porte ilegal de arma de fogo de uso permitido. Sentença condenatória. Apelo defensivo buscando a absolvição. Impossibilidade. Prova segura. Materialidade delitiva e eficácia da arma de fogo comprovadas pelo auto de apreensão e pelo laudo pericial. Autoria confessada. Apelante preso portando arma de fogo na cintura, enquanto trabalhava como segurança em uma casa noturna. Não caracterização do crime do art. 12 da Lei n. 10.826/2003. Alegação de posse de arma de fogo no local de trabalho. Apelante que não é o titular ou o responsável legal pelo estabelecimento. Ausência de controvérsia sobre a aplicação do art. 32 do Estatuto do Desarmamento ao crime de porte de arma de fogo. Manutenção do decreto de censura. Dosagem da pena adequação e suficiente. Recurso a que se nega provimento" (TJRJ – APL 1.795 – Rel. Des. Marco Aurélio Bellizze – j. 13-5-2009).

Objeto material: arma de fogo, acessório ou munição, de uso permitido. O dispositivo em comento configura norma penal em branco, uma vez que o art. 23 da lei, com a redação que lhe deu a Lei n. 11.706/2008, dispõe que "a classificação legal, técnica e geral, bem como a definição das armas de fogo e demais produtos controlados, de usos proibidos, restritos, permitidos ou obsoletos e de valor histórico serão disciplinadas em ato do Chefe do Poder Executivo Federal, mediante proposta do Comando do Exército".

Arma de fogo é a arma que arremessa projéteis empregando a força expansiva dos gases, gerados pela combustão de um propelente confinado em uma câmara, normalmente solidária a um cano, que tem a função de dar continuidade à combustão do propelente, além de direção e estabilidade ao projétil.

Acessório de arma de fogo é o artefato que, acoplado a uma arma, possibilita a melhoria do desempenho do atirador, a modificação de um efeito secundário do tiro ou a modificação do aspecto visual da arma.

Munição é o cartucho completo ou seus componentes, incluídos o estojo, a espoleta, a carga propulsora, o projétil e a bucha utilizados em armas de fogo.

O Anexo I ao Decreto n. 10.030/2019 trata do Regulamento de Produtos Controlados e dispõe sobre os princípios, as classificações, as definições e as normas para a fiscalização de produtos controlados pelo Comando do Exército.

Cabe ao Comando do Exército estabelecer os parâmetros de aferição e a listagem dos calibres nominais que se enquadrem nos limites estabelecidos nos incisos I, II e IV do *caput* do parágrafo único do art. 3º do Anexo I ao Decreto n. 10.030/2019.

Assim, considera-se arma de fogo de uso permitido as armas de fogo semiautomáticas ou de repetição que sejam: a) de porte, cujo calibre nominal, com a utilização de munição comum, não atinja, na saída do cano de prova, energia cinética superior a mil e duzentas libras-pé ou mil seiscentos e vinte *joules*; b) portáteis de alma lisa; ou c) portáteis de alma raiada, cujo calibre nominal, com a utilização de munição comum, não atinja, na saída do cano de prova, energia cinética superior a mil e duzentas libras-pé ou mil seiscentos e vinte *joules*.

Vale mencionar, no mesmo sentido, que, de acordo com o disposto no art. 11 do Decreto n. 11.615/2023, "São de uso permitido as armas de fogo e munições cujo uso seja autorizado a pessoas físicas e a pessoas jurídicas, especificadas em ato conjunto do Comando do Exército e da Polícia Federal, incluídas: I – armas de fogo de porte, de repetição ou semiautomáticas, cuja munição comum tenha, na saída do cano de prova, energia de até trezentas libras-pé ou quatrocentos e sete joules, e suas munições; II – armas de fogo portáteis, longas, de alma raiada, de repetição, cuja munição comum não atinja, na saída do cano de prova, energia cinética superior a mil e duzentas libras-pé ou mil seiscentos e vinte joules; III – armas de fogo portáteis, longas, de alma lisa, de repetição, de calibre doze ou inferior; e IV – armas de fogo portáteis, longas, de alma raiada, semiautomáticas, de calibre nominal igual ou inferior ao ponto vinte e dois *Long Rifle*. § 1º É permitido o uso de armas de pressão por ação de gás comprimido ou por ação de mola, com calibre igual ou inferior a seis ponto trinta e cinco milímetros, e de armas que lancem esferas de plástico com tinta, como os lançadores de *paintball*, facultado o apostilamento ao CR, mediante manifestação do atirador desportivo. § 2º A aquisição, o apostilamento e o uso de armas de pressão acima do calibre de que trata o § 1º observarão o disposto neste Decreto".

Elemento subjetivo: dolo.

Consumação: cuida-se de crime de mera conduta, de perigo abstrato, que se consuma com a simples posse ou manutenção sob guarda do objeto material. É inexigível a ocorrência de perigo concreto, uma vez que a norma visa proteger a incolumidade pública. Trata-se, ademais, de crime permanente.

Tentativa: não se admite.

Súmula 513 do STJ: "A *abolitio criminis* temporária prevista na Lei n. 10.826/2003 aplica-se ao crime de posse de arma de fogo de uso permitido com numeração, marca ou qualquer outro sinal de identificação raspado, suprimido ou adulterado, praticado somente até 23-10-2005".

Registro vencido: o STJ tem considerado caracterizado o crime do art. 12 da Lei n. 10.826/2003 quando o agente possui arma de fogo de uso permitido com o registro vencido. Assim: "Considera-se incurso no art. 12 da Lei n. 10.826/2003 aquele que possui arma de fogo de uso permitido com registro expirado, ou seja, em desacordo com determinação legal e regulamentar" (APn 686/AP – Ação Penal 2011/0238199-0, Corte Especial, Rel. Min. João Otávio de Noronha, *DJe* 5-3-2014).

Arma de fogo desmuniciada: de acordo com a posição prevalente nos Tribunais Superiores, a posse de arma de fogo desmuniciada também configura o crime do art. 12, uma vez que a objetividade jurídica da norma penal transcende a mera proteção da incolumidade pessoal, para alcançar também a tutela da liberdade individual e do corpo social como um todo, asseguradas ambas pelo incremento dos níveis de segurança coletiva que a Lei propicia. De acordo com o entendimento esposado no RHC 90.197 (STF – 1ª T. – Rel. Min. Ricardo Lewandowski – *DJe* 4-9-2009), "mostra-se irrelevante, no caso, cogitar-se da eficácia da arma para a configuração do tipo penal em comento, isto é, se ela está ou não municiada ou se a munição está ou não ao alcance das mãos, porque a hipótese é de crime de perigo abstrato, para cuja caracterização desimporta o resultado concreto da ação".

Arma de fogo quebrada, com defeito ou inoperante: não caracteriza o crime. Se for comprovado pericialmente que a arma de fogo não está apta a efetuar disparos em razão de defeito, haverá crime impossível por ineficácia absoluta do meio (STJ – REsp 1.726.686/MS – 5ª T. – Rel. Min. Jorge Mussi – *DJe* 28-5-2018). O mesmo se diga com relação a munição.

Apreensão de duas ou mais armas de fogo no mesmo contexto fático: de acordo com o Superior Tribunal de Justiça, trata-se de crime único. Nesse sentido o HC 110.800/SP, 5ª Turma, Rel. Min. Laurita Vaz, *DJe* 30-11-2009: "Conforme entendimento da Quinta Turma do Superior Tribunal de Justiça, a apreensão de mais de uma arma em poder do mesmo agente não caracteriza concurso formal de crimes, mas delito único". No mesmo sentido, o HC 130.797, 6ª T., Rel. Min. Maria Thereza de Assis Moura, *DJe* 1º-2-2013.

Posse ilegal de munição desacompanhada de arma de fogo: o Superior Tribunal de Justiça entende que a posse ilegal de munição, ainda que desacompanhada de arma de fogo, configura o crime do art. 12 da Lei n. 10.826/2003: "A jurisprudência desta Corte entende que 'a posse ilegal de munição, ainda que desacompanhada de arma de fogo, configura o crime do art. 12 da Lei n. 10.826/2003, delito de perigo abstrato que presume a ocorrência de risco à segurança pública e prescinde de resultado naturalístico à integridade de outrem para ficar caracterizado' (AgRg no HC 479.187/RJ, Rel. Min. Rogério Schietti Cruz, Sexta Turma, julgado em 6-8-2019, *DJe* 12-8-2019). 5. *Habeas Corpus* denegado" (HC 683.585/SP – Rel. Min. Olindo Menezes (Desembargador Convocado do TRF 1ª Região) – 6ª Turma, *DJe* 11-10-2021).

2.2. Omissão de cautela

> Art. 13. Deixar de observar as cautelas necessárias para impedir que menor de 18 (dezoito) anos ou pessoa portadora de deficiência mental se apodere de arma de fogo que esteja sob sua posse ou que seja de sua propriedade:
>
> Pena – detenção, de 1 (um) a 2 (dois) anos, e multa.

Objetividade jurídica: a proteção da incolumidade pública, representada pela segurança coletiva. Também a tutela da vida e da integridade corporal do próprio menor de 18 anos e da pessoa portadora de deficiência mental.

Sujeito ativo: a pessoa responsável pela arma, ou seja, cuja arma esteja sob sua posse ou que seja de sua propriedade. Trata-se de crime próprio.

Sujeito passivo: a coletividade.

Conduta: é omissiva própria, revelada pelo verbo "omitir". Nesse caso, o perigo é presumido, bastando o apoderamento da arma de fogo devido à omissão na cautela.

Arma de fogo: é a arma que arremessa projéteis empregando a força expansiva dos gases, gerados pela combustão de um propelente confinado em uma câmara, normalmente solidária a um cano, que tem a função de dar continuidade à combustão do propelente, além de direção e estabilidade ao projétil.

Elemento subjetivo: culpa, manifestada pela negligência, decorrente da inobservância do cuidado objetivo necessário por parte do possuidor ou proprietário da arma de fogo. Nesse sentido, de acordo com o disposto no art. 15, VIII, do Decreto n. 11.615/2023, o pretendente à aquisição de uma arma de fogo deve "apresentar declaração de que a sua residência possui cofre ou lugar seguro, com tranca, para armazenamento das armas de fogo desmuniciadas de que seja proprietário, e de que adotará as medidas necessárias para impedir que menor de dezoito anos de idade ou pessoa civilmente incapaz se apodere de arma de fogo sob sua posse ou de sua propriedade, observado o disposto no art. 13 da Lei n. 10.826, de 2003".

Consumação: o crime se consuma com a omissão (negligência) do agente. Discute-se se é necessário para a consumação do delito o efetivo apoderamento da arma pelo menor de 18 anos ou deficiente mental. A posição que vem sendo mais aceita na jurisprudência é a de que o apoderamento da arma é imprescindível, pois configura o resultado involuntário do crime culposo. Não há necessidade de que ocorra qualquer evento danoso a alguém em razão do apoderamento da arma de fogo pelo menor de 18 anos ou deficiente mental.

Tentativa: não se admite, pois se trata de crime omissivo próprio, culposo.

> Parágrafo único. Nas mesmas penas incorrem o proprietário ou diretor responsável de empresa de segurança e transporte de valores que deixarem de registrar ocorrência policial e de comunicar à Polícia Federal perda, furto, roubo ou outras formas de extravio de arma de fogo, acessório ou munição que estejam sob sua guarda, nas primeiras 24 (vinte quatro) horas depois de ocorrido o fato.

Nesse dispositivo, o sujeito ativo somente pode ser o proprietário ou diretor responsável pela empresa de segurança e transporte de valores. Essa norma é decorrência da obrigação instituída pelo art. 7º, § 1º, do Estatuto do Desarmamento. Trata-se de crime omissivo, que se consuma após o decurso do prazo de 24 horas, depois de ocorrida perda, furto, roubo ou outras formas de extravio de arma de fogo, acessório ou munição.

2.3. Porte de arma de fogo de uso permitido

> Art. 14. Portar, deter, adquirir, fornecer, receber, ter em depósito, transportar, ceder, ainda que gratuitamente, emprestar, remeter, empregar, manter sob guarda ou ocultar arma de fogo, acessório ou munição, de uso permitido, sem autorização e em desacordo com determinação legal ou regulamentar:
>
> Pena – reclusão, de 2 (dois) a 4 (quatro) anos, e multa.

Objetividade jurídica: a proteção da incolumidade pública, representada pela segurança coletiva.

Sujeito ativo: qualquer pessoa.

Sujeito passivo: a coletividade.

Porte de arma de fogo: Em princípio, de acordo com o art. 6º do Estatuto do Desarmamento, é proibido o porte de arma de fogo em todo o território nacional, salvo para os casos previstos em legislação própria e para as pessoas físicas e jurídicas e instituições expressamente mencionadas.

O art. 46 do Decreto n. 11.615/2023 estabelece, entretanto, a possibilidade de que uma pessoa comum possa pleitear o porte de arma. Nesse caso, o porte de arma de fogo de uso permitido, vinculado à prévia expedição de CRAF e ao cadastro nas plataformas de gerenciamento de armas do Sinarm, será expedido pela Polícia Federal, no território nacional, em caráter excepcional, desde que atendidos os requisitos previstos no § 1º do art. 10 da Lei n. 10.826/2003.

Assim, de acordo com o art. 10 do Estatuto do Desarmamento, a autorização para o porte de arma de fogo de uso permitido, em todo o território nacional, é de competência da Polícia Federal e somente será concedida após autorização do Sinarm. Essa autorização poderá ser concedida com eficácia temporária e territorial limitada, nos termos de atos regulamentares, e dependerá de o requerente: a) demonstrar a sua efetiva necessidade por exercício de atividade profissional de risco ou de ameaça à sua integridade física; b) comprovar idoneidade, com a apresentação de certidões negativas de antecedentes criminais fornecidas pela Justiça Federal, Estadual, Militar e Eleitoral e de não estar respondendo a inquérito policial ou a processo criminal, que poderão ser fornecidas por meios eletrônicos; c) apresentar documento comprobatório de ocupação lícita e de residência certa; d) comprovar capacidade técnica e de aptidão psicológica para o manuseio de arma de fogo; e e) apresentar documentação de propriedade de arma de fogo, bem como o seu devido registro no órgão competente.

Vale ressaltar que o porte de arma de fogo é documento obrigatório para a condução da arma e deverá conter abrangência territorial, eficácia temporal, características da arma, número do cadastro da arma no Sinarm, identificação do proprietário da arma e assinatura, cargo e função da autoridade concedente.

O porte de arma de fogo é pessoal, intransferível e revogável a qualquer tempo e será válido apenas em relação à arma nele especificada, mediante a apresentação do documento de identificação do portador. O documento de porte deverá ser apresentado em conjunto com o documento de identificação do portador e o Certificado de Registro da Arma de Fogo válido.

Além disso, o titular do porte de arma de fogo deverá comunicar imediatamente a mudança de domicílio ao órgão expedidor do porte de arma de fogo, e o extravio, o furto ou o roubo da arma de fogo, à unidade policial mais próxima do ocorrido e à Polícia Federal. A inobservância dessa determinação implicará a suspensão do porte de arma de fogo por prazo a ser estipulado pela autoridade concedente.

Outrossim, o titular de porte de arma de fogo para defesa pessoal concedido nos termos do disposto no art. 10 da Lei n. 10.826/2003, não poderá conduzi-la ostensivamente ou com ela adentrar ou permanecer em locais públicos, tais como igrejas, escolas, estádios desportivos, clubes, agências bancárias ou outros locais onde haja aglomeração de pessoas em decorrência de eventos de qualquer natureza. A inobservância dessa regra implicará a cassação do porte de arma de fogo e a apreensão da arma, pela autoridade competente, que adotará as medidas legais pertinentes. O mesmo ocorrerá na hipótese de o titular do porte de arma de fogo portar o armamento em estado de embriaguez ou sob o efeito de drogas ou medicamentos que provoquem alteração do desempenho intelectual ou motor.

Conduta: a conduta típica vem expressa por treze verbos (portar, deter, adquirir, fornecer, receber, ter em depósito, transportar, ceder, ainda que gratuitamente, emprestar, remeter, empregar, manter sob guarda ou ocultar), traduzindo tipo misto alternativo, no qual a realização de mais de um comportamento pelo mesmo agente implicará sempre um único delito.

Inclusive, a lei não faz distinção entre o "porte" e o "transporte" de arma de fogo, sendo ambas as condutas típicas e configuradoras do delito.

Arma de fogo desmuniciada: indiferente, também, para a configuração do delito, estar a arma de fogo desmuniciada por ocasião da apreensão. Essa, a nosso ver, é a posição mais acertada, até porque esse crime é de mera conduta e de perigo abstrato, consumando-se independentemente da ocorrência de efetivo prejuízo para a sociedade, sendo que a probabilidade de vir a ocorrer algum dano é presumida pelo tipo penal.

Essa é a posição do Supremo Tribunal Federal:

"HABEAS CORPUS. CONSTITUCIONAL. PENAL. ARTIGO 14 DA LEI 10.826/2003. PORTE ILEGAL DE ARMA DE FOGO DE USO PERMITIDO. ARMA DESMUNICIADA. TIPICIDADE DA CONDUTA. PRECEDENTES. ORDEM DENEGADA. 1. O crime de porte ilegal de arma de fogo de uso permitido é de mera conduta e de perigo abstrato, consumando-se independentemente da ocorrência de efetivo prejuízo para a sociedade, sendo que a probabilidade de vir a ocorrer algum dano é presumida pelo tipo penal. Precedente. 2. O objeto jurídico tutelado pelo delito previsto no art. 14 da Lei 10.826/2003 não é a incolumidade física, porque o tipo tem uma matiz *supra*individual, voltado à proteção da segurança pública e da paz social. Precedente. 3. É irrelevante para a tipificação do art. 14 da Lei 10.826/2003 o fato de estar a arma de fogo municiada, bastando a comprovação de que esteja em condições de funcionamento. Precedente. 4. Ordem denegada" (STF – HC 107.447/ES – Rel. Min. Cármen Lúcia – 1ªT. – *DJe*, 6-6-2011).

No Superior Tribunal de Justiça: "PENAL. PORTE ILEGAL DE ARMA DE FOGO. ART. 16, PARÁGRAFO ÚNICO, IV, DA LEI 10.826/2003. ARMA DESMUNICIADA. IRRELEVÂNCIA PARA A CARACTERIZAÇÃO DO DELITO. ORDEM DENEGADA. 1. A objetividade jurídica dos crimes de porte e posse de arma de fogo tipificados na Lei 10.826/2003 não se restringe à incolumidade pessoal, alcançando, por certo, também, a liberdade pessoal, protegidas mediatamente pela tutela primária dos níveis da segurança coletiva, do que se conclui ser irrelevante a eficácia da arma para a configuração do tipo penal. 2. Ordem denegada" (STJ – HC 62.742/DF – Rel. Min. Arnaldo Esteves Lima – 5ªT. – *DJ*, 6-11-2006, p. 355).

"A objetividade jurídica dos crimes de porte e posse de arma de fogo tipificados na Lei 10.826/2003 não se restringe à incolumidade pessoal, alcançando, por certo, também, a liberdade pessoal, protegidas mediatamente pela tutela primária dos níveis da segurança coletiva, do que se conclui ser irrelevante a eficácia da arma para a configuração do tipo penal. Para se configurar a tipicidade da conduta prevista no art. 14 da Lei 10.826/2003, é irrelevante que a arma apreendida esteja desmuniciada, bastando que haja o porte ou a posse ilegal da arma de fogo. Ordem denegada" (STJ – HC 147.632/RJ – Rel. Min. Arnaldo Esteves Lima – 5ªT. – *DJe*, 5-4-2010).

Objeto material: arma de fogo, acessório ou munição, de uso permitido. O dispositivo em comento configura norma penal em branco, uma vez que o art. 23 da lei, com a redação que lhe deu a Lei n. 11.706/2008, dispõe que "a classificação legal, técnica e geral, bem como a definição das armas de fogo e demais produtos controlados, de usos proibidos, restritos, permitidos ou obsoletos e de valor histórico serão disciplinadas em ato do Chefe do Poder Executivo Federal, mediante proposta do Comando do Exército". No caso do art. 14, a arma de fogo deve ser devidamente identificada por meio de numeração, marca ou qualquer outro sinal de identificação. Caso a numeração, marca ou sinal de identificação estejam suprimidas, estará configurado o crime do art. 16, parágrafo único, IV, da lei.

Arma de fogo é a arma que arremessa projéteis empregando a força expansiva dos gases, gerados pela combustão de um propelente confinado em uma câmara, normalmente solidária a um cano, que tem a função de dar continuidade à combustão do propelente, além de direção e estabilidade ao projétil.

De acordo com o art. 2º do Decreto n. 9.847/2019, são adotadas as definições e classificações constantes do Anexo I ao Decreto n. 10.030/2019.

O Anexo I ao Decreto n. 10.030/2019 trata do Regulamento de Produtos Controlados e dispõe sobre os princípios, as classificações, as definições e as normas para a fiscalização de produtos controlados pelo Comando do Exército.

Cabe ao Comando do Exército estabelecer os parâmetros de aferição e a listagem dos calibres nominais que se enquadrem nos limites estabelecidos nos incisos I, II e IV do *caput* do parágrafo único do art. 3º ao Anexo I do Decreto n. 10.030/2019.

Assim, considera-se arma de fogo de uso permitido as armas de fogo semiautomáticas ou de repetição que sejam: a) de porte, cujo calibre nominal, com a utilização de munição comum, não atinja, na saída do cano de prova, energia cinética superior a mil e duzentas libras-pé ou mil seiscentos e vinte *joules*; b) portáteis de alma lisa; ou c) portáteis de alma raiada, cujo calibre nominal, com a utilização de munição comum, não atinja, na saída do cano de prova, energia cinética superior a mil e duzentas libras-pé ou mil seiscentos e vinte *joules*.

Vale mencionar, no mesmo sentido, que, de acordo com o disposto no art. 11 do Decreto n. 11.615/2023, "São de uso permitido as armas de fogo e munições cujo uso seja autorizado a pessoas físicas e a pessoas jurídicas, especificadas em ato conjunto do Comando do Exército e da Polícia Federal, incluídas: I – armas de fogo de porte, de repetição ou semiautomáticas, cuja munição comum tenha, na saída do cano de prova, energia de até trezentas libras-pé ou quatrocentos e sete *joules*, e suas munições; II – armas de fogo portáteis, longas, de alma raiada, de repetição, cuja munição comum não atinja, na saída do cano de prova, energia cinética superior a mil e duzentas libras-pé ou mil seiscentos e vinte *joules*; III – armas de fogo portáteis, longas, de alma lisa, de repetição, de calibre doze ou inferior; e IV – armas de fogo portáteis, longas, de alma raiada, semiautomáticas, de calibre nominal igual ou inferior ao ponto vinte e dois *Long Rifle*. § 1º É permitido o uso de armas de pressão por ação de gás comprimido ou por ação de mola, com calibre igual ou inferior a seis ponto trinta e cinco milímetros, e de armas que lancem esferas de plástico com tinta, como os lançadores de *paintball*, facultado o apostilamento ao CR, mediante manifestação do atirador desportivo. § 2º A aquisição, o apostilamento e o uso de armas de pressão acima do calibre de que trata o § 1º observarão o disposto neste Decreto".

Acessório de arma de fogo é o artefato que, acoplado a uma arma, possibilita a melhoria do desempenho do atirador, a modificação de um efeito secundário do tiro ou a modificação do aspecto visual da arma.

Munição é o cartucho completo ou seus componentes, incluídos o estojo, a espoleta, a carga propulsora, o projétil e a bucha utilizados em armas de fogo;

Consumação: com a prática de uma ou mais condutas previstas no tipo penal. Sendo crime de conteúdo variado (tipo misto alternativo), a prática de mais de uma conduta não importa em concurso de crimes.

Tentativa: em tese, é admissível, embora de difícil configuração diante da multiplicidade de condutas incriminadas. O início da execução de uma conduta pode configurar a consumação de outra.

Apreensão de duas ou mais armas de fogo no mesmo contexto fático: de acordo com o Superior Tribunal de Justiça, trata-se de crime único. Nesse sentido o HC 110.800/SP, 5ª Turma, Rel. Min. Laurita Vaz, *DJe* 30-11-2009: "Conforme entendimento da Quinta Turma do Superior

Tribunal de Justiça, a apreensão de mais de uma arma em poder do mesmo agente não caracteriza concurso formal de crimes, mas delito único". No mesmo sentido, o HC 130.797, 6ª T., Rel. Min. Maria Thereza de Assis Moura, *DJe* 1º-2-2013.

Pequena quantidade de munição e Princípio da Insignificância: o Superior Tribunal de Justiça passou a admitir a incidência do princípio da insignificância quando se tratar de posse de pequena quantidade de munição, desacompanhada de armamento capaz de deflagrá-la, uma vez que ambas as circunstâncias conjugadas denotam a inexpressividade da lesão jurídica provocada: "PENAL E PROCESSO PENAL. *HABEAS CORPUS* SUBSTITUTIVO DE RECURSO PRÓPRIO. PACIENTE CONDENADO POR PORTE ILEGAL DE MUNIÇÃO DE USO PERMITIDO. PRETENDIDA ABSOLVIÇÃO POR ATIPICIDADE DA CONDUTA. CRIME DE PERIGO ABSTRATO. APLICAÇÃO DO PRINCÍPIO DA INSIGNIFICÂNCIA. PEQUENA QUANTIDADE DE MUNIÇÃO DESACOMPANHADA DE ARMA. PRECEDENTES DO STF E DO STJ. ENTENDIMENTO QUE NÃO PODE LEVAR À PROTEÇÃO DEFICIENTE DO BEM JURÍDICO TUTELADO. NECESSIDADE DE ANÁLISE DO CASO CONCRETO E DAS CONDIÇÕES PESSOAIS DO AGENTE. IMPOSSIBILIDADE DE APLICAÇÃO DO PRINCÍPIO DA BAGATELA. CIRCUNSTÂNCIAS DO DELITO E CONDUTA PERPETRADA QUE NÃO PODEM SER CONSIDERADAS DE MENOR POTENCIAL OFENSIVO. AGRAVO REGIMENTAL DESPROVIDO. – O delito de porte ilegal de munição de uso permitido é considerado crime de perigo abstrato, prescindindo da análise relativa à lesividade concreta da conduta, haja vista serem a segurança pública, a paz social e a incolumidade pública os objetos jurídicos tutelados. Desse modo, o porte de munição, mesmo que desacompanhado de arma de fogo ou da comprovação pericial do potencial ofensivo do artefato, é suficiente para ocasionar lesão aos referidos bens. – Passou-se a admitir, no entanto, a incidência do princípio da insignificância quando se tratar de posse de pequena quantidade de munição, desacompanhada de armamento capaz de deflagrá-la, uma vez que ambas as circunstâncias conjugadas denotam a inexpressividade da lesão jurídica provocada. Precedentes do STF e do STJ. – A situação apresentada nestes autos não autoriza a incidência do princípio da insignificância, porquanto tratou-se da apreensão de 3 munições intactas e de outra deflagrada, dentro do táxi conduzido pelo paciente, após informações passadas por um popular à polícia, de que um indivíduo parou o veículo táxi – cuja placa e descrição coincidiam com o carro conduzido pelo paciente –, em frente a uma casa em que se realizaram shows e efetuou um disparo de arma de fogo na via pública (e-STJ, fl. 24), razão pela qual ele foi abordado pela polícia, e preso em flagrante. – Nesses termos, entendo ser incabível a flexibilização do entendimento consolidado nesta Corte de Justiça para o reconhecimento do princípio da insignificância, pois não se podia qualificar as circunstâncias e a conduta perpetrada pelo paciente como de menor potencial ofensivo. – Agravo regimental desprovido" (AgRg no HC 692.217/ES – Rel. Min. Reynaldo Soares da Fonseca – 5ª T. – *DJe* 4-10-2021).

Laudo pericial para atestar a potencialidade da arma apreendida: o Superior Tribunal de Justiça já decidiu que, se tratando de crime de perigo abstrato, é prescindível a realização de laudo pericial para atestar a potencialidade da arma apreendida e, por conseguinte, caracterizar o crime de porte ilegal de arma de fogo. Nesse sentido: "AGRAVO REGIMENTAL NO AGRAVO EM RECURSO ESPECIAL. PORTE ILEGAL DE ARMA DE FOGO. INEXISTÊNCIA DE LAUDO PERICIAL. IRRELEVÂNCIA. CRIME DE PERIGO ABSTRATO. REVOLVIMENTO PROBATÓRIO. SÚMULA 7/STJ. DECISÃO RECORRIDA EM CONSONÂNCIA COM A JURISPRUDÊNCIA DO STJ. SÚMULA 83/STJ. 1. Consoante a jurisprudência da Terceira Seção, consolidada no julgamento do EResp n. 1.005.300/RS, tratando-se de crime de perigo abstrato, é prescindível a realização de laudo pericial para atestar a potencialidade da arma apreendida e, por conseguinte, caracterizar o crime de porte ilegal de arma de fogo (EREsp 1005300/RS, Rel. Ministra Maria Thereza de Assis Moura, Rel. p/ Acórdão Ministra Laurita Vaz, Terceira Seção, julgado em 14/08/2013, *DJe* 19-12-2013). 2. Perquirir-se sobre a inexistência de provas, como quer o recorrente, para a comprovação da materialidade delitiva (ainda que não se negue a apreensão da arma), demandaria revolvimento fático-probatório, obstaculizado pela Súmula 7/STJ. Estando o acórdão recorrido em consonância com o entendimento firmado pelo Superior Tribunal de Justiça, impõe-se a incidência da Súmula 83/STJ. 3. Agravo regimental improvido" (AgRg no AREsp 1856956/AL – Rel. Min. Olindo Menezes (Desembargador convocado do TRF 1ª Região) – 6ª T., *DJe* 4-10-2021).

2.3.1. Porte ilegal de arma e outros crimes

A rigor, o porte ilegal de arma de fogo, configurando crime autônomo, não estaria absorvido por outra figura típica praticada em concurso, não havendo que falar no princípio da consunção. Assim, o agente que, praticando qualquer das condutas insculpidas no tipo penal em comento, vier a cometer outro delito, deverá responder por ambas as infrações penais, em concurso material. É que, por exemplo, se for surpreendido na prática de roubo ou homicídio com arma de fogo, a rigor, dois crimes estão configurados: o porte ilegal de arma de fogo, já consumado anteriormente ao outro crime, em concurso material com o delito posteriormente praticado utilizando a arma referida. Entretanto, essa não é a posição prevalente na jurisprudência, que entende haver, no caso, progressão criminosa, abrangida pelo princípio da consunção.

Com relação ao disparo de arma de fogo:

"Esta Corte vem entendendo que a absorção do delito de porte de arma pelo de disparo não é automática, dependendo, assim, do contexto fático do caso concreto. Por conseguinte, em se tratando de contextos fáticos distintos, há a possibilidade de configuração de delitos autônomos. *In casu*, não há imputação de eventual fato delituoso preexistente ao contexto fático narrado na prefacial acusatória (contexto do disparo de arma de fogo). Vale dizer, a denúncia não descreve fato anterior que esteja inserido em outro contexto fático, de modo a possibilitar a configuração de delitos autônomos. Assim sendo, considerando a narração contida na denúncia, que descreve um único contexto fático, deve o delito tipificado no art. 14 da Lei n. 10.826/03 (porte ilegal de arma de fogo) ser absorvido pelo disparo de arma de fogo (art. 15 do mesmo diploma legal). De outro lado, a conduta de quem se dirige até delegacia de polícia para entregar arma de fogo de uso permitido não pode ser equiparada ao delito de porte ilegal de arma de fogo e ser, por conseguinte, tida como típica e ilícita, uma vez que este comportamento é autorizado pelo Estado (artigos 30, 31 e 32 da Lei n. 10.826/2003). Falta, portanto, a esta ação, antinormatividade. Ordem concedida" (STJ – HC 94.673/MS – Rel. Min. Felix Fischer – 5ª T. – *DJe*, 18-8-2008).

"PROCESSUAL PENAL. AGRAVO REGIMENTAL NO AGRAVO EM RECURSO ESPECIAL. PORTE DE ARMA DE FOGO E DISPARO. CONSUNÇÃO. CONTEXTOS FÁTICOS DISTINTOS. SÚMULA 7/STJ. AGRAVO IMPROVIDO. Aplica-se o princípio da consunção aos crimes de porte ilegal e de disparo de arma de fogo ocorridos no mesmo contexto fático, quando presente nexo de dependência entre as condutas, considerando-se o porte crime-meio para a execução do disparo de arma de fogo" (STJ – AgRg no AREsp 1211409/MS – Agravo Regimental no Agravo em Recurso Especial 2017/0309596-2 – Rel. Min. Nefi Cordeiro – 6ª T. – *DJe* 21-5-2018).

> Parágrafo único. O crime previsto neste artigo é inafiançável, salvo quando a arma de fogo estiver registrada em nome do agente.

2.3.2. Crime inafiançável

Dispõe expressamente o parágrafo único que o crime de porte ilegal de arma de fogo de uso permitido é inafiançável, salvo quando a arma estiver registrada em nome do agente. Não exclui o dispositivo, entretanto, a possibilidade de concessão ao agente de liberdade provisória sem fiança, nas hipóteses admitidas pela lei processual penal.

Tal dispositivo, entretanto, foi declarado inconstitucional pelo plenário do Supremo Tribunal Federal, que, no julgamento da ADIn 3.112-1, em 2 de maio de 2007, considerou desarrazoada a vedação, ao fundamento de que tais delitos não poderiam ser equiparados ao terrorismo, à prática de tortura, ao tráfico ilícito de entorpecentes ou aos crimes hediondos (art. 5º, XLIII, da CF).

Nesse sentido, ainda, asseverou o Supremo Tribunal Federal cuidar-se de crimes de mera conduta que, embora impliquem redução no nível de segurança coletiva, não podem ser igualados aos crimes que acarretam lesão ou ameaça de lesão à vida ou à propriedade.

Assim decidiu o plenário: "À unanimidade, o Tribunal rejeitou as alegações de inconstitucionalidade formal, nos termos do voto do Relator. O Tribunal, por maioria, julgou procedente, em parte, a ação para declarar a inconstitucionalidade dos parágrafos únicos dos artigos 14 e 15 e do artigo 21 da Lei n. 10.826, de 22 de dezembro de 2003, nos termos do voto do Relator, vencidos parcialmente os Senhores Ministros Carlos Britto, Gilmar Mendes e Sepúlveda Pertence, que julgavam improcedente a ação quanto aos parágrafos únicos dos artigos 14 e 15, e o Senhor Ministro Marco Aurélio, que a julgava improcedente quanto ao parágrafo único do artigo 15 e, em relação ao artigo 21, apenas quanto à referência ao artigo 16".

Portanto, o crime em comento é suscetível de fiança e de liberdade provisória sem fiança.

2.4. Disparo de arma de fogo

> Art. 15. Disparar arma de fogo ou acionar munição em lugar habitado ou em suas adjacências, em via pública ou em direção a ela, desde que essa conduta não tenha como finalidade a prática de outro crime:
> Pena – reclusão, de 2 (dois) a 4 (quatro) anos, e multa.

Objetividade jurídica: a proteção da incolumidade pública, representada pela segurança coletiva.

Sujeito ativo: qualquer pessoa.

Sujeito passivo: a coletividade.

Conduta: a conduta vem expressa pelos verbos "disparar" e "acionar". O disparo em via pública absorve o porte ilegal, aplicando-se o princípio da consunção. O número de disparos é irrelevante. Trata-se de tipo penal subsidiário, já que o crime somente ocorre se a conduta não tiver por finalidade a prática de outro crime. Estabelece expressamente a lei, portanto, a consunção do crime de disparo de arma de fogo pelo crime-fim pretendido pelo agente. Deve ser ressaltado, entretanto, que, ao consagrar essa figura típica como crime subsidiário, criou o legislador, na lei, a possibilidade de absorção do disparo de arma de fogo por crime menos grave (crime-fim), com penas muito menores.

Objeto material: Arma de fogo é a arma que arremessa projéteis empregando a força expansiva dos gases, gerados pela combustão de um propelente confinado em uma câmara, normalmente solidária a um cano, que tem a função de dar continuidade à combustão do propelente, além de direção e estabilidade ao projétil. Munição é o cartucho completo ou seus componentes, incluídos o estojo, a espoleta, a carga propulsora, o projétil e a bucha utilizados em armas de fogo. O tipo penal abrange tanto as armas de fogo de uso permitido quanto as armas de fogo de uso restrito ou proibido.

Elemento subjetivo: dolo.

Consumação: com o efetivo disparo da arma de fogo ou acionamento da munição. Trata-se de crime de perigo abstrato (presumido), consumando-se independentemente da comprovação do risco.

Tentativa: não se admite.

Porte ilegal e disparo de arma de fogo: de acordo com posição consolidada no Superior Tribunal de Justiça, o crime de disparo de arma de fogo absorve o crime de porte ilegal, quando ocorridos no mesmo contexto fático, presente nexo de dependência entre as condutas. Nesse sentido:

"PROCESSUAL PENAL. AGRAVO REGIMENTAL NO AGRAVO EM RECURSO ESPECIAL. PORTE DE ARMA DE FOGO E DISPARO. CONSUNÇÃO. CONTEXTOS FÁTICOS DISTINTOS. SÚMULA 7/STJ. AGRAVO IMPROVIDO. Aplica-se o princípio da consunção aos crimes de porte ilegal e de disparo de arma de fogo ocorridos no mesmo contexto fático, quando presente nexo de dependência entre as condutas, considerando-se o porte crime-meio para a execução do disparo de arma de fogo" (STJ – AgRg no AREsp 1211409/MS – Agravo Regimental no Agravo em Recurso Especial 2017/0309596-2 – Rel. Min. Nefi Cordeiro – 6ªT. – *DJe* 21-5-2018).

> Parágrafo único. O crime previsto neste artigo é inafiançável.

2.4.1. Crime inafiançável

O parágrafo único do artigo dispõe expressamente que o crime é inafiançável. Não exclui o dispositivo, entretanto, a possibilidade de concessão ao agente de liberdade provisória sem fiança, nas hipóteses admitidas pela lei processual penal.

Tal dispositivo, entretanto, foi declarado inconstitucional pelo plenário do Supremo Tribunal Federal, que, no julgamento da ADIn 3.112-1, em 2 de maio de 2007, considerou desarrazoada a vedação, ao fundamento de que tais delitos não poderiam ser equiparados ao terrorismo, à prática de tortura, ao tráfico ilícito de entorpecentes ou aos crimes hediondos (art. 5º, XLIII, da CF).

Nesse sentido, ainda, asseverou o Supremo Tribunal Federal cuidar-se de crimes de mera conduta que, embora impliquem redução no nível de segurança coletiva, não podem ser igualados aos crimes que acarretam lesão ou ameaça de lesão à vida ou à propriedade.

Assim decidiu o plenário: "À unanimidade, o Tribunal rejeitou as alegações de inconstitucionalidade formal, nos termos do voto do Relator. O Tribunal, por maioria, julgou procedente, em parte, a ação para declarar a inconstitucionalidade dos parágrafos únicos dos artigos 14 e 15 e do artigo 21 da Lei n. 10.826, de 22 de dezembro de 2003, nos termos do voto do Relator, vencidos parcialmente os Senhores Ministros Carlos Britto, Gilmar Mendes e Sepúlveda Pertence, que julgavam improcedente a ação quanto aos parágrafos únicos dos artigos 14 e 15, e o Senhor Ministro Marco Aurélio, que a julgava improcedente quanto ao parágrafo único do artigo 15 e, em relação ao artigo 21, apenas quanto à referência ao artigo 16".

Portanto, o crime em comento é suscetível de fiança e de liberdade provisória sem fiança.

2.5. Posse ou porte ilegal de arma de fogo de uso restrito

> Art. 16. Possuir, deter, portar, adquirir, fornecer, receber, ter em depósito, transportar, ceder, ainda que gratuitamente, emprestar, remeter, empregar, manter sob sua guarda ou ocultar arma de fogo, acessório ou munição de uso restrito, sem autorização e em desacordo com determinação legal ou regulamentar:
>
> Pena – reclusão, de 3 (três) a 6 (seis) anos, e multa.

Objetividade jurídica: a proteção da incolumidade pública, representada pela segurança coletiva.

Sujeito ativo: qualquer pessoa.

Sujeito passivo: a coletividade.

Conduta: a conduta típica vem expressa por quatorze verbos (possuir, deter, portar, adquirir, fornecer, receber, ter em depósito, transportar, ceder, ainda que gratuitamente, emprestar, remeter, empregar, manter sob sua guarda ou ocultar), traduzindo tipo misto alternativo, no qual a realização de mais de um comportamento pelo mesmo agente implicará sempre um único delito.

Indiferente, aqui também, para a configuração do delito, estar a arma de fogo desmuniciada por ocasião da apreensão. Essa, a nosso ver, é a posição mais acertada, até porque esse crime é de mera conduta e de perigo abstrato, consumando-se independentemente da ocorrência de efetivo prejuízo para a sociedade, sendo que a probabilidade de vir a ocorrer algum dano é presumida pelo tipo penal.

Essa é a posição do Supremo Tribunal Federal:

"*HABEAS CORPUS*. CONSTITUCIONAL. PENAL. ARTIGO 14 DA LEI 10.826/2003. PORTE ILEGAL DE ARMA DE FOGO DE USO PERMITIDO. ARMA DESMUNICIADA. TIPICIDADE DA CONDUTA. PRECEDENTES. ORDEM DENEGADA. 1. O crime de porte ilegal de arma de fogo de uso permitido é de mera conduta e de perigo abstrato, consumando-se independentemente da ocorrência de efetivo prejuízo para a sociedade, sendo que a probabilidade de vir a ocorrer algum dano é presumida pelo tipo penal. Precedente. 2. O objeto jurídico tutelado pelo delito previsto no art. 14 da Lei 10.826/2003 não é a incolumidade física, porque o tipo tem uma matiz supraindividual, voltado à proteção da segurança pública e da paz social. Precedente. 3. É irrelevante para a tipificação do art. 14 da Lei 10.826/2003 o fato de estar a arma de fogo municiada, bastando a comprovação de que esteja em condições de funcionamento. Precedente. 4. Ordem denegada" (STF – HC 107.447/ES – Rel. Min. Cármen Lúcia – 1ª T. – *DJe*, 6-6-2011).

No Superior Tribunal de Justiça: "PENAL. PORTE ILEGAL DE ARMA DE FOGO. ART. 16, PARÁGRAFO ÚNICO, IV, DA LEI 10.826/2003. ARMA DESMUNICIADA. IRRELEVÂNCIA PARA A CARACTERIZAÇÃO DO DELITO. ORDEM DENEGADA. 1. A objetividade jurídica dos crimes de porte e posse de arma de fogo tipificados na Lei 10.826/2003 não se restringe à incolumidade pessoal, alcançando, por certo, também, a liberdade pessoal, protegidas mediatamente pela tutela primária dos níveis da segurança coletiva, do que se conclui ser irrelevante a eficácia da arma para a configuração do tipo penal. 2. Ordem denegada" (STJ – HC 62.742/DF – Rel. Min. Arnaldo Esteves Lima – 5ª T. – *DJ*, 6-11-2006, p. 355).

"A objetividade jurídica dos crimes de porte e posse de arma de fogo tipificados na Lei 10.826/2003 não se restringe à incolumidade pessoal, alcançando, por certo, também, a liberdade pessoal, protegidas mediatamente pela tutela primária dos níveis da segurança coletiva, do que se conclui ser irrelevante a eficácia da arma para a configuração do tipo penal. Para se configurar a tipicidade da conduta prevista no art. 14 da Lei 10.826/2003, é irrelevante que a arma apreendida esteja desmuniciada, bastando que haja o porte ou a posse ilegal da arma de fogo. Ordem denegada" (STJ – HC 147.632/RJ – Rel. Min. Arnaldo Esteves Lima – 5ª T. – *DJe*, 5-4-2010).

Objeto material: arma de fogo, acessório ou munição, de uso restrito. O dispositivo em comento configura norma penal em branco, uma vez que o art. 23 da lei, com a redação que lhe deu a Lei n. 11.706/2008, dispõe que "a classificação legal, técnica e geral, bem como a definição das armas de fogo e demais produtos controlados, de usos proibidos, restritos, permitidos ou obsoletos e de valor histórico serão disciplinados em ato do Chefe do Poder Executivo Federal, mediante proposta do Comando do Exército". No caso do *caput* desse artigo, também, a arma de fogo deve ser devidamente identificada por meio de numeração, marca ou qualquer outro sinal de identificação. Caso a numeração, marca ou sinal de identificação estejam suprimidas, estará configurado o crime do art. 16, parágrafo único, IV, da lei.

De acordo com o art. 2º do Decreto n. 9.847/2019, são adotadas as definições e classificações constantes do Anexo I ao Decreto n. 10.030/2019.

O Anexo I ao Decreto n. 10.030/2019 trata do Regulamento de Produtos Controlados e dispõe sobre os princípios, as classificações, as definições e as normas para a fiscalização de produtos controlados pelo Comando do Exército.

Cabe ao Comando do Exército estabelecer os parâmetros de aferição e a listagem dos calibres nominais que se enquadrem nos limites estabelecidos nos incisos I, II e IV do *caput* do parágrafo único do art. 3º do Anexo I ao Decreto n. 10.030/2019.

Assim, arma de fogo de uso restrito são as armas de fogo automáticas, de qualquer tipo ou calibre, semiautomáticas ou de repetição que sejam: a) não portáteis; b) de porte, cujo calibre nominal, com a utilização de munição comum, atinja, na saída do cano de prova, energia cinética superior a mil e duzentas libras-pé ou mil seiscentos e vinte *joules*; ou c) portáteis de alma raiada, cujo calibre nominal, com a utilização de munição comum, atinja, na saída do cano de prova, energia cinética superior a mil e duzentas libras-pé ou mil seiscentos e vinte *joules*.

Munição de uso restrito são as munições que: a) atinjam, na saída do cano de prova de armas de porte ou portáteis de alma raiada, energia cinética superior a mil e duzentas libras-pé ou mil seiscentos e vinte *joules*; b) sejam traçantes, perfurantes ou fumígenas; c) sejam granadas de obuseiro, de canhão, de morteiro, de mão ou de bocal; ou d) sejam rojões, foguetes, mísseis ou bombas de qualquer natureza.

Acessório de uso restrito, por seu turno, de acordo com o art. 15, § 2º, II, do Decreto n. 10.030/2019, são os acessórios de arma de fogo que tenham por objetivo: a) suprimir ou abrandar o estampido; ou b) modificar as condições de emprego, conforme regulamentação do Comando do Exército.

Já de acordo com o disposto no art. 12 do Decreto n. 11.615/2023, "São de uso restrito as armas de fogo e munições especificadas em ato conjunto do Comando do Exército e da Polícia Federal, incluídas: I – armas de fogo automáticas, independentemente do tipo ou calibre; II – armas de pressão por gás comprimido ou por ação de mola, com calibre superior a seis ponto trinta e cinco milímetros, que disparem projéteis de qualquer natureza, exceto as que lancem esferas de plástico com tinta, como os lançadores de *paintball*; III – armas de fogo de porte, cuja munição comum tenha, na saída do cano de prova, energia superior a trezentas libras-pé ou quatrocentos e sete joules, e suas munições; IV – armas de fogo portáteis, longas, de alma raiada, cuja munição comum tenha, na saída do cano de prova, energia superior a mil e duzentas libras-pé ou mil seiscentos e vinte joules, e suas munições; V – armas de fogo portáteis, longas, de alma lisa: a) de calibre superior a doze; e b) semiautomáticas de qualquer calibre; e VI – armas de fogo não portáteis".

Consumação: com a prática de uma ou mais condutas previstas no tipo penal. Sendo crime de conteúdo variado (tipo misto alternativo), a prática de mais de uma conduta não importa em concurso de crimes.

Tentativa: em tese é admissível, embora de difícil configuração diante da multiplicidade de condutas incriminadas. O início da execução de uma conduta pode configurar a consumação de outra.

Apreensão de duas ou mais armas de fogo no mesmo contexto fático: de acordo com o Superior Tribunal de Justiça, trata-se de crime único. Nesse sentido o HC 110.800/SP, 5ª Turma, Rel. Min. Laurita Vaz, *DJe* 30-11-2009: "Conforme entendimento da Quinta Turma do Superior Tribunal de Justiça, a apreensão de mais de uma arma em poder do mesmo agente não caracteriza concurso formal de crimes, mas delito único". No mesmo sentido, o HC 130.797, 6ªT., Rel. Min. Maria Thereza de Assis Moura, *DJe* 1º-2-2013.

Laudo pericial para atestar a potencialidade da arma apreendida: o Superior Tribunal de Justiça já decidiu que, se tratando de crime de perigo abstrato, é prescindível a realização de laudo pericial para atestar a potencialidade da arma apreendida e, por conseguinte, caracterizar o crime de porte ilegal de arma de fogo. Nesse sentido: "AGRAVO REGIMENTAL NO AGRAVO EM RECURSO ESPECIAL. PORTE ILEGAL DE ARMA DE FOGO. INEXISTÊNCIA DE LAUDO PERICIAL. IRRELEVÂNCIA. CRIME DE PERIGO ABSTRATO. REVOLVIMENTO PROBATÓRIO. SÚMULA 7/STJ. DECISÃO RECORRIDA EM CONSONÂNCIA COM A JURISPRUDÊNCIA DO STJ. SÚMULA 83/STJ. 1. Consoante a jurisprudência da Terceira Seção, consolidada no julgamento do EResp n. 1.005.300/RS, tratando-se de crime de perigo abstrato, é prescindível a realização de laudo pericial para atestar a potencialidade da arma apreendida e, por conseguinte, caracterizar o crime de porte ilegal de arma de fogo (EREsp 1005300/RS, Rel. Ministra Maria Thereza de Assis Moura, Rel. p/ Acórdão Ministra Laurita Vaz, Terceira Seção, julgado em 14-8-2013, *DJe* 19-12-2013). 2. Perquirir-se sobre a inexistência de provas, como quer o recorrente, para a comprovação da materialidade delitiva (ainda que não se negue a apreensão da arma), demandaria revolvimento fático-probatório, obstaculizado pela Súmula 7/STJ. Estando o acórdão recorrido em consonância com o entendimento firmado pelo Superior Tribunal de Justiça, impõe-se a incidência da Súmula 83/STJ. 3. Agravo regimental improvido" (AgRg no AREsp 1856956/AL – Rel. Min. Olindo Menezes (Desembargador convocado do TRF 1ª Região) – 6ªT. – *DJe* 4-10-2021).

2.6. Supressão ou alteração de marca, numeração ou sinal de identificação de arma de fogo ou artefato

> Parágrafo único. Nas mesmas penas incorre quem:
> I – suprimir ou alterar marca, numeração ou qualquer sinal de identificação de arma de fogo ou artefato;

Objetividade jurídica: a proteção da incolumidade pública, representada pela segurança coletiva.

Sujeito ativo: qualquer pessoa.

Sujeito passivo: a coletividade.

Conduta: vem representada pelos verbos "suprimir" (retirar, eliminar, obliterar) e "alterar" (modificar, mudar).

Objeto material: marca, numeração ou sinal de identificação de arma de fogo ou artefato. A marca, numeração, sinais de identificação e demais características das armas de fogo devem ficar registradas no Sistema Nacional de Armas – SINARM (art. 2º).

Elemento subjetivo: dolo.

Consumação: com a efetiva supressão ou alteração da marca, numeração ou sinal de identificação da arma de fogo ou artefato.

Tentativa: admite-se, por ser fracionável o *iter criminis*.

2.7. Modificação das características da arma de fogo

> II – modificar as características de arma de fogo, de forma a torná-la equivalente a arma de fogo de uso proibido ou restrito ou para fins de dificultar ou de qualquer modo induzir a erro autoridade policial, perito ou juiz;

Objetividade jurídica: a proteção da incolumidade pública, representada pela segurança coletiva.

Sujeito ativo: qualquer pessoa.

Sujeito passivo: a coletividade.

Conduta: vem representada pelo verbo "modificar" (alterar, mudar). Somente é punível a modificação que torne a arma de fogo equivalente à de uso proibido ou restrito, ou aquela que tenha por fim dificultar ou de qualquer modo induzir a erro autoridade policial, perito ou juiz.

Objeto material: as características de arma de fogo (calibre, comprimento do cano, forma de acionamento da munição, mira, capacidade etc.).

Elemento subjetivo: dolo. Deve o agente ter, ainda, o especial fim de agir: tornar a arma de fogo modificada equivalente a arma de uso proibido ou restrito, ou dificultar ou de qualquer modo induzir a erro a autoridade policial, perito ou juiz.

Consumação: com a efetiva modificação das características da arma de fogo.

Tentativa: admite-se, por ser fracionável o *iter criminis*.

2.8. Posse, detenção, fabricação ou emprego de artefato explosivo ou incendiário

> III – possuir, deter, fabricar ou empregar artefato explosivo ou incendiário, sem autorização ou em desacordo com determinação legal ou regulamentar;

Objetividade jurídica: a proteção da incolumidade pública, representada pela segurança coletiva.

Sujeito ativo: qualquer pessoa.

Sujeito passivo: a coletividade.

Conduta: vem representada pelos verbos "possuir" (ter, deter), "deter" (ter, possuir), "fabricar" (produzir, realizar) e "empregar" (utilizar, aplicar).

Objeto material: artefatos explosivos ou incendiários, que também constituem produtos controlados, a ser disciplinados por ato do chefe do Poder Executivo Federal, mediante proposta do Comando do Exército (art. 23, *caput*).

Consumação: com a efetiva posse, detenção, fabricação ou emprego do artefato explosivo ou incendiário.

Tentativa: admite-se nas condutas "fabricar" e "empregar".

2.9. Porte de arma de fogo de numeração raspada

> IV – portar, possuir, adquirir, transportar ou fornecer arma de fogo com numeração, marca ou qualquer outro sinal de identificação raspado, suprimido ou adulterado;

Objetividade jurídica: a proteção da incolumidade pública, representada pela segurança coletiva.

Sujeito ativo: qualquer pessoa.

Sujeito passivo: a coletividade.

Conduta: vem expressa pelos verbos "portar" (trazer consigo, carregar), "possuir" (ter, deter), "adquirir" (conseguir, alcançar, comprar), "transportar" (conduzir, levar) e "fornecer" (proporcionar, dar). Trata-se de tipo penal misto alternativo, ou de conteúdo variado, sendo que a prática de mais de uma conduta não enseja o concurso de crimes.

Objeto material: arma de fogo com numeração, marca ou qualquer outro sinal de identificação raspado, suprimido ou adulterado.

Elemento subjetivo: dolo.

Consumação: com a realização de qualquer das condutas incriminadas. Trata-se de crime de mera conduta e de perigo abstrato.

Tentativa: não se admite.

2.10. Venda, entrega ou fornecimento de arma de fogo, acessório, munição ou explosivo a criança ou adolescente

> V – vender, entregar ou fornecer, ainda que gratuitamente, arma de fogo, acessório, munição ou explosivo a criança ou adolescente; e

Objetividade jurídica: a tutela da incolumidade pública, representada pela segurança coletiva. Também a proteção da vida e da integridade corporal da criança e do adolescente.

Sujeito ativo: qualquer pessoa.

Sujeito passivo: a criança ou o adolescente.

Conduta: vem representada pelos verbos "vender" (alienar, comercializar), "fornecer" (dar, entregar, proporcionar) e "entregar" (dar, fornecer), a título oneroso ou gratuito.

Objeto material: arma de fogo, acessório, munição ou explosivo.

Elemento subjetivo: dolo.

Consumação: ocorre com a efetiva venda, fornecimento ou entrega, de qualquer forma, a título oneroso ou gratuito.

Tentativa: admite-se.

2.10.1. Revogação do art. 242 do ECA

Ao tratar dessa modalidade criminosa, entendemos que o dispositivo em comento não revogou o art. 242 da Lei n. 8.069/90. O objeto material do art. 242 do ECA é arma, munição ou explosivo. Nesse ponto, encontra-se mais visível a distinção entre esse dispositivo e o inciso V em análise, que se refere à *arma de fogo* (grifo nosso). Portanto, se a venda, fornecimento ou entrega a criança ou adolescente for de *arma de fogo*, estará configurada a hipótese criminosa do inciso V, ora em comento. Caso a venda, fornecimento ou entrega a criança ou adolescente for de qualquer outra arma, que não arma de fogo, estará configurada a hipótese deste art. 242 do ECA.

2.11. Produção, recarga, reciclagem ou adulteração de munição ou explosivo

> VI – produzir, recarregar ou reciclar, sem autorização legal, ou adulterar, de qualquer forma, munição ou explosivo.

Objetividade jurídica: a incolumidade pública, representada pela segurança coletiva.

Sujeito ativo: qualquer pessoa.

Sujeito passivo: a coletividade.

Conduta: vem representada pelos verbos "produzir" (gerar, fabricar), "recarregar" (tornar a carregar), "reciclar" (processar para reutilizar) e "adulterar" (defraudar, corromper).

Objeto material: munição ou explosivo.

Consumação: com a prática de qualquer das condutas incriminadas. É crime de perigo abstrato.

Tentativa: admite-se, por ser fracionável o *iter criminis*.

2.12. Arma de fogo de uso proibido

> § 2º Se as condutas descritas no *caput* e no § 1º deste artigo envolverem arma de fogo de uso proibido, a pena é de reclusão, de 4 (quatro) a 12 (doze) anos.

Crime hediondo: o crime de posse ou porte ilegal de arma de fogo de uso proibido, descrito neste artigo, é considerado hediondo, de acordo com o disposto no parágrafo único, inciso II, do art. 1º da Lei n. 8.072/90, com a redação que lhe foi dada pela Lei n. 13.964/2019.

Arma de fogo de uso proibido: armas de fogo de uso proibido são: a) as armas de fogo classificadas de uso proibido em acordos e tratados internacionais dos quais o Brasil seja signatário; ou b) as armas de fogo dissimuladas, com aparência de objetos inofensivos. O art. 14 do Decreto n. 11.615/2023 estabelece que "São de uso proibido: I – as armas de fogo classificadas como de uso proibido em acordos ou tratados internacionais dos quais a República Federativa do Brasil seja signatária; II – os brinquedos, as réplicas e os simulacros de armas de fogo que com estas possam se confundir, exceto as classificadas como armas de pressão e as réplicas e os simulacros destinados à instrução, ao adestramento ou à coleção de usuário autorizado, nas condições estabelecidas pela Polícia Federal; III – as armas de fogo dissimuladas, com aparência de objetos inofensivos; e IV – as munições: a) classificadas como de uso proibido em acordos ou tratados internacionais dos quais a República Federativa do Brasil seja signatária; ou b) incendiárias ou químicas".

Munição e acessório de uso proibido: tendo o novo dispositivo, inserido pela Lei n. 13.964/2019, silenciado acerca de munições e acessórios de uso proibido, não pode o crime de porte ou posse ilegal de tais objetos ser enquadrado neste § 2º, sob pena de indevida analogia *in malam partem*. A nosso ver, neste caso, adequado seria o enquadramento no *caput* do art. 16, em analogia *in bonam partem*. Assim, no caso de posse ou porte de munições e acessórios de uso proibido, em vez de ser imputada ao agente a conduta do § 2º, a ele seria imputada a conduta do *caput* do art. 16.

2.13. Comércio ilegal de arma de fogo

> Art. 17. Adquirir, alugar, receber, transportar, conduzir, ocultar, ter em depósito, desmontar, montar, remontar, adulterar, vender, expor à venda, ou de qualquer forma utilizar, em proveito próprio ou alheio, no exercício de atividade comercial ou industrial, arma de fogo, acessório ou munição, sem autorização ou em desacordo com determinação legal ou regulamentar:
>
> Pena – reclusão, de 6 (seis) a 12 (doze) anos, e multa.
>
> § 1º Equipara-se à atividade comercial ou industrial, para efeito deste artigo, qualquer forma de prestação de serviços, fabricação ou comércio irregular ou clandestino, inclusive o exercido em residência.
>
> § 2º Incorre na mesma pena quem vende ou entrega arma de fogo, acessório ou munição, sem autorização ou em desacordo com a determinação legal ou regulamentar, a agente policial disfarçado, quando presentes elementos probatórios razoáveis de conduta criminal preexistente.

Crime hediondo: esse crime ora em comento passou a ser considerado hediondo pelo art. 1º, parágrafo único, inciso III, da Lei n. 8.072/90, acrescentado pela Lei n. 13.964/2019 (Lei Anticrime).

Objetividade jurídica: a incolumidade pública, representada pela segurança coletiva.

Sujeito ativo: *a pessoa que se encontre* no exercício de atividade comercial ou industrial. Trata-se de crime próprio. O §1º equipara à atividade comercial ou industrial qualquer forma de prestação de serviços, fabricação ou comércio irregular ou clandestino, inclusive o exercido em residência.

Sujeito passivo: a coletividade.

Conduta: vem representada por quatorze verbos (adquirir, alugar, receber, transportar, conduzir, ocultar, ter em depósito, desmontar, montar, remontar, adulterar, vender, expor à venda, ou de qualquer forma utilizar), traduzindo tipo misto alternativo no qual a realização de mais de um comportamento pelo mesmo agente implicará sempre um único delito.

Objeto material: arma de fogo, acessório ou munição, seja de uso permitido ou proibido ou restrito. Se a arma de fogo, acessório ou munição for de uso proibido ou restrito, a pena é aumentada de metade, conforme o disposto no art. 19 da lei.

Consumação: com a efetiva prática de uma das condutas incriminadas. Trata-se de crime de perigo abstrato.

Tentativa: admite-se a tentativa, pois em algumas modalidades de conduta o *iter criminis* é fracionável. Entretanto, deve ser observado que, na descrição legal do tipo, constam condutas que seriam preparatórias de outras, de modo que, em algumas hipóteses, uma conduta anterior já pode configurar o crime consumado.

2.13.1. Venda ou entrega de arma de fogo, acessório ou munição a agente policial disfarçado

> § 2º Incorre na mesma pena quem vende ou entrega arma de fogo, acessório ou munição, sem autorização ou em desacordo com a determinação legal ou regulamentar, a agente policial disfarçado, quando presentes elementos probatórios razoáveis de conduta criminal preexistente.

Esse §2º foi introduzido pela Lei n. 13.964/2019 (Lei Anticrime).

Trata-se um agente policial que atua de maneira disfarçada, visando a investigação e eventual prisão em flagrante de vendedores clandestinos e traficantes de armas, munições e acessórios, fazendo-se passar por comprador de tais artefatos.

Para a atuação do agente policial disfarçado, exigiu expressamente o dispositivo introduzido pela Lei Anticrime que devem estar presentes "elementos probatórios razoáveis de conduta criminal preexistente", o que significa a existência de elementos suficientes indicativos de que o criminoso já tenha realizado a conduta delitiva anteriormente, ou seja, que já esteja envolvido com o comércio ilegal de armas de fogo, acessórios e munições.

2.14. Tráfico internacional de arma de fogo

> Art. 18. Importar, exportar, favorecer a entrada ou saída do território nacional, a qualquer título, de arma de fogo, acessório ou munição, sem autorização da autoridade competente:
> Pena – reclusão de 8 (oito) a 16 (dezesseis) anos, e multa.

Crime hediondo: esse crime ora em comento passou a ser considerado hediondo pelo art. 1º, parágrafo único, inciso IV, da Lei n. 8.072/90, acrescentado pela Lei n. 13.964/2019 (Lei Anticrime).

Objetividade jurídica: a proteção da incolumidade pública, representada pela segurança coletiva.

Sujeito ativo: qualquer pessoa.

Sujeito passivo: a coletividade.

Conduta: vem representada pelos verbos "importar" (trazer de fora do país), "exportar" (enviar ou vender para fora do país) e "favorecer" (facilitar, beneficiar). O favorecimento deve voltar-se à entrada ou saída do território nacional, a qualquer título, de arma de fogo, acessório ou munição. Em qualquer das modalidades de conduta deve inexistir "autorização da autoridade competente", que, no caso da lei em comento, deve pertencer ao Comando do Exército, nos termos dos arts. 24 e 27 da lei.

Objeto material: arma de fogo, acessório ou munição, de uso permitido, proibido ou restrito. O art. 19 determina o aumento da pena da metade se a arma de fogo, acessório ou munição forem de uso proibido ou restrito.

Consumação: na modalidade de conduta "importar", consuma-se com o efetivo ingresso da arma de fogo, acessório ou munição no País. Na modalidade de conduta "exportar", com a efetiva saída do objeto material do País. São hipóteses de crime instantâneo. Na conduta de "favorecer" a entrada ou saída do território nacional, consuma-se com o efetivo favorecimento, que pode ser praticado por ação ou por omissão do agente.

Tentativa: admite-se, salvo na hipótese de favorecimento por omissão.

2.14.1. Venda ou entrega de arma de fogo, acessório ou munição a agente policial disfarçado

> Parágrafo único. Incorre na mesma pena quem vende ou entrega arma de fogo, acessório ou munição, em operação de importação, sem autorização da autoridade competente, a agente policial disfarçado, quando presentes elementos probatórios razoáveis de conduta criminal preexistente.

Esse parágrafo único foi introduzido pela Lei n. 13.964/2019 (Lei Anticrime).

Trata-se um agente policial que atua de maneira disfarçada, visando a investigação e eventual prisão em flagrante de vendedores clandestinos e traficantes de armas, munições ou acessórios, fazendo-se passar por comprador de tais artefatos.

Para a atuação do agente policial disfarçado, exigiu expressamente o novo dispositivo introduzido pela Lei Anticrime que devem estar presentes "elementos probatórios razoáveis de conduta criminal preexistente", o que significa a existência de elementos suficientes indicativos de que o criminoso já tenha realizado a conduta delitiva anteriormente, ou seja, que já esteja envolvido com o tráfico internacional de armas de fogo, acessórios ou munições.

2.15. Causas especiais de aumento de pena

> Art. 19. Nos crimes previstos nos arts. 17 e 18, a pena é aumentada da metade se a arma de fogo, acessório ou munição forem de uso proibido ou restrito.

Dispõe o art. 19 da Lei de Armas que, nos crimes de comércio ilegal e tráfico internacional de armas de fogo, acessórios ou munição, a pena é aumentada de metade se forem os objetos de uso proibido ou restrito. Vale lembrar, nesse aspecto, que "a classificação legal, técnica e geral, bem como a definição das armas de fogo e demais produtos controlados, de usos proibidos, restritos, permitidos ou obsoletos e de valor histórico serão disciplinadas em ato do Chefe do Poder Executivo Federal, mediante proposta do Comando do Exército" (art. 23).

> Art. 20. Nos crimes previstos nos arts. 14, 15, 16, 17 e 18, a pena é aumentada da metade se:
> I – forem praticados por integrante dos órgãos e empresas referidas nos arts. 6º, 7º e 8º desta Lei; ou
> II – o agente for reincidente específico em crimes dessa natureza.

O art. 20 da Lei de Armas, com a redação dada pela Lei n. 13.964/2019, prevê aumento de pena de metade se os crimes de porte ilegal ou disparo de arma de fogo, posse ou porte ilegal de arma de uso restrito, comércio ilegal e tráfico internacional de arma de fogo forem praticados por integrantes dos órgãos e empresas referidas nos arts. 6º, 7º e 8º.

Prevê, ainda, o mesmo aumento se o agente for reincidente específico em crime dessa natureza.

2.16. Fiança e liberdade provisória

> Art. 21. Os crimes previstos nos arts. 16, 17 e 18 são insuscetíveis de liberdade provisória.

Esse dispositivo foi declarado inconstitucional pelo plenário do Supremo Tribunal Federal, que, no julgamento da ADIn 3.112-1, em 2 de maio de 2007, entendeu que a proibição de liberdade provisória, com ou sem fiança, viola os princípios da presunção de inocência e do devido processo legal, ampla defesa e contraditório.

Nesse sentido, ressaltou o Ministro Ricardo Lewandowski, relator da ação, que "a prisão obrigatória, de resto, fere os princípios constitucionais da ampla defesa e do contraditório (artigo 5º, LV), que abrigam um conjunto de direitos e faculdades, os quais podem ser exercidos em todas as instâncias jurisdicionais, até a sua exaustão".

Assim decidiu o plenário: "À unanimidade, o Tribunal rejeitou as alegações de inconstitucionalidade formal, nos termos do voto do Relator. O Tribunal, por maioria, julgou procedente, em parte, a ação para declarar a inconstitucionalidade dos parágrafos únicos dos artigos 14 e 15 e do artigo 21 da Lei n. 10.826, de 22 de dezembro de 2003, nos termos do voto do Relator, vencidos parcialmente os Senhores Ministros Carlos Britto, Gilmar Mendes e Sepúlveda Pertence, que julgavam improcedente a ação quanto aos parágrafos únicos dos artigos 14 e 15, e o Senhor Ministro Marco Aurélio, que a julgava improcedente quanto ao parágrafo único do artigo 15 e, em relação ao artigo 21, apenas quanto à referência ao artigo 16".

Portanto, o crime em comento é suscetível de liberdade provisória, não mais valendo a vedação legal.

17 Drogas
Lei n. 11.343/2006

1. Noções gerais

1.1. Estrutura da Lei n. 11.343/2006

A Lei n. 11.343/2006, que dispõe sobre medidas para prevenção do uso indevido, atenção e reinserção social de usuários e dependentes de drogas e estabelece normas para repressão à produção não autorizada e ao tráfico ilícito de drogas, está dividida em sete títulos:

a) Título I – Disposições preliminares.

b) Título II – Do sistema nacional de políticas públicas sobre drogas.

c) Título III – Das atividades de prevenção ao uso indevido, atenção e reinserção social de usuários e dependentes de drogas.

d) Título IV – Da repressão à produção não autorizada e ao tráfico ilícito de drogas.

e) Título V – Da cooperação internacional.

f) Título V-A – Do financiamento das políticas sobre drogas (inserido pela Lei n. 13.840/2019 e vetado pelo Presidente da República).

g) Título VI – Das disposições finais e transitórias.

Com essa estrutura, percebe-se nitidamente que não tem a nova Lei de Drogas o propósito único de punir, mas também de prevenir o tráfico e uso indevidos, cuidando igualmente do tratamento e da recuperação do dependente.

1.2. Do Sistema Nacional de Políticas Públicas sobre Drogas – SISNAD

A Lei de Drogas instituiu um novo órgão denominado Sistema Nacional de Políticas Públicas sobre Drogas – SISNAD, com a finalidade de articular, integrar, organizar e coordenar as atividades relacionadas com a prevenção do uso indevido, a atenção e a reinserção social de usuários e dependentes de drogas e a repressão da produção não autorizada e do tráfico ilícito de drogas.

De acordo com o disposto no § 1º do art. 3º da Lei, incluído pela Lei n. 13.840/2019, § 1º, entende-se por SISNAD o conjunto ordenado de princípios, regras, critérios e recursos materiais e humanos que envolvem as políticas, planos, programas, ações e projetos sobre drogas, incluindo-se nele, por adesão, os Sistemas de Políticas Públicas sobre Drogas dos Estados, Distrito Federal e Municípios.

O SISNAD deve atuar em articulação com o Sistema Único de Saúde – SUS, e com o Sistema Único de Assistência Social – SUAS.

Quanto à composição e à organização do SISNAD, houve o veto do Presidente da República aos arts. 6º, 8º, 9º a 14 e 15 da lei, sendo, posteriormente, editado o Decreto n. 5.912, de 27-9-2006, revogado em parte pelo Decreto n. 9.926, de 19 de julho de 2019, dispondo este último sobre o Conselho Nacional de Política sobre Drogas.

Apresentando sensíveis alterações na Lei de Drogas, a Lei n. 13.840/2019 criou o Plano Nacional de Políticas sobre Drogas, que tem a duração de 5 anos a contar de sua aprovação, com os objetivos de promover a interdisciplinaridade e integração dos programas, ações, atividades e projetos dos órgãos e entidades públicas e privadas nas áreas de saúde, educação, trabalho, assistência social, previdência social, habitação, cultura, desporto e lazer, visando à prevenção do uso de drogas, atenção e reinserção social dos usuários ou dependentes de drogas; viabilizar a ampla participação social na formulação, implementação e avaliação das políticas sobre drogas; priorizar programas, ações, atividades e projetos articulados com os estabelecimentos de ensino, com a sociedade e com a família para a prevenção do uso de drogas; ampliar as alternativas de inserção social e econômica do usuário ou dependente de drogas, promovendo programas que priorizem a melhoria de sua escolarização e a qualificação profissional; promover o acesso do usuário ou dependente de drogas a todos os serviços públicos; estabelecer diretrizes para garantir a efetividade dos programas, ações e projetos das políticas sobre drogas; fomentar a criação de serviço de atendimento telefônico com orientações e informações para apoio aos usuários ou dependentes de drogas; articular programas, ações e projetos de incentivo ao emprego, renda e capacitação para o trabalho, com objetivo de promover a inserção profissional da pessoa que haja cumprido o plano individual de atendimento nas fases de tratamento ou acolhimento; promover formas coletivas de organização para o trabalho, redes de economia solidária e o cooperativismo, como forma de promover autonomia ao usuário ou dependente de drogas egresso de tratamento ou acolhimento, observando-se as especificidades regionais; propor a formulação de políticas públicas que conduzam à efetivação das diretrizes e princípios previstos no art. 22; articular as instâncias de saúde, assistência social e de justiça no enfrentamento ao abuso de drogas; e promover estudos e avaliação dos resultados das políticas sobre drogas.

Inclusive, a Lei n. 13.840/2019 criou também os Conselhos de Políticas sobre Drogas, constituídos por Estados, Distrito Federal e Municípios, com os objetivos de auxiliar na elaboração de políticas sobre drogas; colaborar com os órgãos governamentais no planejamento e na execução das políticas sobre drogas, visando à efetividade das políticas sobre drogas; propor a celebração de instrumentos de cooperação, visando à elaboração de programas, ações, atividades e projetos voltados à prevenção, tratamento, acolhimento, reinserção social e econômica e repressão ao tráfico ilícito de drogas; promover a realização de estudos, com o objetivo de subsidiar o planejamento das políticas sobre drogas; propor políticas públicas que permitam a integração e a participação do usuário ou dependente de drogas no processo social, econômico, político e cultural no respectivo ente federado; e desenvolver outras atividades relacionadas às políticas sobre drogas em consonância com o SISNAD e com os respectivos planos.

Nesse sentido, o art. 73 da Lei de Drogas, com a redação que lhe foi dada pela Lei n. 12.219, de 31 de março de 2010, já dispunha que a União poderá estabelecer convênios com os Estados e com o Distrito Federal, visando à prevenção e repressão do tráfico ilícito e do uso indevido de drogas, e com os Municípios, com o objetivo de prevenir o uso indevido delas e de possibilitar a atenção e reinserção social de usuários e dependentes de drogas.

A Política Nacional sobre Drogas foi aprovada pelo Decreto n. 9.761, de 11 de abril de 2019.

1.3. Terminologia para substâncias entorpecentes

A lei optou pelo termo *drogas*, em vez da expressão *substância entorpecente* ou que *determine dependência física ou psíquica*.

No parágrafo único do art. 1º, a lei estabelece textualmente:

"Para fins desta Lei, consideram-se como drogas as substâncias ou os produtos capazes de causar dependência, assim especificados em lei ou relacionados em listas atualizadas periodicamente pelo Poder Executivo da União".

Com a lei, foi adotado um conceito legal desta categoria jurídica chamada *drogas*, que não ficou restrito à categoria dos entorpecentes, nem das substâncias causadoras de dependência física ou psíquica. Consideram-se drogas todas as substâncias ou produtos com potencial de causar dependência, com a condição de que estejam relacionadas em dispositivo legal competente.

Caberá ao Ministério da Saúde, consoante o disposto no art. 14, I, *a*, do Decreto n. 5.912/2006, publicar listas atualizadas periodicamente das substâncias ou produtos capazes de causar dependência.

A nova nomenclatura espelha a terminologia adotada pela Organização Mundial de Saúde – OMS, que abandonou o uso dos termos ou das expressões "narcóticos", "substâncias entorpecentes" e "tóxicos". Mesmo a Convenção Única sobre Entorpecente, da ONU, promulgada em 1961, e a Convenção contra o Tráfico Ilícito de Entorpecentes e Substâncias Psicotrópicas, de Viena, de 1988, ao se referirem às substâncias tóxicas ou entorpecentes utilizam simplesmente o termo *drug*.

Ao referir-se a *drogas*, portanto, a lei seguiu a orientação do diploma anterior, criando normas penais em branco, cujo preceito deve ser complementado por norma de natureza extrapenal, no caso Portaria do Serviço de Vigilância Sanitária, do Ministério da Saúde. Assim, se for constatada a existência de alguma substância entorpecente não relacionada na Portaria n. 344/98, por força do princípio da estrita legalidade, sua produção, comercialização, distribuição ou consumo não constituirá crime de tráfico ou de porte para consumo pessoal.

Entretanto, até que haja a atualização da lista pelo Ministério da Saúde, aplica-se o disposto no art. 66 da lei:

"Art. 66. Para fins do disposto no parágrafo único do art. 1º desta Lei, até que seja atualizada a terminologia da lista mencionada no preceito, denominam-se drogas substâncias entorpecentes, psicotrópicas, precursoras e outras sob controle especial, da Portaria SVS/MS n. 344, de 12 de maio de 1998".

Assim, os crimes previstos na Lei de Drogas constituem normas penais em branco heterogêneas, também chamadas de normas penais em branco em sentido estrito ou normas penais em branco heterólogas, uma vez que, para a complementação do que sejam *drogas* é necessária a norma administrativa consistente na Portaria SVS/MS n. 344, de 12 de maio de 1998.

1.4. Terminologia da Organização Mundial da Saúde (OMS)

A Organização Mundial da Saúde adotou, segundo informes contidos em publicação da Secretaria Nacional Antidrogas – SENAD (*Um guia para a família*), a seguinte terminologia em relação a drogas:

Experimentador: pessoa que experimenta a droga, levada geralmente por curiosidade. Aquele que prova a droga uma ou algumas vezes e em seguida perde o interesse em repetir a experiência.

Usuário ocasional: pessoa que utiliza uma ou várias drogas quando disponíveis ou em ambiente favorável, sem rupturas (distúrbios) afetiva, social ou profissional.

Usuário habitual: pessoa que faz uso frequente, porém sem que haja ruptura afetiva, social ou profissional, nem perda de controle.

Usuário dependente: pessoa que usa a droga de forma frequente e exagerada, com rupturas dos vínculos afetivos e sociais. Não consegue parar quando quer.

Dependência: quando a pessoa não consegue largar a droga, porque o organismo se acostumou com a substância e sua ausência provoca sintomas físicos (quadro conhecido como síndrome da abstinência), e/ou porque se acostumou a viver sob os efeitos da droga, sentindo um grande impulso de usá-la com frequência ("fissura").

Escalada: é quando a pessoa passa do uso de drogas consideradas "leves" para as mais "pesadas", ou quando, com uma mesma droga, passa de consumo ocasional para consumo intenso.

Tolerância: quando o organismo da pessoa se acostuma com a droga e passa a exigir doses maiores para conseguir os mesmos efeitos.

Poliusuário: pessoa que utiliza combinação de várias drogas simultaneamente, ou dentro de um curto período de tempo, ainda que tenha predileção por determinada droga.

"Overdose": dose excessiva de uma droga, com graves implicações físicas e psíquicas, podendo levar a pessoa à morte por parada respiratória e/ou cardíaca.

1.5. Classificação do uso de drogas segundo a Organização Mundial da Saúde (OMS)

Uso na vida: o uso de droga pelo menos uma vez na vida.

Uso no ano: o uso de droga pelo menos uma vez nos últimos 12 meses.

Uso recente ou no mês: o uso de droga pelo menos uma vez nos últimos 30 dias.

Uso frequente: uso de droga seis ou mais vezes nos últimos 30 dias.

Uso de risco: padrão de uso que implica alto risco de dano à saúde física ou mental do usuário, mas que ainda não resultou em doença orgânica ou psicológica.

Uso prejudicial: padrão de uso que já está causando dano à saúde física ou mental.

Quanto à frequência do uso de drogas, segundo a OMS, os usuários podem ser classificados em:

Não usuário: nunca utilizou drogas.

Usuário leve: utilizou drogas no último mês, mas o consumo foi menor que uma vez por semana.

Usuário moderado: utilizou drogas semanalmente, mas não todos os dias, durante o último mês.

Usuário pesado: utilizou drogas diariamente durante o último mês.

A OMS considera ainda que o abuso de drogas não pode ser definido apenas em função da *quantidade e frequência* de uso. Assim, uma pessoa somente será considerada dependente se o seu padrão de uso resultar em pelo menos três dos seguintes sintomas ou sinais, ao longo dos últimos 12 meses:

Forte desejo ou compulsão de consumir drogas.

Dificuldades em controlar o uso, seja em termos de início, término ou nível de consumo.

Uso de substâncias psicoativas para atenuar sintomas de abstinência, com plena consciência dessa prática.

Estado fisiológico de abstinência.

Evidência de tolerância, quando o indivíduo necessita de doses maiores da substância para alcançar os efeitos obtidos anteriormente com doses menores.

Estreitamento do repertório pessoal de consumo, quando o indivíduo passa, por exemplo, a consumir drogas em ambientes inadequados, a qualquer hora, sem nenhum motivo especial.

Falta de interesse progressivo de outros prazeres e interesses em favor do uso de drogas.

Insistência no uso da substância, apesar de manifestações danosas comprovadamente decorrentes desse uso.

Evidência de que o retorno ao uso da substância, após um período de abstinência, leva a uma rápida reinstalação do padrão de consumo anterior.

1.6. Tratamento da toxicomania

Trata-se de um conjunto de medidas terapêuticas aplicadas a um paciente, com o objetivo de aliviar os transtornos decorrentes do uso indevido de drogas, visando à sua recuperação e posterior reinserção social.

Com base no compromisso assumido pelo Governo brasileiro durante a 47ª Assembleia Mundial de Saúde, o Ministério da Saúde definiu, por meio da Portaria n. 1.311/97, a implantação da Classificação Estatística Internacional de Doenças e Problemas Relacionados à Saúde – CID-10, em vigor desde janeiro de 1998. Atualmente, está em curso a transição para a CID-11, publicada pela Organização Mundial da Saúde e válida internacionalmente desde janeiro de 2022.

As abordagens psicoterapêuticas mais amplamente utilizadas incluem a terapia cognitivo-comportamental, a prevenção de recaída e a entrevista motivacional, além de práticas emergentes como terapias baseadas em *Mindfulness*. O tratamento farmacológico também desempenha um papel fundamental, especialmente em casos de dependência severa.

Outra alternativa regulamentada são as Comunidades Terapêuticas, cuja atuação foi atualizada pela Resolução RDC n. 29/2011 da ANVISA e pelo Marco Regulatório das Comunidades Terapêuticas, instituído pela Lei n. 13.840/2019. Essas instituições acolhem pacientes com dependência química leve a moderada, desde que não apresentem distúrbios psíquicos ou orgânicos graves, complementando a Rede de Atenção Psicossocial (RAPS).

1.7. Prevenção do uso de drogas

Caracteriza-se por uma pré-intervenção, isto é, uma intervenção que precede algum fenômeno que está por ocorrer. Em relação ao conceito de prevenção vinculado ao uso indevido de drogas, diz respeito às ações ou intervenções que visem a inibir o estabelecimento ou atenuar o prosseguimento de uma relação destrutiva por decorrência do uso abusivo de drogas, e quando indispensável assegurar o resgate biopsicossocial do indivíduo que apresente transtornos pelo uso indevido de drogas.

1.7.1. Tipos de intervenção preventiva

No sentido de controlar as consequências do uso abusivo de drogas, inúmeros programas foram criados em diversas partes do mundo, apresentando algumas variações em relação aos objetivos, metodologia e ideologias subjacentes.

Sendo assim, em se tratando do caráter complexo e multidimensional atribuído à questão do uso indevido de drogas, faz-se necessário respeitar e considerar a singularidade de cada região, população, condição social, cultural etc., impedindo, portanto, a imposição de projetos ditos "pacotes", uma vez que tratam a questão de forma genérica, tanto para o Estado como para o País.

Isto posto, devem-se estabelecer objetivos, metas, público-alvo e suas necessidades, para que, a partir de indicadores concretos, possa eleger-se o tipo de *intervenção preventiva* a ser priorizada na ação. De acordo com a medicina, as intervenções preventivas são tradicionalmente enfocadas sob três aspectos, a saber:

1º) Prevenção primária: consiste em quaisquer atos destinados a diminuir a incidência de uma doença numa população, reduzindo o risco de surgimento de casos novos. Pretende, ainda, intervir antes que surja algum problema, no sentido de instruir, informar e educar com vistas à manutenção da saúde.

2º) Prevenção secundária: consiste em quaisquer atos destinados a diminuir a prevalência de uma doença numa população, reduzindo sua evolução e duração. Caracteriza-se por ser um prolongamento da prevenção primária, quando esta não atingiu os objetivos propostos. No âmbito da questão do uso indevido de drogas, trata-se, portanto, de intervenções que têm como objetivo principal evitar que um estado de dependência se estabeleça.

3º) Prevenção terciária: consiste em quaisquer atos destinados a diminuir a prevalência das incapacidades crônicas numa população, reduzindo ao mínimo as deficiências funcionais consecutivas à doença. Aplicada ao universo do uso indevido de drogas, ela tem como objetivo primordial evitar a recaída, visando a reinserção social dos indivíduos que se encontram numa perspectiva de dependência. Isto é, atua no sentido de possibilitar ao indivíduo uma reintegração no contexto social, na família e no trabalho, contemplando todas as etapas do tratamento (antes, durante e depois).

1.8. Tratamento do dependente químico e internação

Especificamente em relação ao tratamento do dependente químico, a Lei de Drogas sofreu sensível alteração pela Lei n. 13.840/2019, passando a prever dois tipos de internação: a voluntária e a involuntária.

A internação voluntária é aquela que se dá com o consentimento do dependente de drogas. Nesse caso, ela deverá ser precedida de declaração escrita da pessoa solicitante de que optou por este regime de tratamento. Seu término se dará por determinação do médico responsável ou por solicitação escrita da pessoa que deseja interromper o tratamento.

Já a internação involuntária é aquela que se dá sem o consentimento do dependente, a pedido de familiar ou do responsável legal ou, na falta de qualquer um deles, de servidor público da área de saúde, da assistência social ou dos órgãos públicos integrantes do Sistema Nacional de Políticas Públicas sobre Drogas – SISNAD, que constate a existência de motivos que justifiquem a medida. Importante ressaltar que os servidores da área de segurança pública não poderão requerer a internação involuntária.

A internação involuntária somente poderá ser realizada após a formalização da decisão por médico responsável e será indicada depois da avaliação sobre o tipo de droga utilizada, o padrão de uso e na hipótese comprovada da impossibilidade de utilização de alternativas terapêuticas previstas na rede de atenção à saúde. Resta, portanto, prescindível a autorização judicial.

Entretanto, a internação involuntária perdurará apenas pelo tempo necessário à desintoxicação do dependente químico, no prazo máximo de 90 dias, tendo seu término determinado pelo médico responsável. A qualquer tempo, a família ou o representante legal do internado poderá requerer ao médico a interrupção do tratamento.

Vale ressaltar que a internação do dependente químico, em qualquer de suas modalidades, é medida excepcional e somente será indicada quando os recursos extra-hospitalares se mostrarem insuficientes.

Nesse aspecto, o tratamento do usuário ou dependente de drogas deverá ser ordenado em uma rede de atenção à saúde, com prioridade para as modalidades de tratamento ambulatorial, incluindo excepcionalmente formas de internação em unidades de saúde e hospitais gerais nos termos de normas dispostas pela União e articuladas com os serviços de assistência social e em etapas que permitam articular a atenção com ações preventivas que atinjam toda a população e orientar-se por protocolos técnicos predefinidos, baseados em evidências científicas, oferecendo atendimento individualizado ao usuário ou dependente de drogas com abordagem preventiva e, sempre que indicado, ambulatorial, além de preparar o dependente para a reinserção social e econômica, respeitando as habilidades e projetos individuais por meio de programas que articulem educação, capacitação para o trabalho, esporte, cultura e acompanhamento individualizado.

Outro ponto importante é que todas as internações e altas de dependentes químicos deverão ser informadas, no prazo máximo de 72 horas, ao Ministério Público, à Defensoria Pública e a outros órgãos de fiscalização, por meio de sistema informatizado único, na forma de regulamento a ser editado. Essas informações permanecerão sigilosas e o acesso ao sistema somente será permitido às pessoas autorizadas a conhecê-las, sob pena de responsabilidade.

A lei trata, ainda, das comunidades terapêuticas acolhedoras, que deverão ter ambiente residencial propício à formação de vínculos, com a convivência entre os pares, além de atividades práticas de valor educativo, visando a promoção do desenvolvimento pessoal, vocacionadas para acolhimento ao usuário ou dependente de drogas em vulnerabilidade social. Entretanto, a lei veda expressamente a realização de qualquer modalidade de internação nas comunidades terapêuticas acolhedoras.

Por fim, o planejamento e a execução do projeto terapêutico individual do dependente químico deverão observar, no que couber, o previsto na Lei n. 10.216/2001, que, entre outras providências, dispõe sobre a proteção e os direitos das pessoas portadoras de transtornos mentais, já tendo previsto a internação involuntária, em casos excepcionais, de doentes mentais.

2. Dos crimes e das penas

2.1. Posse para consumo pessoal

> Art. 28. Quem adquirir, guardar, tiver em depósito, transportar ou trouxer consigo, para consumo pessoal, drogas sem autorização ou em desacordo com determinação legal ou regulamentar será submetido às seguintes penas:
>
> I – advertência sobre os efeitos das drogas;
>
> II – prestação de serviços à comunidade;
>
> III – medida educativa de comparecimento a programa ou curso educativo.
>
> § 1º Às mesmas medidas submete-se quem, para seu consumo pessoal, semeia, cultiva ou colhe plantas destinadas à preparação de pequena quantidade de substância ou produto capaz de causar dependência física ou psíquica.
>
> § 2º Para determinar se a droga destinava-se a consumo pessoal, o juiz atenderá à natureza e à quantidade da substância apreendida, ao local e às condições em que se desenvolveu a ação, às circunstâncias sociais e pessoais, bem como à conduta e aos antecedentes do agente.

§ 3º As penas previstas nos incisos II e III do *caput* deste artigo serão aplicadas pelo prazo máximo de 5 (cinco) meses.

§ 4º Em caso de reincidência, as penas previstas nos incisos II e III do *caput* deste artigo serão aplicadas pelo prazo máximo de 10 (dez) meses.

§ 5º A prestação de serviços à comunidade será cumprida em programas comunitários, entidades educacionais ou assistenciais, hospitais, estabelecimentos congêneres, públicos ou privados sem fins lucrativos, que se ocupem, preferencialmente, da prevenção do consumo ou da recuperação de usuários e dependentes de drogas.

§ 6º Para garantia do cumprimento das medidas educativas a que se refere o *caput*, nos incisos I, II e III, a que injustificadamente se recuse o agente, poderá o juiz submetê-lo, sucessivamente, a:

I – admoestação verbal;

II – multa.

§ 7º O juiz determinará ao Poder Público que coloque à disposição do infrator, gratuitamente, estabelecimento de saúde, preferencialmente ambulatorial, para tratamento especializado.

Manutenção da criminalização

Quando entrou em vigor a Lei n. 11.343/2006, mínima parcela da doutrina pátria entendeu que, tendo em vista a nova redação do art. 28, teria havido a descriminalização do porte de droga para uso próprio, uma vez que não mais há previsão de pena privativa de liberdade ao usuário de drogas, que está sujeito a advertência, prestação de serviços à comunidade e medida educativa.

Não houve, entretanto, a descriminalização da posse de droga para consumo próprio, mas apenas diminuição da carga punitiva, pois a Lei, mesmo tratando mais brandamente o usuário, manteve a conduta como crime, fixando-lhe pena (ainda que não privativa de liberdade).

Nesse sentido, entendeu o Supremo Tribunal Federal, em decisão paradigmática: STF – RE 430105 QO/RJ – 1ª T. – Rel. Min. Sepúlveda Pertence – j. 13-2-2007 – *Informativo* n. 456 do STF.

No mesmo sentido, ainda, a Tese n. 6 (Jurisprudência em Teses – STJ – edição n. 131): "A conduta de porte de substância entorpecente para consumo próprio, prevista no art. 28 da Lei n. 11.343/2006, foi apenas despenalizada pela nova Lei de Drogas, mas não descriminalizada, não havendo, portanto, *abolitio criminis*".

Competência do Juizado Especial Criminal

O crime de posse para consumo pessoal é de competência do Juizado Especial Criminal, devendo o Promotor de Justiça, quando do oferecimento da proposta de transação, já mencionar qual a pena ou penas que deverão ser aplicadas ao usuário. Esse assunto será abordado mais à frente, quando da análise do procedimento.

Pela anterior disciplina do art. 16 da Lei n. 6.368/76 também aplicava-se o rito do Juizado Especial Criminal, com possibilidade de transação. Entretanto, no caso de descumprimento da transação pelo usuário de droga, o Ministério Público podia oferecer denúncia pelo porte.

Já pelo art. 28 da Lei n. 11.343/2006, em caso do não cumprimento do acordo, não haverá denúncia, mas o Juiz poderá impor novas medidas, como admoestação verbal ao usuário ou pagamento de multa. Pela Lei de Drogas, também é possível nova transação pelo mesmo motivo, ainda que o usuário tenha obtido o mesmo benefício há menos de 5 anos.

Assim é o teor das Teses n. 8 e 9 (Jurisprudência em Teses – STJ – edição n. 131):

"8) O crime de uso de entorpecente para consumo próprio, previsto no art. 28 da Lei n. 11.343/2006, é de menor potencial ofensivo, o que determina a competência do Juizado Especial estadual, já que ele não está previsto em tratado internacional e o art. 70 da Lei n. 11.343/2006 não o inclui dentre os que devem ser julgados pela justiça federal".

"9) A conduta prevista no art. 28 da Lei n. 11.343/2006 admite tanto a transação penal quanto a suspensão condicional do processo."

Objetividade jurídica: é a tutela da saúde pública. Secundariamente, a vida e a saúde de cada cidadão.

Assim: "A repressão ao uso e tráfico de substâncias entorpecentes, capazes de causar dependência física ou psíquica, não visa ao dano estritamente pessoal, ou seja, ao mal ou males causados ao usuário. Sua punição leva em conta o perigo que elas representam para a saúde pública" (TJSP – *RT*, 569/306).

Sujeito ativo: qualquer pessoa.

Sujeito passivo: o Estado (coletividade).

Conduta: vem representada por cinco verbos: "adquirir" (conseguir, obter, comprar), "guardar" (conservar, manter, ter em depósito), "ter em depósito" (manter armazenado, reservado), "transportar" (levar de um local para outro) e "trazer consigo" (ter em poder, portar). A prática de mais de uma conduta não implica concurso de crimes, mas um único delito (crime de ação múltipla – tipo misto alternativo).

Consumo pessoal: para determinar se a droga destina-se a consumo pessoal, o juiz deve atender à natureza e à quantidade da substância apreendida, ao local e às condições em que se desenvolveu a ação, às circunstâncias sociais e pessoais, bem como à conduta e aos antecedentes do agente (art. 28, § 2º). A posse de pequena quantidade de droga não implica, por si só, posse para consumo pessoal. Nada impede que o traficante tenha consigo pequena quantidade de drogas para vender, ou que tenha vendido a maior parte da droga, restando-lhe pequena quantidade. Pode ocorrer, ainda, que o usuário, com receio de incursões frequentes em locais de risco para a aquisição da droga em pequenas quantidades, a adquira em quantidade considerável, guardando-a para consumo pessoal durante longo período de tempo. Neste caso, verificada apenas a quantidade de droga, haveria injusta tipificação de sua conduta como tráfico. Portanto, a melhor solução é considerar as circunstâncias do fato, atendendo-se à natureza e à quantidade da droga apreendida, assim como ao local e às condições em que se desenvolveu a ação, analisando-se ainda as circunstâncias sociais e pessoais, a conduta e os antecedentes do agente. No Superior Tribunal de Justiça:

"A grande quantidade de substância entorpecente apreendida é circunstância judicial que justifica o aumento da pena-base acima do mínimo legal (Precedentes do STJ e do STF). Deve prevalecer, *in casu*, a fixação da pena-base acima do patamar mínimo, em razão da elevada quantidade de entorpecente apreendido – 30.430g de cocaína –, com fundamentação concreta e dentro do critério da discricionariedade juridicamente vinculada" (STJ – REsp 1122218/AC – Rel. Min. Felix Fischer – 5ªT. – *DJe*, 3-5-2010).

Objeto material: é a droga, assim entendida como substâncias entorpecentes, psicotrópicas, precursoras e outras sob controle especial, da Portaria SVS/MS n. 344, de 12 de maio de 1998.

Norma penal em branco: para fins da Lei de Drogas, consideram-se drogas as substâncias ou os produtos capazes de causar dependência, assim especificados em lei ou relacionados em listas atualizadas periodicamente pelo Poder Executivo da União. Assim, cabe ao Ministério da Saúde publicar periodicamente listas atualizadas sobre as substâncias e produtos considerados *drogas*. *Vide* item 1.3 *supra*.

Elemento normativo: traduz-se pela expressão "sem autorização ou em desacordo com determinação legal ou regulamentar".

Elemento subjetivo: é o dolo.

Consumação: ocorre com a prática de qualquer das modalidades de conduta. Salvo a modalidade de conduta "adquirir", as demais configuram crime permanente.

Tentativa: em regra não se admite. Há quem sustente a possibilidade de tentativa na conduta "adquirir", quando, iniciado o ato executório de aquisição, esse vem a ser interrompido por circunstâncias alheias à vontade do agente.

Princípio da insignificância: o STJ, em diversos precedentes jurisprudenciais, não vem admitindo a aplicação do princípio da insignificância ao crime de posse de droga para consumo pessoal. Nesse sentido a Tese n. 5 (Jurisprudência em Teses – STJ – edição n. 131): "O princípio da insignificância não se aplica aos delitos do art. 33, *caput*, e do art. 28 da Lei de Drogas, pois tratam-se de crimes de perigo abstrato ou presumido".

No mesmo sentido:

"Conforme jurisprudência pacífica desta Corte Superior de Justiça, não se aplica o princípio da insignificância ao delito contido no art. 28 da Lei n. 11.343/2006. Isso porque, trata-se de crime de perigo abstrato, contra a saúde pública, sendo, pois, irrelevante, para esse fim, a pequena quantidade de substância apreendida. Precedentes" (STJ – HC 377.737/MS – 5ª T. – Rel. Min. Feliz Fischer – *DJe*, 16-2-2017).

"A jurisprudência de ambas as Turmas Criminais deste Superior Tribunal de Justiça tem posicionamento assente no sentido de que o crime de posse de drogas para consumo pessoal é de perigo abstrato ou presumido, que visa a proteger a saúde pública, não havendo necessidade, portanto, de colocação em risco do bem jurídico tutelado, de tal forma que não há falar em incidência do postulado da insignificância em delitos desse jaez, porquanto, além de ser dispensável a efetiva ofensa ao bem jurídico protegido, a pequena quantidade de droga é inerente à própria essência do crime em referência" (STJ – AgRg no REsp 1.581.573/RS – 5ª T. – Rel. Min. Ribeiro Dantas – *DJe*, 9-11-2016).

Advertência sobre os efeitos da droga: cuida-se de modalidade de sanção não privativa de liberdade, sem precedentes na legislação penal pátria. Tem a advertência natureza jurídica de pena, podendo gerar, inclusive, reincidência. O juiz deverá aplicá-la na própria audiência preliminar, já que o rito processual, nestes casos, segue o disposto nos arts. 60 e seguintes da Lei n. 9.099/95, conforme determina o art. 48 da Lei. Na audiência preliminar, havendo a proposta de transação pelo Ministério Público, consistente em advertência sobre os efeitos da droga, aceita pela defesa, deverá o juiz censurar levemente o autor do fato, esclarecendo-o sobre os efeitos nocivos da droga (não somente para ele próprio, mas também para toda a sociedade), de tudo lavrando-se termo, que deverá ser subscrito pelos presentes (juiz, promotor de justiça, autor do fato e defensor). Caso não seja aplicada em audiência preliminar, deve o juiz designar audiência para tal fim, nos moldes da audiência admonitória da suspensão condicional da pena.

Prestação de serviços à comunidade: na sistemática da Lei de Drogas, a prestação de serviços à comunidade foi erigida à categoria de pena principal cominada ao crime do art. 28, perdendo seu caráter substitutivo que lhe é imposto pelo Código Penal. Pode ser aplicada em audiência preliminar, nos moldes dos comentários ao item acima. Essa pena terá o prazo máximo de 5 meses, devendo ser gratuita e seguir as regras do art. 46, § 3º, do Código Penal, sendo atribuída conforme as aptidões do autor do fato e cumprida à razão de uma hora de tarefa por dia da semana, de modo a não prejudicar a jornada normal de trabalho. Na Lei de Drogas, a prestação de serviços à comunidade será cumprida em programas comunitários, entidades educacionais ou assistenciais, hospitais, estabelecimentos congêneres, públicos ou privados, sem fins lucrativos, que se ocupem, preferencialmente, da prevenção do consumo ou da recuperação de usuários e dependentes de drogas (art. 28, § 5º). Em caso de não cumprimento, a prestação de serviços à comunidade poderá ser substituída por admoestação verbal ou multa.

Comparecimento a programa ou curso educativo: essa modalidade de sanção autônoma também é única no nosso sistema jurídico-penal, tendo sido instituída pela Lei de Drogas como medida educativa. É considerada pena e gera reincidência. Tem duração máxima de 5 meses (art. 28, § 3º). Essa medida também poderá ser determinada em audiência preliminar, nos moldes dos comentários acima, sobre a advertência. Em caso de não cumprimento, essa medida educativa poderá ser substituída por admoestação verbal ou multa.

Reincidência: considera-se reincidente o agente que pratica novo crime após o trânsito em julgado de sentença que o tenha condenado por crime anterior (art. 63 do CP). Assim, consoante o disposto no art. 28, § 4º, em caso de reincidência em crime de posse de droga para consumo pessoal, as penas de prestação de serviços à comunidade e comparecimento a programa ou curso educativo serão aplicadas pelo prazo máximo de 10 meses. Essa reincidência é a específica, conforme entendimento do Superior Tribunal de Justiça (REsp 1.771.304/ES – Rel. Ministro Nefi Cordeiro – 6ª T. – *DJe* 12-12-2019).

Mesmo assim, o Superior Tribunal de Justiça, no julgamento do HC 453.437-SP, Rel. Min. Reynaldo Soares da Fonseca, por unanimidade, entendeu que "condenações anteriores pelo delito do art. 28 da Lei n. 11.343/2006 não são aptas a gerar reincidência" (julgado em 4-10-2018, *DJe* 15-10-2018).

Consta do acórdão o seguinte: "Inicialmente cumpre salientar que consoante o posicionamento firmado pela Suprema Corte, na questão de ordem no RE 430.105/RJ, sabe-se que a conduta de porte de substância entorpecente para consumo próprio, prevista no art. 28 da Lei n. 11.343/2006, foi apenas despenalizada mas não descriminalizada, em outras palavras, não houve *abolitio criminis*. Contudo, ainda que a conduta tipificada no art. 28 da Lei n. 11.343/2006 tenha sido despenalizada e não descriminalizada, essa conduta é punida apenas com 'advertência sobre os efeitos das drogas, prestação de serviços à comunidade e medida educativa de comparecimento a programa ou curso educativo'. Além disso, não existe a possibilidade de converter essas penas em privativas de liberdade em caso de descumprimento. Cabe ressaltar que as condenações anteriores por contravenções penais não são aptas a gerar reincidência, tendo em vista o que dispõe o art. 63 do Código Penal, que apenas se refere a crimes anteriores. E, se as contravenções penais, puníveis com pena de prisão simples, não geram reincidência, mostra-se desproporcional o delito do art. 28 da Lei n. 11.343/2006 configurar reincidência, tendo em vista que nem é punível com pena privativa de liberdade. Ademais, a Sexta Turma deste Superior Tribunal de Justiça, no julgamento do REsp n. 1.672.654/SP, da relatoria da Ministra Maria Thereza de Assis Moura, julgado em 21-8-2018, proferiu julgado nesse mesmo sentido" (*Informativo* n. 636 do STJ).

Admoestação verbal: cuida-se de modalidade de pena instituída pelo art. 28, § 6º, I, da Lei de Drogas, aplicável ao agente que, injustificadamente, se recuse a cumprir as penas de prestação de serviços à comunidade e comparecimento a programa ou curso educativo. Deve consistir em censura verbal feita pelo juiz, concitando o agente a cumprir a medida que lhe foi aplicada. O agente deve ser submetido a admoestação verbal em audiência para esse fim designada, de tudo lavrando-se termo, por todos assinado (juiz, promotor de justiça, autor do fato e defensor).

Multa: consiste, no crime do art. 28, em sanção pecuniária, aplicável ao agente que, injustificadamente, se recuse a cumprir as penas de prestação de serviços à comunidade e comparecimento a programa ou curso educativo. Deve suceder a admoestação verbal. Será imposta pelo juiz atendendo à reprovabilidade da conduta e fixada em dias-multa. Consistirá, no mínimo, em 40 e, no máximo, em 100 dias-multa. O valor do dia-multa, segundo a capacidade econômica do agente, será de, no mínimo, um trinta avos e de, no máximo, três vezes o maior salário-mínimo. Os valores decorrentes dessa multa serão creditados ao Fundo Nacional Antidrogas.

Prescrição: de acordo com o disposto no art. 30 da Lei, "prescrevem em 2 (dois) anos a imposição e a execução das penas, observado, no tocante à interrupção do prazo, o disposto nos arts. 107 e seguintes do Código Penal". Como não houve previsão de penas privativas de liberdade ao crime de posse de drogas para consumo pessoal, foi necessária a criação de regra específica para a prescrição das penas estabelecidas, as quais, apenas no tocante à interrupção do prazo, seguirão o disposto nas regras prescricionais do Código Penal.

2.1.1. Posse conjunta e compartilhamento da droga

É perfeitamente possível a incriminação de vários agentes que tenham adquirido a droga para consumo próprio, em conjunto, ainda que somente um deles tenha sido surpreendido a trazê-la consigo. É que, nesse caso, existe um acordo de vontades, um liame psicológico unindo os agentes, de modo que todos respondem pelo delito do art. 28 da Lei n. 11.343/2006. A circunstância de não estar de posse direta do material entorpecente não elide a prática delitiva, ocorrente a comunhão de ações e desígnios entre os agentes. Não há necessidade, portanto, de que um deles assuma a posse ou propriedade da droga. A todos pode ser imputada a conduta.

Nesse aspecto:

"Havendo acordo de vontades, um vínculo psicológico e um propósito comum a unir os infratores, o porte de droga para uso próprio incrimina todos os participantes presentes, pouco importando se cada um deles traz consigo uma parte da droga ou se toda ela se encontra nas mãos de apenas um deles" (TJMG – *JM*, 134/329).

2.1.2. Quantidade ínfima de tóxico

A quantidade ínfima de tóxico não descaracteriza o delito, existente na substância o princípio ativo caracterizador da dependência física e psíquica.

O Supremo Tribunal Federal vem entendendo que não se aplica o princípio da insignificância para o delito de posse de drogas para consumo próprio. No mesmo sentido a Tese n. 5 (Jurisprudência em Teses – STJ – edição n. 131): "O princípio da insignificância não se aplica aos delitos do art. 33, *caput*, e do art. 28 da Lei de Drogas, pois trata-se de crimes de perigo abstrato ou presumido".

Não obstante, a nosso ver, entretanto, nada impede a aplicação do referido princípio ao crime do art. 28 da Lei de Drogas, calcada na máxima latina de *minimis non curat praetor*. Nesse caso, a conduta do agente é de mínima ofensividade, não apresentando periculosidade social, com reduzidíssimo grau de reprovabilidade, provocando lesão jurídica inexpressiva. De crer, portanto, que a resistência das cortes superiores em aplicar a este crime o princípio da insignificância se funda mais em razões morais e de política criminal (questionável) do que propriamente em *risco social* e *saúde pública*.

Ainda no sentido da inaplicabilidade do princípio da insignificância ao crime de posse de drogas para consumo próprio, merecem ser conferidos os julgados abaixo:

Jurisprudência:

"Conforme jurisprudência pacífica desta Corte Superior de Justiça, não se aplica o princípio da insignificância ao delito contido no art. 28 da Lei n. 11.343/2006. Isso porque, trata-se de crime de perigo abstrato, contra a saúde pública, sendo, pois, irrelevante, para esse fim, a pequena quantidade de substância apreendida. Precedentes" (STJ – HC 377.737/MS – 5ª T. – Rel. Min. Feliz Fischer – *DJe*, em 16-2-2017).

"A jurisprudência de ambas as Turmas Criminais deste Superior Tribunal de Justiça tem posicionamento assente no sentido de que o crime de posse de drogas para consumo pessoal é de perigo abstrato ou presumido, que visa a proteger a saúde pública, não havendo necessidade, portanto, de colocação em risco do bem jurídico tutelado, de tal forma que não há falar em incidência do postulado da insignificância em delitos desse jaez, porquanto, além de ser dispensável a efetiva ofensa ao bem jurídico protegido, a pequena quantidade de droga é inerente à própria essência do crime em referência" (STJ – AgRg no REsp 1.581.573/RS – 5ª T. – Rel. Min. Ribeiro Dantas – *DJe*, 9-11-2016).

"Substância Entorpecente – Pequena Quantidade – Princípio da Insignificância. Entendimento Jurisprudencial: A posse de substância entorpecente é delito de perigo presumido ou abstrato, não importando, para sua caracterização, a quantidade apreendida em poder do infrator, esgotando-se o tipo simplesmente no fato de carregar consigo, para uso próprio, substância entorpecente, não se aplicando, portanto, o princípio da insignificância" (STJ – 5ª T., 6ª T. Ver precedentes: REsp 512.254, RHC 15.422, REsp 521.137, HC 32.009, HC 27.713, REsp 550.653, REsp 471.114, HC 13.967, EREsp 290.445, REsp 604.076. Decisões monocráticas: REsp 401.310, Ag 634.190, Ag 638.326, REsp 445.468, Ag 640.453, REsp 612.357).

2.1.3. *Plantação para consumo pessoal*

Estabelece o § 1º do art. 28:

> § 1º Às mesmas medidas submete-se quem, para seu consumo pessoal, semeia, cultiva ou colhe plantas destinadas à preparação de pequena quantidade de substância ou produto capaz de causar dependência física ou psíquica.

Na Lei n. 11.343/2006, o legislador deixou clara a intenção de equiparar à posse para consumo pessoal a semeadura, cultivo ou colheita de plantas, para consumo pessoal, destinadas à preparação de pequena quantidade de substância ou produto capaz de causar dependência física ou psíquica.

É de notar que, no art. 33, § 1º, da Lei estão tipificadas as condutas de *semear*, *cultivar* e *fazer colheita*, caracterizando o crime de tráfico. Evidentemente que, neste caso, deve haver o propósito de mercancia, de traficância, enfim, de entrega a consumo de terceiros.

No caso de semeação, cultivo ou colheita para consumo pessoal, a conduta será a do art. 28, § 1º, da Lei, que dispõe: "§ 1º Às mesmas medidas submete-se quem, para seu consumo pessoal, semeia, cultiva ou colhe plantas destinadas à preparação de pequena quantidade de substância ou produto capaz de causar dependência física ou psíquica".

Há, entretanto, evidente dificuldade em precisar o alcance e a perfeita delimitação do termo *plantas* (quantas plantas, de que espécie, de que tamanho) e da expressão *pequena quantidade*.

Para determinar se a droga destina-se a consumo pessoal, conforme determinação constante do § 2º, o juiz deve atender à natureza e à quantidade da substância apreendida, ao local e às condições em que se desenvolveu a ação, às circunstâncias sociais e pessoais, bem como à conduta e aos antecedentes do agente.

2.1.4. *Posse e importação de sementes*

A partir do julgamento de embargos de divergência em recurso especial (EREsp 1624564/SP), em 14 de outubro de 2020, a Terceira Seção do Superior Tribunal de Justiça houve por bem considerar que a importação de poucas sementes de maconha não é suficiente para tipificar crime previsto na

Lei de Drogas, tendo a Corte reconhecido a atipicidade da conduta e determinado o trancamento da ação penal.

A Terceira Seção do Superior Tribunal de Justiça, com a nova decisão, resolveu a divergência que havia sobre o assunto entre a Quinta e a Sexta Turma. A Sexta Turma já tinha posição consolidada no mesmo sentido da nova decisão. A Quinta Turma, por seu turno, tinha posição diversa, entendendo pela configuração do crime de tráfico de drogas na importação de sementes de maconha.

A questão central da discussão se resume em saber se a importação clandestina ou ilegal de sementes de maconha constitui crime, conforme já abordamos em artigo anterior. Em caso positivo, qual crime? Tráfico de drogas? Matéria-prima para a produção de drogas? Posse para consumo pessoal? Contrabando? Em caso negativo, qual o fundamento?

Conforme foi ressaltado no recente julgamento da Terceira Seção, a Lei de Drogas (Lei n. 11.343/2006), ao se referir a "drogas", seguiu a orientação do diploma anterior, criando normas penais em branco, cujo preceito deve ser complementado por norma de natureza extrapenal, no caso, Portaria do Serviço de Vigilância Sanitária, do Ministério da Saúde. Assim, se for constatada a existência de alguma substância entorpecente não relacionada na Portaria n. 344/98, por força do princípio da estrita legalidade, sua produção, comercialização, distribuição ou consumo não constituirá crime de tráfico ou de posse para consumo pessoal.

O Superior Tribunal de Justiça, com relação à importação clandestina de sementes de maconha, tinha posição prevalente no sentido de que restaria configurado o tipo penal descrito no art. 33, § 1º, I, da Lei n. 11.343/2006. Isso porque a semente de maconha, conquanto não apresente a substância "tetrahidrocannabinol" (THC), destina-se à produção da planta, e esta à substância entorpecente, sendo, pois, matéria-prima para a produção de droga. Por isso, sua importação clandestina, por si só, se amolda ao tipo penal insculpido no art. 33, § 1º, da Lei n. 11.343/2006, não havendo falar em atipicidade da conduta e nem tampouco em desclassificação para o crime de contrabando.

Entretanto, já havia uns poucos julgados entendendo que, tratando-se de pequena quantidade de sementes e inexistindo expressa previsão normativa que criminaliza, entre as condutas do art. 28 da Lei de Drogas, a importação de pequena quantidade de matéria-prima ou insumo destinado à preparação de droga para consumo pessoal, forçoso seria reconhecer a atipicidade do fato, aplicando-se o princípio da insignificância.

No julgamento dos embargos de divergência, a relatora Min. Laurita Vaz destacou que o entendimento firmado pela Terceira Seção está em consonância com decisões recentes do Supremo Tribunal Federal, que também tem reconhecido a ausência de justa causa e determinado o trancamento de ações penais nos casos que envolvem importação de sementes de maconha em reduzida quantidade, especialmente porque tais sementes não contêm o princípio ativo da droga.

Assim sendo, ficou pacificado, pelo menos por enquanto, no Superior Tribunal de Justiça, que a importação clandestina de sementes de maconha ou a prática de qualquer outro verbo do tipo é fato atípico, em razão de tais sementes não possuírem o princípio ativo da droga.

Nesse sentido, assim estabelece a ementa do julgamento do EREsp 1624564/SP:

"EMBARGOS DE DIVERGÊNCIA EM RECURSO ESPECIAL. IMPORTAÇÃO DE 16 SEMENTES DE MACONHA (*CANNABIS SATIVUM*). DENÚNCIA POR TRÁFICO INTERNACIONAL DE DROGAS. REJEIÇÃO. RECURSO EM SENTIDO ESTRITO. RECLASSIFICAÇÃO PARA CONTRABANDO, COM APLICAÇÃO DO PRINCÍPIO DA INSIGNIFICÂNCIA. AFASTAMENTO. RECURSO ESPECIAL PROVIDO. PRETENDIDO TRANCAMENTO DA AÇÃO POR ATIPICIDADE. ACATAMENTO DO ENTENDIMENTO DO STF. EMBARGOS DE DIVERGÊNCIA ACOLHIDOS.

1. O conceito de 'droga', para fins penais, é aquele estabelecido no art. 1º, parágrafo único, c.c. o art. 66, ambos da Lei n. 11.343/2006, norma penal em branco complementada pela Portaria SVS/MS n. 344, de 12 de maio de 1998. Compulsando a lista do referido ato administrativo, do que se pode denominar 'droga', vê-se que dela não consta referência a sementes da planta *Cannabis Sativum*.

2. O Tetrahidrocanabinol – THC é a substância psicoativa encontrada na planta *Cannabis Sativum*, mas ausente na semente, razão pela qual esta não pode ser considerada 'droga', para fins penais, o que afasta a subsunção do caso a qualquer uma das hipóteses do art. 33, *caput*, da Lei n. 11.343/2006.

3. Dos incisos I e II do § 1º do art. 33 da mesma Lei, infere-se que 'matéria-prima' ou 'insumo' é a substância utilizada 'para a preparação de drogas'. A semente não se presta a tal finalidade, porque não possui o princípio ativo (THC), tampouco serve de reagente para a produção de droga.

4. No mais, a Lei de regência prevê como conduta delituosa o semeio, o cultivo ou a colheita da planta proibida (art. 33, § 1º, inciso II; e art. 28, § 1º). Embora a semente seja um pressuposto necessário para a primeira ação, e a planta para as demais, a importação (ou qualquer dos demais núcleos verbais) da semente não está descrita como conduta típica na Lei de Drogas.

5. A conduta de importar pequena quantidade de sementes de maconha é atípica, consoante precedentes do STF: HC 144161, Rel. Min. Gilmar Mendes, 2ª Turma, julgado em 11-9-2018, Processo Eletrônico *DJe*-268 divulg. 13-12-2018 public. 14-12-2018; HC 142987, Relator Min. Gilmar Mendes, 2ª Turma, julgado em 11-9-2018, Processo Eletrônico *DJe*-256 divulg. 29-11-2018 public. 30-11-2018; no mesmo sentido, a decisão monocrática nos autos do HC 143.798/SP, Rel. Min. Roberto Barroso, publicada no *DJe* de 3-2-2020, concedendo a ordem 'para determinar o trancamento da ação penal, em razão da ausência de justa causa'. Na mesma ocasião, indicou Sua Excelência, 'ainda nesse sentido, as seguintes decisões monocráticas: HC 173.346, Rel. Min. Ricardo Lewandowski; HC 148.503, Min. Celso de Mello; HC 143.890, Rel. Min. Celso de Mello; HC 140.478, Rel. Min. Ricardo Lewadowski; HC 149.575, Min. Edson Fachin; HC 163.730, Rel. Min. Cármen Lúcia'. 6. Embargos de divergência acolhidos, para determinar o trancamento da ação penal em tela, em razão da atipicidade da conduta."

Outrossim, no julgamento do Recurso Especial 2024250/PR (*DJe* 19-11-2024), submetido ao rito do Incidente de Assunção de Competência (IAC) pela Primeira Seção do Superior Tribunal de Justiça (STJ), analisou-se a possibilidade de importação, cultivo e comercialização de sementes de cânhamo industrial (Hemp) no Brasil, uma variedade da *Cannabis sativa L.* que apresenta alto teor de canabidiol (CBD) e baixo teor de tetrahidrocanabinol (THC), inferior a 0,3%. O Tribunal reconheceu importantes distinções entre o cânhamo industrial e a maconha, enfatizando que o cânhamo, por possuir teor de THC incapaz de gerar efeitos psicotrópicos, é inapto para a produção de drogas, embora tenha elevado potencial terapêutico e farmacêutico.

Interpretando teleologicamente os arts. 1º, parágrafo único, e § 2º, *caput* e parágrafo único, da Lei n. 11.343/2006 (Lei de Drogas), o STJ concluiu que essas disposições não vedam expressamente o cultivo e a comercialização do cânhamo industrial, desde que respeitado o limite de THC inferior a 0,3%. Assim, as restrições impostas pela Portaria SVS/MS n. 344/1998 e pela RDC n. 327/2019 da Agência Nacional de Vigilância Sanitária (ANVISA) foram consideradas incompatíveis com a finalidade da Lei de Drogas, pois dificultam o desenvolvimento de medicamentos à base de CBD, comprometendo o exercício do direito à saúde. Adicionalmente, o Tribunal esclareceu que o cultivo controlado dessa variedade de Cannabis não contraria os compromissos internacionais assumidos pelo Brasil nas Convenções de 1961, 1971 e 1988, desde que regulamentado pelo Estado.

Outro ponto relevante da decisão foi o reconhecimento da inércia regulamentar do Poder Público em relação ao manejo do cânhamo industrial, o que impacta negativamente o acesso a tratamentos terapêuticos no País, especialmente em razão do elevado custo dos medicamentos importados. O

Tribunal determinou que a União e a ANVISA editem, no prazo de seis meses, regulamentação específica para permitir o plantio, cultivo e comercialização do cânhamo industrial, estabelecendo diretrizes que garantam a segurança na cadeia produtiva e previnam desvios de finalidade. Entre as possíveis medidas destacaram-se a rastreabilidade genética, a restrição do cultivo a áreas determinadas e a limitação quantitativa da produção nacional, além do cadastramento prévio e da exigência de idoneidade das empresas envolvidas.

O STJ também destacou que, em casos excepcionais, o Poder Judiciário pode adotar medidas que assegurem direitos fundamentais, mesmo diante de omissões legislativas ou administrativas, sem violar o princípio da separação de poderes. Essa atuação é especialmente justificada quando se busca assegurar o direito à saúde, como no presente caso.

A decisão firmou que o cânhamo industrial, por ser incapaz de causar dependência ou produzir efeitos psicotrópicos, não deve ser considerado droga nos termos da Lei de Drogas. Apesar disso, reafirmou que compete exclusivamente ao Estado brasileiro regulamentar o manejo de todas as variedades de Cannabis, não havendo autorização legal, até o momento, para o uso industrial do cânhamo além dos fins farmacêuticos e medicinais. O julgamento abriu caminho para a utilização regulada do cânhamo industrial no Brasil, destacando-se como um marco na harmonização entre as políticas de saúde pública e os compromissos internacionais do País.

A ANVISA – Agência Nacional de Vigilância Sanitária, por meio da Resolução da Diretoria Colegiada – RDC n. 327, de 9 de dezembro de 2019, dispõe sobre os procedimentos para a concessão da Autorização Sanitária para a fabricação e a importação, bem como estabelece requisitos para a comercialização, prescrição, a dispensação, o monitoramento e a fiscalização de produtos de Cannabis para fins medicinais, e dá outras providências.

Ainda, no Superior Tribunal de Justiça:

"1. Ambas as Turmas que integram a Terceira Seção desta Corte Superior pacificaram entendimento quanto à ausência de tipicidade material na conduta de cultivar cannabis sativa tão somente para fins medicinais, desde que nitidamente comprovada a imprescindibilidade do tratamento médico mediante relatórios e prescrições firmados por profissionais competentes. Assim, observadas essas premissas, mister se faz a concessão de salvo-conduto a fim de que pessoas que buscam efetivar o direito à saúde não sejam indevidamente responsabilizadas criminalmente (AgRg no RHC n. 163.180/RN, Rel. Min. Joel Ilan Paciornik, 5ª Turma, julgado em 4-3-2024, *DJe* de 6-3-2024).

2. Hipótese na qual foi devidamente demonstrada a necessidade do uso medicinal da substância pelo agravado. Conforme receituário de controle especial, ele faz uso contínuo de óleo de cannabis. O relatório médico, por sua vez, relata que o agravado sofre de dores na coluna lombar há vários anos, com parestesia e irradiação das dores para os membros inferiores, tendo sido diagnosticada hérnia de disco. Consta ainda que os medicamentos utilizados para dor, após melhora parcial, provocaram em efeitos colaterais, os quais não foram observados com uso do óleo de cannabis. Desse modo, conclui pelo resultado satisfatório com o tratamento. Outrossim, consta autorização expedida pela ANVISA para permitir ao agravado a 'importação excepcional de produto derivado de Cannabis'. O laudo de engenheiro agrônomo atesta a quantidade de plantas necessárias para a produção requerida. Comprovada, portanto, sua necessidade de uso da substância para fins terapêuticos, na forma como requerida.

3. Quanto ao pleito de autorização para 'importar 200 sementes de cannabis ao ano', tem-se que tanto o Supremo Tribunal Federal quanto o Superior Tribunal de Justiça sedimentaram o entendimento de que a conduta não tipifica os crimes da Lei de Drogas, porque tais sementes não contêm o princípio ativo inerente à cannabis sativa.

Ficou assentado, outrossim, que a conduta não se ajustaria igualmente ao tipo penal de contrabando, em razão do princípio da insignificância.

4. Agravo desprovido" (AgRg no HC 916389/SP – Rel. Min. Reynaldo Soares da Fonseca – 5ªT. – *DJe* 18-9-2024).

2.1.5. Prisão em flagrante

Veda a lei expressamente, no § 2º do art. 48, a prisão em flagrante do agente surpreendido na posse de drogas para consumo pessoal. Entretanto, é perfeitamente admissível a sua detenção e imediato encaminhamento ao juízo competente.

O agente surpreendido pela polícia na posse de drogas para consumo próprio será abordado, visando à cessação do ilícito penal. Após isso, deverá ser encaminhado, mesmo que de forma coercitiva, ao juízo competente (Juizado Especial Criminal). Na falta deste, assumirá o autor do fato o compromisso de a ele comparecer, lavrando-se termo circunstanciado, perante a autoridade policial (art. 48, §§ 2º e 3º, da Lei Antidrogas).

Ressalte-se que o autor do fato não poderá ser preso em flagrante, o que significa apenas a não lavratura do auto de prisão em flagrante e a não condução ao cárcere. Nada impede, repita-se, seja o autor do fato capturado e levado perante a autoridade competente.

Curioso notar que o § 2º do art. 48 determina o encaminhamento do autor do fato ao "juízo competente" e não ao distrito policial. O Juízo competente é que deverá lavrar termo circunstanciado e providenciar as requisições dos exames e perícias necessários. Apenas em caso de ausência da autoridade judicial é que as providências acima previstas serão tomadas pela autoridade policial, no local em que se encontrar, vedada a detenção do agente.

Nesse aspecto, vale a pena conferir o teor do acórdão do Supremo Tribunal Federal proferido na Ação Direta de Inconstitucionalidade nº 3.807-DF, relatora Min. Cármen Lúcia, requerida pela Associação dos Delegados de Polícia do Brasil – ADEPOL, com a seguinte ementa:

"Ação direta de inconstitucionalidade. § 3º do art. 48 da Lei n. 11.343/2006. Processamento do crime previsto no art. 28 da Lei n. 11.343/2006. Atribuição à autoridade judicial de lavratura de termo circunstanciado e requisição dos exames e perícias necessários. Constitucionalidade. Inexistência de ato de investigação. Inocorrência de atribuição de função de Polícia judiciária ao poder judiciário. Ação direta julgada improcedente" (publicado no *DJe* em 13-8-2020).

No curso do procedimento penal, pode o Ministério Público, na forma do art. 76 da Lei n. 9.099/95, propor a aplicação imediata da pena prevista no art. 28 da Lei. Entretanto, a não aceitação da proposta acarreta a possibilidade de oferecimento de denúncia, seguindo o processo o rito estatuído pelos arts. 77 e seguintes da Lei n. 9.099/95.

O juiz, porém, ao sentenciar, não poderá, por óbvio, atribuir como pena a advertência, pois essa, devido à sua condição de sanção penal *sui generis*, somente pode ser objeto de transação. Restam, pois, para o juiz apenas a prestação de serviço à comunidade e a participação em curso ou programa educativo.

2.1.6. O Supremo Tribunal Federal e a descriminalização do porte e da posse de maconha para consumo pessoal

No Recurso Extraordinário 635.659 (Tema 506), o Supremo Tribunal Federal decidiu que a posse de pequenas quantidades de maconha para uso pessoal (40 gramas ou 6 pés) continua sendo proibida, mas não constitui mais crime, sendo considerada tão somente uma infração administrativa.

No caso específico, um indivíduo foi condenado a prestar dois meses de serviços à comunidade por portar 3 gramas de maconha. O Tribunal absolveu o réu, argumentando que o tratamento criminal do usuário de maconha não reduz o consumo e incentiva atividades criminosas associadas ao tráfico.

A decisão do Supremo Tribunal Federal se restringiu à maconha, não dispondo sobre outros tipos de drogas.

A maconha, também conhecida como "cannabis", é uma planta que tem sido utilizada há milênios por suas propriedades medicinais, recreativas e industriais. Originária da Ásia Central, a maconha possui várias espécies e subespécies, cada uma com características e efeitos distintos. Textos históricos e arqueológicos indicam seu uso medicinal e recreativo em várias culturas, incluindo a chinesa, indiana e persa.

Existem três principais espécies de "cannabis": a "Cannabis sativa", conhecida por seu efeito energizante e estimulante, geralmente utilizada durante o dia – é o tipo mais comum de maconha; a "Cannabis indica", que produz efeitos relaxantes e sedativos, sendo preferida para uso noturno; e a "Cannabis ruderalis", espécie menos comum, que possui baixos níveis de THC (tetra-hidrocanabinol) e é frequentemente usada em cruzamentos genéticos para criar novas variedades.

Estudos revelam que a maconha contém mais de 100 compostos químicos conhecidos como canabinoides. Os dois mais conhecidos são o THC e o CBD (canabidiol). O THC é responsável pelos efeitos psicoativos, enquanto o CBD não é psicoativo e é conhecido por suas propriedades terapêuticas, inclusive já havendo várias decisões dos Tribunais Superiores permitindo o seu uso medicinal, no tratamento de epilepsia, Parkinson, glaucoma, câncer, esclerose múltipla e outras doenças.

A decisão do Supremo Tribunal Federal, como dito acima, estabelece que a posse de pequenas quantidades de maconha para consumo pessoal continua sendo proibida, mas não pode mais ser considerada crime. O fundamento principal reside nos direitos à privacidade e à liberdade individual, conforme o art. 5º, X, da Constituição Federal. Além disso, o tratamento criminal dos usuários de maconha é visto como um incentivo ao tráfico, sem evidências de que essa abordagem reduza o consumo.

Um dos pontos mais controversos nos debates que levaram à decisão do Supremo Tribunal Federal é, segundo foi alegado, a ausência de critérios claros na Lei de Drogas para diferenciar usuários de traficantes, muito embora seja sabido que a referida lei estabelece diversos critérios objetivos e subjetivos, no art. 28, § 2º, possibilitando essa diferenciação (natureza e quantidade da substância apreendida, local e condições em que se desenvolveu a ação, circunstâncias sociais e pessoais, bem como conduta e antecedentes do agente). Atualmente, como deve ser, a decisão de enquadramento é feita com base na avaliação das circunstâncias de cada caso pela polícia, pelo Ministério Público e pelo Judiciário, o que, na visão do Supremo Tribunal Federal, resultaria em uma aplicação desigual da lei. A Corte, então, estabeleceu um critério presuntivo: a posse de até 40 gramas de maconha ou 6 plantas-fêmeas caracteriza consumo pessoal, salvo prova em contrário de intenção de tráfico. Esse critério, contudo, não é absoluto. A autoridade policial poderá apreender a droga e prender a pessoa em flagrante por tráfico se houver indícios de intenção de mercancia, tais como a presença de embalagens, balanças ou registros de operações comerciais.

Ignorou o Supremo Tribunal Federal, entretanto, na polêmica decisão, que há comprovação científica, de longa data, demonstrando que o consumo de maconha pode causar diversos malefícios à saúde individual, incluindo problemas respiratórios, prejuízos à memória e ao aprendizado, além de potencializar transtornos psiquiátricos em indivíduos predispostos. A exposição prolongada à droga pode levar à dependência e à redução da motivação e do desempenho em atividades diárias. Além disso, o uso de drogas, incluindo a maconha, pode gerar conflitos familiares, desestabilização emocional e financeira, além de influenciar negativamente outros membros da família, especialmente crianças e adolescentes. Invariavelmente, o ambiente familiar se deteriora devido à necessidade de lidar com as consequências do uso da droga.

E o mais grave, a nosso ver, é que a descriminalização do porte de maconha sem a criação de um mercado legal regulamentado, no qual o usuário possa adquiri-la de maneira lícita, certamente exacerbará o tráfico de drogas. No Brasil, atualmente, não há autorização para o comércio legal de maconha, o que significa que os consumidores continuam a depender do mercado ilegal para adquirir a droga. Isso mantém o tráfico ativo e não oferece uma solução real para os problemas associados ao uso e à aquisição da substância, até porque o mercado ilegal permanece sendo a principal fonte de aquisição da substância, perpetuando a violência associada ao tráfico. Além disso, a percepção de que a maconha é inofensiva pode aumentar o consumo e os problemas de saúde pública associados.

Não obstante, como referido, o Supremo Tribunal Federal, em sua decisão, por maioria, considerou que a posse de pequenas quantidades de maconha para consumo pessoal deve ser tratada como uma infração administrativa, sem consequências penais. As sanções devem ser apenas advertência sobre os efeitos da droga e medida educativa de comparecimento a programas ou cursos educativos, conforme prescreve o art. 28 da Lei de Drogas. A prestação de serviços à comunidade ou a entidades públicas, como pena restritiva de direitos, ficou vedada nesses casos. Essas sanções serão aplicadas pelo juiz em procedimento de natureza não penal, sem gerar repercussões criminais, o que, certamente, ainda irá ensejar intensos debates.

É importante ressaltar que, quando houver suspeita de tráfico, mesmo que a quantidade de droga apreendida seja inferior ao limite estabelecido, o delegado de polícia deverá justificar detalhadamente as razões para o afastamento da presunção de uso pessoal. Essa justificativa não poderá se basear em critérios subjetivos arbitrários, sob pena de responsabilidade civil, disciplinar e penal. Em casos de prisão, o juiz, na audiência de custódia, avaliará as razões apresentadas e poderá afastar o enquadramento como crime se houver provas suficientes da condição de usuário.

Além disso, o Supremo Tribunal Federal determinou que o Conselho Nacional de Justiça, em articulação com o Executivo e o Legislativo, deverá adotar medidas para implementar a decisão, promovendo mutirões carcerários para corrigir prisões realizadas fora dos parâmetros estabelecidos pelo Tribunal. Até que o CNJ delibere sobre novos regulamentos, a competência para julgar as condutas previstas no art. 28 da Lei de Drogas permanecerá com os Juizados Especiais Criminais, vedada a atribuição de quaisquer efeitos penais para a sentença.

Enfim, do ponto de vista constitucional, a pergunta que fica é a seguinte: estaria o Supremo Tribunal Federal legitimado a descriminalizar uma conduta típica prevista em uma lei democraticamente votada e aprovada pelo Congresso Nacional?

Como se sabe, no Brasil, a Constituição Federal de 1988 delineia claramente as atribuições dos três Poderes da República: Executivo, Legislativo e Judiciário. O Congresso Nacional, composto pela Câmara dos Deputados e pelo Senado Federal, é o órgão legislativo responsável por criar leis e deliberar sobre questões de interesse nacional. No entanto, tem-se observado um crescente protagonismo do Supremo Tribunal Federal, que, em diversas ocasiões, tem se aventurado em áreas tradicionalmente reservadas ao Legislativo. Esse fenômeno tem suscitado debates acerca da legitimidade democrática dessa Corte e da constitucionalidade de suas intervenções.

A falta de legitimidade popular do Supremo Tribunal Federal é o ponto central nesse debate, uma vez que os Ministros da Corte são nomeados pelo Presidente da República e aprovados pelo Senado Federal, não sendo eleitos diretamente pelo povo. Isso pode levar a uma desconexão entre a vontade popular expressa nas urnas e as decisões proferidas pelo Tribunal. Embora a proteção de direitos fundamentais seja crucial a uma democracia, decisões como a descriminalização da posse de maconha para consumo pessoal levantam questionamentos sobre a competência do Supremo para legislar de fato, em vez de esperar a deliberação dos representantes eleitos.

A preservação da separação dos poderes é essencial para a manutenção do equilíbrio institucional e para garantir que o Congresso Nacional, legitimado pelo voto popular, exerça plenamente suas funções legislativas. É imperativo que o Supremo Tribunal Federal respeite os limites de sua competência constitucional, atuando como guardião da Constituição, mas sem avocar o papel do Legislativo, assegurando assim o funcionamento harmonioso da democracia brasileira.

2.2. Tráfico de drogas

> Art. 33. Importar, exportar, remeter, preparar, produzir, fabricar, adquirir, vender, expor à venda, oferecer, ter em depósito, transportar, trazer consigo, guardar, prescrever, ministrar, entregar a consumo ou fornecer drogas, ainda que gratuitamente, sem autorização ou em desacordo com determinação legal ou regulamentar:
>
> Pena – reclusão de 5 (cinco) a 15 (quinze) anos e pagamento de 500 (quinhentos) a 1.500 (mil e quinhentos) dias-multa.
>
> § 1º Nas mesmas penas incorre quem:
>
> I – importa, exporta, remete, produz, fabrica, adquire, vende, expõe à venda, oferece, fornece, tem em depósito, transporta, traz consigo ou guarda, ainda que gratuitamente, sem autorização ou em desacordo com determinação legal ou regulamentar, matéria-prima, insumo ou produto químico destinado à preparação de drogas;
>
> II – semeia, cultiva ou faz a colheita, sem autorização ou em desacordo com determinação legal ou regulamentar, de plantas que se constituam em matéria-prima para a preparação de drogas;
>
> III – utiliza local ou bem de qualquer natureza de que tem a propriedade, posse, administração, guarda ou vigilância, ou consente que outrem dele se utilize, ainda que gratuitamente, sem autorização ou em desacordo com determinação legal ou regulamentar, para o tráfico ilícito de drogas;
>
> IV – vende ou entrega drogas ou matéria-prima, insumo ou produto químico destinado à preparação de drogas, sem autorização ou em desacordo com a determinação legal ou regulamentar, a agente policial disfarçado, quando presentes elementos probatórios razoáveis de conduta criminal preexistente.
>
> 2º Induzir, instigar ou auxiliar alguém ao uso indevido de droga:
>
> Pena – detenção, de 1 (um) a 3 (três) anos, e multa de 100 (cem) a 300 (trezentos) dias-multa.
>
> § 3º Oferecer droga, eventualmente e sem objetivo de lucro, a pessoa de seu relacionamento, para juntos a consumirem:
>
> Pena – detenção, de 6 (seis) meses a 1 (um) ano, e pagamento de 700 (setecentos) a 1.500 (mil e quinhentos) dias-multa, sem prejuízo das penas previstas no art. 28.
>
> § 4º Nos delitos definidos no *caput* e no § 1º deste artigo, as penas poderão ser reduzidas de um sexto a dois terços, vedada a conversão em penas restritivas de direitos, desde que o agente seja primário, de bons antecedentes, não se dedique às atividades criminosas nem integre organização criminosa.

Objetividade jurídica: é a tutela da saúde pública; secundariamente, a vida e a saúde de cada cidadão.

Sujeito ativo: qualquer pessoa.

Sujeito passivo: o Estado (coletividade); secundariamente, o consumidor da droga.

Conduta: vem representada por dezoito verbos (importar, exportar, remeter, preparar, produzir, fabricar, adquirir, vender, expor à venda, oferecer, fornecer, ter em depósito, transportar, trazer consigo, guardar, prescrever, ministrar e entregar), integrantes do *caput* do artigo, traduzindo tipo misto alternativo, em que a prática de mais de uma conduta não implica concurso de crimes, mas um único delito.

A propósito, a Tese n. 13 (Jurisprudência em Teses – STJ – edição n. 131) dispõe: "O tráfico de drogas é crime de ação múltipla e a prática de um dos verbos contidos no art. 33, *caput*, da Lei n. 11.343/2006 é suficiente para a consumação do delito".

Objeto material: são as drogas, assim entendidas como substâncias entorpecentes, psicotrópicas, precursoras e outras sob controle especial, da Portaria SVS/MS n. 344, de 12 de maio de 1998.

Norma penal em branco: para fins da Lei de Drogas, como já ocorria na vigência da lei anterior, consideram-se drogas as substâncias ou os produtos capazes de causar dependência, assim especificados em lei ou relacionados em listas atualizadas pelo Poder Executivo da União. Assim, cabe ao Ministério da Saúde publicar periodicamente listas atualizadas sobre as substâncias e produtos considerados drogas. *Vide* item 1.3 *supra*.

Elemento normativo: traduz-se pela expressão "sem autorização ou em desacordo com determinação legal ou regulamentar".

Elemento subjetivo: dolo.

Consumação: ocorre com a prática de qualquer das ações constantes da figura típica, independentemente de qualquer outro resultado. Há modalidades de condutas que constituem crimes instantâneos (adquirir, fornecer, vender etc.) e outras que constituem crimes permanentes (ter em depósito, guardar, trazer consigo e expor à venda).

Tentativa: admite-se nos crimes instantâneos, não nos permanentes. Há, entretanto, quem sustente a inadmissibilidade de tentativa no crime de tráfico, dada a multiplicidade de condutas incriminadas (*RT*, 777/724 e 613/288).

Nesse sentido: "A jurisprudência e a doutrina predominantes não admitem a tentativa de tráfico de entorpecente. Evidenciado o começo de execução já se tem o crime por consumado. Isto porque o delito em questão constitui-se de ações múltiplas, bastando, para sua configuração, que a conduta do agente seja subsumida numa das ações expressas pelos verbos empregados no art. 12 da Lei n. 6.368/76, o que afasta a tentativa. Ademais, neste tipo de crime, o bem jurídico tutelado é a saúde pública, cujo objetivo da lei é evitar o dano para a saúde, que o uso das drogas causa, sendo prescindível a ocorrência efetiva do dano, para a configuração do delito, o que afasta a admissibilidade do 'conatus'" (TJSC – *JC*, 61/279).

2.2.1. Matéria-prima

O § 1º do art. 33 traz várias figuras equiparadas ao tráfico, ensejadoras da mesma punição, desde que praticadas "sem autorização ou em desacordo com determinação legal ou regulamentar" (elemento normativo do tipo).

O inciso I prevê várias condutas (tipo misto alternativo) que têm como objeto material "matéria-prima, insumo ou produto químico destinado à preparação de drogas".

Na definição de Vicente Greco Filho (*Tóxicos*: prevenção – repressão: comentários à Lei n. 6.368, de 21-10-1976, 5. ed., São Paulo: Saraiva, 1987, p. 97), "'matéria-prima' é a substância de que podem ser extraídos ou produzidos os entorpecentes ou drogas que causem dependência física ou psíquica. Não há necessidade de que as matérias-primas tenham já *de per si* os efeitos farmacológicos dos tóxicos a serem produzidos: basta que tenham as condições e qualidades químicas necessárias para, mediante transformação, adição etc., resultarem em entorpecentes ou drogas análogas".

2.2.2. Semeação e cultivo

O inciso II do § 1º do art. 33 da Lei n. 11.343/2006 pune a conduta daquele que "semeia, cultiva ou faz a colheita" de plantas que se constituam em matéria-prima para a preparação de drogas.

Na lei, no art. 28, § 1º, deixou claro o legislador sua intenção de equiparar à posse para consumo pessoal a semeação, cultivo ou colheita, para consumo pessoal, de plantas destinadas à preparação de pequena quantidade de substância ou produto capaz de causar dependência física ou psíquica.

Para determinar se a droga destina-se a consumo pessoal, o juiz deve atender à natureza e à quantidade da substância apreendida, ao local e às condições em que se desenvolveu a ação, às circunstâncias sociais e pessoais, bem como à conduta e aos antecedentes do agente (art. 28, § 2º).

Caso a semeação, o cultivo e a colheita não sejam para consumo pessoal, estará caracterizada a figura do tráfico de drogas.

2.2.3. Utilização de local

O inciso III do § 1º do art. 33 pune a conduta daquele que utiliza local ou bem de qualquer natureza de que tem a propriedade, posse, administração, guarda ou vigilância, ou consente que outrem dele se utilize, ainda que gratuitamente, para o tráfico ilícito de drogas.

Ressalta, com propriedade, Vicente Greco Filho (*Tóxicos*, cit., p. 100-101) que, "se alguém recebe as chaves de um imóvel para um fim de semana e aproveita a oportunidade para entregá-las a terceiro, para que dele se utilize para o uso ilegal de entorpecentes, estará incidindo em incriminação legal".

No Superior Tribunal de Justiça:

"*Habeas corpus* liberatório. Paciente denunciado pela prática do crime do art. 33, § 1º, III, da Lei 11.343/2006, por ter supostamente consentido que os demais acusados se utilizassem de imóvel de sua propriedade para o exercício do tráfico de drogas. Prisão preventiva efetivada em 5-3-2009. Assertiva de inexistência de provas que incriminem o paciente e alegada incredibilidade da prova produzida pela polícia. Dilação probatória. Impropriedade do *mandamus*. Decreto suficientemente fundamentado. Garantia da ordem pública em razão da existência de indícios veementes da atuação do paciente na prática de tráfico de drogas. Liberdade provisória vedada em face do art. 5º, XLIII, da CF/88 e do art. 2º, II, da Lei 8.072/90. Situação de flagrância que afasta o alegado constrangimento ilegal decorrente do ingresso de policiais militares na residência de um dos corréus, nos termos do art. 5º, XI, CF/88. Parecer do MPF pela denegação do *writ*. HC parcialmente conhecido e, nessa extensão, ordem denegada" (STJ – HC 141490/SP – Rel. Min. Napoleão Nunes Maia Filho – 5ª T. – *DJe*, 26-4-2010).

2.2.4. Venda ou entrega de drogas a agente policial disfarçado

A Lei n. 13.964/2019 (Lei Anticrime) introduziu na Lei de Drogas e no Estatuto do Desarmamento a figura do *agente policial disfarçado*.

Assim é que, entre as figuras equiparadas ao tráfico de drogas previstas no § 1º do art. 33, punidas com as mesmas penas do *caput*, foi inserida a do inciso IV, do seguinte teor: "IV – vende ou entrega drogas ou matéria-prima, insumo ou produto químico destinado à preparação de drogas, sem autorização ou em desacordo com a determinação legal ou regulamentar, a agente policial disfarçado, quando presentes elementos probatórios razoáveis de conduta criminal preexistente".

Trata-se de um agente policial que atua de maneira disfarçada, visando a investigação e eventual prisão em flagrante de traficantes de drogas, fazendo-se passar por comprador de drogas ou matéria-prima, insumo ou produto químico destinado à preparação de drogas.

Vale destacar que o agente policial disfarçado não pode, em hipótese alguma, induzir o sujeito ao tráfico ou preparar de qualquer forma o flagrante, hipótese na qual haveria crime impossível, nos termos do disposto na Súmula 145 do STF: "Não há crime, quando a preparação do flagrante pela polícia torna impossível a sua consumação". Nesse sentido, *vide* o item 2.2.10 *infra*.

Além disso, para a atuação do agente policial disfarçado devem estar presentes "elementos probatórios razoáveis de conduta criminal preexistente", o que significa a existência de elementos suficientes indicativos de que o criminoso já tenha realizado a conduta delitiva anteriormente, ou seja, que já esteja envolvido com o tráfico de drogas.

2.2.5. Instigação, induzimento ou auxílio ao uso

Com relação ao disposto no art. 33, § 2º, a expressão "ao uso" indica que o delito se consuma com o simples auxílio moral ou material, independentemente do efetivo uso da droga pela vítima. A consumação é antecipada à simples conduta do agente, dispensando um resultado naturalístico. Induzir significa criar um propósito inexistente. Instigar significa reforçar propósito já existente. Auxiliar é fornecer meios materiais, no caso, para o consumo de drogas.

2.2.6. Oferecimento de droga para consumo conjunto

A Lei de Drogas, no art. 33, § 3º, cuida de uma figura típica consistente em oferecer droga, eventualmente e sem objetivo de lucro, a pessoa de seu relacionamento, para juntos a consumirem.

Para a caracterização desse crime são exigidos alguns elementos:

a) oferecimento eventual da droga;

b) sem objetivo de lucro;

c) a pessoa do relacionamento do agente;

d) consumo conjunto (também pelo agente).

Não esclareceu o legislador, entretanto, alguns pontos controversos do tipo, como o que se deve considerar "eventualmente" (semanalmente, em datas esparsas, somente em festas, baladas?) e o que se deve entender por "pessoa de seu relacionamento" (amigos, colegas de trabalho, pessoa que conheceu em festa ou balada naquela noite?). A perfeita delimitação destes pontos certamente suscitará grandes debates na doutrina e jurisprudência.

Sendo a conduta típica "oferecer", trata-se de crime formal, consumando-se independentemente da ocorrência do resultado naturalístico, que seria a aceitação e consumo conjunto da droga.

Com relação à pena, vale mencionar que o agente poderá ser enquadrado em dois crimes, já que o dispositivo em comento menciona que a pena deverá ser aplicada "sem prejuízo das penas previstas no art. 28". Portanto, se o agente, para oferecer a droga a pessoa de seu relacionamento, sem objetivo de lucro e para juntos a consumirem, antes a tiver trazido consigo, para consumo pessoal, estaremos diante de concurso material de infrações, aplicando-se a pena cumulativamente (arts. 33, § 3º, e 28).

Trata-se de infração penal de menor potencial ofensivo, sujeita, portanto, ao procedimento da Lei n. 9.099/95.

2.2.7. Causa de diminuição de pena (tráfico privilegiado)

O § 4º do art. 33 trouxe causa de diminuição de pena aos crimes do *caput* e do § 1º, quando o agente for primário, de bons antecedentes, não se dedicar às atividades criminosas nem integrar organização criminosa.

Para que o agente obtenha a redução de pena, deve satisfazer os seguintes requisitos:

a) ser primário;

b) possuir bons antecedentes;

c) não se dedicar às atividades criminosas;

d) não integrar organização criminosa.

As duas cláusulas finais negativas devem favorecer o agente, sendo do Estado (acusação) o ônus da prova. Portanto, caberá ao Ministério Público, no processo, provar que o agente se dedica às atividades criminosas ou integra organização criminosa. Sem essa prova, a causa de diminuição de pena não poderá deixar de ser aplicada, satisfeitos os demais requisitos legais.

Nesse sentido é a Tese n. 22 do STJ (Jurisprudência em Teses – STJ – edição n. 131), do seguinte teor: "A causa de diminuição de pena prevista no § 4º do art. 33 da Lei de Drogas só pode ser aplicada se todos os requisitos, cumulativamente, estiverem presentes".

O Superior Tribunal de Justiça, outrossim, vem entendendo, em vários precedentes jurisprudenciais, que o *quantum* da redução deverá se pautar também pela quantidade de droga apreendida, que, no caso concreto, pode ser um fator a mais para influir no convencimento do juiz acerca da oportunidade de aplicação da causa de diminuição de pena.

Nada impede, outrossim, que a grande quantidade de droga apreendida seja utilizada pelo juiz como circunstância judicial (art. 59 do CP) para exacerbar a reprimenda na primeira fase da dosimetria em patamar superior ao mínimo legalmente previsto, e seja também utilizada para afastar a aplicação do privilégio previsto no § 4º, não havendo que se falar em *bis in idem*.

Assim: "O § 4º do art. 33 da Lei n. 11.343/2006 dispõe que, para o crime de tráfico de entorpecentes e suas figuras equiparadas, as penas poderão ser reduzidas de 1/6 (um sexto) a 2/3 (dois terços), desde que o agente seja primário, possua bons antecedentes, não se dedique às atividades criminosas e não integre organização criminosa. No caso em análise, com base na grande quantidade de drogas apreendidas, as instâncias ordinárias concluíram que o paciente dedica-se à atividade criminosa. 'Tanto o Supremo Tribunal Federal quanto esta Corte Superior de Justiça firmaram o entendimento de que a apreensão de grande quantidade de drogas, a depender das peculiaridades do caso concreto, é hábil a denotar a dedicação do acusado a atividades criminosas ou mesmo a sua integração em organização criminosa' (HC 373.523/SP, Rel. Min. Rogerio Schietti Cruz, 6ª T., j. 14-8-2018, DJe de 21-8-2018). Embora a quantidade de entorpecentes apreendidos já tenha sido utilizada na primeira fase da dosimetria penal para exasperar a pena-base, nada impede que tal circunstância seja novamente considerada na terceira etapa para aferir a traficância habitual e, consequentemente, obstar o redutor previsto no art. 33, § 4º, da Lei n. 11.343/2006. Agravo regimental desprovido" (STJ – AgRg no HC 508335/SP – Rel. Min. Jorge Mussi – 5ª T. – DJe 5-9-2019). Ainda nesse sentido, o teor da Tese n. 46 do STJ (Jurisprudência em Teses – STJ – edição n. 131): "A utilização concomitante da quantidade de droga apreendida para elevar a pena-base e para afastar a incidência da minorante prevista no § 4º do art. 33 da Lei de Drogas, por demonstrar que o acusado se dedica a atividades criminosas ou integra organização criminosa, não configura *bis in idem*, tratando-se de hipótese diversa da Repercussão Geral – TEMA 712/STF".

Com relação aos antecedentes criminais do agente, o Superior Tribunal de Justiça decidiu que é possível a utilização de inquéritos policiais e/ou ações penais em curso para formação da convicção de que o réu se dedica às atividades criminosas, de modo a afastar o benefício legal previsto no art. 33, § 4º, da Lei 11.343/2006. Nesse aspecto:

"AGRAVO REGIMENTAL NO *HABEAS CORPUS*. TRÁFICO ILÍCITO DE DROGAS. DOSIMETRIA. APLICAÇÃO DO REDUTOR DE PENA PREVISTO NO ART. 33, § 4º, DA LEI N. 11.343/2006. REGISTRO DE PROCESSO ANTERIOR. DEDICAÇÃO À ATIVIDADE CRIMINOSA. NÃO PREENCHIMENTO DOS REQUISITOS LEGAIS. PRECEDENTES. CONDIÇÃO DE MULA. MOLDURA FÁTICA FIRMADA PELO TRIBUNAL ESTADUAL EM SENTIDO CONTRÁRIO. REVOLVIMENTO DE MATÉRIA FÁTICO-PROBATÓRIA. TAREFA INVIÁVEL NESTA VIA. REGIME PRISIONAL INICIAL FECHADO. PENA-BASE FIXADA ACIMA DO MÍNIMO LEGAL. GRAVIDADE CONCRETA DA CONDUTA. EXPRESSIVA QUANTIDADE DE DROGA APREENDIDA. FUNDAMENTO VÁLIDO. PENA SUPERIOR A 4 ANOS DE RECLUSÃO. AGRAVO REGIMENTAL A QUE SE NEGA PROVIMENTO. 1. A jurisprudência dessa Corte Superior pacificou o entendimento no sentido de que é possível a utilização de inquéritos policiais e/ou ações penais em curso para formação da convicção de que o réu se dedica às atividades criminosas, de modo a afastar o benefício legal previsto no artigo 33, § 4º, da Lei 11.343/06 (EREsp n. 1.431.091/SP, Rel. Ministro FELIX FISCHER, *DJe* 1º/2/2017). 2. Quanto ao afastamento do redutor de pena previsto no art. 33, § 4º, da Lei n. 11.343/2006, as instâncias ordinárias asseveraram que o paciente conta com registro de processo anterior, tendo sido denunciado pela prática de estelionato, por seis vezes, além de integração a organização criminosa, prevista no art. 2, *caput*, da Lei n. 12.850/2013, o qual, a despeito de não gerar maus antecedentes ou reincidência, é capaz de demonstrar sua dedicação a atividades criminosas. 3. As instâncias de origem entenderam não estar configurada a atuação do paciente na condição de mula do tráfico e, para se desconstituir tal assertiva, como pretendido, seria necessário o revolvimento da moldura fática e probatória delineada nos autos, inviável na via estreita do *habeas corpus*. 4. Quanto ao regime prisional inicial, tendo em vista a manutenção da pena aplicada, superior a 4 e inferior a 8 anos, e a existência de circunstância judicial negativa, tanto que a pena-base foi fixada acima do mínimo legal, deve-se manter o inicial fechado, a teor do disposto no art. 33, § 2º e 3º, do Código Penal. 5. Agravo regimental a que se nega provimento" (AgRg no HC 687.581/SP – Rel. Min. Reynaldo Soares da Fonseca – 5ª T. – *DJe* 30-8-2021).

O Superior Tribunal de Justiça vem entendendo, também, que: "as regras mais rigorosas previstas no art. 44, *caput*, e parágrafo único, da Lei n. 11.343/2006, que se referem aos prazos para o livramento condicional e vedam sua concessão ao reincidente específico, limitam-se aos delitos ali relacionados, quais sejam, os arts. 33, *caput* e § 1º, e 34 a 37 desta Lei (Lei n. 11.343/2006), não alcançando o delito de tráfico na forma privilegiada" (STJ – AgRg no REsp 1789083/RJ – Rel. Min. Nefi Cordeiro – 6ª T. – *DJe* 3-9-2019).

Com relação à aplicação de penas restritivas de direitos em tráfico privilegiado, vale ressaltar que o Supremo Tribunal Federal, por maioria de votos, no julgamento do HC 97256/RS, declarou incidentalmente a inconstitucionalidade da vedação de conversão de pena privativa de liberdade em pena restritiva de direitos, no caso de tráfico de drogas, constante dos arts. 33, § 4º, e 44, da Lei n. 11.343/2006.

Nesse sentido, inclusive, foi aprovada resolução pelo Senado Federal:

"RESOLUÇÃO n. 5, de 2012, do Senado Federal.

Suspende, nos termos do art. 52, inciso X, da Constituição Federal, a execução de parte do § 4º do art. 33 da Lei n. 11.343, de 23 de agosto de 2006.

O Senado Federal resolve:

Art. 1º É suspensa a execução da expressão 'vedada a conversão em penas restritivas de direitos' do § 4º do art. 33 da Lei n. 11.343, de 23 de agosto de 2006, declarada inconstitucional por decisão definitiva do Supremo Tribunal Federal nos autos do Habeas Corpus *n. 97.256/RS.*

Art. 2º Esta Resolução entra em vigor na data de sua publicação.

Senado Federal, em 15 de fevereiro de 2012.

Senador JOSÉ SARNEY

Presidente do Senado Federal"

Outrossim, a reincidência do agente impede o reconhecimento do tráfico privilegiado, conforme orientação pacificada no Superior Tribunal de Justiça:

"Para aplicação da causa de diminuição de pena do art. 33, § 4º, da Lei n. 11.343/2006, o condenado deve preencher, cumulativamente, todos os requisitos legais, quais sejam, ser primário, de bons antecedentes, não se dedicar a atividades criminosas nem integrar organização criminosa, podendo a reprimenda ser reduzida de 1/6 (um sexto) a 2/3 (dois terços), a depender das circunstâncias do caso concreto. Por decorrer de expressa previsão legal descrita no § 4º do art. 33 da Lei n. 11.343/2006, inexiste *bis in idem* na utilização da reincidência como agravante e para justificar o afastamento do tráfico privilegiado, pois é possível que um mesmo instituto jurídico seja apreciado em fases distintas da dosimetria da pena, gerando efeitos diversos. Precedentes. Hipótese em que o tráfico privilegiado não foi reconhecido com base na reincidência do acusado, fundamentação idônea e que não enseja constrangimento ilegal. Precedentes" (STJ – HC 401.261/SP – 5ª T. – Rel. Min. Reynaldo Soares da Fonseca – *DJe*, 26-7-2017).

Merece ser ressaltado que o tráfico privilegiado não tem natureza hedionda, segundo posição pacificada no Supremo Tribunal Federal (HC 118.533 – MS) e no Superior Tribunal de Justiça (Tema 600 – Recursos Repetitivos).

Nesse sentido, o Superior Tribunal de Justiça houve por bem cancelar a Súmula 512.

Assim se manifestou o Superior Tribunal de Justiça ao fixar o Tema Repetitivo 600: "O Plenário do Supremo Tribunal Federal firmou entendimento oposto à jurisprudência do STJ ao assentar que o denominado tráfico privilegiado de drogas (art. 33, § 4º, da Lei n. 11.343/2006) não tem natureza hedionda. Apenas as modalidades de tráfico de entorpecentes definidas no art. 33, *caput* e § 1º, da Lei n. 11.343/2006 seriam equiparadas aos crimes hediondos, enquanto referido delito na modalidade privilegiada apresentaria 'contornos mais benignos, menos gravosos, notadamente porque são relevados o envolvimento ocasional do agente com o delito, a não reincidência, a ausência de maus antecedentes e a inexistência de vínculo com organização criminosa'. Além disso, destacou que, apesar da vedação constitucional e legal da concessão de graça e anistia e de indulto ao tráfico de entorpecentes, 'os Decretos Presidenciais ns. 6.706/2008 e 7.049/2009 beneficiaram os condenados pelo tráfico de entorpecentes privilegiado com o indulto, o que demonstra que os mencionados textos normativos inclinaram-se na corrente doutrinária de que o tráfico privilegiado não é hediondo'. Concluiu, em suma, em voto que foi seguido pela maioria do Tribunal Pleno, que a decisão do legislador fora no sentido de que o agente deveria receber tratamento distinto daqueles sobre os quais recairia o alto juízo de censura e de punição pelo tráfico de drogas e de que as circunstâncias legais do privilégio demonstrariam o menor juízo de reprovação e, em consequência, de punição dessas pessoas (*Informativo* n. 831). A Constituição Federal (artigo 5º, inciso XLIII) equiparou o delito de tráfico ilícito de drogas aos crimes hediondos, prevendo a insuscetibilidade de graça ou anistia e a inafiançabilidade, além de outras medidas previstas na Lei n. 8.072/90. No entanto, nem toda transação ilícita com drogas deve necessariamente submeter-se ao regime dos crimes hediondos, como a conduta de quem oferece droga, eventualmente e sem objetivo de lucro, a pessoa de seu relacionamento, para juntos a consumirem (art. 33, § 3º, da Lei n. 11.343/2006), bem como – conforme recentemente assentado pelo Supremo Tribunal Federal – a de quem, de forma episódica, pratica o denominado tráfico privilegiado de drogas (art. 33, § 4º). Cumpre consignar, nessa linha de raciocínio, que o art. 44 da Lei de Drogas, ao estabelecer que os crimes previstos nos arts. 33, *caput* e § 1º, e 34 a 37 da Lei 'são inafiançáveis e insuscetíveis de *sursis*, graça, indulto, anistia e liberdade provisória, vedada a conversão de suas penas em restritivas de direitos', conferiu ao tráfico privilegiado (art. 33, § 4º) tratamento especial ao que o legislador atribuiu ao *caput* e ao § 1º do art. 33, a reforçar a tese de que não se trata de delito hediondo. Saliente-se, outrossim, que o conceito de hediondez é de todo incompatível ao de privilégio, conforme há muito já vem decidindo o STJ, *mutatis mutandis*, no que toca ao homicídio qualificado-privilegiado. É sabido que os julgamentos proferidos pelo Supremo Tribunal Federal em *habeas corpus*, ainda que por seu Órgão Pleno, não têm efeito vinculante nem eficácia *erga omnes*. No entanto, a fim de observar os princípios da segurança jurídica, da proteção da confiança e da isonomia, nos termos do art. 927, § 4º, do Código de Processo Civil, bem como de evitar a prolação de decisões contraditórias nas instâncias ordinárias e também no âmbito deste Tribunal Superior de Justiça, é necessária a revisão do tema analisado por este sodalício sob o rito dos recursos repetitivos, a fim de nos alinharmos à jurisprudência do Excelso Pretório. Dessarte, é o caso de revisão do entendimento consolidado por esta Terceira Seção no julgamento do Recurso Especial Representativo da Controvérsia n. 1.329.088/RS – Tema 600 (Rel. Min. Sebastião Reis Júnior, Terceira Seção, j. 13-3-2013, *DJe* 26-4-2013), com o consequente cancelamento do Enunciado 512 da Súmula deste Superior Tribunal de Justiça".

No aspecto legal, a Lei n. 13.964/2019 (Lei Anticrime) acrescentou o § 5º ao art. 112 da Lei n. 7.210/84 (Lei de Execução Penal), dispondo expressamente: "§ 5º Não se considera hediondo ou equiparado, para os fins deste artigo, o crime de tráfico de drogas previsto no § 4º do art. 33 da Lei n. 11.343, de 23 de agosto de 2006".

2.2.8. Quantidade de droga e tráfico

Tem-se entendido que a grande quantidade de droga apreendida com o agente, em qualquer das hipóteses de conduta previstas no artigo em comento, embora por si só não seja evidência inequívoca de tráfico, contribui em muito para a caracterização do delito. No caso de pequena quantidade de droga, deve ser analisada a intenção do agente, apenas se configurando o tráfico se for a droga destinada a entrega para consumo de terceiros. Nada impede que o traficante exerça a hedionda mercancia em pequenas quantidades, ou mesmo que, fisicamente, não tenha consigo nenhuma porção da droga.

2.2.9. Traficante e viciado

Nada impede a coexistência, num mesmo agente, das condições de traficante e viciado. Uma não exclui a outra, como se pode apressadamente pensar. É até muito comum que viciados, para o custeio de seu mal, lancem-se ao comércio ilícito de drogas.

Deve o juiz, entretanto, à vista de eventual alegação, pelo agente, de dependência de drogas, determinar a submissão dele a exame pericial de dependência toxicológica. Sendo comprovada a dependência e a falta de capacidade de entendimento ou determinação por parte do agente, estará ele isento de pena, nos termos do art. 45 da Lei de Drogas, podendo determinar o juiz, na sentença, o seu encaminhamento para tratamento médico adequado. Em caso de semi-imputabilidade, nos termos do art. 46 da lei, a pena poderá ser reduzida de 1/3 (um terço) a 2/3 (dois terços).

2.2.10. Flagrante preparado e crime impossível

A alegação de flagrante preparado, em crime de tráfico ilícito de drogas, é muito comum, pleiteando-se o reconhecimento de crime impossível na conduta de policiais que, fazendo-se passar por usuários, buscam adquirir drogas de traficante, prendendo-o em flagrante delito no ato da venda. No flagrante preparado, interfere o provocador, que induz o agente à prática do crime. Figura totalmente diferente é a do flagrante esperado, em que a polícia, alertada da prática delituosa, surpreende o delinquente no ato da infração, lavrando então a prisão, não tendo a iniciativa do crime partido dos agentes de autoridade.

Nesse sentido, inclusive, a Súmula 145 do STF: "Não há crime, quando a preparação do flagrante pela polícia torna impossível a sua consumação".

Diante da multiplicidade de condutas típicas, entretanto, previstas no *caput* do art. 33, indicando tipo misto alternativo, é plenamente válida a prisão em flagrante do traficante que vende ou entrega a droga a policial disfarçado de usuário, de vez que, antes da venda, já estava o crime de tráfico consumado nas condutas de *ter em depósito*, *trazer consigo*, *guardar* etc., configuradoras de crime permanente.

Daí, inclusive, a inserção do inciso IV ao § 1º do art. 33, pela Lei n. 13.964/2010 (Lei Anticrime), criando a figura do *agente policial disfarçado*. Dispõe o referido inciso: "§ 1º Nas mesmas penas incorre quem: (...) IV – vende ou entrega drogas ou matéria-prima, insumo ou produto químico destinado à preparação de drogas, sem autorização ou em desacordo com a determinação legal ou regulamentar, a agente policial disfarçado, quando presentes elementos probatórios razoáveis de conduta criminal preexistente".

2.2.11. Penas restritivas de direitos

É bem de ver que a Lei de Drogas, no art. 44, prevê expressamente a proibição da conversão da pena privativa de liberdade em penas restritivas de direitos, nos casos dos crimes dos arts. 33, *caput* e § 1º, e 34 a 37.

Essa proibição, entretanto, já foi derrubada pelo Supremo Tribunal Federal, que, por maioria de votos, no julgamento do HC 97256/RS, em 1º de setembro de 2010, declarou incidentalmente a inconstitucionalidade da vedação de conversão de pena privativa de liberdade em pena restritiva de direitos, no caso de tráfico de drogas, constante dos arts. 33, § 4º, e 44 da Lei n. 11.343/2006.

Em consequência, como já mencionado em item anterior, o Senado Federal editou a seguinte resolução:

"**RESOLUÇÃO n. 5, de 2012, do Senado Federal.**

Suspende, nos termos do art. 52, inciso X, da Constituição Federal, a execução de parte do § 4º do art. 33 da Lei n. 11.343, de 23 de agosto de 2006.

O Senado Federal resolve:

Art. 1º É suspensa a execução da expressão **'vedada a conversão em penas restritivas de direitos'** *do § 4º do art. 33 da Lei n. 11.343, de 23 de agosto de 2006, declarada inconstitucional por decisão definitiva do Supremo Tribunal Federal nos autos do Habeas Corpus n. 97.256/RS.*

Art. 2º Esta Resolução entra em vigor na data de sua publicação.

Senado Federal, em 15 de fevereiro de 2012.

Senador JOSÉ SARNEY

Presidente do Senado Federal".

Portanto, é perfeitamente possível a conversão da pena privativa de liberdade em pena restritiva de direitos em crimes hediondos e assemelhados, incluindo o tráfico de drogas.

Vale ressaltar, outrossim, que a Lei n. 13.964/2019 (Lei Anticrime) acrescentou o § 5º ao art. 112 da Lei n. 7210/84 (Lei de Execução Penal), do seguinte teor: "§ 5º Não se considera hediondo ou equiparado, para os fins deste artigo, o crime de tráfico de drogas previsto no § 4º do art. 33 da Lei n. 11.343, de 23 de agosto de 2006".

2.2.12. Crime assemelhado a hediondo – fiança e liberdade provisória

Com a alteração da Lei dos Crimes Hediondos, introduzida pela Lei n. 11.464/2007, surgiu o entendimento de que os crimes hediondos e assemelhados, dentre eles o de tráfico, passaram a comportar a concessão de liberdade provisória sem fiança (art. 2º, II), sendo alterado, por consequência, o teor do art. 44 da Lei de Drogas. Essa é a nossa posição.

Outrossim, se considerarmos a possibilidade de concessão de liberdade provisória a crimes hediondos e assemelhados, incluído o tráfico de drogas, deve-se considerar suscetíveis desse benefício também os crimes dos arts. 34 a 37 da Lei de Drogas, não obstante serem figuras típicas diferentes do tráfico, não mencionadas expressamente pela Lei dos Crimes Hediondos, mas que com ele guardam íntima relação.

Com relação ao livramento condicional, somente poderá ser concedido se o condenado, além de preencher os demais requisitos legais para a obtenção do benefício (art. 83 do CP), tiver cumprido mais de dois terços da pena e não for reincidente específico.

Ressalte-se que a Lei, ao referir-se à reincidência específica, restringiu-a aos casos dos crimes acima apontados (arts. 33, *caput* e § 1º, e 34 a 37). Portanto, não pode ser vedado o livramento condicional se o condenado for reincidente em outro crime hediondo ou assemelhado, como ocorria sob a vigência da lei anterior, em atenção ao disposto no art. 5º da Lei n. 8.072/90.

Quanto ao regime inicial fechado, em sede de repercussão geral, com reafirmação de jurisprudência, o Supremo Tribunal Federal, por maioria, no julgamento do Recurso Extraordinário com Agravo 1.052.700/MG, da relatoria do Min. Edson Fachin, fixou a seguinte tese: "**É inconstitucional a fixação *ex lege*, com base no art. 2º, § 1º, da Lei n. 8.072/1990, do regime inicial fechado, devendo o julgador, quando da condenação, ater-se aos parâmetros previstos no artigo 33 do Código Penal**".

A Tese n. 49 do STJ (Jurisprudência em Teses – STJ – edição n. 131) é do seguinte teor: "Reconhecida a inconstitucionalidade do § 1º do art. 2º da Lei n. 8.072/90, é possível a fixação de regime prisional diferente do fechado para o início do cumprimento de pena imposta ao condenado por tráfico de drogas, devendo o magistrado observar as regras previstas no Código Penal para a fixação do regime prisional".

No mesmo sentido:

"AGRAVO REGIMENTAL NO *HABEAS CORPUS*. PROCESSUAL PENAL. CRIME DE TORTURA. PENA ESTABELECIDA INFERIOR A 4 (QUATRO) ANOS DE RECLUSÃO. CIRCUNSTÂNCIAS JUDICIAIS FAVORÁVEIS. PRIMARIEDADE. IMPOSIÇÃO DO REGIME MAIS GRAVOSO. POSSIBILIDADE. EXISTÊNCIA DE CIRCUNSTÂNCIAS CONCRETAS QUE DENOTAM GRAVIDADE DO CRIME. FIXAÇÃO DO REGIME INICIAL SEMIABERTO. RECURSO DESPROVIDO. 1. O Plenário do Supremo Tribunal Federal, ao julgar o HC n. 111.840/ES, afastou a obrigatoriedade do regime inicial fechado para os condenados por crimes hediondos e equiparados, devendo-se observar, também nesses crimes, o disposto no art. 33, c.c. o art. 59, ambos do Código Penal, e as Súmulas n.

440/STJ, 718/STF e 719/STF. 2. Na hipótese, apesar de fixada a pena-base no mínimo legal, a Corte de origem manteve o regime inicial fechado com base em circunstâncias concretas do crime. Contudo, tratando-se de Réus primários, com pena definitiva inferior a 4 (quatro) anos, revela-se adequada a fixação do regime inicial semiaberto. 3. Agravo regimental desprovido" (AgRg no HC 664.171/SP – Rel. Min. Laurita Vaz – 6ªT., *DJe* 27-9-2021).

2.2.13. Apelação em liberdade

Na Lei de Drogas, dispõe o art. 59 que, nos crimes previstos nos arts. 33, *caput* e § 1º, e 34 a 37, o réu não poderá apelar sem recolher-se à prisão, salvo se for primário e de bons antecedentes, assim reconhecido na sentença condenatória.

Entretanto, a nova redação dada ao § 3º do art. 2º da Lei dos Crimes Hediondos (Lei n. 8.072/90), pela Lei n. 11.464/2007, dispõe que: "Em caso de sentença condenatória, o juiz decidirá fundamentadamente se o réu poderá apelar em liberdade".

Assim, em crime de tráfico de drogas, sobrevindo condenação, o juiz decidirá fundamentadamente se o réu poderá apelar em liberdade, levando em consideração os requisitos cautelares do art. 312 do CPP, o mesmo ocorrendo, por consequência, com os crimes dos arts. 34 a 37. Não se veda, portanto, o apelo em liberdade.

2.2.14. Tráfico internacional e competência

O processo e o julgamento dos crimes de tráfico de drogas, aparelhagem para a produção de drogas, associação para o tráfico, financiamento ou custeio do tráfico e colaboração para o tráfico, caberão à Justiça Federal, como regra (art. 70 da Lei n. 11.343/2006), se caracterizado ilícito transnacional. Se o lugar em que tiverem sido praticados tais crimes não for sede de vara federal, serão processados e julgados na vara federal da circunscrição respectiva.

Vale lembrar o teor da Súmula 528 do Superior Tribunal de Justiça: "Compete ao juiz federal do local da apreensão da droga remetida do exterior pela via postal processar e julgar o crime de tráfico internacional".

2.2.15. Lança-perfume

Por conter como substância ativa o cloreto de etila, substância relacionada pela Portaria SVS/MS n. 344, de 12 de maio de 1998, o denominado "lança-perfume" é considerado droga, e, portanto, proibida sua utilização, comércio, entrega a consumo de terceiros em geral etc.

2.2.16. Continuidade delitiva – aplicação do art. 70 do Código Penal

Vários precedentes do Superior Tribunal de Justiça têm entendido cabível a aplicação da continuidade delitiva ao crime de tráfico de drogas em razão do número de infrações.

A saber:

"Com referência ao crime de tráfico de drogas, a Turma, por maioria, entendeu, entre outros tópicos, que a jurisprudência do STJ é pacífica quanto a permitir o aumento de pena pela continuidade delitiva ao se levar em conta o número de infrações. Assim, na hipótese, de quatro delitos, entendeu correta a exacerbação da pena em um quarto em razão do crime continuado. O voto divergente do Min. Jorge Mussi entendia não ser possível aplicar ao delito de tráfico de drogas a figura do crime continuado em razão de sua natureza de crime permanente. O Min. Honildo Amaral de Mello Castro

(Desembargador convocado do TJ-AP) acompanhou a maioria com ressalvas. Precedentes citados: HC 112.087/SP; HC 125.013/MS, *DJe*, 30-11-2009; HC 106.027/RS, *DJe* 23-8-2010; HC 103.977/SP, *DJe* 6-4-2009; HC 44.229/RJ, *DJ* 20-3-2006, e HC 30.105/SP, *DJ* 18-4-2005" (STJ – HC 115.902/RJ – Rel. Min. Laurita Vaz – j. 18-11-2010).

2.3. Aparelhagem para a produção de substância entorpecente

> Art. 34. Fabricar, adquirir, utilizar, transportar, oferecer, vender, distribuir, entregar a qualquer título, possuir, guardar ou fornecer, ainda que gratuitamente, maquinário, aparelho, instrumento ou qualquer objeto destinado à fabricação, preparação, produção ou transformação de drogas, sem autorização ou em desacordo com determinação legal ou regulamentar:
>
> Pena – reclusão, de 3 (três) a 10 (dez) anos, e pagamento de 1.200 (mil e duzentos) a 2.000 (dois mil) dias-multa.

Objetividade jurídica: é a tutela da saúde pública. Secundariamente, a vida e a saúde de cada cidadão.

Sujeito ativo: qualquer pessoa.

Sujeito passivo: o Estado. Secundariamente, o consumidor da droga.

Conduta: vem representada por onze verbos (fabricar, adquirir, utilizar, transportar, oferecer, vender, distribuir, entregar, possuir, guardar e fornecer) integrantes do artigo, traduzindo tipo misto alternativo, em que a prática de mais de uma conduta não implica concurso de crimes, mas um único delito.

Objeto material: maquinário, aparelho, instrumento ou objeto destinado à fabricação, preparação, produção ou transformação de drogas. Como bem alerta Vicente Greco Filho (*Tóxicos*: prevenção – repressão: comentários à Lei n. 6.368, de 21-10-1976, 5. ed., São Paulo: Saraiva, 1987, p. 103), "para a caracterização do delito, portanto, a fim de que não se incrimine injustamente se houver destinação inocente, há necessidade de que, no caso concreto, fique demonstrado que determinados aparelhos, maquinismos, instrumentos ou objetos estejam *efetivamente* destinados à preparação, produção ou transformação de substância proibida".

Elemento subjetivo: dolo.

Consumação: com a prática das condutas incriminadas.

Tentativa: admite-se apenas nas modalidades de conduta "fabricar", "adquirir", "vender", "fornecer", "transportar" e "distribuir".

Ato preparatório destinado ao consumo pessoal de entorpecente: O Superior Tribunal de Justiça entendeu que, quanto ao crime previsto no art. 34 da Lei de Drogas, embora possua autonomia em relação aos demais delitos da lei, não é possível que o agente responda pela prática do referido delito quando a posse dos instrumentos se configura como ato preparatório destinado ao consumo pessoal de entorpecente. Nesse sentido:

"1. O crime capitulado no art. 34 da Lei n. 11.343/2006 se destina a punir atos preparatórios e, portanto, é tido como subsidiário em relação ao crime previsto no art. 33 da mesma Lei, sendo por este absorvido quando as ações são praticadas em um mesmo contexto fático. 2. É possível, no entanto, que o crime previsto no art. 34 da Lei de Drogas se consume de forma autônoma, circunstância na qual 'deve ficar demonstrada a real lesividade dos objetos tidos como instrumentos destinados à fabricação, preparação, produção ou transformação de drogas, ou seja, relevante analisar se os objetos apreendidos são aptos a vulnerar o tipo penal em tela' (AgRg no AREsp 303.213/SP, Rel. Ministro MARCO AURÉLIO BELLIZZE, QUINTA TURMA, julgado em 08/10/2013, DJe 14/10/2013). 3. Nesse caso, para que se configure a lesão ao bem jurídico tutelado (saúde pública), a ação de possuir maquinário e/ou objetos deve ter o especial fim de fabricar, preparar, produzir ou transformar drogas, visando o tráfico. 4. Portanto, ainda que o crime previsto no art. 34 da Lei n. 11.343/2006 possa subsistir de forma autônoma, não é possível que o agente responda pela prática do referido delito quando a posse dos instrumentos se configura como ato preparatório destinado ao consumo pessoal de entorpecente. 5. Considerando que, nos termos do § 1.º do art. 28 da Lei de Drogas, nas mesmas penas do *caput* incorre quem cultiva a planta destinada ao preparo de pequena quantidade de substância ou produto (óleo), seria um contrassenso jurídico que a posse de objetos destinados ao cultivo de planta psicotrópica, para uso pessoal, viesse a caracterizar um crime muito mais grave, equiparado a hediondo e punido com pena privativa de liberdade de 3 (três) a 10 (dez) anos de reclusão, além do pagamento de vultosa multa. 6. É consenso jurídico que o legislador, ao despenalizar a conduta de posse de entorpecente para uso pessoal, conferiu tratamento penal mais brando aos usuários de drogas. Nesse contexto, se a própria legislação reconhece o menor potencial ofensivo da conduta do usuário que adquire drogas diretamente no mercado espúrio de entorpecentes, não há como evadir-se à conclusão de que também se encontra em situação de baixa periculosidade o agente que sequer fomentou o tráfico, haja vista ter cultivado pessoalmente a própria planta destinada à extração do óleo, para seu exclusivo consumo. 7. Recurso ordinário em *habeas corpus* conhecido e provido para trancar a ação penal apenas no que refere ao crime do art. 34 da Lei n. 11.343/2006, sem prejuízo do prosseguimento da apuração das condutas previstas no art. 28, *caput* e § 1º, da mesma Lei perante o Juízo competente" (STJ – RHC 135617/PR – Rel. Min. Laurita Vaz – 6ª T. – DJe 30-9-2021).

2.4. Associação para o tráfico

> Art. 35. Associarem-se duas ou mais pessoas para o fim de praticar, reiteradamente ou não, qualquer dos crimes previstos nos arts. 33, *caput* e § 1º, e 34 desta Lei:
>
> Pena – reclusão, de 3 (três) a 10 (dez) anos, e pagamento de 700 (setecentos) a 1.200 (mil e duzentos) dias-multa.
>
> Parágrafo único. Nas mesmas penas do *caput* deste artigo incorre quem se associa para a prática reiterada do crime definido no art. 36 desta Lei.

Objetividade jurídica: é a tutela da saúde pública. Secundariamente, a vida e a saúde de cada cidadão.

Sujeito ativo: qualquer pessoa.

Sujeito passivo: o Estado. Secundariamente, o consumidor da droga.

Conduta: vem representada pelo verbo "associar(-se)", que significa agregar-se, unir-se. Requer, o dispositivo, que *duas ou mais* pessoas se associem para o fim de, *reiteradamente ou não*, praticar os delitos dos arts. 33, *caput* e § 1º, e 34.

Elemento subjetivo: dolo, além da finalidade específica de praticar, reiteradamente ou não, qualquer dos crimes previstos nos arts. 33, *caput* e § 1º, e 34 da Lei n. 11.343/2006.

Nesse sentido é a Tese n. 26 do STJ (Jurisprudência em Teses – STJ – edição n. 11), do seguinte teor: "Para a caracterização do crime de associação para o tráfico de drogas (art. 35 da Lei n. 11.343/2006) é imprescindível o dolo de se associar com estabilidade e permanência".

Consumação: com a efetiva associação, independente da prática dos delitos dos arts. 33, *caput* e § 1º, e 34 da Lei. Essa associação, entretanto, deve ter um mínimo de estabilidade.

Participação de menor: "A participação do menor pode ser considerada para configurar o crime de associação para o tráfico (art. 35) e, ao mesmo tempo, para agravar a pena como causa de aumento do art. 40, VI, da Lei n. 11.343/2006. De acordo com a Lei n. 11.343/2006: 'Art. 40. As penas previstas nos arts. 33 a 37 desta Lei são aumentadas de um sexto a dois terços, se: (...) VI – sua prática envolver ou visar a atingir criança ou adolescente ou a quem tenha, por qualquer motivo, diminuída ou suprimida a capacidade de entendimento e determinação'. Assim, é cabível a aplicação da majorante se o crime envolver ou visar a atingir criança ou adolescente em delito de associação para o tráfico de drogas configurado pela associação do agente com menor de idade. Precedentes citados: HC 237.782-SP, Quinta Turma, *DJe* 21/8/2014; e REsp 1.027.109-SC, Quinta Turma, *DJe* 16/2/2009" (STJ – HC 250.455-RJ, Rel. Min. Nefi Cordeiro, j. 17-12-2015, *DJe*, 5-2-2016).

Requisitos para a configuração do delito: "Exige-se o dolo de se associar com permanência e estabilidade para a caracterização do crime de associação para o tráfico, previsto no art. 35 da Lei n. 11.343/2006. Dessa forma, é atípica a conduta se não houver ânimo associativo permanente (duradouro), mas apenas esporádico (eventual). Precedentes citados do STF: HC 64.840-RJ, *DJ* 21/8/1987; do STJ: HC 166.979-SP, *DJe* 15/8/2012, e HC 201.256-MG, *DJe* 29/6/2012" (STJ – HC 139.942-SP – Rel. Min. Maria Thereza de Assis Moura – j. 19-11-2012).

Permanência e estabilidade: "Exige-se o dolo de se associar com permanência e estabilidade para a caracterização do crime de associação para o tráfico, previsto no art. 35 da Lei n. 11.343/2006. Dessa forma, é atípica a conduta se não houver ânimo associativo permanente (duradouro), mas apenas esporádico (eventual). Precedentes citados do STF: HC 64.840-RJ, *DJ* 21/8/1987; do STJ: HC 166.979-SP, *DJe* 15/8/2012, e HC 201.256-MG, *DJe* 29/6/2012" (STJ – HC 139.942-SP – Rel. Min. Maria Thereza de Assis Moura – j. 19-11-2012).

No mesmo sentido:

"Na hipótese dos autos, as instâncias ordinárias reconheceram, com base no acervo probatório produzido, a ocorrência de ações autônomas que concorreram para a prática de delitos de natureza diversa – tráfico e associação para o tráfico –, salientando a estabilidade e a permanência exigidas para a tipificação deste crime. De igual modo, afastaram a incidência do redutor previsto no § 4º do art. 33 da Lei n. 11.343/2006 sob o fundamento de que há evidências nos autos de que o réu dedica-se à atividade criminosa 2. O *habeas corpus*, marcado por cognição sumária e rito célere não é adequado à mudança do entendimento adotado na origem, uma vez demandar revolvimento do conjunto fático-probatório, providência inviável na via eleita. 3. Considerando a manutenção do decreto condenatório pela prática dos crimes tipificados nos arts. 33 e 35, ambos da Lei 11.343/2006, não há possibilidade de aplicação da causa de diminuição prevista no art. 33 § 4º da Lei de Drogas. Isso porque a condenação pela prática do crime de associação para o tráfico obsta o reconhecimento da minorante prevista no § 4º do art. 33 daquela norma, ante a dedicação à atividade criminosa inerente ao delito. Agravo regimental desprovido" (STJ – AgRg no HC 382.549/MS – 5ª T. – Rel. Min. Joel Ilan Paciornik – *DJe*, 15-5-2017).

Apreensão de drogas em poder do agente: para a configuração do crime de associação para o tráfico de drogas é irrelevante a apreensão de drogas na posse direta do agente. No Superior Tribunal de Justiça: HC 441712/SP, Rel. Min. Jorge Mussi, 5ª T., j. 21-2-2019, *DJe* 12-3-2019; RHC 93498/SC, Rel. Min. Rogerio Schietti Cruz, 6ª T., j. 8-5-2018, *DJe* 21-5/2018; HC 432738/PR, Rel.

Min. Maria Thereza de Assis Moura, 6ª T., j. 20-3-2018, *DJe* 27-3-2018; HC 137535/RJ, Rel. Min. Sebastião Reis Júnior, 6ª T., j. 21-3-2013, *DJe* 7-8-2013; HC 148480/BA, Rel. Min. Og Fernandes, 6ª T., j. 6-5-2010, *DJe* 7-6-2010.

Vale mencionar a Tese n. 27 do STJ (Jurisprudência em Teses – STJ – edição n. 131), do seguinte teor: "Para a configuração do crime de associação para o tráfico de drogas, previsto no art. 35 da Lei n. 11.343/2006, é irrelevante apreensão de drogas na posse direta do agente".

Tentativa: não se admite.

2.4.1. Associação para o financiamento ou custeio do tráfico

O parágrafo único do art. 35 prevê a figura da associação para a prática reiterada do crime de financiamento ou custeio do tráfico. Nesse caso específico, o dispositivo legal condiciona a tipificação à "prática reiterada" do crime definido no art. 36, excluindo, portanto, do abrigo legal a associação eventual para a prática de tal crime.

2.4.2. Associação para o tráfico e associação criminosa

Não se confunde o crime de associação para o tráfico (art. 35 da Lei de Drogas) com o crime de associação criminosa (art. 288 do CP), anteriormente denominado bando ou quadrilha. Isto porque, para a configuração da associação criminosa, há a necessidade de associarem-se no mínimo 3 pessoas para a prática de crimes (quaisquer crimes). Já na associação para o tráfico, exige-se um número mínimo de 2 associados, especificamente para a prática dos crimes dos arts. 33, *caput* e § 1º, e 34 da Lei de Drogas.

2.4.3. Associação para o tráfico e tráfico ilícito de drogas

Nada impede o concurso material entre as infrações penais dos arts. 33 e 35 da Lei de Drogas, uma vez que a prática deste último constitui crime autônomo.

Com relação à participação de adolescentes no crime de associação para o tráfico: "A participação do menor pode ser considerada para configurar o crime de associação para o tráfico (art. 35) e, ao mesmo tempo, para agravar a pena como causa de aumento do art. 40, VI, da Lei n. 11.343/2006. De acordo com a Lei n. 11.343/2006: "Art. 40. As penas previstas nos arts. 33 a 37 desta Lei são aumentadas de um sexto a dois terços, se: (...) VI – sua prática envolver ou visar a atingir criança ou adolescente ou a quem tenha, por qualquer motivo, diminuída ou suprimida a capacidade de entendimento e determinação". Assim, é cabível a aplicação da majorante se o crime envolver ou visar a atingir criança ou adolescente em delito de associação para o tráfico de drogas configurado pela associação do agente com menor de idade. Precedentes citados: HC 237.782-SP, Quinta Turma, *DJe* 21/8/2014; e REsp 1.027.109-SC, Quinta Turma, *DJe* 16/2/2009" (STJ – HC 250.455-RJ, Rel. Min. Nefi Cordeiro – j. 17-12-2015 – *DJe*, 5-2-2016).

Com relação à causa de aumento de pena do art. 40, VI, da Lei de Drogas: "A causa de aumento de pena do art. 40, VI, da Lei n. 11.343/2006 pode ser aplicada tanto para agravar o crime de tráfico de drogas (art. 33) quanto para agravar o de associação para o tráfico (art. 35) praticados no mesmo contexto. Isso porque a causa especial de aumento de pena incidiu sobre delitos diversos e totalmente autônomos, com motivação e finalidades distintas. Precedentes citados: HC 183.441-RJ, Quinta Turma, *DJe* 2/9/2011; e AgRg no REsp 1.412.950-MG, Sexta Turma, *DJe* 3/11/2014" (STJ – HC 250.455-RJ – Rel. Min. Nefi Cordeiro – j. 17-12-2015 – *DJe*, 5-2-2016).

Nesse sentido, inclusive, a Tese n. 36 do STJ (Jurisprudência em Teses – STJ – edição n. 131), do seguinte teor: "Não acarreta *bis in idem* a incidência simultânea das majorantes previstas no art. 40 da Lei n. 11.343/2006 aos crimes de tráfico de drogas e de associação para fins de tráfico, porquanto são delitos autônomos, cujas penas devem ser calculadas e fixadas separadamente".

2.4.4. Associação para o tráfico e crime hediondo

A associação para o tráfico *não* é crime assemelhado a hediondo, não estando, portanto, sujeito ao regime inicialmente fechado, obrigatoriamente e aos demais rigores impostos pela Lei n. 8.072/90 (Lei dos Crimes Hediondos). Na sua redação originária, antes das alterações introduzidas pela Lei n. 11.464/2007, já era este o entendimento adotado pelos Tribunais.

Nesse sentido:

"A jurisprudência pacífica do Superior Tribunal de Justiça reconhece que o crime de associação para o tráfico de entorpecentes (art. 35 da Lei n. 11.343/2006) não figura no rol taxativo de delitos hediondos ou a eles equiparados, tendo em vista que não se encontra expressamente previsto no rol taxativo do art. 2º da Lei n. 8.072/1990. 2. Não se tratando de crime hediondo, não se exige, para fins de concessão de benefício da progressão de regime, o cumprimento de 2/5 da pena, se o apenado for primário, e de 3/5, se reincidente para a progressão do regime prisional, sujeitando-se ele, apenas ao lapso de 1/6 para preenchimento do requisito objetivo. 3. No entanto, a despeito de não ser considerado hediondo, o crime de associação para o tráfico, no que se refere à concessão do livramento condicional, deve, em razão do princípio da especialidade, observar a regra estabelecida pelo art. 44, parágrafo único, da Lei n. 11.343/2006, ou seja, exigir que o cumprimento de 2/3 (dois terços) da pena, vedada a sua concessão ao reincidente específico. 4. Ordem concedida para afastar a natureza hedionda do crime de associação para o tráfico e determinar que o Juízo da Vara das Execuções Criminais da Comarca de São José do Rio Preto/SP proceda a novo cálculo da pena, considerando, para fins de progressão de regime e de livramento condicional, respectivamente, as frações de 1/6 (um sexto) e 2/3 (dois terços)" (STJ – HC 394.327/SP – 6ªT. – Rel. Min. Antonio Saldanha Palheiro – *DJe*, 23-6-2017).

Nesse sentido, inclusive, a Tese n. 28 do STJ (Jurisprudência em Teses – STJ – edição n. 131), do seguinte teor: "O crime de associação para o tráfico de entorpecentes (art. 35 da Lei n. 11.343/2006) não figura no rol taxativo de crimes hediondos ou de delitos a eles equiparados".

2.4.5. Livramento condicional e associação para o tráfico

Para a concessão de livramento condicional no crime de associação para o tráfico, deve ser observado o disposto no art. 44 da Lei de Drogas.

Nesse sentido: "O condenado por associação para o tráfico (art. 35 da Lei 11.343/2006), caso não seja reincidente específico, deve cumprir 2/3 da pena para fazer jus ao livramento condicional. Isso porque a própria Lei 11.343/2006, no parágrafo único do art. 44, prevê requisito objetivo específico para a concessão do livramento condicional ao delito de associação para o tráfico: 'Os crimes previstos nos arts. 33, *caput* e § 1º, e 34 a 37 desta Lei são inafiançáveis e insuscetíveis de sursis, graça, indulto, anistia e liberdade provisória, vedada a conversão de suas penas em restritivas de direitos. Parágrafo único. Nos crimes previstos no *caput* deste artigo, dar-se-á o livramento condicional após o cumprimento de dois terços da pena, vedada sua concessão ao reincidente específico'. Assim, em observância ao Princípio da Especialidade, aplica-se o disposto no art. 44, parágrafo único, da Lei 11.343/2006 em detrimento dos incisos I e II do art. 83 do CP. Ressalte-se que o lapso temporal de cumprimento de pena para obtenção do livramento condicional quanto ao delito do art. 35 da Lei 11.343/2006 independe da análise do caráter hediondo do crime. Precedentes citados: AgRg no REsp 1.484.138-MS, Sexta Turma, *DJe* de 15-6-2015; e HC 292.882-RJ, Sexta Turma, *DJe* de 18-8-2014" (STJ – HC 311.656-RJ – Rel. Min. Felix Fischer – j. 25-8-2015 – *DJe*, 2-9-2015).

Nesse sentido, deve ser ressaltado o constante da Tese n. 53 do STJ (Jurisprudência em Teses – STJ – edição n. 131) é do seguinte teor: "A despeito de não ser considerado hediondo, o crime de associação para o tráfico, no que se refere à concessão do livramento condicional, deve, em razão do princípio da especialidade, observar a regra estabelecida pelo art. 44, parágrafo único, da Lei n. 11.343/2006: cumprimento de 2/3 (dois terços) da pena e vedação do benefício ao reincidente específico".

2.5. Financiamento ou custeio do tráfico de drogas

> Art. 36. Financiar ou custear a prática de qualquer dos crimes previstos nos arts. 33, *caput* e § 1º, e 34 desta Lei:
> Pena – reclusão, de 8 (oito) a 20 (vinte) anos, e pagamento de 1.500 (mil e quinhentos) a 4.000 (quatro mil) dias-multa.

Objetividade jurídica: é a tutela da saúde pública. Secundariamente, a vida e a saúde de cada cidadão.

Sujeito ativo: qualquer pessoa.

Sujeito passivo: o Estado. Secundariamente, o consumidor da droga.

Conduta: vem representada pelos verbos "financiar", que significa prover às despesas de alguma atividade, e "custear", que significa correr com as despesas de algo. O financiamento ou custeio deve ser da prática dos delitos dos arts. 33, *caput* e § 1º, e 34.

Financiador: é quem emprega capital em busca de retorno financeiro, participando dos riscos da atividade.

Financiamento e tráfico: o financiador não pode participar do tráfico de drogas. Se assim o fizer, sendo financiador e traficante, estará configurado um único crime: o de tráfico, com a causa de aumento do art. 40, VII, da lei.

Nesse sentido, deve ser ressaltado o constante da Tese n. 30 do STJ (Jurisprudência em Teses – STJ – edição n. 131) do seguinte teor: "O crime de financiar ou custear o tráfico ilícito de drogas (art. 36 da Lei n. 11.343/2006) é delito autônomo aplicável ao agente que não tem participação direta na execução do tráfico, limitando-se a fornecer os recursos necessários para subsidiar as infrações a que se referem os art. 33, *caput* e § 1º, e art. 34 da Lei de Drogas".

Elemento subjetivo: dolo.

Consumação: com o efetivo financiamento ou custeio da atividade ilícita.

Tentativa: admite-se.

Causa de aumento de pena: previu a lei, no art. 40, VII, uma causa de aumento de pena consistente em "financiar ou custear a prática do crime". Esta causa de aumento aplica-se ao agente que financiar ou custear a prática de qualquer dos crimes previstos nos arts. 33 a 37 da lei, ou seja, além de participar desses crimes, também os financiar. Se for apenas o financiador dos crimes previstos nos arts. 33, *caput* e § 1º, e 34, estará configurado o crime do art. 36.

Vale conferir a Tese n. 17 do STJ (Jurisprudência em Teses – STJ – edição n. 131), do seguinte teor: "O agente que atua diretamente na traficância e que também financia ou custeia a aquisição de drogas deve responder pelo crime previsto no art. 33, *caput*, da Lei n. 11.343/2006 com a incidência da causa de aumento de pena prevista no art. 40, VII, da Lei n. 11.343/2006, afastando-se, por conseguinte, a conduta autônoma prevista no art. 36 da referida legislação".

2.6. Colaboração ao tráfico

> Art. 37. Colaborar, como informante, com grupo, organização ou associação destinados à prática de qualquer dos crimes previstos nos arts. 33, *caput* e § 1º, e 34 desta Lei:
> Pena – reclusão, de 2 (dois) a 6 (seis) anos, e pagamento de 300 (trezentos) a 700 (setecentos) dias-multa.

Objetividade jurídica: é a tutela da saúde pública. Secundariamente, a vida e a saúde de cada cidadão.

Sujeito ativo: qualquer pessoa.

Sujeito passivo: o Estado. Secundariamente, o consumidor da droga.

Conduta: vem representada pelo verbo "colaborar", que significa ajudar, auxiliar, trabalhar em conjunto. Deve o agente colaborar "como informante" com o grupo, organização ou associação.

Partícipe ou coautor do tráfico: o agente deve atuar somente como informante. Se participar do crime de alguma outra forma, será partícipe ou coautor do tráfico.

Colaboração: existem diversas espécies de colaboração com grupos, organizações ou associações criminosas. Em matéria de crime organizado, podemos destacar como espécies de colaboração: a informação ou vigilância de pessoas, bens ou instalações; a construção, acondicionamento, cessão ou utilização de alojamentos ou depósitos; a ocultação ou traslado de pessoas vinculadas às organizações criminosas armadas, ou terroristas; o treinamento ou assistência ao treinamento de membros das organizações criminosas etc. Em todas as hipóteses, a colaboração deve vincular-se às atividades ou finalidades dos grupos, associações ou organizações criminosas.

Informante: é aquele que presta as informações ao grupo, associação ou organização criminosa voltada à prática do tráfico. Pode o agente, por exemplo, fornecer informações sobre diligências policiais de que tem conhecimento, sobre a existência ou identidade de agentes infiltrados, sobre outras providências visando a persecução ao tráfico, tais como quebra de sigilo bancário, interceptações telefônicas, escutas ambientais etc.

Informante funcionário público: estará incurso na causa de aumento de pena do art. 40, II, da lei.

Colaboração e corrupção passiva: se o informante, na qualidade de funcionário público (art. 327 do CP), solicitar, receber ou aceitar promessa de vantagem indevida para prestar a colaboração, estará caracterizado o crime de corrupção passiva (art. 317 do CP), crime formal, em concurso material com o crime do art. 36 da Lei de Drogas.

Colaboração com traficante individual: não caracteriza crime, salvo se a colaboração puder ser considerada ato de participação no crime de tráfico, oportunidade em que o informante será coautor ou partícipe dos crimes dos arts. 33, *caput* e § 1º, e 34 da Lei.

Elemento subjetivo: dolo.

Consumação: com a efetiva colaboração, como informante, independentemente da prática de qualquer ato pelo grupo, associação ou organização criminosa.

Crime habitual: não se trata de crime habitual, não necessitando, para sua configuração, da reiteração de condutas. Uma única informação já caracteriza o crime.

Tentativa: admite-se.

Subsidiariedade do art. 37 em relação ao art. 35: deve ser ressaltado o constante da Tese n. 31 do STJ (Jurisprudência em Teses – STJ – edição n. 131) do seguinte teor: "O crime de colaboração com o tráfico, art. 37 da Lei n. 11.343/2006, é um tipo penal subsidiário em relação aos delitos dos arts. 33 e 35 da referida lei e tem como destinatário o agente que colabora como informante, de forma esporádica, eventual, sem vínculo efetivo, para o êxito da atividade de grupo, de associação ou de organização criminosa destinados à prática de qualquer dos delitos previstos nos arts. 33, *caput* e § 1º, e 34 da Lei de Drogas".

2.7. Prescrição culposa

> Art. 38. Prescrever ou ministrar, culposamente, drogas, sem que delas necessite o paciente, ou fazê-lo em doses excessivas ou em desacordo com determinação legal ou regulamentar:
>
> Pena – detenção, de 6 (seis) meses a 2 (dois) anos, e pagamento de 50 (cinquenta) a 200 (duzentos) dias--multa.
>
> Parágrafo único. O juiz comunicará a condenação ao Conselho Federal da categoria profissional a que pertença o agente.

Objetividade jurídica: é a tutela da saúde pública. Secundariamente, a vida e a saúde de cada cidadão.

Sujeito ativo: trata-se de crime próprio, em que somente podem ser sujeitos ativos o médico, o dentista, o farmacêutico ou o profissional de enfermagem. Apesar de o art. 38 retirar do tipo os agentes capazes de praticar a conduta, é evidente que apenas médico, dentista, farmacêutico ou profissional de enfermagem continuam sendo os sujeitos ativos do crime, uma vez que somente essas pessoas possuem atribuição para prescrever ou ministrar drogas.

Sujeito passivo: o Estado. Secundariamente, aquele a quem o tóxico é prescrito ou ministrado.

Conduta: vem representada pelos verbos "prescrever" (indicar, receitar) e "ministrar" (dar, fornecer, administrar). A droga deve ser prescrita ou ministrada *sem que dela necessite o paciente*, ou *em doses excessivas* ou ainda em *desacordo com determinação legal ou regulamentar*. A conduta típica passou a abranger qualquer prescrição culposa, seja ela em paciente que necessita da droga, mas em doses menores, ou o paciente que dela não precisa, mas é atingido pela conduta culposa do agente.

Elemento subjetivo: culpa – negligência, imprudência ou imperícia. Se a conduta for dolosa, estará configurado o crime do art. 33, *caput*, da Lei de Drogas.

Consumação: com a realização de uma das condutas incriminadas.

Tentativa: não se admite. Vicente Greco Filho ressalva a hipótese de envio de receita pelo correio, que vem a ser interceptada pelas autoridades, caso em que seria possível a tentativa.

Efeito da condenação: como efeito da condenação, prevê o parágrafo único do artigo em comento que deverá o juiz comunicá-la ao Conselho Federal da categoria profissional a que pertença o agente.

Exercício ilegal da medicina: De acordo com o disposto na Tese n. 19 do STJ (Jurisprudência em Teses – STJ – edição n. 131): "Quando o agente no exercício irregular da medicina prescreve substância caracterizada como droga, resta configurado, em tese, o delito do art. 282 do Código Penal, em concurso formal com o art. 33, *caput*, da Lei n. 11.343/2006".

2.8. Condução de embarcação ou aeronave após o consumo de drogas

> Art. 39. Conduzir embarcação ou aeronave após o consumo de drogas, expondo a dano potencial a incolumidade de outrem:
>
> Pena – detenção, de 6 (seis) meses a 3 (três) anos, além da apreensão do veículo, cassação da habilitação respectiva ou proibição de obtê-la, pelo mesmo prazo da pena privativa de liberdade aplicada, e pagamento de 200 (duzentos) a 400 (quatrocentos) dias-multa.
>
> Parágrafo único. As penas de prisão e multa, aplicadas cumulativamente com as demais, serão de 4 (quatro) a 6 (seis) anos e de 400 (quatrocentos) a 600 (seiscentos) dias-multa, se o veículo referido no *caput* deste artigo for de transporte coletivo de passageiros.

Objetividade jurídica: a proteção da incolumidade pública.

Sujeito ativo: qualquer pessoa.

Sujeito passivo: a coletividade.

Conduta: vem representada pelo verbo "conduzir", que significa controlar, dirigir. Deve o condutor ter consumido drogas, não exigindo a lei esteja ele "drogado". É necessário, ainda, que a conduta do condutor que consumiu drogas exponha a dano potencial a incolumidade de outrem.

Perigo concreto: trata-se de crime de perigo concreto, que deve ser demonstrado em cada caso.

Embarcação ou aeronave: o tipo penal restringe os veículos a embarcação (barcos, navios, lanchas, *jet ski* etc.) ou aeronave (aviões de qualquer porte, planadores, ultraleves, helicópteros etc.). Se a condução for de veículo automotor, estará configurado o crime do art. 306 da Lei n. 9.503/97 – Código de Trânsito Brasileiro.

Veículo de transporte coletivo de passageiros: se o veículo (embarcação ou aeronave) for destinado ao transporte coletivo de passageiros, a pena de prisão e multa, aplicada cumulativamente com a apreensão do veículo e com a cassação da habilitação respectiva ou proibição de obtê-la, será de 4 a 6 anos de detenção e 400 a 600 dias-multa.

Elemento subjetivo: dolo.

Consumação: com a efetiva condução da embarcação ou aeronave após o consumo de drogas. Trata-se de crime formal.

Tentativa: não se admite.

Penas acessórias: a lei prevê, além da pena privativa de liberdade e da multa, a apreensão do veículo, a cassação da habilitação respectiva ou a proibição de obtê-la, pelo mesmo prazo da pena privativa de liberdade aplicada.

2.9. Causas especiais de aumento de pena

> Art. 40. As penas previstas nos arts. 33 a 37 desta Lei são aumentadas de um sexto a dois terços, se:
>
> I – a natureza, a procedência da substância ou do produto apreendido e as circunstâncias do fato evidenciarem a transnacionalidade do delito;
>
> II – o agente praticar o crime prevalecendo-se de função pública ou no desempenho de missão de educação, poder familiar, guarda ou vigilância;

III – a infração tiver sido cometida nas dependências ou imediações de estabelecimentos prisionais, de ensino ou hospitalares, de sedes de entidades estudantis, sociais, culturais, recreativas, esportivas, ou beneficentes, de locais de trabalho coletivo, de recintos onde se realizem espetáculos ou diversões de qualquer natureza, de serviços de tratamento de dependentes de drogas ou de reinserção social, de unidades militares ou policiais ou em transportes públicos;

IV – o crime tiver sido praticado com violência, grave ameaça, emprego de arma de fogo, ou qualquer processo de intimidação difusa ou coletiva;

V – caracterizado o tráfico entre Estados da Federação ou entre estes e o Distrito Federal;

VI – sua prática envolver ou visar a atingir criança ou adolescente ou a quem tenha, por qualquer motivo, diminuída ou suprimida a capacidade de entendimento e determinação;

VII – o agente financiar ou custear a prática do crime.

Causas de aumento de pena: a Lei de Drogas, no art. 40, fixou algumas causas de aumento de pena aos crimes previstos nos arts. 33 a 37, estabelecendo, entretanto, a majorante em um sexto a dois terços, contra um terço a dois terços da legislação anterior.

Sobre as causas de aumento de pena do art. 40 da Lei de Drogas, oportuno observar o teor das Teses n. 36 e n. 43 do STJ (Jurisprudência em Teses – STJ – edição n. 131): a saber:

Tese n. 36: "Não acarreta *bis in idem* a incidência simultânea das majorantes previstas no art. 40 da Lei n. 11.343/2006 aos crimes de tráfico de drogas e de associação para fins de tráfico, porquanto são delitos autônomos, cujas penas devem ser calculadas e fixadas separadamente".

Tese n. 43: "A aplicação das majorantes previstas no art. 40 da Lei de Drogas exige motivação concreta, quando estabelecida acima da fração mínima, não sendo suficiente a mera indicação do número de causas de aumento".

2.9.1. *Delito transnacional*

Esse inciso I trata do tráfico "transnacional", correspondendo ao atual tráfico "internacional" de drogas. A alteração consiste na dispensa da existência do envolvimento entre dois Estados soberanos, como fazia o art. 18 da Lei n. 6.368/76, exigindo-se, agora, apenas a entrada ou saída da droga do Brasil.

A propósito, o teor da **Súmula 607 do STJ**: "A majorante do tráfico transnacional de drogas (art. 40, I, da Lei n. 11.343/2006) configura-se com a prova da destinação internacional das drogas, ainda que não consumada a transposição de fronteiras".

Ademais, é cabível a aplicação cumulativa das causas de aumento relativas à transnacionalidade e à interestadualidade do delito, previstas nos incisos I e V do art. 40 da Lei de Drogas, quando evidenciado que a droga proveniente do exterior se destina a mais de um estado da federação, sendo o intuito dos agentes distribuir o entorpecente estrangeiro por mais de uma localidade do país. Nesse sentido, no Superior Tribunal de Justiça: AgRg no REsp 1744207/TO, Rel. Min. Felix Fischer, 5ª T., j. 26-6-2018, *DJe* 1º-8-2018; HC 214942/MT, Rel. Min. Rogerio Schietti Cruz, 6ª T., j. 16-6-2016, *DJe* 28-6-2016.

Nesse sentido as Teses n. 37 e n. 38 do STJ (Jurisprudência em Teses – STJ – edição n. 131): a saber:

Tese n. 37: "Para a incidência das majorantes previstas no art. 40, I e V, da Lei n. 11.343/2006, é desnecessária a efetiva transposição de fronteiras, sendo suficiente, respectivamente, a prova de destinação internacional das drogas ou a demonstração inequívoca da intenção de realizar o tráfico interestadual".

Tese n. 38: "É cabível a aplicação cumulativa das causas de aumento relativas à transnacionalidade e à interestadualidade do delito, previstas nos incisos I e V do art. 40 da Lei de Drogas, quando evidenciado que a droga proveniente do exterior se destina a mais de um estado da Federação, sendo o intuito dos agentes distribuir o entorpecente estrangeiro por mais de uma localidade do país".

2.9.2. Agente que se prevalece da função pública

Nesse caso, a lei prevê aumento de pena aos agentes que, tendo a função de combater a criminalidade e, principalmente, o tráfico ilícito de drogas, lançam-se ao comércio clandestino, prevalecendo-se da função pública.

A causa de aumento em análise alcança também aquelas pessoas que, embora não titulares de função pública, tenham "missão de educação, poder familiar, guarda e vigilância" sobre as vítimas ou as drogas.

2.9.3. Crimes da Lei de Drogas e estabelecimentos de ensino, hospitalares, prisionais etc.

A enumeração legal do inciso III é taxativa, incidindo a causa de aumento em razão do maior perigo à saúde pública pela atuação do tráfico e demais delitos em locais de grande afluxo de pessoas.

Nesse sentido, as Teses n. 39, n. 40, n. 41 e n. 42 do STJ (Jurisprudência em Teses – STJ – edição n. 131): a saber:

Tese n. 39: "O rol previsto no inciso III do art. 40 da Lei de Drogas não deve ser encarado como taxativo, pois o objetivo da referida lei é proteger espaços que promovam a aglomeração de pessoas, circunstância que facilita a ação criminosa".

Tese n. 40: "A causa de aumento de pena prevista no inciso III do art. 40 da Lei de Drogas possui natureza objetiva e se aplica em função do lugar do cometimento do delito, sendo despicienda a comprovação efetiva do tráfico nos locais e nas imediações mencionados no inciso ou que o crime visava a atingir seus frequentadores".

Tese n. 41: "A incidência da majorante prevista no art. 40, inciso III, da Lei n. 11.343/2006 deve ser excepcionalmente afastada na hipótese de não existir nenhuma indicação de que houve o aproveitamento da aglomeração de pessoas ou a exposição dos frequentadores do local para a disseminação de drogas, verificando-se, caso a caso, as condições de dia, local e horário da prática do delito".

Tese n. 42: "Para a caracterização da causa de aumento de pena do art. 40, III, da Lei n. 11.343/2006, é necessária a efetiva oferta ou a comercialização da droga no interior de veículo público, não bastando, para a sua incidência, o fato de o agente ter se utilizado dele como meio de locomoção e de transporte da substância ilícita".

2.9.4. Crime praticado mediante violência, grave ameaça, emprego de arma de fogo ou processo de intimidação

O inciso IV do art. 40, inovação na Lei de Drogas, fixa majorante ao crime praticado mediante violência (lesões corporais de qualquer natureza), grave ameaça (prenúncio de mal injusto e grave), emprego de arma de fogo ou qualquer processo de intimidação difusa ou coletiva. Nesse caso, embora não preveja expressamente a lei, a causa de aumento é aplicada sem prejuízo das penas correspondentes à violência, à grave ameaça, ao porte ilegal de arma e a eventual resultado danoso advindo do processo de intimidação.

2.9.5. Tráfico interestadual

No inciso V do art. 40, a causa de aumento de pena incide quando caracterizado o tráfico entre Estados da Federação ou entre estes e o Distrito Federal. Trata-se de majorante que não existia na lei anterior, visando justamente a maior punição do tráfico interestadual no País.

Dispõe a Súmula 587 do STJ: "Para a incidência da majorante prevista no art. 40, V, da Lei n. 11.343/2006, é desnecessária a efetiva transposição de fronteiras entre estados da Federação, sendo suficiente a demonstração inequívoca da intenção de realizar o tráfico interestadual".

Ademais, é cabível a aplicação cumulativa das causas de aumento relativas à transnacionalidade e à interestadualidade do delito, previstas nos incisos I e V do art. 40 da Lei de Drogas, quando evidenciado que a droga proveniente do exterior se destina a mais de um estado da federação, sendo o intuito dos agentes distribuir o entorpecente estrangeiro por mais de uma localidade do país. Nesse sentido, no Superior Tribunal de Justiça: AgRg no REsp 1744207/TO, Rel. Min. Felix Fischer, 5ªT., j. 26-6-2018, *DJe* 1º-8-2018; HC 214942/MT, Rel. Min. Rogerio Schietti Cruz, 6ªT., j. 16-6-2016, *DJe* 28-6-2016.

Nesse sentido, conforme já mencionado aos comentários ao inciso I (*supra*), as Teses n. 37 e n. 38 do STJ (Jurisprudência em Teses – STJ – edição n. 131), a saber:

Tese n. 37: "Para a incidência das majorantes previstas no art. 40, I e V, da Lei n. 11.343/2006, é desnecessária a efetiva transposição de fronteiras, sendo suficiente, respectivamente, a prova de destinação internacional das drogas ou a demonstração inequívoca da intenção de realizar o tráfico interestadual".

Tese n. 38: "É cabível a aplicação cumulativa das causas de aumento relativas à transnacionalidade e à interestadualidade do delito, previstas nos incisos I e V do art. 40 da Lei de Drogas, quando evidenciado que a droga proveniente do exterior se destina a mais de um estado da Federação, sendo o intuito dos agentes distribuir o entorpecente estrangeiro por mais de uma localidade do país".

2.9.6. Crime envolvendo ou visando a criança, adolescente ou pessoa com capacidade diminuída ou suprimida

Essa causa de aumento de pena visa proteger as pessoas sem plena capacidade de entendimento, de discernimento ou de autodeterminação, seja pela idade, seja por qualquer outra causa, e que, por essa razão, seriam mais facilmente influenciadas e atingidas pela difusão do vício.

No Superior Tribunal de Justiça:

"Tendo sido o paciente acusado de oferecer drogas como cocaína e maconha para as adolescentes, não há que se falar em infração penal do Estatuto da Criança e do Adolescente, mas sim no crime de tráfico de drogas constante da Lei 11.343/2006, que inclusive institui, no artigo 40, inciso VI, uma causa de aumento de pena quando a prática da infração envolver ou visar criança ou adolescente" (STJ – HC 124.938/BA – 5ªT. – Rel. Min. Jorge Mussi – *DJe*, 8-11-2010).

2.9.7. Financiamento ou custeio da prática do crime

Essa causa de aumento é muito parecida com o crime do art. 36 da Lei de Drogas, o que tem levado estudiosos a sustentar a necessidade de veto do dispositivo ou a sua ineficácia em face da tipificação como delito autônomo.

É bem de ver, entretanto, que há como conciliar a causa de aumento em análise com o crime do art. 36 da lei. Essa causa de aumento aplica-se ao traficante que financiar ou custear a prática de qualquer dos crimes previstos nos arts. 33 a 37 da lei, ou seja, além de participar desses crimes também os financiar. Se for apenas o financiador dos crimes previstos nos arts. 33, *caput* e § 1º, e 34, estará configurado o crime do art. 36.

2.10. Colaboração voluntária

> Art. 41. O indiciado ou acusado que colaborar voluntariamente com a investigação policial e o processo criminal na identificação dos demais coautores ou partícipes do crime e na recuperação total ou parcial do produto do crime, no caso de condenação, terá pena reduzida de um terço a dois terços.

Trouxe a lei, nesse artigo, a figura da colaboração premiada, em que o agente colaborador tem sua pena reduzida quando possibilita a identificação dos demais coautores ou partícipes do crime e a recuperação total ou parcial do produto do crime. A colaboração poderá ocorrer na fase de inquérito policial ou no curso do processo criminal.

Ressalte-se que o dispositivo não permite o perdão judicial, como o fazia o art. 32, § 3º, da Lei n. 10.409/2002, mas tão somente a redução da pena, em caso de condenação, de um terço a dois terços.

A redução da pena em razão da delação, entretanto, se subordina ao cumprimento dos seguintes requisitos:

a) colaboração voluntária do indiciado ou acusado;

b) identificação dos demais coautores ou partícipes do crime;

c) recuperação total ou parcial do produto do crime.

Por fim, a redução da pena deve ser aplicada na sentença condenatória, pois o artigo é expresso em determinar "em caso de condenação". Portanto, fica vedada a redução de pena *em tese*, antes da condenação, para a obtenção de benefícios legais, tais como os previstos na Lei n. 9.099/95.

Esse dispositivo mantém sua vigência, mesmo à vista do novo tratamento dado à *colaboração premiada* pela Lei n. 12.850/2013, nos arts. 3ª-A a 3º-C e 4º a 7º, aplicável somente às organizações criminosas.

2.11. Circunstâncias preponderantes

> Art. 42. O juiz, na fixação das penas, considerará, com preponderância sobre o previsto no art. 59 do Código Penal, a natureza e a quantidade da substância ou do produto, a personalidade e a conduta social do agente.

Como é cediço, na fixação da pena o juiz deve seguir o sistema trifásico, previsto no art. 68 do Código Penal. Na primeira fase, deve o julgador fixar a pena-base do crime considerando as circunstâncias do art. 59 do Código Penal. Em seguida, deve considerar as circunstâncias atenuantes e agravantes, se houver. E, a final, deve aplicar as causas de diminuição e aumento de pena, se existentes.

O artigo analisado prevê que deve o juiz, na fixação da pena, considerar com preponderância sobre as demais circunstâncias do art. 59 do Código Penal:

a) a natureza da substância ou do produto;

b) a quantidade da substância ou do produto;

c) a personalidade do agente;

d) a conduta social do agente.

Nesse sentido, a Tese n. 44 do STJ (Jurisprudência em Teses – STJ – edição n. 131), do seguinte teor: "Para fins de fixação da pena, não há necessidade de se aferir o grau de pureza da substância apreendida uma vez que o art. 42 da Lei de Drogas estabelece como critérios 'a natureza e a quantidade da substância'".

2.12. Fixação da pena de multa

> Art. 43. Na fixação da multa a que se referem os arts. 33 a 39 desta Lei, o juiz, atendendo ao que dispõe o art. 42 desta Lei, determinará o número de dias-multa, atribuindo a cada um, segundo as condições econômicas dos acusados, valor não inferior a um trinta avos nem superior a 5 (cinco) vezes o maior salário mínimo.
>
> Parágrafo único. As multas, que em caso de concurso de crimes serão impostas sempre cumulativamente, podem ser aumentadas até o décuplo se, em virtude da situação econômica do acusado, considerá-las o juiz ineficazes, ainda que aplicadas no máximo.

Houve sensível aumento dos valores referentes às penas de multa fixadas pela Lei de Drogas.

A sistemática do dia-multa foi preservada, em consonância com o que dispõe a Parte Geral do Código Penal (arts. 49 a 52).

Nos crimes apenados com multa, o legislador já incluiu, no preceito secundário da norma, a quantidade mínima e máxima de dias-multa.

Na fixação do número de dias-multa, entretanto, deve o juiz considerar as circunstâncias do art. 42 da lei, ou seja, a natureza e a quantidade da substância ou do produto, a personalidade e a conduta social do agente. Fixada a quantidade de dias-multa, deve o juiz atribuir valor a cada um, considerando as condições econômicas do acusado. O valor mínimo do dia-multa é de um trigésimo do maior salário-mínimo vigente e o valor máximo é de cinco vezes esse salário, tal como ocorre no Código Penal (art. 49).

Prevê a lei, ainda, que, no caso de concurso de crimes, as penas de multa serão impostas sempre cumulativamente, como, de resto, já determinava o art. 72 do Código Penal.

Se, em virtude da situação econômica do acusado, o juiz considerar a pena de multa ineficaz, ainda que aplicada no máximo, poderá aumentá-la até o décuplo.

2.13. Fiança, *sursis*, graça, indulto, anistia, liberdade provisória e penas restritivas de direitos

> Art. 44. Os crimes previstos nos arts. 33, *caput* e § 1º, e 34 a 37 desta Lei são inafiançáveis e insuscetíveis de *sursis*, graça, indulto, anistia e liberdade provisória, vedada a conversão de suas penas em restritivas de direitos.
>
> Parágrafo único. Nos crimes previstos no *caput* deste artigo, dar-se-á o livramento condicional após o cumprimento de dois terços da pena, vedada sua concessão ao reincidente específico.

Conforme já mencionado nos comentários ao crime do art. 33 da Lei de Drogas, no julgamento do HC 104339/SP, o pleno do Supremo Tribunal Federal, em 10 de maio de 2012 (*DJe* 5-12-2012), por maioria de votos, declarou, *incidenter tantum*, a inconstitucionalidade da expressão "e liberdade provisória", constante do *caput* do art. 44 da Lei n. 11.343/2006, afirmando a necessidade de ser a custódia cautelar analisada à luz do disposto no art. 312 do Código de Processo Penal.

Após essa decisão, o Supremo Tribunal Federal vem seguindo, em regra, essa orientação, o mesmo ocorrendo com o Superior Tribunal de Justiça.

A propósito, a mesma inconstitucionalidade foi reconhecida na Repercussão Geral no Recurso Extraordinário RE 1038925 RG/SP, em que o Tribunal Pleno, em 18 de agosto de 2017, firmou a seguinte Tese: "É inconstitucional a expressão "e liberdade provisória", constante do *caput* do artigo 44 da Lei 11.343/2006".

Assim, embora os crimes mencionados não sejam afiançáveis, a eles pode ser concedida liberdade provisória sem fiança.

Com relação à conversão da pena privativa de liberdade em pena restritiva de direitos, essa proibição já foi mitigada pelo Supremo Tribunal Federal, que, por maioria de votos, no julgamento do HC 97256/RS, em 1º de setembro de 2010, declarou incidentalmente a inconstitucionalidade da vedação de conversão de pena privativa de liberdade em pena restritiva de direitos, no caso de tráfico de drogas, constante dos arts. 33, § 4º, e 44, da Lei n. 11.343/2006 (*vide* Resolução n. 5, de 2012, do Senado Federal).

Em relação ao *sursis*, vale lembrar que o Supremo Tribunal Federal, em sede de repercussão geral, com reafirmação de jurisprudência, por maioria, nos julgamento do Recurso Extraordinário com Agravo 1.052.700/MG, da relatoria do Min. Edson Fachin, fixou a tese segundo a qual "É inconstitucional a fixação *ex lege*, com base no art. 2º, § 1º, da Lei n. 8.072/90, do regime inicial fechado, devendo o julgador, quando da condenação, ater-se aos parâmetros previstos no artigo 33 do Código Penal".

Inclusive, a Tese n. 49 do STJ (Jurisprudência em Teses – STJ – edição n. 131) estabelece: "Reconhecida a inconstitucionalidade do § 1º do art. 2º da Lei n. 8.072/90, é possível a fixação de regime prisional diferente do fechado para o início do cumprimento de pena imposta ao condenado por tráfico de drogas, devendo o magistrado observar as regras previstas no Código Penal para a fixação do regime prisional".

Vale ressaltar que, em sede de repercussão geral, com reafirmação de jurisprudência, o Supremo Tribunal Federal, por maioria, no julgamento do Recurso Extraordinário com Agravo 1.052.700/MG, da relatoria do Min. Edson Fachin, fixou a seguinte tese: "É inconstitucional a fixação *ex lege*, com base no art. 2º, § 1º, da Lei 8.072/1990, do regime inicial fechado, devendo o julgador, quando da condenação, ater-se aos parâmetros previstos no artigo 33 do Código Penal".

Portanto, em crimes hediondos e assemelhados a fixação do regime inicial de cumprimento de pena deve seguir os parâmetros comuns do art. 33 do Código Penal, sem nenhuma diferença em relação aos crimes comuns.

Assim, havendo a possibilidade de fixação, para o tráfico de drogas, de regimes semiaberto e aberto, e também a possibilidade de substituição da pena privativa de liberdade por penas restritiva de direitos, por coerência é forçoso admitir que também é possível a suspensão condicional da pena, uma vez cumpridos os requisitos do art. 77 do Código Penal.

2.14. Dependência e inimputabilidade

> Art. 45. É isento de pena o agente que, em razão da dependência, ou sob o efeito, proveniente de caso fortuito ou força maior, de droga, era, ao tempo da ação ou da omissão, qualquer que tenha sido a infração penal praticada, inteiramente incapaz de entender o caráter ilícito do fato ou de determinar-se de acordo com esse entendimento.

Parágrafo único. Quando absolver o agente, reconhecendo, por força pericial, que este apresentava, à época do fato previsto neste artigo, as condições referidas no *caput* deste artigo, poderá determinar o juiz, na sentença, o seu encaminhamento para tratamento médico adequado.

2.14.1. Conceito de dependência

A dependência prevista no art. 45 da Lei de Drogas pode ser definida como a intoxicação crônica por uso repetido de drogas, que determina doença mental supressora da capacidade de entendimento e de determinação no momento do fato criminoso.

2.14.2. Viciado e dependente

O vício e a dependência são figuras distintas, que devem ser avaliadas no momento de se aferir a imputabilidade do agente. O vício se caracteriza pela mera compulsão no uso do entorpecente, sem qualquer consequência na liberdade de querer do agente. O vício não retira deste a consciência da ilicitude do crime, mantendo preservada a capacidade de entender e de querer. Já a dependência integra o conceito de doença mental, de modo que retira totalmente a responsabilidade do agente, subvertendo-lhe a consciência e a vontade, bem como a capacidade de autodeterminação.

2.14.3. Medida de segurança

A medida de segurança é uma espécie de sanção penal imposta pelo Estado aos inimputáveis, visando a prevenção do delito, com a finalidade de evitar que o criminoso que apresente periculosidade volte a delinquir. Enquanto o fundamento da aplicação da pena reside na culpabilidade, o fundamento da medida de segurança reside na periculosidade. A medida de segurança detentiva consiste em internação em hospital de custódia e tratamento psiquiátrico, ou, na sua falta, em estabelecimento semelhante. A medida de segurança restritiva consiste em tratamento ambulatorial.

O parágrafo único do art. 45 da lei, entretanto, dispõe que o juiz, quando absolver o agente, reconhecendo, por força pericial, que este apresentava, à época do fato previsto no artigo, as condições referidas no *caput*, poderá determinar, na sentença, o seu encaminhamento para tratamento médico adequado.

Reconhecendo, portanto, a inimputabilidade pela dependência toxicológica, deverá (e não *poderá*) o juiz impor medida de segurança ao agente. Nesse sentido, inclusive, o correto entendimento de Vicente Greco Filho e João Daniel Rassi (*Lei de Drogas Anotada*. São Paulo: Saraiva. 2007. p. 151): "Se, porém, a absolvição decorre da dependência que, como já se expôs, é doença mental, a única e inafastável consequência é a da imposição de medida de proteção social, que é, no caso, o tratamento, porque, tendo sido praticado crime em razão da dependência, há perigo social que não pode simplesmente ser desconsiderado. Entender o contrário seria suicídio jurídico, social e moral".

2.14.4. Aplicação da isenção de pena a outros delitos

Embora não haja consenso na jurisprudência, forçoso é concluir que a isenção de pena a que se refere o art. 45 aplica-se a todas as infrações penais, e não apenas àquelas previstas na Lei n. 11.343/2006. Nesse sentido, é expresso o texto legal, que se refere a "qualquer que tenha sido a infração penal praticada".

2.14.5. Incidente de dependência toxicológica

A Lei de Drogas não mais dispõe, como fazia a Lei n. 6.368/76, no art. 22, § 5º, que, no interrogatório, o juiz indagará do réu sobre eventual dependência, advertindo-o das consequências de suas declarações.

A lei apenas prevê, no art. 56, § 2º, que o juiz poderá determinar a realização de avaliação para atestar dependência de drogas.

Nesta lei, o interrogatório realiza-se na audiência de instrução e julgamento, antes da inquirição das testemunhas (art. 57), estabelecendo-se que a avaliação para atestar dependência de drogas já deve ter sido feita.

Logo, a conclusão forçosa a que se chega é que o réu deverá alegar eventual dependência toxicológica na defesa preliminar (art. 55), decidindo o juiz sobre a realização da avaliação ao receber a denúncia.

Declarando-se dependente na defesa preliminar, o réu, após a decisão do juiz ao receber a denúncia, será submetido a exame de dependência toxicológica, que se processará nos moldes do disposto nos arts. 149 a 154 do Código de Processo Penal. Em caso de processo instaurado contra mais de um réu, se houver necessidade de realizar exame de dependência, far-se-á a separação no tocante ao réu a quem interesse o exame, processando-se este em apartado.

2.15. Semi-imputabilidade

> Art. 46. As penas podem ser reduzidas de um terço a dois terços se, por força das circunstâncias previstas no art. 45 desta Lei, o agente não possuía, ao tempo da ação ou da omissão, a plena capacidade de entender o caráter ilícito do fato ou de determinar-se de acordo com esse entendimento.

O art. 46 estabelece a redução de pena ao agente semi-imputável, assim considerado aquele que, ao tempo da ação ou omissão, em razão da dependência, ou sob o efeito de droga, proveniente de caso fortuito ou força maior, não possuía a plena capacidade de entender o caráter ilícito do fato ou de determinar-se de acordo com esse entendimento. É de ressaltar que não se aplicam as normas referentes às medidas de segurança ao semi-imputável, que deverá receber pena reduzida, devendo ser ele encaminhado a tratamento por força do disposto no art. 47 da lei, que assim dispõe:

"Art. 47. Na sentença condenatória, o juiz, com base em avaliação que ateste a necessidade de encaminhamento do agente para tratamento, realizada por profissional de saúde com competência específica na forma da lei, determinará que a tal se proceda, observado o disposto no art. 26 desta Lei".

Portanto, na sistemática da Lei de Drogas, o semi-imputável receberá pena reduzida e tratamento, que se realizará durante o cumprimento da pena. Não se aplica, neste passo, o sistema vicariante previsto no art. 98 do Código Penal.

3. Do procedimento criminal

3.1. Procedimento em caso de posse para consumo pessoal

Em caso de crime previsto no art. 28 da Lei de Drogas, não havendo concurso com os crimes previstos nos arts. 33 a 37, o agente será processado e julgado na forma dos arts. 60 e seguintes da Lei n. 9.099/95, que dispõe sobre o Juizado Especial Criminal.

Caso se trate de *maconha, vide* item 2.1.6. *supra.*

Assim, sinteticamente, podemos ter o seguinte roteiro:

1) Interrupção da atividade criminosa por meio da intervenção estatal (polícia civil ou militar): visa fazer com que cesse o delito, não significando a prisão em flagrante do usuário de drogas, vedada pela lei. Nada impede, entretanto, a condução coercitiva do agente ao JECRIM ou ao distrito policial.

2) Definição, pela autoridade (judiciária ou policial), da tipificação da conduta: deve a autoridade policial, de início, tão logo lhe seja apresentada a ocorrência, definir se o agente é usuário (possuindo a droga para consumo pessoal) ou se é traficante (possuindo a droga para entrega a consumo de terceiros), considerando os critérios do art. 28, § 2º, da lei. No presente roteiro, deve a conduta ser tipificada como no art. 28 da lei.

3) Encaminhamento do autor do fato ao JECRIM, com Lavratura de Termo Circunstanciado pela autoridade judiciária (*vide* comentários ao item 2.1.5. *supra*) ou, no caso de impossibilidade, pela autoridade policial, no distrito policial.

4) Requisição dos exames e perícias necessários: constatação da substância entorpecente, perícia em eventuais petrechos apreendidos, exame de corpo de delito etc.

5) Caso o TC tenha sido lavrado pela autoridade policial, encaminhamento do autor do fato ao JECRIM.

6) Realização da audiência preliminar: presente o autor do fato e seu defensor, poderá o Ministério Público propor a transação, que deverá restringir-se à aplicação de advertência, prestação de serviços à comunidade ou comparecimento a programa ou curso educativo. Não propondo o Ministério Público a transação, dissentindo o juiz, não poderá ele propô-la, devendo suspender a audiência e encaminhar os autos ao Procurador-Geral de Justiça, por aplicação analógica do disposto no art. 28 do Código de Processo Penal.

7) Aceita a proposta de transação pelo autor do fato e seu defensor, segue-se a homologação do juiz e a imposição da pena.

8) Não aceita a proposta de transação pelo autor do fato ou seu defensor, o Ministério Público oferecerá denúncia oral, observando-se o rito dos arts. 77 e seguintes da Lei n. 9.099/95.

3.2. Procedimento em caso de tráfico de drogas

No caso de tráfico de drogas, o procedimento a ser seguido obedece ao disposto nos arts. 50 a 59 da lei. Entretanto, com as alterações no procedimento comum, ordinário e sumário, do Código de Processo Penal, feitas pela Lei n. 11.719/2008, algumas considerações precisam ser feitas.

O art. 394 do Código de Processo Penal, com alteração, dispôs, no seu § 4º, que "as disposições dos arts. 395 a 398 deste Código aplicam-se a todos os procedimentos penais de primeiro grau, ainda que não regulados neste Código". Ou seja, de acordo com esse dispositivo, parte do novo procedimento comum deve ser aplicado inclusive aos procedimentos especiais, não regulados pelo Código de Processo Penal.

Nem se argumente que o § 2º do referido artigo determinou a aplicação a todos os processos do procedimento comum, "salvo disposições em contrário deste Código ou de lei especial", razão pela qual estaria o rito da Lei de Drogas e dos demais diplomas especiais preservado. Não é essa a melhor exegese.

Da análise conjunta dos §§ 2º e 4º do art. 394 do Código de Processo Penal, se desume que o procedimento da Lei de Drogas fica mantido, com as alterações impostas pelos arts. 395 a 398 daquele estatuto processual.

Assim, preserva-se, no rito híbrido da Lei de Drogas, a defesa prévia (ou preliminar) *antes do recebimento da denúncia*, uma vez que tal providência é mais garantista e preserva o direito do acusado de apresentar suas objeções à acusação *antes* da análise, pelo juiz, acerca do recebimento ou da rejeição da denúncia (art. 395 do CPP).

Apresentada a defesa prévia (ou preliminar) e recebendo o juiz a denúncia, mandará citar o acusado para responder à acusação, por escrito, no prazo de 10 (dez) dias, oportunidade em que poderá ele arguir preliminares, e alegar tudo o que interesse à sua defesa, oferecer documentos e justificações, especificar as provas pretendidas e arrolar testemunhas. Neste caso, a defesa prévia (ou preliminar) não exclui a resposta à acusação, já que nesta última se busca eventual absolvição sumária do réu (art. 397 do CPP).

Apresentada a resposta do acusado, o juiz poderá *absolvê-lo sumariamente*, presentes uma ou mais das hipóteses do art. 397 do Código de Processo Penal.

Cabe ressaltar, entretanto, que não há unanimidade no meio forense nacional quanto ao rito a ser aplicado à lei de drogas. Em muitos juízos criminais continua sendo aplicado o rito antigo da lei, com a única restrição de proceder ao interrogatório do réu após a oitiva das testemunhas de acusação e defesa. Em outros juízos, é aplicado o rito comum ordinário, previsto no Código de Processo Penal, afastando-se o rito especial. E, por fim, em outros juízos, é aplicado o rito híbrido, que julgamos mais adequado e garantista, conforme abaixo especificado.

Assim, em resumo, o rito híbrido da Lei de Drogas, excetuados o crime do art. 28 e os demais a que se aplique o procedimento da Lei n. 9.099/95, será o seguinte:

1) Prisão em flagrante: com a condução do agente ao distrito policial e a lavratura do respectivo auto.

2) Comunicação da prisão ao juiz competente, em 24 horas: esse prazo já era previsto no art. 306, § 1º, do Código de Processo Penal (com a redação que lhe foi dada pela Lei n. 11.449/2007). Recebendo a comunicação da prisão em flagrante, o juiz dará vista do auto ao órgão do Ministério Público, para análise da legalidade do ato.

3) Elaboração de laudo de constatação: para estabelecer a materialidade do delito, verificando-se a natureza e a quantidade da droga, permitindo a lavratura do auto de prisão em flagrante. Esse laudo será firmado por um perito oficial (de acordo com a nova redação do art. 159 do Código de Processo Penal, dada pela Lei n. 11.690/2008) ou, na falta deste, por pessoa idônea. Ressaltou a lei que o perito que subscrever o laudo de constatação não ficará impedido de participar da elaboração do laudo definitivo.

4) Conclusão do inquérito policial: 30 (trinta) dias estando o indiciado preso e 90 (noventa) dias estando o indiciado solto. Esses prazos podem ser duplicados pelo juiz, ouvido o Ministério Público, mediante pedido justificado da autoridade de polícia judiciária.

5) Remessa dos autos de inquérito policial ao juízo: findo o inquérito policial, a autoridade policial fará relatório sumário das circunstâncias do fato, justificando as razões que a levaram à classificação do delito, indicando a quantidade e natureza da substância ou produto apreendido, o local e as condições em que se desenvolveu a ação criminosa, as circunstâncias da prisão, a conduta, a qualificação e os antecedentes do agente. Caso não haja condições para a elaboração do relatório final, poderá a autoridade policial requerer a devolução dos autos de inquérito para a realização de diligências necessárias. Os autos de inquérito policial, com o relatório, serão encaminhados a juízo sem prejuízo da realização de diligências complementares (art. 52, parágrafo único), cujo resultado deverá ser encaminhado ao juízo competente até 3 dias da audiência de instrução e julgamento.

6) Em juízo, dos autos de inquérito policial será dada vista ao Ministério Público para:

a) oferecer denúncia, no prazo de 10 dias, estando preso ou solto o indiciado;

b) requerer o arquivamento;

c) requisitar as diligências que entender necessárias.

7) Denúncia do Ministério Público: no prazo de 10 dias, estando preso ou solto o indiciado. Nessa oportunidade, poderá o Ministério Público arrolar até 5 testemunhas e requerer as demais provas que entender pertinentes.

8) Notificação do acusado para ofertar defesa prévia (ou preliminar), por escrito, no prazo de 10 dias: trata-se de procedimento já previsto na revogada Lei n. 10.409/2002, mantido pela Lei n. 11.343/2006, que não foi suprimido pela Lei n. 11.719/2008, conforme salientado anteriormente, tratando-se de providência garantista que visa permitir ao acusado contraditar a imputação que lhe é feita, antes do recebimento da denúncia. Antes de receber a denúncia, portanto, o juiz deve notificar o acusado para oferecer defesa prévia (ou preliminar). A ausência de observância, pelo juiz, do disposto no art. 55 da Lei de Drogas, constitui nulidade relativa. Nesse sentido a Tese n. 2 do STJ (Jurisprudência em Teses – edição n. 131): "A inobservância do art. 55 da Lei n. 11.343/2006, que determina o recebimento da denúncia após a apresentação da defesa prévia, constitui nulidade relativa quando forem demonstrados os prejuízos suportados pela defesa".

9) Defesa prévia (ou preliminar): consiste em defesa preliminar e eventuais exceções (de incompetência, de coisa julgada etc., que serão processadas em apartado), podendo o acusado arguir preliminares e invocar todas as razões de defesa, oferecer documentos e justificações, especificar as provas que pretende produzir e arrolar testemunhas, até o número de 5.

10) Defesa prévia (ou preliminar) obrigatória: se, notificado o acusado, a defesa prévia (ou preliminar) não for apresentada no prazo de 10 dias, o juiz nomeará defensor para oferecê-la em 10 dias, concedendo-lhe vista dos autos no ato da nomeação.

11) Decisão do juiz em 5 dias: apresentada a defesa prévia (ou preliminar), o juiz poderá:

a) receber a denúncia;

b) rejeitar a denúncia;

c) determinar a apresentação do preso, a realização de diligências, exames, perícias, desde que entenda imprescindíveis tais providências, tudo no prazo máximo de 10 dias.

12) Recebimento da denúncia e citação para apresentação de resposta: recebendo a denúncia, o juiz mandará citar o acusado para responder à acusação, por escrito, no prazo de 10 (dez) dias, oportunidade em que poderá ele arguir preliminares, e alegar tudo o que interesse à sua defesa, oferecer documentos e justificações, especificar as provas pretendidas e arrolar testemunhas. Parcela da doutrina entende que, uma vez tendo havido a resposta preliminar, seria desnecessária a resposta à acusação.

13) Resposta à acusação: obrigatória, em 10 dias.

14) Absolvição sumária: apresentada a resposta do acusado (que é obrigatória), o juiz poderá *absolvê-lo sumariamente*, presentes uma ou mais das hipóteses do art. 397 do Código de Processo Penal.

15) Tendo já recebido a denúncia e não sendo o caso de absolvição sumária, o juiz:

a) designará dia e hora para a audiência de instrução e julgamento, que deverá realizar-se dentro dos 30 dias seguintes ao recebimento da denúncia. Caso seja determinada a realização de avaliação para atestar dependência de drogas, a audiência se realizará em 90 dias;

b) ordenará a intimação pessoal do acusado e a intimação de seu defensor;

c) ordenará a intimação do Ministério Público e do assistente, se for o caso;

d) requisitará os laudos periciais.

16) Afastamento cautelar do denunciado de suas atividades: ao receber a denúncia, além das providências elencadas no item acima, poderá o juiz decretar o afastamento cautelar do denunciado de suas atividades, se for funcionário público, comunicando tal providência ao órgão respectivo.

17) Realização da audiência de instrução e julgamento: nessa oportunidade, os atos processuais seguirão esta ordem:

a) inquirição das testemunhas de acusação e defesa;

b) interrogatório do acusado: deve ser ressaltado que, no rito da Lei de Drogas, ficou previsto o interrogatório do réu como primeiro ato da audiência de instrução e julgamento, entendendo-se inicialmente que não se aplicava a regra do art. 400 do Código de Processo Penal (Lei n. 11.719/2008). O Supremo Tribunal Federal, entretanto, em julgamento do HC 127.900/AM, pelo Tribunal Pleno, em 3 de março de 2016, decidiu que a Lei n. 11.719/2008 adequou o sistema acusatório democrático, integrando-o de forma mais harmoniosa aos preceitos constitucionais da Carta de República de 1988, assegurando-se maior efetividade a seus princípios, notadamente, os do contraditório e da ampla defesa (art. 5º, inciso LV), daí por que deveria prevalecer o rito do art. 400 do Código de Processo Penal sobre os ritos especiais, devendo o interrogatório do réu ser o último ato da instrução oral, após os depoimentos das testemunhas de acusação e defesa. O Superior Tribunal de Justiça, na mesma linha, no julgamento do HC 465.906/CE, em 27 de agosto de 2018, da relatoria do Min. Sebastião Reis Júnior, entendeu que a regra do art. 400 do Código de Processo Penal (que coloca o interrogatório como último ato de instrução na audiência) deve ser aplicado a todos os procedimentos penais regidos por legislação especial. No mesmo sentido, HC 403.730/RJ, Rel. Min. Reynaldo Soares da Fonseca, 5ª T., *DJe* 6-11-2017.

c) sustentação oral do Ministério Público: o prazo será de 20 minutos, prorrogável por mais 10, a critério do juiz;

d) sustentação oral da Defesa: o prazo será de 20 minutos, prorrogável por mais 10, a critério do juiz;

e) sentença: poderá ser proferida de imediato ou no prazo de 10 dias. Nessa oportunidade, não tendo havido controvérsia no curso do processo sobre a natureza ou quantidade da substância ou do produto, ou sobre a regularidade do respectivo auto, determinará o juiz que se proceda à destruição da droga, preservando-se, para eventual contraprova, a fração que determinar. Deve o juiz, ainda, decidir sobre o perdimento do produto, bem ou valor apreendido, sequestrado ou declarado indisponível.

3.3. Busca e apreensão domiciliar

A busca e apreensão domiciliar tem seu regramento fixado pelos arts. 240 e seguintes do Código de Processo Penal. Em regra, é necessária a expedição de mandado judicial para a busca e apreensão domiciliar, que validará a prova obtida, nos crimes de entorpecentes. Entretanto, tratando-se de condutas configuradoras de crime permanente (ter em depósito, guardar, por exemplo), é dispensável o mandado, uma vez que se trata de flagrante delito.

Assim, nos crimes permanentes, tal como o tráfico de drogas, o estado de flagrância se protrai no tempo, o que, todavia, não é suficiente, por si só, para justificar busca domiciliar desprovida de mandado judicial, exigindo-se a demonstração de indícios mínimos de que, naquele momento, dentro da residência, se está diante de situação de flagrante delito, tendo já decidido o Superior Tribunal de Justiça:

"*HABEAS CORPUS*. TRÁFICO DE DROGAS. ILICITUDE DAS PROVAS. INVASÃO DE DOMICÍLIO. FUNDADAS RAZÕES. JUSTA CAUSA. COMPROVAÇÃO. AUSÊNCIA DE MANIFESTA ILEGALIDADE. MINORANTE DO TRÁFICO PRIVILEGIADO. NÃO APLICAÇÃO. FUNDAMENTAÇÃO CONCRETA E IDÔNEA. REGIME FECHADO. NATUREZA E DIVERSIDADE DE ENTORPECENTES APREENDIDOS. 1. Consoante entendimento desta Corte, 'nos crimes permanentes, tal como o tráfico de drogas, o estado de flagrância se protrai no tempo, o que, todavia, não é suficiente, por si só, para justificar busca domiciliar desprovida de mandado judicial, exigindo-se a demonstração de indícios mínimos de que, naquele momento, dentro da residência, está diante de situação de flagrante delito' (RHC 134.894/GO, Rel. Ministro NEFI CORDEIRO, SEXTA TURMA, julgado em 02/02/2021, *DJe* 08/02/2021.) 2. As instâncias ordinárias concluíram que os agentes públicos (policiais) tinham fundadas suspeitas da prática de crime na casa do acusado, tendo em vista que, ao avistar os policiais, dispensou na rua uma sacola contendo diversos *eppendorfs* de cocaína (63gr), evadindo-se para o interior de sua residência. 2. As circunstâncias que antecederam o ingresso dos policiais no domicílio do acusado evidenciaram, de modo objetivo, as fundadas razões que justificaram o ingresso no imóvel em que se residia o paciente, não se constatando, portanto, ilicitude das provas obtidas. 3. O indeferimento da minorante do tráfico se deu não apenas diante da natureza e expressiva quantidade de entorpecentes apreendidos (na mochila, 63,0g de cocaína distribuídos em 314 *eppendorfs*; e, dentro da residência, mais 255,0g de cocaína, uma balança de precisão, um liquidificador com resquícios de droga, R$128,00 em espécie e uma arma de fogo municiada), mas também pelas circunstâncias do fato, diante das informações de que o paciente é 'gerente do tráfico' local. 4. Quanto ao regime de cumprimento de pena imposto, a natureza e a quantidade dos entorpecentes encontrados justificam a imposição do regime prisional mais severo, sem que tal medida constitua constrangimento ilegal. 5. *Habeas corpus* denegado" (HC 683.211/SP – Rel. Min. Olindo Menezes (Desembargador convocado do TRF 1ª Região) – 6ª T. – *DJe* 11-10-2021).

Ainda: "Consoante jurisprudência (atual) trilhada por ambas Cortes de Superposição, para a consecução da busca 'pessoal' e 'domiciliar', despida de mandado judicial e albergada no art. 5º, XI, da CF/88 e nos arts. 240, *caput*, 244 e 303, todos do CPP, no bojo de crimes permanentes, exige-se a presença da fundada suspeita (justa causa), lastreada num juízo prévio de probabilidade, justificada objetivamente – e não com esteio em mero tirocínio policial, em vedada hipótese de prospecção probatória (*fishing expedition*) – com base em circunstâncias do caso concreto, aptas a autorizar a legitimada atuação policial" (STJ – AgRg no AREsp 2670813/RN – Rel. Min. Otávio de Almeida Toledo (Desembargador convocado do TJSP) – 6ª T. – *DJe* 6-11-2024).

No Supremo Tribunal Federal:

"Agravo regimental em *habeas corpus*. 2. Direito Processual Penal. 3. Tráfico de drogas (art. 33 da Lei n. 11.343/2006). 4. Flagrante delito. Inviolabilidade de domicílio não configurada. Crime permanente. Repercussão geral reconhecida. Por ocasião do exame do RE 603.616/RO, Relator o Min. Gilmar Mendes, o Supremo Tribunal Federal firmou o entendimento de que, nos casos de flagrante em crimes permanentes, há a possibilidade de busca e apreensão domiciliar sem o mandado judicial. 5. Inexistência de argumentos capazes de infirmar a decisão agravada. 6. Agravo regimental desprovido" (HC 180.288 AgR – Rel. Min. Gilmar Mendes – 2ª T. – *DJe* 1º-6-2020).

3.4. Busca pessoal

A busca pessoal, segundo estabelece o art. 244 do Código de Processo Penal, independerá de mandado, no caso de prisão ou quando houver fundada suspeita de que a pessoa esteja na posse de arma proibida ou de objetos ou papéis que constituam corpo de delito, ou quando a medida for determinada no curso de busca domiciliar. Portanto, nada impede a busca pessoal, feita pela polícia, quando houver fundada suspeita de que a pessoa esteja na posse de drogas.

Jurisprudência:

"AGRAVO REGIMENTAL EM *HABEAS CORPUS*. TRÁFICO ILÍCITO DE ENTORPECENTES. BUSCA PESSOAL. FUNDADAS RAZÕES. INTELIGÊNCIA POLICIAL. ATITUDE SUSPEITA DO AGENTE. PRISÃO PREVENTIVA. REVOGAÇÃO. IMPOSSIBILIDADE. PREENCHIMENTO DOS REQUISITOS LEGAIS. DESPROPORÇÃO ENTRE A CUSTÓDIA E O QUANTUM DA PENA. CONSTRANGIMENTO ILEGAL. NÃO OCORRÊNCIA. RECURSO DESPROVIDO. 1. Nos termos do art. 244 do CPP, a busca pessoal independerá de mandado quando houver prisão ou fundada suspeita de que a pessoa esteja na posse de arma proibida, de objetos ou papéis que constituam corpo de delito, ou ainda quando a medida for determinada no curso de busca domiciliar. 2. A busca pessoal é legítima se amparada em fundadas razões, se devidamente justificada pelas circunstâncias do caso concreto. 3. A prisão preventiva é cabível mediante decisão fundamentada em dados concretos, quando evidenciada a existência de circunstâncias que demonstrem a necessidade da medida extrema, nos termos dos arts. 312, 313 e 315 do Código de Processo Penal. 4. São fundamentos idôneos para a decretação da segregação cautelar no caso de tráfico ilícito de entorpecentes a quantidade, a variedade ou a natureza das drogas apreendidas. 4. Não se pode dizer que a prisão preventiva é desproporcional em relação a eventual condenação que o agente poderá sofrer ao final do processo, pois não há como, em *habeas corpus*, concluir que ele fará jus à pena mínima do delito cometido, especialmente se consideradas as circunstâncias do caso. 5. Agravo regimental desprovido" (AgRg no HC 685.437/SC – Rel. Min. João Otávio de Noronha – 5ª T. – *DJe* 1-10-2021).

3.5. Busca em veículo

A busca em veículo não é tratada pelo Código de Processo Penal, uma vez que prescinde de mandado, não se podendo estender ao automóvel a garantia constitucional da inviolabilidade de domicílio. Busca em veículo assemelha-se à busca pessoal.

Conforme já ressaltado em linhas anteriores, a apreensão de drogas em veículo ocupado por vários indivíduos, não se podendo atribuir a posse especificamente a um deles, a todos deve ser imputada, desde que haja identidade de desígnios entre eles, apta a estabelecer o liame subjetivo imprescindível ao concurso de agentes.

No Supremo Tribunal Federal, já se decidiu:

"*HABEAS CORPUS* – ATO INDIVIDUAL – ADEQUAÇÃO. O *habeas corpus* é adequado em se tratando de impugnação a ato de colegiado ou individual. APREENSÃO – AUTOMÓVEL – BUSCA PESSOAL – AUTORIZAÇÃO JUDICIAL – DESNECESSIDADE. A apreensão de elementos de convicção em automóvel, a teor do artigo 240, § 2º, do Código de Processo Penal, constitui caso de busca pessoal, que, uma vez havendo fundada suspeita da existência de provas, prescinde de prévia autorização judicial. PRISÃO PREVENTIVA – FLAGRANTE – LATROCÍNIO. O flagrante, considerada a criminosa, sinaliza a periculosidade do envolvido" (HC 168.754/MT – Rel. Min. Marco Aurélio – 1ª T. – *DJe* 22-6-2020).

3.6. Flagrante preparado e crime impossível

Conforme já destacado anteriormente, a alegação de flagrante preparado, em crime de tráfico de drogas, é muito comum, pleiteando-se o reconhecimento de crime impossível na conduta de policiais que, fazendo-se passar por usuários, buscam adquirir drogas de traficante, prendendo-o em flagrante delito no ato da venda.

No flagrante preparado, interfere o agente provocador, que induz o agente à prática do crime. Figura totalmente diferente é a do flagrante esperado, em que a polícia, alertada da prática delituosa, surpreende o delinquente no ato da infração, lavrando-se então a prisão, não tendo a iniciativa do crime partido dos agentes de autoridade.

Nesse sentido, inclusive, a Súmula 145 do STF: "Não há crime, quando a preparação do flagrante pela polícia torna impossível a sua consumação".

Diante da multiplicidade de condutas típicas, entretanto, previstas no *caput* do art. 33, indicando tipo misto alternativo, é plenamente válida a prisão em flagrante do traficante que vende ou entrega a droga a policial disfarçado de usuário, de vez que, antes da venda, já estava o crime de tráfico consumado nas condutas de *ter em depósito, trazer consigo, guardar* etc., configuradoras de crime permanente.

A propósito, *vide* itens 2.2.4 (agente policial disfarçado) e 2.2.9 *supra*.

3.7. Proteção a colaboradores e testemunhas

Dispõe a Lei de Drogas, no art. 49, que, no caso das condutas tipificadas nos arts. 33, *caput* e § 1º, e 34 a 37, o juiz, sempre que as circunstâncias o recomendem, empregará os instrumentos protetivos de colaboradores e testemunhas previstos na Lei n. 9.807/99.

A Lei n. 9.807/99 estabeleceu normas para a organização e manutenção de programas especiais de proteção a vítimas e testemunhas ameaçadas, instituiu o Programa Federal de Assistência a Vítimas e Testemunhas Ameaçadas e dispôs sobre a proteção de acusados ou condenados que tenham voluntariamente prestado efetiva colaboração à investigação policial e ao processo criminal.

3.8. Infiltração policial e entrega vigiada

A Lei de Drogas, no art. 53, estabelece a permissão de utilização da infiltração e da entrega vigiada, mediante autorização judicial e ouvido o Ministério Público, em qualquer fase da persecução criminal aos crimes nela previstos.

3.8.1. Infiltração

No caso, o agente de polícia atuará com a identidade encoberta, tentando granjear a confiança dos criminosos. Entretanto, diferentemente do agente provocador, estará autorizado pelo juiz a participar da organização, ouvido, previamente, o Ministério Público. Cabe à autoridade policial representar ao juiz pela infiltração de seus agentes.

Assim, o controle judicial da providência investigatória retira da autoridade policial o pleno poder discricionário de investigar, minimizando eventual hipótese de arbitrariedade.

Certamente que a infiltração de agentes não os autoriza, por si só, à prática delituosa, o que tem gerado interessante celeuma na doutrina e jurisprudência pátrias.

Poderia o agente infiltrado, para granjear a confiança dos demais integrantes da organização criminosa e não levantar suspeitas acerca de sua real situação, participar de crimes? Nesse caso, seria responsabilizado penalmente pelos crimes que praticou?

Parcela da doutrina pátria sustenta que a resposta a essas indagações está no Princípio da Proporcionalidade Constitucional (*Verhaltnismaßigkeitsgrudsatz*, na doutrina alemã), segundo o qual, numa situação real de conflito entre dois princípios constitucionais, deve-se decidir por aquele de maior peso.

Assim, entre dois princípios constitucionais aparentemente de igual peso, prevalecerá aquele de maior valor. Nesse sentido, não se justificaria o sacrifício de uma vida em favor da infiltração do agente.

Mas, para que efetivamente ocorra a isenção de responsabilidade penal do agente infiltrado, devem concorrer algumas exigências:

a) a atuação do agente infiltrado precisa ser judicialmente autorizada;

b) a atuação do agente infiltrado que comete a infração penal deve ser consequência necessária e indispensável para o desenvolvimento da investigação, além de ser proporcional à finalidade perseguida, de modo a evitar ou coibir abusos ou excessos;

c) o agente infiltrado não pode induzir ou instigar outras pessoas ou os membros da organização criminosa a cometer o crime.

Cremos que a melhor solução é considerar-se a conduta criminosa praticada pelo agente infiltrado acobertada por uma causa de preexclusão da antijuridicidade, consistente na infiltração propriamente dita, autorizada judicialmente, atendido o Princípio da Proporcionalidade Constitucional.

Deve ser ressaltado que a infiltração veio minuciosamente tratada nos arts. 10 a 14 da Lei n. 12.850/2013, que cuida das organizações criminosas, a cujos comentários remetemos o leitor.

3.8.2. Entrega vigiada

Dentre os meios operacionais para a prevenção e repressão de ações praticadas por organizações criminosas, a revogada Lei n. 9.034/95 cuidou da "ação controlada", instrumento de larga utilização no combate ao crime organizado, que consiste em retardar a interdição policial do que se supõe ação praticada por organizações criminosas, desde que mantida sob observação e acompanhamento para que a medida legal se concretize no momento mais eficaz do ponto de vista da formação de provas e fornecimento de informações. A Lei n. 12.850/2013, atual lei das organizações criminosas, manteve o mesmo tratamento.

A característica principal da ação controlada é justamente o retardamento da intervenção policial, apesar de o fato criminoso já se encontrar numa situação de flagrância, permitindo a efetivação do chamado "flagrante prorrogado ou diferido".

Entretanto, não se pode confundir ação controlada com entrega vigiada. Apenas esta última foi prevista na Lei de Drogas, o que não exclui a aplicação da primeira, já que o *caput* do art. 53 autorizou tais procedimentos investigatórios "além dos previstos em lei", embora a Lei n. 12.850/2013 tenha fundido, nos arts. 8º e 9º, os institutos da ação controlada e da entrega vigiada.

A entrega vigiada é um procedimento previsto e recomendado pelas Nações Unidas, na Convenção de Viena de 1988 (Convenção contra o Tráfico Ilícito de Entorpecentes e Substâncias Psicotrópicas), aprovada pelo Decreto Legislativo n. 162, de 14-9-1991, e incorporado ao nosso ordenamento jurídico pelo Decreto n. 154, de 26-6-1991.

Os arts. 1º, *l*, e 11 da referida Convenção Internacional conceituam entrega vigiada nos seguintes termos:

"Artigo 1º (...)

l) Por 'entrega vigiada' se entende a técnica de deixar que remessas ilícitas ou suspeitas de entorpecentes, substâncias psicotrópicas, substâncias que figuram no Quadro I e no Quadro II anexos nesta Convenção, ou substâncias que tenham substituído as anteriormente mencionadas, saiam do território de um ou mais países, que o atravessem ou que nele ingressem, com o conhecimento e sob a supervisão de suas autoridades competentes, com o fim de identificar as pessoas envolvidas em praticar delitos especificados no § 1º do artigo 3º desta Convenção.

(...)

Artigo 11. Entrega Vigiada

1. ... as Partes adotarão as medidas necessárias, dentro de suas possibilidades, para que se possa recorrer, de forma adequada, no plano internacional, à entrega vigiada, com base nos acordos e ajustes mutuamente negociados, com a finalidade de descobrir as pessoas implicadas em delitos estabelecidos de acordo com o § 1º do artigo 3º e de encetar ações legais contra estes. (...) 3. As remessas ilícitas, cuja entrega vigiada tenham sido negociadas, poderão, com o consentimento das Partes interessadas, ser interceptadas e autorizadas a prosseguir intactas ou tendo sido retirados ou subtraídos, total ou parcialmente, os entorpecentes ou substâncias psicotrópicas que continham".

Inclusive a Convenção de Palermo, incorporada ao ordenamento jurídico brasileiro pelo Decreto n. 5.015, de 12-3-2004, define a "entrega vigiada" como "técnica que consiste em permitir que remessas ilícitas ou suspeitas saiam do território de um ou mais Estados, os atravessem ou neles entrem, com o conhecimento e sob o controle das suas autoridades competentes, com a finalidade de investigar infrações e identificar as pessoas envolvidas na sua prática".

Entre nós, a entrega vigiada veio tratada na Lei n. 10.409/2002, antiga Lei de Entorpecentes, que, no art. 33, II, previa "a não atuação policial sobre os portadores de produtos, substâncias ou drogas ilícitas que entrem no território brasileiro, dele saiam ou nele transitem, com a finalidade de, em colaboração ou não com outros países, identificar e responsabilizar maior número de integrantes de operações de tráfico e distribuição, sem prejuízo da ação penal cabível".

Atualmente, a Lei n. 11.343/2006, Lei de Drogas, traz disposição semelhante no art. 53, II, dispondo sobre "a não atuação policial sobre os portadores de drogas, seus precursores químicos ou outros produtos utilizados em sua produção, que se encontrem no território brasileiro, com a finalidade de identificar e responsabilizar maior número de integrantes de operações de tráfico e distribuição, sem prejuízo da ação penal cabível".

Em suma, o objetivo dessa forma de investigação é permitir que todos os integrantes da rede de narcotraficantes sejam identificados e presos, além de garantir maior eficiência na investigação, uma vez que, se a remessa da droga é interceptada antes de chegar ao seu destino, será ignorado o destinatário ou, se conhecido, não se poderá incriminá-lo. Por razões de política criminal, considera-se mais conveniente não interceptar imediatamente o carregamento de droga, seus precursores químicos ou outros produtos utilizados em sua produção, para conseguir um resultado mais positivo, qual seja, o desbaratamento de toda a organização criminosa.

3.8.3. Outros procedimentos investigatórios

Além da infiltração e da entrega vigiada, a lei admite expressamente que outros procedimentos investigatórios sejam utilizados, previstos no Código de Processo Penal e nas demais leis extravagantes, como é o caso da interceptação telefônica.

3.9. Prisão temporária e tráfico de drogas

Dispõe o art. 2º, § 4º, da Lei n. 8.072/90 (Lei dos Crimes Hediondos) que o prazo da prisão temporária para os crimes hediondos e assemelhados (dentre eles o tráfico de drogas) é de 30 dias, prorrogável por igual período em caso de extrema e comprovada necessidade. Acerca da prisão temporária, vale consultar os comentários à Lei n. 7.960/89.

3.10. Laudo de constatação

O laudo de constatação da natureza da substância, previsto no art. 50, §§ 1º e 2º, da Lei n. 11.343/2006, é necessário para comprovação da materialidade do crime que envolva drogas, sendo suficiente para a lavratura do auto de prisão em flagrante delito e para o oferecimento da denúncia. Essa peça é subscrita por perito oficial, que não estará impedido de subscrever o laudo definitivo, ou, na falta deste, ainda que eventual, por pessoa idônea. A propósito, a Lei n. 12.961/2013 acrescentou os §§ 3º, 4º e 5º ao art. 50, tratando do destino da droga apreendida, após periciada.

A falta do laudo de constatação gera a nulidade do auto de prisão em flagrante, segundo alguns autores (dentre eles, Vicente Greco Filho). Entretanto, o Supremo Tribunal Federal tem entendido que esse laudo é dispensável para a lavratura do flagrante quando induvidosa a natureza e toxicidade da substância apreendida, como acontece, por exemplo, com a maconha.

3.11. Laudo de exame químico toxicológico

Este é o laudo definitivo sobre a toxicidade da substância apreendida, imprescindível para o julgamento do feito, cuja ausência pode ensejar a nulidade da condenação. Esse laudo é fundamental para a comprovação da materialidade do delito, não se confundindo com o laudo de constatação, que tem caráter provisório e serve apenas de suporte ao auto de prisão em flagrante e à denúncia.

O Supremo Tribunal Federal tem entendido, entretanto, que o laudo de exame químico toxicológico, definitivo, é prescindível se a materialidade já estiver comprovada por outros elementos nos autos.

A propósito:

"AGRAVO REGIMENTAL EM *HABEAS CORPUS*. TRÁFICO DE DROGAS (ART. 33, *CAPUT*, DA LEI N. 11.343/2006). AUSÊNCIA DO LAUDO DE CONSTATAÇÃO DEFINITIVO DO ENTORPECENTE APREENDIDO. MATERIALIDADE DO DELITO COMPROVADA POR PERÍCIA PRELIMINAR E DEMAIS ELEMENTOS PROBATÓRIOS. CAUSA DE REDUÇÃO DE PENA (ART. 33, § 4º, DA LEI N. 11.343/2006). DEDICAÇÃO A ATIVIDADES CRIMINOSAS. ANÁLISE DE FATOS E PROVAS. IMPOSSIBILIDADE. REGIME INICIAL FECHADO. FUNDAMENTOS IDÔNEOS. 1. Não obstante a importância da juntada do Laudo Toxicológico definitivo para comprovação da materialidade nos delitos previstos na Lei de Drogas, a ausência desse documento não tem o condão, por si só, de obstacularizar a comprovação da materialidade do crime, quando presentes outros elementos idôneos de prova. Precedentes. (HC 174.954 AgR/PE – Rel. Min. Alexandre de Moraes – 1ªT. – *DJe* 16-10-2019).

No mesmo sentido o HC 172774 AgR/RJ (STF – Rel. Min. Cármen Lúcia – 2ªT. – *DJe* 26-9-2019).

Vale citar, ainda, as Teses n. 3 e n. 4 do STJ (Jurisprudência em Teses – edição n. 131), do seguinte teor:

Tese n. 3: "O laudo pericial definitivo atestando a ilicitude da droga afasta eventuais irregularidades do laudo preliminar realizado na fase de investigação".

Tese n. 4: "A falta da assinatura do perito criminal no laudo toxicológico é mera irregularidade que não tem o condão de anular o referido exame".

Para que a condenação possa se basear apenas no Laudo de Constatação, entretanto, o Superior Tribunal de Justiça estabeleceu alguns pressupostos:

"A jurisprudência do Superior Tribunal de Justiça admite, excepcionalmente, a comprovação da natureza da substância por meio de teste toxicológico preliminar, desde que ele seja: a) realizado por perito oficial; b) empregue procedimentos e alcance conclusões equivalentes ao exame definitivo; e c) permita grau de certeza idêntico ao exame definitivo. No caso, o Laudo de Exame de Constatação Prévia da substância apreendida não foi elaborado por peritos oficiais e não empregou nenhum tipo de exame científico ou teste pré-fabricado, fundamentando-se apenas na avaliação subjetiva dos próprios agentes policiais acerca do cheiro, coloração e consistência do material. Desse modo, o referido exame foi desprovido de qualquer rigor técnico, sendo insuficiente para atestar a natureza da substância apreendida e a materialidade do delito de tráfico de drogas. Ordem de *habeas corpus* concedida para cassar a sentença e o acórdão condenatórios, absolvendo os Pacientes com fundamento no art. 386, inciso II, do Código de Processo Penal" (STJ – HC 532.794/MS – Rel. Min. Laurita Vaz – 6ª T. – *DJe* 19-10-2020).

Outrossim, o Superior Tribunal de Justiça entende que, embora seja imprescindível o laudo toxicológico definitivo para a comprovação da materialidade delitiva, isso não elide a possibilidade de que outros meios façam tal comprovação, desde que possuam grau de certeza idêntico ao do laudo definitivo, em procedimento e com conclusões equivalentes, quando elaborado por perito criminal.

Nesse sentido: "AGRAVO REGIMENTAL NO *HABEAS CORPUS*. TRÁFICO DE DROGAS. ASSOCIAÇÃO PARA O TRÁFICO. LAUDO TOXICOLÓGICO DEFINITIVO. AUSÊNCIA. MATERIALIDADE DELITIVA. POSSIBILIDADE DE COMPROVAÇÃO POR OUTROS MEIOS. AUSÊNCIA DE ILEGALIDADE. DOSIMETRIA. PENA-BASE. EXASPERAÇÃO. FUNDAMENTAÇÃO CONCRETA IDÔNEA. CIRCUNSTÂNCIA DO CRIME. NATUREZA DA DROGA APREENDIDA. CONDUTA SOCIAL. AGRAVO IMPROVIDO. 1. A decisão agravada está alinhada com a jurisprudência desta Corte Superior, no sentido de que foram indicados elementos concretos para justificar a exasperação de pena-base, não se verificando manifesta ilegalidade. 2. Quanto à circunstâncias do crime, fundamentação comum aos dois agravantes, foi indicado que 'os acusados agiram com elevado grau de culpabilidade, haja vista comercializarem uma variedade de entorpecentes, ou seja, maconha, cocaína e crack, essas substâncias últimas cujos efeitos são altamente nocivos à saúde, conduzindo seus usuários à dependência com extrema facilidade e rapidez, além de produzirem consideráveis sequelas decorrentes do seu uso, o que efetivamente constitui fundamentação idônea à elevação da pena em patamar superior'. Extrai-se dos autos que se trata de organização criminosa e, no curso da investigação, foi apreendida expressiva quantidade de drogas (mais de 15 kg de maconha e crack). 3. Quanto à ausência de laudo toxicológico definitivo, esta Corte firmou entendimento de que, embora seja imprescindível o laudo toxicológico definitivo para a comprovação da materialidade delitiva, isso não elide a possibilidade de que outros meios façam tal comprovação, desde que possuam grau de certeza idêntico ao do laudo definitivo, em procedimento e com conclusões equivalentes, quando elaborado por perito criminal, o que ocorreu no presente caso. 4. Agravo regimental improvido" (AgRg no HC 660.469/SC – Rel. Min. Olindo Menezes (Desembargador Convocado do TRF 1ª Região) – 6ª T. – *DJe* 31-8-2021).

3.12. Competência da Justiça Estadual e da Justiça Federal

Estabelece o art. 70 da Lei de Drogas que o processo e o julgamento dos crimes previstos nos arts. 33 a 37, se caracterizado ilícito transnacional, são da competência da Justiça Federal.

Assim, a regra geral é de que a competência para o processo e julgamento dos crimes da Lei de Drogas é da Justiça Estadual, exceção feita ao ilícito transnacional.

Vide item 2.2.14 *supra*.

3.13. Destino da substância entorpecente apreendida

Dispõe o art. 32 da Lei de Drogas, com a redação dada pela Lei n. 12.961/2014, acerca das plantações ilícitas:

> Art. 32. As plantações ilícitas serão imediatamente destruídas pelo delegado de polícia na forma do art. 50-A, que recolherá quantidade suficiente para exame pericial, de tudo lavrando auto de levantamento das condições encontradas, com a delimitação do local, asseguradas as medidas necessárias para a preservação da prova.

A referida lei, ainda, acrescentou os §§ 3º, 4º e 5º ao art. 50 da Lei de Drogas, dispondo que, recebida cópia do auto de prisão em flagrante, o juiz, no prazo de 10 (dez) dias, certificará a regularidade formal do laudo de constatação e determinará a destruição das drogas apreendidas, guardando-se amostra necessária à realização do laudo definitivo. A destruição das drogas será executada pelo delegado de polícia competente no prazo de 15 (quinze) dias na presença do Ministério Público e da autoridade sanitária. O local será vistoriado antes e depois de efetivada a destruição das drogas referida no § 3º, sendo lavrado auto circunstanciado pelo delegado de polícia, certificando-se neste a destruição total delas.

O art. 50-A, por seu turno, com a redação que lhe foi dada pela Lei n. 13.840/2019, determina que a destruição de drogas apreendidas sem a ocorrência de prisão em flagrante será feita por incineração, no prazo máximo de 30 (trinta) dias contado da data da apreensão, guardando-se amostra necessária à realização do laudo definitivo. Por fim, o art. 72 da Lei de Drogas, com a nova redação dada pela lei acima referida, estabeleceu que, encerrado o processo criminal ou arquivado o inquérito policial, o juiz, de ofício, mediante representação da autoridade de polícia judiciária, ou a requerimento do Ministério Público, determinará a destruição das amostras guardadas para contraprova, certificando nos autos.

3.14. Medidas assecuratórias

No curso do inquérito ou da ação penal, de acordo com o art. 60 da Lei de Drogas, com a redação dada pela Lei n. 13.840/2019, o juiz, a requerimento do Ministério Público ou do assistente de acusação, ou mediante representação da autoridade de polícia judiciária, poderá decretar a apreensão e outras medidas assecuratórias nos casos em que haja suspeita de que os bens, direitos ou valores sejam produto do crime ou constituam proveito dos crimes previstos na lei. Neste caso, essas medidas assecuratórias serão processadas de acordo com o disposto nos arts. 125 e seguintes do Código de Processo Penal.

O juiz determinará a liberação total ou parcial dos bens, direitos e objeto de medidas assecuratórias quando comprovada a licitude de sua origem, mantendo-se a constrição dos bens, direitos e valores necessários e suficientes à reparação dos danos e ao pagamento de prestações pecuniárias, multas e custas decorrentes da infração penal.

Nenhum pedido de restituição será conhecido, entretanto, sem o comparecimento pessoal do acusado, podendo o juiz determinar a prática de atos necessários à conservação de bens, direitos ou valores.

Na hipótese do art. 366 do Código de Processo Penal, o juiz poderá determinar a prática de atos necessários à conservação dos bens, direitos ou valores.

Caso a execução imediata da ordem de apreensão ou sequestro de bens, direitos ou valores possa comprometer as investigações, o juiz, ouvido o Ministério Público, poderá suspendê-la.

Se as medidas assecuratórias acima mencionadas recaírem sobre moeda estrangeira, títulos, valores mobiliários ou cheques emitidos como ordem de pagamento, será determinada, imediatamente, a sua conversão em moeda nacional. A moeda estrangeira apreendida em espécie deve ser encaminhada a instituição financeira, ou equiparada, para alienação na forma prevista pelo Conselho Monetário Nacional. Não sendo possível a alienação, a moeda estrangeira será custodiada pela instituição financeira até decisão sobre o seu destino. Após a decisão sobre o destino da moeda estrangeira, caso seja verificada a inexistência de valor de mercado, seus espécimes poderão ser destruídos ou doados à representação diplomática do país de origem.

3.15. Utilização dos bens apreendidos

Permite o art. 62 da Lei de Drogas que, comprovado o interesse público na utilização de veículos, embarcações, aeronaves e quaisquer outros meios de transporte e dos maquinários, utensílios, instrumentos e objetos de qualquer natureza utilizados para a prática dos crimes previstos na lei, os órgãos de polícia judiciária, militar e rodoviária poderão deles fazer uso, sob sua responsabilidade e com o objetivo de sua conservação, mediante autorização judicial, ouvido o Ministério Público e garantida a prévia avaliação dos respectivos bens.

Ressalva o dispositivo, entretanto, por cautela, que, quando a autorização judicial recair sobre veículos, embarcações ou aeronaves, o juiz ordenará à autoridade ou ao órgão de registro e controle a expedição de certificado provisório de registro e licenciamento em favor do órgão ao qual tenha deferido o uso ou custódia, ficando este livre do pagamento de multas, encargos e tributos anteriores à decisão de utilização do bem até o trânsito em julgado da decisão que decretar o seu perdimento em favor da União.

3.16. Confisco

Com relação ao confisco, explicitando regra já contida no art. 91, II, *a*, do Código Penal, a Lei de Drogas, estabeleceu o art. 61, com a redação dada pela Lei n. 13.840/2019, que a apreensão de veículos, embarcações, aeronaves e quaisquer outros meios de transporte e dos maquinários, utensílios, instrumentos e objetos de qualquer natureza utilizados para a prática dos crimes definidos na Lei de Drogas será imediatamente comunicada pela autoridade de polícia judiciária responsável pela investigação ao juízo competente. Nesse caso, o juiz, no prazo de 30 (trinta) dias contado da comunicação, determinará a alienação dos bens apreendidos, excetuadas as armas, que serão recolhidas na forma da legislação específica. A alienação será realizada em autos apartados, dos quais constará a exposição sucinta do nexo de instrumentalidade entre o delito e os bens apreendidos, a descrição e especificação dos objetos, as informações sobre quem os tiver sob custódia e o local em que se encontrem.

Nesse caso, não se trata de efeito automático da condenação, devendo o perdimento ser decretado expressamente pelo juiz na sentença condenatória.

Antes da alienação, porém, o juiz determinará a avaliação dos bens apreendidos, que será realizada por oficial de justiça, no prazo de 5 (cinco) dias a contar da autuação, ou, caso sejam necessários conhecimentos especializados, por avaliador nomeado pelo juiz, em prazo não superior a 10 (dez) dias.

Feita a avaliação, o juiz intimará o órgão gestor do Fundo Nacional Antidrogas – FUNAD, o Ministério Público e o interessado para se manifestarem no prazo de 5 (cinco) dias e, dirimidas eventuais divergências, homologará o valor atribuído aos bens.

A alienação deverá ser fiscalizada pelo Ministério Público.

Os bens, direitos ou valores apreendidos em decorrência dos crimes tipificados na Lei de Drogas ou objeto de medidas assecuratórias, após decretado seu perdimento em favor da União, serão revertidos diretamente ao Fundo Nacional Antidrogas – FUNAD. Havendo alienação dos bens apreendidos ou confiscados, seu produto será revertido integralmente ao FUNAD, nos termos do parágrafo único do art. 243 da Constituição Federal, vedada a sub-rogação sobre o valor da arrematação para saldar eventuais multas, encargos ou tributos pendentes de pagamento.

A Lei n. 7.560/86, com a redação dada pela Lei n. 13.886/2019, instituiu, no âmbito do Ministério da Justiça e Segurança Pública, o Fundo Nacional Antidrogas (FUNAD), a ser gerido pela Secretaria Nacional de Políticas sobre Drogas (SENAD), do Ministério da Justiça e Segurança Pública.

Poderá a União, outrossim, conforme estabelece o art. 64 da lei, por intermédio da SENAD, firmar convênio com os Estados, com o Distrito Federal e com organismos orientados para a prevenção do uso indevido de drogas, a atenção e a reinserção social de usuários ou dependentes e a atuação na repressão à produção não autorizada e ao tráfico ilícito de drogas, com vistas na liberação de equipamentos e de recursos por ela arrecadados, para a implantação e execução de programas relacionados à questão das drogas.

Por fim, vale ressaltar que, de acordo com inovação trazida pela Lei n. 13.886/2019, na hipótese de condenação por infrações às quais a Lei de Drogas comine pena máxima superior a 6 (seis) anos de reclusão, poderá ser decretada a perda, como produto ou proveito do crime, dos bens correspondentes à diferença entre o valor do patrimônio do condenado e aquele compatível com o seu rendimento lícito. Nesse caso, a decretação da perda fica condicionada à existência de elementos probatórios que indiquem conduta criminosa habitual, reiterada ou profissional do condenado ou sua vinculação a organização criminosa. O condenado poderá demonstrar a inexistência da incompatibilidade ou a procedência lícita do patrimônio.

Para efeito dessa perda, entende-se por patrimônio do condenado todos os bens de sua titularidade, ou sobre os quais tenha domínio e benefício direto ou indireto, na data da infração penal, ou recebidos posteriormente; e também os transferidos a terceiros a título gratuito ou mediante contraprestação irrisória, a partir do início da atividade criminal.

18 Economia Popular
Lei n. 1.521/51

1. Crimes e contravenções contra a economia popular

> Art. 1º Serão punidos, na forma desta Lei, os crimes e as contravenções contra a economia popular. Esta Lei regulará o seu julgamento.

Crimes contra a economia popular: são os crimes cometidos em proveito próprio ou de outrem, resultando lesão ou diminuição de direitos ou de patrimônio de outra pessoa.

Competência: segundo o disposto na Súmula 498 do STF, a Justiça Estadual é competente para processar e julgar os crimes contra a economia popular, em ambas as instâncias.

Revogação parcial: a lei de economia popular, atualmente, encontra-se com vários de seus dispositivos revogados por leis posteriores. É o caso da Lei n. 8.137/90, que, dentre outros assuntos, passou a tratar de crimes contra as relações de consumo. Há também outras leis que revogaram dispositivos da Lei de Economia Popular, as quais serão mencionadas, a seu tempo, nos comentários que seguem.

Sujeito ativo: em regra é o proprietário, diretor ou gerente de estabelecimento industrial ou comercial. Ressalte-se que é excluído desse rol, em princípio, o empregado, que, em razão de não possuir poder decisório, não pode ser responsabilizado pelas condutas tipificadas como crime. Caso o empregado tenha poder decisório ou participe ativamente do crime, poderá ser responsabilizado, inclusive como coautor ou partícipe. Em algumas figuras típicas, o sujeito ativo pode ser qualquer pessoa.

Sujeito passivo: a coletividade, que tem seus interesses difusos lesados, assim como, mediata e eventualmente, o indivíduo atingido.

Objetividade jurídica: as relações de consumo, ou seja, o regular relacionamento entre os agentes da produção, comercialização e distribuição de bens e serviços com os adquirentes e consumidores.

Objeto material: o patrimônio do povo em geral, que abrange um número indefinido de pessoas, posto que a economia popular é um bem coletivo, sujeito a dano efetivo ou potencial causado pelos gananciosos nas relações econômicas, os quais procuram auferir lucros exorbitantes e desproporcionais à custa da coletividade.

Elemento subjetivo: é o dolo, caracterizado pela intenção de auferir lucros indevidos em detrimento da coletividade.

Consumação: no rol das infrações contra a economia popular que ainda se encontram em vigor, há aquelas que necessitam da efetiva lesão ao bem jurídico tutelado, com resultado naturalístico (infrações materiais); há as que não necessitam do resultado naturalístico para sua consumação (infrações formais) e há aquelas que não têm resultado naturalístico (infrações de mera conduta), que são, na sua maioria, infrações de perigo abstrato, presumido.

Tentativa: é admissível em algumas modalidades de conduta, dependendo do tipo de infração (material, formal ou de mera conduta).

Competência: as infrações capituladas no art. 2º são de menor potencial ofensivo, cuja competência para o processo e julgamento é do Juizado Especial Criminal, seguindo o rito da Lei n. 9.099/95. O mesmo se diga com relação aos crimes do art. 4º. Já os crimes do art. 3º são de competência da justiça comum estadual, seguindo o rito comum ordinário, previsto nos arts. 394 e s. do Código de Processo Penal.

Multa: deve ser fixada e calculada em dias-multa, de acordo com as regras do art. 49 do Código Penal.

2. Crimes em espécie

> Art. 2º São crimes desta natureza:
>
> I – recusar individualmente em estabelecimento comercial a prestação de serviços essenciais à subsistência; sonegar mercadoria ou recusar vendê-la a quem esteja em condições de comprar a pronto pagamento;
>
> II – favorecer ou preferir comprador ou freguês em detrimento de outro, ressalvados os sistemas de entrega ao consumo por intermédio de distribuidores ou revendedores;
>
> III – expor à venda ou vender mercadoria ou produto alimentício, cujo fabrico haja desatendido a determinações oficiais, quanto ao peso e composição;
>
> IV – negar ou deixar o fornecedor de serviços essenciais de entregar ao freguês a nota relativa à prestação de serviço, desde que a importância exceda de quinze cruzeiros, e com a indicação do preço, do nome e endereço do estabelecimento, do nome da firma ou responsável, da data e local da transação e do nome e residência do freguês;
>
> V – misturar gêneros e mercadorias de espécies diferentes, expô-los à venda ou vendê-los, como puros; misturar gêneros e mercadorias de qualidades desiguais para expô-los à venda ou vendê-los por preço marcado para os de mais alto custo;
>
> VI – transgredir tabelas oficiais de gêneros e mercadorias, ou de serviços essenciais, bem como expor à venda ou oferecer ao público ou vender tais gêneros, mercadorias ou serviços, por preço superior ao tabelado, assim como não manter afixadas, em lugar visível e de fácil leitura, as tabelas de preços aprovadas pelos órgãos competentes;
>
> VII – negar ou deixar o vendedor de fornecer nota ou caderno de venda de gêneros de primeira necessidade, seja à vista ou a prazo, e cuja importância exceda de dez cruzeiros, ou de especificar na nota ou caderno – que serão isentos de selo – o preço da mercadoria vendida, o nome e o endereço do estabelecimento, a firma ou o responsável, a data e local da transação e o nome e residência do freguês;
>
> VIII – celebrar ajuste para impor determinado preço de revenda ou exigir do comprador que não compre de outro vendedor;
>
> - **Revogação:** os incisos I a VII do art. 2º foram revogados tacitamente pela Lei n. 8.137/90. Portanto, analisaremos apenas os incisos VIII a XI

Sujeito ativo: na primeira figura, todos os participantes do ajuste são sujeitos ativos. Na segunda figura, pode ser qualquer pessoa.

Sujeito passivo: a coletividade, na primeira figura. Na segunda figura, o comprador eventualmente lesado.

Conduta: vem representada, na primeira modalidade, pelo verbo *celebrar* (efetuar, realizar, praticar). Na segunda modalidade, vem representada pelo verbo *exigir* (ordenar, impor, determinar).

Objeto material: na primeira figura é o ajuste para impor determinado preço de revenda (fixação artificial de preço). Na segunda figura, é a exclusividade de compra (imposição do preço).

Elemento subjetivo: dolo.

Consumação: em ambas as modalidades de conduta, trata-se de crime formal, que se consuma com o ajuste ou com a exigência, independentemente de qualquer resultado. Trata-se também de crime de perigo abstrato (presumido).

Tentativa: na primeira modalidade de conduta, não se admite tentativa. Na segunda modalidade, admite-se tentativa, desde que a exigência não seja verbal.

> IX – obter ou tentar obter ganhos ilícitos em detrimento do povo ou de número indeterminado de pessoas mediante especulações ou processos fraudulentos ("bola de neve", "cadeias", "pichardismo" e quaisquer outros equivalentes);

Sujeito ativo: qualquer pessoa.

Sujeito passivo: a coletividade, e, secundariamente, a pessoa eventualmente lesada.

Conduta: consiste em *obter* (alcançar, granjear, conseguir) ou *tentar obter* (tentar alcançar, tentar granjear, tentar conseguir). Trata-se de crime de atentado ou de empreendimento, em que a pena da tentativa é a mesma do crime consumado, sem qualquer redução.

Objeto material: são os ganhos ilícitos, ou seja, os ganhos ilegais, não permitidos por lei, que lesam o patrimônio do povo ou de um número indeterminado de pessoas.

Estelionato: essa figura típica se assemelha muito com o estelionato, previsto no art. 171 do Código Penal. Na lei de economia popular, entretanto, a objetividade jurídica é o patrimônio do povo ou de um número indeterminado de pessoas (interesse coletivo).

"Bola de neve": segundo a precisa lição de Rui Stoco (*"Economia popular e relações de consumo"*, in *Leis penais especiais e sua interpretação jurisprudencial*. 7. ed., São Paulo: Revista dos Tribunais. 2001. v.1. p. 1443), "a 'Bola de neve' é um sistema cooperativo de venda em que o povo sai sempre logrado, iludido na sua boa-fé, como, por exemplo, quando uma pessoa é induzida a acreditar que, com a compra de um bilhete de pequeno valor, poderá ganhar um rico prêmio, com a condição de que induza outras pessoas a adquirir bilhetes, resgatando parte do dinheiro que gastou na compra do próprio, de modo que ao terminar sua cota de bilhetes, será premiado".

"Cadeias": segundo Rui Stoco (op. cit., p 1443), "as 'cadeias' são uma espécie de capitalização captadora, em que os últimos sempre ficam espoliados, semelhantes às chamadas 'correntes da felicidade' ou 'correntes da sorte', que frequentemente aparecem com nova roupagem prometendo ganhos altos e fáceis para quem ingressar na 'cadeia', colocando o seu nome no último lugar de uma lista, e enviando uma determinada importância em dinheiro (ou qualquer outro bem) para o primeiro nomeado na mesma lista, dando início a listas novas".

"Pichardismo": ainda segundo Rui Stoco (op. cit., p. 1443), "o 'pichardismo' deriva do nome do autor do 'golpe', um italiano chamado Manuel Severo Pichardo; é também comportamento fraudulento que consiste em um sistema reintegrativo, no qual promete-se ao comprador fornecer-lhe determinada quantidade de mercadoria e, ao cabo de algum tempo, restituir-lhe o dinheiro que pagou."

Outros meios equivalentes: o legislador deixou claro que não são apenas os métodos fraudulentos acima enumerados que constituem crime, mas qualquer outro que envolva o enliço, o ardil, o meio fraudulento empregado para obter ou tentar obter ganhos ilícitos em detrimento do povo ou de um número indeterminado de pessoas.

Pirâmides financeiras e estelionato: a respeito da ocorrência de *bis in idem* na imputação ao agente da prática do golpe denominado "pirâmides financeiras" e do crime de estelionato, decidiu o Superior Tribunal de Justiça:

"1. A controvérsia em análise cinge-se à configuração de crime único e à ocorrência de *bis in idem*, diante da imputação, ao ora recorrente, da incursão nos arts. 171 do Código Penal e 2º, IX, da Lei n. 1.521/1951. 2. Importante distinção entre os aspectos material e processual do ne bis in idem reside nos efeitos e no momento em que se opera essa regra. Sob a ótica da proibição de dupla persecução penal, a garantia em tela impede a formação, a continuação ou a sobrevivência da relação jurídica processual, enquanto que a proibição da dupla punição impossibilita tão somente que alguém seja, efetivamente, punido em duplicidade, ou que tenha o mesmo fato, elemento ou circunstância considerados mais de uma vez para se definir a sanção criminal. 3. No caso em análise, vê-se que a descrição das circunstâncias fáticas que permeiam os ilícitos imputados ao recorrente – crime contra a economia popular e estelionatos – são semelhantes, pois mencionam a prática de 'golpe' em que ele e os coacusados induziriam as vítimas em erro, mediante a promessa de ganhos financeiros muito elevados, com o intuito de levá-las a investir em suposta empresa voltada a realizar apostas em eventos esportivos. A diferença está na identificação dos ofendidos nos estelionatos. 4. Em situação similar, esta Corte Superior já decidiu que, nas hipóteses de crime contra a economia popular por pirâmide financeira, a identificação de algumas das vítimas não enseja a responsabilização penal do agente pela prática de estelionato. Precedentes. 5. Recurso provido para, diante do *bis in idem* identificado na hipótese, determinar o trancamento do processo, em relação ao ora recorrente, no que atine aos crimes de estelionato (fatos 4º ao 29º da denúncia)" (RHC 132655/RS – Rel. Min. Rogério Schietti Cruz – 6ªT. – *DJe* 30-9-2021).

> X – violar contrato de venda a prestações, fraudando sorteios ou deixando de entregar a coisa vendida, sem devolução das prestações pagas, ou descontar destas, nas vendas com reserva de domínio, quando o contrato for rescindido por culpa do comprador, quantia maior do que a correspondente à depreciação do objeto;

Sujeito ativo: o contratante.

Sujeito passivo: a coletividade e, secundariamente, o contratado lesado.

Conduta: vem representada pelo verbo *violar* (infringir, transgredir). Trata-se de crime de forma vinculada, pois a conduta somente pode ser praticada por meio da fraude aos sorteios; da não entrega da coisa vendida, sem devolução das prestações pagas; ou do desconto indevido nas vendas com reserva de domínio.

Objeto material: o contrato de venda a prestações.

Elemento subjetivo: dolo.

Consumação: ocorre com a violação do contrato pelas práticas referidas.

Tentativa: admite-se, salvo na modalidade omissiva.

> XI – fraudar pesos ou medidas padronizados em lei ou regulamentos; possuí-los ou detê-los, para efeitos de comércio, sabendo estarem fraudados.
>
> Pena – detenção, de 6 (seis) meses a 2 (dois) anos, e multa, de dois mil a cinquenta mil cruzeiros.

Sujeito ativo: é o proprietário, diretor ou gerente de estabelecimento industrial ou comercial.

Sujeito passivo: a coletividade, que tem seus interesses difusos lesados, assim como, mediata e eventualmente, o indivíduo atingido.

Conduta: vem representada pelo verbo *fraudar* (burlar, enganar) e pelos verbos *possuir* (ter, deter) e *deter* (possuir, ter).

Objeto material: pesos ou medidas padronizados em lei ou regulamentos.

Elemento subjetivo: dolo.

Consumação: ocorre, na primeira modalidade de conduta, com o ato de fraudar; na segunda modalidade de conduta, ocorre com a mera posse ou detenção do objeto material, para efeitos de comércio. São crimes formais, que independem do efetivo prejuízo para sua consumação.

Tentativa: admite-se apenas na primeira modalidade de conduta.

> Parágrafo único. Na configuração dos crimes previstos nesta Lei, bem como na de qualquer outro de defesa da economia popular, sua guarda e seu emprego considerar-se-ão como de primeira necessidade ou necessários ao consumo do povo, os gêneros, artigos, mercadorias e qualquer outra espécie de coisas ou bens indispensáveis à subsistência do indivíduo em condições higiênicas e ao exercício normal de suas atividades. Estão compreendidos nesta definição os artigos destinados à alimentação, ao vestuário e à iluminação, os terapêuticos ou sanitários, o combustível, a habitação e os materiais de construção.

Qualidade do objeto material: neste parágrafo a lei especifica o que se entende por "gênero de primeira necessidade" ou "necessários ao consumo do povo". Nesse conceito incluem-se os gêneros, artigos, mercadorias e qualquer outra espécie de coisas ou bens indispensáveis à subsistência do indivíduo em condições higiênicas e ao exercício normal de suas atividades, tais como os artigos destinados à alimentação, ao vestuário e à iluminação, os terapêuticos ou sanitários, o combustível, a habitação e os materiais de construção.

> Art. 3º São também crimes desta natureza:
>
> I – destruir ou inutilizar, intencionalmente e sem autorização legal, com o fim de determinar alta de preços, em proveito próprio ou de terceiro, matérias-primas ou produtos necessários ao consumo do povo;
>
> II – abandonar ou fazer abandonar lavoura ou plantações, suspender ou fazer suspender a atividade de fábricas, usinas ou quaisquer estabelecimentos de produção, ou meios de transporte, mediante indenização paga pela desistência da competição;
>
> III – promover ou participar de consórcio, convênio, ajuste, aliança ou fusão de capitais, com o fim de impedir ou dificultar, para o efeito de aumento arbitrário de lucros, a concorrência em matéria de produção, transportes ou comércio;
>
> IV – reter ou açambarcar matérias-primas, meios de produção ou produtos necessários ao consumo do povo, com o fim de dominar o mercado em qualquer ponto do País e provocar a alta dos preços;
>
> V – vender mercadorias abaixo do preço de custo com o fim de impedir a concorrência;
>
> VI – provocar a alta ou baixa de preços de mercadorias, títulos públicos, valores ou salários por meio de notícias falsas, operações fictícias ou qualquer outro artifício;
>
> - **Revogação:** os incisos I a V do art. 3º foram revogados tacitamente pela Lei n. 8.137/90. Portanto, analisaremos apenas os incisos VI a X

Sujeito ativo: qualquer pessoa.

Sujeito passivo: a coletividade.

Conduta: vem representada pelo verbo *provocar* (promover, causar). A provocação de alta ou baixa de preços, valores ou salários pode se dar por meio de *notícias falsas, operações fictícias ou qualquer outro artifício.*

Objeto material: alta ou baixa de preços, valores ou salários.

Elemento subjetivo: o dolo.

Consumação: ocorre com a efetiva alta ou baixa de preços, valores ou salários.

Tentativa: admite-se.

> VII – dar indicações ou fazer afirmações falsas em prospectos ou anúncios, para fim de substituição, compra ou venda de títulos, ações ou quotas;

Sujeito ativo: qualquer pessoa.

Sujeito passivo: a coletividade.

Conduta: vem representada pelos verbos *dar* (fazer, realizar) e *fazer* (realizar, efetivar).

Objeto material: indicações ou afirmações falsas. Em regra, essas indicações ou afirmações falsas devem se referir a empresas, sociedades, instituições financeiras etc., que tenham títulos, ações ou quotas para negociação, em bolsa de valores ou fora dela.

Elemento subjetivo: o dolo. Para a caracterização do delito é necessário, ainda, o elemento subjetivo específico, consistente na finalidade de substituição, compra ou venda de títulos, ações ou quotas.

Consumação: ocorre com o fornecimento da indicação ou com a afirmação falsa, independentemente da efetiva substituição, compra ou venda de títulos, ações ou quotas. Trata-se de crime formal.

Tentativa: admite-se.

> VIII – exercer funções de direção, administração ou gerência de mais de uma empresa ou sociedade do mesmo ramo de indústria ou comércio com o fim de impedir ou dificultar a concorrência;

Sujeito ativo: qualquer pessoa.

Sujeito passivo: a coletividade.

Conduta: vem representada pelo verbo *exercer* (executar, desempenhar). Trata-se de crime habitual, que requer a prática reiterada de atos (habitualidade) para sua configuração.

Objeto material: funções de direção, administração ou gerência de empresa ou sociedade do mesmo ramo de indústria ou comércio.

Elemento subjetivo: o dolo. Para a caracterização do delito, exige-se a finalidade específica de impedir ou dificultar a concorrência. Ausente essa finalidade, o fato torna-se atípico.

Consumação: com a prática reiterada de atos de direção, administração ou gerência, independentemente do efetivo impedimento ou embaraço à concorrência.

Tentativa: não se admite, por se tratar de crime habitual.

> IX – gerir fraudulenta ou temerariamente bancos ou estabelecimentos bancários, ou de capitalização; sociedades de seguros, pecúlios ou pensões vitalícias; sociedades para empréstimos ou financiamento de construções e de vendas

> e imóveis a prestações, com ou sem sorteio ou preferência por meio de pontos ou quotas; caixas econômicas; caixas Raiffeisen; caixas mútuas, de beneficência, socorros ou empréstimos; caixas de pecúlios, pensão e aposentadoria; caixas construtoras; cooperativas; sociedades de economia coletiva, levando-as à falência ou à insolvência, ou não cumprindo qualquer das cláusulas contratuais com prejuízo dos interessados;

Tipo penal aberto: não esclarece o dispositivo em análise o que se entende por *gestão fraudulenta* e por *gestão temerária*, o que tem suscitado severas críticas da doutrina e da jurisprudência, entendendo alguns juristas estar violado o princípio da legalidade. Elias de Oliveira, citado por Sebastião de Oliveira Lima e Carlos Augusto Tosta de Lima (*Crimes contra o sistema financeiro nacional*, São Paulo: Atlas, 2003, p. 23), define *gestão fraudulenta* como "todo ato de direção, administração ou gerência, voluntariamente consciente, que traduza manobras ilícitas, com emprego de fraudes, ardis e enganos", e *gestão temerária* como aquela "feita sem a prudência ordinária ou com demasiada confiança no sucesso que a previsibilidade normal tem como improvável, assumindo riscos audaciosos em transações perigosas ou inescrupulosamente arriscando o dinheiro alheio".

Revogação parcial: a Lei n. 7.492/86, que trata dos crimes contra o sistema financeiro nacional, tem dispositivo análogo referindo-se à gestão fraudulenta ou temerária de *instituição financeira*. Portanto, nesse aspecto, houve revogação da lei de economia popular. Remanece, entretanto, em pleno vigor o dispositivo em comento quanto às demais instituições ou sociedades.

Caixas Raiffeisen: as cooperativas Raiffeisen (*Raiffeisenbank Anhausen*) foram idealizadas por Friedrich Wilhelm Raiffeisen (1818-1888), entre os anos de 1847 e 1848, como sociedade de auxílio mútuo para atender às necessidades dos agricultores da região de Flammersfeld, Alemanha. Em 1854, Raiffeisen fundou outras sociedades dessa natureza em Heddesford, que posteriormente foram substituídas por cooperativas de crédito e cujo sucesso resultou na fundação de entidades semelhantes em outras localidades.

Sujeito ativo: trata-se de crime próprio, que somente pode ser praticado pelo responsável pela gerência da instituição ou sociedade, ou seja, pelo administrador, controlador ou congênere.

Sujeito passivo: a coletividade. Secundariamente, o particular lesado.

Conduta: vem representada pelo verbo *gerir*, que significa administrar, comandar, dirigir.

Elemento subjetivo: é o dolo.

Consumação: consuma-se com a gestão fraudulenta ou temerária, levando a pessoa jurídica à falência ou insolvência, ou descumprindo qualquer das cláusulas contratuais com prejuízo dos interessados. Trata-se, portanto, de crime material.

Tentativa: admite-se.

> X – fraudar de qualquer modo escriturações, lançamentos, registros, relatórios, pareceres e outras informações devidas a sócios de sociedades civis ou comerciais, em que o capital seja fracionado em ações ou quotas de valor nominativo igual ou inferior a um mil cruzeiros com o fim de sonegar lucros, dividendos, percentagens, rateios ou bonificações, ou de desfalcar ou de desviar fundos de reserva ou reservas técnicas.
>
> Pena – detenção, de 2 (dois) anos a 10 (dez) anos, e multa, de vinte mil a cem mil cruzeiros.

Sujeito ativo: qualquer pessoa. Em princípio, pode parecer tratar-se de crime próprio, exigindo que o sujeito ativo fosse o responsável pela escrituração, pelos lançamentos, registros, relatórios, pareceres etc. Entretanto, não há necessidade dessa condição para a prática delitiva, já que qualquer pessoa pode ser responsável pela fraude, ainda que tenha acesso clandestino à documentação referida.

Sujeito passivo: a coletividade, e, secundariamente, os sócios das sociedades civis ou comerciais prejudicados.

Conduta: vem representada pelo verbo *fraudar* (burlar, enganar). A fraude pode ser praticada *de qualquer modo* (crime de forma livre).

Objeto material: escriturações, lançamentos, registros, relatórios, pareceres e outras informações.

Elemento subjetivo: o dolo. Para a configuração do delito, requer-se, ainda, a finalidade específica de sonegar lucros, dividendos, percentagens, rateios ou bonificações, ou, ainda, de desfalcar ou desviar fundos de reserva ou reservas técnicas.

Consumação: ocorre com a prática efetiva da fraude, independentemente da obtenção da finalidade específica visada pelo agente.

Tentativa: admite-se.

3. Crime de usura real ou pecuniária

> Art. 4º Constitui crime da mesma natureza a usura pecuniária ou real, assim se considerando:
>
> *a)* cobrar juros, comissões ou descontos percentuais, sobre dívidas em dinheiro superiores à taxa permitida por lei; cobrar ágio superior à taxa oficial de câmbio, sobre quantia permutada por moeda estrangeira; ou, ainda, emprestar sob penhor que seja privativo de instituição oficial de crédito;
>
> *b)* obter, ou estipular, em qualquer contrato, abusando da premente necessidade, inexperiência ou leviandade de outra parte, lucro patrimonial que exceda o quinto do valor corrente ou justo da prestação feita ou prometida.
>
> Pena – detenção, de 6 (seis) meses a 2 (dois) anos, e multa, de cinco mil a vinte mil cruzeiros.
>
> § 1º Nas mesmas penas incorrerão os procuradores, mandatários ou mediadores que intervierem na operação usurária, bem como os cessionários de crédito usurário que, cientes de sua natureza ilícita, o fizerem valer em sucessiva transmissão ou execução judicial.
>
> § 2º São circunstâncias agravantes do crime de usura:
>
> I – ser cometido em época de grave crise econômica;
>
> II – ocasionar grave dano individual;
>
> III – dissimular-se a natureza usurária do contrato;
>
> IV – quando cometido:
>
> *a)* por militar, funcionário público, ministro de culto religioso; por pessoa cuja condição econômico-social seja manifestamente superior à da vítima;
>
> *b)* em detrimento de operário ou de agricultor; de menor de 18 (dezoito) anos ou de deficiente mental, interditado ou não.

Conceito de usura: Usura é a obtenção de juros exorbitantes e lucros excessivos.

Usura pecuniária: é empréstimo de dinheiro a juros superiores a taxa legal, gerando um lucro excessivo por parte de quem os cobra. Na Lei de Economia Popular, é definida como a cobrança de juros, comissões ou descontos percentuais, sobre dívidas em dinheiro superiores à taxa permitida por lei; ou a cobrança de ágio superior à taxa oficial de câmbio, sobre quantia permutada em moeda estrangeira; ou ainda o empréstimo sob penhor que seja privativo de instituição oficial de crédito.

Usura real: é a obtenção ou estipulação, em qualquer contrato, de lucro patrimonial que exceda o quinto do valor corrente ou justo da prestação feita ou prometida, abusando da premente necessidade, inexperiência ou leviandade da outra parte.

Sujeito ativo: pode ser qualquer pessoa natural. Caso a usura seja praticada por pessoa jurídica, haverá a necessidade de determinar a responsabilidade penal de uma pessoa física responsável pelo crime. Ressalte-se que também poderão ser responsabilizados os procuradores, mandatários ou mediadores que intervierem na operação usurária, bem como os cessionários de crédito usurário que, cientes de sua natureza ilícita, o fizerem valer em sucessiva transmissão ou execução judicial. Caso a usura seja praticada por militar, funcionário público, ministro de culto religioso ou pessoa cuja situação econômico-social seja manifestamente superior à da vítima, a pena será agravada.

Sujeito passivo: é a coletividade, que tem seus interesses difusos lesados, assim como, mediata e eventualmente, o indivíduo prejudicado pela usura. Se a usura for cometida em detrimento de operário ou de agricultor, de menor de 18 (dezoito) anos ou de deficiente mental, interditado ou não, a pena será agravada.

Conduta: vem caracterizada pelos verbos *cobrar* (arrecadar, receber como pagamento), *emprestar* (ceder, conceder, dar a juro), *obter* (alcançar, conseguir) e *estipular* (fixar, estabelecer).

Anatocismo: é a cobrança de juros sobre juros, acrescidos ao saldo devedor, em razão de não terem sido pagos no vencimento. É proibido no Brasil, constituindo crime de usura pecuniária.

Elemento subjetivo: é o dolo, caracterizado pela intenção de auferir lucros indevidos em detrimento da coletividade, por meio das práticas usurárias.

Consumação: na modalidade de conduta *obter,* a consumação ocorre com a efetiva percepção do lucro ilícito ou da vantagem indevida, tratando-se de crime material. Nas modalidades *cobrar, emprestar* e *estipular,* a consumação ocorre independentemente da efetiva obtenção do lucro ilícito ou da vantagem indevida, tratando-se de crime formal.

Tentativa: é admissível.

Circunstâncias agravantes específicas: vêm previstas no § 2º do artigo, sem prejuízo da eventual incidência das agravantes genéricas do art. 61 do CP.

Competência: em se tratando de infração penal de menor potencial ofensivo, a competência para o processo e julgamento é do Juizado Especial Criminal, sendo seguido o rito da Lei n. 9.099/95.

Multa: é fixada e calculada em dias-multa, de acordo com as regras do art. 49 do CP.

4. Suspensão condicional da pena e livramento condicional

> Art. 5º Nos crimes definidos nesta Lei, haverá suspensão da pena e livramento condicional em todos os casos permitidos pela legislação comum. Será a fiança concedida nos termos da legislação em vigor, devendo ser arbitrada dentro dos limites de Cr$ 5.000,00 (cinco mil cruzeiros) a Cr$ 50.000,00 (cinquenta mil cruzeiros), nas hipóteses do artigo 2º, e dentro dos limites de Cr$ 10.000,00 (dez mil cruzeiros) a Cr$ 100.000,00 (cem mil cruzeiros) nos demais casos, reduzida à metade dentro desses limites, quando o infrator for empregado do estabelecimento comercial ou industrial, ou não ocupe cargo ou posto de direção dos negócios. (*Redação dada pela Lei n. 3.290, de 1957.*)

Suspensão condicional da pena: vem prevista nos arts. 77 e s. do CP, seguindo as mesmas diretrizes lá estabelecidas.

Livramento condicional: vem previsto nos arts. 83 e s. do CP, seguindo também as mesmas diretrizes lá estabelecidas.

Fiança: segue a mesma sistemática estabelecida pelo Código de Processo Penal.

5. Interdição temporária de direitos e suspensão provisória

> Art. 6º Verificado qualquer crime contra a economia popular ou contra a saúde pública (Capítulo III do Título VIII do Código Penal) e atendendo à gravidade do fato, sua repercussão e efeitos, o juiz, na sentença, declarará a interdição de direito, determinada no art. 69, IV, do Código Penal, de 6 (seis) meses a 1 (um) ano, assim como, mediante representação da autoridade policial, poderá decretar, dentro de 48 (quarenta e oito) horas, a suspensão provisória, pelo prazo de 15 (quinze) dias, do exercício da profissão ou atividade do infrator.

Essas medidas não mais subsistem após a vigência da Lei n. 7.209/84: nova parte geral do Código Penal.

Interdição de direitos: vem prevista no art. 67 do Código Penal como modalidade de pena restritiva de direitos, tendo caráter substitutivo da sanção privativa de liberdade.

6. Recurso de ofício

> Art. 7º Os juízes recorrerão de ofício sempre que absolverem os acusados em processo por crime contra a economia popular ou contra a saúde pública, ou quando determinarem o arquivamento dos autos do respectivo inquérito policial.

Recurso de ofício: o recurso de ofício, também chamado de recurso anômalo ou duplo grau obrigatório, vem previsto em algumas situações, no processo penal, em que está o juiz obrigado a recorrer de suas próprias decisões, submetendo a questão a reanálise pelo Tribunal, ainda que nenhum dos legitimados tenha interesse em recorrer.

Crimes contra a economia popular: nos crimes contra a economia popular, o Ministério Público é o órgão legitimado a recorrer da sentença absolutória, já que a ação penal é pública incondicionada. Poderá o assistente de acusação, eventualmente, também recorrer da sentença absolutória. Entretanto, se nenhum dos legitimados tem interesse em recorrer, por que determinou o legislador o recurso de ofício? Argumentam alguns estudiosos da matéria que interesses maiores, da coletividade, estariam em jogo nos crimes contra a economia popular, fazendo com que a questão fosse necessariamente reanalisada pelo Tribunal, em caso de absolvição ou de arquivamento do inquérito policial, inobstante o conformismo do Ministério Público. Cremos, entretanto, que não mais se justifica tal recurso em face dos modernos postulados constitucionais, segundo os quais o juiz natural decide apoiado em seu soberano convencimento, aceitando os legitimados a decisão, que se torna, então, imutável. De todo modo, persiste a determinação legal, figurando as duas situações elencadas (absolvição e arquivamento do inquérito policial) como hipóteses de cabimento de recurso de ofício no processo penal.

7. Prova pericial

> Art. 8º Nos crimes contra a saúde pública, os exames periciais serão realizados, no Distrito Federal, pelas repartições da Secretaria-Geral da Saúde e Assistência e da Secretaria da Agricultura, Indústria e Comércio da Prefeitura ou pelo Gabinete de Exames Periciais do Departamento de Segurança Pública e nos Estados e Territórios pelos serviços congêneres, valendo qualquer dos laudos como corpo de delito.

Prova pericial: nos crimes contra a economia popular que violem a saúde pública, a perícia seguirá o regramento geral dos arts. 158 e s. do Código de Processo Penal, com as alterações instituídas pela Lei n. 11.690/2008.

8. Procedimento

> Art. 10. Terá forma sumária, nos termos do Capítulo V, Título II, Livro II, do Código de Processo Penal, o processo das contravenções e dos crimes contra a economia popular, não submetidos ao julgamento pelo júri.
>
> § 1º Os atos policiais (inquérito ou processo iniciado por portaria) deverão terminar no prazo de 10 (dez) dias.
>
> § 2º O prazo para oferecimento da denúncia será de 2 (dois) dias, esteja ou não o réu preso.
>
> § 3º A sentença do juiz será proferida dentro do prazo de 30 (trinta) dias contados do recebimento dos autos da autoridade policial (art. 536 do Código de Processo Penal).
>
> § 4º A retardação injustificada, pura e simples, dos prazos indicados nos parágrafos anteriores, importa em crime de prevaricação (art. 319 do Código Penal).
>
> Art. 11. No Distrito Federal, o processo das infrações penais relativas à economia popular caberá, indistintamente, a todas as varas criminais com exceção das 1ª e 20ª, observadas as disposições quanto aos crimes da competência do júri de que trata o art. 12.

Procedimento sumaríssimo: os crimes previstos nos arts. 2º e 4º da Lei de Economia Popular seguirão o rito sumaríssimo estabelecido pela Lei n. 9.099/95, de competência do Juizado Especial Criminal, por serem infrações penais de menor potencial ofensivo.

Procedimento comum ordinário: os crimes previstos no art. 3º da Lei seguirão o rito comum ordinário, estabelecido pelo art. 394 e s. do Código de Processo Penal, de acordo com a nova redação dada pela Lei n. 11.719/2008.

Júri da Economia Popular: *vide* comentários aos arts. 12 a 30.

Prazo para conclusão do inquérito policial: é de 10 dias, estando o indiciado preso ou solto.

Prazo para oferecimento da denúncia: é de 2 dias, estando o indiciado preso ou solto.

Prevaricação: determina o § 4º que o retardamento injustificado dos prazos indicados nos §§ 1º, 2º e 3º, pura e simplesmente, importará em crime de prevaricação, previsto no art. 319 do CP. Esse dispositivo contraria a própria essência do crime de prevaricação, em que o funcionário público retarda ato ofício *para satisfazer interesse ou sentimento pessoal*, o que inexiste no caso em tela. De todo modo, a indolência do funcionário público (delegado de polícia, promotor de justiça e juiz de direito etc.), por si só, irá caracterizar o delito de prevaricação, por expressa determinação legal.

9. Júri de economia popular

> Art. 12. São da competência do Júri os crimes previstos no art. 2º desta Lei.
>
> Art. 13. O Júri compõe de um juiz, que é o seu presidente, e de vinte jurados sorteados dentre os eleitores de cada zona eleitoral, de uma lista de cento e cinquenta a duzentos eleitores, cinco dos quais constituirão o conselho de sentença em cada sessão de julgamento.

Art. 14. A lista a que se refere o artigo anterior será semestralmente organizada pelo presidente do Júri, sob sua responsabilidade, entre pessoas de notória idoneidade, incluídos de preferência os chefes de família e as donas de casa.

Art. 15. Até o dia quinze de cada mês, far-se-á o sorteio dos jurados que devam constituir o tribunal do mês seguinte.

Art. 16. o Júri funcionará quando estiverem presentes, pelo menos quinze jurados.

Art. 17. O presidente do Júri fará as convocações para o julgamento com quarenta e oito horas de antecedência pelo menos, observada a ordem de recebimento dos processos.

Art. 18. Além dos casos de suspeição e impedimento previstos em Lei, não poderá servir jurado da mesma atividade profissional do acusado.

Art. 19. Poderá ser constituído um Júri em cada zona eleitoral.

Art. 20. A presidência do Júri caberá ao Juiz do processo, salvo quando a Lei de organização judiciária atribuir a presidência a outro.

Art. 21. No Distrito Federal, poderá o juiz presidente do Júri representar ao Tribunal de Justiça para que seja substituído na presidência do Júri por Juiz substituto ou Juízes substitutos, nos termos do art. 20 da Lei n. 1.301, de 28 de dezembro de 1950. Servirá no Júri o Promotor Público que for designado.

Art. 22. O Júri poderá funcionar com pessoal, material e instalações destinados aos serviços eleitorais.

Art. 23. Nos processos da competência do Júri far-se-á a instrução contraditória, observado o disposto no Código de Processo Penal, relativamente ao processo comum (Livro II, Título I, Capítulo I) com as seguintes modificações:

I – O número de testemunhas, tanto para a acusação como para a defesa, será de seis no máximo.

II – Serão ouvidas as testemunhas de acusação e de defesa, dentro do prazo de quinze dias se o réu estiver preso, e de vinte quando solto.

III – Havendo acordo entre o Ministério Público e o réu, por seu defensor, mediante termo lavrado nos autos, será dispensada a inquirição das testemunhas arroladas pelas partes e cujos depoimentos constem do inquérito policial.

IV – Ouvidas as testemunhas e realizada qualquer diligência porventura requerida, o Juiz, depois de sanadas as nulidades e irregularidades e determinar ou realizar qualquer outra diligência, que entender conveniente, ouvirá, nos autos, sucessivamente, por quarenta e oito horas, o órgão do Ministério Público e o defensor.

V – Em seguida, o Juiz poderá absolver, desde logo, o acusado, quando estiver provado que ele não praticou o crime, fundamentando a sentença e recorrendo *ex officio*.

VI – Se o Juiz assim não proceder, sem manifestar, entretanto, sua opinião, determinará a remessa do processo ao presidente do Júri ou que se faça a inclusão do processo na pauta do julgamento se lhe couber a presidência.

VII – São dispensadas a pronúncia e a formação de libelo.

Art. 24. O órgão do Ministério Público, o réu e o seu defensor, serão intimados do dia designado para o julgamento. Será julgado à revelia o réu solto que deixar de comparecer sem justa causa.

Art. 25. Poderão ser ouvidas em plenário as testemunhas da instrução que, previamente, e com quarenta e oito horas de antecedência, forem indicadas pelo Ministério Público ou pelo acusado.

Art. 26. Em plenário, constituído o conselho de sentença, o Juiz tomará aos jurados o juramento de bem e sinceramente decidirem a causa, proferindo o voto a bem da verdade e da justiça.

Art. 27. Qualificado a réu e sendo-lhe permitida qualquer declaração a bem da defesa, observada as formalidades processuais, aplicáveis e constantes da Seção IV do Capítulo II do Livro II, Título I do Código de Processo Penal, o juiz abrirá os debates, dando a palavra ao órgão do Ministério Público e ao assistente, se houver, para dedução da acusação e ao defensor para produzir a defesa.

Art. 28. O tempo, destinado à acusação e à defesa será de uma hora para cada uma. Havendo mais de um réu, o tempo será elevado ao dobro, desde que assim seja requerido. Não haverá réplica nem tréplica.

Art. 29. No julgamento que se realizará em sala secreta com a presença do Juiz, do escrivão e de um oficial de Justiça, bem como dos acusadores e dos defensores que se conservarão em seus lugares sem intervir na votação, os jurados depositarão na urna a resposta – sim ou não – ao quesito único indagando se o réu praticou o crime que lhe foi imputado.

Parágrafo único. Em seguida, o Juiz, no caso de condenação, lavrará sentença tendo em vista as circunstâncias atenuantes ou agravantes existentes nos autos e levando em conta na aplicação da pena o disposto nos arts. 42 e 43 do Código Penal.

Art. 30. Das decisões do Júri, e nos termos da legislação em vigor, cabe apelação, sem efeito suspensivo, em qualquer caso.

Dispositivos revogados: o Tribunal do Júri instituído para processar e julgar os crimes contra a economia popular (arts. 12 a 30 desta Lei) foi extinto pela Emenda Constitucional n. 1, de 1969, quando, em seu art. 153, § 18, manteve a instituição do júri, com competência para o julgamento dos crimes dolosos contra a vida, excluindo, portanto, o julgamento dos crimes contra a economia popular.

Art. 31. Em tudo mais que couber e não contrariar esta Lei aplicar-se-á o Código de Processo Penal.

Art. 32. É o Poder Executivo autorizado a abrir ao Poder Judiciário o crédito especial de Cr$ 2.000.000,00 (dois milhões de cruzeiros) para ocorrer, Vetado, às despesas do pessoal e material necessários à execução desta Lei no Distrito Federal e nos Territórios.

Art. 33. Esta Lei entrará em vigor sessenta dias depois de sua publicação, aplicando-se aos processos iniciados na sua vigência.

Art. 34. Revogam-se as disposições em contrário.

19 Estatuto do Índio
Lei n. 6.001/73

1. A situação jurídica do índio no Brasil

No Brasil, o diploma que rege a situação jurídica do índio é a Lei n. 6.001/73, denominada Estatuto do Índio. Tem a lei o propósito de preservar a cultura dos índios, integrando-os, progressiva e harmoniosamente, à comunhão nacional.

Dispõe, inclusive, o art. 1º, parágrafo único do Estatuto do Índio, que aos índios e às comunidades indígenas se estende a proteção das leis do País, nos mesmos termos em que se aplicam aos demais brasileiros, resguardados os usos, costumes e tradições indígenas, bem como as condições peculiares reconhecidas nesta Lei.

Para os efeitos do referido estatuto, considera-se índio ou silvícola todo indivíduo de origem e ascendência pré-colombiana que se identifica e é identificado como pertencente a um grupo étnico cujas características culturais o distinguem da sociedade nacional.

Os índios são classificados em *isolados,* quando vivem em grupos desconhecidos ou de que se possuem poucos e vagos informes por meio de contatos eventuais com elementos da comunhão nacional; *em vias de integração,* quando, em contato intermitente ou permanente com grupos estranhos, conservam menor ou maior parte das condições de sua vida nativa, mas aceitam algumas práticas e modos de existência comuns aos demais setores da comunhão nacional, da qual vão necessitando cada vez mais para o próprio sustento; e *integrados,* quando incorporados à comunhão nacional e reconhecidos no pleno exercício dos direitos civis, ainda que conservem usos, costumes e tradições característicos da sua cultura.

No âmbito constitucional, o art. 231 dispõe que são reconhecidos aos índios sua organização social, costumes, línguas, crenças e tradições, e os direitos originários sobre as terras que tradicionalmente ocupam, competindo à União demarcá-las, proteger e fazer respeitar todos os seus bens.

2. Das normas penais

Art. 56. No caso de condenação de índio por infração penal, a pena deverá ser atenuada e na sua aplicação o Juiz atenderá também ao grau de integração do silvícola.

Parágrafo único. As penas de reclusão e de detenção serão cumpridas, se possível, em regime especial de semiliberdade, no local de funcionamento do órgão federal de assistência aos índios mais próximos da habitação do condenado.

Tratamento constitucional do índio: A Constituição Federal reconhece a organização social, costumes, línguas, crenças e tradições, e os direitos originários sobre as terras que tradicionalmente os índios ocupam (art. 231).

Integração do índio: de acordo com o art. 4º do estatuto, são considerados isolados os índios que vivem em grupos desconhecidos ou de que se possuem poucos e vagos informes por meio de contatos eventuais com elementos da comunhão nacional; são considerados em vias de integração os índios que, em contato intermitente ou permanente com grupos estranhos, conservam menor ou maior parte das condições de sua vida nativa, mas aceitam algumas práticas e modos de existência comuns aos demais setores da comunhão nacional, da qual vão necessitando cada vez mais para o próprio sustento; são considerados integrados os índios que são incorporados à comunhão nacional e reconhecidos no pleno exercício dos direitos civis, ainda que conservem usos, costumes e tradições característicos da sua cultura.

Pena atenuada: a atenuante prevista no artigo em comento somente será aplicada se o índio for considerado isolado ou em vias de integração. Um índio integrado não terá a sua pena atenuada.

Natureza do crime cometido: se o índio for considerado isolado ou em vias de integração, não importa a natureza do crime que cometeu. Por mais grave que seja a infração cometida, ele cumprirá pena em regime especial de semiliberdade.

Concurso de circunstâncias atenuantes e agravantes: se o crime cometido tiver a incidência de uma agravante, esta deverá ser confrontada com a atenuante prevista neste artigo, nos termos do art. 67 do CP.

> Art. 57. Será tolerada a aplicação, pelos grupos tribais, de acordo com as instituições próprias, de sanções penais ou disciplinares contra os seus membros, desde que não revistam caráter cruel ou infamante, proibida em qualquer caso a pena de morte.

Tolerância com exceções: partindo da premissa de que a CF reconhece a organização social, costumes, línguas, crenças e tradições, temos a tolerância na aplicação, pelos grupos tribais, de sanções penais ou disciplinares contra seus membros. Contudo, não se pode deixar que estas sanções penais ou disciplinares ultrapassem os limites das garantias individuais, não sendo permitidas, portanto, punições de caráter cruel ou infamante, ou pena de morte.

3. Dos crimes contra os índios

> Art. 58. Constituem crimes contra os índios e a cultura indígena:
>
> I – escarnecer de cerimônia, rito, uso, costume ou tradição culturais indígenas, vilipendiá-los ou perturbar, de qualquer modo, a sua prática. Pena – detenção de um a três meses;
>
> II – utilizar o índio ou comunidade indígena como objeto de propaganda turística ou de exibição para fins lucrativos. Pena – detenção de dois a seis meses;
>
> III – propiciar, por qualquer meio, a aquisição, o uso e a disseminação de bebidas alcoólicas, nos grupos tribais ou entre índios não integrados. Pena – detenção de seis meses a dois anos.
>
> Parágrafo único. As penas estatuídas neste artigo são agravadas de um terço, quando o crime for praticado por funcionário ou empregado do órgão de assistência ao índio.

Sujeito ativo: qualquer pessoa, em razão de ser um crime comum.

Sujeito passivo: é o índio isolado ou em vias de integração. Um índio integrado não pode ser sujeito passivo destes crimes.

Conduta: vem expressa pelos verbos *escarnecer* (zombar, ridicularizar), *vilipendiar* (tratar como vil, desrespeitar), *perturbar* (atrapalhar, molestar), *utilizar* (empregar, fazer uso) e *propiciar* (possibilitar, favorecer, criar condições).

Objeto material: No caso do inciso I, é a cerimônia, o rito, o uso, a tradição e os costumes indígenas. No caso do inciso II, é o próprio índio e sua comunidade. No caso do inciso III, é o índio não integrado e sua comunidade.

Objeto jurídico: em todos os casos é preservação da cultura indígena.

Elemento subjetivo: é o dolo. No caso do inciso I, é necessário o elemento subjetivo específico consistente na vontade de menosprezar a cultura indígena. No caso do inciso II, é necessário o elemento subjetivo específico consistente na finalidade de lucro. No caso do inciso III, requer-se apenas o dolo genérico. Em todos os casos não é punida a forma culposa por falta de previsão legal.

Juizado Especial Criminal: em razão de ser um crime de menor potencial ofensivo, nos termos da Lei n. 9.099/95, é cabível a aplicação desta lei.

> Art. 59. No caso de crime contra a pessoa, o patrimônio ou os costumes, em que o ofendido seja índio não integrado ou comunidade indígena, a pena será agravada de um terço.

Causa de aumento de pena: sempre que um índio não integrado ou uma comunidade indígena forem sujeitos passivos de crime contra a pessoa, o patrimônio ou os costumes, a pena deverá ser aumentada de um terço. Este aumento é realizado na terceira fase do critério trifásico da aplicação da pena.

20 Execução Penal
Lei n. 7.210/84

1. Noções gerais sobre execução penal

1.1. Conceito de execução penal

Com a sentença transitada em julgado, o processo passa da fase de conhecimento para a de execução, tornando-se a sentença título executivo judicial. É neste momento que o teor da sentença é cumprido e a pena privativa de liberdade, a restritiva de direitos ou a pecuniária são executadas.

Há dispensa da citação, posto que o condenado já tem conhecimento da ação penal que em face dele foi ajuizada e, quando intimado da sentença condenatória, exerceu o direito de recorrer do teor desta.

Nas condenações a pena de multa, o início do cumprimento da pena é deixado a cargo do condenado, conforme o disposto no art. 50 do Código Penal: "A multa deve ser paga dentro de 10 (dez) dias depois de transitada a sentença". Caso o condenado não o faça, embora intimado pelo próprio juízo da condenação, aplicar-se-á o disposto no art. 164 da Lei de Execução Penal.

O processo de execução comporta particularidades especiais, como, por exemplo, ter seu início, via de regra, determinado pelo juiz, e o seu cumprimento se dá sob a tutela do Estado. Por essa razão se fala que é na fase de execução que o Estado efetivamente exerce a sua pretensão punitiva, vale dizer, executa a pena fixada ao condenado.

1.2. Finalidade da Lei de Execução Penal quanto às penas e às medidas de segurança

O direito de punir é monopólio do Estado e quando este o exerce, tem por objetivo castigar o agente criminoso, inibir o surgimento de outros crimes, demonstrando a certeza de punição, oferecer certeza à coletividade da busca por justiça e reeducar, readaptar o condenado, socialmente.

Já na execução das medidas de segurança, busca o Estado a prevenção do surgimento de outros crimes e a cura do internado inimputável ou semi-imputável, que apresenta periculosidade.

Tendo em vista estas orientações, a Lei n. 7.210/84 (Lei de Execução Penal) dispõe em seu art. 1º: "A execução penal tem por objetivo efetivar as disposições de sentença ou decisão criminal e proporcionar condições para a harmônica integração social do condenado e do internado".

1.3. Natureza jurídica da execução penal

A questão da natureza jurídica da execução penal não é pacífica. Por vezes, é considerada por parte da doutrina como jurisdicional e, por outra parcela, puramente administrativa.

Isso ocorre porque na execução penal estão presentes preceitos do Direito Penal, tratando-se das sanções e da pretensão punitiva do Estado, do Direito Processual Penal, quanto ao procedimento executório, e do Direito Administrativo, em relação às providências no âmbito penitenciário.

Para a primeira corrente (jurisdicional), a fase executória tem o acompanhamento do Poder Judiciário em toda a sua extensão, sendo garantida, desta forma, a observância dos princípios constitucionais do contraditório e da ampla defesa.

Já para a segunda corrente (administrativa), a execução penal tem caráter administrativo, não incidindo, portanto, os princípios atinentes ao processo judicial.

Ocorre que, no Brasil, a fase de execução é, em sua maior parte, jurisdicional, visto que, mesmo em momentos administrativos, é garantido, em tempo integral, o acesso ao Poder Judiciário e a todas as garantias que lhe são inerentes, como acontece quando o juiz, ao decidir acerca de benefícios, deve ouvir as partes.

Ocorre uma combinação entre as fases administrativa e jurisdicional, dando um caráter misto à execução penal.

Há quem sustente, entretanto, a desjurisdicionalização da execução penal como forma de imprimir celeridade ao processo, evitando a burocracia jurisdicional e agilizando a concessão de benefícios e a solução de incidentes.

1.4. Autonomia do Direito de Execução Penal ou Direito Penitenciário

Conforme disposto na exposição de motivos da Lei de Execução Penal, é o Direito de Execução Penal o ramo que trata da execução da pena e atribui aplicabilidade ao direito subjetivo estatal de punir.

Isto se dá porque a nomenclatura "Direito Penitenciário" é considerada insuficiente, uma vez que a Lei de Execução Penal cuida de assuntos que vão além da vida carcerária dos condenados às penas privativas de liberdade, já que temas como liberdade condicional e anistia estão abarcados pelo precitado diploma legal.

Portanto, o Direito Penitenciário pode ser considerado como parte do Direito de Execução Penal, posto que se limita a tratar de questões pertinentes à esfera carcerária.

Não obstante, entretanto, o Direito de Execução Penal ter ligação com o Direito Penal e com o Direito Processual Penal, constitui disciplina autônoma, com princípios próprios a ela inerentes.

1.5. Humanização da execução penal

A humanização da execução penal consiste na garantia, dada ao condenado, de que terá sua integridade física e moral preservada, em obediência ao princípio da dignidade humana erigido à categoria de dogma constitucional, além da garantia de preservação dos direitos não atingidos pela sentença.

Tais disposições deitam raízes no art. 5º, XVLII, da CF, que proíbe as penas de morte, de caráter perpétuo, de trabalhos forçados, de banimento e cruéis, além de assegurar, no inciso XLVIII, o respeito à integridade física e moral do preso. Além disso, o art. 38 do Código Penal preceitua que o preso conserva todos os direitos não atingidos pela perda da liberdade, impondo-se a todas as autoridades o respeito à sua integridade física e moral, enquanto o art. 40 da Lei de Execução Penal impõe a todas as autoridades o respeito à integridade física e moral dos condenados e dos presos provisórios.

1.6. Garantias processuais

Como expressão de um Estado Democrático de Direito, na execução da pena devem ser observadas todas as garantias constitucionais incidentes no Direito Penal e no Direito Processual Penal, com vistas a assegurar o respeito aos direitos individuais do preso.

Portanto, devem ser assegurados aos condenados, na fase de execução penal, os direitos à ampla defesa, ao contraditório, ao duplo grau de jurisdição, enquanto desdobramentos do devido processo legal, à individualização e humanização da pena, à retroatividade de lei mais benéfica, aos princípios da anterioridade e da legalidade.

1.7. A relação jurídica na execução penal

A relação jurídica na execução penal é constituída dos direitos e deveres dos condenados para com a Administração e vice-versa.

Assim, o condenado continua a fazer uso de seus direitos, não suprimidos pela sentença judicial transitada em julgado, e a Administração assume deveres para a garantia destes.

A relação jurídica na execução penal se inicia com a sentença transitada em julgado e termina com o cumprimento da pena ou o surgimento de alguma causa extintiva da punibilidade.

1.8. Competência

A competência do juiz das execuções inicia-se com o trânsito em julgado da sentença condenatória e vem determinada conforme as leis de Organização Judiciária de cada Estado.

Nesse sentido o disposto no art. 65 da Lei n. 7.210/84 (Lei de Execução Penal):

> Art. 65. A execução penal competirá ao juiz indicado na lei local de organização judiciária e, na sua ausência, ao da sentença.

O juiz será, em regra, o especializado, exceto em se tratando de Vara Única, situação na qual poderá ser o próprio juiz que emitiu a sentença.

A determinação das comarcas competentes varia conforme prescrições constantes do Código de Processo Penal.

Assim, aos condenados a penas privativas de liberdade, em regra, a comarca competente é aquela correspondente ao local em que estiver preso.

Dessa forma, mesmo que o agente tiver sido condenado pela Justiça Federal, se estiver preso em cárcere estadual, o juízo competente para a execução será o do local em que se encontrar custodiado, conforme entendimento dos Tribunais superiores.

Inclusive, a respeito, a Súmula 192 do STJ, que dispõe: "Compete ao Juízo das Execuções Penais do Estado a execução das penas impostas a sentenciados pela Justiça Federal, Militar ou Eleitoral, quando recolhidos a estabelecimentos sujeitos à administração estadual".

Portanto, a mesma regra se aplica às demais justiças especializadas, como a Justiça Militar e a Eleitoral.

Se o condenado por crime eleitoral ou militar estiver cumprindo a pena em cárcere subordinado à jurisdição comum, a execução deve reger-se pelas mesmas regras que disciplinam atividade dos outros sentenciados.

Nesse sentido:

"Conflito de competência. Juízos militar e comum de execuções criminais. Cumprimento de condições impostas no *sursis*. Militar julgado pelo Juízo militar, já sendo civil à época do julgamento. Competência do Juízo comum. Conforme reiterada jurisprudência da corte, os condenados pela Justiça Militar, quando recolhidos a estabelecimento penal sujeito à administração estadual terão suas penas executadas pelo Juízo de execução comum estadual" (STJ – CComp. 18.076/TJPR (19960051455-0) – publicado em 28-4-1997 – Rel. Min. José Arnaldo da Fonseca).

Entretanto, já se entendeu que, se o condenado pela Justiça Militar estiver recolhido a estabelecimento prisional a ela subordinado, não se aplicam as normas da Lei de Execução Penal.

A propósito:

"Conflito de competência. Execução penal. Justiça Militar. Justiça comum. Incidente. Lei 9.299/96. 1 – Compete à Justiça Militar, na qualidade de Juízo da execução, apreciar os pedidos de indulto, progressão de regime e remição, na hipótese em que o réu foi por ela condenado e cumpre pena em estabelecimento a esta subordinado" (STJ – CComp. 19.119/TJRS (1997/0003078-4) – publicado em 12-8-1997 – Rel. Min. Fernando Gonçalves).

"Recurso de *habeas corpus*. Paciente condenado pela Justiça Militar. Pena a ser cumprida em quartel da corporação. Cumprimento do restante da pena em regime aberto. Improvimento. Não sendo o quartel da polícia militar, onde ficou determinado fosse cumprida a pena de condenado pela Justiça Militar, estabelecimento sujeito a jurisdição ordinária, não há se falar em aplicação da Lei de Execução Penal nem, consequentemente, estender-se o benefício da prisão albergue a tais casos. Recurso improvido" (STJ – Rec. Ord. em HC 2.757/TJRN (1993/0013108-7) – publicado em 30-8-1993 – Rel. Min. Cid Flaquer Scartezzini).

Aos condenados que tenham a execução da pena suspensa (*sursis*) e aos condenados a pena restritiva de direitos, o foro competente para a execução é o da comarca correspondente ao domicílio deles.

Já para a execução da pena de multa, o foro competente é o da comarca em que tramitou o processo de conhecimento.

Aos condenados com foro privilegiado, será competente para execução da pena o Tribunal que os julgou.

2. Princípios da execução penal

2.1. Princípio da legalidade

O princípio da legalidade consiste na garantia constitucional, prevista no art. 5º, II, segundo a qual: "Ninguém será obrigado a fazer ou deixar de fazer alguma coisa senão em virtude de lei".

Esse postulado incide na fase de execução penal como forma de não submeter à fase de cumprimento da pena ao arbítrio e a parcialidade dos membros da Administração Pública, fazendo com que sejam observados os deveres e direitos dos condenados, em conformidade com as previsões constantes das leis e dos regulamentos.

O princípio da legalidade se faz presente em toda a fase de execução, como se pode depreender da exposição de motivos da Lei de Execução Penal quando dispõe: "domina o corpo e o espírito da lei, de forma a impedir que o excesso ou o desvio da execução comprometam a dignidade e a humanidade do Direito Penal".

2.2. Princípio da isonomia

Conforme disposto no art. 3º da Lei de Execução Penal, são vedadas quaisquer discriminações entre os condenados, devendo ser dispensados a eles tratamentos iguais e desiguais na medida de suas desigualdades.

2.3. Princípio da personalização da pena

O princípio da personalização da pena é corolário do princípio da individualização da pena, princípio este agasalhado pela Constituição Federal, conforme disposto no art. 5º, XLVI, com vistas a individualizar o tratamento reeducativo dos condenados, tendo como elemento classificador as características particulares de cada qual, tais como o histórico, os antecedentes e a personalidade, de modo a propiciar a adequação dos tratamentos dispensados aos apenados.

2.3.1. Classificação dos condenados e individualização da pena

A individualização da pena pode se dar:

a) na fase legislativa, quando o legislador estabelece qual a pena cominada a cada tipo penal por lei definido;

b) na fase judicial, situação em que o juiz aplica a lei com discrição, utilizando na dosimetria os parâmetros legalmente estabelecidos; e

c) na fase executória, quando há o cumprimento da pena e a aplicação de atos judiciais e administrativos, atendendo às peculiaridades de cada caso.

É no momento da execução da sentença que a individualização da pena se torna mais efetiva, posto que os condenados não são iguais e não podem se sujeitar a um mesmo programa padronizado, que ignore as peculiaridades de cada um.

A individualização da pena, portanto, e a classificação dos condenados, devem ser definidas com fundamento em critérios técnicos e científicos, a fim de que haja o ajustamento da execução a cada condenado, evitando-se, assim, a massificação da aplicação de pena.

Nesse sentido, prescreve o art. 5º da Lei de Execução Penal: "Os condenados serão classificados, segundo os seus antecedentes e personalidade, para orientar a individualização da execução penal".

Assim, a cada condenado será dispensado tratamento penitenciário adequado, levando-se em conta, dentre outros fatores, a personalidade, os antecedentes, o crime cometido por cada condenado etc. Inclusive, o art. 84, § 3º, da Lei n. 7.210/84, com a redação que lhe foi dada pela Lei n. 13.167/2015, determina a separação dos presos condenados de acordo com os seguintes critérios: a) condenados pela prática de crimes hediondos ou equiparados; b) reincidentes condenados pela prática de crimes cometidos com violência ou grave ameaça à pessoa; c) primários condenados pela prática de crimes cometidos com violência ou grave ameaça à pessoa; d) demais condenados pela prática de outros crimes ou contravenções em situação diversa das previstas nos incisos I, II e III.

2.3.2. Comissão técnica de classificação

Para o delineamento das classificações dos condenados, existe a previsão normativa da existência de Centros de Observação em cada Estado federativo, anexos ou autônomos ao estabelecimento prisional, onde são realizados os exames gerais e criminológicos.

Tais exames têm como finalidade a investigação médica, psicológica e social. A personalidade do condenado é avaliada tendo em vista o delito por ele praticado para que sejam definidas a dinâmica criminal, as respectivas medidas recuperadoras e a análise da possibilidade de delinquir.

Parte da doutrina defende que o precitado exame deva ser realizado antes da condenação e da aplicação da pena, entretanto, a posição adotada pelo legislador, expressa na Lei de Execução Penal, encontra-se em polo oposto, uma vez que a possibilidade da realização do exame criminológico está restrita aos condenados definitivamente, ou seja, àqueles que já tenham a sua situação definida, em obediência ao princípio da presunção de inocência.

Efetuado o exame acima mencionado, o respectivo resultado deve ser encaminhado às chamadas Comissões Técnicas de Classificação, existentes em cada estabelecimento prisional nos quais os condenados cumprirão as respectivas penas. Compete às Comissões Técnicas de Classificação elaborar os programas de individualização e acompanhar a execução das penas.

As ditas comissões serão presididas pelo diretor e compostas, no mínimo, por dois chefes de serviço, além de um psiquiatra, um psicólogo e um assistente social, em se tratando de condenados a pena privativa de liberdade. Nos demais casos, as comissões atuarão perante o Juízo da Execução e serão integradas por fiscais do Serviço Social.

A função dessas comissões consiste em definir o perfil dos condenados, para que o estabelecimento penitenciário lhe possa atribuir o local e o trabalho adequado à sua situação pessoal.

Não sendo obrigatória a existência dos chamados Centros de Observação, permite a Lei de Execução Penal que as Comissões Técnicas de Classificação realizem os exames criminológicos.

As Comissões Técnicas de Classificação continuam a atuar no auxílio ao juiz, na concessão de benefícios aos condenados, tais como, progressão de regime, livramento condicional, indulto etc.

2.3.3. Ausência de laudo psiquiátrico em exame criminológico

Muito se tem discutido, em sede de execução penal, sobre a necessidade de elaboração de exame criminológico no sentenciado como ferramenta à disposição do magistrado para a análise dos requisitos necessários para a obtenção de diversos benefícios durante o cumprimento de pena. Com a vigência da Lei n. 14.843/2024, que deu nova redação ao § 1º do art. 112 da Lei de Execução Penal, foi reinserido o exame criminológico como um dos requisitos obrigatórios para a progressão de regime de cumprimento de pena.

Tem se discutido, ainda, se o exame criminológico vincularia a decisão do magistrado e, inclusive, se o referido exame poderia ser elaborado apenas por psicólogos, sem a participação de médico psiquiatra. Alguns sustentam, inclusive, que o exame criminológico somente poderia ser feito por psiquiatras, que teriam melhores condições de aferir a viabilidade subjetiva de concessão de benefícios ao condenado em sede de execução penal.

Uma das modalidades de exame criminológico vem referida na Lei n. 7.210/84 – Lei de Execução Penal, que, em seu art. 8º, dispõe que "o condenado ao cumprimento de pena privativa de liberdade, em regime fechado, será submetido a exame criminológico para a obtenção dos elementos necessários a uma adequada classificação e com vistas à individualização da execução". Esse é o chamado Exame Criminológico de Classificação.

A partir da sistemática instituída pela Lei de Execução Penal, visando o atendimento do direito constitucional à individualização da pena (art. 5º, XLVI, CF) e lastreada no paradigma ressocializatório, os condenados devem ser classificados, segundo os seus antecedentes e personalidade, para orientar a individualização da execução penal.

Essa classificação deve ser feita por Comissão Técnica de Classificação, incumbida de elaborar o programa individualizador da pena privativa de liberdade adequada ao condenado ou preso provisório, conforme mencionado no item anterior.

Outra referência ao exame criminológico é feita atualmente no § 1º do art. 112 da Lei de Execução Penal, estabelecendo que o apenado somente terá direito à progressão de regime se ostentar boa conduta carcerária, comprovada pelo diretor do estabelecimento, e pelos resultados do exame criminológico, respeitadas as normas que vedam a progressão.

Assim, do ponto de vista estritamente legal, para a progressão de regime prisional, de acordo com a atual redação do art. 112, deve ter o condenado cumprido o lapso temporal correspondente e ostentar boa conduta carcerária, comprovada pelo diretor do estabelecimento, e pelos resultados do exame criminológico.

Vale mencionar, entretanto, a resistência de parcela significativa dos psicólogos em realizar o Exame Criminológico nos condenados, bastando, para tanto, verificar toda a polêmica que envolveu a edição e posterior suspensão, inclusive por decisão judicial, das Resoluções n. 9/2010 e 12/2011 do Conselho Federal de Psicologia.

Nesse sentido, como bem pontuam Jefferson Cruz Reishoffer e Pedro Paulo Gastalho de Bicalho, em primoroso trabalho intitulado Exame criminológico e psicologia: crise e manutenção da disciplina carcerária (*Revista de Psicologia*, v. 29, n. 1, p. 34-44, jan.-abr. 2017), "Os magistrados, no exato momento em que solicitam a realização de um exame criminológico com intenção de obter subsídios para suas decisões, ou depositam uma crença hipócrita na eficácia da prisão como instrumento de ressocialização ou apostam em seu total fracasso e inutilidade aguardando que o sujeito tenha se regenerado a despeito das condições impostas pelo Estado. Ao juiz importa estar amparado por alguma técnica ou ciência específica que possa assegurar que o preso realmente 'ressocializou-se', que as situações que o levaram a delinquir foram circunstâncias ou que sua personalidade possa ter sido modificada com a experiência do cárcere (pela reflexão, pelo sofrimento, pela intimidação, pela disciplina – e, quem sabe, pelas práticas de tortura). Bem como, no caso de um parecer negativo, que estejam comprovadas por um olhar especializado que o sentenciado não apresentou o mérito de progredir para um regime mais brando, seja por atos de indisciplina institucional, seja por seus antecedentes de reincidência, seja pela manutenção de certo *status* criminoso ou por sua suposta periculosidade".

Mas o questionamento primordial, que é o ponto de análise central do presente artigo, diz respeito à validade do exame criminológico elaborado apenas por psicólogos, havendo inúmeras decisões de tribunais do País infirmado a validade de exames feitos sem a participação de um médico psiquiatra.

O Superior Tribunal de Justiça, em diversos precedentes, pacificou a questão, entendendo ser plenamente válido o exame criminológico elaborado apenas por psicólogos, inexistindo qualquer vício pela ausência de médico psiquiatra na elaboração do laudo.

A propósito, no AgRg no HC 440208, relator Min. Reynaldo Soares da Fonseca, Quinta Turma, publicado no *DJe* em 11 de outubro de 2018, assim ficou decidido: "é cediço nesta Corte Superior de Justiça a possibilidade de que psicólogo nomeado pelo Juízo ateste a ausência do requisito subjetivo do reeducando, pois o exame criminológico é dispensável e, quando elaborado, ainda que por referido profissional, representa um elemento no conjunto probatório apto a formar a convicção do Juízo. Portanto inexiste qualquer vício pela ausência de médico psiquiatra a atestar o exame criminológico".

Também no AgRg no HC 451804, relator Min. Nefi Cordeiro, Sexta Turma, publicado no *DJe* em 25 de setembro de 2018, foi decidido que "a elaboração do laudo criminológico por psiquiatra, psicólogo ou assistente psicossocial não traz qualquer mácula ou ilegalidade à decisão que indeferiu a progressão de regime com base em tal documento, mormente porque qualquer destes profissionais está habilitado a realizar perícia técnica compatível com o que se busca saber para a concessão do benefício de progressão de regime".

No mesmo diapasão a decisão proferida no HC 429590/MS, relator Min. Ribeiro Dantas, Quinta Turma, publicado no *DJe* em 23 de junho de 2018, no sentido de que "é cediço nesta Corte Superior de Justiça a possibilidade de que psicólogo nomeado pelo Juízo ateste a ausência do requisito subjetivo do reeducando, pois o exame criminológico é dispensável e, quando elaborado, ainda que por psicólogo, representa um elemento do conjunto probatório apto a formar a convicção do Juízo. Portanto inexiste qualquer vício pela ausência de médico psiquiatra a atestar o exame criminológico".

Portanto, em conclusão, é plenamente válido o exame criminológico elaborado apenas por psicólogos, tendo o Superior Tribunal de Justiça entendido que a ausência de laudo psiquiátrico em exame criminológico não é causa de nulidade da perícia e da decisão que indeferiu benefício em sede de execução, sendo o bastante para subsidiar a decisão do juiz singular quanto ao mérito do sentenciado as avaliações psicológicas e os laudos de assistente social porventura existentes, que também são consideradas perícias oficiais. Exige-se, entretanto, que a manifestação do juiz de execução esteja devidamente fundamentada em elementos concretos constantes dos autos.

2.3.4. Identificação do perfil genético

O art. 9º-A, em sua redação originária dada pela Lei n. 12.654/2012, estabelecia que os condenados por crime praticado, dolosamente, com violência de natureza grave contra pessoa, ou por qualquer dos crimes previstos no art. 1º da Lei n. 8.072/90, seriam submetidos, obrigatoriamente, à identificação do perfil genético, mediante extração de DNA – ácido desoxirribonucleico, por técnica adequada e indolor.

Posteriormente, a Lei n. 13.964/2019 (Lei Anticrime), deu nova redação ao *caput* do referido art. 9º-A, estabelecendo que "o condenado por crime doloso praticado com violência grave contra a pessoa, bem como por crime contra a vida, contra a liberdade sexual ou por crime sexual contra vulnerável, será submetido, obrigatoriamente, à identificação do perfil genético, mediante extração de DNA (ácido desoxirribonucleico), por técnica adequada e indolor, por ocasião do ingresso no estabelecimento prisional". Este dispositivo, entretanto, foi vetado originariamente pelo Presidente da República. Na ocasião, foram as seguintes as razões do veto:

"A proposta legislativa, ao alterar o *caput* do art. 9º-A, suprimindo a menção expressa aos crimes hediondos, previstos na Lei n. 8.072, de 1990, em substituição somente a tipos penais específicos, contraria o interesse público, tendo em vista que a redação acaba por excluir alguns crimes hediondos considerados de alto potencial ofensivo, a exemplo do crime de genocídio e o de posse ou porte ilegal de arma de fogo de uso restrito, além daqueles que serão incluídos no rol de crimes hediondos com a sanção da presente proposta, tais como os crimes de comércio ilegal de armas, de tráfico internacional de arma e de organização criminosa".

Posteriormente, o veto foi rejeitado pelo Congresso Nacional, o mesmo ocorrendo com os §§ 5º, 6º e 7º, que igualmente haviam sido originariamente vetados.

De acordo com o § 1º-A, acrescentado pela Lei n. 13.964/2019 (Lei Anticrime), a regulamentação deverá fazer constar garantias mínimas de proteção de dados genéticos, observando as melhores práticas da genética forense.

Estabeleceu o dispositivo, ainda, que a autoridade policial, federal ou estadual, poderá requerer ao juiz competente, no caso de inquérito instaurado, o acesso ao banco de dados de identificação de perfil genético. O tema, evidentemente, é polêmico, dada a possibilidade de o condenado se negar a fornecer o material biológico para a obtenção de seu perfil genético. Como deverá proceder a autoridade neste caso? Poderá haver a extração forçada do material biológico? Em atenção ao consagrado princípio do *nemo tenetur se detegere*, ninguém está obrigado a produzir prova contra si mesmo, previsão constante da Convenção Americana de Direitos Humanos, que, em seu art. 8º, II, *g*, estabelece que toda pessoa acusada de um delito tem o direito de não ser obrigada a depor contra si mesma, nem a confessar-se culpada, o que pode ser estendido para a colaboração com a colheita de provas que possam incriminá-la.

O Superior Tribunal de Justiça, entretanto, vem entendendo que não há ofensa ao princípio da não autoincriminação: "A determinação do art. 9º-A da Lei de Execução Penal não constitui violação do princípio da vedação à autoincriminação compulsória (*nemo tenetur se detegere*). Trata-se de procedimento de individualização e identificação possível graças ao avanço da técnica e que pode ser utilizado como elemento de prova para elucidação de crimes futuros. Não vislumbro flagrante ilegalidade na determinação de fornecimento do perfil genético do paciente, condenado por delito descrito no art. 217-A do Código Penal, nos termos do art. 9º-A da Lei de Execução Penal, constituindo falta grave a recusa, nos termos dos arts. 9-A, § 8º, e 50, VIII, do referido marco legal" (HC 879757/GO – Rel. Min. Sebastião Reis Júnior – 6ªT. – *DJe* 23-8-2024).

A Lei n. 13.964/2019 também acrescentou os §§ 3º a 8º ao art. 9º-A.

Assim, deve ser viabilizado ao titular de dados genéticos o acesso aos seus dados constantes nos bancos de perfis genéticos, bem como a todos os documentos da cadeia de custódia que gerou esse dado, de maneira que possa ser contraditado pela defesa.

Caso o condenado por crime doloso praticado com violência grave contra a pessoa, bem como por crime contra a vida, contra a liberdade sexual ou por crime sexual contra vulnerável não tenha sido submetido à identificação do perfil genético por ocasião do ingresso no estabelecimento prisional, deverá ser submetido ao procedimento durante o cumprimento da pena.

Vale ressaltar que a amostra biológica coletada só poderá ser utilizada para o único e exclusivo fim de permitir a identificação pelo perfil genético, não estando autorizadas as práticas de fenotipagem genética ou de busca familiar. Uma vez identificado o perfil genético, a amostra biológica recolhida deverá ser correta e imediatamente descartada, de maneira a impedir a sua utilização para qualquer outro fim.

A coleta da amostra biológica e a elaboração do respectivo laudo serão realizadas por perito oficial.

Por fim, o § 8º, acrescentado pela Lei n. 13.964/2019 (Lei Anticrime), classificou como falta grave a recusa do condenado em submeter-se ao procedimento de identificação do perfil genético. Por consequência, a Lei Anticrime também inseriu essa modalidade de falta grave no rol do art. 50 da Lei de Execução Penal.

2.3.5. Cadastro Nacional de Pedófilos e Predadores Sexuais

A Lei n. 15.035/2024 acrescentou os §§ 1º, 2º e 3º ao art. 234-B do Código Penal, para permitir a consulta pública do nome completo e do número de inscrição no Cadastro de Pessoas Físicas (CPF) das pessoas condenadas por crimes contra a dignidade sexual, garantido o sigilo do processo e das informações relativas à vítima.

De acordo com o disposto no § 1º, o sistema de consulta processual tornará de acesso público o nome completo do réu, seu número de inscrição no Cadastro de Pessoas Físicas (CPF) e a tipificação penal do fato a partir da condenação em primeira instância pelos crimes tipificados nos arts. 213, 216-B, 217-A, 218-B, 227, 228, 229 e 230 do Código Penal, inclusive com os dados da pena ou da medida de segurança imposta, ressalvada a possibilidade de o juiz fundamentadamente determinar a manutenção do sigilo.

Entretanto, dispõe o § 2º que, caso o réu seja absolvido em grau recursal, será restabelecido o sigilo sobre as informações a que se refere o § 1º.

E, por fim, o § 3º determina que o réu condenado pelos crimes mencionados passará a ser monitorado por dispositivo eletrônico.

Vale ressaltar que a Lei n. 15.035/2024 ainda acrescentou o art. 2º-A à Lei n. 14.069/2020, que criou o Cadastro Nacional de Pessoas Condenadas por Crime de Estupro. De acordo com art. 2º-A: "É determinada a criação do Cadastro Nacional de Pedófilos e Predadores Sexuais, sistema desenvolvido a partir dos dados constantes do Cadastro Nacional de Pessoas Condenadas por Crime de Estupro, que permitirá a consulta pública do nome completo e do número de inscrição no Cadastro de Pessoas Físicas (CPF) das pessoas condenadas por esse crime".

2.4. Princípio da jurisdicionalidade

Como já exposto anteriormente, existem duas correntes que procuram definir natureza jurídica da execução penal: a corrente que sustenta a natureza jurisdicional da execução penal e a corrente que defende o seu caráter puramente administrativo.

O art. 2º, *caput*, da Lei de Execução Penal prescreve: "A jurisdição penal dos Juízes ou Tribunais da Justiça ordinária, em todo o Território Nacional, será exercida, no processo de execução, na conformidade desta Lei e do Código de Processo Penal".

Esse artigo denota a adoção do princípio da jurisdicionalidade.

Não obstante, os partidários da corrente administrativa da execução penal entendem que, nesta fase, não há espaço para a escolha do condenado, que não pode decidir se irá cumprir a pena que lhe foi imposta ou nada fazer para desincumbir-se da determinação judicial, como acontece no processo de execução civil. Na execução penal, o cumprimento da pena é coercitivo, defendem, havendo participação jurisdicional apenas nos "incidentes da execução", em que o juiz intervém para fiscalizar e dirimir conflitos entre os direitos de punir do Estado e os direitos do condenado.

Ocorre, contudo, que referidos conflitos não se limitam aos "incidentes da execução", tendo lugar a intervenção do Poder Judiciário em qualquer fase do processo, uma vez que, conforme preceituado no art. 5º, XXXV, da CF: "a lei não excluirá da apreciação do Poder Judiciário lesão ou ameaça de direito". Inclusive, não é admitida a aplicação e a execução da pena sem o devido processo legal, em obediência ao disposto no inciso LIV do citado artigo, que dispõe: "ninguém será privado da liberdade ou de seus bens sem o devido processo legal".

Em razão disso, sustenta-se a "jurisdicionalização da execução penal", posto que a atividade do juiz possui caráter jurisdicional, não obstante atos de cunho administrativo acompanharem o desempenho da sua função.

Inclusive, o já mencionado art. 2º da Lei de Execução Penal cuida de ponto crucial, pois a incidência do princípio da jurisdicionalidade garante o respeito aos direitos dos condenados e a não desvinculação do que foi previsto na sentença condenatória por meio de práticas parciais e arbitrárias.

2.5. Princípio reeducativo

Segundo este princípio, a execução penal deve operar-se com vistas a tentar reeducar e reintegrar o condenado à sociedade, na medida da aceitação deste. Trata-se, na verdade, de um ideal que deve ser buscado pelos órgãos da execução, não obstante o caráter retributivo e preventivo da sanção penal.

3. Direitos do condenado

Preceitua o art. 3º da LEP: "Ao condenado e ao internado serão assegurados todos os direitos não atingidos pela sentença ou pela lei".

Portanto, aos condenados a pena privativa de liberdade estão restringidos os direitos de ir e vir e o direito à intimidade, posto que são direitos incompatíveis com a natureza dessa pena. Mas não estão, contudo, suprimidos os demais direitos individuais passíveis de serem exercitados com a pena imposta. Estão garantidos, conforme previsão expressa da Lei de Execução Penal, os direitos à vida, à integridade física, à alimentação, à liberdade de crença, ao sigilo de correspondência, à propriedade, dentre outros.

Assim, o preso tem direito a tratamento médico, conforme disposto no art. 14 da lei, podendo, inclusive, contratar profissional de sua confiança (art. 43). O art. 18 do mesmo diploma prevê o direito ao ensino, já que, dentre as finalidades da pena, está a reeducação do condenado. Há também direito à liberdade de culto, previsto no art. 24, permitindo aos condenados a participação aos cultos religiosos, se assim o desejar, uma vez que a liberdade de religião está garantida pela Constituição Federal.

Outro importante direito do condenado é a assistência jurídica, prevista nos arts. 15, 16 e 41, VII, da LEP, asseguradas as consultas entre os presos e advogados. A Lei n. 12.313, de 19 de agosto de 2010, deu nova redação ao art. 16 da Lei de Execução Penal, dispondo que compete à Defensoria Pública prestar assistência jurídica, integral e gratuita, dentro e fora dos presídios, aos sentenciados, réus, egressos e seus familiares, sem recursos financeiros para constituir advogado.

3.1. Direito ao sigilo da correspondência

Interessante questão a ser enfrentada diz respeito ao direito ao sigilo de correspondência do preso e à possibilidade de o Estado proceder à violação do conteúdo de cartas e outros documentos que são enviados aos presos e pelos presos.

Não se pode olvidar que, devido ao cumprimento da pena, não há como se preservar absolutamente os direitos individuais não atingidos pela sentença, em detrimento de outros tão importantes à garantia dos interesses da coletividade.

Assim, o direito ao sigilo da correspondência, previsto no inciso XII do art. 5º da CF, assegurado aos condenados, pode sofrer restrições, tendo em vista a preservação da segurança pública, direito de todos, previsto no art. 5º, *caput*, da citada Carta, posto que, muitas vezes, as correspondências são utilizadas como meio de os presos continuarem a praticar crimes no interior no presídio onde se encontrem.

No entanto, o tema não é pacífico, havendo posições em contrário, que consideram o direito ao sigilo de correspondência inviolável, não podendo a ele se contrapor um dispositivo administrativo de caráter infralegal, posto que de cunho constitucional.

Nesse sentido:

"*Habeas corpus*. (...) Alegação de interceptação criminosa de carta missiva remetida por sentenciado. (...) Pedido indeferido. (...) A administração penitenciária, com fundamento em razões de segurança pública, ou disciplina ou de preservação de ordem pública, ou disciplina ou de preservação de ordem jurídica, pode, sempre excepcionalmente, e desde que respeitada a norma inscrita no art. 41, parágrafo único, da Lei 7.210/84, proceder à interceptação da correspondência remetida pelos sentenciados, eis que a cláusula tutelar da inviolabilidade do sigilo epistolar não pode constituir instrumento de salvaguarda de práticas ilícitas. (...)" (STF – HC 70.814-5/TJSP – Rel. Min. Celso de Mello – j. em 1º-3-1994).

Estando o preso em regime disciplinar diferenciado (RDD), é admitida a fiscalização do conteúdo da correspondência, de acordo com o inciso VI do art. 52 da Lei de Execução Penal, com a redação dada pela Lei n. 13.964/2019 (Lei Anticrime).

Com relação às demais formas de comunicação, a Lei n. 9.296/96, permite a interceptação telefônica, de comunicação em sistemas de informática e telemática, quando houver indícios de prática de infração penal, desde que devidamente autorizada judicialmente.

3.2. Direito à visita íntima

O direito à visita íntima não está abarcado expressamente pelo art. 41 da LEP, que dispõe sobre os direitos dos presos.

É deixada, em regra, ao alvitre das autoridades administrativas, a permissão ou não do gozo desta regalia pelos condenados.

Nesse sentido, o art. 55 da LEP dispõe que as recompensas têm em vista o bom comportamento reconhecido em favor do condenado, sua colaboração com a disciplina e sua dedicação ao trabalho. São modalidades de recompensa o elogio e a concessão de regalias, sendo certo que, segundo o disposto no art. 56, parágrafo único, da LEP, a legislação local e os regulamentos estabelecerão a natureza e a forma de concessão de regalias.

Inúmeros estabelecimentos penitenciários permitem a prática da visita íntima aos condenados. Os presos casados podem receber as visitas de seus cônjuges, havendo restrições quanto aos presos solteiros.

O mais sensato seria, em atenção ao princípio da igualdade, a regulamentação normativa deste direito na LEP, para que todos os condenados possam ser tratados de forma isonômica, independentemente do estado civil ou da orientação sexual.

Deve ser ressaltado, outrossim, que há parcela da doutrina pátria que considera o direito à visita íntima incompatível com o cumprimento da pena privativa de liberdade, uma vez que não há como o Estado fiscalizar integralmente o contato entre o preso e as pessoas que o visitam, não havendo ainda acomodações apropriadas para estes tipos de relações nos estabelecimentos prisionais, abrindo-se a possibilidade de prostituição, dentre outros inconvenientes.

O Conselho Nacional de Política Criminal e Penitenciária, por intermédio da Resolução 01/99, de 30-3-1999, baixou a primeira regulamentação sobre o assunto, assegurando o direito de visita íntima, pelo menos uma vez por mês, devendo o estabelecimento prisional informar sobre assuntos pertinentes à prevenção do uso de drogas, doenças sexualmente transmissíveis e, particularmente, a AIDS.

Posteriormente, o Decreto n. 6.049/2007 (Regulamento Penitenciário Federal) também previu expressamente o direito a visitas íntimas, dispondo, em seu art. 95:

"Art. 95. A visita íntima tem por finalidade fortalecer as relações familiares do preso e será regulamentada pelo Ministério da Justiça.

Parágrafo único. É proibida a visita íntima nas celas de convivência dos presos."

O Ministério da Justiça regulamentou a visita íntima por meio da Portaria n. 1.190, de 19 de junho de 2008.

Atualmente a Portaria n. 718/2017, do Departamento Penitenciário Nacional – DEPEN, regulamenta a visita íntima no interior das Penitenciárias Federais.

No Estado de São Paulo, a Secretaria de Administração Penitenciária, por meio da Resolução SAP-144, de 26 de junho de 2010, regulamenta a visita íntima nos arts. 116 a 127.

3.3. Direitos políticos

Prescreve a Constituição Federal, no art. 15, III, a suspensão dos direitos políticos dos condenados, com trânsito em julgado, não lhes sendo permitido votar e ser votados enquanto durarem os efeitos da condenação.

Há juristas que entendem que o referido preceito constitucional trata apenas da inelegibilidade, vale dizer, o condenado perderia apenas o direito de ser votado. Verdade é, entretanto, que a mencionada disposição constitucional é lei de eficácia plena, não demandando qualquer complementação para produzir efeitos.

Assim, o condenado não pode ser votado e nem votar durante o cumprimento da pena.

Ao preso provisório não é vedado o direito ao voto.

Conforme dispõe o *caput* do art. 136 do Código Eleitoral, deverão ser instaladas seções nos estabelecimentos de internação coletiva (aí inseridos aqueles que abrigam presos provisórios). No mesmo sentido a Resolução n. 20.105/98 do Tribunal Superior Eleitoral.

Atualmente, o Tribunal Superior Eleitoral e os Tribunais Regionais Eleitorais, por meio de resoluções, têm disciplinado o direito de voto de presos provisórios e a instalação de seções eleitorais especiais em estabelecimentos prisionais, conforme se avizinha cada eleição.

Foi o caso da Resolução n. 23.461/2015 – TRE, a título de exemplo, editada para as eleições de 2016, dispondo sobre a instalação de seções eleitorais especiais em estabelecimentos prisionais e em unidades de internação de adolescentes, determinando que os Juízes Eleitorais, sob a coordenação dos Tribunais Regionais Eleitorais, criem seções eleitorais especiais em estabelecimentos prisionais e em unidades de internação de adolescentes, a fim de que os presos provisórios e os adolescentes internados tenham assegurado o direito de voto ou de justificação.

Idem com relação à Resolução n. 23.736/24 do TSE, que dispôs sobre os atos gerais do processo eleitoral para as eleições municipais de 2024.

4. Deveres do condenado

Ao cumprir a pena, os condenados assumem uma série de deveres, dispostos no art. 39 da LEP, tais como comportamento disciplinado e cumprimento fiel da sentença; obediência ao servidor e respeito a qualquer pessoa com quem deva relacionar-se; urbanidade e respeito no trato com os demais condenados; conduta oposta aos movimentos individuais ou coletivos de fuga e de subversão à ordem ou à disciplina; execução do trabalho, das tarefas e das ordens recebidas; submissão à sanção disciplinar imposta; indenização à vítima ou aos seus sucessores; indenização ao Estado, quando possível, das despesas realizadas com a sua manutenção, mediante desconto proporcional da remuneração do trabalho; higiene pessoal e asseio da cela ou alojamento; conservação dos objetos de uso pessoal.

Dentre os encargos, ocupando posição de relevo, está a obrigação de trabalhar. Considerando que uma das finalidades da fase de execução é a de reintegrar o condenado ao meio social, este tem o dever de trabalhar, sob pena de cometer falta grave, conforme preceituado no art. 50, VI, da LEP, que dispõe: "Comete falta grave o condenado à pena privativa de liberdade que: inobservar os deveres previstos nos incisos II e V do art. 39 desta Lei".

O preso provisório não está obrigado a trabalhar, podendo fazê-lo se quiser, no interior do estabelecimento.

O trabalho compulsório do condenado não está abarcado pela Consolidação das Leis do Trabalho, conforme disposto art. 28, § 2º, da LEP.

O trabalho será remunerado, exceto aqueles que consistirem na prestação de serviços à comunidade, conforme previsão expressa do art. 30 da LEP.

Na imposição do tipo de trabalho ao preso, serão levados em conta os atributos pessoais e as necessidades do mercado. O trabalho terá a duração entre 6 e 8 horas por dia.

Trabalho no exterior do presídio somente será permitido aos condenados a penas privativas de liberdade que já tenham cumprido pelo menos um sexto da pena, devendo ser autorizado pela direção do estabelecimento, dependendo de aptidão, disciplina e responsabilidade (art. 37 da LEP).

A propósito: STJ – RHC 187327/RS – Rel. Min. Daniela Teixeira – 5ªT. – *DJe* 28-10-2024.

Além disso, a prestação de serviço deve se destinar à Administração Pública direta ou indireta, em serviços ou obras públicas. No caso de serviços ou obras públicas realizadas por entidades privadas, o trabalho externo somente será autorizado se tomadas cautelas contra a fuga e em favor da disciplina.

Caso o condenado seja punido por falta grave, pratique fato definido como crimes, ou tenha comportamento contrário aos requisitos exigidos para o trabalho externo, será revogada a permissão.

4.1. Faltas disciplinares dos condenados

Prescreve o art. 49 da LEP: "As faltas disciplinares classificam-se em leves, médias e graves. A legislação local especificará as leves e médias, bem assim as respectivas sanções". A tentativa é punida com a sanção correspondente à falta consumada.

Portanto, apenas as faltas graves estão descritas na Lei de Execuções Penais. A determinação das faltas leves e das médias está a cargo da legislação estadual.

As faltas disciplinares podem ser praticadas por condenados e por presos provisórios.

No cumprimento das penas privativas de liberdade, conforme prescreve o art. 50 da LEP, as faltas graves são: incitar ou participar de movimento para subverter a ordem ou a disciplina; fugir; possuir, indevidamente, instrumento capaz de ofender a integridade física de alguém; provocar acidente de trabalho; descumprir, no regime aberto, as condições impostas; inobservar os deveres de trabalho, obediência e respeito com quem tenha de relacionar-se; ter em sua posse, utilizar ou fornecer aparelho telefônico, de rádio ou similar, que permita a comunicação com outros presos ou com o ambiente externo; e recusar submeter-se ao procedimento de identificação do perfil genético.

Já em relação aos condenados a penas restritivas de direitos, as faltas graves encontram-se no art. 51 da LEP, consistindo em: descumprir, injustificadamente, a restrição imposta; retardar, injustificadamente, o cumprimento da obrigação imposta; inobservar os deveres previstos nos incisos II e V do art. 39 da LEP.

Vale ressaltar que, tanto no cumprimento de pena restritiva de direitos, quanto no cumprimento de pena de privativa de liberdade, a prática de crime doloso é considerada falta grave, conforme preceituado no art. 52 da LEP.

Além disso, a prática de infrações disciplinares graves pode acarretar a perda de benefícios, tais como a progressão de regime, a possibilidade da saída temporária e a remissão de dias trabalhados.

Deve ser ressaltado que, conforme o disposto na Súmula 441 do STJ, "a falta grave não interrompe o prazo para obtenção de livramento condicional".

4.2. A posse de telefone celular

A Lei n. 11.466/2007 incluiu no rol das faltas graves do art. 5º da LEP a posse, utilização ou fornecimento de aparelho telefônico, rádio ou similar, que permita a comunicação com outros presos ou com o ambiente externo.

Essa previsão normativa sepulta de vez a celeuma travada anteriormente acerca da possibilidade ou não de se expandir o rol das faltas graves previstas na LEP por meio de regulamentação administrativa do sistema prisional.

No Superior Tribunal de Justiça:

"Segundo entendimento adotado pelo Superior Tribunal de Justiça, após o advento da Lei n. 11.466/2007, a posse de aparelho celular, bem como de seus componentes essenciais, tais como chip, carregador ou bateria, constitui falta disciplinar de natureza grave" (AgRg no HC 907150/SP – Rel. Min. Ribeiro Dantas – 5ª T. – *DJe* 4-10-2024).

4.3. Regime Disciplinar Diferenciado

O Regime Disciplinar Diferenciado consiste no tratamento diferenciado dado aos presos que praticarem fato previsto como crime doloso, subvertendo a ordem e a disciplina interna do presídio onde se encontrem, e representando alto risco para a ordem e a segurança do estabelecimento penal ou da sociedade, bem como àqueles que estiverem envolvidos ou participarem, com fundadas suspeitas, a qualquer título, de organização criminosa, quadrilha ou bando (atualmente denominado associação criminosa).

Ensina Júlio Fabbrini Mirabete (*Execução Penal:* comentários à Lei n. 7.210, de 11-7-84, 11. ed., São Paulo: Atlas, 2004, p. 149) que "o regime disciplinar diferenciado foi concebido para atender às necessidades de maior segurança nos estabelecimentos penais e de defesa da ordem pública contra criminosos que, por serem líderes ou integrantes de facções criminosas, são responsáveis por constantes rebeliões e fugas ou permanecem, mesmo encarcerados, comandando ou participando de quadrilhas ou organizações criminosas atuantes no interior do sistema prisional e no meio social".

O regime disciplinar diferenciado — RDD vem previsto no art. 52 da Lei n. 7.210/84 e foi introduzido pela Lei n. 10.792/2003, caracterizado por maior grau de isolamento do preso e restrições ao contato com o mundo exterior. Deve ser aplicado como sanção disciplinar ou como medida de caráter cautelar, nas hipóteses previstas em lei, tanto ao condenado como ao preso provisório, nacional ou estrangeiro.

A aplicação do Regime Disciplinar Diferenciado deve ser requerida pela autoridade administrativa e decretada, no prazo de 15 dias, pelo juiz da vara de execuções penais. Durante esse prazo, em razão do caráter emergencial que o pedido possui, pode a autoridade administrativa isolar o preso por até 10 dias. No caso de deferimento do requerimento formulado ao juiz, estes dias serão descontados do período previsto para duração do regime disciplinar diferenciado, como uma espécie de detração. Tratando-se de incidente à execução, da decisão judicial caberá agravo (art. 197 da LEP).

O art. 52 da Lei de Execução Penal recebeu nova redação dada pela Lei n. 13.964/2019, apresentando o regime disciplinar diferenciado as seguintes características:

a) duração máxima de até 2 (dois) anos, sem prejuízo da repetição da sanção por nova falta grave da mesma espécie;

b) recolhimento em cela individual;

c) visitas quinzenais, de 2 (duas) pessoas por vez, a serem realizadas em instalações equipadas para impedir o contato físico e a passagem de objetos, por pessoa da família ou, no caso de terceiro, autorizado judicialmente, com duração de 2 (duas) horas. Essa visita será gravada em sistema de áudio ou de áudio e vídeo e, com autorização judicial, fiscalizada por agente penitenciário;

d) direito do preso à saída da cela por 2 (duas) horas diárias para banho de sol, em grupos de até 4 (quatro) presos, desde que não haja contato com presos do mesmo grupo criminoso;

e) entrevistas sempre monitoradas, exceto aquelas com seu defensor, em instalações equipadas para impedir o contato físico e a passagem de objetos, salvo expressa autorização judicial em contrário;

f) fiscalização do conteúdo da correspondência;

g) participação em audiências judiciais preferencialmente por videoconferência, garantindo-se a participação do defensor no mesmo ambiente do preso.

O regime disciplinar diferenciado também será aplicado aos presos provisórios ou condenados, nacionais ou estrangeiros que apresentem alto risco para a ordem e a segurança do estabelecimento penal ou da sociedade, ou sob os quais recaiam fundadas suspeitas de envolvimento ou participação, a qualquer título, em organização criminosa, associação criminosa ou milícia privada, independentemente da prática de falta grave.

Existindo indícios de que o preso exerce liderança em organização criminosa, associação criminosa ou milícia privada, ou que tenha atuação criminosa em 2 (dois) ou mais Estados da Federação, o regime disciplinar diferenciado será obrigatoriamente cumprido em estabelecimento prisional federal. Nessa hipótese, o regime disciplinar diferenciado deverá contar com alta segurança interna e externa, principalmente no que diz respeito à necessidade de se evitar contato do preso com membros de sua organização criminosa, associação criminosa ou milícia privada, ou de grupos rivais.

Nos casos acima mencionados, o regime disciplinar diferenciado poderá ser prorrogado sucessivamente, por períodos de 1 (um) ano, existindo indícios de que o preso continua apresentando alto risco para a ordem e a segurança do estabelecimento penal de origem ou da sociedade, ou mantém os vínculos com organização criminosa, associação criminosa ou milícia privada, considerados também o perfil criminal e a função desempenhada por ele no grupo criminoso, a operação duradoura do grupo, a superveniência de novos processos criminais e os resultados do tratamento penitenciário.

Por fim, após os primeiros 6 (seis) meses de regime disciplinar diferenciado, o preso que não receber a visita poderá, após prévio agendamento, ter contato telefônico, que será gravado, com uma pessoa da família, 2 (duas) vezes por mês e por 10 (dez) minutos.

A respeito do regime disciplinar diferenciado na jurisprudência:

"Por fim, em relação aos consectários da infração disciplinar, é preciso ressaltar que a configuração da falta de natureza grave enseja vários efeitos (LEP, art. 48, parágrafo único), entre eles: a possibilidade de colocação do sentenciado em regime disciplinar diferenciado (LEP, art. 56); a interrupção do lapso para a aquisição de outros instrumentos ressocializantes, como, por exemplo, a progressão para regime menos gravoso (LEP, art. 112); a regressão no caso do cumprimento da pena em regime diverso do fechado (LEP, art. 118), além da revogação em até 1/3 do tempo remido (LEP, art. 127)" (STJ – AgRg no HC 917189/SP – Rel. Min. Rogério Schietti Cruz – 6ª T. – *DJe* 15-8-2024).

"Afere-se dos autos que a Corte de origem logrou êxito em fundamentar de forma idônea a inclusão do paciente, ora agravante, no regime disciplinar diferenciado, com fundamento no art. 52, *caput* e § 1º, inc. II, da LEP, haja vista a existência de indícios suficientes quanto à participação do apenado na prática de homicídio qualificado contra companheiro de cela. Precedentes" (STJ – AgRg no HC 737876/AL – Rel. Min. Jesuíno Rissato (Desembargador convocado do TJDFT) – *DJe* 30-5-2022).

4.4. Apuração das faltas disciplinares e aplicação das sanções

Dispõe o art. 45 da LEP que "não haverá falta nem sanção disciplinar sem expressa e anterior previsão legal ou regulamentar", representando verdadeiro desdobramento dos princípios da legalidade e da anterioridade, estabelecidos no art. 5º, XXXIX, da CF.

Disso decorre que a aplicação de sanções disciplinares não está entregue ao arbítrio das autoridades administrativas.

Inclusive, como expressão dos princípios constantes do texto constitucional, como individualização da pena e dignidade humana, são vedadas algumas espécies de punições, como as sanções coletivas, as sanções que coloquem em risco a integridade física e moral dos condenados e o emprego de cela escura.

Para que o condenado não alegue desconhecimento das normas disciplinares, será delas cientificado no início da execução da pena. O poder disciplinar será exercido pela autoridade administrativa.

Com relação às penas restritivas de direitos, compete à autoridade administrativa do local onde a sanção estiver sendo cumprida a aplicação das disposições disciplinares.

O isolamento do preso é admitido como sanção disciplinar, bem assim a suspensão e a restrição de direitos, não podendo sua duração exceder 30 dias, salvo na hipótese do Regime Disciplinar Diferenciado. O isolamento deverá sempre ser comunicado ao juiz da execução.

Para a apuração de faltas e aplicação das sanções, há necessidade de instauração de procedimento disciplinar, assegurado ao condenado o direito de defesa. O procedimento disciplinar deve ser contraditório e facultar ao condenado a ampla defesa, inclusive com o patrocínio de advogado. As decisões deverão ser sempre motivadas, sob pena de nulidade.

Nesse sentido, estabelece a Súmula 533 do STJ: "Para o reconhecimento da prática de falta disciplinar no âmbito da execução penal, é imprescindível a instauração de procedimento administrativo pelo diretor do estabelecimento prisional, assegurado o direito de defesa, a ser realizado por advogado constituído ou defensor público nomeado".

"O Superior Tribunal de Justiça consolidou entendimento no sentido de ser 'desnecessária a realização de audiência de justificação para homologação de falta grave, se ocorreu a apuração da falta disciplinar em regular procedimento administrativo, no qual foi assegurado, ao reeducando, o contraditório e ampla defesa, inclusive com a participação da defesa técnica' (HC n. 333.233/SP, Relator Ministro Felix Fischer, Quinta Turma, *DJe* 6-11-2015). O apenado, ao ser interrogado administrativamente, foi 'ouvido na presença de Defensor da FUNAP, de modo que foi possibilitado exercer amplamente seu direito de defesa, tanto o é que sustentou sua justificativa para o ato, de modo que a defesa esteve atuante e presente em todos os momentos necessários do PAD, inclusive nas aludidas oitivas testemunhais'" (STJ – AgRg no HC 885403/SP – Rel. Min. Reynaldo Soares da Fonseca – 5ª T. – *DJe* 3-7-2024).

"Comprovado que se assegurou ao paciente o regular exercício do direito de defesa, na sede do processo administrativo disciplinar realizado no caso concreto, inexiste qualquer nulidade a ser sanada, nem constrangimento ilegal a ser reparado" (STJ – AgRg no HC 793096/RJ – Rel. Min. Ribeiro Dantas – 6ª T. – *DJe* 20-4-2023).

Quanto à regressão cautelar, uma vez praticada falta grave (fuga, por exemplo), não há necessidade de oitiva prévia do condenado.

Nesse sentido:

"A jurisprudência desta Corte é firme no sentido de ser possível a regressão cautelar, inclusive ao regime prisional mais gravoso, diante da prática de infração disciplinar no curso do resgate da reprimenda, sendo desnecessária até mesmo a realização de audiência de justificação para oitiva do apenado, exigência que se torna imprescindível somente para a regressão definitiva [...] (AgRg no HC n. 743.857/SP, relatora Ministra Laurita Vaz, Sexta Turma, julgado em 7/6/2022, *DJe* de 13/6/2022)" (STJ – AgRg no HC 913930/SP – Rel. Min. Reynaldo Soares da Fonseca – 5ª T. – *DJe* 3-7-2024).

O cometimento de falta grave também enseja a perda de parte dos dias remidos, conforme determina a LEP, assunto que será tratado mais adiante.

No mesmo sentido a Súmula 534 do STJ: "A prática de falta grave interrompe a contagem do prazo para a progressão de regime de cumprimento de pena, o qual se reinicia a partir do cometimento dessa infração".

5. Órgãos da execução penal

Os órgãos que compõem a execução penal estão discriminados no art. 61 da LEP. Cada um desses órgãos desempenha função específica e busca a efetiva pretensão executória do Estado, de forma a fazer cumprir a sentença condenatória, com trânsito em julgado, objetivando a punição individualizada do condenado.

São eles:

a) o Conselho Nacional de Política Criminal e Penitenciária;

b) o Juízo da Execução;

c) o Ministério Público;

d) o Conselho Penitenciário;

e) os Departamentos Penitenciários;

f) o Patronato;

g) o Conselho da Comunidade;

h) a Defensoria Pública.

5.1. Conselho Nacional de Política Criminal e Penitenciária

O Conselho Nacional de Política Criminal e Penitenciária – CNPCP é órgão subordinado ao Ministério da Justiça, com sede na Capital da República.

É composto por 13 (treze) pessoas, designadas dentre professores e profissionais da área do Direito Penal, Processual Penal, Penitenciário, Criminologia e ciências correlatas, bem como por representantes da comunidade e dos Ministérios da área social.

Os representantes do CNPCP são designados por ato do Ministério da Justiça e têm mandato de dois anos, renovado um terço após o transcurso de cada ano.

As atribuições do Conselho Nacional de Política Criminal e Penitenciária estão previstas no art. 64 da LEP, podendo propor diretrizes de política criminal, contribuir na elaboração de planos de desenvolvimento, promover avaliação periódica do sistema criminal, dentre outras.

5.2. Juízo da execução

O juízo da execução caracteriza-se como órgão de extrema importância na execução penal, competindo-lhe, de acordo com o art. 66 da LEP, extensa gama de atribuições.

Dentre as atribuições cometidas ao Juízo da Execução pelo art. 66 da LEP, as dos incisos I a V são de natureza jurisdicional, enquanto as dos incisos VI a X são de natureza administrativa.

5.2.1. Jurisdição

O Poder Judiciário tem como função precípua o exercício da jurisdição. A atividade jurisdicional é a mais importante de todas as atribuições judiciárias.

A palavra jurisdição deriva do termo latino *jurisdictio,* que significa "dizer o direito". A jurisdição é uma atividade que somente pode ser exercida pelo Estado, por meio do Poder Judiciário. O Poder Judiciário, pois, tem a função de dizer o direito que será aplicável na solução de uma lide. Até porque no Direito Brasileiro foi abolida a vingança privada, a autodefesa e a autocomposição, restando ao Estado solucionar os conflitos, aplicando o direito objetivo de forma coativa, buscando a imediata solução entre os particulares.

5.2.2. Juiz competente

Conforme dispõe o art. 5º, LIII, da Constituição Federal, ninguém será processado nem sentenciado, senão pela autoridade competente.

Trata-se do princípio do juiz natural, que também é conhecido por princípio do juiz legal ou do juiz competente.

A competência do juízo, na execução das penas privativas de liberdade, se inicia com a prisão do condenado, e, quando houver concessão de *sursis,* após a audiência admonitória.

O juízo competente para a execução da pena é aquele que se encontra na comarca em que estiver localizado o estabelecimento prisional a que o executado está submetido.

A jurisprudência controverte em relação à fixação da competência do juízo da execução.

Existem duas correntes que procuram explicar a fixação da competência do juízo da execução.

A primeira delas sustenta que o juízo competente para a execução é o juízo do local da condenação, mesmo que o executado se encontre cumprindo pena em estabelecimento prisional localizado em outra comarca, sob outra jurisdição.

A segunda corrente jurisprudencial segue o critério do local do recolhimento do preso, sendo o juízo competente para a execução aquele do local em que se encontra o estabelecimento prisional.

O art. 65 da LEP, por seu turno, dispõe que a execução penal competirá ao juiz indicado na lei local de organização judiciária e, na sua ausência, ao da sentença.

A fixação da competência, portanto, será determinada, em regra, pelo local em que o executado cumpre a pena em caráter permanente, visando sempre atender aos interesses dele e da Justiça na administração da execução penal.

Quando for caso de *sursis*, a competência será do juízo da residência do executado, o mesmo ocorrendo em relação à execução de penas restritivas de direitos.

5.2.3. Atribuições do juízo da execução

5.2.3.1. Aplicação da lei mais benigna

É preceito constitucional (art. 5º, XL, da CF) que a lei penal não retroagirá, salvo para beneficiar o réu. Nesse mesmo sentido estabelece o art. 2º, parágrafo único, do Código Penal que a lei posterior, que de qualquer modo favorecer o agente, aplica-se aos fatos anteriores, ainda que decididos por sentença condenatória transitada em julgado.

Resta saber se a competência para a aplicação da lei posterior, mais benigna, aos casos já julgados, é do juízo da condenação ou do juízo da execução.

Dispõe a Súmula 611 do Supremo Tribunal Federal: "Transitada em julgado a sentença condenatória, compete ao juízo das execuções a aplicação da lei mais benigna".

O art. 66, I, da LEP estabelece no rol de competências do juiz da execução a aplicação da lei posterior, que de qualquer maneira favoreça o condenado, aos casos já julgados, sendo vedado alterar decisão julgada em segunda instância já na vigência da *lex mitior*.

Ressalte-se que não há alteração da coisa julgada, mas apenas adequação de suas disposições à lei nova mais benéfica.

5.2.3.2. Declaração de extinção da punibilidade

Conforme disposto no art. 66, II, da Lei 7.210/84, o juízo das execuções é competente para declarar extinta a punibilidade.

O juízo da execução é quem declara extinta a punibilidade, quando a causa que a ensejar ocorrer após o trânsito em julgado da sentença condenatória.

A pena não poderá ser extinta sem o prévio pronunciamento do Ministério Público, já que sua presença é obrigatória, em decorrência de lei, em todos os atos referentes à execução da pena e todos os seus incidentes, até porque constitui formalidade essencial, para verificar se a pena foi integralmente cumprida.

5.2.3.3. Decisão sobre soma ou unificação de pena

É competente o juízo das execuções da comarca em que o condenado estiver preso para decidir sobre a soma ou unificação das penas, de acordo com o disposto no art. 66, III, *a*, da LEP.

Ainda que as condenações sejam provenientes de vários Estados da Federação, a competência será do juízo das execuções em que o condenado se encontrar, para onde deverão ser remetidas as guias de recolhimento, quando fixada a competência.

A Constituição Federal determina expressamente que a decisão deverá ser fundamentada e a parte inconformada com o *decisum* poderá utilizar-se do agravo em execução; não é cabível a interposição, nesse caso, de recurso em sentido estrito.

O agravo em execução é o recurso cabível das decisões que unificam penas, dentre outras, conforme será abordado em capítulo próprio.

O pedido de unificação de penas deverá ser dirigido, originariamente, ao Juízo das Execuções Criminais. Se o pedido de unificação de penas for indeferido anteriormente pelo Juiz, mesmo que confirmado em grau de recurso, ou se for negado em sede de revisão criminal pelo Tribunal, poderá ser reiterado sob a alegação de "fato novo", como é a concessão posterior do benefício ao corréu.

Vale conferir a Tese fixada no Tema Repetitivo 1106 do STJ: "Sobrevindo condenação por pena privativa de liberdade no curso da execução de pena restritiva de direitos, as penas serão objeto de unificação, com a reconversão da pena alternativa em privativa de liberdade, ressalvada a possibilidade de cumprimento simultâneo aos apenados em regime aberto e vedada a unificação automática nos casos em que a condenação substituída por pena alternativa é superveniente".

5.2.3.4. Decisão sobre progressão ou regressão de regime

5.2.3.4.1. Progressão de regime

O sistema progressivo de execução das penas privativas de liberdade, em que o condenado passa do regime mais severo para um menos gravoso, é o sistema que foi adotado pela Lei de Execução Penal. Para isso ocorrer, há que ser observado o requisito objetivo, que é o tempo mínimo de cumprimento da pena no regime anterior, e o requisito subjetivo, que é a boa conduta carcerária, comprovada pelo diretor do estabelecimento, e pelos resultados do exame criminológico (art. 112, § 1º, com redação dada pela Lei n. 14.843/2024), respeitadas as normas que vedam a progressão.

As exceções para a aplicação do sistema progressivo de execução das penas privativas de liberdade já não existem mais para nenhum tipo de crime.

A execução das penas deve ser submetida ao Poder Jurisdicional e aos princípios da legalidade, da ampla defesa, do contraditório e do duplo grau de jurisdição, dentre outros, e, nos termos do artigo 66, II, *b*, da LEP, a progressão de regime prisional deverá ser apreciada pelo Juízo das Execuções, sendo proibido ao Tribunal suprimir essa Instância.

Primeiramente, o pedido de progressão de regime prisional deverá ser dirigido ao juízo das execuções criminais competente, sendo certo que, em caso de inconformismo com o que for decidido em primeira instância, a matéria poderá ser submetida ao juízo de segundo grau, por meio do recurso de agravo em execução.

Sendo adotado o sistema progressivo, o juiz da execução da pena será competente para examinar o pedido de progressão do regime fechado para o semiaberto, e do semiaberto para o aberto, conforme a Lei de Execução Penal.

Nesse caso, a oitiva do Ministério Público também é imprescindível. Será considerada nula a progressão de regime deferida sem a oitiva do Ministério Público, haja vista o interesse desse órgão em manifestar-se sobre o pedido, já que, na qualidade de *custos legis*, também lhe compete a fiscalização dos rumos da execução.

Oportuno ressaltar que a Lei n. 13.769/2018 inseriu os §§ 3º e 4º no art. 112 da LEP, criando a progressão especial para mulher gestante ou que for mãe ou responsável por crianças ou pessoas com deficiência, não tendo os referidos dispositivos sofrido qualquer modificação pela Lei n. 13.964/2019 (Lei Anticrime).

Não é admitida a progressão por salto, em que passa o condenado diretamente do regime fechado para o aberto, ou do regime semiaberto para a liberdade plena. Nesse sentido, a Súmula 491 do Superior Tribunal de Justiça: "É inadmissível a chamada progressão *per saltum* de regime prisional".

Outrossim, havendo unificação de penas (art. 75 do CP), o limite de quarenta anos de cumprimento não pode ser utilizado para o cálculo dos benefícios da execução, que deverão ser calculados com base na pena total unificada.

Tem se entendido, ainda, que, em caso de progressão de regime, não havendo vaga no semiaberto, poderá o juiz da execução excepcionalmente autorizar o cumprimento de pena em prisão albergue (regime aberto) até a obtenção de vaga no regime originário.

Nesse sentido, inclusive, a Súmula Vinculante n. 56 do Supremo Tribunal Federal, do seguinte teor: "A falta de estabelecimento penal adequado não autoriza a manutenção do condenado em regime prisional mais gravoso, devendo-se observar, nessa hipótese, os parâmetros fixados no RE 641.320/RS".

Outra questão interessante diz respeito aos portadores de diploma de nível superior que estejam recolhidos à prisão especial antes do trânsito em julgado da sentença condenatória. Se for possível a execução provisória da pena fixada na sentença não transitada em julgado, poderiam, em tese, progredir de regime prisional. Acaso a progressão ocorra para o regime semiaberto, devem eles deixar a prisão especial para recolher-se ao estabelecimento prisional adequado.

5.2.3.4.2. Regressão de regime

Como visto linhas atrás, o mérito é um dos requisitos fundamentais para a progressão de regime. Adotado o sistema progressivo, a regressão deve ser dele decorrência direta.

Para que haja regressão, deve o condenado:

a) praticar fato definido como crime; ou

b) praticar falta grave; ou

c) sofrer condenação, por crime anterior, cuja pena, somada ao restante da pena em execução, torne incabível o regime em que está.

Caso o condenado se encontre cumprindo pena em regime aberto, será dele transferido para regime mais rigoroso se, além das hipóteses acima mencionadas, frustrar os fins da execução ou não pagar, podendo, a multa cumulativamente imposta.

A lei de execução penal não proíbe a regressão por salto (*per saltum*), já que o art. 118 menciona a "transferência **para qualquer** dos regimes mais rigorosos" (grifo nosso).

Os princípios da ampla defesa e do contraditório devem ser estritamente observados na regressão, não podendo o juiz da execução decidir sobre a regressão prisional do condenado sem sua prévia oitiva, conforme disciplina o art. 118, § 2º, da LEP. Qualquer decisão que determinar a regressão para o regime prisional fechado, sem observar esse dispositivo, será nula.

5.2.3.4.2.1. Regressão cautelar

A regressão cautelar pode ser determinada pelo juízo da execução com base no seu poder geral de cautela.

Essa medida cautelar pode ocorrer, por exemplo, nos casos de fuga, conduta que caracteriza falta grave.

A regressão definitiva será objeto de decisão após a apuração da falta cometida pelo condenado, que será submetido a um procedimento no qual serão observados os princípios da ampla defesa, do contraditório etc.

No caso de descumprimento de condições de permanência no regime aberto, é inafastável a regressão para o semiaberto, de modo que se agilize a prisão do condenado e sua oitiva no procedimento de apuração da falta e na tramitação do pedido específico de regressão.

Caso o condenado fuja do regime semiaberto, também poderá ocorrer a regressão cautelar. A jurisprudência tem se posicionado no sentido de que não haverá ilegalidade na remoção cautelar do condenado do regime semiaberto para o fechado enquanto durar a apuração de falta grave por ele cometida, até porque a regressão provisória é faculdade do Juiz da Execução, devendo o sentenciado ser ouvido previamente.

"A jurisprudência desta Corte é firme no sentido de ser possível a regressão cautelar, inclusive ao regime prisional mais gravoso, diante da prática de infração disciplinar no curso do resgate da reprimenda, sendo desnecessária até mesmo a realização de audiência de justificação para oitiva do apenado, exigência que se torna imprescindível somente para a regressão definitiva [...] (AgRg no HC n. 743.857/SP, relatora Ministra Laurita Vaz, Sexta Turma, julgado em 7/6/2022, *DJe* de 13/6/2022)" (STJ – AgRg no HC 913930/SP – Rel. Min. Reynaldo Soares da Fonseca – 5ª T. – *DJe* 3-7-2024).

5.2.3.4.3. Decisão sobre detração de pena

Detração penal é o cômputo, na pena privativa de liberdade e na medida de segurança, do tempo de prisão provisória ou administrativa e o de internação em hospital ou manicômio.

O termo *prisão provisória* refere-se a:

a) prisão em flagrante;

b) prisão preventiva;

c) prisão temporária.

Dispõe o art. 42 do Código Penal: "Computa-se, na pena privativa de liberdade e na medida de segurança, o tempo de prisão provisória, no Brasil ou no estrangeiro, o de prisão administrativa e o de internação em qualquer dos estabelecimentos referidos no artigo anterior".

A detração penal ocorrerá, portanto, quando a prisão cautelar, de qualquer natureza, for computada na pena privativa de liberdade, em termos de abatimento, por ocasião da execução.

A prisão administrativa e a internação também serão abatidas, já que a detração é uma regra que decorre do caráter retributivo da pena.

De acordo com o disposto no art. 387, § 2º, do Código de Processo Penal, acrescentado pela Lei n. 12.736/2012, a detração deverá ser considerada pelo juiz que proferir a sentença condenatória. Portanto, entende-se como revogada tacitamente a disposição constante do art. 66, "c", da LEP, que previa que a detração deveria ocorrer quando da execução da sentença, já que era de competência do juízo da execução a apreciação do pedido em primeiro grau.

Dispõe o § 2º ao art. 387 do Código de Processo Penal: "O tempo de prisão provisória, de prisão administrativa ou de internação, no Brasil ou no estrangeiro, será computado para fins de determinação do regime inicial de pena privativa de liberdade".

5.2.3.4.4. Decisão sobre remição de pena

A remição consiste no desconto do tempo de pena privativa de liberdade, cumprido nos regimes fechado e semiaberto, pelo trabalho, na proporção de três dias trabalhados por um dia de pena, e pelo estudo, nos termos do disposto no art. 126 da LEP.

A remição é um direito do condenado, que poderá reduzir o tempo de duração de sua pena privativa de liberdade cumprida em regime fechado ou semiaberto, por seu trabalho prisional ou pelo estudo.

Constitui um meio de abreviar ou extinguir parte da pena, funcionando, ainda, como estímulo para o preso corrigir-se, abreviando o tempo de cumprimento da pena que tinha que cumprir, de modo a passar ao regime de liberdade condicional ou à liberdade definitiva.

Dispõe o art. 126 da Lei de Execução Penal: "Art. 126. O condenado que cumpre a pena em regime fechado ou semiaberto poderá remir, por trabalho ou por estudo, parte do tempo de execução da pena. § 1º A contagem de tempo referida no *caput* será feita à razão de: I – 1 (um) dia de pena a cada 12 (doze) horas de frequência escolar – atividade de ensino fundamental, médio, inclusive profissionalizante, ou superior, ou ainda de requalificação profissional – divididas, no mínimo, em 3 (três) dias; II – 1 (um) dia de pena a cada 3 (três) dias de trabalho. § 2º As atividades de estudo a que se refere o § 1º deste artigo poderão ser desenvolvidas de forma presencial ou por metodologia de ensino a distância e deverão ser certificadas pelas autoridades educacionais competentes dos cursos frequentados. § 3º Para fins de cumulação dos casos de remição, as horas diárias de trabalho e de estudo serão definidas de forma a se compatibilizarem. § 4º O preso impossibilitado, por acidente, de prosseguir no trabalho ou nos estudos continuará a beneficiar-se com a remição. § 5º O tempo a remir em função das horas de estudo será acrescido de 1/3 (um terço) no caso de conclusão do ensino fundamental, médio ou superior durante o cumprimento da pena, desde que certificada pelo órgão competente do sistema de educação. § 6º O condenado que cumpre pena em regime aberto ou semiaberto e o que usufrui liberdade condicional poderão remir, pela frequência a curso de ensino regular ou de educação profissional, parte do tempo de execução da pena ou do período de prova, observado o disposto no inciso I do § 1º deste artigo. § 7º O disposto neste artigo aplica-se às hipóteses de prisão cautelar. § 8º A remição será declarada pelo juiz da execução, ouvidos o Ministério Público e a defesa".

Deve ser ressaltado, ainda, que, segundo o disposto no art. 127 da LEP, com a redação que lhe foi dada pela Lei n. 12.433/2011, em caso de falta grave, o juiz poderá revogar até 1/3 (um terço) do tempo remido, observado o disposto no art. 57, recomeçando a contagem a partir da data da infração disciplinar.

Inclusive, o tempo remido será computado como pena cumprida, para todos os efeitos (art. 128 da LEP).

O trabalho e o estudo deverão ser submetidos a controle efetivo, até porque, para o deferimento do pedido de remição de pena, é necessário fazer o cômputo exato dos dias em que o preso realmente trabalhou e estudou, excluídos os dias do descanso, que é obrigatório, e aqueles dias em que o trabalho foi inferior a seis horas, vedadas as compensações. Todas essas exigências objetivam evitar a ocorrência de fraudes.

Nesse sentido, dispõe o art. 129 da LEP que a autoridade administrativa encaminhará mensalmente ao juízo da execução cópia do registro de todos os condenados que estejam trabalhando ou estudando, com informação dos dias de trabalho ou das horas de frequência escolar ou de atividades de ensino de cada um deles.

O condenado que está submetido à medida de segurança de internação em hospital de custódia e tratamento psiquiátrico não tem direito à remição, mesmo que essa internação possa ser objeto de detração penal, porque o sentenciado não estará cumprindo a pena segundo as regras do regime fechado ou semiaberto.

Para ser eficaz a remição deverá ser deferida por decisão judicial, como já mencionado, sendo que a competência é, em primeiro grau, do juízo das execuções penais, que deverá previamente ouvir o Ministério Público.

5.2.3.4.5. Decisão sobre suspensão condicional da pena

A suspensão condicional da pena é também conhecida nos meios jurídicos pelo nome de *sursis*, que significa *suspensão*, permitindo que o condenado não se sujeite à execução de pena privativa de liberdade de pequena duração.

Segundo as disposições do Código Penal, nos arts. 77 a 82, o juiz, ao condenar o réu, pode suspender a execução da pena privativa de liberdade, de 2 a 4 anos.

Essa *pena privativa de liberdade* não pode ser superior a 2 anos.

O réu é notificado pessoalmente a comparecer à audiência de advertência, também chamada de admonitória, na qual o juiz lerá a sentença, advertindo-o das consequências da nova infração penal e da transgressão das obrigações impostas.

O réu, então, não inicia o cumprimento de pena, ficando em liberdade condicional por um período chamado de prova, durante o qual ficará em observação.

Prevalece na doutrina e na jurisprudência o entendimento de que, quando estiverem presentes os requisitos legais, a obtenção do *sursis* é direito subjetivo do condenado.

Se a suspensão condicional da pena for concedida por tribunal, a este caberá estabelecer as condições do benefício, e assim procedendo, também poderá modificar as condições estabelecidas na sentença recorrida.

Ao conceder a suspensão condicional da pena, o tribunal poderá conferir ao juízo da execução a incumbência de estabelecer as condições do benefício e, em qualquer caso, a de realizar a audiência admonitória.

As condições serão adequadas ao fato e à situação pessoal do condenado, o que acabará por determinar uma individualização do *sursis*.

Entre as condições deverá ser incluída a prestação de serviços à comunidade, ou, ainda, a limitação de fim de semana.

Em regra, o *sursis* é concedido pelo juiz da condenação, que, ao prolatar a sentença condenatória, presentes os requisitos legais, operará a suspensão condicional da pena privativa de liberdade não superior a 2 anos. O juiz da condenação também estabelece as condições da suspensão condicional, realizando a audiência admonitória.

Como deve atender ao princípio da individualização da pena, o juiz da execução a qualquer tempo poderá, de ofício, a requerimento do Ministério Público ou mediante proposta do Conselho Penitenciário, modificar as condições e regras estabelecidas na sentença e, se for necessário, poderá proceder à oitiva do condenado, em decorrência dos princípios da ampla defesa, do contraditório, do devido processo legal etc., sob pena de nulidade do *decisum*.

Mesmo sendo fundamental a imposição de condições ao *sursis*, há casos em que o benefício acaba sendo concedido, mesmo que as condições não sejam fixadas em primeira ou em segunda instância.

Nessas situações, a fixação das condições pelo juízo da execução torna-se incabível, eis que essa decisão implicaria inaceitável violação ao princípio que proíbe a *reformatio in pejus*.

Há duas correntes, portanto, que procuram solucionar a questão. Uma primeira corrente sustenta que o juízo da execução não pode impor condições não impostas na sentença. Uma segunda corrente sustenta que o juiz da execução pode impor condições não impostas, com base no art. 158, § 2º, da Lei de Execução Penal, uma vez que o trânsito em julgado só atinge a concessão ou não do *sursis*, e não as suas condições (arts. 157 e 159, § 2º, da LEP).

Embora a primeira corrente seja a prevalente, cremos que a segunda é a que mais atende aos propósitos de individualização da reprimenda e de ressocialização do condenado.

5.2.3.4.6. Decisão sobre livramento condicional

O livramento condicional consiste na concessão ao condenado de liberdade antecipada, desde que cumpridas determinadas condições, durante certo tempo.

O livramento condicional tem como pretensão servir de estímulo à reintegração social do preso, passando-o do cárcere à liberdade, que será sempre condicional.

É pressuposto do livramento condicional que o condenado esteja reajustado, revelando o seu comportamento carcerário que os fins da pena foram atingidos.

Constitui atribuição do juiz da execução, portanto, também a concessão do livramento condicional, preenchidos que sejam os pressupostos objetivos e subjetivos, ouvido o Ministério Público.

Maiores detalhes sobre o livramento condicional serão abordados em capítulo próprio.

5.2.3.4.7. Decisão sobre incidentes da execução

A LEP dispõe sobre os incidentes da execução no Título VII, Capítulos I (arts. 180 a 184), II (arts. 185 e 186) e III (arts. 187 a 193), que tratam das conversões, do excesso ou desvio, da anistia e do indulto.

Os incidentes da execução serão abordados em capítulo próprio, sendo certo que compete ao juiz da execução decidir sobre eles.

5.2.3.4.8. Autorização de saídas temporárias

A saída temporária é um benefício concedido ao condenado que cumpre pena privativa de liberdade em regime semiaberto, visando seu gradativo retorno ao convívio social, em determinada ocasião e para a participação em determinadas atividades que contribuam para sua efetiva ressocialização.

A saída temporária não se confunde com indulto, que é uma espécie de perdão, uma clemência soberana, que constitui causa de extinção da punibilidade (art. 107, II, do CP).

Na saída temporária, como o próprio nome indica, o preso sai do estabelecimento, sem vigilância direta, com a obrigação de a ele retornar, vencido o prazo estabelecido.

A concessão de saída temporária depende de autorização do juiz da execução, ouvidos o Ministério Público e a administração penitenciária, obedecidos os seguintes requisitos:

a) comportamento adequado;

b) cumprimento mínimo de um sexto da pena, se o condenado for primário, e um quarto dela, se reincidente;

c) compatibilidade do benefício com os objetivos da pena.

Não terá direito à saída temporária ou a trabalho externo sem vigilância direta o condenado que cumpre pena por praticar crime hediondo ou com violência ou grave ameaça contra pessoa.

A saída temporária foi reconfigurada pela Lei n. 14.843/2024, que passou a permiti-la somente no caso de frequência a curso supletivo profissionalizante, bem como de instrução do 2º grau ou superior, na Comarca do Juízo da Execução.

Ademais, quando se tratar de frequência a curso profissionalizante, de instrução de ensino médio ou superior, o tempo de saída será o necessário para o cumprimento das atividades discentes.

Nos demais casos, as autorizações de saída somente poderão ser concedidas com prazo mínimo de 45 dias de intervalo entre uma e outra.

Ademais, o art. 146-B da LEP, acrescentado pela Lei n. 12.258/2010, estabeleceu que, em caso de autorização de saída temporária, o juiz poderá definir a fiscalização por meio de monitoração eletrônica.

O benefício da saída temporária será revogado se o condenado praticar fato definido como crime doloso, se for punido por falta grave, se desatender às condições impostas na autorização ou se revelar baixo grau de aproveitamento do curso.

O benefício da saída temporária poderá ser recuperado, se ocorrer a absolvição no processo penal, o cancelamento da punição disciplinar ou a demonstração do merecimento do sentenciado.

5.2.3.4.9. Determinação da forma de cumprimento da pena restritiva de direitos e fiscalização de sua execução

A pena restritiva de direitos consiste na inabilitação temporária de um ou mais direitos do condenado, na prestação pecuniária ou perda de bens ou valores, imposta em substituição à pena privativa de liberdade, cuja espécie escolhida tem relação direta com a infração cometida.

Essa pena foi instituída para substituir a pena privativa de liberdade, não perdendo o caráter de castigo, porém evitando os malefícios da pena carcerária de curta duração.

As penas restritivas de direitos são autônomas e substituem as penas privativas de liberdade, por força de disposição legal, implicando certas restrições e obrigações ao condenado.

Segundo o disposto no art. 43 do Código Penal, com redação dada pela Lei n. 9.714/98, são cinco as espécies de penas restritivas de direitos:

a) prestação pecuniária;

b) perda de bens e valores;

c) prestação de serviços à comunidade ou a entidades públicas;

d) interdição temporária de direitos;

e) limitação de fim de semana.

As características das penas restritivas de direitos são as seguintes:

a) são substitutivas, pois visam afastar as privativas de liberdade de curta duração;

b) gozam de autonomia, pois têm características e forma de execução próprias;

c) a pena substituída deve ser não superior a 4 anos ou resultante de crime culposo;

d) o crime não pode ter sido cometido com violência ou grave ameaça à pessoa;

e) exige como condição objetiva que o réu não seja reincidente em crime doloso;

f) para a substituição também devem ser analisados os elementos subjetivos do condenado, pois somente são aplicadas se a culpabilidade, os antecedentes, a conduta social e a sua personalidade, bem como os motivos e as circunstâncias do crime, indicarem que a transformação operada seja suficiente.

As penas restritivas de direitos, consistentes em prestação de serviços à comunidade ou a entidades públicas, interdição temporária de direitos e limitação de fim de semana, têm a mesma duração das penas privativas de liberdade a que substituem, ressalvado o disposto no art. 46, § 4º, do Código Penal (art. 55 do CP).

O juízo de conhecimento é competente para verificar os requisitos legais, de forma a substituir a pena privativa de liberdade pela restritiva de direitos, e, para tanto, utiliza-se das disposições dos arts. 44 e 59 do Código Penal.

Se a decisão no processo de conhecimento em que se concedeu pena restritiva de direitos transitar em julgado, competirá ao juízo das execuções penais determinar a forma de seu cumprimento, observando os limites da sentença ou acórdão, e ainda fiscalizar sua efetiva execução.

É fundamental que exista o apoio e a colaboração de entidades públicas e particulares que possam receber os condenados submetidos, p. ex., a prestação de serviços à comunidade.

No caso específico da prestação de serviços à comunidade, as entidades públicas ou particulares deverão cumprir determinadas obrigações, tais como encaminhar, mensalmente, ao juiz da execução relatório circunstanciado das atividades do condenado, além de, a qualquer tempo, fazer comunicação sobre a ausência ou falta disciplinar.

A prestação pecuniária é pena restritiva de direitos não regulada pela LEP, pois é uma inovação criada pela Lei n. 9.714/98.

Consiste a prestação pecuniária no pagamento em dinheiro à vítima, a seus dependentes ou a entidade pública ou privada com destinação social, de importância fixada pelo juiz da condenação, não inferior a 1 salário-mínimo nem superior a 360 salários-mínimos.

Transitando em julgado a sentença que a fixou, será feita a liquidação para apuração do valor da pena. Homologado o cálculo, o condenado será intimado a honrar o pagamento. Se for paga, a pena de prestação pecuniária será julgada extinta. Se não ocorrer o pagamento, a execução deverá seguir o estabelecido no art. 164 da LEP.

A execução da pena de perda de bens e valores não está regulada na Lei de Execução Penal, porque também constitui uma inovação trazida pela Lei 9.714/98.

A perda de bens e valores pertencentes aos condenados, ressalvada a legislação especial, dar-se-á em favor do Fundo Penitenciário Nacional, cujo valor terá como teto o montante do prejuízo causado ou do provento obtido pelo agente ou por terceiro, em consequência da prática do crime.

Em sede de execução, o condenado será intimado a fazer a entrega dos seus bens ou valores.

Quando a pena for de prestação de serviços à comunidade, dispõe o art. 149 da LEP que caberá ao Juiz da execução:

I – designar a entidade ou programa comunitário ou estatal, devidamente credenciado ou convencionado, junto ao qual o condenado deverá trabalhar gratuitamente, de acordo com as suas aptidões;

II – determinar a intimação do condenado, cientificando-o da entidade, dias e horário em que deverá cumprir a pena;

III – alterar a forma de execução, a fim de ajustá-la às modificações ocorridas na jornada de trabalho.

As tarefas serão atribuídas ao condenado conforme suas aptidões, devendo ser cumpridas à razão de uma hora de tarefa por dia de condenação, fixadas de modo a não prejudicar a jornada normal de trabalho. A execução dessa modalidade de pena terá início a partir da data do primeiro comparecimento.

Tratando-se de interdição temporária de direitos, o art. 154 da LEP preceitua que caberá ao Juiz da execução comunicar à autoridade competente a pena aplicada, determinada a intimação do condenado.

Quando for o caso de pena de limitação de fim de semana, caberá ao juiz da execução determinar a intimação do condenado, cientificando-o do local, dias e horários em que deverá cumprir a pena, ressaltando que a execução terá início a contar da data do primeiro comparecimento, conforme preceitua o art. 151, *caput* e parágrafo único, da LEP.

5.2.3.4.10. Determinação da conversão da pena restritiva de direitos e de multa em privativa de liberdade

Conforme assinalado no item anterior, a pena restritiva de direitos poderá ser aplicada em substituição à privativa de liberdade, desde que verificados os requisitos legais.

Se ocorrer voluntária e injustificadamente o descumprimento de uma pena restritiva de direitos, será possível a sua conversão em pena privativa de liberdade. Nesse caso, torna-se à situação originária.

Com relação à multa, a Lei n. 9.268/96 deu outra redação ao art. 51 do Código Penal e revogou o art. 182 da Lei de Execução Penal. Posteriormente, a Lei n. 13.964/2019 alterou novamente a redação do referido art. 51.

Assim, a multa aplicada em sentença condenatória transitada em julgado não perde o caráter de sanção criminal. A Lei n. 9.268/96, ao considerar a multa penal como dívida de valor, não retirou dela o caráter de sanção criminal, que lhe é inerente por força do art. 5º, XLVI, *c*, da Constituição Federal.

Em caso de não pagamento da multa pelo condenado, não poderá ela ser convertida em pena privativa de liberdade. Sendo considerada dívida de valor, determina o art. 51 do Código Penal que a ela sejam aplicadas as normas da legislação relativa à dívida ativa da Fazenda Pública, inclusive no que concerne às causas interruptivas e suspensivas da prescrição. Portanto, deverá ela ser "executada perante o juiz da execução penal". A execução da pena de multa deve seguir os parâmetros da Lei n. 6.830/80.

5.2.3.4.11. Determinação da conversão da pena privativa de liberdade em restritiva de direitos

O art. 180 da LEP possibilita a conversão da pena privativa de liberdade em restritiva de direitos.

> Art. 180. A pena privativa de liberdade, não superior a 2 (dois) anos, poderá ser convertida em restritiva de direitos, desde que:
> I – o condenado a esteja cumprindo em regime aberto;
> II – tenha sido cumprido pelo menos 1/4 (um quarto) da pena;
> III – os antecedentes e a personalidade do condenado indiquem ser a conversão recomendável.

A conversão implica a alteração, pelo juiz da execução, de uma pena para outra. No caso, a pena privativa de liberdade não superior a 2 anos poderá ser convertida em prestação de serviços à comunidade ou a limitação de fim de semana.

As hipóteses de conversão de pena constituem incidentes da execução e devem atender fiel e amplamente aos interesses da defesa social e aos direitos do condenado.

A conversão poderá ser favorável ou prejudicial ao condenado.

Todas as hipóteses de conversão, seja para agravar, ou para atenuar, resultam obrigatoriamente do comportamento do condenado, ainda que sejam considerados os antecedentes e a personalidade, que poderão complementar a investigação dos requisitos.

5.2.3.4.12. Determinação da aplicação da medida de segurança, bem como da substituição da pena por medida de segurança

A medida de segurança é uma espécie de sanção penal imposta pelo Estado aos inimputáveis (art. 26, *caput*, do CP) visando a prevenção do delito, com a finalidade de evitar que o criminoso que apresente periculosidade volte a delinquir.

Enquanto o fundamento da aplicação da pena reside na *culpabilidade*, o fundamento da medida de segurança reside na *periculosidade*.

Ao *agente não culpável* (inimputável por doença mental ou desenvolvimento mental incompleto ou retardado, que era, ao tempo da ação ou omissão, inteiramente incapaz de entender o caráter ilícito do fato ou de determinar-se de acordo com esse entendimento) não se aplica pena, mas medida de segurança, conforme será visto em capítulo próprio.

De todo modo, compete ao juiz da execução determinar a aplicação da medida de segurança que foi cominada na sentença (absolutória imprópria) do juiz do conhecimento, assim como determinar, quando cabível, a conversão da pena privativa de liberdade em medida de segurança (art. 41 do CP).

5.2.3.4.13. Determinação da revogação da medida de segurança e da desinternação e restabelecimento da situação anterior

É competência do juízo das execuções a revogação da medida de segurança, que estará condicionada à constatação da cessação da periculosidade do agente, de acordo com o procedimento previsto nos arts. 175 a 179 da LEP.

Até um mês antes de findar o prazo mínimo de duração da medida de segurança, a autoridade administrativa (diretor do estabelecimento onde se encontrar o agente internado ou submetendo-se a tratamento ambulatorial) encaminhará ao juiz da execução minucioso relatório, habilitando-o a resolver sobre a revogação ou permanência da medida.

O relatório da autoridade administrativa será instruído com laudo psiquiátrico que ateste a cessação da periculosidade, podendo o juiz determinar a realização de diligências que contribuam para a análise das condições pessoais do agente.

Em seguida, serão ouvidos o Ministério Público e o curador ou defensor do agente, pelo prazo de 3 dias para cada um, proferindo o juiz sua decisão em 5 dias.

A cessação da periculosidade poderá ser verificada a qualquer tempo, ainda que durante o prazo mínimo fixado para a medida de segurança.

Sendo a desinternação, ou a liberação, sempre condicional, por imposição do art. 97, § 3º, do Código Penal, deverá ser aplicado o disposto nos arts. 132 e 133 da LEP, que tratam das condições a ser impostas pelo juiz e de eventual autorização para residência fora da comarca do juízo da execução.

5.2.3.4.14. Determinação do cumprimento de pena ou de medida de segurança em outra comarca

É de competência do juízo da execução a análise e deferimento de pedido de transferência de lugar de cumprimento de pena ou de medida de segurança.

5.2.3.4.15. Determinação da remoção do condenado na hipótese prevista no § 1º do art. 86 da LEP

O dispositivo citado prevê que a União Federal poderá construir estabelecimento penal em local distante da condenação para recolher os condenados, quando a medida se justifique no interesse da segurança pública ou do próprio condenado.

O juízo das execuções penais é o competente para avaliar se a transferência é recomendada, se o interesse da segurança pública e do próprio condenado a recomendam.

5.2.3.4.16. Zelo pelo correto cumprimento da pena e da medida de segurança

O juiz da condenação é competente para promover a regularidade do processo e por ela zelar, sendo que ao juiz das execuções incumbe, ainda, zelar pelo correto cumprimento da pena e da medida de segurança.

5.2.3.4.17. Inspeção mensal dos estabelecimentos penais, tomando providências para o adequado funcionamento e promovendo, quando for o caso, a apuração de responsabilidade

É imprescindível a inspeção mensal aos estabelecimentos penais, ocasião em que o juiz da execução terá contato direto com o preso, tomando ciência da realidade do cárcere.

Constatada irregularidade, o juiz da execução deverá tomar providências para a solução do problema, apurando as responsabilidades pela anomalia.

5.2.3.4.18. Interdição, no todo ou em parte, de estabelecimento penal que estiver funcionando em condições inadequadas ou com infringência aos dispositivos desta Lei

O sistema de execução penal traçado pela Lei n. 7.210/84 pressupõe o correto funcionamento do aparato administrativo e judicial, visando atender aos fins de punição, prevenção e ressocialização a que se destina.

Para tanto, devem os estabelecimentos prisionais funcionar adequadamente, cabendo ao juiz da execução, em atividade puramente administrativa, fiscalizá-los e, encontrando irregularidade grave, que compromete os fins da execução penal, interditá-los, promovendo, em seguida, as providências e comunicações para que o problema seja sanado.

5.2.3.4.19. Compor e instalar o Conselho da Comunidade

A finalidade da integração social do condenado e internado somente será alcançada por meio de uma atuação efetiva da comunidade no sistema da execução penal.

Para tanto é que se mostra essencial a participação do juiz da execução nos movimentos de mobilização comunitária, buscando recursos e condições para o adequado cumprimento das penas.

O Conselho da Comunidade, cujas regulamentação e instalação competem ao juiz da execução, tem papel relevante nessa mobilização social.

Nesse sentido, dispõe o art. 80 da LEP:

> Art. 80. Haverá, em cada comarca, um Conselho da Comunidade, composto, no mínimo, por 1 (um) representante de associação comercial ou industrial, 1 (um) advogado indicado pela seção da Ordem dos Advogados do Brasil, 1 (um) Defensor Público indicado pelo Defensor Público Geral e 1 (um) assistente social escolhido pela Delegacia Seccional do Conselho Nacional de Assistentes Sociais.
>
> Parágrafo único. Na falta da representação prevista neste artigo, ficará a critério do Juiz da execução a escolha dos integrantes do Conselho.

Ao Conselho da Comunidade incumbe, nos termos do art. 81 da LEP:

a) visitar, pelo menos mensalmente, os estabelecimentos penais existentes na comarca;

b) entrevistar presos;

c) apresentar relatórios mensais ao juiz da execução e ao Conselho Penitenciário;

d) diligenciar a obtenção de recursos materiais e humanos para melhor assistência ao preso ou internado, em harmonia com a direção do estabelecimento.

Ao juiz da execução, portanto, compete compor e instalar o Conselho da Comunidade.

5.2.3.4.20. Emissão anual de atestado de pena a cumprir

O direito do preso de obter atestado de pena a cumprir foi introduzido pela Lei n. 10.713/2003, que acrescentou o inciso XVI ao artigo 41 e o inciso X ao art. 66 da LEP.

Esse atestado deve ser emitido anualmente pela autoridade judiciária competente, sob pena de responsabilidade.

Esse direito tem por objetivo impedir que o preso permaneça em cárcere por mais tempo do que deveria, podendo, com base nas informações do atestado, pleitear eventuais benefícios no momento oportuno.

5.3. Ministério Público

Segundo o disposto no art. 127 da Constituição Federal, "o Ministério Público é instituição permanente, essencial à função jurisdicional do Estado, incumbindo-lhe a defesa da ordem jurídica, do regime democrático e dos interesses sociais e individuais indisponíveis".

Assim é que o Ministério Público fiscalizará a execução da pena e da medida de segurança, oficiando no processo executivo e nos incidentes da execução.

O Ministério Público é obrigado a intervir, como *custos legis,* em toda a fase da execução da pena, competindo-lhe a fiscalização de todo o procedimento.

O Ministério Público é legitimado, pois, para exercer as atividades fiscalizatória e postulatória, inclusive, formulando, se for o caso, pedidos em favor do condenado.

É ampla, portanto, a atuação fiscalizadora do Ministério Público dentro do processo executivo e seus eventuais incidentes.

É imperiosa a oitiva do Ministério Público em todos os pedidos e incidentes da execução, sob pena de nulidade, ainda que existam julgados em sentido contrário. É que o Ministério Público representa a sociedade e, como tal, tem interesse não apenas no efetivo e adequado cumprimento da repri-menda, como também na ressocialização do sentenciado, possibilitando seu retorno ao convívio social.

Nesse sentido, inclusive, compete ao Ministério Público visitar mensalmente os estabelecimentos penais, registrando sua presença em livro próprio.

5.4. Conselho Penitenciário

O Conselho Penitenciário é órgão consultivo e fiscalizador da execução da pena.

É integrado por membros nomeados pelo Governador do Estado, do Distrito Federal e dos Territórios, dentre professores e profissionais da área do direito penal, processual penal, penitenciário e ciências correlatas, e por representantes da comunidade.

Seu funcionamento é regulado pela legislação federal e estadual. O mandato de seus membros tem a duração de 4 (quatro) anos.

O Conselho Penitenciário, além de ser um órgão consultivo e fiscalizador da execução da pena, ainda funciona como elo entre os Poderes Executivo e Judiciário.

É indispensável o parecer do Conselho Penitenciário, previamente à decisão do juízo da execução, na tramitação dos pedidos de indulto e comutação de pena, com exceção da hipótese de pedido de indulto com base no estado de saúde do preso.

5.5. Departamentos penitenciários

O Departamento Penitenciário Nacional – DEPEN é órgão da execução penal subordinado ao Ministério da Justiça. Além de ser órgão executivo da Política Penitenciária Nacional, fornece apoio financeiro e administrativo ao Conselho Nacional de Política Criminal e Penitenciária.

São atribuições do Departamento Penitenciário Nacional, de acordo com o art. 72 da LEP:

a) acompanhar a fiel aplicação das normas de execução penal em todo o Território Nacional;

b) inspecionar e fiscalizar periodicamente os estabelecimentos e serviços penais;

c) assistir tecnicamente as Unidades Federativas na implementação dos princípios e regras estabelecidos nesta Lei;

d) colaborar com as Unidades Federativas mediante convênios, na implantação de estabelecimentos e serviços penais;

e) colaborar com as Unidades Federativas para a realização de cursos de formação de pessoal penitenciário e de ensino profissionalizante do condenado e do internado;

f) estabelecer, mediante convênios com as unidades federativas, o cadastro nacional das vagas existentes em estabelecimentos locais destinadas ao cumprimento de penas privativas de liberdade aplicadas pela justiça de outra unidade federativa, em especial para presos sujeitos a regime disciplinar;

g) acompanhar a execução da pena das mulheres beneficiadas pela progressão especial de que trata o § 3º do art. 112 desta Lei, monitorando sua integração social e a ocorrência de reincidência, específica ou não, mediante a realização de avaliações periódicas e de estatísticas criminais.

Além disso, incumbem também ao Departamento a coordenação e supervisão dos estabelecimentos penais e de internamento federais.

De acordo com o disposto no § 2º do art. 72 da LEP, inserido pela Lei n. 13.769/2018, os resultados obtidos por meio do monitoramento e das avaliações periódicas previstas no inciso VII do *caput* deste artigo serão utilizados para, em função da efetividade da progressão especial para a ressocialização das mulheres de que trata o § 3º do art. 112 desta Lei, avaliar eventual desnecessidade do regime fechado de cumprimento de pena para essas mulheres nos casos de crimes cometidos sem violência ou grave ameaça.

A legislação local poderá criar Departamento Penitenciário ou órgão similar, com as atribuições que houver por bem estabelecer, que terá por fim supervisionar e coordenar os estabelecimentos penais da unidade da Federação a que pertencer.

Esses departamentos penitenciários locais, de acordo com o disposto no parágrafo único do art. 74 da LEP, inserido pela Lei n. 13.769/2018, realizarão o acompanhamento de que trata o inciso VII do *caput* do art. 72 desta Lei e encaminharão ao Departamento Penitenciário Nacional os resultados obtidos.

5.6. Patronato

O Patronato é um órgão da execução penal que se destina a prestar assistência aos albergados e aos egressos do sistema prisional, fornecendo-lhes orientação e apoio para reintegrá-los à vida em liberdade.

O Patronato pode ser público ou particular.

Incumbe ao Patronato, nos termos do disposto no art. 79 da LEP:

a) orientar os condenados à pena restritiva de direitos;

b) fiscalizar o cumprimento das penas de prestação de serviços à comunidade e de limitação de fim de semana;

c) colaborar na fiscalização do cumprimento das condições da suspensão e do livramento condicional.

5.7. Conselho da Comunidade

Em cada comarca deverá existir um Conselho da Comunidade, que será composto por no mínimo 1 (um) representante de associação comercial ou industrial, 1 (um) advogado indicado pela Seção da Ordem dos Advogados do Brasil, 1 (um) Defensor Público indicado pelo Defensor Público Geral e 1 (um) assistente social escolhido pela Delegacia Seccional do Conselho Nacional de Assistentes Sociais.

Dentre suas atribuições o Conselho deverá visitar, pelo menos uma vez por mês, os estabelecimentos penais existentes na comarca, entrevistar presos, apresentar relatórios mensais ao juiz da execução e ao Conselho Penitenciário e diligenciar a obtenção de recursos materiais e humanos para melhor assistência ao preso e internado, em harmonia com a direção do estabelecimento.

Conforme já analisado em item anterior, compete ao juiz da execução compor e instalar o Conselho da Comunidade.

5.8. Defensoria Pública

De acordo com o disposto no art. 81-A da Lei de Execução Penal, introduzido pela Lei n. 12.313/2010, a Defensoria Pública deve velar pela regular execução da pena e da medida de segurança, oficiando, no processo executivo e nos incidentes da execução, para a defesa dos necessitados em todos os graus e instâncias, de forma individual e coletiva.

Incumbe à Defensoria Pública requerer: a) todas as providências necessárias ao desenvolvimento do processo executivo; b) a aplicação aos casos julgados de lei posterior que de qualquer modo favorecer o condenado; c) a declaração de extinção da punibilidade; d) a unificação de penas; e) a detração e remição da pena; f) a instauração dos incidentes de excesso ou desvio de execução; g) a aplicação de medida de segurança e sua revogação, bem como a substituição da pena por medida de segurança; h) a conversão de penas, a progressão nos regimes, a suspensão condicional da pena, o livramento condicional, a comutação de pena e o indulto; i) a autorização de saídas temporárias; j) a internação, a desinternação e o restabelecimento da situação anterior; k) o cumprimento de pena ou medida de segurança em outra comarca; l) a remoção do condenado na hipótese prevista no § 1º do art. 86 desta Lei. Além disso, incumbe-lhe também requerer a emissão anual do atestado de pena a cumprir; interpor recursos de decisões proferidas pela autoridade judiciária ou administrativa durante a execução; representar ao juiz da execução ou à autoridade administrativa para instauração de sindicância ou procedimento administrativo em caso de violação das normas referentes à execução penal; visitar os estabelecimentos penais, tomando providências para o adequado funcionamento, e requerer, quando for o caso, a apuração de responsabilidade; requerer à autoridade competente a interdição, no todo ou em parte, de estabelecimento penal.

Além disso, o órgão da Defensoria Pública visitará periodicamente os estabelecimentos penais, registrando a sua presença em livro próprio.

6. Estabelecimentos penais

Os estabelecimentos penais são destinados aos condenados, aos submetidos a medida de segurança, aos presos provisórios e aos egressos.

Por determinação da Constituição Federal, em seu art. 5º, XLVIII, a pena será cumprida em estabelecimentos distintos, de acordo com a natureza do delito, a idade e o sexo do apenado.

Separadamente, a mulher e o maior de 60 anos serão recolhidos a estabelecimentos próprios e adequados à suas condições pessoais.

Os estabelecimentos penais deverão contar com área destinada à educação, trabalho, recreação e prática esportiva.

Deverão, ainda, ser dotados de compartimentos distintos para as diferentes categorias de reclusos, de modo que os presos provisórios fiquem separados dos condenados definitivos e os presos primários sejam mantidos em seção distinta da reservada aos reincidentes. Nesse sentido, o art. 84, § 3º, da Lei n. 7.210/84, com a redação que lhe foi dada pela Lei n. 13.167/2015, determina a separação dos presos condenados de acordo com os seguintes critérios: a) condenados pela prática de crimes hediondos ou equiparados; b) reincidentes condenados pela prática de crimes cometidos com violência ou grave ameaça à pessoa; c) primários condenados pela prática de crimes cometidos com violência ou grave ameaça à pessoa; d) demais condenados pela prática de outros crimes ou contravenções em situação diversa das previstas nos incisos I, II e III.

O preso que, ao tempo do fato, era funcionário da Administração da Justiça Criminal ficará em dependência separada, por questão de segurança. A finalidade dessa norma é a preservação da integridade física e moral daquele que, até algum tempo, se encontrava do lado oposto ao crime, combatendo, no exercício de suas atividades profissionais rotineiras, aqueles que agora se encontram presos, e por essas razões óbvias não devem dividir o mesmo espaço físico.

Inclusive, o art. 83, § 4º, da LEP, com a redação dada pela Lei n. 12.245/2010, dispõe que os estabelecimentos penais deverão contar com salas de aulas destinadas a cursos do ensino básico e profissionalizante.

A Lei n. 12.313, de 19 de agosto de 2010, determinou, outrossim, que nos estabelecimentos prisionais deverá haver instalação destinada à Defensoria Pública.

Já a Lei n. 13.163/2015 instituiu o ensino médio, regular ou supletivo, nas penitenciárias, em obediência ao preceito constitucional de sua universalização.

6.1. Prisão especial

A prisão especial é uma espécie de prisão provisória, que se justifica em razão da prerrogativa da função, pela formação em curso de nível superior e por serviços prestados ao Poder Público, por alguns presos, que os faz permanecer afastados dos presos comuns até o trânsito em julgado da sentença condenatória.

Após o trânsito em julgado da sentença condenatória, os presos com direito a prisão especial serão recolhidos ao estabelecimento penal comum.

A prisão é chamada de "especial" em razão do *status personae* do detento. As pessoas sujeitas a prisão especial encontram-se arroladas no art. 295 do CPP.

Não se trata de um local repleto de regalias aos presos, mas, antes, de um local distinto dentro de um presídio ou cadeia pública, distante e isolado das outras celas, conforme preceitua o § 1º do dispositivo citado. Suas instalações deverão contar com acomodações dignas, satisfazendo as necessidades básicas de higiene e saúde.

Se não houver um compartimento específico destinado aos presos com direito a prisão especial, não está autorizada a concessão de prisão-albergue domiciliar, como muitas vezes se tem aplicado, com grande equívoco. A concessão de prisão albergue domiciliar deve ficar restrita às hipóteses do art. 117 da LEP.

Com relação à prisão do advogado, o Supremo Tribunal Federal já entendeu que descabe a prisão especial (sala de estado maior ou prisão domiciliar) quando a condenação é definitiva e o sentenciado já está cumprindo pena (RCL 9.801/RS – Rel. Min. Joaquim Barbosa – *DJe*, 21-5-2010).

Ainda com relação à prisão especial de advogado:

"Ao advogado inscrito nos quadros da OAB e comprovadamente ativo é garantido o cumprimento de prisão cautelar em sala de Estado Maior, ou, na sua inexistência, em prisão domiciliar, até o trânsito em julgado de eventual sentença condenatória, nos termos do art. 7º, V, da Lei n. 8.906/1994. O Supremo Tribunal Federal firmou o entendimento no sentido de que 'a existência de vaga especial na unidade penitenciária, desde que provida de instalações condignas e localizada em área separada dos demais detentos, atende à exigência da Lei n. 8.906/1994 (art. 7º, V, *in fine*)' (STF, Rcl 19.286 AgR, rel. Ministro CELSO DE MELLO, SEGUNDA TURMA, julgado em 24/3/2015, DJe de 2/6/2015). Nesse contexto, tendo as instâncias ordinárias afirmado a compatibilidade das instalações do presídio de Uberlândia – Professor Jacy de Assis – com o conceito legal de sala de Estado-Maior, previsto na Lei n. 8.906/1994, infirmar tal evidência demandaria amplo revolvimento do acervo fático-probatório, inviável na via estreita mandamental, uma vez que, nessa sede, descabe a dilação probatória" (STJ – AgRg no RHC 172137/MG – Rel. Min. Ribeiro Dantas – 5ª T. – *DJe* 6-12-2022).

6.2. Penitenciária

Destina-se a penitenciária ao condenado a pena de reclusão, em regime fechado.

Daí decorre que é irregular o eventual cumprimento de pena privativa de liberdade, nos regimes semiaberto ou aberto, em penitenciária, já que destinada apenas ao regime fechado.

O condenado que tiver que cumprir sua pena no regime fechado será alojado em cela individual, que conterá dormitório, aparelho sanitário e lavatório, devendo os requisitos básicos de cada unidade celular ser observados, como a salubridade do ambiente pela concorrência dos fatores de aeração, insolação e condicionamento térmico adequado à existência humana, além de uma área mínima de seis metros quadrados. Nesse sentido:

> Art. 88. O condenado será alojado em cela individual que conterá dormitório, aparelho sanitário e lavatório.
>
> Parágrafo único. São requisitos básicos da unidade celular:

a) salubridade do ambiente pela concorrência dos fatores de aeração, insolação e condicionamento térmico adequado à existência humana;

b) área mínima de 6 m² (seis metros quadrados).

Essas condições dispostas na LEP estão em consonância com as Regras Mínimas da ONU para o Tratamento de Reclusos, adotadas em 31 de agosto de 1955, pelo Primeiro Congresso das Nações Unidas para a Prevenção do Crime e o Tratamento dos Delinquentes. Também estão em consonância com as Regras Mínimas para o Tratamento do Preso no Brasil, Resolução n. 14, do Conselho Nacional de Política Criminal e Penitenciária (CNPCP), de 11 de novembro de 1994 (*DOU*, 2-12-1994).

A penitenciária de mulheres, por seu turno, além dos requisitos já mencionados, será dotada de berçário, onde as condenadas possam cuidar de seus filhos, inclusive amamentá-los, no mínimo, até 6 (seis) meses de idade, e também de seção para gestante e parturiente e de creche para abrigar crianças maiores de 6 (seis) meses e menores de 7 (sete) anos, com a finalidade de assistir a criança desamparada cuja responsável estiver presa. Inclusive, de acordo com inovação trazida pela Lei n. 12.121/2009, os estabelecimentos prisionais femininos deverão possuir, exclusivamente, agentes do sexo feminino na segurança de suas dependências internas.

Em relação às mulheres mães privadas de liberdade, o Conselho Nacional de Justiça aprovou a Resolução n. 252, de 4-9-2018, que estabelece princípios e diretrizes para o acompanhamento das mulheres mães e gestantes privadas de liberdade e dá outras providências. Dispõe o art. 7º da referida resolução que todos os direitos das mulheres privadas de liberdade com filhos serão garantidos, conforme disposto na Lei de Execução Penal, por meio da efetivação dos direitos fundamentais constitucionais nos estabelecimentos prisionais, respeitadas as especificidades de gênero, cor ou etnia, orientação sexual, idade, maternidade, nacionalidade, religiosidade e de deficiências física e mental. O art. 8º estabelece que a convivência entre mães e filhos em unidades prisionais ou de detenção deverá ser garantida, visando apoiar o desenvolvimento da criança e preservar os vínculos entre mãe e filhos, resguardando-se sempre o interesse superior destes, conforme disposto no Estatuto da Criança e do Adolescente.

Vale conferir, também, a Resolução n. 348 de 13-10-2020, do Conselho Nacional de Justiça, que estabelece diretrizes e procedimentos a serem observados pelo Poder Judiciário, no âmbito criminal, com relação ao tratamento da população lésbica, gay, bissexual, transexual, travesti ou intersexo que seja custodiada, acusada, ré, condenada, privada de liberdade, em cumprimento de alternativas penais ou monitorada eletronicamente.

6.3. Colônia agrícola, industrial ou similar

Os condenados oriundos do regime fechado que por progressão passam a cumprir pena em regime semiaberto deverão ser recolhidos em estabelecimentos que cumpram essa função de transição. Daí por que esse regime se denomina intermediário.

Esses estabelecimentos também receberão os detentos aos quais se impôs, desde o início, o cumprimento de pena privativa de liberdade em regime semiaberto.

Por fim, poderão receber esses estabelecimentos condenados que, cumprindo pena no regime aberto, obtiveram regressão, passando, no caso, ao semiaberto.

O cumprimento de pena em regime semiaberto deve ocorrer, portanto, em colônia agrícola, industrial ou similar.

Na colônia agrícola, o condenado poderá ser alojado em compartimento coletivo, desde que preservadas a salubridade do ambiente, pela concorrência dos fatores de aeração, insolação e condicionamento térmico adequado à existência humana.

O Supremo Tribunal Federal, por meio da Súmula Vinculante 56, estipulou que "a falta de estabelecimento penal adequado não autoriza a manutenção do condenado em regime prisional mais gravoso, devendo-se observar, nessa hipótese, os parâmetros fixados no RE 641.320/RS".

Nesse sentido, em sede de repercussão geral (Tema 0423), o pleno do Supremo Tribunal Federal, no julgamento do RE 641.320/RS, em 11-5-2016, sob a relatoria do Ministro Gilmar Mendes, fixou a seguinte Tese: "I — A falta de estabelecimento penal adequado não autoriza a manutenção do condenado em regime prisional mais gravoso; II — Os juízes da execução penal poderão avaliar os estabelecimentos destinados aos regimes semiaberto e aberto, para qualificação como adequados a tais regimes. São aceitáveis estabelecimentos que não se qualifiquem como 'colônia agrícola, industrial' (regime semiaberto) ou 'casa de albergado ou estabelecimento adequado' (regime aberto) (art. 33, § 1.º, alíneas 'b' e 'c'); III — Havendo déficit de vagas, deverá determinar-se: (i) a saída antecipada de sentenciado no regime com falta de vagas; (ii) a liberdade eletronicamente monitorada ao sentenciado que sai antecipadamente ou é posto em prisão domiciliar por falta de vagas; (iii) o cumprimento de penas restritivas de direito e/ou estudo ao sentenciado que progride ao regime aberto. Até que sejam estruturadas as medidas alternativas propostas, poderá ser deferida a prisão domiciliar ao sentenciado".

6.4. Casa do Albergado

A Casa do Albergado é estabelecimento prisional que se destina ao cumprimento de pena privativa de liberdade, em regime aberto, e da pena de limitação de fim de semana.

Portanto, não apenas a pena em regime aberto deverá ser cumprida em Casa do Albergado, mas também a pena restritiva de direitos consistente em limitação de fim de semana.

O regime aberto baseia-se na autodisciplina e no senso de responsabilidade do condenado, que deverá, fora do estabelecimento e sem vigilância, trabalhar, frequentar curso ou exercer outra atividade autorizada, permanecendo recolhido durante o período noturno e nos dias de folga.

Nos locais em que existir a Casa do Albergado, conforme dispõe o art. 94 da LEP, o prédio destinado a ela deverá situar-se em centro urbano, separado dos demais estabelecimentos, e caracterizar-se pela ausência de obstáculos físicos contra a fuga.

Por imposição legal, em cada região haverá, pelo menos, uma Casa do Albergado.

Na inexistência de Casa do Albergado, tem se admitido, excepcionalmente, a concessão de prisão albergue domiciliar, embora em desrespeito às disposições da LEP, já que essa modalidade de recolhimento se destina apenas às hipóteses elencadas no art. 117 da LEP.

Nesse sentido, já decidiu o STJ que "evidente a inadequação entre a lei de execução da pena e a realidade brasileira. A inexistência de Casa do Albergado não pode impor ao condenado regime mais rigoroso; caso contrário, afrontar-se-á o princípio da legalidade, com flagrante desrespeito do título executório. Na falta de local próprio, por analogia e precariamente, recomenda-se a prisão domiciliar, enquanto inexistente no local próprio" (STJ – *RT*, 764/521).

Também, na mesma Corte: "se o Estado, durante anos a fio, permanece inerte e não constrói a chamada 'Casa do Albergado', para o cumprimento da prisão no regime aberto, não é justo que o condenado nessa condição seja trancafiado numa prisão comum, em contato com delinquentes de toda a sorte. Impõe-se, assim, excepcionalmente, conceder-lhe a prisão domiciliar, enquanto inexistente o local apropriado" (STJ – REsp 129.869/DF – Rel. Min. Anselmo Santiago – 6ª T. – *DJU*, 4-5-1998, p. 217).

Nesse sentido, inclusive, a Súmula Vinculante n. 56 do Supremo Tribunal Federal, do seguinte teor: "A falta de estabelecimento penal adequado não autoriza a manutenção do condenado em regime prisional mais gravoso, devendo-se observar, nessa hipótese, os parâmetros fixados no RE 641.320/RS".

6.5. Centro de Observação

O Centro de Observação é estabelecimento penal onde se realizam os exames em geral, além de pesquisas criminológicas, e o exame criminológico, cujos resultados devem ser encaminhados à Comissão Técnica de Classificação.

Deve o Centro de Observação ser instalado em unidade autônoma ou em anexo a outros estabelecimentos penais. Na sua ausência, os exames poderão ser realizados pela Comissão Técnica de Classificação.

Em regra, cada estado da federação tem seu próprio Centro de Observação, que, geralmente, denomina-se Centro de Observação Criminológica.

No Estado de São Paulo, foi extinto o Centro de Observação Criminológica e criado, em seu lugar, o Núcleo de Observação Criminológica – NOC, pelo Decreto n. 46.483, de 2 de janeiro de 2002, destinado a classificar os condenados de sexo masculino, segundo os seus antecedentes e personalidade, e encaminhá-los, mediante exame criminológico para orientar a individualização da execução penal, aos estabelecimentos penais adequados, e realizar pesquisas criminológicas, assim como perícias criminológicas, em caráter supletivo, previstas na legislação penal.

6.6. Hospital de Custódia e Tratamento Psiquiátrico

O Hospital de Custódia e Tratamento Psiquiátrico é o estabelecimento penal onde os inimputáveis, por doença mental ou desenvolvimento mental incompleto ou retardado, e os semi-imputáveis, que necessitem de especial tratamento curativo, cumprirão a medida de segurança de internação.

Por imposição legal, deve este estabelecimento ser dotado de salubridade do ambiente pela concorrência dos fatores de aeração, insolação e condicionamento térmico adequado à existência humana.

Não há previsão da cela individual nesse hospital, pois a estrutura e as divisões de tal unidade estão na dependência de planificação especializada, dirigida segundo os padrões da medicina psiquiátrica.

A medida de segurança restritiva, consistente em tratamento ambulatorial, deverá ser cumprida no próprio hospital de custódia e tratamento psiquiátrico ou em outro local com dependência adequada.

De acordo com a Resolução n. 487, de 15 de fevereiro de 2023, o Conselho Nacional de Justiça – CNJ instituiu a Política Antimanicomial do Poder Judiciário, por meio de procedimentos para o tratamento das pessoas com transtorno mental ou qualquer forma de deficiência psicossocial que estejam custodiadas, sejam investigadas, acusadas, rés ou privadas de liberdade, em cumprimento de pena ou de medida de segurança, em prisão domiciliar, em cumprimento de alternativas penais, monitoração eletrônica ou outras medidas em meio aberto, e conferiu diretrizes para assegurar os direitos dessa população.

Segundo a Resolução, o criminoso com transtorno mental não poderá ser internado em Hospital de Custódia e Tratamento Psiquiátrico. Deverão ser proporcionadas ao paciente em internação, sem obstrução administrativa, oportunidades de reencontro com sua comunidade, sua família e seu círculo social, com atividades em meio aberto, sempre que possível, evitando-se ainda sua exclusão do mundo do trabalho, nos termos do Projeto Terapêutico Singular (PTS).

A Resolução ainda determinou que, no prazo de até 6 (seis) meses, contados a partir da sua entrada em vigor, a autoridade judicial competente deve revisar os processos a fim de avaliar a possibilidade de extinção da medida em curso (internação), progressão para tratamento ambulatorial em meio aberto ou transferência para estabelecimento de saúde adequado.

E, acabando de vez com os Hospitais de Custódia e Tratamento Psiquiátrico, a Resolução estabeleceu que a autoridade judicial competente determinasse, de início, a interdição parcial de estabelecimentos, alas ou instituições congêneres de custódia e tratamento psiquiátrico no Brasil, com proibição de novas internações em suas dependências e, posteriormente, a interdição total e o fechamento dessas instituições.

Em seguida, o Conselho Nacional de Justiça, por meio da Resolução n. 572, de 26 de agosto de 2024, trouxe modificações importantes ao texto original da Resolução n. 487/2023, ajustando os prazos e permitindo maior flexibilidade na implementação dessa nova política. A nova resolução veio como resposta a desafios práticos que surgiram durante a tentativa de aplicação imediata das diretrizes propostas pela resolução anterior, especialmente devido às desigualdades regionais e às condições do sistema de saúde pública.

A nova Resolução n. 572/2024 reconheceu as dificuldades enfrentadas para cumprir esses prazos em sua totalidade. Agora, a revisão dos processos de medida de segurança deverá ocorrer no prazo de até 9 meses, e a interdição parcial de Hospitais de Custódia e Tratamento Psiquiátrico ou instituições similares foi estendida para esse mesmo período. A interdição total e o fechamento dessas instituições, anteriormente previstos para ocorrer em 12 meses, foram prorrogados para 15 meses. Além disso, a nova resolução introduziu o art. 18-A, que permite a prorrogação desses prazos a pedido dos Tribunais, desde que devidamente fundamentados, com base na realidade específica de cada unidade da Federação.

6.7. Cadeia pública

A cadeia pública destina-se ao recolhimento dos presos provisórios.

Preso provisório é aquele recolhido em estabelecimento prisional em razão de ter sido preso em flagrante delito, prisão preventiva, ou prisão temporária.

A finalidade da prisão provisória é custodiar aquele a quem se imputa a prática de um crime, com o objetivo de deixá-lo à disposição da autoridade judicial, durante o inquérito policial ou a ação penal, e não para o cumprimento da pena, que ainda não lhe foi imposta e nem é definitiva.

A execução penal só poderá ser iniciada depois do trânsito em julgado da sentença. Logo, a prisão provisória não deverá ter outra limitação se não a de determinar as necessidades da custódia, a segurança e a ordem dos estabelecimentos.

Cada comarca deve ter, pelo menos, uma cadeia pública, a fim de resguardar o interesse da Administração da Justiça Criminal e como fator de ressocialização e assistência, garantir a permanência do preso em local próximo ao seu meio social e familiar. O estabelecimento deve ser instalado próximo ao centro urbano e ser dotado também de salubridade do ambiente pela concorrência dos fatores de aeração, insolação e condicionamento térmico adequado à existência humana.

Dispõe o art. 5º do Pacto de San José da Costa Rica – Convenção Americana de Direitos Humanos –, ratificado pelo Brasil em 25 de setembro de 1992, que "os processados devem ficar separados dos condenados, salvo em circunstâncias excepcionais, e ser submetidos a tratamento adequado à sua condição de pessoas não condenadas".

7. Execução das penas em espécie

7.1. Penas privativas de liberdade

Depois de superada a fase de conhecimento, se a ação penal for julgada procedente, no todo ou em parte, o passo seguinte será a execução da pena.

A sentença condenatória transitada em julgado constitui título executivo judicial, competindo ao Estado, valendo-se da execução penal, promover-lhe a efetivação.

O art. 84, § 3º, da Lei n. 7.210/84, com a redação que lhe foi dada pela Lei n. 13.167/2015, determina a separação dos presos condenados de acordo com os seguintes critérios: a) condenados pela prática de crimes hediondos ou equiparados; b) reincidentes condenados pela prática de crimes cometidos com violência ou grave ameaça à pessoa; c) primários condenados pela prática de crimes cometidos com violência ou grave ameaça à pessoa; d) demais condenados pela prática de outros crimes ou contravenções em situação diversa das previstas nos incisos I, II e III.

Para iniciar o processo de execução é necessária a expedição de guia de recolhimento para a execução, que será determinada pelo juiz da condenação.

Guia de recolhimento ou Carta de guia é o documento que concretiza o título executivo judicial para fins de execução.

A sentença somente ganha forma executiva após a expedição da **guia de recolhimento**, depois do trânsito em julgado da condenação.

A competência do juízo da execução será iniciada com a efetiva prisão do condenado, quando ficar determinada pela sentença.

Se for caso de condenação com suspensão condicional da pena, a competência do juízo da execução iniciará somente depois da audiência admonitória.

7.1.1. Execução provisória

As disposições da LEP devem ser aplicadas igualmente ao preso provisório, segundo determina o seu art. 2º, parágrafo único.

É cabível a execução provisória quando, após o trânsito em julgado da sentença condenatória para a acusação, e estando o réu preso, houver recurso pendente da defesa.

Nesse caso, como a sentença não poderá ser reformada para pior (*reformatio in pejus*), nada impede se execute provisoriamente suas determinações, até porque já existe a certeza dos limites da condenação.

Determina o juiz da condenação, então, a expedição de guia de recolhimento provisória, iniciando-se, perante o juízo da execução, o cumprimento da pena privativa de liberdade, nos moldes da sentença pendente de recurso da defesa.

Dado provimento ao recurso, e havendo modificação do título executivo, expede-se a guia de recolhimento definitiva, fazendo o juiz da execução os devidos ajustes em favor do condenado.

7.1.2. Superveniência de doença mental

Se for apurada, no decorrer do processo de conhecimento, a superveniência de doença mental, este será suspenso até que o réu se restabeleça.

Se o condenado for acometido de doença mental no curso da execução, será ele transferido para hospital de custódia e tratamento psiquiátrico, daí decorrendo a figura da medida de segurança substitutiva.

Na doutrina e na jurisprudência há discussão em relação à questão do prazo da medida de segurança substitutiva, quando o preso for acometido de doença mental no curso da execução.

Há duas posições: uma primeira sustentando que o prazo da pena corporal imposta deve ser observado, ou seja, a medida de segurança substitutiva terá duração equivalente ao restante de pena privativa de liberdade que o preso tinha a cumprir; a segunda corrente sustentando que a medida de segurança substitutiva deve durar até que cesse a periculosidade do agente, tendo, portanto, prazo indeterminado.

A primeira posição é a que prevalece, dado que o agente deve ter sua imputabilidade aferida no momento da prática delitiva (ação ou omissão). Se, posteriormente, vier a ser acometido de doença mental no curso do processo, este será suspenso até que se restabeleça. Se a doença mental o acometer no curso da execução, será a pena privativa de liberdade restante convertida em medida de segurança, limitada ao prazo restante daquela.

7.1.3. *Cumprimento e extinção da pena*

Segundo dispõe o art. 109 da LEP, "cumprida ou extinta a pena, o condenado será posto em liberdade, mediante alvará do Juiz, se por outro motivo não estiver preso".

Quando cumprida ou quando extinta a pena que foi aplicada ao réu, deverá ser imediatamente expedido alvará de soltura em seu favor, ouvindo-se o Ministério Público, sendo ele, então, colocado em liberdade, se por acaso não tiver que permanecer preso por qualquer outra razão.

7.1.4. *Dos regimes*

7.1.4.1. Regimes de cumprimento de pena privativa de liberdade – fechado, semiaberto e aberto

No Brasil, existem três regimes de cumprimento da pena privativa de liberdade (art. 33 do CP): fechado, semiaberto e aberto.

Segundo determina a lei, a pena de reclusão deverá ser cumprida em regime fechado, semiaberto ou aberto. Já a pena de detenção deverá será cumprida em regime semiaberto ou aberto, salvo a necessidade de transferência para regime fechado.

Portanto, o cumprimento da pena de detenção nunca poderá ser iniciado em regime fechado. O regime fechado, para a pena de detenção, somente poderá ser aplicado por força de regressão.

Para as contravenções penais, segundo determina o art. 1º da Lei de Introdução ao Código Penal – Decreto-Lei n. 3.914/41, a pena pode ser de prisão simples ou multa.

A pena de prisão simples, de acordo com o art. 6º da Lei das Contravenções Penais – Decreto-Lei n. 3.688/41 –, será executada sem rigor penitenciário, em estabelecimento especial ou seção especial de prisão comum, em regime semiaberto ou aberto.

O regime integralmente fechado foi criado com a Lei n. 8.072/90, e era o único regime aplicável aos condenados pela prática de crimes hediondos, tráfico ilícito de entorpecentes e drogas afins e terrorismo, até o advento da Lei n. 11.466/2007, que possibilitou a progressão em tais delitos. Atualmente, vale ressaltar, os Tribunais Superiores não admitem mais o regime integralmente fechado e nem tampouco a obrigatoriedade de regime inicial fechado.

Considera-se regime fechado a execução da pena em estabelecimento de segurança máxima ou média.

Considera-se regime semiaberto a execução da pena em colônia penal agrícola, industrial ou estabelecimento semelhante.

Considera-se regime aberto a execução da pena em Casa de Albergado ou estabelecimento adequado.

O regime inicial de cumprimento da pena privativa de liberdade será determinado pelo juiz, ao prolatar a sentença condenatória, levando em conta as circunstâncias judiciais do crime (art. 59 do CP) e os parâmetros estabelecidos no art. 33 do CP.

Se houver omissão quanto ao regime de cumprimento de pena, poderão ser interpostos embargos de declaração, e, se for o caso, recurso de apelação. Caso a omissão seja suprida em grau de recurso, não haverá violação ao princípio do devido processo legal.

É evidente, outrossim, que o juiz da condenação não pode deixar a critério do juiz da execução a fixação do regime de cumprimento de pena, até porque o regime inicial de cumprimento da pena não poderá ser modificado pelo juízo da execução.

Em caso de condenação por mais de um crime, estabelece o art. 111 da LEP:

> Art. 111. Quando houver condenação por mais de um crime, no mesmo processo ou em processos distintos, a determinação do regime de cumprimento será feita pelo resultado da soma ou unificação das penas, observada, quando for o caso, a detração ou remição.
>
> Parágrafo único. Sobrevindo condenação no curso da execução, somar-se-á pena ao restante da que está sendo cumprida, para determinação do regime.

Portanto, as penas aplicadas em um ou mais processos contra o mesmo réu serão executadas levando-se em conta o resultado das condenações somadas.

7.1.5. Progressão de regime

7.1.5.1. Sistema progressivo de execução da pena privativa de liberdade

O sistema progressivo de execução da pena privativa de liberdade tem por finalidade propiciar a reinserção gradativa do condenado ao convívio social, fazendo-o passar do regime mais rigoroso para o menos rigoroso, até a completa liberdade.

A pena privativa de liberdade, portanto, será cumprida em etapas, sendo o condenado permanentemente avaliado, para aferição de seu mérito.

O mérito do condenado para a progressão de regime prisional (requisito subjetivo) tem relação direta com o seu bom comportamento carcerário e aptidão para retornar ao convívio social.

Nesse sentido, estabelece o art. 112 da LEP, com a redação dada pela Lei n. 13.964/2019:

> Art. 112. A pena privativa de liberdade será executada em forma progressiva com a transferência para regime menos rigoroso, a ser determinada pelo juiz, quando o preso tiver cumprido ao menos:
>
> I – 16% (dezesseis por cento) da pena, se o apenado for primário e o crime tiver sido cometido sem violência à pessoa ou grave ameaça;

II – 20% (vinte por cento) da pena, se o apenado for reincidente em crime cometido sem violência à pessoa ou grave ameaça;

III – 25% (vinte e cinco por cento) da pena, se o apenado for primário e o crime tiver sido cometido com violência à pessoa ou grave ameaça;

IV – 30% (trinta por cento) da pena, se o apenado for reincidente em crime cometido com violência à pessoa ou grave ameaça;

V – 40% (quarenta por cento) da pena, se o apenado for condenado pela prática de crime hediondo ou equiparado, se for primário;

VI – 50% (cinquenta por cento) da pena, se o apenado for:

a) condenado pela prática de crime hediondo ou equiparado, com resultado morte, se for primário, vedado o livramento condicional;

b) condenado por exercer o comando, individual ou coletivo, de organização criminosa estruturada para a prática de crime hediondo ou equiparado; ou

c) condenado pela prática do crime de constituição de milícia privada;

VI-A – 55% (cinquenta e cinco por cento) da pena, se o apenado for condenado pela prática de feminicídio, se for primário, vedado o livramento condicional;

VII – 60% (sessenta por cento) da pena, se o apenado for reincidente na prática de crime hediondo ou equiparado;

VIII – 70% (setenta por cento) da pena, se o apenado for reincidente em crime hediondo ou equiparado com resultado morte, vedado o livramento condicional.

§ 1º Em todos os casos, o apenado somente terá direito à progressão de regime se ostentar boa conduta carcerária, comprovada pelo diretor do estabelecimento, e pelos resultados do exame criminológico, respeitadas as normas que vedam a progressão.

§ 2º A decisão do juiz que determinar a progressão de regime será sempre motivada e precedida de manifestação do Ministério Público e do defensor, procedimento que também será adotado na concessão de livramento condicional, indulto e comutação de penas, respeitados os prazos previstos nas normas vigentes.

§ 3º No caso de mulher gestante ou que for mãe ou responsável por crianças ou pessoas com deficiência, os requisitos para progressão de regime são, cumulativamente:

I – não ter cometido crime com violência ou grave ameaça a pessoa;

II – não ter cometido o crime contra seu filho ou dependente;

III – ter cumprido ao menos 1/8 (um oitavo) da pena no regime anterior;

IV – ser primária e ter bom comportamento carcerário, comprovado pelo diretor do estabelecimento;

V – não ter integrado organização criminosa.

§ 4º O cometimento de novo crime doloso ou falta grave implicará a revogação do benefício previsto no § 3º deste artigo.

§ 5º Não se considera hediondo ou equiparado, para os fins deste artigo, o crime de tráfico de drogas previsto no § 4º do art. 33 da Lei n. 11.343, de 23 de agosto de 2006.

§ 6º O cometimento de falta grave durante a execução da pena privativa de liberdade interrompe o prazo para a obtenção da progressão no regime de cumprimento da pena, caso em que o reinício da contagem do requisito objetivo terá como base a pena remanescente.

§ 7º O bom comportamento é readquirido após 1 (um) ano da ocorrência do fato, ou antes, após o cumprimento do requisito temporal exigível para a obtenção do direito.

É, pois, decorrência do sistema progressivo de execução da pena a mudança de regime, a que se dá o nome de progressão.

Progressão, portanto, é a mudança de um regime mais rigoroso para outro menos rigoroso, cumpridos que sejam pelo condenado os requisitos objetivos e subjetivos estabelecidos em lei.

Ressalte-se, mais uma vez, que, de acordo com o disposto na Súmula 491 do Superior Tribunal de Justiça, é inadmissível a progressão por salto.

Mas é possível também que, em dadas circunstâncias, o condenado seja transferido do regime menos rigoroso para outro mais rigoroso, a que se dá o nome de regressão.

Regressão, assim, é a transferência do condenado de um regime menos rigoroso para outro mais rigoroso, quando ocorrente uma das hipóteses do art. 118 da LEP.

Somente o juiz da execução autorizará a progressão de regime, em decisão motivada, atendidos:

a) requisito objetivo (temporal): cumprimento do tempo mínimo da pena, estabelecido em lei, no regime anterior;

b) requisito subjetivo (mérito): boa conduta carcerária, comprovada pelo diretor do estabelecimento, e pelos resultados do exame criminológico.

Vale ressaltar que, "em sede de execução penal, vale o princípio *in dubio pro societate*, o qual preconiza que, na dúvida quanto à aptidão para a promoção a regime mais brando, faz-se necessário o encarceramento por um período maior de tempo sob o olhar cauteloso do Estado, evitando-se que a sociedade seja posta em risco com uma reinserção prematura" (STJ – AgRg no HC 514839/SP – 5ª T. – Rel. Min Reynaldo Soares da Fonseca – *DJe* 22-10-2019).

A Lei n. 10.763/2003, acrescentou um parágrafo ao art. 33 do Código Penal, com a seguinte redação: "O condenado por crime contra a administração pública terá a progressão de regime do cumprimento da pena condicionada à reparação do dano que causou, ou à devolução do produto do ilícito praticado, com os acréscimos legais".

Portanto, nos crimes contra a Administração Pública, a progressão de regime prisional não poderá ser deferida sem a reparação do dano. Esse requisito visa resguardar a moralidade da Administração, fazendo com que o ímprobo reingresse seu alcance aos cofres públicos.

O requerimento de progressão de regime deverá ser formulado perante o Juiz da Execução, instruído com os documentos comprobatórios dos requisitos exigidos, manifestando-se o Ministério Público obrigatoriamente antes da decisão motivada.

O pedido de progressão de regime pode demandar, portanto, dilação probatória, daí por que o *habeas corpus* não se presta a tal providência, embora sejam encontradas, nos Tribunais Superiores, decisões admitindo o *writ* como meio idôneo à busca da progressão.

7.1.5.1.1. Requisito objetivo (temporal)

Em regra, para a obtenção da progressão, deve o condenado cumprir, no mínimo, o percentual de pena fixado em lei no regime anterior.

Com relação ao percentual que deve ser cumprido no regime anterior, tanto a Quinta quanto a Sexta Turma do Superior Tribunal de Justiça, em diversos julgados, pacificaram o entendimento no sentido de que a "reincidência" mencionada nos incisos VII e VIII do art. 112 da Lei de Execução Penal é a específica. Portanto, os patamares de 60% (sessenta por cento) e de 70% (setenta por cento) previstos no dispositivo somente se aplicam aos reincidentes específicos (AgRg no HC 630.623/SC – Rel. Min. Sebastião Reis Junior – 6ª T. – *DJe* 18-2-2021; HC 617.922/SP – Rel. Min. Reynaldo Soares da Fonseca – 5ª T. – *DJe* 11-2-2021; HC 613.268/SP – Rel. Min. Reynaldo Soares da Fonseca – 5ª T. – *DJe* 15-12-2020).

Inclusive, o Supremo Tribunal Federal, no julgamento do Recurso Extraordinário com Agravo (ARE) 1327963, que teve repercussão geral reconhecida (Tema 1169), fixou a seguinte tese: "Tendo em vista a legalidade e a taxatividade da norma penal (artigo 5º, XXXIX, CF), a alteração promovida pela Lei 13.964/2019 no artigo 112 da LEP não autoriza a incidência do percentual de 60% (inciso VII) aos condenados reincidentes não específicos para o fim de progressão de regime. Diante da omissão legislativa, impõe-se a analogia *in bonam partem*, para aplicação, inclusive retroativa, do inciso V do artigo 112 da LEP (lapso temporal de 40%) ao condenado por crime hediondo ou equiparado sem resultado morte reincidente não específico".

Não obstante haja posições em sentido contrário, é majoritário o entendimento de que, para a segunda progressão, a fração deve ser calculada sobre o restante da pena.

Isso porque a pena já cumprida é considerada pena extinta.

Assim, se o condenado tiver cumprido o percentual legal de sua pena no regime anterior e obtido a progressão de regime, para a nova progressão deverá cumprir apenas o percentual legal sobre a pena restante, e não sobre a pena total.

<u>Vale ressaltar que o cometimento de falta grave durante a execução da pena privativa de liberdade interrompe o prazo para a obtenção da progressão no regime de cumprimento da pena, caso em que o reinício da contagem do requisito objetivo terá como base a pena remanescente. O bom comportamento é readquirido após 1 (um) ano da ocorrência do fato, ou antes, após o cumprimento do requisito temporal exigível para a obtenção do direito.</u>

O tempo remido é computado no prazo mínimo necessário para o cumprimento do requisito temporal. Entretanto, uma vez obtida a progressão, os dias remidos já utilizados não podem mais ser descontados do restante da pena, para fins de obtenção de nova progressão.

Nesse sentido já decidiu o STJ:

"CRIMINAL. HC. LATROCÍNIO. EXECUÇÃO. PROGRESSÃO AO REGIME SEMIABERTO. NOVO PEDIDO DE TRANSFERÊNCIA PARA O REGIME ABERTO. REQUISITO OBJETIVO NÃO PREENCHIDO. PARTE DOS DIAS REMIDOS UTILIZADOS ANTERIORMENTE. CONSTRANGIMENTO ILEGAL NÃO EVIDENCIADO. ORDEM DENEGADA.

Hipótese em que se requer o reconhecimento do direito de fazer uso integral dos dias remidos homologada pelo Juízo competente, com o intuito de ver preenchido requisito objetivo indispensável à concessão da progressão para o regime aberto.

A integralidade dos dias remidos pelo paciente não foi considerada para efeito de configuração do requisito objetivo indispensável à concessão da progressão para o regime prisional, porque parte do período já havia sido considerado quando do deferimento do primeiro pedido de progressão do regime fechado ao semiaberto.

A partir da data da transferência do paciente para o regime intermediário e considerando os dias posteriormente remidos e o tempo de pena cumprida, não se vislumbra o implemento do desconto de 1/6 da reprimenda restante a a concessão de novo benefício. Ordem denegada" (STJ – HC 67.271/DF – Rel. Min. Gilson Dipp – 5ªT. – *DJU*, 5-2-2007, p. 312).

7.1.5.1.2. *Requisito subjetivo (mérito)*

O requisito subjetivo é comprovado por meio de atestado de conduta carcerária, firmado pelo diretor do estabelecimento prisional em que o condenado se encontrar recolhido, e pelos resultados do exame criminológico.

O atestado é uma forma de comprovar a boa conduta do condenado. Caso ele se comporte de maneira adequada, terá mérito e estará subjetivamente pronto para receber eventual benefício.

Entretanto, deve o juiz também determinar a elaboração de exame criminológico, de acordo com o disposto no § 1º do art. 112, com a redação dada pela Lei n. 14.843/2024.

Segundo o Superior Tribunal de Justiça, "o atestado de boa conduta carcerária emitido pelo diretor da unidade prisional é insuficiente para se aferir, por si só, o mérito subjetivo, na medida em que o comportamento disciplinado é dever de todos que se encontram temporariamente encarcerados, sob pena de imposição de sanções disciplinares" (STJ – AgRg no HC 514839/SP – 5ªT. – Rel. Min Reynaldo Soares da Fonseca – *DJe* 22-10-2019).

7.1.5.1.3. Exame criminológico

Dispõe o art. 8º da LEP:

> Art. 8º O condenado ao cumprimento de pena privativa de liberdade, em regime fechado, será submetido a exame criminológico para a obtenção dos elementos necessários a uma adequada classificação e com vistas à individualização da execução.
>
> Parágrafo único. Ao exame de que trata este artigo poderá ser submetido o condenado ao cumprimento da pena privativa de liberdade em regime semiaberto.

Ao ingressar o condenado no estabelecimento prisional, para iniciar o cumprimento da pena privativa de liberdade em regime fechado, é necessário que se submeta a exame criminológico, para sua adequada classificação, possibilitando a correta individualização da execução.

Já para o condenado em regime semiaberto que inicie o cumprimento da pena privativa de liberdade, o exame criminológico é facultativo, uma vez ausentes os rigores da execução em regime fechado.

Entretanto, esse exame criminológico inicial, de classificação, não se confunde com o exame criminológico para a progressão de regime prisional e também para a concessão de livramento condicional, indulto ou comutação de penas, conforme dispõe o § 1º do art. 112 da LEP, com a redação dada pela Lei n. 14.843/2024.

Na redação originária da Lei n. 7.210/84 (Lei de Execução Penal), o exame criminológico era um dos requisitos subjetivos (mérito) para a progressão de regime. A exigência do exame criminológico para a progressão de regime, entretanto, foi abolida em 2003, pela Lei n. 10.792. Mesmo assim, tanto o Superior Tribunal de Justiça, na Súmula 439 ("Admite-se o exame criminológico pelas peculiaridades do caso, desde que em decisão motivada"), como o Supremo Tribunal Federal, na Súmula Vinculante 26, admitiam o exame criminológico como facultativo, podendo o juiz determiná-lo, desde que em decisão motivada e fundamentada.

Esse panorama foi alterado com a vigência da Lei n. 14.843/2024, que deu nova redação ao § 1º do art. 112 da Lei de Execução Penal e reinseriu o exame criminológico como um dos requisitos obrigatórios para a progressão de regime de cumprimento de pena.

O Conselho Nacional de Política Criminal e Penitenciária, por meio da Resolução n. 36, de 4 de novembro de 2024, instituiu regras para a realização do exame criminológico para fins de progressão de regime prisional no âmbito de execução penal no país.

O Superior Tribunal de Justiça, entretanto, vem entendendo que a exigência de realização de exame criminológico para toda e qualquer progressão de regime, nos termos da Lei n. 14.843/2024, constitui *novatio legis in pejus*, pois incrementa requisito, tornando mais difícil alcançar regimes prisionais menos gravosos à liberdade. Por essa razão, a retroatividade dessa norma se mostra inconstitucional, diante do art. 5º, XL, da Constituição Federal, e ilegal, nos termos do art. 2º do Código Penal. Para situações anteriores à edição da Lei n. 14.843/2024, permanece a possibilidade de exigência da realização do exame criminológico, desde que devidamente motivada, nos termos da Súmula 439 (RHC 200.670/GO, Rel. Min. Sebastião Reis Júnior, 6ª T., por unanimidade, *DJe* 23-8-2024 – *Informativo* n. 824).

Acerca da ausência de laudo psiquiátrico em exame criminológico, *vide* item 2.3.3. *supra*.

7.1.5.1.4. Progressão especial

A progressão especial foi introduzida pela Lei n. 13.769/2018, que estabeleceu a substituição da prisão preventiva por prisão domiciliar da mulher gestante ou que for mãe ou responsável por crianças ou pessoas com deficiência e disciplinou o regime de cumprimento de pena privativa de liberdade de condenadas na mesma situação.

Referida lei acrescentou os §§ 3º e 4º ao art. 112 da LEP, que trata da progressão de regime.

De acordo com os referidos parágrafos, no caso de mulher gestante ou que for mãe ou responsável por crianças ou pessoas com deficiência, os requisitos para progressão de regime são, cumulativamente:

I – não ter cometido crime com violência ou grave ameaça a pessoa;

II – não ter cometido o crime contra seu filho ou dependente;

III – ter cumprido ao menos 1/8 (um oitavo) da pena no regime anterior;

IV – ser primária e ter bom comportamento carcerário, comprovado pelo diretor do estabelecimento;

V – não ter integrado organização criminosa.

Entretanto, o cometimento de novo crime doloso ou falta grave implicará a revogação do benefício de progressão especial.

7.1.5.1.5. Progressão por salto

Denomina-se progressão por salto (*per saltum*) a passagem do condenado do regime mais rigoroso para o menos rigoroso, sem passagem pelo regime intermediário, ou, ainda, a passagem do regime intermediário diretamente para a completa liberdade.

Não pode, portanto, o condenado que cumpre pena em regime fechado, progredir diretamente para o regime aberto, e nem tampouco pode o condenado que cumpre pena em regime semiaberto passar diretamente à completa liberdade.

Nesse sentido, dispõe a Súmula 491 do Superior Tribunal de Justiça: "É inadmissível a chamada progressão *per saltum* de regime prisional".

7.1.5.1.6. Competência para decidir sobre a progressão

O juízo das execuções criminais é competente para decidir sobre a progressão de regime, conforme o disposto no art. 66, II, *b*, da LEP.

A análise, portanto, do cumprimento pelo condenado dos requisitos objetivo e subjetivo da progressão é de competência originária do juízo da execução, com eventual recurso para a superior instância.

Caso o Tribunal *ad quem* aprecie a matéria diretamente, estará suprimida uma instância.

Determina o art. 112, § 1º, da LEP que a decisão sobre a progressão deverá ser sempre motivada e precedida de manifestação do Ministério Público e da defesa.

7.1.5.1.7. Falta grave e progressão de regime

O cometimento da falta grave anula o mérito do condenado e impede a progressão de regime prisional.

De acordo com o disposto no art. 112, § 6º, da LEP, com a redação dada pela Lei n. 13.964/2019, o cometimento de falta grave durante a execução da pena privativa de liberdade interrompe o prazo para a obtenção da progressão no regime de cumprimento da pena, caso em que o reinício da contagem do requisito objetivo terá como base a pena remanescente.

Nesse sentido, já estabelecia estabelece a Súmula 534 do STJ: "A prática de falta grave interrompe a contagem do prazo para a progressão de regime de cumprimento de pena, o qual se reinicia a partir do cometimento dessa infração".

No Superior Tribunal de Justiça:

"1. A prática de faltas graves recentes é indicativa da ausência de cumprimento do requisito subjetivo da progressão de regime. 2. O atestado de boa conduta carcerária não assegura automaticamente a progressão de regime. 3. Não há limite temporal para a análise do requisito subjetivo, devendo ser considerado todo o período de execução da pena. Dispositivos relevantes citados: Lei de Execução Penal, art. 112. Jurisprudência relevante citada: STJ, AgRg no HC 770.399/RN, Rel. Min. Antonio Saldanha Palheiro, Sexta Turma, julgado em 15/5/2023; STJ, EDcl no AgRg no HC n. 668.348/SP, Rel. Min. Ribeiro Dantas, Quinta Turma, julgado em 9/11/2021; STJ, AgRg no HC 821.450/SP, Rel. Min. Reynaldo Soares da Fonseca, Quinta Turma, julgado em 16/4/2024; STJ, AgRg no HC n. 820.197/SP, Rel. Min. Rogerio Schietti Cruz, Sexta Turma, julgado em 28/8/2023; STJ, AgRg no HC n. 791.487/SP, Rel. Min. Antonio Saldanha Palheiro, Sexta Turma, julgado em 22/5/2023; AgRg no HC n. 778.067/SC, Rel. Min. Ribeiro Dantas, Quinta Turma, julgado em 13/3/2023" (AgRg no HC 941629/RJ – Rel. Min. Ribeiro Dantas – 5ªT. – *DJe* 7-11-2024).

7.1.5.1.8. Tempo máximo de cumprimento de pena privativa de liberdade e progressão de regime

Acerca do tempo máximo de cumprimento da pena privativa de liberdade, dispõe o art. 75 do Código Penal, com a redação dada pela Lei n. 13.964/2019 (Lei Anticrime):

> Art. 75. O tempo de cumprimento das penas privativas de liberdade não pode ser superior a 40 (quarenta) anos.
>
> § 1º Quando o agente for condenado a penas privativas de liberdade cuja soma seja superior a 40 (quarenta) anos, devem elas ser unificadas para atender ao limite máximo deste artigo.
>
> § 2º Sobrevindo condenação por fato posterior ao início do cumprimento da pena, far-se-á nova unificação, desprezando-se, para esse fim, o período de pena já cumprido.

Anteriormente à mudança trazida pela Lei n. 13.964/2019, o limite de tempo para o cumprimento de *pena era de 30 anos, o que gerava* debates em alguns segmentos da sociedade e também no universo jurídico. Para alguns, o limite era baixo em razão da gravidade de alguns delitos praticados, sustentando-se a adoção, no Brasil, de limites maiores ou de *prisão perpétua*. Para outros, tratava-se de limite adequado, não somente em vista de garantia constitucional da inadmissibilidade de penas de caráter perpétuo no Brasil (art. 5º, XLVII, *b*, da CF), como também em vista do tempo mais que suficiente para o Estado promover a recuperação e a ressocialização do condenado.

De qualquer forma, a Lei n. 13.964/2019 (Lei Anticrime) aumentou esse limite de cumprimento de pena para 40 anos, prazo bastante razoável para a ressocialização do condenado.

Certamente que a *pena* aplicada ao criminoso pode extrapolar o limite de 40 anos. O *cumprimento* dela é que deve guardar o limite máximo fixado.

Inclusive, o § 1º do art. 75 do Código Penal estabelece que, se o agente for condenado a penas privativas de liberdade, cuja soma seja superior a 40 anos, devem elas *ser unificadas* para atender ao limite máximo mencionado.

Sobrevindo *condenação por fato posterior* ao início do cumprimento da pena, estabelece o § 2º, far-se-á nova unificação, desprezando-se, para esse fim, o período de pena já cumprido. Nesse caso, o montante obtido servirá como baliza para a determinação do regime de cumprimento de pena (art. 111, parágrafo único, da Lei de Execução Penal).

O limite de 40 anos não pode ser considerado, entretanto, para a concessão de quaisquer dos benefícios previstos na LEP. Os benefícios são regulados pelo total da pena imposta antes da unificação.

Nesse sentido, inclusive, a Súmula 715 do STF que, embora ainda mencionando o limite anterior, é plenamente aplicável ao novo limite de 40 anos:

> Súmula 715. A pena unificada para atender ao limite de trinta anos de cumprimento, determinado pelo art. 75 do Código Penal, não é considerada para a concessão de outros benefícios, como o livramento condicional ou regime mais favorável de execução.

7.1.5.1.9. Falta de vagas e progressão de regime

É de conhecimento geral que o sistema prisional enfrenta acentuada carência de vagas, impossibilitando o efetivo atingimento dos fins da execução penal.

Diariamente os operadores do direito penal se deparam com inúmeros obstáculos na execução das penas privativas de liberdade, o que tem gerado, na omissão do Estado, a resolução do problema por meio de alternativas que nem sempre colaboram com as razões que ensejaram a adoção do sistema progressivo de execução da pena.

Isso faz com que muitos sentenciados, não obstante obtida a progressão de regime, tenham que aguardar vaga em regime diverso, gerando intensa celeuma na doutrina e na jurisprudência.

Obtida a progressão do regime fechado para o semiaberto e não havendo vaga neste último, deve o condenado aguardar no regime mais rigoroso ou poderia passar imediatamente ao regime mais brando, aberto? Ou obtida a progressão do regime semiaberto para o aberto, inexistindo na comarca Casa do Albergado, poderia o sentenciado cumprir o restante da pena em prisão albergue domiciliar?

O Superior Tribunal de Justiça tem entendido que constitui constrangimento ilegal a permanência do condenado em regime mais severo, quando já deferida a progressão para regime mais brando.

Nesse sentido:

"*HABEAS CORPUS*. EXECUÇÃO PROVISÓRIA. ROUBO. REGIME SEMIABERTO. INEXISTÊNCIA DE VAGA. CUMPRIMENTO DE PENA EM REGIME MAIS GRAVOSO DO QUE O ESTABELECIDO NO DECRETO CONDENATÓRIO. CONSTRANGIMENTO ILEGAL CARACTERIZADO. ORDEM CONCEDIDA.

1 – A submissão do paciente a regime mais grave de restrição de liberdade do que o previsto no caso de condenação definitiva caracteriza constrangimento ilegal.

2 – Na hipótese em exame, o paciente foi condenado à pena de 5 (cinco) anos de reclusão, em regime inicial semiaberto, pela prática do delito previsto no art. 157, *caput*, do Código Penal.

3 – Na falta de vaga para o cumprimento no regime estipulado na sentença condenatória, mostra-se juridicamente plausível a concessão de prisão domiciliar.

4 – Ordem concedida para que o paciente possa, desde o início, cumprir a pena no regime que lhe foi imposto na sentença condenatória, ou, não sendo possível, que o aguardo da vaga se dê em casa de albergado ou prisão domiciliar" (STJ – HC 88.978/PR – Rel. Min. Arnaldo Esteves Lima – 5ª T. – *DJU*, 22-10-2007, p. 342).

"RECEPTAÇÃO QUALIFICADA – REGIME SEMIABERTO – FUNDAMENTAÇÃO NECESSÁRIA. AUSÊNCIA DE COAÇÃO. PERMANÊNCIA EM REGIME FECHADO ENQUANTO SE AGUARDA VAGA EM ESTABELECIMENTO ADEQUADO. CONSTRANGIMENTO ILEGAL. ORDEM CONHECIDA PARCIALMENTE E DENEGADA. CONCESSÃO DE ORDEM DE OFÍCIO COM RECOMENDAÇÃO.

1 – O pedido deve ser conhecido tão só na parte em que foi examinada pelo Tribunal apontado como coator.

2 – A imposição de regime mais grave que a recomendada para a quantidade da pena imposta é permitida, desde que haja fundamentação que a legitime.

3 – Incumbe ao Estado providenciar vaga em regime adequado ao que foi imposto ao paciente, não se lhe podendo determinar que a aguarde em regime mais gravoso ao fundamento de que se está agindo em favor da sociedade.

4 – Aguardar o apenado a vaga adequada para o regime que lhe foi imposto em estabelecimento indicado para regime mais severo que aquele pelo qual ele foi condenado é indiscutível constrangimento ilegal.

5 – Ordem parcialmente conhecida e denegada na parte que dela se conheceu, porém concedida de ofício para que o réu aguarde no regime aberto a vaga para o regime semiaberto ou, na falta de vaga em casa de albergado, que o faça em prisão domiciliar. Feita recomendação" (STJ – HC 73.823/SP – Rel. Min. Jane Silva – 5ª T. – *DJU*, 17-9-2007, p. 317).

"EXECUÇÃO PENAL. *HABEAS CORPUS*. REGIME ABERTO. RÉU MANTIDO EM SITUAÇÃO MAIS GRAVOSA. *HABEAS CORPUS*. PRISÃO ALBERGUE DOMICILIAR. Constitui constrangimento ilegal submeter o paciente a regime mais rigoroso do que o estabelecido na condenação. Vale dizer, é inquestionável o constrangimento ilegal se o condenado cumpre pena em condições mais rigorosas que aquelas estabelecidas na sentença. Se o caótico sistema prisional estatal não possui meios para manter o detento em estabelecimento apropriado, é de se autorizar, excepcionalmente, que a pena seja cumprida em regime mais benéfico, *in casu*, o domiciliar. O que é inadmissível, é impor ao paciente o cumprimento da pena em local reservado aos presos provisórios, como se estivesse em regime fechado, por falta de vagas na Casa de Albergados (Precedentes). *Habeas corpus* concedido" (STJ – HC 84.070/MG – Rel. Min. Felix Fischer – 5ª T. – *DJU*, 1º-10-2007, p. 347).

"RECURSO ORDINÁRIO EM *HABEAS CORPUS*. PROCESSUAL PENAL. REGIME SEMIABERTO. INEXISTÊNCIA DE VAGA. COLOCAÇÃO EM REGIME MAIS GRAVOSO. CONSTRANGIMENTO ILEGAL. INÍCIO DO CUMPRIMENTO DE PENA NO REGIME ADEQUADO. NA AUSÊNCIA DE VAGAS, EM REGIME ABERTO OU AINDA EM PRISÃO DOMICILIAR. PRECEDENTES DO STJ. RECURSO PARCIALMENTE PROVIDO.

1 – Na falta de vagas em estabelecimento adequado para o cumprimento da pena imposta em regime semiaberto, não justifica a colocação do condenado em condições prisionais mais severas.

2 – O paciente deve iniciar o cumprimento de pena no regime semiaberto; inexistindo vaga, que a execução se inicie em regime aberto; caso também não haja vaga, deve ser deferido o cumprimento de pena em regime domiciliar, enquanto não surja vaga em estabelecimento adequado.

3 – Recurso parcialmente provido" (STJ – RHC 17.190/MG – Rel. Min. Quaglia Barbosa – 6ª T. – *DJU*, 5-11-2007, p. 372).

No Supremo Tribunal Federal também já se decidiu no mesmo sentido:

"*HABEAS CORPUS*. REGIME PRISIONAL. AUSÊNCIA DE VAGA PARA O CUMPRIMENTO DA PENA NO REGIME ADEQUADO. PERMANÊNCIA DO SENTENCIADO NO REGIME FECHADO APÓS A PROGRESSÃO PARA O REGIME SEMIABERTO. CONSTRANGIMENTO ILEGAL. CONCESSÃO DE PRISÃO ALBERGUE, EM CARÁTER EXCEPCIONAL, ATÉ A OCORRÊNCIA DE VAGA NO REGIME SEMIABERTO. 1. A partir do trânsito em julgado da sentença condenatória o sentenciado adquire o direito subjetivo de cumprir a pena nos exatos termos da condenação. 2. Se o regime obtido em progressão foi o semiaberto, a mudança para o mais rigoroso só é admissível nas hipóteses previstas no artigo 118, incisos I e II, da Lei n. 7.210/84. 3. As peculiaridades que se apresentam em cada situação podem justificar a permanência do sentenciado provisoriamente no regime aberto, na modalidade de prisão albergue, até que se dê vaga em estabelecimento adequado ao cumprimento da pena no regime semiaberto. 4. *Habeas corpus* deferido" (STF – HC 77.399/SP – Rel. Min. Maurício Corrêa – 2ª T. – j. 24-11-1998).

Em sentido contrário, entretanto:

"*HABEAS CORPUS*. INEXISTÊNCIA DE ESTABELECIMENTO ADEQUADO AO CUMPRIMENTO DA PENA EM REGIME ABERTO. IMPOSSIBILIDADE DO CUMPRIMENTO EM REGIME DOMICILIAR. ART. 117, DA LEI DE EXECUÇÕES PENAIS. PRECEDENTES. ORDEM DENEGADA" (STF – HC 75.299/SP – Rel. Min. Nelson Jobim – 2ª T. – publicado em 18-8-1997).

"*Habeas Corpus*. 1. Condenação por homicídio simples a seis anos de reclusão, devendo ser semiaberto o regime inicial de cumprimento da pena. 2. Não cabe, desde logo, na execução da pena, após o trânsito em julgado da decisão, conceder ao réu regime aberto, sem o atendimento a requisitos objetivo e subjetivo, com a mera afirmação de que não existiria vaga em estabelecimento adequado para o regime semiaberto. 3. Recurso do Ministério Público provido, determinando-se providências para remoção do sentenciado ao regime imposto na sentença, devendo, entretanto, aguardar a remoção em regime fechado. 4. Não caberá, entretanto, nas circunstâncias indicadas, ser o réu mantido em regime fechado, mais gravoso que o resultante da decisão condenatória. 5. *Habeas Corpus* deferido, em parte, para que não se execute o mandado de prisão expedido contra o paciente, antes de assentadas providências a fim de ocorrer seu recolhimento a penitenciária agrícola, no regime inicial de cumprimento da pena semiaberto, tal como estabelecido na sentença condenatória" (STF – HC 74.732/SP– Rel. Min. Neri da Silveira – 2ª T. – j. 11-3-1997).

"PACIENTE CONDENADO PELA PRÁTICA DE CRIME DE ESTELIONATO. PENA-BASE FIXADA ACIMA DO MÍNIMO LEGAL. CUMPRIMENTO DO REGIME SEMIABERTO. Incensurável a dosimetria da pena, tendo em vista tratar-se de paciente com antecedentes desabonadores, consistentes em indiciamento em outro inquérito policial instaurado para apuração de crime da mesma natureza (contra o patrimônio). Assentada, no Supremo Tribunal Federal, orientação segundo a qual a inexistência de estabelecimento adequado, por não configurar nenhuma das hipóteses taxativamente previstas no art. 117 da LEP, não justifica a concessão de prisão-albergue domiciliar (RTJ 142/164

– Rel. Min. Celso de Mello). *Habeas corpus* indeferido" (STF – HC 72.643/SP – Rel. Min. Celso de Mello – 1ª T. – j. 6-2-1996).

Atualmente, pacificando a celeuma, a questão vem tratada na Súmula Vinculante n. 56 do Supremo Tribunal Federal, do seguinte teor: "A falta de estabelecimento penal adequado não autoriza a manutenção do condenado em regime prisional mais gravoso, devendo-se observar, nessa hipótese, os parâmetros fixados no RE 641.320/RS".

Nesse sentido, em sede de repercussão geral (Tema 0423), o pleno do Supremo Tribunal Federal, no julgamento do RE 641320/RS, em 11-5-2016, sob a relatoria do Ministro Gilmar Mendes, fixou a seguinte Tese: "I – A falta de estabelecimento penal adequado não autoriza a manutenção do condenado em regime prisional mais gravoso; II – Os juízes da execução penal poderão avaliar os estabelecimentos destinados aos regimes semiaberto e aberto, para qualificação como adequados a tais regimes. São aceitáveis estabelecimentos que não se qualifiquem como 'colônia agrícola, industrial' (regime semiaberto) ou 'casa de albergado ou estabelecimento adequado' (regime aberto) (art. 33, § 1º, alíneas 'b' e 'c'); III – Havendo déficit de vagas, deverá determinar-se: (i) a saída antecipada de sentenciado no regime com falta de vagas; (ii) a liberdade eletronicamente monitorada ao sentenciado que sai antecipadamente ou é posto em prisão domiciliar por falta de vagas; (iii) o cumprimento de penas restritivas de direito e/ou estudo ao sentenciado que progride ao regime aberto. Até que sejam estruturadas as medidas alternativas propostas, poderá ser deferida a prisão domiciliar ao sentenciado".

Também a Súmula Vinculante 56 do Supremo Tribunal Federal: "A falta de estabelecimento penal adequado não autoriza a manutenção do condenado em regime prisional mais gravoso, devendo-se observar, nessa hipótese, os parâmetros fixados no RE 641.320/RS".

7.1.5.2. Progressão para o regime aberto

Regime aberto ou de albergue é considerado a execução da pena em Casa do Albergado ou estabelecimento adequado.

A Casa do Albergado deve ser um local sem as características do cárcere destinado ao cumprimento de penas em regime fechado ou semiaberto.

O prédio deverá situar-se em centro urbano, separado dos demais estabelecimentos, e caracterizar-se pela ausência de obstáculos contra a fuga.

Por imposição da LEP, em cada região deverá haver, pelo menos, uma Casa de Albergado. Essa disposição, entretanto, não vem sendo cumprida pelo Estado, conforme já comentado em item anterior, quando da análise dos estabelecimentos prisionais (*vide* item 6.4).

Cumpridos os requisitos objetivo e subjetivo, e obtida a progressão do regime semiaberto para o aberto, o ingresso do condenado neste último supõe a aceitação de seu programa e das condições impostas pelo Juiz.

Segundo dispõe o art. 114 da LEP, somente poderá ingressar no regime aberto o condenado que:

a) estiver trabalhando ou comprovar a possibilidade de fazê-lo imediatamente;

b) apresentar, pelos seus antecedentes e pelos resultados do exame criminológico, fundados indícios de que irá ajustar-se, com autodisciplina, baixa periculosidade e senso de responsabilidade, ao novo regime.

Essas condições são legais, obrigatórias.

Além disso, de acordo com o disposto no art. 115 da LEP, poderá o juiz da execução fixar outras condições especiais para a concessão do regime aberto, entre as quais a fiscalização por monitoramento eletrônico. As condições gerais e obrigatórias são:

a) permanecer no local que for designado, durante o repouso e nos dias de folga;

b) sair para o trabalho e retornar, nos horários fixados;

c) não se ausentar da cidade onde reside, sem autorização judicial;

d) comparecer a Juízo, para informar e justificar as suas atividades, quando for determinado.

O juiz poderá modificar as condições estabelecidas ao regime aberto de ofício, a requerimento do Ministério Público, da autoridade administrativa ou do condenado, de acordo com o disposto no art. 116 da LEP.

7.1.5.2.1. Prisão albergue domiciliar

A prisão albergue domiciliar – PAD – é uma modalidade de prisão aberta ou, conforme disposto na LEP, é um regime aberto em residência particular (art. 117 da LEP).

O regime aberto não admite, em regra, a execução da pena em residência particular. A pena em regime aberto deverá ser cumprida em Casa do Albergado ou estabelecimento adequado.

No regime aberto, como já mencionado em itens anteriores, impera a ausência de estabelecimentos adequados, o que tem ensejado, por vezes, a concessão de prisão albergue domiciliar mesmo fora das hipóteses previstas no art. 117 da LEP, que são:

a) condenado maior de 70 (setenta) anos;

b) condenado acometido de doença grave;

c) condenada com filho menor ou deficiente físico ou mental;

d) condenada gestante.

Em princípio, o rol do art. 117 é taxativo, não comportando qualquer ampliação.

Há, entretanto, algumas hipóteses excepcionais nas quais se concede a prisão albergue domiciliar fora das acima elencadas, como no caso de graves problemas de saúde do preso, que não puderem ser solucionados pelo sistema público de saúde. Nesse sentido:

"*HABEAS CORPUS*. REGIME PRISIONAL. AUSÊNCIA DE VAGA PARA O CUMPRIMENTO DA PENA NO REGIME ADEQUADO. PERMANÊNCIA DO SENTENCIADO NO REGIME FECHADO APÓS A PROGRESSÃO PARA O REGIME SEMIABERTO. CONSTRANGIMENTO ILEGAL. CONCESSÃO DE PRISÃO ALBERGUE, EM CARÁTER EXCEPCIONAL, ATÉ A OCORRÊNCIA DE VAGA NO REGIME SEMIABERTO. 1. A partir do trânsito em julgado da sentença condenatória o sentenciado adquire o direito subjetivo de cumprir a pena nos exatos termos da condenação. 2. Se o regime obtido em progressão foi o semiaberto, a mudança para o mais rigoroso só é admissível nas hipóteses previstas no art. 118, incs. I e II, da Lei 7.210/84. 3. As peculiaridades que se apresentam em cada situação podem justificar a permanência do sentenciado provisoriamente no regime aberto, na modalidade de prisão albergue, até que se dê vaga em estabelecimento adequado ao cumprimento da pena no regime semiaberto. 4. *Habeas corpus* deferido" (STJ – HC 77.399/TJSP – Rel. Min. Maurício Corrêa – publicado em 19-2-1999. No mesmo sentido: HC 68.121/TJSP – Rel. Min. Aldir Passarinho – publicado em 14-12-1990).

Entretanto, a inexistência de Casa de Albergado não pode ensejar automaticamente a colocação do condenado em prisão albergue domiciliar.

O Superior Tribunal de Justiça tem tese firmada no Tema Repetitivo 993, no seguinte sentido: "A inexistência de estabelecimento penal adequado ao regime prisional determinado para o cumprimento da pena não autoriza a concessão imediata do benefício da prisão domiciliar, porquanto, nos termos da Súmula Vinculante n. 56, é imprescindível que a adoção de tal medida seja precedida das providências estabelecidas no julgamento do RE n. 641.320/RS, quais sejam: (i) saída antecipada de outro sentenciado no regime com falta de vagas, abrindo-se, assim, vagas para os reeducandos que acabaram de progredir; (ii) a liberdade eletronicamente monitorada ao sentenciado que sai antecipadamente ou é posto em prisão domiciliar por falta de vagas; e (iii) cumprimento de penas restritivas de direitos e/ou estudo aos sentenciados em regime aberto".

7.1.6. Regressão de regime

7.1.6.1. Introdução

Como mencionado em linhas anteriores, o mérito do condenado é o fator determinante da progressão de regime de cumprimento da pena, que deve vir, sempre, aliado ao elemento temporal.

Obtida a progressão e verificando-se que o mérito do condenado não mais corresponde ao que seria necessário para o prosseguimento da execução no novo regime alcançado, poderá o condenado regredir de regime, passando aos regimes mais severos.

A regressão representa o retorno do condenado ao regime mais severo, observados a ampla defesa e o contraditório. No caso, ao regime semiaberto, se o condenado estava no aberto, ou ao fechado, se, na ocasião, se encontrava no regime intermediário ou semiaberto.

É admitida a regressão por salto (*per saltum*), pois a lei fala em "transferência para qualquer dos regimes mais rigorosos", indicando que o condenado pode, eventualmente, passar do regime aberto para o regime fechado, sem a passagem pelo regime intermediário.

É possível, outrossim, a regressão cautelar, ou sustação provisória do regime, que se insere no poder geral de cautela do juiz da execução, tendo fundamento na existência dos requisitos *fumus boni iuris* e *periculum in mora*.

Sobre a regressão cautelar, no Superior Tribunal de Justiça:

A jurisprudência desta Corte é firme no sentido de ser possível a regressão cautelar, inclusive ao regime prisional mais gravoso, diante da prática de infração disciplinar no curso do resgate da reprimenda, sendo desnecessária até mesmo a realização de audiência de justificação para oitiva do apenado, exigência que se torna imprescindível somente para a regressão definitiva [...] (AgRg no HC n. 743.857/SP, relatora Ministra Laurita Vaz, Sexta Turma, julgado em 7/6/2022, DJe de 13/6/2022)" (AgRg no HC 913930/SP – Rel. Min. Reynaldo Soares da Fonseca – 5ªT. – DJe 3-7-2024).

7.1.6.2. Causas da regressão

As causas da regressão de regime estão elencadas no art. 118 da LEP, que dispõe:

> Art. 118. A execução da pena privativa de liberdade ficará sujeita à forma regressiva, com a transferência para qualquer dos regimes mais rigorosos, quando o condenado:
>
> I – praticar fato definido como crime doloso ou falta grave;
>
> II – sofrer condenação, por crime anterior, cuja pena, somada ao restante da pena em execução, torne incabível o regime (artigo 111).

§ 1º O condenado será transferido do regime aberto se, além das hipóteses referidas nos incisos anteriores, frustrar os fins da execução ou não pagar, podendo, a multa cumulativamente imposta.

§ 2º Nas hipóteses do inciso I e do parágrafo anterior, deverá ser ouvido, previamente, o condenado.

7.1.6.2.1. *Prática de fato definido como crime doloso*

Basta a *prática* de fato definido como crime doloso para que haja a regressão, sendo desnecessária condenação ou trânsito em julgado de sentença.

7.1.6.2.2. *Prática de falta grave*

O art. 50 da LEP elenca as faltas graves.

São elas:

I – incitar ou participar de movimento para subverter a ordem ou a disciplina;

II – fugir;

III – possuir, indevidamente, instrumento capaz de ofender a integridade física de outrem;

IV – provocar acidente de trabalho;

V – descumprir, no regime aberto, as condições impostas;

VI – inobservar os deveres previstos nos incisos II e V, do artigo 39, da LEP;

VII – tiver em sua posse, utilizar ou fornecer aparelho telefônico, de rádio ou similar, que permita a comunicação com outros presos ou com o ambiente externo;

VIII – recusar submeter-se ao procedimento de identificação do perfil genético.

Acerca da falta grave, no Superior Tribunal de Justiça:

"*HABEAS CORPUS*. HOMICÍDIO. EXECUÇÃO. PROGRESSÃO DE REGIME. FALTA GRAVE. REBELIÃO. DURANTE O CUMPRIMENTO DA PENA EM REGIME SEMIABERTO. REGRESSÃO. ORDEM DENEGADA.

1 – Hipótese em que o impetrante sustenta estar sendo submetido a constrangimento ilegal, pois o pleito de progressão de regime por ele formulado teria sido indeferido em razão da hediondez da conduta por ele praticada, qual seja, homicídio.

2 – A impetração que busca, de fato, ver restabelecida a decisão monocrática que havia concedido a progressão para o regime mais brando, sendo que, posteriormente, o paciente participou de motim, tendo sido instaurado procedimento disciplinar, o qual concluiu pelo cometimento de falta grave, implicando em sua regressão para o regime fechado.

3 – A participação em movimento para subverter a ordem ou a disciplina no estabelecimento prisional, de acordo com o disposto no art. 50, I, da Lei 7.210/84, é considerada falta grave, à luz do disposto no inciso I do art. 118 da LEP, o que justifica a regressão de regime prisional.

4 – Não há que ser afastado o óbice à forma progressiva de desconto da pena, uma vez que a manutenção da custódia em regime fechado está fundada na prática de falta grave pelo apenado, o que acarretou a regressão de regime.

5 – Ordem denegada" (STJ – HC 83.703/SP – Rel. Min. Jane Silva – 5ªT. – *DJU*, 17-9-2007, p. 336).

7.1.6.2.3. *Condenação, por crime anterior, cuja pena, somada ao restante da pena em execução, torne incabível o regime*

A regressão ocorrerá também se o condenado sofrer condenação, por crime anterior, cuja pena, quando somada ao restante da pena em execução, tornar incabível o regime.

O regime de cumprimento de pena somente será determinado após a soma das penas. Como já mencionado, não predomina o regime isolado de cada uma delas.

Assim, se o condenado sofrer várias condenações com a imposição das respectivas penas no regime aberto, na fase de execução poderá ser estabelecido regime mais rigoroso como decorrência do somatório das penas, observados os parâmetros temporais do art. 33 do Código Penal.

7.1.6.2.4. Frustrar os fins da execução

Frustrar os fins da execução significa a adoção pelo condenado de postura incompatível com o regime em que se encontra, de modo a revelar inadaptação com o modo de cumprimento da pena.

7.1.6.2.5. Não pagar, podendo, a multa cumulativamente imposta

Nesse caso, deve haver a certeza de que o condenado é solvente, ou seja, que tem condições de pagar a multa que lhe foi imposta cumulativamente com a pena privativa de liberdade. Há quem sustente que, após a edição de Lei n. 9.268/96, essa situação deixou de existir, uma vez que, pela nova redação do art. 51 do CP, a multa não paga constitui dívida de valor para com a Fazenda Pública.

7.1.7. Autorizações de saída

7.1.7.1. Generalidades

Na Lei de Execução Penal, o termo autorização de saída refere-se à permissão de saída, prevista nos arts. 120 e 121, e à saída temporária, prevista nos arts. 122 a 125.

A permissão de saída e a saída temporária se baseiam na importância das relações do preso com o mundo exterior para o cumprimento dos fins da execução, principalmente no processo de reintegração social.

7.1.7.2. Permissão de saída

Dispõem os arts. 120 e 121 da LEP:

> Art. 120. Os condenados que cumprem pena em regime fechado ou semiaberto e os presos provisórios poderão obter permissão para sair do estabelecimento, mediante escolta, quando ocorrer um dos seguintes fatos:
>
> I – falecimento ou doença grave do cônjuge, companheira, ascendente, descendente ou irmão;
>
> II – necessidade de tratamento médico (parágrafo único do artigo 14).
>
> Parágrafo único. A permissão de saída será concedida pelo diretor do estabelecimento onde se encontra o preso.
>
> Art. 121. A permanência do preso fora do estabelecimento terá duração necessária à finalidade da saída.

A permissão de saída se fundamenta em razões humanitárias, permitindo aos condenados que cumprem pena em regime fechado ou semiaberto e, ainda, aos presos provisórios, a saída do estabelecimento, mediante escolta, em casos especificados na lei, quais sejam, em caso de falecimento ou doença grave do cônjuge, companheira ou companheiro, ascendente, descendente, irmão ou irmã, ou em caso de necessidade de tratamento médico.

Não há prazo fixado em lei para a duração da saída, devendo o pedido, ouvido o Ministério Público, ser cuidadosamente analisado pelo juiz da execução.

A permissão para tratamento médico somente será concedida se o estabelecimento prisional em que o condenado se encontra não dispuser de condições para o tratamento. Se houver estrutura e aparelhamento adequados ao tratamento necessitado pelo preso, no estabelecimento em que ele se encontra, essa permissão lhe será negada.

7.1.7.3. Saída temporária

> Art. 122. Os condenados que cumprem pena em regime semiaberto poderão obter autorização para saída temporária do estabelecimento, sem vigilância direta, nos seguintes casos:
>
> I – (revogado); (*Redação dada pela Lei n. 14.843, de 2024*)
>
> II – frequência a curso supletivo profissionalizante, bem como de instrução do 2º grau ou superior, na Comarca do Juízo da Execução;
>
> III – (revogado). (*Redação dada pela Lei n. 14.843, de 2024*)
>
> § 1º A ausência de vigilância direta não impede a utilização de equipamento de monitoração eletrônica pelo condenado, quando assim determinar o juiz da execução. (*Redação dada pela Lei n. 13.964, de 2019*)
>
> § 2º Não terá direito à saída temporária de que trata o *caput* deste artigo ou a trabalho externo sem vigilância direta o condenado que cumpre pena por praticar crime hediondo ou com violência ou grave ameaça contra pessoa. (*Redação dada pela Lei n. 14.843, de 2024*)
>
> § 3º Quando se tratar de frequência a curso profissionalizante ou de instrução de ensino médio ou superior, o tempo de saída será o necessário para o cumprimento das atividades discentes. (*Incluído pela Lei n. 14.843, de 2024*)

Saída temporária é um benefício concedido ao condenado que cumpre pena privativa de liberdade em regime semiaberto, visando seu gradativo retorno ao convívio social, o qual poderá sair do estabelecimento em determinada ocasião e para a participação em determinadas atividades que contribuam para sua efetiva ressocialização.

A saída temporária é vulgarmente chamada, na gíria do sistema prisional, de "saidinha", e não pode ser confundida com indulto, que, como causa de extinção de punibilidade (art. 107, II, do CP), é forma de perdão, de clemência soberana, concedida pelo Presidente da República, por meio de decreto, nos termos do art. 84, XII, da Constituição Federal.

No indulto, o preso deixa o sistema prisional e não volta mais, pois recebeu perdão. Na saída temporária, ao contrário, o preso se ausenta do sistema prisional transitoriamente, e volta ao cabo do prazo determinado. Caso não retorne, será considerado foragido, perdendo o mérito para futuros benefícios.

A saída temporária foi reconfigurada pela Lei n. 14.843/2024, que passou a permiti-la somente no caso de frequência a curso supletivo profissionalizante, bem como de instrução do 2º grau ou superior, na Comarca do Juízo da Execução.

A frequência a curso supletivo profissionalizante, bem como de instrução do 2º grau ou superior, na Comarca do Juízo da Execução, visa propiciar o aculturamento do preso, contribuindo para sua formação profissional e intelectual, necessária para o processo de ressocialização e para a vida fora do cárcere. Nesse caso, o tempo de saída será o necessário para o cumprimento das atividades discentes. Excepcionalmente, se tem concedido autorização para a frequência em cursos fora da Comarca do Juízo da Execução.

A saída temporária será autorizada pelo juiz da execução, sem vigilância direta, devendo o preso satisfazer os seguintes requisitos do art. 123 da LEP:

> Art. 123. A autorização será concedida por ato motivado do juiz da execução, ouvidos o Ministério Público e a administração penitenciária, e dependerá da satisfação dos seguintes requisitos:
>
> I – comportamento adequado;
>
> II – cumprimento mínimo de 1/6 (um sexto) da pena, se o condenado for primário, e 1/4 (um quarto), se reincidente;
>
> III – compatibilidade do benefício com os objetivos da pena.

Portanto, os requisitos para a autorização de saída temporária se dividem em:

a) Requisitos subjetivos: comprovação de comportamento adequado, por meio de atestado fornecido, em regra, pela direção do estabelecimento prisional, e compatibilidade do benefício com os objetivos da pena.

b) Requisito objetivo: cumprimento mínimo de um sexto da pena, caso o condenado seja primário, e um quarto da pena, caso ele seja reincidente.

O § 2º do art. 122, com a redação dada pela Lei n. 14.843/2024, dispõe expressamente que não terá direito à saída temporária ou a trabalho externo sem vigilância direta o condenado que cumpre pena por praticar crime hediondo ou com violência ou grave ameaça contra pessoa.

Ademais, o art. 146-B da LEP, acrescentado pela Lei n. 12.258/2010, estabeleceu que, em caso de autorização de saída temporária, o juiz poderá definir a fiscalização por meio de monitoração eletrônica.

O benefício da saída temporária será revogado se o condenado praticar fato definido como crime doloso, se for punido por falta grave, se desatender às condições impostas na autorização ou se revelar baixo grau de aproveitamento do curso.

O benefício da saída temporária poderá ser recuperado, se ocorrer a absolvição no processo penal, o cancelamento da punição disciplinar ou a demonstração do merecimento do sentenciado.

7.1.8. Remição

7.1.8.1. Noções gerais

A remição, termo que significa reparar, compensar, ressarcir, é um direito do condenado, que pode reduzir, pelo trabalho ou pelo estudo, o tempo de duração da pena privativa de liberdade cumprida em regime fechado ou semiaberto.

O objetivo principal da remição é incentivar a ressocialização do condenado e recompensar sua dedicação a atividades consideradas socialmente úteis ou educativas.

A remição da pena tem raízes históricas na legislação penal moderna, inspirada em modelos que associam o trabalho do preso à reintegração social. No Brasil, ganhou maior relevância com a Lei de Execução Penal (Lei n. 7.210/84), que estabelece as bases legais para sua aplicação. Posteriormente, foi ampliada pela Lei n. 12.433/2011, que incluiu o estudo como meio de remição.

A remição, portanto, vem prevista no art. 126 da LEP, com redação dada pela Lei n. 12.433/2011, que dispõe:

> Art. 126. O condenado que cumpre a pena em regime fechado ou semiaberto poderá remir, por trabalho ou por estudo, parte do tempo de execução da pena.
>
> § 1º A contagem de tempo referida no *caput* será feita à razão de:

I – 1 (um) dia de pena a cada 12 (doze) horas de frequência escolar – atividade de ensino fundamental, médio, inclusive profissionalizante, ou superior, ou ainda de requalificação profissional – divididas, no mínimo, em 3 (três) dias;

II – 1 (um) dia de pena a cada 3 (três) dias de trabalho.

§ 2º As atividades de estudo a que se refere o § 1º deste artigo poderão ser desenvolvidas de forma presencial ou por metodologia de ensino a distância e deverão ser certificadas pelas autoridades educacionais competentes dos cursos frequentados.

§ 3º Para fins de cumulação dos casos de remição, as horas diárias de trabalho e de estudo serão definidas de forma a se compatibilizarem.

§ 4º O preso impossibilitado, por acidente, de prosseguir no trabalho ou nos estudos continuará a beneficiar-se com a remição.

§ 5º O tempo a remir em função das horas de estudo será acrescido de 1/3 (um terço) no caso de conclusão do ensino fundamental, médio ou superior durante o cumprimento da pena, desde que certificada pelo órgão competente do sistema de educação.

§ 6º O condenado que cumpre pena em regime aberto ou semiaberto e o que usufrui liberdade condicional poderão remir, pela frequência a curso de ensino regular ou de educação profissional, parte do tempo de execução da pena ou do período de prova, observado o disposto no inciso I do § 1º deste artigo.

§ 7º O disposto neste artigo aplica-se às hipóteses de prisão cautelar.

§ 8º A remição será declarada pelo juiz da execução, ouvidos o Ministério Público e a defesa.

Será computado o tempo remido para a concessão do livramento condicional e do indulto, nos termos do que dispõe o art. 128 da LEP.

Somente tem direito à remição o preso que cumpre pena em regimes fechado e semiaberto.

Sentenciado em gozo de regime aberto não faz jus a remição. Nesse sentido:

O trabalho prestado deverá ser comprovado por atestado expedido pela direção do estabelecimento prisional, documento que será apresentado ao juízo da execução instruindo o pedido de remição. Após oitiva do Ministério Público, o juiz da execução declarará remidos os dias pelo trabalho, por meio de decisão.

Vale destacar o disposto na Súmula 562 do Superior Tribunal de Justiça, do seguinte teor: "É possível a remição de parte do tempo de execução da pena quando o condenado, em regime fechado ou semiaberto, desempenha atividade laborativa, ainda que extramuros".

7.1.8.2. Remição pelo estudo

Antigamente, a remição da pena pelo estudo, embora não admitida em lei, vinha sendo admitida pela jurisprudência (*RT*, 798/688 e 803/609). Isso em razão dos benefícios trazidos pelo estudo ao processo de recuperação e ressocialização do condenado.

Inclusive, a Súmula 341 do Superior Tribunal de Justiça já estabelecia: "A frequência a curso de ensino formal é causa de remição de parte do tempo de execução de pena sob regime fechado ou semiaberto".

Ademais, o art. 83, § 4º, da LEP, com a redação dada pela Lei n. 12.245/2010, estabelece que os estabelecimentos penais deverão contar com salas de aulas destinadas a cursos do ensino básico e profissionalizante.

A remição pelo estudo foi expressamente admitida pela Lei n. 12.433/2011, que alterou os arts. 126 a 129 da Lei de Execução Penal, já tendo sido analisada em item anterior.

O Superior Tribunal de Justiça vem admitindo também a remição pelo estudo em caso de ensino à distância: "Conforme a jurisprudência desta Corte Superior, é possível a remição de pena por estudo realizado na modalidade à distância, desde que cumpridos os requisitos estabelecidos no art. 126, § 2º, da Lei de Execução Penal e pela Resolução n. 391/2021, do Conselho Nacional de Justiça" (AgRg no HC 882805/RJ – Rel. Min. Otávio de Almeida Toledo (Desembargador convocado do TJSP) – 6ª T. – DJe 28-10-2024).

Outrossim, a Lei n. 13.163/2015 acrescentou o art. 18-A à Lei de Execução Penal, dispondo o seguinte: "Art. 18-A. O ensino médio, regular ou supletivo, com formação geral ou educação profissional de nível médio, será implantado nos presídios, em obediência ao preceito constitucional de sua universalização.

§ 1º O ensino ministrado aos presos e presas integrar-se-á ao sistema estadual e municipal de ensino e será mantido, administrativa e financeiramente, com o apoio da União, não só com os recursos destinados à educação, mas pelo sistema estadual de justiça ou administração penitenciária.

§ 2º Os sistemas de ensino oferecerão aos presos e às presas cursos supletivos de educação de jovens e adultos.

§ 3º A União, os Estados, os Municípios e o Distrito Federal incluirão em seus programas de educação à distância e de utilização de novas tecnologias de ensino, o atendimento aos presos e às presas".

7.1.8.3. Estabelecimento que não dispõe de condições para o trabalho

O trabalho é um direito do preso e não uma obrigação do Estado, de forma que é condenável a prática de conceder remição ao preso que não trabalhou, alegando ausência de condições para o trabalho no estabelecimento prisional. É a chamada remição ficta.

No Superior Tribunal de Justiça: "Conforme jurisprudência assente nesta Corte Superior, a ausência de previsão legal específica impossibilita a concessão de remição da pena pelo simples fato de o Estado não propiciar meios necessários para o labor ou a educação de todos os custodiados. Entende-se, portanto, que a omissão estatal não pode implicar remição ficta da pena, haja vista a *ratio* do referido benefício, que é encurtar o tempo de pena mediante a efetiva dedicação do preso a atividades lícitas e favoráveis à sua reinserção social e ao seu progresso educativo" (STJ – REsp 1953607/SC – Rel. Min. Ribeiro Dantas – 3ª Seção – DJe 20-9-2022).

7.1.8.4. Perda dos dias remidos

A regra do art. 127 da LEP assegura que o condenado que for punido por falta grave perderá até 1/3 (um terço) do tempo remido, começando o novo período a partir da data da infração disciplinar.

No art. 50 da LEP se encontra o rol das faltas graves para o preso que cumpre pena privativa de liberdade.

O Superior Tribunal de Justiça já decidiu que "a jurisprudência deste Superior Tribunal de Justiça assentou ser idônea e proporcional a determinação judicial de perda dos dias remidos no percentual máximo de 1/3 ao apenado que comete falta disciplinar, cuja conduta possui natureza especialmente grave" (AgRg no HC 914640/SP – Rel. Min. Sebastião Reis Junior – 6ª T. – DJe 6-9-2024).

7.1.8.5. Remição pela leitura

Muito se tem discutido acerca da admissibilidade de remição de pena pela leitura, hipótese não prevista expressamente pelo art. 126 da Lei n. 7.210/84 – Lei de Execução Penal.

Em vários precedentes jurisprudenciais, o Superior Tribunal de Justiça tem admitido o alargamento das hipóteses de remição previstas na Lei de Execução Penal (que se restringem ao trabalho e ao estudo), em verdadeira analogia *in bonam partem*, tudo visando ao "aprimoramento do reeducando" e "propiciar condições para a harmônica integração social do condenado".

Até mesmo a atividade musical realizada em coral foi admitida para a remição de pena. No REsp 1.666.637-ES, que teve como relator o Ministro Sebastião Reis Júnior, julgado em 26-9-2017 (*DJe* 9-10-2017), a Sexta Turma, por unanimidade, decidiu o seguinte: "O ponto nodal da discussão consiste em analisar se o canto em coral pode ser considerado como trabalho ou estudo para fins de remição da pena. Inicialmente, consigna-se que a jurisprudência do Superior Tribunal de Justiça, como resultado de uma interpretação analógica 'in bonam partem' da norma prevista no art. 126 da LEP, firmou o entendimento de que é possível remir a pena com base em atividades que não estejam expressas no texto legal. Concluiu-se, portanto, que o rol do art. 126 da Lei de Execução Penal não é taxativo, pois não descreve todas as atividades que poderão auxiliar no abreviamento da reprimenda. Aliás, o *caput* do citado artigo possui uma redação aberta, referindo-se apenas ao estudo e ao trabalho, ficando a cargo do inciso I do primeiro parágrafo a regulação somente no que se refere ao estudo – atividade de ensino fundamental, médio, inclusive profissionalizante, ou superior, ou ainda de requalificação profissional. Na mesma linha, consigna-se que a intenção do legislador ao permitir a remição pelo trabalho ou pelo estudo é incentivar o aprimoramento do reeducando, afastando-o, assim, do ócio e da prática de novos delitos, e, por outro lado, proporcionar condições para a harmônica integração social do condenado (art. 1º da LEP). Ao fomentar o estudo e o trabalho, pretende-se a inserção do reeducando ao mercado de trabalho, a fim de que ele obtenha o seu próprio sustento, de forma lícita, após o cumprimento de sua pena. Nessa toada, observa-se que o meio musical satisfaz todos esses requisitos, uma vez que além do aprimoramento cultural proporcionado ao apenado, ele promove sua formação profissional nos âmbitos cultural e artístico. A atividade musical realizada pelo reeducando profissionaliza, qualifica e capacita o réu, afastando-o do crime e reintegrando-o na sociedade. No mais, apesar de se encaixar perfeitamente à hipótese de estudo, vê-se, também, que a música já foi regulamentada como profissão pela Lei n. 3.857/1960".

Com relação especificamente à remição pela leitura, hipótese não prevista no art. 126 da Lei de Execução Penal, vale conferir a Resolução n. 391, de 10 de maio de 2021, do Conselho Nacional de Justiça – CNJ, que estabelece procedimentos e diretrizes a serem observados pelo Poder Judiciário para o reconhecimento do direito à remição de pena por meio de práticas sociais educativas em unidades de privação de liberdade.

O Departamento Penitenciário Nacional (Depen) publicou nota técnica de remição de pena pela leitura. A Nota Técnica n. 1/2020 tem o objetivo orientar os Estados na institucionalização e padronização das atividades de remição de pena pela leitura e resenhas de livros no sistema prisional brasileiro. A iniciativa se dá como marco inicial para a criação do Programa Nacional de Remição de Pena pela Leitura no Brasil.

A remição pela leitura, enfim, é uma realidade que vem sendo admitida pelos Tribunais Superiores e por muitos Juízos de Execução Penal pelo país afora, em louvável preocupação com a ressocialização dos condenados, fazendo com que o Poder Público adquira livros e obras literárias diversas para guarnecer as bibliotecas dos estabelecimentos prisionais.

7.1.9. Suspensão condicional da pena – sursis

7.1.9.1. Noções gerais

A suspensão condicional da pena é também conhecida nos meios jurídicos pelo nome de *sursis*, que significa *suspensão*, permitindo que o condenado não se sujeite à execução de pena privativa de liberdade de pequena duração.

Segundo as disposições do Código Penal, nos arts. 77 a 82, o juiz, ao condenar o réu, pode suspender a execução da pena privativa de liberdade, de 2 a 4 anos.

Essa *pena privativa de liberdade* não pode ser superior a 2 anos.

O réu é notificado pessoalmente a comparecer à audiência de advertência, também chamada de admonitória, na qual o juiz lerá a sentença, advertindo-o das consequências da nova infração penal e da transgressão das obrigações impostas.

O réu, então, não inicia o cumprimento de pena, ficando em liberdade condicional por um período chamado de prova, durante o qual ficará em observação.

7.1.9.2. Conceito

A suspensão condicional da pena, ou *sursis*, é uma medida jurisdicional que determina o sobrestamento da pena, preenchidos que sejam certos pressupostos legais e mediante determinadas condições impostas pelo juiz.

7.1.9.3. Sistemas

Existem dois sistemas a respeito do *sursis*:

a) sistema anglo-americano, no qual o juiz suspende a ação penal e o período de prova é cumprido sem que haja sentença condenatória, que não é proferida, devendo o agente ser fiscalizado por funcionários da Justiça, que têm a incumbência de realizar o seu reajustamento social;

b) sistema belga-francês, adotado pelo Brasil, no qual o juiz condena o réu, determinando a suspensão condicional da execução da pena privativa de liberdade.

7.1.9.4. Formas

O *sursis* apresenta quatro formas:

a) *suspensão simples*, prevista no art. 78, § 1º, do Código Penal, em que o condenado, no primeiro ano do período de prova, deverá prestar serviços à comunidade, ou submeter-se à limitação de fim de semana;

b) *suspensão especial*, prevista no art. 78, § 2º, do Código Penal, em que o condenado, se houver *reparado o dano* e as circunstâncias judiciais do art. 59 lhe forem favoráveis, poderá ter substituídas a prestação de serviços à comunidade e a limitação de fim de semana por outras circunstâncias enumeradas por lei;

c) *suspensão etária*, ou *"sursis" etário*, prevista no art. 77, § 2º, do Código Penal, em que o condenado é maior de 70 anos à data da sentença concessiva. O *sursis*, nesse caso, pode ser concedido desde que a pena privativa de liberdade não seja superior a 4 anos, sendo o período de prova de 4 a 6 anos;

d) *suspensão humanitária*, ou *"sursis" humanitário*, prevista no art. 77, § 2º, *in fine*, do Código Penal, em que as razões de saúde do condenado justificam a suspensão. O *sursis*, também nesse caso, pode ser concedido desde que a pena privativa de liberdade não seja superior a 4 anos, sendo o período de prova de 4 a 6 anos.

7.1.9.5. Requisitos

Existem dois tipos de requisitos do *sursis*:

a) *requisitos de natureza objetiva*, que dizem respeito à qualidade e quantidade da pena:

– quanto à qualidade da pena, somente a *pena privativa de liberdade* admite a suspensão;

– quanto à quantidade da pena, esta não pode ser superior a 2 anos, ainda que resulte do concurso de crimes;

b) *requisitos de natureza subjetiva*, que dizem respeito aos *antecedentes judiciais* do condenado e às *circunstâncias judiciais* do fato:

– com relação aos antecedentes judiciais do condenado, é necessário que não seja reincidente em crime doloso;

– com relação às *circunstâncias judiciais*, é necessário que a culpabilidade, os antecedentes, a conduta social e a personalidade do agente, bem como os motivos e as circunstâncias do crime autorizem a concessão do *sursis*.

Outrossim, para que se conceda o *sursis* ao condenado, não pode ser cabível a substituição da *pena privativa de liberdade* pela *restritiva de direitos*.

7.1.9.6. Período de prova

Período de prova é o nome que se dá ao lapso de tempo fixado pelo juiz durante o qual fica *suspensa a execução da pena*.

Esse período de prova é de 2 a 4 anos.

Se o condenado for maior de 70 anos de idade, ou razões de saúde justificarem a suspensão, o período de prova poderá variar de 4 a 6 anos. Nesse caso, a pena suspensa não poderá ser superior a 4 anos. São os chamados *sursis* etário e humanitário.

Tratando-se de *contravenção penal*, o período de prova será de 1 a 3 anos, de acordo com o art. 11 da Lei das Contravenções Penais.

7.1.9.7. Condições

Durante o período de prova, o condenado deverá cumprir determinadas condições. Se não as obedecer, terá o *sursis* revogado e deverá cumprir a pena privativa de liberdade a que foi condenado.

Essas condições podem ser de duas espécies:

a) *condições legais*, impostas pela lei, conforme previsão do art. 78, § 1º, do Código Penal;

b) *condições judiciais*, impostas pelo juiz na sentença, de acordo com o disposto no art. 79 do Código Penal.

Essas condições serão diversas conforme a espécie de *sursis*.

Se o *sursis* for *simples*, deverá o condenado, no primeiro ano do período de prova, prestar serviços à comunidade ou submeter-se a limitação de fim de semana.

Se o *sursis* for *especial*, a prestação de serviços à comunidade e a limitação de fim de semana serão substituídas por:

– proibição de frequentar determinados lugares;

– proibição de ausentar-se o condenado da comarca onde reside, sem autorização judicial;

– comparecimento pessoal e obrigatório a juízo, mensalmente, para informar e justificar suas atividades.

7.1.9.8. Revogação do *sursis*

Se o condenado, durante o período de prova, não cumpre as condições estabelecidas, o *sursis* é revogado, tendo ele de cumprir integralmente a pena que lhe foi imposta. As causas de revogação são também chamadas de *condições legais indiretas*.

Existem duas espécies de causas de revogação:

a) *causas de revogação obrigatória*, previstas no art. 81, I a III, do Código Penal;

b) *causas de revogação facultativa*, previstas no art. 81, § 1º, do Código Penal.

7.1.9.8.1. Cassação do sursis

Há duas hipóteses legais em que pode ocorrer a chamada cassação do *sursis*.

A primeira delas vem prevista no art. 161 da Lei de Execução Penal (Lei n. 7.210/84), ocorrendo quando o réu, intimado pessoalmente ou por edital com prazo de 20 dias, não comparecer à audiência admonitória. Nesse caso, a suspensão ficará sem efeito e será executada imediatamente a pena.

A segunda hipótese de cassação do *sursis* vem prevista no art. 706 do Código de Processo Penal, ocorrendo quando, em virtude de recurso, for aumentada a pena, de modo que exclua a concessão do benefício.

7.1.9.8.2. Restabelecimento do sursis

O restabelecimento do *sursis* não é previsto por lei, quando tornado sem efeito pelo não comparecimento do réu à audiência admonitória. Entretanto, uma vez que a lei prevê expressamente a possibilidade de o condenado justificar sua ausência, e no intuito de evitar que ele não receba o benefício a que faz jus, tem a jurisprudência entendido que o juiz poderá, nessa hipótese, restabelecer o *sursis*.

7.1.9.9. Prorrogação do *sursis*

Ocorre a prorrogação do *sursis* quando o condenado pratica outra infração penal durante o período de prova.

A prorrogação se dá em consequência da prática de nova infração penal, pois que somente a condenação com trânsito em julgado é causa de revogação.

Assim, se o condenado pratica *infração* penal durante o *período de prova*, o prazo da suspensão fica prorrogado até o julgamento definitivo.

A prorrogação se dá em face de novo *processo*, e não em face de mera prática, em tese, de infração penal ou pela instauração de inquérito policial.

7.1.9.10. Execução do *sursis*

A individualização das condições previstas no art. 158, § 1º, da LEP (condições adequadas ao fato e à situação pessoal do condenado), não impede que o juiz, a qualquer tempo, de ofício, a requerimento do Ministério Público ou mediante proposta do Conselho Penitenciário, as modifique, bem como as regras estabelecidas na sentença, ouvido o condenado (art. 158, § 2º, da LEP).

E se o juiz sentenciante (do processo de conhecimento), apenas aplicar o *sursis*, sem, no entanto, fixar as condições a que o condenado fica sujeito? Nesse caso, poderia o juiz da execução fixar as condições da suspensão?

Duas posições se firmaram acerca da questão. A primeira sustenta ser incabível que as condições sejam fixadas pelo juízo de execução, sob pena de violação do princípio que impede a *reformatio in pejus*. A segunda, que adotamos, sustenta que o juiz da execução pode fixar as condições não impostas pelo juiz de conhecimento, nos termos do art. 158, § 2º, da LEP, uma vez que trânsito em julgado da sentença condenatória somente atinge a concessão ou não do benefício, e não suas condições.

Concedido o *sursis*, transitada em julgado a sentença condenatória, o juiz sentenciante (do processo de conhecimento) designará audiência admonitória, na qual lerá ao condenado a sentença, advertindo-o das consequências de nova infração penal e do descumprimento das condições impostas.

Há, entretanto, duas exceções:

a) hipótese do art. 159, § 2º, da LEP – o Tribunal, ao conceder a suspensão condicional da pena em grau de recurso, poderá conferir ao juízo da execução a incumbência de estabelecer as condições do benefício e realizar a audiência admonitória;

b) hipótese do benefício ser concedido pelo próprio juiz da execução.

7.1.9.11. *Sursis* sem efeito ou ineficaz

O *sursis* sem efeito ou ineficaz é previsto no art. 161 da LEP, que dispõe se o réu, intimado pessoalmente ou por edital com prazo de 20 (vinte) dias, não comparecer injustificadamente à audiência admonitória, a suspensão ficará sem efeito e será executada imediatamente a pena privativa de liberdade.

7.1.9.12. Crime hediondo

No que tange a concessão do *sursis* na hipótese de condenação por prática de crime hediondo ou a este equiparado (Lei n. 8.072/90), temos duas posições:

A primeira diz que o instituto do *sursis* é incompatível com os ilícitos elencados da lei dos crimes hediondos, ou a este equiparado, não podendo ser concedido neste caso. Essa posição nos parece a mais adequada.

A segunda diz que não há na Lei n. 8.072/90 qualquer vedação expressa quanto à concessão de *sursis*, portanto, não se pode admitir uma interpretação ampliativa em prejuízo do réu podendo ser concedido neste caso.

Atualmente, os Tribunais Superiores vêm admitindo a concessão de *sursis* em crimes hediondos e assemelhados, desde que observado o requisito temporal da pena privativa de liberdade.

7.1.10. Livramento condicional

7.1.10.1. Requisitos

A concessão do livramento condicional está subordinada ao cumprimento de requisitos de ordem objetiva e subjetiva.

a) *Requisitos de ordem objetiva*:

– o primeiro requisito de ordem objetiva diz respeito à qualidade e quantidade da pena. A pena tem de ser privativa de liberdade e aplicada por período igual ou superior a 2 anos. Esse requisito encontra-se no art. 83, *caput*, do Código Penal;

– o segundo requisito de ordem objetiva é ter o condenado cumprido mais de um terço da pena, se não for reincidente em crime doloso. Esse requisito encontra-se no art. 83, I, do Código Penal;

– o terceiro requisito de ordem objetiva é ter o condenado cumprido mais de metade da pena, se for reincidente. Esse requisito encontra-se no art. 83, II, do Código Penal;

– o quarto requisito de ordem objetiva é ter o condenado cumprido mais de dois terços da pena, se não for reincidente específico, em caso de crimes hediondos elencados no art. 1º da Lei n. 8.072/90, além da prática de tortura, tráfico ilícito de entorpecentes e drogas afins e terrorismo. Esse requisito encontra-se no art. 83, V, do Código Penal;

– o quinto requisito de ordem objetiva é ter o condenado reparado, salvo efetiva impossibilidade de fazê-lo, o dano causado pela infração. Esse requisito encontra-se no art. 83, IV, do Código Penal.

b) *Requisitos de ordem subjetiva*:

– o primeiro requisito de ordem subjetiva é ter o sentenciado bons antecedentes, o que significa não ser ele criminoso habitual, não ter sofrido outras condenações, não ter-se envolvido em outros inquéritos policiais etc. Esse requisito encontra-se no art. 83, I, segunda parte, do Código Penal;

– o segundo requisito de ordem subjetiva é comprovar o sentenciado bom comportamento durante a execução da pena. Esse comportamento deve ser aferido por meio de atos positivos do sentenciado, não bastando a simples abstenção de faltas disciplinares. Não tem bom comportamento o sentenciado que já empreendeu fuga, que burlou a vigilância e afastou-se do presídio, que se envolveu com tóxicos etc. Esse requisito encontra-se no art. 83, III, do Código Penal. Não obstante, dispõe a Súmula 441 do STJ: "A falta grave não interrompe o prazo para obtenção de livramento condicional";

– o terceiro requisito de ordem subjetiva é não ter o sentenciado cometido falta grave nos últimos 12 (doze) meses. Esse requisito foi acrescentado ao inciso II do art. 83 do Código Penal pela Lei n. 13.964/2019. O rol das faltas graves vem previsto nos arts. 50 e 52 da Lei n. 7.210/84 — Lei de Execução Penal. À vista desse dispositivo legal, encontra-se prejudicada a Súmula 441 do STJ, que diz: "A falta grave não interrompe o prazo para obtenção de livramento condicional";

– o quarto requisito de ordem subjetiva é ter o sentenciado bom desempenho no trabalho que lhe foi atribuído. Esse requisito também se encontra no art. 83, III, do Código Penal;

– o quinto requisito de ordem subjetiva é comprovar o sentenciado aptidão para prover a própria subsistência, mediante trabalho honesto. A prática tem indicado que a promessa de emprego já preenche esse requisito, que se encontra no art. 83, III, do Código Penal;

– o sexto requisito de ordem subjetiva é a constatação de condições pessoais que façam presumir que o liberado não voltará a delinquir. Esse requisito é exigido apenas para condenados por crime doloso, cometido com violência ou grave ameaça à pessoa, e encontra-se no art. 83, parágrafo único, do Código Penal.

7.1.10.2. Concessão

Uma vez preenchidos os pressupostos objetivos e subjetivos, o livramento condicional é concedido mediante *requerimento* do sentenciado, de seu cônjuge ou de parente em linha reta, ou por proposta do diretor do estabelecimento penal, ou por iniciativa do Conselho Penitenciário, conforme estabelece o art. 712 do Código de Processo Penal.

Ao *pedido* serão anexados o cálculo do tempo já cumprido e o atestado de antecedentes carcerários.

Em seguida, o pedido é submetido à apreciação do Conselho Penitenciário, que dará parecer a respeito da admissibilidade, conveniência e oportunidade do benefício, ouvindo-se, em seguida, o diretor do estabelecimento penitenciário (arts. 713 e 714 do CPP).

Também será o pedido submetido à apreciação do promotor de justiça, que se manifestará por meio de parecer (art. 716, § 2º, do CPP).

Concedido o benefício e expedida a carta de livramento, com cópia integral da sentença em duas vias (remetendo-se uma à autoridade administrativa incumbida da execução e outra ao Conselho Penitenciário), realiza-se uma cerimônia solene, sendo entregue ao liberado *caderneta* ou *salvo-conduto* (arts. 136, 137 e 138 da Lei de Execução Penal).

7.1.10.3. Condições

No momento da concessão do livramento condicional, o juiz da execução deve especificar as condições a que fica subordinado o benefício.

Existem dois tipos de condições:

a) *Condições legais* – obrigatórias, que, não cumpridas, podem ensejar a revogação do livramento. São elas:

– não ser o beneficiário do livramento condenado, por sentença irrecorrível, a pena privativa de liberdade por crime cometido durante a vigência do benefício (art. 86, I, do CP);

– não ser o beneficiário do livramento condenado, por sentença irrecorrível, à pena privativa de liberdade por crime cometido anteriormente ao que ensejou o livramento (art. 86, II, do CP);

– obter o beneficiário do livramento ocupação lícita, dentro de prazo razoável, se for apto ao trabalho (art. 132, § 1º, *a*, da Lei de Execução Penal);

– comunicar periodicamente ao juiz sua ocupação (art. 132, § 1º, *b*, da Lei de Execução Penal);

– não mudar do território da comarca do Juízo da Execução sem prévia autorização deste (art. 132, § 1º, *c*, da Lei de Execução Penal).

b) *Condições judiciais* – facultativas, que podem ser impostas ao liberado, a critério do juiz, e que podem ser modificadas no transcorrer da execução. São elas:

– não ser o beneficiário do livramento condenado, por sentença irrecorrível, por crime ou contravenção penal, a pena que não seja privativa de liberdade (art. 87 do CP);

– não mudar o beneficiário de residência sem comunicação ao juiz e à autoridade incumbida de observação cautelar e de proteção (art. 132, § 2º, *a*, da Lei de Execução Penal);

– recolher-se o beneficiário à habitação em hora fixada (art. 132, § 2º, *b*, da Lei de Execução Penal);

– não frequentar o beneficiário determinados lugares (art. 132, § 2º, *c*, da Lei de Execução Penal).

– utilizar equipamento de monitoração eletrônica (art. 132, § 2º, *e*, da Lei de Execução Penal).

7.1.10.4. Revogação

Existem causas de revogação obrigatória e facultativa do livramento condicional:

a) *Causas de revogação obrigatória:*

– a condenação a pena privativa de liberdade, em sentença irrecorrível por crime cometido durante a vigência do benefício. Nesse caso, não se desconta da pena o tempo em que esteve solto o condenado (art. 142 da Lei de Execução Penal);

– a condenação a pena privativa de liberdade, em sentença irrecorrível por crime anterior ao benefício. Nesse caso, computar-se-á como tempo de cumprimento da pena o período de prova (art. 141 da Lei de Execução Penal).

No caso de crime cometido anteriormente à concessão do livramento, a pena imposta será somada à anterior e poderá subsistir o benefício se, feita a unificação, resultar que o beneficiado preenche o pressuposto temporal do livramento.

b) *Causas de revogação facultativa:*

– quando o liberado deixar de cumprir qualquer das obrigações constantes da sentença;

– quando o liberado for condenado, irrecorrivelmente, por crime ou contravenção, a pena que não seja privativa de liberdade.

7.1.10.5. Restauração do livramento

Embora o art. 88 do Código Penal disponha que, uma vez revogado, não poderá o livramento ser novamente concedido, deve esse dispositivo harmonizar-se com o disposto no art. 141 da Lei de Execução Penal.

Assim, se o liberado for condenado pela prática de crime anterior à concessão do livramento, será computado como tempo de cumprimento de pena o período de prova, podendo as duas penas ser unificadas para a concessão de outro livramento, preenchido o pressuposto temporal.

7.1.10.6. Prorrogação do livramento

O prazo do livramento condicional será prorrogado enquanto não transitar em julgado a sentença no processo a que responde o condenado por crime cometido durante a vigência do benefício. A regra vem estampada no art. 89 do Código Penal.

7.1.10.7. Extinção do livramento

Se o livramento não for revogado até o término do prazo total da pena, considera-se extinta a pena privativa de liberdade, conforme o disposto no art. 90 do Código Penal.

Segundo o art. 146 da Lei de Execução Penal, a extinção é declarada pelo juiz, de ofício, a requerimento do interessado, do Ministério Público ou mediante representação do Conselho Penitenciário.

Se tiverem presentes os requisitos legais dos arts. 83 e s. do Código Penal, o condenado terá direito de cumprir o restante de sua pena sob livramento.

O Ministério Público e a Defesa deverão ser ouvidos previamente à análise do pedido, sendo que a Defesa só deverá ser ouvida se não tiver sido a autora do pedido, ou, quando se evidenciar justificada necessidade de sua oitiva em razão da juntada de novos documentos, por exemplo.

A propósito, vale citar o disposto na Súmula 617 do Superior Tribunal de Justiça: "A ausência de suspensão ou revogação do livramento condicional antes do término do período de prova enseja a extinção da punibilidade pelo integral cumprimento da pena".

7.1.10.8. Juízo da execução

O juízo da execução é competente para a apreciação do pedido de livramento condicional, nos termos do art. 66, III, *e*, da LEP. E não se admite que seja apreciado diretamente pelo tribunal, sob pena de violação do princípio do duplo grau de jurisdição.

A concessão do livramento condicional não é proibida quando se tratar de condenação pela prática de crimes hediondos ou assemelhados, com exceção à hipótese de reincidência hedionda específica, que decorre do disposto no § 5º, última parte, do art. 83 do Código Penal.

7.2. Penas restritivas de direitos

7.2.1. Introdução

As penas restritivas de direitos já existiam em nosso ordenamento jurídico, tendo seu rol sido alargado com a Lei n. 9.714/98, que alterou o art. 43 do Código Penal, sendo nele incluídas novas espécies de sanções alternativas.

Estas espécies de pena têm um caráter de abrandamento do rigor da punição do Estado, sendo restringido outro direito que não o de liberdade.

7.2.2. Espécies

São cinco as espécies de penas restritivas de direitos:

a) prestação pecuniária;

b) perda de bens ou valores;

c) prestação de serviços à comunidade;

d) interdição temporária de direitos;

e) limitação de fim de semana.

7.2.2.1. Prestação pecuniária

Esta espécie de pena restritiva de direitos vem prevista no art. 43, I, do CP, devendo o sentenciado pagar, em dinheiro, à vítima, a seus dependentes ou a entidade pública ou privada com destinação social, quantia não inferior a um salário-mínimo, nem superior a 360 salários-mínimos, a ser fixada pelo juiz.

O sentenciado será intimado para que realize o pagamento em dez dias, mas nada impede que este valor seja parcelado, assim como a pena de multa.

Depois de pago o valor integral, considera-se extinta a punibilidade.

Se o pagamento não for realizado, a pena deverá ser convertida em privativa de liberdade, de acordo com o art. 44, § 4º, do CP.

Contudo, se a prestação pecuniária decorrer de transação penal, nos termos da Lei n. 9.099/99, ao invés de autorizar a conversão em pena privativa de liberdade, seguirá a execução o rito previsto no art. 164 da LEP.

A prestação pecuniária vincula-se ao eventual prejuízo sofrido pela vítima em decorrência do crime.

Em razão disso, a quantia paga a este título poderá ser deduzida de eventual condenação em ação de reparação civil, no caso de os beneficiários serem os mesmos.

7.2.2.1.1. Prestação de outra natureza

Esta espécie de pena restritiva de direitos vem prevista no art. 45, § 2º, do CP, que preceitua que a prestação pecuniária poderá consistir em prestação de outra natureza, o que possibilita ao juiz sentenciante impor uma prestação que não seja de cunho pecuniário.

Entretanto, essa prestação de outra natureza está condicionada à concordância do beneficiário, que poderá ser a vítima, seus dependentes ou entidade pública ou privada com destinação social.

Na prática, costumam os juízes fixar as conhecidas "cestas básicas", a ser entregues em entidades assistenciais.

Nesse sentido, a Lei n. 11.340/2006 – Lei de Violência Doméstica e Familiar contra a Mulher, veda expressamente, no art. 17, a aplicação de cestas básicas como pena restritiva de direitos ao sujeito ativo de crimes que envolvam violência doméstica e familiar contra a mulher.

7.2.2.2. Perda de bens ou valores

Esta espécie de pena restritiva de direitos vem prevista no art. 45, § 3º, do CP, e ocorrerá em favor do Fundo Penitenciário Nacional, sendo que seu valor terá como teto o montante do prejuízo causado ou do proveito obtido pelo agente ou por terceiro, em virtude do crime, posto que será aplicado o valor que for maior.

Quanto à forma de execução, o procedimento seguirá o disposto no art. 164 da LEP.

Por ter natureza de prestação pecuniária, serão utilizadas as mesmas regras para eventual conversão da pena restritiva de direitos em pena privativa de liberdade.

7.2.2.3. Prestação de serviços à comunidade

Esta espécie de pena restritiva de direitos, prevista nos arts. 46, § 1º, do CP e 149 da LEP, consiste na atribuição, ao condenado, de tarefas gratuitas à comunidade ou a entidades públicas (hospitais, escolas, orfanatos etc.).

Após a condenação, convertida a pena privativa de liberdade em restritiva de direitos, caberá ao juiz da execução, nos termos do disposto no art. 149 da LEP:

a) designar a entidade ou programa comunitário ou estatal, devidamente credenciado ou conveniado, junto ao qual o condenado deverá trabalhar gratuitamente, de acordo com as suas aptidões;

b) determinar a intimação do condenado, cientificando-o da entidade, dias e horário em que deverá cumprir a pena;

c) alterar a forma de execução, a fim de ajustá-la às modificações ocorridas na jornada de trabalho.

Em relação à jornada de trabalho, a prestação de serviços à comunidade deve ser cumprida à razão de uma hora de tarefa por dia de condenação, fixadas de modo a não prejudicar a jornada normal de trabalho, devendo as tarefas ser atribuídas conforme as aptidões do condenado.

A execução dessa pena restritiva de direitos considerar-se-á iniciada a partir da data do primeiro comparecimento, devendo a entidade beneficiada encaminhar, mensalmente, ao juízo da execução, relatório sobre as atividades do condenado, bem como, a qualquer tempo, comunicar eventual ausência ou falta disciplinar.

7.2.2.4. Interdição temporária de direitos

Esta espécie de pena restritiva de direitos, prevista nos arts. 47 do CP e 154 da LEP, como o próprio nome indica, implica na vedação de exercício de determinados direitos do condenado, podendo consistir em:

a) proibição do exercício de cargo, função ou atividade pública, bem como de mandato eletivo;

b) proibição do exercício de profissão, atividade ou ofício que dependam de habilitação especial, de licença ou autorização do Poder Público;

c) suspensão de autorização ou de habilitação para dirigir veículo;

d) proibição de frequentar determinados lugares;

e) proibição de inscrever-se em concurso, avaliação ou exame públicos.

Deve haver relação entre o delito praticado e o direito restringido;

No caso da aplicação da interdição na modalidade de proibição do exercício de cargo, função ou atividade pública, bem como de mandato eletivo, deverá o juiz comunicá-la à autoridade competente, para que esta, dentro de 24 horas contadas do recebimento do ofício, baixe ato, a partir do qual a execução terá seu início, conforme preceitua o art. 154, § 1º, da LEP.

7.2.2.5. Limitação de fim de semana

A limitação de fim de semana vem prevista nos arts. 48 do CP e 151, 152 e 153 da LEP, e consiste na obrigação de permanecer, aos sábados e domingos, por 5 (cinco) horas diárias, em casa de albergado ou outro estabelecimento adequado.

No período em que permanecer limitado, podem ser ministrados ao condenado cursos e palestras, ou atribuídas atividades educativas.

Para fins de início do cômputo da pena se levará em conta a data do primeiro comparecimento, sendo que para o controle da execução da pena, o estabelecimento designado encaminhará, mensalmente, ao juízo da execução relatório versando sobre as atividades do condenado, bem como a qualquer tempo, a entidade deverá comunicar eventual ausência ou falta disciplinar.

7.2.2.6. Cabimento

As penas restritivas de direitos, quando preenchidos os requisitos do art. 44 do CP, substituem a pena restritiva de liberdade. Embora substitutivas, elas são autônomas, não podendo ser aplicadas cumulativamente com a pena restritiva de liberdade.

Os requisitos de cabimento são:

a) pena privativa de liberdade aplicada não superior a quatro anos (se o crime for culposo, caberá em qualquer que seja a pena aplicada);

b) crime cometido sem violência ou grave ameaça à pessoa;

c) réu não reincidente em crime doloso (nesse caso, excepciona a lei – é possível a substituição se a medida for socialmente relevante, mas é impossível se o réu for reincidente específico);

d) circunstâncias judiciais favoráveis – art. 59 do CP – culpabilidade, antecedentes, conduta social e personalidade do condenado, bem como os motivos e as circunstâncias indicarem que a substituição seja suficiente.

7.3. Pena de multa

7.3.1. Conceito

A pena de multa consiste, nos termos do art. 49 do Código Penal, no pagamento ao Fundo Penitenciário da quantia fixada na sentença e calculada em dias-multa, sendo, no mínimo, de 10 e, no máximo, de 360 dias-multa.

O *valor do dia-multa* é fixado por ocasião da condenação, não podendo ser inferior a um trigésimo do maior salário-mínimo mensal vigente ao tempo do fato, nem superior a 5 vezes esse salário.

Assim, a *pena de multa mínima aplicada* a um indivíduo será de 1/3 do salário-mínimo, e a *pena máxima* será de 1.800 salários-mínimos, vigentes à data do fato.

7.3.2. Cominação e aplicação

A pena de multa pode ser aplicada como:

a) *sanção principal*, quando cominada abstratamente ao delito, como única pena;

b) *sanção alternativa*, quando cominada conjuntamente com a pena privativa de liberdade, deixando ao julgador a possibilidade de aplicar uma ou outra;

c) *sanção cumulativa*, quando cominada conjuntamente com a pena privativa de liberdade, devendo o julgador aplicar as duas juntas.

Em casos excepcionais, o juiz pode impor a pena de multa como pena substitutiva, quando a pena privativa de liberdade (detenção ou reclusão) for igual ou inferior a um ano (art. 44, § 2º, do CP) e o sentenciado preencher os demais requisitos da lei.

O juiz deverá atender, na fixação da pena de multa, principalmente, à situação econômica do réu, podendo ser aumentada, nos termos do art. 60, § 1º, do Código Penal, até o triplo (1.800 salários-mínimos × 3 = 5.400 salários-mínimos) se for considerada ineficaz, embora aplicada no máximo.

7.3.3. Pagamento da multa

A multa deve ser paga dentro de 10 (dez) dias, depois do trânsito em julgado da sentença condenatória. Em regra, transitada em julgado a condenação, o juiz deve mandar proceder ao cálculo da multa. Em seguida, mandará notificar o réu para o pagamento.

A Lei n. 9.268/96 deu outra redação ao art. 51 do Código Penal e revogou o art. 182 da Lei de Execução Penal. Posteriormente, a Lei n. 13.964/2019 alterou novamente a redação do referido art. 51.

Assim, a multa aplicada em sentença condenatória transitada em julgado não perde o caráter de sanção criminal. A Lei n. 9.268/96, ao considerar a multa penal como dívida de valor, não retirou dela o caráter de sanção criminal, que lhe é inerente por força do art. 5º, XLVI, *c*, da Constituição Federal.

Em caso de não pagamento da multa pelo condenado, não poderá ela ser convertida em pena privativa de liberdade. Sendo considerada dívida de valor, determina o art. 51 do Código Penal que a ela sejam aplicadas as normas da legislação relativa à dívida ativa da Fazenda Pública, inclusive no que concerne às causas interruptivas e suspensivas da prescrição. Portanto, deverá ela ser "executada perante o juiz da execução penal". A execução da pena de multa deve seguir os parâmetros da Lei n. 6.830/80.

Excepcionalmente, o pagamento da multa pode ser feito pelo condenado em parcelas mensais, admitindo-se também o desconto em vencimento ou salário.

A multa é recolhida mediante guia ao Fundo Penitenciário Nacional. No Estado de São Paulo, a multa é recolhida ao Fundo Penitenciário Estadual (FUNPESP), criado pela Lei Estadual n. 9.171/95.

7.3.4. Execução da pena de multa

O art. 164 da LEP afirma que "extraída certidão da sentença condenatória com trânsito em julgado, que valerá como título executivo judicial, o Ministério Público requererá, em autos apartados, a citação do condenado para, no prazo de 10 (dez) dias, pagar o valor da multa ou nomear bens à penhora".

A execução da multa somente ocorrerá se não for paga pelo condenado no prazo de 10 (dez) dias depois de transitada em julgado a condenação.

Nesse caso, será extraída a respectiva certidão e encaminhada ao Ministério Público.

Em caso de não pagamento da multa pelo condenado, não poderá ela ser convertida em pena privativa de liberdade. Sendo considerada dívida de valor, determina o art. 51 do Código Penal que a ela sejam aplicadas as normas da legislação relativa à dívida ativa da Fazenda Pública, inclusive no que concerne às causas interruptivas e suspensivas da prescrição. Portanto, deverá ela ser "executada perante o juiz da execução penal". A execução da pena de multa deve seguir os parâmetros da Lei n. 6.830/80.

Com relação à prescrição, considerando que a nova redação do art. 51 do Código Penal não retirou o caráter penal da multa, embora se apliquem as causas suspensivas previstas na Lei n. 6.830/80 e as causas interruptivas disciplinadas no art. 174 do Código Tributário Nacional, o prazo prescricional continua sendo regido pelo art. 114, II, do Código Penal. Essa é a posição que prevalece no Superior Tribunal de Justiça (AgRg no REsp 1998804/TO – Rel. Min. Joel Ilan Paciornik – 5ª T. – *DJe* 20-9-2023; AgRg no AREsp 2033955/SC – Rel. Min. Messod Azulay – 5ª T. – *DJe* 16-8-2023).

Por fim, o não pagamento da multa impede, em regra, o reconhecimento da extinção da punibilidade do réu que já cumpriu a pena privativa de liberdade.

Seguindo a posição já assentada no Supremo Tribunal Federal, a questão restou pacificada na 3.ª Seção do Superior Tribunal de Justiça, no julgamento da proposta de afetação no recurso especial ProAfR no REsp 1.785.861/SP, tendo como relator o Ministro Rogério Schietti Cruz, julgada no dia 20-10-2020 e publicada no *DJe* em 2-12-2020, com a seguinte ementa:

"RECURSO ESPECIAL REPRESENTATIVO DE CONTROVÉRSIA. EXECUÇÃO PENAL. REVISÃO DE TESE. TEMA 931. CUMPRIMENTO DA SANÇÃO CORPORAL. PENDÊNCIA DA PENA DE MULTA. CUMPRIMENTO DA PENA PRIVATIVA DE LIBERDADE OU DE RESTRITIVA DE DIREITOS SUBSTITUTIVA. INADIMPLEMENTO DA PENA DE MULTA. EXTINÇÃO DA PUNIBILIDADE. IMPOSSIBILIDADE. COMPREENSÃO FIRMADA PELO SUPREMO TRIBUNAL FEDERAL NO JULGAMENTO DA ADI N. 3.150/DF. MANUTENÇÃO DO CARÁTER DE SANÇÃO CRIMINAL DA PENA DE MULTA. PRIMAZIA DO MINISTÉRIO PÚBLICO NA EXECUÇÃO DA SANÇÃO PECUNIÁRIA. ALTERAÇÃO LEGISLATIVA DO ART. 51 DO CÓDIGO PENAL. RECURSO NÃO PROVIDO.

1. A Terceira Seção do Superior Tribunal de Justiça, na ocasião do julgamento do Recurso Especial Representativo da Controvérsia n. 1.519.777/SP (REsp n. 1.519.777/SP, Rel. Ministro Rogerio Schietti, 3.ª S., *DJe* 10/9/2015), assentou a tese de que '[nos casos em que haja

condenação a pena privativa de liberdade e multa, cumprida a primeira (ou a restritiva de direitos que eventualmente a tenha substituído), o inadimplemento da sanção pecuniária não obsta o reconhecimento da extinção da punibilidade'.

2. Entretanto, ao apreciar a Ação Direta de Inconstitucionalidade n. 3.150 (Rel. Ministro Marco Aurélio, Rel. p/ Acórdão Ministro Roberto Barroso, Tribunal Pleno, *DJe*-170 divulg. 5/8/2019 public. 6/8/2019), o Pretório Excelso firmou o entendimento de que a alteração do art. 51 do Código Penal, promovida Lei n. 9.268/1996, não retirou o caráter de sanção criminal da pena de multa, de modo que a primazia para sua execução incumbe ao Ministério Público e o seu inadimplemento obsta a extinção da punibilidade do apenado. Tal compreensão foi posteriormente sintetizada em nova alteração do referido dispositivo legal, levada a cabo pela Lei n. 13.964/2019.

3. Recurso especial não provido para manter os efeitos do acórdão que reconheceu a necessidade do integral pagamento da pena de multa para fins de reconhecimento da extinção da punibilidade, e acolher a tese segundo a qual, na hipótese de condenação concomitante a pena privativa de liberdade e multa, o inadimplemento da sanção pecuniária obsta o reconhecimento da extinção da punibilidade".

Na mesma oportunidade (em 20-10-2020), além do processo acima mencionado, foi julgado o REsp 1.785.383/SP, também afetado, derivando desse julgamento a Tese de Recurso Especial Repetitivo fixada no Tema 931, no seguinte teor: "Na hipótese de condenação concomitante a pena privativa de liberdade e multa, o inadimplemento da sanção pecuniária obsta o reconhecimento da extinção da punibilidade".

Posteriormente, em 21-9-2021, o Superior Tribunal de Justiça houve por bem rever a tese firmada no Tema 931, acrescentando um *distinguishing* aos acórdãos acima citados para considerar a situação dos condenados hipossuficientes que demonstrem a impossibilidade de pagamento da pena pecuniária.

Dessa revisão resultou a nova redação da Tese de Recurso Especial Repetitivo fixada no Tema 931: "Na hipótese de condenação concomitante a pena privativa de liberdade e multa, o inadimplemento da sanção pecuniária, pelo condenado que comprovar impossibilidade de fazê-lo, não obsta o reconhecimento da extinção da punibilidade".

Mais recentemente, em virtude de nova afetação, a tese foi novamente revista, resultando, no início do ano de 2024, a nova redação da tese firmada no Tema 931: "O inadimplemento da pena de multa, após cumprida a pena privativa de liberdade ou restritiva de direitos, não obsta a extinção da punibilidade, ante a alegada hipossuficiência do condenado, salvo se diversamente entender o juiz competente, em decisão suficientemente motivada, que indique concretamente a possibilidade de pagamento da sanção pecuniária".

7.4. Medida de segurança

7.4.1. Conceito

A medida de segurança é uma espécie de sanção penal imposta pelo Estado aos inimputáveis (art. 26, *caput*, do CP) visando a prevenção do delito, com a finalidade de evitar que o criminoso que apresente periculosidade volte a delinquir.

Enquanto o fundamento da aplicação da pena reside na *culpabilidade*, o fundamento da medida de segurança reside na *periculosidade*.

Como regra, ao agente dotado de *culpabilidade* (imputável em razão de entender o caráter ilícito do fato ou de determinar-se de acordo com esse entendimento) aplica-se a pena, já estudada nos capítulos anteriores.

Ao *agente não culpável* (inimputável por doença mental ou desenvolvimento mental incompleto ou retardado, que era, ao tempo da ação ou omissão, inteiramente incapaz de entender o caráter ilícito do fato ou de determinar-se de acordo com esse entendimento) não se aplica pena, mas medida de segurança.

Ao *agente semi-imputável*, que, em virtude de perturbação de saúde mental ou por desenvolvimento mental incompleto ou retardado, não era inteiramente capaz de entender o caráter ilícito do fato ou de determinar-se de acordo com esse entendimento, aplica-se pena reduzida, a qual, entretanto, pode ser substituída por medida de segurança, de acordo com o disposto no art. 98 do Código Penal. É o chamado *sistema vicariante*.

Assim, temos o seguinte quadro relativo à *sanção penal*:

a) para os imputáveis: pena;

b) para os inimputáveis: medida de segurança;

c) para os semi-imputáveis: pena reduzida ou medida de segurança.

7.4.2. Pressupostos de aplicação

São três os pressupostos de aplicação das medidas de segurança:

a) prática de fato descrito como crime;

b) periculosidade do sujeito;

c) ausência de imputabilidade plena.

Periculosidade é a potencialidade de praticar ações lesivas e pode ser *real* (quando precisa ser comprovada) ou *presumida* (quando não precisa ser comprovada).

No caso dos inimputáveis, a periculosidade é presumida, pois a lei determina a aplicação da medida de segurança. No caso dos semi-imputáveis, a periculosidade é real, pois deve ser verificada pelo juiz à luz do caso concreto, ensejando a escolha entre a aplicação de pena reduzida ou a imposição de medida de segurança.

7.4.3. Espécies

Há duas espécies de medidas de segurança:

a) *medida de segurança detentiva*, que consiste na internação em hospital de custódia e tratamento psiquiátrico (art. 96, I, do CP);

b) *medida de segurança restritiva*, que consiste na sujeição a tratamento ambulatorial (art. 96, II, do CP).

Para a aplicação da medida de segurança, deverá o réu ser submetido a processo regular, sendo-lhe observadas todas as garantias constitucionais.

No final do processo, em fase de sentença, o juiz deverá, tratando-se de inimputável, *absolver* o réu, impondo-lhe medida de segurança. A sentença que aplica medida de segurança ao réu inimputável é *absolutória imprópria* (art. 386, parágrafo único, III, do CPP).

Essa medida de segurança poderá consistir em:

a) *internação*, quando ao crime forem previstas pena de reclusão ou de detenção;

b) *tratamento ambulatorial*, quando ao crime for prevista pena de detenção.

7.4.4. Prazo de duração

O *prazo da internação* ou do *tratamento ambulatorial* será, de acordo com o disposto no art. 97, § 1º, do Código Penal, indeterminado, perdurando enquanto não for averiguada, mediante perícia médica, a cessação da periculosidade.

Entretanto, o Supremo Tribunal Federal e o Superior Tribunal de Justiça, em inúmeros precedentes, já vinham firmando o entendimento de que o limite máximo de 30 anos previsto pelo art. 75 do Código Penal (atualmente 40 anos) se aplicaria também às medidas de segurança. A orientação prevalente é a de que a duração da medida de segurança não deve ultrapassar o limite máximo da pena abstratamente cominada ao delito cometido.

O Superior Tribunal de Justiça, por meio da Súmula 527, estabeleceu que: "O tempo de duração da medida de segurança não deve ultrapassar o limite máximo da pena abstratamente cominada ao delito praticado".

O prazo mínimo de internação será de 1 a 3 anos, findo o qual será o agente submetido a perícia médica, para verificação de eventual cessação de periculosidade, que se repetirá de ano em ano ou a qualquer tempo, por determinação judicial (art. 97, § 2º, do CP).

A *cessação de periculosidade* é procedimento regulado pelos arts. 175 a 179 da Lei de Execução Penal.

A *desinternação* ou a liberação do agente será sempre condicional. Isso significa que deverá ser restabelecida a situação anterior se o agente, antes do decurso de um ano, pratica fato indicativo de persistência de sua periculosidade.

Assim, imposta medida de segurança ao agente inimputável, e transitada em julgado a sentença, será ordenada a expedição de guia para a execução, ficando a cargo do juiz da execução todas as providências que de seu cumprimento decorrerem.

7.4.5. Medida de segurança substitutiva

Estabelece o art. 183 da Lei n. 7.210/84 (Lei de Execução Penal) que, "quando, no curso da execução da pena privativa de liberdade, sobrevier doença mental, o juiz, de ofício, a requerimento do Ministério Público, da Defensoria Pública ou da autoridade administrativa, poderá determinar a substituição da pena por medida de segurança".

Trata-se, também aqui, de um incidente da execução, a cargo do juiz da execução.

A dúvida que se estabelece é saber se o prazo de duração dessa medida de segurança será indeterminado ou se estará limitado ao restante da pena privativa de liberdade aplicada. O mais lógico é que tal medida tenha seu limite fixado no restante da pena privativa de liberdade que o condenado tinha ainda por cumprir. E isso porque a imputabilidade, no caso, foi verificada no momento do crime, quando o agente era inteiramente capaz de entender o caráter ilícito do fato ou de determinar-se de acordo com esse entendimento, recebendo, em contrapartida, a justa punição. Se, no curso da execução, tornou-se doente mental, merece tratamento, mas não por tempo indeterminado. Vencido o prazo inicialmente fixado para a pena privativa de liberdade e persistindo a doença mental, deverá o agente ser desinternado e colocado à disposição do juízo cível competente, para que se lhe promova a interdição ou outra medida adequada.

Nesse sentido:

"Processual penal. *Habeas corpus*. Execução da pena. Doença mental superveniente. Medida de segurança substitutiva. Duração. Havendo medida de segurança substitutiva da pena privativa de liberdade, a sua duração não pode ultrapassar o tempo determinado para cumprimento da pena. *Writ* deferido" (STJ – HC 12.957/TJSP (2000/0037186-6) – Rel. Min. Felix Fischer – j. 8-8-2000 – publicado em 4-9-2000, p. 175. No mesmo sentido: HC 7.220/TJSP (1998/0020249-8) – Rel. Min. Edson Vidigal – publicado em 8-6-1998).

Caso o condenado submetido à medida de segurança substitutiva se restabeleça, voltará ao estabelecimento prisional para cumprir o saldo da pena.

O art. 184 da LEP estabelece, ainda, que o tratamento ambulatorial poderá ser convertido em internação, se o agente revelar incompatibilidade com a medida.

7.4.6. Execução da medida de segurança

A execução da medida de segurança está prevista nos arts. 171 a 174 da LEP.

O início da execução está condicionado ao trânsito em julgado da sentença que aplicar medida de segurança, devendo o juiz, logo em seguida, ordenar a expedição de guia para a internação ou tratamento ambulatorial.

De acordo com a sistemática instituída pela Lei de Execução Penal, ninguém será internado em Hospital de Custódia e Tratamento Psiquiátrico, ou submetido a tratamento ambulatorial, para cumprimento de medida de segurança, sem a guia expedida pela autoridade judiciária, que conterá:

a) a qualificação do agente e o número do registro geral do órgão oficial de identificação;

b) o inteiro teor da denúncia e da sentença que tiver aplicado a medida de segurança, bem como a certidão do trânsito em julgado;

c) a data em que terminará o prazo mínimo de internação, ou do tratamento ambulatorial;

d) outras peças do processo reputadas indispensáveis ao adequado tratamento ou internamento.

7.4.6.1. Ausência de vagas para internação

No caso de não haver vagas para internação do agente, nada impede que ele seja levado para a penitenciária ou cadeia pública.

Nesse caso, não ocorre constrangimento ilegal, uma vez que deve ser dispensado ao condenado tratamento adequado à sua condição, até que surja a vaga no estabelecimento adequado.

7.4.7. A Política Antimanicomial do Poder Judiciário e a Resolução n. 487/2023 do Conselho Nacional de Justiça – CNJ

De acordo com Resolução n. 487, de 15 de fevereiro de 2023, o Conselho Nacional de Justiça – CNJ instituiu a Política Antimanicomial do Poder Judiciário, por meio de procedimentos para o tratamento das pessoas com transtorno mental ou qualquer forma de deficiência psicossocial que estejam custodiadas, sejam investigadas, acusadas, rés ou privadas de liberdade, em cumprimento de pena ou de medida de segurança, em prisão domiciliar, em cumprimento de alternativas penais, monitoração eletrônica ou outras medidas em meio aberto, e conferiu diretrizes para assegurar os direitos dessa população.

A Resolução estabeleceu uma mudança profunda no sistema de tratamento das pessoas com transtornos mentais ou com qualquer forma de deficiência psicossocial, adequando o arcabouço normativo brasileiro, no âmbito penal e processual penal, às convenções internacionais das quais o Brasil se tornou signatário, às disposições da Lei n. 10.216/2001 (que dispõe sobre a proteção e os direitos das pessoas portadoras de transtornos mentais e redireciona o modelo assistencial em saúde mental), à Lei n. 13.146/2015 (Estatuto da Pessoa com Deficiência) e à Política Nacional de Atenção Integral à Saúde das Pessoas Privadas de Liberdade no Sistema Prisional (PNAISP) no âmbito do Sistema Único de Saúde (SUS), instituída por meio da Portaria Interministerial n. 1/2014, dos Ministérios da Saúde e da Justiça, bem como a Portaria n. 94/2014, do Ministério da Saúde, que instituiu o serviço de avaliação e acompanhamento de medidas terapêuticas aplicáveis à pessoa com transtorno mental em conflito com a lei, no âmbito do Sistema Único de Saúde (SUS).

Embora a Resolução cuide de diversos aspectos relacionados ao tratamento das pessoas com transtorno mental ou qualquer forma de deficiência psicossocial que estejam inseridas no âmbito da Justiça Criminal, a extinção dos Hospitais de Custódia e Tratamento Psiquiátrico (HCTP) e a abolição da medida de segurança de internação, como prevista nos moldes atuais, foi o que mais chamou a atenção.

Ao tratar da medida de segurança, no art. 11, a Resolução dispõe que, na sentença criminal que imponha medida de segurança, a autoridade judicial determinará a modalidade mais indicada ao tratamento de saúde da pessoa acusada, considerados a avaliação biopsicossocial, outros exames eventualmente realizados na fase instrutória e os cuidados a serem prestados em meio aberto. A autoridade judicial levará em conta, nas decisões que envolvam imposição ou alteração do cumprimento de medida de segurança, os pareceres das equipes multiprofissionais que atendem o paciente na Raps (Rede de Atenção Psicossocial), da EAP (Equipe de Avaliação e Acompanhamento das Medidas Terapêuticas Aplicáveis à Pessoa com Transtorno Mental em Conflito com a Lei) ou outra equipe conectora (equipe vinculada ao Sistema Único de Saúde que exerça função análoga à da EAP).

Ainda de acordo com a Resolução, a medida de tratamento ambulatorial será priorizada em detrimento da medida de internação e será acompanhada pela autoridade judicial a partir de fluxos estabelecidos entre o Poder Judiciário e a Raps, com o auxílio da equipe multidisciplinar do juízo, evitando-se a imposição do ônus de comprovação do tratamento à pessoa com transtorno mental ou qualquer forma de deficiência psicossocial. O acompanhamento da medida levará em conta o desenvolvimento do Projeto Terapêutico Singular (PTS) e demais elementos trazidos aos autos pela equipe de atenção psicossocial, a existência e as condições de acessibilidade ao serviço, a atuação das equipes de saúde, a vinculação e adesão da pessoa ao tratamento.

Já a imposição de medida de segurança de internação ou de internação provisória ocorrerá em hipóteses **absolutamente excepcionais**, quando não cabíveis ou suficientes outras medidas cautelares diversas da prisão e quando compreendidas como recurso terapêutico momentaneamente adequado no âmbito do PTS, enquanto necessárias ao restabelecimento da saúde da pessoa, desde que prescritas por equipe de saúde da Raps. Nesses casos, a internação será cumprida em leito de saúde mental em Hospital Geral ou outro equipamento de saúde referenciado pelo Caps da Raps, cabendo ao Poder Judiciário atuar para que nenhuma pessoa com transtorno mental seja colocada ou mantida em unidade prisional, ainda que em enfermaria, ou seja submetida à internação em instituições com características asilares, como os Hospitais de Custódia e Tratamento Psiquiátrico ou equipamentos congêneres, assim entendidas aquelas sem condições de proporcionar assistência integral à saúde da pessoa ou de possibilitar o exercício dos direitos previstos no art. 2º da Lei n. 10.216/2001.

Ressalte-se que, de acordo com a Resolução, o criminoso com transtorno mental não poderá ser internado em Hospital de Custódia e Tratamento Psiquiátrico.

E mais, de acordo com a Resolução, deverão ser proporcionadas ao paciente em internação, sem obstrução administrativa, oportunidades de reencontro com sua comunidade, sua família e seu círculo social, com atividades em meio aberto, sempre que possível, evitando-se ainda sua exclusão do mundo do trabalho, nos termos do PTS.

A Resolução ainda determinou que, no prazo de até 6 (seis) meses, contados a partir da sua entrada em vigor, a autoridade judicial competente deve revisar os processos a fim de avaliar a possibilidade de extinção da medida em curso (internação), progressão para tratamento ambulatorial em meio aberto ou transferência para estabelecimento de saúde adequado.

E, acabando de vez com os Hospitais de Custódia e Tratamento Psiquiátrico, a Resolução estabeleceu que a autoridade judicial competente determinasse, de início, a **interdição parcial** de estabelecimentos, alas ou instituições congêneres de custódia e tratamento psiquiátrico **no Brasil**, com proibição de novas internações em suas dependências e, posteriormente, a **interdição total** e o **fechamento** dessas instituições.

Não obstante os nobres e defensáveis propósitos que orientaram o Conselho Nacional de Justiça, constatou-se que as providências impostas pela Resolução n. 487/2023 foram de difícil aplicação em curto prazo no Brasil, ainda mais considerando as características e deficiências regionais de cada parte do nosso extenso território, aliadas à situação lamentável do combalido sistema de saúde pública.

Interditar totalmente e fechar os Hospitais de Custódia e Tratamento Psiquiátrico, portanto, não é a melhor solução, pelo menos da forma determinada pela Resolução.

Atento a essas dificuldades mencionadas, o Conselho Nacional de Justiça, por meio da Resolução n. 572, de 26 de agosto de 2024, trouxe modificações importantes ao texto original da Resolução n. 487/2023, ajustando os prazos e permitindo maior flexibilidade na implementação dessa nova política. A nova resolução veio como resposta a desafios práticos que surgiram durante a tentativa de aplicação imediata das diretrizes propostas pela resolução anterior, especialmente devido às desigualdades regionais e às condições do sistema de saúde pública.

A nova Resolução n. 572/2024 reconheceu as dificuldades enfrentadas para cumprir esses prazos em sua totalidade. Agora, a revisão dos processos de medida de segurança deverá ocorrer no prazo de até 9 meses, e a interdição parcial de Hospitais de Custódia e Tratamento Psiquiátrico ou instituições similares foi estendida para esse mesmo período. A interdição total e o fechamento dessas instituições, anteriormente previstos para ocorrer em 12 meses, foram prorrogados para 15 meses. Além disso, a nova resolução introduziu o art. 18-A, que permite a prorrogação desses prazos a pedido dos Tribunais, desde que devidamente fundamentados, com base na realidade específica de cada unidade da Federação.

Essa prorrogação não implica, de modo algum, a descontinuidade da implementação da política antimanicomial. Pelo contrário, busca garantir que a transição seja feita de maneira estruturada, respeitando as peculiaridades locais e assegurando que as medidas estabelecidas possam ser realmente efetivadas. Para tanto, foi estabelecido que os Tribunais, ao solicitarem a prorrogação dos prazos, apresentem um plano de ação detalhado, indicando as etapas já concluídas e o cronograma das ações pendentes, de forma a permitir uma análise criteriosa por parte do CNJ.

Outra inovação trazida pela Resolução n. 572 é a previsão de alta planejada e reabilitação psicossocial assistida para todos os pacientes ainda internados em HCTPs ou instituições congêneres. Agora, o prazo para a elaboração de Projetos Terapêuticos Singulares (PTS) e a consequente transição para o meio aberto foi estendido para 15 meses, com a obrigatoriedade de apresentação desses planos nos processos judiciais, assegurando a participação de todos os atores institucionais envolvidos.

Vale ressaltar que, ainda que as novas diretrizes tenham aumentado os prazos para a extinção dos HCTPs, o compromisso do Poder Judiciário em erradicar práticas asilares continua firme. A proibição de novas internações em instituições com características asilares permanece, e o CNJ mantém seu papel de fiscalizar a execução dessa política, garantindo que os direitos previstos no art. 2º da Lei n. 10.216/2001 sejam respeitados.

Entretanto, a implementação da política antimanicomial não se resume a uma mera revisão de prazos. Ela envolve um esforço contínuo de articulação entre diferentes órgãos e instituições. A Resolução n. 572/2024 reforça a importância da cooperação interinstitucional, destacando a necessidade de criação de comitês estaduais e grupos de trabalho dedicados ao monitoramento da política. Esses comitês deverão acompanhar a desinstitucionalização das pessoas em medida de segurança, propondo fluxos de articulação entre o Judiciário, a Saúde e a Assistência Social, especialmente no contexto das audiências de custódia.

Outro aspecto central da Resolução n. 572/2024 é a importância atribuída à formação dos profissionais envolvidos na implementação da política antimanicomial. Nesse sentido, a nova norma exige a elaboração de programas de capacitação, visando preparar os profissionais da Justiça, da Saúde e da Segurança Pública para lidar com as complexidades inerentes à nova abordagem de tratamento das pessoas com transtornos mentais em conflito com a lei.

Portanto, as alterações promovidas pela Resolução n. 572/2024 não apenas ajustam os prazos, mas também reforçam a necessidade de planejamento cuidadoso e cooperação interinstitucional para garantir que as mudanças propostas sejam implementadas de maneira eficaz. A política antimanicomial do Poder Judiciário segue seu curso, agora com maior flexibilidade, mas sem abdicar de seus objetivos principais: a erradicação de práticas asilares e a promoção de um tratamento digno e inclusivo para as pessoas com transtornos mentais e deficiências psicossociais.

Essa ampliação de prazos e a introdução de mecanismos de flexibilização, longe de representar um retrocesso, constituem uma adaptação necessária frente às dificuldades práticas que se impõem. A política antimanicomial, tal como delineada pela Resolução n. 487/2023 e complementada pela Resolução n. 572/2024, continua a ser um marco na proteção dos direitos humanos, sendo um instrumento vital para assegurar que as pessoas com transtornos mentais tenham acesso a um tratamento humanizado, pautado no respeito à sua dignidade e autonomia.

8. Incidentes da execução

8.1. Introdução

Nas precisas palavras de Renato Flávio Marcão (*Curso de Execução Penal*. 2. ed., São Paulo: Saraiva. 2005. p. 260), "incidentes são questões jurídicas supervenientes à sentença de condenação ou de absolvição imprópria, que atingem o processo de execução da pena ou medida de segurança, impondo ao juiz da execução o dever de resolvê-las dentro do processo executivo".

A Lei de Execução Penal prevê duas espécies de incidentes: a conversão e o excesso ou desvio na execução. Estes incidentes poderão propiciar a extinção da pena e da medida de segurança, ou sua modificação.

8.2. Conversões

A conversão nada mais é do que a substituição de uma sanção por outra, no curso da execução.

O procedimento judicial iniciar-se-á de ofício, a requerimento do Ministério Público, da Defensoria Pública, do interessado, de quem o represente, de seu cônjuge, parente ou descendente, mediante proposta do Conselho Penitenciário, ou, ainda, da autoridade administrativa.

8.2.1. Conversão da pena privativa de liberdade em pena restritiva de direitos

O art. 180 da LEP estabelece os requisitos para a conversão da pena privativa de liberdade em pena restritiva de direitos, sendo eles:

a) pena privativa de liberdade, não superior a 2 (dois) anos;

b) o condenado a esteja cumprindo em regime aberto;

c) tenha sido cumprido pelo menos 1/4 (um quarto) da pena;

d) os antecedentes e a personalidade do condenado indiquem ser a conversão recomendável.

Quando preenchidos os requisitos acima, o juiz converterá a pena privativa de liberdade em pena restritiva de direitos. Contudo, esta conversão ocorrerá com base na pena *in concreto*, ou seja, não haverá desconto no tempo de pena já cumprido.

Ressalte-se que, após a alteração do art. 44 do Código Penal, que prevê substituição da pena privativa de liberdade por pena restritiva de direitos para o condenado à pena não superior a 4 anos, tem-se admitido a conversão por este novo *quantum* de pena, se preenchidos os demais requisitos.

8.2.2. Conversão da pena privativa de liberdade em medida de segurança

Esta espécie de conversão ocorre quando, durante o cumprimento da pena privativa de liberdade pelo condenado, sobrevém doença mental, sendo que o condenado deixa de ter capacidade penal para estar preso. A execução da pena, neste caso, será suspensa, sendo ela convertida em medida de segurança.

Para esta conversão, aplicam-se as regras de imposição e procedimento de medida de segurança, previstas nos arts. 96 a 99 do Código Penal e nos arts. 171 a 179 da Lei de Execução Penal.

Quanto à duração desta medida de segurança substitutiva, já analisada em capítulo próprio, o condenado somente poderá ficar internado durante o tempo da sua condenação, sendo posto em liberdade ao cabo desse tempo, independentemente de cessação de periculosidade. Persistindo a periculosidade, poderão ser tomadas as providências civis (interdição, por exemplo) que o caso ensejar.

Caso o condenado se restabeleça, voltará ao estabelecimento prisional para terminar de cumprir a pena privativa de liberdade originária, descontado, por óbvio, o tempo cumprido em medida de segurança.

8.2.3. Conversão da pena restritiva de direitos em pena privativa de liberdade

A conversão da pena restritiva de direitos em pena privativa de liberdade ocorre em três hipóteses.

A primeira acontece obrigatoriamente quando o condenado descumpre injustificadamente as condições impostas quando da substituição da pena privativa de liberdade pela restrição de direitos.

A segunda ocorre facultativamente quando sobrevém condenação à pena privativa de liberdade por outro crime.

A terceira hipótese foi acrescentada pela Lei n. 14.843/2024 e ocorre quando houver violação comprovada dos deveres do condenado em relação à monitoração eletrônica, previstos no art. 146-C da LEP, quais sejam receber visitas do servidor responsável pela monitoração eletrônica, responder aos seus contatos e cumprir suas orientações, e abster-se de remover, de violar, de modificar, de danificar de qualquer forma o dispositivo de monitoração eletrônica ou de permitir que outrem o faça.

Ressalte-se que, nesses casos, serão descontados os dias em que o condenado cumpriu as condições impostas quando substituída a pena privativa de liberdade pela restritiva de direitos.

Em relação à prestação de serviços à comunidade, a conversão ocorre, ainda, nos seguintes casos:

1. Quando o condenado não é encontrado para ser cientificado da entidade para que deva prestar serviços, isto é, ele compareceu a todo o processo, mas se encontra em lugar incerto ou não sabido para tomar ciência do teor do serviço a ser prestado;

2. No caso de o condenado ter sido cientificado, mas não comparecer, injustificadamente, à entidade que deverá prestar o serviço;

3. No caso de o condenado ter sido cientificado, comparecido ao local, mas ter se recusado a prestar o serviço que lhe foi imposto;

4. Quando praticar falta grave (arts. 51 e 52 da LEP);

5. Quando o condenado sofrer condenação por outro crime, a pena privativa de liberdade, cuja execução não tenha sido suspensa.

Já em relação à limitação de fim de semana, a conversão pode também ocorrer nos seguintes casos:

1. Quando o condenado não comparecer ao lugar determinado para o cumprimento da pena;

2. Quando o condenado se recusar a desempenhar a atividade determinada pelo juiz;

3. Quando o condenado não for localizado, por se encontrar em lugar incerto ou não sabido, bem como quando desatender à intimação por edital;

4. Quando praticar falta grave (arts. 51 e 52 da LEP);

5. Quando o condenado sofrer condenação por outro crime a pena privativa de liberdade, cuja execução não tenha sido suspensa.

Por fim, com relação à interdição temporária de direitos, a conversão ocorre, ainda, nos seguintes casos:

1. Quando o condenado exercer, injustificadamente, o direito que foi interditado;

2. Quando o condenado não for localizado, por se encontrar em lugar incerto ou não sabido, bem como quando desatender à intimação;

3. Quando o condenado sofrer condenação por outro crime a pena privativa de liberdade, cuja execução não tenha sido suspensa.

8.3. Excesso ou desvio

O excesso e o desvio consistem na prática de qualquer ato fora dos limites fixados pela sentença, nas normas e regulamentos.

8.3.1. Excesso

O excesso pressupõe um desrespeito, uma situação prejudicial ao condenado em relação à quantidade da pena ou sanções disciplinares. Ocorre o excesso, p. ex., quando o condenado fica preso por mais tempo que o determinado pelo juiz na sentença.

8.3.2. Desvio

O desvio, por seu turno, está sempre ligado a um aspecto qualitativo em relação à pena do condenado. Ocorre desvio, por exemplo, quando o condenado teve uma pena fixada fora dos parâmetros legais, ou teve um regime fixado que não condiz com o crime praticado. Neste caso, ao contrário do excesso, o desvio pode suscitar decisões contrárias ou favoráveis ao sentenciado.

8.3.3. Competência para suscitar o incidente

De acordo com o art. 186 da LEP, podem suscitar o incidente de excesso ou desvio de execução: o Ministério Público; o Conselho Penitenciário; o sentenciado; qualquer dos demais órgãos da execução penal.

A Defensoria Pública, por expressa disposição do art. 81-B, I, *f*, também poderá requerer a instauração dos incidentes de excesso ou desvio de execução.

8.4. Anistia e indulto

8.4.1. Anistia

Anistia é o esquecimento jurídico de uma ou mais infrações penais. Quando se aplica a crimes políticos, é chamada de *anistia especial*, e, quando aplicada a crimes comuns, é chamada de *anistia comum*.

Segundo o disposto nos arts. 5º, XLIII, da Constituição Federal, e 2º, I, da Lei n. 8.072/90 (Lei dos Crimes Hediondos), não se aplica anistia aos delitos referentes à prática de tortura, tráfico ilícito de entorpecentes e drogas afins, ao terrorismo e aos definidos como crimes hediondos. Com relação à tortura, a Lei n. 9.455, de 7 de abril de 1997, em seu art. 1º, § 6º, veda a concessão de anistia e graça ao condenado.

Segundo o disposto no art. 48, VIII, da Constituição Federal, a concessão de anistia é atribuição do Congresso Nacional, por intermédio de lei penal de efeito retroativo.

A anistia pode alcançar várias pessoas, pois se refere a fatos, extinguindo a punibilidade do crime, que deixa de existir, assim como os demais efeitos de natureza penal. Assim, a anistia opera efeitos *ex tunc*, ou seja, para o passado, extinguindo todos os efeitos penais da sentença condenatória. Não extingue, entretanto, os efeitos civis da sentença penal, tais como a obrigação de indenizar, de reparar o dano etc.

Anistiado o crime, o sujeito, se cometer novo delito, não será considerado reincidente.

As formas de anistia são as seguintes:

a) *anistia própria*: quando concedida antes da condenação;

b) *anistia imprópria*: quando concedida depois da condenação irrecorrível;

c) *anistia geral*: também chamada de *plena*, quando menciona fatos e atinge todos os criminosos que os praticaram;

d) *anistia parcial*: também chamada de *restrita*, quando menciona fatos e exige uma condição pessoal do criminoso (ex.: se primário);

e) *anistia incondicionada*: quando a lei não impõe qualquer requisito para a sua concessão;

f) *anistia condicionada*: quando a lei exige o preenchimento de uma condição para a sua concessão (exemplo de Damásio E. de Jesus: que os criminosos deponham suas armas).

8.4.1.1. Procedimento

O procedimento da anistia vem regulado pelo art. 187 da LEP, que estabelece que, uma vez concedida, o Juiz, de ofício, a requerimento do interessado ou do Ministério Público, por proposta da autoridade administrativa ou do Conselho Penitenciário, declarará extinta a punibilidade. A Defensoria Pública também poderá requerer a declaração de extinção da punibilidade.

Ressalte-se que, quando a anistia não for postulada pelo Ministério Público, ele deve necessariamente se manifestar.

No caso de anistia condicionada, deve ela ser aceita pelo beneficiado para que se extinga a punibilidade.

Da decisão que declara ou não a extinção da punibilidade caberá recurso de agravo de execução, interposto pelo interessado ou pelo Ministério Público.

8.4.2. Indulto

Indulto é forma de clemência soberana, destinando-se a pessoa determinada (indulto individual – graça) ou a uma coletividade (indulto coletivo) e não a fato.

O indulto (individual ou coletivo) é a *concessão de clemência*, de perdão ao criminoso pelo Presidente da República, nos termos do art. 84, XII, da Constituição Federal, por meio de decreto. Pode o Presidente da República, entretanto, delegar essa atribuição aos Ministros de Estado, ao Procurador-Geral da República ou ao Advogado-Geral da União (art. 84, parágrafo único, da CF).

O indulto pode ser:

a) *pleno ou total*: quando extingue totalmente a punibilidade;

b) *parcial*: quando concede diminuição da pena ou sua comutação (substituição da pena por outra de menor gravidade). Indulto parcial é denominado *comutação*.

O indulto extingue somente as sanções mencionadas no respectivo decreto, permanecendo os demais efeitos da sentença condenatória, sejam penais ou extrapenais. Assim, vindo o sujeito indultado a cometer novo crime, será considerado reincidente.

Em geral, o indulto não pode ser recusado, a não ser que se trate de comutação de pena (art. 739 do CPP) ou de indulto condicionado. *Indulto condicionado* é aquele que se submete ao preenchimento de condições por parte do indultado, condições estas estampadas no próprio decreto de concessão.

A Lei n. 8.072/90 (Lei dos Crimes Hediondos), regulamentando o art. 5º, XLIII, da Constituição Federal, diz que os crimes de tortura, tráfico ilícito de entorpecentes e drogas afins, o terrorismo e os crimes definidos como hediondos, consumados ou tentados, são insuscetíveis de graça ou indulto.

8.4.2.1. Indulto individual – procedimento

O indulto individual é denominado graça pelo Código Penal e é concedido a um sujeito determinado, devendo, nos termos do art. 188 da Lei de Execução Penal, ser solicitado por petição do condenado, por iniciativa do Ministério Público, do Conselho Penitenciário ou da autoridade administrativa. A Defensoria Pública também poderá formular pedido de indulto individual em favor do condenado. O pedido será sempre submetido à apreciação do Conselho Penitenciário, por exigência do art. 189 da Lei de Execução Penal, sendo, a seguir, encaminhado ao Ministério da Justiça, onde, após processado, será submetido a despacho do Presidente da República.

Concedido o indulto e anexada aos autos cópia do decreto, o Juiz declarará extinta a pena ou ajustará a execução aos termos do decreto, no caso de comutação.

8.4.2.2. Indulto coletivo – procedimento

Este tipo de indulto não constitui um ato provocado, uma vez que decorre de manifestação espontânea da autoridade competente.

Mesmo sendo coletivo, este indulto atinge o número de condenados que se encontre em uma mesma situação, tal como um mesmo tipo de crime, o mesmo *quantum* de pena etc.

Daí por que se fala em requisitos objetivos (tipo de crime, *quantum* de pena etc.) e em requisitos subjetivos (bom comportamento carcerário, primariedade etc.).

O indulto coletivo, por não ser ato provocado, não tem o mesmo procedimento do indulto individual, sendo que, se o condenado for por ele beneficiado, o juiz, de ofício, ou a requerimento do beneficiado, do Ministério Público, da Defensoria Pública, por iniciativa do Conselho Penitenciário ou da autoridade competente, providenciará que seja anexada aos autos a cópia do decreto, e declarará extinta a pena ou ajustará a pena dos casos de comutação.

9. Recursos na execução penal

Das decisões proferidas pelo juiz da execução, conforme o disposto no art. 197 da LEP, o recurso cabível é o agravo, sem efeito suspensivo. Esta regra vale para todas as decisões relativas à execução penal.

Por falta de regulamentação própria, o procedimento do recurso de agravo é o mesmo procedimento do recurso em sentido estrito. Portanto, o prazo para ser interposto é de 5 dias, com 2 dias para razões, e, após, igual prazo para contrarrazões.

Nesse sentido, a Súmula 700 do STF: "É de cinco dias o prazo para interposição de agravo contra decisão do juiz da execução penal".

O recurso de agravo é dotado também de efeito regressivo, ou seja, submete-se ao juízo de retratação pelo mesmo órgão jurisdicional que proferiu a decisão impugnada.

O recurso de agravo somente terá efeito suspensivo quando interposto pelo Ministério Público, da decisão que declarar cessada a periculosidade, no caso de medida de segurança.

Contudo, nada impede que, presentes os requisitos do *fumus boni iuris* e o *periculum in mora*, seja admitido mandado de segurança para a outorga de efeito suspensivo.

21 Fiscalização na Elaboração de Substâncias Entorpecentes
Lei n. 10.357/2001

A Lei n. 10.357/2001 estabelece normas de controle e fiscalização sobre produtos químicos que direta ou indiretamente possam ser destinados à elaboração ilícita de substâncias entorpecentes, psicotrópicas ou que determinem dependência física ou psíquica, e dá outras providências.

A fabricação, produção, armazenamento, transformação, embalagem, compra, venda, comercialização, aquisição, posse, doação, empréstimo, permuta, remessa, transporte, distribuição, importação, exportação, reexportação, cessão, reaproveitamento, reciclagem, transferência e utilização de todos os produtos químicos que possam ser utilizados como insumo na elaboração de substâncias entorpecentes, psicotrópicas ou que determinem dependência física ou psíquica (exceto as que estejam sob controle do órgão competente do Ministério da Saúde) estão sujeitos a controle e fiscalização.

A referida lei define produto químico como as substâncias químicas e as formulações que as contenham, nas concentrações estabelecidas em portaria, em qualquer estado físico, independentemente do nome fantasia dado ao produto e do uso lícito a que se destina.

A competência para definir os produtos químicos a serem controlados, bem como para estabelecer os critérios e as formas de controle, é do Ministro da Justiça, de ofício ou em razão de proposta do Departamento de Polícia Federal, da Secretaria Nacional Antidrogas ou da Agência Nacional de Vigilância Sanitária. A competência é formalizada por uma portaria, que promoverá sua atualização, excluindo ou incluindo produtos, bem como estabelecerá os critérios e as formas de controle.

A competência para exercer o controle e a fiscalização dos produtos químicos definidos na Lei n. 10.357/2001, bem como da aplicação das sanções administrativas, é do Departamento de Polícia Federal.

O exercício de atividade envolvendo produtos químicos que direta ou indiretamente possam ser destinados à elaboração ilícita de substâncias entorpecentes, psicotrópicas ou que determinem dependência física ou psíquica, sujeita a controle e fiscalização, depende do preenchimento dos seguintes requisitos legais:

a) ser pessoa física ou jurídica;

b) a pessoa interessada deverá se cadastrar e requerer licença de funcionamento ao Departamento de Polícia Federal, de acordo com os critérios e as formas a serem estabelecidos na portaria que define os produtos químicos a serem controlados, bem como estabelece os critérios e as formas de controle independentemente das demais exigências legais e regulamentares;

c) as pessoas jurídicas já cadastradas, que estejam exercendo atividade sujeita a controle e fiscalização, deverão providenciar seu recadastramento junto ao Departamento de Polícia Federal, na forma a ser estabelecida em regulamento;

d) a pessoa física ou jurídica que, em caráter eventual, necessite exercer qualquer uma das atividades sujeitas a controle e fiscalização deverá providenciar o seu cadastro junto ao Departamento de Polícia Federal e requerer autorização especial para efetivar as suas operações;

e) a pessoa jurídica que for se cadastrar e requerer licença de funcionamento ao Departamento de Polícia Federal deverá requerer, anualmente, a Renovação da Licença de Funcionamento para o prosseguimento de suas atividades;

f) a pessoa jurídica que realizar qualquer uma das atividades previstas na citada lei é obrigada a fornecer ao Departamento de Polícia Federal, periodicamente, as informações sobre suas operações. Os documentos que consubstanciam as informações deverão ser arquivados pelo prazo de cinco anos e apresentados ao Departamento de Polícia Federal quando solicitados.

Assim, todas as partes envolvidas deverão possuir licença de funcionamento, exceto quando se tratar de quantidades de produtos químicos inferiores aos limites a serem estabelecidos em portaria do Ministro da Justiça.

Além disso, a importação, exportação ou reexportação dos produtos químicos sujeitos a controle e fiscalização necessitam de autorização prévia do Departamento de Polícia Federal, nos casos previstos em portaria.

No caso de suspensão ou mudança das atividades da pessoa autorizada a exercer atividade sujeita a controle e fiscalização por qualquer motivo, esta deverá comunicar a paralisação ou alteração ao Departamento de Polícia Federal, no prazo de trinta dias a partir da data da suspensão ou da mudança de atividade.

No caso de suspeita de desvio de produto químico referido na lei em comento, a pessoa física ou jurídica que exerça atividade sujeita a controle e fiscalização deverá informar o Departamento de Polícia Federal, no prazo máximo de 24 horas.

A Lei n. 10.357/2001 define, ainda, as infrações administrativas relacionadas às atividades que envolvem produtos químicos sujeitas a controle e fiscalização.

São elas: I – deixar de cadastrar-se ou licenciar-se no prazo legal; II – deixar de comunicar ao Departamento de Polícia Federal, no prazo de trinta dias, qualquer alteração cadastral ou estatutária a partir da data do ato aditivo, bem como a suspensão ou mudança de atividade sujeita a controle e fiscalização; III – omitir as informações a que se refere o art. 8º da Lei n. 10.357/2001 (a pessoa jurídica que realizar qualquer uma das atividades a que se refere o art. 1º desta Lei é obrigada a fornecer ao Departamento de Polícia Federal, periodicamente, as informações sobre suas operações), ou prestá-las com dados incompletos ou inexatos; IV – deixar de apresentar ao órgão fiscalizador, quando solicitado, notas fiscais, manifestos e outros documentos de controle; V – exercer qualquer das atividades sujeitas a controle e fiscalização, sem a devida Licença de Funcionamento ou Autorização Especial do órgão competente; VI – exercer atividade sujeita a controle e fiscalização com pessoa física ou jurídica não autorizada ou em situação irregular, nos termos desta Lei; VII – deixar de informar qualquer suspeita de desvio de produto químico controlado, para fins ilícitos; VIII – importar, exportar ou reexportar produto químico controlado, sem autorização prévia; IX – alterar a composição de produto químico controlado, sem prévia comunicação ao órgão competente; X – adulterar laudos técnicos, notas fiscais, rótulos e embalagens de produtos químicos controlados visando burlar o controle e a fiscalização; XI – deixar de informar no laudo técnico, ou nota fiscal, quando for o caso, em local visível da embalagem e do rótulo, a concentração do produto químico controlado; XII – deixar de comunicar ao Departamento de Polícia Federal furto, roubo ou extravio de produto químico controlado e documento de controle, no prazo de quarenta e oito horas; e XIII – dificultar, de qualquer maneira, a ação do órgão de controle e fiscalização.

Em razão do princípio da documentação, os procedimentos realizados no exercício da fiscalização deverão ser formalizados mediante a elaboração de documento próprio.

A Lei n. 10.357/2001 prevê também as penalidades para o descumprimento das sanções administrativas, independentemente de responsabilidade penal.

As penalidades administrativas, aplicadas cumulativa ou isoladamente, são: I – advertência formal; II – apreensão do produto químico encontrado em situação irregular; III – suspensão ou cancelamento de licença de funcionamento; IV – revogação da autorização especial; e V – multa de R$ 2.128,20 a R$ 1.064.100,00.

Na dosimetria da medida administrativa serão considerados a situação econômica, a conduta do infrator, a reincidência, a natureza da infração, a quantidade dos produtos químicos encontrados em situação irregular e as circunstâncias em que ocorreram os fatos. A critério da autoridade competente, o recolhimento do valor total da multa arbitrada poderá ser feito em até cinco parcelas mensais e consecutivas.

Em razão do princípio do devido processo legal, é possível interpor recurso das sanções administrativas aplicadas ao Diretor-Geral do Departamento de Polícia Federal, na forma e no prazo estabelecidos em regulamento.

Inclusive, é permitida à pessoa física ou jurídica que cometer qualquer uma das infrações administrativas previstas na Lei n. 10.357/2001 a possibilidade de sanar as irregularidades verificadas no prazo de trinta dias, a contar da data da fiscalização, sem prejuízo da aplicação das penalidades administrativas.

Sanadas as irregularidades, os produtos químicos eventualmente apreendidos serão devolvidos a seu legítimo proprietário ou representante legal. Os produtos químicos que não forem regularizados e restituídos no prazo e nas condições estabelecidas serão destruídos, alienados ou doados pelo Departamento de Polícia Federal a instituições de ensino, pesquisa ou saúde pública, após trânsito em julgado da decisão proferida no respectivo processo administrativo. Em caso de risco iminente à saúde pública ou ao meio ambiente, o órgão fiscalizador poderá dar destinação imediata aos produtos químicos apreendidos.

A Lei n. 10.357/2001 prevê, outrossim, a Taxa de Controle e Fiscalização de Produtos Químicos, cujo fato gerador é o exercício do poder de polícia conferido ao Departamento de Polícia Federal para controle e fiscalização das atividades relacionadas aos produtos químicos desta Lei. São sujeitos passivos da Taxa de Controle e Fiscalização de Produtos Químicos as pessoas físicas e jurídicas que exerçam qualquer uma das atividades sujeitas a controle e fiscalização previstas na Lei n. 10.357/2001.

São isentos do pagamento da Taxa de Controle e Fiscalização de Produtos Químicos, sem prejuízo das demais obrigações previstas nesta Lei: I – os órgãos da Administração Pública direta federal, estadual e municipal; II – as instituições públicas de ensino, pesquisa e saúde; III – as entidades particulares de caráter assistencial, filantrópico e sem fins lucrativos que comprovem essa condição na forma da lei específica em vigor.

A Taxa de Controle e Fiscalização de Produtos Químicos é devida pela prática dos seguintes atos de controle e fiscalização: I – no valor de R$ 500,00 para: a) emissão de Certificado de Registro Cadastral; b) emissão de segunda via de Certificado de Registro Cadastral; e c) alteração de Registro Cadastral; II – no valor de R$ 1.000,00 para: a) emissão de Certificado de Licença de Funcionamento; b) emissão de segunda via de Certificado de Licença de Funcionamento; e c) renovação de Licença de Funcionamento; III – no valor de R$ 50,00 para: a) emissão de Autorização Especial; e b) emissão de segunda via de Autorização Especial. Os valores constantes dos incisos I e II deste artigo serão reduzidos de: I – 40%, quando se tratar de empresa de pequeno porte; II – 50%, quando se tratar de filial de empresa já cadastrada; III – 70%, quando se tratar de microempresa.

A Taxa de Controle e Fiscalização de Produtos Químicos será recolhida nos prazos e nas condições estabelecidos em ato do Departamento de Polícia Federal. Os recursos relativos à cobrança da Taxa de Controle e Fiscalização de Produtos Químicos, à aplicação de multa e à alienação de produtos químicos previstas nesta Lei constituem receita do Fundo Nacional Antidrogas – FUNAD.

O Fundo Nacional Antidrogas destinará 80% dos recursos relativos à cobrança da referida taxa à aplicação de multa e à alienação de produtos químicos ao Departamento de Polícia Federal, para o reaparelhamento e custeio das atividades de controle e fiscalização de produtos químicos e de repressão ao tráfico ilícito de drogas.

22 Forma e Apresentação dos Símbolos Nacionais

Lei n. 5.700/71

1. Introdução

Estabelece o art. 13, § 1º, da Constituição Federal, que são símbolos da República Federativa do Brasil a bandeira, o hino, as armas e o selo nacional.

A mesma disposição vem reproduzida no art. 1º da Lei n. 5.700/71, que trata da forma e apresentação desses símbolos nacionais.

A referida lei estabelece, inclusive, detalhadamente os modelos compostos de conformidade com especificações e regras básicas como padrões dos símbolos nacionais.

Assim é que, para cuidar especificamente da forma (dimensões, cores, legendas, instrumentação, material etc), uma seção para cada símbolo nacional foi destinada no Capítulo II da Lei. O Capítulo III trata da apresentação dos símbolos nacionais, estabelecendo, ainda, o Capítulo IV, as cores nacionais como sendo verde e amarelo, as quais poderão ser associadas às cores azul e branco.

No Capítulo V, a Lei tipificou como contravenção penal, punida com multa, a violação de qualquer de suas disposições.

2. Da contravenção em espécie

> Art. 35. A violação de qualquer disposição desta Lei, excluídos os casos previstos no art. 44 do Decreto-lei n. 898, de 29 de setembro de 1969, é considerada contravenção, sujeito o infrator à pena de multa de 1 (uma) a 4 (quatro) vezes o maior valor de referência vigente no País, elevada ao dobro nos casos de reincidência.

Objetividade jurídica: proteção dos Símbolos Nacionais.
Sujeito ativo: qualquer pessoa (crime comum).
Sujeito passivo: o Estado.
Conduta: o tipo penal é caracterizado pela violação de qualquer das disposições da lei com relação à forma e apresentação dos símbolos nacionais. O descumprimento de qualquer de suas determinações configura contravenção penal, punida com multa.

Revogação do Decreto-lei n. 898/69: a Lei n. 6.620/78 revogou expressamente o Decreto-lei n. 898/69. A Lei n. 7.170/83, antiga Lei de Segurança Nacional, não classificava como crimes as hipóteses anteriormente trazidas no art. 44 do mencionado decreto, que previa a destruição ou ultraje da bandeira, emblemas ou símbolos nacionais, quando expostos em local público.

Norma penal em branco: o tipo penal é caracterizado pelo desrespeito dos preceitos declinados na própria Lei. Portanto, o complemento do tipo penal é determinado por outros dispositivos legais referentes à forma e apresentação dos símbolos nacionais.

Objeto material: Símbolos Nacionais – bandeira, hino, armas e selo nacional.

Elemento subjetivo: é o dolo. Não se admite a modalidade culposa.

Consumação: ocorre com a efetiva violação de qualquer das disposições da lei, independentemente de resultado naturalístico, que não é previsto em lei. Trata-se, portanto, de infração de mera conduta.

Tentativa: embora possa, em tese, ser admitida, não é punível, segundo a regra do art. 4º do Dec. lei n. 3.688/41 – Lei das Contravenções Penais.

Ação penal: pública incondicionada.

> Art. 36. O processo das infrações a que alude o artigo anterior obedecerá ao rito previsto para as contravenções penais em geral.

Seguindo a regra geral das contravenções penais, como infrações penais de menor potencial ofensivo, o processo segue o rito da Lei n. 9.099/95 (Juizado Especial Criminal).

23 Genocídio
Lei n. 2.889/56

1. Noções gerais sobre o genocídio

Genocídio (por vezes designado por limpeza étnica) tem sido definido como o assassinato deliberado de pessoas motivado por diferenças étnicas, nacionais, raciais, religiosas e (por vezes) políticas. O genocídio pode se referir igualmente a ações deliberadas cujo objetivo seja a eliminação física de um grupo humano segundo as categorias já mencionadas.

O termo *genocídio* foi criado por Raphael Lemkin, um judeu Polaco, em 1944, juntando a raiz grega *génos* (família, tribo ou raça) e *caedere* (latim – matar).

Com o advento do genocídio dos judeus pelo regime nazista, o Holocausto, Lemkin fez campanha pela criação de leis internacionais que definissem e punissem o genocídio. Esta pretensão tornou-se realidade em 1951, com a *Convenção para a prevenção e a repressão do crime de genocídio*.

A prática do crime de genocídio é tão antiga quanto a própria humanidade, e chega a se confundir com ela. A ideia de exterminar um grupo diferente é quase que inerente à condição humana, sendo muitas vezes reflexo de seu mais profundo egoísmo. Apesar de toda a proteção que vem sendo dada à pessoa humana em nível internacional, a categorização da humanidade como algo unitário ainda não é possível e pode se dizer que a história do genocídio é a história da intolerância contra a diversidade humana. A prática do genocídio ocorreu ao redor do mundo, em todos os períodos da história.

O *crime de genocídio* foi previsto pela Convenção da ONU, aprovada em Paris, em 9 de dezembro de 1948, para entrar em vigor em 12 de janeiro de 1951, após a ratificação por 22 países. O Brasil a ratificou em 15 de abril do ano seguinte, promulgando-a por meio do Decreto n. 30.822, de 6 de maio desse mesmo ano.

Com fonte nesse tratado e ainda sob os efeitos do Holocausto, foi editada, no Brasil, a Lei n. 2.889, de 1º de outubro de 1956, definindo o crime de genocídio como o comportamento com a intenção de destruir, no todo ou em parte, grupo nacional, étnico, racial ou religioso. Esse diploma não considerou o genocídio crime político, para efeito de extradição.

A Lei n. 8.072, de 25 de julho de 1990 (Lei dos Crimes Hediondos), inspirada no inciso XLIII do art. 5º da Constituição Federal, considerou o genocídio crime hediondo, ainda que apenas tentado, sendo, pois, insuscetível de anistia, graça ou indulto.

2. Crime de genocídio

> Art. 1º Quem, com a intenção de destruir, no todo ou em parte, grupo nacional, étnico, racial ou religioso, como tal:
> *a*) matar membros do grupo;

b) causar lesão grave à integridade física ou mental de membros do grupo;

c) submeter intencionalmente o grupo a condições de existência capazes de ocasionar-lhe a destruição física total ou parcial;

d) adotar medidas destinadas a impedir os nascimentos no seio do grupo;

e) efetuar a transferência forçada de crianças do grupo para outro grupo.

Será punido:

com as penas do art. 121, § 2º, do Código Penal, no caso da letra *a*;

com as penas do art. 129, § 2º, no caso da letra *b*;

com as penas do art. 270, no caso da letra *c*;

com as penas do art. 125, no caso da letra *d*;

com as penas do art. 148, no caso da letra *e*.

Genocídio: de acordo com o art. 1º da Lei n. 8.072/90, o crime de genocídio é considerado hediondo, seja na sua forma consumada ou tentada, e consiste na destruição, total ou parcial, de grupo nacional, étnico, racial ou religioso. Não se pune a forma culposa deste crime, pois o próprio art. 1º fala em destruição intencional, tendo, portanto, como elemento subjetivo, o dolo.

Caracterização do crime de genocídio: basta que o sujeito ativo pratique qualquer das condutas descritas contra uma única pessoa do grupo para que seja caracterizado o genocídio, desde que haja a intenção de destruir, no todo ou em parte, grupo nacional, étnico, racial ou religioso. Se o agente praticar qualquer das condutas descritas contra mais de uma pessoa do grupo, será aplicado o concurso de crimes.

Grupo nacional, étnico, racial ou religioso: conjunto de pessoas dispostas proximamente e formando um todo, que tem características, traços, interesses e objetivos comuns. Pode ser visto sob a ótica nacional (grupo pertencente a uma determinada nação), étnica (grupo com uma mesma cultura, língua, origem e história), racial (grupo relativo às características físicas) ou religiosa (grupo que adota uma mesma crença).

Sujeitos: sujeito ativo do crime de genocídio pode ser qualquer pessoa. Sujeito passivo é qualquer pessoa ligada a certo grupo nacional, étnico, racial ou religioso. Em relação à conduta descrita na alínea *d*, em casos de aborto, o sujeito passivo também é o feto ou embrião.

Art. 121, § 2º, do Código Penal: quando o sujeito ativo realizar a conduta de matar membros de um grupo, seja ele nacional, étnico, racial ou religioso, será punido com as penas relativas ao homicídio qualificado, ou seja, de 12 (doze) a 30 (trinta) anos de reclusão.

Art. 129, § 2º, do Código Penal: quando o sujeito ativo realizar a conduta de causar lesão grave à integridade física ou mental de membros do grupo, seja ele nacional, étnico, racial ou religioso, será punido com as penas relativas à lesão corporal de natureza gravíssima, ou seja, de 2 (dois) a 8 (oito) anos de reclusão.

Art. 270, do Código Penal: quando o sujeito ativo realizar a conduta de submeter intencionalmente o grupo a condições de existência capazes de ocasionar-lhe a destruição física total ou parcial, será punido com as penas relativas ao crime de envenenamento de água potável ou de substância alimentícia ou medicinal, ou seja, de 10 (dez) a 15 (quinze) anos de reclusão. Ressalte-se que, nesse caso, não se aplica ao genocídio a modalidade culposa prevista no § 2º do art. 270 do CP, uma vez que a conduta deve ser praticada intencionalmente.

Art. 125, do Código Penal: quando o sujeito ativo realizar a conduta de adotar medidas destinadas a impedir os nascimentos no seio do grupo, será punido com as penas relativas ao crime de aborto provocado por terceiro, ou seja, de 3 (três) a 10 (dez) anos de reclusão.

Art. 148, do Código Penal: quando o sujeito ativo realiza a conduta de efetuar a transferência forçada de crianças do grupo para outro grupo, será punido com as penas relativas ao crime de sequestro e cárcere privado, ou seja, de 1 (um) a 3 (três) anos de reclusão.

Genocídio praticado no exterior: segundo o art. 7º, I, *d*, do Código Penal, o genocídio cometido por brasileiro ou por agente domiciliado no Brasil fica sujeito à lei brasileira, embora cometido no exterior.

Competência: a competência para processar e julgar o crime de genocídio varia conforme a conduta praticada pelo agente. Se o agente praticar as condutas descritas nas alíneas *a* e *d* (no caso de aborto), estará configurado crime doloso contra a vida, sendo a competência, portanto, conforme o art. 5º, XXXVIII, *d*, da CF, do Tribunal do Júri. Se o agente praticar as condutas descritas nas demais alíneas, a competência será do juízo singular estadual. Ressalte-se que não é porque o genocídio é um crime contra a humanidade, visando o agente à destruição do grupo, que a competência para seu processamento será exclusiva do Tribunal do Júri. Eventualmente, a competência para processar e julgar o crime de genocídio poderá ser da Justiça Federal. Isto ocorrerá em duas hipóteses. A primeira hipótese se dá com base no art. 109, V-A, c.c. § 5º do mesmo artigo, todos da CF, em que, no caso de grave violação aos direitos humanos, o Procurador-Geral da República, com a finalidade de assegurar o cumprimento de obrigações decorrentes de tratados internacionais, poderá suscitar, perante o Superior Tribunal de Justiça, o deslocamento da competência para a Justiça Federal. A segunda hipótese se dá quando o genocídio é praticado contra comunidade indígena, em que, segundo o art. 109, XI, a competência também é da Justiça Federal.

Causa de aumento exclusivo: de acordo com o art. 59 da Lei n. 6.001/73, se a vítima de crime contra a pessoa, patrimônio ou costume for um índio, seja ele ligado a comunidade indígena ou não, a pena será agravada de um terço.

> Art. 2º Associarem-se mais de 3 (três) pessoas para prática dos crimes mencionados no artigo anterior:
> Pena – metade da cominada aos crimes ali previstos.

Associação para cometimento de genocídio: é um tipo penal similar ao antigo quadrilha ou bando, que vinha previsto no art. 288 do Código Penal, porém constituindo uma forma específica desse tipo penal. Atualmente, o crime previsto no art. 288 do Código Penal é denominado associação criminosa, necessitando de 3 (três) ou mais pessoas para a sua configuração.

Assim, se 3 (três) ou mais pessoas se associarem para o cometimento de qualquer crime, inclusive o de genocídio, serão responsabilizadas pelas penas do crime de associação criminosa, previsto no art. 288 do Código Penal.

Contudo, na hipótese de se associarem mais de 3 (três) pessoas para cometer o crime de genocídio, serão responsabilizadas pelas penas deste artigo, ora em comento.

Não se pune a forma culposa, tendo o crime, portanto, como elemento subjetivo o dolo, sendo que, neste caso, deve haver tanto o dolo em destruir, total ou parcialmente, grupo nacional, étnico, racial ou religioso, como o de se associar para cometer este crime.

Sujeitos: o sujeito ativo do crime de associação para cometimento de genocídio pode ser qualquer pessoa. O sujeito passivo é qualquer pessoa ligada a certo grupo nacional, étnico, racial ou religioso, ou até a humanidade.

Penas: dependendo da conduta praticada pelos associados, a pena será diversa. Por exemplo, se mais de três pessoas se associarem para *matar* os membros de grupo nacional, étnico, racial ou religioso, a pena será de 6 (seis) a 15 (quinze) anos de reclusão (metade da pena cominada para esta conduta), e assim varia conforme a conduta praticada.

> Art. 3º Incitar, direta e publicamente, alguém a cometer qualquer dos crimes de que trata o art. 1º:
> Pena – metade das penas ali cominadas.
> § 1º A pena pelo crime de incitação será a mesma de crime incitado, se este se consumar.
> § 2º A pena será aumentada de 1/3 (um terço), quando a incitação for cometida pela imprensa.

Incitação para cometimento de genocídio: é um tipo penal similar ao de incitação ao crime, previsto no art. 286 do Código Penal. Porém, é uma forma específica deste tipo. Se uma pessoa instiga outra para o cometimento de qualquer outro crime, será responsabilizada nas penas do crime de incitação ao crime. Contudo, na hipótese da instigar a outra para cometer o crime de genocídio, será responsabilizada pelas penas deste artigo. Não se pune a forma culposa deste crime, tendo, portanto, como elemento subjetivo o dolo, sendo que, neste caso, deve haver tanto o dolo em destruir, total ou parcialmente, grupo nacional, étnico, racial ou religioso como o de instigar outra pessoa a cometê-lo. Ressalte-se que esta instigação deve ser direta, ou seja, sem intermediários, e publicamente, ou seja, à frente do público em geral.

Sujeitos: sujeito ativo do crime de incitação para cometimento de genocídio pode ser qualquer pessoa. Sujeito passivo é qualquer pessoa ofendida, ligada a certo grupo nacional, étnico, racial ou religioso, ou até a humanidade.

Penas: dependendo da conduta praticada por quem incita, a pena será diversa. Assim, se a pessoa instiga outra para *matar* os membros de grupo nacional, étnico, racial ou religioso, a pena será de 6 (seis) a 15 (quinze) anos de reclusão (metade da pena cominada para esta conduta) Contudo, se a pessoa instiga outra para *matar* os membros de grupo nacional, étnico, racial ou religioso, e a pessoa incitada realmente o faz, a pena será de 12 (doze) a 30 (trinta) anos (mesma pena cominada para o crime incitado), e assim varia conforme a conduta praticada.

Incitação para cometimento de genocídio realizado pela imprensa: tendo em vista que a instigação feita pela imprensa atinge um número muito grande de pessoas, o legislador corretamente resolveu por puni-la de forma mais severa.

> Art. 4º A pena será agravada de 1/3 (um terço), no caso dos arts. 1º, 2º e 3º, quando cometido o crime por governante ou funcionário público.

Causa de aumento de pena: em razão da gravidade do cometimento de qualquer dos crimes acima previstos por um chefe do Poder Executivo de qualquer grau, ou por funcionário público, a pena é aumentada de um terço.

> Art. 5º Será punida com 2/3 (dois terços) das respectivas penas a tentativa dos crimes definidos nesta Lei.

Tentativa: em regra, quando um crime é realizado somente em sua forma tentada, o agente que realiza a conduta é punido de acordo com o art. 14, parágrafo único, do Código Penal (a pena do crime cometido é diminuída de um a dois terços). Contudo, neste caso, a tentativa é tratada de forma especial, sendo que será punido com dois terços da pena relacionada com a conduta que tentou praticar.

> Art. 6º Os crimes de que trata esta Lei não serão considerados crimes políticos para efeitos de extradição.

Art. 5º, LII, da CF: preceitua este artigo da Constituição Federal que não será concedida extradição de estrangeiro por crime político; assim, esta lei já nos diz que o crime de genocídio não pode ser considerado crime político, portanto, o agente que o pratica poderá ser extraditado.

> Art. 7º Revogam-se as disposições em contrário.

24 Identificação Criminal
Lei n. 12.037/2009

1. Identificação criminal

Identificação criminal pode ser definida como o registro, guarda e recuperação de todos os dados e informações necessários para estabelecer a identidade do acusado.

Identidade, por seu turno, é o conjunto de características que distinguem uma pessoa da outra, tais como características físicas (digitais, cor dos cabelos e da pele, altura, cicatrizes etc.), características pessoais (endereço, profissão, estado civil etc.), características biológicas (tipo sanguíneo, DNA, morfologia de órgãos e partes do corpo etc.), dentre outras.

A Constituição Federal de 1988 impôs restrições à identificação criminal, estabelecendo, no art. 5º, LVIII, que "o civilmente identificado não será submetido a identificação criminal, salvo nas hipóteses previstas em lei".

Essa vedação constitucional, embora admitindo exceções, desde que previstas em lei, foi aplicada de maneira absoluta desde a promulgação do texto magno até a edição da revogada Lei n. 10.054/2000, tempo suficiente para que sérios equívocos fossem cometidos, ensejando a responsabilização criminal e até condenações e prisões de pessoas inocentes que, tendo extraviados seus documentos de identificação civil, foram confundidas com criminosos que, de posse de tais documentos alheios, identificaram-se falsamente por ocasião de prisões em flagrante por crimes cometidos.

Evidentemente, o texto constitucional teve como propósito impedir a utilização abusiva da identificação criminal pelas autoridades policiais, evitando situações constrangedoras e vexatórias a pessoas envolvidas ou suspeitas da prática de crimes. Entretanto, os criminosos contumazes, aproveitando-se da vedação constitucional, rapidamente providenciaram documentos falsos, burlando o sistema e, direta ou indiretamente, prejudicando um sem-número de inocentes que se viram envolvidos indevidamente em ocorrências policiais, inquéritos e processos criminais.

Com o advento da Lei n. 12.037/2009, como já ocorria na vigência da anterior Lei n. 10.054/2000, estabeleceu o legislador infraconstitucional claramente as hipóteses em que é possível ocorrer a identificação criminal, nessa expressão incluídas as identificações datiloscópicas e fotográficas. Inclusive, o art. 1º da referida lei reproduziu o texto constitucional ao dispor que "o civilmente identificado não será submetido a identificação criminal, salvo nos casos previstos nesta Lei".

Mais recentemente, a Lei n. 12.654/2012 estabeleceu a possibilidade de coleta de perfil genético, como forma de identificação criminal. Os dados relacionados à coleta do perfil genético do identificado deverão ser armazenados em banco de dados de perfis genéticos, gerenciado por unidade oficial de perícia criminal. O tema, evidentemente, é polêmico, dada a possibilidade de o investigado se negar a fornecer o material biológico para a obtenção de seu perfil genético. Como deverá proceder a autoridade neste caso? Poderá haver a extração forçada do material biológico? Em atenção ao consagrado princípio do *nemo tenetur se detegere*, ninguém está obrigado a produzir prova contra si mesmo, previsão constante da Convenção Americana de Direitos Humanos, que, em seu art. 8º, II, *g*, estabelece que toda pessoa acusada de um delito tem o direito de não ser obrigada a depor contra si mesma, nem a confessar-se culpada, o que pode ser estendido para a colaboração com a colheita de provas que possam incriminá-la.

Além do mais, também é polêmica a determinação constante do *caput* do art. 9º-A da Lei n. 7.210/84, Lei de Execução Penal, incluído originariamente pela citada Lei n. 12.654/2012 e posteriormente alterado pela Lei n. 13.964/2019 (Lei Anticrime), segundo a qual o condenado por crime doloso praticado com violência grave contra a pessoa, bem como por crime contra a vida, contra a liberdade sexual ou por crime sexual contra vulnerável, será submetido, obrigatoriamente, à identificação do perfil genético, mediante extração de DNA (ácido desoxirribonucleico), por técnica adequada e indolor, por ocasião do ingresso no estabelecimento prisional.

2. Análise das hipóteses legais

> Art. 2º A identificação civil é atestada por qualquer dos seguintes documentos:
> I – carteira de identidade;
> II – carteira de trabalho;
> III – carteira profissional;
> IV – passaporte;
> V – carteira de identificação funcional;
> VI – outro documento público que permita a identificação do indiciado.
> Parágrafo único. Para as finalidades desta Lei, equiparam-se aos documentos de identificação civis os documentos de identificação militares.

Identificação civil: a lei estabeleceu expressamente quais os documentos aptos a atestar a identificação civil, mencionando, no inciso VI, qualquer outro documento público que permita a identificação do indiciado, tal como a Carteira Nacional de Habilitação, equiparando, no parágrafo único, aos documentos de identificação civis os documentos de identificação militares.

Sem prova da identificação civil: não havendo prova de que o réu seja civilmente identificado, não constitui constrangimento ilegal a determinação de identificação criminal pelo processo datiloscópico; neste sentido, STJ: RHC 12126/RJ, Rel. Min. José Arnaldo da Fonseca, j. em 18-12-2001.

Prisão preventiva: na nova redação dada ao art. 313 do Código de Processo Penal pela Lei n. 12.403/2011, foi acrescentado parágrafo único, admitindo a decretação de prisão preventiva quando houver dúvida sobre a identidade civil da pessoa ou quando esta não fornecer elementos suficientes para esclarecê-la. Neste caso, o preso deverá ser colocado imediatamente em liberdade após a identificação, salvo se outra hipótese recomendar a manutenção da medida.

> Art. 3º Embora apresentado documento de identificação, poderá ocorrer identificação criminal quando:
> I – o documento apresentar rasura ou tiver indício de falsificação;

II – o documento apresentado for insuficiente para identificar cabalmente o indiciado;

III – o indiciado portar documentos de identidade distintos, com informações conflitantes entre si;

IV – a identificação criminal for essencial às investigações policiais, segundo despacho da autoridade judiciária competente, que decidirá de ofício ou mediante representação da autoridade policial, do Ministério Público ou da defesa;

V – constar de registros policiais o uso de outros nomes ou diferentes qualificações;

VI – o estado de conservação ou a distância temporal ou da localidade da expedição do documento apresentado impossibilite a completa identificação dos caracteres essenciais.

Parágrafo único. As cópias dos documentos apresentados deverão ser juntadas aos autos do inquérito, ou outra forma de investigação, ainda que consideradas insuficientes para identificar o indiciado.

Crimes praticados antes da CF/88: o STF, por meio da Súmula 568, tinha entendimento firmado no sentido de que a identificação criminal não constituía constrangimento ilegal, ainda que o indiciado já tivesse sido identificado civilmente, ou seja, mesmo identificado civilmente, o indiciado (ou acusado) poderia ser identificado criminalmente.

Identificação criminal: inclui a identificação datiloscópica e a identificação fotográfica, além de outros dados necessários aos assentamentos policiais, que devam constar dos arquivos dos institutos de identificação.

Hipóteses legais: a lei estabelece claramente as hipóteses de exceção à vedação constitucional, restringindo o arbítrio das autoridades e evitando constrangimentos e vexames desnecessários aos suspeitos e acusados de crimes.

Documento original: entende-se como aquele expedido pelo órgão de identificação civil correspondente, podendo ser a Carteira de Identidade, a Carteira Nacional de Habilitação (desde que contenha foto e dados como RG, CPF etc.), Carteiras Funcionais equiparadas a documentos de identificação etc.

Cópias simples e autenticadas: a lei não faz qualquer exceção, daí por que as cópias simples ou autenticadas de documentos de identificação civil não podem ser aceitas para evitar a identificação criminal. Nesse caso, ainda que consideradas insuficientes para identificar o indiciado, as cópias deverão ser juntadas aos autos de inquérito, ou outra forma de investigação.

Suspeita de falsificação ou adulteração do documento de identidade: as autoridades policiais, em razão de cursos de treinamento e pelo tempo de profissão, têm conhecimento suficiente para fazer uma prévia constatação de eventuais falsidades ou alterações em documentos de identidade, além da possibilidade de prévia consulta aos sistemas informatizados. Neste caso, salvo na hipótese de constatação da originalidade do documento, o indiciado ou acusado também poderá ser duplamente identificado (cível e criminalmente).

Documentos antigos e malconservados: não basta, para caracterizar esta hipótese de dupla identificação (cível e criminal), o fato de o documento apresentado ser antigo ou malconservado; ele deve impossibilitar a completa identificação dos caracteres essenciais de identificação (dados pessoais e fotografia).

Registros policiais constando uso de outros nomes ou qualificações: quando a Autoridade Policial, durante a prisão em flagrante, a tramitação do inquérito policial ou termo circunstanciado, verificar constar em seus registros o uso de outros nomes ou diversas qualificações pelo autor do fato, ele também poderá ser duplamente identificado (cível e criminalmente).

Extravio do documento de identidade: extravios de identidade são registrados nas Delegacias de Polícia por meio de Boletins de Ocorrência, de tal modo que, após o registro, o extravio conste no cadastro da pessoa. Nesta hipótese, o novo texto legal não previu a exigência de identificação criminal, como ocorria na vigência da Lei n. 10.054/2000. Entretanto, considerando a hipótese do inciso IV, do art. 3º, a identificação criminal é plenamente justificável, desde que precedida das formalidades que a lei estabelece (despacho da autoridade judiciária competente, de ofício, por representação da autoridade policial, ou por requerimento do Ministério Público ou da defesa).

Não comprovação da identificação civil: neste caso, a lei não estipula o modo como deve ser realizada esta comprovação, bem como não prevê em quais casos o acusado ou indiciado deverá comprovar sua identificação civil, senão por meio da apresentação do documento de identidade. Contudo, deve-se exigir a comprovação da identificação civil quando houver suspeitas quanto à mesma, sendo que, decorrido o prazo estipulado, e não havendo tal comprovação, poderá a Autoridade, em despacho fundamentado, providenciar a sua identificação criminal.

Identificação civil incorreta do réu: na hipótese em que falsário utilizou documentos de outrem para identificar-se civilmente no processo criminal, ocorre nulidade se ele não foi fisicamente identificado, sendo que, neste caso, somente deve ser corrigida a sua qualificação. Neste sentido, STJ: HC 55608/RO, Rel. Min. Nilson Naves, j. 8-3-2007, HC 27393/SC, Rel. Min. Gilson Dipp, j. 27-5-2003.

Identificação civil incorreta do condenado: na hipótese em que falsário utilizou documentos de outrem para identificar-se civilmente no processo criminal e foi condenado, cabe ao verdadeiro dono da identidade ingressar com revisão criminal a fim de retirar dos registros criminais a condenação que lhe foi indevidamente imposta, sendo, inclusive, imperativo que se renove toda a instrução. Neste sentido, STJ: REsp 645582/PR, Rel. Min. Laurita Vaz, j. 12-9-2006, RHC 13486/SP, Rel. Min. Felix Fischer, j. 28-6-2005, HC 9984/SP, Rel. Min. Vicente Leal, j. 2-3-2000.

Crime ambiental praticado por pessoa jurídica: a pessoa jurídica só pode ser responsabilizada quando houver intervenção de uma pessoa física, que atua em nome e em benefício desta. A ausência de identificação das pessoas físicas que, atuando em nome e proveito da pessoa jurídica, participaram do evento delituoso inviabiliza o recebimento da denúncia. Neste sentido, STJ: REsp 610114/RN, Rel. Min. Gilson Dipp, j. 17-11-2005.

> Art. 4º Quando houver necessidade de identificação criminal, a autoridade encarregada tomará as providências necessárias para evitar o constrangimento do identificado.

Com essa disposição, buscou a lei preservar o identificado de toda forma de constrangimento que a identificação criminal poderá ocasionar. Deve, portanto, a autoridade encarregada tomar as providências necessárias para que a identificação seja feita em local reservado, longe dos olhares do público presente na repartição policial ou congênere, e, principalmente, longe da imprensa, que, via de regra, utiliza as imagens do indiciamento como sinônimo de condenação antecipada, expondo o identificado a execração pública.

> Art. 5º A identificação criminal incluirá o processo datiloscópico e o fotográfico, que serão juntados aos autos da comunicação da prisão em flagrante, ou do inquérito policial ou outra forma de investigação.
>
> Parágrafo único. Na hipótese do inciso IV do art. 3º, a identificação criminal poderá incluir a coleta de material biológico para a obtenção do perfil genético.

Datiloscopia: é o processo de identificação humana por meio das impressões digitais. A datiloscopia é uma das áreas da papiloscopia, que abrange, ainda, a quiroscopia (identificação das impressões palmares); a podoscopia (identificação das impressões plantares); a poroscopia (identificação dos poros); e a critascopia (identificação das cristas papilares).

Origem da identificação datiloscópica: o sistema de identificação por meio de impressões digitais foi criado por Juan Vucetich Kovacevich, nascido aos 20 de Julho de 1858 na cidade de Dalmácia, Império Austro-húngaro (atual Iugoslávia). Vucetich naturalizou-se argentino e, aos 24 anos de idade, ingressou na polícia da província de La Plata – Buenos Aires. Vucetich foi incumbido de trabalhar no setor de identificação de La Plata, ainda com o sistema de Bertillonage. Após tomar conhecimento dos trabalhos de Galton, inventou o seu próprio sistema de arquivamento e identificação por meio das impressões digitais, dando-lhe o nome de ICNOFALANGOMETRIA. Em 1º de setembro de 1891, seu sistema foi implantado na chefatura de polícia de La Plata, onde foram identificados 23 presos. A ele deve-se também o primeiro caso autêntico de identificação de um autor de crime pelas impressões digitais, ocorrido em 1892, quando uma mulher chamada Francisca Roja mata dois filhos, corta a própria garganta e acusa um seu vizinho como sendo o criminoso. A Polícia encontra na porta da casa a marca de vários dedos molhados de sangue. As impressões encontradas coincidiam exatamente com as de Francisca, que é tida como verdadeira culpada. No ano de 1894, o argentino Francisco Latzina publicou no jornal "La Nación", de Buenos Aires, um artigo no qual critica favoravelmente o sistema de Vucetich, sugerindo, entretanto, que o nome ICNOFALANGOMETRIA fosse substituído por dactiloscopia.

Impressões digitais: são os desenhos deixados em uma superfície lisa, formados pelas papilas (elevações da pele), presentes nas polpas dos dedos das mãos. Usadas há mais de cem anos como forma de identificação de pessoas, sabemos hoje que as impressões digitais são únicas, sendo diferentes inclusive entre gêmeos univitelinos. As papilas são formadas no feto e acompanham a pessoa pela vida toda, sem apresentar grandes mudanças. A impressão digital apresenta pontos característicos e formações que permitem a um perito (papiloscopista) identificar uma pessoa de forma bastante confiável. Tal comparação é também feita por sistemas computadorizados, os chamados sistemas AFIS (*Automated Fingerprint Identification System*). Algumas pessoas, contudo, apresentam as pontas dos dedos lisas, o que caracteriza a chamada Síndrome de Nagali; nestes casos, a identificação é feita pela íris, por meio da biometria.

Identificação fotográfica: é a identificação feita por meio de fotografia. Deve a autoridade encarregada, entretanto, fazer a juntada da fotografia do identificado aos autos da comunicação da prisão em flagrante, ou do inquérito policial ou outra forma de investigação. Não deve a fotografia do identificado prestar-se a alimentar bancos de dados individuais e não oficiais da polícia, o que poderá ensejar a responsabilização civil e criminal por parte daquele que assim proceder.

Perfil genético: a Lei n. 12.654/2012 acrescentou o parágrafo único ao art. 5º, estabelecendo que, quando a identificação criminal for essencial às investigações policiais, poderá ser feita a coleta de material biológico para a obtenção do perfil genético do identificado.

> Art. 5º-A. Os dados relacionados à coleta do perfil genético deverão ser armazenados em banco de dados de perfis genéticos, gerenciado por unidade oficial de perícia criminal.
>
> § 1º As informações genéticas contidas nos bancos de dados de perfis genéticos não poderão revelar traços somáticos ou comportamentais das pessoas, exceto determinação genética de gênero, consoante as normas constitucionais e internacionais sobre direitos humanos, genoma humano e dados genéticos.

§ 2º Os dados constantes dos bancos de dados de perfis genéticos terão caráter sigiloso, respondendo civil, penal e administrativamente aquele que permitir ou promover sua utilização para fins diversos dos previstos nesta Lei ou em decisão judicial.

§ 3º As informações obtidas a partir da coincidência de perfis genéticos deverão ser consignadas em laudo pericial firmado por perito oficial devidamente habilitado.

Bancos de dados de perfis genéticos: esse artigo foi introduzido pela Lei n. 12.654/2012, estabelecendo a necessidade de criação de um banco de dados de perfis genéticos, sob a gerência de unidade oficial de perícia criminal.

Traços somáticos ou comportamentais: a lei proíbe que as informações genéticas revelem traços somáticos ou comportamentais das pessoas. Traços somáticos são traços relacionados à morfogênese e traços antropológicos e biológicos, próprios de uma raça ou etnia, tais como feições, conformação física e corporal, cor da pele etc., enfim, traços da morfologia externa da pessoa. Traços comportamentais (*behavioral traits*) são os relativos ao comportamento da pessoa no cotidiano, nas relações sociais, profissionais, familiares etc.

Caráter sigiloso dos dados de perfil genético: é imperativo legal que os dados de perfil genético dos identificados sejam sigilosos. Inclusive, a lei prevê a responsabilização civil, penal e administrativa daquele que permitir ou promover a utilização de tais dados para fins diversos dos previstos na lei ou em decisão judicial.

Art. 6º É vedado mencionar a identificação criminal do indiciado em atestados de antecedentes ou em informações não destinadas ao juízo criminal, antes do trânsito em julgado da sentença condenatória.

É salutar a inovação legal no sentido de proibir a menção da identificação criminal do indiciado em atestados de antecedentes ou em informações não destinadas ao juízo criminal, antes do trânsito em julgado da sentença condenatória, como corolário do princípio da presunção de inocência ou da não culpabilidade.

Entretanto, não se deve confundir a menção à identificação criminal com a menção ao indiciamento. A identificação criminal é o registro, guarda e recuperação de todos os dados e informações necessários para estabelecer a identidade do acusado. Já o indiciamento é o ato de imputar a determinada pessoa a prática de um fato punível no inquérito policial, desde que haja indícios razoáveis de autoria.

Assim, a vedação legal refere-se exclusivamente à menção da identificação criminal e não do indiciamento, que continua sendo passível de menção em atestados de antecedentes ou informações não destinadas ao juízo criminal, mesmo antes do trânsito em julgado da sentença condenatória.

Por analogia ao disposto no art. 748 do Código de Processo Penal, as anotações relativas a inquéritos arquivados, em processos nos quais tenha ocorrido a reabilitação do condenado ou tenha ocorrido a absolvição do acusado por sentença penal transitada em julgado, ou em caso de reconhecimento da extinção da punibilidade pela prescrição da pretensão punitiva do Estado, devem ser excluídas do respectivo registro nos Institutos de Identificação e preservado o sigilo no Distribuidor Criminal; neste sentido, STJ: RMS 19936/SP, Rel. Min. José Arnaldo da Fonseca, j. 8-11-2005, RMS 20290/SP, Rel. Min. Gilson Dipp, j. 3-11-2005, HC 42582/SP, Rel. Min. Felix Fischer, j. 25-10-2005, REsp 717746/SP, Rel. Min. Gilson Dipp, j. 18-8-2005, RMS 19501/SP, Rel. Min. Felix Fischer, j. 7-6-2005, RHC 14376/SP, Rel. Min. José Arnaldo da Fonseca, j. 2-3-2004.

Art. 7º No caso de não oferecimento da denúncia, ou sua rejeição, ou absolvição, é facultado ao indiciado ou ao réu, após o arquivamento definitivo do inquérito, ou trânsito em julgado da sentença, requerer a retirada da identificação fotográfica do inquérito ou processo, desde que apresente provas de sua identificação civil.

Essa providência legislativa, não constante da anterior Lei n. 10.054/2000, permite ao indiciado ou réu a retirada de sua identificação fotográfica dos autos do inquérito arquivado ou do processo em que tenha sido rejeitada a denúncia ou absolvido, após o trânsito em julgado da sentença, desde que apresente provas de sua identificação civil. De certo que o intuito do legislador foi evitar que o identificado tivesse sua foto arquivada permanentemente nos autos de inquérito ou processo, tendo apresentado provas de sua identificação civil.

Art. 7º-A. A exclusão dos perfis genéticos dos bancos de dados ocorrerá:

I – no caso de absolvição do acusado; ou

II – no caso de condenação do acusado, mediante requerimento, após decorridos 20 (vinte) anos do cumprimento da pena.

Art. 7º-B. A identificação do perfil genético será armazenada em banco de dados sigiloso, conforme regulamento a ser expedido pelo Poder Executivo.

Exclusão do perfil genético e prescrição: o art. 7º-A, com a redação que lhe foi dada pela Lei n. 13.964/2019 – Lei Anticrime, estabeleceu como marco para a exclusão dos perfis genéticos dos bancos de dados a absolvição do acusado e, no caso de condenação, mediante requerimento, após decorridos 20 (vinte) anos do cumprimento da pena.

Banco de dados sigiloso: estabeleceu também o art. 7º-B que o armazenamento das informações relativas ao perfil genético dos identificados seja sigiloso, conforme regulamento expedido pelo Poder Executivo.

Art. 7º-C. Fica autorizada a criação, no Ministério da Justiça e Segurança Pública, do Banco Nacional Multibiométrico e de Impressões Digitais.

§ 1º A formação, a gestão e o acesso ao Banco Nacional Multibiométrico e de Impressões Digitais serão regulamentados em ato do Poder Executivo federal.

§ 2º O Banco Nacional Multibiométrico e de Impressões Digitais tem como objetivo armazenar dados de registros biométricos, de impressões digitais e, quando possível, de íris, face e voz, para subsidiar investigações criminais federais, estaduais ou distritais.

§ 3º O Banco Nacional Multibiométrico e de Impressões Digitais será integrado pelos registros biométricos, de impressões digitais, de íris, face e voz colhidos em investigações criminais ou por ocasião da identificação criminal.

§ 4º Poderão ser colhidos os registros biométricos, de impressões digitais, de íris, face e voz dos presos provisórios ou definitivos quando não tiverem sido extraídos por ocasião da identificação criminal.

§ 5º Poderão integrar o Banco Nacional Multibiométrico e de Impressões Digitais, ou com ele interoperar, os dados de registros constantes em quaisquer bancos de dados geridos por órgãos dos Poderes Executivo, Legislativo e Judiciário das esferas federal, estadual e distrital, inclusive pelo Tribunal Superior Eleitoral e pelos Institutos de Identificação Civil.

§ 6º No caso de bancos de dados de identificação de natureza civil, administrativa ou eleitoral, a integração ou o compartilhamento dos registros do Banco Nacional Multibiométrico e de Impressões Digitais será limitado às impressões digitais e às informações necessárias para identificação do seu titular.

§ 7º A integração ou a interoperação dos dados de registros multibiométricos constantes de outros bancos de dados com o Banco Nacional Multibiométrico e de Impressões Digitais ocorrerá por meio de acordo ou convênio com a unidade gestora.

§ 8º Os dados constantes do Banco Nacional Multibiométrico e de Impressões Digitais terão caráter sigiloso, e aquele que permitir ou promover sua utilização para fins diversos dos previstos nesta Lei ou em decisão judicial responderá civil, penal e administrativamente.

§ 9º As informações obtidas a partir da coincidência de registros biométricos relacionados a crimes deverão ser consignadas em laudo pericial firmado por perito oficial habilitado.

§ 10. É vedada a comercialização, total ou parcial, da base de dados do Banco Nacional Multibiométrico e de Impressões Digitais.

§ 11. A autoridade policial e o Ministério Público poderão requerer ao juiz competente, no caso de inquérito ou ação penal instaurados, o acesso ao Banco Nacional Multibiométrico e de Impressões Digitais.

Criação do Banco Nacional Multibiométrico e de Impressões Digitais: o art. 7º-C foi acrescentado pela Lei n. 13.964/2019 – Lei Anticrime, autorizando a criação, no Ministério da Justiça e Segurança Pública, do Banco Nacional Multibiométrico e de Impressões Digitais. Os §§ 1º a 11 do referido artigo disciplinam toda a sistemática de implantação, gestão, conteúdo e acesso ao citado banco de dados, além de outros aspectos de acentuada importância para preservação do sigilo e utilização das informações nele armazenadas.

Art. 8º Esta Lei entra em vigor na data de sua publicação.

Art. 9º Revoga-se a Lei n. 10.054, de 7 de dezembro de 2000.

25 Pessoa Idosa
Lei n. 10.741/2003

1. Introdução

Adotando a doutrina da proteção integral, o Estatuto da Pessoa Idosa (Lei n. 10.741/2003) trouxe algumas modificações em tipos penais já existentes, criando, ainda, novas figuras típicas até então inexistentes (*novatio legis* incriminadora).

No âmbito penal, é bom que se diga, o Estatuto da Pessoa Idosa abandonou o sistema de fornecimento de eficácia, característico do Estatuto da Criança e do Adolescente e do Código de Defesa do Consumidor, optando o legislador pela implementação de tipos penais autônomos, todos destinados à tutela da vida, da integridade corporal, da saúde, da liberdade, da honra, da imagem e do patrimônio da pessoa idosa, assim considerada a pessoa com idade igual ou superior a 60 anos.

Em relação às novas figuras típicas incorporadas à legislação criminal, merece especial destaque aquela referente à omissão de socorro à pessoa idosa, punindo o art. 97 com detenção de 6 meses a um ano aquele que "deixar de prestar assistência à pessoa idosa, quando possível fazê-lo sem risco pessoal, em situação de iminente perigo, ou recusar, retardar ou dificultar sua assistência à saúde, sem justa causa, ou não pedir, nesses casos, o socorro da autoridade pública".

Também foi tipificado, no art. 98, o abandono de pessoa idosa "em hospitais, casas de saúde, entidades de longa permanência, ou congêneres", com pena de detenção de 6 meses a 3 anos, incidindo nas mesmas penas aquele que "não prover suas necessidades básicas, quando obrigado por lei ou mandado".

A exposição a perigo da integridade e da saúde, física ou psíquica, de pessoa idosa também foi tipificada no art. 99, atuando o sujeito ativo pela submissão de pessoa idosa com idade igual ou superior a 60 anos a "condições desumanas ou degradantes", ou, quando obrigado a fazê-lo, "privando-o de alimentos e cuidados indispensáveis", bem como "sujeitando-o a trabalho excessivo ou inadequado". Esse crime torna-se qualificado pelo resultado quando decorrer do fato morte ou lesão corporal de natureza grave.

Modalidade específica de apropriação indébita foi instituída pelo art. 102 da lei, o qual pune a seguinte conduta: "apropriar-se de ou desviar bens, proventos, pensão ou qualquer outro rendimento da pessoa idosa, dando-lhes aplicação diversa da de sua finalidade". Fixando pena de reclusão de um a 4 anos e multa, buscou o legislador a proteção do patrimônio da pessoa idosa, representado por seus bens, proventos, pensão, ou qualquer outro rendimento, inclusive os provenientes de aposentadoria ou de algum benefício previdenciário.

Nesse sentido, inclusive, foi tipificada, no art. 104, a conduta de "reter o cartão magnético de conta bancária relativa a benefícios, proventos ou pensão da pessoa idosa, bem como qualquer outro documento com objetivo de assegurar recebimento ou ressarcimento de dívida", punida com detenção de 6 meses a 2 anos e multa.

E não é só. O patrimônio da pessoa idosa vem ainda protegido pela lei, quando este, "sem discernimento de seus atos", for induzido a "outorgar procuração para fins de administração de bens ou deles dispor livremente". Estabelece o art. 106, para essa conduta, pena de reclusão de 2 a 4 anos. Ainda, se for negado acolhimento ou permanência da pessoa idosa, como abrigado, "por recusa desta em outorgar procuração à entidade de atendimento", fixa o art. 103 pena de detenção de 6 meses a um ano e multa.

Por seu turno, aquele que "coagir, de qualquer modo, a pessoa idosa a doar, contratar, testar ou outorgar procuração", atentando contra sua liberdade individual, fica sujeito, segundo o art. 107, a pena de reclusão de 2 a 5 anos.

Inclusive, se algum ato notarial que envolva "pessoa idosa sem discernimento de seus atos" for lavrado "sem a devida representação legal", estará o agente sujeito, nos termos do art. 108, à pena de reclusão de 2 a 4 anos.

A discriminação à pessoa idosa também foi tratada pela lei no art. 96, punindo este aquele que impedir ou dificultar o acesso dele a operações bancárias, aos meios de transporte, ao direito de contratar, ou discriminá-lo por qualquer outro meio ou instrumento necessário ao exercício da cidadania, por motivo de idade. Na mesma pena de reclusão de 6 meses a um ano incorre quem "desdenhar, humilhar, menosprezar ou discriminar pessoa idosa, por qualquer motivo" (§ 1º do art. 96).

Em igual sentido, o agente que "exibir ou veicular, por qualquer meio de comunicação" (televisão, rádio, jornais, revistas, cartazes, internet etc.), "informações ou imagens depreciativas ou injuriosas à pessoa da pessoa idosa", estará sujeito à pena de detenção de um a 3 anos e multa (art. 105).

Tipificou, ainda, a lei, no art. 100, várias condutas relacionadas à pessoa idosa, as quais podem, em tese, caracterizar infração penal, a saber: "I – obstar o acesso de alguém a qualquer cargo público por motivo de idade; II – negar a alguém, por motivo de idade, emprego ou trabalho; III – recusar, retardar ou dificultar atendimento ou deixar de prestar assistência à saúde, sem justa causa, a pessoa idosa; IV – deixar de cumprir, retardar ou frustrar, sem justo motivo, a execução de ordem judicial expedida na ação civil a que alude esta Lei; V – recusar, retardar ou omitir dados técnicos indispensáveis à propositura da ação civil objeto desta Lei, quando requisitados pelo Ministério Público".

Por fim, foi também criminalizada no diploma em análise a conduta do agente que "deixar de cumprir, retardar ou frustrar, sem justo motivo, a execução de ordem judicial expedida nas ações em que for parte ou interveniente a pessoa idosa", fixando pena privativa de liberdade de detenção de 6 meses a um ano e multa (art. 101).

O Estatuto da Pessoa Idosa, outrossim, modificou vários artigos do Código Penal e da legislação especial, sempre visando à proteção integral à pessoa com idade igual ou superior a 60 anos.

Merece ser ressaltado, ainda, que, visando conferir eficácia à atuação do Ministério Público (arts. 72 a 77) e de outros agentes fiscalizadores, nos termos da lei, tipificou o legislador a conduta do agente que "impedir ou embaraçar ato do representante do Ministério Público ou de qualquer outro agente fiscalizador", estabelecendo pena de reclusão de 6 meses a um ano e multa (art. 109).

Vale destacar, outrossim, que os crimes definidos no Estatuto da Pessoa Idosa são de *ação penal pública incondicionada*, ficando expressa no art. 95 a vedação ao reconhecimento das imunidades penais absolutas e relativas aplicáveis aos crimes contra o patrimônio. A propósito, *vide* ADI 3.096-5 – STF.

Por fim, estabeleceu o Estatuto da Pessoa Idosa, no art. 94, a aplicação do procedimento previsto na Lei n. 9.099/95, incluindo a *transação, aos crimes nele previstos,* "cuja pena máxima privativa de liberdade não ultrapasse 4 (quatro) anos", criando, a nosso ver, perigoso precedente legislativo para que futuramente se reconheçam tais delitos como sendo *de menor potencial ofensivo*.

Temos, entretanto, que a aplicação do procedimento previsto na Lei n. 9.099/95 deve cingir-se aos delitos tipificados nos arts. 96 a 109 do Estatuto da Pessoa Idosa (a redação do art. 94 é expressa: "aos crimes previstos nesta Lei"), não incluindo, evidentemente, nenhum dispositivo alterado do Código Penal ou da legislação especial.

2. Dos crimes em espécie

2.1. Discriminação por motivo de idade

> Art. 96. Discriminar pessoa idosa, impedindo ou dificultando seu acesso a operações bancárias, aos meios de transporte, ao direito de contratar ou por qualquer outro meio ou instrumento necessário ao exercício da cidadania, por motivo de idade:
>
> Pena – reclusão de 6 (seis) meses a 1 (um) ano e multa.
>
> § 1º Na mesma pena incorre quem desdenhar, humilhar, menosprezar ou discriminar pessoa idosa, por qualquer motivo.
>
> § 2º A pena será aumentada de 1/3 (um terço) se a vítima se encontrar sob os cuidados ou responsabilidade do agente.
>
> § 3º Não constitui crime a negativa de crédito motivada por superendividamento da pessoa idosa.

Objetividade jurídica: a tutela dos direitos da pessoa idosa, no particular aspecto da proteção à sua liberdade individual (art. 10, § 1º), necessária ao exercício da cidadania.

Sujeito ativo: qualquer pessoa.

Sujeito passivo: pessoa idosa (idade igual ou superior a 60 anos – art. 1º do Estatuto).

Conduta: vem representada pelos verbos "discriminar" (diferenciar, distinguir), "impedir" (obstar, obstaculizar) e "dificultar" (tornar difícil, colocar impedimento). A discriminação deve necessariamente ser praticada impedindo, dificultando ou por qualquer outro instrumento obstaculizando o acesso da pessoa idosa:

– a operações bancárias;

– aos meios de transporte;

– ao direito de contratar;

– ao exercício da cidadania.

Elemento normativo: a discriminação deve dar-se "por motivo de idade", ou seja, em razão de possuir a vítima idade igual ou superior a 60 anos.

Elemento subjetivo: dolo.

Consumação: com a efetiva discriminação, pela prática das condutas típicas.

Tentativa: admite-se.

Figuras equiparadas: o § 1º do art. 96 determina a aplicação da mesma pena ao agente que "desdenhar" (desprezar, tratar com desdém), "humilhar" (vexar, rebaixar), "menosprezar" (menoscabar, diminuir) ou "discriminar" (segregar, separar) pessoa idosa, por qualquer motivo. Nesse ponto, conferiu a lei amplo espectro de abrangência às condutas, punindo qualquer ação ou omissão contra a pessoa idosa, caracterizadora dos verbos descritos, "por qualquer motivo".

Causas especiais de aumento de pena: o § 2º determina aumento de pena de um terço se a vítima se encontrar sob os cuidados ou responsabilidade do agente.

Excludente de tipicidade: o § 3º, acrescentado pela Lei n. 14.181/2021 (Lei do Superendividamento), estabelece causa excludente de tipicidade quando a negativa de crédito ocorre motivada por superendividamento da pessoa idosa.

2.2. Omissão de socorro

> Art. 97. Deixar de prestar assistência à pessoa idosa, quando possível fazê-lo sem risco pessoal, em situação de iminente perigo, ou recusar, retardar ou dificultar sua assistência à saúde, sem justa causa, ou não pedir, nesses casos, o socorro de autoridade pública:
>
> Pena – detenção de 6 (seis) meses a 1 (um) ano e multa.
>
> Parágrafo único. A pena é aumentada de metade, se da omissão resulta lesão corporal de natureza grave, e triplicada, se resulta a morte.

Objetividade jurídica: a proteção à vida ou saúde da pessoa idosa (60 anos ou mais).

Sujeito ativo: qualquer pessoa.

Sujeito passivo: a pessoa idosa.

Conduta: vem expressa pelos verbos "deixar" (largar, abandonar), "recusar" (negar, não prestar, opor), "retardar" (procrastinar, demorar), "dificultar" (obstaculizar, criar empecilho) e pela expressão "não pedir" (não solicitar, não requerer). Trata-se de crime omissivo puro. Constituem circunstâncias elementares do tipo a possibilidade de prestar assistência e também a ausência de risco pessoal ao agente. Entretanto, nesses casos, existe a obrigação de pedir o socorro da autoridade pública.

Elemento subjetivo: dolo.

Consumação: com a mera omissão do agente.

Tentativa: não se admite, por se tratar de crime omissivo puro.

Causa de aumento de pena: a pena da omissão de socorro, segundo o disposto no parágrafo único do artigo em comento, é aumentada de metade quando dela resultar lesão corporal de natureza grave, e é triplicada quando resultar morte. A lesão corporal de natureza leve que eventualmente resulte da omissão é por ela absorvida, respondendo o agente apenas pelo delito do *caput* deste artigo sob comentário.

2.3. Abandono de pessoa idosa

> Art. 98. Abandonar a pessoa idosa em hospitais, casas de saúde, entidades de longa permanência, ou congêneres, ou não prover suas necessidades básicas, quando obrigado por lei ou mandado:
>
> Pena – detenção de 6 (seis) meses a 3 (três) anos e multa.

Objetividade jurídica: a proteção à vida ou saúde da pessoa idosa.

Sujeito ativo: qualquer pessoa, inclusive aquela obrigada, por lei ou mandado, a prover as necessidades básicas da pessoa idosa.

Sujeito passivo: a pessoa idosa.

Conduta: vem representada pelo verbo "abandonar" (desamparar, largar) e pela expressão "não prover" (não fornecer, não abastecer, não providenciar). Nessa última modalidade de conduta, deve o agente estar obrigado por lei ou mandado a prover à pessoa idosa suas necessidades básicas.

Objeto material: na modalidade de conduta "não prover", trata-se das "necessidades básicas" da pessoa idosa, ou seja, alimentação, saúde, vestuário etc.

Elemento subjetivo: dolo.

Consumação: tratando-se de crime omissivo, consuma-se com o efetivo abandono ou com o não provimento das necessidades básicas da pessoa idosa.

Tentativa: não se admite.

2.4. Maus-tratos a pessoa idosa

> Art. 99. Expor a perigo a integridade e a saúde, física ou psíquica, da pessoa idosa, submetendo-a a condições desumanas ou degradantes ou privando-a de alimentos e cuidados indispensáveis, quando obrigado a fazê-lo, ou sujeitando-a a trabalho excessivo ou inadequado:
>
> Pena – detenção de 2 (dois) meses a 1 (um) ano e multa.
>
> § 1º Se do fato resulta lesão corporal de natureza grave:
>
> Pena – reclusão de 1 (um) a 4 (quatro) anos.
>
> § 2º Se resulta a morte:
>
> Pena – reclusão de 4 (quatro) a 12 (doze) anos.

Objetividade jurídica: a proteção à vida e à saúde da pessoa idosa.

Sujeito ativo: qualquer pessoa.

Sujeito passivo: a pessoa idosa.

Conduta: vem representada pela expressão "expor a perigo", que significa periclitar, colocar em risco. A conduta pode desenvolver-se pela submissão da pessoa idosa a condições desumanas ou degradantes, mediante a privação de alimentos e cuidados indispensáveis e a sua sujeição a trabalho excessivo ou inadequado.

Elemento subjetivo: dolo.

Consumação: com a exposição do sujeito passivo ao perigo de dano, em consequência das condutas descritas no tipo penal.

Tentativa: admite-se a tentativa apenas nas formas comissivas.

Figuras qualificadas pelo resultado: a pena será de detenção de 2 meses a um ano e multa se dos maus-tratos resultar à pessoa idosa lesão corporal de natureza grave (§ 1º), e de reclusão de 4 a 12 anos se resultar morte (§ 2º). As lesões corporais de natureza leve são absorvidas pelos maus-tratos.

Jurisprudência:

"MINISTÉRIO PÚBLICO – Investigação levada a efeito pelo *Parquet* que gerou denúncia por infração, em tese, ao art. 99, § 2º, da Lei n. 10.741/03 (Estatuto do Idoso) – Nulidade da ação penal, sob alegação de usurpação da função de Polícia Judiciária pelo Promotor de Justiça que ofereceu posteriormente, com os elementos coligidos, a exordial acusatória, não evidenciada – Tendência mundial dominante que confere ao Ministério Público o poder investigatório, já que a ele é direcionada a prova para formação da *opinio delicti* – Constrangimento ilegal não evidenciado – Inteligência da Súmula n. 234 do STJ – Permissão de investigação expressa nos incisos I, V e VI do art. 74

do próprio Estatuto – *Habeas Corpus* denegado" (TJSP – HC 474.968.3/0-00 – São Paulo – Rel. Des. Damião Cogan – 5ª Câm. Crim. – 16-6-2005 – v. u. – Voto n. 8.511 – Voto vencedor: Des. Carlos Biasotti – Voto n. 6.045).

2.5. Outros crimes

> Art. 100. Constitui crime punível com reclusão de 6 (seis) meses a 1 (um) ano e multa:

Estabelece o art. 100 várias outras figuras típicas ofensivas aos direitos garantidos à pessoa idosa pelo Estatuto em análise, punidas com reclusão de 6 meses a um ano e multa, a saber:

2.5.1. Inciso I

> I – obstar o acesso de alguém a qualquer cargo público por motivo de idade;

Sujeito ativo: qualquer pessoa, inclusive o responsável pelo acesso ao cargo público.

Sujeito passivo: qualquer pessoa.

Conduta: vem representada pelo verbo "obstar" (impedir, obstaculizar).

Objeto material: acesso a cargo público. Não há limite de idade na Constituição Federal (art. 37) para o acesso aos cargos, empregos ou funções públicas.

Elemento normativo: "por motivo de idade". Significa que a obstaculização do acesso deve dar-se única e exclusivamente por motivo de idade, que não precisa ser, necessariamente, igual ou superior a 60 anos.

Consumação: com a efetiva obstaculização ou impedimento de acesso ao cargo público.

Tentativa: admite-se, desde que fracionável o *iter criminis*.

2.5.2. Inciso II

> II – negar a alguém, por motivo de idade, emprego ou trabalho;

Sujeito ativo: qualquer pessoa.

Sujeito passivo: qualquer pessoa.

Conduta: vem representada pelo verbo "negar" (recusar, vedar).

Objeto material: emprego ou trabalho.

Elemento normativo: "por motivo de idade". Significa que a obstaculização do acesso deve dar-se única e exclusivamente por motivo de idade, que não precisa ser, necessariamente, igual ou superior a 60 anos.

Consumação: com a efetiva negativa de emprego ou trabalho.

Tentativa: não se admite.

2.5.3. Inciso III

> III – recusar, retardar ou dificultar atendimento ou deixar de prestar assistência à saúde, sem justa causa, a pessoa idosa;

Sujeito ativo: qualquer pessoa.

Sujeito passivo: a pessoa idosa.

Conduta: vem representada pelos verbos "recusar" (não aceitar, repelir, negar), "retardar" (demorar, procrastinar), "dificultar" (obstaculizar, tornar difícil) e pela expressão "deixar de prestar (largar, abandonar)".

Objetivo material: atendimento ou assistência à saúde de pessoa idosa (arts. 15 a 19 do Estatuto).

Elemento normativo: "sem justa causa".

Elemento subjetivo: dolo.

Consumação: com a prática de uma das condutas elencadas, independentemente de outro resultado.

Tentativa: admite-se, salvo nas condutas omissivas.

2.5.4. Inciso IV

> IV – deixar de cumprir, retardar ou frustrar, sem justo motivo, a execução de ordem judicial expedida na ação civil a que alude esta Lei;

Sujeito ativo: qualquer pessoa, inclusive o destinatário, o responsável pelo cumprimento ou execução da ordem judicial.

Sujeito passivo: a Administração Pública. Secundariamente, a pessoa idosa prejudicada.

Conduta: vem representada pelos verbos "deixar" (largar, abandonar), "retardar" (demorar, procrastinar) e "frustrar" (malograr).

Objeto material: a execução de ordem judicial expedida não somente nas ações civis públicas fundadas em interesses difusos, coletivos, individuais indisponíveis ou homogêneos (art. 81), como nas demais ações intentadas para a defesa dos interesses e direitos protegidos por este Estatuto.

Elemento normativo: "sem justo motivo".

Elemento subjetivo: dolo.

Consumação: com a prática de uma das modalidades de condutas incriminadas.

Tentativa: admite-se, salvo nas condutas omissivas.

2.5.5. Inciso V

> V – recusar, retardar ou omitir dados técnicos indispensáveis à propositura da ação civil objeto desta Lei, quando requisitados pelo Ministério Público.

Sujeito ativo: a pessoa responsável pelo fornecimento dos dados técnicos, destinatária da requisição do Ministério Público.

Sujeito passivo: a Administração Pública.

Conduta: vem representada pelos verbos "recusar" (negar, repelir, não aceitar), "retardar" (demorar, procrastinar) e "omitir" (deixar de fazer, deixar de atuar).

Objeto material: dados técnicos indispensáveis à propositura de ação civil objeto deste Estatuto, requisitada pelo Ministério Público. A teor do art. 81, I, o Ministério Público tem legitimidade para a propositura de ações civis públicas fundadas em interesses difusos, coletivos, individuais indisponíveis ou homogêneos. Para tanto, fixou a lei ao Ministério Público, além das atribuições previstas na respectiva Lei Orgânica, outras estampadas no art. 74, incluindo a prerrogativa de requisitar, nos termos do art. 92, dados (documentos, objetos, perícias, informações etc.) de qualquer autoridade municipal, estadual ou federal, de administração direta ou indireta, de qualquer instituição privada e de qualquer pessoa.

Elemento subjetivo: dolo.

Consumação: com a recusa, retardamento ou omissão do fornecedor dos dados técnicos.

Tentativa: admite-se, salvo na modalidade de conduta omissiva.

2.6. Desobediência

> Art. 101. Deixar de cumprir, retardar ou frustrar, sem justo motivo, a execução de ordem judicial expedida nas ações em que for parte ou interveniente a pessoa idosa:
> Pena – detenção de 6 (seis) meses a 1 (um) ano e multa.

Objetividade jurídica: a tutela da Administração Pública, no que concerne ao cumprimento da determinação expedida pelo juiz.

Sujeito ativo: qualquer pessoa, inclusive o destinatário ou o responsável pelo cumprimento ou execução da ordem judicial.

Sujeito passivo: a Administração Pública. Secundariamente, a pessoa idosa prejudicada.

Conduta: vem representada pelos verbos "deixar" (largar, abandonar), "retardar" (demorar, procrastinar) e "frustrar" (malograr).

Objeto material: o cumprimento ou execução de ordem judicial expedida nas ações em que for parte ou interveniente a pessoa idosa (arts. 78 a 92).

Elemento normativo: "sem justo motivo".

Elemento subjetivo: dolo.

Consumação: com o efetivo descumprimento da ordem judicial, retardamento ou frustração de sua execução.

Tentativa: admite-se, salvo na modalidade de conduta omissiva.

2.7. Apropriação indébita

> Art. 102. Apropriar-se de ou desviar bens, proventos, pensão ou qualquer outro rendimento da pessoa idosa, dando-lhes aplicação diversa da de sua finalidade:
> Pena – reclusão de 1 (um) a 4 (quatro) anos e multa.

Objetividade jurídica: proteção do patrimônio da pessoa idosa, representado por seus bens, proventos, pensão ou qualquer outro rendimento.

Sujeito ativo: qualquer pessoa que tenha posse ou detenção do patrimônio da pessoa idosa.

Sujeito passivo: a pessoa idosa.

Conduta: vem representada pelos verbos "apropriar-se" (assenhorear-se, tornar-se dono, fazer sua a coisa) e "desviar" (desencaminhar, alterar o destino). Embora o dispositivo em comento não faça menção expressa, é necessário que o sujeito ativo tenha a posse ou detenção do bem, provento, pensão ou qualquer outra renda da pessoa idosa. Trata-se de modalidade especial de apropriação indébita inserida no Estatuto para a tutela específica do patrimônio da pessoa idosa. Caso o agente se aproprie ou desvie e não tenha a posse ou detenção da remuneração ou renda da pessoa idosa, estará configurado outro ilícito penal contra o patrimônio (furto, estelionato, roubo etc.).

Elemento subjetivo: dolo.

Consumação: com a efetiva apropriação ou desvio, devendo haver a inversão do *animus* da posse da coisa por parte do agente.

Tentativa: admite-se.

2.8. Recusa de acolhimento ou permanência de pessoa idosa

> Art. 103. Negar o acolhimento ou a permanência da pessoa idosa, como abrigada, por recusa desta em outorgar procuração à entidade de atendimento:
> Pena – detenção de 6 (seis) meses a 1 (um) ano e multa.

Objetividade jurídica: proteção à liberdade individual da pessoa idosa, representada pelo direito de outorgar procuração quando e a quem desejar. Secundariamente, a proteção de sua vida e integridade corporal, representada pelo direito ao abrigo, quando necessitar.

Sujeito ativo: o responsável pela entidade de atendimento a quem a pessoa idosa solicite abrigo.

Sujeito passivo: a pessoa idosa.

Conduta: vem representada pelo verbo "negar" (recusar, não prestar, não dar). A negativa de acolhimento ou permanência da pessoa idosa, como abrigada, deve dar-se por uma razão específica: a recusa dela em outorgar procuração à entidade de atendimento. Infelizmente, há entidades de atendimento à pessoa idosa que exigem dela a outorga de procuração, geralmente para a gerência de patrimônio, mais especificamente no que concerne ao recebimento de proventos, pensão ou outro rendimento. De posse da procuração, é comum ver-se o responsável pela entidade locupletar-se dos valores recebidos pela pessoa idosa, dispensando-lhe inadequado atendimento, ou ainda sujeitando-a a maus-tratos, em grave violação dos direitos garantidos pelo Estatuto. Visou o legislador, com a incriminação que ora se comenta, reprimir essa prática absurda, punindo o responsável pela negativa de abrigo com detenção de 6 meses a um ano e multa. Deve-se atentar para as figuras típicas dos arts. 106 e 107 do Estatuto.

Elemento subjetivo: dolo.

Consumação: com a efetiva negativa de abrigo.

Tentativa: não se admite.

2.9. Retenção indevida de cartão magnético ou outro documento

> Art. 104. Reter o cartão magnético de conta bancária relativa a benefícios, proventos ou pensão da pessoa idosa, bem como qualquer outro documento com objetivo de assegurar recebimento ou ressarcimento de dívida:
> Pena – detenção de 6 (seis) meses a 2 (dois) anos e multa.

Objetividade jurídica: embora tenha pretendido o legislador proteger o patrimônio da pessoa idosa, representado pelos benefícios, proventos ou pensão por ela recebidos, trata o dispositivo de um tipo peculiar de exercício arbitrário das próprias razões, em que o agente, "com o objetivo de assegurar recebimento ou ressarcimento de dívida", retém o cartão magnético ou qualquer outro documento da pessoa idosa. Portanto, indiretamente, tutela o dispositivo também a Administração da Justiça.

Sujeito ativo: qualquer pessoa que seja credora da pessoa idosa.

Sujeito passivo: a pessoa idosa.

Conduta: vem representada pelo verbo "reter", que significa conservar, manter, não devolver.

Objeto material: é o cartão magnético de conta bancária relativa a benefícios, proventos ou pensão da pessoa idosa ou qualquer outro documento.

Elemento subjetivo: dolo. Exige-se, ainda, a finalidade específica de assegurar o recebimento ou ressarcimento de dívida.

Consumação: com a efetiva retenção do objeto material, ainda que não ocorra o recebimento ou ressarcimento da dívida.

Tentativa: admite-se, em tese, embora difícil sua configuração prática.

2.10. Veiculação de dados depreciativos da pessoa idosa

> Art. 105. Exibir ou veicular, por qualquer meio de comunicação, informações ou imagens depreciativas ou injuriosas à pessoa idosa:
>
> Pena – detenção de 1 (um) a 3 (três) anos e multa.

Objetividade jurídica: a tutela da honra, da imagem e da intimidade da pessoa idosa.

Sujeito ativo: qualquer pessoa.

Sujeito passivo: a pessoa idosa.

Conduta: vem representada pelos verbos "exibir" (mostrar, expor) e "veicular" (transmitir, propagar). A exibição ou veiculação deve ocorrer "por qualquer meio de comunicação", tais como televisão, rádio, revistas, jornais, internet etc.

Objeto material: as informações ou imagens depreciativas ou injuriosas à pessoa idosa. Portanto, o crime apenas se configura quando as informações ou imagens acarretem prejuízo à pessoa idosa, à sua intimidade ou à sua honra subjetiva (autoestima).

Elemento subjetivo: dolo.

Consumação: com a efetiva exibição ou veiculação das informações ou imagens.

Tentativa: admite-se.

2.11. Induzimento de pessoa idosa a outorgar procuração

> Art. 106. Induzir pessoa idosa sem discernimento de seus atos a outorgar procuração para fins de administração de bens ou deles dispor livremente:
>
> Pena – reclusão de 2 (dois) a 4 (quatro) anos.

Objetividade jurídica: a tutela do patrimônio da pessoa idosa.

Sujeito ativo: qualquer pessoa.

Sujeito passivo: a pessoa idosa sem discernimento de seus atos.

Conduta: vem representada pelo verbo "induzir", que significa, incitar, incutir a ideia ou propósito. A conduta deve voltar-se à outorga de procuração (instrumento de mandato), que pode ser pública ou particular, para o fim específico de administração de bens ou de livre disposição destes. No caso, o procurador, que pode ser o sujeito ativo ou terceiro, obtém, por meio de procuração, o poder de administrar os bens da pessoa idosa sem discernimento de seus atos, ou o poder de dispor livremente desses bens.

Elemento subjetivo: dolo.

Consumação: com a mera indução da pessoa idosa sem discernimento de seus atos e efetiva outorga de procuração. Pela redação incompleta do artigo, não se exige, para a consumação do delito, que haja qualquer tipo de prejuízo ao patrimônio da pessoa idosa, o que, a nosso ver, é absurdo. Embora se possa argumentar que o sentido do verbo "induzir" já denota a prática de ato contrário à livre vontade da pessoa idosa, é bem verdade que o vício de consentimento já se encontra implícito no crime, que exige, como sujeito passivo, a pessoa idosa sem discernimento de seus atos, ou seja, incapaz absoluta ou relativamente. Assim, mesmo que o agente, mediante a outorga de procuração, multiplicasse o patrimônio da pessoa idosa ou dispusesse dos bens em transação vantajosa a ele, deveria ser penalizado, o que, à evidência, contraria o espírito do Estatuto da Pessoa Idosa, que é, nesse caso, justamente proteger o patrimônio da pessoa com idade igual ou superior a 60 anos, sem discernimento de seus atos.

Tentativa: admite-se, na hipótese em que, induzida a pessoa idosa, não chega ela, por circunstâncias alheias à vontade do agente, a outorgar procuração.

2.12. Coação da pessoa idosa a doar, contratar, testar ou outorgar procuração

> Art. 107. Coagir, de qualquer modo, a pessoa idosa a doar, contratar, testar ou outorgar procuração:
> Pena – reclusão de 2 (dois) a 5 (cinco) anos.

Objetividade jurídica: protege-se com a incriminação à liberdade individual e ao patrimônio da pessoa idosa.

Sujeito ativo: qualquer pessoa.

Sujeito passivo: a pessoa idosa.

Conduta: vem representada pelo verbo "coagir", que significa constranger, forçar. A coação deve destinar-se a fazer com que a pessoa idosa disponha de seu patrimônio, doando, contratando, testando ou outorgando procuração ao agente ou a terceiro.

Elemento subjetivo: dolo.

Consumação: consuma-se o delito com a doação, celebração do contrato, testamento ou outorga de procuração pela pessoa idosa, que age contra sua vontade, coagido pelo agente.

Tentativa: admite-se, na hipótese em que haja a coação, mas, por circunstâncias alheias à vontade do agente, não se efetue a doação, contrato, testamento ou outorga de procuração pela pessoa idosa.

2.13. Lavratura de ato notarial sem representação legal da pessoa idosa

> Art. 108. Lavrar ato notarial que envolva pessoa idosa sem discernimento de seus atos, sem a devida representação legal:
>
> Pena – reclusão de 2 (dois) a 4 (quatro) anos.

Objetividade jurídica: não exigindo a lei a ocorrência de qualquer prejuízo à pessoa idosa, o bem jurídico protegido é a Administração Pública, na medida em que o ato notarial lavrado não se reveste dos requisitos legais.

Sujeito ativo: trata-se de crime próprio, que somente pode ser praticado pelo tabelião de notas, oficial ou escrevente autorizado ou responsável, que, no caso, pode ser equiparado a funcionário público por força do disposto do art. 327 do Código Penal.

Sujeito passivo: a Administração Pública. Secundariamente, a pessoa idosa eventualmente lesada.

Conduta: vem representada pelo verbo "lavrar", que significa exarar por escrito, escrever, redigir.

Objeto material: é o ato notarial, ou seja, aquele ato instrumentalizado pelo notário em seus livros de notas, que são tidos como documentos públicos (escrituras) ou instrumentos públicos.

Elemento subjetivo: dolo.

Elemento normativo: vem representado pela expressão "sem a devida representação legal". No caso, a pessoa idosa sem discernimento de seus atos é tida como incapaz (absoluta ou relativamente), devendo ser representada em todos os atos da vida civil (arts. 3º e 4º da Lei n. 10.406/2002 – CC e 71 do CPC).

Consumação: com a efetiva lavratura do ato notarial, que envolva pessoa idosa sem discernimento de seus atos, sem a devida representação legal.

Tentativa: admite-se.

2.14. Impedimento ou embaraço a ato do representante do Ministério Público

> Art. 109. Impedir ou embaraçar ato do representante do Ministério Público ou de qualquer outro agente fiscalizador:
>
> Pena – reclusão de 6 (seis) meses a 1 (um) ano e multa.

Objetividade jurídica: a Administração da Justiça, representada pelo livre exercício das funções do representante do Ministério Público ou de qualquer outro agente fiscalizador dos direitos e garantias da pessoa idosa estampados no Estatuto.

Sujeito ativo: qualquer pessoa.

Sujeito passivo: a Administração Pública, na pessoa do representante do Ministério Público ou de outro agente fiscalizador. Secundariamente, a pessoa idosa eventualmente prejudicada pelo impedimento ou embaraço à fiscalização.

Conduta: vem representada pelo verbo "impedir" (impossibilitar, obstruir) e "embaraçar" (estorvar, atrapalhar, criar embaraço).

Objeto material: ato do representante do Ministério Público ou outro agente fiscalizador. A fiscalização das entidades de atendimento à pessoa idosa vem disciplinada nos arts. 52 a 55 do Estatuto da Pessoa Idosa. As funções do Ministério Público, inclusive fiscalizatórias, vêm previstas nos arts. 72 a 77 do mesmo diploma.

Elemento subjetivo: dolo.

Consumação: com o efetivo impedimento à ação fiscalizatória do Ministério Público ou outro agente, que não se realiza por conduta do sujeito ativo. No embaraço, a consumação ocorre com a criação de obstáculo ou estorvo à ação fiscalizatória do Ministério Público ou outro agente, ainda que o ato se realize.

Tentativa: admite-se, na modalidade de conduta "impedir".

3. Alterações introduzidas pelo Estatuto da Pessoa Idosa no Código Penal e na legislação especial

No *Código Penal*, vale mencionar as seguintes alterações:

a) no art. 61, II, *h*, que trata das circunstâncias agravantes genéricas, a expressão *velho* foi substituída pela expressão "maior de 60 (sessenta) anos";

b) tornou-se causa de aumento de pena no crime de homicídio doloso ser ele praticado contra pessoa "maior de 60 (sessenta) anos" (art. 121, § 4º, *in fine*);

c) no crime de abandono de incapaz, foi incluída causa de aumento de pena de um terço "se a vítima é maior de 60 (sessenta) anos" (art. 133, § 3º, III);

d) no crime de injúria (art. 140), a utilização de elementos referentes à "condição de pessoa idosa ou portadora de deficiência" trouxe nova redação ao § 3º (injúria por preconceito);

e) nos crimes contra a honra de calúnia e difamação, foi introduzida causa de aumento quando forem praticados "contra pessoa maior de 60 (sessenta) anos ou portadora de deficiência" (art. 141, IV);

f) nos crimes de sequestro ou cárcere privado, foi incluída qualificadora consistente em ser a vítima "maior de 60 (sessenta) anos" (art. 148, § 1º, I);

g) também no crime de extorsão mediante sequestro foi incluída qualificadora consistente em ser a vítima "maior de 60 (sessenta) anos" (art. 159, § 1º);

h) foi vedado expressamente o reconhecimento das imunidades penais (absolutas e relativas) nos crimes contra o patrimônio, "se o crime é praticado contra pessoa com idade igual ou superior a 60 (sessenta) anos" (art. 183, III);

i) por fim, no crime de abandono material, a expressão *valetudinário* (pessoa de compleição física muito fraca, pessoa enfermiça, achacadiça) foi substituída pela expressão "maior de 60 (sessenta) anos" (art. 244, *caput*).

Na *legislação especial* ocorreram as seguintes alterações:

a) foi introduzida causa de aumento de pena, de um terço até a metade, na contravenção de vias de fato, "se a vítima é maior de 60 (sessenta) anos" (art. 21, parágrafo único, do Dec.-Lei n. 3.688/41 – LCP);

b) no crime de tortura foi acrescentada causa de aumento de pena se o crime é cometido contra "maior de 60 (sessenta) anos" (art. 1º, § 4º, II, da Lei n. 9.455/97);

c) nos crimes da antiga Lei de Entorpecentes foi incluída causa de aumento de pena quando qualquer deles visasse a "pessoa com idade igual ou superior a 60 (sessenta) anos" (art. 18, III, da Lei n. 6.368/76). Essa causa de aumento de pena não foi prevista pelo art. 40 da atual Lei de Drogas – Lei n. 11.343/2006.

26 Improbidade Administrativa
Lei n. 8.429/92

1. Probidade administrativa

1.1. Fundamento constitucional da probidade administrativa

A Constituição Federal consagrou diversos princípios e preceitos referentes à gestão da coisa pública. Dentre eles, merecem destaque os princípios da *legalidade*, da *impessoalidade*, da *moralidade*, da *publicidade* e da *eficiência* (art. 37 da CF).

1.2. Finalidade dos princípios constitucionais

Os princípios constitucionais têm por finalidade limitar o poder estatal, fixando instrumentos de controle e meios de responsabilização dos agentes públicos, como garantia de transparência e probidade na administração, buscando o combate à corrupção.

2. Administração Pública

2.1. Conceito de Administração Pública

Administração Pública é o conjunto de serviços e entidades incumbidos de concretizar as atividades administrativas, ou seja, da execução das decisões políticas e legislativas. É a gestão de bens e interesses qualificados da comunidade no âmbito dos três níveis de governo (federal, estadual ou municipal), segundo preceitos de Direito e da Moral, visando o bem comum.

2.2. Natureza da Administração Pública

É encargo de guarda, conservação e aprimoramento dos bens, interesses e serviços da coletividade, que se desenvolve segundo a lei e a moralidade administrativa.

2.3. Finalidade da Administração Pública

A Administração Pública tem por finalidade o bem comum da coletividade e o interesse público.

2.4. Princípios da Administração Pública

A Administração Pública é regida pelos princípios da legalidade, impessoalidade, moralidade, publicidade e eficiência.

3. Improbidade administrativa

3.1. Conceito de patrimônio público

O conceito de patrimônio público é decorrente das disposições constantes do art. 1º da Lei n. 4.717/65 (Ação Popular) e da Lei n. 8.429/92 (Improbidade Administrativa). É o conjunto de bens e direitos de valor econômico, artístico, estético, histórico e turístico da União, Estados, Municípios e Distrito Federal, e também das autarquias, fundações instituídas pelo Poder Público, empresas públicas, sociedades de economia mista, empresas incorporadas ao patrimônio público e com participação do erário, e de pessoas jurídicas ou entidades subvencionadas pelos cofres públicos.

3.2. Definição

Improbidade é desonestidade, indicando qualquer ato que infringe a moralidade pública. O ato de improbidade administrativa afronta a honestidade, a boa-fé, o respeito à igualdade, às normas de conduta aceitas pelos administrados, o dever de lealdade, além de outros postulados éticos e morais.

3.3. Lei de Improbidade Administrativa

A Lei n. 8.429/92 define os atos de improbidade administrativa, que ocorrem quando são praticados atos que ensejam enriquecimento ilícito, causam prejuízo ao erário ou atentam contra os princípios da administração. Essa lei estabelece as sanções aplicáveis aos agentes públicos nos casos de enriquecimento ilícito no exercício do mandato, cargo, emprego ou função Administrativa Pública direta, indireta ou fundacional, dando outras providências. Os atos de improbidade implicarão na suspensão dos direitos políticos, na perda da função pública, na indisponibilidade dos bens e no ressarcimento ao erário, de conformidade com a forma e a gradação prevista na lei.

3.4. Responsabilidade subjetiva do administrador público

A Lei n. 8.429/92, principalmente após as modificações introduzidas pela Lei n. 14.230/2021, consagrou a *responsabilidade subjetiva* do servidor público, exigindo o dolo nas três espécies de atos de improbidade (arts. 9º, 10 e 11).

Antes da reforma, a configuração do ato de improbidade administrativa não exigia necessariamente o elemento subjetivo dolo, podendo ser imputada a responsabilidade também por culpa (negligência, imprudência ou imperícia). Com a nova lei, o dolo passa a ser requisito essencial, restringindo a improbidade administrativa às condutas praticadas com intenção deliberada de violar os princípios administrativos ou causar prejuízo ao erário. Assim, atos meramente culposos não ensejam mais responsabilização por improbidade administrativa, assegurando maior proteção ao gestor público contra sanções desproporcionais.

Nesse aspecto, o § 2º do art. 1º da lei deixa claro que se considera dolo a vontade livre e consciente de alcançar o resultado ilícito tipificado nos arts. 9º, 10 e 11 desta Lei, não bastando a voluntariedade do agente. Portanto, como dito acima, não se admite o elemento subjetivo culpa em nenhuma das modalidades de improbidade administrativa.

No mesmo sentido, o § 3º ressalta que o mero exercício da função ou desempenho de competências públicas, sem comprovação de ato doloso com fim ilícito, afasta a responsabilidade por ato de improbidade administrativa.

E o § 4º remata que se aplicam ao sistema da improbidade, disciplinado na lei, os princípios constitucionais do direito administrativo sancionador.

3.5. Responsabilidade objetiva do administrador público

A responsabilidade objetiva do administrador público foi afastada pela lei de improbidade. A lei visou alcançar apenas o administrador desonesto, não o inábil.

3.6. Características dos atos de improbidade administrativa

São características dos atos de improbidade administrativa a *natureza civil* e *necessidade de tipificação em lei federal*.

3.6.1. Natureza civil dos atos de improbidade administrativa

A natureza civil dos atos de improbidade administrativa decorre da Constituição Federal (art. 37, § 4º), consagrando a independência da responsabilidade civil por ato de improbidade administrativa e a possível responsabilidade penal, derivadas da mesma conduta.

3.6.2. Responsabilidade civil e penal

Na lei de improbidade administrativa, a responsabilidade civil independe da responsabilidade penal. As sanções previstas para os atos de improbidade administrativa são de natureza civil, distintas daquelas de natureza penal. Portanto, os atos de improbidade administrativa deverão ser analisados na esfera da ilicitude dos atos civis e não dos tipos penais.

3.6.3. Necessidade de tipificação em lei federal

A responsabilização dos agentes públicos por improbidade administrativa depende de prévia previsão legal, que tipifique as condutas ilícitas, sob pena de violação aos princípios da reserva legal e anterioridade.

3.7. Irretroatividade da lei de improbidade

No julgamento do Recurso Extraordinário com Agravo n. 843.989/PR, sob a relatoria do Ministro Alexandre de Moraes, o Supremo Tribunal Federal fixou as seguintes teses de repercussão geral para o Tema 1199:

"1) É necessária a comprovação de responsabilidade subjetiva para a tipificação dos atos de improbidade administrativa, exigindo-se nos artigos 9º, 10 e 11 da LIA a presença do elemento subjetivo dolo;

2) A norma benéfica da Lei 14.230/2021, revogação da modalidade culposa do ato de improbidade administrativa, é irretroativa, em virtude do artigo 5º, inciso XXXVI, da Constituição Federal,

não tendo incidência em relação à eficácia da coisa julgada; nem tampouco durante o processo de execução das penas e seus incidentes;

3) A nova Lei 14.230/2021 aplica-se aos atos de improbidade administrativa culposos praticados na vigência do texto anterior, porém sem condenação transitada em julgado, em virtude da revogação expressa do tipo culposo, devendo o juízo competente analisar eventual dolo por parte do agente.

4) O novo regime prescricional previsto na Lei 14.230/2021 é irretroativo, aplicando-se os novos marcos temporais a partir da publicação da lei".

Na oportunidade, entendeu o Supremo Tribunal Federal que "a opção do legislador em alterar a lei de improbidade administrativa com a supressão da modalidade culposa do ato de improbidade administrativa foi clara e plenamente válida, uma vez que é a própria Constituição Federal que delega à legislação ordinária a forma e tipificação dos atos de improbidade administrativa e a gradação das sanções constitucionalmente estabelecidas (CF, art. 37, § 4º)".

Estabeleceu também o Tribunal que "o princípio da retroatividade da lei penal, consagrado no inciso XL do artigo 5º da Constituição Federal ('a lei penal não retroagirá, salvo para beneficiar o réu') não tem aplicação automática para a responsabilidade por atos ilícitos civis de improbidade administrativa, por ausência de expressa previsão legal e sob pena de desrespeito à constitucionalização das regras rígidas de regência da Administração Pública e responsabilização dos agentes públicos corruptos com flagrante desrespeito e enfraquecimento do Direito Administrativo Sancionador".

3.8. Controle interno dos atos de improbidade

A Administração Pública dispõe de formas de controle interno dos atos de improbidade administrativa, exercendo sobre eles constante fiscalização, visando resguardar os princípios que norteiam os atos administrativos em geral. Nesse sentido, dispõe o art. 14 da Lei n. 8.429/92 que qualquer pessoa poderá representar à autoridade administrativa competente para que seja instaurada investigação destinada a apurar a prática de ato de improbidade.

3.9. Controle legislativo dos atos de improbidade

O Poder Legislativo pode realizar o controle político e financeiro da Administração Pública, por intermédio das Comissões Parlamentares de Inquérito e dos Tribunais de Contas.

3.10. Controle judicial dos atos de improbidade

Pode o Poder Judiciário, quando provocado, exercer o controle dos atos advindos da Administração Pública, adequando-os aos interesses sociais e aos princípios administrativos, principalmente o da moralidade.

3.11. Sujeito ativo da improbidade administrativa

Segundo dispõe o art. 2º da Lei de Improbidade, sujeito ativo do ato de improbidade administrativa é o agente público, assim considerado o agente político, o servidor público e todo aquele que exerce, ainda que transitoriamente ou sem remuneração, por eleição, nomeação, designação, contratação ou qualquer outra forma de investidura ou vínculo, mandato, cargo, emprego ou função nas entidades referidas no art. 1º da lei. Em relação a recursos de origem pública, sujeita-se às sanções previstas na Lei de Improbidade Administrativa também o particular, pessoa física ou jurídica, que celebra com a Administração Pública convênio, contrato de repasse, contrato de gestão, termo de parceria, termo de cooperação ou ajuste administrativo equivalente.

A lei equipara ao agente público, para fins de responsabilização, todo aquele que, mesmo não sendo agente público, induza ou concorra dolosamente para a prática do ato de improbidade.

Vale ressaltar que o sucessor ou o herdeiro daquele que causar dano ao erário ou que se enriquecer ilicitamente estão sujeitos apenas à obrigação de repará-lo até o limite do valor da herança ou do patrimônio transferido. Essa responsabilidade sucessória aplica-se também na hipótese de alteração contratual, de transformação, de incorporação, de fusão ou de cisão societária. Nas hipóteses de fusão e de incorporação, a responsabilidade da sucessora será restrita à obrigação de reparação integral do dano causado, até o limite do patrimônio transferido, não lhe sendo aplicáveis as demais sanções previstas nesta Lei decorrentes de atos e de fatos ocorridos antes da data da fusão ou da incorporação, exceto no caso de simulação ou de evidente intuito de fraude, devidamente comprovados.

3.12. Sujeito passivo da improbidade administrativa

Sujeito passivo mediato da improbidade administrativa é o Estado, uma vez que protege o patrimônio público e a administração da coisa pública (bens, direitos, recursos, com ou sem valor econômico).

O sujeito passivo imediato é a pessoa jurídica efetivamente afetada pelo ato, desde que incluída no rol do art. 1º da lei: a) órgãos da Administração direta; b) órgão da Administração indireta; c) entidade privada que receba subvenção, benefício ou incentivo, fiscal ou creditício, de entes públicos ou governamentais; d) entidade privada para cuja criação ou custeio o erário haja concorrido ou concorra no seu patrimônio ou receita atual.

3.13. Atos de improbidade em espécie

No art. 9º da Lei de Improbidade Administrativa estão tipificados os atos de improbidade administrativa que importam em *enriquecimento ilícito.*

No art. 10 da referida Lei estão tipificados os atos que causam *prejuízo ao erário.*

No art. 11, por seu turno, estão tipificados os atos que *atentam contra os princípios da Administração Pública.*

3.13.1. Atos de improbidade que importam em enriquecimento ilícito (art. 9º)

São doze condutas (rol exemplificativo) consistentes em auferir qualquer tipo de vantagem patrimonial indevida em razão do exercício do cargo, mandato, função, emprego ou atividade nas entidades mencionadas no art. 1º da lei.

Para a caracterização desses atos, há necessidade de dolo do agente, obtenção de vantagem patrimonial, vantagem ilícita e nexo causal entre o exercício funcional e a vantagem obtida. São eles:

> Art. 9º (...)
> I – receber, para si ou para outrem, dinheiro, bem móvel ou imóvel, ou qualquer outra vantagem econômica, direta ou indireta, a título de comissão, percentagem, gratificação ou presente de quem tenha interesse, direto ou indireto, que possa ser atingido ou amparado por ação ou omissão decorrente das atribuições do agente público;

II – perceber vantagem econômica, direta ou indireta, para facilitar a aquisição, permuta ou locação de bem móvel ou imóvel, ou a contratação de serviços pelas entidades referidas no art. 1º por preço superior ao valor de mercado;

III – perceber vantagem econômica, direta ou indireta, para facilitar a alienação, permuta ou locação de bem público ou o fornecimento de serviço por ente estatal por preço inferior ao valor de mercado;

IV – utilizar, em obra ou serviço particular, veículos, máquinas, equipamentos ou material de qualquer natureza, de propriedade ou à disposição de qualquer das entidades mencionadas no art. 1º desta Lei, bem como o trabalho de servidores públicos, empregados ou terceiros contratados por essas entidades;

V – receber vantagem econômica de qualquer natureza, direta ou indireta, para tolerar a exploração ou a prática de jogos de azar, de lenocínio, de narcotráfico, de contrabando, de usura ou de qualquer outra atividade ilícita, ou aceitar promessa de tal vantagem;

VI – receber vantagem econômica de qualquer natureza, direta ou indireta, para fazer declaração falsa sobre qualquer dado técnico que envolva obras públicas ou qualquer outro serviço ou sobre quantidade, peso, medida, qualidade ou característica de mercadorias ou bens fornecidos a qualquer das entidades referidas no art. 1º desta Lei;

VII – adquirir, para si ou para outrem, no exercício de mandato, de cargo, de emprego ou de função pública, e em razão deles, bens de qualquer natureza, decorrentes dos atos descritos no *caput* deste artigo, cujo valor seja desproporcional à evolução do patrimônio ou à renda do agente público, assegurada a demonstração pelo agente da licitude da origem dessa evolução;

VIII – aceitar emprego, comissão ou exercer atividade de consultoria ou assessoramento para pessoa física ou jurídica que tenha interesse suscetível de ser atingido ou amparado por ação ou omissão decorrente das atribuições do agente público, durante a atividade;

IX – perceber vantagem econômica para intermediar a liberação ou aplicação de verba pública de qualquer natureza;

X – receber vantagem econômica de qualquer natureza, direta ou indiretamente, para omitir ato de ofício, providência ou declaração a que esteja obrigado;

XI – incorporar, por qualquer forma, ao seu patrimônio bens, rendas, verbas ou valores integrantes do acervo patrimonial das entidades mencionadas no art. 1º desta Lei;

XII – usar, em proveito próprio, bens, rendas, verbas ou valores integrantes do acervo patrimonial das entidades mencionadas no art. 1º desta Lei.

3.13.2. Atos de improbidade que causam prejuízo ao erário (art. 10)

São vinte e duas condutas (rol exemplificativo) consistentes em ação ou omissão dolosa, que enseje, efetiva e comprovadamente, perda patrimonial, desvio, apropriação, malbaratamento ou dilapidação dos bens ou haveres das entidades referidas no art. 1º desta Lei.

Para a caracterização desses atos, há necessidade de dolo do agente, conduta ilícita, prejuízo concreto aos cofres públicos e nexo causal entre o exercício funcional e o prejuízo concreto ao erário.

Note-se que a lei não exige a ocorrência de qualquer vantagem por parte do agente que dolosa ou culposamente gerar prejuízo concreto ao erário.

São eles:

Art. 10. (...)

I – facilitar ou concorrer por qualquer forma para a incorporação ao patrimônio particular, de pessoa física ou jurídica, de bens, rendas, verbas ou valores integrantes do acervo patrimonial das entidades mencionadas no art. 1º desta Lei;

II – permitir ou concorrer para que pessoa física ou jurídica privada utilize bens, rendas, verbas ou valores integrantes do acervo patrimonial das entidades mencionadas no art. 1º desta Lei, sem a observância das formalidades legais ou regulamentares aplicáveis à espécie;

III – doar à pessoa física ou jurídica bem como ao ente despersonalizado, ainda que de fins educativos ou assistenciais, bens, rendas, verbas ou valores do patrimônio de qualquer das entidades mencionadas no art. 1º desta Lei, sem observância das formalidades legais e regulamentares aplicáveis à espécie;

IV – permitir ou facilitar a alienação, permuta ou locação de bem integrante do patrimônio de qualquer das entidades referidas no art. 1º desta Lei, ou ainda a prestação de serviço por parte delas, por preço inferior ao de mercado;

V – permitir ou facilitar a aquisição, permuta ou locação de bem ou serviço por preço superior ao de mercado;

VI – realizar operação financeira sem observância das normas legais e regulamentares ou aceitar garantia insuficiente ou inidônea;

VII – conceder benefício administrativo ou fiscal sem a observância das formalidades legais ou regulamentares aplicáveis à espécie;

VIII – frustrar a licitude de processo licitatório ou de processo seletivo para celebração de parcerias com entidades sem fins lucrativos, ou dispensá-los indevidamente, acarretando perda patrimonial efetiva;

IX – ordenar ou permitir a realização de despesas não autorizadas em lei ou regulamento;

X – agir ilicitamente na arrecadação de tributo ou de renda, bem como no que diz respeito à conservação do patrimônio público;

XI – liberar verba pública sem a estrita observância das normas pertinentes ou influir de qualquer forma para a sua aplicação irregular;

XII – permitir, facilitar ou concorrer para que terceiro se enriqueça ilicitamente;

XIII – permitir que se utilize, em obra ou serviço particular, veículos, máquinas, equipamentos ou material de qualquer natureza, de propriedade ou à disposição de qualquer das entidades mencionadas no art. 1º desta Lei, bem como o trabalho de servidor público, empregados ou terceiros contratados por essas entidades;

XIV – celebrar contrato ou outro instrumento que tenha por objeto a prestação de serviços públicos por meio da gestão associada sem observar as formalidades previstas na lei;

XV – celebrar contrato de rateio de consórcio público sem suficiente e prévia dotação orçamentária, ou sem observar as formalidades previstas na lei;

XVI – facilitar ou concorrer, por qualquer forma, para a incorporação, ao patrimônio particular de pessoa física ou jurídica, de bens, rendas, verbas ou valores públicos transferidos pela administração pública a entidades privadas mediante celebração de parcerias, sem a observância das formalidades legais ou regulamentares aplicáveis à espécie;

XVII – permitir ou concorrer para que pessoa física ou jurídica privada utilize bens, rendas, verbas ou valores públicos transferidos pela administração pública a entidade privada mediante celebração de parcerias, sem a observância das formalidades legais ou regulamentares aplicáveis à espécie;

XVIII – celebrar parcerias da administração pública com entidades privadas sem a observância das formalidades legais ou regulamentares aplicáveis à espécie;

XIX – agir para a configuração de ilícito na celebração, na fiscalização e na análise das prestações de contas de parcerias firmadas pela administração pública com entidades privadas;

XX – liberar recursos de parcerias firmadas pela administração pública com entidades privadas sem a estrita observância das normas pertinentes ou influir de qualquer forma para a sua aplicação irregular;

XXI – (revogado)

XXII – conceder, aplicar ou manter benefício financeiro ou tributário contrário ao que dispõem o *caput* e o § 1º do art. 8º-A da Lei Complementar nº 116, de 31 de julho de 2003.

O dispositivo legal deixa claro, também, que, nos casos em que a inobservância de formalidades legais ou regulamentares não implicar perda patrimonial efetiva, não ocorrerá imposição de ressarcimento, vedado o enriquecimento sem causa das entidades referidas no art. 1º da lei.

Ressalta, ainda, que a mera perda patrimonial decorrente da atividade econômica não acarretará improbidade administrativa, salvo se comprovado ato doloso praticado com essa finalidade.

3.13.3. Atos de improbidade que atentam contra os princípios da Administração Pública (art. 11)

São oito condutas consistentes em ação ou omissão que viole os deveres de honestidade, imparcialidade, legalidade e lealdade às instituições.

Para a caracterização desses atos, há necessidade de conduta dolosa do agente, violação dos deveres de honestidade, imparcialidade, legalidade e lealdade e nexo causal entre o exercício funcional e o desrespeito aos princípios da Administração.

Note-se que, para a caracterização dos atos de improbidade do art. 11 não há necessidade de enriquecimento ilícito por parte do agente, uma vez que o intuito da lei foi criar um tipo subsidiário para a responsabilização do agente cuja conduta ilícita apenas afronta aos princípios da Administração Pública, ainda que não haja o enriquecimento ilícito.

É interessante notar que, após a nova redação dada ao art. 11 pela Lei n. 14.230/2021, os atos que atentam contra os princípios da Administração Pública passam a ser listados em rol taxativo (ao contrário da sistemática anterior, em que o rol era exemplificativo), restringindo-se às hipóteses expressamente previstas na lei e mitigando interpretações subjetivas.

São eles:

> Art. 11. (...)
>
> I – (revogado) ;
>
> II – (revogado) ;
>
> III – revelar fato ou circunstância de que tem ciência em razão das atribuições e que deva permanecer em segredo, propiciando beneficiamento por informação privilegiada ou colocando em risco a segurança da sociedade e do Estado;
>
> IV – negar publicidade aos atos oficiais, exceto em razão de sua imprescindibilidade para a segurança da sociedade e do Estado ou de outras hipóteses instituídas em lei;
>
> V – frustrar, em ofensa à imparcialidade, o caráter concorrencial de concurso público, de chamamento ou de procedimento licitatório, com vistas à obtenção de benefício próprio, direto ou indireto, ou de terceiros
>
> VI – deixar de prestar contas quando esteja obrigado a fazê-lo, desde que disponha das condições para isso, com vistas a ocultar irregularidades;
>
> VII – revelar ou permitir que chegue ao conhecimento de terceiro, antes da respectiva divulgação oficial, teor de medida política ou econômica capaz de afetar o preço de mercadoria, bem ou serviço;
>
> VIII – descumprir as normas relativas à celebração, fiscalização e aprovação de contas de parcerias firmadas pela administração pública com entidades privadas;
>
> IX – (revogado) ;
>
> X – (revogado);
>
> XI – nomear cônjuge, companheiro ou parente em linha reta, colateral ou por afinidade, até o terceiro grau, inclusive, da autoridade nomeante ou de servidor da mesma pessoa jurídica investido em cargo de direção, chefia ou assessoramento, para o exercício de cargo em comissão ou de confiança ou, ainda, de função gratificada na

administração pública direta e indireta em qualquer dos Poderes da União, dos Estados, do Distrito Federal e dos Municípios, compreendido o ajuste mediante designações recíprocas;

XII – praticar, no âmbito da administração pública e com recursos do erário, ato de publicidade que contrarie o disposto no § 1º do art. 37 da Constituição Federal, de forma a promover inequívoco enaltecimento do agente público e personalização de atos, de programas, de obras, de serviços ou de campanhas dos órgãos públicos.

Interessante notar que o § 1º do art. 11, acrescentado pela Lei n. 14.230/2021, impõe que, nos termos da Convenção das Nações Unidas contra a Corrupção, promulgada pelo Decreto n. 5.687, de 31 de janeiro de 2006, somente haverá improbidade administrativa, na aplicação deste artigo, quando for comprovado na conduta funcional do agente público o fim de obter proveito ou benefício indevido para si ou para outra pessoa ou entidade. Essa regra se aplica, de acordo com o § 2º, a quaisquer atos de improbidade administrativa tipificados nesta Lei e em leis especiais e a quaisquer outros tipos especiais de improbidade administrativa instituídos por lei.

De acordo com o § 3º, ainda, o enquadramento de conduta funcional na categoria de que trata este artigo pressupõe a demonstração objetiva da prática de ilegalidade no exercício da função pública, com a indicação das normas constitucionais, legais ou infralegais violadas.

Além disso, o § 4º esclarece que os atos de improbidade tratados pelo art. 11 exigem lesividade relevante ao bem jurídico tutelado para serem passíveis de sancionamento e independem do reconhecimento da produção de danos ao erário e de enriquecimento ilícito dos agentes públicos.

Por fim, determina o § 5º que não se configurará improbidade a mera nomeação ou indicação política por parte dos detentores de mandatos eletivos, sendo necessária a aferição de dolo com finalidade ilícita por parte do agente.

3.14. Sanções por ato de improbidade administrativa

A Constituição Federal, no art. 37, § 4º, estabeleceu as seguintes sanções, de natureza civil, aos atos de improbidade administrativa, independentemente da sanção penal cabível: a) suspensão dos direitos políticos (art. 15, V); perda da função pública; indisponibilidade dos bens; e ressarcimento ao erário.

3.15. Forma e gradação das sanções

A redação do art. 12 da Lei n. 8.429/92, reformulada pela Lei n. 14.230/2021, estabelece com precisão o regime sancionatório aplicável aos responsáveis por atos de improbidade administrativa. Independentemente do ressarcimento integral do dano patrimonial, se este for efetivo, e sem prejuízo das sanções penais, civis e administrativas previstas em legislação específica, a norma determina que o agente responsável pelos atos de improbidade está sujeito às cominações estipuladas no dispositivo, que podem ser aplicadas de maneira isolada ou cumulativa, conforme a gravidade do fato, assegurando, assim, proporcionalidade e adequação das penas à conduta ilícita.

Para os atos que importem enriquecimento ilícito, descritos no art. 9º, as sanções incluem a perda dos bens ou valores acrescidos ilicitamente ao patrimônio, perda da função pública, suspensão dos direitos políticos por até 14 anos, multa civil equivalente ao acréscimo patrimonial e a proibição de contratar com o Poder Público ou de receber benefícios fiscais ou creditícios, direta ou indiretamente, pelo prazo de até 14 anos, mesmo que por intermédio de pessoa jurídica na qual o agente figure como sócio majoritário.

No caso de lesão ao erário, nos termos do art. 10, as penalidades incluem a perda dos bens ou valores acrescidos ilicitamente, quando aplicável, perda da função pública, suspensão dos direitos políticos por até 12 anos, multa civil equivalente ao valor do dano causado e proibição de contratar com o Poder Público ou de receber benefícios fiscais ou creditícios, também pelo prazo de até 12 anos.

Já para os atos que atentem contra os princípios da Administração Pública, definidos no art. 11, as sanções previstas são: multa civil de até 24 vezes o valor da remuneração do agente público e a proibição de contratar com o Poder Público ou de receber benefícios fiscais ou creditícios, pelo prazo de até 4 anos.

O art. 12 dispõe ainda que a sanção de proibição de contratação com o Poder Público deverá constar do Cadastro Nacional de Empresas Inidôneas e Suspensas (CEIS), observado o âmbito territorial determinado por decisão judicial. Para assegurar segurança jurídica, a execução das sanções somente poderá ocorrer após o trânsito em julgado da sentença condenatória.

Por fim, o dispositivo esclarece que, para a contagem do prazo de suspensão dos direitos políticos, considera-se retroativamente o período entre a decisão colegiada e o trânsito em julgado, promovendo maior clareza no cumprimento da penalidade.

3.16. Aplicação das sanções

A norma introduz critérios específicos para a aplicação da perda da função pública, restringindo-a, nos casos dos incisos I e II, ao vínculo de mesma qualidade e natureza que o agente detinha à época do cometimento do ato. Contudo, no caso de enriquecimento ilícito, a lei permite, de maneira excepcional, a extensão dessa penalidade a outros vínculos mantidos com a Administração Pública, considerando as circunstâncias do caso e a gravidade da infração. Além disso, a multa civil pode ser majorada em até o dobro, se for constatada a ineficácia do valor inicial para reprovar e prevenir o ato, em razão da situação econômica do réu.

Nos casos que envolvam pessoas jurídicas, o legislador determina que sejam observados os impactos econômicos e sociais das sanções, de forma a permitir a continuidade das atividades empresariais, em consonância com a função social das entidades. Excepcionalmente, a proibição de contratar com o Poder Público pode ser estendida para além do ente lesado, desde que devidamente fundamentada e respeitados os mesmos critérios. Adicionalmente, para atos de menor ofensividade aos bens jurídicos tutelados, a aplicação das sanções pode ser limitada à multa civil, sem prejuízo do ressarcimento do dano e da perda dos valores indevidamente obtidos.

A norma também assegura que o ressarcimento de danos ao patrimônio público será deduzido das compensações já realizadas nas esferas criminal, civil e administrativa, que tenham como objeto os mesmos fatos, evitando duplicidade na reparação. Além disso, estabelece que a aplicação de sanções em ações baseadas nesta Lei e na Lei n. 12.846/2013 (Lei Anticorrupção) deve observar o princípio do *non bis in idem*, vedando penalidades duplicadas pelo mesmo ilícito.

3.17. Representação administrativa

Qualquer pessoa do povo poderá representar à autoridade administrativa competente para que seja instaurada investigação destinada a apurar a prática de ato de improbidade (art. 14).

Essa representação deverá ser escrita (ou reduzida a termo) e assinada, contendo a qualificação do representante, as informações sobre o fato e sua autoria e a indicação das provas de que tenha conhecimento.

Se o representante sabe que o agente público ou terceiro é inocente, responde pelo crime do art. 19 da lei.

3.18. Representação ao Ministério Público

Qualquer pessoa do povo poderá também representar ao Ministério Público informando a ocorrência de ato de improbidade administrativa, podendo o *Parquet*, além de instaurar procedimento apuratório no seu âmbito de atuação, requisitar a instauração de inquérito policial ou procedimento administrativo.

3.19. Instauração de procedimento administrativo

Recebida a representação, a autoridade administrativa determinará a imediata apuração dos fatos.

Nesse caso, a comissão processante deverá dar conhecimento da instauração de procedimento ao Ministério Público e ao Tribunal de Contas, que poderão designar representante para acompanhá-lo.

3.20. Medidas cautelares

O art. 16 da Lei de Improbidade Administrativa, com as alterações introduzidas pela Lei n. 14.230/2021, disciplina de maneira detalhada o instituto da indisponibilidade de bens no âmbito das ações de improbidade administrativa, garantindo a eficácia das medidas protetivas necessárias para assegurar o ressarcimento integral do erário ou a restituição de acréscimos patrimoniais decorrentes de enriquecimento ilícito. O dispositivo permite que o pedido de indisponibilidade seja formulado de forma cautelar, antecedente ou incidental, não havendo necessidade de estar vinculado à representação preliminar prevista no art. 7º da mesma lei, o que amplia a autonomia e agilidade dessa medida cautelar.

A indisponibilidade de bens pode abranger, conforme previsto, não apenas o patrimônio situado no território nacional, mas também bens, contas bancárias e aplicações financeiras mantidas no exterior, desde que sejam observados os tratados internacionais e as normas aplicáveis. Todavia, para que o pedido seja deferido, a lei exige a demonstração concreta de perigo de dano irreparável ou risco ao resultado útil do processo (*periculum in mora*), além da probabilidade da ocorrência dos atos descritos na petição inicial (*fumus boni iuris*). A decisão deve ser fundamentada nos elementos apresentados, e a oitiva do réu em cinco dias é regra geral, salvo nos casos em que o contraditório prévio possa frustrar a efetividade da medida, situação em que a urgência não será presumida, mas devidamente comprovada.

Outro avanço significativo diz respeito à proporcionalidade das medidas. Caso existam vários réus na ação, a soma dos valores indisponíveis não pode ultrapassar o montante indicado como dano ou enriquecimento ilícito. Ademais, o valor da indisponibilidade pode ser substituído por caução idônea, fiança bancária ou seguro-garantia judicial, mediante requerimento do réu, e readequado conforme o curso do processo. A medida também respeita os limites da responsabilidade, exigindo demonstração específica de participação dolosa no caso de terceiros, inclusive pessoas jurídicas, quando será necessária a instauração do incidente de desconsideração da personalidade jurídica.

A lei prioriza bens de menor liquidez para a indisponibilidade, estabelecendo uma ordem clara: veículos terrestres, imóveis, móveis em geral, semoventes, navios, aeronaves, participações societárias, pedras e metais preciosos, somente recaindo sobre contas bancárias na ausência de outros bens. Essa hierarquia visa preservar a subsistência do acusado e a continuidade de suas atividades empresariais, em consonância com os princípios constitucionais da dignidade da pessoa humana e da função social da propriedade. A norma também exclui da indisponibilidade valores inferiores a 40 salários-mínimos depositados em cadernetas de poupança ou outras aplicações financeiras e protege o bem de família, salvo se comprovado que tenha origem ilícita.

O dispositivo assegura ainda que a indisponibilidade de bens não pode incidir sobre valores destinados ao pagamento de multa civil ou sobre acréscimos patrimoniais resultantes de atividades lícitas.

O juiz, ao analisar o pedido, deve ponderar os efeitos práticos da medida, vedando-se decisões que possam comprometer a prestação de serviços públicos.

Por fim, decisões que deferirem ou indeferirem o pedido de indisponibilidade podem ser impugnadas por meio de agravo de instrumento, nos termos do Código de Processo Civil, o que reforça a garantia de ampla defesa e contraditório.

3.21. Ação judicial por ato de improbidade

A estrutura do regime jurídico e processual das ações de improbidade administrativa vem estabelecidos no art. 17 da Lei de Improbidade Administrativa, com a redação dada pela Lei n. 14.230/2021, conferindo ao Ministério Público legitimidade exclusiva para sua propositura. A ação segue o procedimento comum do Código de Processo Civil, salvo disposições específicas contidas na própria Lei de Improbidade Administrativa, com o objetivo de garantir eficiência e uniformidade no processamento.

A ação deve ser proposta no foro do local em que ocorreu o dano ou onde se localiza a pessoa jurídica prejudicada, prevenindo-se a competência do juízo para todas as ações futuras com a mesma causa de pedir ou objeto. A petição inicial requer detalhamento rigoroso, devendo individualizar a conduta do réu, apontar elementos probatórios mínimos que demonstrem os atos previstos nos arts. 9º, 10 e 11, bem como a autoria do réu, salvo impossibilidade devidamente fundamentada. Além disso, deve ser instruída com documentos que contenham indícios suficientes de veracidade dos fatos ou razões fundamentadas da impossibilidade de apresentação dessas provas. O descumprimento desses requisitos pode ensejar a rejeição liminar da petição inicial, conforme previsão específica e nos termos do art. 330 do Código de Processo Civil.

O Ministério Público tem a prerrogativa de requerer tutelas provisórias adequadas, alinhando-se ao regime estabelecido nos arts. 294 a 310 do Código de Processo Civil. Em caso de indeferimento ou deferimento de medidas relacionadas à tutela provisória ou às questões preliminares, cabe agravo de instrumento, garantindo o contraditório e a ampla defesa. Após a citação, os réus têm prazo de 30 dias para apresentar contestação, sendo facultada a interrupção do prazo para eventual solução consensual, limitada a 90 dias. A contestação é seguida pela análise judicial sobre o estado do processo, podendo ocorrer julgamento antecipado ou desmembramento do litisconsórcio para otimizar a instrução.

A lei exige que a decisão judicial posterior à réplica do Ministério Público especifique a tipificação precisa do ato de improbidade imputável, vedando alterações no fato principal e na capitulação legal apresentada pelo autor. É também obrigatório que cada ato de improbidade seja enquadrado em um único tipo, dentre os previstos nos arts. 9º, 10 e 11, assegurando coerência no julgamento. A decisão que condenar por tipo diverso ou sem as provas especificadas pelo réu será nula, reforçando a segurança jurídica e a previsibilidade do processo.

A improcedência pode ser declarada a qualquer momento caso se verifique a inexistência do ato de improbidade.

A norma também admite a conversão da ação de improbidade em ação civil pública, mediante decisão fundamentada, quando ausentes os elementos necessários à imposição das sanções previstas na lei, sendo cabível agravo de instrumento contra essa decisão. A presença de irregularidades ou ilegalidades não enquadráveis como improbidade permite essa flexibilização, visando soluções alternativas.

O art. 17 exclui algumas disposições do Código de Processo Civil no contexto da ação de improbidade, como a presunção de veracidade dos fatos em caso de revelia e a inversão do ônus da prova, além de vedar o ajuizamento de múltiplas ações sobre o mesmo fato, delegando ao Conselho Nacional do Ministério Público a competência para dirimir conflitos de atribuição entre membros de diferentes Ministérios Públicos. A lei também impede o reexame obrigatório de sentenças de improcedência ou extinção sem resolução de mérito.

Adicionalmente, a assessoria jurídica responsável por pareceres que atestaram a legalidade prévia de atos administrativos assume a obrigação de defender judicialmente o administrador público processado por improbidade até o trânsito em julgado da decisão.

3.22. Acordo de não persecução civil

A Lei n. 14.230/2021 incluiu na Lei de Improbidade Administrativa o art. 17-B, revogando expressamente o § 1º do art. 17, e disciplinando a possibilidade de celebração do acordo de não persecução civil no âmbito das ações de improbidade administrativa, como forma de assegurar a resolução consensual e célere de casos, promovendo o interesse público e a reparação dos danos causados. O acordo pode ser celebrado pelo Ministério Público, observadas as circunstâncias do caso concreto e desde que dele resultem, obrigatoriamente, o integral ressarcimento do dano e a reversão à pessoa jurídica lesada da vantagem indevida obtida, ainda que proveniente de agentes privados.

A celebração do acordo depende do cumprimento cumulativo de requisitos formais e substanciais. Inicialmente, é obrigatória a oitiva do ente federativo lesado, seja em momento anterior ou posterior ao ajuizamento da ação. Além disso, a proposta de acordo deve ser aprovada pelo órgão do Ministério Público competente para apreciar arquivamentos de inquéritos civis, no prazo de até 60 dias, caso formulada antes do ajuizamento da ação. Ademais, a homologação judicial é indispensável em qualquer momento do procedimento, conferindo segurança jurídica ao instrumento pactuado.

Para o acordo, devem ser consideradas a natureza, as circunstâncias, a gravidade e a repercussão social do ato de improbidade, bem como a personalidade do agente e as vantagens de uma solução rápida para o interesse público, diretrizes que promovem a adequação do acordo às especificidades do caso, garantindo que a solução consensual preserve os valores da Administração Pública e evite prejuízos indevidos à coletividade.

O procedimento de apuração do valor a ser ressarcido exige a manifestação prévia do Tribunal de Contas competente, que deverá se pronunciar no prazo de 90 dias, indicando os parâmetros utilizados para a quantificação do dano.

O acordo pode ser firmado em diferentes fases do processo, desde a investigação preliminar até o curso da ação judicial ou mesmo durante a execução da sentença condenatória. As negociações devem ocorrer exclusivamente entre o Ministério Público, de um lado, e o investigado ou demandado, acompanhado de seu defensor, do outro.

Adicionalmente, o instrumento pode incluir medidas que promovam boas práticas administrativas e reforcem a integridade corporativa, como a adoção de mecanismos de *compliance*, auditorias internas, códigos de ética e incentivo à denúncia de irregularidades.

Em caso de descumprimento do acordo, o investigado ou demandado será impedido de celebrar novo acordo pelo prazo de cinco anos, contados a partir da ciência do descumprimento pelo Ministério Público.

3.23. Intervenção do órgão público lesado

Segundo se depreende do disposto no art. 17, § 14, da Lei de Improbidade, proposta a ação pelo Ministério Público, aplica-se, no que couber, o disposto no § 3º do art. 6º da Lei n. 4.717, de 29 de junho de 1965, ou seja, a pessoa jurídica interessada será intimada para, caso queira, intervir no processo.

3.24. Ação de caráter sancionatório

O art. 17-D, acrescentado pela Lei n. 14.230/2021, estabelece que a ação por improbidade administrativa é repressiva, de caráter sancionatório, destinada à aplicação de sanções de caráter pessoal previstas na lei, e não constitui ação civil, vedado seu ajuizamento para o controle de legalidade de políticas públicas e para a proteção do patrimônio público e social, do meio ambiente e de outros interesses difusos, coletivos e individuais homogêneos.

O dispositivo citado deixa claro que, ressalvado o disposto na própria lei, o controle de legalidade de políticas públicas e a responsabilidade de agentes públicos, inclusive políticos, entes públicos e governamentais, por danos ao meio ambiente, ao consumidor, a bens e direitos de valor artístico, estético, histórico, turístico e paisagístico, a qualquer outro interesse difuso ou coletivo, à ordem econômica, à ordem urbanística, à honra e à dignidade de grupos raciais, étnicos ou religiosos e ao patrimônio público e social submetem-se aos termos da Lei n. 7.347/85 (Lei da Ação Civil Pública).

3.25. Ação de improbidade e foro privilegiado

Não há foro por prerrogativa de função nos processos por atos de improbidade administrativa.

Ressalte-se que o Supremo Tribunal Federal, nas ADIns 2.797-2 e 2.860-0 (*DOU*, 26-9-2005, e *DJU*, 19-12-2006), por maioria, declarou a inconstitucionalidade da Lei n. 10.628/2002, que acrescentou os §§ 1º e 2º ao art. 84 do Código de Processo Penal.

3.26. Destinação das verbas apuradas na ação

Segundo o disposto no art. 18 da lei de improbidade, a sentença que julgar procedente a ação fundada nos arts. 9º e 10 da lei, condenará ao ressarcimento dos danos e à perda ou à reversão dos bens e valores ilicitamente adquiridos, conforme o caso, em favor da pessoa jurídica prejudicada pelo ilícito.

3.27. Prescrição

No art. 37, § 5º, a Constituição Federal relegou à lei a fixação dos prazos prescricionais para os atos de improbidade administrativa, o que foi feito pela Lei n. 8.429/92, no art. 23.

Assim, de acordo com o disposto no art. 23 da Lei de Improbidade Administrativa, com a redação dada pela Lei n. 14.230/2021, a ação para a aplicação das sanções previstas na lei prescreve em 8 (oito) anos, contados a partir da ocorrência do fato ou, no caso de infrações permanentes, do dia em que cessou a permanência.

Além disso, o dispositivo introduziu marcos interruptivos, como a propositura da ação, sentença ou acórdão em diversas instâncias judiciais, reiniciando-se o prazo para quatro anos a partir de cada interrupção.

3.28. Imprescritibilidade

A Constituição Federal, no art. 37, § 5º, reservou a imprescritibilidade apenas às ações para obtenção de ressarcimento por dano causado ao erário.

27 Infrações Penais de Repercussão Interestadual ou Internacional

Lei n. 10.446/2002

Art. 1º Na forma do inciso I do § 1º do art. 144 da Constituição, quando houver repercussão interestadual ou internacional que exija repressão uniforme, poderá o Departamento de Polícia Federal do Ministério da Justiça, sem prejuízo da responsabilidade dos órgãos de segurança pública arrolados no art. 144 da Constituição Federal, em especial das Polícias Militares e Civis dos Estados, proceder à investigação, dentre outras, das seguintes infrações penais:

I – sequestro, cárcere privado e extorsão mediante sequestro (arts. 148 e 159 do Código Penal), se o agente foi impelido por motivação política ou quando praticado em razão da função pública exercida pela vítima;

II – formação de cartel (incisos I, *a*, II, III e VII do art. 4º da Lei n. 8.137, de 27 de dezembro de 1990);

III – relativas à violação a direitos humanos, que a República Federativa do Brasil se comprometeu a reprimir em decorrência de tratados internacionais de que seja parte;

IV – furto, roubo ou receptação de cargas, inclusive dos produtos controlados a que se refere o Decreto n. 24.602, de 6 de julho de 1934, especialmente pólvoras, explosivos e artigos pirotécnicos, transportadas em operação interestadual ou internacional, quando houver indícios da atuação de quadrilha ou bando em mais de (1) um Estado da Federação;

V – falsificação, corrupção, adulteração ou alteração de produto destinado a fins terapêuticos ou medicinais e venda, inclusive pela internet, depósito ou distribuição do produto falsificado, corrompido, adulterado ou alterado (art. 273 do Decreto-Lei n. 2.848, de 7 de dezembro de 1940 – Código Penal);

VI – furto, roubo ou dano contra instituições financeiras, incluindo agências bancárias ou caixas eletrônicos, quando houver indícios da atuação de associação criminosa em mais de um Estado da Federação;

VII – quaisquer crimes praticados por meio da rede mundial de computadores que difundam conteúdo misógino, definidos como aqueles que propagam o ódio ou a aversão às mulheres.

VIII – furto, roubo ou dano contra empresas de serviços de segurança privada especializadas em transporte de valores.

Parágrafo único. Atendidos os pressupostos do *caput*, o Departamento de Polícia Federal procederá à apuração de outros casos, desde que tal providência seja autorizada ou determinada pelo Ministro de Estado da Justiça.

Departamento de Polícia Federal: também chamada de DPF ou PF, é um órgão subordinado ao Ministério da Justiça, cuja função é, de acordo com a Constituição Federal, exercer a segurança pública, para a preservação da ordem pública e da incolumidade das pessoas e do patrimônio.

Repercussão interestadual ou internacional: abrange apenas crimes, excluindo-se as contravenções penais. Os crimes devem atingir bens jurídicos de mais de um estado ou de mais de um país, incluindo o Brasil, de forma direta ou indireta.

Repressão uniforme: com a multiplicidade de polícias existentes no Brasil (polícias civis dos estados, polícias militares, polícias federais), muitas vezes a repressão aos delitos é feita de maneira fragmentada e sem coesão, impedindo o efetivo combate, principalmente às organizações criminosas que atuam sem fronteiras estaduais ou internacionais. Portanto, ao estabelecer a lei a necessidade de repressão uniforme, pretendeu o legislador que a repressão fosse coesa, consertada, sem conflitos e disputas entre as polícias, possibilitando o efetivo combate à criminalidade. Assim, à Polícia Federal foi acometida essa tarefa, a qual será desempenhada, certamente, com o auxílio dos demais órgãos policiais, mas sob a sua coordenação e comando.

Sequestro, cárcere privado e extorsão mediante sequestro: em regra, estes crimes são apurados pelas polícias civis e militares. Contudo, no caso de o autor do crime ter uma motivação política ou quando o crime for praticado em razão da função pública exercida pela vítima, a atribuição para a investigação será também da Polícia Federal.

Formação do cartel: cartel é uma forma de oligopólio em que empresas legalmente independentes, atuantes do mesmo setor, promovem acordos entre si para conseguir o domínio de determinada oferta de bens ou serviços. A forma mais conhecida de cartel é a fixação de preços iguais ou muito semelhantes entre as empresas envolvidas, minimizando as chances da concorrência leal. Por conflito de interesses e por regulação governamental, os cartéis são, geralmente, pouco duradouros. O consumidor é prejudicado com os cartéis, pois seu direito de escolha é restringido.

Violação de direitos humanos: A Declaração Universal dos Direitos Humanos é um dos documentos básicos das Nações Unidas e foi assinada em 1948. Nela, são enumerados os direitos que todos os seres humanos possuem. Se violados, havendo repercussão interestadual ou internacional que exija repressão uniforme, a atribuição para investigar será também da Justiça Federal, sem prejuízo da atribuição de outros órgãos policiais e governamentais, inclusive do Ministério Público.

Furto, roubo ou receptação de cargas, bens e valores: são crimes comuns, que podem ser investigados pelas polícias civis dos estados, havendo, em caso de repercussão interestadual ou internacional que exija repressão uniforme, atribuição investigativa concorrente da polícia federal.

Falsificação, corrupção, adulteração ou alteração de produto destinado a fins terapêuticos ou medicinais e venda, inclusive pela internet, depósito ou distribuição do produto falsificado, corrompido, adulterado ou alterado: crimes contra a saúde pública, de perigo comum, que demandam repressão uniforme quando houver repercussão interestadual ou internacional.

Furto, roubo ou dano contra instituições financeiras, incluindo agências bancárias ou caixas eletrônicos, quando houver indícios da atuação de associação criminosa em mais de um Estado da Federação: crimes extremamente comuns atualmente e que, invariavelmente, envolvem organizações criminosas altamente especializadas.

Quaisquer crimes praticados pela rede mundial de computadores: que difundam conteúdo misógino, definidos como aqueles que propagam o ódio ou a aversão às mulheres.

Furto, roubo ou dano contra empresas de serviços de segurança privada especializadas em transporte de valores: essa hipótese foi acrescentada pela Lei n. 14.967/2024, que instituiu o Estatuto da Segurança Privada e da Segurança das Instituições Financeiras, para dispor sobre os serviços de segurança de caráter privado, exercidos por pessoas jurídicas e, excepcionalmente, por pessoas físicas, em âmbito nacional, e para estabelecer as regras gerais para a segurança das instituições financeiras autorizadas a funcionar no País.

Outros casos: poderá a polícia federal também investigar outros casos, desde que tenham repercussão interestadual ou internacional que exijam repressão uniforme, desde que tal providência seja autorizada ou determinada pelo Ministro da Justiça.

Outras atribuições da PF: prevenir e reprimir o tráfico ilícito de entorpecentes e drogas afins, o contrabando e o descaminho, sem prejuízo da ação fazendária e de outros órgãos públicos nas respectivas áreas de competência; exercer as funções de polícia marítima, aeroportuária e de fronteiras; exercer, com exclusividade, as funções de polícia judiciária da União; controlar as adoções internacionais; controlar as empresas que trabalham com produtos químicos e dar a elas a licença de funcionamento; controlar a segurança privada; emitir passaportes; atuar em conjunto com o Exército na fiscalização ambiental das unidades de conservação e reservas indígenas, dentre outras.

Apuração de outros crimes: Cabe à PF investigar tudo o que se relaciona aos crimes que envolvem o Instituto Nacional de Seguridade Social; possui a PF também um departamento, constituído de delegados e investigadores, para investigar, quando solicitada, os desvios de verbas públicas; também apura crimes como sonegação de imposto de renda, compras sem notas fiscais ou com notas fiscais falsas e importações ilegais; também há, em Brasília, um departamento especial, com técnicos e especialistas que podem identificar as notas de dinheiro falsas e as verdadeiras; também faz operações para combater os jogos ilegais etc.

28 Interceptação de Comunicações Telefônicas
Lei n. 9.296/96

> Art. 1º A interceptação de comunicações telefônicas, de qualquer natureza, para prova em investigação criminal e em instrução processual penal, observará o disposto nesta Lei e dependerá de ordem do juiz competente da ação principal, sob segredo de justiça.
>
> Parágrafo único. O disposto nesta Lei aplica-se à interceptação do fluxo de comunicações em sistemas de informática e telemática.

Interceptação telefônica: pode ser conceituada como sendo a captação de conversas telefônicas por terceiros e ocorre quando, em momento algum, os interlocutores têm ciência da gravação da conversa. É também chamada de interceptação em sentido estrito.

Escuta telefônica: ocorre quando um dos interlocutores tem ciência da gravação realizada por terceiro. Na escuta, um terceiro realiza a gravação da conversa com o conhecimento de um dos interlocutores e sem a ciência do outro.

Gravação telefônica: é realizada por um dos interlocutores, sem o conhecimento do outro. É também chamada de gravação clandestina, pois um dos interlocutores grava a conversa sem o conhecimento do outro.

Interceptação ambiental: é realizada no ambiente por um terceiro, clandestinamente, sem o conhecimento de nenhum dos interlocutores.

Escuta ambiental: é realizada no ambiente por um terceiro, com o consentimento de um dos interlocutores.

Vedação constitucional: entende-se que a vedação legal e constitucional somente alcança as interceptações e escutas telefônicas, em que há a participação de terceiros, alheios aos interlocutores.

Gravação de conversa por um dos interlocutores: é considerada prova lícita. Neste sentido, STJ: RHC 19136/MG, Rel. Min. Felix Fischer, j. 20-3-2007.

Interceptação, escuta e gravação ambiental: seguem as mesmas regras da escuta telefônica, sendo, entretanto, pessoal e não por meio telefônico.

Posição dos Tribunais Superiores: em reiteradas decisões, os Tribunais Superiores têm entendido que art. 5º, XII, da Constituição somente disciplina a interceptação em sentido estrito, estando a escuta e a gravação telefônica no âmbito da proteção conferida pelo art. 5º, X, da Constituição (direito à intimidade). Portanto, o art. 5º, XII, da CF e a Lei n. 9.296/96 disciplinam apenas a interceptação telefônica estrito senso, ao passo que o art. 5º, X, da CF rege a escuta e a gravação telefônica, assim como a interceptação, escuta e gravação ambiental.

Segredo de justiça: este se faz necessário em todos os casos de interceptação telefônica autorizada, posto que, sem ele, o assunto pode chegar ao conhecimento de pessoas interessadas, consequentemente, frustrando o objetivo da atividade pretendida.

Interceptação telefônica realizada antes da vigência da lei: é prova ilícita e gera a nulidade da ação penal se o réu foi condenado somente com base nas escutas obtidas, neste sentido, STF: HC 81154/SP, Rel. Min. Maurício Corrêa, j. 2-10-2001.

Escuta e gravação: não podem ser objeto de autorização judicial, pois a CF e a Lei n. 9.296/96 aplicam-se somente aos casos de interceptação telefônica.

Direito à intimidade: entende-se que a escuta e a gravação atingem o direito à intimidade (art. 5º, X, da CF), sendo, portanto, vedadas expressamente.

Justa causa: os Tribunais têm admitido a divulgação do conteúdo das escutas ou gravações, desde que haja "justa causa", situação que deve ser analisada à luz do caso concreto, como, por exemplo, para a preservação de um direito, ou para elidir uma imputação criminal.

Conselho Nacional de Justiça: o Sistema Nacional de Controle de Interceptações – SNCI, criado pelo CNJ, consolida em um único banco de dados as informações sobre as interceptações telefônicas em todo o território nacional. Trata-se de sistema que concentra as informações das interceptações telefônicas que são determinadas judicialmente. Essa ferramenta possibilita a emissão de estatísticas que permitem aperfeiçoar e uniformizar o sistema de medidas cautelares sigilosas referentes às interceptações telefônicas, para constituir instrumento de prova em investigação criminal e em instrução processual penal, em todo o território nacional. O sistema leva em consideração a imprescindibilidade de preservar o sigilo das investigações realizadas e das informações colhidas, bem como a eficácia da instrução processual, salvo, no último caso, por ordem judicial, nas hipóteses e nas formas que a Lei estabelecer para fins de investigação criminal ou instrução processual penal.

Resolução n. 59/2008 – CNJ: disciplina e uniformiza as rotinas visando ao aperfeiçoamento do procedimento de interceptação de comunicações telefônicas e de sistemas de informática e telemática nos órgãos jurisdicionais do Poder Judiciário, a que se refere a Lei n. 9.296, de 24 de julho de 1996. Essa resolução sofreu alterações pela Resolução n. 84/2009, pela Resolução n. 217/2016 e pela Resolução n. 328/2020.

Aproveitamento como prova: para serem admitidas como prova, a escuta e a gravação dependerão da verificação, em cada caso, de sua obtenção, ou não, com violação da intimidade do outro interlocutor e se há justa causa para a divulgação.

Captação fortuita de diálogos mantidos por autoridade com prerrogativa de foro: "'*HABEAS CORPUS*'. PROCESSO PENAL. DESCOBERTA FORTUITA, NO CURSO DE INQUÉRITO POLICIAL, DE POSSÍVEIS CRIMES PRATICADOS POR TERCEIRA PESSOA, DETENTORA DE PRERROGATIVA DE FORO. ELEMENTOS DE INFORMAÇÃO QUE SUBSIDIARAM DENÚNCIA POSTERIOR. ALEGAÇÃO DE INVESTIGAÇÕES INDIRETAS AUTORIZADAS PELO JUIZ DE PRIMEIRO GRAU E DE USURPAÇÃO DE COMPETÊNCIA DO STF. EVIDÊNCIAS AUSENTES. PEDIDO DE TRANCAMENTO DO PROCESSO. PERMISSÃO PRELIMINAR DE EXAME DA PLAUSIBILIDADE MÍNIMA DA PRÁTICA DE CRIMES POR AUTORIDADE DETENTORA DO FORO ESPECIAL. ATRASO NA REMESSA DO MATERIAL COLETADO AO FORO COMPETENTE. COMPLEXIDADE DA INVESTIGAÇÃO. ATRASO RAZOÁVEL E JUSTIFICÁVEL.

ORDEM NÃO CONHECIDA (STJ – HC 307.152-GO – Rel. Min. Sebastião Reis Júnior – Rel. para acórdão Min. Rogerio Schietti Cruz – j. 19-11-2015 – *DJe*, 15-12-2015).

Utilização da interceptação de comunicação telefônica em desfavor de interlocutor não investigado: "A interceptação telefônica, por óbvio, abrange a participação de quaisquer dos interlocutores. Ilógico e irracional seria admitir que a prova colhida contra o interlocutor que recebeu ou originou chamadas para a linha legalmente interceptada é ilegal. Ora, '[a]o se pensar em interceptação de comunicação telefônica é de sua essência que o seja em face de dois interlocutores'. [...] A autorização de interceptação, portanto [...], abrange a participação de qualquer interlocutor no fato que está sendo apurado e não apenas aquela que justificou a providência" (GRECO FILHO, Vicente. *Interceptação telefônica:* Considerações sobre a Lei 9.296 de 24 de julho de 1996. São Paulo: Saraiva, 1996, pp. 20/21). Não é porque o Advogado defendia os investigados que sua comunicação com eles foi interceptada, mas tão somente porque era um dos interlocutores. Não há, assim, nenhuma violação ao sigilo profissional. Recurso desprovido" (STJ – RMS 33.677-SP – Rel. Min. Laurita Vaz – j. 27-5-2014).

Utilização de interceptação telefônica em processo administrativo disciplinar – PAD: "A jurisprudência desta Corte pacificou-se no sentido de considerar possível se utilizar, no processo administrativo disciplinar, interceptação telefônica emprestada de procedimento penal, desde que devidamente autorizada pelo juízo criminal. Não há desproporcionalidade excessivamente gravosa a justificar a intervenção do Poder Judiciário quanto ao resultado do Processo Administrativo Disciplinar originário, em que a autoridade administrativa concluiu pelo devido enquadramento dos fatos e aplicação da pena de demissão, nos moldes previstos pelo estatuto jurídico dos policiais civis da União. Segurança denegada" (STJ – MS 16.146-DF – Rel. Min. Eliana Calmon – j. 22-5-2013).

> Art. 2º Não será admitida a interceptação de comunicações telefônicas quando ocorrer qualquer das seguintes hipóteses:
>
> I – não houver indícios razoáveis da autoria ou participação em infração penal;
>
> II – a prova puder ser feita por outros meios disponíveis;
>
> III – o fato investigado constituir infração penal punida, no máximo, com pena de detenção.
>
> Parágrafo único. Em qualquer hipótese deve ser descrita com clareza a situação objeto da investigação, inclusive com a indicação e qualificação dos investigados, salvo impossibilidade manifesta, devidamente justificada.

Pena: como expressamente disposto no inciso III deste artigo, o fato investigado não deve constituir infração penal punida, no máximo, com pena de detenção. Portanto, as contravenções penais e os crimes apenados com detenção não comportam a medida, neste sentido, STJ – RHC 19.789/RS – Rel. Min. Gilson Dipp – j. 7-12-2006.

Requisitos: para que a interceptação telefônica seja considerada um meio de prova lícito, ela deve, necessariamente, cumprir com alguns parâmetros estipulados nesta lei, sendo eles: ordem judicial; nas hipóteses e na forma que a lei estabelecer (não incidência dos incisos I, II e III deste artigo); e para fins de investigação criminal ou instrução processual penal.

Prova emprestada: dados obtidos em interceptação de comunicações telefônicas, autorizadas judicialmente, para produção de prova em investigação criminal ou em instrução processual penal podem ser usados em procedimento administrativo disciplinar, seja contra as mesmas pessoas em relação às quais foram colhidos, ou contra outros servidores cujos supostos ilícitos teriam despontado à colheita dessa prova. Neste sentido, STF – Inq-QO-2.424/RJ – Rel. Min. Cezar Peluso.

> Art. 3º A interceptação das comunicações telefônicas poderá ser determinada pelo juiz, de ofício ou a requerimento:
>
> I – da autoridade policial, na investigação criminal;
>
> II – do representante do Ministério Público, na investigação criminal e na instrução processual penal.

Legitimados para propor a interceptação telefônica: o juiz, de ofício, pode determinar a realização da interceptação telefônica, contudo, ela pode ser requerida, respectivamente, pela autoridade policial, na investigação criminal, e pelo representante do Ministério Público (a quem cabe o ônus da prova), na investigação criminal ou processual penal.

Juiz da vara das execuções criminais: é competente para autorizar interceptação telefônica. Neste sentido: STF – RHC 92.354/SP – Rel. Min. Ricardo Lewandowski – j. 20-11-2007.

Comissão Parlamentar de Inquérito: desde que por ato motivado e fundamentado, esta comissão é competente para decretar a interceptação telefônica. Neste sentido, STF – MS 23.652/DF – Rel. Min. Celso de Mello – j. 16-2-2001.

Polícia Militar: a autoridade policial, na investigação criminal, pode requerer a interceptação telefônica. Contudo, a Polícia Militar somente pode requerer nos casos de investigações militares.

Crimes de ação penal privada: neste caso, o ofendido ou seu representante legal poderão requerer a realização da interceptação telefônica. Contudo, a queixa, representação ou simples requerimento para a instauração de inquérito policial são suficientes para se legitimar o Ministério Público nos crimes de ação penal privada.

Interceptação telefônica autorizada por juízo diverso do competente para a ação principal: não é ilícita, quando deferida como medida cautelar, realizada no curso da investigação criminal. Nesse sentido, STJ – RHC 20.026/SP – Rel. Min. Felix Fischer – j. 7-12-2006.

> Art. 4º O pedido de interceptação de comunicação telefônica conterá a demonstração de que a sua realização é necessária à apuração de infração penal, com indicação dos meios a serem empregados.
>
> § 1º Excepcionalmente, o juiz poderá admitir que o pedido seja formulado verbalmente, desde que estejam presentes os pressupostos que autorizem a interceptação, caso em que a concessão será condicionada à sua redução a termo.
>
> § 2º O juiz, no prazo máximo de 24 (vinte e quatro) horas, decidirá sobre o pedido.

Medida de exceção: pelo fato de se tratar da violação de um direito constitucional, a interceptação telefônica somente deve ser realizada nas hipóteses acima declinadas, e não será permitida quando outros meios de prova se mostrarem idôneos para o esclarecimento do fato. A medida busca provar que certa pessoa praticou uma infração penal e que não há outros meios para realizar tal comprovação.

Pedido verbal de interceptação: de acordo com o § 1º do art. 10 da Resolução n. 59/2008 do Conselho Nacional de Justiça, com a redação dada pela Resolução n. 217/2016, "nos casos de formulação de pedido verbal de interceptação (art. 4º, § 1º, da Lei n. 9.296/1996), o servidor autorizado pelo magistrado deverá reduzir a termo os pressupostos que autorizem a interceptação, tais como expostos pela autoridade policial ou pelo representante do Ministério Público".

> Art. 5º A decisão será fundamentada, sob pena de nulidade, indicando também a forma de execução da diligência, que não poderá exceder o prazo de 15 (quinze) dias, renovável por igual tempo uma vez comprovada a indispensabilidade do meio de prova.

Prazo: já é consolidado o entendimento nos tribunais superiores segundo o qual as interceptações telefônicas podem ser prorrogadas desde que persistindo os pressupostos que conduziram à sua decretação e devidamente fundamentados pelo juízo competente quanto à necessidade para o prosseguimento das investigações, neste sentido, STF – RHC 88.371/SP – Rel. Min. Gilmar Mendes – j. 14-11-2006; RHC 85.575/SP – Rel. Min. Joaquim Barbosa – j. 28-3-2006; HC 83.515/RS – Rel. Min. Nelson Jobim – j. 16-9-2004; STJ – HC 60.809/RJ – Rel. Min. Gilson Dipp – j. 17-5-2007. Também: STF – HC 92.020/DF – Rel. Min. Joaquim Barbosa – DJe, 8-11-2010.

No mesmo sentido: "O tempo das escutas telefônicas autorizadas e o número de terminais alcançados subordinam-se à necessidade da atividade investigatória e ao princípio da razoabilidade, não havendo limitações legais predeterminadas. Precedentes" (STF – HC 106.244/RJ – Rel. Min. Cármen Lúcia – 1ª T. – DJe, 19-8-2011).

Tese do Superior Tribunal de Justiça: "É admissível a utilização da técnica de fundamentação *per relationem* para a prorrogação de interceptação telefônica quando mantidos os pressupostos que autorizaram a decretação da medida originária". Nesse sentido: AgInt no REsp 1390751/PR – Rel. Min. Rogério Schietti Cruz – 6ª Turma – DJe 23-11-2018; RHC 34349/RS – Rel. Min. Joel Ilan Paciornik – 5ª Turma – DJe 9-11-2018; RHC 73498/DF – Rel. Min. Nefi Cordeiro – 6ª Turma – DJe 23-8-2018; AgRg no RHC 68058/RS – Rel. Min. Sebastião Reis Júnior – 6ª Turma – DJe 13-6-2018; RHC 94089/SP – Rel. Min. Reynaldo Soares da Fonseca – 5ª Turma – DJe 14-3-2018; e AgRg no AREsp 431316/RJ – Rel. Min. Felix Fischer – 5ª Turma – DJe 16-2-2018.

Redação deficiente do dispositivo: a redação deficiente do dispositivo dá ensejo a severas discussões a respeito da prorrogação da interceptação telefônica. Há entendimentos no sentido de que a prorrogação é cabível quantas vezes forem necessárias, "uma vez comprovada a indispensabilidade do meio de prova". Em sentido contrário, há entendimentos de que a medida é "renovável por igual tempo uma vez", desde que comprovada a indispensabilidade da medida. Assim, verifica-se que, tivesse o legislador empregado vírgula, dando correto sentido ao artigo, a discussão seria despicienda. Uma primeira hipótese de redação seria: "renovável por igual tempo uma vez, comprovada a indispensabilidade do meio de prova". Outra hipótese seria: "renovável por igual tempo, uma vez comprovada a indispensabilidade da medida".

Fundamentação sucinta: não deve ser confundida com ausência de motivação, posto que a interceptação telefônica normalmente é realizada durante uma investigação criminal, na qual não se têm muitas informações para embasar a fundamentação; se a autoridade policial fundamentou satisfatoriamente o pedido de interceptação e o juiz o deferiu, subentende-se que endossou o magistrado os fundamentos da solicitante. Neste sentido, STJ – RHC 9.585/SC – Rel. Jorge Scartezzini – j. 12-3-2001; RHC 83.859/SP – Rel. Min. Ellen Gracie – j. 13-4-2004; STJ – HC 88.803/AM – Rel. Min. Jane Silva – j. 23-10-2007.

Deferimento da medida cautelar de interceptação: dispõe o art. 10 da Resolução n. 59/2008 do Conselho Nacional de Justiça, com a redação dada pela Resolução n. 217/2016:

"Art. 10. Atendidos os requisitos legalmente previstos para deferimento da medida, o Magistrado fará constar expressamente em sua decisão:

I – a autoridade requerente;

II – o relatório circunstanciado da autoridade requerente;

III – os indícios razoáveis da autoria ou participação em infração criminal apenada com reclusão;

IV – as diligências preparatórias realizadas, com destaque para os trabalhos mínimos de campo, com exceção de casos urgentes, devidamente justificados, em que as medidas iniciais de investigação sejam inviáveis;

V – os motivos pelos quais não seria possível obter a prova por outros meios disponíveis;

VI – os números dos telefones ou o nome de usuário, *e-mail* ou outro identificador no caso de interceptação de dados;

VII – o prazo da interceptação, consoante o disposto no art. 5º da Lei 9.296/1996;

VIII – a imediata indicação dos titulares dos referidos números ou, excepcionalmente, no prazo de 48 (quarenta e oito) horas;

IX – a expressa vedação de interceptação de outros números não discriminados na decisão;

X – os nomes de autoridades policiais e de membros do Ministério Público responsáveis pela investigação, que terão acesso às informações;

XI – os nomes dos servidores do cartório ou da secretaria, bem assim, se for o caso, de peritos, tradutores e demais técnicos responsáveis pela tramitação da medida e expedição dos respectivos ofícios, no Poder Judiciário, na Polícia Judiciária e no Ministério Público, podendo reportar-se à portaria do juízo que discipline a rotina cartorária".

Prorrogação do prazo: acerca da prorrogação do prazo da interceptação, estabelece o art. 14 da Resolução n. 59/2008 do Conselho Nacional de Justiça, com a redação dada pela Resolução n. 217/2016:

"Art. 14. A formulação de eventual pedido de prorrogação de prazo pela autoridade competente deverá observar os estritos termos e limites temporais fixados no art. 5º da Lei 9.296/1996, apresentando-se, também, os áudios (CD/DVD) com o inteiro teor das comunicações interceptadas, as transcrições integrais das conversas relevantes à apreciação do pedido de prorrogação e o relatório circunstanciado das investigações com seu resultado, de modo a comprovar a indispensabilidade da prorrogação da medida excepcional.

§ 1º Comprovada a indispensabilidade da prorrogação, o magistrado responsável pelo deferimento da medida original deverá proferir nova decisão, sempre escrita e fundamentada, observando o disposto no art. 5º da Lei 9.296/1996.

§ 2º Sempre que possível, os áudios, as transcrições das conversas relevantes à apreciação do pedido de prorrogação e os relatórios serão gravados de forma sigilosa, encriptados com chaves de conhecimento do Magistrado condutor do processo criminal.

§ 3º Os documentos acima referidos serão entregues pessoalmente pela autoridade responsável pela investigação ou por seu representante, expressamente autorizado, ao Magistrado competente ou ao servidor por ele indicado".

Pedido de prorrogação durante o plantão judiciário: é plenamente admitido pedido de prorrogação de prazo de interceptação durante o plantão judiciário. A redação originária da Resolução n. 59/2008 do Conselho Nacional de Justiça vedava essa prática no seu art. 13, § 1º. Entretanto, referida vedação foi declarada inconstitucional nos autos da ADI 4.145, nos seguintes termos: "Decisão: O Tribunal, por maioria, julgou parcialmente procedente o pedido formulado na ação direta, para declarar a inconstitucionalidade do art. 13, § 1º, da Resolução n. 59/2008 do Conselho Nacional de Justiça, vencidos, no ponto, os Ministros Edson Fachin (Relator), Roberto Barroso, Rosa Weber e Gilmar Mendes, que julgavam improcedente o pedido, e, em menor extensão, o Ministro Alexandre de

Moraes, que julgava inconstitucional também o art. 14, *caput*, da mesma Resolução, e, em maior extensão, o Ministro Marco Aurélio, que julgava o pedido totalmente procedente. Redator para o acórdão o Ministro Alexandre de Moraes. Impedido o Ministro Dias Toffoli. Presidiu o julgamento a Ministra Cármen Lúcia. Plenário, 26-4-2018".

> Art. 6º Deferido o pedido, a autoridade policial conduzirá os procedimentos de interceptação, dando ciência ao Ministério Público, que poderá acompanhar a sua realização.
>
> § 1º No caso de a diligência possibilitar a gravação da comunicação interceptada, será determinada a sua transcrição.
>
> § 2º Cumprida a diligência, a autoridade policial encaminhará o resultado da interceptação ao juiz, acompanhado de auto circunstanciado, que deverá conter o resumo das operações realizadas.
>
> § 3º Recebidos esses elementos, o juiz determinará a providência do art. 8º, ciente o Ministério Público.

Tese do Superior Tribunal de Justiça: "O art. 6º da Lei n. 9.296/1996 não restringe à polícia civil a atribuição para a execução de interceptação telefônica ordenada judicialmente". Nesse sentido, RHC 78743/RJ – Rel. Min. Reynaldo Soares da Fonseca – 5ª Turma – *DJe* 22-11-2018; RHC 90125/SC – Rel. Min. Nefi Cordeiro – 6ª Turma – *DJe* 15-8-2018; RHC 62067/SP – Rel. Min. Jorge Mussi – 5ª Turma – *DJe* 14-3-2018; RHC 67384/ES – Rel. Min. Ribeiro Dantas – 5ª Turma – *DJe* 5-3-2018; RHC 58282/SP – Rel. Min. Ericson Maranho (Desembargador Convocado do TJ/SP) – 6ª Turma – *DJe* 7-10-2015; RHC 51487/SP – Rel. Min. Leopoldo de Arruda Raposo (Desembargador Convocado Do TJ/PE) – 5ª Turma – *DJe* 24-9-2015.

Vícios ou defeitos no auto circunstanciado: geram nulidade relativa, que deve ser arguida em sede de alegações finais (art. 500), segundo os arts. 571, II, e 572 do Código de Processo Penal. Neste sentido, STF – HC 87.859/DF – Rel. Min. Marco Aurélio – j. 12-6-2007.

Transcrição parcial da interceptação telefônica: não é necessária a juntada do conteúdo integral das degravações das escutas telefônicas realizadas, nos autos do inquérito policial, pois basta que se tenham degravadas as partes necessárias ao embasamento da denúncia oferecida, não configurando essa restrição ofensa ao princípio do devido processo legal. Neste sentido, STF – HC-MC 91.207/RJ – Rel. Min. Marco Aurélio – Rel. p/ Acórdão Min. Cármen Lúcia – j. 11-6-2007; HC 83.515/RS – Rel. Min. Nelson Jobim – j. 16-9-2004.

Tese do Superior Tribunal de Justiça: "Não há necessidade de degravação dos diálogos objeto de interceptação telefônica, em sua integralidade, visto que a Lei n. 9.296/1996 não faz qualquer exigência nesse sentido". Nesse sentido, HC 422642/SP – Rel. Min. Reynaldo Soares da Fonseca – 5ª Turma – *DJe* 2-10-2018; AgRg no AREsp 1301242/SP – Rel. Min. Felix Fischer – 5ª Turma – *DJe* 17-9-2018; AgRg no REsp 1374450/SP – Rel. Min. Joel Ilan Paciornik – 5ª Turma – *DJe* 17-9-2018; AgRg no AREsp 1136157/GO – Rel. Min. Sebastião Reis Júnior – 6ª Turma – *DJe* 13-9-2018; RHC 90435/PB – Rel. Min. Nefi Cordeiro – 6ª Turma – *DJe* 19-6-2018; RHC 92164/RJ – Rel. Min. Ribeiro Dantas – 5ª Turma – *DJe* 7-3-2018.

Acesso pelas partes à integralidade dos registros: embora não seja necessária a degravação integral das gravações, a jurisprudência dos Tribunais Superiores se posiciona no sentido de que é necessário garantir às partes o acesso à integralidade dos registros, Nesse aspecto, STJ – HC 422.642/SP – Rel. Min. Reynaldo Soares da Fonseca – j. 25-9-2018.

Ausência de ciência do Ministério Público: a obrigação de cientificar o Ministério Público das diligências efetuadas é prioritariamente da polícia. O argumento da falta de ciência do MP é superado quando a denúncia não sugere surpresa, novidade ou desconhecimento do promotor, mas sim envolvimento próximo com as investigações e conhecimento pleno das providências tomadas. Neste sentido, STF – HC 83.515/RS – Rel. Min. Nelson Jobim – j. 16-9-2004.

Prorrogação reiterada da interceptação: "A lei permite a prorrogação das interceptações diante da indispensabilidade da prova, sendo que as razões tanto podem manter-se idênticas à do pedido original como alterar-se, desde que a prova seja ainda considerada indispensável. A repetição dos fundamentos na decisão de prorrogação, como nas seguintes, não representa falta de fundamentação legal. A jurisprudência do Supremo Tribunal Federal assentou que é possível a prorrogação da escuta, mesmo que sucessivas vezes, especialmente quando o caso é complexo e a prova indispensável" (STJ – HC 143.805-SP – Rel. originário Min. Adilson Vieira Macabu (Desembargador Convocado do TJRJ) – Rel. para o acórdão Min. Gilson Dipp – j. 14-2-2012).

No mesmo sentido: "A jurisprudência do STJ admite a utilização de interceptação telefônica, desde que a decisão judicial que autoriza a medida esteja fundamentada de forma legítima, ainda que concisa, demonstrando a complexidade da investigação e a necessidade de prorrogações sucessivas, conforme entendimento firmado pelo STF no Tema 661" (AgRg no RHC 189183/CE – Rel. Min. Daniela Teixeira – 5ª Turma – DJe 23-10-2024).

Tema 661 do Supremo Tribunal Federal – Tese: "São lícitas as sucessivas renovações de interceptação telefônica, desde que, verificados os requisitos do artigo 2º da Lei n. 9.296/1996 e demonstrada a necessidade da medida diante de elementos concretos e a complexidade da investigação, a decisão judicial inicial e as prorrogações sejam devidamente motivadas, com justificativa legítima, ainda que sucinta, a embasar a continuidade das investigações".

> Art. 7º Para os procedimentos de interceptação de que trata esta Lei, a autoridade policial poderá requisitar serviços e técnicos especializados às concessionárias de serviço público.

Não realização de perícia técnica nas interceptações telefônicas: a Lei em questão nada dispõe acerca da necessidade de submissão da prova a qualquer perícia, sequer a fonográfica, razão pela qual, na falta desta, não se vislumbra qualquer nulidade. Neste sentido, STJ – HC 42.733/RJ – Rel. Min. Laurita Vaz – j. 11-9-2007.

Pedido de realização de laudo pericial indeferido pelo juiz: quando a condenação do réu não é baseada nas interceptações telefônicas obtidas, não há que se falar em prejuízo para este quando seu pedido foi indeferido. Neste sentido: HC 65.818/RJ – Rel. Min. Laurita Vaz – j. 17-4-2007.

Degravação não realizada por peritos: a realização dos procedimentos de interceptação não tem como pressuposto os serviços realizados por técnicos oficiais, tanto a que a Lei somente estabelece que a autoridade policial "poderá" requisitar serviços técnicos. A ausência deles não gera qualquer nulidade. Neste sentido, STJ – HC 66.967/SC – Rel. Min. Laurita Vaz – j. 14-11-2006.

Tese do Superior Tribunal de Justiça: "Em razão da ausência de previsão na Lei n. 9.296/1996, é desnecessário que as degravações das escutas sejam feitas por peritos oficiais". Nesse sentido: AgRg no AREsp 583598/MG – Rel. Min. Rogerio Schietti Cruz – 6ª Turma – DJe 22-6-2018; AgRg no REsp 1322181/SC – Rel. Min. Reynaldo Soares da Fonseca – 5ª Turma – DJe 18-12-2017; REsp 1501855/PR – Rel. Min. Sebastião Reis Júnior – 6ª Turma – DJe 30-5-2017; HC 258763/SP – Rel. Min. Maria Thereza de Assis Moura – 6ª Turma – DJe 21-8-2014; AgRg no REsp 1233396/DF

– Rel. Min. Laurita Vaz – 5ª Turma – *DJe* 1-7-2013; e REsp 1134455/RS – Rel. Min. Gilson Dipp – 5ª Turma – *DJe* 9-3-2011.

> Art. 8º A interceptação de comunicação telefônica, de qualquer natureza, ocorrerá em autos apartados, apensados aos autos do inquérito policial ou do processo criminal, preservando-se o sigilo das diligências, gravações e transcrições respectivas.
>
> Parágrafo único. A apensação somente poderá ser realizada imediatamente antes do relatório da autoridade, quando se tratar de inquérito policial (Código de Processo Penal, art. 10, § 1º) ou na conclusão do processo ao juiz para o despacho decorrente do disposto nos arts. 407, 502 ou 538 do Código de Processo Penal.

Acesso às gravações pelo advogado do réu: A interceptação telefônica é feita sob segredo de justiça, razão pela qual a falta de acesso às gravações ou de manifestação da defesa sobre o respectivo laudo não geram qualquer nulidade, pois tal diligência, quando realizada durante o inquérito policial, o qual constitui peça meramente informativa, serve de base para a propositura da ação penal, e não deve ser divulgada. Neste sentido, STJ – HC 64.430/DF – Rel. Min. Gilson Dipp – j. 10-5-2007 – HC 67.114/SP – Rel. Min. Felix Fischer – j. 28-11-2006.

Acesso pelas partes à integralidade dos registros: embora não seja necessária a degravação integral das gravações, a jurisprudência dos Tribunais Superiores se posiciona no sentido de que é necessário garantir às partes o acesso à integralidade dos registros, Nesse aspecto, STJ – HC 422.642/SP – Rel. Min. Reynaldo Soares da Fonseca – j. 25-9-2018.

Autos apartados: a interceptação telefônica deve necessariamente correr em autos apartados, sendo, posteriormente, apensados no Inquérito Policial. Neste sentido, STJ – RHC 19.789/RS, Rel. Min. Gilson Dipp – j. 7-12-2006.

> Art. 8º-A. Para investigação ou instrução criminal, poderá ser autorizada pelo juiz, a requerimento da autoridade policial ou do Ministério Público, a captação ambiental de sinais eletromagnéticos, ópticos ou acústicos, quando:
>
> I – a prova não puder ser feita por outros meios disponíveis e igualmente eficazes; e
>
> II – houver elementos probatórios razoáveis de autoria e participação em infrações criminais cujas penas máximas sejam superiores a 4 (quatro) anos ou em infrações penais conexas.
>
> § 1º O requerimento deverá descrever circunstanciadamente o local e a forma de instalação do dispositivo de captação ambiental.
>
> § 2º A instalação do dispositivo de captação ambiental poderá ser realizada, quando necessária, por meio de operação policial disfarçada ou no período noturno, exceto na casa, nos termos do inciso XI do *caput* do art. 5º da Constituição Federal.
>
> § 3º A captação ambiental não poderá exceder o prazo de 15 (quinze) dias, renovável por decisão judicial por iguais períodos, se comprovada a indispensabilidade do meio de prova e quando presente atividade criminal permanente, habitual ou continuada.
>
> § 4º A captação ambiental feita por um dos interlocutores sem o prévio conhecimento da autoridade policial ou do Ministério Público poderá ser utilizada, em matéria de defesa, quando demonstrada a integridade da gravação.
>
> § 5º Aplicam-se subsidiariamente à captação ambiental as regras previstas na legislação específica para a interceptação telefônica e telemática.

Lei Anticrime: esse artigo foi acrescentado pela Lei n. 13.964/2019.

Captação ambiental: a rigor, denomina-se interceptação ambiental a captação de uma conversa alheia (não telefônica), feita por terceiro, valendo-se de qualquer meio de gravação (microfones, antenas direcionais, escutas etc.). Se nenhum dos interlocutores sabe da captação, fala-se em interceptação ambiental em sentido estrito; se um deles tem conhecimento, fala-se em captação ambiental. O novo dispositivo, entretanto, utilizou a expressão "captação ambiental" mais no sentido de que um terceiro toma conhecimento de comunicação alheia sem o conhecimento dos interlocutores, até porque o § 1º do art. 10-A dispõe expressamente que "não há crime se a captação é realizada por um dos interlocutores".

Autorização judicial: a captação ambiental, para ser válida como meio de prova, deve ser precedida de autorização judicial.

Crime organizado e organizações criminosas: a Lei n. 12.850/2013, já admitia, no art. 3º, II, a captação ambiental de sinais eletromagnéticos, ópticos ou acústicos como meio de obtenção de prova.

Operação policial disfarçada ou no período noturno: o § 2º dispõe que a instalação do dispositivo de captação ambiental poderá ser realizada, quando necessária, por meio de operação policial disfarçada ou no período noturno, exceto na casa, nos termos do inciso XI do *caput* do art. 5º da Constituição Federal.

Sinais eletromagnéticos, ópticos ou acústicos: para investigação ou instrução criminal, poderá ser autorizada pelo juiz, a requerimento da autoridade policial ou do Ministério Público, a captação ambiental de sinais eletromagnéticos, ópticos ou acústicos, quando a prova não puder ser feita por outros meios disponíveis e igualmente eficazes; e houver elementos probatórios razoáveis de autoria e participação em infrações criminais cujas penas máximas sejam superiores a 4 (quatro) anos ou em infrações penais conexas.

Requerimento: o requerimento deverá descrever circunstanciadamente o local e a forma de instalação do dispositivo de captação ambiental.

Duração: a captação ambiental não poderá exceder o prazo de 15 (quinze) dias, renovável por decisão judicial por iguais períodos, se comprovada a indispensabilidade do meio de prova e quando presente atividade criminal permanente, habitual ou continuada.

Captação feita por um dos interlocutores: A captação ambiental feita por um dos interlocutores sem o prévio conhecimento da autoridade policial ou do Ministério Público poderá ser utilizada, em matéria de defesa, quando demonstrada a integridade da gravação, segundo dispõe o § 4º. Ressalte-se que essa captação ambiental referida no § 4º somente poderá ser utilizada em matéria de defesa. Tanto o § 2º quanto o § 4º, inseridos pela Lei n. 13.964/19 (Lei Anticrime), haviam sido originariamente vetados pelo Presidente da República, sob a razão de que "a propositura legislativa, ao limitar o uso da prova obtida mediante a captação ambiental apenas pela defesa, contraria o interesse público uma vez que uma prova não deve ser considerada lícita ou ilícita unicamente em razão da parte que beneficiará, sob pena de ofensa ao princípio da lealdade, da boa-fé objetiva e da cooperação entre os sujeitos processuais, além de se representar um retrocesso legislativo no combate ao crime. Ademais, o dispositivo vai de encontro à jurisprudência do Supremo Tribunal Federal, que admite utilização como prova da infração criminal a captação ambiental feita por um dos interlocutores, sem o prévio conhecimento da autoridade policial ou do Ministério Público, quando demonstrada a integridade da gravação (v. g. Inq-QO 2116, Relator: Min. Marco Aurélio, Relator p/ Acórdão: Min. Ayres Britto, publicado em 29/02/2012, Tribunal Pleno)." Posteriormente, o veto foi rejeitado pelo Congresso Nacional. Assim, o dispositivo ora em vigor trará incontáveis prejuízos à apuração de crimes que geralmente são praticados às escondidas, sem testemunhas, em que a vítima faz a captação de áudio ou de vídeo para a comprovação da prática delitiva, como ocorre em crimes envolvendo violência doméstica e familiar contra a mulher, violência sexual contra vulnerável, maus-tratos contra crianças e pessoas idosas, crimes de racismo e intolerância etc. A prova (áudios e/ou vídeos) captada pela vítima não terá nenhum valor para a comprovação da prática criminosa, já que o dispositivo admite a utilização da captação não autorizada apenas em matéria de defesa. Ao rejeitar o veto presidencial, o Congresso Nacional desprotegeu a vítima e prestigiou a defesa do criminoso.

Regras subsidiárias: previu o dispositivo que se aplicam subsidiariamente à captação ambiental as regras previstas na legislação específica para a interceptação telefônica e telemática.

> Art. 9º A gravação que não interessar à prova será inutilizada por decisão judicial, durante o inquérito, a instrução processual ou após esta, em virtude de requerimento do Ministério Público ou da parte interessada.
>
> Parágrafo único. O incidente de inutilização será assistido pelo Ministério Público, sendo facultada a presença do acusado ou de seu representante legal.

Gravação sem interesse probatório: as gravações sem interesse probatório devem ser inutilizadas. Entretanto, a análise da ausência de interesse é do Ministério Público, titular da ação penal e responsável pela produção de provas, que deve requerer ao juiz que determine a inutilização do material inservível.

Parte interessada: também pode requerer a inutilização da gravação, devendo o juiz, antes de decidir, ouvir o Ministério Público acerca do pedido.

Momento da inutilização: a inutilização pode ocorrer durante o inquérito, durante a instrução processual ou após esta.

Incidente de inutilização: a inutilização, que poderá ocorrer por qualquer meio idôneo, poderá ser conduzido pela autoridade policial, devendo ser fiscalizado pelo Ministério Público, sendo facultada a presença do acusado ou de seu representante legal, providência que visa, geralmente, conferir a certeza de que a gravação inservível efetivamente foi inutilizada.

> Art. 10. Constitui crime realizar interceptação de comunicações telefônicas, de informática ou telemática, promover escuta ambiental ou quebrar segredo da Justiça, sem autorização judicial ou com objetivos não autorizados em lei:
>
> Pena – reclusão, de 2 (dois) a 4 (quatro) anos, e multa.
>
> Parágrafo único. Incorre na mesma pena a autoridade judicial que determina a execução de conduta prevista no *caput* deste artigo com objetivo não autorizado em lei.

Pena: reclusão, de dois a quatro anos, e multa.

Objetividade jurídica: a tutela do sigilo constitucional das comunicações telefônicas, de informática ou telemática. Também o resguardo do segredo de Justiça de tais comunicações, quando interceptadas com autorização judicial.

Sujeito ativo: nas figuras previstas no *caput*, pode ser qualquer pessoa, mesmo no caso de quebra de Segredo de Justiça. Já na modalidade de crime prevista no parágrafo único, sujeito ativo somente pode ser a autoridade judicial (crime próprio).

Sujeito passivo: os interlocutores das comunicações telefônicas, de informática ou telemática, e também das comunicações ambientais. No caso de quebra do segredo de Justiça, sujeito passivo será a Administração da Justiça e, secundariamente, os interlocutores das comunicações.

Conduta: vem expressa pelo verbo *realizar,* que significa proceder, fazer, operar, e pelo verbo *quebrar,* que tem o sentido de violar, devassar. Sobre o conceito de interceptação, consultem-se os comentários ao art. 1º.

Elemento normativo especial: vem traduzido pela ausência de autorização judicial e pela ocorrência de objetivos não autorizados em lei.

Elemento subjetivo: é o dolo.

Consumação: ocorre com a efetiva interceptação (captação de comunicação telefônica, de informática ou telemática), com a escuta ambiental ou com a efetiva quebra do segredo de Justiça, devendo, nesse último caso, as informações protegidas chegarem ao conhecimento de terceiros. Nas três modalidades de conduta não se exige qualquer tipo de prejuízo aos interlocutores ou à Administração da Justiça.

Tentativa: em tese é admitida, já que fracionável o *iter criminis.*

Ação penal: pública incondicionada.

Fins não penais: a interceptação telefônica não pode ser realizada para outros fins que não os expressamente elencados nesta Lei, ou seja, em investigação criminal e em instrução processual penal. O STJ, entretanto, já admitiu a utilização de interceptação telefônica em processo penal como prova emprestada para instruir processo administrativo disciplinar (STJ – MS 16.146-DF – Rel. Min. Eliana Calmon – j. 22-5-2013).

Ausência de indicação do dispositivo legal referente ao crime de interceptação telefônica no mandado de prisão preventiva: não invalida a prisão, desde que os autos demonstrem inequivocamente o tipo penal em questão. Neste sentido, STJ – RHC 21.419/PR – Rel. Min. Jane Silva – j. 18-10-2007.

> Art. 10-A. Realizar captação ambiental de sinais eletromagnéticos, ópticos ou acústicos para investigação ou instrução criminal sem autorização judicial, quando esta for exigida:
>
> Pena – reclusão, de 2 (dois) a 4 (quatro) anos, e multa.
>
> § 1º Não há crime se a captação é realizada por um dos interlocutores.
>
> § 2º A pena será aplicada em dobro ao funcionário público que descumprir determinação de sigilo das investigações que envolvam a captação ambiental ou revelar o conteúdo das gravações enquanto mantido o sigilo judicial.

Objetividade jurídica: a tutela do sigilo constitucional das comunicações por sinais eletromagnéticos, ópticos ou acústicos.

Sujeito ativo: na figura do *caput,* pode ser qualquer pessoa. Já na figura do § 2º, sujeito ativo somente poderá ser o funcionário público (crime próprio).

Sujeito passivo: os interlocutores das comunicações ambientais. Na figura do § 2º, sujeito passivo também será a Administração pública.

Conduta: vem expressa pelo verbo *realizar,* que significa proceder, fazer, operar, e pelo verbo *quebrar,* que tem o sentido de violar, devassar. Sobre o conceito de captação ambiental, consultem-se os comentários ao art. 8º-A. Na figura do § 2º, as condutas são expressas pelos verbos *descumprir* (desobedecer, não acatar) e *revelar* (mostrar, expor).

Elemento normativo especial: vem traduzido pela ausência de autorização judicial.

Elemento subjetivo: é o dolo.

Consumação: ocorre com a efetiva realização da captação ambiental, independentemente de qualquer prejuízo efetivo aos interlocutores ou à Administração da Justiça. No § 2º, com o efetivo descumprimento pelo funcionário público da determinação de sigilo das investigações envolvendo a captação ambiental, ou, ainda, com a efetiva revelação das gravações enquanto mantido o sigilo judicial.

Tentativa: em tese é admitida, já que fracionável o *iter criminis*.

Ação penal: pública incondicionada.

Exclusão do crime: de acordo com o disposto no § 1º, não há crime se a captação é realizada por um dos interlocutores.

Vide comentários ao art. 8º-A sobre a captação feita por um dos interlocutores sem o prévio conhecimento da autoridade policial ou do Ministério Público.

> Art. 11. Esta Lei entra em vigor na data de sua publicação.
>
> Art. 12. Revogam-se as disposições em contrário.

29 Investigação Criminal pelo Delegado de Polícia
Lei n. 12.830/2013

1. Introdução

> Art. 1º Esta Lei dispõe sobre a investigação criminal conduzida pelo delegado de polícia.

A Lei n. 12.830/2013 trouxe inovações significativas no campo da investigação criminal no Brasil, consolidando a função do delegado de polícia como um dos protagonistas na persecução penal. A lei dispõe sobre a investigação criminal conduzida pelo delegado de polícia, regulamentando as atribuições dessa autoridade e reconhecendo a investigação criminal como uma função jurídica, essencial e exclusiva de Estado.

Essa lei, ademais, reforça a independência funcional do delegado, elemento imprescindível para a proteção dos direitos fundamentais e o equilíbrio entre eficiência investigativa e Justiça.

2. Contexto histórico e finalidade da Lei n. 12.830/2013

A aprovação da Lei n. 12.830/2013 ocorreu após intensos debates no cenário jurídico e político, destacadamente no contexto da rejeição da Proposta de Emenda Constitucional (PEC) n. 37/2011, a chamada "PEC da Impunidade". Enquanto a PEC visava restringir a atuação do Ministério Público em investigações criminais, a Lei n. 12.830/2013 reafirmou o papel importante do delegado de polícia na apuração de infrações penais.

Ao regulamentar a atividade de polícia judiciária, a norma supriu lacunas legislativas, delimitando prerrogativas do delegado, conferindo-lhe maior autonomia e protegendo-o contra interferências externas.

3. Natureza jurídica das funções exercidas pelo delegado de polícia

> Art. 2º As funções de polícia judiciária e a apuração de infrações penais exercidas pelo delegado de polícia são de natureza jurídica, essenciais e exclusivas de Estado.

O art. 2º, *caput*, da Lei n. 12.830/2013 define que as funções de polícia judiciária e a apuração de infrações penais exercidas pelo delegado de polícia são de natureza jurídica, essenciais e exclusivas de Estado, qualificando esse profissional como operador do Direito, conferindo-lhe atribuições que vão além de uma atuação meramente administrativa.

> Art. 3º O cargo de delegado de polícia é privativo de bacharel em Direito, devendo-lhe ser dispensado o mesmo tratamento protocolar que recebem os magistrados, os membros da Defensoria Pública e do Ministério Público e os advogados.

A exigência de formação em Direito e a equiparação protocolar com magistrados, membros do Ministério Público, da Defensoria Pública e advogados, reforçam o caráter técnico e jurídico de suas atribuições. O delegado atua como garantidor da legalidade durante a investigação, realizando juízos de valor técnico-jurídicos que fundamentam decisões como o indiciamento, a solicitação de medidas cautelares e a condução do inquérito policial.

4. A investigação criminal e o Inquérito Policial

> Art. 2º. § 1º Ao delegado de polícia, na qualidade de autoridade policial, cabe a condução da investigação criminal por meio de inquérito policial ou outro procedimento previsto em lei, que tem como objetivo a apuração das circunstâncias, da materialidade e da autoria das infrações penais.

4.1. Conceito e objetivo da investigação criminal

A investigação criminal é um conjunto de diligências destinadas a apurar a autoria, materialidade e circunstâncias de uma infração penal. Ela é conduzida pelo delegado de polícia no âmbito do inquérito policial ou de outros procedimentos previstos em lei.

4.2. Características

A investigação criminal conduzida pelo delegado apresenta as seguintes características:

a) Caráter informativo: busca reunir elementos probatórios para subsidiar a ação penal.

b) Sigilo: assegurado para proteger a eficácia das diligências e os direitos dos envolvidos.

c) Natureza discricionária: o delegado possui autonomia técnica para decidir sobre a realização de diligências, observando a legalidade e a proporcionalidade.

4.3. O Inquérito Policial

Regulado pelo Código de Processo Penal, o inquérito policial é o principal instrumento da investigação criminal, formalizando a apuração de fatos e constituindo a base probatória para o oferecimento da denúncia ou queixa.

5. Poderes e Garantias do Delegado de Polícia

5.1. Poderes requisitórios

> Art. 2º. § 2º Durante a investigação criminal, cabe ao delegado de polícia a requisição de perícia, informações, documentos e dados que interessem à apuração dos fatos.

Esse § 2º assegura ao delegado a prerrogativa de requisitar perícias, documentos e informações necessárias à investigação. Esse poder é essencial para garantir a celeridade e a completude da apuração, reforçando a independência funcional da autoridade policial.

5.2. Garantias funcionais

> Art. 2º, § 5º A remoção do delegado de polícia dar-se-á somente por ato fundamentado.

O § 5º protege a atuação do delegado de polícia contra pressões políticas ou administrativas, garantia que preserva a imparcialidade e a integridade do processo investigativo.

5.3. Avocação e redistribuição de inquéritos

> Art. 2º, § 4º O inquérito policial ou outro procedimento previsto em lei em curso somente poderá ser avocado ou redistribuído por superior hierárquico, mediante despacho fundamentado, por motivo de interesse público ou nas hipóteses de inobservância dos procedimentos previstos em regulamento da corporação que prejudique a eficácia da investigação.

A avocação ou redistribuição de inquéritos, conforme o art. 2º, § 4º, só pode ocorrer em casos excepcionais, mediante despacho fundamentado, assegurando a continuidade e a eficiência das investigações, preservando a autonomia investigativa e evitando arbitrariedades.

6. O indiciamento

> Art. 2º. § 6º O indiciamento, privativo do delegado de polícia, dar-se-á por ato fundamentado, mediante análise técnico-jurídica do fato, que deverá indicar a autoria, materialidade e suas circunstâncias.

O indiciamento é ato privativo do delegado de polícia. O indiciamento consiste na formalização da imputação de autoria ou participação em crime a um indivíduo, com base em análise técnico-jurídica.

6.1. Requisitos do indiciamento

a) Fundamentação: o delegado deve apresentar as razões fáticas e jurídicas que justificam o indiciamento.

b) Elementos Probantes: a decisão deve estar embasada em indícios concretos de autoria e materialidade.

6.2. Controle judicial

Embora o indiciamento seja ato técnico, ele está sujeito a controle judicial em casos de abuso ou ilegalidade, conforme precedentes do Supremo Tribunal Federal (STF) e do Superior Tribunal de Justiça (STJ).

7. Interação com o Ministério Público e o Judiciário

A atuação do delegado complementa a do Ministério Público, que supervisiona a investigação e analisa as provas reunidas. O controle judicial, por sua vez, limita-se a resguardar direitos fundamentais e a legalidade dos atos investigativos. Vale ressaltar que essa divisão funcional preserva o equilíbrio entre as instituições e evita sobreposição de competências.

30 Juizado Especial Criminal
Lei n. 9.099/95

1. Previsão constitucional

O Juizado Especial Criminal tem suas raízes na Constituição Federal, que estabelece, no art. 98, I: "A União, no Distrito Federal e nos Territórios, e os Estados criarão:

I – juizados especiais, providos por juízes togados, ou togados e leigos, competentes para a conciliação, o julgamento e a execução de causas cíveis de menor complexidade e infrações penais de menor potencial ofensivo, mediante os procedimentos oral e sumaríssimo, permitidos, nas hipóteses previstas em lei, a transação e o julgamento de recursos por turmas de juízes de primeiro grau".

A Lei n. 9.099/95 visa justamente regulamentar esse preceito constitucional, estabelecendo o que se entende por infração penal de menor potencial ofensivo e traçando o procedimento para tais delitos, o qual se convencionou chamar de *procedimento sumaríssimo*.

2. Competência (em razão da matéria)

> Art. 61. Consideram-se infrações penais de menor potencial ofensivo, para os efeitos desta Lei, as contravenções penais e os crimes a que a lei comine pena máxima não superior a 2 (dois) anos, cumulada ou não com multa.

Inicialmente, com a redação original da Lei n. 9.099/95, eram consideradas infrações penais de menor potencial ofensivo as contravenções penais e os crimes a que a lei cominasse pena privativa de liberdade não superior a 1 (um) ano, excepcionados aqueles para os quais fosse previsto rito especial.

O artigo 61, entretanto, teve sua redação alterada pela Lei n. 11.313/2006, passando a abranger as contravenções penais (todas, independentemente de rito especial – *RJDTACrim*, 33/183, 31/170, 31/178) e crimes a que a lei comine pena máxima não superior a dois anos, sem qualquer exceção a procedimento especial. Esses crimes podem estar tipificados no Código Penal e na legislação especial.

Mesmo antes da alteração imposta pela Lei n. 11.313/2006, em face da Lei n. 10.259/2001 (Juizado Especial Criminal), entendia-se que havia sido ampliado o conceito de infração penal de menor potencial ofensivo, abrangendo os crimes a que a lei cominasse pena máxima não superior a 2 anos. Esse o entendimento uniforme do Superior Tribunal de Justiça – CComp 37.819/MG – Rel. Min. Gilson Dipp – 3ª S. – *DJ*, 9-6-2003, p. 170; CComp 38.513/MG – Rel. Min. Laurita Vaz – 3ª S. – *DJ*, 15-9-2003, p. 233; RHC 14.088/SP – Rel. Min. Félix Fischer – 5ª T. – *DJ*, 23-6-2003, p. 393; HC 25.682/SP – Rel. Min. Jorge Scartezzini – 5ª T. – *DJ*, 18-8-2003, p. 220; RHC 14.084/SP – Rel. Min.

José Arnaldo da Fonseca – 5ª T. – *DJ*, 1º-9-2003, p. 301; RHC 13.959/SP – Rel. Min. Paulo Medina – 6ª T. – *DJ*, 15-9-2003, p. 403. Também no Supremo Tribunal Federal foi assim decidido no julgamento do HC 83.104/RJ – Rel. Min. Gilmar Mendes – 2ª T. (*Informativo* n. 326 do STJ).

Inclusive, a referida Lei n. 11.313/2006 também deu nova redação ao art. 60 da Lei n. 9.099/95, determinando expressamente que se respeitem, com relação à competência do Juizado Especial Criminal, "as regras de conexão e continência". Assim, se houver conexão ou continência entre infração penal de menor potencial ofensivo e outra infração mais grave, a competência da Justiça Comum prevalecerá, inclusive em relação ao rito processual. Isso não afastará, entretanto, a possibilidade de, perante o juízo comum, ser proposta a transação penal, devendo a infração de menor potencial ofensivo ser analisada isoladamente. Ex.: homicídio conexo com resistência. O processo correrá perante a Vara do Júri. O homicídio será julgado normalmente, mas, com relação à resistência, presentes os requisitos legais, deverá ser tentada a transação.

No âmbito da Justiça Militar, não se aplicam as disposições da Lei n. 9.099/95 – inclusive a suspensão condicional do processo – para os delitos cometidos após a vigência da Lei n. 9.839/99, conforme expressa dicção legal e precedentes de ambas as Turmas Criminais do Superior Tribunal de Justiça. A legislação não faz nenhuma distinção entre a Justiça Militar da União ou a dos Estados, sendo a vedação aplicável, portanto, a todos os ramos da Justiça castrense. Vale ressaltar que tratamento diferenciado no âmbito do Direito Penal Militar não vulnera o postulado da isonomia, tendo por arrimo a hierarquia e a disciplina próprias, conforme entendimento do Supremo Tribunal Federal (STJ – AgRg no HC 916.829-MG – Rel. Min. Otávio de Almeida Toledo (Desembargador convocado do TJSP) – 6ª Turma – *DJe* 11-9-2024).

3. Princípios processuais

> Art. 62. O processo perante o Juizado Especial orientar-se-á pelos critérios da oralidade, simplicidade, informalidade, economia processual e celeridade, objetivando, sempre que possível, a reparação dos danos sofridos pela vítima e a aplicação de pena não privativa de liberdade.

Há vários princípios informadores do Juizado Especial Criminal. Dentre eles, podem ser destacados os seguintes:

– Oralidade;

– Concentração;

– Imediatidade;

– Identidade física do juiz;

– Irrecorribilidade das decisões;

– Simplicidade;

– Informalidade;

– Economia processual;

– Celeridade processual.

4. Concurso de crimes

Se o agente cometer dois ou mais crimes, em concurso, deverá ser considerada a soma das penas como limite para a competência do Juizado Especial Criminal.

Caso a soma das penas ultrapasse o montante máximo de 2 (dois) anos, estará excluída a competência do Juizado Especial Criminal, descabendo o instituto da transação.

Com relação à suspensão condicional do processo, dispõe a Súmula 243 do Superior Tribunal de Justiça: "O benefício da suspensão do processo não é aplicável em relação às infrações penais cometidas em concurso material, concurso formal ou continuidade delitiva, quando a pena mínima cominada, seja pelo somatório, seja pela incidência da majorante, ultrapassar o limite de 1 (um) ano".

Ainda com relação à suspensão condicional do processo, a Súmula 723 do Supremo Tribunal Federal dispõe: "Não se admite a suspensão condicional do processo por crime continuado, se a soma da pena mínima da infração mais grave com o aumento mínimo de 1/6 (um sexto) for superior a 1 (um) ano".

5. Infrações tentadas e consumadas

As infrações penais sujeitas ao Juizado Especial Criminal podem ser tentadas ou consumadas, desde que a pena em abstrato não ultrapasse o máximo de dois anos. No caso de tentativa, deve ser considerada abstratamente a pena máxima, incidindo a redução mínima de um terço, prevista pelo art. 14, parágrafo único, do Código Penal.

6. Crime qualificado e causas de aumento de pena

Nos crimes qualificados, estabelecendo as qualificadoras patamares mínimos e máximos de pena privativa de liberdade, deverá ser considerada a pena máxima prevista abstratamente, para o caso de transação. Para a análise de eventual proposta de suspensão condicional do processo, deverá ser considerada a pena mínima prevista pelo tipo qualificado, que não poderá ultrapassar o valor 1 (um) ano de privação de liberdade.

O mesmo deve ocorrer com as causas de aumento ou diminuição de pena. Para a aferição da possibilidade de transação, que leva em conta o valor máximo de até 2 (dois) anos de pena privativa de liberdade cominada ao delito, as causas de aumento de pena deverão ser tomadas em seu patamar máximo e as causas de diminuição em seu patamar mínimo.

Já para verificar o cabimento de suspensão condicional do processo, que leva em conta o valor mínimo de até 1 (um) ano de pena privativa de liberdade cominada ao delito, as causas de aumento devem ser computadas no valor mínimo, enquanto as causas de diminuição devem ser computadas no valor máximo.

7. Circunstâncias judiciais e agravantes

Com relação às circunstâncias judiciais e às agravantes, não devem ser computadas na aferição da pena máxima, pois não podem superar o limite máximo previsto em abstrato. Portanto, não influenciarão na proposta de transação.

8. Crimes sujeitos a procedimento especial

Desde a edição da Lei n. 9.099/95, entendeu-se que os crimes sujeitos a procedimentos especiais (crimes de responsabilidade de funcionários públicos; crimes contra a honra de competência do juiz singular; crimes contra a propriedade imaterial; crimes de abuso de autoridade; crimes de imprensa, dentre outros) estavam excluídos da competência dos Juizados Especiais, à vista do disposto no art. 61, *in fine*, da Lei n. 9.099/95, não obstante a sanção determinada para as figuras criminosas estabelecidas.

Entretanto, com a vigência da Lei n. 10.259/2001, foi adotado o entendimento de que, por não conter ela cláusula restritiva em virtude de procedimento especial, poderiam os crimes sujeitos a procedimento especial ser considerados de menor potencial ofensivo, restando, desta feita, ampliada ainda mais a competência dos Juizados Especiais Criminais.

A Lei n. 11.313/2006, que deu nova redação ao art. 61 da Lei n. 9.099/95, não mais excepcionou os crimes sujeitos a procedimentos especiais.

Portanto, qualquer que seja o procedimento do crime ou da contravenção penal, aplica-se o rito da Lei n. 9.099/95, desde que a pena máxima cominada não seja superior a 2 anos, cumulada ou não com multa.

9. Competência de foro

> Art. 63. A competência do Juizado será determinada pelo lugar em que foi praticada a infração penal.

Excepcionando a regra do art. 70 do Código de Processo Penal, que adotou a Teoria do Resultado, entendendo que a competência é determinada pelo lugar em que se consumar a infração, a lei do Juizado Especial Criminal, no artigo ora em comento, optou pela Teoria Mista, ou da Ubiquidade, considerando como determinante da competência o lugar em que foi "praticada" a infração.

Pelo disposto no art. 6º do Código Penal, considera-se praticado o crime no lugar em que ocorreu a ação ou omissão, no todo ou em parte, bem como onde se produziu ou deveria produzir-se o resultado.

Portanto, a competência do Juizado Especial Criminal será tanto a do lugar onde ocorreu a ação ou omissão, quanto a do lugar em que ocorreu, ou deveria ocorrer, o resultado.

10. Citação

> Art. 66. A citação será pessoal e far-se-á no próprio Juizado, sempre que possível, ou por mandado.

A citação do autor do fato deve ser efetuada no próprio Juizado Especial Criminal. Isso porque o autor do fato compareceu à audiência preliminar, sendo proposta a conciliação, a transação, podendo ser citado pessoalmente em juízo, no caso de o Ministério Público oferecer a denúncia oral.

11. Citação por mandado

Se o autor do fato não comparecer à audiência preliminar, impossibilitando sua citação pessoal na sede do Juizado, será citado pessoalmente por mandado, na forma da legislação comum. Também é possível a citação por carta precatória, estando o autor do fato fora do território do Juizado.

12. Citação por edital

> Parágrafo único. Não encontrado o acusado para ser citado, o juiz encaminhará as peças existentes ao juízo comum para adoção do procedimento previsto em lei.

Não é permitida no Juizado Especial Criminal a citação por edital. Se o autor do fato não puder ser citado pessoalmente, fica excluída a competência do Juizado e o juiz deve encaminhar as peças existentes ao juízo comum, onde será expedido edital, seguindo-se as regras do Código de Processo Penal.

13. Intimação

> Art. 67. A intimação far-se-á por correspondência, com aviso de recebimento pessoal ou, tratando-se de pessoa jurídica ou firma individual, mediante entrega ao encarregado da recepção, que será obrigatoriamente identificado, ou, sendo necessário, por oficial de justiça, independentemente de mandado ou carta precatória, ou ainda por qualquer meio idôneo de comunicação.
>
> Parágrafo único. Dos atos praticados em audiência considerar-se-ão desde logo cientes as partes, os interessados e defensores.

A regra, no Juizado Especial Criminal, é a intimação por carta, com aviso de recebimento (AR). No caso de pessoa jurídica, a intimação também é feita por carta, com aviso de recebimento. Entretanto, nesse caso, a carta pode ser entregue ao encarregado da recepção, que será obrigatoriamente identificado e assinará o AR.

Caso seja necessário, nada impede a intimação por oficial de justiça, independentemente de mandado ou carta precatória. Entretanto, embora a lei dispense a expedição de mandado, é conveniente que o oficial de justiça tenha em mãos algum documento expedido pelo Juizado Especial Criminal corporificando a intimação.

Por fim, a lei admite, ainda, a intimação por qualquer outro meio idôneo de comunicação, tais como telefone, e-mail, fax, telegrama.

As partes, os interessados e os defensores considerar-se-ão desde logo intimados dos atos praticados nas audiências das quais participarem.

14. Necessidade de defensor

> Art. 68. Do ato de intimação do autor do fato e do mandado de citação do acusado, constará a necessidade de seu comparecimento acompanhado de advogado, com a advertência de que, na sua falta, ser-lhe-á designado defensor público.

O autor do fato deverá necessariamente ser assistido por advogado, desde a audiência preliminar até a sentença definitiva transitada em julgado. A presença do advogado no procedimento do Juizado Especial Criminal é providência salutar para o bom andamento dos trabalhos e para a preservação dos direitos e garantias do autor do fato ou do acusado. Caso o autor do fato ou o acusado compareça ao ato sem advogado, ou não tenha condições financeiras de constituir um patrono, será assistido pela Defensoria Pública ou por defensor dativo nomeado pelo juiz.

15. Lavratura do termo circunstanciado

> Art. 69. A autoridade policial que tomar conhecimento da ocorrência lavrará termo circunstanciado e o encaminhará imediatamente ao Juizado, com o autor do fato e a vítima, providenciando-se as requisições dos exames periciais necessários.

Coerente com os princípios de informalidade, economia processual e celeridade que informam os Juizados Especiais Criminais, prevê o art. 69 que, nas causas de sua competência, como regra, substitua-se a lavratura do auto de prisão em flagrante e o inquérito policial pela providência inicial de lavratura de *termo circunstanciado* (TC) a respeito da ocorrência, a cargo da autoridade policial (Mirabete, *Juizados Especiais Criminais*, São Paulo: Atlas, 1998, p. 60).

O termo circunstanciado (TC) não se confunde com o boletim de ocorrência (BO). O termo circunstanciado destina-se ao registro das ocorrências relativas às *infrações penais de menor potencial ofensivo*, assim entendidas as contravenções penais e os crimes a que a lei comine pena máxima não superior a 2 (dois) anos.

O termo circunstanciado será lavrado pela autoridade policial, a qual identificará e ouvirá o autor do fato, a vítima e as testemunhas porventura existentes, fazendo um breve relatório sobre os fatos e anexando as requisições dos exames periciais. O termo circunstanciado deverá ser, então, encaminhado imediatamente ao Juizado Especial Criminal, com o autor do fato e a vítima. Não sendo possível o encaminhamento do autor do fato e da vítima, juntamente com o termo circunstanciado, ao Juizado Especial Criminal, a autoridade policial providenciará a elaboração de termo de compromisso de comparecimento oportuno àquele juízo, que será por eles assinado.

Se o autor do fato for encaminhado ao Juizado Especial Criminal imediatamente após a lavratura do termo circunstanciado, ou assumir o compromisso de lá comparecer, não poderá ser preso em flagrante nem se lhe poderá exigir fiança.

Nesse aspecto, vale a pena conferir o teor do acórdão do Supremo Tribunal Federal proferido na Ação Direta de Inconstitucionalidade n. 3.807-DF, relatora Min. Cármen Lúcia, requerida pela Associação dos Delegados de Polícia do Brasil – ADEPOL, com a seguinte ementa:

"Ação direta de inconstitucionalidade. § 3º do art. 48 da Lei n. 11.343/2006. Processamento do crime previsto no art. 28 da Lei n. 11.343/2006. Atribuição à autoridade judicial de lavratura de termo circunstanciado e requisição dos exames e perícias necessários. Constitucionalidade. Inexistência de ato de investigação. Inocorrência de atribuição de função de Polícia judiciária ao poder judiciário. Ação direta julgada improcedente" (publicado no *DJe* em 13-8-2020).

O Supremo Tribunal Federal admitiu, em crime de posse de drogas para consumo pessoal, que o próprio juiz lavre o termo circunstanciado e requisite os exames e perícias necessários.

16. Termo circunstanciado e encaminhamento ao Juizado

> Parágrafo único. Ao autor do fato que, após a lavratura do termo, for imediatamente encaminhado ao juizado ou assumir o compromisso de a ele comparecer, não se imporá prisão em flagrante, nem se exigirá fiança. Em caso de violência doméstica, o juiz poderá determinar, como medida de cautela, seu afastamento do lar, domicílio ou local de convivência com a vítima.

O termo circunstanciado (TC) será encaminhado imediatamente ao Juizado Especial Criminal, juntamente com o autor do fato e a vítima, providenciando-se as requisições dos exames periciais necessários.

A rigor, o autor do fato deveria ser conduzido ao Juizado imediatamente após a lavratura do termo circunstanciado. Não sendo possível esse comparecimento imediato, deve o autor do fato assumir o compromisso de comparecer ao Juizado, assinando termo em sede policial. Nesses casos, não se imporá a ele prisão em flagrante nem se exigirá fiança.

Entretanto, caso o autor do fato não compareça ao Juizado imediatamente após a lavratura do termo circunstanciado, recusando-se também a assumir o compromisso de a ele comparecer, poderá a autoridade policial prendê-lo em flagrante delito.

No caso de violência doméstica, a Lei n. 10.455/2002 acrescentou a possibilidade de o juiz criminal determinar, cautelarmente, o afastamento do autor do fato do lar, domicílio ou local de convivência com a vítima.

Entretanto, tal disposição restou prejudicada em face do disposto no art. 41 da Lei n. 11.340/2006 (Lei de Violência Doméstica e Familiar contra a Mulher – Maria da Penha), que vedou expressamente a aplicação do procedimento do Juizado Especial Criminal às infrações penais praticadas em situação de violência doméstica e familiar contra a mulher. Nesse caso, a própria "Lei Maria da Penha" prevê diversas medidas protetivas de urgência que poderão ser aplicadas ao agressor.

17. Auto de prisão em flagrante

Não se imporá prisão em flagrante no caso de apresentação imediata do autor do fato ao Juizado Especial Criminal, ou no caso de assumir ele compromisso de comparecimento. Em caso de não apresentação do autor do fato ao Juizado ou da recusa dele em assumir o compromisso de comparecimento, não restará à autoridade policial outra alternativa a não ser prendê-lo em flagrante delito, lavrando o respectivo auto.

18. Violência doméstica

Dispõe o art. 41 da Lei n. 11.340/2006, que "aos crimes praticados com violência doméstica e familiar contra a mulher, independentemente da pena prevista, não se aplica a Lei n. 9.099, de 26 de setembro de 1995".

Portanto, o legislador excluiu expressamente os crimes de violência doméstica e familiar contra a mulher, independentemente da pena prevista, do âmbito da Lei n. 9.099/95.

Assim, mesmo havendo crime, em tese, de menor potencial ofensivo, não será aplicado o rito do Juizado Especial Criminal. Deve a autoridade policial instaurar inquérito, admitindo-se, inclusive, a prisão em flagrante do agressor.

Em juízo, não haverá transação ou suspensão condicional do processo, devendo o Ministério Público, se for o caso, oferecer denúncia, seguindo o processo o rito comum sumário. A propósito, vale citar a Súmula 536 do STJ, do seguinte teor: "A suspensão condicional do processo e a transação penal não se aplicam na hipótese de delitos sujeitos ao rito da Lei Maria da Penha".

19. Adiamento da audiência preliminar

> Art. 70. Comparecendo o autor do fato e a vítima, e não sendo possível a realização imediata da audiência preliminar, será designada data próxima, da qual ambos sairão cientes.

Ocorrerá o adiamento da audiência preliminar quando não for possível sua realização imediata. Pode ocorrer que tenham comparecido o autor do fato e a vítima, mas, mesmo assim, por problemas vários, não seja possível a realização do ato. Nesse caso, será designada data próxima, da qual sairão cientes as partes.

Em tese, pelas disposições da Lei n. 9.099/95, a audiência preliminar deveria ser realizada logo após da lavratura do Termo Circunstanciado, sendo as partes imediatamente encaminhadas ao Juizado Especial Criminal.

Entretanto, a realidade da maioria dos Juizados Especiais Criminais é outra. Raramente as audiências preliminares são realizadas imediatamente após a lavratura do TC. Comumente é designada outra data para a realização do ato. Nesse caso, devem as partes ser cientificadas, inclusive sobre a necessidade de comparecimento acompanhadas de advogado.

20. Ausência do autor do fato

> Art. 71. Na falta do comparecimento de qualquer dos envolvidos, a Secretaria providenciará sua intimação e, se for o caso, a do responsável civil, na forma dos arts. 67 e 68 desta Lei.

Se o autor do fato deixar de comparecer injustificadamente à audiência preliminar, tendo assumido esse compromisso perante a autoridade policial, deve o Ministério Público, no ato, oferecer denúncia oral, citando-se o denunciado pessoalmente para a audiência de instrução e julgamento.

Caso não compareça a vítima ou qualquer outro envolvido, a audiência preliminar será redesignada, providenciando-se a intimação do faltoso, já que os demais sairão intimados no ato.

21. Audiência preliminar

> Art. 72. Na audiência preliminar, presente o representante do Ministério Público, o autor do fato e a vítima e, se possível, o responsável civil, acompanhados por seus advogados, o juiz esclarecerá sobre a possibilidade da composição dos danos e da aceitação da proposta de aplicação imediata de pena não privativa de liberdade.

A primeira providência a ser tomada na audiência preliminar é a tentativa de conciliação, ou seja, a composição civil dos danos, se possível. Essa composição, se homologada, implica a renúncia ao direito de queixa e de representação, extinguindo-se a punibilidade da infração (art. 74).

Se não houver possibilidade de composição dos danos, a audiência prosseguirá para a fase seguinte, podendo a parte lesada buscar a devida reparação na esfera cível.

22. Título executivo

> Art. 74. A composição dos danos civis será reduzida a escrito e, homologada pelo juiz mediante sentença irrecorrível, terá eficácia de título a ser executado no juízo cível competente.
>
> Parágrafo único. Tratando-se de ação penal de iniciativa privada ou de ação penal pública condicionada à representação, o acordo homologado acarreta a renúncia ao direito de queixa ou representação.

A composição dos danos por acordo entre as partes, com decisão homologatória transitada em julgado, faz título executivo no juízo cível (art. 515 do CPC).

Deve ser ressaltado que esse acordo sobre a reparação dos danos acarretará a renúncia do direito de queixa ou de representação, em se tratando de ação penal pública condicionada a representação ou de ação penal privada.

23. Representação verbal

> Art. 75. Não obtida a composição dos danos civis, será dada imediatamente ao ofendido a oportunidade de exercer o direito de representação verbal, que será reduzida a termo.

A teor desse artigo, evidencia-se a primazia da reparação do dano sobre a punição criminal, fazendo com que o ofendido somente possa exercer seu direito de representação após frustrada a composição civil.

Essa representação somente terá lugar nos casos de ação penal pública condicionada a representação do ofendido. Em se tratando de ação penal pública incondicionada, não obtida a composição dos danos civis, passa-se imediatamente à fase da transação.

Portanto, o primeiro ato da audiência preliminar é a tentativa de conciliação dos danos civis, a qual, se não obtida, ocasiona a passagem à segunda fase, que consiste na eventual representação do ofendido.

Quando o legislador se refere à "oportunidade de exercer o direito de representação verbal", certamente considera que a oportunidade para o oferecimento dessa representação, condição de procedibilidade da ação penal pública condicionada, é a audiência preliminar. Baseou-se o legislador na hipótese de realização da audiência preliminar logo após a lavratura do TC.

Entretanto, a realidade mais uma vez traçou caminhos diferentes.

Como a audiência preliminar não é realizada, na maioria dos casos, após a lavratura do TC, não sendo as partes encaminhadas imediatamente ao Juizado Especial Criminal, criou-se a praxe de colher a representação da vítima em sede policial, no próprio TC. Ou ainda, caso haja instauração de inquérito policial, colhe-se a representação da vítima no azo da colheita de suas declarações.

Nesses casos, quando da realização da audiência preliminar, a vítima já ofereceu representação, até mesmo para evitar a ocorrência da decadência como causa de extinção da punibilidade.

Assim, na audiência preliminar, já estando a representação da vítima encartada aos autos (eis que colhida em sede policial, por exemplo), pode o juiz optar por duas providências: ou já considera oferecida a representação e passa para a fase seguinte da audiência, ou colhe da vítima novamente a representação, que seria uma ratificação daquela anteriormente ofertada. Nessa última hipótese, pode ocorrer que a vítima não mais deseje representar, não obstante tenha oferecido representação anteriormente. Caso isso ocorra, cremos que deva o magistrado respeitar a vontade da vítima, funcionando essa manifestação como retratação da representação anteriormente apresentada em outra sede, mesmo que já tenha transcorrido o prazo de seis meses contados da data do conhecimento da autoria do fato, já que, a rigor, seria a audiência preliminar, por determinação legal, a sede própria para o oferecimento da representação.

Outra hipótese a considerar é se ocorre decadência no caso de ter sido a audiência preliminar realizada mais de seis meses após a lavratura do Termo Circunstanciado, naqueles casos em que não tenha sido possível sua realização imediata.

Cremos que, nesse caso, não se opera a decadência, já que a Lei n. 9.099/95 fixou a audiência preliminar como a sede própria para o oferecimento de representação, não podendo a vítima ser penalizada por eventual delonga, a que não deu causa.

24. Falta de representação

> Parágrafo único. O não oferecimento da representação na audiência preliminar não implica decadência do direito, que poderá ser exercido no prazo previsto em lei.

A falta de representação não implica renúncia ao direito de oferecê-la, sendo certo que o seu não oferecimento na audiência preliminar não implica decadência do direito, que poderá ser exercido no prazo previsto em lei (6 meses contados do conhecimento da autoria do fato).

Como já dissemos linhas acima, a sede própria para o oferecimento de representação é a audiência preliminar, que, em tese, deveria ser realizada logo após a lavratura do TC, quando as partes envolvidas no fato são encaminhadas imediatamente ao Juizado Especial Criminal.

Pode ocorrer, entretanto, que a vítima, logo após a lavratura do TC, sendo encaminhada imediatamente ao Juizado Especial Criminal, não esteja certa sobre o oferecimento de representação, oportunidade em que poderá fazer uso de seu direito de ofertá-la no prazo legal.

Nesse caso, manifestando a vítima dúvida sobre o oferecimento de representação (poderá, por exemplo, querer avaliar melhor a situação, pensar na conveniência ou não de representar etc.), deverá o juiz suspender a audiência preliminar, aguardando a manifestação daquela no prazo legal.

25. Arquivamento do termo circunstanciado

Não sendo o caso de audiência preliminar, ou até mesmo durante essa solenidade, poderá o Ministério Público requerer o arquivamento do Termo Circunstanciado (TC), desde que não se vislumbrem elementos suficientes para eventual transação ou denúncia oral.

Aliás, é até salutar que o Promotor de Justiça, antes de analisar a hipótese de transação penal, verifique se é caso de arquivamento do TC. Assim, somente deverá ser proposta a transação ao autor do fato, caso seja viável o oferecimento de denúncia oral em caso de não aceitação da proposta.

Deve-se evitar a indevida praxe de primeiramente propor a transação para somente após, em caso de não aceitação da proposta, se verificar a possibilidade de arquivamento do TC ou de denúncia oral.

26. Transação

> Art. 76. Havendo representação ou tratando-se de crime de ação penal pública incondicionada, não sendo caso de arquivamento, o Ministério Público poderá propor a aplicação imediata de pena restritiva de direitos ou multas, a ser especificada na proposta.

Conforme o disposto no comentário anterior, o Promotor de Justiça deve, antes de propor a transação, verificar se é caso de arquivamento do TC. Não sendo este o caso, poderá o Ministério

Público propor a aplicação imediata de pena restritiva de direitos ou multa. Se o crime for de ação penal pública condicionada, somente poderá o Ministério Público fazer a proposta de transação após o oferecimento de representação do ofendido. Se o crime for de ação penal pública incondicionada, a proposta de transação poderá ser feita de imediato na audiência preliminar, independentemente da composição dos danos civis.

27. Ausência de proposta de transação pelo Ministério Público

O *Parquet* não está obrigado a fazer a proposta de transação, pois se trata de hipótese de *discricionariedade regrada*, mitigando o *princípio de obrigatoriedade* no caso de ação penal pública. A sua decisão de não apresentação da proposta deve, entretanto, ser fundamentada, com base legal, indicando circunstanciadamente o porquê da não apresentação da proposta de suspensão condicional do processo.

28. Impossibilidade de proposta pelo juiz

O juiz não pode apresentar proposta de transação, substituindo-se ao Ministério Público, pois se trata de exercício de pretensão punitiva, exclusividade expressa desse órgão (art. 129, I, da CF).

29. Aplicação analógica do art. 28 do Código de Processo Penal

Controvertia a doutrina sobre a possibilidade de aplicação analógica do art. 28 do Código de Processo Penal nos casos em que o Ministério Público se recusar, fundamentadamente, a apresentar proposta de transação. Mirabete (*Juizados Especiais Criminais*, São Paulo: Atlas, 1998, p. 87-88) entende que descabe essa aplicação. Entretanto, em São Paulo, em regra, admite-se que a recusa injustificada do Ministério Público em propor a transação seja submetida ao crivo do Procurador-Geral de Justiça.

Entretanto, a Súmula 696 do Supremo Tribunal Federal pacificou a questão, dispondo: "Reunidos os pressupostos legais permissivos da suspensão condicional do processo, mas se recusando o promotor de justiça a propô-la, o juiz, dissentindo, remeterá a questão ao procurador-geral, aplicando-se por analogia o art. 28 do Código de Processo Penal". Essa súmula, embora se refira à suspensão condicional do processo, pode ser aplicada, por analogia, no caso de transação.

30. Aceitação da transação

> § 3º Aceita a proposta pelo autor da infração e seu defensor, será submetida à apreciação do juiz.
>
> § 4º Acolhendo a proposta do Ministério Público aceita pelo autor da infração, o juiz aplicará a pena restritiva de direitos ou multa, que não importará em reincidência, sendo registrada apenas para impedir novamente o mesmo benefício no prazo de 5 (cinco) anos.

Se o autor do fato e seu advogado aceitarem a proposta de transação ofertada pelo Ministério Público, caberá ao juiz homologá-la, em sentença de natureza condenatória, uma vez que implica imposição de sanção. Não aceita a proposta de transação, a audiência prosseguirá em seus ulteriores termos, oferecendo o Ministério Público denúncia oral contra o autor do fato.

Questão que tem suscitado debate refere-se à discordância entre o autor do fato e seu defensor. Pode ocorrer que o autor do fato queira aceitar a transação, contra a vontade de seu defensor, e vice-versa. Qual vontade deve prevalecer: a do autor do fato ou a de seu defensor?

Uma primeira corrente sustenta que deve prevalecer a vontade do autor do fato, até porque pode desconstituir seu patrono quando bem lhe aprouver, atuando este como mandatário daquele e, portanto, sujeito à sua vontade.

Outra corrente, com a qual concordamos, sustenta a prevalência da defesa técnica, já que é o advogado quem está mais bem preparado para analisar a conveniência de aceitar ou não a proposta de transação. Portanto, deve prevalecer a vontade do patrono do autor do fato.

O Superior Tribunal de Justiça tem entendimento firmado no sentido de que "a transação penal não tem natureza jurídica de condenação criminal, não gera efeitos para fins de reincidência e maus antecedentes e, por se tratar de submissão voluntária à sanção penal, não significa reconhecimento da culpabilidade penal nem da responsabilidade civil" (Jurisprudência em Teses – edição 93). Nesse sentido: AgInt no REsp 1453461/GO – Rel. Min. Regina Helena Costa – 1ª Turma – DJe 15-10-2018; HC 390038/SP – Rel. Min. Rogerio Schietti Cruz – 6ª Turma – DJe 15-2-2018; HC 363497/SP – Rel. Min. Ribeiro Dantas – 5ª Turma – DJe 27-4-2017; REsp 1327897/MA – Rel. Min. Ricardo Villas Bôas Cueva, 3ª Turma, DJe 15-12-2016; AgRg no HC 272522/MG, Rel. Min. Gurgel de Faria – 5ª Turma – DJe 26-3-2015; AgRg no AREsp 619918/MT – Rel. Min. Moura Ribeiro – 3ª Turma – DJe 12-2-2015; e AgRg no HC 248063/MG – Rel. Min. Marilza Maynard (Desembargadora Convocada do TJ/SE) – DJe 23-5-2014.

31. Descumprimento da transação

Durante muito tempo foi entendimento pacífico nos Tribunais Superiores o de que a sentença homologatória da transação penal tinha natureza condenatória e gera eficácia de coisa julgada material e formal, impedindo oferecimento de denúncia contra o autor do fato, se descumprido o acordo homologado.

Descumprida a transação, portanto, segundo entendimento anterior, não poderia o Ministério Público oferecer denúncia, devendo o acordo homologado ser executado.

Entretanto, esse entendimento se modificou, restando pacificado que, uma vez descumpridas as condições estabelecidas em transação penal, é possível o ajuizamento de ação penal.

No Superior Tribunal de Justiça: "No âmbito desta Corte Superior de Justiça consolidou-se o entendimento no sentido de que a sentença homologatória da transação penal possui eficácia de coisa julgada formal e material, o que a torna definitiva, motivo pelo qual não seria possível a posterior instauração de ação penal quando descumprido o acordo homologado judicialmente. Contudo, o Supremo Tribunal Federal, ao examinar o RE 602.072/RS, cuja repercussão geral foi reconhecida, entendeu de modo diverso, assentando a possibilidade de ajuizamento de ação penal quando descumpridas as condições estabelecidas em transação penal, compreensão que passou a ser adotada pela Terceira Seção deste Sodalício" (HC 184.821/SC – 5ª T. – Rel. Min. Jorge Mussi – DJe, 3-12-2012).

Nesse sentido também o disposto na Súmula Vinculante 35 do STF: "A homologação da transação penal prevista no art. 76 da Lei n. 9.099/95 não faz coisa julgada material e, descumpridas suas cláusulas, retoma-se a situação anterior, possibilitando-se ao Ministério Público a continuidade da persecução penal mediante oferecimento de denúncia ou requisição de inquérito policial".

Além disso, no Superior Tribunal de Justiça: RHC 139063/AL – Rel. Min. Laurita Vaz – 6ª Turma – DJe 3-3-2022; HC 495148/DF – Rel. Min. Antonio Saldanha Palheiro – 6ª Turma – DJe 3-10-2019; RHC 49220/MG – Rel. Min. Ribeiro Dantas – 5ª Turma – DJe 7-3-2018; HC 333606/TO

– Rel. Min. Reynaldo Soares da Fonseca – 5ª Turma – *DJe* 23-2-2016; RHC 055924/SP – Rel. Min. Sebastião Reis Júnior – *DJe* 24-6-2015; e HC 216566/MS – Rel. Min. Marilza Maynard (Desembargadora Convocada do TJ/SE) – 5ª Turma – *DJe* 20-5-2013.

32. Denúncia oral

> Art. 77. Na ação penal de iniciativa pública, quando não houver aplicação de pena, pela ausência do autor do fato, ou pela não ocorrência da hipótese prevista no art. 76 desta Lei, o Ministério Público oferecerá ao juiz, de imediato, denúncia oral, se não houver necessidade de diligências imprescindíveis.

Não comparecendo o autor do fato à audiência preliminar, ou, tendo comparecido, não aceitando a proposta de transação, oferecerá o Ministério Público denúncia oral, a qual deverá obedecer ao disposto no art. 41 do Código de Processo Penal, podendo ser arroladas até 5 testemunhas (em analogia com o procedimento sumário). Nesse caso, estando presente o acusado, será citado (art. 78) no próprio ato. Se não estiver presente, será citado por mandado (arts. 66 e 68).

33. Resposta prévia

> Art. 81. Aberta a audiência, será dada a palavra ao defensor para responder à acusação, após o que o juiz receberá, ou não, a denúncia ou queixa; havendo recebimento, serão ouvidas as vítimas e as testemunhas de acusação e defesa, interrogando-se a seguir o acusado, se presente, passando-se imediatamente aos debates orais e à prolação da sentença.

Aberta a audiência de instrução e julgamento, será dada a palavra ao defensor para apresentar resposta prévia, após o que será decidido sobre o recebimento ou não da denúncia ou queixa. Trata-se de uma defesa preliminar, que antecede o recebimento da denúncia ou queixa, podendo o defensor alegar todos os fatos que fundamentem sua tese, arrolando testemunhas. De acordo com a sistemática desse procedimento, não haverá oportunidade de intimação das testemunhas de defesa, já que a oportunidade de arrolá-las é na defesa preliminar, que é ofertada na própria audiência. Assim, deverá o defensor apresentar suas testemunhas em audiência, independentemente de intimação.

34. Audiência de instrução e julgamento

Recebida a denúncia ou queixa, serão ouvidas a vítima e as testemunhas de acusação e defesa, somente então sendo o réu interrogado. Em seguida terão lugar os debates orais e a sentença. O interrogatório do réu passou a ser o último ato de instrução, sendo colhido após a oitiva da vítima (se houver) e das testemunhas de acusação e defesa. Inclusive, esse rito, com interrogatório do réu a final, considerado novidade em 1995, veio a ser adotado na nova sistemática dos ritos processuais, instituída pela Lei n. 11.719/2008.

35. Representação

> Art. 88. Além das hipóteses do Código Penal e da legislação especial, dependerá de representação a ação penal relativa aos crimes de lesões corporais leves e lesões culposas.

A ação penal relativa aos crimes de lesão corporal leve e lesão corporal culposa dependerá de representação. O prazo para o oferecimento da representação é de 6 meses, contados da data da ciência da autoria do delito. O prazo de 30 dias previsto no art. 91 aplicava-se tão somente aos crimes ocorridos antes da vigência desta lei (Lei n. 9.099/95).

No caso de lesões corporais leves que envolvam violência doméstica e familiar contra a mulher, conforme já mencionado em item anterior, não haverá necessidade de representação, já que a ação penal é pública incondicionada.

Nesse sentido, dispõe o art. 41 da Lei n. 11.340/2006, que "aos crimes praticados com violência doméstica e familiar contra a mulher, independentemente da pena prevista, não se aplica a Lei n. 9.099, de 26 de setembro de 1995".

Portanto, o legislador excluiu expressamente os crimes de violência doméstica e familiar contra a mulher, independentemente da pena prevista, do âmbito da Lei n. 9.099/95.

36. Contravenção de vias de fato

A ação penal na contravenção de vias de fato prescinde de representação (STJ – RHC 6.843/SP – *DJU*, 24-11-1997; TACrim – *RJD*, 30/228). Em sentido contrário: TACrim – *RJD*, 33/440 e outros.

37. Suspensão condicional do processo

> Art. 89. Nos crimes em que a pena mínima cominada for igual ou inferior a 1 (um) ano, abrangidas ou não por esta Lei, o Ministério Público, ao oferecer a denúncia, poderá propor a suspensão do processo, por 2 (dois) a 4 (quatro) anos, desde que o acusado não esteja sendo processado ou não tenha sido condenado por outro crime, presentes os demais requisitos que autorizariam a suspensão condicional da pena (art. 77 do Código Penal).

A suspensão condicional do processo, também chamada de *sursis* processual, é cabível nos crimes em que a pena *mínima* cominada for igual ou inferior a um ano, abrangidos ou não pela Lei n. 9.099/95.

Segundo o disposto na Súmula 723 do STF: "Não se admite a suspensão condicional do processo por crime continuado, se a soma da pena mínima da infração mais grave com o aumento mínimo de um sexto for superior a um ano".

Assim, no caso de crime continuado, somente será admitida a suspensão condicional do processo se a pena mínima da infração mais grave, com o aumento mínimo de um sexto pela continuidade, for inferior a um ano.

Com relação, ainda, ao concurso de crimes, estabelece a Súmula 243 do STJ: "O benefício da suspensão do processo não é aplicável em relação às infrações penais cometidas em concurso material, concurso formal ou continuidade delitiva, quando a pena cominada, seja pelo somatório, seja pela incidência da majorante, ultrapassar o limite de 1 (um) ano".

Portanto, no caso de concurso de crimes, o limite da pena mínima também é de um ano, aplicadas as regras da somatória das penas (concurso material) ou da majoração (concurso formal e crime continuado).

38. Prazo e condições da suspensão

A suspensão do processo será por prazo de 2 a 4 anos (período de prova), condicionada ao cumprimento dos requisitos estabelecidos no art. 89. Se o réu não aceitar a proposta de suspensão, o processo prosseguirá em seus ulteriores termos.

Conforme já ressaltado em item anterior, quando da análise da aceitação da proposta de transação, pode ocorrer que o réu queira aceitar a suspensão condicional do processo, contra a vontade de seu defensor, e vice-versa. Qual vontade deve prevalecer: a do réu ou a de seu defensor?

Uma primeira corrente sustenta que deve prevalecer a vontade do réu, até porque pode desconstituir seu patrono quando bem lhe aprouver, atuando este como mandatário dele e, portanto, sujeito à sua vontade.

Outra corrente, com a qual concordamos, sustenta a prevalência da defesa técnica, já que é o advogado quem está mais bem preparado para analisar a conveniência de aceitar ou não a proposta de suspensão condicional do processo. Portanto, deve prevalecer a vontade do patrono do réu.

Entretanto, o § 1º do art. 89 dispõe expressamente que a proposta deve ser aceita "pelo acusado e seu defensor", levando ao entendimento de que, eventual divergência entre eles, na audiência, impedirá a aplicação da suspensão condicional.

A reparação do dano, nesse aspecto, desponta como uma das condições mais importantes da suspensão condicional do processo, não podendo o juiz declarar extinta a punibilidade em caso de seu não cumprimento.

39. Iniciativa da proposta de suspensão condicional do processo

A proposta de suspensão condicional do processo é de iniciativa exclusiva do Ministério Público, não podendo o juiz da causa substituir-se a este, pois não se trata de direito subjetivo do réu, mas de faculdade do *Parquet* (STF – HC 75.343-MG – j. 12-11-1997; TRF – *RT*, 739/717; TARS – *JTARS*, 100/118; TACrim – *RJD*, 32/245 e *RT*, 738/629; TJSP – HC 204.579-3/0 – j. 19-3-1996).

Ressalte-se, entretanto, que o Ministério Público deve fundamentar sua negativa em propor a suspensão condicional em dados concretos, indicando claramente os motivos de sua decisão.

O Superior Tribunal de Justiça tem entendido que: "A suspensão condicional do processo não é direito subjetivo do acusado, mas sim um poder-dever do Ministério Público, titular da ação penal, a quem cabe, com exclusividade, analisar a possibilidade de aplicação do referido instituto, desde que o faça de forma fundamentada" (Jurisprudência em Teses – edição 96). Nesse sentido: AgRg no HC 585728/SC – Rel. Min. Rogerio Schietti Cruz – 6ª Turma – *DJe* 16-3-2023; REsp 1891923/SC – Rel. Min. Sebastião Reis Júnior – 6ª Turma – *DJe* 16-2-2023; AgRg nos EDcl no RHC 159134/RO – Rel. Min. Jesuíno Rissato (Desembargador Convocado Do TJDF) – 5ª Turma – *DJe* 16-3-2022; AgRg no HC 504074/SP, Rel. Min. Antonio Saldanha Palheiro – 6ª Turma – *DJe* 23-8-2019; AgRg no REsp 1758189/SC – Rel. Min. Reynaldo Soares da Fonseca – 5ª Turma – *DJe* 31-10-2018; HC 417876/PE – Rel. Min. Reynaldo Soares da Fonseca – 5ª Turma – *DJe* 27-11-2017.

40. Aplicação analógica do art. 28 do Código de Processo Penal

Embora haja posicionamentos em contrário, entende o Supremo Tribunal Federal e o Ministério Público de São Paulo que a ausência de proposta de suspensão condicional do processo pelo promotor de justiça, em caso de discordância do juiz da causa, deve ser submetida à análise do Procurador-Geral de Justiça, que poderá designar outro promotor para tal ato ou deixar de fazê-lo, caso entenda justificadas as razões por aquele apresentadas.

Nesse sentido a Súmula 696 do STF: "Reunidos os pressupostos legais permissivos da suspensão condicional do processo, mas se recusando o Promotor de Justiça a propô-la, o Juiz, dissentindo, remeterá a questão ao Procurador-Geral, aplicando-se por analogia o art. 28 do Código de Processo Penal".

41. Suspensão condicional na desclassificação e na procedência parcial

Dispõe a Súmula 337 do Superior Tribunal de Justiça: "É cabível a suspensão condicional do processo na desclassificação do crime e na procedência parcial da pretensão punitiva".

Com a edição dessa súmula, ficou pacificada a questão atinente ao cabimento da suspensão condicional do processo na desclassificação do crime, quando, na sentença, reconhecendo o juiz a prática de crime que comportaria, em tese, o benefício, não poderia aplicá-lo, uma vez que vencida a oportunidade processual (oferecimento da denúncia). O mesmo se diga com relação à procedência parcial da pretensão punitiva.

Assim, por exemplo, tendo o Ministério Público oferecido denúncia contra o réu por roubo simples (art. 157, *caput* – 4 a 10 anos de reclusão), crime que não comporta suspensão condicional do processo, poderia o juiz, a final, concluir pela efetiva ocorrência de furto simples (art. 155, *caput* – 1 a 4 anos de reclusão), reconhecendo não ter havido violência ou grave ameaça na subtração. Nesse caso, o entendimento era de que não poderia ser proposta a suspensão condicional nessa fase, a qual teria sido cabível se a denúncia tivesse capitulado corretamente o fato.

A Súmula 337 do STJ, portanto, solucionou a questão, permitindo que, na desclassificação ou na procedência parcial da ação penal, seja possível a aplicação da suspensão condicional do processo, desde que satisfeitos os requisitos legais.

Entretanto, a atribuição exclusiva para a proposta de suspensão continua sendo do Ministério Público, devendo o juiz, para tanto, após a desclassificação do crime ou a procedência parcial da pretensão punitiva, baixar os autos para que o Promotor de Justiça, com exclusividade, avalie e justifique a conveniência ou não de propor a medida, que será, em seguida, submetida à aceitação do réu e de seu defensor.

Nesse sentido, inclusive, a nova redação do art. 383 do Código de Processo Penal, dada pela Lei n. 11.719/2008:

"Art. 383. O juiz, sem modificar a descrição do fato contida na denúncia ou queixa, poderá atribuir-lhe definição jurídica diversa, ainda que, em consequência, tenha de aplicar pena mais grave.

§ 1º Se, em consequência de definição jurídica diversa, houver possibilidade de proposta de suspensão condicional do processo, o juiz procederá de acordo com o disposto na lei".

42. Revogação da suspensão

Estabelece a lei causas de revogação obrigatória e causas de revogação facultativa da suspensão, no art. 89, §§ 3º e 4º. O cumprimento das condições deve ser fiscalizado pelo Ministério Público, que deverá requerer a revogação da suspensão quando ocorrerem as causas de revogação. Revogada a suspensão condicional, o processo voltará a seu trâmite normal.

Inclusive, entende o Superior Tribunal de Justiça: "Se descumpridas as condições impostas durante o período de prova da suspensão condicional do processo, o benefício poderá ser revogado, mesmo se já ultrapassado o prazo legal, desde que referente a fato ocorrido durante sua vigência (Tese julgada sob o rito do art. 543-C do CPC/1973 – TEMA 920)" (Jurisprudência em Teses – edição 96). Nesse sentido: AgRg no RHC 164123/PR – Rel. Min. Antonio Saldanha Palheiro – 6ª Turma – *DJe* 30-11-2022; AgRg no REsp 1953113/AL – Rel. Min. Sebastião Reis Júnior – 6ª Turma – *DJe* 9-5-2022; HC 631448/MS – Rel. Min. Ribeiro Dantas – 5ª Turma – *DJe* 8-4-2022; AgRg no HC 713396/AP – Rel. Min. Reynaldo Soares da Fonseca – 5ª Turma – *DJe* 18-3-2022; RHC 154254/MG – Rel. Min. Jesuíno Rissato (Desembargador Convocado do TJDFT) – 5ª Turma – *DJe* 15-12-2021; e AgRg no REsp 1915186/SC – Rel. Min. Felix Fischer – 5ª Turma – *DJe* 26-5-2021.

43. Extinção da punibilidade

Expirando o período de prova sem revogação da suspensão, o juiz declarará extinta a punibilidade. Não será o réu considerado reincidente, podendo receber normalmente os benefícios legais em caso da prática de nova infração penal.

No Superior Tribunal de Justiça: "A extinção da punibilidade do agente pelo cumprimento das condições do *sursis* processual, operada em processo anterior, não pode ser valorada em seu desfavor como maus antecedentes, personalidade do agente e conduta social" (Jurisprudência em Teses – edição 96). Nesse sentido: HC 385535/RJ – Rel. Min. Ribeiro Dantas – 5ª Turma – *DJe* 11-5-2017; REsp 1533788/PE – Rel. Min. Rogerio Schietti Cruz – *DJe* 29-2-2016; HC 198815/SP – Rel. Min. Assusete Magalhães – *DJe* 28-10-2013; HC 156569/SP – Rel. Min. Jorge Mussi – 5ª Turma – *DJe* 14-3-2011.

Inclusive, a extinção da punibilidade pelo cumprimento do período de prova sem revogação não impedirá que o réu obtenha novamente, em caso de prática de outra infração, nova suspensão condicional do processo.

Apesar de não haver previsão expressa na lei, o Superior Tribunal de Justiça entende: "Aplica-se, por analogia, o prazo de 5 anos para concessão de nova transação penal ao instituto despenalizador da suspensão condicional do processo" (Jurisprudência em Teses – edição 93). Nesse sentido: AgRg no HC 720256/MS – Rel. Min. Sebastião Reis Júnior – 6ª Turma – *DJe* 25-2-2022; REsp 1837960/PA – Rel. Min. Nefi Cordeiro – 6ª Turma – *DJe* 21-11-2019; AgRg no RHC 83511/CE – Rel. Min. Jorge Mussi – 5ª Turma – *DJe* 27-9-2017; HC 370047/PR – Rel. Min. Felix Fischer – 5ª Turma – *DJe* 1º-12-2016; HC 366668/RJ – Rel. Min. Ribeiro Dantas – 5ª Turma – *DJe* 23-11-2016; HC 209541/SP – Rel. Min. Maria Thereza de Assis Moura – *DJe* 30-4-2013.

44. Prescrição

Durante o prazo de suspensão do processo, não correrá prescrição. Assim, recebida a denúncia e determinada a suspensão condicional do processo, após a aceitação do réu e seu defensor, ficará suspenso o prazo prescricional, que voltará a correr em caso de revogação do benefício.

31 "Lavagem" de Dinheiro
Lei n. 9.613/98

1. Legislação

A Lei n. 9.613/98 dispõe sobre os crimes de "lavagem" ou ocultação de bens, direitos e valores, além da prevenção da utilização do sistema financeiro para os ilícitos nela previstos. A Lei é dividida em 10 capítulos: I – Dos Crimes de "Lavagem" ou Ocultação de Bens, Direitos e Valores; II – Disposições Processuais Especiais; III – Dos Efeitos da Condenação; IV – Dos Bens, Direitos ou Valores oriundos de Crimes praticados no Estrangeiro; V – Das Pessoas sujeitas ao Mecanismo de Controle; VI – Da Identificação dos Clientes e Manutenção de Registros; VII – Da Comunicação de Operações Financeiras; VIII – Da Responsabilidade Administrativa; IX – Do Conselho de Controle de Atividades Financeiras; e X – Disposições Gerais.

2. Objetivo da lei

A Lei de Lavagem de Dinheiro foi promulgada com o objetivo principal de prevenir e combater a ocultação de bens, direitos e valores provenientes de atividades criminosas. A "lavagem de dinheiro" é um processo pelo qual recursos obtidos de maneira ilícita são "lavados", ou seja, ocultados e dissimulados, de modo que sua origem ilegal não seja detectada, permitindo que esses valores sejam reintegrados à economia formal como se fossem legítimos.

Dentre os principais objetivos da Lei de Lavagem de Dinheiro, podem ser destacados:

2.1. Prevenir o uso do Sistema Financeiro para atividades criminosas

A lei estabelece mecanismos para impedir que o sistema financeiro nacional seja utilizado para dar aparência de legalidade a recursos provenientes de crimes. Para isso, obriga instituições financeiras e outros setores econômicos a implementarem procedimentos de controle e monitoramento, como o registro de operações financeiras e a identificação de clientes.

2.2. Reprimir a lavagem de dinheiro

Além de prevenir, a legislação busca punir severamente quem se envolve em práticas de lavagem de dinheiro. A lei define o crime de lavagem como a ocultação ou dissimulação da natureza, origem, localização, disposição, movimentação ou propriedade de bens, direitos ou valores provenientes de crimes. A pena para quem pratica este crime varia de 3 (três) a 10 (dez) anos de reclusão, além de multa.

2.3. Ampliar o rol de crimes antecedentes

Originalmente, a lei de lavagem de dinheiro estava vinculada a um conjunto específico de crimes antecedentes (aqueles que geravam os valores ilícitos a serem lavados). No entanto, com as alterações trazidas pela Lei n. 12.683/2012, foi eliminada a lista restritiva de crimes antecedentes, permitindo que qualquer infração penal possa gerar recursos a serem ocultados, ampliando a abrangência da lei.

2.4. Fortalecer a cooperação internacional

Como a lavagem de dinheiro é um crime transnacional, a lei estabelece mecanismos para facilitar a cooperação internacional, como a troca de informações entre países e a assistência jurídica mútua. Essa cooperação visa combater organizações criminosas que utilizam diferentes jurisdições para dificultar o rastreamento dos valores.

2.5. Instituir o Conselho de Controle de Atividades Financeiras (COAF)

A lei criou o COAF, um órgão administrativo vinculado ao Banco Central do Brasil, cuja função é fiscalizar e monitorar operações financeiras suspeitas de lavagem de dinheiro. O COAF recebe comunicações de atividades atípicas e suspeitas por parte das instituições financeiras e outros setores obrigados, e age para analisar e repassar as informações para as autoridades competentes, como o Ministério Público e a Polícia Federal. A respeito do COAF vale consultar a Lei n. 13.974/2020.

2.6. Impor obrigações de *compliance* a instituições financeiras e setores relacionados

A lei também impõe a obrigatoriedade de programas de *compliance* para diversos setores, incluindo instituições financeiras, seguradoras, corretoras, imobiliárias e empresas de grande porte. Essas entidades devem adotar políticas de "Conheça Seu Cliente" (KYC) e procedimentos para identificar transações suspeitas. Isso inclui o dever de comunicar operações em valores elevados ou que apresentem indícios de irregularidade ao COAF.

2.7. Estabelecer medidas de sequestro, confisco e perdimento de bens

A lei prevê a possibilidade de sequestro e confisco de bens que sejam fruto de atividades ilícitas ou que estejam relacionados ao crime de lavagem de dinheiro. Essa medida visa impedir que os criminosos mantenham controle sobre os bens obtidos ilicitamente, desmantelando estruturas financeiras criminosas e recuperando ativos para o Estado.

2.8. Promover a transparência e a responsabilização

A lei também busca promover maior transparência nas operações econômicas e financeiras, responsabilizando não apenas as pessoas físicas, mas também as pessoas jurídicas envolvidas em práticas de lavagem de dinheiro. As empresas que se envolverem no crime podem sofrer penalidades administrativas, como multas e até o encerramento de suas atividades.

Em resumo, a Lei de Lavagem de Dinheiro tem como finalidade combater de forma eficaz a utilização do sistema financeiro para legitimar recursos de origem ilícita, impondo severas obrigações às instituições financeiras e a outros setores econômicos, promovendo o fortalecimento da cooperação internacional, a implementação de programas de *compliance* e a criação de mecanismos para o confisco de bens, garantindo a integridade do sistema econômico.

3. Conceito de lavagem de dinheiro

De acordo com a brilhante lição de Marco Antonio de Barros (*Lavagem de capitais e obrigações civis correlatas*, São Paulo: Revista dos Tribunais, 2004, p. 25), "a 'lavagem' de capitais é produto da inteligência humana. Ela não surgiu do acaso, mas foi e tem sido habitualmente arquitetada em toda parte do mundo. A bem da verdade, é milenar o costume utilizado por criminosos no emprego dos mais variados mecanismos para dar aparência lícita ao patrimônio constituído de bens e capitais obtidos mediante ação delituosa. Trata-se de uma consequência criminológica caracterizadora do avanço da criminalidade em múltiplas áreas".

Assim, constitui a lavagem de dinheiro o método pelo qual um indivíduo ou uma organização criminosa processa os ganhos obtidos em atividades ilegais, buscando trazer para tais ganhos a aparência de licitude.

Ou, ainda, na lição de Carla Veríssimo de Carli (*Lavagem de dinheiro: ideologia da criminalização e análise do discurso*, Porto Alegre: Verbo Jurídico. p. 116), "o processo de legitimação de capital espúrio, realizado com o objetivo de torná-lo apto para uso, e que implica, normalmente, em perdas necessárias".

Nesse último caso, salienta a referida autora, "como as operações de lavagem de dinheiro não se orientam por uma ótica econômica, é possível encontrar negócios que dão prejuízo e que, mesmo assim, sigam sendo explorados; ou empresários que preferem declarar mais renda do que efetivamente percebem em um empreendimento, tendo, por isso, que pagar mais impostos. São as chamadas operações *non sense*, que não fazem sentido. Não fazem sentido desde uma ótica comercial (por exemplo, não faz sentido ter prejuízo e manter o negócio). No entanto, fazem sentido como lavagem de dinheiro, como operações destinadas a trazer uma aparência de licitude. As *perdas* são o *custo* do negócio de legitimar o dinheiro" (ob. cit., p. 116).

4. Fases da lavagem de dinheiro

A lavagem de dinheiro é composta, em regra, de três fases:

a) Conversão, também chamada de ocultação ou colocação (*placement*), em que o dinheiro é aplicado no sistema financeiro ou transferido para outro local – normalmente, movimenta-se o dinheiro em pequenas quantias – para diluir ou fracionar as grandes somas. Nessa fase, ocorre a separação do dinheiro de sua fonte ilegal.

b) Dissimulação, também chamada de controle ou estratificação (*empilage*), ou ainda mascaramento, que objetiva dissociar o dinheiro da sua origem, dificultando a obtenção de sua ilegalidade (rastreamento) – geralmente o dinheiro é movimentado de forma eletrônica, ou depositado em empresas-fantasma, ou misturado com dinheiro lícito. O objetivo, aqui, é afastar o máximo possível o dinheiro de sua origem ilegal, por meio de múltiplas transações.

c) Integração (*integration*), fase final e exaurimento da lavagem de dinheiro, em que o agente cria explicações legítimas para os recursos, aplicados, agora de modo aberto, como investimentos financeiros ou compra de ativos (ouro, ações, veículos, imóveis etc.) – podem surgir as organizações de fachada.

5. Técnicas de lavagem

Existem inúmeras técnicas de lavagem de dinheiro, que se modernizam com o passar do tempo e com o incremento de novas tecnologias, buscando impedir ou dificultar a sua constatação.

Entretanto, ainda subsistem os métodos mais comuns e antigos, tais como: 1) *mescla (commingling)* – o agente da lavagem mistura seus recursos com os recursos legítimos; 2) *empresa de fachada* – entidade legalmente constituída que participa ou aparenta participar de negócios lícitos, mas possui como escopo a lavagem de dinheiro; 3) *contrabando de dinheiro*, ou seja, transporte físico do dinheiro.

Existem, ainda, outras técnicas de lavagem, mencionadas por Marco Antonio de Barros (*Lavagem de capitais e obrigações civis correlatas*, São Paulo: Revista dos Tribunais, 2004, p. 25), tais como cheques administrativos, cheques pessoais, ciberpagamentos, cibermoeda e cibercheques, ordens de pagamento, transferência eletrônica de fundos, compra e venda em bolsas de mercadorias, movimentação de capital com cartão de crédito, faturas falsas de importação e exportação, transação imobiliária com falsa declaração, negociação com joias, pedras e metais preciosos, objetos de arte e antiguidades, sorteios e premiações, loterias e bingos.

5.1. Lavagem de dinheiro por meio de criptoativos, criptomoedas e ativos virtuais

Com o avanço da tecnologia e a popularização dos ativos virtuais e criptoativos, surgiram novas técnicas que vêm sendo empregadas para disfarçar a origem ilícita de fundos.

Os criptoativos são representações digitais de valor que utilizam a tecnologia de criptografia para assegurar transações e controlar a criação de novas unidades. As criptomoedas, como o Bitcoin e o Ethereum, são os exemplos mais conhecidos de criptoativos. Além de criptomoedas, o termo "ativos virtuais" abrange outros tipos de ativos digitais que podem ser negociados ou transferidos eletronicamente, como *tokens* de utilidade e *tokens* de valor mobiliário.

O Marco Legal das Criptomoedas (Lei n. 14.478/2022) regulamenta a prestação de serviços relacionados a ativos virtuais no Brasil, estabelecendo diretrizes para a operação de *exchanges* e outras plataformas que lidam com esses ativos, com o objetivo de conferir maior segurança jurídica ao mercado de criptoativos, além de prevenir sua utilização para fins ilícitos, como a lavagem de dinheiro.

Assim, dentre as técnicas modernas de lavagem de dinheiro por meio de ativos virtuais, podem ser citados:

a) *Smurfing* digital: tradicionalmente, o *smurfing* envolve a divisão de grandes quantias de dinheiro em pequenas transações para evitar alertas automáticos. No contexto digital, o agente divide grandes quantias de criptoativos em várias pequenas transações, enviando-as para diferentes carteiras digitais controladas por "laranjas" ou para várias *exchanges*. Esta técnica dificulta o rastreamento dos ativos, pois as transações são dispersas e diluídas em várias operações.

b) *Mixer Services* (*tumbling*): serviços de mixagem, também conhecidos como *tumblers*, permitem que usuários misturem seus criptoativos com os de outros usuários. O objetivo é quebrar o rastro das transações, misturando ativos de diferentes fontes, o que torna extremamente difícil para as autoridades rastrear a origem original dos fundos. Ao final do processo, os criptoativos são reenviados ao usuário em diferentes endereços, desconectando-os das transações originais.

c) *Chain hopping*: este método envolve a conversão de uma criptomoeda em outra, por meio de múltiplas transações rápidas entre diferentes *blockchains*. O agente utiliza *exchanges* que oferecem negociações entre diversas criptomoedas para efetuar rapidamente essas conversões, tornando o rastro das transações complexo e multifásico. Esse processo é especialmente eficaz quando combinado com o uso de *exchanges* descentralizadas (DEXs), que oferecem menor supervisão regulatória.

d) Uso de *stablecoins* e *tokens* anônimos: as *stablecoins*, que são criptoativos com valor estável atrelado a uma moeda fiduciária, e *tokens* anônimos, como *Monero* e *Zcash*, são utilizados para disfarçar a origem dos fundos. *Stablecoins* oferecem a vantagem de minimizar a volatilidade durante o processo de lavagem, enquanto tokens anônimos garantem maior privacidade nas transações, tornando-as virtualmente irrastreáveis.

e) Falseamento de atividades comerciais: o agente pode criar empresas de fachada que aceitam criptoativos como pagamento. Essas empresas fictícias emitem notas fiscais falsas e relatórios contábeis fraudulentos para justificar grandes volumes de transações em criptoativos, alegando que estas provêm de atividades comerciais legítimas. Esse método permite a colocação e integração simultânea de fundos ilícitos no mercado financeiro.

f) Exploração de NFT (*tokens* não fungíveis): o mercado de NFTs, que envolve a venda de obras de arte digitais e outros itens colecionáveis *tokenizados*, tem sido explorado para lavagem de dinheiro. O agente compra NFTs a preços inflacionados, utilizando criptoativos ilícitos. Posteriormente, esses NFTs podem ser revendidos, e os fundos obtidos parecem legítimos, já que são fruto de uma transação registrada em um mercado aparentemente regular.

g) Uso de *Exchanges* Descentralizadas (DEXs) e Finanças Descentralizadas (DeFi): *Exchanges* descentralizadas permitem a negociação de criptoativos sem a necessidade de um intermediário centralizado. Além disso, as plataformas DeFi oferecem produtos financeiros como empréstimos e investimentos baseados em criptoativos. A falta de supervisão centralizada e a anonimidade dessas plataformas tornam-nas atrativas para lavagem de dinheiro. O agente pode movimentar grandes somas de criptoativos por meio dessas plataformas, diluindo a origem dos fundos valendo-se de múltiplas operações financeiras complexas.

6. Objetividade jurídica da Lei n. 9.613/98

É a tutela da Administração da Justiça, não limitada apenas ao exercício da jurisdição, mas, inspirada na legislação italiana, ao normal funcionamento da atividade judicial. Aliás, a nossa lei possui muitos aspectos que foram inspirados na legislação italiana. Nesse aspecto, a lavagem de dinheiro prejudica sobremaneira a recuperação do produto da infração antecedente, dificultando a ação da justiça.

A proteção legal recai, ainda, sobre a ordem econômico-financeira, na medida em que a lavagem de dinheiro afeta a concorrência, facilita a criação de monopólios, compromete o fluxo normal de capitais etc.

7. Crimes em espécie

> Art. 1º Ocultar ou dissimular a natureza, origem, localização, disposição, movimentação ou propriedade de bens, direitos ou valores provenientes, direta ou indiretamente, de infração penal. (*Redação dada pela Lei n. 12.683, de 9-7-2012.*)
>
> I – (*Revogado pela Lei n. 12.683, de 9-7-2012.*)
>
> II – (*Revogado pela Lei n. 12.683, de 9-7-2012.*)
>
> III – (*Revogado pela Lei n. 12.683, de 9-7-2012.*)
>
> IV – (*Revogado pela Lei n. 12.683, de 9-7-2012.*)

V – *(Revogado pela Lei n. 12.683, de 9-7-2012.)*

VI – *(Revogado pela Lei n. 12.683, de 9-7-2012.)*

VII – *(Revogado pela Lei n. 12.683, de 9-7-2012.)*

VIII – *(Revogado pela Lei n. 12.683, de 9-7-2012.)*

Pena – reclusão, de 3 (três) a 10 (dez) anos, e multa. *(Redação dada pela Lei n. 12.683, de 9-7-2012.)*

§ 1º Incorre na mesma pena quem, para ocultar ou dissimular a utilização de bens, direitos ou valores provenientes de infração penal: *(Redação dada pela Lei n. 12.683, de 9-7-2012.)*

I – os converte em ativos lícitos;

II – os adquire, recebe, troca, negocia, dá ou recebe em garantia, guarda, tem em depósito, movimenta ou transfere;

III – importa ou exporta bens com valores não correspondentes aos verdadeiros.

§ 2º Incorre, ainda, na mesma pena quem: *(Redação dada pela Lei n. 12.683, de 9-7-2012.)*

I – utiliza, na atividade econômica ou financeira, bens, direitos ou valores provenientes de infração penal; *(Redação dada pela Lei n. 12.683, de 9-7-2012.)*

II – participa de grupo, associação ou escritório tendo conhecimento de que sua atividade principal ou secundária é dirigida à prática de crimes previstos nesta Lei.

§ 3º A tentativa é punida nos termos do parágrafo único do art. 14 do Código Penal.

§ 4º A pena será aumentada de 1/3 (um terço) a 2/3 (dois terços) se os crimes definidos nesta Lei forem cometidos de forma reiterada, por intermédio de organização criminosa ou por meio da utilização de ativo virtual.

§ 5º A pena poderá ser reduzida de 1 (um) a 2/3 (dois terços) e ser cumprida em regime aberto ou semiaberto, facultando-se ao juiz deixar de aplicá-la ou substituí-la, a qualquer tempo, por pena restritiva de direitos, se o autor, coautor ou partícipe colaborar espontaneamente com as autoridades, prestando esclarecimentos que conduzam à apuração das infrações penais, à identificação dos autores, coautores e partícipes, ou à localização dos bens, direitos ou valores objeto do crime. *(Redação dada pela Lei n. 12.683, de 9-7-2012.)*

§ 6º Para a apuração do crime de que trata este artigo, admite-se a utilização da ação controlada e da infiltração de agentes.

Objetividade jurídica: a tutela da Administração da Justiça, abrangendo tanto a entrega da jurisdição como o normal funcionamento da atividade judicial. Também a ordem econômico-financeira, como ressaltado no item 6 *supra*.

Sujeito ativo: qualquer pessoa, podendo ser o sujeito ativo da infração penal antecedente (p. ex., o de tráfico de drogas) ou qualquer outra pessoa. Nada impede, portanto, a nosso ver, que o sujeito ativo do crime de lavagem seja o sujeito ativo da infração penal antecedente. É o que se chama de autolavagem (*selflaundering*). A nossa lei não veda a autolavagem, que é admitida pelos Tribunais Superiores. Nesse caso, haveria concurso material entre a infração penal antecedente e o crime de lavagem de dinheiro.

É entendimento pacificado no Superior Tribunal de Justiça (Jurisprudência em Teses – Edição n. 166) que "embora a tipificação da lavagem de dinheiro dependa da existência de uma infração penal antecedente, é possível a autolavagem – isto é, a imputação simultânea, ao mesmo réu, da infração antecedente e do crime de lavagem –, desde que sejam demonstrados atos diversos e autônomos daquele que compõe a realização da primeira infração penal, circunstância na qual não ocorrerá o fenômeno da consunção".

Nesse sentido: AgRg no RHC 120.936/RN, Rel. Min. Reynaldo Soares da Fonseca, 5ª T., j. 16-6-2020, *DJe* 25-6-2020; APn 940/DF, Rel. Min. Og Fernandes, Corte Especial, j. 6-5-2020, *DJe*

13-5-2020; APn 923/DF, Rel. Min. Nancy Andrighi, Corte Especial, j. 23-9-2019, *DJe* 26-9-2019; APn 856/DF, Rel. Min. Nancy Andrighi, Corte Especial, j. 18-10-2017, *DJe* 6-2-2018.

Há, entretanto, quem entenda que a lavagem, nestes casos, poderia constituir exaurimento da infração penal antecedente, como forma de ocultação do produto do crime, e, portanto, impunível (*post factum* impunível). O Supremo Tribunal Federal já entendeu, em diversos precedentes, que a lavagem de dinheiro é crime autônomo, não constituindo exaurimento da infração penal antecedente. A conferir: AP 996/DF – 2ª T. – Rel. Min. Edson Fachin – j. 29-5-2018; HC 92.279/RN – Rel. Min. Joaquim Barbosa – *DJe* 18-9-2008.

Outrossim, é posição pacificada no Superior Tribunal de Justiça (Jurisprudência em Teses – Edição n. 166) que "é desnecessário que o autor do crime de lavagem de dinheiro tenha sido autor ou partícipe da infração penal antecedente, basta que tenha ciência da origem ilícita dos bens, direitos e valores e concorra para sua ocultação ou dissimulação". Precedentes: HC 545.395/RO, Rel. Min. Reynaldo Soares da Fonseca, 5ª T., j. 5-3-2020, *DJe* 13-3-2020; REsp 1.829.744/SP, Rel. Min. Sebastião Reis Júnior, 6ª T., j. 18-2-2020, *DJe* 3-3-2020; AgRg no AREsp 671.607/ES, Rel. Min. Jorge Mussi, 5ª T., j. 4-10-2018, *DJe* 18-10-2018; RHC 56.610/BA, Rel. Min. Ribeiro Dantas, 5ª T., j. 7-12-2017, *DJe* 15-12-2017; RHC 74751/DF, Rel. Min. Nefi Cordeiro, 6ª T., j. 18-10-2016, *DJe* 27-10-2016; REsp 1.342.710/PR, Rel. Min. Maria Thereza de Assis Moura, 6ª T., j. 22-4-2014, *DJe* 2-5-2014.

Sujeito passivo: o Estado.

Conduta: desenvolve-se por meio dos verbos "ocultar" e "dissimular", dando a noção de esconder ou disfarçar a natureza (qual tipo de bem), a origem (a sua proveniência), a localização (local onde está o bem), a disposição e a movimentação (de que forma o bem está sendo utilizado) e a propriedade (qual o verdadeiro proprietário do bem).

Além da existência de indícios suficientes da infração penal antecedente, há necessidade de indícios de ocultação ou dissimulação de bens, valores e direitos (justa causa duplicada na denúncia). A autonomia do crime de lavagem de dinheiro é relativa (relação de acessoriedade limitada), pois, tal qual ocorre em outros delitos, como a receptação, a configuração desse crime depende da infração penal antecedente.

Deve, nesse caso, o representante do Ministério Público trazer indícios suficientes da existência da infração penal antecedente, juntando, por exemplo, cópias de processo-crime envolvendo o ilícito penal em que o agente da lavagem foi o próprio autor ou beneficiário. No caso de crime praticado por organização criminosa, podem ser abrangidos outros delitos de alta concentração de lavagem de dinheiro, como o de receptação e sonegação fiscal.

No Superior Tribunal de Justiça (Jurisprudência em Teses – Edição n. 166): "O crime de lavagem ou ocultação de bens, direitos e valores, tipificado no art. 1º da Lei n. 9.613/1998, constitui crime autônomo em relação às infrações penais antecedentes". Precedentes: AgRg no REsp 1.840.416/PR, Rel. Min. Felix Fischer, 5ª T., j. 6-10-2020, *DJe* 23-11-2020; REsp 1.829.744/SP, Rel. Min. Sebastião Reis Júnior, 6ª T., j. 18-2-2020, *DJe* 3-3-2020; AgRg no HC 514.807/SC, Rel. Min. Reynaldo Soares da Fonseca, 5ª T., j. 17-12-2019, *DJe* 19-12-2019; AgRg no RHC 113.911/PR, Rel. Min. Leopoldo de Arruda Raposo (Des. convocado do TJPE), 5ª T., j. 19-11-2019, *DJe* 26-11-2019; RHC 94.233/RN, Rel. Min. Nefi Cordeiro, 6ª T., j. 21-8-2018, *DJe* 3-9-2018; REsp 1.342.710/PR, Rel. Min. Maria Thereza de Assis Moura, 6ª T., j. 22-4-2014, *DJe* 2-5-2014.

Infração penal antecedente: é aquela que gera o objeto material do crime de lavagem de dinheiro, ou seja, o produto ou o proveito. O Brasil adotava anteriormente o sistema de lista (ou de rol), nomeando expressamente os crimes que poderiam gerar a lavagem de dinheiro. Portanto, na sistemática anterior, somente haveria crime de lavagem de dinheiro se os valores ou bens tivessem sido originados da prática dos crimes expressamente arrolados no art. 1º da lei.

A Lei n. 12.683/2012, entretanto, conferindo nova redação a vários dispositivos da Lei n. 9.613/98, retirou o rol de crimes antecedentes anteriormente, permitindo que se configure como crime de lavagem a dissimulação ou ocultação da origem de recursos provenientes de qualquer crime ou contravenção penal, como, por exemplo, o jogo do bicho e a exploração de máquinas caça-níqueis. A citada lei também inovou ao ampliar o rol de pessoas obrigadas a prestar informações ao Conselho de Controle de Atividades Financeiras – COAF (art. 9º).

Lavagem em cadeia: é a "lavagem da lavagem", ou seja, consumada a primeira operação de lavagem de dinheiro, haveria uma segunda operação de lavagem, tendo por objeto (infração penal antecedente) a lavagem anterior. Neste caso, como o crime de lavagem de dinheiro não se encontrava expressamente arrolado no art. 1º, alguns doutrinadores sustentavam que a segunda lavagem constituiria fato atípico. Não nos parece a melhor solução, à vista da redação dada à parte final do *caput* do art. 1º pela Lei n. 12.683/2012. A lavagem em cadeia constitui fato típico, uma vez que derivada, na origem, de uma infração penal antecedente e, em seguida, derivada de outra ou outras lavagens de dinheiro.

Tipo subjetivo: é o dolo, vontade livre e consciente de ocultar ou dissimular bens, valores e direitos provenientes de infração penal. É bastante polêmica, na doutrina, a aceitação do dolo eventual, que excepcionalmente poderia ser admitido em hipóteses nas quais o sujeito ativo estaria ocupando, de alguma forma, a posição de garante, tendo o dever de evitar o resultado (lavagem de dinheiro). De resto, admitindo o dolo eventual amplamente, poderia se incorrer em verdadeira responsabilidade penal objetiva.

Teoria da cegueira deliberada: pode ser aplicada ao crime de lavagem de dinheiro e ocorre quando um terceiro procura, deliberadamente, evitar o conhecimento quanto à origem ilícita dos bens, direitos ou valores por ele ocultados ou dissimulados. Como bem salientado por Renato Brasileiro de Lima (*Legislação Criminal Especial Comentada*. 8. ed. Salvador: JusPodivm, 2020. p. 674), a teoria da cegueira deliberada é de "ser aplicada nas hipóteses em que o agente tem consciência da possível origem ilícita dos bens por ele ocultados ou dissimulados, mas, mesmo assim, deliberadamente cria mecanismos que o impedem de aperfeiçoar sua representação acerca dos fatos. Por força dessa teoria, aquele que renuncia a adquirir um conhecimento hábil a subsidiar a imputação dolosa de um crime responde por ele como se tivesse tal conhecimento. Basta pensar no exemplo de comerciante de joias que suspeita que alguns clientes possam estar lhe entregando dinheiro sujo para a compra de pedras preciosas com o objetivo de ocultar a origem espúria do numerário, optando, mesmo assim, por criar barreiras para não tomar ciência de informações mais precisas acerca dos usuários de seus serviços".

Consumação e tentativa: o crime de lavagem de dinheiro consuma-se com a simples ocultação ou dissimulação de bens, direitos ou valores espúrios, independentemente do efetivo proveito. Assim, basta que os valores estejam ocultos ou dissimulados, sem necessidade de que sejam efetivamente colocados em circulação.

Nesse sentido, é posição pacificada no Superior Tribunal de Justiça (Jurisprudência em Teses – Edição n. 166) que "o tipo penal do art. 1º da Lei n. 9.613/1998 é de ação múltipla ou plurinuclear, consumando-se com a prática de qualquer dos verbos mencionados na descrição típica e relacionando-se com qualquer das fases do branqueamento de capitais (ocultação, dissimulação, reintrodução), não exigindo a demonstração da ocorrência de todos os três passos do processo de branqueamento". *Vide* APn 923/DF, Rel. Min. Nancy Andrighi, Corte Especial, j. 23-9-2019, *DJe* 26-9-2019.

Vale destacar que "o crime de lavagem de bens, direitos ou valores, quando praticado na modalidade típica de ocultar, é permanente, protraindo-se sua execução até que os objetos materiais do branqueamento se tornem conhecidos" (Superior Tribunal de Justiça – Jurisprudência em Teses – Edição n. 166).

Precedentes: AgRg no RHC 131.089/SP, Rel. Min. Nefi Cordeiro, 6ª T., j. 9-2-2021, *DJe* 17-2-2021; AgRg no AREsp 1.523.057/RS, Rel. Min. Ribeiro Dantas, 5ª T., j. 2-6-2020, *DJe* 15-6-2020; RHC 103.684/RS, Rel. Min. Reynaldo Soares da Fonseca, 5ª T., j. 16-5-2019, *DJe* 27-5-2019; RHC 87.590/RJ, Rel. Min. Laurita Vaz, 6ª T., j. 4-10-2018, *DJe* 22-10-2018; AgInt no REsp 1.593.312/SP, Rel. Min. Felix Fischer, 5ª T., j. 18-9-2018, *DJe* 21-9-2018; HC 449.024/RJ, Rel. Min. Rogerio Schietti Cruz, 6ª T., j. 23-8-2018, *DJe* 4-9-2018.

Outras questões relevantes: o *caput* do artigo trata do que se convencionou chamar de lavagem primária (ou lavagem direta), enquanto o § 1º trata da chamada lavagem secundária (ou lavagem paralela). As condutas tipificadas no § 1º são também denominadas reciclagem.

8. Competência

8.1. Justiça Estadual

A regra, na Lei de Lavagem de Dinheiro, é a competência da Justiça Estadual.

8.2. Justiça Federal

A competência será da Justiça Federal:

– quando os crimes previstos na lei forem praticados contra o sistema financeiro e a ordem econômico-financeira;

– quando os crimes previstos na lei forem praticados em detrimento de bens, serviços ou interesses da União, ou de suas entidades autárquicas ou empresas públicas;

– quando a infração penal antecedente for de competência da Justiça Federal.

9. Questões processuais

> Art. 2º O processo e julgamento dos crimes previstos nesta Lei:
>
> I – obedecem às disposições relativas ao procedimento comum dos crimes punidos com reclusão, da competência do juiz singular;
>
> II – independem do processo e julgamento das infrações penais antecedentes, ainda que praticados em outro país, cabendo ao juiz competente para os crimes previstos nesta Lei a decisão sobre a unidade de processo e julgamento; (*Redação dada pela Lei n. 12.683, de 9-7-2012.*)
>
> III – são da competência da Justiça Federal:
>
> *a*) quando praticados contra o sistema financeiro e a ordem econômico-financeira, ou em detrimento de bens, serviços ou interesses da União, ou de suas entidades autárquicas ou empresas públicas;
>
> *b*) quando a infração penal antecedente for de competência da Justiça Federal. (*Redação dada pela Lei n. 12.683, de 9-7-2012.*)
>
> § 1º A denúncia será instruída com indícios suficientes da existência da infração penal antecedente, sendo puníveis os fatos previstos nesta Lei, ainda que desconhecido ou isento de pena o autor, ou extinta a punibilidade da infração penal antecedente. (*Redação dada pela Lei n. 12.683, de 9-7-2012.*)
>
> § 2º No processo por crime previsto nesta Lei, não se aplica o disposto no art. 366 do Decreto-Lei n. 3.689, de 3 de outubro de 1941 (Código de Processo Penal), devendo o acusado que não comparecer nem constituir advogado ser citado por edital, prosseguindo o feito até o julgamento, com a nomeação de defensor dativo. (*Redação dada pela Lei n. 12.683, de 9-7-2012.*)

9.1. Denúncia

O crime de lavagem de dinheiro seguirá o rito comum ordinário, previsto pelos arts. 394 e s. do Código de Processo Penal, com as modificações introduzidas pela Lei n. 11.719/2008.

Mesmo que ainda não processado pela infração penal antecedente, pode o acusado pelo crime de lavagem ser processado normalmente, a teor do art. 2º, II, da Lei de Lavagem de Dinheiro. Há necessidade, contudo, de um mínimo de provas em relação à infração penal antecedente.

Entretanto, não há necessidade de narrar com exatidão toda a sequência da lavagem de dinheiro. Isso porque exigir um total rastreamento do dinheiro tornaria a lei inaplicável. Basta, no caso, a narração, por exemplo, de depósitos e saques em conta corrente, já que o ônus da origem lícita deverá ser comprovado pelo réu (mas isso será alvo de apreciação pela jurisprudência). Se o agente, por exemplo, faz operações do Brasil para diversos países, retorna o dinheiro para o Brasil, mistura-o a capitais de origens lícitas, adquire dólares e depois automóveis e imóveis, normalmente torna-se impossível descrever todo esse *iter criminis* com detalhes.

A autonomia do crime de lavagem de dinheiro, portanto, como já mencionado anteriormente, é relativa (relação de acessoriedade limitada), pois, tal qual ocorre na receptação, por exemplo, a configuração desse crime depende da infração penal antecedente.

Nos crimes previstos nesta lei, deve o representante do Ministério Público trazer, por exemplo, cópias de processo envolvendo o ilícito penal em que o agente da lavagem foi o próprio autor ou beneficiário, ou qualquer outro elemento mínimo de prova do crime anterior. No caso de crime praticado por organização criminosa, podem ser abrangidos outros delitos de alta concentração de lavagem de dinheiro, como o de receptação e sonegação fiscal.

Infração penal antecedente, como já mencionado anteriormente, é aquela que gera o objeto material do crime de lavagem de dinheiro, ou seja, os bens, direitos ou valores provenientes, direta ou indiretamente, de infração penal.

O Brasil abandonou o sistema de lista (ou de rol), em que nomeava expressamente os crimes que poderiam gerar a lavagem de dinheiro. Atualmente, com as modificações introduzidas pela Lei n. 12.683/2012, haverá crime de lavagem de dinheiro se os bens, direitos ou valores tiverem sido originados da prática de qualquer infração penal (crime ou contravenção).

Nesse sentido, vale citar as posições do Superior Tribunal de Justiça (Jurisprudência em Teses – Edição n. 166) acerca do assunto:

"Nos crimes de lavagem de dinheiro, a denúncia é apta quando apresentar justa causa duplicada, indicando lastro probatório mínimo em relação ao crime de lavagem de dinheiro e à infração penal antecedente". Fundamento: RHC 115.171/RJ, Rel. Min. Reynaldo Soares da Fonseca, 5ª T., j. 26-11-2019, *DJe* 5-12-2019; APn 923/DF, Rel. Min. Nancy Andrighi, Corte Especial, j. 23-9-2019, *DJe* 26-9-2019; RHC 106107/BA, Rel. Min. Ribeiro Dantas, 5ª T., j. 25-6-2019, *DJe* 1º-7-2019; HC 150.729/SP, Rel. Min. Laurita Vaz, 5ª T., j. 13-12-2011, *DJe* 2-2-2012; RHC 098691/MS, Rel. Min. Laurita Vaz, 6ª T., j. 8-11-2019, *DJe* 18-11-2019; AREsp 1.268.607/SP, Rel. Min. Rogerio Schietti Cruz, 6ª T., j. 25-9-2019, *DJe* 1º-10-2019.

"A aptidão da denúncia relativa ao crime de lavagem de dinheiro não exige uma descrição exaustiva e pormenorizada do suposto crime prévio, bastando, com relação às condutas praticadas antes da Lei n. 12.683/2012, a presença de indícios suficientes de que o objeto material da lavagem seja proveniente, direta ou indiretamente, de um daqueles crimes mencionados nos incisos do art. 1º da Lei n. 9.613/1998." Fundamento: APn 923/DF, Rel. Min. Nancy Andrighi, Corte Especial, j. 23-9-2019, *DJe* 26-9-2019; RHC 098691/MS, Rel. Min. Laurita Vaz, 6ª T., j. 8-11-2019, *DJe* 18-11-2019.

9.2. Apreensão e sequestro dos bens

> Art. 4º O juiz, de ofício, a requerimento do Ministério Público ou mediante representação do delegado de polícia, ouvido o Ministério Público em 24 (vinte e quatro) horas, havendo indícios suficientes de infração penal, poderá decretar medidas assecuratórias de bens, direitos ou valores do investigado ou acusado, ou existentes em nome de interpostas pessoas, que sejam instrumento, produto ou proveito dos crimes previstos nesta Lei ou das infrações penais antecedentes. (*Redação dada pela Lei n. 12.683, de 9-7-2012.*)
>
> § 1º Proceder-se-á à alienação antecipada para preservação do valor dos bens sempre que estiverem sujeitos a qualquer grau de deterioração ou depreciação, ou quando houver dificuldade para sua manutenção. (*Redação dada pela Lei n. 12.683, de 9-7-2012.*)
>
> § 2º O juiz determinará a liberação total ou parcial dos bens, direitos e valores quando comprovada a licitude de sua origem, mantendo-se a constrição dos bens, direitos e valores necessários e suficientes à reparação dos danos e ao pagamento de prestações pecuniárias, multas e custas decorrentes da infração penal. (*Redação dada pela Lei n. 12.683, de 9-7-2012.*)
>
> § 3º Nenhum pedido de liberação será conhecido sem o comparecimento pessoal do acusado ou de interposta pessoa a que se refere o *caput* deste artigo, podendo o juiz determinar a prática de atos necessários à conservação de bens, direitos ou valores, sem prejuízo do disposto no § 1º. (*Redação dada pela Lei n. 12.683, de 9-7-2012.*)
>
> § 4º Poderão ser decretadas medidas assecuratórias sobre bens, direitos ou valores para reparação do dano decorrente da infração penal antecedente ou da prevista nesta Lei ou para pagamento de prestação pecuniária, multa e custas. (*Redação dada pela Lei n. 12.683, de 9-7-2012.*)

Estabelece a lei a possibilidade de decretação de medidas assecuratórias de bens, direitos ou valores do investigado ou acusado, ou existentes em nome de interpostas pessoas (vulgarmente conhecidas como "laranjas") que sejam instrumento, produto ou proveito dos crimes nela previstos ou das infrações penais antecedentes.

É o caso, por exemplo, do sequestro, previsto no art. 125 do Código de Processo Penal, que recai sobre os bens imóveis adquiridos pelo acusado, provenientes de infração penal. Também como exemplo pode ser citada a busca e apreensão, prevista no art. 241 desse mesmo Código, no caso de coisas (bens móveis) provenientes de crime.

Insta destacar que, embora o Código de Processo Penal trate como meio de prova a busca e apreensão, possui ela, no caso da lei em comento, inegável caráter de medida assecuratória.

Como cautelares, destinam-se essas medidas à reparação do dano oriundo do crime, embora, no caso, ocorra a perda em favor da União e dos Estados (nos casos de competência da Justiça Estadual) dos bens, direitos e valores objeto de crime previsto na lei (art. 7º, I, da Lei de Lavagem de Dinheiro).

Não há mais o levantamento da medida (caducidade) se ação penal não for intentada no prazo de 120 dias, contados da data em que ficar concluída a diligência, como constava na antiga redação do art. 4º, § 1º. Esse prazo foi abolido pela Lei n. 12.683/2012, que possibilitou a alienação antecipada para preservação do valor dos bens sempre que estiverem sujeitos a qualquer grau de deterioração ou depreciação, ou quando houver dificuldade para sua manutenção. O procedimento da alienação antecipada vem regulado pelo art. 4º-A da lei, introduzido pela Lei n. 12.683/2012, que trata, inclusive, da destinação dos valores apurados.

Se comprovada a licitude da origem dos bens, direitos e valores apreendidos, o juiz ordenará a imediata liberação destes, mantendo-se a constrição daqueles necessários e suficientes à reparação dos danos e ao pagamento de prestações pecuniárias, multas e custas decorrentes da infração penal. Isso porque, tal qual ocorre na esfera cível, o juiz, ao decretar liminarmente a medida cautelar, faz tão só uma cognição sumária. O pedido de restituição deverá ser feito necessariamente com o comparecimento pessoal do acusado ou da interposta pessoa ("laranja").

Vale ressaltar que, quando as circunstâncias o aconselharem, o juiz, ouvido o Ministério Público, nomeará pessoa física ou jurídica qualificada para a administração dos bens, direitos ou valores sujeitos a medidas assecuratórias, mediante termo de compromisso.

Pode haver tratado (em geral, entre apenas dois países) ou convenção (envolve normalmente vários países, como a Convenção de Viena de 1988, que tratou de medidas de combate ao narcotráfico e à lavagem de dinheiro) sobre o assunto, e, nesse caso, pode-se determinar medidas assecuratórias de bens, direitos ou valores por solicitação da autoridade estrangeira (carta rogatória). Se não houver tratado ou convenção entre os países, poderá ser cumprida a medida por meio de promessa de reciprocidade. Aqui, os recursos serão repartidos pela metade entre o Brasil e o outro país (art. 8º).

A lei determina também a inversão do ônus da prova. Ao mencionar a expressão "quando comprovada a licitude de sua origem", a lei inverteu o ônus da prova (normalmente cabe à acusação comprovar a ilicitude da origem). Nesse caso, caberá ao requerente (por intermédio de seu defensor e com a sua presença física) fazer a prova da licitude da origem dos bens, direitos e valores apreendidos ou sequestrados. Se não houver essa comprovação, presumem-se eles obtidos por meio ilícito.

9.3. Colaboração premiada

É permitida a colaboração premiada pelo art. 1º, § 5º, da lei. Assim, a pena poderá ser reduzida de um a dois terços e ser cumprida em regime aberto ou semiaberto, facultando-se ao juiz deixar de aplicá-la ou substituí-la, a qualquer tempo, por pena restritiva de direitos, se o autor, coautor ou partícipe colaborar espontaneamente com as autoridades, prestando esclarecimentos que conduzam à apuração das infrações penais, à identificação dos autores, coautores e partícipes, ou à localização dos bens, direitos ou valores objeto do crime.

9.4. Suspensão do processo (art. 366 do CPP)

Pelo teor do art. 2º, § 2º, da Lei de Lavagem de Dinheiro, não se aplica a suspensão prevista no art. 366 do Código de Processo Penal, não se suspendendo o processo, como ocorre nos demais delitos (Lei n. 9.271/96), em caso de revelia, devendo o acusado que não comparecer nem constituir advogado ser citado por edital, prosseguindo o feito até o julgamento, com a nomeação de defensor dativo. Na Exposição de Motivos da lei, apresenta-se a justificativa de que a suspensão poderia constituir em prêmio ao delinquente. Assim, ao inadmitir a suspensão do processo pela revelia do acusado, admitem-se os efeitos dela, com o prosseguimento do feito (art. 367 do CPP).

A redação do art. 2º, § 2º é imprecisa e equivocada, uma vez que dá a entender que a citação por edital deverá ocorrer após o não comparecimento do acusado ou a não constituição de advogado, o que é absurdo.

Na verdade, a norma em comento determina que, não comparecendo o acusado citado por edital e nem tampouco constituindo advogado, o processo e o prazo prescricional não serão suspensos, devendo o juiz nomear advogado dativo ao revel, prosseguindo o feito até final julgamento.

9.5. Aumento de pena

A pena será aumentada de um a dois terços se o crime de lavagem de dinheiro for cometido de forma reiterada, por intermédio de organização criminosa ou por meio da utilização de ativo virtual. Essa disposição está prevista no art. 1º, § 4º, da Lei de Lavagem de Dinheiro.

9.6. Ação controlada e infiltração de agentes

O § 6º do art. 1º da Lei de Lavagem de Dinheiro foi acrescentado pela Lei n. 13.964/2019 (Lei Anticrime) prevendo a possibilidade de utilização da ação controlada e da infiltração de agentes para a apuração dos crimes de lavagem de dinheiro.

De acordo com o disposto no art. 8º da Lei n. 12.850/2013, a ação controlada consiste em retardar a intervenção policial ou administrativa relativa à ação praticada por organização criminosa ou a ela vinculada, desde que mantida sob observação e acompanhamento para que a medida legal se concretize no momento mais eficaz à formação de provas e obtenção de informações. O retardamento da intervenção policial ou administrativa será previamente comunicado ao juiz competente que, se for o caso, estabelecerá os seus limites e comunicará ao Ministério Público. A comunicação será sigilosamente distribuída de forma a não conter informações que possam indicar a operação a ser efetuada. Até o encerramento da diligência, o acesso aos autos será restrito ao juiz, ao Ministério Público e ao delegado de polícia, como forma de garantir o êxito das investigações. Ao término da diligência, elaborar-se-á auto circunstanciado acerca da ação controlada.

Já a infiltração veio prevista nos arts. 10 a 14 da Lei n. 12.850/2013. Segundo a sistemática traçada pela lei, a infiltração poderá ser representada pelo Delegado de Polícia ou requerida pelo MP, quando houver indícios de infração penal praticada por organização criminosa e a prova não puder ser produzida por outros meios disponíveis. A infiltração será autorizada pelo prazo inicial de até 6 (seis) meses, podendo ser renovada, desde que comprovada sua necessidade, apresentando o infiltrado, ou a autoridade a quem estiver subordinado, relatório circunstanciado de tudo o que for apurado.

Explicitando ainda mais a operacionalização da infiltração, precioso instrumento de combate ao crime organizado, a lei exige que o requerimento do MP ou a representação do Delegado de Polícia contenham, entre outros elementos, "o alcance das tarefas dos agentes", a fim de que possa o juiz, ao autorizar a operação, estabelecer os "seus limites", como expressamente dispõe a parte final do art. 10.

Prevê expressamente a Lei n. 12.850/2013, ainda, a obrigatoriedade de o agente infiltrado guardar, em sua atuação, "a devida proporcionalidade com a finalidade da investigação", respondendo pelos excessos praticados.

32 Lei das Contravenções Penais
Decreto-Lei n. 3.688/41

PARTE GERAL

Aplicação das regras gerais do Código Penal

Art. 1º Aplicam-se às contravenções as regras gerais do Código Penal, sempre que a presente Lei não disponha de modo diverso.

Classificação bipartida das infrações penais: é adotada pelo Brasil, distinguindo *crime* de *contravenção penal*.

Conceito legal de contravenção penal: segundo o disposto no art. 1º do Decreto-Lei n. 3.914/41, "considera-se crime a infração penal a que a lei comina pena de reclusão ou de detenção, quer isoladamente, quer alternativa ou cumulativamente com a pena de multa; contravenção, a infração penal a que a lei comina, isoladamente, pena de prisão simples ou de multa, ou ambas, alternativa ou cumulativamente".

Diferença entre crime e contravenção, em relação ao perigo de ofensa ou lesão ao bem ou interesse: esclarece Manoel Pedro Pimentel (*Contravenções Penais*, São Paulo: Revista dos Tribunais, p. 3) que "contra a ofensa ou a lesão dos bens e interesses jurídicos do mais alto valor, o legislador coloca duas linhas de defesa: se ocorre o dano ou o perigo próximo do dano, alinham-se os dispositivos que, no Código Penal, protegem os bens e interesses através da incriminação das condutas ofensivas, lesivas, causadoras de dano ou criadoras de perigo próximo, resultando as categorias dos crimes de dano e de perigo; se o perigo de ofensa ou de lesão não é veemente, e se o bem ou interesse ameaçados não são relevantes, alinham-se na Lei das Contravenções Penais os tipos contravencionais de perigo abstrato ou presumido e de perigo concreto. Conclui-se, portanto, que a Lei das Contravenções Penais forma a primeira linha de combate contra o crime, ensejando a inocuização do agente quando ele ainda se encontra no simples estado perigoso. Com sanções de pequena monta, prisão simples ou multa, impostas mediante processo sumaríssimo, alcança-se o principal objetivo que é coartar a conduta perigosa, capaz de ameaçar, no seu desdobramento, o bem ou o interesse tutelados".

Infrações de perigo: todas as contravenções penais, à exceção do art. 29 da LCP (que tipifica infração de dano), são infrações de perigo.

Infração penal de menor potencial ofensivo: as contravenções penais são consideradas infrações penais de menor potencial ofensivo (art. 61 da Lei n. 9.099/95).

Rito processual: o processo relativo às contravenções penais segue o rito previsto pela Lei n. 9.099/95 (Juizado Especial Criminal).

Princípio da legalidade: também se aplica às contravenções penais. Não há contravenção penal sem lei anterior que a defina.

Princípio da retroatividade da lei mais benéfica: também se aplica às contravenções penais.

Tempo da contravenção penal: aplica-se a regra do art. 4º do Código Penal – Teoria da Atividade: considera-se praticada a contravenção penal no momento da ação ou da omissão, ainda que outro seja o momento do resultado.

Sujeito ativo: qualquer pessoa. A pessoa jurídica não pode ser sujeito ativo de contravenção penal.

Sujeito passivo: qualquer pessoa, física ou jurídica, incluindo o Estado e a coletividade.

Formas de conduta: a contravenção penal pode ser praticada por ação ou omissão.

Elemento subjetivo: é a voluntariedade (art. 3º da LCP).

Consumação: consuma-se a contravenção penal quando nela se reúnem todos os elementos de sua definição legal (art. 14, I, do CP).

Tentativa: não é admitida tentativa de contravenção penal (art. 4º da LCP).

Prisão em flagrante em contravenção penal: em tese, é cabível. Entretanto, sendo a contravenção infração penal de menor potencial ofensivo, aplica-se o disposto no art. 69, parágrafo único, da Lei n. 9.099/95: "ao autor do fato que, após a lavratura do termo, for imediatamente encaminhado ao juizado ou assumir o compromisso de a ele comparecer, não se imporá prisão em flagrante, nem se exigirá fiança".

Prisão temporária: não é admissível nas contravenções penais, uma vez que a Lei n. 7.960/89 refere-se expressamente a *"crimes"*.

Prisão preventiva: não é admissível nas contravenções penais, uma vez que os arts. 312 e 313 do Código de Processo Penal referem-se apenas a *"crime"*.

Prescrição nas contravenções penais: segue as mesmas regras aplicáveis aos crimes.

> Territorialidade
>
> Art. 2º A lei brasileira só é aplicável à contravenção praticada no território nacional.

Territorialidade: com relação às contravenções penais, o Brasil adotou o Princípio da Territorialidade, sem exceções.

Tratados e convenções: não são aplicáveis às contravenções penais.

> Voluntariedade. Dolo e culpa
>
> Art. 3º Para a existência da contravenção, basta a ação ou omissão voluntária. Deve-se, todavia, ter em conta o dolo ou a culpa, se a lei faz depender, de um ou de outra, qualquer efeito jurídico.

Elemento subjetivo da contravenção penal: é a voluntariedade.

Voluntariedade: segundo Damásio de Jesus (*Lei das Contravenções Penais anotada*, 8. ed., São Paulo: Saraiva, 2001, p. 26), "voluntariedade é a simples vontade, despida de qualquer finalidade ou direção. Corresponde ao querer, prescindindo de que o comportamento seja dirigido a certo efeito".

Voluntariedade segundo Manoel Pedro Pimentel: referido penalista (ob. cit., p. 20), ensina que "a voluntariedade não é a simples resultante de uma determinação psíquica de agir, mas uma propulsão no sentido de agir de modo contrário ao que está normatizado, única hipótese em que é possível cogitar-se da responsabilidade subjetiva. Dispensando a consciência de que seja ilícita a ação ou omissão, o legislador restaura o princípio do 'versare in re illicita', intolerável perante o nosso sistema jurídico-penal que consagra enfaticamente o 'Direito penal da culpa'".

Responsabilidade penal objetiva: vedada pela reforma penal de 1984 a responsabilidade objetiva e adotada a Teoria Finalista da ação, esclarece Damásio de Jesus (ob. cit., p. 26) que o disposto no art. 3º, ora em comento, está superado, aduzindo que "a contravenção, assim como o crime, exige dolo e culpa, conforme a descrição típica. O dolo se apresenta como elemento subjetivo implícito no tipo; a culpa, como elemento normativo. Ausentes, o fato é atípico".

> Tentativa
>
> Art. 4º Não é punível a tentativa de contravenção.

Consumação: tal como ocorre no crime, consuma-se a contravenção penal quando nela se reúnem todos os elementos de sua definição legal (art. 14, I, do CP).

Razões da impunidade da tentativa: tem-se sustentado doutrinariamente que, por ser a contravenção penal infração penal de menor gravidade (delito-anão), a tentativa seria desprezível, em face do mínimo de alarme social e à insignificância do perigo. No direito romano já se dizia: *"de minimis non curat praetor"*. Há que ressaltar, também, que a maioria das contravenções penais constituem infrações de mera conduta, sem resultado naturalístico, perfazendo-se com um só ato e, portanto, não comportando o *iter criminis* fracionamento.

> Penas principais
>
> Art. 5º As penas principais são:
> I – prisão simples;
> II – multa.

Conceito legal de contravenção penal: segundo o disposto no art. 1º do Decreto-Lei n. 3.914/41, "considera-se crime a infração penal a que a lei comina pena de reclusão ou de detenção, quer isoladamente, quer alternativa ou cumulativamente com a pena de multa; contravenção, a infração penal a que a lei comina, isoladamente, pena de prisão simples ou de multa, ou ambas, alternativa ou cumulativamente".

Penas acessórias: não mais existem, após a reforma de 1984.

Fixação e aplicação das penas: seguem as mesmas regras do Código Penal.

> Prisão simples
>
> Art. 6º A pena de prisão simples deve ser cumprida, sem rigor penitenciário, em estabelecimento especial ou seção especial de prisão comum, em regime semiaberto ou aberto. (*Redação dada pela Lei n. 6.416, de 24-5-1977.*)
>
> § 1º O condenado à pena de prisão simples fica sempre separado dos condenados à pena de reclusão ou de detenção.
>
> § 2º O trabalho é facultativo, se a pena aplicada não excede a 15 (quinze) dias.

Prisão simples: a pena de prisão simples, como pena privativa de liberdade, tem caráter aflitivo, mas deve ser cumprida sem rigor penitenciário, em estabelecimento especial ou seção especial de prisão comum.

Regimes de cumprimento da prisão simples: semiaberto ou aberto (arts. 33, § 1º, *b* e *c*, 35 e 36 do CP).

Regime fechado: é incabível em contravenção penal, salvo em caso de transferência, nos termos do art. 33, *caput*, do Código Penal.

Estabelecimento penal: não existe atualmente um estabelecimento penal exclusivo para o cumprimento da prisão simples. Nas raras hipóteses em que essa reprimenda é aplicada, o condenado fica em seção especial (local adequado) de prisão comum, cumprindo as regras do regime que lhe foi imposto (semiaberto ou aberto). Merece ser ressaltado que, atualmente, praticamente nenhum juiz de direito aplica mais a prisão simples, sendo ela substituída, no mais das vezes, por penas restritivas de direitos, tendência que mais se acentuou e se consolidou com a classificação das contravenções como infrações penais de menor potencial ofensivo (art. 61 da Lei n. 9.099/95), sendo processada pelo rito do Juizado Especial Criminal.

Cadeia pública: estabelecimento prisional que se destina ao recolhimento dos presos provisórios (art. 102 da Lei n. 7.210/84 – Lei de Execução Penal).

Separação do condenado: o condenado a prisão simples deve necessariamente ficar separado dos condenados a penas de reclusão ou detenção.

Trabalho: é facultativo, se a pena aplicada não excede a 15 dias. Para pena acima de quinze dias, o trabalho é obrigatório (art. 31 da Lei de Execução Penal).

Penas restritivas de direitos: podem substituir a prisão simples, desde que cumpridos os requisitos do art. 44 do Código Penal.

> Reincidência
>
> Art. 7º Verifica-se a reincidência quando o agente pratica uma contravenção depois de passar em julgado a sentença que o tenha condenado, no Brasil ou no estrangeiro, por qualquer crime, ou, no Brasil, por motivo de contravenção.

Hipóteses:

a) se o agente é condenado irrecorrivelmente pela prática de um crime e vem a praticar outro crime: é reincidente;

b) se o agente é condenado irrecorrivelmente pela prática de um crime e vem a cometer uma contravenção: é reincidente;

c) se o agente é condenado irrecorrivelmente pela prática de uma contravenção e vem a cometer outra contravenção: é reincidente;

d) se o agente é condenado irrecorrivelmente pela prática de uma contravenção e vem a cometer um crime: não é reincidente.

Eficácia temporal da condenação anterior: nos termos do disposto no art. 64, I, do Código Penal, não prevalece para efeito de reincidência a **condenação anterior** se, entre a data do cumprimento ou extinção da pena e a infração posterior, tiver decorrido período de tempo superior a 5 anos (período depurador). A Parte Geral do Código Penal adotou o *sistema da temporariedade* com relação à caracterização da reincidência, para crime e contravenção.

> Erro de direito
>
> Art. 8º No caso de ignorância ou de errada compreensão da lei, quando escusáveis, a pena pode deixar de ser aplicada.

Erro de proibição: art. 21 do Código Penal.

Perdão judicial: cuida o dispositivo em análise de hipótese de perdão judicial, considerado causa de extinção da punibilidade (art. 107, IX, do CP).

Perdão judicial e reincidência: dispõe o art. 120 do Código Penal: "a sentença que conceder perdão judicial não será considerada para efeitos de reincidência".

Súmula 18 do STJ: "A sentença concessiva do perdão judicial é declaratória da extinção da punibilidade, não subsistindo qualquer efeito condenatório".

> Conversão da multa em prisão simples
>
> Art. 9º A multa converte-se em prisão simples, de acordo com o que dispõe o Código Penal sobre a conversão de multa em detenção.
>
> Parágrafo único. Se a multa é a única pena cominada, a conversão em prisão simples se faz entre os limites de 15 (quinze) dias e 3 (três) meses.

Revogação: esse dispositivo encontra-se revogado tacitamente pela Lei n. 9.268/96, que deu nova redação ao art. 51 do Código Penal, estabelecendo que: "transitada em julgado a sentença condenatória, a multa será considerada dívida de valor, aplicando-se-lhe as normas da legislação relativa à dívida ativa da Fazenda Pública, inclusive no que concerne às causas interruptivas e suspensivas da prescrição".

Multa não paga: converte-se em dívida de valor.

> Limites das penas
>
> Art. 10. A duração da pena de prisão simples não pode, em caso algum, ser superior a 5 (cinco) anos, nem a importância das multas ultrapassar cinquenta contos de réis.

Cumprimento da prisão simples: não pode ultrapassar 5 anos.

Fixação da prisão simples: a fixação da prisão simples não se subordina ao limite de 5 anos, que pode ser ultrapassado em caso de concurso de contravenções. O cumprimento da reprimenda é que se subordina ao limite legal.

Valor da multa: atualmente, por força do disposto do art. 2º da Lei n. 7.209/84 (Lei de Execução Penal), as referências a valores de multas da Parte Geral do Código Penal e da legislação especial foram canceladas, sendo adotado o critério do dia-multa (art. 49 do CP). Portanto, o valor da multa nas contravenções deve ser fixado em dias-multa, podendo ultrapassar os "cinquenta contos".

> Suspensão condicional da pena de prisão simples
>
> Art. 11. Desde que reunidas as condições legais, o juiz pode suspender, por tempo não inferior a 1 (um) ano nem superior a 3 (três), a execução da pena de prisão simples, bem como conceder livramento condicional. (*Redação dada pela Lei n. 6.416, de 24-5-1977.*)

Suspensão condicional da pena em contravenção penal: subordina-se ao requisito temporal estabelecido no Código Penal, além das demais condições impostas: incabível a substituição por penas restritivas de direitos; condenado não reincidente em crime doloso; e circunstâncias pessoais favoráveis (art. 77 do CP).

Condições do "sursis": a jurisprudência diverge nesse aspecto. Alguns julgados entenderam que as condições da suspensão, nas contravenções, devem ser as mesmas dos crimes, por analogia aos arts. 77 e 78 do Código Penal. Outros julgados, entretanto, têm sustentado que as condições mencionadas não podem ser aplicadas às contravenções, por força do disposto no art. 1º da LCP e no art. 12 do Código Penal.

Livramento condicional: nas contravenções penais, também se subordina o livramento condicional às condições previstas no art. 83 do Código Penal.

> Penas acessórias
>
> Art. 12. As penas acessórias são a publicação da sentença e as seguintes interdições de direitos:
>
> I – a incapacidade temporária para profissão ou atividade, cujo exercício dependa de habilitação especial, licença ou autorização do poder público;
>
> II – a suspensão dos direitos políticos.
>
> Parágrafo único. Incorrem:
>
> *a)* na interdição sob n. I, por 1 (um) mês a 2 (dois) anos, o condenado por motivo de contravenção cometida com abuso de profissão ou atividade ou com infração de dever a ela inerente;
>
> *b)* na interdição sob n. II, o condenado à pena privativa de liberdade, enquanto dure a execução da pena ou a aplicação da medida de segurança detentiva.

Extinção: as penas acessórias foram abolidas pela reforma penal de 1984, que foi instituída pela Lei n. 7.209/84.

> Medidas de segurança
>
> Art. 13. Aplicam-se, por motivo de contravenção, as medidas de segurança estabelecidas no Código Penal, à exceção do exílio local.

Medida de segurança: é uma espécie de sanção penal imposta pelo Estado aos inimputáveis (art. 26, *caput*, do CP) visando à prevenção da infração penal, com a finalidade de evitar que o infrator que apresente periculosidade volte a delinquir.

Fundamento: enquanto o fundamento da aplicação da pena reside na *culpabilidade,* o fundamento da medida de segurança reside na *periculosidade.*

Pressupostos de aplicação das medidas de segurança:

a) prática de fato descrito como contravenção penal;

b) a periculosidade do sujeito;

c) ausência de imputabilidade plena.

Periculosidade: é a potencialidade de praticar ações lesivas. A periculosidade pode ser *real* (quando precisa ser comprovada) ou *presumida* (quando não precisa ser comprovada).

Periculosidade real e presumida: no caso dos inimputáveis, a periculosidade é presumida, pois a lei determina a aplicação da medida de segurança. No caso dos semi-imputáveis, a periculosidade é real, pois deve ser verificada pelo juiz à luz do caso concreto, ensejando a escolha entre a aplicação de pena reduzida ou a imposição de medida de segurança.

Espécies de medidas de segurança:

a) medida de segurança detentiva;

b) medida de segurança restritiva.

Medida de segurança detentiva: consiste na sujeição a tratamento ambulatorial (art. 96, II, do CP).

Medida de segurança restritiva: consiste na internação em hospital de custódia e tratamento psiquiátrico (art. 96, I, do CP).

Aplicação da medida de segurança: deverá o réu ser submetido a processo regular, sendo-lhe observadas todas as garantias constitucionais.

Sentença absolutória imprópria: no final do processo, em fase de sentença, o juiz deverá, tratando-se de inimputável, **absolver** o réu, impondo-lhe medida de segurança.

Prazo da internação ou do **tratamento ambulatorial:** de acordo com o Código Penal, será indeterminado, perdurando enquanto não for averiguada, mediante perícia médica, a cessação da periculosidade. Entretanto, *vide* Súmula 527 do Superior Tribunal de Justiça: "O tempo de duração da medida de segurança não deve ultrapassar o limite máximo da pena abstratamente cominada ao delito praticado".

Prazo de internação: o prazo mínimo de internação será de 1 a 3 anos, findos os quais será o agente submetido a perícia médica, que se repetirá de ano em ano ou a qualquer tempo, por determinação judicial (art. 97, § 2º, do CP).

Cessação de periculosidade: é procedimento regulado pelos arts. 175 a 179 da Lei de Execução Penal.

Desinternação ou a liberação do agente será sempre condicional. Isso significa que deverá ser restabelecida a situação anterior se o agente, antes do decurso de um ano, pratica fato indicativo de persistência de sua periculosidade.

Exílio local: não existe mais. Foi extinto pela reforma penal de 1984.

> Presunção de periculosidade
>
> Art. 14. Presumem-se perigosos, além dos indivíduos a que se referem os ns. I e II do art. 78 do Código Penal:
>
> I – o condenado por motivo de contravenção cometida em estado de embriaguez pelo álcool ou substância de efeitos análogos, quando habitual a embriaguez;
>
> II – o condenado por vadiagem ou mendicância;
>
> III e IV – *(Revogados pela Lei n. 6.416, de 24-5-1977.)*

Revogação: esse dispositivo foi revogado pela reforma penal de 1984.

> Internação em colônia agrícola ou em instituto de trabalho, de reeducação ou de ensino profissional
>
> Art. 15. São internados em colônia agrícola ou em instituto de trabalho, de reeducação ou de ensino profissional, pelo prazo mínimo de 1 (um) ano:

I – o condenado por vadiagem (art. 59);

II – o condenado por mendicância (art. 60 e seu parágrafo);

III – *(Revogado pela Lei n. 6.416, de 24-5-1977.)*

Revogação: esse dispositivo foi revogado pela reforma penal de 1984.

Internação em manicômio judiciário ou em casa de custódia e tratamento

Art. 16. O prazo mínimo de duração da internação em manicômio judiciário ou em casa de custódia e tratamento é de 6 (seis) meses.

Parágrafo único. O juiz, entretanto, pode, ao invés de decretar a internação, submeter o indivíduo a liberdade vigiada.

Alteração: esse dispositivo foi alterado pela reforma penal de 1984.

Regras do Código Penal: atualmente, deve ser aplicada a regra do art. 97 do Código Penal.

Ação penal

Art. 17. A ação penal é pública, devendo a autoridade proceder de ofício.

Procedimento judicialiforme: antes do advento da Constituição Federal de 1988, o processo contravencional era iniciado pela autoridade policial, que depois o remetia a juízo, prescindindo de denúncia do Ministério Público.

Exclusividade do Ministério Público: atualmente, pelo disposto no art. 129, I, da Constituição Federal, compete privativamente ao Ministério Público promover a ação penal pública.

Juizado Especial Criminal: todas as contravenções penais, independentemente de rito especial, são processadas perante o Juizado Especial Criminal, seguindo o rito previsto na Lei n. 9.099/95 (*RJDTACrim*, 33/183, 31/170, 31/178).

Competência: Justiça Estadual (art. 109, IV, da CF).

Súmula 38 do STJ: "Compete à Justiça Estadual Comum, na vigência da Constituição de 1988, o processo por contravenção penal, ainda que praticada em detrimento de bens, serviços ou interesses da União ou de suas entidades".

PARTE ESPECIAL

Capítulo I
DAS CONTRAVENÇÕES REFERENTES À PESSOA

Fabrico, comércio, ou detenção de armas ou munição

Art. 18. Fabricar, importar, exportar, ter em depósito ou vender, sem permissão da autoridade, arma ou munição:

Pena – prisão simples, de 3 (três) meses a 1 (um) ano, ou multa, ou ambas cumulativamente, se o fato não constitui crime contra a ordem política ou social.

Derrogação: o art. 18 da LCP foi revogado parcialmente pela Lei n. 10.826/2003 (Estatuto do Desarmamento), a cujos comentários remetemos o leitor.

Vigência parcial: o tipo penal permanece em vigor, entretanto, quanto às armas brancas.

Armas brancas: são as que não constituem armas de fogo, tais como estiletes, canivetes, facas, punhais, adagas, machados, espadas etc.

Objetividade jurídica: trata-se de infração de perigo abstrato (presumido), pretendendo o legislador combater a criminalidade contra a pessoa, principalmente os delitos de sangue.

Sujeito ativo: qualquer pessoa.

Sujeito passivo: é a coletividade.

Conduta: vem representada pelos verbos "fabricar" (dar origem, manufaturar, produzir), "importar" (introduzir no país), "exportar" (fazer sair do país), "ter em depósito" (possuir, ter à sua disposição) e "vender" (comercializar, alienar).

Objeto material: arma branca.

Elemento normativo do tipo: para a caracterização da contravenção penal, a conduta deve ser praticada "sem permissão da autoridade". Havendo a permissão, o fato é atípico.

Elemento subjetivo: é o dolo, consistente na vontade livre e consciente de realizar as condutas contravencionais.

Consumação: ocorre com a prática das condutas contravencionais.

Tentativa: não se admite (*vide* comentários ao art. 4º).

Subsidiariedade expressa: o tipo penal é subsidiário, já que somente se consuma "se o fato não constitui crime contra a ordem política e social". Os crimes contra a ordem política e social estavam previstos na Lei n. 7.170/83, que cuidava dos crimes contra a segurança nacional. A Lei n. 14.197/2021 revogou expressamente a Lei n. 7.170/83 e acrescentou o Título XII na Parte Especial do Código Penal, relativo aos crimes contra o Estado Democrático de Direito.

> Porte de arma
>
> Art. 19. Trazer consigo arma fora de casa ou de dependência desta, sem licença da autoridade:
>
> Pena – prisão simples, de 15 (quinze) dias a 6 (seis) meses, ou multa, ou ambas cumulativamente.
>
> § 1º A pena é aumentada de um terço até metade, se o agente já foi condenado, em sentença irrecorrível, por violência contra pessoa.
>
> § 2º Incorre na pena de prisão simples, de 15 (quinze) dias a 3 (três) meses, ou multa, quem, possuindo arma ou munição:
>
> *a*) deixa de fazer comunicação ou entrega à autoridade, quando a lei o determina;
>
> *b*) permite que alienado, menor de 18 (dezoito) anos ou pessoa inexperiente no manejo de arma a tenha consigo;
>
> *c*) omite as cautelas necessárias para impedir que dela se apodere facilmente alienado, menor de 18 (dezoito) anos ou pessoa inexperiente em manejá-la.

Derrogação: o art. 19 da LCP foi revogado parcialmente pela Lei n. 10.826/2003 (Estatuto do Desarmamento), a cujos comentários remetemos o leitor.

Vigência parcial: o tipo penal permanece em vigor, entretanto, em relação às armas brancas. Nesse sentido:

"AGRAVO REGIMENTAL NO RECURSO ESPECIAL. PROCESSUAL PENAL. ART. 19 DO DECRETO-LEI N. 3.688/41 (PORTE DE ARMA BRANCA – 'PEIXEIRA'). DISPOSITIVO LEGAL QUE SUBSISTE, MESMO APÓS A VIGÊNCIA DAS LEIS N. 9.437/1997 e 10.826/2003. REVOGAÇÃO INOCORRÊNCIA. POSSIBILIDADE DE TIPIFICAÇÃO DA CONDUTA IMPUTADA AO RÉU. PRECEDENTES. SUPOSTA OFENSA A DISPOSITIVO CONSTITUCIONAL. IMPOSSIBILIDADE DE EXAME. AGRAVO REGIMENTAL DESPROVIDO.

1. A edição das Leis n. 9.437/97 e 10.826/2003 não revogou o art. 19 da Lei das Contravenções Penais, subsistindo a contravenção quanto ao porte de arma branca.

2. A jurisprudência desta Corte Superior de Justiça está fixada no sentido '[...] da possibilidade de tipificação da conduta de porte de arma branca como contravenção prevista no art. 19 do Decreto-Lei n. 3.688/1941, não havendo que se falar em violação ao princípio da intervenção mínima ou da legalidade [...]' (AgRg no HC 592.293/SP, Rel. Ministro JOEL ILAN PACIORNIK, QUINTA TURMA, julgado em 21/09/2021, *DJe* 24/09/2021)" (STJ – AgRg no REsp 1970707/DF – Rel. Min. Laurita Vaz – 6ª Turma – *DJe* 6-5-2022).

Armas brancas: são as que não constituem armas de fogo, tais como estiletes, canivetes, facas, punhais, adagas, machados, espadas etc.

Objetividade jurídica: trata-se de infração de perigo abstrato (presumido), pretendendo o legislador combater a criminalidade contra a pessoa, principalmente os delitos de sangue.

Sujeito ativo: qualquer pessoa.

Sujeito passivo: é a coletividade.

Conduta: vem caracterizada pela locução verbal "trazer consigo", que significa portar, ter ao alcance, deter. No § 2º, punem-se ainda as condutas consistentes em "deixar de fazer" (omissão própria), "permitir" (deixar ocorrer, não impedir, aquiescer) e "omitir" (deixar de fazer).

Objeto material: arma branca.

Elemento subjetivo: é o dolo, consistente na vontade livre e consciente de realizar as condutas contravencionais.

Consumação: ocorre com a prática das condutas contravencionais.

Tentativa: não se admite (*vide* comentários ao art. 4º).

Elemento normativo do tipo: para a caracterização da contravenção penal, a conduta deve ser praticada "sem licença da autoridade". Havendo a licença, o fato é atípico.

Inexistência de órgão que expeça autorização para porte de arma branca: não existe órgão que expeça autorização para porte de arma branca. Daí por que todo o porte de arma branca é proibido.

Tamanho da lâmina: Não há nenhuma legislação federal que trate do tamanho da lâmina para caracterizar a proibição do porte de arma branca. Alguns doutrinadores ainda sustentam a vigência do Decreto Estadual n. 6.911/35, que, no âmbito do Estado de São Paulo, menciona "facas cuja lâmina tenha mais de 10 centímetros de comprimento". Entretanto, o mais acertado, conforme entendimento do Superior Tribunal de Justiça, é aferir o contexto fático e o potencial de lesividade em cada caso concreto.

Soco-inglês: "Configura-se a contravenção de porte de arma se, ao ser preso em flagrante por tentativa de furto, o acusado trazia consigo um 'soco-inglês', cuja destinação, sabidamente, é a de praticar ofensas físicas" (TACrimSP – *RT*, 609/351).

Navalha: "Quando alheada à sua função de barbear, a navalha é arma proibida, porque o seu destino passa a ser o da ofensa à pessoa" (TJDF – *RF*, 138/245).

Peixeira: "Dada a extensão de sua lâmina, é a peixeira uma arma proibida, nos termos do art. 5º, § 1º, 'h', do Dec. n. 6.911 de 1935. Destarte, seu porte somente é lícito se autorizado pela autoridade competente" (TACrimSP – *RT*, 323/371).

Facão de mato: "Caracteriza a contravenção do art. 19 da LCP a conduta do agente que leva em seu veículo facão com lâmina de 39 cm de comprimento, arma de extrema periculosidade e insuscetível de ensejar obtenção de porte, nos termos do Decreto estadual 6.911/35, art. 5º, § 1º, 'h'" (TACrimSP – AC – Rel. Luiz Ambra – j. 13-3-1997 – Rolo-flash 1.095/456).

Canivete: seu porte configura a contravenção penal: "Os canivetes, punhais, ainda que de lâminas inferiores a 10 cm, são de uso proibido, caracterizando, dessa forma, a contravenção do art. 19 da LCP" (TACrimSP – *JUTACrim*, 96/100). Em sentido contrário: "A posse de simples canivete não caracteriza a contravenção de porte de arma" (TACrimSP – *JUTACrim*, 43/162).

Elemento subjetivo do tipo: há duas posições: a) é o dolo, que faz parte do tipo, devendo o agente ter a real intenção de portar a arma; b) é a voluntariedade, tornando-se irrelevante a intenção do agente, que não integra o tipo.

Erro de proibição: o erro de proibição é aquele que recai sobre a ilicitude do fato, excluindo a culpabilidade do agente. Este supõe que inexiste a regra de proibição. O erro de proibição não exclui o dolo. Exclui a culpabilidade, quando o erro for escusável; quando inescusável, a culpabilidade fica atenuada, reduzindo-se a pena de 1/6 a 1/3.

Elemento espacial: vem caracterizado pela expressão "fora de casa ou de dependência desta".

Perícia: é necessária para determinar a potencialidade ofensiva da arma branca.

Consumação: na modalidade de conduta do *caput*, ocorre no momento em que o sujeito, fora de casa ou de dependência desta, traz a arma branca consigo.

Anúncio de meio abortivo

Art. 20. Anunciar processo, substância ou objeto destinado a provocar aborto:

Pena – multa.

Objetividade jurídica: o direito à vida intrauterina.

Aborto: é a interrupção da gravidez com a consequente destruição do produto da concepção (arts. 124 a 128 do CP).

Sujeito ativo: qualquer pessoa.

Sujeito passivo: a coletividade.

Conduta: vem representada pelo verbo "anunciar", que significa noticiar ao público, dar a conhecer, revelar publicamente.

Objeto material: é o anúncio (notícia, informação, divulgação).

Conteúdo do anúncio: processo, substância ou objeto destinado a provocar aborto.

Modo de execução: o anúncio pode ser feito por qualquer meio (jornal, televisão, rádio, panfletos, cartazes etc.).

Venda de produtos ou objetos abortivos: não é punida por lei.

Eficácia do processo, substância ou objeto: é desnecessária. Cuida-se de infração de mera conduta.

Elemento subjetivo: é o dolo. Para alguns doutrinadores, é a mera voluntariedade, pouco importando a finalidade.

Consumação: com o mero anúncio.

Tentativa: não se admite (*vide* comentários ao art. 4º).

> Vias de fato
>
> Art. 21. Praticar vias de fato contra alguém:
>
> Pena – prisão simples, de 15 (quinze) dias a 3 (três) meses, ou multa, se o fato não constitui crime.
>
> § 1º Aumenta-se a pena de 1/3 (um terço) até a metade se a vítima é maior de 60 (sessenta) anos.
>
> § 2º Se a contravenção é praticada contra a mulher por razões da condição do sexo feminino, nos termos do § 1º do art. 121-A do Decreto-Lei n. 2.848, de 7 de dezembro de 1940 (Código Penal), aplica-se a pena em triplo.

Conceito de vias de fato: é a violência contra a pessoa, sem produção de lesões corporais. Ex.: tapa, empurrão, puxão de cabelo etc.

Objetividade jurídica: a incolumidade corporal da pessoa.

Sujeito ativo: qualquer pessoa.

Sujeito passivo: qualquer pessoa.

Causas de aumento de pena: se a vítima é maior de 60 anos, a pena é aumentada de um terço até a metade. . A pena é aplicada em triplo se a contravenção é praticada contra a mulher por razões da condição do sexo feminino, nos termos do § 1º do art. 121-A do Código Penal.

Razões da condição do sexo feminino: considera-se que há razões da condição do sexo feminino quando o crime envolve violência doméstica e familiar, e menosprezo ou discriminação à condição de mulher.

Conduta: vem expressa pelo verbo "praticar", que significa fazer, realizar, executar.

Infração penal subsidiária: somente se consuma se o fato não constituir crime.

Elemento subjetivo: é o dolo, ou seja, o ânimo de ofender ou produzir um mal físico à vítima.

Injúria real: se a intenção do agente é, por meio das vias de fato, ofender a honra subjetiva (autoestima) da vítima, caracteriza-se o crime de injúria real (art. 140, § 2º, do CP).

Consumação: com a efetiva prática das vias de fato.

Tentativa: não é possível (*vide* comentários ao art. 4º).

Exame de corpo de delito: é dispensável, já que, em regra, as vias de fato não deixam vestígio.

Ação penal: por analogia do disposto no art. 88 da Lei n. 9.099/95, entendemos que a ação penal na contravenção de vias de fato é pública condicionada à representação do ofendido. Entretanto, essa posição não é unânime, havendo dissídio jurisprudencial e doutrinário.

> Internação irregular em estabelecimento psiquiátrico
>
> Art. 22. Receber em estabelecimento psiquiátrico, e nele internar, sem as formalidades legais, pessoa apresentada como doente mental:
>
> Pena – multa.

Objetividade jurídica: a tutela da liberdade individual.

Sujeito ativo: trata-se de contravenção penal própria. Nas palavras de Manoel Pedro Pimentel (ob. cit., p. 159), "se trata de *sujeito ativo próprio,* porque somente cometerá a contravenção quem tenha autoridade ou desempenhe funções em estabelecimento psiquiátrico, reunindo condições para *receber e internar* ou somente *internar* o sujeito passivo; ou, então, quem tenha o *dever de comunicar* à autoridade competente, no prazo legal, internação de pessoa apresentada como doente mental, sem as formalidades legais. Mesmo na modalidade do § 2º, o sujeito ativo será *próprio*".

Sujeito passivo: qualquer pessoa.

Conduta: vem representada pelos verbos "receber" (acolher, aceitar) e "internar" (colocar dentro, introduzir).

Doente mental: Damásio de Jesus (ob. cit., p. 77) define o doente mental como "o incapaz de entender e de querer, o psicótico, o psicopata, o portador de distúrbio da mente etc.". Adverte, com propriedade, o ilustre professor, que "não exige a lei, entretanto, que o internado seja doente mental, mas que seja apresentado como tal. Assim, o internado pode ser pessoa mentalmente sã ou doente das faculdades psíquicas".

Sequestro ou cárcere privado: se a pessoa for mentalmente sã, e o agente conhecer essa situação, a conduta poderá configurar o crime de sequestro ou cárcere privado (art. 148, § 1º, II, do CP).

Estabelecimento psiquiátrico: na lição de Wilson Ninno (*Leis penais especiais e sua interpretação jurisprudencial*, 7. ed., São Paulo: Revista dos Tribunais, 2001, v. 1, p. 158), ao comentar a Lei de Contravenções Penais, "a expressão estabelecimento psiquiátrico abrange além dos propriamente ditos, as casas de saúde, casas de repouso, asilos, vilas e outros de assistência social. Tanto pode ser público ou particular".

Norma penal em branco: há, no *caput* do artigo, elemento normativo extrapenal que necessita de explicitação: "formalidades legais".

Formalidades legais: estão previstas na Lei n. 10.216/2001, que dispõe sobre a proteção e os direitos das pessoas portadoras de transtornos mentais e redireciona o modelo assistencial em saúde mental.

Viciados em drogas: *vide* Lei n. 11.343/2006.

Elemento subjetivo: é o dolo, abrangendo o conhecimento de que a internação não preenche as formalidades legais.

Consumação: com o efetivo recebimento ou internação da vítima, sem as formalidades legais.

Tentativa: não se admite (*vide* comentários ao art. 4º).

> § 1º Aplica-se a mesma pena a quem deixa de comunicar à autoridade competente, no prazo legal, internação que tenha admitido, por motivo de urgência, sem as formalidades legais.

Conduta: nessa modalidade, trata-se de crime omissivo, em que o agente deixa de comunicar (omissão) a internação no prazo legal.

Elementos normativos do tipo: vêm representados pelas expressões "autoridade competente", "motivo de urgência" e "formalidades legais", constituindo verdadeira norma penal em branco, que encontra complemento na Lei n. 10.216/2001, que dispõe sobre a proteção e os direitos das pessoas portadoras de transtornos mentais e redireciona o modelo assistencial em saúde mental.

Consumação: com a omissão do agente, no prazo legal (estabelecido na Lei n. 10.216/2001).

Tentativa: não se admite (*vide* comentários ao art. 4º).

> § 2º Incorre na pena de prisão simples, de 15 (quinze) dias a 3 (três) meses, ou multa, aquele que, sem observar as prescrições legais, deixa retirar-se ou despede de estabelecimento psiquiátrico pessoa nele internada.

Objetividade jurídica: segundo Manoel Pedro Pimentel (ob. cit., p. 158), é a segurança coletiva, atingida pelo "ato de conceder-se liberdade a pessoa que, internada em estabelecimento psiquiátrico, não poderia dele sair sem observância das formalidades legais".

Sujeito ativo: *vide* comentários ao *caput*.

Sujeito passivo: a coletividade.

Conduta: pode ser omissiva ("deixa retirar-se") ou comissiva ("despede").

Prescrições legais: Lei n. 10.216/2001, que dispõe sobre a proteção e os direitos das pessoas portadoras de transtornos mentais e redireciona o modelo assistencial em saúde mental.

Consumação: com a prática das condutas previstas no tipo.

Tentativa: não se admite (*vide* comentários ao art. 4º).

> Indevida custódia de doente mental
>
> Art. 23. Receber e ter sob custódia doente mental, fora do caso previsto no artigo anterior, sem autorização de quem de direito:
>
> Pena – prisão simples, de 15 (quinze) dias a 3 (três) meses, ou multa.

Tipo penal subsidiário: trata-se de norma penal subsidiária em relação à contravenção penal do art. 22. Nesta contravenção em comento, trata-se do recebimento e custódia de doente mental praticados por particulares, já que existe a ressalva "fora dos casos previstos no artigo anterior". Conforme assinala Manoel Pedro Pimentel (ob. cit., p. 169), "há pessoas que não dispõem de recursos para internar um doente mental em casa de saúde ou estabelecimento psiquiátrico. Há também doentes cujo estado não reclama a internação, bastando uma discreta mas efetiva vigilância. Assim sendo, é possível que alguém se disponha, mediante remuneração ou a título gratuito, a custodiar paciente que recebeu em sua casa. Poderá fazê-lo, desde que o recebimento e a custódia sejam precedidos da autorização de quem de direito. Se essa cautela for omitida, o comportamento contravencional estará presente, mesmo que o doente mental seja inofensivo e a custódia não vise fim lucrativo. Trata-se de contravenção de perigo que atenta contra a liberdade individual, bastando a simples conduta para configurá-la. E, é claro, se o sujeito passivo não for doente mental e o agente conhecer essa circunstância, a infração caracterizada poderá ser, eventualmente, crime de constrangimento ilegal, de sequestro ou de cárcere privado".

Objetividade jurídica: protege-se, primeiramente, a pessoa, contra uma custódia indevida, e, secundariamente, a coletividade, contra o perigo representado pela indevida custódia de doente mental em casa de particular.

Sujeito ativo: qualquer pessoa.

Sujeito passivo: o doente mental. Secundariamente, a coletividade.

Doente mental: Damásio de Jesus (ob. cit., p. 77) define o doente mental como "o incapaz de entender e de querer, o psicótico, o psicopata, o portador de distúrbio da mente etc.". Adverte, com propriedade, o ilustre professor, que "não exige a lei, entretanto, que o internado seja doente mental, mas que seja apresentado como tal. Assim, o internado pode ser pessoa mentalmente sã ou doente das faculdades psíquicas".

Sequestro ou cárcere privado: se a pessoa for mentalmente sã, e o agente conhecer essa situação, a conduta poderá configurar o crime de sequestro ou cárcere privado (art. 148, § 1º, II, do CP).

Conduta: está caracterizada pelo verbo "receber" (acolher, recolher) e pela locução verbal "ter sob custódia" (custodiar, manter sob guarda, vigiar).

Elemento normativo do tipo: vem representado pela expressão "sem autorização de quem de direito". Por "quem de direito" entende-se o responsável legal pelo doente mental, de quem detém o pátrio poder (poder familiar), a tutela ou a curatela.

Elemento subjetivo: é o dolo, que abrange o conhecimento da ausência de autorização de quem de direito.

Consumação: ocorre com a indevida custódia do doente mental.

Tentativa: não se admite (*vide* comentários ao art. 4º).

Capítulo II
DAS CONTRAVENÇÕES REFERENTES AO PATRIMÔNIO

Instrumento de emprego usual na prática de furto

Art. 24. Fabricar, ceder ou vender gazua ou instrumento empregado usualmente na prática de crime de furto:
Pena – prisão simples, de 6 (seis) meses a 2 (dois) anos, e multa.

Objetividade jurídica: a incolumidade do patrimônio alheio.

Sujeito ativo: qualquer pessoa.

Sujeito passivo: a coletividade.

Conduta: vem representada pelos verbos "fabricar" (criar, dar origem, produzir), "ceder" (entregar, dar) e "vender" (entregar mediante pagamento, comercializar).

Objeto material: pode ser a gazua ou outro instrumento empregado usualmente na prática de crime de furto.

Gazua: instrumento cujo nome provém do castelhano "ganzua", significando o ferro ou instrumento curvo de que se servem os serralheiros e os gatunos para abrir todas as fechaduras. É equiparada à mixa, chave falsa utilizada para a abertura de fechaduras e cadeados, ou para o acionamento de ignição de veículo automotor.

Instrumento empregado usualmente na prática de crime de furto: pode ser pé de cabra, lima, alicate, serra, chave de fenda etc.

Crime de roubo: embora a lei se refira apenas a "crime de furto", estamos com Damásio de Jesus (ob. cit., p. 82) quando ensina que "a norma pretende referir-se a instrumento empregado usualmente na prática de *subtração patrimonial,* seja furto, seja roubo".

Contravenção absorvida pelo crime: quando o próprio agente fabrica o instrumento e o utiliza para a prática do crime patrimonial, responde apenas por esse último.

Elemento subjetivo: é o dolo, que abrange o conhecimento de que o objeto material é usualmente empregado na prática de furto ou roubo.

Consumação: ocorre com a efetiva fabricação do artefato.

Tentativa: não se admite (*vide* comentários ao art. 4º).

> Posse não justificada de instrumento de emprego usual na prática de furto
>
> Art. 25. Ter alguém em seu poder, depois de condenado por crime de furto ou roubo, ou enquanto sujeito à liberdade vigiada ou quando conhecido como vadio ou mendigo, gazuas, chaves falsas ou alteradas ou instrumentos empregados usualmente na prática de crime de furto, desde que não prove destinação legítima:
>
> Pena – prisão simples, de 2 (dois) meses a 1 (um) ano, e multa.

Objetividade jurídica: a incolumidade do patrimônio alheio.

Periculosidade: como ressalta Wilson Ninno (op. cit., p. 161), "supõe-se suspeito e perigoso quem, depois de condenado por furto ou roubo ou quando conhecido como vadio ou mendigo, tenha em seu poder os artefatos referidos no dispositivo".

Sujeito ativo: trata-se de contravenção penal própria, em que somente podem ser agentes: a) o condenado (definitivamente) por crime de furto ou de roubo; b) o vadio; c) o mendigo.

Vadio: é aquele que se entrega habitualmente à ociosidade, sendo válido para o trabalho, sem ter renda que lhe assegure meios bastantes de subsistência, ou prover a própria subsistência mediante ocupação lícita (art. 59 da LCP).

Mendigo: é aquele que se entrega à mendicância, que vive de esmolas, por ociosidade ou cupidez. O art. 60 da LCP, que tratava da mendicância, foi revogado pela Lei n. 11.983/2009.

Liberdade vigiada: espécie de medida de segurança extinta com a reforma penal de 1984.

Outros crimes patrimoniais: a enumeração legal é taxativa, ou seja, aplica-se o dispositivo em análise apenas ao furto e ao roubo, não incluindo outros delitos contra o patrimônio (estelionato, extorsão, apropriação indébita etc.).

Sujeito passivo: a coletividade.

Conduta: vem expressa pela locução verbal "ter em seu poder", que significa possuir, trazer consigo, ter em sua posse para uso imediato.

Objeto material: pode ser a gazua, a chave falsa ou alterada, ou outro instrumento empregado usualmente na prática de crime de furto.

Gazua: instrumento cujo nome provém do castelhano "ganzua", significando o ferro ou instrumento curvo de que se servem os serralheiros e os gatunos para abrir todas as fechaduras. É equiparada à mixa, chave falsa utilizada para a abertura de fechaduras e cadeados, ou para o acionamento de ignição de veículo automotor.

Chave falsa: é todo instrumento, que tenha ou não a forma de chave, destinado a fazer funcionar mecanismo de fechadura ou sistema de ignição de veículo automotor.

Chave alterada: é a chave que sofreu modificações ilegítimas para se assemelhar à chave verdadeira e fazer funcionar mecanismo de fechadura ou sistema de ignição de veículo automotor.

Instrumento empregado usualmente na prática de crime de furto: pode ser pé de cabra, lima, alicate, serra, chave de fenda etc.

Crime de roubo: embora a lei se refira apenas a "instrumentos empregados usualmente na prática de crime de furto", estamos com Damásio de Jesus (ob. cit., p. 82) quando ensina que "a norma pretende referir-se a instrumento empregado usualmente na prática de *subtração patrimonial,* seja furto, seja roubo".

Destinação legítima do objeto material: retira a tipicidade da contravenção. Ao detentor do objeto material é que incumbe a prova da destinação legítima.

Contravenção absorvida pelo crime: quando cometido o furto ou o roubo, a contravenção penal em comento é absorvida por esses delitos.

Elemento subjetivo: é o dolo, que abrange o conhecimento da ilegitimidade da posse do artefato.

Consumação: ocorre com a efetiva posse do objeto material.

Tentativa: não se admite (*vide* comentários ao art. 4º).

Não recepção pela Constituição Federal: o Supremo Tribunal Federal, reconhecida repercussão geral, no julgamento dos Recursos Extraordinários 583.523 e 755.565, em 3-10-2013, julgou que esse art. 25 não é compatível com a Constituição de 1988, por violar os princípios da dignidade da pessoa humana (CF, art. 1º, III) e da isonomia (CF, art. 5º, *caput* e I).

> Violação de lugar ou objeto
>
> Art. 26. Abrir, alguém, no exercício de profissão de serralheiro ou ofício análogo, a pedido ou por incumbência de pessoa de cuja legitimidade não se tenha certificado previamente, fechadura ou qualquer outro aparelho destinado à defesa de lugar ou objeto:
>
> Pena – prisão simples, de 15 (quinze) dias a 3 (três) meses, ou multa.

Objetividade jurídica: a incolumidade do patrimônio alheio. Como bem ressalta Wilson Ninno (ob. cit., p. 162), "as pessoas, no intuito de proteger seu patrimônio, cercam-no de defensivas provendo-o de fechaduras, cadeados e outros aparelhos. Por isso, torna-se lógico que o rompimento de tais engenhos só possa ser feito a pedido ou por incumbência de quem tenha legitimidade para autorizá-lo".

Sujeito ativo: trata-se de contravenção penal própria. Somente pode ser sujeito ativo o profissional da serralheria ou ofício análogo (chaveiro, mecânico, armeiro, ferreiro). Caso o agente não exerça profissionalmente tais atividades, poderá estar configurada outra infração penal (participação em furto mediante rompimento de obstáculo, por exemplo).

Sujeito passivo: a coletividade. Secundariamente, o titular do patrimônio atingido ou colocado em risco.

Conduta: vem representada pelo verbo "abrir", que significa desobstruir, dar acesso, permitir a entrada, desimpedir.

Conduta omissiva: além da conduta comissiva de "abrir", deve o agente ter se omitido (negligência), por não ter, antecipadamente, se certificado da legitimidade da pessoa que lhe fez o pedido ou que lhe outorgou a incumbência.

Elemento subjetivo: trata-se de contravenção penal culposa, caracterizada pela negligência, pela desídia em certificar-se o agente da qualidade da pessoa que lhe solicitou o serviço profissional.

Consumação: ocorre com a efetiva abertura da fechadura ou do aparelho destinado à defesa do lugar ou objeto.

Tentativa: não se admite (*vide* comentários ao art. 4º).

> Exploração da credulidade pública
> Art. 27. (*Revogado pela Lei n. 9.521, de 27-11-1997.*)

Revogação: esse dispositivo foi revogado pela Lei n. 9.521, de 27 de novembro de 1997.

> Capítulo III
> DAS CONTRAVENÇÕES REFERENTES À
> INCOLUMIDADE PÚBLICA
>
> Disparo de arma de fogo
> Art. 28. Disparar arma de fogo em lugar habitado ou em suas adjacências, em via pública ou em direção a ela:
> Pena – prisão simples, de 1 (um) a 6 (seis) meses, ou multa.
> Parágrafo único. Incorre na pena de prisão simples, de 15 (quinze) dias a 2 (dois) meses, ou multa, quem, em lugar habitado ou em suas adjacências, em via pública ou em direção a ela, sem licença da autoridade, causa deflagração perigosa, queima fogo de artifício ou solta balão aceso.

Revogação: a contravenção em exame foi revogada pelo art. 15 da Lei n. 10.826/2003. Com relação à conduta de soltar balão aceso, prevista no parágrafo único, foi revogada pelo art. 42 da Lei n. 9.605/98.

Análise do art. 15 do Estatuto do Desarmamento:

"Art. 15. Disparar arma de fogo ou acionar munição em lugar habitado ou em suas adjacências, em via pública ou em direção a ela, desde que essa conduta não tenha como finalidade a prática de outro crime:

Pena – reclusão, de 2 (dois) a 4 (quatro) anos, e multa".

Objetividade jurídica: a proteção da incolumidade pública, representada pela segurança coletiva.

Sujeito ativo: qualquer pessoa.

Sujeito passivo: a coletividade.

Conduta: a conduta vem expressa pelos verbos "disparar" e "acionar". O disparo em via pública absorve o porte ilegal, aplicando-se o princípio da consunção. O número de disparos é irrelevante. Trata-se de tipo penal subsidiário, já que o crime somente ocorre se a conduta não tiver por finalidade a prática de outro crime. Estabelece expressamente a nova lei, portanto, a consunção do crime de disparo de arma de fogo pelo crime-fim pretendido pelo agente. Deve ser ressaltado, entretanto, que, ao consagrar essa figura típica como crime subsidiário, criou o legislador, na nova lei, a possibilidade de absorção do disparo de arma de fogo por crime menos grave (crime-fim), com penas muito menores.

Elemento subjetivo: dolo.

Consumação: com o efetivo disparo da arma de fogo ou acionamento da munição. Trata-se de crime de perigo abstrato (presumido), consumando-se independentemente da comprovação do risco.

Tentativa: não se admite.

"Parágrafo único. O crime previsto neste artigo é inafiançável."

Crime inafiançável: O parágrafo único do artigo dispõe expressamente que o crime é inafiançável. Não exclui o dispositivo, entretanto, a possibilidade de concessão ao agente de liberdade provisória sem fiança, nas hipóteses admitidas pela lei processual penal.

> Desabamento de construção
>
> Art. 29. Provocar o desabamento de construção ou, por erro no projeto ou na execução, dar-lhe causa:
> Pena – multa, se o fato não constitui crime contra a incolumidade pública.

Objetividade jurídica: a incolumidade pública.

Conduta: são duas as modalidades de conduta: a) provocar (dar causa, ocasionar, praticar) desabamento de construção; b) dar causa (causar, provocar) a desabamento de construção, por erro no projeto ou na construção.

Sujeito ativo: na primeira modalidade de conduta, pode ser qualquer pessoa. Na segunda, trata-se de infração própria, em que somente pode ser sujeito ativo o responsável pelo projeto ou pela execução da obra (engenheiro, calculista, projetista, mestre de obras etc.).

Sujeito passivo: a coletividade.

Desabamento: é o ato de ruir, cair, vir abaixo, derribar. Pode ser total ou parcial.

Diferença entre desabamento e desmoronamento: desabamento significa queda de construção e desmoronamento significa deslocamento de parte do solo.

Desmoronamento: pode configurar crime e não a contravenção em análise.

Construção: é tudo o que se ergue no solo: casa, edifício, muro, ponte, galpão, torre etc.

Elemento subjetivo: na primeira modalidade de conduta, é a voluntariedade, já que não se exige o dolo. Na segunda modalidade de conduta, é a culpa, caracterizada pela imprudência, negligência ou imperícia no erro do projeto ou na construção da obra.

Consumação: ocorre com o efetivo desabamento da construção (contravenção de perigo abstrato).

Tentativa: não se admite (*vide* comentários ao art. 4º).

Subsidiariedade expressa: a contravenção em análise apenas se consuma se o fato não constituir crime contra a incolumidade pública (art. 256 do CP). É que na contravenção não se exige o perigo concreto de dano, enquanto no crime o perigo concreto de dano (pessoal ou patrimonial) é imprescindível.

> Perigo de desabamento
>
> Art. 30. Omitir alguém a providência reclamada pelo estado ruinoso de construção que lhe pertence ou cuja conservação lhe incumbe:
>
> Pena – multa.

Objetividade jurídica: a incolumidade pública.

Sujeito ativo: é o proprietário da construção ou a pessoa a quem incumbe a conservação da construção.

Sujeito passivo: a coletividade.

Conduta: vem caracterizada pelo verbo omitir (omissão própria), revelando negligência na conservação da construção.

Construção: é tudo o que se ergue no solo: casa, edifício, muro, ponte, galpão, torre etc.

Elemento subjetivo: pode ser o dolo ou a culpa. Se o agente foi notificado pela autoridade pública ou por quem de direito a efetuar reparos na obra e não o fez, a contravenção penal será dolosa. Mas, caso simplesmente se omita, ciente do estado ruinoso da obra, a contravenção será culposa.

Absoluto desconhecimento do estado ruinoso da obra: não haverá infração penal.

Consumação: ocorre com a simples omissão, independentemente de outro resultado.

Tentativa: não se admite (*vide* comentários ao art. 4º).

> Omissão de cautela na guarda ou condução de animais
>
> Art. 31. Deixar em liberdade, confiar à guarda de pessoa inexperiente, ou não guardar com a devida cautela animal perigoso:
>
> Pena – prisão simples, de 10 (dez) dias a 2 (dois) meses, ou multa.

Objetividade jurídica: a incolumidade pública.

Sujeito ativo: qualquer pessoa.

Sujeito passivo: a coletividade. Secundariamente, a pessoa eventualmente exposta a perigo de dano.

Conduta: vem representada pelos verbos "deixar" (comissão), "confiar" (entregar com confiança), e pela locução "não guardar" (omissão na guarda, no cuidado).

Pessoa inexperiente: é aquela que não tem experiência no trato do animal; que, por sua condição pessoal, não tem domínio sobre o animal.

Animal perigoso: é aquele que pode causar dano a alguém, feroz, bravio.

Jurisprudência:

"Somente o animal que representa risco à saúde ou à vida das pessoas poderá oferecer relevo à órbita penal, em função do disposto no art. 31 da Lei das Contravenções Penais" (TACrimSP – *RT*, 604/382).

"Para a configuração do art. 31 da Lei das Contravenções Penais é necessário prova segura de que é perigoso à incolumidade pública o animal deixado em liberdade" (TACrimSP – *RT*, 658/313).

Elemento subjetivo: é o dolo, nas modalidades de conduta "deixar em liberdade" e "confiar", e a culpa, na modalidade de conduta "não guardar".

Consumação: na modalidade de conduta "não guardar", consuma-se a contravenção com a simples omissão, independentemente de qualquer outro resultado. Nas modalidades de conduta "deixar em liberdade" e "confiar", consuma-se com o abandono do animal ou com a sua confiança a pessoa inexperiente.

Tentativa: não se admite (*vide* comentários ao art. 4º).

Contravenção de perigo abstrato: não há necessidade de comprovação do efetivo perigo à incolumidade pública, que já é presumido pela norma penal.

Jurisprudência:

"O que caracteriza a contravenção em foco é o dano potencial, a possibilidade do ato lesivo" (TACrimSP – *JUTACrim*, 18/198).

Lesão corporal culposa: se, em razão da falta de cautela ou da omissão, decorrer efetivo dano à integridade corporal de outrem, suportando a vítima lesão corporal, estará caracterizado o crime do art. 129, § 6º, do Código Penal.

> Parágrafo único. Incorre na mesma pena quem:
> *a*) na via pública, abandona animal de tiro, carga ou corrida, ou o confia a pessoa inexperiente;

Conduta: vem representada pelos verbos "abandonar" (deixar, largar) e "confiar" (entregar com confiança).

Animal de tiro: é o que impulsiona veículos, que os carrega com rapidez (charretes, carroças, carruagens etc.).

Animal de carga: é o que se utiliza comumente para carregar coisas (burros ou mulas de carga, cavalos de carga, bovinos de carga).

Animal de corrida: é o destinado a disputas de velocidade, ou o animal veloz que conduza pessoas em seu dorso.

Vacas e bois: em regra não configuram a contravenção penal, desde que não sejam de tiro, de carga ou de corrida.

> *b*) excita ou irrita animal, expondo a perigo a segurança alheia;

Conduta: vem representada pelos verbos "excitar" (atiçar, incitar, provocar) e "irritar" (provocar, importunar, deixar bravo).

Exposição a perigo: deve ocasionar risco de dano à incolumidade pública.

> c) conduz animal, na via pública, pondo em perigo a segurança alheia.

Conduta: vem representada pelo verbo "conduzir" (guiar, orientar, dirigir, levar).

Exposição a perigo: deve ocasionar risco de dano à incolumidade pública.

> Falta de habilitação para dirigir veículo
> Art. 32. Dirigir, sem a devida habilitação, veículo na via pública, ou embarcação a motor em águas públicas:
> Pena – multa.

Revogação do art. 32 do Decreto-Lei n. 3.688/41 – Lei das Contravenções Penais: tendo a nova descrição típica da direção sem habilitação exigido, para a configuração do delito, o efetivo perigo de dano, inexistindo este ocorrerá mera infração administrativa, tendo havido verdadeira *abolitio criminis* em relação à norma do art. 32 da Lei das Contravenções Penais.

Súmula 720 do STF: nesse sentido, inclusive, a recente Súmula 720 do Supremo Tribunal Federal: "O art. 309 do Código de Trânsito Brasileiro, que reclama decorra do fato perigo de dano, derrogou o art. 32 da Lei das Contravenções Penais no tocante à direção sem habilitação em vias terrestres".

Veículos automotores: a falta de habilitação para dirigir veículos automotores, gerando perigo de dano, configura o crime do art. 309 da Lei n. 9.503/97, a cujos comentários remetemos o leitor, nesta obra.

Embarcações a motor: a contravenção penal em análise ficou restrita à direção de embarcação a motor em águas públicas.

Objetividade jurídica: a incolumidade pública.

Sujeito ativo: qualquer pessoa.

Sujeito passivo: a coletividade.

Conduta: vem caracterizada pelo verbo "dirigir", que significa conduzir, operar, manobrar.

Elemento subjetivo: é o dolo, abrangendo o desconhecimento da falta de habilitação.

Consumação: com a efetiva condução da embarcação em águas públicas.

Infração de perigo abstrato: não requer, para sua configuração, a ocorrência de perigo concreto.

Tentativa: não se admite (*vide* comentários ao art. 4º).

> Direção não licenciada de aeronave
> Art. 33. Dirigir aeronave sem estar devidamente licenciado:
> Pena – prisão simples, de 15 (quinze) dias a 3 (três) meses, e multa.

Objetividade jurídica: a incolumidade pública.

Sujeito ativo: qualquer pessoa.

Sujeito passivo: a coletividade.

Conduta: vem representada pelo verbo "dirigir", que significa conduzir, operar, manobrar.

Aeronave: o conceito de aeronave está estampado no art. 106 da Lei n. 7.565, de 19 de dezembro de 1986 – Código Brasileiro de Aeronáutica: é "todo aparelho manobrável em voo, que possa sustentar-se e circular no espaço aéreo, mediante reações aerodinâmicas, apto a transportar pessoas ou coisas". Ex.: aviões, helicópteros, ultraleves, planadores etc.

Habilitação legal: é o denominado "brevê", derivado de *Brevet,* documento que reconhece e atesta a capacidade para pilotar aeronaves.

Licença: não se confunde com o "brevê". É a autorização concedida ao titular do "brevê" e que lhe permite exercer a pilotagem, tendo caráter técnico e administrativo e de polícia. Somente à licença faz menção a contravenção penal, a qual, para ser concedida, pressupõe que o agente tenha o "brevê".

Consumação: com a efetiva direção da aeronave, sem estar o piloto licenciado.

Infração de perigo abstrato: não requer, para sua configuração, a ocorrência de perigo concreto.

Tentativa: não se admite (*vide* comentários ao art. 4º).

> Direção perigosa de veículo na via pública
>
> Art. 34. Dirigir veículos na via pública, ou embarcações em águas públicas, pondo em perigo a segurança alheia:
>
> Pena – prisão simples, de 15 (quinze) dias a 3 (três) meses, ou multa.

Revogação do art. 34 da LCP: o artigo em comento não foi derrogado pela Lei n. 9.503/97 – Código de Trânsito Brasileiro, mas teve, como ressalta Wilson Ninno (ob. cit., p. 189), "seu espectro de abrangência diminuído com a criação de algumas figuras típicas, que antes eram tratadas como a contravenção de direção perigosa de veículo na via pública e agora foram erigidas à categoria de crimes pelo Código de Trânsito Brasileiro".

Crimes do Código de Trânsito Brasileiro: alguns crimes do Código de Trânsito Brasileiro antes eram tratados como a contravenção penal de direção perigosa. São eles: art. 306 – embriaguez ao volante; art. 308 – disputa não autorizada ou "racha"; art. 311 – tráfego em velocidade incompatível com a segurança.

Objetividade jurídica: a incolumidade pública.

Sujeito ativo: qualquer pessoa.

Sujeito passivo: a coletividade. Secundariamente, a pessoa eventualmente exposta a perigo de dano.

Conduta: vem representada pelo verbo "dirigir", que significa conduzir, operar, manobrar.

Via pública: é a rua ou estrada constituída pelo Poder Público, para utilização de todos ou para serventia comum.

Infração de perigo: para sua configuração, não se exige a produção do dano, bastando o perigo à segurança alheia.

Perigo concreto: parcela da jurisprudência entende que a contravenção em análise exige perigo concreto:

Perigo abstrato: outra parcela considerável da jurisprudência entende que para a configuração da contravenção em análise basta o perigo abstrato:

Nossa posição: trata-se de contravenção de perigo abstrato, já que a lei não exige a ocorrência de perigo concreto, que, se existir, configurará o crime do art. 132 do Código Penal.

Diferença entre a contravenção do art. 34 da LCP e o art. 132 do CP: a contravenção penal do art. 34 da LCP é de perigo abstrato e coletivo. O crime do art. 132 do CP é de perigo concreto e individual.

Exemplos de direção perigosa ainda abrangidos pelo art. 34 da LCP: fazer conversão proibida à esquerda, desrespeitando as faixas duplas e contínuas no solo; transitar na contramão de direção; dar "cavalo de pau" com o veículo; dirigir em velocidade excessiva, incompatível com o local; desrespeito a sinal semafórico e a parada obrigatória; direção em "zigue-zague"; ultrapassagem proibida; colisão com poste etc.

Elemento subjetivo: é o dolo.

Consumação: ocorre com a direção perigosa, independentemente de outro resultado.

Tentativa: não se admite (*vide* comentários ao art. 4º).

> Abuso na prática da aviação
>
> Art. 35. Entregar-se, na prática da aviação, a acrobacias ou a voos baixos, fora da zona em que a lei o permite, ou fazer descer a aeronave fora dos lugares destinados a esse fim:
>
> Pena – prisão simples, de 15 (quinze) dias a 3 (três) meses, ou multa.

Objetividade jurídica: a incolumidade pública.

Sujeito ativo: qualquer pessoa, piloto ou não.

Sujeito passivo: a coletividade.

Conduta: vem representada pelo verbo "entregar-se" (dedicar-se, consagrar-se) e pela locução verbal "fazer descer" (baixar a altura, pousar, abaixar).

Elementos normativos do tipo: são as expressões "fora da zona em que a lei o permite" e "fora dos lugares destinados a esse fim", consistindo o tipo em análise em norma penal em branco, que necessita de complemento pelo Código Brasileiro de Aeronáutica (Lei n. 7.565/86) e pelo Regulamento do Tráfego Aéreo.

Acrobacia: segundo dispõe o art. 17 do Código Brasileiro de Aeronáutica, "é proibido efetuar, com qualquer aeronave, voos de acrobacia ou evolução que possam constituir perigo para os ocupantes do aparelho, para o tráfego aéreo, para instalações ou pessoas na superfície".

Pouso de aeronaves: segundo dispõe o art. 19 do Código Brasileiro de Aeronáutica, "salvo motivo de força maior, as aeronaves só poderão decolar ou pousar em aeródromo cujas características comportarem suas operações. Parágrafo único. Os pousos e decolagens deverão ser executados, de acordo com procedimentos estabelecidos, visando à segurança do tráfego, das instalações aeroportuárias e vizinhas, bem como a segurança e bem-estar da população que, de alguma forma, possa ser atingida pelas operações".

Elemento subjetivo: é o dolo, abrangendo o conhecimento do descumprimento das determinações legais ou regulamentares.

Consumação: ocorre com a efetiva realização da manobra proibida.

Tentativa: não se admite (*vide* comentários ao art. 4º).

Jurisprudência:

"Infringe o disposto no art. 35 da LCP, o piloto que faz evoluções com seu aparelho sobre a cidade, a menos de 300 metros de altitude" (TACrimSP – *RT*, 354/323).

> Sinais de perigo
>
> Art. 36. Deixar de colocar na via pública sinal ou obstáculo, determinado em lei ou pela autoridade e destinado a evitar perigo a transeuntes:
>
> Pena – prisão simples, de 10 (dez) dias a 2 (dois) meses, ou multa.

Objetividade jurídica: a incolumidade pública.

Sujeito ativo: aquele que tem o dever jurídico (determinado por lei ou por autoridade) de colocar o sinal ou obstáculo.

Sujeito passivo: a coletividade, representada pelos transeuntes. Secundariamente, o transeunte exposto a perigo.

Conduta: vem representada pelo verbo "deixar" (omissão própria), ensejando a ocorrência de perigo a número indeterminado de transeuntes.

Via pública: ruas, praças, calçadas, caminhos, servidões públicas etc.

Sinal: placas, artefatos luminosos, artefatos sonoros etc.

Obstáculo: tapumes, barreiras, fitas ou cordões de isolamento, tampões, redes de proteção etc.

Elemento normativo do tipo: é a expressão "determinado em lei ou pela autoridade", traduzindo norma penal em branco, que deve ser complementada por leis ou regulamentos administrativos.

Perigo a transeuntes: é preciso que haja serviço, obra, atividade ou ocorrência que apresente perigo a transeuntes. É infração penal de perigo concreto.

Elemento subjetivo do tipo: é o dolo, abrangendo o conhecimento da existência da determinação legal ou da autoridade.

Consumação: ocorre com a mera omissão do agente.

Tentativa: não se admite (*vide* comentários ao art. 4º).

> Parágrafo único. Incorre na mesma pena quem:
>
> *a*) apaga sinal luminoso, destrói ou remove sinal de outra natureza ou obstáculo destinado a evitar perigo a transeuntes;

Sujeito ativo: qualquer pessoa.

Sujeito passivo: a coletividade. Secundariamente, o transeunte exposto a perigo.

Conduta: vem representada pelos verbos "apagar" (desligar, fazer cessar, neutralizar a luz), "destruir" (fazer desaparecer, inutilizar, quebrar, tornar imprestável) e "remover" (deslocar, tirar do local, alterar a colocação).

Sinal luminoso: placas luminosas, artefatos luminosos.

Sinal de outra natureza: placas diversas, artefatos sonoros, advertências escritas.

Obstáculo: tapumes, barreiras, fitas ou cordões de isolamento, tampões, redes de proteção etc.

Perigo a transeuntes: é preciso que haja serviço, obra, atividade ou ocorrência que apresente perigo a transeuntes. É infração penal de perigo concreto.

Elemento subjetivo do tipo: é o dolo.

Consumação: ocorre com o apagamento do sinal luminoso, com a destruição ou remoção do sinal de outra natureza ou do obstáculo.

Tentativa: não se admite (*vide* comentários ao art. 4º).

> *b)* remove qualquer outro sinal de serviço público.

Sujeito ativo: qualquer pessoa.

Sujeito passivo: a coletividade.

Conduta: vem representada pelo verbo "remover" (deslocar, tirar do local, alterar a colocação).

Sinal de serviço público: placas de sinalização de tráfego, sinais sonoros, sinais luminosos etc.

Perigo a transeuntes: é preciso que haja serviço público que apresente perigo à coletividade. É infração penal de perigo concreto.

Elemento subjetivo do tipo: é o dolo.

Consumação: ocorre com a remoção do sinal de serviço público.

Tentativa: não se admite (*vide* comentários ao art. 4º).

> Arremesso ou colocação perigosa
>
> Art. 37. Arremessar ou derramar em via pública, ou em lugar de uso comum, ou de uso alheio, coisa que possa ofender, sujar ou molestar alguém:
>
> Pena – multa.

Objetividade jurídica: a incolumidade pública.

Sujeito ativo: qualquer pessoa.

Sujeito passivo: a coletividade. Secundariamente, a pessoa exposta a perigo de dano.

Conduta: vem representada pelos verbos "arremessar" (atirar, lançar, jogar) e "derramar" (entornar, dispersar, fazer correr para fora).

Infração penal subsidiária: ocorrendo resultado lesivo em razão do arremesso ou derramamento, poderá estar configurado crime. Ex.: dano, injúria real, lesão corporal etc.

Via pública: ruas, praças, estradas, avenidas, vias de uso comum etc.

Lugar de uso comum: logradouros utilizados por diversas pessoas, aberto ou fechado ao público.

Lugar de uso alheio: local que não pertença ao sujeito ativo da contravenção.

Exemplos da contravenção: atirar pedras, garrafas e outros objetos na via pública; derramar óleo na via pública; atirar pontas de cigarro em lugar de uso alheio; lançar escarro em rua, calçada ou outro local público ou particular; escarrar na porta de estabelecimento comercial de outrem; lançar fezes de animais em calçada defronte à casa de alguém; lançar fezes ou urina humanas na rua etc.

Arremesso ou derrame: deve ser apto a ofender, sujar ou molestar alguém.

Ofender: fazer mal, fazer ofensa, ultrajar, injuriar.

Sujar: conspurcar, emporcalhar, manchar.

Molestar: incomodar, perturbar, atrapalhar.

Elemento subjetivo: é o dolo.

Consumação: com o arremesso ou derrame da coisa.

Tentativa: não se admite (*vide* comentários ao art. 4º).

> Parágrafo único. Na mesma pena incorre aquele que, sem as devidas cautelas, coloca ou deixa suspensa coisa que, caindo em via pública ou em lugar de uso comum ou de uso alheio, possa ofender, sujar ou molestar alguém.

Objetividade jurídica: a incolumidade pública.

Sujeito ativo: qualquer pessoa.

Sujeito passivo: a coletividade. Secundariamente, a pessoa exposta a perigo de dano.

Conduta: vem representada pelos verbos "colocar" (assentar, apoiar) e "suspender" (deixar pendente, pendurar).

Infração penal subsidiária: ocorrendo resultado lesivo em razão da colocação ou suspensão, poderá estar configurado crime. Ex.: dano, lesão corporal etc.

Exemplos da contravenção: deixar vasos suspensos sobre a via pública; colocar objetos no parapeito de janelas; colocação de obra de arte que, caindo, pode atingir a via pública; colocação de gaiola de pássaro sobre o passeio público, ensejando a caída de fezes sobre alguém etc.

Ofender: fazer mal, fazer ofensa, ultrajar, injuriar.

Sujar: conspurcar, emporcalhar, manchar.

Molestar: incomodar, perturbar, atrapalhar.

Elemento subjetivo: é a culpa, caracterizada pela ausência das cautelas devidas, indicando imprudência e negligência.

Consumação: com a colocação ou suspensão da coisa, sem as devidas cautelas.

Tentativa: não se admite (*vide* comentários ao art. 4º).

Emissão de fumaça, vapor ou gás

> Art. 38. Provocar, abusivamente, emissão de fumaça, vapor ou gás, que possa ofender ou molestar alguém:
> Pena – multa.

Objetividade jurídica: a incolumidade pública.

Sujeito ativo: qualquer pessoa.

Sujeito passivo: a coletividade. Secundariamente, a pessoa exposta a perigo de dano.

Conduta: vem representada pelo verbo "provocar" (produzir, causar, ensejar).

Ofender: fazer mal, fazer ofensa, ultrajar.

Molestar: incomodar, perturbar, atrapalhar.

Emissão abusiva: é a que contraria a normalidade, constituindo abuso, inconveniente, excesso, aborrecimento. A emissão normal de fumaça, vapor ou gás não constitui a contravenção penal.

Elemento subjetivo: é o dolo, abrangendo o conhecimento da emissão abusiva da fumaça, vapor ou gás.

Consumação: com a emissão abusiva da fumaça, vapor ou gás.

Tentativa: não se admite (*vide* comentários ao art. 4º).

Crime ambiental: a Lei n. 9.605/98 (Lei dos Crimes Ambientais) previu crimes específicos para a poluição de qualquer natureza (arts. 54, 56 e 60).

Uso de gás tóxico ou asfixiante: crime previsto no art. 252 do Código Penal.

Capítulo IV
DAS CONTRAVENÇÕES REFERENTES À PAZ PÚBLICA

Associação secreta

> Art. 39. Participar de associação de mais de cinco pessoas, que se reúnam periodicamente, sob compromisso de ocultar à autoridade a existência, objetivo, organização ou administração da associação:
> Pena – prisão simples, de 1 (um) a 6 (seis) meses, ou multa.

Revogação: esse artigo foi expressamente revogado pela Lei n. 14.197/2021, que também acrescentou o Título XII na Parte Especial do Decreto-Lei n. 2.848, de 7 de dezembro de 1940 (Código Penal), relativo aos crimes contra o Estado Democrático de Direito, e revogou a Lei n. 7.170, de 14 de dezembro de 1983 (Lei de Segurança Nacional).

Provocação de tumulto. Conduta inconveniente

> Art. 40. Provocar tumulto ou portar-se de modo inconveniente ou desrespeitoso, em solenidade ou ato oficial, em assembleia ou espetáculo público, se o fato não constitui infração penal mais grave:
> Pena – prisão simples, de 15 (quinze) dias a 6 (seis) meses, ou multa.

Objetividade jurídica: a tranquilidade pública.

Sujeito ativo: qualquer pessoa.

Sujeito passivo: a coletividade.

Conduta: vem representada pelos verbos "provocar" (causar, dar azo, ensejar) e "portar-se" (comportar-se, proceder).

Tumulto: alvoroço, desordem, motim, confusão, agitação.

Modo inconveniente ou desrespeitoso: vaias, apitos, gritos, risadas etc.

Local da prática: solenidade, ato oficial, assembleia ou espetáculo público.

Elemento subjetivo: é o dolo.

Consumação: com a efetiva ocorrência do tumulto ou conduta inconveniente.

Tentativa: não se admite (*vide* comentários ao art. 4º).

> Falso alarma
>
> Art. 41. Provocar alarma, anunciando desastre ou perigo inexistente, ou praticar qualquer ato capaz de produzir pânico ou tumulto:
>
> Pena – prisão simples, de 15 (quinze) dias a 6 (seis) meses, ou multa.

Objetividade jurídica: a ordem pública.

Sujeito ativo: qualquer pessoa.

Sujeito passivo: a coletividade.

Conduta: vem representada pelos verbos "provocar" (promover, dar causa) e "praticar" (fazer, exercer, obrar).

Alarma: aviso de perigo, alvoroço, inquietação, terror.

Desastre: é o acontecimento funesto, calamitoso, de efeitos gravíssimos.

Perigo: é a possibilidade de dano iminente à pessoa ou à coisa.

Meio de execução: variados – por escrito, por telefone, oralmente etc.

Lei de imprensa: se o meio empregado pelo agente for a imprensa (escrita, falada, televisiva etc.), estará caracterizado, em tese, o crime do art. 16, I, da Lei n. 5.250/67.

Exemplos da contravenção: mencionados por Wilson Ninno (ob. cit., p. 217), citando Manuel Carlos da Costa Leite – fazer funcionar aparelho de aviso de incêndio; telefonar de madrugada para a casa de uma pessoa informando que seu estabelecimento comercial está em chamas ou sendo assaltado; participar falsamente por telefone a alguém a morte de um familiar ou ente querido; falso alarma de fogo em cinema.

Elemento subjetivo: é o dolo.

Consumação: com a efetiva criação do alarma ou perturbação.

Tentativa: não se admite (*vide* comentários ao art. 4º).

> Perturbação do trabalho ou do sossego alheios
>
> Art. 42. Perturbar alguém, o trabalho ou o sossego alheios:
>
> I – com gritaria ou algazarra;
>
> II – exercendo profissão incômoda ou ruidosa, em desacordo com as prescrições legais;
>
> III – abusando de instrumentos sonoros ou sinais acústicos;
>
> IV – provocando ou não procurando impedir barulho produzido por animal de que tem a guarda:
>
> Pena – prisão simples, de 15 (quinze) dias a 3 (três) meses, ou multa.

Objetividade jurídica: a paz pública.

Sujeito ativo: qualquer pessoa.

Sujeito passivo: a coletividade.

Conduta: vem representada pelo verbo "perturbar", que significa causar desordem, confusão, aborrecer, incomodar, atrapalhar.

Gritaria: é o barulho produzido pela voz humana.

Algazarra: alvoroço, gritaria.

Profissão incômoda ou ruidosa e norma penal em branco: para a caracterização dessa contravenção, é necessário que haja um diploma disciplinado das atividades laboriosas, emanado do Poder Público competente, estabelecendo o horário de funcionamento de indústrias, fábricas, igrejas, bares, restaurantes e quaisquer outros estabelecimentos comerciais.

Fogos de artifício: "A soltura de fogos de estampido não põe em perigo a incolumidade pública, mas perturba a paz e o sossego alheios, por isso configurando a contravenção do art. 42, n. I e não a do art. 28 da respectiva lei" (TACrimSP – *RT*, 473/383).

"Não se pode compreender no vocábulo 'algazarra', constante do n. I do art. 42 da Lei das Contravenções Penais, o ruído proveniente da soltura de fogos de artifício" (TACrimSP – *RT*, 530/368).

Abuso de instrumentos sonoros ou sinais acústicos: "Constitui infração do art. 42, III, da Lei das Contravenções Penais o proceder de quem, abusando de instrumentos sonoros, que liga em alto volume, sobretudo às horas mortas da noite, perturba o sossego alheio" (TACrimSP – *RT*, 758/573).

"Caracteriza a contravenção do art. 42, III, da LCP, a conduta de agente que liga o aparelho de som muito alto e abusa do uso de instrumentos sonoros em sua residência, incomodando os vizinhos, sendo desnecessária a realização de perícia para aferição da intensidade do som propagado, uma vez que se trata de fato que não deixa vestígios, bastando a existência de outros meios de prova, como a testemunhal" (TACrimSP – AC – Rel. Aroldo Viotti – j. 1-12-1999 – Rolo-flash 1.286/091).

Bar com música ao vivo: "Configura a contravenção de perturbação do trabalho ou sossego alheios a conduta do dono de bar que promove apresentações de música ao vivo, causando barulho acima dos limites toleráveis, em horário impróprio, sendo irrelevantes a autorização para funcionamento do estabelecimento ou a mudança posterior da conduta" (TACrimSP – AC – Rel. França Carvalho – j. 29-7-1997 – Rolo-flash 1.120/120).

"O uso abusivo de instrumentos sonoros em casas de shows, boate e danceteria, aliado à gritaria ou algazarra, perturbando o sossego alheio de um número indeterminado de pessoas caracteriza contravenção penal, que pode ser punida alternativamente com a pena de multa" (TJMS – *RT*, 699/353).

Igrejas: "Embora normalmente ruidosas, pelo clamor dos fiéis e pelo uso de guitarras, amplificadores e alto-falantes, as reuniões de oração da Igreja Pentecostal Deus é Amor só tipificariam a contravenção do art. 42 da lei específica se violassem os limites eventualmente previstos em lei ou ato municipal disciplinadores das práticas públicas desse culto religioso. Logo, inexistindo prova da existência de norma ou medida nesse sentido, impõe-se a absolvição do pastor responsável por tais atividades" (TACrimSP – *RT*, 624/324).

Animais: "O barulho provocado por animal de que tem o agente a guarda, importará em prática contravencional quando perturbe o trabalho ou o sossego alheio, no que é explícito o art. 42, *caput*, da Lei das Contravenções Penais" (TACrimSP – *RT*, 502/335).

Prova pericial: é dispensável, desde que haja outro meio hábil de prova, como, por exemplo, a testemunhal.

Prova testemunhal e pericial: "Provado nos autos através de testemunhas que dão conta que o barulho é excessivo e mesmo insuportável e ainda comprovado pericialmente que a Cetesb, cujo relatório atesta a aferição de ruídos em nível superior aos permitidos, tem-se como consequência a caracterização do delito previsto no art. 42 da LCP. Não se argumenta, entretanto, que, para se ter por integrada a perturbação, não se pode considerar a suscetibilidade de um único cidadão, pois, mesmo em se tratando de várias pessoas prejudicadas, apenas uma pode pleitear o procedimento legal, pois o desinteresse das demais não deve ser causa de sua não aplicação" (TACrimSP – *RT*, 697/321).

Elemento subjetivo: é o dolo. Há julgados, entretanto, entendendo bastar a voluntariedade.

Voluntariedade: "A mera voluntariedade do proprietário, ao tolerar algazarra, balbúrdia ou gritaria, promovida pelos fregueses de um bar, já caracteriza a contravenção de perturbação do sossego alheio, sem se cogitar de dolo ou de culpa do agente. Insere-se no direito ao meio ambiente ecologicamente equilibrado, contemplado no art. 225 da Constituição da República, o de não ser importunado pelo volume excessivo da algazarra ou gritaria promovida no bar. Esse o direito inquestionável do morador vizinho a estabelecimento comercial cujo proprietário já foi seguidas vezes advertido da situação e não providenciou tratamento acústico ou encerramento das atividades em horário compatível com as necessidades de repouso da vizinhança. O fato de outros moradores não partilharem das reclamações pelo excessivo volume da música ao vivo não exculpa o agente, se existe laudo comprobatório do excesso e ao menos uma família se considera perturbada em seu sossego" (TACrimSP – AC – Rel. Renato Nalini – j. 30-1-1998 – Rolo-flash 1.152/367).

Diferença entre perturbação do sossego (art. 42) e a antiga contravenção de perturbação da tranquilidade (art. 65): a perturbação do sossego atinge um número indeterminado de pessoas, enquanto a revogada contravenção penal de perturbação da tranquilidade atinge pessoa determinada. Vale lembrar que o art. 65, que tratava da contravenção penal de perturbação da tranquilidade, foi revogado expressamente pela Lei n. 14.132/21.

Consumação: ocorre com a efetiva perturbação do trabalho ou sossego alheios.

Tentativa: não se admite (*vide* comentários ao art. 4º).

Capítulo V
DAS CONTRAVENÇÕES REFERENTES À FÉ PÚBLICA

Recusa de moeda de curso legal

Art. 43. Recusar-se a receber, pelo seu valor, moeda de curso legal do País:

Pena – multa.

Objetividade jurídica: a validade do curso da moeda.

Competência da União: somente a União pode emitir moeda (art. 21, VII, da CF).

Sujeito ativo: qualquer pessoa.

Sujeito passivo: o Estado.

Conduta: vem representada pelo verbo "recusar(-se)", que significa não aceitar, refugar. Trata-se de crime omissivo.

Moeda de curso legal: segundo a lição de Wilson Ninno (ob. cit., p. 231), citando Theodolindo Castiglione, moeda de curso legal é "a que, emitida pelos poderes competentes, o Estado, coativamente, impõe a todos os cidadãos como meio de pagamento e efeito liberatório. Ninguém pode recusar essa moeda, seja de papel ou de metal: o direito de pagar corresponde à obrigação de receber".

Recusa ilegítima: é imprescindível para a caracterização da contravenção.

Valor legal: é o indicado na própria moeda.

Moeda estrangeira: pode ser recusada.

Recusa legítima: pode ocorrer quando a moeda, em papel ou metal, estiver fora dos padrões admitidos pela casa da moeda. Ex.: rasgada, com numeração de série apagada, com peso inferior etc.

Suspeita de falsidade: a moeda com suspeita idônea de falsidade pode ser recusada.

Aceitação de moeda com valor inferior ao nela declarado: configura a contravenção penal.

Elemento subjetivo: é o dolo.

Consumação: ocorre com a recusa ou aceitação da moeda por valor inferior.

Tentativa: não se admite (*vide* comentários ao art. 4º).

> Imitação de moeda para propaganda
>
> Art. 44. Usar, como propaganda, de impresso ou objeto que pessoa inexperiente ou rústica possa confundir com moeda:
>
> Pena – multa.

Objetividade jurídica: a validade e circulação da moeda.

Sujeito ativo: qualquer pessoa.

Sujeito passivo: o Estado.

Conduta: vem representada pelo verbo "usar", que significa utilizar, fazer uso, empregar.

Mera imitação: a contravenção em comento cuida da mera imitação da moeda e não da sua falsificação, que configuraria o crime do art. 289 do Código Penal.

Moeda: pode ser tanto moeda nacional como estrangeira.

Imitação de moeda: não constitui, por si só, ilícito penal, pois há a necessidade de causar confusão em pessoa inexperiente ou rústica.

Pessoa inexperiente: é a pessoa inocente, ingênua, crédula.

Pessoa rústica: é a pessoa rude, grosseira, ignorante, sem instrução.

Perigo abstrato: para configurar a contravenção basta a probabilidade de dano.

Elemento subjetivo: é o dolo.

Finalidade de propaganda: é imprescindível.

Consumação: ocorre com o uso do impresso ou objeto.

Tentativa: não se admite (*vide* comentários ao art. 4º).

> Simulação da qualidade de funcionário
>
> Art. 45. Fingir-se funcionário público:
>
> Pena – prisão simples, de 1 (um) a 3 (três) meses, ou multa.

Objetividade jurídica: a fé pública.

Sujeito ativo: qualquer pessoa.

Sujeito passivo: a coletividade.

Conduta: vem representada pelo verbo "fingir(-se)", que significa simular, aparentar.

Qualidade da simulação: deve ser apta a induzir em erro a autoridade ou um número indeterminado de pessoas.

Jurisprudência:

"A infração prevista no art. 45 da LCP somente se concretiza, quando o fingimento é suscetível de induzir a erro um número indeterminado de pessoas, sobre a qualidade do agente" (TACrimSP – *RT*, 249/316).

Funcionário público: o conceito de funcionário público é aquele do art. 327 do Código Penal.

Elemento subjetivo: é o dolo.

Consumação: ocorre com o fingimento ou simulação.

Infração de mera conduta: o objetivo do agente é irrelevante.

Estelionato: se houver intuito de obter indevida vantagem econômica, caracteriza-se o crime de estelionato (art. 171 do CP).

Falsa identidade: no crime de falsa identidade (art. 307 do CP), o agente assume a personalidade de outrem, atribuindo-se a respectiva identidade. Na contravenção penal em comento, o agente apenas finge, simula ser funcionário público.

Usurpação de função pública: no crime de usurpação de função pública (art. 328 do CP), o agente ingressa nos quadros da administração sem investidura, passando a ocupar um lugar e introduzindo-se irregularmente no aparelhamento do Estado. Na contravenção em comento, o agente apenas finge, simula ser funcionário público, fora dos quadros da administração e do aparelhamento do Estado.

Tentativa: não se admite (*vide* comentários ao art. 4º).

> Uso ilegítimo de uniforme ou distintivo
>
> Art. 46. Usar, publicamente, de uniforme, ou distintivo de função pública que não exercer; usar, indevidamente, de sinal, distintivo ou denominação cujo emprego seja regulado por lei: (*Redação dada pelo Decreto-Lei n. 6.916, de 2-10-1944.*)
>
> Pena – multa, se o fato não constitui infração penal mais grave.

Objetividade jurídica: a fé pública.

Sujeito ativo: qualquer pessoa.

Sujeito passivo: a coletividade.

Conduta: vem representada pelo verbo "usar", que significa fazer uso, utilizar, empregar, vestir, portar.

Uniforme: é o fardamento ou vestimenta de uma classe ou categoria.

Distintivo: é o sinal indicador de uma qualidade relacionada com emprego público.

Publicamente: constitui elemento espacial do tipo penal, significando à vista de todos, em lugar público ou acessível ao público.

Tipo penal subsidiário: apenas se configura a contravenção "se o fato não constitui infração penal mais grave".

Emprego do sinal, distintivo ou denominação regulado por lei: há a necessidade da existência de uma regulamentação legal sobre o emprego do sinal, distintivo ou denominação.

Uso de uniforme: se o agente usar simplesmente o uniforme, sem maiores consequências, ou seja, sem intuito de fingir-se funcionário público, estará configurada a contravenção do art. 46. Já se o intuito do agente, ao utilizar o uniforme, for o de fingir-se funcionário público, simulando essa qualidade, estará configurada a contravenção do art. 45.

Crime militar: o uso de uniforme ou distintivo militar constitui crime militar, previsto no art. 172 do Código Penal Militar.

Elemento subjetivo: é o dolo.

Consumação: ocorre com o efetivo uso do uniforme ou distintivo, publicamente, de função que não exerce; ou ainda com o efetivo uso de sinal, distintivo ou denominação contrário à regulamentação legal.

Tentativa: não se admite (*vide* comentários ao art. 4º).

Capítulo VI
DAS CONTRAVENÇÕES RELATIVAS À ORGANIZAÇÃO DO TRABALHO

Exercício ilegal de profissão ou atividade

Art. 47. Exercer profissão ou atividade econômica ou anunciar que a exerce, sem preencher as condições a que por lei está subordinado o seu exercício:

Pena – prisão simples, de 15 (quinze) dias a 3 (três) meses, ou multa.

Objetividade jurídica: é o interesse social de que determinadas profissões somente sejam exercidas por pessoas que reúnam os atributos e qualificações previstos em lei.

Liberdade de trabalho: art. 5º, XIII, da Constituição Federal.

Sujeito ativo: qualquer pessoa.

Sujeito passivo: o Estado.

Conduta: vem representada pelos verbos "exercer" (praticar, exercitar, realizar) e "anunciar" (fazer anúncio, dar notícia, propalar).

Norma penal em branco: a profissão ou atividade deve estar regulada por lei, a qual deve conter as condições a que se subordina o seu exercício.

Atipicidade: se a profissão ou atividade não estiver regulamentada, o fato é atípico.

Lei: ao referir-se a "lei", o artigo o faz de forma ampla, podendo abranger qualquer espécie normativa.

Habitualidade: embora haja respeitável posição em sentido contrário, cremos ser fundamental, para a caracterização da contravenção ora em comento, o requisito da habitualidade, já que uma só prática ou um único ato não comprova o efetivo exercício ilegal da profissão.

Infração de perigo: tratando-se de infração de perigo, é irrelevante à sua configuração a eventual inexistência de prejuízo.

Exercício da advocacia: "Configura-se o exercício ilegal de profissão ou atividade, previsto no art. 47 da LCP, na hipótese em que o agente, sem estar regularmente inscrito nos quadros da Ordem dos Advogados do Brasil, patrocina diversas causas, caracterizando dessa forma não o concurso material, mas a habitualidade exigida para a tipicidade da contravenção" (TACrimSP – AC – Rel. Lagrasta Neto – j. 16-1-2001 – Rolo-flash 1386/221).

Corretor de imóveis: "Constitui exercício ilegal da profissão ou atividade a atuação do agente na intermediação de vendas de imóveis sem a prévia inscrição no Conselho Regional de Corretores Imobiliários" (TACrimSP – *RJD*, 24/435).

"Incorre nas penas do art. 47 da LCP o agente que é surpreendido a exercer a profissão de Corretor de Imóveis, sem as qualificações por Lei exigidas a tanto" (TACrimSP – *RJD*, 26/92).

Exercício ilegal da medicina, arte dentária ou farmacêutica: configura o crime do art. 282 do Código Penal.

Elemento subjetivo: é o dolo.

Consumação: ocorre com o efetivo exercício ou anúncio do exercício ilegal da profissão ou atividade.

Tentativa: não se admite (*vide* comentários ao art. 4º).

> Exercício ilegal do comércio de coisas antigas e obras de arte
>
> Art. 48. Exercer, sem observância das prescrições legais, comércio de antiguidades, de obras de arte, ou de manuscritos e livros antigos ou raros:
>
> Pena – prisão simples de 1 (um) a 6 (seis) meses, ou multa.

Objetividade jurídica: é o controle do comércio legítimo de obras de arte, objetos antigos, coisas raras e preciosas.

Sujeito ativo: qualquer pessoa que se dedique a esse tipo de comércio.

Antiquário: aquele que se dedica ao comércio de antiguidades, de obras de arte, manuscritos e livros antigos ou raros.

Sujeito passivo: o Estado.

Conduta: vem representada pelo verbo "exercer", que significa praticar, exercitar, realizar.

Habitualidade: é requisito fundamental para a configuração da contravenção.

Comerciar: significa vender, permutar, comprar, intermediar a transação.

Antiguidade: na definição de Manuel Carlos da Costa Leite, citado por Wilson Ninno (ob. cit., p. 249), é o objeto que, além de seu valor de objeto útil, possui um acréscimo muitas vezes considerável, por sua vetustez, por se ligar a algum fato histórico, científico ou artístico ou por representar um momento artístico.

Raridade dos livros ou manuscritos: é medida pelo número limitado das edições.

Norma penal em branco: para a caracterização da contravenção penal, é necessário que o comércio das antiguidades, obras de arte, manuscritos e livros se faça "sem observância das prescrições legais". Damásio de Jesus (ob. cit., p. 48) cita os seguintes diplomas que complementam a norma em comento: Decreto-Lei n. 25, de 30 de novembro de 1937; Lei n. 4.845, de 19 de novembro de 1965; Lei n. 5.471, de 9 de junho de 1968; e Decreto n. 65.347, de 13 de outubro de 1969.

Elemento subjetivo: é o dolo.

Consumação: ocorre com o efetivo exercício do comércio irregular, presente a habitualidade.

Tentativa: não se admite (*vide* comentários ao art. 4º).

Receptação do produto da contravenção: é fato atípico, pois a receptação pressupõe coisa produto de crime (art. 180 do CP).

> Matrícula ou escrituração de indústria e profissão
>
> Art. 49. Infringir determinação legal relativa à matrícula ou à escrituração de indústria, de comércio, ou de outra atividade:
>
> Pena – multa.

Objetividade jurídica: o normal funcionamento e constituição de firmas comerciais, industriais e outras atividades.

Sujeito ativo: somente pode ser a pessoa responsável pela matrícula ou escrituração da firma. Trata-se de contravenção própria.

Sujeito passivo: o Estado.

Conduta: vem representada pelo verbo "infringir", que significa transgredir, violar.

Determinação legal: trata-se de norma penal em branco, que precisa ser complementada pela legislação ordinária.

Outra atividade: p. ex., membros das bolsas de valores, despachantes aduaneiros, trapicheiros (que atuam nos trapiches – grandes armazéns, próximos a um cais), leiloeiros etc.

Elemento subjetivo: é o dolo.

Consumação: ocorre com a prática de qualquer ato caracterizador da infração à determinação legal.

Tentativa: não se admite (*vide* comentários ao art. 4º).

Capítulo VII
DAS CONTRAVENÇÕES RELATIVAS À POLÍCIA DE COSTUMES

> Jogo de azar
>
> Art. 50. Estabelecer ou explorar jogo de azar em lugar público ou acessível ao público, mediante o pagamento de entrada ou sem ele:
>
> Pena – prisão simples, de 3 (três) meses a 1 (um) ano, e multa, estendendo-se os efeitos da condenação à perda dos móveis e objetos de decoração do local.

Objetividade jurídica: os bons costumes.

Sujeito ativo: qualquer pessoa.

Sujeito passivo: a coletividade.

Conduta: vem representada pelos verbos "estabelecer" (estruturar, montar, manter) e "explorar" (executar, beneficiar-se).

Habitualidade: é necessária à configuração da contravenção penal.

Intuito de lucro: é necessário à configuração da contravenção, embora haja entendimentos em contrário.

Elemento espacial do tipo: o jogo de azar deve ser realizado em lugar público (ruas, praças, parques) ou acessível ao público (casas noturnas, restaurantes, bares, estabelecimentos de recreação etc.). São equiparados a lugar acessível ao público, para efeitos penais, aqueles relacionados no § 4º do dispositivo em comento.

Bingo: desde que preenchidas as condições estabelecidas pela Lei n. 8.672/93, os bingos promovidos pelos clubes esportivos não caracterizam ilícito penal.

Elemento subjetivo: é o dolo.

Finalidade beneficente: não afasta a ilicitude da contravenção.

Consumação: ocorre com o efetivo estabelecimento ou exploração do jogo de azar.

Tentativa: não se admite (*vide* comentários ao art. 4º).

> § 1º A pena é aumentada de um terço, se existe entre os empregados ou participa do jogo pessoa menor de dezoito anos.

Causa de aumento de pena: incide em razão da proteção à pessoa menor de 18 anos.

> § 2º Incorre na pena de multa, de R$ 2.000,00 (dois mil reais) a R$ 200.000,00 (duzentos mil reais), quem é encontrado a participar do jogo, ainda que pela internet ou por qualquer outro meio de comunicação, como ponteiro ou apostador.

Ponteiro: também chamado de apontador, é aquele que está à frente do jogo, que toma notas, preenche pules etc.

Apostador: é aquele que participa do jogo de azar, fazendo apostas.

> § 3º Consideram-se jogos de azar:
> *a*) o jogo em que o ganho e a perda dependem exclusiva ou principalmente da sorte;

Sorte: o ganho não está condicionado à destreza do jogador, sendo o resultado do jogo aleatório.

> *b*) as apostas sobre corrida de cavalos fora de hipódromo ou de local onde sejam autorizadas;

"Book-maker": o dispositivo refere-se a apostas em corrida de cavalos feitas por pessoas sem qualquer vinculação lícita com o hipódromo ou com os locais autorizados, operando na clandestinidade, anotando e fazendo apostas por conta própria ou de terceiro.

> *c*) as apostas sobre qualquer outra competição esportiva.

Qualquer outra competição esportiva: futebol, corrida de veículos, basquete, vôlei etc.

> § 4º Equiparam-se, para os efeitos penais, a lugar acessível ao público:
> *a*) a casa particular em que se realizam jogos de azar, quando deles habitualmente participam pessoas que não sejam da família de quem a ocupa;
> *b*) o hotel ou casa de habitação coletiva, a cujos hóspedes e moradores se proporciona jogo de azar;

c) a sede ou dependência de sociedade ou associação, em que se realiza jogo de azar;

d) o estabelecimento destinado à exploração de jogo de azar, ainda que se dissimule esse destino.

Lugar acessível ao público por equiparação: apenas para os efeitos penais, na configuração da contravenção em comento, a lei equiparou a lugar acessível ao público as casas particulares, o hotel ou casa de habitação coletiva, a sede ou dependência de sociedade ou associação e o estabelecimento destinado à exploração do jogo de azar.

Loteria não autorizada

Art. 51. Promover ou fazer extrair loteria, sem autorização legal:

Pena – prisão simples, de 6 (seis) meses a 2 (dois) anos, e multa, estendendo-se os efeitos da condenação à perda dos móveis existentes no local.

§ 1º Incorre na mesma pena quem guarda, vende ou expõe à venda, tem sob sua guarda, para o fim de venda, introduz ou tenta introduzir na circulação bilhete de loteria não autorizada.

§ 2º Considera-se loteria toda operação que, mediante a distribuição de bilhete, listas, cupões, vales, sinais, símbolos ou meios análogos, faz depender de sorteio a obtenção de prêmio em dinheiro ou bens de outra natureza.

§ 3º Não se compreendem na definição do parágrafo anterior os sorteios autorizados na legislação especial.

Revogação: o art. 51 da LCP foi revogado pelo art. 45 do Decreto-Lei n. 6.259, de 10 de fevereiro de 1944, do seguinte teor:

"Art. 45. Extrair loteria sem concessão regular do poder competente ou sem a ratificação de que cogita o art. 3º: Penas: de 1 (um) a 4 (quatro) anos de prisão simples, multa de Cr$ 5.000,00 (cinco mil cruzeiros) a Cr$ 10.000,00 (dez mil cruzeiros), além da perda para a Fazenda Nacional de todos os aparelhos de extração, mobiliário, utensílios e valores pertencentes à loteria".

Loteria estrangeira

Art. 52. Introduzir, no País, para o fim de comércio, bilhete de loteria, rifa ou tômbola estrangeiras:

Pena – prisão simples, de 4 (quatro) meses a 1 (um) ano, e multa.

Parágrafo único. Incorre na mesma pena quem vende, expõe à venda, tem sob sua guarda, para o fim de venda, introduz ou tenta introduzir na circulação, bilhete de loteria estrangeira.

Revogação: o art. 52 da LCP foi revogado pelo art. 46 do Decreto-Lei n. 6.259, de 10 de fevereiro de 1944, do seguinte teor:

"Art. 46. Introduzir no País bilhetes de loterias, rifas ou tômbolas estrangeiras, ou em qualquer Estado, bilhetes de outra loteria estadual. Penas: de 6 (seis) meses a 1 (um) ano de prisão simples, multa de Cr$ 1.000,00 (mil cruzeiros) a Cr$ 5.000,00 (cinco mil cruzeiros), além da perda para a Fazenda Nacional de todos os bilhetes apreendidos".

Loteria estadual

Art. 53. Introduzir, para o fim de comércio, bilhete de loteria estadual em território onde não possa legalmente circular:

Pena – prisão simples, de 2 (dois) a 6 (seis) meses, e multa.

Parágrafo único. Incorre na mesma pena quem vende, expõe à venda, tem sob sua guarda, para o fim de venda, introduz ou tenta introduzir na circulação, bilhete de loteria estadual, em território onde não possa legalmente circular.

Revogação: o art. 53 da LCP foi revogado pelos arts. 46, 48 e 50 do Decreto-Lei n. 6.259, de 10 de fevereiro de 1944, do seguinte teor:

"Art. 46. Introduzir no país bilhetes de loterias, rifas ou tômbolas estrangeiras, ou em qualquer Estado, bilhetes de outra loteria estadual. Penas: de 6 (seis) meses a 1 (um) ano de prisão simples, multa de Cr$ 1.000,00 (mil cruzeiros) a Cr$ 5.000,00 (cinco mil cruzeiros), além da perda para a Fazenda Nacional de todos os bilhetes apreendidos.

(...)

Art. 48. Possuir, ter sob sua guarda, procurar colocar, distribuir ou lançar em circulação bilhetes de loteria estadual fora do território do Estado respectivo. Penas: de 2 (dois) a 6 (seis) meses de prisão simples, multa de Cr$ 500,00 (quinhentos cruzeiros) a Cr$ 1.000,00 (mil cruzeiros), além de perda para a Fazenda Nacional dos bilhetes apreendidos.

(...)

Art. 50. Efetuar o pagamento de prêmio relativo a bilhete de loteria estrangeira ou estadual que não possa circular legalmente no lugar do pagamento. Penas: de 2 (dois) a 6 (seis) meses de prisão simples e multa de Cr$ 500,00 (quinhentos cruzeiros) a Cr$ 1.000,00 (mil cruzeiros)".

> Exibição ou guarda de lista de sorteio
>
> Art. 54. Exibir ou ter sob sua guarda lista de sorteio de loteria estrangeira:
>
> Pena – prisão simples, de 1 (um) a 3 (três) meses, e multa.
>
> Parágrafo único. Incorre na mesma pena quem exibe ou tem sob sua guarda lista de sorteio de loteria estadual, em território onde esta não possa legalmente circular.

Revogação: o art. 54 da LCP foi revogado pelo art. 49 do Decreto-Lei n. 6.259, de 10 de fevereiro de 1944, do seguinte teor:

"Art. 49. Exibir, ou ter sob sua guarda, listas de sorteios de loteria estrangeira ou de estadual fora do território do Estado respectivo. Penas: de 1 (um) a 4 (quatro) meses de prisão simples e multa de Cr$ 200,00 (duzentos cruzeiros) a Cr$ 500,00 (quinhentos cruzeiros)".

> Impressão de bilhetes, lista ou anúncios
>
> Art. 55. Imprimir ou executar qualquer serviço de feitura de bilhetes, lista de sorteio, avisos ou cartazes relativos a loteria, em lugar onde ela não possa legalmente circular:
>
> Pena – prisão simples, de 1 (um) a 6 (seis) meses, e multa.

Revogação: o art. 55 da LCP foi revogado pelo art. 51 do Decreto-Lei n. 6.259, de 10 de fevereiro de 1944, do seguinte teor:

"Art. 51. Executar serviços de impressão ou acabamento de bilhetes, listas, avisos ou cartazes, relativos a loteria que não possa legalmente circular no lugar onde se executem tais serviços. Penas: de 2 (dois) a 6 (seis) meses de prisão simples, multa de Cr$ 500,00 (quinhentos cruzeiros) a Cr$ 1.000,00 (mil cruzeiros), e a inutilização dos bilhetes, listas, avisos e cartazes, além da pena de prisão aos proprietários e gerentes dos respectivos estabelecimentos".

> Distribuição ou transporte de listas ou avisos
>
> Art. 56. Distribuir ou transportar cartazes, listas de sorteio ou avisos de loteria, onde ela não possa legalmente circular:
>
> Pena – prisão simples, de 1 (um) a 3 (três) meses, e multa.

Revogação: o art. 56 da LCP foi revogado pelo art. 52 do Decreto-Lei n. 6.259, de 10 de fevereiro de 1944, do seguinte teor:

"Art. 52. Distribuir ou transportar cartazes, listas ou avisos de loterias onde os mesmos não possam legalmente circular. Penas: de 1 (um) a 4 (quatro) meses de prisão simples e multa de Cr$ 200,00 (duzentos cruzeiros) a Cr$ 500,00 (quinhentos cruzeiros).

> Publicidade de sorteio
>
> Art. 57. Divulgar, por meio de jornal ou outro impresso, de rádio, cinema, ou qualquer outra forma, ainda que disfarçadamente, anúncio, aviso ou resultado de extração de loteria, onde a circulação dos seus bilhetes não seria legal:
> Pena – multa.

Revogação: o art. 57 da LCP foi revogado pelos arts. 55 e 56 do Decreto-Lei n. 6.259, de 10 de fevereiro de 1944, do seguinte teor:

"Art. 55. Divulgar por meio de jornal, revista, rádio, cinema ou por qualquer outra forma, clara ou disfarçadamente, anúncio, aviso ou resultado de extração de loteria que não possa legalmente circular no lugar em que funciona a empresa divulgadora. Penas: de multa de Cr$ 1.000,00 (mil cruzeiros) a Cr$ 5.000,00 (cinco mil cruzeiros) aplicável aos proprietários e gerentes das respectivas empresas, e o dobro na reincidência.

Parágrafo único. A Fiscalização Geral de Loterias deverá apreender os jornais, revistas ou impressos que inserirem reiteradamente anúncio ou aviso proibidos, e requisitar a cassação da licença para o funcionamento das empresas de rádio e cinema que, da mesma forma, infringirem a disposição deste artigo.

Art. 56. Transmitir pelo telégrafo ou por qualquer outro meio o resultado da extração da loteria que não possa circular no lugar para onde se fizer a transmissão. Penas: de multa de Cr$ 500,00 (quinhentos cruzeiros) a Cr$ 1.000,00 (mil cruzeiros).

Parágrafo único. Nas mesmas penas incorrerá a empresa telegráfica particular que efetuar a transmissão".

> Jogo do bicho
>
> Art. 58. Explorar ou realizar a loteria denominada jogo do bicho, ou praticar qualquer ato relativo à sua realização ou exploração:
> Pena – prisão simples, de 4 (quatro) meses a 1 (um) ano, e multa.
> Parágrafo único. Incorre na pena de multa aquele que participa da loteria, visando a obtenção de prêmio, para si ou para terceiro.

Revogação: o art. 58 da LCP foi revogado pelo art. 58 do Decreto-Lei n. 6.259, de 10 de fevereiro de 1944, do seguinte teor:

"Art. 58. Realizar o denominado 'jogo do bicho', em que um dos participantes, considerado comprador ou ponto, entrega certa quantia com a indicação de combinações de algarismos ou nome de animais, a que correspondem números, ao outro participante, considerado o vendedor ou banqueiro, que se obriga mediante qualquer sorteio ao pagamento de prêmios em dinheiro. Penas: de 6 (seis) meses a 1 (um) ano de prisão simples e multa de Cr$ 10.000,00 (dez mil cruzeiros) a Cr$ 50.000,00 (cinquenta mil cruzeiros) ao vendedor ou banqueiro, e de 40 (quarenta) a 30 (trinta) dias de prisão celular ou multa de Cr$ 200,00 (duzentos cruzeiros) a Cr$ 500,00 (quinhentos cruzeiros) ao comprador ou ponto.

§ 1º Incorrerão nas penas estabelecidas para vendedores ou banqueiros:

a) os que servirem de intermediários na efetuação do jogo;

b) os que transportarem, conduzirem, possuírem, tiverem sob sua guarda ou poder, fabricarem, darem, cederem, trocarem, guardarem em qualquer parte, listas com indicações do jogo ou material próprio para a contravenção, bem como de qualquer forma contribuírem para a sua confecção, utilização, curso ou emprego, seja qual for a sua espécie ou quantidade;

c) os que procederem à apuração de listas ou à organização de mapas relativos ao movimento do jogo;

d) os que por qualquer modo promoverem ou facilitarem a realização do jogo.

§ 2º Consideram-se idôneas para a prova do ato contravencional quaisquer listas com indicações claras ou disfarçadas, uma vez que a perícia revele se destinarem à perpetração do jogo do bicho".

Vadiagem

> Art. 59. Entregar-se alguém habitualmente à ociosidade, sendo válido para o trabalho, sem ter renda que lhe assegure meios bastantes de subsistência, ou prover a própria subsistência mediante ocupação ilícita:
>
> Pena – prisão simples, de 15 (quinze) dias a 3 (três) meses.

Objetividade jurídica: os bons costumes.

Ócio: segundo Bento de Faria, citado por Wilson Ninno (ob. cit., p. 314), "ócio é a situação de quem não faz nada, sem razão justificativa da inatividade, que assim se torna expressiva de um estado antissocial perigoso pelo hábito que determina e por suas inevitáveis consequências". Por motivo de periculosidade, a lei não reprime a ociosidade pura e simplesmente, mas a vadiagem, não tendo o vagabundo profissão ou ofício, nem renda e nem meios conhecidos de subsistência.

Sujeito ativo: qualquer pessoa válida para o trabalho.

Validez para o trabalho: é a aptidão física e mental para o desempenho de atividade laborativa, constatada, em regra, por perícia.

Sujeito passivo: a coletividade.

Conduta: vem representada pelo verbo "entregar (-se)", ou seja, dedicar-se, lançar-se. A ociosidade é o estado de quem vive no ócio (*vide* acima), sendo válido para o trabalho ou não tendo renda que lhe assegure meios bastantes de subsistência. Pune a lei também a conduta de "prover" (dispor, ordenar, regular) a própria subsistência mediante ocupação ilícita.

Habitualidade: é imprescindível para a tipificação do ilícito.

Desemprego: não caracteriza a habitualidade necessária para a vadiagem.

Sindicância para demonstração da habitualidade: é comum a autoridade policial, para a comprovação da habitualidade da vadiagem, instaurar sindicância administrativa, em que o agente é submetido a exame pericial para comprovação da validez ou não para o trabalho e assume o compromisso de ocupar-se em atividade lícita, em determinado período, geralmente de trinta dias.

Termo de ocupação lícita: consiste em compromisso assumido pelo agente perante a autoridade policial, em que, sendo válido para o trabalho e encontrando-se em situação de suposta vadiagem, compromete-se a obter ocupação lícita em determinado prazo, geralmente de trinta dias.

Prisão em flagrante: é possível. Nesse sentido: "Não há contradição entre o acolhimento do flagrante, para início da ação penal e o reconhecimento da vadiagem, se a prova da habitualidade desse estado fora anteriormente demonstrada através de sindicância" (*RT*, 233/340).

Abuso de autoridade: "Comete abuso de autoridade, e por isso deve ser responsabilizado, o policial que obriga alguém a assinar termo de compromisso de tomar emprego em trinta dias"(TA-CrimSP – *JUTACrim*, 77/251).

Situação do país: "A circunstância de ter o acusado firmado anteriormente termo de tomar ocupação lícita não é suficiente para caracterizar a infração do art. 59 da Lei das Contravenções Penais. Ninguém ignora as dificuldades enfrentadas atualmente por qualquer pessoa na obtenção de emprego, principalmente quando se trata de trabalhador não qualificado, numa época em que a economia se acha em indesmentível fase recessiva. Destarte, é evidente que não se pode extrair do fato de ter uma pessoa assinado referido termo e não haver conseguido colocação no prazo estipulado ser considerada vadia ou ociosa" (TACrimSP – *RT*, 567/341).

Vendedor ambulante: não é considerado vadio (TACrimSP – *JUTACrim*, 17/144).

"Bico": viver de "bicos", sem ter emprego regular, não configura vadiagem (*RT*, 436/391).

"Flanelinha": a condição dos chamados "flanelinhas" ou guardadores de carros nas ruas é controvertida. Há entendimentos jurisprudenciais considerando-os ora vadios, ora trabalhadores. Nesse sentido:

Prostituição: também nesse ponto a jurisprudência é conflitante. Há julgados entendendo que a prostituição não pode ser caracterizada como atividade lícita, enquanto outros a julgam como meio de vida.

Ocupação doméstica: a mulher que se dedica aos afazeres do lar não pode ser considerada vadia (TACrimSP – *JUTACrim*, 24/363).

Elemento subjetivo: é o dolo.

Consumação: ocorre com a reiteração do estilo de vida, ou seja, pela habitualidade.

Tentativa: não se admite (*vide* comentários ao art. 4º).

Fiança: a contravenção penal de vadiagem é inafiançável, autorizando a prisão preventiva (arts. 313, II, e 323, II, do CPP).

> Parágrafo único. A aquisição superveniente de renda, que assegure ao condenado meios bastantes de subsistência, extingue a pena.

Extinção da pena: ocorre com a aquisição superveniente de renda, que assegure ao condenado meios bastantes de subsistência.

Mendicância

> (Art. 60. Revogado pela Lei n. 11.983, de 16-7-2009.)

Importunação ofensiva ao pudor

> (Art. 61. Revogado pela Lei n. 13.718, de 24-9-2018.)

> Embriaguez
>
> Art. 62. Apresentar-se publicamente em estado de embriaguez, de modo que cause escândalo ou ponha em perigo a segurança própria ou alheia:
>
> Pena – prisão simples, de 15 (quinze) dias a 3 (três) meses, ou multa.

Objetividade jurídica: os bons costumes e a incolumidade pública.

Sujeito ativo: qualquer pessoa.

Sujeito passivo: a coletividade. Secundariamente, a pessoa cuja segurança é exposta a perigo.

Conduta: vem representada pelo verbo "apresentar(-se)", que significa mostrar-se em público, exibir-se.

Estado de embriaguez: embriaguez é a intoxicação aguda e transitória causada pelo álcool ou substância de efeitos análogos.

Publicamente: a expressão "publicamente" refere-se não apenas a "lugar público" como também a lugar "aberto ao público", onde se encontrem pessoas diversas (*RT*, 264/539).

Escândalo: gritaria, algazarra, tumulto, confusão.

Simples embriaguez: não constitui infração penal.

Exame de dosagem alcoólica: não é necessário para a comprovação da embriaguez (*RT*, 458/421).

Habitualidade: não é necessária para a configuração da contravenção penal.

Elemento subjetivo: é o dolo.

Consumação: ocorre com a apresentação do agente em estado de embriaguez, nas condições e local referidos no tipo.

Tentativa: não se admite (*vide* comentários ao art. 4º).

> Parágrafo único. Se habitual a embriaguez, o contraventor é internado em casa de custódia e tratamento.

Embriaguez habitual: enseja a colocação do agente em hospital de custódia e tratamento. Entretanto, com o advento da nova Parte Geral do Código Penal, de 1984, cremos que a internação do contraventor somente poderá ocorrer se a embriaguez habitual ocasionar, mediante comprovação pericial, a incapacidade de entender o caráter ilícito do fato ou de determinar-se de acordo com esse entendimento, sendo, então, pelo seu estado crônico, considerada doença mental.

> Bebidas alcoólicas
>
> Art. 63. Servir bebidas alcoólicas:
>
> I – (Revogado pela Lei n. 13.106/2015.)
>
> II – a quem se acha em estado de embriaguez;
>
> III – a pessoa que o agente sabe sofrer das faculdades mentais;
>
> IV – a pessoa que o agente sabe estar judicialmente proibida de frequentar lugares onde se consome bebida de tal natureza:
>
> Pena – prisão simples, de 2 (dois) meses a 1 (um) ano, ou multa.

Objetividade jurídica: os bons costumes.

Sujeito ativo: qualquer pessoa.

Sujeito passivo: a coletividade.

Conduta: vem representada pelo verbo "servir", que significa dar, oferecer, ministrar, apresentar a consumo.

Diferença entre "servir" e "vender": o verbo servir denota consumo imediato, enquanto vender indica que a bebida alcoólica será consumida oportunamente, mediatamente.

Bebida alcoólica: é assim considerada aquela que contém qualquer graduação alcoólica ou qualquer quantidade de álcool em sua fórmula ou composição.

Venda de bebida alcoólica a menor de 18 anos: as condutas de "vender", "fornecer" ainda que gratuitamente, "servir", "ministrar" ou "entregar" de qualquer forma, a criança ou adolescente, sem justa causa, bebida alcoólica, configura o crime do art. 243 da Lei n. 8.069/90 – Estatuto da Criança e do Adolescente.

Elemento subjetivo: é o dolo.

Consumação: ocorre com a prática da conduta de "servir" bebida alcoólica às pessoas elencadas no dispositivo.

Tentativa: não se admite (*vide* comentários ao art. 4º).

> Crueldade contra animais
>
> Art. 64. Tratar animal com crueldade ou submetê-lo a trabalho excessivo:
>
> Pena – prisão simples, de 10 (dez) dias a 1 (um) mês, ou multa.
>
> § 1º Na mesma pena incorre aquele que, embora para fins didáticos ou científicos, realiza, em lugar público ou exposto ao público, experiência dolorosa ou cruel em animal vivo.
>
> § 2º Aplica-se a pena com aumento de metade, se o animal é submetido a trabalho excessivo ou tratado com crueldade, em exibição ou espetáculo público.

Revogação: o dispositivo em análise foi revogado pelo art. 32 da Lei n. 9.605/98 – Lei dos Crimes Ambientais, que passou a punir com detenção de 3 meses a 1 ano a conduta de quem praticar ato de abuso, maus-tratos, ferir ou mutilar animais silvestres, domésticos ou domesticados, nativos ou exóticos.

> Perturbação da tranquilidade
>
> Art. 65. Molestar alguém ou perturbar-lhe a tranquilidade, por acinte ou por motivo reprovável:
>
> Pena – prisão simples, de 15 (quinze) dias a 2 (dois) meses, ou multa.
>
> *(Art. 65. Revogado pela Lei n. 14.132, de 31-3-2021.)*

Capítulo VIII
DAS CONTRAVENÇÕES REFERENTES À ADMINISTRAÇÃO PÚBLICA

> Omissão de comunicação de crime
>
> Art. 66. Deixar de comunicar à autoridade competente:
>
> I – crime de ação pública, de que teve conhecimento no exercício de função pública, desde que a ação penal não dependa de representação;

II – crime de ação pública, de que teve conhecimento no exercício da medicina ou de outra profissão sanitária, desde que a ação penal não dependa de representação e a comunicação não exponha o cliente a procedimento criminal:

Pena – multa.

Objetividade jurídica: o normal funcionamento da Administração Pública.

Sujeito ativo: somente pode ser o funcionário público, no caso do inciso I, ou o médico ou outro profissional da área sanitária, no caso do inciso II.

Funcionário público para os efeitos penais: o conceito deve ser tirado do art. 327 do Código Penal.

Sujeito passivo: o Estado.

Conduta: vem representada pelo verbo "deixar", indicando omissão própria consistente em não comunicar a autoridade competente.

Prazo para a comunicação: a lei não estabelece o prazo para que o agente faça a comunicação à autoridade, daí por que a configuração da contravenção penal dependerá da análise criteriosa de cada caso concreto.

Elemento subjetivo: é o dolo.

Consumação: ocorre com a simples omissão do agente.

Tentativa: não se admite (*vide* comentários ao art. 4º).

Inumação ou exumação de cadáver

Art. 67. Inumar ou exumar cadáver, com infração das disposições legais:

Pena – prisão simples, de 1 (um) mês a 1 (um) ano, ou multa.

Objetividade jurídica: o normal funcionamento da Administração Pública, no sentido de serem observados os regramentos para inumação e exumação de cadáveres.

Sujeito ativo: qualquer pessoa.

Sujeito passivo: a coletividade.

Conduta: vem representada pelo verbo "inumar" (enterrar, cobrir de terra, sepultar) e pelo verbo "exumar" (desenterrar, escavar, descobrir).

Disposições legais sobre inumação e exumação: a Lei n. 6.015/73 (Lei de Registros Públicos) estabelece, nos arts. 77 a 88, o procedimento que deve anteceder o sepultamento ou inumação.

"Art. 77. Nenhum sepultamento será feito sem certidão do oficial de registro do lugar do falecimento, extraída após a lavratura do assento de óbito, em vista do atestado médico, se houver no lugar, ou, em caso contrário, de duas pessoas qualificadas que tiverem presenciado ou verificado a morte."

Exumação: o art. 163 do Código de Processo Penal traz regra sobre a exumação para exame cadavérico.

Elemento subjetivo: é o dolo.

Consumação: ocorre com a efetiva inumação ou exumação.

Tentativa: não se admite (*vide* comentários ao art. 4º).

Distinção entre inumação ou exumação de cadáver e o crime de ocultação de cadáver: o crime tem como objetividade jurídica a tutela do respeito aos mortos, enquanto na contravenção penal existe apenas a inumação ou exumação com descumprimento das disposições legais, sem maiores consequências.

> Recusa de dados sobre própria identidade ou qualificação
>
> Art. 68. Recusar à autoridade, quando por esta justificadamente solicitados ou exigidos, dados ou indicações concernentes à própria identidade, estado, profissão, domicílio e residência:
>
> Pena – multa.
>
> Parágrafo único. Incorre na pena de prisão simples, de 1 (um) a 6 (seis) meses, e multa, se o fato não constitui infração penal mais grave, quem, nas mesmas circunstâncias, faz declarações inverídicas a respeito de sua identidade pessoal, estado, profissão, domicílio e residência.

Objetividade jurídica: o normal funcionamento da Administração Pública.

Sujeito ativo: qualquer pessoa.

Sujeito passivo: o Estado.

Conduta: vem representada pelo verbo "recusar", que significa negar-se, opor-se, resistir.

Autoridade: pode ser policial, administrativa, ministerial (MP) ou judiciária.

Exigência ou solicitação justificadas: com amparo em lei ou ato administrativo.

Elemento subjetivo: é o dolo.

Consumação: ocorre com a simples recusa. Nesse sentido: *"A recusa de dados sobre a própria identidade ou qualificação, por si só, caracteriza a infração contravencional, quando solicitada por autoridade"* (*RT*, 683/321).

Crime de falsa identidade: há que se não confundir a contravenção penal ora tratada com o crime do art. 307 do Código Penal. Se o agente, para se furtar à ação da autoridade, faz declarações inverídicas a respeito de sua identidade pessoal, estado, profissão, domicílio ou residência, incide nas penas do art. 307 do Código Penal (*RT*, 536/340 e 378/308).

Tentativa: não se admite (*vide* comentários ao art. 4º).

> Proibição de atividade remunerada a estrangeiro
>
> Art. 69. (*Revogado pela Lei n. 6.815, de 19-8-1980.*)

Revogação: a contravenção penal do artigo 69 da respectiva lei foi revogada pelo disposto no art. 125, VIII, c/c o art. 98, ambos da Lei n. 6.815, de 19 de agosto de 1980 (Estatuto do Estrangeiro). O fato descrito nessa nova legislação é considerado crime e punido com a pena de deportação.

> Violação do privilégio postal da União
>
> Art. 70. Praticar qualquer ato que importe violação do monopólio postal da União:
>
> Pena – prisão simples, de 3 (três) meses a 1 (um) ano, ou multa, ou ambas cumulativamente.

Privilégio postal da União: o privilégio postal da União ainda persiste, conforme dispõe a Constituição Federal, no art. 21, X. O serviço postal, entretanto, hoje em dia, é regulado pela Lei n. 6.538/78, que, em seu art. 42, revogou a disposição acima da LCP, sendo que a violação do privilégio postal da União passou a ser crime.

Disposições Finais

Art. 71. Ressalvada a legislação especial sobre florestas, caça e pesca, revogam-se as disposições em contrário.

Art. 72. Esta Lei entrará em vigor no dia 1º de janeiro de 1942.

33 Licitações
Lei n. 14.133/2021

1. Noções gerais

Licitação é um procedimento administrativo formal pelo qual a Administração Pública convoca, mediante condições estabelecidas em ato próprio (edital), empresas interessadas na apresentação de propostas para o oferecimento de bens e serviços, respeitados os princípios gerais da legalidade, moralidade, impessoalidade, publicidade e eficiência, dentre outros.

A licitação visa, assim, garantir a observância do princípio constitucional da isonomia, selecionar a proposta mais vantajosa para a Administração e promover o desenvolvimento nacional sustentável. Deve obedecer aos princípios da legalidade, da impessoalidade, da moralidade, da publicidade, da eficiência, do interesse público, da probidade administrativa, da igualdade, do planejamento, da transparência, da eficácia, da segregação de funções, da motivação, da vinculação ao edital, do julgamento objetivo, da segurança jurídica, da razoabilidade, da competitividade, da proporcionalidade, da celeridade, da economicidade e do desenvolvimento nacional sustentável.

A licitação tem fundamento na Constituição Federal que, no art. 37, XXI, estabelece a obrigatoriedade de serem as obras, serviços, compras e alienações contratadas por meio de processo de licitação pública, que assegure igualdade de condições a todos os concorrentes, com cláusulas que estabeleçam obrigações de pagamento, mantidas as condições efetivas da proposta, nos termos da lei, o qual somente permitirá as exigências de qualificação técnica e econômica indispensáveis à garantia do cumprimento das obrigações.

De acordo com o art. 28 da Lei n. 14.133/2021, são modalidades de licitação o pregão, a concorrência, o concurso, o leilão e o diálogo competitivo.

Pregão é modalidade de licitação obrigatória para aquisição de bens e serviços comuns, cujo critério de julgamento poderá ser o de menor preço ou o de maior desconto; concorrência é modalidade de licitação para contratação de bens e serviços especiais e de obras e serviços comuns e especiais de engenharia, cujo critério de julgamento poderá ser menor preço, melhor técnica ou conteúdo artístico, técnica e preço, maior retorno econômico e maior desconto; concurso é modalidade de licitação para escolha de trabalho técnico, científico ou artístico, cujo critério de julgamento será o de melhor técnica ou conteúdo artístico, e para concessão de prêmio ou remuneração ao vencedor; leilão é modalidade de licitação para alienação de bens imóveis ou de bens móveis inservíveis ou legalmente apreendidos a quem oferecer o maior lance; e diálogo competitivo é modalidade de licitação para contratação de obras, serviços e compras em que a Administração Pública realiza diálogos com licitantes previamente selecionados mediante critérios objetivos, com o intuito de desenvolver uma ou mais alternativas capazes de atender às suas necessidades, devendo os licitantes apresentar proposta final após o encerramento dos diálogos.

Contrato administrativo, por seu turno, segundo ensina Diogenes Gasparini (*Direito administrativo*. 13. ed. rev. e atual. São Paulo: Saraiva, 2008. p. 694), é "o ato plurilateral ajustado pela Administração Pública ou por quem lhe faça as vezes com certo particular, cuja vigência e condições de execução a cargo do particular podem ser instabilizadas pela Administração Pública, ressalvados os interesses patrimoniais do contratante particular".

A Lei n. 14.133/2021 substitui a Lei n. 8.666/93, estabelecendo normas gerais de licitação e contratação para as administrações públicas diretas, autárquicas e fundacionais da União, dos Estados, do Distrito Federal e dos Municípios, muito embora esta última continue vigendo por um período de 2 (dois) anos após a publicação oficial da primeira (art. 193, II – *vide* item 2 abaixo), razão pela qual manteremos nesta obra os comentários à lei antiga que forem pertinentes.

Ambas as leis, a anterior e a nova, estabelecem a responsabilidade dos agentes administrativos que praticarem atos em desacordo com os preceitos nela estabelecidos, ou visando frustrar os objetivos da licitação sem prejuízo das responsabilidades civil e penal que o caso ensejar.

2. Revogação da Lei n. 8.666/93 e vigência da nova Lei n. 14.133/2021

De acordo com o disposto no art. 194, a nova Lei n. 14.133/2021 entrou em vigor na data de sua publicação, ou seja, em 1º-4-2021, sem qualquer período de *vacatio legis*.

Por outro lado, o art. 193, II, da Lei n. 14.133/2021 estabeleceu que a revogação da Lei n. 8.666/93 ocorreria após decorridos 2 (dois) anos da publicação oficial da nova lei, acarretando situação deveras inusitada, havendo, durante o período mencionado, duas leis em vigor tratando do mesmo assunto, por vezes de maneira sensivelmente diversa.

Ora, o § 1º do art. 2º do Decreto-Lei n. 4.657/42 – Lei de Introdução às Normas do Direito Brasileiro, estabelece que "a lei posterior revoga a anterior quando expressamente o declare, quando seja com ela incompatível ou quando regule inteiramente a matéria de que tratava a lei anterior".

Evidentemente, pela simples leitura do art. 1º da Lei n. 8.666/93 e dos arts. 1º e 2º da Lei n. 14.133/2021, percebe-se nitidamente que ambas tratam do mesmo assunto (licitações e contratos administrativos), devendo, portanto, a posterior revogar a anterior, já que regula inteiramente a matéria de que tratava esta última.

Mas assim não o quis o legislador, mantendo, pelo período de 2 (dois) anos, a vigência de ambas as leis que tratam do mesmo assunto.

Nesse aspecto, qual regramento deveria reger as licitações e contratos administrativos a partir da vigência da nova Lei n. 14.133/2021?

Algumas considerações iniciais dos estudiosos do assunto dão conta do acerto do legislador em manter, por determinado período, a vigência de dois regimes (o anterior e o atual), na medida em que essa fase de transição seria salutar para a devida adaptação sobre matéria tão complexa como as compras públicas, permitindo aos gestores públicos e suas equipes a capacitação para tratar das licitações e contratos administrativos de acordo com o novo sistema.

Não nos parece o melhor cenário. Primeiramente em razão da insegurança jurídica gerada pela coexistência de dois regimes que guardam semelhança, é verdade, mas que também apresentam sensíveis diferenças, as quais forçosamente irão impactar na responsabilização do ente ímprobo inclusive na esfera criminal, já que houve a revogação expressa dos arts. 89 a 108 da Lei n. 8.666/93 que previam as figuras penais.

Ademais, mesmo que se festasse a vantagem momentânea da coexistência de dois sistemas a reger a matéria, o art. 190 dispõe que o contrato cujo instrumento tenha sido assinado antes da entrada em vigor da nova lei continuará a ser regido de acordo com as regras previstas na legislação revogada, o que trará, num primeiro momento, os mesmos transtornos de uma revogação imediata da lei anterior com a vigência da posterior em sua plenitude.

Assim é que, de acordo com o disposto no art. 191, a decisão pela aplicação do regramento (antigo ou novo) deveria ocorrer na confecção do edital, o qual já deverá indicar qual regime será seguido na licitação. Diz o texto legal que "até o decurso do prazo de que trata o inciso II do *caput* do art. 193, a Administração poderá optar por licitar de acordo com esta Lei ou de acordo com as leis citadas no referido inciso, e a opção escolhida deverá ser indicada expressamente no edital ou no aviso ou instrumento de contratação direta, vedada a aplicação combinada desta Lei com as citadas no referido inciso". E complementa no parágrafo único que "na hipótese do *caput* deste artigo, se a Administração optar por licitar de acordo com as leis citadas no inciso II do *caput* do art. 193 desta Lei, o contrato respectivo será regido pelas regras nelas previstas durante toda a sua vigência".

3. Dos crimes em Licitações e Contratos Administrativos

3.1. Novas figuras penais e princípio da continuidade normativo-típica

De acordo com o disposto no art. 193, I, da Lei n. 14.133/2021, ficam revogados expressamente os arts. 89 a 108 da Lei n. 8.666/93, sendo certo que o art. 178 acrescenta o Capítulo II-B ao Título XI da Parte Especial do Código Penal, no qual foram inseridos os arts. 337-E a 337-P.

Assim, ao mesmo tempo em que revogou os arts. 89 a 108 da Lei n. 8.666/93, que cuidava dos crimes envolvendo licitações e contratos administrativos, a nova lei acrescentou ao Código Penal, no Título referente aos "Crimes contra a Administração Pública", o Capítulo II-B, sob o título "Dos Crimes em Licitações e Contratos Administrativos", nele inserindo tipos penais previstos nos arts 337-E a 337-O.

A revogação expressa dos arts. 89 a 108 da Lei n. 8.666/93 não acarretou, entretanto, como apressadamente se poderia concluir, a *abolitio criminis* das condutas lá tipificadas.

Isso porque a *abolitio criminis* implica a revogação do tipo penal com a consequente supressão formal e material da figura criminosa, o que, na espécie, não ocorreu.

O caráter proibitivo das condutas foi mantido, tendo ocorrido o deslocamento dos conteúdos criminosos para outros tipos penais, agora situados no Código Penal, no título referente aos Crimes contra a Administração Pública.

Aplica-se, por conseguinte, o princípio da continuidade normativo típica, que "ocorre quando uma norma penal é revogada, mas a mesma conduta continua sendo crime no tipo penal revogador, ou seja, a infração penal continua tipificada em outro dispositivo, ainda que topologicamente ou normativamente diverso do originário" (STJ – HC 187.471/AC – Rel. Min. Gilson Dipp – j. 20-10-2011).

Assim, praticamente nenhuma repercussão haverá, do ponto de vista da vigência e aplicação dos novos tipos penais, aos casos em andamento e também aos pretéritos já julgados, exceção feita ao novo crime do art. 337-O (omissão grave de dados ou de informação por projetista), que não existia na legislação anterior, ocorrendo, nesse caso, *novatio legis* incriminadora. Vale ressalvar ainda os novos patamares de pena fixados a alguns dos crimes recentes, maiores do que os anteriores, situação facilmente resolvida, nos casos já em andamento, pela irretroatividade da lei mais severa (art. 5º, XL, CF).

Urge destacar, outrossim, que a aplicação dos novos tipos penais não será prejudicada ou afetada pela coexistência de dois regimes legais a reger as licitações e contratos administrativos (*vide* item 2 *supra*).

Grande parte dos tipos penais mencionados constitui normas penais em branco, cujo complemento deverá ser fornecido pelo diploma legal (regime jurídico) escolhido pelo gestor público e sua equipe por ocasião da publicação do edital ou no aviso ou instrumento de contratação direta, nos termos do disposto no art. 191 da nova lei.

Assim, se a Administração optou por licitar de acordo com as regras da Lei n. 8.666/93, ou das Leis n. 10.520/2002 e n. 12.462/2011, serão esses diplomas os regentes da licitação e do contrato administrativo, fornecendo o complemento necessário para a tipificação dos crimes previstos nos arts. 337-E a 337-O do Código Penal. Caso tenha optado a Administração por licitar de acordo com a Lei n. 14.133/2021, essa última fornecerá o complemento adequado à tipificação dos crimes mencionados.

3.2. Dos crimes em espécie

Muito embora tenha havido a revogação expressa dos arts. 89 a 108 da Lei n. 8.666/93, com a inserção dos recentes crimes dos arts. 337-E a 337-O no Código Penal, optamos por analisar os tipos também nesta nossa obra de Legislação Penal Especial, na medida em que visceralmente ligados aos regimes jurídicos regentes das licitações e contratos administrativos previstos na legislação extravagante.

> Contratação direta ilegal
> Art. 337-E. Admitir, possibilitar ou dar causa à contratação direta fora das hipóteses previstas em lei:
> Pena – reclusão, de 4 (quatro) a 8 (oito) anos, e multa.

Crime anterior: o tipo penal anterior análogo estava previsto no art. 89 da Lei n. 8.666/93, que punia com detenção de 3 (três) a 5 (cinco) anos e multa, a dispensa ou inexigibilidade de licitação fora das hipóteses previstas em lei, além da inobservância das formalidades pertinentes à dispensa ou à inexigibilidade. Não houve mudança sensível no conteúdo da norma penal, que passou a punir as condutas de admitir, possibilitar ou dar causa à contratação direta fora das hipóteses previstas em lei. O processo de contratação direta, de acordo com o disposto no art. 72, *caput*, da Lei n. 14.133/2021, nada mais é do que inexigibilidade e dispensa de licitação. Portanto, aquele que admitir, possibilitar ou der causa à contratação direta ilegal praticará exatamente a mesma conduta que aquele que dispensar ou inexigir licitação fora das hipóteses previstas em lei, ou ainda que deixar de observar as formalidades pertinentes à dispensa ou à inexigibilidade. Aplica-se, neste caso, integralmente, o princípio da continuidade normativo-típica (*vide* item 3.1 *supra*).

Sujeito ativo: em razão da nova formatação do tipo penal pela Lei n. 14.133/2021, alguns estudiosos passaram a sustentar que o crime ora em comento seria comum, podendo ter como sujeito ativo qualquer pessoa. Ousamos discordar. A nosso ver, o crime continua a ser próprio, somente podendo ter como sujeito ativo a autoridade administrativa, os agentes públicos, com atribuição para admitir, possibilitar ou dar causa à contratação direta, ou seja, autorizar a abertura da licitação pública, dispensá-la ou afirmar sua inexigibilidade. Nesse sentido, dispõe o art. 8º da Lei n. 14.133/2021, que a licitação será conduzida por agente de contratação, pessoa designada pela autoridade competente, entre servidores efetivos ou empregados públicos dos quadros permanentes da Administração Pública, para tomar decisões, acompanhar o trâmite da licitação, dar impulso ao procedimento licitatório e executar quaisquer outras atividades necessárias ao bom andamento da licitação. Agente público é indivíduo que, em virtude de eleição, nomeação, designação, contratação ou qualquer outra forma de investidura ou vínculo, exerce mandato, cargo, emprego ou função em pessoa jurídica integrante da Administração Pública. Autoridade é o agente público dotado de poder de decisão.

O Superior Tribunal de Justiça já entendeu que "a condição de agente político (cargo de prefeito) é elementar do tipo penal descrito no *caput* do art. 89 da Lei n. 8.666/93, não podendo, portanto, ser sopesada como circunstância judicial desfavorável" (HC 163.204/PB, Rel. Min. Sebastião Reis Júnior, 6ª T., j. 17-4-2012, *DJe* 19-10-2012; HC 108.989/PR, Rel. Min. Og Fernandes, 6ª T., j. 28-10-2008, *DJe* 17-11-2008; HC 95.203/SP, Rel. Min. Felix Fischer, 5ª T., j. 24-6-2008, *DJe* 18-8-2008; REsp 1.509.998/CE, Rel. Min. Ribeiro Dantas, 5ª T., j. 20-8-2018, *DJe* 23-8-2018).

Prefeito municipal: mesmo antes da vigência do novo art. 337-E do Código Penal, o art. 89 da Lei n. 8.666/93 já havia revogado o inciso XI do art. 1º do Decreto-Lei n. 201/1967, devendo, portanto, ser aplicado às condutas típicas praticadas por prefeitos após sua vigência. No Superior Tribunal de Justiça: EDcl no AgRg no REsp 1.745.232/CE, Rel. Min. Reynaldo Soares da Fonseca, 5ª T., j. 9-10-2018, *DJe* 19-10-2018; AgRg no REsp 1.113.982/PB, Rel. Min. Laurita Vaz, 5ª T., j,. 19-8-2014, *DJe* 29-8-2014; REsp 1.288.855/SP, Rel. Min. Maria Thereza de Assis Moura, 6ª T., j. 17-10-2013, *DJe* 29-10-2013; HC 121.708/RJ, Rel. Min. Moura Ribeiro, 5ª T., j. 19-9-2013, *DJe* 27-9-2013; REsp 1.807.302/RN, Rel. Min. Jorge Mussi, j. 27-6-2019, *DJe* 1º-7-2019; RHC 041763/RJ, Rel. Ministro Antonio Saldanha Palheiro, 6ª T., j. 25-4-2018, *DJe* 27-4-2018).

Sujeito passivo: é o Estado, ou de uma forma mais específica, a Administração Pública, assim como se tem como sujeito passivo secundário o titular do bem jurídico particularmente protegido.

Objeto material: é a contratação direta (dispensa ou inexigibilidade de licitação) propriamente dita. O processo de contratação direta, que compreende os casos de inexigibilidade e de dispensa de licitação, deverá ser instruído com os documentos indicados no art. 72 da Lei n. 14.133/2021. O ato que autoriza a contratação direta ou o extrato decorrente do contrato deverá ser divulgado e mantido à disposição do público em sítio eletrônico oficial. Vale lembrar que, na hipótese de contratação direta irregular, o contratado e o agente público responsável responderão solidariamente pelo dano causado ao erário, sem prejuízo de outras sanções legais cabíveis. É inexigível a licitação quando inviável a competição, estabelecendo o art. 74 da citada lei os casos especiais. É dispensável a licitação nas hipóteses elencadas pelo art. 75.

Objeto jurídico: é a proteção dos interesses da Administração Pública, seu regular funcionamento e a probidade administrativa.

Conduta: vem expressa pelos verbos *admitir* (reconhecer, aceitar, consentir), *possibilitar* (tornar possível, proporcionar) e *dar causa* (ensejar, causar).

Elemento subjetivo: é o dolo, não sendo punida a modalidade culposa por falta de previsão legal.

Dolo específico: há julgados do Superior Tribunal de Justiça exigindo a comprovação do dolo específico do agente em causar dano ao erário, bem como do prejuízo à Administração Pública. Nesse sentido: RHC 108.813/SP, Rel. Min. Sebastião Reis Júnior, 6ª T., j. 5-9-2019, *DJe* 17-9-2019; AgRg no AREsp 1.426.799/SP, Rel. Min. Laurita Vaz, 6ª T., j. 27-8-2019, *DJe* 12-9-2019; HC 490.195/PB, Rel. Min. Joel Ilan Paciornik, 5ª T., j. 3-9-2019, *DJe* 10-9-2019; RHC 115.457/SP, Rel. Min. Jorge Mussi, 5ª T., j. 20-8-2019, *DJe* 2-9-2019; AgRg no RHC 108.658/MG, Rel. Min. Nefi Cordeiro, 6ª T., j. 13-8-2019, *DJe* 22-8-2019; HC 444.024/PR, Rel. Min. Rogerio Schietti Cruz, 6ª T., j. 2-4-2019, *DJe* 2-8-2019; HC 498.748/RS, Rel. Min. Felix Fischer, 5ª T., j. 30-5-2019, *DJe* 6-6-2019.

Consumação: o crime se consuma com a admissão da contratação direta ilegal ou com qualquer ato que possibilite a sua ocorrência. Ou, ainda, com qualquer ação ou omissão que dê causa à prática da contratação direta ilegal.

Crime de mera conduta: não há necessidade de ocorrência de efetivo prejuízo à Administração (resultado naturalístico).

Tentativa: admite-se em qualquer das modalidades de conduta, uma vez fracionável o *iter criminis*.

Concurso de agentes: pode acontecer tanto no caso de mais de um servidor público participar do crime, como no caso de um particular que para ele concorra de qualquer forma. De todo modo, a qualidade especial do sujeito ativo (servidor público) é elementar do crime, comunicando-se ao coautor ou partícipe que não ostente essa qualidade, por força do disposto no art. 30 do Código Penal.

Lei n. 9.099/95: não é aplicável a esse crime nenhum de seus benefícios, como a transação ou suspensão condicional do processo.

Acordo de não persecução penal: não é cabível, uma vez que a pena mínima é de 4 (quatro) anos de reclusão (*vide* art. 28-A do CPP).

Ação penal: é pública incondicionada.

> Frustração do caráter competitivo de licitação
>
> Art. 337-F. Frustrar ou fraudar, com o intuito de obter para si ou para outrem vantagem decorrente da adjudicação do objeto da licitação, o caráter competitivo do processo licitatório:
>
> Pena – reclusão, de 4 (quatro) anos a 8 (oito) anos, e multa.

Crime anterior: o tipo penal anterior análogo estava previsto no art. 90 da Lei n. 8.666/93, que punia a mesma conduta com detenção de 2 (dois) a 4 (quatro) anos e multa. Foi mantido o caráter proibido da conduta, com o deslocamento do conteúdo criminoso para o novo tipo penal ora analisado, aplicando-se o princípio da continuidade normativo-típica.

Sujeito ativo: pode ser qualquer pessoa, tanto agente público ou autoridade administrativa quanto particular que apresente interesse no processo licitatório. Trata-se de crime comum, não se exigindo do sujeito ativo nenhuma característica específica, podendo ser praticado por qualquer pessoa que participe do certame.

A propósito, no Superior Tribunal de Justiça: AgRg no REsp 1.795.894/PB, Rel. Min. Antonio Saldanha Palheiro, 6ª T., j. 26-3-2019, *DJe* 8-4-2019; AgRg no REsp 1.646.332/SP, Rel. Min. Jorge Mussi, 5ª T., j. 17-8-2017, *DJe* 23-8-2017; HC 348.084/SC, Rel. Min. Felix Fischer, 5ª T., j. 14-2-2017, *DJe* 21-2-2017.

Sujeito passivo: é o Estado, ou de uma forma mais específica, a Administração Pública, assim como, secundariamente, o titular do bem jurídico particularmente protegido.

Objeto material: é o processo de licitação.

Objeto jurídico: é a proteção dos interesses da Administração Pública, seu regular funcionamento e a probidade administrativa, principalmente quanto ao caráter competitivo do certame.

Conduta: vem expressa pelos verbos *frustrar* (baldar, iludir, burlar) e *fraudar* (enganar, lograr).

Meio de execução: a fraude ou frustração do processo licitatório pode se dar por qualquer meio. Na legislação anterior (Lei n. 8.666/93) o art. 90 se referia a "ajuste, combinação ou qualquer outro expediente".

Caráter competitivo: é o cerne do procedimento licitatório, sem o qual estará totalmente desfigurada a licitação.

Elemento subjetivo: é o dolo, sendo necessária sua modalidade específica no que tange à obtenção da vantagem decorrente da adjudicação do objeto da licitação, não sendo punida a modalidade culposa por falta de previsão legal.

Consumação: dá-se com a efetiva realização do procedimento fraudulento, independentemente da obtenção do fim pretendido, qual seja, a vantagem decorrente da adjudicação do objeto da licitação, prescindindo da existência de prejuízo ao erário, haja vista que o dano se revela pela simples quebra do caráter competitivo entre os licitantes interessados em contratar, causada pela frustração ou pela fraude no procedimento licitatório. Trata-se de crime formal. Súmula 645 do STJ: "O crime de fraude à licitação é formal, e sua consumação prescinde da comprovação do prejuízo ou da obtenção de vantagem".

Nesse sentido, no Superior Tribunal de Justiça: AgRg no REsp 1.793.069/PR, Rel. Min. Jorge Mussi, 5ª T., j. 10-9-2019, DJe 19-9-2019; EDcl no REsp 1.623.985/SP, Rel. Min. Nefi Cordeiro, 6ª T., j. 5-9-2019, DJe 12-9-2019; AgRg no AREsp 1.345.383/BA, Rel. Min. Reynaldo Soares da Fonseca, 5ª T., j. 3-9-2019, DJe 12-9-2019; RHC 94.327/SC, Rel. Min. Ribeiro Dantas, 5ª T., j. 13-8-2019, DJe 19-8-2019; AgRg no REsp 1.533.488/PB, Rel. Min. Rogerio Schietti Cruz, 6ª T., j. 13-12-2018, DJe 4-2-2019; HC 341.341/MG, Rel. Min. Joel Ilan Paciornik, 5ª T., j. 16-10-2018, DJe 30-10-2018.

Tentativa: admite-se, uma vez que fracionável o *iter criminis*.

Prescrição: o termo inicial para contagem do prazo prescricional deve ser a data em que o contrato administrativo foi efetivamente assinado (STJ: HC 484.690/SC, Rel. Min. Ribeiro Dantas, 5ª T., j. 30-5-2019, DJe 4-6-2019; MS 15.036/DF, Rel. Min. Castro Meira, 1ª Seção, j. 10-11-2010, DJe 22-11-2010).

Concurso de crimes: já entendeu o Superior Tribunal de Justiça que é possível o concurso de crimes entre os delitos do art. 90 (fraudar o caráter competitivo do procedimento licitatório) com o do art. 96, inciso I (fraudar licitação mediante elevação arbitrária dos preços), da antiga Lei de Licitações (Lei n. 8.666/93), pois tutelam objetos distintos, afastando-se, portanto, o princípio da absorção. Nesse aspecto: REsp .1790.561/RS, Rel. Min. Antonio Saldanha Palheiro, 6ª T., j. 30-5-2019, DJe 31-5-2019; AREsp 1.217.163/MG, Rel. Min. Joel Ilan Paciornik, 5ª T., j. 11-9-2018, DJe 26-9-2018. O mesmo raciocínio continua aplicável aos crimes da nova Lei n. 14.133/2021.

Lei n. 9.099/95: não é aplicável a esse crime nenhum de seus benefícios, como a transação ou suspensão condicional do processo.

Acordo de não persecução penal: não é cabível, uma vez que a pena mínima é de 4 (quatro) anos de reclusão (*vide* art. 28-A do CPP).

Ação penal: é pública incondicionada.

> Patrocínio de contratação indevida
>
> Art. 337-G. Patrocinar, direta ou indiretamente, interesse privado perante a Administração Pública, dando causa à instauração de licitação ou à celebração de contrato cuja invalidação vier a ser decretada pelo Poder Judiciário:
> Pena – reclusão, de 6 (seis) meses a 3 (três) anos, e multa.

Crime anterior: o tipo penal anterior análogo estava previsto no art. 91 da Lei n. 8.666/93, que punia a mesma conduta com detenção de 6 (seis) meses a 2 (dois) anos e multa. Agora a pena passou a ser de reclusão de 6 (seis) meses a 3 (três) anos e multa. Foi mantido o caráter proibido da conduta, com o deslocamento do conteúdo criminoso para o novo tipo penal ora analisado, aplicando-se o princípio da continuidade normativo-típica.

Sujeito ativo: é o agente público, tratando-se de crime próprio. Nada impede a participação de terceiros. Nesse caso, o coautor ou partícipe estará incurso no mesmo crime, por força do disposto no art. 30 do CP.

Sujeito passivo: é o Estado, ou de uma forma mais específica, a Administração pública, assim como, secundariamente, o titular do bem jurídico particularmente protegido.

Objeto material: é o interesse privado patrocinado perante a Administração Pública.

Objeto jurídico: é a proteção dos interesses da Administração Pública, seu regular funcionamento e a probidade administrativa (moralidade e impessoalidade).

Conduta: vem caracterizada pelo verbo *patrocinar*, que significa advogar, apadrinhar, defender. Trata-se, em verdade, de um tipo de advocacia administrativa no procedimento licitatório.

Elemento subjetivo: é o dolo, não sendo punida a modalidade culposa por falta de previsão legal.

Consumação: ocorre com a prática de qualquer ato em proveito do interesse que o sujeito defende, assim como com a instauração de licitação ou celebração de contrato.

Condições objetivas de punibilidade: para a efetiva punição do agente, estabelece a lei duas condições: instauração de licitação ou celebração de contrato; e decretação de invalidação do ato pelo Poder Judiciário.

Tentativa: admite-se.

Lei n. 9.099/95: não se trata mais de crime de menor potencial ofensivo, como ocorria no tipo penal anterior, já que a pena máxima foi elevada ao patamar de 3 (três) anos. Portanto, não é cabível a transação, sendo possível, entretanto, a suspensão condicional do processo.

Acordo de não persecução penal: é cabível, uma vez que a pena mínima é inferior a 4 (quatro) anos de reclusão (*vide* art. 28-A do CPP).

Ação penal: é pública incondicionada.

> Modificação ou pagamento irregular em contrato administrativo
>
> Art. 337-H. Admitir, possibilitar ou dar causa a qualquer modificação ou vantagem, inclusive prorrogação contratual, em favor do contratado, durante a execução dos contratos celebrados com a Administração Pública, sem autorização em lei, no edital da licitação ou nos respectivos instrumentos contratuais, ou, ainda, pagar fatura com preterição da ordem cronológica de sua exigibilidade:
>
> Pena – reclusão, de 4 (quatro) anos a 8 (oito) anos, e multa.

Crime anterior: o tipo penal anterior análogo estava previsto no art. 92 da Lei n. 8.666/93, que punia a mesma conduta com detenção de 2 (dois) a 4 (quatro) anos e multa. Agora a pena passou a ser de reclusão, em patamares elevados de 4 (quatro) a 8 (oito) anos, e multa. Embora suprimido o parágrafo único existente na norma anterior, foi mantido o caráter proibido da conduta, com o deslocamento do conteúdo criminoso para o novo tipo penal ora analisado, aplicando-se o princípio da continuidade normativo-típica.

Sujeito ativo: é o agente público, tratando-se de crime próprio. Nada impede a participação de terceiros, como no caso do contratado que concorreu para a consumação da ilegalidade. Nesse caso, o coautor ou partícipe estará incurso no mesmo crime, por força do disposto no art. 30 do CP.

Sujeito passivo: é o Estado e, secundariamente, a entidade cujo contrato foi modificado ou prorrogado.

Objeto material: é o contrato administrativo que foi modificado, prorrogado etc., e o pagamento feito ao contratado.

Objeto jurídico: é a proteção dos interesses da Administração Pública, seu regular funcionamento e a probidade administrativa.

Conduta: vem expressa pelos verbos *admitir* (aceitar, acolher), *possibilitar* (ensejar, tornar viável) e *dar causa* (ensejar, possibilitar). Prevê, ainda, a segunda parte do artigo a conduta de *pagar* (retribuir, reembolsar), referindo-se a fatura.

Elemento subjetivo: é o dolo, não sendo punida a modalidade culposa por falta de previsão legal.

Consumação: com a prática de qualquer das condutas elencadas, independentemente da ocorrência de efetivo prejuízo à Administração. Trata-se de crime de mera conduta.

Tentativa: de acordo com a doutrina predominante, é admissível em qualquer das modalidades de conduta.

Lei n. 9.099/95: não é aplicável a esse crime nenhum de seus benefícios, como a transação ou suspensão condicional do processo.

Acordo de não persecução penal: não é cabível, uma vez que a pena mínima é de 4 (quatro) anos de reclusão (*vide* art. 28-A do CPP).

Ação penal: é pública incondicionada.

> Perturbação de processo licitatório
>
> Art. 337-I. Impedir, perturbar ou fraudar a realização de qualquer ato de processo licitatório:
> Pena – detenção, de 6 (seis) meses a 3 (três) anos, e multa.

Crime anterior: o tipo penal anterior análogo estava previsto no art. 93 da Lei n. 8.666/93, que punia a mesma conduta com detenção de 6 (seis) meses a 2 (dois) anos e multa. Agora a pena de detenção passou a ser de 6 (seis) meses a 3 (três) anos, e multa. Foi mantido o caráter proibido da conduta, com o deslocamento do conteúdo criminoso para o novo tipo penal ora analisado, aplicando-se o princípio da continuidade normativo-típica.

Sujeito ativo: qualquer pessoa, em razão de ser um crime comum.

Sujeito passivo: é o Estado, ou de uma forma mais específica, a Administração Pública, assim como, secundariamente, o titular do bem jurídico particularmente protegido.

Objeto material: é o processo licitatório que sofreu a fraude, perturbação ou impedimento.

Objeto jurídico: é a proteção dos interesses da Administração Pública, seu regular funcionamento e a probidade administrativa.

Conduta: vem caracterizada pelos verbos *impedir* (obstar, tolher), *perturbar* (atrapalhar, desorganizar) e *fraudar* (enganar, lograr). O crime somente se tipifica se as condutas nele previstas forem praticadas no curso do processo licitatório (STJ: HC 348.414/RN, Rel. Min. Maria Thereza de Assis Moura, 6ªT., j. 7-4-2016, *DJe* 19-4-2016).

Elemento subjetivo: é o dolo, não sendo punida a modalidade culposa por falta de previsão legal.

Consumação: ocorre com o efetivo impedimento, perturbação ou fraude do processo licitatório.

Tentativa: admite-se.

Lei n. 9.099/95: não se trata mais de crime de menor potencial ofensivo, como ocorria no tipo penal anterior, já que a pena máxima foi elevada ao patamar de 3 (três) anos. Portanto, não é cabível a transação, sendo possível, entretanto, a suspensão condicional do processo.

Acordo de não persecução penal: é cabível, uma vez que a pena mínima é inferior a 4 (quatro) anos de reclusão (*vide* art. 28-A do CPP).

Ação penal: é pública incondicionada.

> Violação de sigilo em licitação
> Art. 337-J. Devassar o sigilo de proposta apresentada em processo licitatório ou proporcionar a terceiro o ensejo de devassá-lo:
> Pena – detenção, de 2 (dois) anos a 3 (três) anos, e multa.

Crime anterior: o tipo penal anterior análogo estava previsto no art. 94 da Lei n. 8.666/93, que punia a mesma conduta com idêntica pena. Foi mantido o caráter proibido da conduta, com o deslocamento do conteúdo criminoso para o novo tipo penal ora analisado, aplicando-se o princípio da continuidade normativo-típica.

Sujeito ativo: pode ser o agente público que esteja participando do processo de licitação ou qualquer outra pessoa que tenha acesso à proposta sigilosa.

Sujeito passivo: é o Estado, de forma imediata, assim como o licitante prejudicado, de forma mediata.

Objeto material: é a proposta apresentada em processo licitatório que deveria ser mantida em sigilo.

Objeto jurídico: é a proteção dos interesses da Administração Pública, mormente quanto ao sigilo das propostas, seu regular funcionamento e a probidade administrativa.

Conduta: vem caracterizada pelo verbo *devassar* (penetrar, espionar, quebrar o sigilo). Pune-se, ainda, a conduta de *proporcionar* (possibilitar, ensejar) a terceiro a oportunidade de devassar o sigilo da proposta apresentada no processo licitatório.

Sigilo das propostas: é a essência do processo licitatório, garantindo-se a igualdade de tratamento àqueles que acorrem ao certame.

Elemento subjetivo: é o dolo, não sendo punida a modalidade culposa por falta de previsão legal.

Consumação: dá-se no momento em que o conteúdo da proposta é conhecido pelo sujeito ativo ou por terceiro.

Tentativa: é possível.

Lei n. 9.099/95: não é aplicável a esse crime nenhum de seus benefícios, como a transação ou suspensão condicional do processo.

Acordo de não persecução penal: é cabível, uma vez que a pena mínima é inferior a 4 (quatro) anos de reclusão (*vide* art. 28-A do CPP).

Ação penal: é pública incondicionada.

Afastamento de licitante

> Art. 337-K. Afastar ou tentar afastar licitante por meio de violência, grave ameaça, fraude ou oferecimento de vantagem de qualquer tipo:
>
> Pena – reclusão, de 3 (três) anos a 5 (cinco) anos, e multa, além da pena correspondente à violência.
>
> Parágrafo único. Incorre na mesma pena quem se abstém ou desiste de licitar em razão de vantagem oferecida.

Crime anterior: o tipo penal anterior análogo estava previsto no art. 95 da Lei n. 8.666/93, que punia a mesma conduta com detenção de 2 (dois) a 4 (quatro) anos e multa. Agora a pena passou a ser de reclusão de 3 (três) a 5 (cinco) anos e multa. Foi mantido o caráter proibido da conduta, com o deslocamento do conteúdo criminoso para o novo tipo penal ora analisado, aplicando-se o princípio da continuidade normativo-típica.

Sujeito ativo: qualquer pessoa, na modalidade do *caput*, em razão de ser um crime comum. Na hipótese do parágrafo único, somente pode ser sujeito ativo o licitante, que se abstém ou desiste de participar da licitação.

Sujeito passivo: é o Estado, ou de uma forma mais específica, a Administração pública. Sujeito passivo secundário é o licitante afastado.

Objeto material: é o licitante, sobre o qual recai a conduta criminosa.

Objeto jurídico: é a proteção dos interesses da Administração Pública, seu regular funcionamento e a probidade administrativa.

Conduta: é caracterizada por *afastar* (repelir, apartar) ou *procurar afastar* (tentar repelir, tentar apartar). Nessa hipótese, o afastamento ou tentativa de afastamento do licitante deve dar-se mediante o emprego de *violência, grave ameaça, fraude ou oferecimento de qualquer vantagem*. No parágrafo único, a conduta vem caracterizada por *abster-se* (omitir-se, renunciar) ou *desistir* (não continuar, não prosseguir). Nesse caso, a abstenção ou renúncia do licitante deve ocorrer em razão da vantagem a ele oferecida.

Elemento subjetivo: é o dolo, não sendo punida a modalidade culposa por falta de previsão legal.

Consumação: ocorre com o afastamento ou tentativa de afastamento do licitante. Nessa modalidade, trata-se de crime de atentado ou de empreendimento, em que a tentativa é equiparada à consumação. Na figura do parágrafo único, consuma-se o delito com a abstenção ou desistência em licitar, em razão da vantagem oferecida. Trata-se de crime formal, uma vez que é dispensável o resultado naturalístico, consistente no efetivo dano à Administração.

Crime de atentado ou de empreendimento: esse tipo penal constitui crime de atentado ou de empreendimento, que é aquele em que a pena da tentativa é a mesma do crime consumado, sem qualquer redução. No caso, são punidas igualmente as condutas de *afastar* (consumada) e *procurar afastar* (tentada), com as mesmas penas.

Abstenção do licitante: é um crime punido de forma bilateral, visto que receberá a punição tanto quem tenta afastar o licitante com o oferecimento da vantagem, como aquele que desiste de licitar em razão de vantagem oferecida.

Tentativa: impossível, posto que, no *caput*, a modalidade tentada é equiparada à consumada. Com relação ao parágrafo único, impossível também a tentativa.

Lei n. 9.099/95: não é aplicável a esse crime nenhum de seus benefícios, como a transação ou suspensão condicional do processo.

Acordo de não persecução penal: é cabível, uma vez que a pena mínima é inferior a 4 (quatro) anos de reclusão (*vide* art. 28-A do CPP).

Ação penal: é pública incondicionada.

> Fraude em licitação ou contrato
>
> Art. 337-L. Fraudar, em prejuízo da Administração Pública, licitação ou contrato dela decorrente, mediante:
>
> I – entrega de mercadoria ou prestação de serviços com qualidade ou em quantidade diversas das previstas no edital ou nos instrumentos contratuais;
>
> II – fornecimento, como verdadeira ou perfeita, de mercadoria falsificada, deteriorada, inservível para consumo ou com prazo de validade vencido;
>
> III – entrega de uma mercadoria por outra;
>
> IV – alteração da substância, qualidade ou quantidade da mercadoria ou do serviço fornecido;
>
> V – qualquer meio fraudulento que torne injustamente mais onerosa para a Administração Pública a proposta ou a execução do contrato.
>
> Pena – reclusão, de 4 (quatro) anos a 8 (oito) anos, e multa.

Crime anterior: o tipo penal anterior análogo estava previsto no art. 96 da Lei n. 8.666/93, que punia a mesma conduta com detenção de 3 (três) a 6 (seis) anos e multa. Agora a pena passou a ser de reclusão de 4 (quatro) a 8 (oito) anos e multa. Foi mantido o caráter proibido da conduta, com o deslocamento do conteúdo criminoso para o novo tipo penal ora analisado, aplicando-se o princípio da continuidade normativo-típica. Entretanto, a forma de execução da conduta (*fraudar*) sofreu algumas alterações, com a inserção de novos meios e a alteração de outros, cujas consequências serão analisadas abaixo.

Sujeito ativo: em regra, o sujeito ativo é o licitante ou contratado. Nada impede, entretanto, a participação do agente público encarregado da licitação. Trata-se de crime próprio.

Sujeito passivo: é o Estado, ou de uma forma mais específica, a Administração Pública. Secundariamente, pode ser sujeito passivo o titular do bem jurídico particularmente protegido.

Objeto material: é a licitação instaurada ou o contrato dela decorrente.

Objeto jurídico: é a proteção dos interesses da Administração Pública, seu regular funcionamento e a probidade administrativa.

Conduta: vem caracterizada pelo verbo *fraudar* (burlar, ludibriar, enganar). Trata-se de crime de forma vinculada, estando as modalidades de fraude especificamente estabelecidas nos incisos I a V. A prática de mais de uma conduta caracteriza apenas um crime (tipo misto alternativo).

Em relação ao inciso I, a nova redação pune a fraude na entrega de mercadoria ou prestação de serviços com qualidade ou em quantidade diversa das previstas no edital ou nos instrumentos contratuais, de modo a causar prejuízo à Administração Pública. Evidentemente que, para a caracterização do delito, a qualidade ou quantidade da mercadoria entregue ou do serviço prestado deve ser inferior à pactuada.

Vale ressaltar que a nova redação da norma penal não previu a elevação arbitrária de preços como uma das formas de prática delitiva. O inciso I do anterior crime previsto no art. 96 da Lei n. 8.666/93 trazia expressa a fraude "elevando arbitrariamente os preços". Cremos que a razão da supressão, na nova legislação, dessa forma de praticar o delito se deve à alegada inconstitucionalidade do dispositivo, bastante apregoada pela doutrina pátria quando de sua vigência. A nosso ver, entretanto, nada impede que a elevação arbitrária de preços, com o intuito de fraudar a licitação, possa atualmente ser enquadrada no inciso V ou mesmo no art. 337-F, acima analisado.

Os incisos II, III e V tiveram o conteúdo criminoso preservado, aplicando-se o princípio da continuidade normativo-típica.

Já o inciso IV recebeu extensão em seu conteúdo, de modo que passou a ser expressamente punida também a alteração da qualidade ou quantidade do serviço fornecido, que seria, em princípio, praticada pelo contratado, diferenciando-se do inciso I.

Elemento subjetivo: é o dolo, não sendo punida a modalidade culposa por falta de previsão legal.

Consumação: ocorre com o efetivo prejuízo à Administração Pública. Trata-se de crime material, que necessita do resultado naturalístico (prejuízo) para sua consumação.

Tentativa: admite-se.

Lei n. 9.099/95: não é aplicável a esse crime nenhum de seus benefícios, como a transação ou suspensão condicional do processo.

Acordo de não persecução penal: não é cabível, uma vez que a pena mínima é de 4 (quatro) anos de reclusão (*vide* art. 28-A do CPP).

Ação penal: é pública incondicionada.

> Contratação inidônea
>
> Art. 337-M. Admitir à licitação empresa ou profissional declarado inidôneo:
>
> Pena – reclusão, de 1 (um) ano a 3 (três) anos, e multa.
>
> § 1º Celebrar contrato com empresa ou profissional declarado inidôneo:
>
> Pena – reclusão, de 3 (três) anos a 6 (seis) anos, e multa.
>
> § 2º Incide na mesma pena do *caput* deste artigo aquele que, declarado inidôneo, venha a participar de licitação e, na mesma pena do § 1º deste artigo, aquele que, declarado inidôneo, venha a contratar com a Administração Pública.

Crime anterior: o tipo penal anterior análogo estava previsto no art. 97 da Lei n. 8.666/93, que punia as mesmas condutas, embora com redação diversa, com detenção de 6 (seis) meses a 2 (dois) anos e multa. Agora a pena do *caput* passou a ser de reclusão de 1 (um) a 3 (três) anos e multa, e a pena do § 1º passou a ser de reclusão de 3 (três) anos e 6 (seis) anos e multa. Embora com redação diversa, foi mantido o caráter proibido da conduta, com o deslocamento do conteúdo criminoso para o novo tipo penal ora analisado, aplicando-se o princípio da continuidade normativo-típica.

Sujeito ativo: nas modalidades de conduta do *caput* e do § 1º, sujeito ativo é o agente público com atribuições para admitir ou rejeitar possíveis licitantes declarados inidôneos ou com eles celebrar contrato. Na hipótese do § 2º, sujeito ativo é o licitante declarado inidôneo, que venha a participar da licitação ou contratar com a Administração Pública.

Sujeito passivo: é o Estado, ou de uma forma mais específica, a Administração Pública. Sujeito passivo secundário pode ser o titular do bem jurídico particularmente protegido.

Objeto material: é a licitação ou o contrato.

Objeto jurídico: é a proteção dos interesses da Administração Pública, seu regular funcionamento e a probidade administrativa.

Conduta: no *caput*, a conduta vem expressa pelo verbo *admitir* (aceitar, acolher). Na modalidade do §1º, a conduta vem expressa pelo verbo, *celebrar* (realizar, efetuar). No § 2º, as condutas são *participar* (tomar parte, integrar) a licitação ou *contratar* (celebrar contrato).

Inidoneidade: a declaração de inidoneidade para licitar ou contratar é sanção administrativa prevista no art. 156, IV, da Lei n. 14.133/2021, sendo aplicada ao responsável pelas infrações administrativas previstas nos incisos VIII, IX, X, XI e XII do *caput* do art. 155, bem como pelas infrações administrativas previstas nos incisos II, III, IV, V, VI e VII do *caput* do referido artigo que justifiquem a imposição de penalidade mais grave, impedido o responsável de licitar ou contratar no âmbito da Administração Pública direta e indireta de todos os entes federativos, pelo prazo mínimo de 3 (três) anos e máximo de 6 (seis) anos.

Elemento subjetivo: é o dolo, não sendo punida a modalidade culposa por falta de previsão legal. Embora haja quem sustente a necessidade do dolo específico do agente público no que tange a seu conhecimento quanto à inidoneidade do licitante ou contratante, a posição que prevalece é a de que se trata de dolo genérico.

Consumação: no caso do *caput*, a consumação ocorre com a admissão da empresa ou profissional declarado inidôneo. Na modalidade do § 1º, com a celebração do contrato. No caso do § 2º, a consumação se dá com a inscrição daquele que foi declarado inidôneo para participar da licitação, ou com a celebração do contrato administrativo. Trata-se de crime formal, que não necessita de resultado naturalístico, consistente no efetivo prejuízo para a Administração.

Tentativa: no caso do *caput* é impossível, mas no caso do parágrafo único pode ocorrer.

Lei n. 9.099/95: na modalidade do *caput*, não se admite a transação, mas apenas a suspensão condicional do processo. Na modalidade do § 1º, não se admite a transação e nem a suspensão condicional do processo.

Acordo de não persecução penal: é cabível em qualquer das modalidades, uma vez que as penas mínimas são inferiores a 4 (quatro) anos de reclusão (*vide* art. 28-A do CPP).

Ação penal: é pública incondicionada.

> Impedimento indevido
>
> Art. 337-N. Obstar, impedir ou dificultar injustamente a inscrição de qualquer interessado nos registros cadastrais ou promover indevidamente a alteração, a suspensão ou o cancelamento de registro do inscrito:
>
> Pena – reclusão, de 6 (seis) meses a 2 (dois) anos, e multa.

Crime anterior: o tipo penal anterior análogo estava previsto no art. 98 da Lei n. 8.666/93, que punia as mesmas condutas com detenção de 6 (seis) meses a 2 (dois) anos e multa. Agora a pena passou a ser de reclusão, permanecendo nos mesmos patamares mínimo e máximo, além da multa. Foi mantido o caráter proibido da conduta, com o deslocamento do conteúdo criminoso para o novo tipo penal ora analisado, aplicando-se o princípio da continuidade normativo-típica.

Sujeito ativo: é o agente público que obsta, impede ou dificulta injustamente a inscrição de interessado ou promove indevidamente a alteração, suspensão ou cancelamento de registro do inscrito. Trata-se de crime próprio.

Sujeito passivo: é o Estado, ou de uma forma mais específica, a Administração Pública. Secundariamente, pode ser sujeito passivo a pessoa eventualmente prejudicada.

Objeto material: é a inscrição ou o registro. O registro cadastral vem previsto nos arts. 87 e 88 da Lei n. 14.133/2021.

Objeto jurídico: é a proteção dos interesses da Administração Pública, seu regular funcionamento e a probidade administrativa.

Conduta: vem representada pelos verbos *obstar* (embaraçar, opor-se, obstaculizar), *impedir* (obstruir, vedar) e *dificultar* (obstar, embaraçar), referindo-se à inscrição de qualquer interessado no registro cadastral. Na segunda parte do artigo, a conduta vem caracterizada pelo verbo *promover* (provocar, motivar), referindo-se à alteração, suspensão ou cancelamento do registro do inscrito.

Elementos normativos do tipo: vêm representados pelos termos "injustamente" e "indevidamente". Caso a obstaculização, impedimento ou dificultação, seja justa (amparada por lei), não haverá crime. Caso a alteração, suspensão ou cancelamento do registro do inscrito sejam devidos, também não ocorrerá o ilícito.

Elemento subjetivo: é o dolo, não sendo punida a modalidade culposa por falta de previsão legal.

Consumação: ocorre com a mera ação de obstar, dificultar ou impedir a inscrição, não havendo necessidade do resultado naturalístico. Trata-se de crime formal. Na segunda parte do artigo, ocorre com a promoção que gera a alteração, suspensão ou cancelamento indevido do registro, sem necessidade, também, de que ocorra efetivo prejuízo para a administração ou para terceiro.

Tentativa: não se admite na primeira parte do artigo (condutas de *obstar*, *impedir* ou *dificultar*). Admite-se apenas na segunda parte do artigo (promoção indevida).

Lei n. 9.099/95: em razão de ser um crime de menor potencial ofensivo, são cabíveis a transação e a suspensão condicional do processo.

Acordo de não persecução penal: é cabível, uma vez que a pena mínima é inferior a 4 (quatro) anos de reclusão, com as ressalvas do § 2º, I, II e III, do art. 28-A do CPP.

Ação penal: é pública incondicionada.

> Omissão grave de dado ou de informação por projetista
>
> Art. 337-O. Omitir, modificar ou entregar à Administração Pública levantamento cadastral ou condição de contorno em relevante dissonância com a realidade, em frustração ao caráter competitivo da licitação ou em detrimento da seleção da proposta mais vantajosa para a Administração Pública, em contratação para a elaboração de projeto básico, projeto executivo ou anteprojeto, em diálogo competitivo ou em procedimento de manifestação de interesse.
>
> Pena – reclusão, de 6 (seis) meses a 3 (três) anos, e multa.
>
> § 1º Consideram-se condição de contorno as informações e os levantamentos suficientes e necessários para a definição da solução de projeto e dos respectivos preços pelo licitante, incluídos sondagens, topografia, estudos de demanda, condições ambientais e demais elementos ambientais impactantes, considerados requisitos mínimos ou obrigatórios em normas técnicas que orientam a elaboração de projetos.
>
> § 2º Se o crime é praticado com o fim de obter benefício, direto ou indireto, próprio ou de outrem, aplica-se em dobro a pena prevista no *caput* deste artigo.

Crime anterior: o tipo penal em análise é novo, sem precedentes na anterior Lei n. 8.666/93.

Sujeito ativo: em regra, o sujeito ativo é o licitante ou contratado. Nada impede, entretanto, a participação do agente público encarregado da licitação.

Embora o *nomem iuris* se refira a "projetista", o crime pode ser praticado também por terceiros, já que o próprio tipo penal não requer essa qualidade especial do sujeito ativo, inclusive prevendo uma das condutas como "entregar", o que permite a punição de qualquer outra pessoa.

Sujeito passivo: é o Estado, ou de uma forma mais específica, a Administração Pública. Secundariamente, pode ser sujeito passivo a pessoa eventualmente prejudicada.

Objeto material: é o levantamento cadastral ou condição de contorno. O levantamento cadastral ou a condição de contorno devem estar "em relevante dissonância com a realidade", ou seja, em total desconformidade com o estado das coisas. Nesse ponto, o tipo penal é aberto, indicando, evidentemente, a prática de condutas que trazem algum problema efetivo para o processo licitatório.

Outrossim, o levantamento cadastral ou a condição de contorno, devem ser apresentados em contratação para a elaboração de projeto básico, projeto executivo ou anteprojeto, em diálogo competitivo ou em procedimento de manifestação de interesse. As definições de anteprojeto, projeto básico e projeto executivo vêm previstas no art. 6º, XXIV, XXV e XXVI da Lei n. 14.133/2021. A definição de diálogo competitivo vem dada pelo inciso XLII do mesmo dispositivo citado. O procedimento de manifestação de interesse é um procedimento auxiliar das licitações e das contratações regidas pela lei, estando previsto no art. 81.

Condição de contorno: de acordo com o disposto no § 1º, consideram-se condição de contorno as informações e os levantamentos suficientes e necessários para a definição da solução de projeto e dos respectivos preços pelo licitante, incluídos sondagens, topografia, estudos de demanda, condições ambientais e demais elementos ambientais impactantes, considerados requisitos mínimos ou obrigatórios em normas técnicas que orientam a elaboração de projetos.

Objeto jurídico: é a proteção dos interesses da Administração Pública, no que tange à integridade do processo licitatório, planejamento e seleção das propostas que sejam mais vantajosas para a Administração.

Conduta: vem representada pelos verbos *omitir* (deixar de mencionar, esconder, deixar de dizer) *modificar* (mudar, alterar, descaracterizar) e *entregar* (dar, ceder, conferir, apresentar). As condutas devem ter por objeto levantamento cadastral ou condição de contorno em relevante dissonância com a realidade, em frustração ao caráter competitivo da licitação ou em detrimento da seleção da proposta mais vantajosa para a Administração Pública.

Elemento subjetivo: é o dolo, não sendo punida a modalidade culposa por falta de previsão legal. Pode-se falar em um elemento subjetivo específico, caracterizado pelo intuito de frustrar o caráter competitivo da licitação ou prejudicar a seleção da proposta mais vantajosa para a Administração Pública.

Consumação: na modalidade de conduta *omitir*, a consumação ocorre no momento em que é formalizada a documentação que compõe projeto básico, o projeto executivo ou o anteprojeto, o diálogo competitivo ou o procedimento de manifestação de interesse. Na modalidade *modificar*, a consumação ocorre no instante em que for alterado pelo agente o levantamento cadastral ou a condição de contorno. Já na modalidade *entregar*, a consumação ocorre com a efetiva apresentação do levantamento cadastral ou da condição de contorno em relevante dissonância com a realidade e com o consequente recebimento formal do documento pela Administração.

Tentativa: não se admite na modalidade de conduta omitir. Nas demais modalidades de conduta, é possível a tentativa.

Lei n. 9.099/95: em razão da pena máxima cominada, não se admite a transação, mas apenas a suspensão condicional do processo.

Acordo de não persecução penal: é cabível, uma vez que a pena mínima é inferior a 4 (quatro) anos de reclusão, com as ressalvas do § 2º, I, II e III, do art. 28-A do CPP.

Ação penal: é pública incondicionada.

> Art. 337-P. A pena de multa cominada aos crimes previstos neste Capítulo seguirá a metodologia de cálculo prevista neste Código e não poderá ser inferior a 2% (dois por cento) do valor do contrato licitado ou celebrado com contratação direta.

Previsão anterior: anteriormente à Lei n. 14.133/2021, a pena de multa prevista não era calculada em dias-multa, como previsto nos arts. 49 e seguintes do CP, mas sim fixada em índices percentuais sobre o valor da vantagem efetivamente obtida ou potencialmente auferível pelo agente. O produto da arrecadação, por seu turno, não era recolhido ao fundo penitenciário, mas sim à Fazenda Pública federal, distrital, estadual ou municipal.

Nova sistemática: pela redação do novo art. 337-P, a pena de multa cominada aos crimes licitatórios segue a mesma metodologia de cálculo prevista no Código Penal, ou seja, a multa deve ser fixada em dias-multa, nos termos dos arts. 49 e seguintes. Ao invés de ser a multa revertida ao ente lesado, pela nova sistemática a multa deverá ser recolhida ao Fundo Penitenciário.

34 Meio Ambiente
Lei n. 9.605/98

1. Antecedentes da lei

A questão ambiental já era regida pelas Leis n. 5.197/67, 6.938/81 e 7.653/88, dentre outras, até então inexistindo a *tutela penal do meio ambiente*. A Constituição Federal, no art. 225, *caput*, dispõe expressamente que "todos têm direito ao meio ambiente ecologicamente equilibrado, bem de uso comum do povo e essencial à sadia qualidade de vida, impondo-se ao Poder Público e à coletividade o dever de defendê-lo e preservá-lo para as presentes e futuras gerações".

Em razão dos reclamos da doutrina, acabou por surgir a Lei n. 9.605/98, que vem complementada por inúmeras outras normas, penais e administrativas, as quais compõem as normas penais em branco, além de outros regulamentos, federais, estaduais e municipais, e resoluções internas de órgãos encarregados da gestão ambiental (Conama, Ibama etc.).

2. Conceito de meio ambiente

Conjunto de condições, leis, influências, alterações e interações de ordem física, química e biológica que permite, abriga e rege a vida em todas as suas formas (art. 3º, I, da Lei n. 6.938/81). Abrange o meio ambiente *natural* (solo, água, ar, flora e fauna), *cultural* (patrimônio arqueológico, artístico, histórico, paisagístico e turístico), *artificial* (edifícios, equipamentos urbanos, comunitários, arquivo, registro, museu, biblioteca, pinacoteca e instalação científica ou similar) e *do trabalho* (proteção do trabalhador em seu local de trabalho). Portanto, abrange elementos *naturais*, *artificiais* e *culturais*.

3. Responsabilidade penal da pessoa física

Sujeito ativo do crime ambiental, em regra, pode ser qualquer pessoa. Em casos extraordinários, podem alguns tipos penais estabelecer qualidades específicas do agente. Na seção referente aos "crimes contra a administração ambiental", especificamente nos arts. 66 e 67, o sujeito ativo somente pode ser *funcionário público*, tratando-se de crime próprio.

Estabelece, ainda, o art. 2º da lei, reproduzindo parcialmente o art. 29 do Código Penal, que "quem, de qualquer forma, concorre para a prática dos crimes previstos nesta Lei, incide nas penas a estes cominadas, na medida de sua culpabilidade, bem como o diretor, o administrador, o membro de conselho e de órgão técnico, o auditor, o gerente, o preposto ou mandatário de pessoa jurídica, que, sabendo da conduta criminosa de outrem, deixar de impedir a sua prática, quando podia agir para evitá-la". Trata-se de responsabilidade penal por omissão, quando o agente *podia* e *devia* agir para evitar o resultado.

4. Responsabilidade penal das pessoas jurídicas

Nos termos do que já previa a Constituição Federal, no art. 225, § 3º, instituiu a Lei dos Crimes Ambientais a responsabilidade penal das pessoas jurídicas, única exceção à regra *societas delinquere non potest,* no nosso ordenamento jurídico. O art. 3º estabelece que "as pessoas jurídicas serão responsabilizadas administrativa, civil e penalmente (…), nos casos em que a infração seja cometida por decisão de seu representante legal ou contratual, ou de seu órgão colegiado, no interesse ou benefício de sua entidade".

5. A responsabilidade das pessoas jurídicas não exclui a das pessoas físicas

Esta regra vem estampada expressamente no art. 3º, parágrafo único, que estabelece que "a responsabilidade das pessoas jurídicas não exclui a das pessoas físicas, autoras, coautoras ou partícipes do mesmo fato".

Assim, poderão ser responsabilizadas pelo crime ambiental tanto as pessoas jurídicas quanto as pessoas físicas envolvidas na prática delitiva.

De acordo com entendimento do Superior Tribunal de Justiça: "Nos crimes ambientais, é possível responsabilizar, por conduta omissiva, gerentes e administradores da pessoa jurídica que tendo conhecimento de conduta criminosa e, com poder de impedi-la, não o fizeram" (Jurisprudência em Tese – edição 216). Nesse sentido: AgRg no AgRg no HC 388874/PA, Rel. Min. Rogerio Schietti Cruz, 6ª Turma, *DJe* 2-4-2019; RHC 98798/AM, Rel. Min. Maria Thereza de Assis Moura, 6ª Turma, *DJe* 3-9-2018; HC 409361/AM, Rel. Min. Antonio Saldanha Palheiro, 6ª Turma, *DJe* 2-8-2018; RMS 49909/SC, Rel. Min. Reynaldo Soares da Fonseca, 5ª Turma, *DJe* 21-6-2017; RHC 34957/PA, Rel. Min. Laurita Vaz, 5ª Turma, *DJe* 1-9-2014.

5.1. Princípio da insignificância e crime ambiental

De acordo com a jurisprudência do Superior Tribunal de Justiça: "Nos crimes ambientais, é cabível a aplicação do princípio da insignificância como causa excludente de tipicidade da conduta, desde que presentes os seguintes requisitos: conduta minimamente ofensiva, ausência de periculosidade do agente, reduzido grau de reprovabilidade do comportamento e lesão jurídica inexpressiva" (Jurisprudência em Teses – edição 218).

Nesse sentido: AgRg no RHC 177595/MS, Rel. Min. Antonio Saldanha Palheiro, 6ª Turma, *DJe* 28-6-2023; AgRg no HC 581179/SC, Rel. Min. Rogerio Schietti Cruz, 6ª Turma, *DJe* 14-6-2023; AgRg no AREsp 2138634/PA, Rel. Min. Olindo Menezes (Desembargador Convocado do TRF 1ª Região), 6ª Turma, *DJe* 25-11-2022; AgRg no HC 733585/SC, Rel. Min. Joel Ilan Paciornik, 5ª Turma, *DJe* 17-6-2022; AgRg no REsp 1838593/RS, Rel. Min. Laurita Vaz, 6ª Turma, *DJe* 19-8-2020; AgRg no REsp 1850002/MG, Rel. Min. Felix Fischer, 5ª Turma, *DJe* 24-6-2020.

6. Desconsideração da personalidade jurídica

Poderá ser desconsiderada a pessoa jurídica, nos termos do art. 4º da lei, sempre que sua personalidade for obstáculo ao ressarcimento dos prejuízos causados à qualidade do meio ambiente.

Ao longo do tempo, foram sendo criados mecanismos jurídicos, cada vez mais eficazes, objetivando a proteção da autonomia patrimonial da pessoa jurídica, visando assegurar a distinção entre ela e seus integrantes, incentivando a iniciativa privada que, por meio das atividades econômicas, passou a promover o desenvolvimento do Estado. Protegia-se a pessoa dos sócios, quanto ao seu patrimônio pessoal, tornando-o intocável, mas gerando, por outro lado, o incentivo à prática de fraudes e abusos de toda ordem, lesando terceiros de boa-fé.

Visando coibir tais abusos, surgiu a teoria da desconsideração da personalidade jurídica, que teve sua origem na jurisprudência norte-americana, lá denominada *disregard of legal entity* ou *lifting the corporate veil*, expressões que, traduzidas para o vernáculo pátrio, significam, respectivamente, *desconsideração da personalidade jurídica* ou *o levantamento do véu da personalidade jurídica*.

Nesse aspecto, são identificados três princípios que devem nortear a aplicação da desconsideração: a) utilização abusiva da pessoa jurídica, no sentido de que a mesma sirva de meio, intencionalmente, para escapar à obrigação legal ou contratual, ou mesmo fraudar terceiros; b) necessidade de se impedir violação de normas de direitos societários; e c) evidência de que a sociedade é apenas um *alter ego* de comerciante em nome individual, ou seja, pessoa física que age em proveito próprio por meio da pessoa jurídica.

Portanto, a Lei dos Crimes Ambientais deu mais um passo rumo à modernidade, permitindo que a pessoa jurídica seja desconsiderada, ocorrida situação prevista no art. 4º.

7. Sanções aplicáveis às pessoas jurídicas

Dispõe o art. 21 da lei que "as penas aplicáveis isolada, cumulativa ou alternativamente às pessoas jurídicas" são:

a) multa (art. 18);

b) restritivas de direitos (art. 22);

c) prestação de serviços à comunidade (art. 23).

8. Liquidação forçada da pessoa jurídica

Quando a pessoa jurídica for constituída ou utilizada, preponderantemente, com o fim de permitir, facilitar ou ocultar a prática de crime definido na Lei dos Crimes Ambientais, terá ela decretada sua liquidação forçada e seu patrimônio considerado instrumento do crime e como tal perdido em favor do Fundo Penitenciário Nacional (art. 24).

É o que se convencionou chamar de "pena de morte da pessoa jurídica".

9. Aplicação da pena

A lei determina, no art. 6º, que a *imposição* e *gradação* da pena deverá atender:

a) à gravidade do fato (motivos e consequências da infração para a saúde pública e para o meio ambiente);

b) aos antecedentes do infrator quanto ao cumprimento da legislação de interesse ambiental;

c) à situação econômica do infrator, no caso de multa.

10. Penas restritivas de direitos

As penas restritivas de direitos na Lei dos Crimes Ambientais preservam seu caráter de *autonomia* e *substitutividade* em relação às penas privativas de liberdade. Têm elas a mesma duração da pena privativa de liberdade substituída. Podem ser aplicadas quando:

a) tratar-se de crime culposo, qualquer que seja o montante da pena;

b) tratar-se de crime doloso, sendo a pena privativa de liberdade aplicada inferior a 4 anos;

c) a culpabilidade, os antecedentes, a conduta social e a personalidade do condenado, bem como os motivos e as circunstâncias do crime indicarem que a substituição seja suficiente para efeitos de reprovação e prevenção do crime.

11. Espécies de penas restritivas de direitos

As penas restritivas de direitos na Lei dos Crimes Ambientais são:

a) prestação de serviços à comunidade (art. 9º);

b) interdição temporária de direito (art. 10);

c) suspensão parcial ou total de atividades (art. 11);

d) prestação pecuniária (art. 12); e

e) recolhimento domiciliar (art. 13).

12. Circunstâncias atenuantes e agravantes

As circunstâncias atenuantes, previstas no art. 14 da Lei dos Crimes Ambientais, são:

I – baixo grau de instrução ou escolaridade do agente;

II – arrependimento do infrator, manifestado pela espontânea reparação do dano, ou limitação significativa da degradação ambiental causada;

III – comunicação prévia pelo agente do perigo iminente de degradação ambiental;

IV – colaboração com os agentes encarregados da vigilância e do controle ambiental.

As circunstâncias agravantes, por seu turno, previstas no art. 15 do mesmo diploma, são:

I – reincidência nos crimes de natureza ambiental;

II – ter o agente cometido a infração:

a) para obter vantagem pecuniária;

b) coagindo outrem para a execução material da infração;

c) afetando ou expondo a perigo, de maneira grave, a saúde pública ou o meio ambiente;

d) concorrendo para danos à propriedade alheia;

e) atingindo áreas de unidades de conservação ou áreas sujeitas, por ato do Poder Público, a regime especial de uso;

f) atingindo áreas urbanas ou quaisquer assentamentos humanos;

g) em período de defeso à fauna;

h) em domingos ou feriados;

i) à noite;

j) em épocas de seca ou inundações;

l) no interior do espaço territorial especialmente protegido;

m) com o emprego de métodos cruéis para abate ou captura de animais;

n) mediante fraude ou abuso de confiança;

o) mediante abuso do direito de licença, permissão ou autorização ambiental;

p) no interesse de pessoa jurídica mantida, total ou parcialmente, por verbas públicas ou beneficiada por incentivos fiscais;

q) atingindo espécies ameaçadas, listadas em relatórios oficiais das autoridades competentes;

r) facilitada por funcionário público no exercício de suas funções.

13. Suspensão condicional da pena

A suspensão condicional da pena poderá ser aplicada nos casos de condenação a pena privativa de liberdade não superior a 3 anos (art. 16), devendo sua concessão subordinar-se aos demais requisitos subjetivos do art. 77 do Código Penal.

Figurando a reparação do dano como condição do *sursis* (art. 78, § 2º, do CP), sua verificação será feita *mediante laudo de reparação do dano ambiental* (art. 17). As demais condições do benefício deverão relacionar-se com a proteção do meio ambiente.

14. Cálculo da multa

Será calculada segundo os critérios do Código Penal (art. 18).

A pena de multa consiste, nos termos do art. 49 do Código Penal, no pagamento ao Fundo Penitenciário da quantia fixada na sentença e calculada em dias-multa, sendo, no mínimo, de 10 e, no máximo, de 360 dias-multa.

O *valor do dia-multa* é fixado por ocasião da condenação, não podendo ser inferior a um trigésimo do maior salário-mínimo mensal vigente ao tempo do fato, nem superior a 5 vezes esse salário.

Assim, a *pena de multa mínima aplicada* a um indivíduo será de 1/3 do salário-mínimo, e a *pena máxima* será de 1.800 salários-mínimos, vigentes à data do fato.

A multa deve ser paga dentro de 10 dias, depois do trânsito em julgado da sentença condenatória.

A Lei n. 9.268/96 deu nova redação ao art. 51 do Código Penal e ao art. 182 da Lei de Execução Penal.

Excepcionalmente, o pagamento da multa pode ser feito pelo condenado em parcelas mensais, admitindo-se também o desconto em vencimento ou salário.

15. Ação penal

Nas infrações penais previstas na Lei dos Crimes Ambientais, a ação penal é *pública incondicionada* (art. 26).

Na ação penal pública incondicionada, a conduta do sujeito (pessoa física ou jurídica – no caso da lei em comento) lesa um interesse jurídico de acentuada importância (no caso, o meio ambiente), fazendo com que caiba ao Estado a titularidade da ação, que deve ser iniciada sem a manifestação de vontade de qualquer pessoa.

Assim, ocorrido o delito ambiental, deve a autoridade policial proceder de ofício, tomando as medidas cabíveis. Em juízo, a ação penal pública deve ser exercida *privativamente* pelo Ministério Público (art. 129, I, da CF).

16. Competência

Em regra, sempre que o crime ambiental lesar ou ameaçar de lesão bens, interesses ou serviços da União, autarquias ou empresas públicas federais, e também quando o sujeito ativo for integrante daqueles entes da Administração Pública, a competência será da Justiça Federal (art. 109 da CF). Nas demais hipóteses, a Justiça Estadual será competente.

No Superior Tribunal de Justiça: "A Justiça Federal é competente para processar e julgar os crimes ambientais quando houver evidente interesse da União, de suas autarquias ou empresas públicas federais" (Jurisprudência em Teses – edição 216).

Nesse sentido: CC 193005/MG, Rel. Min. Laurita Vaz, 3ª Seção, *DJe* 15-2-2023; AgRg no CC 158326/PA, Rel. Min. Antonio Saldanha Palheiro, 3ª Seção, *DJe* 27-9-2021; AgRg no CC 179427/DF, Rel. Min. Olindo Menezes (Desembargador Convocado do TRF 1ª Região), 3ª Seção, *DJe* 27-8-2021; CC 172819/SC, Rel. Min. Joel Ilan Paciornik, 3ª Seção, *DJe* 2-9-2020; AgInt no CC 163409/DF, Rel. Min. Jorge Mussi, 3ª Seção, *DJe* 6-9-2019; RHC 108521/PA, Rel. Min. Ribeiro Dantas, 5ª Turma, *DJe* 13-8-2019.

17. Transação

Nos crimes ambientais considerados de menor potencial ofensivo, é admitida a transação, prevista no art. 76 da Lei n. 9.099/95.

Na lição de Ildemar Egger Junior, "a transação penal, é o novo instrumento de política criminal de que dispõe o Ministério Público para, entendendo conveniente ou oportuna a solução rápida do litígio penal, propor ao autor da infração de menor potencial ofensivo, a aplicação sem denúncia e instauração de processo, de pena não privativa de liberdade, ou seja, aquela restritiva de direitos ou multa.

Vemos, pois, que este instituto é de atribuição exclusiva do Ministério Público, e somente a ele cabe a propositura de tal instrumento.

Para que seja proposta a transação o Ministério Público deve observar, além dos requisitos acima citados, se o autor da infração não havia sido condenado anteriormente por sentença definitiva pela prática de crime à pena privativa de liberdade; se o mesmo não tiver sido beneficiado anteriormente, no prazo de 5 anos, pela transação; seus os antecedentes, a conduta social, sua personalidade, bem como os motivos e as circunstâncias do crime.

A proposta deve ser formulada pelo Ministério Público e aceita por parte do autor da infração e seu defensor, sendo este acordo submetido a homologação do Juiz por sentença" (Revista *CONSULEX*, ano II, v. I, n. 20, p. 32 e 33, ago. 1998).

A proposta do Ministério Público, entretanto, somente poderá ser formulada se tiver havido a prévia composição do dano ambiental, salvo em caso de comprovada impossibilidade (art. 27).

18. Suspensão condicional do processo

É também admitida, na Lei dos Crimes Ambientais, a suspensão condicional do processo.

Ildemar Egger Junior (ob. cit., p. 32 e 33) ensina que "o Ministério Público, nas infrações de médio potencial ofensivo, já delineadas na introdução do presente trabalho, ao oferecer a denúncia, poderá propor a suspensão do processo, que, se aceita pelo acusado, poderá levar o Juiz, após o recebimento da denúncia, a suspender o processo no período de 2 a 4 anos, submetendo o réu a determinadas condições.

Vimos, portanto, que o titular para a propositura de tal instrumento é o Ministério Público, que deverá observar, para o seu oferecimento, além dos acima elencados, se o acusado não está sendo processado; se o mesmo não havia sido condenado por outro crime; sua culpabilidade, seus antecedentes, sua conduta social e sua personalidade, bem como se os motivos e as circunstâncias autorizam a concessão do benefício.

Proposta a suspensão pelo Ministério Público, aceita pelo réu, homologada pelo Juiz, passará o autor do fato por um período de provas, que será de 2 a 4 anos, mediante o cumprimento de algumas condições impostas pelo Juiz. Durante este período de provas não ocorre a prescrição.

Esta suspensão pode ser revogada caso o acusado venha a descumprir qualquer condição imposta, e havendo esta revogação, o processo correrá normalmente a partir do recebimento da denúncia, como se não tivesse ocorrido a suspensão.

Em não se ocorrendo incidentes que gerem a revogação da suspensão, ocorrerá a extinção da punibilidade. Extinguindo-se a punibilidade, o autor do fato não terá registros em seus antecedentes criminais do processo em questão. Da mesma forma em que o mesmo não será utilizado para efeitos de reincidência e efeitos civis".

Entretanto, na Lei dos Crimes Ambientais, a declaração de extinção da punibilidade está condicionada à completa reparação do dano ambiental, comprovada por laudo de constatação (art. 28).

Nesse sentido: "Na suspensão condicional do processo aplicada aos crimes ambientais, a extinção da punibilidade dependerá da emissão de laudo que constate a reparação do dano ambiental" (STJ – Jurisprudência em Teses – edição 217).

No mesmo sentido: AgRg no REsp 1878790/DF, Rel. Min. Reynaldo Soares da Fonseca, 5ª Turma, DJe 15-10-2020; RHC 62119/SP, Rel. Min. Gurgel de Faria, 5ª Turma, DJe 5-2-2016; RHC 42864/SC, Rel. Min. Jorge Mussi, 5ª Turma, DJe 22-4-2015.

19. Crimes contra a fauna

> Art. 29. Matar, perseguir, caçar, apanhar, utilizar espécimes da fauna silvestre, nativos ou em rota migratória, sem a devida permissão, licença ou autorização da autoridade competente, ou em desacordo com a obtida:
>
> Pena – detenção, de 6 (seis) meses a 1 (um) ano, e multa.
>
> § 1º Incorre nas mesmas penas:

I – quem impede a procriação da fauna, sem licença, autorização ou em desacordo com a obtida;

II – quem modifica, danifica ou destrói ninho, abrigo ou criadouro natural;

III – quem vende, expõe à venda, exporta ou adquire, guarda, tem em cativeiro ou depósito, utiliza ou transporta ovos, larvas ou espécimes da fauna silvestre, nativa ou em rota migratória, bem como produtos e objetos dela oriundos, provenientes de criadouros não autorizados ou sem a devida permissão, licença ou autorização da autoridade competente.

§ 2º No caso de guarda doméstica de espécie silvestre não considerada ameaçada de extinção, pode o juiz, considerando as circunstâncias, deixar de aplicar a pena.

§ 3º São espécimes da fauna silvestre todos aqueles pertencentes às espécies nativas, migratórias e quaisquer outras, aquáticas ou terrestres, que tenham todo ou parte de seu ciclo de vida ocorrendo dentro dos limites do território brasileiro, ou águas jurisdicionais brasileiras.

§ 4º A pena é aumentada de metade, se o crime é praticado:

I – contra espécie rara ou considerada ameaçada de extinção, ainda que somente no local da infração;

II – em período proibido à caça;

III – durante a noite;

IV – com abuso de licença;

V – em unidade de conservação;

VI – com emprego de métodos ou instrumentos capazes de provocar destruição em massa.

§ 5º A pena é aumentada até o triplo, se o crime decorre do exercício de caça profissional.

§ 6º As disposições deste artigo não se aplicam aos atos de pesca.

Art. 30. Exportar para o exterior peles e couros de anfíbios e répteis em bruto, sem a autorização da autoridade ambiental competente:

Pena – reclusão, de 1 (um) a 3 (três) anos, e multa.

Art. 31. Introduzir espécime animal no País, sem parecer técnico oficial favorável e licença expedida por autoridade competente:

Pena – detenção, de 3 (três) meses a 1 (um) ano, e multa.

Art. 32. Praticar ato de abuso, maus-tratos, ferir ou mutilar animais silvestres, domésticos ou domesticados, nativos ou exóticos:

Pena – detenção, de 3 (três) meses a 1 (um) ano, e multa.

§ 1º Incorre nas mesmas penas quem realiza experiência dolorosa ou cruel em animal vivo, ainda que para fins didáticos ou científicos, quando existirem recursos alternativos.

§ 1º-A Quando se tratar de cão ou gato, a pena para as condutas descritas no *caput* deste artigo será de reclusão, de 2 (dois) a 5 (cinco) anos, multa e proibição da guarda.

§ 2º A pena é aumentada de 1/6 (um sexto) a 1/3 (um terço), se ocorre morte do animal.

Art. 33. Provocar, pela emissão de efluentes ou carreamento de materiais, o perecimento de espécimes da fauna aquática existentes em rios, lagos, açudes, lagoas, baías ou águas jurisdicionais brasileiras:

Pena – detenção, de 1 (um) a 3 (três) anos, ou multa, ou ambas cumulativamente.

Parágrafo único. Incorre nas mesmas penas:

I – quem causa degradação em viveiros, açudes ou estações de aquicultura de domínio público;

II – quem explora campos naturais de invertebrados aquáticos e algas, sem licença, permissão ou autorização da autoridade competente;

III – quem fundeia embarcações ou lança detritos de qualquer natureza sobre bancos de moluscos ou corais, devidamente demarcados em carta náutica.

Art. 34. Pescar em período no qual a pesca seja proibida ou em lugares interditados por órgão competente:

Pena – detenção, de 1 (um) a 3 (três) anos, ou multa, ou ambas as penas cumulativamente.

Parágrafo único. Incorre nas mesmas penas quem:

I – pesca espécies que devam ser preservadas ou espécimes com tamanhos inferiores aos permitidos;

II – pesca quantidades superiores às permitidas, ou mediante a utilização de aparelhos, petrechos, técnicas e métodos não permitidos;

III – transporta, comercializa, beneficia ou industrializa espécimes provenientes da coleta, apanha e pesca proibidas.

Art. 35. Pescar mediante a utilização de:

I – explosivos ou substâncias que, em contato com a água, produzam efeito semelhante;

II – substâncias tóxicas, ou outro meio proibido pela autoridade competente:

Pena – reclusão, de 1 (um) a 5 (cinco) anos.

Art. 36. Para os efeitos desta Lei, considera-se pesca todo ato tendente a retirar, extrair, coletar, apanhar, apreender ou capturar espécimes dos grupos dos peixes, crustáceos, moluscos e vegetais hidróbios, suscetíveis ou não de aproveitamento econômico, ressalvadas as espécies ameaçadas de extinção, constantes nas listas oficiais da fauna e da flora.

Art. 37. Não é crime o abate de animal, quando realizado:

I – em estado de necessidade, para saciar a fome do agente ou de sua família;

II – para proteger lavouras, pomares e rebanhos da ação predatória ou destruidora de animais, desde que legal e expressamente autorizado pela autoridade competente;

III – (Vetado);

IV – por ser nocivo o animal, desde que assim caracterizado pelo órgão competente.

Fauna é o conjunto de animais de qualquer espécie que viva naturalmente fora do cativeiro. Nesse ponto, a lei foi menos severa do que a Lei n. 5.197/67, que considerava inafiançáveis os delitos contra a fauna. Estipulou, no lugar da contravenção (art. 64 da LCP), o crime do art. 32 (prática de ato abusivo contra animal silvestre, doméstico ou domesticado), atingindo, por exemplo, os rodeios. A *pesca predatória* igualmente foi coibida nos arts. 34 e 35, e o conceito de pesca, fornecido pelo art. 36.

20. Crimes contra a flora

Art. 38. Destruir ou danificar floresta considerada de preservação permanente, mesmo que em formação, ou utilizá-la com infringência das normas de proteção:

Pena – detenção, de 1 (um) a 3 (três) anos, ou multa, ou ambas as penas cumulativamente.

Parágrafo único. Se o crime for culposo, a pena será reduzida à metade.

Art. 38-A. Destruir ou danificar vegetação primária ou secundária, em estágio avançado ou médio de regeneração, do Bioma Mata Atlântica, ou utilizá-la com infringência das normas de proteção:

Pena – detenção, de 1 (um) a 3 (três) anos, ou multa, ou ambas as penas cumulativamente.

Parágrafo único. Se o crime for culposo, a pena será reduzida à metade.

Art. 39. Cortar árvores em floresta considerada de preservação permanente, sem permissão da autoridade competente:

Pena – detenção, de 1 (um) a 3 (três) anos, ou multa, ou ambas as penas cumulativamente.

Art. 40. Causar dano direto ou indireto às Unidades de Conservação e às áreas de que trata o art. 27 do Decreto n. 99.274, de 6 de junho de 1990, independentemente de sua localização.

Pena – reclusão de 1 (um) a 5 (cinco) anos.

§ 1º Entende-se por Unidades de Conservação de Proteção Integral as Estações Ecológicas, as Reservas Biológicas, os Parques Nacionais, os Monumentos Naturais e os Refúgios de Vida Silvestre.

§ 2º A ocorrência de dano afetando espécies ameaçadas de extinção no interior das Unidades de Conservação de Proteção Integral será considerada circunstância agravante para a fixação da pena.

§ 3º Se o crime for culposo, a pena será reduzida à metade.

Art. 40-A. (*Vetado.*)

§ 1º Entende-se por Unidades de Conservação de Uso Sustentável as Áreas de Proteção Ambiental, as Áreas de Relevante Interesse Ecológico, as Florestas Nacionais, as Reservas Extrativistas, as Reservas de Fauna, as Reservas de Desenvolvimento Sustentável e as Reservas Particulares do Patrimônio Natural.

§ 2º A ocorrência de dano afetando espécies ameaçadas de extinção no interior das Unidades de Conservação de Uso Sustentável será considerada circunstância agravante para a fixação da pena.

§ 3º Se o crime for culposo, a pena será reduzida à metade.

Art. 41. Provocar incêndio em floresta ou em demais formas de vegetação:

Pena – reclusão, de 2 (dois) a 4 (quatro) anos, e multa.

Parágrafo único. Se o crime é culposo, a pena é de detenção de 6 (seis) meses a 1 (um) ano, e multa.

Art. 42. Fabricar, vender, transportar ou soltar balões que possam provocar incêndios nas florestas e demais formas de vegetação, em áreas urbanas ou qualquer tipo de assentamento humano:

Pena – detenção, de 1 (um) a 3 (três) anos, ou multa, ou ambas as penas cumulativamente.

Art. 43. (*Vetado*.)

Art. 44. Extrair de florestas de domínio público ou consideradas de preservação permanente, sem prévia autorização, pedra, areia, cal ou qualquer espécie de minerais:

Pena – detenção, de 6 (seis) meses a 1 (um) ano, e multa.

Art. 45. Cortar ou transformar em carvão madeira de lei, assim classificada por ato do Poder Público, para fins industriais, energéticos ou para qualquer outra exploração, econômica ou não, em desacordo com as determinações legais:

Pena – reclusão, de 1 (um) a 2 (dois) anos, e multa.

Art. 46. Receber ou adquirir, para fins comerciais ou industriais, madeira, lenha, carvão e outros produtos de origem vegetal, sem exigir a exibição de licença do vendedor, outorgada pela autoridade competente, e sem munir-se da via que deverá acompanhar o produto até final beneficiamento:

Pena – detenção, de 6 (seis) meses a 1 (um) ano, e multa.

Parágrafo único. Incorre nas mesmas penas quem vende, expõe à venda, tem em depósito, transporta ou guarda madeira, lenha, carvão e outros produtos de origem vegetal, sem licença válida para todo o tempo da viagem ou do armazenamento, outorgada pela autoridade competente.

Art. 47. (*Vetado*.)

Art. 48. Impedir ou dificultar a regeneração natural de florestas e demais formas de vegetação:

Pena – detenção, de 6 (seis) meses a 1 (um) ano, e multa.

Art. 49. Destruir, danificar, lesar ou maltratar, por qualquer modo ou meio, plantas de ornamentação de logradouros públicos ou em propriedade privada alheia:

Pena – detenção, de 3 (três) meses a 1 (um) ano, ou multa, ou ambas as penas cumulativamente.

Parágrafo único. No crime culposo, a pena é de 1 (um) a 6 (seis) meses, ou multa.

Art. 50. Destruir ou danificar florestas nativas ou plantadas ou vegetação fixadora de dunas, protetora de mangues, objeto de especial preservação:

Pena – detenção, de 3 (três) meses a 1 (um) ano, e multa.

Art. 50-A. Desmatar, explorar economicamente ou degradar floresta, plantada ou nativa, em terras de domínio público ou devolutas, sem autorização do órgão competente:

Pena – reclusão de 2 (dois) a 4 (quatro) anos e multa.

§ 1º Não é crime a conduta praticada quando necessária à subsistência imediata pessoal do agente ou de sua família.

§ 2º Se a área explorada for superior a 1.000 ha (mil hectares), a pena será aumentada de 1 (um) ano por milhar de hectare.

Art. 51. Comercializar motosserra ou utilizá-la em florestas e nas demais formas de vegetação, sem licença ou registro da autoridade competente:

Pena – detenção, de 3 (três) meses a 1 (um) ano, e multa.

Art. 52. Penetrar em Unidades de Conservação conduzindo substâncias ou instrumentos próprios para caça ou para exploração de produtos ou subprodutos florestais, sem licença da autoridade competente:

Pena – detenção, de 6 (seis) meses a 1 (um) ano, e multa.

Art. 53. Nos crimes previstos nesta Seção, a pena é aumentada de 1/6 (um sexto) a 1/3 (um terço) se:

I – do fato resulta a diminuição de águas naturais, a erosão do solo ou a modificação do regime climático;

II – o crime é cometido:

a) no período de queda das sementes;

b) no período de formação de vegetações;

c) contra espécies raras ou ameaçadas de extinção, ainda que a ameaça ocorra somente no local da infração;

d) em época de seca ou inundação;

e) durante a noite, em domingo ou feriado.

Flora é o conjunto de plantas de determinado lugar. Para a doutrina tradicional, assim como nos crimes contra o consumo, haveria crimes de perigo abstrato (por determinação legal ou previsão da lei). Para a doutrina moderna, trata-se de crimes de lesão, já que a relação ambiental contra a flora é atingida. Convém salientar que nos tipos dos arts. 38, 39 e 40 pressupõe-se a efetiva ocorrência do *dano*.

21. Dos crimes de poluição e outros crimes ambientais

Art. 54. Causar poluição de qualquer natureza em níveis tais que resultem ou possam resultar em danos à saúde humana, ou que provoquem a mortandade de animais ou a destruição significativa da flora:

Pena – reclusão, de 1 (um) a 4 (quatro) anos, e multa.

§ 1º Se o crime é culposo:

Pena – detenção, de 6 (seis) meses a 1 (um) ano, e multa.

§ 2º Se o crime:

I – tornar uma área, urbana ou rural, imprópria para a ocupação humana;

II – causar poluição atmosférica que provoque a retirada, ainda que momentânea, dos habitantes das áreas afetadas, ou que cause danos diretos à saúde da população;

III – causar poluição hídrica que torne necessária a interrupção do abastecimento público de água de uma comunidade;

IV – dificultar ou impedir o uso público das praias;

V – ocorrer por lançamento de resíduos sólidos, líquidos ou gasosos, ou detritos, óleos ou substâncias oleosas, em desacordo com as exigências estabelecidas em leis ou regulamentos:

Pena – reclusão, de 1 (um) a 5 (cinco) anos.

§ 3º Incorre nas mesmas penas previstas no parágrafo anterior quem deixar de adotar, quando assim o exigir a autoridade competente, medidas de precaução em caso de risco de dano ambiental grave ou irreversível.

Art. 55. Executar pesquisa, lavra ou extração de recursos minerais sem a competente autorização, permissão, concessão ou licença, ou em desacordo com a obtida:

Pena – detenção, de 6 (seis) meses a 1 (um) ano, e multa.

Parágrafo único. Nas mesmas penas incorre quem deixa de recuperar a área pesquisada ou explorada, nos termos da autorização, permissão, licença, concessão ou determinação do órgão competente.

Art. 56. Produzir, processar, embalar, importar, exportar, comercializar, fornecer, transportar, armazenar, guardar, ter em depósito ou usar produto ou substância tóxica, perigosa ou nociva à saúde humana ou ao meio ambiente, em desacordo com as exigências estabelecidas em leis ou nos seus regulamentos:

Pena – reclusão, de 1 (um) a 4 (quatro) anos, e multa.

§ 1º Nas mesmas penas incorre quem: (*Redação dada pela Lei n. 12.305, de 2010.*)

I – abandona os produtos ou substâncias referidos no *caput* ou os utiliza em desacordo com as normas ambientais ou de seguranças; (*Incluído pela Lei n. 12.305, de 2010.*)

II – manipula, acondiciona, armazena, coleta, transporta, reutiliza, recicla ou dá destinação final a resíduos perigosos de forma diversa da estabelecida em lei ou regulamento. (*Incluído pela Lei n. 12.305, de 2010.*)

§ 2º Se o produto ou a substância for nuclear ou radioativa, a pena é aumentada de 1/6 (um sexto) a 1/3 (um terço).

§ 3º Se o crime é culposo:

Pena – detenção, de 6 (seis) meses a 1 (um) ano, e multa.

Art. 57. (*Vetado.*)

Art. 58. Nos crimes dolosos previstos nesta Seção, as penas serão aumentadas:

I – de 1/6 (um sexto) a 1/3 (um terço), se resulta dano irreversível à flora ou ao meio ambiente em geral;

II – de 1/3 (um terço) até a 1/2 (metade), se resulta lesão corporal de natureza grave em outrem;

III – até o dobro, se resultar a morte de outrem.

Parágrafo único. As penalidades previstas neste artigo somente serão aplicadas se do fato não resultar crime mais grave.

Art. 59. (*Vetado.*)

Art. 60. Construir, reformar, ampliar, instalar ou fazer funcionar, em qualquer parte do território nacional, estabelecimentos, obras ou serviços potencialmente poluidores, sem licença ou autorização dos órgãos ambientais competentes, ou contrariando as normas legais e regulamentares pertinentes:

Pena – detenção, de 1 (um) a 6 (seis) meses, ou multa, ou ambas as penas cumulativamente.

Art. 61. Disseminar doença ou praga ou espécies que possam causar dano à agricultura, à pecuária, à fauna, à flora ou aos ecossistemas:

Pena – reclusão, de 1 (um) a 4 (quatro) anos, e multa.

Poluição é a degradação da qualidade ambiental resultante de atividades que, direta ou indiretamente:

a) prejudiquem a saúde, a segurança e o bem-estar;

b) criem condições adversas às atividades sociais e econômicas;

c) afetem desfavoravelmente a biota (conjunto de seres animais e vegetais de uma região);

d) afetem as condições estéticas e sanitárias do meio ambiente;

e) lancem matérias ou energia em desacordo com padrões ambientais.

O bem jurídico tutelado, nesses crimes, é o meio ambiente relacionado à pureza e limpeza da água, do ar e do solo, ou seja, do patrimônio natural e à qualidade de vida.

22. Dos crimes contra o ordenamento urbano e o patrimônio cultural

> Art. 62. Destruir, inutilizar ou deteriorar:
>
> I – bem especialmente protegido por lei, ato administrativo ou decisão judicial;
>
> II – arquivo, registro, museu, biblioteca, pinacoteca, instalação científica ou similar protegido por lei, ato administrativo ou decisão judicial:
>
> Pena – reclusão, de 1 (um) a 3 (três) anos, e multa.
>
> Parágrafo único. Se o crime for culposo, a pena é de 6 (seis) meses a 1 (um) ano de detenção, sem prejuízo da multa.
>
> Art. 63. Alterar o aspecto ou estrutura de edificação ou local especialmente protegido por lei, ato administrativo ou decisão judicial, em razão de seu valor paisagístico, ecológico, turístico, artístico, histórico, cultural, religioso, arqueológico, etnográfico ou monumental, sem autorização da autoridade competente ou em desacordo com a concedida:
>
> Pena – reclusão, de 1 (um) a 3 (três) anos, e multa.
>
> Art. 64. Promover construção em solo não edificável, ou no seu entorno, assim considerado em razão de seu valor paisagístico, ecológico, artístico, turístico, histórico, cultural, religioso, arqueológico, etnográfico ou monumental, sem autorização da autoridade competente ou em desacordo com a concedida:
>
> Pena – detenção, de 6 (seis) meses a 1 (um) ano, e multa.
>
> Art. 65. Pichar ou por outro meio conspurcar edificação ou monumento urbano: (*Redação dada pela Lei n. 12.408, de 2011.*)
>
> Pena - detenção, de 3 (três) meses a 1 (um) ano, e multa. (*Redação dada pela Lei n. 12.408, de 2011.*)
>
> § 1º Se o ato for realizado em monumento ou coisa tombada em virtude do seu valor artístico, arqueológico ou histórico, a pena é de 6 (seis) meses a 1 (um) ano de detenção e multa. (*Renumerado do parágrafo único pela Lei n. 12.408, de 2011.*)
>
> § 2º Não constitui crime a prática de grafite realizada com o objetivo de valorizar o patrimônio público ou privado mediante manifestação artística, desde que consentida pelo proprietário e, quando couber, pelo locatário ou arrendatário do bem privado e, no caso de bem público, com a autorização do órgão competente e a observância das posturas municipais e das normas editadas pelos órgãos governamentais responsáveis pela preservação e conservação do patrimônio histórico e artístico nacional. (*Incluído pela Lei n. 12.408, de 2011.*)

Nesta seção, é tutelado o meio ambiente no aspecto do ordenamento urbano e do patrimônio cultural, protegendo, entre outros bens, os arquivos, os museus, os registros, as bibliotecas, as pinacotecas etc., além de lugares especialmente protegidos em razão de valor paisagístico, ecológico, turístico, histórico, cultural, religioso, arqueológico, etnográfico ou monumental. "Pichar, grafitar ou por outro meio conspurcar edificação ou monumento urbano" também é considerado crime (art. 65).

23. Dos crimes contra a administração ambiental

Art. 66. Fazer o funcionário público afirmação falsa ou enganosa, omitir a verdade, sonegar informações ou dados técnico-científicos em procedimentos de autorização ou de licenciamento ambiental:

Pena – reclusão, de 1 (um) a 3 (três) anos, e multa.

Art. 67. Conceder o funcionário público licença, autorização ou permissão em desacordo com as normas ambientais, para as atividades, obras ou serviços cuja realização depende de ato autorizativo do Poder Público:

Pena – detenção, de 1 (um) a 3 (três) anos, e multa.

Parágrafo único. Se o crime é culposo, a pena é de 3 (três) meses a 1 (um) ano de detenção, sem prejuízo da multa.

Art. 68. Deixar, aquele que tiver o dever legal ou contratual de fazê-lo, de cumprir obrigação de relevante interesse ambiental:

Pena – detenção, de 1 (um) a 3 (três) anos, e multa.

Parágrafo único. Se o crime é culposo, a pena é de 3 (três) meses a 1 (um) ano, sem prejuízo da multa.

Art. 69. Obstar ou dificultar a ação fiscalizadora do Poder Público no trato de questões ambientais:

Pena – detenção, de 1 (um) a 3 (três) anos, e multa.

Art. 69-A. Elaborar ou apresentar, no licenciamento, concessão florestal ou qualquer outro procedimento administrativo, estudo, laudo ou relatório ambiental total ou parcialmente falso ou enganoso, inclusive por omissão:

Pena – reclusão, de 3 (três) a 6 (seis) anos, e multa.

§ 1º Se o crime é culposo:

Pena – detenção, de 1 (um) a 3 (três) anos.

§ 2º A pena é aumentada de 1/3 (um terço) a 2/3 (dois terços), se há dano significativo ao meio ambiente, em decorrência do uso da informação falsa, incompleta ou enganosa.

Protege-se também o meio ambiente por meio da tutela da administração ambiental, podendo os crimes, conforme o caso, ter como sujeito ativo o funcionário público ou o particular.

24. Infrações administrativas

Art. 70. Considera-se infração administrativa ambiental toda ação ou omissão que viole as regras jurídicas de uso, gozo, promoção, proteção e recuperação do meio ambiente.

§ 1º São autoridades competentes para lavrar auto de infração ambiental e instaurar processo administrativo os funcionários de órgãos ambientais integrantes do Sistema Nacional do Meio Ambiente – SISNAMA, designados para as atividades de fiscalização, bem como os agentes das Capitanias dos Portos, do Ministério da Marinha.

§ 2º Qualquer pessoa, constatando infração ambiental, poderá dirigir representação às autoridades relacionadas no parágrafo anterior, para efeito do exercício do seu poder de polícia.

§ 3º A autoridade ambiental que tiver conhecimento de infração ambiental é obrigada a promover a sua apuração imediata, mediante processo administrativo próprio, sob pena de corresponsabilidade.

§ 4º As infrações ambientais são apuradas em processo administrativo próprio, assegurado o direito de ampla defesa e o contraditório, observadas as disposições desta Lei.

Art. 71. O processo administrativo para apuração de infração ambiental deve observar os seguintes prazos máximos:

I – 20 (vinte) dias para o infrator oferecer defesa ou impugnação contra o auto de infração, contados da data da ciência da autuação;

II – 30 (trinta) dias para a autoridade competente julgar o auto de infração, contados da data da sua lavratura, apresentada ou não a defesa ou impugnação;

III – 20 (vinte) dias para o infrator recorrer da decisão condenatória à instância superior do Sistema Nacional do Meio Ambiente – SISNAMA, ou à Diretoria de Portos e Costas, do Ministério da Marinha, de acordo com o tipo de autuação;

IV – 5 (cinco) dias para o pagamento de multa, contados da data do recebimento da notificação.

Art. 72. As infrações administrativas são punidas com as seguintes sanções, observado o disposto no art. 6º:

(...)

As infrações administrativas ambientais vêm previstas no art. 70 da lei. O processo administrativo respectivo vem regulado pelo art. 71, estando as sanções estabelecidas no art. 72.

35 Ordem Tributária, Ordem Econômica e Relações de Consumo

Lei n. 8.137/90

Nota introdutória

A Lei n. 8.137/90 define crimes contra a ordem tributária, econômica e contra as relações de consumo, e dá outras providências, representando uma legislação fundamental para o combate a condutas ilícitas que afetam a ordem econômica e tributária no Brasil.

A lei é dividida, basicamente, em três partes principais:

A primeira parte trata dos Crimes Contra a Ordem Tributária (arts. 1º a 3º), tipificando condutas que violam as normas tributárias, como fraudar a fiscalização tributária, omitir informações em declarações fiscais e suprimir ou reduzir tributos ou contribuição social e qualquer acessório de maneira ilegal. A ordem tributária constitui o conjunto de regras e princípios que regem a arrecadação de tributos pelo Estado, essencial para o financiamento das atividades públicas e para a manutenção de um mínimo de justiça fiscal. A Constituição Federal, em seu art. 145, estabelece a competência tributária e os princípios que norteiam a tributação, como a capacidade contributiva e a isonomia.

Na segunda parte, vêm previstos os Crimes Contra a Ordem Econômica (art. 4º), os quais envolvem práticas que prejudicam a livre concorrência e o funcionamento adequado do mercado, como a formação de cartel, o abuso do poder econômico e o controle arbitrário de preços. A ordem econômica, prevista no art. 170 da Constituição Federal, se baseia na valorização do trabalho humano e na livre iniciativa, assegurando o direito de propriedade e a defesa do consumidor, além de buscar a justiça social e o desenvolvimento econômico equilibrado.

Na terceira parte da lei (art. 7º), vêm previstos os Crimes Contra as Relações de Consumo, prevendo condutas que vulneram o consumidor, como a venda de produtos impróprios ao consumo, a publicidade enganosa e a manipulação de pesos e medidas. As relações de consumo são reguladas pelo Código de Defesa do Consumidor (Lei n. 8.078/90), que protege os direitos do consumidor e estabelece os deveres dos fornecedores de bens e serviços, complementando as disposições da lei ora em comento. A Constituição Federal, em seu art. 5º, XXXII, determina que o Estado promoverá, na forma da lei, a defesa do consumidor, reforçando a importância da proteção dos direitos dos consumidores na ordem jurídica brasileira.

I – CRIMES CONTRA A ORDEM TRIBUTÁRIA

1. Sujeito ativo

Sujeito ativo: é o contribuinte. Excepcionalmente, poderá ser qualquer pessoa, como nas hipóteses do art. 2º, III e V. Se a lei estabelecer substituto passivo tributário, este será o sujeito ativo do crime.

2. Concurso de pessoas

O *concurso de pessoas* vem previsto pelo art. 11 da Lei n. 8.137/90, sendo admitido na modalidade "coautoria" e "participação". Inclusive, "o empregado que colabora com o patrão na sonegação de impostos ou contribuições não pode alegar que recebeu ordens para tanto, pois tal ordem, à evidência, terá sido ilegal, não obrigando quem quer que seja" (*Leis penais especiais e sua interpretação jurisprudencial*, Coord. Alberto Silva Franco e Rui Stoco, 7. ed. rev., atual. e ampl., São Paulo: Revista dos Tribunais, 2001, v. 1, p. 630).

3. Sujeito passivo dos crimes de sonegação fiscal

Sujeito passivo: é o Estado (Fazenda Pública – federal, estadual e municipal).

4. Sonegação fiscal

Conforme ressaltam Alexandre de Moraes e Gianpaolo Poggio Smanio (*Legislação penal especial*, 7. ed., São Paulo: Atlas, 2004, p. 95), "sonegação fiscal é a ocultação dolosa, mediante fraude, astúcia ou habilidade, do reconhecimento de tributo devido ao Poder Público".

E concluem os renomados juristas: "Note-se, porém, que a lei não conceituou o que seja sonegação fiscal, adotando outro critério de identificação, qual seja, considerando delitos contra a ordem tributária a supressão ou redução de tributos ou contribuição social ou acessório, e depois enumerando, taxativamente, quais as modalidades de conduta que podem levar a tal supressão ou redução, constituindo genericamente o que seja sonegação fiscal".

5. Objetividade jurídica

O objeto jurídico vem representado pelos interesses estatais vinculados à arrecadação de tributos devidos à Fazenda Pública. Protege-se o erário, a fé pública e a Administração Pública.

6. Objeto material

O objeto material vem representado pelo tributo, contribuição ou qualquer acessório, reduzido ou suprimido por uma das condutas estampadas em cada tipo penal.

7. Condutas

Vêm previstas nos arts. 1º e 2º. Podem ser comissivas ou omissivas, de acordo com cada hipótese. No art. 3º vêm previstas condutas caracterizadoras de crime funcional contra a ordem tributária.

8. Elemento subjetivo

É o dolo, consistente na vontade livre e consciente de praticar as condutas típicas.

Parcela significativa da doutrina, inclusive com apoio em precedentes do Superior Tribunal de Justiça (RHC 11.816/MG – Rel. Min. Vicente Leal – 6ª Turma – *DJe* 18-3-2002), entende que devem as condutas expressas nos arts. 1º e 2º da lei ser praticadas com o fim ou com a intenção de suprimir ou reduzir tributo ou contribuição, ou de eximir-se, total ou parcialmente, de pagamento de tributo. É o dolo específico. Caso as condutas tipificadas sejam praticadas *sem* que ocorra a efetiva sonegação, não estará configurado o crime contra a ordem tributária, mas sim outras condutas típicas previstas no Código Penal.

Lado outro, a doutrina majoritária, com apoio em decisões mais recentes do Superior Tribunal de Justiça, sustenta a prescindibilidade do especial fim de agir voltado à supressão ou redução do tributo. Para a configuração do crime basta o dolo genérico.

A propósito: "AGRAVO REGIMENTAL NOS EMBARGOS DE DECLARAÇÃO NO AGRAVO EM RECURSO ESPECIAL. CRIME DE SONEGAÇÃO FISCAL. ICMS. DOLO GENÉRICO. OCORRÊNCIA. SUFICIENTE PARA A CARACTERIZAÇÃO DO CRIME. TESE DE ABSOLVIÇÃO. INCIDÊNCIA DA SÚMULA N. 7/STJ. MAJORANTE DO GRAVE DANO À COLETIVIDADE. ART. 12, I, DA LEI N. 8.137/1990. INCIDÊNCIA. VULTUOSO VALOR SONEGADO. AGRAVO REGIMENTAL IMPROVIDO. 1. A jurisprudência desta Corte firmou-se no sentido de que, 'em crimes de sonegação fiscal e de apropriação indébita de contribuição previdenciária, este Superior Tribunal de Justiça pacificou a orientação no sentido de que sua comprovação prescinde de dolo específico sendo suficiente, para a sua caracterização, a presença do dolo genérico' (AgRg nos EDcl no HC n. 641.382/SC, relator Ministro OLINDO MENEZES – Desembargador convocado do TRF 1ª REGIÃO –, SEXTA TURMA, julgado em 18/5/2021, *DJe* 21/5/2021). Precedentes. 2. No caso, tendo a Corte de origem constatado o dolo genérico na conduta do agente, com base no suporte fático-probatório dos autos, que dá conta de que a sonegação veio a se consumar exatamente pelo fato de a empresa ter perdido o benefício da alíquota 'TARE', mas mesmo assim continuar a pagar o imposto como se beneficiária fosse, a fim de acolher a tese de absolvição, a mudança da conclusão alcançada pela Corte local exigiria o reexame das provas, o que é vedado na via do recurso especial, conforme a Súmula n. 7/STJ. 3. Nos termos da jurisprudência desta Corte, "a majorante do grave dano à coletividade, prevista pelo art. 12, I, da Lei 8.137/90, restringe-se a situações de especialmente relevante dano, valendo, analogamente, adotar-se para tributos federais o critério já administrativamente aceito na definição de créditos prioritários, fixado em R$ 1.000.000,00 (um milhão de reais), do art. 14, *caput*, da Portaria 320/PGFN" (AgRg no AREsp n. 1.667.529/ES, relator Ministro NEFI CORDEIRO, SEXTA TURMA, julgado em 22/9/2020, *DJe* 29/9/2020). 4. Na hipótese em exame, o grave dano causado à coletividade, evidenciado pelo valor original do débito de R$ 2.521.170,75 (dois milhões, quinhentos e vinte e um mil, cento e setenta reais e setenta e cinco centavos), justifica a incidência da causa de aumento de pena prevista no art. 12, I, da Lei n. 8.137/1990. 5. 'Os pressupostos de admissibilidade do recurso podem ser apreciados a qualquer tempo pelo órgão julgador, uma vez que não existe preclusão pro judicato em relação ao juízo de admissibilidade lançado dentro de um mesmo recurso' (AgInt nos EREsp n. 1.362.789/MG, relator Ministro SÉRGIO KUKINA, PRIMEIRA SEÇÃO, julgado em 19/5/2020, *DJe* 26/5/2020). 6. No tocante à aplicação da majorante do grave dano à coletividade, prevista no art. 12, I, da Lei 8.137/1990, a tese defensiva de que deve ser recalculado o valor não pago de ICMS apenas nos meses subsequentes ao cancelamento do 'TARE' não foi debatida pelo Tribunal de origem, carecendo do necessário prequestionamento, o que atrai a incidência das Súmulas n. 282 e 356/STF, aplicadas por analogia. 7. Agravo regimental improvido" (AgRg nos EDcl no AREsp 1827173/DF, Rel. Min. Antonio Saldanha Palheiro, 6ª Turma, *DJe* 8-10-2021).

9. Consumação

Ocorre com a supressão ou redução do tributo, contribuição social ou acessório. Trata-se de crimes materiais, pois, sem que ocorra a efetiva sonegação (supressão ou redução) do tributo, não haverá conduta típica, não se configurando o delito.

10. Tentativa

É admitida nas condutas comissivas que permitam o fracionamento do *iter criminis*. Nas condutas omissivas e nos crimes instantâneos, não se admite tentativa.

11. Competência e ação penal

A competência para processar e julgar os crimes contra a ordem tributária previstos na Lei n. 8.137/90 é da Justiça Comum Estadual.

Excepcionalmente, quando interesse da União for afetado (art. 109 da CF), a competência será da Justiça Federal.

A ação penal é pública incondicionada.

12. Representação fiscal

Dispõe o art. 83 da Lei n. 9.430/96:

"Art. 83. A representação fiscal para fins penais relativa aos crimes contra a ordem tributária previstos nos arts. 1º e 2º da Lei n. 8.137, de 27 de dezembro de 1990, e aos crimes contra a Previdência Social, previstos nos arts. 168-A e 337-A do Decreto-Lei n. 2.848, de 7 de dezembro de 1940 (Código Penal), será encaminhada ao Ministério Público depois de proferida a decisão final, na esfera administrativa, sobre a exigência fiscal do crédito tributário correspondente".

A mencionada representação não se confunde com aquela condição de procedibilidade para a propositura de ação penal pelo Ministério Público, já que, como dissemos anteriormente, a ação penal nos crimes contra a ordem tributária é pública incondicionada. Deve ser lembrado, entretanto, o teor da Súmula Vinculante n. 24, do Supremo Tribunal Federal, do seguinte teor: "Não se tipifica crime material contra a ordem tributária, previsto no art. 1º, incisos I a IV, da Lei n. 8.137/90, antes do lançamento definitivo do tributo".

Nesse sentido, o art. 142, *caput*, do Código Tributário Nacional: "Compete privativamente à autoridade administrativa constituir o crédito tributário pelo lançamento, assim entendido o procedimento administrativo tendente a verificar a ocorrência do fato gerador da obrigação correspondente, determinar a matéria tributável, calcular o montante do tributo devido, identificar o sujeito passivo e, sendo caso, propor a aplicação da penalidade cabível".

Portanto, somente após o lançamento definitivo do tributo, entendido este como o instrumento que confere exigibilidade à obrigação tributária, quantificando-a e qualificando-a, é que será encaminhada a representação fiscal ao Ministério Público para fins penais. Se, por qualquer outro meio, o Ministério Público vier a ter ciência de fato, em tese, caracterizado como crime fiscal, somente poderá intentar a ação penal após o lançamento respectivo, por intermédio do qual a obrigação tributária é tornada líquida e certa.

Esse artigo mencionado sofreu alteração em sua redação pela Lei n. 12.382/2011, dispondo, em seu § 1º que, na hipótese de concessão de parcelamento do crédito tributário, a representação fiscal para fins penais somente será encaminhada ao Ministério Público após a exclusão da pessoa física ou jurídica do parcelamento.

13. Autonomia da instância penal e esgotamento da via administrativa – início da ação penal

Em princípio, não há subordinação entre as instâncias penal e administrativa no que tange aos delitos de sonegação fiscal. Entretanto, há de se considerar a independência *relativa* entre as instâncias uma vez que pode haver repercussão das decisões de uma em outra.

Nesse sentido, vale lembrar a lição de Rui Stoco: "Ora, a decisão no Juízo cível, com trânsito em julgado, ou o acolhimento de recurso administrativo pelo Fisco, entendendo não ter havido supressão ou redução de tributo, descaracteriza a ação ou omissão do contribuinte como crime".

E prossegue: "Isso quer dizer que, se, por um lado, a existência de situação pendente em Juízo ou na esfera administrativo-fiscal não impede o *dominus litis* da ação penal de denunciar o contribuinte, ou seu representante (pessoa física), por outro lado, a definição dessa situação pelo Fisco, a favor do agente, inibe a ação penal, impedindo-a (caso ainda não aviventada), tem força para trancá-la, caso já tenha sido proposta, ou, ainda, influenciar na absolvição do acusado, por ausência de fato típico".

E remata: "Nesse sentido encontra-se julgado do Tribunal de Alçada Criminal de São Paulo, no HC 232.768, determinando o trancamento da ação penal após ter o contribuinte obtido a desconstituição administrativa do auto de infração" (*Leis penais especiais e sua interpretação jurisprudencial*, Coord. Alberto Silva Franco e Rui Stoco, 7. ed., rev., atual. e ampl., São Paulo: Revista dos Tribunais, 2001, n. 1, p. 665).

A propósito, também: "Não está o Ministério Público impedido de agir antes da decisão final no procedimento administrativo" (STF – ADIn 1.571, j. 2-3-1997).

Outrossim, na lição de Alexandre de Moraes e Gianpaolo Poggio Smanio (*Legislação penal especial*, 7. ed., São Paulo: Atlas, 2004, p. 93), "as instâncias penal e administrativa são autônomas, não sendo necessário para a propositura da ação penal, ou mesmo para a instauração do inquérito policial, o prévio esgotamento da via administrativa. Ressalte-se que a apuração do débito fiscal, na instância administrativa, não constitui condição de procedibilidade da ação penal".

O Supremo Tribunal Federal, entretanto, tem entendido que, pendente o lançamento do tributo de decisão definitiva na esfera administrativa, inexiste justa causa para a ação penal, estando suspenso o curso da prescrição enquanto obstada a sua propositura pela falta de lançamento definitivo. *Vide* Súmula Vinculante n. 24 do STF.

Nesse sentido, a Súmula Vinculante n. 24 do STF: "Não se tipifica crime material contra a ordem tributária, previsto no art. 1º, incisos I a IV, da Lei 8.137/1990, antes do lançamento definitivo do tributo".

A propósito, esclarece Eduardo Sabbag (*Manual de Direito Tributário*. 3. ed. São Paulo: Saraiva, 2011. p. 758) que "o lançamento, por sua vez, trazendo certeza e liquidez à relação jurídico-tributária, é o instrumento capaz de conferir ao Fisco a percepção do importe tributário a que tem direito, em face da ocorrência do fato gerador que o antecede. Com ele, o sujeito ativo fica habilitado a exercitar o ato de cobrança, quer administrativa, em um primeiro momento, quer judicial, caso aquela se mostre malsucedida".

Assim sendo, somente após o lançamento definitivo do tributo ou contribuição social é que estará o Ministério Público habilitado ao exercício da ação penal.

O prazo prescricional do crime contra a ordem tributária, por seu turno, não correrá durante o processo administrativo fiscal, iniciando seu curso somente após o lançamento do crédito tributário.

14. Instauração de investigação criminal e esgotamento da via administrativa

Seria admissível a instauração de investigação criminal *lato sensu* sem que exista constituição definitiva do crédito tributário, tendo em vista o teor da Súmula Vinculante n. 24 do STF?

O Supremo Tribunal Federal admite exceções à exigência da constituição definitiva do crédito tributário para iniciar uma investigação penal. São hipóteses excepcionais: I) quando "imprescindível para viabilizar a fiscalização" (HC 95.443, 2ª Turma, Rel. Min. Ellen Gracie, j. 2-2-2010); II) havendo indícios da prática de outros delitos (HC 107.362, 2ª Turma, Min. Rel. Teori Zavascki, j. 10-2-2015); e III) de acordo com as peculiaridades do caso concreto, (...) nos casos de embaraço à fiscalização ou diante de indícios da prática de outros delitos, de natureza não fiscal" (ARE 936.652 AgR, 1ª Turma, Rel. Min. Roberto Barroso, j. 24-5-2016).

Na mesma linha, a jurisprudência do Superior Tribunal de Justiça deixa claro que a prática de falsidades e omissões de informações que constituem a conduta típica seriam suficientes para admitir a instauração de investigação policial ainda que sem a existência de constituição definitiva do crédito tributário. É entendimento pacífico que a investigação por crimes tributários não exige a prévia realização de fiscalização tributária.

Assim, para a aplicação da exceção não há necessidade de embaraço à fiscalização, com atos concretos e diversos da fraude típica, que impeçam que a autoridade tributária consiga ter as informações necessárias. Basta, na realidade, a verificação de fraudes dos investigados com relação a características e elementos do fato gerador, pois, em tais situações, a fiscalização tributária é completamente ineficaz. Ou, então, a existência de crimes diversos do delito tributário.

Quando um indivíduo pratica comportamento proibido pela norma penal disposta no tipo dos incisos do art. 1º da Lei n. 8.137/90, já se está diante do que a dogmática penal chama de desvalor da conduta. Ainda que outro seja o momento do desvalor do resultado, que é o da efetiva supressão ou redução do valor a ser pago a título de tributo (e que exige a constituição definitiva do crédito tributário), não se pode negar que já existe uma conduta fraudulenta proibida pelo tipo.

Em suma, ao utilizar o termo "não se tipifica", a Súmula n. 24/STF afirmou somente que não era possível verificar a ocorrência do desvalor do resultado de redução ou supressão do valor do tributo a ser pago sem que, antes, o crédito deste tributo seja constituído definitivamente. Porém, não afastou – e nem poderia fazê-lo – o caráter fraudulento de determinadas condutas que têm a capacidade de ensejar a mencionada redução ou supressão do valor a ser pago a título de tributo.

Portanto, o teor da Súmula Vinculante 24 do STF somente impede que se inicie uma ação penal pelo delito consumado enquanto não houver tal constituição, mas não impede que se inicie investigação (*Informativo* n. 825 do STJ – 17-8-2024).

15. Extinção da punibilidade

A extinção da punibilidade nos crimes de sonegação fiscal ocorre, em regra, com o pagamento do tributo antes do recebimento da denúncia.

Nesse sentido, dispõe o art. 34 da Lei n. 9.249/95:

"Art. 34. Extingue-se a punibilidade dos crimes definidos na Lei n. 8.137, de 27 de dezembro de 1990, e na Lei n. 4.729, de 14 de julho de 1965, quando o agente promover o pagamento do tributo ou contribuição social, inclusive acessórios, antes do recebimento da denúncia".

Entretanto, vem entendendo o Supremo Tribunal Federal que, com o advento da Lei n. 10.684/2003, o seu art. 9º, § 2º, revogando o dispositivo acima mencionado, permitiu que se opere a extinção da punibilidade, mesmo que o pagamento do tributo ou contribuição social devidos seja feito após o recebimento da denúncia, em qualquer fase do processo.

Nesse sentido o disposto no art. 9º, § 2º, da referida lei:

> § 2º Extingue-se a punibilidade dos crimes referidos neste artigo quando a pessoa jurídica relacionada com o agente efetuar o pagamento integral dos débitos oriundos de tributos e contribuições sociais, inclusive acessórios.

Conclui-se, pois, que a lei não faz qualquer alusão ao recebimento da denúncia, silenciando, outrossim, quanto ao momento processual em que o pagamento integral do débito pode ser feito, com a consequente extinção da punibilidade.

A nosso ver, esse quadro não foi alterado pela Lei n. 12.382/2011, a qual acrescentou o § 4º ao art. 83 da Lei n. 9.430/96, do seguinte teor: "§ 4º Extingue-se a punibilidade dos crimes referidos no *caput* quando a pessoa física ou a pessoa jurídica relacionada com o agente efetuar o pagamento integral dos débitos oriundos de tributos, inclusive acessórios, que tiverem sido objeto de concessão de parcelamento".

Essa hipótese acima, a nosso ver, somente tem aplicabilidade no caso de pagamento integral, com a consequente extinção da punibilidade, dos débitos oriundos de tributos que tiverem sido objeto de anterior parcelamento, feito antes do recebimento da denúncia criminal.

Em suma, há duas situações diversas, com tratamento legal diverso: a primeira delas envolvendo o pagamento *integral* dos débitos oriundos de tributos e contribuições sociais *não parcelados*, o que pode ocorrer antes ou em qualquer fase do processo criminal, gerando a extinção da punibilidade, nos termos do § 2º do art. 9º da Lei n. 10.684/2003; a segunda, envolvendo o pagamento *integral* dos débitos oriundos de tributos e contribuições sociais *anteriormente parcelados*, situação que se enquadra no disposto no § 4º do art. 83 da Lei n. 9.430/96, com a redação que lhe foi dada pela Lei n. 12.382/2011, somente ensejando a extinção da punibilidade se o parcelamento tiver sido feito *antes* do recebimento da denúncia criminal.

Nesse último caso, de extinção de punibilidade pelo pagamento integral de débitos parcelados, deve ser considerada a irretroatividade da lei mais severa, de modo que o disposto no § 4º do art. 83 da Lei n. 9.430/96 somente pode ser aplicado aos lançamentos ocorridos a partir de 25 de fevereiro de

2011. Assim, para os lançamentos ocorridos antes de 25 de fevereiro de 2011 é possível o parcelamento antes ou em qualquer fase do processo, podendo ocorrer também o pagamento integral do tributo ou contribuição social, com a consequente extinção de punibilidade.

16. Parcelamento do débito

De acordo com o disposto no art. 9º, *caput,* da Lei n. 10.864/2003, em caso de parcelamento do débito tributário, antes ou depois de recebida a denúncia, em qualquer fase do processo, incidiria causa suspensiva da punibilidade, ficando a ação penal e a prescrição suspensas até o integral cumprimento da obrigação:

"Art. 9º É suspensa a pretensão punitiva do Estado, referente aos crimes previstos nos arts. 1º e 2º da Lei n. 8.137, de 27 de dezembro de 1990, e nos arts. 168-A e 337-A do Decreto-Lei n. 2.848, de 7 de dezembro de 1940 – Código Penal, durante o período em que a pessoa jurídica relacionada com o agente dos aludidos crimes estiver incluída no regime de parcelamento".

Ocorre que, a Lei n. 11.941, de 27 de maio de 2009, alterou a legislação tributária federal relativa ao parcelamento de débitos tributários. Essa lei estabeleceu várias formas de parcelamento dos débitos tributários, dando vantagens aos devedores que quitarem suas dívidas com o fisco e com o INSS, incluindo aqueles que já haviam sido beneficiados anteriormente com o REFIS, PAES e PAEX.

Estabeleceu a lei, no art. 67, que, na hipótese de parcelamento do crédito tributário antes do oferecimento da denúncia, essa somente poderia ser aceita na superveniência de inadimplemento da obrigação objeto da denúncia.

Inclusive, ficaria suspensa a pretensão punitiva do Estado, referente aos crimes previstos nos arts. 1º e 2º da Lei n. 8.137, de 27 de dezembro de 1990, e nos arts. 168-A e 337-A do Decreto-lei n. 2.848, de 7 de dezembro de 1940 – Código Penal, limitada a suspensão aos débitos que tiverem sido objeto de concessão de parcelamento, enquanto não forem rescindidos os parcelamentos.

A prescrição criminal, entretanto, segundo a citada lei, não corria durante o período de suspensão da pretensão punitiva.

A extinção da punibilidade, assim, de acordo com a referida lei, se operaria quando a pessoa jurídica relacionada com o agente efetuar o pagamento integral dos débitos oriundos de tributos e contribuições sociais, inclusive acessórios, que tiverem sido objeto de concessão de parcelamento.

Com a edição da Lei n. 12.382/2011, entretanto, a matéria recebeu nova regulamentação, já que foi alterada a redação do art. 83 da Lei n. 9.430/96, que teve acrescentados importantes parágrafos, tratando do parcelamento e da suspensão do curso da prescrição criminal.

Nesse sentido, o § 1º estabelece que, na hipótese de concessão de parcelamento do crédito tributário, a representação fiscal para fins penais somente será encaminhada ao Ministério Público após a exclusão da pessoa física ou jurídica do parcelamento.

Já no § 2º, a regra é de que fica suspensa a pretensão punitiva do Estado referente aos crimes previstos no *caput,* durante o período em que a pessoa física ou a pessoa jurídica relacionada com o agente dos aludidos crimes estiver incluída no parcelamento, desde que o pedido de parcelamento tenha sido formalizado antes do recebimento da denúncia criminal.

Anote-se que, neste caso, o parcelamento deve ter sido formalizado *antes do recebimento da denúncia criminal.*

O § 3º do citado artigo, por fim, estabelece que a prescrição criminal não corre durante o período de suspensão da pretensão punitiva.

Em suma:

a) Em caso de parcelamento, a representação fiscal ao Ministério Público para fins penais fica condicionada à exclusão da pessoa física ou jurídica do parcelamento.

b) Durante o período em que a pessoa física ou jurídica relacionada aos agentes dos crimes contra a ordem tributária estiver incluída no parcelamento, fica suspensa a pretensão punitiva do Estado, desde que o parcelamento tenha sido formalizado antes do recebimento da denúncia criminal.

c) A prescrição criminal dos crimes contra a ordem tributária não corre durante o período da suspensão da pretensão punitiva.

d) Deve ser considerada a irretroatividade da lei mais severa, de modo que o disposto nos §§ 1º, 2º, 3º e 4º do art. 83 da Lei n. 9.430/96 somente pode ser aplicado aos lançamentos ocorridos a partir de 25 de fevereiro de 2011. Assim, para os lançamentos ocorridos antes de 25 de fevereiro de 2011 é possível o parcelamento antes ou em qualquer fase do processo, podendo ocorrer também o pagamento integral do tributo ou contribuição social, com a consequente extinção de punibilidade.

17. Impossibilidade de pagar o tributo

A doutrina e a jurisprudência vêm entendendo que, estando o contribuinte insolvente, em grave crise financeira, a que não deu causa, impossibilitado de pagar o tributo ou contribuição, não deverá ser penalizado.

Alguns entendem tratar-se de *estado de necessidade*. Outros entendem haver *causa excludente genérica de criminalidade*. E outra corrente pugna pela ocorrência de *inexigibilidade de conduta diversa*.

O estado de necessidade, como causa de exclusão da antijuridicidade, requer, para sua configuração, a ocorrência de *situação de perigo*, em que se encontram em conflito dois ou mais bens jurídicos, sendo lícito ao agente, para evitar o sacrifício ao seu, atingir ou deixar perecer o bem jurídico alheio. Assim, poder-se-ia falar em estado de necessidade, a nosso ver, apenas em situação de iminência de quebra ou demissão de número considerável de funcionários, fazendo com que o agente opte por preservar o emprego de seus contratados ou manter o funcionamento da empresa, em vez de honrar o débito do tributo ou contribuição social.

Afora esse caso de *situação de perigo*, poder-se-ia falar em causa excludente da culpabilidade (juízo de reprovação social), consistente na *inexigibilidade de conduta diversa*, quando o agente, por exemplo, antevendo a ruína de seu negócio, a ela se antecipa e, para sanar os problemas financeiros da empresa, mantendo-a em funcionamento e honrando as obrigações trabalhistas, deixa de efetuar o devido recolhimento dos tributos e contribuições.

18. Delação premiada

A delação premiada prevista pela Lei n. 8.137/90 foi instituída pela Lei n. 9.080/95, possibilitando a redução de pena de um a dois terços ao coautor ou partícipe que, cometido o crime em quadrilha ou coautoria, por meio de confissão espontânea, revelar à autoridade policial ou judicial toda a trama delituosa.

Ressalte-se que, ao contrário do que ocorre nos demais casos previstos no Código Penal e na legislação complementar, não há necessidade de que a delação premiada seja eficaz, impedindo o resultado ou os efeitos do crime praticado.

Vale lembrar que, atualmente, a delação premiada vem chamada de *colaboração premiada*, prevista em vários diplomas, entre eles a Lei n. 12.850/2013.

19. Crimes em espécie

19.1. Supressão ou redução de tributo ou contribuição social ou qualquer acessório

> Art. 1º Constitui crime contra a ordem tributária suprimir ou reduzir tributo, ou contribuição social e qualquer acessório, mediante as seguintes condutas:

Objetividade jurídica: a tutela do erário.

Sujeito ativo: o contribuinte, pessoa física.

Sujeito passivo: o Estado, representado pela Fazenda Pública federal, estadual e municipal.

Conduta: vem representada pelo verbo "suprimir", que significa eliminar, cancelar, extinguir ou impedir o pagamento do tributo, e pelo verbo "reduzir", que significa diminuir o tributo a ser pago.

Elementos subjetivo: é o dolo, representado pela vontade livre e consciente de praticar as condutas típicas. Deve haver, ainda, a finalidade específica de suprimir ou reduzir tributo ou contribuição social e acessório.

Consumação: ocorre com a efetiva supressão ou redução do tributo, contribuição social e qualquer acessório.

Tentativa: admite-se, em tese, se fracionável o *iter criminis*.

19.2. Omissão de informação ou prestação de declaração falsa às autoridades fazendárias

> I – omitir informação, ou prestar declaração falsa às autoridades fazendárias;

Objetividade jurídica: a tutela do erário.

Sujeito ativo: o contribuinte, pessoa física, sujeito passivo da obrigação fiscal, que tem a obrigação de informar ou prestar declarações às autoridades fazendárias.

Sujeito passivo: o Estado, representado pela Fazenda Pública federal, estadual e municipal.

Conduta: vem representada pelo verbo "omitir", que significa deixar de prestar ou ocultar a informação (crime omissivo), e pelo verbo "prestar", referindo-se a declaração falsa, que significa fornecer informação ao Fisco que não corresponde à verdade. Essa falsidade poderá ser material ou ideológica. Existe a necessidade de que a omissão ou falsidade vise à redução ou supressão do pagamento do tributo, contribuição ou acessório.

Elemento subjetivo: é o dolo, representado pela vontade livre e consciente de praticar as condutas típicas. Deve haver, ainda, a finalidade específica de suprimir ou reduzir tributo ou contribuição social e acessório.

Consumação: ocorre com a efetiva supressão ou redução do tributo, contribuição social e qualquer acessório por meio da omissão de informação ao Fisco ou da prestação de falsa declaração às autoridades fazendárias.

Tentativa: embora não haja consenso na doutrina, entendemos que, em tese, poderia haver tentativa, a qual, por si só, já seria punida como crime consumado previsto no art. 2º, I, da lei em comento.

19.3. Fraude à fiscalização tributária

> II – fraudar a fiscalização tributária, inserindo elementos inexatos, ou omitindo operação de qualquer natureza, em documento ou livro exigido pela lei fiscal;

Objetividade jurídica: a tutela do erário.

Sujeito ativo: o contribuinte, pessoa física.

Sujeito passivo: o Estado, representado pela Fazenda Pública federal, estadual e municipal.

Conduta: vem representada pelo verbo "fraudar", que significa enganar, lograr. A fraude à fiscalização tributária deve dar-se pela inserção de elementos inexatos ou pela omissão de operação de qualquer natureza, em documento ou livro exigido (norma penal em branco). Deve, evidentemente, a conduta em análise ser apta a suprimir ou reduzir tributo, contribuição social ou acessório.

Elemento subjetivo: é o dolo, representado pela vontade livre e consciente de praticar as condutas típicas. Deve haver, ainda, a finalidade específica de suprimir ou reduzir tributo ou contribuição social e acessório.

Consumação: ocorre com a efetiva supressão ou redação do tributo, contribuição social e qualquer acessório, por meio da fraude à fiscalização tributária.

Tentativa: embora não haja consenso na doutrina, entendemos que, em tese, poderia haver tentativa, a qual, por si só, já seria punida como crime consumado previsto no art. 2º da lei em comento.

19.4. Falsificação ou alteração de documento relativo a operação tributável

> III – falsificar ou alterar nota fiscal, fatura, duplicata, nota de venda, ou qualquer outro documento relativo à operação tributável;

Objetividade jurídica: a tutela do erário.

Sujeito ativo: o contribuinte, pessoa física.

Sujeito passivo: o Estado, representado pela Fazenda Pública federal, estadual e municipal.

Conduta: vem representada pelo verbo "falsificar", que significa inovar com fraude, e pelo verbo "alterar", que significa modificar de qualquer forma o documento relativo à operação tributável. Não se confunde esse crime com o de duplicata simulada. Enquanto, no delito em comento, o bem vendido existe, vindo descrito falsamente na nota fiscal, fatura, duplicata, nota de venda ou documento semelhante, com o intuito de fraudar o Fisco, no crime de duplicata simulada inexiste qualquer bem vendido.

Objeto material: é a nota fiscal, fatura, duplicata, nota de venda ou qualquer outro documento relativo a operação tributável.

Elemento subjetivo: é o dolo, representado pela vontade livre e consciente de praticar as condutas típicas. Deve haver, ainda, a finalidade específica de suprimir ou reduzir tributo ou contribuição social e acessório.

Consumação: ocorre com a efetiva supressão ou redução do tributo, contribuição social e qualquer acessório, por meio de falsificação ou alteração do documento relativo à operação tributável.

Tentativa: admite-se, em tese, se fracionável o *iter criminis*.

19.5. Elaboração, distribuição, fornecimento, emissão ou utilização de documento falso ou inexato

> IV – elaborar, distribuir, fornecer, emitir ou utilizar documento que saiba ou deva saber falso ou inexato;

Objetividade jurídica: a tutela do erário.

Sujeito ativo: o contribuinte, pessoa física.

Sujeito passivo: o Estado, representado pela Fazenda Pública federal, estadual e municipal.

Conduta: vem representada pelos verbos "elaborar" (preparar formar), "distribuir" (repartir, entregar), "fornecer" (entregar), "emitir" (enviar) e "utilizar" (empregar, usar).

Objetivo material: é o documento (art. 232 do CPP) falso (material ou ideológico) ou inexato.

Elemento subjetivo: é o dolo, representado pela vontade livre e consciente de praticar as condutas típicas. Deve haver, ainda, a finalidade específica de suprimir ou reduzir tributo ou contribuição social e acessório. Na expressão "deve saber", admitiu o legislador o dolo eventual como elemento subjetivo.

Consumação: ocorre com a efetiva elaboração, distribuição, fornecimento, emissão ou utilização do documento falso ou inexato, obtendo o agente o proveito consistente na supressão ou redução do tributo, contribuição social e qualquer acessório.

Tentativa: admite-se.

19.6. Negativa ou ausência de fornecimento de nota fiscal ou fornecimento em desacordo com a legislação

> V – negar ou deixar de fornecer, quando obrigatório, nota fiscal ou documento equivalente, relativa a venda de mercadoria ou prestação de serviço, efetivamente realizada, ou fornecê-la em desacordo com a legislação.
>
> Pena – reclusão, de 2 (dois) a 5 (cinco) anos, e multa.

Objetividade jurídica: a tutela do erário.

Sujeito ativo: o contribuinte, pessoa física.

Sujeito passivo: o Estado, representado pela Fazenda Pública federal, estadual e municipal.

Conduta: vem representada pelos verbos "negar" (não conceder, recusar) ou "deixar de fornecer" (recusar-se a fornecer, recusar-se a entregar), caracterizando condutas omissivas. Também pelo verbo "fornecer" (entregar, dar), caracterizando conduta comissiva. A entrega ou fornecimento da nota fiscal ou documento equivalente deve ser obrigatória. Na conduta comissiva, o fornecimento deve dar-se "em desacordo com a legislação", ou seja, sem observância das normas fiscais em vigor.

Elemento subjetivo: é o dolo, representado pela vontade livre e consciente de praticar as condutas típicas. Deve haver, ainda, a finalidade específica de suprimir ou reduzir tributo ou contribuição social e acessório.

Consumação: ocorre com a prática de uma das modalidades de conduta previstas, com a consequente supressão ou redução do tributo, contribuição social e qualquer acessório.

Tentativa: para parcela da doutrina, trata-se de crime instantâneo, que não admite tentativa.

19.7. Falta de atendimento da exigência da autoridade

> Parágrafo único. A falta de atendimento da exigência da autoridade, no prazo de 10 (dez) dias, que poderá ser convertido em horas em razão da maior ou menor complexidade da matéria ou da dificuldade quanto ao atendimento da exigência, caracteriza a infração prevista no inciso V.

Por essa disposição, o legislador equiparou a falta de atendimento da exigência da autoridade ao crime previsto no inciso V, anteriormente analisado.

Conforme ressalta Rui Stoco (*Leis penais especiais e sua interpretação jurisprudencial*, Coord. Alberto Silva Franco e Rui Stoco, 7. ed. rev., atual. e ampl., São Paulo: Revista dos Tribunais, 2001, v. 1, p. 619), "a fiscalização sempre se ressentiu da dificuldade encontrada na obtenção de informações e acesso aos documentos e livros contábeis, cuja verificação é fundamental aos trabalhos de auditoria fiscal junto a empresas".

E prossegue: "Assim, o contribuinte tem obrigação de colocar à disposição da autoridade todos os documentos constantes de seus arquivos, relativos a venda de mercadorias ou a prestação de serviços, tais como talonários com cópias de notas fiscais, guias de recolhimento, cópias de informações fiscais, controle de emissão de faturas e duplicatas, livros de registro diversos, ainda que a contabilidade seja feita com o auxílio da informática".

Deve ser ressaltado, entretanto, que, para a configuração do delito, a requisição, pela autoridade, de informações, deverá ser feita por meio de notificação escrita em que conste especificamente quais os documentos a serem apresentados, quando, só então poder-se-á comprovar a omissão do contribuinte.

19.8. Declaração falsa ou omissão de declaração

> Art. 2º Constitui crime da mesma natureza:
> I – fazer declaração falsa ou omitir declaração sobre rendas, bens ou fatos, ou empregar outra fraude, para eximir-se, total ou parcialmente, de pagamento de tributo;

Objetividade jurídica: a tutela do erário.

Sujeito ativo: o contribuinte, pessoa física.

Sujeito passivo: o Estado, representado pela Fazenda Pública federal, estadual e municipal.

Conduta: vem representada pelos verbos "fazer" (comissivo), "omitir" (omissivo) e "empregar" (comissivo). A declaração falsa, a omissão de declaração sobre rendas, bens ou fatos, e o emprego de outra fraude devem ter como finalidade eximir-se o agente, total ou parcialmente, do pagamento de tributo.

Elemento subjetivo: é o dolo, representado pela vontade livre e consciente de praticar as condutas típicas. Deve haver, ainda, a finalidade específica de eximir-se, total ou parcialmente, do pagamento de tributo.

Consumação: ocorre com o emprego da fraude (declaração falsa, omissão de declaração ou emprego de outra fraude), com o fim de eximir-se o contribuinte, total ou parcialmente, do pagamento do tributo. Trata-se de crime formal, não se exigindo para a consumação que o agente efetivamente se exima, total ou parcialmente, do pagamento do tributo.

Nesse sentido: "Apresentada pelo contribuinte a declaração de rendimentos, contendo afirmação falsa a respeito de despesas médicas (tratamento dentário), com a finalidade de reduzir o imposto a pagar (IRPF), resta consumado o crime de sonegação fiscal (art. 1º, da Lei n. 8.137/90)" (TRF – 1ª Reg. – *RT*, 729/654).

Tentativa: nas modalidades de conduta "fazer declaração falsa" e "omitir declaração", não se admite tentativa. Já na modalidade "empregar outra fraude", a tentativa é admitida, desde que fracionável o *iter criminis*.

19.9. Omissão no recolhimento de valor de tributo ou contribuição social

> II – deixar de recolher, no prazo legal, valor de tributo ou de contribuição social, descontado ou cobrado, na qualidade de sujeito passivo de obrigação e que deveria recolher aos cofres públicos:

Objetividade jurídica: a tutela do erário.

Sujeito ativo: o contribuinte, pessoa física.

Sujeito passivo: o Estado, representado pela Fazenda Pública federal, estadual e municipal.

Conduta: vem caracterizada pelo verbo "deixar" (comissivo), referindo-se ao recolhimento do valor de tributo ou contribuição social, descontado ou cobrado, na qualidade de sujeito passivo da obrigação e que deveria ser recolhido aos cofres públicos.

A omissão no recolhimento deve ocorrer "no prazo legal", ou seja, no prazo previsto pela legislação tributária para o recolhimento do tributo ou contribuição social.

No dispositivo em análise, muito assemelhado à apropriação indébita, o retentor do tributo ou contribuição (sujeito ativo) é mero substituto tributário, retendo o imposto devido de terceiros e assumindo, por imposição legal, a obrigação de recolhê-lo aos cofres públicos. É verdadeiro depositário do valor, devendo entregá-lo ao Fisco.

Deve ser ressaltado que, com a vigência da Lei n. 9.983, de 14 de julho de 2000, a omissão no recolhimento de contribuição previdenciária, descontada do trabalhador, aos cofres do INSS caracteriza o crime de apropriação indébita previdenciária inserido no art. 168-A do Código Penal.

Quanto ao ICMS, embora não haja consenso na doutrina, cremos assistir razão a Rui Stoco (*Leis penais especiais e sua interpretação jurisprudencial*, Coord. Alberto Silva Franco e Rui Stoco, 7. ed. rev., atual. e ampl., São Paulo: Revista dos Tribunais, 2001, v. 1, p. 678), quando, após explicar o mecanismo do referido imposto, conclui que a omissão no recolhimento caracteriza o delito do art. 2º, II, da Lei n. 8.137/90.

Ensina o renomado jurista: "Cabe, por primeiro, demonstrar o mecanismo do ICMS, imposto com a característica peculiar da não cumulatividade (CF/88, art. 155, § 2º, I).

Desse modo, *ad exemplum*, o comerciante ao comprar a mercadoria lança o valor a seu crédito no livro fiscal próprio.

Ao vendê-la, evidentemente aí incluindo suas despesas operacionais, lucro e, ainda, o valor do imposto que irá pagar, debita-a pelo valor de venda.

No final do mês, faz o encontro de débito e crédito. Se o primeiro superar o segundo, o *quantum* encontrado constituirá a base de incidência tributária, sobre a qual incidirá o percentual (alíquota) do imposto, que é uniforme para todos os Estados da Federação, cabendo ao Senado fixar as alíquotas máximas.

Quando da venda da mercadoria, o comerciante faz o destaque, na nota fiscal, do valor do imposto relativo àquela operação comercial.

Não há controvérsia de que o contribuinte de fato do ICMS é o consumidor final e não o vendedor ou comprador, ou seja, 'quem arca com o ônus tributário' (cf. Rubens Gomes de Souza, *Compêndio de legislação tributária*, Resenha Tributária, S. Paulo: 1975, p. 91).

Ora, se este embute no preço final de venda valor que o ressarce do imposto que irá pagar oportunamente, ressuma claro que ocorreu uma retenção de fato e, então, configurado estará o delito previsto no inciso II, do art. 2º, da Lei n. 8.137/90, considerando que houve, induvidosamente, redução do valor devido e, portanto, sonegação fiscal".

Elemento subjetivo: é o dolo, representado pela vontade livre e consciente de deixar de recolher, no prazo legal, aos cofres públicos, o valor do tributo que descontou ou cobrou.

Consumação: ocorre com o não recolhimento do valor do tributo ou contribuição social, no prazo legal.

Tentativa: por ser crime instantâneo, não se admite tentativa.

19.10. Exigência, pagamento ou recebimento de percentagem sobre a parcela de imposto ou contribuição

> III – exigir, pagar ou receber, para si ou para o contribuinte beneficiário, qualquer percentagem sobre a parcela dedutível ou deduzida de imposto ou de contribuição como incentivo fiscal;

Objetividade jurídica: a tutela do erário.

Sujeito ativo: pode ser qualquer pessoa que ocupe função nas empresas ou instituições financeiras privadas ou públicas, que se dediquem a arrecadar parcelas correspondentes a incentivos fiscais. Também pode ser sujeito ativo o intermediário que, em seu nome, pratique as ações previstas no tipo penal.

Sujeito passivo: o Estado, representado pela Fazenda Pública federal, estadual ou municipal. Secundariamente, também o particular lesado pela exigência indevida.

Conduta: vem representada pelos verbos "exigir" (impor, determinar), "pagar" (satisfazer o preço, remunerar) e "receber" (aceitar, obter). As condutas devem incidir sobre a parcela dedutível ou deduzida de imposto ou contribuição como incentivo fiscal.

Elemento subjetivo: é o dolo, caracterizado pela vontade livre e consciente de praticar as condutas estampadas no tipo penal.

Consumação: na modalidade de conduta "exigir", a consumação se opera com a mera exigência (crime formal), independentemente da obtenção da percentagem. Nas modalidades de conduta "pagar" e "receber", a consumação ocorre com o efetivo pagamento ao intermediário ou à empresa, ou com o efetivo recebimento ou aceitação da percentagem.

Tentativa: na modalidade de conduta "exigir", descabe, em regra, tentativa, exceção feita à exigência não verbal. Nas demais modalidades de conduta, a tentativa é admissível, desde que fracionável o *iter criminis*.

19.11. Omissão ou aplicação indevida de incentivo fiscal ou parcelas de imposto

> IV – deixar de aplicar, ou aplicar em desacordo com o estatuído, incentivo fiscal ou parcelas de imposto liberadas por órgão ou entidade de desenvolvimento;

Objetividade jurídica: a tutela do erário, no particular aspecto da correta aplicação dos incentivos fiscais.

Sujeito ativo: é o beneficiário do incentivo fiscal.

Sujeito passivo: é o Estado. Secundariamente, a entidade beneficiária do incentivo fiscal concedido.

Conduta: vem representada pelos verbos "deixar" (omissivo) e "aplicar" (comissivo). Na primeira modalidade, trata-se de "deixar de aplicar" o incentivo fiscal, sendo que, na segunda, cuida-se de aplicar o incentivo em desacordo com o estatuído, ou seja, com a regra legal ou administrativa. Neste último caso, trata-se de norma penal em branco.

Como bem ressalta, mais uma vez, Rui Stoco (*Leis penais especiais e sua interpretação jurisprudencial*, Coord. Alberto Silva Franco e Rui Stoco, 7. ed. rev., atual. e ampl., São Paulo: Revista dos Tribunais, 2001, v. 1, p. 624), "visou o legislador coibir a burla que se vem praticando com os chamados incentivos fiscais, ou seja, aquelas parcelas dedutíveis do imposto de renda, concedidas sob condição, ou seja, desde que aplicados em determinadas áreas de atuação que o Governo especificou como prioritárias para receber tais benefícios".

Elemento subjetivo: é o dolo, representado pela vontade livre e consciente de deixar de aplicar o incentivo fiscal ou aplicá-lo em desacordo com o estatuído.

Consumação: na modalidade omissiva de conduta, consuma-se o crime com a ausência de aplicação do incentivo fiscal ou parcelas de imposto, devendo ser observado o prazo legal para que isso ocorra. Na modalidade comissiva, consuma-se com a aplicação do incentivo ou parcela de imposto em desacordo com o estatuído.

Tentativa: por se tratar de crime instantâneo, descabe tentativa.

19.12. Utilização ou divulgação indevida de programa de processamento de dados

> V – utilizar ou divulgar programa de processamento de dados que permita ao sujeito passivo da obrigação tributária possuir informação contábil diversa daquela que é, por lei, fornecida à Fazenda Pública.
>
> Pena – detenção, de 6 (seis) meses a 2 (dois) anos, e multa.

Objetividade jurídica: a tutela da integridade das informações contábeis prestadas ao Fisco.

Sujeito ativo: é o contribuinte, sujeito passivo da obrigação tributária, e também o terceiro que se utiliza ou divulga programa de processamento de dados indevidamente.

Sujeito passivo: é a entidade de direito público lesada.

Conduta: vem representada pelos verbos "utilizar" (fazer uso, usar) e "divulgar" (propagar, difundir). Como bem observado por Rui Stoco (*Leis penais especiais e sua interpretação jurisprudencial*, Coord. Alberto Silva Franco e Rui Stoco, 7. ed. rev., atual. e ampl., São Paulo: Revista dos Tribunais, 2001, v. 1, p. 625), "a figura em exame traz os contornos da falsidade ideológica. O sujeito faz inserir nos registros contábeis, através de processamento de dados, informações diversas daquelas que deveria prestar ao Fisco, com o intuito de lesá-lo, obtendo, com isso, a supressão ou redução do tributo".

É mister ressaltar que a utilização ou divulgação devem visar necessariamente à sonegação fiscal.

Elemento subjetivo: é o dolo, consistente na vontade livre e consciente de praticar a conduta. Segundo parcela da doutrina, deve haver, ainda, por parte do sujeito ativo, a intenção ou finalidade de suprimir ou reduzir o tributo ou contribuição.

Nesse caso, entendemos, como Rui Stoco (*Leis penais especiais e sua interpretação jurisprudencial*, Coord. Alberto Silva Franco e Rui Stoco, 7. ed. rev., atual. e ampl., São Paulo: Revista dos Tribunais, 2001, v. 1, p. 627), que todas as condutas tipificadas na Lei n. 8.137/90 descrevem condutas já previstas no Código Penal, porquanto o que as particulariza é justamente a intenção de sonegar e a efetiva supressão ou redução perseguida.

É que, sustenta o renomado autor, "o objeto jurídico colimado são os interesses estatais ligados à arrecadação dos tributos devidos à Fazenda Pública, visando a boa execução da política tributária do Estado".

Consumação: tratando-se de crime formal, a consumação se dá com a mera utilização ou divulgação do programa, independentemente de qualquer outro resultado.

Tentativa: é admitida, em tese, quando fracionável o *iter criminis*.

20. Crimes funcionais contra a ordem tributária

> Art. 3º Constitui crime funcional contra a ordem tributária, além dos previstos no Decreto-Lei n. 2.848/40 – Código Penal (Título XI, Capítulo I):
>
> I – extraviar livro oficial, processo fiscal ou qualquer documento, de que tenha a guarda em razão da função; sonegá-lo, ou inutilizá-lo, total ou parcialmente, acarretando pagamento indevido ou inexato de tributo ou contribuição social;
>
> II – exigir, solicitar ou receber, para si ou para outrem, direta ou indiretamente, ainda que fora da função ou antes de iniciar seu exercício, mas em razão dela, vantagem indevida; ou aceitar promessa de tal vantagem, para deixar

de lançar ou cobrar tributo ou contribuição social, ou cobrá-los parcialmente. Pena – reclusão, de 3 (três) a 8 (oito) anos, e multa.

III – patrocinar, direta ou indiretamente, interesse privado perante a administração fazendária, valendo-se da qualidade de funcionário público. Pena – reclusão, de 1 (um) a 4 (quatro) anos, e multa.

Objetividade jurídica: vem representada pelos interesses estatais vinculados à arrecadação de tributos devidos à Fazenda Pública. Protege-se o erário, a fé pública e a Administração Pública.

Sujeito ativo: é o funcionário público responsável pela gestão e arrecadação de tributos, ou seja, funcionário público da administração fazendária. Trata-se de crime próprio. Há, entretanto, posições em sentido contrário tanto no Superior Tribunal de Justiça (entendendo que pode ser qualquer funcionário público), quanto no Supremo Tribunal Federal (dispensando a atribuição específica de lançamento tributário).

Sujeito passivo: é a administração pública fazendária (da União, Estados, Distrito Federal e Municípios). Secundariamente, o particular eventualmente afetado.

Conduta: as condutas vêm representadas da seguinte maneira: no inciso I, pelos verbos "extraviar", "sonegar" e "inutilizar", representando uma figura delituosa especial em relação ao art. 314 do Código Penal.

No inciso II, vem representada pelos verbos "exigir", "solicitar", "receber" e pela expressão "aceitar promessa", tratando-se de modalidades de corrupção fazendária, ou seja, concussão fazendária e corrupção passiva fazendária. Também aqui há um tipo penal especial em relação aos arts. 316 e 317 do Código Penal.

No inciso III, a conduta vem estampada no verbo "patrocinar", constituindo modalidade de advocacia administrativa fazendária, especial em relação ao delito do art. 321 do Código Penal.

Objeto material: no inciso I, é o livro oficial, processo fiscal ou qualquer documento, de que o funcionário público da administração fazendária tenha a guarda em razão da função. No inciso II, é a vantagem indevida, ilegal, que pode ser de qualquer natureza. No inciso III, é o interesse privado, que destoa da destinação pública da atuação funcional do servidor.

Elemento subjetivo: é o dolo, representado pela vontade livre e consciente de praticar as condutas típicas. No inciso I, há necessidade de um elemento subjetivo específico, consubstanciado no especial fim de agir de acarretar o pagamento indevido ou inexato de tributo ou contribuição social. No inciso II também se requer um elemento subjetivo específico, caracterizado pela finalidade de deixar de lançar ou cobrar tributo ou contribuição social, ou cobrá-los parcialmente. No inciso III não há necessidade de qualquer finalidade específica por parte do funcionário público.

Consumação: na modalidade do inciso I, o crime se consuma com a prática da conduta, acarretando o pagamento indevido ou inexato de tributo ou contribuição social (crime material). No inciso II, o crime também se consuma com a prática de uma das modalidades de conduta, não sendo necessária a ocorrência do resultado naturalístico consistente no não lançamento ou cobrança do tributo ou contribuição social, ou cobrança parcial (crime formal). No inciso III, o crime se consuma com o patrocínio, pelo funcionário público, de interesse privado perante a administração fazendária, independentemente da efetiva obtenção de benefício pelo particular (crime formal).

Tentativa: no inciso I, admite-se a tentativa. No inciso II, nas modalidades de conduta "exigir", "solicitar" e "aceitar promessa", somente se admite a tentativa se a exigência, solicitação ou aceitação não for verbal. Na modalidade de conduta "receber", admite-se a tentativa. Já no inciso III, admite-se a tentativa.

II – CRIMES CONTRA A ORDEM ECONÔMICA

1. Abuso do poder econômico

> Art. 4º Constitui crime contra a ordem econômica:
>
> I – abusar do poder econômico, dominando o mercado ou eliminando, total ou parcialmente, a concorrência mediante qualquer forma de ajuste ou acordo de empresas;

Sujeito ativo: é o empresário. Trata-se de crime próprio.

Sujeito passivo: é a coletividade.

Conduta: vem representada pelo verbo *abusar*, que significa exorbitar, exceder-se, usar em excesso. O abuso deve recair sobre o poder econômico. Deve o agente, portanto, abusar do poder econômico, dominando o mercado ou eliminando, total ou parcialmente, a concorrência.

Abuso do poder econômico: ocorre quando um empresário, uma empresa ou um grupo econômico utiliza sua posição dominante no mercado para eliminar a concorrência, restringir a liberdade de mercado ou aumentar seus lucros de maneira indevida. Exemplos incluem a formação de monopólios ou oligopólios, a manipulação de preços (*dumping*) e fusões ou aquisições que eliminem a concorrência. No caso do inciso analisado, o abuso deve ter como modo de execução *qualquer forma de ajuste ou acordo de empresas*. O abuso do poder econômico é regulado pela Lei n. 12.529/2011, conhecida como Lei de Defesa da Concorrência, e o órgão responsável por fiscalizar essas práticas é o Conselho Administrativo de Defesa Econômica (CADE).

Elemento subjetivo: é o dolo.

Consumação: ocorre com o domínio do mercado ou a eliminação, total ou parcial, da concorrência. Trata-se de crime material.

Tentativa: sendo o *iter criminis* fracionável, é admitida a tentativa.

2. Formação de cartel

> II – formar acordo, convênio, ajuste ou aliança entre ofertantes, visando:
>
> a) à fixação artificial de preços ou quantidades vendidas ou produzidas;
>
> b) ao controle regionalizado do mercado por empresa ou grupo de empresas:
>
> c) ao controle, em detrimento da concorrência, de rede de distribuição ou de fornecedores.
>
> Pena – reclusão, de 2 (dois) a 5 (cinco) anos e multa.

Sujeito ativo: é o empresário. Trata-se de crime próprio.

Sujeito passivo: é a coletividade.

Conduta: vem representada pelo verbo *formar*, que significa criar, organizar, constituir. O agente deve formar *acordo, convênio, ajuste ou aliança* visando uma ou mais das hipóteses estampadas nas alíneas *a*, *b* e *c*.

Elemento subjetivo: é o dolo.

Elemento subjetivo específico: essa modalidade de crime contra a ordem econômica exige o dolo específico (especial fim de agir) de fixar artificialmente preços ou quantidades vendidas ou produzidas; controlar regionalmente o mercado; ou controlar, em detrimento da concorrência, rede de distribuição ou de fornecedores.

Consumação: ocorre com a formação de acordo, convênio, ajuste ou aliança, *visando* um ou mais dos resultados previstos nas alíneas *a*, *b* e *c*. Trata-se de crime formal. Não há necessidade, para a consumação do crime, da efetiva ocorrência de um ou mais dos resultados naturalísticos mencionados. Nesse sentido: STJ – AREsp 1.800.334/SP – Rel. Min. Joel Ilan Paciornik – 5ª Turma – *DJe* 17-11-2021.

Tentativa: em tese, é admissível quando o *iter criminis* puder ser fracionado.

III – CRIMES CONTRA AS RELAÇÕES DE CONSUMO

> Art. 7º Constitui crime contra as relações de consumo:

Esse art. 7º da Lei n. 8.137/90 tipifica crimes que configuram infrações contra as relações de consumo. Cada um de seus incisos descreve condutas que atentam contra o equilíbrio nas práticas comerciais e a proteção do consumidor, oferecendo uma ampla tutela jurídica aos direitos dos consumidores, seja em relação à qualidade dos produtos ou à lealdade nas relações comerciais.

> I – favorecer ou preferir, sem justa causa, comprador ou freguês, ressalvados os sistemas de entrega ao consumo por intermédio de distribuidores ou revendedores;

Este inciso busca coibir práticas discriminatórias nas relações comerciais. A conduta descrita é a de *favorecer* ou *preferir*, sem justa causa, determinados compradores ou fregueses em detrimento de outros, o que fere o princípio da isonomia nas relações de consumo. Essa discriminação pode ocorrer, por exemplo, quando um fornecedor concede vantagens a um comprador sem que haja uma justificativa objetiva para tal, como um volume maior de compras ou uma relação contratual específica. É importante destacar que o dispositivo ressalva os sistemas de distribuição, em que a intermediação por distribuidores ou revendedores pode legitimar práticas diferenciadas, desde que essas práticas estejam de acordo com regras e normas legais que regem essas operações.

> II – vender ou expor à venda mercadoria cuja embalagem, tipo, especificação, peso ou composição esteja em desacordo com as prescrições legais, ou que não corresponda à respectiva classificação oficial;

Este inciso trata da obrigação de conformidade dos produtos às normas técnicas e legais que regulamentam aspectos como embalagem, peso, composição e classificação oficial. A norma visa garantir que o consumidor receba exatamente o que está sendo anunciado ou oferecido, protegendo-o contra práticas enganosas. *Vender* ou *expor à venda* mercadorias que não correspondam às suas especificações ou classificação oficial implica uma violação da confiança do consumidor, podendo prejudicar tanto a saúde quanto o seu patrimônio.

> III – misturar gêneros e mercadorias de espécies diferentes, para vendê-los ou expô-los à venda como puros; misturar gêneros e mercadorias de qualidades desiguais para vendê-los ou expô-los à venda por preço estabelecido para os demais mais alto custo;

Aqui, a norma combate práticas comerciais fraudulentas, como a mistura de produtos diferentes e a sua venda como se fossem homogêneos. O inciso também abrange a mistura de mercadorias de qualidades desiguais, cobrando o preço mais alto como se o produto fosse de alta qualidade. Essa prática lesa o consumidor, que paga por um produto supostamente superior, mas recebe um produto adulterado ou de qualidade inferior. Exemplos comuns: misturar grãos de café de qualidade inferior com grãos de qualidade superior e vender o produto final como se fosse de qualidade única.

> IV – fraudar preços por meio de:
> a) alteração, sem modificação essencial ou de qualidade, de elementos tais como denominação, sinal externo, marca, embalagem, especificação técnica, descrição, volume, peso, pintura ou acabamento de bem ou serviço;

A alínea *a* se refere a modificações superficiais em bens ou serviços, que não alteram a sua essência ou qualidade, mas que podem ser utilizadas como pretexto para fraudar o preço. A alteração de embalagens ou a mudança de uma marca, sem modificar a substância do produto, com a finalidade de justificar um aumento de preço, é prática abusiva. O consumidor, ao se deparar com tais modificações, pode ser induzido a acreditar que o produto ou serviço sofreu uma melhoria significativa, quando, na verdade, não houve qualquer mudança essencial.

> b) divisão em partes de bem ou serviço, habitualmente oferecido à venda em conjunto;

A prática dessa conduta ocorre quando um bem ou serviço, normalmente vendido como um conjunto ou pacote, é dividido para que cada parte seja oferecida de forma separada, resultando em um aumento desproporcional no preço total. Um exemplo seria vender separadamente peças de um conjunto que costumava ser comercializado a um preço global mais acessível, de modo a aumentar o lucro total da venda.

> c) junção de bens ou serviços, comumente oferecidos à venda em separado;

Ao contrário da alínea anterior, esta prática envolve a junção de produtos ou serviços que normalmente são vendidos separadamente, criando um pacote cujo valor total excede o que o consumidor pagaria se adquirisse os itens individualmente. Tal prática pode ser utilizada para forçar o consumidor a adquirir produtos ou serviços que não necessita, ou que seriam mais baratos se adquiridos separadamente.

> d) aviso de inclusão de insumo não empregado na produção do bem ou na prestação dos serviços;

Esta alínea abrange a falsa indicação de que determinado insumo foi utilizado na fabricação de um produto ou na prestação de um serviço, quando, na realidade, esse insumo não foi empregado. Essa prática visa a justificar um aumento de preço baseado em uma característica inexistente, configurando uma forma de propaganda enganosa e fraude ao consumidor.

> V – elevar o valor cobrado nas vendas a prazo de bens ou serviços, mediante a exigência de comissão ou de taxa de juros ilegais;

O inciso V tipifica como crime a prática de elevação abusiva do valor nas vendas a prazo por meio da cobrança de comissões ou taxas de juros ilegais. A incriminação visa proteger o consumidor contra a prática de cobranças abusivas ou disfarçadas, que aumentam significativamente o custo do produto ou serviço sem base legal ou contratual. Esse tipo de conduta pode, por exemplo, prejudicar consumidores financeiramente mais vulneráveis que recorrem à compra a prazo.

> VI – sonegar insumos ou bens, recusando-se a vendê-los a quem pretenda comprá-los nas condições publicamente ofertadas, ou retê-los para o fim de especulação;

Este inciso penaliza a recusa injustificada de venda de insumos ou bens, ou a sua retenção com a finalidade de especulação. A prática de reter bens ou insumos para provocar uma escassez artificial e aumentar o preço no mercado é criminosa, atentando contra o princípio da boa-fé nas relações de consumo e podendo prejudicar diretamente o consumidor ao elevar os preços de maneira artificial.

> VII – induzir o consumidor ou usuário a erro, por via de indicação ou afirmação falsa ou enganosa sobre a natureza, qualidade do bem ou serviço, utilizando-se de qualquer meio, inclusive a veiculação ou divulgação publicitária;

Aqui o crime é de indução ao erro, especificamente por meio de informações falsas ou enganosas sobre a natureza ou qualidade de um bem ou serviço. Essa prática pode ocorrer por diversos meios, incluindo publicidade enganosa, e visa proteger o consumidor contra o erro no momento da compra, garantindo que ele esteja plenamente informado sobre o que está adquirindo.

> VIII – destruir, inutilizar ou danificar matéria-prima ou mercadoria, com o fim de provocar alta de preço, em proveito próprio ou de terceiros;

Este inciso criminaliza a prática de destruição, inutilização ou dano intencional a matéria-prima ou mercadorias com o objetivo de provocar elevação de preços no mercado. Tal conduta visa o benefício próprio ou de terceiros mediante a criação artificial de escassez, prejudicando o mercado e o consumidor.

> IX – vender, ter em depósito para vender ou expor à venda ou, de qualquer forma, entregar matéria-prima ou mercadoria, em condições impróprias ao consumo;

Norma penal em branco em sentido amplo: arts. 18 e 20 do Código de Defesa do Consumidor.

Sujeito ativo: fornecedor.

Sujeito passivo: coletividade e consumidor.

Conduta: *vender, ter em depósito para vender, expor à venda*, de qualquer forma, *entregar*.

Objeto material: matéria-prima ou mercadoria em condições impróprias ao consumo (art. 18, § 6º, do CDC). Se a matéria-prima ou mercadoria for destinada a fins terapêuticos ou medicinais, o crime será o do art. 273 do Código Penal.

Elemento subjetivo: dolo e, em algumas modalidades, culpa (*vide* parágrafo único).

Consumação: trata-se de crime de perigo abstrato, que se consuma com a prática das condutas típicas (crime de mera conduta).

Tentativa: não se admite.

Necessidade de perícia: "Cuidando-se de crime de perigo abstrato, desnecessária se faz a constatação, via laudo pericial, da impropriedade do produto para consumo. Precedentes. Recurso provido para restabelecer a sentença de primeiro grau, quanto à condenação pelo crime contra as relações de consumo" (STJ – REsp 472.038/PR – Rel. Min. Gilson Dipp – 5ª T. – j. 16-12-2003 – *DJ*, 25-2-2004, p. 210).

> Pena – detenção, de 2 (dois) a 5 (cinco) anos, ou multa.
>
> Parágrafo único. Nas hipóteses dos incisos II, III e IX pune-se a modalidade culposa, reduzindo-se a pena e a detenção de 1/3 (um terço) ou a de multa à quinta parte.

Esse parágrafo único prevê que, nos casos dos incisos indicados, é possível a punição na modalidade culposa, ou seja, que resulta de imprudência, negligência ou imperícia. A punição, nesse caso, é reduzida, na pena de detenção, de 1/3 (um terço), e, na pena de multa, à quinta parte.

36 Parcelamento do Solo Urbano
Lei n. 6.766/79

1. Noções preliminares

A Lei n. 6.766/79 disciplina o parcelamento do solo para fins urbanos, tendo sucedido o anterior Decreto-Lei n. 58/37, que tratava da mesma matéria.

Parcelar significa dividir, fracionar em parcelas, em lotes, implicando a transformação de um terreno anterior, de grandes dimensões, em partes menores, obedecendo-se a uma metragem mínima, segundo o que dispuser a lei.

Diz-se material o parcelamento quando se efetua materialmente a divisão da gleba em lotes ou parcelas (demarcação da área, limpeza, abertura de ruas etc.), e jurídico quando o parcelamento entra na esfera do direito, com a inscrição no Registro Imobiliário.

A lei em análise trata apenas do parcelamento do solo *para fins urbanos,* estando fora de sua abrangência o parcelamento das terras com destinação rural.

O parcelamento do solo urbano poderá ser feito mediante *loteamento* ou *desmembramento.*

Considera-se loteamento a subdivisão de gleba em lotes destinados à edificação, com abertura de novas vias de circulação, de logradouros públicos ou prolongamento, modificação ou ampliação das vias existentes.

Portanto, para que haja loteamento, devem concorrer os seguintes requisitos:

a) destinação a edificações;

b) abertura de novas vias de circulação;

c) abertura de novos logradouros públicos;

d) prolongamento ou ampliação das vias ou logradouros públicos já existentes.

Considera-se desmembramento, por seu turno, a subdivisão de gleba em lotes destinados à edificação, com aproveitamento do sistema viário existente, desde que não implique a abertura de novas vias e logradouros públicos, nem prolongamento, modificação ou ampliação dos já existentes.

O ponto comum entre o loteamento e o desmembramento é a edificação para fim habitacional.

Assim, o parcelamento do solo somente será admitido para fins urbanos em zonas urbanas ou de expansão urbana, assim definidas em lei municipal, já que somente o município tem competência para transformar áreas rurais em urbanas.

2. Dos crimes em espécie

> Art. 50 – Constitui crime contra a Administração Pública:
> I – dar início, de qualquer modo, ou efetuar loteamento ou desmembramento do solo para fins urbanos sem autorização do órgão público competente, ou em desacordo com as disposições desta Lei ou das normas pertinentes do Distrito Federal, Estados e Municípios;

Objetividade jurídica: protege-se o regular desempenho do poder de polícia urbanística da Administração Pública. Um parcelamento irregular compromete a política urbanística e, consequentemente, o desenvolvimento harmônico e equilibrado dos centros urbanos.

Sujeito ativo: qualquer pessoa que executa a ação nuclear do tipo, dando início ou efetuando loteamento ou desmembramento sem autorização legal ou em desacordo com as disposições legais. Pode ser o empresário parcelador, os oficiais do Registro Público, ou qualquer outra pessoa, funcionário público ou não, que concorra para a execução do crime.

Sujeito passivo: O Estado, titular do direito público violado pelo crime. Secundariamente, o particular eventualmente lesado.

Objeto material: é constituído pelo loteamento ou desmembramento (*vide* item 1 *supra*).

Conduta: vem caracterizada pela locução *dar início* (iniciar, começar) e *efetuar* (realizar, implantar, fazer). Trata-se de crime de ação múltipla, caracterizando tipo penal aberto (*dar início, de qualquer modo*). Como exemplos da conduta *dar início*, pode-se citar a demarcação, a limpeza e a terraplenagem da gleba, aterros, desmatamento, canalização de córregos etc. Como exemplos de *efetuar*, pode-se citar a abertura de ruas, a marcação de ruas, de quadras e de áreas públicas.

Elemento subjetivo: é o dolo. Não há crime de parcelamento do solo culposo.

Consumação: ocorre com a prática de qualquer ato que dê início ou realize o parcelamento. Trata-se de crime de perigo abstrato, presumido. É crime formal, que se consuma com a prática das condutas típicas, independentemente do efetivo dano ao interesse da Administração Pública ou do particular.

Tentativa: nas condutas *dar início* e *efetuar* não se admite tentativa.

Ação penal: é publica incondicionada, com iniciativa do Ministério Público. Não cabe a transação, prevista na Lei n. 9.099/95, mas pode ser admitida a suspensão condicional do processo.

Prescrição: Com relação à prescrição dos delitos previstos no art. 50 da Lei Federal n. 6.766/79, há dois posicionamentos a respeito do tema. O primeiro entende tratar-se a hipótese de *crime permanente*, cuja consumação se prolonga no tempo, pelo desdobramento, em fases, de toda a operação, e cujos efeitos somente se estancam com a recomposição da ordem jurídica. A segunda corrente aduz ser caso de *crime instantâneo de efeitos permanentes*, sendo que o prazo prescricional tem início na data em que se consumou o delito, e não quando da cessação dos seus desdobramentos.

Posição do Superior Tribunal de Justiça: já decidiu o STJ sobre a prescrição do crime de parcelamento irregular do solo para fins urbanos: "PENAL. RECURSO ESPECIAL. CRIME CONTRA O PARCELAMENTO DO SOLO URBANO (LEI N. 6.766/79), CRIME INSTANTÂNEO COM EFEITOS PERMANENTES. PRESCRIÇÃO RETROATIVA.

O delito previsto no art. 50 da Lei n. 6.766/79 é instantâneo de efeitos permanentes. O prazo prescricional, portanto, tem início na data em que se consumou e não da cessação dos seus desdobramentos. Recurso provido" (STJ – REsp 56.6076/DF – j. 4-12-2003, Rel. Min. Felix Fischer – 5ª T.).

> II – dar início, de qualquer modo, ou efetuar loteamento ou desmembramento do solo para fins urbanos sem observância das determinações constantes do ato administrativo de licença;

Inobservância das determinações constantes do ato administrativo de licença: nesse caso, o parcelador dá início ou efetua o parcelamento de posse da autorização competente, ou seja, da licença concedida pelo Poder Público, descumprindo, entretanto, as determinações que ela contém.

Aprovação do projeto: a conduta em análise deve ocorrer antes da aprovação do projeto.

> III – fazer, ou veicular em proposta, contrato, prospecto ou comunicação ao público ou a interessados, afirmação falsa sobre a legalidade de loteamento ou desmembramento do solo para fins urbanos, ou ocultar fraudulentamente fato a ele relativo.
>
> Pena: Reclusão, de 1 (um) a 4 (quatro) anos, e multa de 5 (cinco) a 50 (cinquenta) vezes o maior salário mínimo vigente no País.

Objetividade jurídica: protege-se o regular desempenho do poder de polícia urbanística da Administração Pública. A tutela recai também sobre a veracidade das afirmações relativas à legalidade do loteamento feitas ao público em geral.

Sujeito ativo: qualquer pessoa que executa a ação nuclear do tipo, fazendo ou veiculando afirmação falsa sobre a legalidade do parcelamento ou ocultando fraudulentamente fato a ele relativo. Pode ser o empresário parcelador ou qualquer outra pessoa, inclusive mandatários do loteador, diretores ou gerentes de sociedades, corretores de imóveis etc.

Sujeito passivo: o Estado, titular do direito público violado pelo crime. Secundariamente, o particular eventualmente lesado.

Objeto material: é constituído pelo loteamento ou desmembramento (*vide* item 1 *supra*).

Conduta: vem caracterizada pelos verbos *fazer* (efetuar, efetivar) e *veicular* (difundir, propagar, transmitir), referindo-se a afirmação falsa sobre a legalidade de loteamento ou parcelamento do solo para fins urbanos, e pelo verbo *ocultar* (omitir, esconder), referindo-se a informação sobre o parcelamento do solo.

Elemento subjetivo: é o dolo. Não há crime de parcelamento do solo culposo.

Consumação: ocorre com a realização ou veiculação de afirmação falsa sobre a legalidade do parcelamento, ou, ainda, com a ocultação de informações a ele relativas. Trata-se de crime de perigo abstrato, presumido. É crime formal, que se consuma com a prática das condutas típicas, independentemente do efetivo dano ao interesse da Administração Pública ou do particular.

Tentativa: nas condutas *fazer afirmação falsa* e *ocultar informação* não se admite tentativa. Na conduta *veicular afirmação falsa* admite-se a tentativa, já que fracionável o *iter criminis*.

Ação penal: é pública incondicionada, com iniciativa do Ministério Público. Não cabe a transação, prevista na Lei n. 9.099/95, mas pode ser admitida a suspensão condicional do processo. Nesse último caso, poderá ser inserida, como condição do benefício, a reparação do dano pela regularização do parcelamento clandestino.

> Parágrafo único. O crime definido neste artigo é qualificado, se cometido:
>
> I – por meio de venda, promessa de venda, reserva de lote ou quaisquer outros instrumentos que manifestem a intenção de vender lote em loteamento ou desmembramento não registrado no Registro de Imóveis competente;

Manifestação inequívoca do parcelador: essa qualificadora ocorre quando o parcelador, por qualquer meio, manifesta sua intenção inequívoca de vender lote irregular.

Parcelamento não registrado: essa qualificadora tem lugar nos casos em que o parcelamento foi aprovado mas ainda não teve seu registro concedido.

> II – com inexistência de título legítimo de propriedade do imóvel loteado ou desmembrado, ressalvado o disposto no art. 18, §§ 4º e 5º, desta Lei, ou com omissão fraudulenta de fato a ele relativo, se o fato não constituir crime mais grave. (*Redação dada pela Lei n. 9.785, 29-1-1999*.)
>
> Pena: Reclusão, de 1 (um) a 5 (cinco) anos, e multa de 10 (dez) a 100 (cem) vezes o maior salário mínimo vigente no País.

Inexistência de título de propriedade da gleba: é fato que qualifica o crime de parcelamento irregular.

Título legítimo: é o título de propriedade do imóvel, ou seja, a escritura devidamente registrada. Excluem-se, portanto, as escrituras de posse, os contratos de compromisso de compra e venda, os formais de partilha ou cartas de sentença não registrados etc.

Exceção: o dispositivo ressalva a hipótese prevista no art. 18, §§ 4º e 5º, que foi incluída pela Lei n. 9.785/99 ("Art. 18 – Aprovado o projeto de loteamento ou de desmembramento, o loteador deverá submetê-lo ao Registro Imobiliário dentro de 180 (cento e oitenta) dias, sob pena de caducidade da aprovação, acompanhado dos seguintes documentos: I – título de propriedade do imóvel ou certidão da matrícula, ressalvado o disposto nos §§ 4º e 5º. (...) § 4º O título de propriedade será dispensado quando se tratar de parcelamento popular, destinado as classes de menor renda, em imóvel declaração de utilidade pública, com processo de desapropriação judicial em curso e imissão provisória na posse, desde que promovido pela União, Estados, Distrito Federal, Municípios ou suas entidades delegadas, autorizadas por lei a implantar projetos de habitação. § 5º No caso de que trata o § 4º, o pedido de registro do parcelamento, além dos documentos mencionados nos incisos V e VI deste artigo, será instruído com cópias autênticas da decisão que tenha concedido a imissão provisória na posse, do decreto de desapropriação, do comprovante de sua publicação na imprensa oficial e, quando formulado por entidades delegadas, da lei de criação e de seus atos constitutivos".).

Omissão fraudulenta: nesse caso, o parcelador tem o título legítimo de propriedade da gleba, o qual, entretanto, apresenta irregularidade, que é ocultada fraudulentamente. Ex.: ocultação fraudulenta de ônus ou gravame que pesa sobre o imóvel.

> Art. 51. Quem, de qualquer modo, concorra para a prática dos crimes previstos no artigo anterior desta Lei incide nas penas a estes cominadas, considerados em especial os atos praticados na qualidade de mandatário de loteador, diretor ou gerente de sociedade.
>
> Parágrafo único. (*Vetado*.)

Concurso de pessoas: nos crimes de parcelamento irregular do solo para fins urbanos é admitida a coautoria e a participação, oportunidade em que qualquer pessoa concorra, de qualquer modo, para a prática dos crimes previstos no art. 50 da lei.

Conhecimento da irregularidade: é imprescindível que o coautor ou partícipe tenha conhecimento da irregularidade que pesa sobre o parcelamento, uma vez que os crimes analisados são dolosos.

Corretor de imóveis: aplica-se a regra do artigo em comento, desde que ciente da irregularidade do parcelamento que comercializa. Nesse sentido: "LOTEAMENTO IRREGULAR. CRIME PREVISTO NO ART. 50, inciso I, DA LEI N. 6.766/79. Comete o crime previsto no art. 50, inciso I, da Lei Federal n. 6.766/79, o agente que fraciona terreno originário de loteamento anterior, abrindo rua e contrariando lei ambiental municipal, mesmo que tenha tentado dar aparência de condomínio fechado. Inaceitável alegação de desconhecimento da lei municipal, quando o agente é corretor de imóveis e adquiriu o terreno de consciência da impossibilidade de parcelar. APELAÇÃO IMPROVIDA. UNÂNIME" (TJRS – Ap. Crim. n. 70.002.295.145 – Rel. Des. Gaspar Marques Batista – 4ª Câm. Crim. – j. 15-5-2001).

> Art. 52. Registrar loteamento ou desmembramento não aprovado pelos órgãos competentes, registrar o compromisso de compra e venda, a cessão ou promessa de cessão de direitos, ou efetuar registro de contrato de venda de loteamento ou desmembramento não registrado.
>
> Pena: Detenção, de 1 (um) a 2 (dois) anos, e multa de 5 (cinco) a 50 (cinquenta) vezes o maior salário mínimo vigente no País, sem prejuízo das sanções administrativas cabíveis.

Objetividade jurídica: protege-se o regular desempenho do poder de polícia urbanística da Administração Pública. Protege-se, ainda, a integridade registrária e os princípios informadores dos Registros Públicos.

Sujeito ativo: somente pode ser o oficial do Registro Imobiliário, ou quem exerça, permanente ou interinamente, suas funções.

Crime próprio: trata-se de crime próprio. Nada impede a ocorrência de concurso de pessoas, aplicando-se, no caso, a regra do art. 30 do CP, ou seja, o particular que concorrer com o oficial do Registro Imobiliário também responderá por esse crime, uma vez que a condição de oficial, por ser elementar do crime, àquele se comunica.

Sujeito passivo: o Estado, titular do direito público violado pelo crime. Secundariamente, o particular eventualmente lesado.

Objeto material: é constituído pelo loteamento ou desmembramento (*vide* item 1 *supra*).

Conduta: vem caracterizada pelo verbo *registrar*, que significa inscrever o parcelamento do Registro Imobiliário, nos moldes do que dispõe o art. 20 da Lei n. 6.766/79. Para tanto, o registro do loteamento urbano deverá ser feito no Livro de Registro Geral (Livro 2), com indicação para cada um dos lotes no Indicador Real (Livro 4) e no Indicador Pessoal (Livro 5), procedendo o oficial à abertura de matrícula para cada um dos lotes integrantes do loteamento e averbando-se as alienações e cessões avençadas. Já o desmembramento é passível de averbação.

Averbação: a rigor, distinguindo-se do registro, a averbação de loteamento ou desmembramento não aprovado pelos órgãos públicos, de compromisso de compra e venda, de cessão ou promessa de cessão de direitos ou de contrato de venda de loteamento ou desmembramento não registrado, não constitui o crime em análise.

Escritura pública de venda, promessa ou cessão: não constitui crime previsto pela Lei n. 6.766/79 o ato do tabelião que lavrar escritura pública de venda, promessa ou cessão de direitos de lote de parcelamento não aprovado.

Outros registros: também não haverá crime na conduta do oficial do Registro Imobiliário que registrar compromissos de compra e venda de frações ideais e posse de área apresentada para ser registrada como gleba.

Elemento subjetivo: é o dolo. Não se admite a modalidade culposa.

Consumação: ocorre com a efetiva prática do registro, no Registro Imobiliário, do parcelamento irregular, do compromisso de compra e venda, da cessão ou promessa de cessão de direitos e do contrato de venda de loteamento ou desmembramento não registrado.

Tentativa: admite-se, uma vez que pode ser fracionado o *iter criminis*.

Ação penal: é pública incondicionada, com iniciativa do Ministério Público. Nesse caso, cabe a transação prevista na Lei n. 9.099/95, e também a suspensão condicional do processo.

37 Pessoas com Deficiência
Lei n. 7.853/89 e Lei n. 13.146/2015

1. Noções gerais da Lei n. 7.853/89

A Lei n. 7.853/89 estabelece normas gerais que asseguram o pleno exercício dos direitos individuais e sociais das pessoas com deficiência, e sua efetiva integração social, considerando, na sua aplicação e interpretação, os valores básicos da igualdade de tratamento e oportunidade, da justiça social, do respeito à dignidade da pessoa humana, do bem-estar, e outros, indicados na Constituição Federal ou justificados pelos princípios gerais de direito.

Inclusive, as normas previstas pela referida lei visam garantir às pessoas com deficiência as ações governamentais necessárias ao seu cumprimento e das demais disposições constitucionais e legais que lhes concernem, afastadas as discriminações e os preconceitos de qualquer espécie, e entendida a matéria como obrigação nacional a cargo do Poder Público e da sociedade.

Portanto, no âmbito da tutela dos vulneráveis, relativamente às pessoas com deficiência, cabe ao Poder Público e seus órgãos assegurar o pleno exercício de seus direitos básicos, inclusive dos direitos à educação, à saúde, ao trabalho, ao lazer, à previdência social, ao amparo à infância e à maternidade, além de outros que, decorrentes da Constituição Federal e das leis, propiciem seu bem-estar pessoal, social e econômico. Para tanto, os órgãos e entidades da administração direta e indireta devem dispensar aos assuntos objetos desta Lei, no âmbito de sua competência e finalidade, tratamento prioritário e adequado, tendente a viabilizar, sem prejuízo de outras, medidas na área da educação, na área da saúde, na área da formação profissional e do trabalho, na área de recursos humanos e na área das edificações.

Nesse sentido, poderão ser propostas ações civis públicas destinadas à proteção de interesses coletivos, difusos, individuais homogêneos e individuais indisponíveis das pessoas com deficiência, estando legitimados o Ministério Público, a Defensoria Pública, a União, os Estados, os Municípios e o Distrito Federal, além de associação constituída há mais de 1 (um) ano, nos termos da lei civil, autarquia, empresa pública, fundação ou sociedade de economia mista que inclua, entre suas finalidades institucionais, a proteção dos interesses e a promoção de direitos das pessoas com deficiência.

Caso não seja intentada por ele, o Ministério Público intervirá obrigatoriamente nas ações públicas, coletivas ou individuais, em que se discutam interesses relacionados à deficiência das pessoas, podendo instaurar, sob sua presidência, inquérito civil, ou requisitar, de qualquer pessoa física ou jurídica, pública ou particular, certidões, informações, exames ou perícias, no prazo que assinalar, não inferior a 10 (dez) dias úteis.

Inclusive, posteriormente, a Lei n. 13.146/2015 instituiu a Lei Brasileira de Inclusão da Pessoa com Deficiência, também chamada de Estatuto da Pessoa com Deficiência, destinada a assegurar e promover, em condições de igualdade, o exercício dos direitos e das liberdades fundamentais por pessoa com deficiência, visando a sua inclusão social e a cidadania.

Reafirmando e redimensionando os mesmos valores já tutelados pela Lei n. 7.853/89, a Lei n. 13.146/2015 definiu *pessoa com deficiência* como aquela que tem impedimento de longo prazo de natureza física, mental, intelectual e sensorial, o qual, em interação com uma ou mais barreiras, pode obstruir sua participação plena e efetiva na sociedade em igualdade de condições com as demais pessoas.

Ademais, para a referida lei, considera-se discriminação em razão da deficiência toda forma de distinção, restrição ou exclusão, por ação ou omissão, que tenha o propósito ou o efeito de prejudicar, impedir ou anular o reconhecimento ou o exercício dos direitos e das liberdades fundamentais de pessoa com deficiência, incluindo a recusa de adaptações razoáveis e de fornecimento de tecnologias assistivas.

O Estatuto da Pessoa com Deficiência trouxe, também, um título cuidando de novos tipos penais, que serão analisados abaixo.

2. Dos crimes e das penas na Lei n. 7.853/89

O Estatuto da Pessoa com Deficiência (Lei n. 13.146/2015), em seu art. 98, deu nova redação ao art. 8º da Lei n. 7.853/89, cujas figuras típicas são abaixo analisadas:

> Art. 8º Constitui crime punível com reclusão de 2 (dois) a 5 (cinco) anos, e multa:
>
> I – recusar, cobrar valores adicionais, suspender, procrastinar, cancelar ou fazer cessar inscrição de aluno em estabelecimento de ensino de qualquer curso ou grau, público ou privado, em razão de sua deficiência;

Objetividade jurídica: o direito à educação das pessoas com deficiência.

Sujeito ativo: o responsável pelo estabelecimento de ensino de qualquer curso ou grau. Trata-se de crime próprio.

Sujeito passivo: o aluno com deficiência. Estabelece o § 1º que, se o crime for praticado contra pessoa com deficiência menor de 18 (dezoito) anos, a pena é agravada de 1/3 (um terço).

Conduta: vem representada pelos verbos *recusar* (rejeitar, denegar), *cobrar* (exigir, recolher, arrecadar), *suspender* (sustar, interromper, paralisar), *procrastinar* (demorar), *cancelar* (excluir, eliminar) e *fazer cessar* (fazer parar, suspender).

Objeto material: a inscrição de aluno com deficiência em estabelecimento de ensino de qualquer curso ou grau. Cabe ao Poder Público e seus órgãos assegurar o pleno exercício dos direitos básicos da pessoa com deficiência, inclusive dos direitos à educação, à saúde, ao trabalho, ao lazer, à previdência social, ao amparo à infância e à maternidade, além de outros que, decorrentes da Constituição Federal e das leis, propiciem seu bem-estar pessoal, social e econômico.

Elemento subjetivo: é o dolo.

Consumação: ocorre com a efetiva prática de uma das ações típicas.

Tentativa: admite-se apenas nas condutas *cobrar* (valores adicionais), *suspender, cancelar* e *fazer cessar*.

Ação penal: é pública incondicionada.

> II – obstar inscrição em concurso público ou acesso de alguém a qualquer cargo ou emprego público, em razão de sua deficiência;

Objetividade jurídica: o direito à inscrição em concurso público e o direito ao acesso a qualquer cargo ou emprego público das pessoas com deficiência.

Sujeito ativo: o responsável pelo impedimento ou obstrução à inscrição em concurso público ou ao acesso da pessoa com deficiência ao cargo ou emprego público. Trata-se de crime próprio. Ademais, o § 2º estabelece que "a pena pela adoção deliberada de critérios subjetivos para indeferimento de inscrição, de aprovação e de cumprimento de estágio probatório em concursos públicos não exclui a responsabilidade patrimonial do administrador público pelos danos causados.

Sujeito passivo: a pessoa com deficiência.

Conduta: vem representada pelo verbo *obstar* (impedir, obstaculizar, barrar).

Objeto material: o direito da pessoa com deficiência a se inscrever em concurso público e o acesso a qualquer cargo ou emprego público. Cabe ao Poder Público e seus órgãos assegurar o pleno exercício de seus direitos básicos, inclusive dos direitos à educação, à saúde, ao trabalho, ao lazer, à previdência social, ao amparo à infância e à maternidade, além de outros que, decorrentes da Constituição Federal e das leis, propiciem seu bem-estar pessoal, social e econômico.

Elemento subjetivo: é o dolo.

Consumação: ocorre com a efetiva obstaculização ou impedimento de inscrição em concurso público ou de acesso ao cargo ou emprego público.

Tentativa: admite-se.

Ação penal: é pública incondicionada.

> III – negar ou obstar emprego, trabalho ou promoção à pessoa em razão de sua deficiência;

Objetividade jurídica: o direito ao trabalho e à ascensão profissional da pessoa com deficiência.

Sujeito ativo: qualquer pessoa. Trata-se de crime comum.

Sujeito passivo: a pessoa com deficiência. Estabelece o § 1º que, se o crime for praticado contra pessoa com deficiência menor de 18 (dezoito) anos, a pena é agravada de 1/3 (um terço).

Conduta: vem representada pelo verbo *negar* (recusar, denegar, refutar) e pelo verbo *obstar* (impedir, obstaculizar, barrar).

Objeto material: o direito da pessoa com deficiência ao emprego, ao trabalho e à ascensão profissional. Cabe ao Poder Público e seus órgãos assegurar o pleno exercício de seus direitos básicos, inclusive dos direitos à educação, à saúde, ao trabalho, ao lazer, à previdência social, ao amparo à infância e à maternidade, além de outros que, decorrentes da Constituição Federal e das leis, propiciem seu bem-estar pessoal, social e econômico.

Elemento subjetivo: é o dolo.

Consumação: ocorre com a efetiva negação ou obstaculização de trabalho, emprego ou promoção à pessoa com deficiência.

Tentativa: não se admite na conduta *negar*.

Ação penal: é pública incondicionada.

> IV – recusar, retardar ou dificultar internação ou deixar de prestar assistência médico-hospitalar e ambulatorial à pessoa com deficiência;

Objetividade jurídica: o direito à saúde da pessoa com deficiência.

Sujeito ativo: é o responsável pelo estabelecimento de saúde, incumbido de autorizar ou proceder à internação ou prestar assistência médico-hospitalar e ambulatorial à pessoa com deficiência. Trata-se de crime próprio.

Sujeito passivo: a pessoa com deficiência. Estabelece o § 1º que, se o crime for praticado contra pessoa com deficiência menor de 18 (dezoito) anos, a pena é agravada de 1/3 (um terço).

Conduta: vem representada pelos verbos *recusar* (rejeitar, denegar), *retardar* (procrastinar, demorar), *dificultar* (embaraçar, complicar) e *deixar* (abster-se).

Elemento subjetivo: é o dolo.

Consumação: ocorre com a efetiva recusa, retardamento ou embaraço à internação, ou com a omissão na prestação de assistência médico-hospitalar e ambulatorial.

Tentativa: admite-se apenas nas condutas *retardar* e *dificultar*.

Causa de aumento de pena: estabelece o § 4º que, se o crime for praticado em atendimento de urgência e emergência, a pena é agravada de 1/3 (um terço).

Ação penal: é pública incondicionada.

> V – deixar de cumprir, retardar ou frustrar a execução de ordem judicial expedida na ação civil a que alude esta Lei;

Objetividade jurídica: a administração da justiça, no aspecto do cumprimento das ordens judiciais.

Sujeito ativo: o destinatário da ordem judicial expedida na ação civil.

Sujeito passivo: o Estado (Administração Pública) e, secundariamente, a pessoa com deficiência eventualmente atingida. Estabelece o § 1º que, se o crime for praticado contra pessoa com deficiência menor de 18 (dezoito) anos, a pena é agravada de 1/3 (um terço).

Conduta: vem representada pelos verbos *deixar* (omitir-se), *retardar* (procrastinar, demorar) e *frustrar* (baldar, burlar).

Objeto material: é a ordem judicial expedida na ação civil a que alude a lei.

Elemento subjetivo: é o dolo.

Consumação: ocorre com a omissão (crime omissivo próprio), retardamento ou frustração da execução da ordem judicial expedida na ação civil.

Tentativa: admite-se apenas nas condutas de *retardar* e *frustrar*.

Ação penal: é pública incondicionada.

> VI – recusar, retardar ou omitir dados técnicos indispensáveis à propositura da ação civil pública objeto desta Lei, quando requisitados.

Objetividade jurídica: a administração da justiça, no aspecto da obediência às requisições dos legitimados à propositura da ação civil pública objeto da lei ora analisada.

Sujeito ativo: o destinatário da requisição.

Sujeito passivo: o Estado (Administração Pública) e, secundariamente, a pessoa com deficiência eventualmente atingida. Estabelece o § 1º que, se o crime for praticado contra pessoa com deficiência menor de 18 (dezoito) anos, a pena é agravada de 1/3 (um terço).

Conduta: vem representada pelos verbos *recusar* (rejeitar, denegar), *retardar* (procrastinar, demorar) e *omitir* (suprimir, preterir). Trata-se de crime omissivo próprio.

Objeto material: dados técnicos indispensáveis à propositura da ação civil pública objeto da lei. A própria Lei n. 7.853/89 estabelece que o Ministério Público, a Defensoria Pública, a União, os Estados, os Municípios e o Distrito Federal poderão propor medidas judiciais destinadas à proteção de interesses coletivos, difusos, individuais homogêneos e individuais indisponíveis das pessoas com deficiência.

Elemento subjetivo: é o dolo.

Consumação: ocorre com a recusa, retardamento ou omissão no fornecimento dos dados técnicos indispensáveis à propositura da ação civil.

Tentativa: não se admite.

Ação penal: é pública incondicionada.

> (...)
> § 3º Incorre nas mesmas penas quem impede ou dificulta o ingresso de pessoa com deficiência em planos privados de assistência à saúde, inclusive com cobrança de valores diferenciados.

Objetividade jurídica: o direito à saúde da pessoa com deficiência.

Sujeito ativo: é o responsável pelo deferimento de ingresso da pessoa com deficiência em planos privados de assistência à saúde. Trata-se de crime próprio.

Sujeito passivo: a pessoa com deficiência. Estabelece o § 1º que, se o crime for praticado contra pessoa com deficiência menor de 18 (dezoito) anos, a pena é agravada de 1/3 (um terço).

Conduta: vem representada pelos verbos *impedir* (obstar, barrar) e *dificultar* (embaraçar, complicar). Também é incriminada a conduta de *cobrar* (exigir, recolher, arrecadar) valores diferenciados.

Elemento subjetivo: é o dolo.

Consumação: ocorre com o efetivo impedimento ou embaraço ao ingresso de pessoa com deficiência em planos privados de assistência à saúde, ou com a efetiva cobrança de valores diferenciados.

Tentativa: admite-se.

Ação penal: é pública incondicionada.

3. Dos crimes e das penas na Lei n. 13.146/2015

3.1. Induzimento ou instigação à discriminação de pessoa com deficiência

> Art. 88. Praticar, induzir ou incitar discriminação de pessoa em razão de sua deficiência:
> Pena – reclusão, de 1 (um) a 3 (três) anos, e multa.
> § 1º Aumenta-se a pena em 1/3 (um terço) se a vítima encontrar-se sob cuidado e responsabilidade do agente.

> § 2º Se qualquer dos crimes previstos no *caput* deste artigo é cometido por intermédio de meios de comunicação social ou de publicação de qualquer natureza:
>
> Pena – reclusão, de 2 (dois) a 5 (cinco) anos, e multa.
>
> § 3º Na hipótese do § 2º deste artigo, o juiz poderá determinar, ouvido o Ministério Público ou a pedido deste, ainda antes do inquérito policial, sob pena de desobediência:
>
> I – recolhimento ou busca e apreensão dos exemplares do material discriminatório;
>
> II – interdição das respectivas mensagens ou páginas de informação na internet.
>
> § 4º Na hipótese do § 2º deste artigo, constitui efeito da condenação, após o trânsito em julgado da decisão, a destruição do material apreendido.

Objetividade jurídica: a tutela do direito à igualdade, à personalidade e à dignidade da pessoa com deficiência, que deverá ser protegida de toda forma de negligência, discriminação, exploração, violência, tortura, crueldade, opressão e tratamento desumano ou degradante.

Sujeito ativo: qualquer pessoa. Se a vítima se encontrar sob cuidado e responsabilidade do agente, a pena será aumentada de 1/3 (um terço), de acordo com o disposto no § 1º.

Sujeito passivo: a pessoa com deficiência.

Deficiência: considera-se pessoa com deficiência aquela que tem impedimento de longo prazo de natureza física, mental, intelectual ou sensorial, o qual, em interação com uma ou mais barreiras, pode obstruir sua participação plena e efetiva na sociedade em igualdade de condições com as demais pessoas.

Conduta: vem representada pelos verbos "praticar" (realizar, executar), "induzir" (influenciar, persuadir) e "incitar" (estimular, aguçar).

Objeto material: discriminação de pessoa em razão de sua deficiência.

Discriminação: considera-se discriminação em razão da deficiência toda forma de distinção, restrição ou exclusão, por ação ou omissão, que tenha o propósito ou o efeito de prejudicar, impedir ou anular o reconhecimento ou o exercício dos direitos e das liberdades fundamentais de pessoa com deficiência, incluindo a recusa de adaptações razoáveis e de fornecimento de tecnologias assistivas.

Elemento subjetivo: dolo.

Consumação: com a prática de uma ou mais modalidades de conduta típica. Trata-se de crime formal, que independe de qualquer outro resultado.

Tentativa: admite-se na conduta "praticar", se fracionável o *iter criminis*.

Prática através dos meios de comunicação social: nesse caso, o § 2º prevê pena de reclusão de 2 (dois) a 5 (cinco) anos e multa.

Medidas cautelares: o juiz poderá determinar, nas hipóteses do § 2º, ouvido o Ministério Público ou a pedido deste, ainda antes do inquérito policial, sob pena de desobediência:

I – recolhimento ou busca e apreensão dos exemplares do material discriminatório;

II – interdição das respectivas mensagens ou páginas de informação na internet.

Efeito da condenação: após o trânsito em julgado da decisão, nas hipóteses do § 2º, constitui efeito da condenação a destruição do material apreendido (§ 4º).

3.2. Apropriação ou desvio de bens ou rendimentos de pessoa com deficiência

> Art. 89. Apropriar-se de ou desviar bens, proventos, pensão, benefícios, remuneração ou qualquer outro rendimento de pessoa com deficiência:

> Pena – reclusão, de 1 (um) a 4 (quatro) anos, e multa.
>
> Parágrafo único. Aumenta-se a pena em 1/3 (um terço) se o crime é cometido:
>
> I – por tutor, curador, síndico, liquidatário, inventariante, testamenteiro ou depositário judicial; ou
>
> II – por aquele que se apropriou em razão de ofício ou de profissão.

Objetividade jurídica: proteção do patrimônio da pessoa com deficiência, representado por seus bens, proventos, pensão, benefícios, remuneração ou qualquer outro rendimento.

Sujeito ativo: qualquer pessoa que tenha posse ou detenção do patrimônio da pessoa com deficiência. A pena é aumentada de 1/3 (um terço), de acordo com o parágrafo único, se o crime é cometido por tutor, curador, síndico (administrador judicial), liquidatário, inventariante, testamenteiro ou depositário judicial, ou por aquele que se apropriou em razão de ofício ou de profissão.

Sujeito passivo: a pessoa com deficiência.

Conduta: vem representada pelos verbos "apropriar-se" (assenhorear-se, tornar-se dono, fazer sua a coisa) e "desviar" (desencaminhar, alterar o destino). Embora o dispositivo em comento não faça menção expressa, é necessário que o sujeito ativo tenha a posse ou a detenção do bem, provento, pensão, benefício, remuneração ou qualquer outra renda da pessoa com deficiência. Trata-se de modalidade especial de apropriação indébita inserida no Estatuto para a tutela específica do patrimônio da pessoa com deficiência. Caso o agente se aproprie ou desvie e não tenha a posse ou detenção da remuneração ou renda da pessoa com deficiência, estará configurado outro ilícito penal contra o patrimônio (furto, estelionato, roubo etc.).

Elemento subjetivo: dolo.

Consumação: com a efetiva apropriação ou desvio, devendo haver a inversão do *animus* da posse da coisa por parte do agente.

Tentativa: admite-se.

3.3. Abandono de pessoa com deficiência

> Art. 90. Abandonar pessoa com deficiência em hospitais, casas de saúde, entidades de abrigamento ou congêneres:
>
> Pena – reclusão, de 6 (seis) meses a 3 (três) anos, e multa.
>
> Parágrafo único. Na mesma pena incorre quem não prover as necessidades básicas de pessoa com deficiência quando obrigado por lei ou mandado.

Objetividade jurídica: a proteção à vida ou à saúde da pessoa com deficiência.

Sujeito ativo: qualquer pessoa, inclusive aquela obrigada, por lei ou mandado, a prover as necessidades básicas da pessoa com deficiência.

Sujeito passivo: a pessoa com deficiência.

Conduta: vem representada pelo verbo "abandonar" (desamparar, largar) e pela expressão "não prover" (não fornecer, não abastecer, não providenciar). Nessa última modalidade de conduta, deve o agente estar obrigado por lei ou mandado a prover à pessoa com deficiência suas necessidades básicas.

Objeto material: na modalidade de conduta "não prover", trata-se das "necessidades básicas" da pessoa com deficiência, ou seja, alimentação, saúde, vestuário etc.

Local do abandono: o abandono deve se dar em hospitais, casas de saúde, entidades de abrigamento ou congêneres.

Elemento subjetivo: dolo.

Consumação: tratando-se de crime omissivo, consuma-se com o efetivo abandono (nos locais indicados) ou com o não provimento das necessidades básicas da pessoa com deficiência.

Tentativa: não se admite.

3.4. Retenção indevida de cartão magnético ou outro documento

> Art. 91. Reter ou utilizar cartão magnético, qualquer meio eletrônico ou documento de pessoa com deficiência destinados ao recebimento de benefícios, proventos, pensões ou remuneração ou à realização de operações financeiras, com o fim de obter vantagem indevida para si ou para outrem:
>
> Pena – detenção, de 6 (seis) meses a 2 (dois) anos, e multa.
>
> Parágrafo único. Aumenta-se a pena em 1/3 (um terço) se o crime é cometido por tutor ou curador.

Objetividade jurídica: a proteção do patrimônio da pessoa com deficiência, representado pelos benefícios, proventos, pensões ou remuneração por ela recebidos.

Sujeito ativo: qualquer pessoa. De acordo com o disposto no parágrafo único, a pena é aumentada de 1/3 (um terço) se o crime é cometido por tutor ou curador.

Sujeito passivo: a pessoa com deficiência.

Conduta: vem representada pelo verbo "reter", que significa conservar, manter, não devolver, e pelo verbo "utilizar", que significa usar, fazer uso, manejar.

Objeto material: é o cartão magnético ou qualquer meio eletrônico ou documento destinados ao recebimento de benefícios, proventos, pensões ou remunerações ou à realização de operações financeiras.

Elemento subjetivo: dolo. Exige-se, ainda, a finalidade específica de obter vantagem indevida para si ou para outrem:

Consumação: com a efetiva retenção ou utilização do objeto material, ainda que não ocorra a obtenção de vantagem indevida. Trata-se de crime formal, que não necessita, para a sua consumação, da efetiva obtenção da vantagem indevida.

Tentativa: admite-se, em tese, embora difícil sua configuração prática.

38 Prisão Temporária
Lei n. 7.960/89

1. Noções gerais

Conceito: a prisão temporária é uma espécie de medida cautelar pessoal.

Características: instrumentalidade (serve como medida investigativa), acessoriedade (deve ser imprescindível) e provisoriedade (é por prazo restrito).

Antecedentes históricos: a prisão temporária vem como salutar substituição da prisão para averiguação, que podia ser decretada pela autoridade policial sem a análise do Poder Judiciário e sem o controle externo do Ministério Público.

Constitucionalidade: existem dois posicionamentos a respeito. O primeiro aduz que a prisão temporária é inconstitucional nos aspectos formal e material. Segundo essa corrente, a prisão temporária é formalmente inconstitucional, por ser oriunda de medida provisória (MP n. 111, de 1989), e no aspecto material por afrontar o princípio da presunção de inocência (CF, art. 5º, LVII). Com relação à inconstitucionalidade formal, é equivocada a argumentação dos que assim pensam. Isso porque, quando foi editada a Medida Provisória n. 111, em 24 de novembro de 1989, vigorava a redação antiga do art. 62 da Constituição Federal, que nenhuma restrição impunha ao conteúdo penal ou processual penal de tais medidas de relevância e urgência. De fato, a redação, à época, do art. 62 da Constituição Federal não continha a vedação expressa de edição de medidas provisórias sobre matéria relativa a direito penal e processual penal, vedação essa que somente passou a existir após a Emenda Constitucional n. 32/2001. Portanto, quando a Medida Provisória n. 111/89 foi editada e, posteriormente, convertida na Lei n. 7.960/89, nenhum vício de inconstitucionalidade a inquinava.

Posição do Supremo Tribunal Federal: para o Supremo Tribunal Federal a Lei é constitucional por ter sido a medida provisória convertida em Lei, por não se confundir com prisão penal e por ser um "instrumento destinado a atuar em benefício da atividade desenvolvida no processo penal" (HC 80719, *Informativo* n. 221 do STF, Rel. Celso de Mello).

Tortura legalizada: para alguns doutrinadores, a prisão temporária constitui meio de tortura admitido em Lei, uma vez que teria o fim de infligir sofrimento para que o preso colabore com as investigações.

2. Hipóteses legais

> Art. 1º Caberá prisão temporária:
> I – quando imprescindível para as investigações do inquérito policial;

Imprescindibilidade: é considerada imprescindível a prisão temporária quando não houver possibilidade da elucidação do fato criminoso por outros meios em direito admitidos.

> II – quando o indiciado não tiver residência fixa ou não fornecer elementos necessários ao esclarecimento de sua identidade;

Indiciado: neste caso a Lei emprega genericamente o termo, uma vez que o inciso em comento visa justamente a identificação do agente e o indiciamento como o termo técnico pressupõe, ou seja, que o agente já esteja identificado e apontado como autor do delito.

Erro judiciário: essa hipótese tem a finalidade primeira de evitar o erro judiciário, uma vez que não havendo o esclarecimento da identidade do indiciado poderia haver erro quanto à identidade do agente autor ou partícipe do delito.

> III – quando houver fundadas razões, de acordo com qualquer prova admitida na legislação penal, de autoria ou participação do indiciado nos seguintes crimes:

Autoria e materialidade: para a decretação da prisão temporária não é necessária a prova da materialidade ou indícios de autoria, mas, apenas, fundadas razões. Pelo contrário, a prisão temporária é medida de urgência que visa formar o conjunto probatório.

> *a)* homicídio doloso (art. 121, *caput*, e seu § 2º);
>
> *b)* sequestro ou cárcere privado (art. 148, *caput* e seus §§ 1º e 2º);
>
> *c)* roubo (art. 157, *caput* e seus §§ 1º, 2º e 3º);
>
> *d)* extorsão (art. 158, *caput* e seus §§ 1º e 2º);
>
> *e)* extorsão mediante sequestro (art. 159, *caput* e seus §§ 1º, 2º e 3º);
>
> *f)* estupro (art. 213, *caput* e sua combinação com o art. 223, *caput* e parágrafo único);
>
> *g)* atentado violento ao pudor (art. 214, *caput*, e sua combinação com o art. 223, *caput* e parágrafo único);
>
> *h)* rapto violento (art. 219, e sua combinação com o art. 223, *caput* e parágrafo único);
>
> *i)* epidemia com resultado de morte (art. 267, § 1º);
>
> *j)* envenenamento de água potável ou substância alimentícia ou medicinal qualificado pela morte (art. 270, *caput*, combinado com o art. 285);
>
> *l)* quadrilha ou bando (art. 288);
>
> *m)* genocídio (arts. 1º, 2º e 3º da Lei n. 2.889, de 1º de outubro de 1956), em qualquer de suas formas típicas;
>
> *n)* tráfico de drogas (art. 12 da Lei n. 6.368, de 21 de outubro de 1976);
>
> *o)* crimes contra o sistema financeiro (Lei n. 7.492, de 16 de junho de 1986);
>
> *p)* crimes previstos na Lei de Terrorismo.

Cabimento: quando não for possível a investigação por outra forma admitida em lei; quando não possuir o indiciado residência fixa ou não fornecer ele elementos para sua identificação; para investigação dos crimes relacionados no art. 1º, III, desde que haja fundadas razões, baseadas em provas admitidas em Direito.

Fumus commissi delicti: vem caracterizado como fundadas razões de autoria ou participação do indiciado nos crimes previstos no inciso III.

Periculum libertatis: vem caracterizado pela imprescindibilidade da prisão para as investigações do inquérito policial (inciso I) e pela ausência de residência fixa do indiciado ou quando não fornecer elementos necessários ao esclarecimento de sua identidade (inciso II).

Combinação de incisos: é posição que prevalece na doutrina e na jurisprudência que, para a decretação da prisão temporária, é necessária a hipótese do inciso III conjugada com as hipóteses do inciso I ou do inciso II. Assim: incisos I e III; incisos II e III, ou, ainda, incisos I, II e III.

Rol taxativo: o rol do art. 1º (hipóteses de cabimento) e o rol do inciso III são taxativos.

Atualização legislativa: o rol do art. 1º, inciso III, ficou desatualizado em razão de várias mudanças legislativas posteriormente ocorridas. O crime de rapto violento foi abolido pela Lei n. 11.106/2005, sendo inserido o inciso V no § 1º do art. 148 do CP. O crime de atentado violento ao pudor foi abolido pela Lei n. 12.015/2009, que tipificou como estupro também o constrangimento, mediante violência ou grave ameaça, à prática de atos libidinosos. O art. 223 do CP também foi revogado pela Lei n. 12.015/2009. Dessa forma, a alínea *f* do art. 1º deve ser interpretada de acordo com as mudanças legislativas inseridas pela Lei n. 12.015/2009, ou seja, "estupro – art. 213, *caput* e §§ 1º e 2º". A dúvida se instala com relação ao crime de estupro de vulnerável, previsto no art. 217-A, *caput* e §§ 1º, 2º, 3º e 4º. Estaria este novo crime inserido na expressão "estupro", que abarcaria todas as modalidades do crime, inclusive tendo como sujeito passivo um vulnerável? Ou, em atenção ao princípio da reserva legal, deveria ser considerada apenas a modalidade de estupro do art. 213, ficando excluído do rol o crime de estupro de vulnerável? A nosso ver, a melhor solução, que mais se afina com os ideais do legislador e com a melhor interpretação do dispositivo, é considerar também passível de prisão temporária o crime de estupro de vulnerável (art. 217-A do CP), uma vez que tal delito constitui, em verdade, modalidade de estupro no qual a vítima, por uma situação peculiar determinada, prevista em lei, é considerada vulnerável. É de ser considerada, ainda, a procedente argumentação no sentido de que, prevendo a Lei n. 8.072/90 a possibilidade de prisão temporária em crimes hediondos e assemelhados (art. 2º, § 4º), e estando o estupro de vulnerável no rol dos crimes considerados hediondos (art. 1º, VI), nada impediria a decretação dessa modalidade de prisão cautelar a este último delito. O crime de quadrilha ou bando passou a se chamar associação criminosa, por força de redação dada pela Lei n. 12.850/2013. A lei que trata do tráfico de drogas é a Lei n. 11.343/2006 e não mais a Lei n. 6.368/76.

Cabimento no crime de tráfico de drogas: apenas é cabível prisão temporária no tipo penal do art. 33 da Lei n. 11.343/2006, e não nas demais modalidades agasalhadas pela mesma lei, já que a redação ultrapassada do inciso III, alínea *n,* se refere ao art. 12 da Lei n. 6.368/76.

> Art. 2º A prisão temporária será decretada pelo Juiz, em face da representação da autoridade policial ou de requerimento do Ministério Público, e terá o prazo de 5 (cinco) dias, prorrogável por igual período em caso de extrema e comprovada necessidade.

Decretação pelo juiz: a prisão temporária deverá ser decretada por juiz togado e sempre após manifestação do Ministério Público.

Requerimento do MP ou representação da autoridade policial: a prisão temporária somente poderá ser decretada pelo juiz se houver requerimento do MP ou representação da autoridade policial. Neste último caso, a decisão deverá ser precedida de manifestação do Ministério Público.

Decretação de ofício pelo juiz: não é admitida pela lei, sendo, portanto, vedada.

Prazo: tem essa prisão prazo de cinco dias, prorrogáveis por mais cinco. Trata-se de prazo penal, por força do disposto no § 8º, devendo ser incluído o dia do cumprimento do mandado de prisão no cômputo do prazo de prisão temporária.

Prazo inferior a 5 dias: o juiz de direito pode fixar prazo inferior a cinco dias, mas nunca superior.

Crimes hediondos e assemelhados: segundo o art. 2º, § 4º, da Lei n. 8.072/90, a prisão temporária em crimes hediondos e assemelhados terá o prazo de 30 dias, prorrogável por igual período, em caso de extrema e comprovada necessidade.

Prorrogação antecipada: o juiz não pode, ao decretar a prisão temporária, já decidir sobre a prorrogação do prazo. É necessário que se aguarde o término do prazo inicialmente fixado para, somente então, *em caso de extrema e comprovada necessidade,* deferir a prorrogação.

Prorrogações sucessivas: a nosso ver, a prisão temporária pode ser prorrogada apenas uma vez, e, no máximo, por período igual ao anterior. Prorrogações sucessivas, ainda que por pequenos períodos, mesmo que dentro do prazo global (10 dias para os crimes em geral e 60 dias para os crimes hediondos e assemelhados), não se coadunam com o caráter excepcional da medida. Portanto, se o juiz decretar a prisão temporária por 3 dias, por exemplo, somente poderá prorrogá-la uma vez por até 3 dias. No caso de crimes hediondos e assemelhados, caso o juiz decrete a prisão temporária por 15 dias, como período inicial, não poderá prorrogá-la sucessivamente até perfazer o montante global de 60 dias, e nem tampouco extrapolar tal montante, ainda que se alegue a extrema e comprovada necessidade. Prisão temporária é medida excepcional, que fere o *jus libertatis* do indivíduo, e deve ser utilizada como último recurso de investigação, devendo a autoridade policial ou o Ministério Público, o mais celeremente possível, reunir, se for o caso, elementos fáticos que possam suportar um pedido de prisão preventiva ao cabo do tempo da prisão temporária.

Prevenção do juízo: a decretação da prisão temporária previne o juízo. Nesse sentido: "*Habeas corpus.* Processual penal. Competência do Juízo. Prisão preventiva. Fundamentação idônea. Cautelaridade demonstrada. Alegação de excesso de prazo. Questão não analisada no Superior Tribunal de Justiça. Supressão de instância. Precedentes da Corte. 1. Tem prevenção para a ação penal o Juiz que primeiro toma conhecimento da causa e examina a representação policial relativa aos pedidos de prisão temporária, busca e apreensão e interceptação telefônica, nos termos do art. 75, parágrafo único, c/c art. 83 do Código de Processo Penal. 2. A análise do decreto de prisão preventiva autoriza o reconhecimento de que existe fundamento suficiente para justificar a privação processual da liberdade do paciente, nos termos do art. 312 do Código de Processo Penal, especialmente porque se constatou, através da interceptação telefônica autorizada judicialmente, que o paciente estava envolvido com o extravio de processo relativo a tráfico ilícito de entorpecentes e, também, na tentativa de utilização de testemunhas que faltariam com a verdade. 3. A questão relativa ao excesso de prazo não foi examinada pelo Superior Tribunal de Justiça, o que impossibilita a sua análise, nesta sede, sob pena de indevida supressão de instância. 4. *Habeas corpus* denegado" (STF – HC 88214/PE – Rel. Min. Marco Aurélio – 1ª T. – j. 28-4-2009).

Cômputo do período de prisão temporária no prazo para conclusão do inquérito policial: questão interessante é saber se o prazo da prisão temporária pode ser computado no prazo fixado em lei para o término do inquérito policial. Cremos que não. A prisão temporária, embora medida excepcional, presta-se a auxiliar e possibilitar a investigação criminal, muitas vezes ensejando a colheita de elementos que, no curso do inquérito, serão utilizados para o aprofundamento das diligências e aperfeiçoamento do conjunto probatório necessário para a propositura da ação penal pública.

Não teria sentido, por exemplo, computar o prazo de 10 dias de uma prisão temporária (5 dias iniciais e 5 dias de prorrogação), no idêntico prazo para a conclusão do inquérito policial em caso de acusado preso. Neste caso, a prisão temporária, em vez de auxiliar a investigação policial, a cercearia, por falta de tempo hábil à compilação dos dados obtidos e ordenação das investigações.

> § 1º Na hipótese de representação da autoridade policial, o Juiz, antes de decidir, ouvirá o Ministério Público.

Controle externo da atividade policial: essa providência visa garantir ao Ministério Público o exercício do controle externo da atividade policial, previsto na Constituição Federal. Neste caso, o MP é ouvido como *custos legis*.

> § 2º O despacho que decretar a prisão temporária deverá ser fundamentado e prolatado dentro do prazo de 24 (vinte e quatro) horas, contadas a partir do recebimento da representação ou do requerimento.

Prazo: por se tratar de medida de urgência a Lei fixou o prazo exíguo de 24 horas para a decisão judicial.

Fundamentação: a fundamentação é corolário do princípio constitucional da motivação das decisões judiciais (CF, art. 93, IX).

Recursos: da denegação do requerimento de prisão temporária formulado pelo MP cabe recurso em sentido estrito, por analogia (art. 3º do CPP) do disposto no art. 581, V, do CPP. Da sua decretação cabe *habeas corpus*.

> § 3º O Juiz poderá, de ofício, ou a requerimento do Ministério Público e do Advogado, determinar que o preso lhe seja apresentado, solicitar informações e esclarecimentos da autoridade policial e submetê-lo a exame de corpo de delito.

Finalidade: este parágrafo tem o espeque de garantir a integridade física do preso.

Posição topográfica do dispositivo: este parágrafo se encontra topograficamente mal posicionado, uma vez que apenas no parágrafo seguinte é que a Lei fala em decretação da prisão. Entretanto, cuida-se de erro material que não deve ser interpretado como se o agente fosse preso antes do decreto judicial.

Interrogatório ou oitiva do preso: não pode o juiz interrogar o preso nessa fase, que é inquisitória por natureza, nem tampouco ouvi-lo sobre os fatos que são investigados. Deve o magistrado, nesta fase, se limitar à verificação da integridade física e mental do preso, podendo, inclusive, inquiri-lo sobre a sua situação prisional, sobre as condições do cárcere ou sobre o tratamento que lhe vem sendo dispensado pela autoridade administrativa sob cuja custódia estiver.

> § 4º Decretada a prisão temporária, expedir-se-á mandado de prisão, em duas vias, uma das quais será entregue ao indiciado e servirá como nota de culpa.

Nota de culpa: equivocado o emprego do vocábulo "nota de culpa", uma vez que a prisão temporária se presta à investigação. Caso existissem elementos para o indiciamento, quando da representação da autoridade policial, não caberia prisão temporária e sim a prisão preventiva. Portanto, a segunda via do mandado de prisão serve para que o preso conheça apenas os fundamentos da decretação da prisão temporária.

> § 4º-A O mandado de prisão conterá necessariamente o período de duração da prisão temporária estabelecido no *caput* deste artigo, bem como o dia em que o preso deverá ser libertado.

Inovação: este parágrafo foi incluído pela Lei n. 13.869/2019 (Lei de Abuso de Autoridade).

Período da prisão: de acordo com a inovação legislativa, o mandado de prisão deverá conter o período de duração da prisão temporária.

Data da libertação: o mandado de prisão temporária deverá conter, também, a data em que o preso deverá ser libertado.

> § 5º A prisão somente poderá ser executada depois da expedição de mandado judicial.

Mandado judicial: cumprindo preceito constitucional, a prisão temporária somente poderá ser executada após a expedição do competente mandado judicial.

> § 6º Efetuada a prisão, a autoridade policial informará o preso dos direitos previstos no art. 5º da Constituição Federal.

Direitos do preso: comunicação à família ou outra pessoa por ele indicada; comunicação da prisão ao juiz que a decretou; identificação dos autores da prisão; assistência da família e de advogado.

> § 7º Decorrido o prazo contido no mandado de prisão, a autoridade responsável pela custódia deverá, independentemente de nova ordem da autoridade judicial, pôr imediatamente o preso em liberdade, salvo se já tiver sido comunicada da prorrogação da prisão temporária ou da decretação da prisão preventiva.

Inovação: este parágrafo teve sua redação dada pela Lei n. 13.869/2019 (Lei de Abuso de Autoridade).

Vencimento do prazo: vencido o prazo de prisão fixado pelo juiz (que poderá ser menor que cinco dias) a autoridade policial deverá pôr o preso imediatamente em liberdade independente da expedição de alvará de soltura.

Abuso de autoridade: o art. 12, parágrafo único, IV, da Lei n. 13.869/2019 criminaliza a conduta daquele que "prolonga a execução de pena privativa de liberdade, de prisão temporária, de prisão preventiva, de medida de segurança ou de internação, deixando, sem motivo justo e excepcionalíssimo, de executar o alvará de soltura imediatamente após recebido ou de promover a soltura do preso quando esgotado o prazo judicial ou legal". A pena é de detenção de 6 (seis) meses a 2 (dois) anos e multa.

Novo título para a prisão: a decretação superveniente de prisão preventiva prejudica a alegação de ausência de fundamentação válida para a decretação de prisão temporária. Nesse sentido: "*HABEAS CORPUS*. PRISÃO TEMPORÁRIA. SUPERVENIÊNCIA DA PRISÃO PREVENTIVA, QUE CONSTITUI NOVO TÍTULO DA PRISÃO. *HABEAS CORPUS* NÃO CONHECIDO. 1. A superveniência do decreto de prisão preventiva, que constitui novo título da prisão, prejudica a alegação de ausência de fundamentação cautelar válida para a prisão temporária. 2. *Habeas corpus* não conhecido" (STF – HC 96.680/SP – Rel. Min. Carmen Lúcia – 1ª T. – j. 23-6-2009).

> § 8º Inclui-se o dia do cumprimento do mandado de prisão no cômputo do prazo de prisão temporária.

Esse parágrafo foi acrescentado pela Lei n. 13.869/2019, deixando claro que o prazo da prisão temporária é prazo penal, incluindo-se o dia da prisão (cumprimento do mandado de prisão) no cômputo do prazo fixado pelo juiz. Portanto, independentemente do horário em que for cumprido o mandado de prisão, esse dia já deverá ser considerado como o primeiro da prisão temporária.

> Art. 3º Os presos temporários deverão permanecer, obrigatoriamente, separados dos demais detentos.

Separação: os presos temporários deverão permanecer em estabelecimento diverso dos presos preventivos e condenados, sob pena de responsabilização civil, administrativa e penal da autoridade que assim não proceder.

Habeas corpus: é cabível *habeas corpus* contra o descumprimento da separação determinada por lei. Nesse caso, o *habeas corpus* seria impetrado ao juiz de Direito, tendo como coatora a autoridade administrativa sob cuja custódia estiver o preso.

> Art. 4º O art. 4º da Lei n. 4.898, de 9 de dezembro de 1965, fica acrescido da alínea *i*, com a seguinte redação:
> "Art. 4º ....
> *i*) prolongar a execução de prisão temporária, de pena ou de medida de segurança, deixando de expedir em tempo oportuno ou de cumprir imediatamente ordem de liberdade".

Abuso de autoridade: a Lei n. 4.898/65 foi expressamente revogada pela Lei n. 13.869/2019, que passou a cuidar dos crimes de abuso de autoridade.

Crime: o art. 12, parágrafo único, IV, da Lei n. 13.869/2019 criminaliza a conduta daquele que "prolonga a execução de pena privativa de liberdade, de prisão temporária, de prisão preventiva, de medida de segurança ou de internação, deixando, sem motivo justo e excepcionalíssimo, de executar o alvará de soltura imediatamente após recebido ou de promover a soltura do preso quando esgotado o prazo judicial ou legal". A pena é de detenção de 6 (seis) meses a 2 (dois) anos e multa.

> Art. 5º Em todas as comarcas e seções judiciárias haverá um plantão permanente de vinte e quatro horas do Poder Judiciário e do Ministério Público para apreciação dos pedidos de prisão temporária.

Plantão judiciário: nem todas as comarcas do país dispõem de plantão judiciário. Entretanto, basta que haja juiz e promotor de justiça disponíveis, ainda que em suas respectivas residências.

> Art. 6º Esta Lei entra em vigor na data de sua publicação.
> Art. 7º Revogam-se as disposições em contrário.

39 Proibição de Exigência de Atestado de Gravidez e Esterilização

Lei n. 9.029/95

1. Noções gerais

A Lei n. 9.029/95 proíbe a exigência de atestados de gravidez e esterilização, e outras práticas discriminatórias, para efeitos admissionais ou de permanência da relação jurídica de trabalho, e dá outras providências.

A objetividade jurídica dos crimes nela previstos consiste justamente na tutela do acesso, principalmente, da mulher ao mercado de trabalho, protegendo-a de práticas discriminatórias e limitativas, por motivo de sexo, origem, raça, cor, estado civil, situação familiar, deficiência, reabilitação profissional, idade, entre outros.

2. Proibição de práticas discriminatórias

> Art. 1º É proibida a adoção de qualquer prática discriminatória e limitativa para efeito de acesso à relação de trabalho, ou de sua manutenção, por motivo de sexo, origem, raça, cor, estado civil, situação familiar, deficiência, reabilitação profissional, idade, entre outros, ressalvadas, nesse caso, as hipóteses de proteção à criança e ao adolescente previstas no inciso XXXIII do art. 7º da Constituição Federal.

CF/88: um dos direitos fundamentais previstos pela nossa constituição é a igualdade em direitos e obrigações entre homens e mulheres. Portanto, a exigência de atestado de gravidez e esterilização é ato defeso por Lei, sendo vedadas todas e quaisquer práticas discriminatórias, para efeito de admissão ou de permanência na relação jurídica de emprego.

Discriminação direta: é a realizada pela adoção de disposições gerais que estabelecem distinções baseadas em critérios proibidos pela lei.

Discriminação indireta: é a relacionada a situações, regulamentações ou práticas aparentemente neutras, mas que, na realidade, criam desigualdades em relação a pessoas que têm as mesmas características.

Gravidez durante o período de experiência: se a gravidez ocorrer durante o período de experiência, cujo contrato é estipulado com prazo determinado, a mulher não terá direito à estabilidade garantida para as gestantes, uma vez que, em caso de rescisão do contrato de trabalho, ela certamente não será dispensada pelo fator gravidez, mas sim por se tratar do último dia de contrato de experiência, que, de todo modo, não configurará dispensa propriamente dita, mas sim término do contrato, sendo que o empregador não tem necessidade de expor as razões pelas quais não prosseguiu com o contrato de trabalho, uma vez que a legislação trabalhista não impõe essa exigência. Neste sentido, inclusive, TST-RR-67591/93.8 (Ac. 5ª T. 1602/93) – 4ª R. – Rel. Min. Armando de Brito; TST--RR-208.241/95.1 (Ac. 4ª T. – 8724/96) 4ª R. – Rel. Min. Milton de Moura França.

3. Crimes em espécie

> Art. 2º Constituem crime as seguintes práticas discriminatórias:
>
> I – a exigência de teste, exame, perícia, laudo, atestado, declaração ou qualquer outro procedimento relativo à esterilização ou a estado de gravidez;
>
> II – a adoção de quaisquer medidas, de iniciativa do empregador, que configurem;
>
> *a*) indução ou instigamento à esterilização genética;
>
> *b*) promoção do controle de natalidade, assim não considerado o oferecimento de serviços e de aconselhamento ou planejamento familiar, realizados através de instituições públicas ou privadas, submetidas às normas do Sistema Único de Saúde (SUS).
>
> Pena: detenção de um a dois anos e multa.
>
> Parágrafo único. São sujeitos ativos dos crimes a que se refere este artigo:
>
> I – a pessoa física empregadora;
>
> II – o representante legal do empregador, como definido na legislação trabalhista;
>
> III – o dirigente, direto ou por delegação, de órgãos públicos e entidades das administrações públicas direta, indireta e fundacional de qualquer dos Poderes da União, dos Estados, do Distrito Federal e dos Municípios.

Previsão na CLT: o art. 373-A da CLT dispõe que, ressalvadas as disposições legais destinadas a corrigir as distorções que afetam o acesso da mulher ao mercado de trabalho e certas especificidades estabelecidas nos acordos trabalhistas, é vedado publicar ou fazer publicar anúncio de emprego no qual haja referência ao sexo, à idade, à cor ou situação familiar, salvo quando a natureza da atividade a ser exercida, pública e notoriamente, assim o exigir; recusar emprego, promoção ou motivar a dispensa do trabalho em razão de sexo, idade, cor, situação familiar ou estado de gravidez, salvo quando a natureza da atividade seja notória e publicamente incompatível; considerar o sexo, a idade, a cor ou situação familiar como variável determinante para fins de remuneração, formação profissional e oportunidades de ascensão profissional; exigir atestado ou exame, de qualquer natureza, para comprovação de esterilidade ou gravidez, na admissão ou permanência no emprego; impedir o acesso ou adotar critérios subjetivos para deferimento de inscrição ou aprovação em concursos, em empresas privadas, em razão de sexo, idade, cor, situação familiar ou estado de gravidez; proceder o empregador ou preposto a revistas íntimas nas empregadas ou funcionárias; sendo que o anteriormente disposto não obsta a adoção de medidas temporárias que visem ao estabelecimento das políticas de igualdade entre homens e mulheres, em particular as que se destinam a corrigir as distorções que afetam a formação profissional, o acesso ao emprego e as condições gerais de trabalho da mulher. Também tratam deste tema os artigos 390-B; 390-C; 390-E; 392, § 4º, todos da CLT.

Início da estabilidade provisória da gestante: a estabilidade provisória da gestante ocorre a partir da concepção comprovada e não da comunicação da gravidez ao empregador. Nesse sentido: TST-RR-594.058/1999.2, Rel. Min. Renato de Lacerda Paiva.

Sujeitos ativos: conforme disposto no parágrafo único, tanto a pessoa física empregadora, como o representante legal do empregador, ou no caso do Poder Público, o dirigente, direto ou por delegação, de órgãos públicos e entidades das administrações públicas direta, indireta e fundacional de qualquer dos Poderes da União, dos Estados, do Distrito Federal e dos Municípios, podem ser responsáveis pela prática de quaisquer das condutas previstas no *caput* do artigo. Deve ser ressaltado que a responsabilidade penal é personalíssima, atingindo, nesse caso, somente pessoas naturais, estando excluídas da imputação as pessoas jurídicas, que, nesse caso, não têm responsabilidade penal. No caso de pessoas jurídicas, será sujeito ativo do crime aquele que for responsável pela exigência ilegal ou pela adoção das medidas vedadas em lei, sendo perfeitamente possível a coautoria e a participação delitiva.

Controle de natalidade: não incide nas penas deste artigo o empregador que oferecer serviços de aconselhamento ou de planejamento familiar, realizados por meio de instituições públicas ou privadas, submetidas às normas do Sistema Único de Saúde (SUS).

Indução ou instigamento à esterilização genética: ambas as práticas têm cunho moral, sendo certo que o induzimento é a criação de um propósito inexistente, enquanto a instigação é o reforço de um propósito já existente. Contudo, quaisquer dessas práticas tipificam o crime.

4. Infrações administrativas

> Art. 3º Sem prejuízo do prescrito no art. 2º desta Lei e nos dispositivos legais que tipificam os crimes resultantes de preconceito de etnia, raça, cor ou deficiência, as infrações ao disposto nesta Lei são passíveis das seguintes cominações:
>
> I – multa administrativa de dez vezes o valor do maior salário pago pelo empregador, elevado em cinquenta por cento em caso de reincidência;
>
> II – proibição de obter empréstimo ou financiamento junto a instituições financeiras oficiais.

Punição administrativa e danos morais: o empregador que realizar quaisquer das condutas previstas no art. 2º desta Lei está sujeito, além das sanções penais, ao pagamento de uma multa administrativa de dez vezes o valor do maior salário pago por ele, elevado em cinquenta por cento em caso de reincidência. Além de uma proibição de obter empréstimo junto a instituições financeiras oficiais. No entanto, esta multa de caráter administrativo não impede que a pessoa vítima da discriminação pleiteie, judicialmente, uma indenização pelos danos morais experimentados, nos termos dos artigos 5º, inciso X, da CF e 186 do Código Civil.

> Art. 4º O rompimento da relação de trabalho por ato discriminatório, nos moldes desta Lei, além do direito à reparação pelo dano moral, faculta ao empregado optar entre:
>
> I – a reintegração com ressarcimento integral de todo o período de afastamento, mediante pagamento das remunerações devidas, corrigidas monetariamente e acrescidas de juros legais;
>
> II – a percepção, em dobro, da remuneração do período de afastamento, corrigida monetariamente e acrescida dos juros legais.

Compensação: a cessação do vínculo de emprego, em razão de prática discriminatória, dá ao empregado, além da reparação pelo dano moral, o direito de optar pela reintegração no emprego ou pela reparação pecuniária.

Gravidez desconhecida do empregador: os pressupostos para que a empregada tenha assegurado seu direito ao emprego ou o direito à reparação pecuniária são que esteja grávida e que sua dispensa não seja motivada por prática de falta funcional, prevista no art. 482 da CLT, sendo que não se deve subordinar a existência de referido direito ao fato de o empregador conhecer seu estado de gravidez quando a despediu imotivadamente, salvo previsão contrária em norma coletiva. Neste sentido, TST-RR-608.651/99.8, Ministro Relator Milton de Moura França; TST-RR-1208/2002-011-02-00.9, Rel. Min. Relator Barros Levenhagen.

Confirmação da gravidez após a dispensa: o objetivo social da norma é proteger a empregada gestante contra a dispensa obstativa ao exercício das prerrogativas inerentes à maternidade. A norma também resguarda a indispensável atenção ao recém-nascido, tanto que prorrogou a estabilidade até 5 meses após o parto. Assim, se a concepção ocorreu durante a vigência do vínculo de emprego e, assim, independente da inexistência de ato ilícito realizado pelo empregador, tendo em vista que nem a própria empregada tinha conhecimento de sua gravidez à época da dispensa, já havia o direito à estabilidade, porque ocorrido o fato gerador, ou seja, a concepção, tratando-se de responsabilidade objetiva. Nesse caso, a gravidez preexistiu à dispensa. Nesse sentido: TST-RR-541.830/1999.2, Rel. Min. Carlos Alberto Reis de Paula.

40 Proibição do Desenvolvimento, Produção, Estocagem e Uso de Armas Químicas

Lei n. 11.254/2005

1. Noções gerais

A Convenção sobre a Proibição de Armas Químicas (CPAQ) é um instrumento multilateral de desarmamento e não proliferação, voltado para a erradicação das armas químicas como ferramentas de destruição em massa. Seus principais objetivos, conforme destacado pela Coordenação-Geral de Bens Sensíveis e Tecnologias Críticas do Ministério da Ciência, Tecnologia e Inovação (MCTI), são:

a) promover o desarmamento químico global;

b) proibir o desenvolvimento, produção, aquisição, estocagem e uso de armas químicas, bem como assegurar a não proliferação desses artefatos;

c) estabelecer um regime de controle sobre a transferência de substâncias químicas sensíveis;

d) incentivar a cooperação internacional no uso pacífico da química;

e) fornecer assistência e proteção internacional em casos de catástrofes químicas ou ameaças de uso de armas químicas.

Os bens sensíveis constituem uma unidade administrativa integrante da estrutura da Assessoria Especial de Assuntos Internacionais do Ministério da Ciência, Tecnologia e Inovações (MCTI). Essa unidade tem como principais atribuições a coordenação e o acompanhamento da implementação da política de controle de exportação de bens sensíveis e serviços diretamente vinculados a tais bens, bem como o acompanhamento de convenções, regimes ou tratados internacionais nas áreas de desarmamento e de não proliferação de Armas de Destruição em Massa, dos quais o Brasil é parte.

A exportação de sensíveis é regulamentada pela Lei n. 9.112/95, que os classifica como materiais e tecnologias aplicáveis às áreas nuclear, química, biológica e missilística, incluindo os chamados bens de uso duplo, isto é, aqueles que, embora desenvolvidos para finalidades civis, podem ser empregados para fins bélicos.

Esses bens sensíveis e os serviços correlatos são categorizados em quatro grandes áreas de atuação – nuclear, química, biológica e missilística –, refletindo os compromissos assumidos pelo Brasil em convenções, regimes e tratados internacionais. Cada uma dessas categorias recebe tratamento específico no âmbito das políticas nacionais e internacionais de controle, a fim de prevenir o desvio de materiais e tecnologias para usos ilícitos ou militarizados.

O Brasil assinou a CPAQ em 13 de janeiro de 1993, e seu texto foi aprovado pelo Congresso Nacional por meio do Decreto Legislativo n. 9, de 29 de fevereiro de 1996, sendo, então, promulgada pelo Presidente da República pelo Decreto n. 2.977, de 1º de março de 1999.

O Decreto n. 2.074, de 14 de novembro de 1996, cria a Comissão Interministerial para a aplicação dos dispositivos da CPAQ e elenca as obrigações e deveres decorrentes da aplicação da Convenção no país.

Finalmente, em 27 de dezembro de 2005, foi aprovada a Lei n. 11.254, que estabelece as sanções administrativas e penais em caso de realização de atividades proibidas pela CPAQ.

O Ministério da Ciência, Tecnologia e Inovações, por meio da Coordenação-Geral de Bens Sensíveis, exerce a função de Secretaria-Executiva Permanente para a aplicação dos dispositivos da CPAQ no Brasil.

Os produtos químicos controlados pela CPAQ são listados em três tabelas distintas, conforme o seu potencial de risco aos objetivos da Convenção e segundo o seu grau de aplicação pacífica, notadamente em atividades industriais. Além desses produtos, a CPAQ controla também os fabricantes de substâncias orgânicas discretas e as que contêm átomos de fósforo, enxofre e flúor (DOC/PSF), devido ao potencial uso de suas instalações fabris para a produção de armas químicas de destruição em massa.

A CPAQ é considerada internacionalmente um acordo multilateral exemplar, especialmente pelo seu caráter não discriminatório e efetivamente verificável, sendo de especial relevância para o país que seus dispositivos sejam plenamente implementados no território nacional, assegurando o cumprimento dos compromissos internacionais relacionados à segurança química, promovendo uma abordagem integrada entre o desarmamento, a não proliferação e a cooperação para o desenvolvimento pacífico das atividades químicas.

2. Crimes em espécie

> Art. 4º Constitui crime:
> I – fazer uso de armas químicas ou realizar, no Brasil, atividade que envolva a pesquisa, produção, estocagem, aquisição, transferência, importação ou exportação de armas químicas ou de substâncias químicas abrangidas pela CPAQ com a finalidade de produção de tais armas;
> II – contribuir, direta ou indiretamente, por ação ou omissão, para o uso de armas químicas ou para a realização, no Brasil ou no exterior, das atividades arroladas no inciso I:
> Pena – reclusão, de 1 (um) a 10 (dez) anos.

Objetividade jurídica: a paz mundial, por meio do desarmamento e não proliferação dos artefatos químicos de destruição em massa.

Sujeito ativo: qualquer pessoa (crime comum). Embora as atividades mencionadas pela lei possam ser desenvolvidas por pessoas jurídicas, não podem estas ser sujeito ativo do crime. A responsabilidade penal, no caso, deverá recair sobre uma ou mais pessoas naturais responsáveis pelas condutas criminosas.

Sujeito passivo: a coletividade.

Conduta: nos casos do inciso I, as condutas incriminadas são *fazer uso* (utilizar, empregar); *realizar* (praticar, efetuar) atividades de *pesquisa* (análise, busca minuciosa); *produção* (criação, geração); *estocagem* (armazenagem, guarda); *aquisição* (compra, obtenção); *transferência* (mudança de um lugar para o outro); *importação* (introdução em território nacional) e *exportação* (envio para o exterior) de armas químicas ou de substâncias químicas abrangidas pela CPAQ com a finalidade de produção de tais armas. No caso do inciso II, a conduta incriminada é a de *contribuir* (concorrer com outrem nos meios para a realização de uma coisa), direta ou indiretamente, por ação ou omissão, para o *uso* (utilização) de armas químicas ou para a *realização* (prática, ocorrência), no Brasil ou no exterior, das atividades arroladas no inciso I.

Objeto material: armas químicas e substâncias químicas abrangidas pela CPAQ.

Armas químicas: a Convenção sobre a Proibição do Desenvolvimento, Produção, Estocagem e Uso de Armas Químicas e sobre a Destruição das Armas Químicas Existentes no Mundo (CPAQ) estabelece que por "armas químicas" entendem-se, conjunta ou separadamente: a) as substâncias químicas tóxicas ou seus precursores, com exceção das que forem destinadas para fins não proibidos por esta Convenção, desde que os tipos e as quantidades em questão sejam compatíveis com esses fins; b) as munições ou dispositivos destinados de forma expressa para causar morte ou lesões mediante as propriedades tóxicas das substâncias especificadas no subparágrafo "a" que sejam liberadas pelo uso dessas munições ou dispositivos; ou c) qualquer tipo destinado de forma expressa a ser utilizado diretamente em relação com o uso das munições ou dispositivos especificados no subparágrafo "b". A Convenção ainda se refere a substâncias químicas tóxicas e precursores.

Elemento subjetivo: é o dolo. Não se admite a modalidade culposa.

Consumação: ocorre com a efetiva prática das condutas incriminadas no tipo penal, merecendo destaque as condutas do inciso II, que podem ser praticadas por ação ou omissão. A omissão a que se refere o dispositivo somente alcança aqueles que, tendo o dever jurídico de agir, omitem-se e permitem o uso de armas químicas ou a realização das atividades estampadas no inciso I, no Brasil ou no exterior.

Tentativa: em tese, admite-se, salvo nas condutas de *fazer uso* e de *contribuir por omissão,* em que é impossível a tentativa.

Ação penal: pública incondicionada.

41 Proteção a Vítimas e Testemunhas Ameaçadas
Lei n. 9.807/99

> Art. 1º As medidas de proteção requeridas por vítimas ou por testemunhas de crimes que estejam coagidas ou expostas a grave ameaça em razão de colaborarem com a investigação ou processo criminal serão prestadas pela União, pelos Estados e pelo Distrito Federal, no âmbito das respectivas competências, na forma de programas especiais organizados com base nas disposições desta Lei.
>
> § 1º A União, os Estados e o Distrito Federal poderão celebrar convênios, acordos, ajustes ou termos de parceria entre si ou com entidades não governamentais objetivando a realização dos programas.
>
> § 2º A supervisão e a fiscalização dos convênios, acordos, ajustes e termos de parceria de interesse da União ficarão a cargo do órgão do Ministério da Justiça com atribuições para a execução da política de direitos humanos.

Vítima (ofendido): é o titular do direito lesado ou posto em perigo pelo crime; é aquele que sofre a ação de violação da norma penal, ou seja, é o sujeito passivo da infração. Uma vez intimada a prestar declarações, a vítima deve fazê-lo, podendo, inclusive, responder pelo crime de desobediência se não o fizer.

Testemunha: são terceiros que comparecem perante a Autoridade, sob o compromisso de dizer a verdade, para contar o que sabem sobre o ocorrido. A testemunha pode ter presenciado o fato criminoso, ou até mesmo ter somente ficado sabendo de sua ocorrência. Segundo o art. 202 do CPP, qualquer pessoa pode ser testemunha; contudo, em alguns casos, como, por exemplo, nos arts. 206 e 208 do CPP, a testemunha não tem o compromisso de dizer a verdade, sendo considerada informante. Uma vez intimada a prestar declarações, a testemunha deve fazê-lo, podendo, inclusive, responder pelo crime de desobediência se não o fizer. Assim o fazendo, não pode mentir ou deixar de falar algo, sob pena de ser responsabilizada pelo crime de falso testemunho (art. 342 do CP).

Competência: a competência para deferir as medidas de proteção varia conforme a competência para a apuração e julgamento do crime. Se o crime for de competência da justiça estadual, a competência para prestar proteção às testemunhas será estadual. Se a competência para a apuração do crime é federal, será federal a competência para prestar proteção à testemunha.

Provimento n. 32/2000: editado pela Corregedoria Geral da Justiça do Estado de São Paulo, este provimento visa colaborar com a proteção de vítimas e testemunhas que se sentirem ameaçadas por prestarem depoimento. Assim, ao prestarem suas declarações, as vítimas e testemunhas protegidas têm sua qualificação suprimida, para que outras pessoas não tenham acesso aos seus dados pessoais. Inclusive, recentemente, disposição semelhante foi introduzida pelo art. 201 do Código de Processo

Penal, com a redação que lhe foi dada pela Lei n. 11.690/2008, que, no § 6º, dispõe: "O juiz tomará as providências necessárias à preservação da intimidade, vida privada, honra e imagem do ofendido, podendo, inclusive, determinar o segredo de justiça em relação aos dados, depoimentos e outras informações constantes dos autos a seu respeito para evitar sua exposição aos meios de comunicação".

> Art. 2º A proteção concedida pelos programas e as medidas dela decorrentes levarão em conta a gravidade da coação ou da ameaça à integridade física ou psicológica, a dificuldade de preveni-las ou reprimi-las pelos meios convencionais e a sua importância para a produção da prova.
>
> § 1º A proteção poderá ser dirigida ou estendida ao cônjuge ou companheiro, ascendentes, descendentes e dependentes que tenham convivência habitual com a vítima ou testemunha, conforme o especificamente necessário em cada caso.
>
> § 2º Estão excluídos da proteção os indivíduos cuja personalidade ou conduta seja incompatível com as restrições de comportamento exigidas pelo programa, os condenados que estejam cumprindo pena e os indiciados ou acusados sob prisão cautelar em qualquer de suas modalidades. Tal exclusão não trará prejuízo a eventual prestação de medidas de preservação da integridade física desses indivíduos por parte dos órgãos de segurança pública.
>
> § 3º O ingresso no programa, as restrições de segurança e demais medidas por ele adotadas terão sempre a anuência da pessoa protegida, ou de seu representante legal.
>
> § 4º Após ingressar no programa, o protegido ficará obrigado ao cumprimento das normas por ele prescritas.
>
> § 5º As medidas e providências relacionadas com os programas serão adotadas, executadas e mantidas em sigilo pelos protegidos e pelos agentes envolvidos em sua execução.

Proteção por meios convencionais: a proteção feita com base nesta Lei deve constituir medida extrema, realizada depois de tentar cessar a ameaça de outras formas, como, por exemplo, pela prisão do acusado, seja temporária ou preventivamente.

Importância do depoimento para a produção da prova: deve ser levada em consideração a relevância do depoimento da vítima ou testemunha para que ela seja incluída neste programa. Pessoas que vão a juízo para fazer declarações de pouca importância não têm necessidade de ser levadas a ter proteção.

Cônjuge ou companheiro, ascendentes, descendentes e dependentes que tenham convivência habitual: quando vítimas ou testemunhas coagidas ou expostas a grave ameaça em razão de colaborarem com a investigação ou processo criminal são inclusas num programa de proteção, não haveria eficácia da medida se suas famílias ficassem expostas e sem proteção. Por isso, com o intuito de proteger a unidade familiar, bem como das pessoas que convivam habitualmente com a pessoa ameaçada, elas também serão incluídas neste programa de proteção às testemunhas.

Personalidade ou conduta incompatível com as restrições de comportamento exigidas pelo programa: o programa de proteção às vítimas e testemunhas exige que a pessoa protegida siga algumas regras para que uma segurança efetiva seja feita. Se a pessoa sob proteção possuir personalidade antissocial, ou realizar condutas que não condigam com as regras estipuladas, será excluída da proteção.

Condenados, indiciados ou acusados: se a pessoa estiver presa, seja cumprindo pena, seja cautelarmente, já se encontra sob a tutela do Estado, e, portanto, já se vê protegida por ele.

Anuência da pessoa protegida: ninguém deve ser obrigado a participar do programa de proteção a testemunha, mesmo que esteja sendo ameaçado. A vítima ou testemunha deve querer ser protegida.

Art. 3º Toda admissão no programa ou exclusão dele será precedida de consulta ao Ministério Público sobre o disposto no art. 2º e deverá ser subsequentemente comunicada à autoridade policial ou ao juiz competente.

Consulta ao Ministério Público: o Ministério Público deve ser consultado previamente sobre a admissão de uma pessoa no programa de proteção a vítimas e testemunhas. O Ministério Público analisará tanto a questão da importância do depoimento para a produção da prova, como os outros pontos estabelecidos no artigo anterior. Depois da consulta ministerial, a autoridade policial ou o juiz competente serão comunicados.

Art. 4º Cada programa será dirigido por um conselho deliberativo em cuja composição haverá representantes do Ministério Público, do Poder Judiciário e de órgãos públicos e privados relacionados com a segurança pública e a defesa dos direitos humanos.

§ 1º A execução das atividades necessárias ao programa ficará a cargo de um dos órgãos representados no conselho deliberativo, devendo os agentes dela incumbidos ter formação e capacitação profissional compatíveis com suas tarefas.

§ 2º Os órgãos policiais prestarão a colaboração e o apoio necessários à execução de cada programa.

Conselho deliberativo: é o órgão que dirige o programa de proteção à testemunha, sendo composto por representantes do Ministério Público, do Poder Judiciário e de órgãos públicos e privados relacionados com a segurança pública e a defesa dos direitos humanos.

Execução de atividades necessárias ao programa: não estabeleceu o legislador quais seriam as atividades necessárias ao programa de proteção a testemunhas, deixando que cada conselho deliberativo estabeleça a estrutura adequada, ficando a execução dessas atividades a cargo de um dos órgãos perante ele representados. No parágrafo segundo, o legislador estabeleceu as atribuições dos órgãos policiais, daí por que se entende que o executante das atividades necessárias ao programa deva ser o Ministério Público, o Poder Judiciário, ou outro órgão público ou privado relacionado com a segurança pública e a defesa dos direitos humanos.

Art. 5º A solicitação objetivando ingresso no programa poderá ser encaminhada ao órgão executor:

I – pelo interessado;

II – por representante do Ministério Público;

III – pela autoridade policial que conduz a investigação criminal;

IV – pelo juiz competente para a instrução do processo criminal;

V – por órgãos públicos e entidades com atribuições de defesa dos direitos humanos.

§ 1º A solicitação será instruída com a qualificação da pessoa a ser protegida e com informações sobre a sua vida pregressa, o fato delituoso e a coação ou ameaça que a motiva.

§ 2º Para fins de instrução do pedido, o órgão executor poderá solicitar, com a aquiescência do interessado:

I – documentos ou informações comprobatórios de sua identidade, estado civil, situação profissional, patrimônio e grau de instrução, e da pendência de obrigações civis, administrativas, fiscais, financeiras ou penais;

II – exames ou pareceres técnicos sobre a sua personalidade, estado físico ou psicológico.

§ 3º Em caso de urgência e levando em consideração a procedência, gravidade e a iminência da coação ou ameaça, a vítima ou testemunha poderá ser colocada provisoriamente sob a custódia de órgão policial, pelo órgão executor, no aguardo de decisão do conselho deliberativo, com comunicação imediata a seus membros e ao Ministério Público.

Ingresso no programa: o dispositivo estabelece a legitimidade para requerer o ingresso no programa, mediante solicitação feita ao órgão executor, instruída com os documentos e informações indicadas, que poderão ser por ele complementadas, com a aquiescência do interessado.

Anuência da pessoa protegida: mesmo que a solicitação objetivando ingresso no programa seja encaminhada ao órgão executor por representante do Ministério Público, pela autoridade policial que conduz a investigação criminal, pelo juiz competente para a instrução do processo criminal ou por órgãos públicos e entidades com atribuições de defesa dos direitos humanos, ela deve conter a anuência da pessoa protegida, posto que, como já dito anteriormente, ninguém deve ser obrigado a participar do programa de proteção a vítimas e testemunhas, mesmo que esteja sendo ameaçado.

Custódia provisória: existem casos urgentes em que a pessoa que precisa ser protegida não pode aguardar a manifestação do Ministério Público e do conselho deliberativo. Nesses casos de maior urgência, será concedida uma custódia provisória de órgão policial, sendo a testemunha ou vítima colocada sob proteção, comunicando-se o Ministério Público e os membros do conselho deliberativo.

> Art. 6º O conselho deliberativo decidirá sobre:
>
> I – o ingresso do protegido no programa ou a sua exclusão;
>
> II – as providências necessárias ao cumprimento do programa.
>
> Parágrafo único. As deliberações do conselho serão tomadas por maioria absoluta de seus membros e sua execução ficará sujeita à disponibilidade orçamentária.

Conselho deliberativo: esse conselho tem por atribuição deliberar sobre o ingresso ou exclusão do protegido no programa de proteção, verificando não somente a importância do depoimento para a produção da prova, como também os outros pontos estabelecidos no artigo segundo. Ressalte-se que não somente sobre o ingresso no programa, mas também sobre a exclusão dele, será deliberado pelo conselho, tudo com base nos parâmetros estabelecidos no artigo segundo, como, por exemplo, a personalidade ou conduta incompatível com as restrições de comportamento exigidas pelo programa. Tudo o que for necessário para a execução do programa também fica a encargo deste Conselho, que deverá decidir todas as questões por *quorum* qualificado. Outrossim, as deliberações do Conselho estarão condicionadas à disponibilidade orçamentária.

> Art. 7º Os programas compreendem, dentre outras, as seguintes medidas, aplicáveis isolada ou cumulativamente em benefício da pessoa protegida, segundo a gravidade e as circunstâncias de cada caso:
>
> I – segurança na residência, incluindo o controle de telecomunicações;
>
> II – escolta e segurança nos deslocamentos da residência, inclusive para fins de trabalho ou para a prestação de depoimentos;
>
> III – transferência de residência ou acomodação provisória em local compatível com a proteção;
>
> IV – preservação da identidade, imagem e dados pessoais;
>
> V – ajuda financeira mensal para prover as despesas necessárias à subsistência individual ou familiar, no caso de a pessoa protegida estar impossibilitada de desenvolver trabalho regular ou de inexistência de qualquer fonte de renda;
>
> VI – suspensão temporária das atividades funcionais, sem prejuízo dos respectivos vencimentos ou vantagens, quando servidor público ou militar;
>
> VII – apoio e assistência social, médica e psicológica;
>
> VIII – sigilo em relação aos atos praticados em virtude da proteção concedida;

IX – apoio do órgão executor do programa para o cumprimento de obrigações civis e administrativas que exijam o comparecimento pessoal.

Parágrafo único. A ajuda financeira mensal terá um teto fixado pelo conselho deliberativo no início de cada exercício financeiro.

Medidas aplicáveis: em cada caso deverá ser analisada qual a medida necessária para dar efetividade à proteção, estabelecendo o dispositivo importante rol que, se adequadamente empregado, criará condições materiais e psicológicas favoráveis à efetiva proteção à vítima ou testemunha.

Preservação da identidade do informante: o Superior Tribunal de Justiça entende que resguardar a identidade do informante em nada prejudica a defesa do réu, sendo perfeitamente possível exercer o contraditório e a ampla defesa sem tal informação. Nesse sentido:

"PENAL E PROCESSO PENAL. RECURSO EM *HABEAS CORPUS*. 1. 'TESTEMUNHA SIGILOSA'. AUSÊNCIA DE ACESSO À QUALIFICAÇÃO. POSSIBILIDADE. ART. 7º, IV, DA LEI 9.807/1.999. 2. RECEIO DE REPRESÁLIAS. ANÁLISE REALIZADA NA ORIGEM. IMPOSSIBILIDADE DE REEXAME. 3. ACESSO À QUALIFICAÇÃO AO ADVOGADO DA DEFESA. PRECEDENTES DO STF E DO STJ. EXISTÊNCIA DE DISTINÇÃO. PESSOA NÃO ARROLADA COMO TESTEMUNHA PELO MP. MERO INFORMANTE. 4. SITUAÇÃO QUE SE ASSEMELHA À DENÚNCIA ANÔNIMA. DESNECESSIDADE DE QUALIFICAÇÃO. PRECEDENTES. 5. DIREITOS CONSTITUCIONAIS. PRESERVAÇÃO DA IDENTIDADE. AUSÊNCIA DE PREJUÍZO OU BENEFÍCIO À DEFESA. 6. 'TESTEMUNHA SIGILOSA' ARROLADA PELA DEFESA. PLEITO DE NULIDADE DO DEPOIMENTO. COMPORTAMENTO CONTRADITÓRIO. 7. CONTRADITÓRIO E AMPLA DEFESA ASSEGURADOS. AUSÊNCIA DE PREJUÍZO. 8. NECESSIDADE DE RESPONSABILIZAÇÃO DO INFORMANTE. ARGUMENTAÇÃO GENÉRICA. NÃO CONFIGURAÇÃO, POR ORA, DE ILÍCITO CÍVEL OU PENAL DO INFORMANTE. 9. RECURSO EM *HABEAS CORPUS* A QUE SE NEGA PROVIMENTO. 1. 'Aplica-se a medida de preservação da identidade, da imagem e dos dados pessoais de testemunhas quando justificada pela gravidade e circunstâncias do caso (Lei n. 9.807/1999, art. 7º, IV)'. (AgRg no HC 618.939/CE, Rel. Ministro JOÃO OTÁVIO DE NORONHA, QUINTA TURMA, julgado em 03/11/2020, DJe 18/11/2020). 2. Cabe às instâncias ordinárias aferirem se o receio de represálias por parte do informante é legítimo e se justifica a limitação imposta, tendo se concluído que "revelar a identidade do declarante poderia trazer prejuízos a este, ao arrepio de suas garantias legais". Dessa forma, para afastar a compreensão das instâncias de origem, seria necessário o revolvimento dos elementos fáticos dos autos o que, como é de conhecimento, não é possível na via estreita do *habeas corpus*. 3. No que diz respeito ao acesso da qualificação ao advogado da defesa, constata-se que a denominada 'testemunha sigilosa' não foi arrolada pelo Ministério Público. A distinção apontada interfere no tratamento a ser dado à situação dos autos. De fato, não se tratando de testemunha arrolada na denúncia, não se faz necessário viabilizar a contradita, nos termos do art. 214 do CPP, cuja consequência é a exclusão da testemunha – a qual, reitero, nem sequer foi arrolada pela acusação – ou o não deferimento de compromisso, o que também já ocorreu, uma vez que foi ouvida como informante. 4. Analisando as particularidades do caso concreto, constata-se que a presente situação mais se assemelha a uma denúncia anônima, com efetiva averiguação dos fatos pelo Ministério Público, que, sem a necessidade da oitiva em juízo da denominada 'testemunha sigilosa', optou por manter o sigilo sobre sua qualificação. Assim, 'o relato de informante com identidade oculta, que temia pela própria segurança, é válido quando as informações por ele trazidas tenham sido corroboradas por diligências'. (AgRg no HC 563.465/SC, Rel. Ministro NEFI CORDEIRO, SEXTA TURMA, julgado em 02/06/2020, *DJe* 08/06/2020) 5. Deve-se ponderar os direitos constitucionais em jogo, prevalecendo, na presente hipótese, a preservação da identidade do informante, à míngua de efetiva demonstração de prejuízo acarretado à defesa ou de eventual benefício com sua identificação. 'Resguardar a identidade do informante em nada prejudica a defesa do réu, pois todas as testemunhas arroladas nos autos da ação penal estão devidamente nominadas e qualificadas na Denúncia, não havendo nenhuma testemunha sigilosa, tampouco existem documentos ocultos, de modo que é perfeitamente possível exercer o contraditório e a ampla defesa na presente ação'. 6. O Ministério Público não arrolou a intitulada 'testemunha sigilosa', tendo apenas colhido seu relato extrajudicialmente. No entanto, a própria defesa requereu sua oitiva judicial, o que foi deferido pelo Magistrado de origem. Assim, revela-se no mínimo contraditório pugnar pela anulação de depoimento judicializado pela própria defesa. 7. Eventual demonstração da inocência do recorrente dispensa a identificação da denominada 'testemunha sigilosa', a qual foi arrolada pela própria defesa e ouvida em Juízo, com 'a presença, por videoconferência, do defensor do paciente, instante em que este teve a oportunidade de formular perguntas, razão pela qual o sigilo daquela em nada comprometeu o contraditório e ampla defesa do paciente', 'o que afasta por completo a arguição de nulidade do feito'. (HC 147.471/SP, Rel. Ministro JORGE MUSSI, QUINTA TURMA, julgado em 13/09/2011, DJe 26/09/2011) 8. O pedido de identificação sob a argumentação genérica de que se pretende responsabilizar a testemunha 'pelas mentirosas imputações formuladas' também não tem o condão de ensejar sua identificação, porquanto não configurado ou demonstrado, por ora, eventual ilícito, nem penal nem cível. Assim, não é possível identificar prejuízo à defesa ou mesmo eventual benefício à situação processual do recorrente, motivo pelo qual não há se falar em nulidade nem em direito de conhecer a qualificação do informante. 9. Recurso em *habeas corpus* a que se nega provimento" (RHC 145.329/PR, Rel. Min. Reynaldo Soares da Fonseca, 5ª Turma, DJe 30-8-2021).

> Art. 8º Quando entender necessário, poderá o conselho deliberativo solicitar ao Ministério Público que requeira ao juiz a concessão de medidas cautelares direta ou indiretamente relacionadas com a eficácia da proteção.

Medidas cautelares: dependendo da gravidade do caso, poderão ser estabelecidas medidas cautelares para a garantia da proteção. Estas medidas cautelares são solicitadas pelo conselho ao Ministério Público, e este, por sua vez, as requererá ao juiz competente.

> Art. 9º Em casos excepcionais e considerando as características e gravidade da coação ou ameaça, poderá o conselho deliberativo encaminhar requerimento da pessoa protegida ao juiz competente para registros públicos objetivando a alteração de nome completo.
>
> § 1º A alteração de nome completo poderá estender-se às pessoas mencionadas no § 1º do art. 2º desta Lei, inclusive aos filhos menores, e será precedida das providências necessárias ao resguardo de direitos de terceiros.
>
> § 2º O requerimento será sempre fundamentado e o juiz ouvirá previamente o Ministério Público, determinando, em seguida, que o procedimento tenha rito sumaríssimo e corra em segredo de justiça.
>
> § 3º Concedida a alteração pretendida, o juiz determinará na sentença, observando o sigilo indispensável à proteção do interessado:
>
> I – a averbação no registro original de nascimento da menção de que houve alteração de nome completo em conformidade com o estabelecido nesta Lei, com expressa referência à sentença autorizatória e ao juiz que a exarou e sem a aposição do nome alterado;
>
> II – a determinação aos órgãos competentes para o fornecimento dos documentos decorrentes da alteração;
>
> III – a remessa da sentença ao órgão nacional competente para o registro único de identificação civil, cujo procedimento obedecerá às necessárias restrições de sigilo.

> § 4º O conselho deliberativo, resguardado o sigilo das informações, manterá controle sobre a localização do protegido cujo nome tenha sido alterado.
>
> § 5º Cessada a coação ou ameaça que deu causa à alteração, ficará facultado ao protegido solicitar ao juiz competente o retorno à situação anterior, com a alteração para o nome original, em petição que será encaminhada pelo conselho deliberativo e terá manifestação prévia do Ministério Público.

Lei n. 6.015/73: segundo a Lei de Registros Públicos, qualquer alteração posterior de nome, somente por exceção e motivadamente, após audiência do Ministério Público, será permitida por sentença do juiz a que estiver sujeito o registro, arquivando-se o mandado e publicando-se a alteração pela imprensa. Quando a alteração de nome for concedida em razão de fundada coação ou ameaça decorrente de colaboração com a apuração de crime, o juiz competente determinará que haja a averbação no registro de origem de menção da existência de sentença concessiva da alteração, sem a averbação do nome alterado, que somente poderá ser procedida mediante determinação posterior, que levará em consideração a cessação da coação ou ameaça que deu causa à alteração. O prenome será definitivo, admitindo-se, todavia, a sua substituição por apelidos públicos notórios.

> Art. 10. A exclusão da pessoa protegida de programa de proteção a vítimas e a testemunhas poderá ocorrer a qualquer tempo:
>
> I – por solicitação do próprio interessado;
>
> II – por decisão do conselho deliberativo, em consequência de:
>
> *a)* cessação dos motivos que ensejaram a proteção;
>
> *b)* conduta incompatível do protegido.

Solicitação do interessado: a própria vítima ou testemunha posta sob proteção poderá solicitar sua exclusão do programa a qualquer tempo.

Cessação dos motivos: quando a proteção for concedida em razão de fundada coação ou ameaça decorrente de colaboração com a apuração de crime e este motivo cessar, a proteção também deve ser cessada, excluindo-se, por decisão do conselho deliberativo, a pessoa do programa de proteção a vítimas e testemunhas.

Conduta incompatível: o programa de proteção a vítimas e testemunhas exige que a pessoa protegida siga algumas regras para que a segurança efetiva seja feita; se tiver uma personalidade antissocial, ou realizar condutas que não condigam com as regras estipuladas, o indivíduo será excluído da proteção.

> Art. 11. A proteção oferecida pelo programa terá a duração máxima de dois anos.
>
> Parágrafo único. Em circunstâncias excepcionais, perdurando os motivos que autorizam a admissão, a permanência poderá ser prorrogada.

Duração máxima: a proteção oferecida pelo programa não deveria prever um tempo máximo, e sim perdurar até a cessação dos motivos que a ensejaram, ou pela ocorrência de qualquer dos outros motivos elencados no artigo anterior.

Circunstâncias excepcionais: se os motivos autorizadores da proteção perdurarem, a permanência no programa poderá ser excepcionalmente prorrogada, não se limitando, portanto, ao prazo de dois anos.

> Art. 12. Fica instituído, no âmbito do órgão do Ministério da Justiça com atribuições para a execução da política de direitos humanos, o Programa Federal de Assistência a Vítimas e a Testemunhas Ameaçadas, a ser regulamentado por decreto do Poder Executivo. (*Regulamentado pelo Dec. n. 3.518, de 20-6-2000.*)

Decreto n. 3.518, de 20-6-2000: regulamenta o Programa Federal de Assistência a Vítimas e a Testemunhas Ameaçadas, instituído por este artigo, e dispõe sobre a atuação da Polícia Federal nas hipóteses previstas nos arts. 2º, § 2º, 4º, § 2º, 5º, § 3º, e 15 desta Lei.

> Art. 13. Poderá o juiz, de ofício ou a requerimento das partes, conceder o perdão judicial e a consequente extinção da punibilidade ao acusado que, sendo primário, tenha colaborado efetiva e voluntariamente com a investigação e o processo criminal, desde que dessa colaboração tenha resultado:
> I – a identificação dos demais coautores ou partícipes da ação criminosa;
> II – a localização da vítima com a sua integridade física preservada;
> III – a recuperação total ou parcial do produto do crime.
> Parágrafo único. A concessão do perdão judicial levará em conta a personalidade do beneficiado e a natureza, circunstâncias, gravidade e repercussão social do fato criminoso.

Delação premiada: consiste na diminuição de pena ou no perdão judicial do coautor ou partícipe do delito, que, com sua confissão espontânea, contribua para que a autoridade identifique os demais coautores ou partícipes do crime, localize a vítima com sua integridade física preservada ou que concorra para a recuperação, total ou parcial, do produto do crime.

Requisitos: para obter o perdão judicial, o delator deverá ser primário, levando-se em conta, ainda, sua personalidade, a natureza, a repercussão social e a gravidade da conduta. Não fazendo jus ao perdão judicial, ainda restará ao delator a diminuição de pena.

Perdão judicial: a concessão de perdão judicial ao réu colaborador é providência que há muito vinha sendo reclamada pela comunidade jurídica, na medida em que, além de corresponder a modernos sistemas de premiação ao delator, evita seu ingresso no sistema prisional, ainda que para cumprir pena privativa de liberdade reduzida, situação em que poderia sofrer represálias em consequência de seu ato.

Organizações criminosas: a Lei n. 12.850/2013, que cuida das Organizações Criminosas, também trouxe disposição semelhante, no art. 4º, no tocante ao que chamou de "colaboração premiada". Entretanto, as disposições da referida lei com relação à colaboração premiada se referem a investigação criminal ou processo envolvendo delitos praticados por organizações criminosas. Portanto, o dispositivo ora em análise convive pacificamente com as disposições da Lei n. 12.850/2013 referentes à colaboração premiada e seus efeitos.

> Art. 14. O indiciado ou acusado que colaborar voluntariamente com a investigação policial e o processo criminal na identificação dos demais coautores ou partícipes do crime, na localização da vítima com vida e na recuperação total ou parcial do produto do crime, no caso de condenação, terá pena reduzida de um a dois terços.

Diminuição da pena: nesta hipótese o delator, apesar de colaborar voluntariamente com a investigação policial ou processo criminal, não faz jus ao perdão judicial, por não preencher os requisitos deste benefício (primariedade, por exemplo).

Extensão do benefício: por ter caráter pessoal, a delação premiada não se comunica aos corréus em casos de concurso de pessoas. Neste sentido, STJ – HC 33.833/PE – Rel. Min. Gilson Dipp – 5ª T.

Redução da pena: a quantidade de redução da pena (de um a dois terços) varia conforme a culpabilidade do agente.

Conflito com outras hipóteses de delação premiada: existem em nosso ordenamento jurídico outras disposições de delação premiada, como, por exemplo, a do art. 159, § 4º, do CP. Nestes casos, será aplicado o dispositivo que for mais favorável ao colaborador.

> Art. 15. Serão aplicadas em benefício do colaborador, na prisão ou fora dela, medidas especiais de segurança e proteção a sua integridade física, considerando ameaça ou coação eventual ou efetiva.
>
> § 1º Estando sob prisão temporária, preventiva ou em decorrência de flagrante delito, o colaborador será custodiado em dependência separada dos demais presos.
>
> § 2º Durante a instrução criminal, poderá o juiz competente determinar em favor do colaborador qualquer das medidas previstas no art. 8º desta Lei.
>
> § 3º No caso de cumprimento da pena em regime fechado, poderá o juiz criminal determinar medidas especiais que proporcionem a segurança do colaborador em relação aos demais apenados.

Segurança do colaborador: quando um criminoso entrega seus comparsas e, mesmo assim, é condenado e preso, torna-se evidente a necessidade de proteção. Assim, serão aplicadas ao colaborador todas as medidas possíveis para garantir sua segurança, como, por exemplo, ser preso em dependência separada dos demais comparsas.

> Art. 16. O art. 57 da Lei n. 6.015, de 31 de dezembro de 1973, fica acrescido do seguinte § 7º:
>
> "§ 7º Quando a alteração de nome for concedida em razão de fundada coação ou ameaça decorrente de colaboração com a apuração de crime, o juiz competente determinará que haja a averbação no registro de origem de menção da existência de sentença concessiva da alteração, sem a averbação do nome alterado, que somente poderá ser procedida mediante determinação posterior, que levará em consideração a cessação da coação ou ameaça que deu causa à alteração".
>
> Art. 17. O parágrafo único do art. 58 da Lei n. 6.015, de 31 de dezembro de 1973, com a redação dada pela Lei n. 9.708, de 18 de novembro de 1998, passa a ter a seguinte redação:
>
> "Parágrafo único. A substituição do prenome será ainda admitida em razão de fundada coação ou ameaça decorrente da colaboração com a apuração de crime, por determinação, em sentença, de juiz competente, ouvido o Ministério Público".
>
> Art. 18. O art. 18 da Lei n. 6.015, de 31 de dezembro de 1973, passa a ter a seguinte redação:
>
> "Art. 18. Ressalvado o disposto nos arts. 45, 57, § 7º, e 95, parágrafo único, a certidão será lavrada independentemente de despacho judicial, devendo mencionar o livro de registro ou o documento arquivado no cartório".
>
> Art. 19. A União poderá utilizar estabelecimentos especialmente destinados ao cumprimento de pena de condenados que tenham prévia e voluntariamente prestado a colaboração de que trata esta Lei.
>
> Parágrafo único. Para fins de utilização desses estabelecimentos, poderá a União celebrar convênios com os Estados e o Distrito Federal.
>
> Art. 19-A. Terão prioridade na tramitação o inquérito e o processo criminal em que figure indiciado, acusado, vítima ou réu colaboradores, vítima ou testemunha protegidas pelos programas de que trata esta Lei. (*Incluído pela Lei n. 12.483, de 2011.*)

> Parágrafo único. Qualquer que seja o rito processual criminal, o juiz, após a citação, tomará antecipadamente o depoimento das pessoas incluídas nos programas de proteção previstos nesta Lei, devendo justificar a eventual impossibilidade de fazê-lo no caso concreto ou o possível prejuízo que a oitiva antecipada traria para a instrução criminal. *(Incluído pela Lei n. 12.483, de 2011.)*

Estabelecimentos especiais: é salutar a separação dos condenados premiados com redução de pena em razão da colaboração voluntária, a fim de que não se vejam submetidos a qualquer tipo de constrangimento no cárcere comum e para que tenham sua vida e integridade corporal preservadas. Daí por que a União poderá utilizar estabelecimentos prisionais especialmente destinados a esse fim, podendo, inclusive, celebrar convênios com os Estados e o Distrito Federal.

Prioridade na tramitação: com a promulgação da Lei n. 12.483, de 8 de setembro de 2011, foi acrescentado o art. 19-A, determinando prioridade na tramitação do inquérito e do processo criminal em que figure indiciado, acusado, vítima ou réu colaboradores, vítima ou testemunha protegidas pelos programas de que trata a Lei n. 9.807/99, impondo que o juiz, qualquer que seja o rito processual criminal, após a citação, deverá tomar antecipadamente o depoimento das pessoas incluídas nos programas de proteção, devendo justificar a eventual impossibilidade de fazê-lo no caso concreto ou o possível prejuízo que a oitiva antecipada traria para a instrução criminal.

> Art. 20. As despesas decorrentes da aplicação desta Lei, pela União, correrão à conta de dotação consignada no orçamento.
>
> Art. 21. Esta Lei entra em vigor na data de sua publicação.

# 42 Proteção da Propriedade Intelectual de Programa de Computador

Lei n. 9.609/98

1. Conceito legal de programa de computador

O art. 1º da Lei n. 9.609/98 estabelece um conceito legal de *programa de computador* como sendo a expressão de um conjunto organizado de instruções em linguagem natural ou codificada, contida em suporte físico de qualquer natureza, de emprego necessário em máquinas automáticas de tratamento da informação, dispositivos, instrumentos ou equipamentos periféricos, baseados em técnica digital ou análoga, para fazê-los funcionar de modo e para fins determinados.

O programa de computador também é conhecido como *software*, ou *logiciel*, e corresponde a uma sequência de instruções, as quais devem ser executadas para que o computador direcione, execute ou modifique dados. O *software* tem como suporte o chamado *hardware*, que é a parte física do computador, ou seja, é o conjunto de componentes eletrônicos, circuitos integrados e placas, que se comunicam através de barramentos. Em contraposição ao *hardware*, o *software* é a parte lógica, ou seja, o conjunto de instruções e dados processado pelos circuitos eletrônicos do *hardware*. Toda interação dos usuários de computadores modernos é realizada por meio do *software*, que é a camada colocada sobre o *hardware* que transforma o computador em algo útil para o ser humano. Sob o aspecto jurídico, enquanto o *software* incide no campo da propriedade autoral, o *hardware* encontra-se na esfera da propriedade industrial.

A propriedade industrial é um direito permanente disciplinado pelo Direito Comercial e diz respeito às patentes de invenções, às marcas e aos modelos industriais. Já a propriedade autoral é um direito temporário, tratado pelo Direito Civil e classificado como real.

Direitos de autor, por seu turno, é a prerrogativa pertencente ao autor de obra literária, artística ou científica de explorar economicamente e com exclusividade (propriedade imaterial), enquanto viver, transmitindo esse direito aos seus herdeiros ou sucessores, pelo prazo que a lei estabelecer.

O ordenamento jurídico brasileiro enquadra o *software*, ou programas de computador, como obra intelectual incorpórea protegida pelo direito autoral, conforme o disposto no art. 7º, XII, da Lei n. 9.610/98, e conforme as disposições da lei ora em comento.

Inicialmente, a legislação pátria disciplinava a proteção aos programas de computador por meio da Lei n. 5.988/73 (Lei de Direitos Autorais), a qual cuidava dos direitos do autor em geral.

Posteriormente, devido aos obstáculos à época existentes, em enquadrar os *softwares* como obra literária e, logo, oferecer-lhes proteção jurídica, veio a lume a Lei n. 7.646/87, que tipificava o crime de informática próprio e conferia ao *software* a proteção dos direitos do autor.

Atualmente, vige a Lei n. 9.609/98, a qual também trata da proteção da propriedade intelectual dos programas de computador, contudo, de forma mais específica e completa em comparação as legislações anteriores.

Entretanto, embora a presente lei confira à propriedade intelectual de programa de computador o mesmo regime de proteção das obras literárias, dado pela legislação de direitos autorais e conexos, estabeleceu expressamente, no art. 2º, § 1º, a não aplicação ao programa de computador das disposições relativas aos direitos morais, ressalvado, a qualquer tempo, o direito do autor de reivindicar a paternidade do programa de computador e o direito do autor de opor-se a alterações não autorizadas, quando estas impliquem deformação, mutilação ou outra modificação do programa de computador, que prejudiquem a sua honra ou a sua reputação.

Os direitos morais são considerados imateriais e relativos à personalidade do indivíduo. São aqueles bens jurídicos pertencentes à pessoa e insuscetíveis de valor pecuniário, tais como honra, imagem, felicidade etc.

Portanto, a lei ora tratada exclui da mesma proteção dada aos direitos de autor os direitos morais no que tange aos programas de computador, ressalvando, tão somente, a hipótese da prática violadora dos direitos do autor do *software* implicar a maculação da honra e reputação deste. Nesta situação, o autor poderá reivindicar a autoria do *software* a qualquer tempo, dado o direito de paternidade ou opor-se a alterações do programa de computador, em razão do direito de integridade da obra.

Outrossim, embora a lei assegure a tutela dos direitos relativos a programa de computador pelo prazo de cinquenta anos, contados a partir de 1º de janeiro do ano subsequente ao da sua publicação ou, na ausência desta, da sua criação, não condiciona a proteção a esses direitos ao prévio registro. Isso porque o registro nas obras intelectuais científicas ou artísticas possui menor importância no campo dos direitos autorais, visto que ele não assegura a autoria de tais criações, mas tão somente a presume. Portanto, o registro no órgão competente é facultativo.

2. Dos crimes e das penas

> Art. 12. Violar direitos de autor de programa de computador:
> Pena – Detenção de seis meses a dois anos ou multa.

Objetividade jurídica: a proteção da propriedade intelectual, ou seja, os direitos de autor de programa de computador.

Sujeito ativo: qualquer pessoa.

Sujeito passivo: o autor do programa de computador, ou a própria empresa que detenha o *software* em razão de contrato de prestação de serviços. Também os herdeiros e sucessores do autor do programa de computador, até o limite de 50 anos fixado em lei.

Conduta: vem expressa pelo verbo *violar*, que implica devassar, desrespeitar, infringir.

Objeto material: é o programa de computador (*vide* item 1 *supra*).

Elemento subjetivo: é o dolo, ou seja, a vontade livre e consciente de praticar as condutas incriminadas. Não é admitida a modalidade culposa do crime.

Consumação: ocorre com a conduta que viole os direitos do autor dos programas de computador, tais como a reprodução, utilização, comercialização etc. Trata-se de crime formal, pois independe da ocorrência de efetivo prejuízo.

Tentativa: é admitida, em tese, já que fracionável o *iter criminis*.

> § 1º Se a violação consistir na reprodução, por qualquer meio, de programa de computador, no todo ou em parte, para fins de comércio, sem autorização expressa do autor ou de quem o represente:
>
> Pena – Reclusão de um a quatro anos e multa.

Qualificadora: a forma qualificada do crime se dá quando a violação dos direitos do autor consistir na reprodução de *software* para os fins da mercancia, ou seja, a chamada *pirataria*.

Elemento subjetivo: a forma qualificada do tipo penal tratado exige que o autor pratique a conduta com a finalidade específica de comércio.

> § 2º Na mesma pena do parágrafo anterior incorre quem vende, expõe à venda, introduz no País, adquire, oculta ou tem em depósito, para fins de comércio, original ou cópia de programa de computador, produzido com violação de direito autoral.

Sujeito ativo: qualquer pessoa.

Sujeito passivo: o autor do programa de computador, ou a própria empresa que detenha o *software* em razão de contrato de prestação de serviços. Também os herdeiros e sucessores do autor do programa de computador, até o limite de 50 anos fixado em lei. Secundariamente, é sujeito passivo dessa modalidade de crime a coletividade, atingida pelo comércio ilegal de programas de computador.

Conduta: vem caracterizada pelos verbos *vender* (comercializar, alienar), *expor à venda* (exibir para comércio), *introduzir* (fazer ingressar), *adquirir* (obter, comprar), *ocultar* (esconder) e *ter em depósito* (manter depositado, ter guardado).

Objeto material: original ou cópia de programa de computador produzido com violação de direito autoral.

Elemento subjetivo: dolo. Não admite a forma culposa.

Elemento subjetivo específico: finalidade de comércio.

Consumação: ocorre com a prática das condutas típicas. Nas modalidades de conduta, *vender, adquirir e introduzir no país* é crime instantâneo, que se consuma com a efetiva venda, aquisição ou introdução. Já nas modalidades de conduta, *expor à venda, ocultar e ter em depósito* é crime permanente, cuja consumação se prolonga no tempo.

Tentativa: admite-se, já que fracionável o *iter criminis*.

> § 3º Nos crimes previstos neste artigo, somente se procede mediante queixa, salvo:

Ação penal privada: em regra, nos crimes acima analisados, somente se procede mediante queixa, ou seja, caberá ação penal privada a ser intentada pelo ofendido ou por quem tenha qualidade para representá-lo.

Exceções: contudo, nos casos abaixo assinalados, em razão de haver interesse público envolvido, caberá ação penal pública, a qual será promovida pelo Ministério Público mediante denúncia.

> I – quando praticados em prejuízo de entidade de direito público, autarquia, empresa pública, sociedade de economia mista ou fundação instituída pelo poder público;

Interesse público: nesse caso há interesse público envolvido, fazendo com que a ação penal seja pública incondicionada.

> II – quando, em decorrência de ato delituoso, resultar sonegação fiscal, perda de arrecadação tributária ou prática de quaisquer dos crimes contra a ordem tributária ou contra as relações de consumo.

Interesse público: nesse caso também há interesse público envolvido, especificamente porque da violação decorre sonegação fiscal ou perda de arrecadação tributária. Também porque, a par do crime de violação de direitos de autor de programa de computador, pode ocorrer crime contra ordem tributária ou contra as relações de consumo.

> § 4º No caso do inciso II do parágrafo anterior, a exigibilidade do tributo, ou contribuição social e qualquer acessório, processar-se-á independentemente de representação.

Representação: é desnecessária a representação para que se inicie a cobrança judicial do tributo ou contribuição social e qualquer acessório. Entretanto, essa cobrança estará sujeita ao procedimento e condições normais estabelecidas para as ações fiscais, seguindo a ação penal o procedimento traçado pela Lei n. 8.137/90, a cujos comentários remetemos o leitor.

> Art. 13. A ação penal e as diligências preliminares de busca e apreensão, nos casos de violação de direito de autor de programa de computador, serão precedidas de vistoria, podendo o juiz ordenar a apreensão das cópias produzidas ou comercializadas com violação de direito de autor, suas versões e derivações, em poder do infrator ou de quem as esteja expondo, mantendo em depósito, reproduzindo ou comercializando.

Requisitos da queixa-crime ou denúncia: a instauração do processo crime depende da prévia vistoria judicial.

Vistoria judicial: é uma espécie de prova pericial permitida para fins de instrução penal, em que o juiz nomeará um perito, que se dirigirá ao local dos fatos e analisará previamente o material eventualmente encontrado e, no caso de fraude, o magistrado ordenará a busca e apreensão do mesmo.

Providências civis: embora a Lei n. 9.609/98 permita ao magistrado fazer uso da vistoria judicial para fins de instrução criminal, diversas entidades de proteção aos direitos de autor vêm instaurando processos judiciais na esfera civil e, em sede de pedido cautelar, requerem a precitada vistoria nas empresas suspeitas de violarem os direitos dos autores de *software*. Ocorre que os autores das precitadas ações, em grande parte dos casos, não têm um conjunto probatório sólido que comprove fartamente a existência de tais fraudes, vez que, de regra, recebem denúncias anônimas ou apenas desconfiam desta prática. Nesta situação, o Poder Judiciário concede a ordem judicial para que um perito dirija-se ao local dos fatos e vistorie os arquivos particulares das empresas suspeitas.

> Art. 14. Independentemente da ação penal, o prejudicado poderá intentar ação para proibir ao infrator a prática do ato incriminado, com cominação de pena pecuniária para o caso de transgressão do preceito.
>
> § 1º A ação de abstenção de prática de ato poderá ser cumulada com a de perdas e danos pelos prejuízos decorrentes da infração.
>
> § 2º Independentemente de ação cautelar preparatória, o juiz poderá conceder medida liminar proibindo ao infrator a prática do ato incriminado, nos termos deste artigo.
>
> § 3º Nos procedimentos cíveis, as medidas cautelares de busca e apreensão observarão o disposto no artigo anterior.
>
> § 4º Na hipótese de serem apresentadas, em juízo, para a defesa dos interesses de qualquer das partes, informações que se caracterizem como confidenciais, deverá o juiz determinar que o processo prossiga em segredo de justiça, vedado o uso de tais informações também à outra parte para outras finalidades.
>
> § 5º Será responsabilizado por perdas e danos aquele que requerer e promover as medidas previstas neste e nos arts. 12 e 13, agindo de má-fé ou por espírito de emulação, capricho ou erro grosseiro, nos termos dos arts. 16, 17 e 18 do Código de Processo Civil.

Providências de caráter civil: esse artigo estabelece providências de caráter civil, a cargo do interessado, consistentes em medidas cautelares e ações de indenização, que não se relacionam necessariamente com as providências de natureza penal.

Capítulo VI
DISPOSIÇÕES FINAIS

> Art. 15. Esta Lei entra em vigor na data de sua publicação.
>
> Art. 16. Fica revogada a Lei n. 7.646, de 18 de dezembro de 1987.

43 Relações de Consumo
Lei n. 8.078/90
Código de Defesa do Consumidor

1. Legislação

Os crimes contra as relações de consumo estão previstos na Lei n. 8.078, de 11 de setembro de 1990 (Código de Defesa do Consumidor), e, ainda, na Lei n. 8.137, de 27 de dezembro de 1990.

2. Noção

Igualmente como ocorre nos crimes previstos no Estatuto da Criança e do Adolescente (Lei n. 8.069/90), o Código de Defesa do Consumidor instituiu uma série de normas que visam à proteção efetiva do consumidor. Para sua efetividade, dispôs o legislador, como forma de proteção do bem jurídico e prevenção, sobre delitos contra as relações de consumo. Na função preventiva, significa que o direito penal do consumidor não corre atrás do dano, mas a ele se antecipa. Para efeitos legais, *consumidor* é toda pessoa física ou jurídica que adquire ou utiliza produto ou serviço como destinatário final (art. 2º). Equipara-se a consumidor a coletividade de pessoas, ainda que indetermináveis, que haja intervindo nas relações de consumo. *Relações de consumo* são as que se estabelecem entre *fornecedor* e *consumidor*, tendo por objeto os *produtos* e *serviços*. Os §§ 1º e 2º do art. 3º da Lei conceituam produto e serviço.

3. Sujeito ativo

Nos delitos contra a relação de consumo, o sujeito ativo é a *pessoa física* vinculada ao art. 3º do Código do Consumidor, ou seja, relacionada ao termo *fornecedor*. Fornecedor, segundo o disposto nesse art. 3º, é toda pessoa física ou jurídica, pública ou privada, nacional ou estrangeira, bem como os entes despersonalizados, que desenvolvem atividades de produção, montagem, criação, construção, transformação, importação, exportação, distribuição ou comercialização de produtos ou prestação de serviço. Em matéria penal, entretanto, esse Código não previu a responsabilidade das pessoas jurídicas.

4. Sujeito passivo dos crimes contra as relações de consumo

4.1. Sujeito passivo primário

A *coletividade* é o sujeito passivo principal. Note-se que o sujeito passivo nos crimes comuns é normalmente determinado, como é determinada a pessoa no homicídio (art. 121 do CP). Nos crimes contra as relações de consumo não existe um sujeito passivo certo, ou seja, preciso e individualizado, já que se trata de interesse coletivo ou difuso. Dilui-se a lesão entre um número indeterminado de cidadãos.

4.2. Sujeito passivo secundário

Em alguns casos, pode existir determinada pessoa física atingida. Ex.: venda de mercadoria imprópria ao consumo (art. 7º, IX, da Lei n. 8.137/90). A norma penal incriminadora tutela por via reflexa o interesse individual, como, no caso, a saúde da pessoa.

5. Objeto jurídico

Da mesma forma explicada quanto ao sujeito passivo, incide uma diferença quanto ao objeto jurídico. Nos crimes comuns da Parte Especial do Código Penal, tutela-se bem pertencente ao homem, à pessoa jurídica ou ao Estado, isto é, o bem juridicamente tutelado relaciona-se a um ente. Já nos delitos de consumo, o bem tutelado se relaciona à coletividade (não há normalmente essa individualização). Tutela-se o interesse coletivo das relações de consumo. Todavia, nada impede que indiretamente venha o tipo penal a proteger o interesse individual na relação de consumo (mas não é este o escopo), por via indireta ou reflexa.

6. Conduta típica

Conforme salienta Damásio de Jesus (*Novíssimas questões criminais*, São Paulo: Saraiva, p. 137-138), normalmente o tipo objetivo exige um contato físico ou pessoal (p. ex., nos crimes contra o patrimônio). Nos delitos contra a relação de consumo, estes, de regra, não exigem o contato pessoal. É o caso da propaganda enganosa na televisão (não exige esse contato físico).

7. Objeto material

É o produto ou serviço.

Produto é qualquer bem, móvel ou imóvel, material ou imaterial.

Serviço é qualquer atividade fornecida no mercado de consumo, mediante remuneração, inclusive as de natureza bancária, financeira, de crédito e securitária, salvo as decorrentes das relações de caráter trabalhista.

8. Elemento subjetivo

É o dolo. Alguns autores mencionam o *dolo de perigo,* referindo-se à exposição do objeto jurídico a perigo de dano.

Excepcionalmente, existem algumas figuras típicas culposas no Código de Defesa do Consumidor, como é o caso, por exemplo, do art. 63, § 2º, e do art. 66, § 2º.

9. Natureza jurídica dos crimes contra a relação de consumo

O amoldamento dos crimes contra as relações de consumo como delitos de perigo abstrato ou concreto (exigindo ou não inequívoca prova da ocorrência de dano) é tarefa árdua. Na verdade, os delitos contra o consumo são denominados lesão, já que nesses tipos de crimes os bens são efetivamente lesionados e não há só o perigo. Aqui existe uma ressalva: nos crimes contra o consumo não existe sempre a lesão ao bem, objeto material (como, p. ex., no crime de dano no automóvel), mas sempre há um atingimento ao interesse jurídico protegido, que é a relação de consumo. Portanto, na verdade, os delitos contra o consumo extrapolam a área de perigo para penetrar na esfera da efetiva lesão (aqui entendida como lesão ao interesse). Como salienta Antônio Hermann Benjamin (O direito penal do consumidor, *Revista do Instituto Brasileiro de Política e Direito do Consumidor*, 1/112), existe propriamente um atingimento, um dano às relações de consumo, que lesiona um bem jurídico difuso. É o caso da consciente colocação de produto impróprio ao consumo. Não há necessidade de comprovação do perigo concreto ou dano efetivo aos bens *individuais*. Na classificação *tradicional*, pode-se dizer que os delitos contra o consumo são formais (o resultado naturalístico, aqui entendido como individual, pode até ocorrer, mas não é imprescindível ao delito, como nos crimes materiais). Importa aqui o resultado (lesão) contra a relação de consumo (atingida esta, está efetivado o delito contra a relação de consumo).

10. Crimes contra as relações de consumo na legislação penal

Existe preocupação com a defesa do consumidor na esfera penal, tanto no próprio Código Penal como em legislações esparsas (o Código de Defesa do Consumidor e outras leis extravagantes).

10.1. Crimes no próprio Código Penal

Abrange a apropriação indébita (art. 168 do CP) e o estelionato (art. 171 do CP), que ocorre com fornecedores que propõem a entrega de bens ou serviços, mas com a intenção inequívoca de apenas ficar com o sinal ou princípio de pagamento. Abrange também a fraude no comércio (art. 175 do CP). É o caso da venda, como verdadeira ou perfeita, de mercadoria falsificada ou deteriorada. Abrange ainda o estelionato específico da defraudação na entrega da coisa (art. 171, § 2º, VI, do CP) – por exemplo, o reparador do produto de consumo durável (automóvel, videocassete etc.) substitui peça nova, sem dano, por outra usada. Outra hipótese ainda são os *crimes contra a saúde pública*, como o do art. 268 (infração a medida sanitária preventiva) e do art. 272, ambos do Código Penal (corrupção, adulteração ou falsificação de substância alimentícia ou medicinal).

11. Crimes contra a ordem econômica, tributária e relações de consumo (Lei n. 8.137/90)

Referida Lei contém alguns dispositivos que visam tutelar igualmente as relações de consumo. A título de exemplo, o art. 7º, II, que trata de "vender mercadoria cuja embalagem, tipo, especificação, peso ou composição esteja em desacordo com as prescrições legais, ou que não corresponde à respectiva classificação final".

12. Crimes contra a relação de consumo no Código de Defesa do Consumidor

Esse Código funciona penalmente de modo *subsidiário*: visa complementar tipos ainda não previstos, como é o caso do abuso na publicidade. Abrange *doze tipos penais* elencados nos arts. 63 a 74: 1) Omissão de dizeres ou sinais ostensivos sobre a nocividade ou periculosidade do produto (art. 63); 2) omissão na comunicação às autoridades competentes da nocividade ou periculosidade do produto (art. 64); 3) execução de serviços perigosos (art. 65), como é o de dedetizações domésticas, havendo normas expressas do Código Sanitário do Estado; 4) abusos de publicidade, aqui abrangendo três tipos (arts. 66, 67 e 68); 5) emprego de peças e componentes de reposição (art. 70); 6) meios vexatórios para cobrança de dívidas (art. 71); 7) impedimento de acesso a bancos de dados (art. 72); 8) omissão na correção de dados incorretos (art. 73); e 9) omissão na entrega de termo de garantia (art. 74).

13. Substância avariada (art. 62)

Foi vetado pelo Presidente da República. Entretanto, suas disposições foram praticamente reproduzidas pelo art. 7º, IX, da Lei n. 8.137/90.

Norma penal em branco em sentido amplo: arts. 18 e 20 do Código de Defesa do Consumidor.

Sujeito ativo: fornecedor.

Sujeito passivo: coletividade e consumidor.

Conduta: vender, ter em depósito para vender, expor à venda, de qualquer forma, entregar.

Objeto material: matéria-prima ou mercadoria *em condições impróprias ao consumo* (art. 18, § 6º, do CDC). Se a matéria-prima ou mercadoria for destinada a fins terapêuticos ou medicinais, o crime será o do art. 273 do Código Penal.

Elemento subjetivo: dolo e culpa.

Consumação: trata-se de crime de perigo abstrato, que se consuma com a prática das condutas típicas (crime de mera conduta).

Tentativa: não se admite.

Necessidade de perícia: "Cuidando-se de crime de perigo abstrato, desnecessária se faz a constatação, via laudo pericial, da impropriedade do produto para consumo. Precedentes. Recurso provido para restabelecer a sentença de primeiro grau, quanto à condenação pelo crime contra as relações de consumo" (STJ – REsp 472.038/PR – Rel. Min. Gilson Dipp – 5ª T. – j. 16-12-2003 – *DJ*, 25-2-2004, p. 210).

Mercadoria com data de validade vencida: "CRIMINAL. RESP. VENDA DE MERCADORIA COM PRAZO DE VALIDADE EXPIRADO. CRIME CONTRA A RELAÇÃO DE CONSUMO. PENA DE MULTA SUBSTITUTIVA DE PENA DE RECLUSÃO. PRESCRIÇÃO. NÃO OCORRÊNCIA. DIVERGÊNCIA JURISPRUDENCIAL NÃO DEMONSTRADA. DESNECESSIDADE DE LAUDO PERICIAL PARA A CONSTATAÇÃO DA IMPROPRIEDADE DA MERCADORIA. DELITO DE PERIGO ABSTRATO. RECURSO PARCIALMENTE CONHECIDO E DESPROVIDO.

I. Às penas restritivas de direito – como a pena de multa aplicada em substituição à detenção – aplicam-se os mesmos prazos previstos para as penas privativas de liberdade.

II. Impõe-se, para demonstração da divergência jurisprudencial, a demonstração da identidade entre os acórdãos confrontados e aquele recorrido, a teor do que determina o art. 255, § 2º, do RISTJ.

III. O tipo do inciso IX do art. 7º, da Lei n. 8.137/80 trata de crime formal, bastando, para sua concretização, que se coloque em risco a saúde de eventual consumidor da mercadoria.

IV. Cuidando-se de crime de perigo abstrato, desnecessária se faz a constatação, via laudo pericial, da impropriedade do produto para consumo. Precedentes.

V. Recurso conhecido pela alínea 'a' e desprovido"(STJ – REsp 307.415/SP – Rel. Min. Gilson Dipp – 5ªT.– j. 3-10-2002 – *DJ*, 11-11-2002, p. 246).

14. Omissão de dizeres ou sinais ostensivos sobre a nocividade ou periculosidade de produtos (art. 63)

> Art. 63. Omitir dizeres ou sinais ostensivos sobre a nocividade ou periculosidade de produtos, nas embalagens, nos invólucros, recipientes ou publicidade:
>
> Pena – Detenção de seis meses a dois anos e multa.
>
> § 1º Incorrerá nas mesmas penas quem deixar de alertar, mediante recomendações escritas ostensivas, sobre a periculosidade do serviço a ser prestado.
>
> § 2º Se o crime é culposo:
>
> Pena – Detenção de um a seis meses ou multa.

Norma penal em branco em sentido amplo: art. 9º do Código de Defesa do Consumidor.

Sujeito ativo: fornecedor (vendedor, produtor, atacadista, varejista) e prestador de serviço (§ 1º).

Sujeito passivo: coletividade e consumidor.

Conduta: omitir. Trata-se de crime omissivo próprio. Conduta omissiva também é a do § 1º: deixar de alertar.

Elementos normativos do tipo: nocividade (qualidade do que é nocivo) e periculosidade (conjunto de circunstâncias que indicam um mal ou dano provável para alguém ou alguma coisa).

Elemento subjetivo: dolo e culpa (§ 2º).

Consumação: ocorre com a mera omissão de sinalização ou de dizeres acerca da nocividade ou periculosidade do produto. No § 1º, consuma-se o crime com a ausência de alerta sobre a periculosidade do serviço a ser prestado.

Tentativa: não se admite, por tratar-se de crime omissivo próprio.

15. Omissão na comunicação de nocividade ou periculosidade de produtos (art. 64)

> Art. 64. Deixar de comunicar à autoridade competente e aos consumidores a nocividade ou periculosidade de produtos cujo conhecimento seja posterior à sua colocação no mercado:
>
> Pena – Detenção de seis meses a dois anos e multa.
>
> Parágrafo único. Incorrerá nas mesmas penas quem deixar de retirar do mercado, imediatamente quando determinado pela autoridade competente, os produtos nocivos ou perigosos, na forma deste artigo.

Norma penal em branco em sentido amplo: art. 10, §§ 1º e 2º, do Código de Defesa do Consumidor.

Sujeito ativo: fornecedor (vendedor, produtor, atacadista, varejista).

Sujeito passivo: coletividade e consumidor.

Conduta: deixar. Trata-se de crime omissivo próprio. Conduta omissiva também é a do parágrafo único: deixar de retirar do mercado.

Elementos normativos do tipo: nocividade (qualidade do que é nocivo) e periculosidade (conjunto de circunstâncias que indicam um mal ou dano provável para alguém ou alguma coisa).

Elemento subjetivo: dolo.

Consumação: ocorre com a mera omissão, o "não fazer".

Tentativa: não se admite, por tratar-se de crime omissivo próprio.

16. Execução de serviço de alto grau de periculosidade (art. 65)

> Art. 65. Executar serviço de alto grau de periculosidade, contrariando determinação de autoridade competente:
> Pena – Detenção de seis meses a dois anos e multa.
> § 1º As penas deste artigo são aplicáveis sem prejuízo das correspondentes à lesão corporal e à morte.
> § 2º A prática do disposto no inciso XIV do art. 39 desta Lei também caracteriza o crime previsto no *caput* deste artigo.

Norma penal em branco: o Código de Defesa do Consumidor não especifica o que se entende por "serviço de alto grau de periculosidade". A doutrina o define como aquele dotado de periculosidade inerente e exacerbada, requerendo, portanto, atenção e cuidados especiais por parte de quem os presta, obedecendo às determinações da autoridade competente. Ex.: dedetização doméstica.

Sujeito ativo: fornecedor (prestador de serviços).

Sujeito passivo: coletividade e consumidor.

Conduta: executar (crime comissivo).

Elemento subjetivo: dolo.

Consumação: com a prática da ação. Trata-se de crime de mera conduta, que independe de qualquer resultado naturalístico (perigo ou dano). É crime de perigo abstrato ou presumido.

Tentativa: admite-se.

Cúmulo material: se houver resultado *lesão corporal* ou *morte*, as penas desses crimes deverão ser aplicadas cumulativamente às penas do *caput*.

Prática abusiva: dispõe o § 2º que caracteriza o crime previsto no *caput* "permitir o ingresso em estabelecimentos comerciais ou de serviços de um número maior de consumidores que o fixado pela autoridade administrativa como máximo" (art. 39, XIV, do CDC).

17. Propaganda enganosa (art. 66)

> Art. 66. Fazer afirmação falsa ou enganosa, ou omitir informação relevante sobre a natureza, característica, qualidade, quantidade, segurança, desempenho, durabilidade, preço ou garantia de produtos ou serviços:

> Pena – Detenção de três meses a um ano e multa.
> § 1º Incorrerá nas mesmas penas quem patrocinar a oferta.
> § 2º Se o crime é culposo:
> Pena – Detenção de um a seis meses ou multa.

Vide arts. 6º, III, e 31 do Código de Defesa do Consumidor.

Sujeito ativo: fornecedor (anunciante) ou patrocinador (§ 1º).

Sujeito passivo: coletividade e consumidor.

Conduta: fazer afirmação falsa ou enganosa (crime comissivo) e omitir informação relevante (crime omissivo próprio).

Elemento subjetivo: dolo e culpa (§ 2º).

Consumação: na modalidade comissiva, consuma-se com a afirmação falsa enganosa, e na modalidade omissiva, com a omissão sobre informação relevante. É crime formal.

Tentativa: admite-se apenas na modalidade de conduta comissiva.

18. Publicidade enganosa (art. 67)

> Art. 67. Fazer ou promover publicidade que sabe ou deveria saber ser enganosa ou abusiva:
> Pena – Detenção de três meses a um ano e multa.
> Parágrafo único. (*Vetado.*)

Norma penal em branco: *vide* arts. 6º, IV, e 37 do Código de Defesa do Consumidor. Também arts. 20, 25 e 26 do Código de Autorregulamentação Publicitária do CONAR.

Sujeito ativo: o profissional que faz a publicidade enganosa ou abusiva ou o que a promove (responsável pelo meio de comunicação).

Sujeito passivo: coletividade e consumidor.

Conduta: fazer ou promover.

Elemento subjetivo: dolo direto (*sabe*) e dolo eventual (*deveria saber*).

Consumação: com a veiculação da publicidade. É crime formal.

Tentativa: admite-se.

Concurso de normas: o art. 67 do Código de Defesa do Consumidor trata de crime de perigo abstrato (presumido), punindo a enganosidade potencial. Já o art. 7º, VII, da Lei n. 8.137/90 cuida de crime material, devendo haver induzimento em erro e prejuízo efetivo.

Nesse sentido: "A presença do dano concretizado na tipificação subsume a conduta do agente à previsão do inciso VII do art. 7º da Lei n. 8.137/90, afastada, por consequência, a do preceito normativo do art. 67 do CDC" (TRF – 5ª Reg. – *JSTJ*, 135/574).

19. Publicidade capaz de induzir o consumidor (art. 68)

> Art. 68. Fazer ou promover publicidade que sabe ou deveria saber ser capaz de induzir o consumidor a se comportar de forma prejudicial ou perigosa a sua saúde ou segurança:

> Pena – Detenção de seis meses a dois anos e multa.
> Parágrafo único. (*Vetado*.)

Norma penal em branco: *vide* art. 37, § 2º, do Código de Defesa do Consumidor. Também art. 33 do Código de Autorregulamentação Publicitária do CONAR.

Sujeito ativo: o profissional que faz a publicidade enganosa ou abusiva ou o que a promove (responsável pelo meio de comunicação).

Sujeito passivo: coletividade e consumidor.

Conduta: fazer ou promover.

Elemento normativo: publicidade apta a induzir o consumidor a se comportar de forma prejudicial ou perigosa a sua saúde ou segurança.

Elemento subjetivo: dolo direto (*sabe*) e dolo eventual (*deveria saber*).

Consumação: com a veiculação da publicidade. É crime formal.

Tentativa: admite-se.

20. Omissão na organização de dados que dão base à publicidade (art. 69)

> Art. 69. Deixar de organizar dados fáticos, técnicos e científicos que dão base à publicidade:
> Pena – Detenção de um a seis meses ou multa.

Vide art. 36, parágrafo único, do Código de Defesa do Consumidor.

Sujeito ativo: fornecedor (anunciante).

Sujeito passivo: coletividade e consumidor.

Conduta: deixar de organizar. Trata-se de crime omissivo próprio.

Elemento subjetivo: dolo.

Consumação: com a simples omissão.

Tentativa: não se admite.

21. Emprego de peças ou componentes de reposição usados (art. 70)

> Art. 70. Empregar, na reparação de produtos, peças ou componentes de reposição usados, sem autorização do consumidor:
> Pena – Detenção de três meses a um ano e multa.

Vide arts. 21 do Código de Defesa do Consumidor e 175 do Código Penal.

Sujeito ativo: fornecedor (prestador de serviços).

Sujeito passivo: coletividade e consumidor.

Conduta: empregar (fazer uso de, utilizar, aplicar).

Causa supralegal de exclusão da antijuridicidade: a lei menciona a falta de autorização do consumidor. Se houver prévio acordo entre fornecedor e consumidor, inexiste crime.

Elemento subjetivo: dolo.

Consumação: com a entrega ao consumidor do produto reparado, independentemente de prejuízo (dano). É crime de perigo abstrato (presumido). Há quem exija, entretanto, para a consumação do delito, a ocorrência de efetivo prejuízo (dano) ao consumidor (crime material), uma vez que, na ausência deste, o fato passaria a ser mero ilícito de natureza civil.

Tentativa: para os que entendem tratar-se de crime de perigo abstrato, descabe tentativa. Entendendo que o crime é material, admite-se o *conatus*.

22. Cobrança vexatória (art. 71)

> Art. 71. Utilizar, na cobrança de dívidas, de ameaça, coação, constrangimento físico ou moral, afirmações falsas, incorretas ou enganosas ou de qualquer outro procedimento que exponha o consumidor, injustificadamente, a ridículo ou interfira com seu trabalho, descanso ou lazer:
>
> Pena – Detenção de três meses a um ano e multa.

Vide art. 42, *caput*, do Código de Defesa do Consumidor.

Sujeito ativo: fornecedor (credor) ou quem efetua a cobrança.

Sujeito passivo: coletividade e consumidor (devedor).

Conduta: utilizar (fazer uso de, empregar, usar). Os meios utilizados pelo credor para a cobrança vêm exemplificativamente enumerados na lei.

Elemento normativo do tipo: injustificadamente. Deve inexistir motivação que justifique a adoção dos recursos vexatórios de cobrança dos débitos.

Elemento subjetivo: dolo.

Consumação: com a cobrança da dívida empregando procedimento abusivo. Trata-se de crime de mera conduta.

Tentativa: admite-se.

23. Impedimento de acesso às informações do consumidor (art. 72)

> Art. 72. Impedir ou dificultar o acesso do consumidor às informações que sobre ele constem em cadastros, banco de dados, fichas e registros:
>
> Pena – Detenção de seis meses a um ano ou multa.

Vide art. 43, *caput*, do Código de Defesa do Consumidor.

Sujeito ativo: qualquer pessoa que exerça o controle das informações.

Sujeito passivo: coletividade e consumidor.

Conduta: impedir (obstaculizar, dificultar, obstruir) ou dificultar (estorvar, complicar).

Elemento subjetivo: dolo.

Consumação: com o mero impedimento ou dificuldade aposta, independentemente de resultado danoso. Trata-se de crime de mera conduta.

Tentativa: não se admite.

24. Omissão na correção de informações inexatas (art. 73)

> Art. 73. Deixar de corrigir imediatamente informação sobre consumidor constante de cadastro, banco de dados, fichas ou registros que sabe ou deveria saber ser inexata:
> Pena – Detenção de um a seis meses ou multa.

Vide art. 43, §§ 3º e 5º, do Código de Defesa do Consumidor.

Sujeito ativo: pessoa responsável pela correção do cadastro, banco de dados, fichas ou registros (arquivista).

Sujeito passivo: coletividade e consumidor.

Conduta: deixar de corrigir. Trata-se de crime omissivo próprio.

Elemento normativo do tipo: imediatamente. Entende-se que esse prazo é de 5 dias, por interpretação extensiva do art. 43, § 3º, desse Código.

Elemento subjetivo: dolo direto (*sabe*) e dolo eventual (*deveria saber*).

Consumação: com a omissão na correção da informação.

Tentativa: não se admite.

25. Omissão na entrega de termo de garantia (art. 74)

> Art. 74. Deixar de entregar ao consumidor o termo de garantia adequadamente preenchido e com especificação clara de seu conteúdo:
> Pena – Detenção de um a seis meses ou multa.

Diferença entre garantia legal e garantia contratual: a garantia legal é prevista no art. 24 do Código de Defesa do Consumidor, prescindindo de termo expresso e não podendo ser afastada por cláusula contratual. Recai ela sobre todos os produtos e serviços, já que decorre de lei. A garantia contratual, por seu turno, é prevista pelo art. 50 desse Código, sendo complementar à legal e conferida mediante termo escrito, que deve preencher os requisitos do parágrafo único do mesmo dispositivo.

Sujeito ativo: fornecedor.

Sujeito passivo: coletividade e consumidor.

Conduta: deixar de entregar. Trata-se de crime omissivo próprio. Caso o produto ou serviço tenha garantia contratual, deverá o fornecedor expressamente fazer tal comunicação ao consumidor, caso em que inexistirá crime.

Elemento subjetivo: dolo.

Consumação: com a mera omissão na entrega.

Tentativa: não se admite.

26. Concurso de pessoas (art. 75)

> Art. 75. Quem, de qualquer forma, concorrer para os crimes referidos neste Código incide nas penas a esses cominadas na medida de sua culpabilidade, bem como o diretor, administrador ou gerente da pessoa jurídica que promover, permitir ou por qualquer modo aprovar o fornecimento, oferta, exposição à venda ou manutenção em depósito de produtos ou a oferta e prestação de serviços nas condições por ele proibidas.

Dispositivo revogado pelo art. 11 da Lei n. 8.137/90, que dispõe:

"Art. 11. Quem, de qualquer modo, inclusive por meio de pessoa jurídica, concorre para os crimes definidos nesta lei, incide nas penas a estes cominadas, na medida de sua culpabilidade.

Parágrafo único. Quando a venda ao consumidor for efetuada pelo sistema de entrega ao consumo ou por intermédio de distribuidor ou revendedor, seja em regime de concessão comercial ou outro em que o preço ao consumidor é estabelecido ou sugerido pelo fabricante ou concedente, o ato por este praticado não alcança o distribuidor ou revendedor."

27. Circunstâncias agravantes (art. 76)

> Art. 76. São circunstâncias agravantes dos crimes tipificados neste Código:
>
> I – serem cometidos em época de grave crise econômica ou por ocasião de calamidade;
>
> II – ocasionarem grave dano individual ou coletivo;
>
> III – dissimular-se a natureza ilícita do procedimento;
>
> IV – quando cometidos:
>
> *a*) por servidor público, ou por pessoa cuja condição econômico-social seja manifestamente superior à da vítima;
>
> *b*) em detrimento de operário ou rurícola; de menor de dezoito ou maior de sessenta anos ou de pessoas portadoras de deficiência mental, interditadas ou não;
>
> V – serem praticados em operações que envolvam alimentos, medicamentos ou quaisquer outros produtos ou serviços essenciais.

A aplicação dessas circunstâncias agravantes específicas dos crimes contra as relações de consumo não impede a das circunstâncias agravantes genéricas dos arts. 65 e 66 do Código Penal.

28. Pena de multa (art. 77)

> Art. 77. A pena pecuniária prevista nesta Seção será fixada em dias-multa, correspondente ao mínimo e ao máximo de dias de duração da pena privativa da liberdade cominada ao crime. Na individualização desta multa, o juiz observará o disposto no art. 60, § 1º, do Código Penal.

Critério para fixação da multa: dias-multa.

Quantidade e valor do dia-multa: a quantidade corresponde ao mínimo e ao máximo de dias de duração da pena privativa de liberdade cominada ao crime. O valor do dia-multa é fixado nos termos do art. 49, § 1º, do Código Penal. Poderá, ainda, ser aplicado o disposto no art. 60, § 1º, desse Código (aumento de até o triplo do valor).

Não pagamento da multa: art. 51 do Código Penal.

29. Penas restritivas de direitos (art. 78)

> Art. 78. Além das penas privativas de liberdade e de multa, podem ser impostas, cumulativa ou alternadamente, observado o disposto nos arts. 44 a 47, do Código Penal:
>
> I – a interdição temporária de direitos;
>
> II – a publicação em órgãos de comunicação de grande circulação ou audiência, às expensas do condenado, de notícia sobre os fatos e a condenação;
>
> III – a prestação de serviços à comunidade.

Não se aplicam aos crimes do Código de Defesa do Consumidor as penas restritivas de direitos de *prestação pecuniária, perda de bens e valores e limitação de fim de semana.*

Aplicam-se às penas restritivas de direitos do CDC as regras dos arts. 44 a 47 do Código Penal.

30. Fiança (art. 79)

> Art. 79. O valor da fiança, nas infrações de que trata este Código, será fixado pelo juiz, ou pela autoridade que presidir o inquérito, entre cem e duzentas mil vezes o valor do Bônus do Tesouro Nacional – BTN, ou índice equivalente que venha substituí-lo.
>
> Parágrafo único. Se assim recomendar a situação econômica do indiciado ou réu, a fiança poderá ser:
>
> *a*) reduzida até a metade de seu valor mínimo;
>
> *b*) aumentada pelo juiz até vinte vezes.

A fiança, no CDC, segue a mesma sistemática fixada pelo Código de Processo Penal, havendo diferença apenas no *valor*, que, de acordo com o art. 79 do CDC, variará entre cem e duzentas mil vezes o valor do Bônus do Tesouro Nacional – BTN, ou índice equivalente que venha a substituí-lo. Na doutrina, sustenta-se que, com a extinção do BTN a partir de 1º de fevereiro de 1991, o seu valor unitário de Cr$ 126,86 deverá ser atualizado pela TR (ou índice equivalente) até a data do efetivo pagamento da fiança.

31. Outras disposições processuais (art. 80)

> Art. 80. No processo penal atinente aos crimes previstos neste Código, bem como a outros crimes e contravenções que envolvam relações de consumo, poderão intervir, como assistentes do Ministério Público, os legitimados indicados

no art. 82, incisos III e IV, aos quais também é facultado propor ação penal subsidiária, se a denúncia não for oferecida no prazo legal.

Assistência ao Ministério Público: poderão intervir como assistentes do MP os legitimados no art. 82, III e IV, do CDC. Sendo admitido um dos legitimados como assistente do Ministério Público, não poderão mais os outros pleitear essa qualidade.

Ação penal privada subsidiária: os legitimados no art. 82, III e IV, do CDC poderão propor ação penal privada subsidiária, quando a denúncia não for oferecida no prazo legal.

32. Juizado Especial Criminal

É possível a aplicação das disposições da Lei n. 9.099/95 aos crimes previstos no CDC, tanto em relação ao instituto da *transação* (art. 76) como no que diz com a *suspensão condicional do processo* (art. 89).

44 Remoção de Órgãos, Tecidos e Partes do Corpo Humano
Lei n. 9.434/97

1. Introdução

A Lei n. 9.434/97 cuida da remoção de órgãos, tecidos e partes do corpo humano para fins de transplante e tratamento, além de outras providências, permitindo e impondo limites à disposição gratuita desse material, em vida ou *post mortem*.

O objetivo da lei é a tutela da integridade física do indivíduo, que se insere no contexto dos direitos da personalidade, abrangidos que são pelo princípio da dignidade da pessoa humana, não apenas em vida, mas também após a morte.

Nesse aspecto, deve ser observado o princípio da indisponibilidade do corpo humano, que tem na possibilidade de doação uma importante exceção.

É de ressaltar, que a lei não veda absolutamente a disposição de órgãos, tecidos e partes do corpo humano, mas apenas regulamenta e impõe limites éticos e jurídicos a esses procedimentos.

Entende-se por transplante a retirada de um órgão, tecido ou parte do corpo humano, vivo ou morto, e sua consequente utilização, com fins terapêuticos, em outro ser humano (transplante homogêneo).

A disposição desse material (órgãos, tecidos e partes do corpo humano), embora ferindo o princípio da indisponibilidade do corpo humano, é admitida por lei, podendo ser em vida ou *post mortem*. Em ambas as modalidades, é imprescindível a vontade do titular em fazer a doação. A retirada de tecidos, órgãos e partes do corpo de pessoas falecidas para transplantes ou outra finalidade terapêutica, dependerá da autorização do cônjuge ou parente, maior de idade, obedecida a linha sucessória, reta ou colateral, até o segundo grau inclusive, firmada em documento subscrito por duas testemunhas presentes à verificação da morte.

Os tecidos são grupos de células semelhantes que, juntas, realizam uma função particular. Os quatro tipos básicos de tecidos são: tecido epitelial, tecido conjuntivo, tecido muscular e tecido nervoso. Quando diferentes tipos de tecidos estão unidos, formam o próximo nível de organização: o nível orgânico. Os órgãos são compostos de dois ou mais tecidos diferentes, têm funções específicas e geralmente apresentam uma forma reconhecível. Ex.: o coração, o fígado, os pulmões, o cérebro e o estômago. Para os efeitos da lei, entretanto, não estão compreendidos entre os tecidos o sangue, o esperma e o óvulo.

2. Dos crimes e das penas

> Art. 14. Remover tecidos, órgãos ou partes do corpo de pessoa ou cadáver, em desacordo com as disposições desta Lei:
> Pena – reclusão, de dois a seis anos, e multa, de 100 a 360 dias-multa.

Objetividade jurídica: no caso de remoção de tecidos, órgãos ou partes do corpo de pessoa viva, é a proteção da integridade corporal e saúde da pessoa e consequentemente a vida. No caso de remoção de tecidos, órgãos ou partes do corpo de cadáver, é a proteção do respeito aos mortos.

Sujeito ativo: qualquer pessoa. Trata-se de crime comum, não exigindo o dispositivo nenhuma qualidade especial do agente.

Sujeito passivo: é a pessoa que tem seus tecidos, órgãos ou partes do corpo removidas, em vida, em desacordo com a lei. No caso de remoção *post mortem,* sujeito passivo é a coletividade, e, secundariamente, os sucessores do morto.

Conduta: vem representada pelo verbo "remover", que significa retirar, afastar, tirar.

Objeto material: são os tecidos, órgãos ou partes do corpo humano.

Elemento subjetivo: é o dolo, não sendo punida a modalidade culposa por falta de previsão legal.

Consumação: ocorre com a efetiva remoção ou retirada do tecido, órgão ou parte do corpo humano, em desacordo com as disposições da lei. Trata-se de crime material, que necessita do resultado naturalístico para sua consumação.

Tentativa: admite-se.

Lei n. 9.099/95: não se aplicam nenhum de seus benefícios, como a transação e a suspensão condicional do processo, em razão da quantidade de pena cominada.

> § 1º Se o crime é cometido mediante paga ou promessa de recompensa ou por outro motivo torpe:
> Pena – reclusão, de três a oito anos, e multa, de 100 a 150 dias-multa.

Figuras qualificadas: os §§ 1º, 2º, 3º e 4º tratam de modalidades qualificadas do crime, em tudo semelhantes às hipóteses elencadas nos parágrafos do art. 129 do CP, que trata das lesões corporais.

Crime mercenário: trata-se da modalidade de crime cometido mediante paga ou promessa de recompensa. Nesse caso, a qualificadora se aplica tanto ao agente que pagou quanto àquele que foi pago, incluindo, ainda, eventual intermediário.

Motivo torpe: é o motivo que cause repulsa, repugnância, segundo os valores éticos correntes na sociedade.

> § 2º Se o crime é praticado em pessoa viva, e resulta para o ofendido:
> I – incapacidade para as ocupações habituais, por mais de trinta dias;

Ocupações habituais: são as ocupações do quotidiano da vítima, sob o aspecto formal e não somente econômico.

Licitude da ocupação: a ocupação deve ser lícita. Se for ilícita, não haverá a qualificadora.

Exame de corpo de delito complementar: é necessário, após o 30º dia contado a partir da data do fato (art. 168, § 2º, do CPP).

> II – perigo de vida;

Perigo de vida: probabilidade concreta e efetiva de morte.

Perícia: é imprescindível.

Sede das lesões: não autoriza a presunção de perigo.

> III – debilidade permanente de membro, sentido ou função;

Debilidade: redução da capacidade funcional da vítima.

Membro: parte do corpo ligada ao tronco – mãos, pés, braços e pernas.

Sentido: faculdade de percepção, constatação e comunicação – tato, olfato, visão, audição, paladar etc.

Função: atividade específica do órgão – circulatória, respiratória locomotora, reprodutora etc.

> IV – aceleração de parto:
> Pena – reclusão, de três a dez anos, e multa, de 100 a 200 dias-multa.

Aceleração de parto: antecipação do nascimento do feto.

Vida do feto: é indispensável que o feto nasça vivo e continue a viver.

Morte do feto: constitui aborto, caracterizando lesão corporal gravíssima.

Conhecimento da gravidez da vítima: é necessário que o agente conheça o estado de gravidez da vítima.

> § 3º Se o crime é praticado em pessoa viva e resulta para o ofendido:
> I – incapacidade para o trabalho;

Incapacidade permanente para o trabalho: é a incapacidade para o desempenho de atividade laboral. Pode ser física ou psíquica.

> II – enfermidade incurável;

Enfermidade incurável: é o processo patológico que afeta a saúde em geral, incurável.

> III – perda ou inutilização de membro, sentido ou função;

Perda: eliminação material do membro, sentido ou função.

Inutilização: perda funcional do membro, sentido ou função.

Membro: parte do corpo ligada ao tronco – mãos, pés, braços e pernas.

Sentido: faculdade de percepção, constatação e comunicação – tato, olfato, visão, audição, paladar etc.

Função: atividade específica do órgão – circulatória, respiratória, locomotora, reprodutora etc.

> IV – deformidade permanente;

Deformidade permanente: é o defeito físico permanente, que gera dano estético de relevante monta.

Variação de acordo com a vítima: o dano ao aspecto físico-estético pode variar de acordo com o sexo e a idade da vítima.

> V – aborto:
> Pena – reclusão, de quatro a doze anos, e multa, de 150 a 300 dias-multa.

Aborto: tem que ser provocado involuntariamente pelo agente.

Conhecimento da gravidez da vítima: é necessário que o agente conheça o estado de gravidez da vítima.

> § 4º Se o crime é praticado em pessoa viva e resulta morte:
> Pena – reclusão, de oito a vinte anos, e multa de 200 a 360 dias-multa.

Crime preterdoloso: essa figura ocorre quando o agente pretende remover tecidos, órgãos ou partes do corpo de pessoa em desacordo com as disposições legais, e, em razão do procedimento, a vítima morre. Nesse caso, existe dolo, intenção de remover tecidos, órgãos ou partes do corpo de pessoa em desacordo com as disposições legais, e culpa quanto à morte da vítima.

Intenção de matar: se o intuito do agente for matar a vítima (*animus necandi*) removendo tecidos, órgãos ou partes do corpo dela, restará caracterizado o crime de homicídio.

> Art. 15. Comprar ou vender tecidos, órgãos ou partes do corpo humano:
> Pena – reclusão, de três a oito anos, e multa, de 200 a 360 dias-multa.
> Parágrafo único. Incorre na mesma pena quem promove, intermedeia, facilita ou aufere qualquer vantagem com a transação.

Objetividade jurídica: é a preservação do direito à vida, garantido pelos transplantes. Se estes forem realizados de forma comercial, nem todos terão acesso ao procedimento.

Sujeito ativo: qualquer pessoa, em razão de ser crime comum.

Sujeito passivo: é a coletividade. Nesse caso, se tem ponderado que a coletividade tem seus interesses prejudicados, à medida que, quando órgãos são comercializados, outras pessoas (receptores) que eventualmente os aguardam para recebê-los de forma gratuita ficam desamparadas.

Conduta: vem representada pelos verbos "comprar" (adquirir) e "vender" (alienar, entregar a preço certo), indicativos da mercancia ilícita. O parágrafo único também prevê as condutas de "promover" (originar, impulsionar, fazer avançar), "intermediar" (mediar, agregar comprador e vendedor), "facilitar" (tornar fácil, descomplicar) e "auferir" (obter, colher).

Objeto material: são os tecidos, órgãos ou partes do corpo.

Elemento subjetivo: é o dolo, não sendo punida a modalidade culposa por falta de previsão legal.

Lei n. 9.099/95: não se aplicam nenhum de seus benefícios, como a transação e a suspensão condicional do processo, em razão da quantidade de pena cominada.

Concurso de agentes: será responsabilizada tanto a pessoa que compra tecidos, órgãos ou partes do corpo, como a que os vende, assim como quem promove, intermedeia, facilita ou aufere qualquer vantagem com a transação.

Responsabilidade do receptor do órgão comercializado: é discutível a responsabilidade penal do receptor do órgão comprado, à luz do que dispõe o parágrafo único mencionado. O receptor do órgão pode ser classificado como "quem aufere qualquer vantagem com a transação", já que a lei não impõe qualquer limitação quanto à espécie de vantagem auferida, não mencionando "vantagem econômica", não obstante trate o tipo penal de ilícita mercancia de tecidos, órgão ou partes do corpo humano. Caso o receptor tenha conhecimento da origem ilícita do tecido, órgão ou parte do corpo humano que lhe foi transplantado, estará incurso no crime. Caso desconheça a origem ilícita do material, como, por exemplo, no caso de ter sido o tecido, órgão ou parte do corpo humano comprado sem o seu conhecimento, não será ele responsabilizado penalmente.

Estado de necessidade: é possível a ocorrência de estado de necessidade (art. 24 do CP), hipótese excludente da ilicitude que ocorre quando o agente pratica o fato para salvar de perigo atual, que não provocou por sua vontade e nem podia de outro modo evitar, direito próprio ou alheio, cujo sacrifício, nas circunstâncias, não era razoável exigir-se. Assim, pode ocorrer que o agente, por exemplo, após longos anos em fila de transplantes, à espera de um doador, tenha sua situação de saúde agravada e necessite urgentemente de um órgão. Em situação de evidente perigo atual, lança-se (por si ou por terceiro) no "mercado negro" e adquire ilicitamente o órgão de que necessitava, possibilitando o transplante e salvando sua própria vida. Evidente o estado de necessidade. Não seria exigível que aguardasse a morte para não violar bem jurídico alheio.

> Art. 16. Realizar transplante ou enxerto utilizando tecidos, órgãos ou partes do corpo humano de que se tem ciência terem sido obtidos em desacordo com os dispositivos desta Lei:
> Pena – reclusão, de um a seis anos, e multa, de 150 a 300 dias-multa.

Objetividade jurídica: é a preservação do direito à vida, garantido pelos transplantes, eis que todos devem ter acesso aos tecidos, órgãos ou partes do corpo da mesma forma, em razão do princípio da igualdade.

Sujeito ativo: em regra, somente o médico poderia ser sujeito ativo desse crime. Entretanto, nada impede que algum outro profissional da saúde ou qualquer pessoa que tenha conhecimentos técnicos na área, possa realizar a conduta típica. Trata-se, portanto, de crime comum.

Sujeito passivo: é a coletividade.

Conduta: vem expressa pelo verbo "realizar" (fazer, proceder a, tornar real). Transplante é um procedimento cirúrgico que consiste na troca de um órgão (p. ex. coração, rim, pulmão etc.) de um paciente doente (receptor) por outro órgão normal de alguém que morreu ou está vivo (doador). Enxerto é um procedimento cirúrgico para transplantar tecidos sem nutrição sanguínea. O tecido implantado deve obter a vascularização sanguínea a partir de um novo leito vascular, caso contrário este morre. O termo é geralmente utilizado para enxertos de pele, entretanto muitos tecidos podem sofrer o procedimento, tais como pele, ossos, nervos, tendões e córneas.

Objeto material: são os tecidos, órgãos ou partes do corpo.

Elemento subjetivo: é o dolo. Há necessidade também, para a configuração do crime, do elemento subjetivo específico, consistente na ciência, pelo agente, de que os tecidos, órgãos ou partes do corpo foram obtidos em desacordo com os dispositivos desta Lei. Não se pune a modalidade culposa por falta de previsão legal.

Lei n. 9.099/95: embora não sendo cabível a transação, pode ser aplicada ao agente a suspensão condicional do processo (art. 89), já que a pena mínima é igual a um ano.

> Art. 17. Recolher, transportar, guardar ou distribuir partes do corpo humano de que se tem ciência terem sido obtidos em desacordo com os dispositivos desta Lei:
> Pena – reclusão, de seis meses a dois anos, e multa, de 100 a 250 dias-multa.

Objetividade jurídica: é a preservação do direito à vida, garantido pelos transplantes, eis que todos devem ter acesso aos tecidos, órgãos ou partes do corpo da mesma forma, em razão do princípio da igualdade.

Sujeito ativo: qualquer pessoa. Trata-se de crime comum.

Sujeito passivo: é a coletividade.

Objeto material: são os tecidos, órgãos ou partes do corpo.

Conduta: vem representada pelos verbos "recolher" (reunir, coligir), "transportar" (conduzir, levar de um lugar a outro), "guardar" (acondicionar, conservar) e "distribuir" (repartir, fazer divisão, entregar).

Elemento subjetivo: é o dolo. Há necessidade também, para a configuração do crime, do elemento subjetivo específico, consistente na ciência, por parte do agente, de que os tecidos, órgãos ou partes do corpo humano foram obtidos em desacordo com os dispositivos desta Lei. Não se pune a modalidade culposa por falta de previsão legal.

Lei n. 9.099/95: em razão de ser um crime de menor potencial ofensivo, é cabível a aplicação do rito do Juizado Especial Criminal.

> Art. 18. Realizar transplante ou enxerto em desacordo com o disposto no art. 10 desta Lei e seu parágrafo único:
> Pena – detenção, de seis meses a dois anos.

Objetividade jurídica: é a preservação do direito à liberdade do receptor, inscrito em lista única de espera, o qual pode recusar o transplante ou enxerto, à vista dos riscos do procedimento.

Alteração legislativa: embora o artigo em análise faça menção ao parágrafo único do art. 10 da lei, foi dada nova redação a este último dispositivo pela Lei n. 10.211/2001, sendo acrescentados dois novos parágrafos.

Sujeito ativo: em regra, somente o médico poderia ser sujeito ativo desse crime. Entretanto, nada impede que algum outro profissional da saúde ou qualquer pessoa que tenha conhecimentos técnicos na área, possa realizar a conduta típica. Trata-se, portanto, de crime comum.

Sujeito passivo: é a coletividade.

Conduta: vem expressa pelo verbo "realizar" (fazer, proceder a, tornar real). Transplante é um procedimento cirúrgico que consiste na troca de um órgão (p. ex. coração, rim, pulmão etc.) de um paciente doente (receptor) por outro órgão normal de alguém que morreu ou está vivo (doador). Enxerto é um procedimento cirúrgico para transplantar tecidos sem nutrição sanguínea. O tecido implantado deve obter a vascularização sanguínea a partir de um novo leito vascular, caso contrário este morre. O termo é geralmente utilizado para enxertos de pele, entretanto muitos tecidos podem sofrer o procedimento, tais como pele, ossos, nervos, tendões e córneas.

Objeto material: são os tecidos, órgãos ou partes do corpo.

Elemento subjetivo: é o dolo, não sendo punida a modalidade culposa por falta de previsão legal.

Lei n. 9.099/95: em razão de ser um crime de menor potencial ofensivo, é cabível a aplicação do rito do Juizado Especial Criminal.

> Art. 19. Deixar de recompor cadáver, devolvendo-lhe aspecto condigno, para sepultamento ou deixar de entregar ou retardar sua entrega aos familiares ou interessados:
> Pena – detenção, de seis meses a dois anos.

Objetividade jurídica: é a tutela do respeito aos mortos.

Sujeito ativo: qualquer pessoa. Trata-se de crime comum.

Sujeito passivo: é a coletividade, e, subsidiariamente, os familiares da pessoa morta.

Conduta: vem expressa por duas condutas omissivas ("deixar de recompor" e "deixar de entregar") e uma conduta comissiva ("retardar"). Após os procedimentos autorizados de remoção de tecidos, órgãos e partes do corpo humano, deve o cadáver ser recomposto, voltando a ter aspecto condigno para o sepultamento. Outrossim, é necessário que o cadáver seja devolvido incontinenti aos familiares do morto, daí por que a omissão ou o retardamento na entrega caracteriza o delito.

Objeto material: é a pessoa morta, o cadáver.

Elemento subjetivo: é o dolo. Não é admitida a modalidade culposa, por falta de previsão legal.

Consumação: nas modalidades de conduta "deixar de recompor" e "deixar de entregar", por se tratar de crime omissivo próprio, a consumação ocorre com a mera omissão do agente. Na modalidade de conduta "retardar a entrega", comissiva, a consumação ocorre com a demora ou retardamento na entrega do cadáver à família do morto.

Tentativa: admite-se apenas na modalidade comissiva.

Lei n. 9.099/95: em razão de ser um crime de menor potencial ofensivo, é cabível a aplicação do rito do Juizado Especial Criminal.

> Art. 20. Publicar anúncio ou apelo público em desacordo com o disposto no art. 11:
> Pena – multa, de 100 a 200 dias-multa.

Objetividade jurídica: é a preservação do direito à vida, garantido pelos transplantes, eis que todos devem ter acesso aos tecidos, órgãos ou partes do corpo humano da mesma forma, em razão do princípio da igualdade.

Sujeito ativo: qualquer pessoa. Trata-se de crime comum.

Sujeito passivo: é a coletividade e, secundariamente, os familiares da pessoa morta.

Objeto material: é o anúncio ou apelo, que deve seguir o preceituado pelo art. 11 da lei.

Elemento subjetivo: é o dolo. Não é punida a modalidade culposa, por falta de previsão legal.

Lei n. 9.099/95: em razão de ser um crime de menor potencial ofensivo, é cabível a aplicação do rito do Juizado Especial Criminal.

Pena de multa: será calculada e paga de acordo com os arts. 49 e s. do CP.

45 Responsabilidade Criminal por Atos Relacionados com Atividades Nucleares
Lei n. 6.453/77

1. Noções gerais

Dispondo sobre a responsabilidade por atos relacionados com atividades nucleares, a Lei n. 6.453/77 cuida da responsabilidade civil e da responsabilidade criminal.

Com relação à responsabilidade civil, a lei traz diversas disposições, nos arts. 4º a 18, relativas aos danos nucleares. Já com relação à responsabilidade criminal, tipifica as condutas relativas à exploração e utilização de energia nuclear.

No art. 1º, a lei define vários termos utilizados em seus diversos dispositivos, restringindo o âmbito de interpretação das normas por meio da conceituação científica de seus elementos.

A Lei n. 14.222/2021, por sua vez, instituiu a Autoridade Nacional de Segurança Nuclear (ANSN) como uma autarquia federal dotada de autonomia administrativa, técnica e financeira, com sede no Rio de Janeiro e atuação em todo o território nacional. Criada pela cisão da Comissão Nacional de Energia Nuclear (CNEN), a ANSN assume competências relacionadas à regulação, fiscalização e monitoramento da segurança nuclear e proteção radiológica no Brasil, de acordo com a Política Nuclear Brasileira e diretrizes do governo federal.

A estrutura administrativa da ANSN é composta por uma Diretoria Colegiada, integrada por um Diretor-Presidente e dois Diretores, indicados pelo Presidente da República, com aprovação do Senado. Os mandatos são de cinco anos, não coincidentes e sem possibilidade de recondução, exigindo-se experiência profissional relevante e formação acadêmica compatível para os cargos.

As atribuições da ANSN incluem estabelecer normas de segurança nuclear, proteção radiológica e segurança física, além de licenciar e fiscalizar atividades relacionadas a materiais e instalações nucleares, radioativas e mínero-industriais. Ela também é responsável por editar normas para comércio, transporte, armazenamento e gerenciamento de rejeitos radioativos, bem como criar um cadastro nacional de exposição ocupacional à radiação. Adicionalmente, a ANSN orienta entes públicos sobre planos de emergência nuclear e radiológica, informa a população sobre riscos e colabora com organismos nacionais e internacionais para promover a segurança nuclear.

A legislação transfere para a ANSN competências anteriormente da CNEN, mantendo o Comando da Marinha como responsável exclusivo pela regulação e fiscalização de meios navais com plantas nucleares embarcadas. A ANSN não tem competência para regulação econômica ou comercial, focando exclusivamente na segurança e proteção relacionadas às atividades nucleares. A fiscalização, conduzida por inspeções e requisições documentais, pode contar com o apoio da força policial para garantir o cumprimento das normas.

2. Dos crimes em espécie

> Art. 19. Constituem crimes na exploração e utilização de energia nuclear os descritos neste Capítulo, além dos tipificados na legislação sobre segurança nacional e nas demais leis.

A objetividade jurídica dos delitos previstos nesta lei é a regular exploração e utilização de energia nuclear, seja pelo "operador", definido como a pessoa jurídica devidamente autorizada para operar instalação nuclear, seja por qualquer pessoa natural.

Deve ser ressaltado que, nesses delitos, não se admite a responsabilidade penal da pessoa jurídica, razão pela qual o sujeito ativo será sempre a pessoa natural responsável pela indevida exploração e utilização da energia nuclear.

Energia nuclear consiste no uso controlado das reações nucleares para a obtenção de energia para realizar movimento, calor e geração de eletricidade. Alguns isótopos de certos elementos apresentam a capacidade de, por meio de reações nucleares, emitirem energia durante o processo. Baseia-se no princípio (demonstrado por Albert Einstein) de que nas reações nucleares ocorre uma transformação de massa em energia. A reação nuclear é a modificação da composição do núcleo atômico de um elemento, podendo transformar-se em outro ou em outros elementos. Esse processo ocorre espontaneamente em alguns elementos; em outros, deve-se provocar a reação mediante técnicas de bombardeamento de nêutrons ou outras.

> Art. 20. Produzir, processar, fornecer ou usar material nuclear sem a necessária autorização ou para fim diverso do permitido em lei.
>
> Pena: reclusão, de quatro a dez anos.

Sujeito ativo: pode ser qualquer pessoa.

Sujeito passivo: a coletividade.

Conduta: vem representada pelos verbos *produzir* (gerar, criar, originar), *processar* (manipular, manejar), *fornecer* (prover, abastecer) e *usar* (empregar, utilizar).

Objeto material: é o material nuclear, definido pela própria lei, no art. 1º, como o combustível nuclear e os produtos ou rejeitos radioativos. Combustível nuclear é o material capaz de produzir energia, mediante processo autossustentado de fissão nuclear. Produtos ou rejeitos radioativos são os materiais radioativos obtidos durante o processo de produção ou de utilização de combustíveis nucleares, ou cuja radioatividade se tenha originado da exposição às irradiações inerentes a tal processo, salvo os radioisótopos que tenham alcançado o estágio final de elaboração e já se possam utilizar para fins científicos, médicos, agrícolas, comerciais ou industriais.

Elemento normativo: vem representado pela expressão "sem a necessária autorização", indicando que o tipo penal somente se aperfeiçoará quando o sujeito ativo praticar a conduta com ausência de autorização. A Lei n. 4.118/62 criou a Comissão Nacional de Energia Nuclear – CNEN, autarquia federal com autonomia administrativa e financeira. Inclusive, dispõe o art. 40 dessa lei: "É proibida a posse ou transferência de material nuclear, inclusive subprodutos, sem autorização expressa da CNEN, mesmo no comércio interno; pena de perda das vantagens ou produtos e reclusão de um (1) a quatro (4) anos para os responsáveis". Posteriormente, a Lei n. 6.189/74, com a redação que lhe foi dada pela Lei n. 7.781/89, fixou a competência da CNEN, inclusive para expedir normas, licenças e autorizações relativas a posse, uso, armazenamento e transporte de material nuclear, comercialização de material nuclear, minérios nucleares e concentrados que contenham elementos nucleares; e para expedir regulamentos e normas de segurança e proteção relativas ao uso de instalações e de materiais nucleares, ao transporte de materiais nucleares, ao manuseio de materiais nucleares, ao tratamento e à eliminação de rejeitos radioativos, à construção e à operação de estabelecimentos destinados a produzir materiais nucleares e a utilizar energia nuclear, dentre outras. Por fim, a Lei n. 14.222/2021, modificando vários dispositivos da Lei n. 6.189/74, instituiu a Autoridade Nacional de Segurança Nuclear (ANSN) como uma autarquia federal dotada de autonomia administrativa, técnica e financeira, com sede no Rio de Janeiro e atuação em todo o território nacional. Criada pela cisão da Comissão Nacional de Energia Nuclear (CNEN), a ANSN assume competências relacionadas à regulação, fiscalização e monitoramento da segurança nuclear e proteção radiológica no Brasil, de acordo com a Política Nuclear Brasileira e diretrizes do governo federal.

Norma penal em branco: o artigo em comento ainda prevê a prática das condutas "para fim diverso do permitido em lei", indicando que se trata de norma penal em branco, que deve ser complementada por disposições de lei específica que regulamente a as atividades nucleares. Nesse sentido é a Lei n. 6.189/74, com a redação que lhe foi dada pela Lei n. 7.781/89 e com as alterações da Lei n. 14.222/2021.

Elemento subjetivo: é o dolo. Não se admite a modalidade culposa.

Consumação: ocorre com a efetiva produção, processamento, fornecimento ou uso do material nuclear, sem autorização ou para fim diverso do permitido em lei, independentemente de qualquer dano nuclear. Trata-se de crime formal.

Tentativa: admite-se.

Ação penal: é pública incondicionada.

> Art. 21. Permitir o responsável pela instalação nuclear sua operação sem a necessária autorização.
> Pena: reclusão, de dois a seis anos.

Sujeito ativo: é o responsável pela instalação nuclear. Trata-se de crime próprio.

Sujeito passivo: a coletividade.

Conduta: vem representada pelo verbo *permitir* (anuir, consentir, tolerar).

Objeto material: é a instalação nuclear, definida, pela própria lei, como o reator nuclear, salvo o utilizado como fonte de energia em meio de transporte, tanto para sua propulsão como para outros fins; a fábrica que utilize combustível nuclear para a produção de materiais nucleares ou na qual se proceda a tratamento de materiais nucleares, incluídas as instalações de reprocessamento de combustível nuclear irradiado; e o local de armazenamento de materiais nucleares, exceto aquele ocasionalmente usado durante seu transporte.

Elemento normativo: vem representado pela expressão "sem a necessária autorização". *Vide* Lei n. 14.222/2021, que modificou vários dispositivos da Lei n. 6.189/74, instituiu a Autoridade Nacional de Segurança Nuclear (ANSN) como uma autarquia federal dotada de autonomia administrativa, técnica e financeira, com sede no Rio de Janeiro e atuação em todo o território nacional. Criada pela cisão da Comissão Nacional de Energia Nuclear (CNEN), a ANSN assume competências relacionadas à regulação, fiscalização e monitoramento da segurança nuclear e proteção radiológica no Brasil, de acordo com a Política Nuclear Brasileira e diretrizes do governo federal.

Elemento subjetivo: é o dolo. Não se admite a modalidade culposa.

Consumação: ocorre com a efetiva permissão para a operação da instalação nuclear, sem a necessária autorização. Trata-se de crime formal, que se consuma independentemente do efetivo início de operação da instalação nuclear.

Tentativa: não se admite.

Ação penal: é pública incondicionada.

> Art. 22. Possuir, adquirir, transferir, transportar, guardar ou trazer consigo material nuclear, sem a necessária autorização.
>
> Pena: reclusão, de dois a seis anos.

Sujeito ativo: qualquer pessoa.

Sujeito passivo: a coletividade.

Conduta: vem representada pelos verbos *possuir* (ter, deter), *adquirir* (obter, comprar, conseguir), *transferir* (mudar), *transportar* (levar, conduzir, trasladar), *guardar* (ocultar, ter sob guarda, possuir) e *trazer consigo* (ter sob posse, portar, ter consigo). Trata-se de tipo misto alternativo.

Objeto material: é o material nuclear, definido pela própria lei, no art. 1º, como o combustível nuclear e os produtos ou rejeitos radioativos. Combustível nuclear é o material capaz de produzir energia, mediante processo autossustentado de fissão nuclear. Produtos ou rejeitos radioativos são os materiais radioativos obtidos durante o processo de produção ou de utilização de combustíveis nucleares, ou cuja radioatividade se tenha originado da exposição às irradiações inerentes a tal processo, salvo os radioisótopos que tenham alcançado o estágio final de elaboração e já se possam utilizar para fins científicos, médicos, agrícolas, comerciais ou industriais.

Elemento normativo: vem representado pela expressão "sem a necessária autorização", indicando que o tipo penal somente se aperfeiçoará quando o sujeito ativo praticar a conduta com ausência de autorização. A Lei n. 4.118/62 criou a Comissão Nacional de Energia Nuclear – CNEN, autarquia federal com autonomia administrativa e financeira. Inclusive, dispõe o art. 40 dessa lei: "É proibida a posse ou transferência de material nuclear, inclusive subprodutos, sem autorização expressa da CNEN, mesmo no comércio interno; pena de perda das vantagens ou produtos e reclusão de um (1) a quatro (4) anos para os responsáveis". Posteriormente, a Lei n. 6.189/74, com a redação que lhe foi dada pela Lei n. 7.781/89, fixou a competência da CNEN, inclusive para expedir normas, licenças e autorizações relativas a posse, uso, armazenamento e transporte de material nuclear, comercialização de material nuclear, minérios nucleares e concentrados que contenham elementos nucleares; e para expedir regulamentos e normas de segurança e proteção relativas ao uso de instalações e de materiais nucleares, ao transporte de materiais nucleares, ao manuseio de materiais nucleares, ao tratamento e à eliminação de rejeitos radioativos, à construção e à operação de estabelecimentos destinados a produzir materiais nucleares e a utilizar energia nuclear, dentre outras. Por fim, a Lei n. 14.222/2021, modificando vários dispositivos da Lei n. 6.189/74, instituiu a Autoridade Nacional de Segurança Nuclear (ANSN) como uma autarquia federal dotada de autonomia administrativa, técnica e financeira, com sede no Rio de Janeiro e atuação em todo o território nacional. Criada pela cisão da Comissão Nacional de Energia Nuclear (CNEN), a ANSN assume competências relacionadas à regulação, fiscalização e monitoramento da segurança nuclear e proteção radiológica no Brasil, de acordo com a Política Nuclear Brasileira e diretrizes do governo federal.

Elemento subjetivo: é o dolo. Não se admite a modalidade culposa.

Consumação: ocorre com a efetiva prática das condutas previstas, independentemente de qualquer resultado naturalístico. Trata-se de crime formal.

Tentativa: admite-se apenas nas condutas adquirir, transferir e transportar.

Ação penal: é pública incondicionada.

> Art. 23. Transmitir ilicitamente informações sigilosas, concernentes à energia nuclear.
> Pena: reclusão, de quatro a oito anos.

Sujeito ativo: somente pode ser o detentor das informações sigilosas concernentes à energia nuclear.

Sujeito passivo: a coletividade.

Conduta: vem representada pelo verbo *transmitir* (avisar, comunicar, notificar, transferir).

Elemento normativo: vem representado pela expressão "ilicitamente". Assim, para a configuração do crime, a transmissão das informações deve ser ilícita, ou seja, contrária ou não autorizada por lei.

Objeto material: são as informações sigilosas concernentes à energia nuclear. Tudo o que cerca a energia nuclear no Brasil é tratado como questão de segurança nacional, daí por que há um regramento específico, pelas Leis n. 4.118/62 e 6.189/74, no que concerne aos procedimentos que envolvem o assunto. Nesse aspecto, a Lei n. 14.222/2021 modificou vários dispositivos da Lei n. 6.189/74, instituiu a Autoridade Nacional de Segurança Nuclear (ANSN) como uma autarquia federal dotada de autonomia administrativa, técnica e financeira, com sede no Rio de Janeiro e atuação em todo o território nacional. Criada pela cisão da Comissão Nacional de Energia Nuclear (CNEN), a ANSN assume competências relacionadas à regulação, fiscalização e monitoramento da segurança nuclear e proteção radiológica no Brasil, de acordo com a Política Nuclear Brasileira e diretrizes do governo federal.

Elemento subjetivo: é o dolo. Não se admite a modalidade culposa.

Consumação: ocorre com a efetiva transmissão ilícita das informações sigilosas, independentemente da ocorrência de resultado naturalístico. Trata-se de crime formal.

Tentativa: admite-se.

Ação penal: é pública incondicionada.

> Art. 24. Extrair, beneficiar ou comerciar ilegalmente minério nuclear.
>
> Pena: reclusão, de dois a seis anos.

Sujeito ativo: qualquer pessoa.

Sujeito passivo: a coletividade.

Conduta: vem representada pelos verbos *extrair* (tirar, colher, separar), *beneficiar* (processar, aperfeiçoar) e *comercializar* (negociar, mercadejar).

Elemento normativo: vem representado pela expressão "ilegalmente". Assim, para a configuração do crime, a extração, beneficiamento ou comércio devem ser ilegais, ou seja, contrários ou não autorizados por lei. De acordo com o art. 2º, VIII e IX, da Lei n. 6.189/74, com a redação que lhe foi dada pela Lei n. 7.781/89, compete à Comissão Nacional de Energia Nuclear – CNEN estabelecer normas e conceder licenças e autorizações para o comércio interno e externo de minerais, minérios, materiais, equipamentos, projetos e transferências de tecnologia de interesse para a energia nuclear; e expedir normas, licenças e autorizações relativas a posse, uso, armazenamento e transporte de material nuclear; e comercialização de material nuclear, minérios nucleares e concentrados que contenham elementos nucleares. Vale lembrar que a Lei n. 14.222/2021 modificou vários dispositivos da Lei n. 6.189/74, instituiu a Autoridade Nacional de Segurança Nuclear (ANSN) como uma autarquia federal dotada de autonomia administrativa, técnica e financeira, com sede no Rio de Janeiro e atuação em todo o território nacional. Criada pela cisão da Comissão Nacional de Energia Nuclear (CNEN), a ANSN assume competências relacionadas à regulação, fiscalização e monitoramento da segurança nuclear e proteção radiológica no Brasil, de acordo com a Política Nuclear Brasileira e diretrizes do governo federal.

Objeto material: é o minério nuclear. Entende-se por minério nuclear todo mineral contendo elemento ou elementos férteis e físseis. Elementos físseis são o plutônio 239, o urânio 233, o urânio enriquecido nos isótopos 235 ou 233, e qualquer material que contenha um ou mais dos materiais citados. Elementos férteis são o urânio natural, o urânio cujo teor em isótopos 235 é inferior ao do urânio natural, o tório, e qualquer um dos materiais anteriormente citados sob a forma de metal, liga, composto químico ou concentrado, além de qualquer outro material que contenha um ou mais dos materiais citados.

Elemento subjetivo: é o dolo. Não se admite a modalidade culposa.

Consumação: consuma-se com a efetiva extração, beneficiamento ou comércio do minério nuclear.

Tentativa: admite-se.

Ação penal: é pública incondicionada.

> Art. 25. Exportar ou importar, sem a necessária licença, material nuclear, minérios nucleares e seus concentrados, minérios de interesse para a energia nuclear e minérios e concentrados que contenham elementos nucleares.
>
> Pena: reclusão, de dois a oito anos.

Sujeito ativo: qualquer pessoa.

Sujeito passivo: a coletividade.

Conduta: vem representada pelos verbos *exportar* (fazer sair do país) e *importar* (introduzir no país coisas provenientes do estrangeiro).

Objeto material: é constituído por material nuclear, minérios nucleares e seus concentrados, minérios de interesse para a energia nuclear e minérios e concentrados que contenham elementos nucleares. Material nuclear é definido pela própria lei, no art. 1º, como o combustível nuclear e os produtos ou rejeitos radioativos. Combustível nuclear é o material capaz de produzir energia, mediante processo autossustentado de fissão nuclear. Produtos ou rejeitos radioativos são os materiais radioativos obtidos durante o processo de produção ou de utilização de combustíveis nucleares, ou cuja radioatividade se tenha originado da exposição às irradiações inerentes a tal processo, salvo os radioisótopos que tenham alcançado o estágio final de elaboração e já se possam utilizar para fins científicos, médicos, agrícolas, comerciais ou industriais. Já os minérios e concentrados que estão sob o controle e fiscalização da Comissão Nacional de Energia Nuclear – CNEN são: mineral de minérios de berilo – berilo, bertrandita, fenacita, rejeito de minerais gemológicos; mineral de minérios de lítio – petalita, espodumênio, lepidolita e ambligonita; mineral de minérios de zircônio – zircônio sob várias especificações, caldasito, baddeleyta, areia de zircônio natural, areia de zircônio micronizado, farinha de zircônio; mineral de minérios de terras raras – monazita, bastnasita, xenotima e seus componentes químicos, mischmetal e produtos industrializados à base de terras raras, óxidos e hidróxidos de terras raras, sais de terras raras, concentrados e minerais de terras raras; mineral de minérios, contendo urânio e/ou tório associados e suas escórias – tantalita, columbita, pirocloro, microlita, escória tantalífera e estanífera, concentrado de nióbio e tântalo, xenotima, anatásio etc.

Elemento normativo: vem representado pela expressão "sem a necessária licença". A Lei n. 14.222/2021 modificou vários dispositivos da Lei n. 6.189/74, instituiu a Autoridade Nacional de Segurança Nuclear (ANSN) como uma autarquia federal dotada de autonomia administrativa, técnica e financeira, com sede no Rio de Janeiro e atuação em todo o território nacional. Criada pela cisão da Comissão Nacional de Energia Nuclear (CNEN), a ANSN assume competências relacionadas à regulação, fiscalização e monitoramento da segurança nuclear e proteção radiológica no Brasil, de acordo com a Política Nuclear Brasileira e diretrizes do governo federal.

Elemento subjetivo: é o dolo.

Consumação: ocorre com a entrada ou saída do objeto material do território nacional.

Tentativa: admite-se.

Ação penal: é pública incondicionada.

> Art. 26. Deixar de observar as normas de segurança ou de proteção relativas à instalação nuclear ou ao uso, transporte, posse e guarda de material nuclear, expondo a perigo a vida, a integridade física ou o patrimônio de outrem.
> Pena: reclusão, de dois a oito anos.

Sujeito ativo: somente pode ser sujeito ativo do crime em tela aquele que tem o dever e o poder de agir para evitar o resultado, já que se trata de crime omissivo próprio. Portanto, somente pode ser sujeito ativo do crime a pessoa natural responsável pela observância das normas de proteção e segurança relativas à instalação nuclear ou ao uso, transporte, posse e guarda de material nuclear. Trata-se de crime próprio.

Sujeito passivo: a coletividade, e, secundariamente, aquele que tiver sua integridade física ou patrimônio atingidos pela conduta do agente.

Conduta: vem caracterizada pelo verbo *deixar* (abster-se, omitir-se), indicando se tratar de crime omissivo próprio.

Norma penal em branco: para a perfeita configuração da infração penal é necessário que se conheçam as normas de segurança ou de proteção relativas à instalação nuclear ou ao uso, transporte, posse e guarda de material nuclear. Nesse sentido, a Lei n. 14.222/2021 instituiu a Autoridade Nacional de Segurança Nuclear (ANSN) como uma autarquia federal dotada de autonomia administrativa, técnica e financeira, com sede no Rio de Janeiro e atuação em todo o território nacional. Criada pela cisão da Comissão Nacional de Energia Nuclear (CNEN), a ANSN assume competências relacionadas à regulação, fiscalização e monitoramento da segurança nuclear e proteção radiológica no Brasil, de acordo com a Política Nuclear Brasileira e diretrizes do governo federal.

Objeto material: é constituído pelas normas de segurança ou de proteção relativas à instalação nuclear ou ao uso, transporte, posse ou guarda de material nuclear. Material nuclear é definido pela própria lei, no art. 1º, como o combustível nuclear e os produtos ou rejeitos radioativos. Combustível nuclear é o material capaz de produzir energia, mediante processo autossustentado de fissão nuclear. Produtos ou rejeitos radioativos são os materiais radioativos obtidos durante o processo de produção ou de utilização de combustíveis nucleares, ou cuja radioatividade se tenha originado da exposição às irradiações inerentes a tal processo, salvo os radioisótopos que tenham alcançado o estágio final de elaboração e já se possam utilizar para fins científicos, médicos, agrícolas, comerciais ou industriais.

Elemento subjetivo: é o dolo, caracterizado pela vontade livre e consciente de não observar as normas de segurança ou de proteção.

Consumação: ocorre com a omissão do sujeito ativo, exigindo-se, ainda, a exposição a perigo da vida, da integridade física ou do patrimônio de alguém. Trata-se de crime de perigo concreto.

Tentativa: não se admite, por se tratar de crime omissivo próprio.

Ação penal: é pública incondicionada.

> Art. 27. Impedir ou dificultar o funcionamento de instalação nuclear ou o transporte de material nuclear.
> Pena: reclusão, de quatro a dez anos.

Sujeito ativo: qualquer pessoa.

Sujeito passivo: a coletividade.

Conduta: vem caracterizada pelos verbos *impedir* (interromper, obstar, obstruir) e *dificultar* (embaraçar, estorvar). Na primeira modalidade de conduta, o funcionamento ou transporte não se realizam. Na segunda modalidade, o funcionamento ou transporte ocorrem, embora com embaraço ou estorvo.

Objeto material: é o funcionamento de instalação nuclear ou o transporte de material nuclear. Instalação nuclear, definida pela própria lei, constitui: o reator nuclear, salvo o utilizado como fonte de energia em meio de transporte, tanto para sua propulsão como para outros fins; a fábrica que utilize combustível nuclear para a produção de materiais nucleares ou na qual se proceda a tratamento de materiais nucleares, incluídas as instalações de reprocessamento de combustível nuclear irradiado; e o local de armazenamento de materiais nucleares, exceto aquele ocasionalmente usado durante seu transporte. Material nuclear é definido pela própria lei, no art. 1º, como o combustível nuclear e os produtos ou rejeitos radioativos. Combustível nuclear é o material capaz de produzir energia mediante processo autossustentado de fissão nuclear. Produtos ou rejeitos radioativos são os materiais radioativos obtidos durante o processo de produção ou de utilização de combustíveis nucleares, ou cuja radioatividade se tenha originado da exposição às irradiações inerentes a tal processo, salvo os radioisótopos que tenham alcançado o estágio final de elaboração e já se possam utilizar para fins científicos, médicos, agrícolas, comerciais ou industriais.

Elemento subjetivo: é o dolo. Não se admite a modalidade culposa.

Consumação: ocorre com o efetivo impedimento, obstaculizando o funcionamento de instalação nuclear ou o transporte de material nuclear, ou com o embaraço ou estorvo no funcionamento ou transporte.

Tentativa: admite-se.

Ação penal: é pública incondicionada.

> Art. 28. Esta Lei entrará em vigor na data de sua publicação.
> Art. 29. Revogam-se as disposições em contrário.

46 Sistema Financeiro Nacional
Lei n. 7.492/86

1. Conceito de instituição financeira para efeitos penais

Conforme explicita o art. 1º da Lei n. 7.492/86:

> Art. 1º Considera-se instituição financeira, para efeito desta Lei, a pessoa jurídica de direito público ou privado, que tenha como atividade principal ou acessória, cumulativamente ou não, a captação, intermediação ou aplicação de recursos financeiros (*Vetado*) de terceiros, em moeda nacional ou estrangeira, ou a custódia, emissão, distribuição, negociação, intermediação ou administração de valores mobiliários.
>
> Parágrafo único. Equipara-se à instituição financeira:
>
> I – a pessoa jurídica que capte ou administre seguros, câmbio, consórcio, capitalização ou qualquer tipo de poupança, ou recursos de terceiros;
>
> I-A – a pessoa jurídica que ofereça serviços referentes a operações com ativos virtuais, inclusive intermediação, negociação ou custódia;
>
> II – a pessoa natural que exerça quaisquer das atividades referidas neste artigo, ainda que de forma eventual.

De acordo com o dispõe o art. 192 da Constituição federal, "O sistema financeiro nacional, estruturado de forma a promover o desenvolvimento equilibrado do País e a servir aos interesses da coletividade, em todas as partes que o compõem, abrangendo as cooperativas de crédito, será regulado por leis complementares que disporão, inclusive, sobre a participação do capital estrangeiro nas instituições que o integram".

Anteriormente, a Lei n. 4.595/64 já havia definido, de modo semelhante, instituições financeiras, no art. 17, *caput*, como sendo as pessoas jurídicas públicas ou privadas, que tenham como atividade principal ou acessória a coleta, intermediação ou aplicação de recursos financeiros próprios ou de terceiros, em moeda nacional ou estrangeira, e a custódia de valor de propriedade de terceiros. No parágrafo único, o referido artigo equipara às instituições financeiras as pessoas físicas que exerçam qualquer das atividades referidas neste artigo, de forma permanente ou eventual.

No art. 1º da Lei n. 7.942/86, o legislador tratou de definir expressamente o que deve ser considerado instituição financeira para os efeitos penais, estabelecendo os parâmetros interpretativos para os crimes previstos na lei.

Na primeira parte do *caput*, vem definida a instituição financeira propriamente dita, que se ocupa da captação, intermediação ou aplicação de recursos financeiros de terceiros, em moeda nacional ou estrangeira.

Na segunda parte do *caput*, vem definida a instituição financeira relativa ao mercado de capitais, que opera a custódia, emissão, distribuição, negociação, intermediação ou administração de valores mobiliários.

E, por fim, no parágrafo único, vem definida a instituição financeira por equiparação, que pode ser tanto a pessoa jurídica que capte ou administre seguros, câmbio, consórcio, capitalização ou qualquer tipo de poupança, ou recursos de terceiros; a pessoa jurídica que ofereça serviços referentes a operações com ativos virtuais, inclusive intermediação, negociação ou custódia; e a pessoa natural que exerça quaisquer das atividades referidas no artigo, ainda que de forma eventual.

Vale lembrar que, para os efeitos da Lei Complementar n. 105/2001 (que dispõe sobre o sigilo das operações de instituições financeiras), são consideradas instituições financeiras: I – os bancos de qualquer espécie; II – distribuidoras de valores mobiliários; III – corretoras de câmbio e de valores mobiliários; IV – sociedades de crédito, financiamento e investimentos; V – sociedades de crédito imobiliário; VI – administradoras de cartões de crédito; VII – sociedades de arrendamento mercantil; VIII – administradoras de mercado de balcão organizado; IX – cooperativas de crédito; X – associações de poupança e empréstimo; XI – bolsas de valores e de mercadorias e futuros; XII – entidades de liquidação e compensação; XIII – outras sociedades que, em razão da natureza de suas operações, assim venham a ser consideradas pelo Conselho Monetário Nacional.

Outrossim, nos termos do art. 18 da Lei n. 4.595/64, as instituições financeiras somente poderão funcionar no País mediante prévia autorização do Banco Central ou decreto do Poder Executivo, quando forem estrangeiras. Além dos estabelecimentos bancários oficiais ou privados, das sociedades de crédito, financiamento e investimentos, das caixas econômicas e das cooperativas de crédito ou a seção de crédito das cooperativas que a tenham, também se subordinam às disposições e disciplina desta lei no que for aplicável, as bolsas de valores, companhias de seguros e de capitalização, as sociedades que efetuam distribuição de prêmios em imóveis, mercadorias ou dinheiro, mediante sorteio de títulos de sua emissão ou por qualquer forma, e as pessoas físicas ou jurídicas que exerçam, por conta própria ou de terceiros, atividade relacionada com a compra e venda de ações e outros quaisquer títulos, realizando nos mercados financeiros e de capitais operações ou serviços de natureza dos executados pelas instituições financeiras. O Banco Central, no exercício da fiscalização que lhe compete, regulará as condições de concorrência entre instituições financeiras, coibindo-lhes os abusos com a aplicação da pena nos termos desta lei. Dependerão de prévia autorização do Banco Central as campanhas destinadas à coleta de recursos do público, praticadas por pessoas físicas ou jurídicas abrangidas no artigo, salvo para subscrição pública de ações, nos termos da lei das sociedades por ações.

2. Crimes em espécie

2.1. Impressão ou publicação não autorizadas

> Art. 2º Imprimir, reproduzir ou, de qualquer modo, fabricar ou pôr em circulação, sem autorização escrita da sociedade emissora, certificado, cautela ou outro documento representativo de título ou valor mobiliário:
>
> Pena – Reclusão, de 2 (dois) a 8 (oito) anos, e multa.

Objetividade jurídica: a tutela da credibilidade do Sistema Financeiro Nacional, especificamente quanto à circulação dos títulos e valores mobiliários.

Sujeito ativo: qualquer pessoa.

Sujeito passivo: o Estado (Sistema Financeiro Nacional). Secundariamente, é a pessoa que sofrer prejuízo com a conduta (p. ex., investidores que adquirem o título).

Conduta: vem representada pelos verbos "imprimir", "reproduzir", "fabricar" e com a expressão "pôr em circulação". Trata-se de crime comissivo.

Objeto material: certificado (documento que representa ações), cautela (título representativo das ações, até que seja emitido o certificado) e título ou valor mobiliário. São valores mobiliários, de acordo com o art. 2º da Lei n. 6.385/76, as ações, debêntures e bônus de subscrição; os cupons, direitos, recibos de subscrição e certificados de desdobramento relativos aos valores mobiliários; os certificados de depósito de valores mobiliários; as cédulas de debêntures; as cotas de fundos de investimento em valores mobiliários ou de clubes de investimento em quaisquer ativos; as notas comerciais; os contratos futuros, de opções e outros derivativos, cujos ativos subjacentes sejam valores mobiliários; outros contratos derivativos, independentemente dos ativos subjacentes; e, quando ofertados publicamente, quaisquer outros títulos ou contratos de investimento coletivo, que gerem direito de participação, de parceria ou de remuneração, inclusive resultante de prestação de serviços, cujos rendimentos advêm do esforço do empreendedor ou de terceiros.

Marco Legal dos Criptoativos: a Lei n. 14.478/2022 (Marco Legal dos Criptoativos) dispõe expressamente no art. 1º, parágrafo único, que suas disposições não se aplicam aos ativos representativos de valores mobiliários sujeitos ao regime da Lei n. 6.385, de 7 de dezembro de 1976, e não alteram nenhuma competência da Comissão de Valores Mobiliários.

Elemento normativo do tipo: *sem autorização escrita* da sociedade emissora. Caso haja autorização escrita, inexiste o crime. Vale citar o disposto no art. 73 da Lei n. 4.728/65, que disciplina o mercado de capitais, que assim dispõe: "Art. 73. Ninguém poderá fazer, imprimir ou fabricar ações de sociedades anônimas, ou cautelas que as representem, sem autorização escrita e assinada pela respectiva representação legal da sociedade, com firmas reconhecidas. § 1º Ninguém poderá fazer, imprimir ou fabricar prospectos ou qualquer material de propaganda para venda de ações de sociedade anônima, sem autorização dada pela respectiva representação legal da sociedade".

Elemento subjetivo: dolo, caracterizado pela vontade livre e consciente de praticar as condutas típicas.

Consumação: com a prática das condutas, independentemente de qualquer outro resultado. Nas modalidades de conduta "imprimir", "reproduzir", "fabricar", trata-se de crime material, uma vez que a impressão, a reprodução ou a fabricação do objeto material constituem o resultado naturalístico do delito. Não há necessidade de ocorrência de prejuízo em decorrência da conduta. Eventual prejuízo advindo das mencionadas condutas constituirão o exaurimento do delito. Na modalidade de conduta "por em circulação", trata-se de crime de mera conduta, já que não há resultado naturalístico previsto em lei. Em todas as modalidades de conduta, o crime de perigo abstrato, presumindo-se o dano ao Sistema Financeiro Nacional.

Tentativa: admite-se a tentativa, salvo na modalidade de conduta "por em circulação".

2.1.1. Material de propaganda

> Parágrafo único. Incorre na mesma pena quem imprime, fabrica, divulga, distribui ou faz distribuir prospecto ou material de propaganda relativo aos papéis referidos neste artigo.

Objetividade jurídica: a tutela da credibilidade do Sistema Financeiro Nacional, especificamente quanto à circulação dos títulos e valores mobiliários.

Sujeito ativo: qualquer pessoa.

Sujeito passivo: o Estado (Sistema Financeiro Nacional). Secundariamente, qualquer pessoa que sofre prejuízo (ex.: investidores).

Conduta: vem representada pelos verbos "imprimir", "fabricar", "divulgar", "distribuir" e pela locução verbal "fazer distribuir". Trata-se de crime comissivo.

Objeto material: prospecto ou material de propaganda relativo aos papéis mencionados no *caput* do artigo.

Elemento normativo do tipo: embora não expressamente referido no parágrafo, entende-se aqui também presente o elemento normativo *sem autorização escrita* da sociedade emissora. Caso haja autorização escrita, inexiste o crime.

Elemento subjetivo: dolo, caracterizado pela vontade livre e consciente de praticar as condutas típicas.

Consumação: com a prática da conduta, independentemente de outro resultado. Aqui também se trata de crime material nas condutas "imprimir" e "fabricar". Nas condutas "divulgar" e "distribuir", o crime é de mera conduta.

Tentativa: admite-se apenas nas modalidades de conduta "imprimir" e "fabricar".

2.2. Divulgação falsa ou incompleta de informação

> Art. 3º Divulgar informação falsa ou prejudicialmente incompleta sobre instituição financeira:
> Pena – Reclusão, de 2 (dois) a 6 (seis) anos, e multa.

Objetividade jurídica: a tutela da credibilidade do Sistema Financeiro Nacional.

Sujeito ativo: qualquer pessoa.

Sujeito passivo: o Estado (Sistema Financeiro Nacional). Secundariamente, a instituição financeira sobre a qual a informação foi divulgada.

Conduta: vem representada pelo verbo "divulgar", que significa difundir, publicar, propalar. Não há necessidade, para a configuração do delito, que a divulgação seja feita pela mídia. A divulgação deve referir-se a *informação falsa* (que não condiz com a realidade) ou *prejudicialmente incompleta* (nesse caso, a informação é verdadeira, mas divulgada de maneira incompleta, prejudicando a instituição financeira). Embora não haja exigência legal, é necessário que a informação falsa ou prejudicialmente incompleta tenha alguma relevância do ponto de vista econômico-financeiro, ou seja, que tenha potencialidade de causar situação danosa à instituição financeira, aos investidores e ao próprio Sistema Financeiro Nacional.

Elemento subjetivo: dolo, caracterizado pela vontade livre e consciente de praticar a conduta típica.

Consumação: com a mera conduta de "divulgar", independentemente de qualquer outro resultado. Trata-se de crime de mera conduta, já que o tipo penal não faz referência a nenhum resultado naturalístico. Portanto, para a consumação do crime não há necessidade de que ocorra qualquer prejuízo à instituição financeira, aos investidores ou ao Sistema Financeiro Nacional. É crime de perigo abstrato na modalidade "divulgar informação falsa", pois a potencialidade de dano é presumida. Já na modalidade "divulgar informação prejudicialmente incompleta", trata-se de crime de perigo concreto, em que há necessidade de comprovação da potencialidade lesiva da prejudicialidade da informação incompleta.

Tentativa: admite-se, salvo se a divulgação for oral.

2.3. Gestão fraudulenta ou temerária

> Art. 4º Gerir fraudulentamente instituição financeira:
> Pena – Reclusão, de 3 (três) a 12 (doze) anos, e multa.
> Parágrafo único. Se a gestão é temerária:
> Pena – Reclusão, de 2 (dois) a 8 (oito) anos, e multa.

Lei de Economia Popular: a Lei n. 1.521/51, que trata dos crimes contra a economia popular, tem dispositivo semelhante, tratando de gestão fraudulenta e de gestão temerária, nos seguintes termos: "Art. 3º. São também crimes desta natureza: (...) IX – gerir fraudulenta ou temerariamente bancos ou estabelecimentos bancários, ou de capitalização; sociedades de seguros, pecúlios ou pensões vitalícias; sociedades para empréstimos ou financiamento de construções e de vendas e imóveis a prestações, com ou sem sorteio ou preferência por meio de pontos ou quotas; caixas econômicas; caixas Raiffeisen; caixas mútuas, de beneficência, socorros ou empréstimos; caixas de pecúlios, pensão e aposentadoria; caixas construtoras; cooperativas; sociedades de economia coletiva, levando-as à falência ou à insolvência, ou não cumprindo qualquer das cláusulas contratuais com prejuízo dos interessados;".

A Lei n. 7.492/86, ora em comento, tratando dos crimes contra o sistema financeiro nacional, criminaliza a gestão fraudulenta ou temerária de *instituição financeira*. Portanto, apenas quanto à gestão fraudulenta ou temerária de instituição financeira houve revogação da Lei de Economia Popular. Remanesce, entretanto, em pleno vigor o art. 3º, IX, da Lei n. 1.521/51, no que tange às demais instituições ou sociedades.

Objetividade jurídica: a tutela da credibilidade do Sistema Financeiro Nacional, especificamente em relação à lisura da gestão das instituições financeiras e ao patrimônio dos investidores e da própria instituição.

Tipo penal aberto: não esclarece o dispositivo em análise o que se entende por *gestão fraudulenta* e por *gestão temerária,* o que tem suscitado severas críticas da doutrina e da jurisprudência, entendendo alguns juristas estar violado o princípio da legalidade. Elias de Oliveira, citado por Sebastião de Oliveira Lima e Carlos Augusto Tosta de Lima (*Crimes contra o Sistema Financeiro Nacional*, São Paulo: Atlas, 2003, p. 23), define ***gestão fraudulenta*** como "todo ato de direção, administração ou gerência, voluntariamente consciente, que traduza manobras ilícitas, com emprego de fraudes, ardis e enganos", e *gestão temerária* como aquela "feita sem a prudência ordinária ou com demasiada confiança no sucesso que a previsibilidade normal tem como improvável, assumindo riscos audaciosos em transações perigosas ou inescrupulosamente arriscando o dinheiro alheio".

Sujeito ativo: trata-se de crime próprio, que somente pode ser praticado pelo responsável pela gerência da instituição financeira, ou seja, pelo administrador ou controlador, nos termos do art. 25 da Lei, assim como por aqueles que lhe são equiparados.

Sujeito passivo: o Estado (Sistema Financeiro Nacional). Secundariamente, a instituição financeira e seus acionistas, investidores etc.

Conduta: vem representada pelo verbo "gerir", que significa administrar, comandar, dirigir.

Elemento subjetivo: dolo. No caso de gestão temerária, há quem sustente a possibilidade de dolo eventual, na hipótese de o sujeito ativo assumir o risco de ocasionar resultado lesivo à instituição financeira.

Consumação: por se tratar de crime formal, consuma-se com a mera gestão fraudulenta ou temerária, independentemente de efetivo prejuízo. Nesse sentido: "O tipo penal do art. 4º da Lei 7.492/86 é crime formal consumando-se mediante a comprovação da gestão fraudulenta, independentemente da efetiva lesão ao patrimônio de instituição financeira ou prejuízo dos investidores, poupadores ou assemelhados" (STJ – AgRg no AREsp 926.372/SP, Rel. Min. Nefi Cordeiro, 6ª Turma, *DJe* 2-2-2017).

Crime habitual impróprio: tanto na gestão fraudulenta quanto na gestão temerária, trata-se de crime habitual impróprio. Assim, embora a conduta (*gerir*) indique a necessidade da reiteração de atos fraudulentos ou temerários, a consumação pode ocorrer com a prática de apenas um ato fraudulento ou temerário, ato esse de tal relevância que coloque em risco a higidez patrimonial da instituição financeira. Nesse sentido: "Pacificou-se nos Tribunais Superiores o entendimento de que o crime de gestão fraudulenta classifica-se como habitual impróprio, bastando uma única ação para que se configure. Precedentes do STJ e do STF" (STJ – HC 284.546/SP, Rel. Min. Jorge Mussi, 5ª Turma, *DJe* 8-3-2016).

Tentativa: admite-se, uma vez que seja possível fracionar o *iter criminis*.

2.4. Apropriação indébita e desvio de recursos

> Art. 5º Apropriar-se, quaisquer das pessoas mencionadas no art. 25 desta Lei, de dinheiro, título, valor ou qualquer outro bem móvel de que tem a posse, ou desviá-lo em proveito próprio ou alheio:
> Pena – Reclusão, de 2 (dois) a 6 (seis) anos, e multa.

Objetividade jurídica: a tutela da credibilidade do Sistema Financeiro Nacional, especificamente quanto à proteção do patrimônio da instituição financeira e dos investidores.

Sujeito ativo: trata-se de crime próprio, em que somente podem ser agentes as pessoas mencionadas no art. 25 da Lei, ou seja, o controlador e os administradores (diretores, gerentes, interventor, liquidante e síndico) da instituição financeira. Também o administrador judicial, na nova Lei de Falências (art. 21 da Lei n. 11.101/2005).

Sujeito passivo: o Estado (Sistema Financeiro Nacional). Secundariamente, a instituição financeira ou o titular do bem indevidamente apropriado ou desviado.

Conduta: vem representada pelos verbos "apropriar(-se)" e "desviar". O objeto material é *dinheiro, valor ou qualquer outro bem móvel*. O objeto material deve estar sob a posse (o texto legal não mencionou a *detenção* como no art. 168 do CP) do sujeito ativo.

Elemento subjetivo: o dolo, consistente na vontade livre e consciente de se apropriar ou de desviar, em proveito próprio ou alheio, dinheiro, título, valor ou qualquer outro bem móvel, pertencente à instituição financeira, de que tem a posse.

Consumação: com a inversão do *animus* da posse, ou seja, quando o agente se apropria ou desvia a coisa, agindo como se dono fosse. O agente transforma a posse em nome alheio (*alieno domine*) em posse em nome próprio (*causa dominii*).

Tentativa: admite-se.

2.4.1. Figura equiparada

> Parágrafo único. Incorre na mesma pena qualquer das pessoas mencionadas no art. 25 desta Lei, que negociar direito, título ou qualquer outro bem móvel ou imóvel de que tem a posse, sem autorização de quem de direito.

Sujeito ativo: trata-se de crime próprio, em que somente podem ser agentes as pessoas mencionadas no art. 25 da Lei, ou seja, o controlador e os administradores (diretores, gerentes, interventor, liquidante e síndico) da instituição financeira. Também o administrador judicial, na nova Lei de Falências (art. 21 da Lei n. 11.101/2005).

Sujeito passivo: o Estado (Sistema Financeiro Nacional). Secundariamente, a instituição financeira ou o titular do bem indevidamente negociado.

Conduta: vem representada pelo verbo "negociar", que significa realizar operações comerciais, tais como venda, permuta, dação em pagamento etc.

Objeto material: é *direito, título ou qualquer outro bem móvel ou imóvel*.

Elemento subjetivo: dolo.

Consumação: com a efetiva negociação, *sem autorização de quem de direito*, ou seja, sem autorização do titular do direito, do título ou do bem. Trata-se de crime material.

Tentativa: admite-se.

2.5. Sonegação de informação

> Art. 6º Induzir ou manter em erro sócio, investidor ou repartição pública competente, relativamente a operação ou situação financeira, sonegando-lhe informação ou prestando-a falsamente:
> Pena – Reclusão, de 2 (dois) a 6 (seis) anos, e multa.

Sujeito ativo: qualquer pessoa que disponha da informação.

Sujeito passivo: o Estado (Sistema Financeiro Nacional). Secundariamente, pode ser o sócio, o investidor ou a repartição pública induzida ou mantida em erro.

Conduta: vem representada pelos verbos "induzir" e "manter". A conduta pode ser omissiva, quando ocorrer por meio da *sonegação de informação*, e comissiva, quando ocorrer mediante a *prestação de informação falsa*.

Elemento subjetivo: dolo.

Consumação: ocorre com o efetivo induzimento ou manutenção em erro do sujeito ativo, mediante a sonegação da informação ou da prestação de informação falsa.

Tentativa: admite-se.

2.6. Emissão, oferecimento ou negociação irregular de títulos ou valores mobiliários

> Art. 7º Emitir, oferecer ou negociar, de qualquer modo, títulos ou valores mobiliários:
>
> I – falsos ou falsificados;
>
> II – sem registro prévio de emissão junto à autoridade competente, em condições divergentes das constantes do registro ou irregularmente registrados;
>
> III – sem lastro ou garantia suficientes, nos termos da legislação;
>
> IV – sem autorização prévia da autoridade competente, quando legalmente exigida.
>
> Pena – Reclusão, de 2 (dois) a 8 (oito) anos, e multa.

Sujeito ativo: qualquer pessoa. Na modalidade de conduta "emitir", somente poderá ser o gestor da pessoa jurídica.

Sujeito passivo: o Estado (Sistema Financeiro Nacional). Secundariamente, pode ser a pessoa física ou jurídica que venha a sofrer prejuízo em razão das práticas incriminadas.

Conduta: vem representada pelos verbos "emitir", "oferecer" e "negociar".

Objeto material: são os títulos ou valores mobiliários emitidos, oferecidos ou negociados na forma estabelecida nos incisos I a IV do artigo em comento.

Títulos ou valores mobiliários: são títulos ou valores mobiliários, de acordo com o art. 2º da Lei n. 6.385/76, as ações, as partes beneficiárias, as debêntures, os cupões desses títulos e os bônus de subscrição, os certificados de depósitos de valores mobiliários etc.

Registro prévio: o registro prévio dos títulos e valores mobiliários que venham a ser negociados na Bolsa de Valores e o registro das emissões de títulos ou valores mobiliários que venham a ser distribuídos no mercado de capitais estão a cargo do Banco Central do Brasil, de acordo com o disposto no art. 3º, V e VI, da Lei n. 4.728/65.

Lastro ou garantia: como os títulos e valores mobiliários representam parcelas do capital social da empresa, para que sejam emitidos devem possuir *lastro* ou *garantia* suficientes, materializados no patrimônio da sociedade.

Elemento subjetivo: dolo.

Consumação: ocorre com a efetiva emissão, oferta ou negociação dos títulos ou valores mobiliários.

Tentativa: admite-se apenas na modalidade de conduta "negociar".

2.7. Exigência de remuneração acima da legalmente permitida

> Art. 8º Exigir, em desacordo com a legislação (*Vetado*), juro, comissão ou qualquer tipo de remuneração sobre operação de crédito ou de seguro, administração de fundo mútuo ou fiscal ou de consórcio, serviço de corretagem ou distribuição de títulos ou valores mobiliários:
>
> Pena – Reclusão, de 1 (um) a 4 (quatro) anos, e multa.

Legislação anterior: art. 4º, *a*, da Lei n. 1.521/51 (Lei de Economia Popular), que prevê o crime de usura.

Sujeito ativo: parte da doutrina entende que pode ser qualquer pessoa. Entretanto, assiste razão a Sebastião de Oliveira Lima e Carlos Augusto Tosta de Lima (*Crimes contra o Sistema Financeiro Nacional*, São Paulo: Atlas, 2003, p. 50-51), entendendo tratar-se de crime próprio: "Não é qualquer pessoa que pode exigir juro, comissão ou qualquer tipo de remuneração sobre as operações previstas na disposição legal, mas apenas os profissionais credenciados pela lei para tanto, o que muda a natureza do delito para crime próprio. Esse posicionamento mais se robustece quando se verifica que a jurisprudência vem entendendo que o empréstimo pessoal de dinheiro a terceiros, ainda que a juros usurários, não configura crime contra o Sistema Financeiro Nacional (v. g. STJ, Conflito de Competência 16.721/SP, Ministro José Dantas, *DJU*, 30-6-98, p. 30869). Da mesma forma, embora o art. 1º desta lei, em seu parágrafo único, inciso II, equipare à instituição financeira a pessoa natural que, ainda que de forma eventual, exerça qualquer das atividades próprias das instituições financeiras, há decisão judicial entendendo que a pessoa física que, com recursos próprios, empreste dinheiro a juro extorsivo não pratica crime contra o sistema financeiro nacional, que pressupõe que os recursos aplicados sejam de terceiros. É o caso que, comumente, chamamos de agiotagem. Essa decisão nos pareceu correttíssima, já que o art. 1º da lei é expresso ao dizer que somente se considera instituição financeira aquela que capte, intermedeie ou aplique recursos de terceiros. Não é, pois, operação do sistema financeiro nacional empréstimo, ainda que a juros usurários, de capital próprios".

Sujeito passivo: o Estado (Sistema Financeiro Nacional). Secundariamente, os particulares lesados.

Conduta: vem representada pelo verbo "exigir" (impor, determinar). O dispositivo penal refere-se à exigência *em desacordo com a legislação,* o que confere ao tipo a característica de norma penal em branco, que deve ser complementada.

Objeto material: juro (art. 192, § 3º, da CF), comissão ou remuneração sobre operação de crédito ou de seguro, administração de fundo mútuo ou fiscal ou de consórcio, serviço de corretagem ou distribuição de títulos ou valores mobiliários.

Elemento subjetivo: dolo.

Consumação: trata-se de crime formal, que se consuma com a mera exigência, independentemente da obtenção da vantagem.

Tentativa: por se tratar de crime formal, incabível a tentativa.

2.8. Fraude à fiscalização ou ao investidor

> Art. 9º Fraudar a fiscalização ou o investidor, inserindo ou fazendo inserir, em documento comprobatório de investimento em títulos ou valores mobiliários, declaração falsa ou diversa da que dele deveria constar:
>
> Pena – Reclusão, de 1 (um) a 5 (cinco) anos, e multa.

Sujeito ativo: trata-se de crime próprio. Isso porque a falsidade ideológica (inserir ou fazer inserir) somente pode ser lançada em *documento comprobatório de investimento em títulos ou valores mobiliários*. Assim sendo, somente podem praticar o delito o controlador e os administradores da instituição financeira, a teor do art. 25 da lei. Merece destacar que parcela da doutrina entende tratar-se de crime comum.

Sujeito passivo: o Estado (Sistema Financeiro Nacional). Secundariamente, o investidor lesado pela fraude.

Conduta: vem representada pelo verbo "fraudar". A fraude deve ocorrer de duas formas: *inserindo* ou *fazendo inserir* declaração falsa ou diversa da que deveria constar.

Objeto material: documento comprobatório de investimento em títulos ou valores mobiliários. A respeito, *vide* art. 2º da Lei n. 6.385/76.

Elemento subjetivo: o dolo.

Consumação: contrariando parcela da doutrina que entende tratar-se de crime formal, a consumação ocorre com a fraude à fiscalização ou ao investidor. É crime material, pois a falsidade ideológica é o meio para a perpetração da fraude, com o consequente prejuízo para a fiscalização ou para o investidor.

Tentativa: admite-se.

2.9. Documentos contábeis falsos ou incompletos

> Art. 10. Fazer inserir elemento falso ou omitir elemento exigido pela legislação, em demonstrativos contábeis de instituição financeira, seguradora ou instituição integrante do sistema de distribuição de títulos de valores mobiliários:
>
> Pena – Reclusão, de 1 (um) a 5 (cinco) anos, e multa.

Sujeito ativo: qualquer pessoa.

Sujeito passivo: o Estado (Sistema Financeiro Nacional). Secundariamente, a pessoa ou acionista eventualmente lesado.

Conduta: vem representada pela locução verbal "fazer inserir" (crime comissivo) e pelo verbo "omitir" (crime omissivo). O dispositivo não tipificou a conduta "inserir", que, para alguns doutrinadores, poderia tipificar o crime do art. 177, § 1º, I, ou o do art. 299, ambos do Código Penal.

Objeto material: demonstrativos contábeis. Compete ao Conselho Monetário Nacional expedir normas gerais de contabilidade e estatística a serem observadas pelas instituições financeiras – art. 4º, XII, da Lei n. 4.595/64.

Elemento subjetivo: o dolo.

Consumação: na modalidade comissiva, consuma-se com a efetiva inserção de elemento falso. Já na modalidade omissiva, com a efetiva omissão de elemento exigido pela legislação.

Tentativa: admite-se apenas na modalidade comissiva.

2.10. Contabilidade paralela

> Art. 11. Manter ou movimentar recurso ou valor paralelamente à contabilidade exigida pela legislação:
>
> Pena – Reclusão, de 1 (um) a 5 (cinco) anos, e multa.

Sujeito ativo: embora parcela da doutrina entenda tratar-se de crime comum, estamos com Sebastião de Oliveira Lima e Carlos Augusto Tosta de Lima (*Crimes contra o Sistema Financeiro Nacional*,

São Paulo: Atlas, 2003, p. 63), quando ressaltam que, cuidando a lei de crimes contra o Sistema Financeiro Nacional praticados em instituições financeiras, o crime passa a ser próprio, pois que somente praticado pelo controlador, administradores ou equiparados, nos termos do art. 25. A contabilidade paralela de outra entidade que não instituição financeira não vem tratada por essa lei em exame.

Sujeito passivo: o Estado (Sistema Financeiro Nacional). Secundariamente, os acionistas ou terceiros lesados.

Conduta: vem representada pelos verbos "manter" e "movimentar". A *contabilidade exigida pela legislação* é especificada pelos arts. 100, 176 e s. da Lei n. 6.404/76.

Elemento subjetivo: o dolo.

Consumação: trata-se de crime que exige a habitualidade, consumando-se com a reiteração de atos tendentes a manter ou movimentar recurso ou valor paralelamente à contabilidade exigida pela legislação.

Tentativa: por se tratar de crime habitual, não se admite a tentativa.

2.11. Omissão de informações

> Art. 12. Deixar, o ex-administrador de instituição financeira, de apresentar, ao interventor, liquidante, ou síndico, nos prazos e condições estabelecidas em lei as informações, declarações ou documentos de sua responsabilidade:
> Pena – Reclusão, de 1 (um) a 4 (quatro) anos, e multa.

Sujeito ativo: trata-se de crime próprio, que somente pode ser praticado pelo ex-administrador da instituição financeira.

Sujeito passivo: o Estado (Sistema Financeiro Nacional). Secundariamente, o acionista, investidor ou terceiro eventualmente lesado.

Conduta: vem representada pelo verbo "deixar", indicando omissão. A omissão somente estará configurada após o decurso dos *prazos* e satisfeitas as *condições* estabelecidas em lei. Trata-se, portanto, de norma penal em branco.

Intervenção: é determinada pelo Banco Central do Brasil nas instituições financeiras (art. 2º da Lei n. 6.024/74).

Liquidação extrajudicial: também é determinada pelo Banco Central do Brasil nas instituições financeiras (art. 15 da Lei n. 6.024/74).

Falência: é sempre decretada judicialmente, regulada pela Lei n. 11.101/2005.

Elemento subjetivo: o dolo.

Consumação: tratando-se de crime omissivo, consuma-se com a não apresentação das informações, declarações ou documentos nos prazos e condições estabelecidas em lei.

Tentativa: por se tratar de crime omissivo, não se admite tentativa.

2.12. Desvio de bem indisponível

> Art. 13. Desviar (*Vetado*) bem alcançado pela indisponibilidade legal resultante de intervenção, liquidação extrajudicial ou falência de instituição financeira:

Pena – Reclusão, de 2 (dois) a 6 (seis) anos, e multa.

Parágrafo único. Na mesma pena incorre o interventor, o liquidante ou o síndico que se apropriar de bem abrangido pelo *caput* deste artigo, ou desviá-lo em proveito próprio ou alheio.

Sujeito ativo: no *caput*, trata-se de crime comum. Pode ser agente do delito qualquer pessoa que detenha a posse do bem inalienável. No parágrafo único, trata-se de crime próprio, somente podendo ser sujeito ativo o interventor, o liquidante ou o síndico.

Sujeito passivo: o Estado (Sistema Financeiro Nacional). Secundariamente, as pessoas físicas ou jurídicas eventualmente lesadas.

Conduta: vem representada pelo verbo "desviar", no *caput*, e pelos verbos "apropriar(-se)" e "desviar", no parágrafo único. Conforme já referido no art. 12 a intervenção e a liquidação extrajudicial vêm tratadas pela Lei n. 6.024/74 e a falência, pela Lei n. 11.101/2005.

Indisponibilidade legal dos bens – art. 36 da Lei n. 6.024/74: "Art. 36. Os administradores das instituições financeiras em intervenção, em liquidação extrajudicial ou em falência, ficarão com todos os seus bens indisponíveis não podendo, por qualquer forma, direta ou indireta, aliená-los ou onerá-los, até apuração e liquidação final de suas responsabilidades.

§ 1º A indisponibilidade prevista neste artigo decorre do ato que decretar a intervenção, a extrajudicial ou a falência, atinge a todos aqueles que tenham estado no exercício das funções nos doze meses anteriores ao mesmo ato.

§ 2º Por proposta do Banco Central do Brasil, aprovada pelo Conselho Monetário Nacional, a indisponibilidade prevista neste artigo poderá ser estendida:

a) aos bens de gerentes, conselheiros fiscais e aos de todos aqueles que, até o limite da responsabilidade estimada de cada um, tenham concorrido, nos últimos doze meses, para a decretação da intervenção ou da liquidação extrajudicial;

b) aos bens de pessoas que, nos últimos doze meses, os tenham a qualquer título, adquirido de administradores da instituição, ou das pessoas referidas na alínea anterior desde que haja seguros elementos de convicção de que se trata de simulada transferência com o fim de evitar os efeitos desta Lei.

§ 3º Não se incluem nas disposições deste artigo os bens considerados inalienáveis ou impenhoráveis pela legislação em vigor.

§ 4º Não são igualmente atingidos pela indisponibilidade os bens objeto de contrato de alienação, de promessa de compra e venda, de cessão de direito, desde que os respectivos instrumentos tenham sido levados ao competente registro público, anteriormente à data da decretação da intervenção, da liquidação extrajudicial ou da falência".

Elemento subjetivo: o dolo.

Consumação: ocorre com o efetivo desvio ou apropriação do bem indisponível.

Tentativa: admite-se.

2.13. Apresentação de declaração ou reclamação falsa

Art. 14. Apresentar, em liquidação extrajudicial, ou em falência de instituição financeira, declaração de crédito ou reclamação falsa, ou juntar a elas título falso ou simulado:

> Pena – Reclusão, de 2 (dois) a 8 (oito) anos, e multa.
>
> Parágrafo único. Na mesma pena incorre o ex-administrador ou falido que reconhecer, como verdadeiro, crédito que não o seja.

Sujeito ativo: na figura do *caput*, poderá ser agente do crime qualquer pessoa que ostente a qualidade de credor da instituição financeira. Já na hipótese do parágrafo único, trata-se de crime próprio, em que a lei exige a qualidade de ex-administrador ou falido.

Sujeito passivo: o Estado (Sistema Financeiro Nacional). Secundariamente, o terceiro eventualmente prejudicado.

Conduta: vem representada pelos verbos "apresentar" e "juntar", no *caput*, e "reconhecer", no parágrafo único.

Declaração de crédito ou reclamação: a declaração de crédito na liquidação extrajudicial vem contemplada no art. 22 da Lei n. 6.024/74, e na falência vem tratada pelos arts. 7º a 10 da Lei n. 11.101/2005. O termo "reclamação" está impropriamente colocado no artigo em exame, já que deveria o legislador ter-se referido a "impugnação" das declarações de crédito apresentadas, nos termos dos arts. 25, parágrafo único, 26 e 27 da Lei n. 6.024/74, e dos arts. 8º e s. da Lei n. 11.101/2005.

Elemento subjetivo: o dolo.

Consumação: ocorre com a apresentação ou juntada do documento falso ou simulado, na modalidade do *caput*, e com o reconhecimento, no parágrafo único, como verdadeiro, de crédito que não o seja.

Tentativa: não se admite.

2.14. Manifestação falsa

> Art. 15. Manifestar-se falsamente o interventor, o liquidante ou o síndico (*Vetado*) a respeito de assunto relativo a intervenção, liquidação extrajudicial ou falência de instituição financeira:
>
> Pena – Reclusão, de 2 (dois) a 8 (oito) anos, e multa.

Sujeito ativo: trata-se de crime próprio. Somente podem ser agentes do delito o interventor, o liquidante ou o síndico. Deve ser ressaltado que, pela nova Lei de Falências (Lei n. 11.101/2005), a figura do síndico cedeu lugar à figura do administrador judicial, que também poderá ser sujeito ativo dos crimes contra o sistema financeiro nacional (art. 21 dessa Lei).

Sujeito passivo: o Estado (Sistema Financeiro Nacional). Secundariamente, o terceiro eventualmente prejudicado pela falsa manifestação.

Conduta: vem representada pelo verbo "manifestar(-se)". A manifestação deve ser *falsa*, ou seja, enganosa, em desacordo com a verdade, e referir-se a qualquer *assunto relativo a intervenção, liquidação extrajudicial ou falência de instituição financeira*.

Elemento subjetivo: dolo.

Consumação: consuma-se o delito no momento em que ocorre a manifestação falsa, independentemente de qualquer outro resultado.

Tentativa: admite-se, salvo se a manifestação for oral.

2.15. Operação desautorizada de instituição financeira

> Art. 16. Fazer operar, sem a devida autorização, ou com autorização obtida mediante declaração (*Vetado*) falsa, instituição financeira, inclusive de distribuição de valores mobiliários ou de câmbio:
>
> Pena – Reclusão, de 1 (um) a 4 (quatro) anos, e multa.

Sujeito ativo: qualquer pessoa.

Sujeito passivo: o Estado (Sistema Financeiro Nacional). Secundariamente, o terceiro eventualmente prejudicado.

Conduta: vem representada pela locução verbal "fazer operar" (fazer funcionar, fazer atuar), incluindo aí também a conduta daquele que opera, nas condições do artigo, a instituição financeira, no sentido de colocá-la em funcionamento, realizando operações.

Autorização ou declaração: as instituições financeiras, para poder operar no Brasil, devem ter autorização do Banco Central do Brasil, nos termos do art. 18 da Lei n. 4.595/64. Deverão também apresentar ao Banco Central do Brasil declarações necessárias ao bom desempenho de suas atribuições, nos termos do art. 37 da citada Lei.

Elemento subjetivo: o dolo.

Consumação: tratando-se de crime que requer habitualidade, consuma-se com a efetiva operação da instituição financeira.

Tentativa: admite-se, uma vez que o *iter criminis* pode ser fracionado.

2.16. Empréstimo a administradores ou parentes e distribuição disfarçada de lucros

> Art. 17. Tomar ou receber crédito, na qualidade de qualquer das pessoas mencionadas no art. 25, ou deferir operações de crédito vedadas, observado o disposto no art. 34 da Lei n. 4.595, de 31 de dezembro de 1964:
>
> Pena – Reclusão, de 2 (dois) a 6 (seis) anos, e multa.
>
> Parágrafo único. Incorre na mesma pena quem:
>
> I – em nome próprio, como controlador ou na condição de administrador da sociedade, conceder ou receber adiantamento de honorários, remuneração, salário ou qualquer outro pagamento, nas condições referidas neste artigo;
>
> II – de forma disfarçada, promover a distribuição ou receber lucros de instituição financeira.

Sujeito ativo: trata-se de crime próprio, podendo ser agentes somente as pessoas referidas no art. 25 da Lei.

Sujeito passivo: o Estado (Sistema Financeiro Nacional). Secundariamente, a pessoa física ou jurídica eventualmente prejudicada.

Conduta: vem representada pelos verbos "tomar" (o controlador ou administrador defere a si próprio o empréstimo ou adiantamento) e "receber" (o controlador ou administrador recebe o empréstimo ou adiantamento deferido por outro controlador ou administrador) crédito. Também "deferir" (autorizar, conceder) operações de crédito vedadas. O dispositivo requer que se observe o disposto no art. 34 da Lei n. 4.595/64, que dispõe sobre a Política e as Instituições Monetárias, Bancárias e Creditícias, cria o Conselho Monetário Nacional e dá outras providências. O art. 34 da referida lei veda às instituições financeiras a realização de operação de crédito com a parte relacionada. O seu § 3º estabelece o que se considera "parte relacionada" à instituição financeira. No parágrafo único do art. 17, ora em comento, as condutas incriminadas são "conceder", "receber" e "promover". O dispositivo em exame veda, por parte das pessoas mencionadas no art. 25, a tomada ou o recebimento de empréstimo ou adiantamento concedido pela própria instituição financeira que dirige, vedando também o deferimento dessas benesses às pessoas mencionadas no *caput*. No parágrafo único, I, incrimina o controlador ou administrador que, em nome próprio (sem autorização da assembleia geral), concede ou recebe adiantamento de honorários, remunerações, salários ou qualquer outro pagamento nas condições do *caput*. No inciso II, incrimina também o agente (art. 25) que, de forma disfarçada (p. ex., pagamento de despesas pessoais do controlador ou administrador), promove a distribuição ou recebe lucros de instituição financeira.

Objeto material: são o crédito e as operações de crédito, no *caput*. No parágrafo único, adiantamento de honorários, remuneração, salário, qualquer outro pagamento e lucros.

Elemento subjetivo: o dolo.

Consumação: ocorre com a efetiva prática de uma das condutas estampadas no dispositivo, independentemente da demonstração de dano ou prejuízo.

Tentativa: tratando-se de *iter criminis* que pode ser fracionado, admite-se a tentativa.

2.17. Violação de sigilo bancário

> Art. 18. Violar sigilo de operação ou de serviço prestado por instituição financeira ou integrante do sistema de distribuição de títulos mobiliários de que tenha conhecimento, em razão de ofício:
> Pena – Reclusão, de 1 (um) a 4 (quatro) anos, e multa.

Revogação: para alguns doutrinadores, o artigo 18 teria sido revogado tacitamente pelo art. 10 da Lei Complementar n. 105/2001. Esta Lei Complementar trata do sigilo das operações de instituições financeiras e dá outras providências. O art. 10 dispõe: "Art. 10. A quebra de sigilo, fora das hipóteses autorizadas nesta Lei Complementar, constitui crime e sujeita os responsáveis à pena de reclusão, de um a quatro anos, e multa, aplicando-se, no que couber, o Código Penal, sem prejuízo de outras sanções cabíveis. Parágrafo único. Incorre nas mesmas penas quem omitir, retardar injustificadamente ou prestar falsamente as informações requeridas nos termos desta Lei Complementar".

Não há consenso, entretanto, sobre a revogação, razão pela qual manteremos os comentários ao art. 18.

Sujeito ativo: trata-se de crime próprio que somente pode ser praticado por funcionário da instituição financeira, uma vez que a lei exige, para a configuração do delito, que a violação do sigilo se dê *em razão do ofício*.

Sujeito passivo: o Estado (Sistema Financeiro Nacional). Secundariamente, a pessoa física ou jurídica eventualmente lesada.

Conduta: vem caracterizada pelo verbo "violar" (devassar, revelar indevidamente). A violação pode dar-se por ação (pela revelação indevida do sigilo) ou por omissão, excepcionalmente (pela omissão da cautela devida na guarda e proteção das informações).

Objeto material: sigilo de operação ou serviço de que tenha conhecimento em razão do ofício. O sigilo das operações ou serviços não é absoluto, havendo várias hipóteses de quebra previstas na legislação (p. ex., arts. 195 da Lei n. 6.404/76, 33 da Lei n. 8.212/91, 195 do CTN etc.). O sigilo bancário vem tratado no art. 5º, VII, da CF.

Elemento subjetivo: o dolo.

Consumação: ocorre com a efetiva violação, que implica a divulgação da informação ou dado sigiloso.

Tentativa: admite-se.

2.18. Obtenção fraudulenta de financiamento

> Art. 19. Obter, mediante fraude, financiamento em instituição financeira:
>
> Pena – Reclusão, de 2 (dois) a 6 (seis) anos, e multa.
>
> Parágrafo único. A pena é aumentada de 1/3 (um terço) se o crime é cometido em detrimento de instituição financeira oficial ou por ela credenciada para o repasse de financiamento.

Sujeito ativo: qualquer pessoa.

Sujeito passivo: o Estado (Sistema Financeiro Nacional). Secundariamente, a pessoa física ou jurídica lesada.

Conduta: vem representada pelo verbo "obter" (conseguir, lograr). O financiamento em instituição financeira deve ser obtido *mediante fraude,* isto é, por meio de artifício, ardil ou qualquer meio fraudulento.

Elemento subjetivo: o dolo.

Consumação: com a efetiva obtenção do financiamento. Sebastião de Oliveira Lima e Carlos Augusto Tosta de Lima (*Crimes contra o Sistema Financeiro Nacional*, São Paulo: Atlas, 2003, p. 106) entendem que a consumação ocorre "no momento em que o mutuário saca do estabelecimento financeiro o valor do financiamento". Neste tipo penal, a fraude deve ser empregada antes da obtenção do financiamento.

Neste sentido: "O crime previsto no art. 19 da Lei n. 7.492/86 perfectibiliza-se quando a liberação do financiamento obtido junto à instituição financeira é realizada mediante a apresentação, pelo mutuário, de documento cuja inidoneidade era de seu conhecimento, afigurando-se irrelevante a autoria da contrafação" (TRF-4 – Ap. Crim. 1.519/PR – Rel. Des. Fed. Paulo Afonso Brum Vaz – j. 8-10-2008).

Tentativa: podendo ser fracionado o *iter criminis,* admite-se a tentativa.

Causa de aumento de pena: a pena é aumentada de um terço se o crime é cometido em detrimento de instituição financeira oficial ou por ela credenciada para o repasse de financiamento (parágrafo único).

Jurisprudência:

"AGRAVO REGIMENTAL NO RECURSO ESPECIAL. CRIME CONTRA O SISTEMA FINANCEIRO NACIONAL. OBTENÇÃO DE FINANCIAMENTO FRAUDULENTO. ART. 19 DA LEI N. 7.492/86. DESCLASSIFICAÇÃO PARA O DELITO DO ART. 171, § 3º, DO CÓDIGO PENAL – CP. DESCABIMENTO. CONFIGURAÇÃO DELITIVA CONSUMADA. PRECEDENTES. TESE DE TENTATIVA DIANTE DA NÃO ASSINATURA DO CONTRATO. AUSÊNCIA DE PREQUESTIONAMENTO. SÚMULAS NS. 282 E 356 DO SUPREMO TRIBUNAL FEDERAL – STF. AGRAVO REGIMENTAL DESPROVIDO.

1. Sendo incontroverso que houve obtenção de financiamento com destinação específica, de forma fraudulenta, descabida a desclassificação para o delito do art. 171, § 3º, do CP. Precedentes.

2. O crime de 'obter, mediante fraude, financiamento em instituição financeira', se consuma no momento em que assinado o contrato de obtenção de financiamento, mediante fraude, tal como se efetivou no presente caso, segundo a narrativa da Corte originária.

3. A tese da tentativa pela não assinatura do contrato de obtenção de financiamento, uma vez que a instituição financeira teria observado a inidoneidade dos documentos antes mesmo da formalização do negócio, não foi pormenorizadamente analisada pelo Tribunal a quo, inexistindo oposição de embargos de declaração pela defesa, caso em que se verifica a ausência de prequestionamento (Súmulas ns.282 e 356 do STF).

4. Agravo regimental desprovido" (STJ – AgRg no REsp 2002450/SE – Rel. Min. Joel Ilan Paciornik – 5ª Turma – *DJe* 19-4-2023).

2.19. Aplicação irregular de financiamento

> Art. 20. Aplicar, em finalidade diversa da prevista em lei ou contrato, recursos provenientes de financiamento concedido por instituição financeira oficial ou por instituição credenciada para repassá-lo:
> Pena – Reclusão, de 2 (dois) a 6 (seis) anos, e multa.

Sujeito ativo: qualquer pessoa.

Sujeito passivo: o Estado (Sistema Financeiro Nacional). Secundariamente, a pessoa física ou jurídica lesada com a aplicação irregular do financiamento obtido.

Conduta: vem representada pelo verbo "aplicar" (empregar, utilizar). A aplicação deverá ocorrer *em finalidade diversa da prevista em lei ou contrato*. A lei ou o contrato que regulamenta o financiamento público estabelece a finalidade que deve ser dada aos recursos obtidos.

Objeto material: recursos provenientes de financiamento concedido por instituição financeira oficial (financiamento público direto) ou por instituição credenciada para repassá-lo (financiamento público indireto).

Elemento subjetivo: o dolo.

Consumação: no momento da efetiva aplicação dos recursos em finalidade diversa da prevista em lei ou contrato.

Tentativa: podendo ser fracionado o *iter criminis*, admite-se a tentativa.

Jurisprudência:

"PENAL – PROCESSO PENAL – CRIME CONTRA O SISTEMA FINANCEIRO NACIONAL – ARTIGOS 19 E 20 DA LEI 7.492/86 – FINANCIAMENTO AGRÍCOLA EM PROPRIEDADE INEXISTENTE – REALIZAÇÃO DE LAUDO TÉCNICO SEM VISTORIA PRÉVIA – DOLO EVENTUAL – PÓS-FATO IMPUNÍVEL.

1. Incorre no delito tipificado no art. 19 da Lei 7.492/86, mediante dolo eventual, o engenheiro agrônomo credenciado da instituição financeira que elabora plano técnico de plantio sem vistoriar propriedade rural indicada no contrato de financiamento.

2. O crime do artigo 20 da Lei dos Crimes contra o Sistema Financeiro Nacional configura pós-fato impunível quando o mutuário obtém o financiamento fraudulentamente (art. 19), tendo em vista que a finalidade do mútuo era irrelevante desde o princípio" (TRF-4 – Ap. Crim. 11.755/PR – Rel. Des. Fed. Paulo Afonso Brum Vaz – j. 21-11-2007).

Ainda:

"CRIME CONTRA O SISTEMA FINANCEIRO NACIONAL (ART. 20 DA LEI N. 7.492/86) – PARTICIPAÇÃO DO GERENTE DA INSTITUIÇÃO BANCÁRIA NO DESVIO DO CRÉDITO CONCEDIDO – MATERIALIDADE E COAUTORIA COMPROVADAS.

1. Comprovada a conduta descrita na denúncia em relação ao corréu, por ter ele, na condição de gerente, concedido financiamento cuja verba para fins específicos e diversos deveria ser utilizada.

2. Caracterizada a coautoria no delito previsto no artigo 20 da Lei n. 7.492/86, e, uma vez inexistindo causas excludentes de culpabilidade ou antijuridicidade, impõe-se a condenação do acusado às sanções do referido dispositivo" (TRF-4 – Ap. Crim. 98/SC – Rel. Des. Fed. Amaury Chaves de Athayde – j. 16-9-2008).

2.20. Falsa identidade

> Art. 21. Atribuir-se, ou atribuir a terceiro, falsa identidade, para realização de operação de câmbio:
>
> Pena – Detenção, de 1 (um) a 4 (quatro) anos, e multa.
>
> Parágrafo único. Incorre na mesma pena quem, para o mesmo fim, sonega informação que devia prestar ou presta informação falsa.

Operação de câmbio: como bem assinalam Sebastião de Oliveira Lima e Carlos Augusto Tosta de Lima (*Crimes contra o Sistema Financeiro Nacional*, São Paulo: Atlas, 2003, p. 110), "a Constituição Federal atribuiu previamente à União 'administrar as reservas cambiais do país' (artigo 21, inciso VIII), cabendo-lhe ainda e privativamente legislar sobre câmbio (artigo 22, inciso VII). Por sua vez, é de atribuição privativa do Conselho Monetário Nacional fixar as diretrizes e normas da política cambial (Lei n. 4.595, de 31-12-1964, artigo 4º, inciso V), competindo ao Banco Central do Brasil baixar normas que regulem as operações de câmbio, e autorizar a constituição, o funcionamento, a transferência de controle, a fusão, a cisão e a incorporação de instituições autorizadas a operar no mercado de câmbio (art. 5º, Lei n. 14.286/2021).

Sujeito ativo: qualquer pessoa.

Sujeito passivo: o Estado (Sistema Financeiro Nacional).

Conduta: vem representada pelos verbos "atribuir" (imputar), no *caput*, e "sonegar" (omitir, ocultar) e "prestar" (apresentar), no parágrafo único. *Falsa identidade* refere-se à falsidade dos elementos de identificação civil do indivíduo (p. ex., nome, filiação, estado civil, endereço etc.).

"Laranjas": a utilização de "laranjas" para a aquisição de moeda estrangeira caracteriza o crime do art. 21, cuja conduta pressupõe fraude que tenha o potencial de dificultar ou impossibilitar a fiscalização sobre a operação de câmbio, com o escopo de impedir a constatação da prática de condutas delitivas diversas ou mesmo eventuais limites legais para a aquisição de moeda estrangeira (STJ – Resp. 1.595.546/PR – Rel. Min. Nefi Cordeiro – 6ª Turma – *DJe* 11-5-2017).

Elemento subjetivo: o dolo. Exige a lei também a finalidade específica de *realizar operação de câmbio*.

Consumação: nas modalidades comissivas de conduta, tanto no *caput* quanto no parágrafo único, a consumação se dá com a efetiva atribuição a si próprio ou a terceiro de falsa identidade, ou com a prestação de falsa informação. Na modalidade omissiva, consuma-se o delito com a efetiva sonegação da informação.

Tentativa: admite-se apenas nas modalidades comissivas de conduta.

2.21. Evasão de divisas

> Art. 22. Efetuar operação de câmbio não autorizada, com o fim de promover evasão de divisas do País:
> Pena – Reclusão, de 2 (dois) a 6 (seis) anos, e multa.
> Parágrafo único. Incorre na mesma pena quem, a qualquer título, promove, sem autorização legal, a saída de moeda ou divisa para o exterior, ou nele mantiver depósitos não declarados à repartição federal competente.

Sujeito ativo: qualquer pessoa.

Sujeito passivo: o Estado (Sistema Financeiro Nacional).

Conduta: vem representada pelos verbos "efetuar" (promover, realizar), no *caput*, e "promover" (efetuar) e "manter" (ter, conservar), no parágrafo único.

Objeto material: operação de câmbio, que deve ser *não autorizada* pelo Banco Central do Brasil (art. 10, X, *d*, da Lei n. 4.595/64), tendo por finalidade a fuga de divisas do País. A saída de moeda ou divisa para o exterior também deve ser autorizada pelo Banco Central, e a manutenção de depósitos no exterior deve ser comunicada à Receita Federal, por meio da declaração de bens (Imposto de Renda). *Vide* Lei n. 14.286/2021, que dispõe sobre o mercado de câmbio brasileiro, o capital brasileiro no exterior, o capital estrangeiro no País e a prestação de informações ao Banco Central do Brasil.

Elemento subjetivo: o dolo, além da finalidade específica, no *caput*, de *promover a evasão de divisas do País*.

Consumação: na modalidade de conduta do *caput*, consuma-se com a formalização da operação de câmbio não autorizada, *com o fim de* promover a evasão de divisas do País, independentemente da efetiva ocorrência desse resultado. Trata-se de crime formal. Nas condutas do parágrafo único, a consumação se dá no momento da saída da moeda ou divisa para o exterior e no momento em que o agente deveria declarar à repartição federal competente a manutenção de depósitos no exterior.

Saída física de moeda do território nacional: é desnecessária para a configuração do tipo penal (STJ – AgRg no REsp 2143704/RJ – Rel. Min. Reynaldo Soares da Fonseca – 5ª Turma – *DJe* 13-8-2024).

Tentativa: admite-se, salvo na modalidade de conduta "manter".

Regime Especial de Regularização Cambial e Tributária (RERCT): a Lei n. 13.254/2016 instituiu o Regime Especial de Regularização Cambial e Tributária (RERCT) de recursos, bens ou direitos de origem lícita, não declarados ou declarados incorretamente, remetidos, mantidos no exterior ou repatriados por residentes ou domiciliados no País. O art. 5º da referida lei estabelece que a adesão ao programa dar-se-á mediante entrega da declaração dos recursos, bens e direitos sujeitos à regularização prevista no *caput* do art. 4º e pagamento integral do imposto previsto no art. 6º e da multa prevista no art. 8º. No § 1º do art. 5º, a lei trouxe uma **causa de extinção de punibilidade** dos crimes praticados até a data da adesão do RERCT (dentre eles o crime do art. 22 e seu parágrafo único, da Lei n. 7.492/86), desde que haja o cumprimento das condições previstas para adesão ao regime especial, antes de decisão criminal, abrangendo os recursos, bens e direitos a serem regularizados.

Jurisprudência:

"Comete o delito tipificado no art. 22, parágrafo único, primeira parte, da Lei n. 7.492/1986, aquele que efetua operações de câmbio não autorizadas e promove, sem autorização legal, a evasão de divisas do País, independentemente do valor, dado não carecer o referido tipo penal de complementação por ato regulamentar" (STJ – APn 970/DF, Rel. Min. Maria Isabel Gallotti – Corte Especial – *DJe* 20-6-2022).

2.22. Prevaricação financeira

> Art. 23. Omitir, retardar ou praticar, o funcionário público, contra disposição expressa de lei, ato de ofício necessário ao regular funcionamento do sistema financeiro nacional, bem como a preservação dos interesses e valores da ordem econômico-financeira:
> Pena – Reclusão, de 1 (um) a 4 (quatro) anos, e multa.

Sujeito ativo: trata-se de crime próprio, em que somente pode ser agente o funcionário público (art. 327 do CP), no exercício ou em razão de suas funções.

Sujeito passivo: o Estado (Sistema Financeiro Nacional). Secundariamente, o terceiro eventualmente prejudicado.

Conduta: vem representada pelos verbos "omitir", "retardar" (por ação ou omissão) e "praticar". As ações e a omissão devem ser praticadas *contra disposição expressa de lei*, indicando que deve existir necessariamente lei regulando a ação ou omissão do funcionário público (norma penal em branco).

Objeto material: *ato de ofício* necessário ao regular funcionamento do Sistema Financeiro Nacional e à preservação dos interesses e valores da ordem econômico-financeira.

Elemento subjetivo: o dolo. Não exige a lei, como no crime de prevaricação previsto pelo art. 319 do Código Penal, que o agente atue ou se abstenha *para satisfazer interesse ou sentimento pessoal*.

Consumação: nas condutas comissivas, consuma-se o delito com a efetiva prática ou retardamento (por ação) do ato de ofício. Nas condutas omissivas, consuma-se com a efetiva omissão ou retardamento (por omissão) do ato de ofício.

Tentativa: admite-se, salvo nas modalidades omissivas de conduta.

3. Responsabilidade penal

3.1. Sujeito ativo

> Art. 25. São penalmente responsáveis, nos termos desta Lei, o controlador e os administradores de instituição financeira, assim considerados os diretores, gerentes (*Vetado*).
> § 1º Equiparam-se aos administradores de instituição financeira (*Vetado*) o interventor, o liquidante ou o síndico.

O art. 25 da lei estabelece quem pode praticar os crimes do colarinho branco nela previstos, a saber:

Controlador – art. 116 da Lei n. 6.404/76: "Art. 116. Entende-se por acionista controlador a pessoa, natural ou jurídica, ou o grupo de pessoas vinculadas por acordo de voto, ou sob controle comum, que:

a) é titular de direitos de sócio que lhe assegurem, de modo permanente, a maioria dos votos nas deliberações da assembleia geral e o poder de eleger a maioria dos administradores da companhia; e

b) usa efetivamente seu poder para dirigir as atividades sociais e orientar o funcionamento dos órgãos da companhia.

Parágrafo único. O acionista controlador deve usar o poder com o fim de fazer a companhia realizar o seu objeto e cumprir sua função social, e tem deveres e responsabilidades para com os demais acionistas da empresa, os que nela trabalham e para com a comunidade em que atua, cujos direitos e interesses deve lealmente respeitar e atender."

"Art. 116-A. O acionista controlador da companhia aberta e os acionistas, ou grupo de acionistas, que elegerem membro do conselho de administração ou membro do conselho fiscal, deverão informar imediatamente as modificações em sua posição acionária na companhia à Comissão de Valores Mobiliários e às Bolsas de Valores ou entidades do mercado de balcão organizado nas quais os valores mobiliários de emissão da companhia estejam admitidos à negociação, nas condições e na forma determinadas pela Comissão de Valores Mobiliários". (*Obs.*: artigo acrescentado pela Lei n. 10.303, de 31-10-2001.)

Administradores – art. 146 da Lei n. 6.404/76: "Art. 146. Apenas pessoas naturais poderão ser eleitas para membros dos órgãos de administração. § 1º A ata da assembleia-geral ou da reunião do conselho de administração que eleger administradores deverá conter a qualificação e o prazo de gestão de cada um dos eleitos, devendo ser arquivada no registro do comércio e publicada. 2º A posse de administrador residente ou domiciliado no exterior fica condicionada à constituição de representante residente no País, com poderes para, até, no mínimo, 3 (três) anos após o término do prazo de gestão do administrador, receber: I – citações em ações contra ele propostas com base na legislação societária; e II – citações e intimações em processos administrativos instaurados pela Comissão de Valores Mobiliários, no caso de exercício de cargo de administração em companhia aberta".

Diretores e gerentes: são aqueles que exercem cargo de diretoria e gerência, responsáveis pela administração da instituição financeira.

Interventor – art. 5º da Lei n. 6.024/74: "Art. 5º A intervenção será executada por interventor nomeado pelo Banco Central do Brasil, com plenos poderes de gestão.

Parágrafo único. Dependerão de prévia e expressa autorização do Banco Central do Brasil os atos do interventor que impliquem em disposição ou oneração do patrimônio da sociedade, admissão e demissão de pessoal".

Liquidante – art. 16 da Lei n. 6.024/74: "Art. 16. A liquidação extrajudicial será executada por liquidante nomeado pelo Banco Central do Brasil, com amplos poderes de administração e liquidação, especialmente os de verificação e classificação dos créditos, podendo nomear e demitir funcionários, fixando-lhes os vencimentos, outorgar e cassar mandatos, propor ações e representar a massa em juízo ou fora dele".

Síndico – pela Lei de Falências (Lei n. 11.101/2005), a figura do síndico, prevista na lei anterior, cedeu lugar à figura do administrador judicial, que também poderá ser sujeito ativo dos crimes contra o sistema financeiro nacional (*v.* art. 21 da Lei n. 11.101/2005):

"Art. 21. O administrador judicial será profissional idôneo, preferencialmente advogado, economista, administrador de empresas ou contador, ou pessoa jurídica especializada.

Parágrafo único. Se o administrador judicial nomeado for pessoa jurídica, declarar-se-á, no termo de que trata o art. 33 desta Lei, o nome de profissional responsável pela condução do processo de falência ou de recuperação judicial, que não poderá ser substituído sem autorização do juiz".

3.2. Delação premiada

> § 2º Nos crimes previstos nesta Lei, cometidos em quadrilha ou coautoria, o coautor ou partícipe através de confissão espontânea revelar à autoridade policial ou judicial toda a trama delituosa terá a sua pena reduzida de 1 (um) a 2/3 (dois terços).

A *delação premiada,* prevista no art. 25, § 2º, da Lei, estabelece que, cometidos os crimes contra o Sistema Financeiro Nacional em quadrilha ou coautoria, o coautor ou partícipe que, mediante confissão espontânea, revelar à autoridade policial ou judicial toda a trama delituosa terá sua pena reduzida de um a dois terços.

Vale lembrar que o crime de "quadrilha ou bando" não mais existe, tendo sido substituído, no art. 288 do Código Penal, pelo crime de "associação criminosa", por força da Lei n. 12.850/2013. Referida lei também passou a tratar como "colaboração premiada" as anteriores hipóteses de delação premiada.

4. Ação penal

A ação penal nos crimes contra o Sistema Financeiro, segundo dispõe o art. 26, *caput*, da lei é pública incondicionada, sendo promovida pelo Ministério Público Federal, perante a Justiça Federal.

É possível, ainda, segundo o disposto no parágrafo único do artigo em exame, que funcionem como assistentes de acusação a Comissão de Valores Mobiliários e o Banco Central do Brasil, quando o crime tiver sido praticado no âmbito de atividade sujeita à disciplina e fiscalização dessas autarquias.

O Banco Central do Brasil, entretanto, somente poderá funcionar como assistente de acusação se a Comissão de Valores Mobiliários não o fizer, uma vez que aquele somente atua fora das hipóteses de atuação desta última.

Por fim, o art. 27 da Lei estabelece que, quando a denúncia não for proposta no prazo legal (em regra 15 dias – réu solto, e 5 dias – réu preso), o ofendido poderá representar ao Procurador-Geral da República, para que este a ofereça, designe outro órgão do Ministério Público para oferecê-la ou determine o arquivamento das peças de informação recebidas. Essa providência não exclui a possibilidade de o ofendido, na hipótese de inércia do Ministério Público, propor ação penal privada subsidiária, nos termos dos arts. 29 do Código de Processo Penal e 5º, LIX, da Constituição Federal.

5. Comunicação da existência de crime

O art. 28 da Lei estabelece a obrigatoriedade de comunicação ao Ministério Público Federal, pelo Banco Central do Brasil e pela Comissão de Valores Mobiliários, de crime contra o Sistema Financeiro Nacional, cuja ocorrência se verifique no exercício de suas atribuições legais.

A Lei Complementar n. 105, de 10 de janeiro de 2001, por seu turno, ao cuidar do *sigilo das operações de instituições financeiras,* alterou o *caput* do art. 28, estabelecendo, em seu art. 9º:

"Art. 9º Quando, no exercício de suas atribuições, o Banco Central do Brasil e a Comissão de Valores Mobiliários verificarem a ocorrência de crime definido em lei como de ação pública, ou indícios da prática de tais crimes, informarão ao Ministério Público, juntando à comunicação os documentos necessários à apuração ou comprovação dos fatos".

O parágrafo único do mencionado art. 28, entretanto, permanece íntegro, determinando a mesma providência ao interventor, liquidante ou síndico que, no curso de intervenção, liquidação extrajudicial ou falência, verificar a ocorrência de crime contra o Sistema Financeiro Nacional.

6. Sigilo bancário e Ministério Público

Estabelece o art. 29 da Lei que o órgão do Ministério Público Federal, sempre que julgar necessário, poderá requisitar, a qualquer autoridade, informação, documento ou diligência relativa à prova dos crimes contra o Sistema Financeiro Nacional. Essa disposição foi amparada pelo disposto no art. 8º da Lei Complementar n. 75/93 (Lei Orgânica Nacional do Ministério Público).

Quanto ao sigilo bancário, o parágrafo único do citado art. 29 estabelece que o sigilo dos serviços e operações financeiras não pode ser invocado como óbice ao atendimento da requisição prevista do *caput*, tendo o § 2º do art. 8º da referida Lei Complementar n. 75/93 vedado a oposição, ao Ministério Público, por qualquer autoridade e sob qualquer pretexto, da exceção de sigilo.

Da análise desses dispositivos legais exsurge cristalina a possibilidade de quebra de sigilo bancário pelo Ministério Público.

Entretanto, com a vigência da Lei Complementar n. 105/2001, que dispõe sobre o sigilo das operações de instituições financeiras e dá outras providências, o panorama legal foi modificado em vista da redação do art. 3º, *caput*, que condicionou a prestação de informações à prévia requisição pelo Poder Judiciário:

"Art. 3º Serão prestadas pelo Banco Central do Brasil, pela Comissão de Valores Mobiliários e pelas instituições financeiras as informações ordenadas pelo Poder Judiciário, preservado o seu caráter sigiloso mediante acesso restrito às partes, que delas não poderão servir-se para fins estranhos à lide".

A conclusão a que se chega, portanto, é a de que a quebra de sigilo bancário somente poderá ocorrer mediante requisição judicial.

Isso, entretanto, não impede que relatórios de inteligência financeira produzidos pelo COAF ou pela Receita Federal do Brasil sejam compartilhados com os órgãos de persecução penal para fins criminais, como é o caso do Ministério Público.

A propósito, no Supremo Tribunal Federal:

"Ementa Repercussão geral. Tema 990. Constitucional. Processual Penal. Compartilhamento dos Relatórios de inteligência financeira da UIF e da íntegra do procedimento fiscalizatório da Receita Federal do Brasil com os órgãos de persecução penal para fins criminais. Desnecessidade de prévia autorização judicial. Constitucionalidade reconhecida. Recurso ao qual se dá provimento para restabelecer a sentença condenatória de 1º grau. Revogada a liminar de suspensão nacional (art. 1.035, § 5º, do CPC). Fixação das seguintes teses: 1. É constitucional o compartilhamento dos relatórios de inteligência financeira da UIF e da íntegra do procedimento fiscalizatório da Receita Federal do Brasil – em que se define o lançamento do tributo – com os órgãos de persecução penal para fins criminais sem prévia autorização judicial, devendo ser resguardado o sigilo das informações em procedimentos formalmente instaurados e sujeitos a posterior controle jurisdicional. 2. O compartilhamento pela UIF e pela RFB referido no item anterior deve ser feito unicamente por meio de comunicações formais, com garantia de sigilo, certificação do destinatário e estabelecimento de instrumentos efetivos de apuração e correção de eventuais desvios" (STF – RE 1055941/SP – Tribunal Pleno – Rel. Min. Dias Toffoli – *DJe* 6-10-2020).

7. Prisão preventiva

O art. 30 da Lei em comento estabelece que, além das hipóteses ensejadoras da prisão preventiva, previstas pelo art. 312 do Código de Processo Penal (garantia da ordem pública, garantia da ordem econômica, conveniência da instrução criminal e para assegurar a aplicação da lei penal), nos crimes contra o sistema financeiro nacional essa custódia cautelar poderá ser decretada *em razão da magnitude da lesão causada*.

Embora a lei não tenha definido o que se entende por *magnitude da lesão causada*, a doutrina e a jurisprudência têm entendido que a lesão a um grande número de pessoas, o abalo da credibilidade do

Sistema Financeiro Nacional, o abalo do mercado financeiro etc., seriam hipóteses em que, nos termos do artigo em exame, seria possível a decretação da prisão preventiva do acusado.

8. Fiança e apelo em liberdade

Nos crimes contra o Sistema Financeiro Nacional apenados com reclusão, presentes os requisitos autorizadores da prisão preventiva, o réu não poderá prestar fiança nem apelar em liberdade, ainda que primário e de bons antecedentes (art. 31).

Tanto o Supremo Tribunal Federal quanto o Superior Tribunal de Justiça têm posição consolidada no sentido de que a inafiançabilidade de alguns delitos, prevista em lei, não impede a concessão, pelo juiz, de liberdade provisória sem fiança. É essa justamente a situação ora analisada.

Com relação à proibição de apelar em liberdade, os Tribunais Superiores já derrubaram essa obrigatoriedade, tendo o Supremo Tribunal Federal, em mais de uma oportunidade, reconhecido a inconstitucionalidade de dispositivos como este, violadores dos princípios constitucionais da ampla defesa, do contraditório e do devido processo legal.

9. Pena de multa

Seguindo a mesma orientação traçada pela Lei n. 7.209/84, que modificou a Parte Geral do Código Penal, a Lei n. 7.492/86, ao instituir a pena pecuniária para alguns crimes contra o Sistema Financeiro Nacional, limitou-se a fazer menção a *multa,* sem a ultrapassada fixação de valores, deixando a fixação do montante a critério do juiz dentro das balizas do art. 49 do Código Penal.

Ocorre que a parte final do art. 33 da Lei n. 7.492/86 autoriza o juiz a estender o limite previsto pelo art. 49 do Código Penal até o décuplo, *se verificada a situação nele cogitada.*

O equívoco do legislador ficou evidente, já que o art. 49 do Código Penal não cogita de nenhuma situação.

De certo que pretendeu o legislador referir-se à situação cogitada pelo art. 60, § 1º, do Código Penal, em que o juiz pode aumentar o valor da pena de multa, embora aplicada no máximo, até o triplo, se considerar ser ela ineficaz *em virtude da situação econômica do réu.*

Assim, o mais correto é entender que, nos crimes contra o Sistema Financeiro Nacional, o juiz poderá aumentar o valor da pena de multa, embora aplicada no máximo, *até o décuplo,* se considerar ser ela ineficaz em virtude da situação econômica do réu.

47 Tortura
Lei n. 9.455/97

1. Noções gerais

A prática de tortura vem expressamente referida no art. 5º, XLIII, da Constituição Federal, sendo crime inafiançável e insuscetível de graça e anistia.

A Lei n. 9.455/97, define os crimes de tortura e estabelece outras tantas disposições acerca das formas qualificadas, das causas de aumento de pena, das sanções e demais consequências referentes à fiança, regime de pena etc.

Sobre o assunto, a Lei n. 12.847/2013 instituiu o Sistema Nacional de Prevenção e Combate à Tortura – SNPCT, com o objetivo de fortalecer a prevenção e o combate à tortura, por meio de articulação e atuação cooperativa de seus integrantes, dentre outras formas, permitindo as trocas de informações e o intercâmbio de boas práticas.

O SNPCT, segundo o disposto no art. 2º, da referida lei, será integrado por órgãos e entidades públicas e privadas com atribuições legais ou estatutárias de realizar o monitoramento, a supervisão e o controle de estabelecimentos e unidades em que se encontrem pessoas privadas de liberdade, ou de promover a defesa dos direitos e interesses dessas pessoas. O SNPCT será composto pelo Comitê Nacional de Prevenção e Combate à Tortura – CNPCT, pelo Mecanismo Nacional de Prevenção e Combate à Tortura – MNPCT, pelo Conselho Nacional de Política Criminal e Penitenciária – CNPCP e pelo órgão do Ministério da Justiça responsável pelo sistema penitenciário nacional.

Essa lei, ainda, definiu "tortura" como os tipos penais previstos na Lei n. 9.455/97, respeitada a definição constante do Artigo 1 da Convenção Contra a Tortura e Outros Tratamentos ou Penas Cruéis, Desumanos ou Degradantes, promulgada pelo Decreto n. 40, de 15 de fevereiro de 1991.

2. Análise do tipo penal

O crime de tortura vem previsto no art. 1º dessa lei, consistindo num crime material, que se consuma com o sofrimento físico ou mental provocado na vítima. Por sofrimento físico entende-se a dor física. Por sofrimento mental, o temor, a angústia ou a dor psíquica.

A *objetividade jurídica* desse crime é a tutela das garantias constitucionais do cidadão, em relação aos abusos cometidos por funcionários públicos e por particulares.

Sujeito ativo do crime de tortura pode ser qualquer pessoa. Não se trata de crime próprio, já que o legislador não restringiu sua prática apenas a funcionários públicos, prevendo o tipo penal a prática de tortura também por particulares.

Já com relação ao *sujeito passivo*, em algumas modalidades de tortura pode ser qualquer pessoa, exigindo a lei, entretanto, em outras oportunidades, alguma qualidade especial da vítima (p. ex., *pessoa presa ou sujeita a medida de segurança; alguém sob sua guarda, poder ou autoridade* etc.).

O *elemento subjetivo* é o dolo. O que distingue a tortura de outros crimes semelhantes é justamente o dolo, a vontade livre e consciente de torturar. Em alguns casos, a lei exige uma finalidade específica da conduta criminosa.

3. Crimes em espécie

> Art. 1º Constitui crime de tortura:
> I – constranger alguém com emprego de violência ou grave ameaça, causando-lhe sofrimento físico ou mental:
> *a*) com o fim de obter informação, declaração ou confissão da vítima ou de terceira pessoa;
> *b*) para provocar ação ou omissão de natureza criminosa;
> *c*) em razão de discriminação racial ou religiosa;
> II – submeter alguém, sob sua guarda, poder ou autoridade, com emprego de violência ou grave ameaça, a intenso sofrimento físico ou mental, como forma de aplicar castigo pessoal ou medida de caráter preventivo.
> Pena – reclusão, de 2 (dois) a 8 (oito) anos.
> § 1º Na mesma pena incorre quem submete pessoa presa ou sujeita a medida de segurança a sofrimento físico ou mental, por intermédio da prática de ato não previsto em lei ou não resultante de medida legal.

No art. 1º, as condutas estão caracterizadas pelos verbos "constranger", "submeter" e "omitir".

No inciso I, o agente deve ser movido por um de três propósitos: a) o de obter informação, declaração ou confissão da vítima ou de terceira pessoa; b) o de provocar ação ou omissão de natureza criminosa; c) o de discriminação racial ou religiosa.

Inexistente qualquer desses propósitos acima, não haverá crime de tortura, mas eventualmente outra figura típica.

Quando, na hipótese do art. 1º, I, *a*, a provocação do sofrimento visar a obtenção de informação, declaração ou confissão, não haverá a necessidade de que estas sejam destinadas a procedimento judicial ou extrajudicial. Trata-se da chamada tortura-prova.

Já na hipótese do art. 1º, I, *b*, se a dor física ou mental infligida à vítima visar a provocação de um comportamento criminoso, a tortura estará consumada, mesmo sem haver a ocorrência do crime pretendido pelo agente. Trata-se da chamada tortura-crime-meio.

A imprecisa hipótese do art. 1º, I, *c*, por seu turno, leva ao entendimento de que, para a configuração do crime de tortura, seria necessário o sofrimento físico ou mental provocado na vítima, mediante violência ou grave ameaça, em razão da discriminação racial ou religiosa. Trata-se da chamada tortura discriminatória ou racial.

O inciso II do art. 1º também tipifica o crime de tortura como a prática de submissão da vítima, sob sua guarda, poder ou autoridade, a intenso sofrimento físico ou mental, por meio do emprego de violência ou grave ameaça. Nesse caso, a tortura deve funcionar como forma de aplicar castigo pessoal ou medida de caráter preventivo. É a chamada tortura-pena ou tortura-castigo.

Sobre o assunto, decidiu o Superior Tribunal de Justiça:

"CRIME DE TORTURA – ARTIGO 1º, INCISO II, DA LEI N. 9.455/97 – QUALIFICAÇÃO PELO EVENTO MORTE – DESCLASSIFICAÇÃO PARA CRIME DE MAUS-TRATOS QUALIFICA-

DOS PELA MORTE (ARTIGO 136, § 2º, DO CÓDIGO PENAL) PROMOVIDA PELO TRIBUNAL – REVISÃO DA DECISÃO – SÚMULA N. 07/STJ – IMPOSSIBILIDADE – RECURSO MINISTERIAL NÃO CONHECIDO.

I. A figura do inc. II do art. 1º, da Lei n. 9.455/97 implica na existência de vontade livre e consciente do detentor da guarda, do poder ou da autoridade sobre a vítima de causar sofrimento de ordem física ou moral, como forma de castigo ou prevenção.

II. O tipo do art. 136 do Código Penal, por sua vez, se aperfeiçoa com a simples exposição a perigo a vida ou a saúde de pessoa sob sua autoridade, guarda ou vigilância, em razão de excesso nos meios de correção ou disciplina.

III. Enquanto na hipótese de maus-tratos, a finalidade da conduta é a repreensão de uma indisciplina, na tortura, o propósito é causar o padecimento da vítima.

IV. Para a configuração da segunda figura do crime de tortura é indispensável a prova cabal da intenção deliberada de causar o sofrimento físico ou moral, desvinculada do objetivo de educação.

V. Evidenciado ter o Tribunal 'a quo', desclassificado a conduta de tortura para a de maus-tratos por entender pela inexistência provas capazes a conduzir a certeza do propósito de causar sofrimento físico ou moral à vítima, inviável a desconstituição da decisão pela via do recurso especial.

VI. Incidência da Súmula n. 07/STJ, ante a inarredável necessidade de reexame, profundo e amplo, de todo conjunto probatório dos autos.

VII. Recurso não conhecido, nos termos do voto do relator" (STJ – REsp 610.395-SC – Rel. Min. Gilson Dipp – 5ª T. – j. 25-5-2004 – v.u. – *DJU* 2-8-2004, p. 544).

Também: "Tortura-castigo. Art. 1º, II, da Lei n. 9.455/1997. Crime próprio. Agente que ostente posição de garante. Necessidade. Somente pode ser agente ativo do crime de tortura-castigo (art. 1º, II, da Lei n. 9.455/1997) aquele que detiver outra pessoa sob sua guarda, poder ou autoridade (crime próprio). A controvérsia está circunscrita ao âmbito de abrangência da expressão guarda, poder ou autoridade, prevista na figura típica do art. 1º, II, da Lei n. 9.455/1997 (tortura-castigo). De início, cumpre esclarecer que o conceito de tortura, tomado a partir dos instrumentos de direito internacional, tem um viés estatal, implicando que o crime só poderia ser praticado por agente estatal (funcionário público) ou por um particular no exercício de função pública, consubstanciando, assim, crime próprio. A despeito disso, o legislador pátrio, ao tratar do tema na Lei n. 9.455/1997, foi além da concepção estabelecida nos instrumentos internacionais, na medida em que, ao menos no art. 1º, I, ampliou o conceito de tortura para além da violência perpetrada por servidor público ou por particular que lhe faça as vezes, dando ao tipo o tratamento de crime comum. A adoção de uma concepção mais ampla do tipo supracitado, tal como estabelecida na Lei n. 9.455/1997, encontra guarida na Convenção contra a Tortura e outros Tratamentos ou Penas Cruéis, Desumanos ou Degradantes, que ao tratar do conceito de tortura estabeleceu – em seu art. 1º, II – que: o presente artigo não será interpretado de maneira a restringir qualquer instrumento internacional ou legislação nacional que contenha ou possa conter dispositivos de alcance mais amplo. Ressalta-se, porém, que a possibilidade de tipificar a conduta na forma do art. 1º, II, da referida lei (tortura-castigo), ao contrário da tortura elencada no inciso I, não pode ser perpetrada por qualquer pessoa, pois a circunstância de que a violência ocorra contra vítima submetida à guarda, poder ou autoridade, afasta a hipótese de crime comum, firmando a conclusão de que o crime é próprio. Nítido, pois, que, no referido preceito, há um vínculo preexistente, de natureza pública, entre o agente ativo e o agente passivo do crime. Logo, o delito até pode ser perpetrado por um particular, mas ele deve ocupar posição de garante (obrigação de cuidado, proteção ou vigilância), seja em virtude da lei ou de outra relação jurídica" (REsp 1.738.264-DF, Rel. Min. Sebastião Reis Júnior, por maioria, julgado em 23-8-2018, *DJe* 14-9-2018 – *Informativo* n. 633).

O § 1º do art. 1º da lei prevê figura penal segundo a qual incorre na pena de reclusão de 2 a 8 anos quem submete pessoa presa (qualquer pessoa privada de liberdade, inclusive adolescentes em conflito com a lei) ou sujeita à medida de segurança (detentiva – internação em hospital de custódia e tratamento psiquiátrico) à sofrimento físico ou mental, mediante a prática de ato não previsto em lei ou não resultante de medida legal. É a chamada tortura do encarcerado.

4. Tortura imprópria

> § 2º Aquele que se omite em face dessas condutas, quando tinha o dever de evitá-las ou apurá-las incorre na pena de detenção de 1 (um) a 4 (quatro) anos.

A discussão que se trava no plano teórico diz respeito ao tratamento mais brando que a lei ordinária confere ao omitente, que podia e devia agir para evitar o resultado. Se o omitente tinha o dever de agir e o poder de agir e dolosamente se omitiu, deveria responder pelo mesmo crime praticado pelo agente.

Efetivamente, o art. 13, § 2º, *a*, do Código Penal estabelece as hipóteses da relevância da omissão, mencionando que o dever de agir incumbe a quem "tenha por lei obrigação de cuidado, proteção ou vigilância". Trata-se da chamada "posição de garante", na qual se colocam, no caso, as autoridades e outros servidores públicos que tinham o dever de evitar ou apurar a tortura.

A Lei de Tortura, entretanto, neste dispositivo em análise conferiu tratamento bem mais brando ao omitente que àquele que efetivamente pratica a tortura.

Na primeira figura (dever de evitar a tortura), se trata de crime omissivo impróprio ou comissivo por omissão. Nesse caso, o sujeito ativo ostenta aposição de garante, tendo o dever de evitar o resultado.

Já na segunda figura (dever de apurar a tortura), se trata de crime omissivo próprio. Aqui, o crime de tortura já se consumou e o agente tem o dever de apurá-lo, omitindo-se, porém.

Jurisprudência:

"1. O delito de tortura descrito no § 2º do inciso II do art. 1º da Lei n. 9.455/1997, denominado de tortura imprópria, implica a existência de vínculo hierárquico entre o executor imediato da tortura e a autoridade que se tornou omissa na obrigação de impedir ou apurar o ato delituoso. A referida figura delitiva possui como elemento objetivo do tipo a omissão decorrente de vontade livre, consciente e dirigida, de inação do superior diante do delito praticado pelo subordinado, tanto que, caso não tivesse sido prevista pelo legislador, eventualmente responderia o agente por crime de prevaricação ou de condescendência criminosa, situação que não se coaduna com a hipótese apresentada. 2. No caso, o paciente, na qualidade de Guarda Municipal, nas mesmas condições de tempo e local dos demais acusados, teria se omitido em face das condutas praticadas pelos corréus – submissão da vítima que estava sob sua guarda e poder, com emprego de violência e grave ameaça, a intenso sofrimento físico e mental –, quando tinha o dever legal de evitá-las, de maneira que deve responder o paciente pelo delito de tortura propriamente dita, prevista no art. 1º, inciso II, da Lei n. 9.455/1997, consoante o disposto no art. 13, § 2º, do Código Penal. 3. Ordem denegada" (STJ – HC 467015/SP – Rel. Min. Antonio Saldanha Palheiro – 6ª Turma – *DJe* 10-6-2019).

Ainda: "*HABEAS CORPUS* – PENAL E PROCESSUAL PENAL – CRIME DE TORTURA – TRANCAMENTO DA AÇÃO PENAL, POR AUSÊNCIA DE JUSTA CAUSA – EXCEPCIONALIDADE – OMISSÃO – RELEVÂNCIA CAUSAL – DEVER DE AGIR – TRÂNSITO EM JULGADO DA CONDENAÇÃO.

1. O trancamento da ação penal por ausência de justa causa é medida excepcional, justificando-se quando despontar, fora de dúvida, atipicidade da conduta, causa extintiva da punibilidade ou ausência de indícios de autoria, o que não ocorre no caso sob exame.

2. Crime de tortura praticado pela companheira do paciente contra sua filha. Omissão do paciente, que vivia em sociedade conjugal de fato com a corré. Relevância causal. Dever de agir, senão de direito ao menos de fato.

3. Ação penal, ademais, transitada em julgado. Ordem indeferida" (STF – HC 94789/RJ – Rel. Min. Eros Grau – 2ª T. – j. 27-4-2010).

5. Tortura qualificada pelo resultado

> § 3º Se resulta lesão corporal de natureza grave ou gravíssima, a pena é de reclusão de 4 (quatro) a 10 (dez) anos; se resulta morte, a reclusão é de 8 (oito) a 16 (dezesseis) anos.

O dispositivo cuida dos casos de tortura em que ocorre o resultado lesão corporal grave ou gravíssima ou morte. No primeiro caso, a pena cominada é de reclusão de 4 a 10 anos. No segundo caso, de reclusão de 8 a 16 anos.

Trata-se de hipóteses de crime *preterdoloso* ou *preterintencional*, em que o agente, querendo a tortura, ocasiona na vítima lesões corporais graves ou gravíssimas, ou, ainda, a morte.

Não se confunde o crime de tortura com resultado morte com o crime homicídio qualificado por tortura (art. 121, § 2º, III, CP), já que, neste último, o agente visa a finalidade morte (*animus necandi*), empregando o meio tortura para alcançá-lo.

6. Causas de aumento de pena

> § 4º Aumenta-se a pena de 1/6 (um sexto) até 1/3 (um terço):
> I – se o crime é cometido por agente público;
> II – se o crime é cometido contra criança, gestante, portador de deficiência, adolescente ou maior de 60 (sessenta) anos;
> III – se o crime é cometido mediante sequestro.

Esse dispositivo prevê aumento de pena (de 1/6 a 1/3) nas seguintes hipóteses:

a) Crime cometido por agente público – nesse caso, a noção de agente público deve ser obtida por similitude ao disposto no art. 327 do Código Penal.

b) Crime cometido contra criança, gestante, portador de deficiência, adolescente ou maior de 60 anos (alteração introduzida pelo Estatuto da Pessoa Idosa – Lei n. 10.741/2003).

c) Crime cometido mediante sequestro – nesse caso, a prática do sequestro consistirá no meio empregado pelo agente para concretizar a tortura. A intenção do agente será a de torturar a vítima, sendo o sequestro o meio empregado para a consecução do fim pretendido.

7. Efeito automático da condenação

> § 5º A condenação acarretará a perda do cargo, função ou emprego público e a interdição para seu exercício pelo dobro do prazo da pena aplicada.

O § 5º prevê como efeito automático da condenação a perda do cargo, função ou emprego público e a interdição para seu exercício pelo dobro do prazo da pena aplicada. Esse efeito aplica-se tão somente ao sujeito ativo funcionário público, no exercício ou em razão da função pública.

Trata-se de efeito automático da condenação, não sendo necessário que haja requerimento expresso do Ministério Público na denúncia ou em sede de alegações finais.

8. Fiança, graça e anistia

> § 6º O crime de tortura é inafiançável e insuscetível de graça ou anistia.

Esse parágrafo destaca a impossibilidade de concessão de fiança, graça ou anistia ao agente que pratica o crime de tortura.

A fiança é a garantia real prestada pelo preso para obter sua liberdade. A inafiançabilidade do crime de tortura, inclusive, vem prevista no art. 323, II, do Código de Processo Penal, com a redação dada pela Lei n. 12.403/2011. Nada impede, entretanto, como já pacificado nos Tribunais Superiores, que o juiz conceda ao agente liberdade provisória sem fiança.

Graça é a concessão de clemência, de perdão ao criminoso, individualmente, pelo Presidente da República, nos termos do art. 84, XII, da Constituição Federal. A graça é o indulto individual. É que o indulto (coletivo) tem caráter de generalidade, ou seja, abrange várias pessoas.

Anistia é o esquecimento jurídico de uma ou mais infrações penais. Sua concessão é atribuição do Congresso Nacional, segundo o disposto no art. 48, VIII, da Constituição Federal.

Caberia, pois, indulto no crime de tortura? A resposta só pode ser positiva, tendo em vista a ausência de vedação legal. Muito embora a tortura seja considerada crime assemelhado a hediondo (art. 2º da Lei n. 8.072/90), não cabendo, neste último caso, *"anistia, graça e indulto"* (inciso I), é certo que a Lei de Tortura, posterior, específica, vedou apenas a concessão de *"graça ou anistia"*, silenciando a respeito do indulto, o que revela o intuito do legislador de permitir tal benefício.

Há, entretanto, posições em sentido contrário, sustentando que a Constituição Federal, ao vedar expressamente, no art. 5º, XLIII, a concessão de graça ao crime de tortura, também estaria vedando, implicitamente, a concessão de indulto.

9. Regime inicial fechado

> § 7º O condenado por crime previsto nesta Lei, salvo a hipótese do § 2º, iniciará o cumprimento da pena em regime fechado.

A Lei de Tortura, no art. 1º, § 7º, estabelece a obrigatoriedade do *início* do cumprimento da pena em regime fechado, salvo na hipótese do § 2º desse artigo (crime de tortura impróprio).

Nesse aspecto, é oportuno lembrar que a lei se refere ao *início* do cumprimento de pena em regime fechado, não impedindo, pois, a *progressão* para regimes mais brandos (semiaberto e aberto).

Quando a Lei de Tortura entrou em vigor, esse dispositivo representou um retrocesso no que diz respeito à punição mais grave do crime de tortura, uma vez que a Lei dos Crimes Hediondos (Lei n.

8.072/90), revogada nesse aspecto, previa o cumprimento *integral* da pena em regime fechado para o crime de tortura. Entretanto, as demais disposições aplicáveis aos crimes hediondos em geral continuavam cabíveis ao crime de tortura.

Vale ressaltar o teor da Súmula 698 do Supremo Tribunal Federal, que, naquela oportunidade, solucionava a questão:

Súmula 698 – "Não se estende aos demais crimes hediondos a admissibilidade de progressão no regime de execução da pena aplicada ao crime de tortura".

Assim, depois de muita celeuma, reconheceu expressamente o Supremo Tribunal Federal que não se aplicava, em hipótese alguma, a progressão de regime, permitida ao crime de tortura, aos demais crimes hediondos.

A Lei n. 11.464/2007, entretanto, alterou a Lei n. 8.072/90 (Lei dos Crimes Hediondos), no que diz respeito ao regime de cumprimento da pena privativa de liberdade.

Modificando o texto até então vigente, dando conta da obrigatoriedade, aos crimes hediondos e assemelhados, do cumprimento integral da pena privativa de liberdade em regime fechado, a nova lei dispôs expressamente que "a pena por crime previsto neste artigo será cumprida inicialmente em regime fechado".

Ficou, então, admitida a progressão de regime de cumprimento de pena em crimes hediondos e assemelhados, caindo por terra, de vez, a celeuma acima apontada.

Ocorre que, não obstante a obrigação legal de **início** de cumprimento de pena privativa de liberdade em regime fechado para os crimes hediondos e assemelhados, o Supremo Tribunal Federal já vinha abrandando essa regra, admitindo também os regimes semiaberto e aberto como iniciais para esses crimes.

Até que, em sede de repercussão geral, com reafirmação de jurisprudência, o Supremo Tribunal Federal, por maioria, no julgamento do Recurso Extraordinário com Agravo 1.052.700/MG, da relatoria do Min. Edson Fachin, fixou a seguinte tese: **"É inconstitucional a fixação** *ex lege*, **com base no art. 2º, § 1º, da Lei n. 8.072/90, do regime inicial fechado, devendo o julgador, quando da condenação, ater-se aos parâmetros previstos no artigo 33 do Código Penal"**.

Portanto, no crime de tortura, admite-se o início do cumprimento da pena privativa de liberdade em quaisquer dos três regimes: fechado, semiaberto e aberto.

10. Extraterritorialidade

> Art. 2º O disposto nesta Lei aplica-se ainda quando o crime não tenha sido cometido em território nacional, sendo a vítima brasileira ou encontrando-se o agente em local sob jurisdição brasileira.

Esse artigo estabelece hipótese de extraterritorialidade incondicionada, com exceção ao princípio da territorialidade, que regula o lugar do crime, no art. 5º do Código Penal.

48 Violência Doméstica e Familiar contra a Mulher

Lei n. 11.340/2006

1. Antecedentes da "Lei Maria da Penha"

Ao criar mecanismos para coibir a violência doméstica e familiar contra a mulher, a Lei n. 11.340/2006, denominada popularmente "Lei Maria da Penha", veio com a missão de proporcionar instrumentos adequados para enfrentar um problema que aflige grande parte das mulheres no Brasil e no mundo, que é a violência de gênero.

A violência de gênero é uma das formas mais preocupantes de violência, já que, na maioria das vezes, ocorre no seio familiar, local onde deveriam imperar o respeito e o afeto mútuos.

Maria da Penha Fernandes, biofarmacêutica residente em Fortaleza, Ceará, no ano de 1983, foi vítima de tentativa de homicídio provocada pelo seu marido, à época, professor da Faculdade de Economia, Marco Antonio H. Ponto Viveiros, tendo recebido um tiro nas costas, que a deixou paraplégica. Condenado em duas ocasiões, o réu não chegou a ser preso, o que gerou indignação na vítima, que procurou auxílio de organismos internacionais, culminando com a condenação do Estado Brasileiro, em 2001, pela Organização dos Estados Americanos (OEA), por negligência e omissão em relação à violência doméstica, recomendando a tomada de providências a respeito do caso.

Tornou-se o Brasil, também, signatário da Convenção sobre a Eliminação de Todas as Formas de Discriminação contra as Mulheres (promulgada pelo Decreto n. 4.377/2002) e da Convenção Interamericana para Prevenir, Punir e Erradicar a Violência contra a Mulher (Convenção de Belém do Pará – 1994 – promulgada pelo Decreto n. 1.973/96), o que culminou, tendo em conta também o caso Maria da Penha, com a criação da Lei n. 11.340/2006, batizada de "Lei Maria da Penha".

2. Constituição Federal e proteção dos vulneráveis

A Constituição Federal de 1988, além de estabelecer que a família pode ser constituída por outras entidades além do casamento (CF, art. 226), equiparou, no Capítulo VII, homens e mulheres em direitos e obrigações (princípio da isonomia), estabelecendo como paradigma o princípio da dignidade da pessoa humana.

Adotou a Constituição Federal, também, no art. 227, a Doutrina da Proteção Integral relativa à criança e ao adolescente, que culminou com a edição da Lei n. 8.069/90 – Estatuto da Criança e do Adolescente.

Com relação ao idoso, a Constituição Federal amparou-o também de maneira integral no art. 230, tendo ocorrido a efetiva implementação da tutela da pessoa idosa com o advento da Lei n. 10.741/2003 – Estatuto da Pessoa Idosa.

O mesmo ocorreu com os portadores de deficiência física, sensorial e mental, que tiveram sua efetiva inserção social garantida pelo art. 227, II e § 2º, da Constituição Federal, sendo editada a Lei n. 10.098/2000.

Urgia, portanto, que o mesmo tratamento fosse dispensado à mulher em situação de violência doméstica e familiar, coroando o legislador a tutela dos vulneráveis com a edição da Lei n. 11.340/2006 – Lei da Violência Doméstica e Familiar contra a Mulher.

Nesse sentido, o Conselho Nacional de Justiça aprovou a Resolução n. 254, de 4-9-2018, que instituiu a Política Judiciária Nacional de Enfrentamento à Violência contra a Mulher, definindo diretrizes e ações de prevenção e combate à violência contra as mulheres e garantindo a adequada solução de conflitos que envolvam mulheres em situação de violência física, psicológica, moral, patrimonial e institucional, nos termos da legislação nacional vigente e das normas internacionais sobre direitos humanos sobre a matéria.

3. Convenção sobre a eliminação de todas as formas de discriminação contra a mulher

Promulgada no Brasil pelo Decreto n. 4.377/2002, a Convenção sobre a Eliminação de Todas as Formas de Discriminação contra a Mulher, adotada e aberta à assinatura, ratificação e adesão pela Resolução n. 34/180, da Assembleia Geral das Nações Unidas, de 18 de dezembro de 1979, foi baseada na constatação de que, apesar da existência de diversos instrumentos internacionais visando a garantia dos direitos humanos e recriminando qualquer forma de discriminação, as mulheres continuam sendo objeto de grandes discriminações.

Estabeleceu a referida convenção que a discriminação contra a mulher viola os princípios da igualdade de direitos e do respeito à dignidade humana, dificultando a participação da mulher, nas mesmas condições que o homem, na vida política, social, econômica e cultural de seu país, constituindo um obstáculo ao aumento do bem-estar da sociedade e da família e impedindo a mulher de servir o seu país e a Humanidade em toda a extensão das suas possibilidades. Em situações de pobreza, a mulher tem um acesso mínimo à alimentação, aos cuidados médicos, à educação, à capacitação e às oportunidades de emprego e à satisfação de outras necessidades, sendo certo que o estabelecimento da nova ordem econômica internacional, baseada na equidade e na justiça, contribuirá de forma significativa para a promoção da igualdade entre homens e mulheres.

Assim é que, para os fins da convenção, a expressão "discriminação contra as mulheres" significa toda distinção, exclusão ou restrição fundada no sexo e que tenha por objetivo ou consequência prejudicar ou destruir o reconhecimento, gozo ou exercício pelas mulheres, independentemente do seu estado civil, com base na igualdade dos homens e das mulheres, dos direitos humanos e liberdades fundamentais nos campos político, econômico, social, cultural e civil ou em qualquer outro campo.

Os Estados-Partes condenaram a discriminação contra as mulheres sob todas as suas formas, e concordaram em seguir, por todos os meios apropriados e sem tardança, uma política destinada a eliminar a discriminação contra as mulheres, e para tanto se comprometeram a:

a) consagrar, em suas constituições nacionais ou em outra legislação apropriada, o princípio da igualdade dos homens e das mulheres, caso não o tenham feito ainda, e assegurar por lei ou por outros meios apropriados a aplicação na prática desse princípio;

b) adotar medidas legislativas e outras que forem apropriadas – incluindo sanções, se se fizer necessário – proibindo toda a discriminação contra a mulher;

c) estabelecer a proteção jurisdicional dos direitos das mulheres em uma base de igualdade com os dos homens e garantir, por intermédio dos tribunais nacionais competentes e de outras instituições públicas, a proteção efetiva das mulheres contra todo ato de discriminação;

d) abster-se de incorrer em qualquer ato ou prática de discriminação contra as mulheres e atuar de maneira que as autoridades e instituições públicas ajam em conformidade com esta obrigação;

e) adotar as medidas adequadas para eliminar a discriminação contra as mulheres praticada por qualquer pessoa, organização ou empresa;

f) tomar todas as medidas apropriadas, inclusive de caráter legislativo, para modificar ou revogar leis, regulamentos, costumes e práticas que constituam discriminação contra as mulheres;

g) derrogar todas as disposições penais nacionais que constituam discriminação contra as mulheres.

Outrossim, os Estados-Partes se obrigaram a tomar todas, dentre muitas outras, as medidas apropriadas para:

a) modificar os esquemas e padrões de comportamento sociocultural de homens e mulheres, com vistas a alcançar a eliminação dos preconceitos e práticas consuetudinárias, ou de qualquer outro tipo, que estejam baseados na ideia de inferioridade ou superioridade de qualquer dos sexos ou em papéis estereotipados de homens e mulheres;

b) assegurar que a educação familiar venha a contribuir para um entendimento adequado da maternidade como função social e para o reconhecimento da responsabilidade comum de homens e mulheres no que diz respeito à educação e ao desenvolvimento dos seus filhos, entendendo-se que o interesse dos filhos é consideração primordial em todos os casos.

4. Convenção interamericana para prevenir, punir e erradicar a violência contra a mulher

Promulgada pelo Decreto n. 1.973/96, a Convenção Interamericana para Prevenir, Punir e Erradicar a Violência contra a Mulher, datada de 1994, e denominada "Convenção de Belém do Pará", também previu que se deve entender por violência contra a mulher qualquer ação ou conduta, baseada no gênero, que cause morte, dano ou sofrimento físico, sexual ou psicológico à mulher, tanto no âmbito público como no privado.

Entendeu essa convenção que violência contra a mulher inclui violência física, sexual e psicológica:

a) que tenha ocorrido dentro da família ou unidade doméstica ou em qualquer outra relação interpessoal, em que o agressor conviva ou haja convivido no mesmo domicílio que a mulher e que compreende, entre outros, estupro, violação, maus-tratos e abuso sexual;

b) que tenha ocorrido na comunidade e seja perpetrada por qualquer pessoa e que compreende, entre outros, violação, abuso sexual, tortura, maus-tratos de pessoas, tráfico de mulheres, prostituição forçada, sequestro e assédio sexual no lugar de trabalho, bem como em instituições educacionais, estabelecimentos de saúde ou qualquer outro lugar; e

c) que seja perpetrada ou tolerada pelo Estado ou seus agentes, onde quer que ocorra.

Estabelecendo, ainda, que toda mulher tem direito a uma vida livre de violência, tanto no âmbito público como no privado, acrescentou a convenção que toda mulher tem direito ao reconhecimento, gozo, exercícios e proteção de todos os direitos humanos e às liberdades consagradas pelos instrumentos regionais e internacionais sobre direitos humanos. Estes direitos compreendem, entre outros:

1) o direito a que se respeite sua vida;

2) o direito a que se respeite sua integridade física, psíquica e moral;

3) o direito à liberdade e à segurança pessoais;

4) o direito a não ser submetida a torturas;

5) o direito a que se refere a dignidade inerente a sua pessoa e que se proteja sua família;

6) o direito à igualdade de proteção perante a lei e da lei;

7) o direito a um recurso simples e rápido diante dos tribunais competentes, que a ampare contra atos que violem seus direitos;

8) o direito à liberdade de associação;

9) o direito à liberdade de professar a religião e as próprias crenças, de acordo com a lei;

10) o direito a ter igualdade de acesso às funções públicas de seu país e a participar nos assuntos públicos, incluindo a tomada de decisões.

Acrescentou, ainda, a dita convenção, que toda mulher poderá exercer livre e plenamente seus direitos civis, políticos, econômicos, sociais e culturais e contará com a total proteção desses direitos consagrados nos instrumentos regionais e internacionais sobre direitos humanos. O direito de toda mulher a uma vida livre de violência inclui, entre outros:

1) o direito de ser livre de toda forma de discriminação, e

2) o direito de ser valorizada e educada livre de padrões estereotipados de comportamento e práticas sociais e culturais baseados em conceitos de inferioridade e de subordinação.

Foi nesse contexto que os Estados-Partes, dentre eles o Brasil, condenaram todas as formas de violência contra a mulher e concordaram em adotar, por todos os meios apropriados e sem demora, políticas orientadas a prevenir, punir e erradicar a dita violência e empenhar-se em:

1) abster-se de qualquer ação ou prática de violência contra a mulher e velar para que as autoridades, seus funcionários, pessoal e agentes e instituições públicas se comportem conforme esta obrigação;

2) atuar com a devida diligência para prevenir, investigar e punir a violência contra a mulher;

3) incluir em sua legislação interna normas penais, civis e administrativas, assim como as de outra natureza que sejam necessárias para prevenir, punir e erradicar a violência contra a mulher e adotar as medidas administrativas apropriadas que venham ao caso;

4) adotar medidas jurídicas que exijam do agressor abster-se de fustigar, perseguir, intimidar, ameaçar, machucar, ou pôr em perigo a vida da mulher de qualquer forma que atente contra sua integridade ou prejudique sua propriedade;

5) tomar todas as medidas apropriadas, incluindo medidas de tipo legislativo, para modificar ou abolir leis e regulamentos vigentes, ou para modificar práticas jurídicas ou consuetudinárias que respaldem a persistência ou a tolerância da violência contra a mulher;

6) estabelecer procedimentos jurídicos justos e eficazes para a mulher que tenha sido submetida a violência, que incluam, entre outros, medidas de proteção, um julgamento oportuno e o acesso efetivo a tais procedimentos;

7) estabelecer os mecanismos judiciais e administrativos necessários para assegurar que a mulher objeto de violência tenha acesso efetivo a ressarcimento, reparação do dano ou outros meios de compensação justos e eficazes; e

8) adotar as disposições legislativas ou de outra índole que sejam necessárias para efetivar a Convenção.

Os Estados-Partes concordaram, também, em adotar, em forma progressiva, medidas específicas, inclusive programas para:

1) fomentar o conhecimento e a observância do direito da mulher a uma vida livre de violência e o direito da mulher a que se respeitem e protejam seus direitos humanos;

2) modificar os padrões socioculturais de conduta de homens e mulheres, incluindo a construção de programas de educação formais e não formais apropriados a todo nível do processo educativo, para contrabalançar preconceitos e costumes e todo outro tipo de práticas que se baseiem na premissa da inferioridade ou superioridade de qualquer dos gêneros ou nos papéis estereotipados para o homem e a mulher, que legitimam ou exacerbam a violência contra a mulher;

3) fomentar a educação e capacitação do pessoal na administração da justiça, policial e demais funcionários encarregados da aplicação da lei, assim como do pessoal encarregado das políticas de prevenção, sanção e eliminação da violência contra a mulher;

4) aplicar os serviços especializados apropriados para o atendimento necessário à mulher objeto de violência, por meio de entidades dos setores público e privado, inclusive abrigos, serviços de orientação para toda a família, quando for o caso, e cuidado e custódia dos menores afetados;

5) fomentar e apoiar programas de educação governamentais e do setor privado destinados a conscientizar o público sobre os problemas relacionados com a violência contra a mulher, os recursos jurídicos e a reparação correspondente;

6) oferecer à mulher objeto de violência acesso a programas eficazes de reabilitação e capacitação que lhe permitam participar plenamente da vida pública, privada e social;

7) estimular os meios de comunicação e elaborar diretrizes adequadas de difusão que contribuam para a erradicação da violência contra a mulher em todas suas formas e realçar o respeito à dignidade da mulher;

8) garantir a investigação e recompilação de estatísticas e demais informações pertinentes sobre as causas, consequências e frequência da violência contra a mulher, com o objetivo de avaliar a eficácia das medidas para prevenir, punir e eliminar a violência contra a mulher e de formular e aplicar as mudanças que sejam necessárias; e

9) promover a cooperação internacional para o intercâmbio de ideias e experiências e a execução de programas destinados a proteger a mulher objeto de violência.

Por fim, estabeleceu a referida convenção que, para a adoção das medidas a que se refere este capítulo, os Estados-Partes terão especialmente em conta a situação de vulnerabilidade à violência que a mulher possa sofrer em consequência, entre outras, de sua raça ou de sua condição étnica, de migrante, refugiada ou desterrada. No mesmo sentido se considerará a mulher submetida à violência quando estiver grávida, for excepcional, menor de idade, anciã, ou estiver em situação socioeconômica desfavorável ou afetada por situações de conflitos armados ou de privação de sua liberdade.

5. Da violência doméstica e familiar contra a mulher

Preceituando que a violência doméstica e familiar contra a mulher constitui uma das formas de violação dos direitos humanos, a Lei n. 11.340/2006 estabeleceu, no art. 5º, que configura violência doméstica e familiar contra a mulher qualquer ação ou omissão baseada no gênero que lhe cause morte, lesão, sofrimento físico, sexual ou psicológico e dano moral ou patrimonial:

I – no âmbito da unidade doméstica, compreendida como o espaço de convívio permanente de pessoas, com ou sem vínculo familiar, inclusive as esporadicamente agregadas;

II – no âmbito da família, compreendida como a comunidade formada por indivíduos que são ou se consideram aparentados, unidos por laços naturais, por afinidade ou por vontade expressa;

III – em qualquer relação íntima de afeto, na qual o agressor conviva ou tenha convivido com a ofendida, independentemente de coabitação.

No parágrafo único, inclusive, ficou estabelecido que as relações pessoais enunciadas no art. 5º independem de orientação sexual, prevendo a lei, portanto, expressamente, sua incidência também à família homoafetiva.

Nesse aspecto, com muita propriedade lecionam Luiz Antonio de Souza e Vitor Frederico Kümpel (*Violência doméstica e familiar contra a mulher:* Lei n. 11.340/06. São Paulo: Método, 2007, p. 70) que, "muito embora tenham sido enunciadas de maneira bastante clara a enorme incidência de relações familiares e a nova noção de família de fato, que liga pessoas que meramente se consideram próximas pelos mais variados motivos (desde a finalidade econômica e assistencial, até a contratual), o legislador fez incluir expressamente os homossexuais quando estabeleceu no parágrafo único ser irrelevante a orientação sexual para fins de proteção legal".

E concluem os citados juristas que "diante do amplo aspecto da lei até relações protegidas pelo biodireito passam a ser tuteladas, de maneira que, se o transexual fizer cirurgia modificativa de sexo e passar a ser considerado mulher no registro civil, terá efetiva proteção".

O legislador, portanto, fixou o âmbito espacial para a tutela da violência doméstica e familiar contra a mulher, o qual compreende as relações de casamento, união estável, família monoparental, família homoafetiva, família adotiva, vínculos de parentesco em sentido amplo, introduzindo, ainda, a ideia de família de fato, compreendendo essa as pessoas que não têm vínculo jurídico familiar, considerando-se, entretanto, aparentados (amigos próximos, agregados etc.).

Outrossim, estabelece o art. 40-A, incluído pela Lei n. 14.550/2023, que "Esta Lei será aplicada a todas as situações previstas no seu art. 5º, independentemente da causa ou da motivação dos atos de violência e da condição do ofensor ou da ofendida".

Vale ressaltar o disposto na **Súmula 600 do Superior Tribunal de Justiça:** "Para a configuração da violência doméstica e familiar prevista no artigo 5º da Lei n. 11.340/2006 (Lei Maria da Penha) não se exige a coabitação entre autor e vítima".

Com relação ao namoro: "O namoro, outrossim, evidencia uma relação íntima de afeto que independe de coabitação. Portanto, agressões e ameaças de namorado contra a namorada – mesmo que o relacionamento tenha terminado – que ocorram em decorrência dele, caracterizam violência doméstica. Está caracterizada, neste caso, a relação íntima de afeto entre as partes, ainda que apenas como namorados, pois o dispositivo legal não exige coabitação para configuração da violência doméstica contra a mulher" (STJ – CC 103.813/MG – Rel. Min. Jorge Mussi – 3ª S. – *DJE*, 3-8-2009).

Por fim, merece destaque o disposto na **Súmula 589 do Superior Tribunal de Justiça:** "É inaplicável o princípio da insignificância nos crimes ou contravenções penais praticados contra a mulher no âmbito das relações domésticas".

6. Formas de manifestação da violência doméstica e familiar contra a mulher

A "Lei Maria da Penha", em seu art. 7º, estabelece expressamente quais são as formas de violência doméstica e familiar contra a mulher, enumerando-as, dentre outras:

a) a *violência física*, entendida como qualquer conduta que ofenda sua integridade ou saúde corporal;

b) a *violência psicológica*, entendida como qualquer conduta que lhe cause dano emocional e diminuição da autoestima ou que lhe prejudique e perturbe o pleno desenvolvimento ou que vise degradar ou controlar suas ações, comportamentos, crenças e decisões, mediante ameaça, constrangimento, humilhação, manipulação, isolamento, vigilância constante, perseguição contumaz, insulto, chantagem, violação de sua intimidade, ridicularização, exploração e limitação do direito de ir e vir ou qualquer outro meio que lhe cause prejuízo à saúde psicológica e à autodeterminação;

c) a *violência sexual*, entendida como qualquer conduta que a constranja a presenciar, a manter ou a participar de relação sexual não desejada, mediante intimidação, ameaça, coação ou uso da força; que a induza a comercializar ou a utilizar, de qualquer modo, a sua sexualidade; que a impeça de usar qualquer método contraceptivo ou que a force ao matrimônio, à gravidez, ao aborto ou à prostituição, mediante coação, chantagem, suborno ou manipulação; ou que limite ou anule o exercício de seus direitos sexuais e reprodutivos;

d) a *violência patrimonial*, entendida como qualquer conduta que configure retenção, subtração, destruição parcial ou total de seus objetos, instrumentos de trabalho, documentos pessoais, bens, valores e direitos ou recursos econômicos, incluindo os destinados a satisfazer suas necessidades;

e) a *violência moral*, entendida como qualquer conduta que configure calúnia, difamação ou injúria.

Como salientado em item anterior, preocupou-se o legislador, sabiamente, com a tutela dos vulneráveis, estabelecendo o princípio da proteção integral também à mulher submetida a violência doméstica e familiar, que, agora, encontra-se protegida sob o aspecto patrimonial e dos direitos da personalidade (integridade física, moral, espiritual e intelectual).

7. Sujeito ativo da violência doméstica e familiar

A Lei n. 11.340/2006, em vários de seus dispositivos, refere-se ao sujeito ativo da violência doméstica e familiar como "agressor".

É bem de ver, entretanto, que, ao referir-se à vítima da violência doméstica e familiar, referiu-se o legislador a "ofendida", restringindo o gênero.

Forçoso, concluir, portanto, que tanto o homem quanto a mulher podem ser sujeitos ativos da violência doméstica e familiar, de vez que o termo "agressor" foi utilizado genericamente, abrangendo tanto o sexo masculino quanto o sexo feminino.

8. Sujeito passivo da violência doméstica e familiar

Em princípio, somente a mulher pode ser sujeito passivo da violência doméstica e familiar, haja vista que, como mencionado no item anterior, a lei, ao tratar da vítima, se refere a "ofendida", restringindo o gênero.

Entretanto, em diversos precedentes jurisprudenciais, muitos Tribunais pátrios vêm admitindo a aplicação da Lei Maria da Penha a casais homoafetivos e a transsexuais.

Acerca do assunto, Renato Brasileiro de Lima (*Legislação Criminal Especial Comentada*, 8. ed. rev., atual. e ampl. Salvador: JusPodivm. 2020. p. 1261), fazendo referência a dois julgados do Supremo Tribunal Federal (ADI 4.275/DF e RE 670.422) sustenta que "na eventualidade de um transgênero (ou transexual) proceder à alteração de seu gênero diretamente no registro civil, identificando-se, a partir de então, como mulher, poderá ser sujeito passivo da violência doméstica e familiar prevista na Lei Maria da Penha".

Não se pode olvidar, entretanto, que, para a incidência da lei em referência, deve estar presente o critério espacial tipificante, ou seja, a violência deve ocorrer no âmbito da relação doméstica, familiar ou íntima de afeto, não se exigindo a coabitação entre autor e vítima (Súmula 600 do STJ).

9. Medidas integradas de proteção

A Lei da Violência Doméstica e Familiar contra a Mulher, em seu art. 8º, estabeleceu que a política pública que visa a coibir a violência doméstica e familiar contra a mulher deve ser feita por meio de um conjunto articulado de ações da União, dos Estados, do Distrito Federal e dos Municípios, além de ações não governamentais, tendo por diretrizes básicas dessas medidas:

a) a integração operacional do Poder Judiciário, do Ministério Público e da Defensoria Pública com as áreas de segurança pública, assistência social, saúde, educação, trabalho e habitação;

b) a promoção de estudos e pesquisas, estatísticas e outras informações relevantes, com a perspectiva de gênero e de raça ou etnia, concernentes às causas, às consequências e à frequência da violência doméstica e familiar contra a mulher, para a sistematização de dados, a serem unificados nacionalmente, e a avaliação periódica dos resultados das medidas adotadas;

c) o respeito, nos meios de comunicação social, dos valores éticos e sociais da pessoa e da família, de forma a coibir os papéis estereotipados que legitimem ou exacerbem a violência doméstica e familiar, de acordo com o estabelecido no inciso III do art. 1º, no inciso IV do art. 3º e no inciso IV do art. 221 da Constituição Federal;

d) a implementação de atendimento policial especializado para as mulheres, em particular nas Delegacias de Atendimento à Mulher;

e) a promoção e a realização de campanhas educativas de prevenção da violência doméstica e familiar contra a mulher, voltadas ao público escolar e à sociedade em geral, e a difusão da Lei e dos instrumentos de proteção aos direitos humanos das mulheres;

f) a celebração de convênios, protocolos, ajustes, termos ou outros instrumentos de promoção de parceria entre órgãos governamentais ou entre estes e entidades não governamentais, tendo por objetivo a implementação de programas de erradicação da violência doméstica e familiar contra a mulher;

g) a capacitação permanente das Polícias Civil e Militar, da Guarda Municipal, do Corpo de Bombeiros e dos profissionais pertencentes aos órgãos e às áreas enunciados no inciso I quanto às questões de gênero e de raça ou etnia;

h) a promoção de programas educacionais que disseminem valores éticos de irrestrito respeito à dignidade da pessoa humana com a perspectiva de gênero e de raça ou etnia;

i) o destaque, nos currículos escolares de todos os níveis de ensino, para os conteúdos relativos aos direitos humanos, à equidade de gênero e de raça ou etnia e ao problema da violência doméstica e familiar contra a mulher.

Urge destacar que as medidas acima citadas são preventivas da violência doméstica e familiar, tratando a lei também, conforme abaixo se verá, das medidas administrativas gerais reagentes, quando encontrar-se a mulher em situação concreta de violência.

10. Medidas administrativas gerais reagentes

As medidas administrativas gerais reagentes fixadas pela lei, nos casos em que se encontre a mulher em situação concreta de violência doméstica, serão prestadas em caráter prioritário no Sistema Único de Saúde (SUS) e no Sistema Único de Segurança Pública (Susp), de forma articulada e conforme os princípios e as diretrizes previstos na Lei n. 8.742/93 (Lei Orgânica da Assistência Social), em outras normas e políticas públicas de proteção, e emergencialmente, quando for o caso.

No âmbito das medidas administrativas gerais reagentes emergenciais, poderá o juiz:

a) determinar, por prazo certo, a inclusão da mulher em situação de violência doméstica e familiar no cadastro de programas assistenciais do governo federal, estadual e municipal;

b) assegurar à mulher, para a preservação de sua integridade física e psicológica, o acesso prioritário à remoção, quando servidora pública integrante da administração direta ou indireta;

c) assegurar à mulher, para a preservação de sua integridade física e psicológica, a manutenção do vínculo trabalhista, quando necessário o afastamento do local de trabalho, por até 6 meses;

Nessa última hipótese, a lei não esclarece quem seria responsável pela remuneração da mulher afastada do local de trabalho por até 6 meses, não esclarecendo, também, se esse afastamento seria remunerado. Entendemos que a remuneração, nesse caso, é fundamental e imprescindível para a manutenção da mulher em situação de violência doméstica e familiar. Não seria cabível, entretanto, que ficasse essa remuneração a cargo do empregador, situação que, a médio prazo, ocasionaria indiretamente maior discriminação da mulher no mercado de trabalho. O mais adequado seria a criação, no âmbito da seguridade social, de um benefício previdenciário para a remuneração da mulher afastada emergencialmente do trabalho por ordem judicial.

d) assegurar à mulher, para a preservação de sua integridade física e psicológica, encaminhamento à assistência judiciária, quando for o caso, inclusive para eventual ajuizamento da ação de separação judicial, de divórcio, de anulação de casamento ou de dissolução de união estável perante o juízo competente.

Outrossim, prevê a lei que a assistência à mulher em situação de violência doméstica e familiar compreenderá também o acesso aos benefícios decorrentes do desenvolvimento científico e tecnológico, incluindo os serviços de contracepção de emergência, a profilaxia das Doenças Sexualmente Transmissíveis (DST) e da Síndrome da Imunodeficiência Adquirida (AIDS), além de outros procedimentos médicos necessários e cabíveis no caso de violência sexual.

A Lei n. 13.871/2019, em notável avanço, dispôs sobre a responsabilidade do agressor pelo ressarcimento dos custos relacionados aos serviços de saúde prestados pelo Sistema Único de Saúde

(SUS) às vítimas de violência doméstica e familiar e aos dispositivos de segurança por elas utilizados. Nesse sentido, foram acrescentados os §§ 4º, 5º e 6º ao art. 9º da Lei Maria da Penha.

Assim é que aquele que, por ação ou omissão, causar lesão, violência física, sexual ou psicológica e dano moral ou patrimonial a mulher fica obrigado a ressarcir todos os danos causados, inclusive ressarcir ao Sistema Único de Saúde (SUS), de acordo com a tabela SUS, os custos relativos aos serviços de saúde prestados para o total tratamento das vítimas em situação de violência doméstica e familiar, recolhidos os recursos assim arrecadados ao Fundo de Saúde do ente federado responsável pelas unidades de saúde que prestarem os serviços.

Inclusive, os dispositivos de segurança destinados ao uso em caso de perigo iminente e disponibilizados para o monitoramento das vítimas de violência doméstica ou familiar amparadas por medidas protetivas terão seus custos ressarcidos pelo agressor.

Vale lembrar, ademais, que os ressarcimentos mencionados não poderão importar ônus de qualquer natureza ao patrimônio da mulher e dos seus dependentes, nem configurar atenuante ou ensejar possibilidade de substituição da pena aplicada.

Outrossim, de acordo com os §§ 7º e 8º do art. 9º, acrescentados pela Lei n. 13.882/2019, a mulher em situação de violência doméstica e familiar tem prioridade para matricular seus dependentes em instituição de educação básica mais próxima de seu domicílio, ou transferi-los para essa instituição, mediante a apresentação dos documentos comprobatórios do registro da ocorrência policial ou do processo de violência doméstica e familiar em curso. Nesse caso, serão sigilosos os dados da ofendida e de seus dependentes matriculados ou transferidos, e o acesso às informações será reservado ao juiz, ao Ministério Público e aos órgãos competentes do Poder Público.

11. Medidas de natureza policial

É necessário que a mulher submetida a situação de violência doméstica e familiar tenha pronto e eficaz atendimento em sede policial, já que, na maioria dos casos, são as delegacias de polícia que primeiro têm contato com os casos concretos.

De acordo com o disposto no art. 10-A, acrescentado pela Lei n. 13.505/2017, é direito da mulher em situação de violência doméstica e familiar o atendimento policial e pericial especializado, ininterrupto e prestado por servidores – preferencialmente do sexo feminino – previamente capacitados. O § 1º deste dispositivo acrescenta que a inquirição de mulher em situação de violência doméstica e familiar ou de testemunha de violência doméstica, quando se tratar de crime contra a mulher, deverá obedecer às seguintes diretrizes:

I – salvaguarda da integridade física, psíquica e emocional da depoente, considerada a sua condição peculiar de pessoa em situação de violência doméstica e familiar;

II – garantia de que, em nenhuma hipótese, a mulher em situação de violência doméstica e familiar, familiares e testemunhas terão contato direto com investigados ou suspeitos e pessoas a eles relacionadas;

III – não revitimização da depoente, evitando sucessivas inquirições sobre o mesmo fato nos âmbitos criminal, cível e administrativo, bem como questionamentos sobre a vida privada.

No § 2º, ainda, vem previsto que, na inquirição de mulher em situação de violência doméstica e familiar ou de testemunha de delitos de que trata esta Lei, adotar-se-á, preferencialmente, o seguinte procedimento:

I – a inquirição será feita em recinto especialmente projetado para esse fim, o qual conterá os equipamentos próprios e adequados à idade da mulher em situação de violência doméstica e familiar ou testemunha e ao tipo e à gravidade da violência sofrida;

II – quando for o caso, a inquirição será intermediada por profissional especializado em violência doméstica e familiar designado pela autoridade judiciária ou policial;

III – o depoimento será registrado em meio eletrônico ou magnético, devendo a degravação e a mídia integrar o inquérito.

Para tanto, estabeleceu a lei, no art. 11, uma série de providências que deverá tomar a autoridade policial no atendimento à mulher em situação de violência doméstica e familiar. São elas, dentre outras:

a) garantir proteção policial, quando necessário, comunicando de imediato ao Ministério Público e ao Poder Judiciário;

b) encaminhar a ofendida ao hospital ou posto de saúde e ao Instituto Médico Legal;

c) fornecer transporte para a ofendida e seus dependentes para abrigo ou local seguro, quando houver risco de vida;

d) se necessário, acompanhar a ofendida para assegurar a retirada de seus pertences do local da ocorrência ou do domicílio familiar;

e) informar à ofendida os direitos a ela conferidos nesta Lei e os serviços disponíveis, inclusive os de assistência judiciária para o eventual ajuizamento perante o juízo competente da ação de separação judicial, de divórcio, de anulação de casamento ou de dissolução de união estável.

Além disso, em todos os casos de violência doméstica e familiar contra a mulher, após fazer o registro da ocorrência, estabeleceu o art. 12 da lei que a autoridade policial deverá, de imediato, adotar os seguintes procedimentos, sem prejuízo dos demais já previstos pela legislação processual penal:

a) ouvir a ofendida, lavrar o boletim de ocorrência e tomar a representação a termo, se apresentada;

b) colher todas as provas que servirem para o esclarecimento do fato e de suas circunstâncias;

c) remeter, no prazo de 48 horas, expediente apartado ao juiz com o pedido da ofendida, para a concessão de medidas protetivas de urgência. O pedido da ofendida será tomado a termo pela autoridade policial e deverá conter a qualificação dela e do agressor, o nome e a idade dos dependentes, a descrição sucinta do fato e das medidas protetivas por ela solicitadas e informação sobre a condição de a ofendida ser pessoa com deficiência e se da violência sofrida resultou deficiência ou agravamento de deficiência preexistente. A autoridade policial deverá anexar a esse documento o boletim de ocorrência e cópia de todos os documentos disponíveis em posse da ofendida, admitindo-se como meios de prova os laudos ou prontuários médicos fornecidos por hospitais e postos de saúde;

d) determinar que se proceda ao exame de corpo de delito da ofendida e requisitar outros exames periciais necessários;

e) ouvir o agressor e as testemunhas;

f) ordenar a identificação do agressor e fazer juntar aos autos sua folha de antecedentes criminais, indicando a existência de mandado de prisão ou registro de outras ocorrências policiais contra ele;

g) verificar se o agressor possui registro de porte ou posse de arma de fogo e, na hipótese de existência, juntar aos autos essa informação, bem como notificar a ocorrência à instituição responsável pela concessão do registro ou da emissão do porte, nos termos da Lei n. 10.826/ 2003 (Estatuto do Desarmamento);

h) remeter, no prazo legal, os autos do inquérito policial ao juiz e ao Ministério Público.

Outrossim, o art. 12-A, também acrescentado pela Lei n.13.505/2017 impôs que os Estados e o Distrito Federal, na formulação de suas políticas e planos de atendimento à mulher em situação de violência doméstica e familiar, darão prioridade, no âmbito da Polícia Civil, à criação de Delegacias Especializadas de Atendimento à Mulher (Deams), de Núcleos Investigativos de Feminicídio e de equipes especializadas para o atendimento e a investigação das violências graves contra a mulher. O art. 12-B, § 3º, possibilitou à autoridade policial requisitar os serviços públicos necessários à defesa da mulher em situação de violência doméstica e familiar e de seus dependentes.

A Lei n. 13.827/2019 acrescentou à Lei Maria da Penha o art. 12-C, conferindo mais poderes ao Delegado de Polícia e até mesmo ao policial, nos casos de risco atual ou iminente à vida ou à integridade física da mulher em situação de violência doméstica e familiar, ou de seus dependentes. Nessas hipóteses, estabelece o referido artigo:

"Art. 12-C. Verificada a existência de risco atual ou iminente à vida ou à integridade física da mulher em situação de violência doméstica e familiar, ou de seus dependentes, o agressor será imediatamente afastado do lar, domicílio ou local de convivência com a ofendida:

I – pela autoridade judicial;

II – pelo delegado de polícia, quando o Município não for sede de comarca; ou

III – pelo policial, quando o Município não for sede de comarca e não houver delegado disponível no momento da denúncia.

§ 1º Nas hipóteses dos incisos II e III do *caput* deste artigo, o juiz será comunicado no prazo máximo de 24 (vinte e quatro) horas e decidirá, em igual prazo, sobre a manutenção ou a revogação da medida aplicada, devendo dar ciência ao Ministério Público concomitantemente.

§ 2º Nos casos de risco à integridade física da ofendida ou à efetividade da medida protetiva de urgência, não será concedida liberdade provisória ao preso".

Calcado no dispositivo mencionado, o próprio Delegado de Polícia poderá afastar imediatamente o agressor do lar, domicílio ou local de convivência com a mulher ofendida, quando se verificar a existência de risco atual ou iminente à vida ou à integridade física da mulher em situação de violência doméstica e familiar, ou de seus dependentes. Até mesmo o policial, civil ou militar, poderá fazê-lo, nas hipóteses em que o município não for sede de comarca e não houver delegado disponível no momento da *notitia criminis*.

Evidentemente que o afastamento imediato do agressor, determinado pelo Delegado de Polícia ou pelo policial, nas condições acima indicadas, deverá passar pelo posterior crivo do juiz, que deverá ser comunicado no prazo máximo de 24 (vinte e quatro) horas e decidirá, em igual prazo, sobre a manutenção ou a revogação da medida aplicada, devendo dar ciência ao Ministério Público concomitantemente.

12. Medidas de natureza judicial

Estabeleceu a lei de violência doméstica e familiar contra a mulher diversas medidas protetivas de urgência, a serem tomadas pelo juiz, tão logo receba o expediente com o pedido da ofendida, já mencionado no item "c" do tópico anterior.

Recebido, portanto, o expediente com o pedido da ofendida, deve o juiz, no prazo de 48 horas, segundo dispõe o art. 18 da lei:

a) conhecer do expediente e do pedido e decidir sobre as medidas protetivas de urgência;

b) determinar o encaminhamento da ofendida ao órgão de assistência judiciária, quando for o caso, inclusive para o ajuizamento da ação de separação judicial, de divórcio, de anulação de casamento ou de dissolução de união estável perante o juízo competente. De acordo com o disposto no art. 14-A, acrescentado pela Lei n. 13.894/2019, a ofendida tem a opção de propor ação de divórcio ou de dissolução de união estável no Juizado de Violência Doméstica e Familiar contra a Mulher. Nesse caso, exclui-se da competência dos Juizados de Violência Doméstica e Familiar contra a Mulher a pretensão relacionada à partilha de bens. Caso seja iniciada a situação de violência doméstica e familiar após o ajuizamento da ação de divórcio ou de dissolução de união estável, a ação terá preferência no juízo onde estiver;

c) comunicar ao Ministério Público para que adote as providências cabíveis;

d) determinar a apreensão imediata de arma de fogo sob a posse do agressor.

Deve ser ressaltado que as medidas protetivas de urgência somente poderão ser concedidas pelo juiz a requerimento do Ministério Público ou a pedido da ofendida. Preservou a lei, nesse passo, o princípio da inércia da jurisdição (*ne procedat judex ex officio*), vedando o juiz a concessão de ofício das medidas protetivas de urgência. Não pode o juiz, portanto, a seu alvedrio, conceder medidas protetivas de urgência, devendo respeitar a vontade da ofendida e o entendimento do Ministério Público, únicos legitimados a requerer a cautela.

Note-se que o requerimento das medidas protetivas de urgência pode ser feito pela ofendida em sede policial e também em sede judicial, pessoalmente ou assistida por órgão de assistência judiciária (PAJ ou Defensoria Pública).

Dependendo do caso, as medidas protetivas de urgência poderão ser concedidas pelo juiz de imediato, independentemente de audiência das partes (*inaudita altera pars*), mas desde que formulado o pedido pela ofendida ou pelo Ministério Público. No caso de concessão imediata das medidas, independentemente de manifestação do Ministério Público, deverá este ser prontamente comunicado.

As medidas protetivas de urgência podem ser aplicadas isolada ou cumulativamente, ou, ainda, ser substituídas a qualquer tempo por outras de maior eficácia, sempre que os direitos reconhecidos na lei forem ameaçados ou violados.

Poderá o juiz, ainda, desde que a requerimento do Ministério Público ou a pedido da ofendida, conceder novas medidas protetivas de urgência ou rever aquelas já concedidas, caso entenda necessário para a proteção da ofendida, de seus familiares e de seu patrimônio. Caso a concessão dessas medidas se dê a pedido da ofendida, deverá ser ouvido previamente o Ministério Público.

Vale ressaltar que as medidas protetivas de urgência serão concedidas em juízo de cognição sumária a partir do depoimento da ofendida perante a autoridade policial ou da apresentação de suas alegações escritas e poderão ser indeferidas no caso de avaliação pela autoridade de inexistência de risco à integridade física, psicológica, sexual, patrimonial ou moral da ofendida ou de seus dependentes. Outrossim, as medidas protetivas de urgência serão concedidas independentemente da tipificação penal da violência, do ajuizamento de ação penal ou cível, da existência de inquérito policial ou do registro de boletim de ocorrência, devendo vigorar enquanto persistir risco à integridade física, psicológica, sexual, patrimonial ou moral da ofendida ou de seus dependentes.

Ademais, as medidas protetivas previstas na Lei n. 11.340/2006, por visarem resguardar a integridade física e psíquica da ofendida, impedindo a perpetuação do ciclo de violência, possuem conteúdo satisfativo, feição de tutela inibitória e reintegratória e não se vinculam, necessariamente, a um procedimento principal, daí porque podem ser mantidas mesmo que a ação penal contra o agressor não seja proposta.

Portanto, não há ilegalidade no prolongamento das medidas protetivas de urgência, enquanto persistir a necessidade de se resguardar a integridade física e psicológica da vítima. A vigência das medidas protetivas deve estar baseada no risco enfrentado pela vítima.

Nesse sentido, no Superior Tribunal de Justiça: AgRg no RHC 201171/SP – *DJe* 30-10-2024; AgRg no RHC 190050/SP – *DJe* 30-10-2024; e **Tema Repetitivo 1249**.

De acordo com o art. 22, constatada a prática de violência doméstica e familiar contra a mulher, nos termos desta Lei, o juiz poderá aplicar, de imediato, ao agressor, em conjunto ou separadamente, as seguintes medidas protetivas de urgência, entre outras:

"I – suspensão da posse ou restrição do porte de armas, com comunicação ao órgão competente, nos termos da Lei n. 10.826, de 22 de dezembro de 2003;

II – afastamento do lar, domicílio ou local de convivência com a ofendida;

III – proibição de determinadas condutas, entre as quais:

a) aproximação da ofendida, de seus familiares e das testemunhas, fixando o limite mínimo de distância entre estes e o agressor;

b) contato com a ofendida, seus familiares e testemunhas por qualquer meio de comunicação;

c) frequentação de determinados lugares a fim de preservar a integridade física e psicológica da ofendida;

IV – restrição ou suspensão de visitas aos dependentes menores, ouvida a equipe de atendimento multidisciplinar ou serviço similar;

V – prestação de alimentos provisionais ou provisórios.

VI – comparecimento do agressor a programas de recuperação e reeducação; e

VII – acompanhamento psicossocial do agressor, por meio de atendimento individual e/ou em grupo de apoio".

As medidas referidas nesse artigo 22 não impedem a aplicação de outras previstas na legislação em vigor, sempre que a segurança da ofendida ou as circunstâncias o exigirem, devendo ser comunicado o Ministério Público da providência.

Poderá também o juiz requisitar, a qualquer momento, para garantir a efetividade das medidas protetivas de urgência, o auxílio da força policial.

Inclusive, o art. 38-A, com a redação que lhe foi dada pela Lei n. 14.310/2022, determina ao juiz competente que providencie o registro imediato da medida protetiva de urgência, após sua concessão, em banco de dados mantido e regulamentado pelo Conselho Nacional de Justiça, garantido o acesso do Ministério Público, da Defensoria Pública e dos órgãos de segurança pública e de assistência social, com vistas à fiscalização e à efetividade das medidas protetivas.

13. Medidas protetivas de urgência à ofendida

Arrolou a lei, no âmbito das medidas protetivas de urgência, outras que dizem respeito especificamente à integridade física e ao patrimônio da ofendida e de seus dependentes.

Assim, segundo dispõe o art. 23, poderá o juiz, quando necessário:

a) encaminhar a ofendida e seus dependentes a programa oficial ou comunitário de proteção ou de atendimento;

b) determinar a recondução da ofendida e a de seus dependentes ao respectivo domicílio, após afastamento do agressor;

c) determinar o afastamento da ofendida do lar, sem prejuízo dos direitos relativos a bens, guarda dos filhos e alimentos;

d) determinar a separação de corpos;

e) determinar a matrícula dos dependentes da ofendida em instituição de educação básica mais próxima do seu domicílio, ou a transferência deles para essa instituição, independentemente da existência de vaga; e

f) conceder à ofendida auxílio-aluguel, com valor fixado em função de sua situação de vulnerabilidade social e econômica, por período não superior a 6 (seis) meses.

Já no que tange à proteção patrimonial dos bens da sociedade conjugal ou daqueles de propriedade particular da mulher, poderá o juiz determinar, liminarmente, as seguintes medidas:

a) restituição de bens indevidamente subtraídos pelo agressor à ofendida;

b) proibição temporária para a celebração de atos e contratos de compra, venda e locação de propriedade em comum, salvo expressa autorização judicial, devendo ser comunicado o cartório competente;

c) suspensão das procurações conferidas pela ofendida ao agressor, devendo ser comunicado o cartório competente;

d) prestação de caução provisória, mediante depósito judicial, por perdas e danos materiais decorrentes da prática de violência doméstica e familiar contra a ofendida.

14. Crime de descumprimento de medidas protetivas de urgência

A Lei n. 13.641/2018, engrossando a inflação legislativa que impera no Brasil, criou um novo crime, cujo *nomen juris* é "descumprimento de medida protetiva de urgência", tipificando justamente a conduta de "descumprir decisão judicial que defere medidas protetivas de urgência", prevista na Lei n. 11.340/2006.

Ora, o descumprimento de qualquer determinação judicial, como ordem legal de funcionário público, já caracteriza o crime de desobediência, previsto no art. 330 do Código Penal, punido com detenção de 15 dias a 6 meses e multa.

O novo crime de "descumprimento de medida protetiva de urgência", previsto no art. 24-A da Lei Maria da Penha, que foi introduzido pela Lei n. 13.641/2018, nada mais fez do que tipificar o que já estava tipificado, demonstrando a total desnecessidade de criação de um novo tipo penal para punir o que já poderia ser punido com a legislação penal existente.

Nem se argumente que o propósito do legislador foi retirar do âmbito do Juizado Especial Criminal (Lei n. 9.099/95) a conduta de descumprir decisão judicial que defere medidas protetivas de urgência. Isso porque o art. 41 da Lei n. 11.340/2006 já dispõe que "aos crimes praticados com violência doméstica e familiar contra a mulher, independentemente da pena prevista, não se aplica a Lei n. 9.099, de 26 de setembro de 1995". É evidente que o crime de desobediência (art. 330 do CP), nesse caso, não seria "praticado com violência doméstica e familiar contra a mulher", podendo, em princípio, ser processado e julgado perante o Juizado Especial Criminal. Ocorre que esse raciocínio seria correto se não houvesse o instituto da conexão, previsto no art. 76 do Código de Processo Penal. Sendo o crime de desobediência, previsto no art. 330 do Código Penal, conexo com o crime praticado contra a mulher em situação de violência doméstica e familiar, que ensejou a concessão de medidas protetivas de urgência, também ele estaria excluído do âmbito de incidência da Lei n. 9.099/95, não podendo ser processado e julgado perante o Juizado Especial Criminal.

Ademais, em caso de descumprimento de medidas protetivas de urgência, poderia o juiz determinar a prisão preventiva do agressor, dando eficácia às medidas concedidas, o que é perfeitamente admissível por força do disposto no art. 313, III, do Código de Processo Penal, que diz:

> Art. 313. Nos termos do art. 312 deste Código, será admitida a decretação da prisão preventiva: (...)
>
> III – se o crime envolver violência doméstica e familiar contra a mulher, criança, adolescente, idoso, enfermo ou pessoa com deficiência, para garantir a execução das medidas protetivas de urgência.

Portanto, descumprindo o agressor a medida protetiva de urgência deferida pelo juiz, poderia muito bem ser processado pelo crime de desobediência (art. 330 do CP) e ter a prisão preventiva decretada (art. 313, III, do CPP), sendo absolutamente desnecessária a criação de mais um tipo penal, de duvidosa eficácia, que, embora apresente um aspecto preventivo puramente simbólico, dificilmente trará efetiva punição ao agressor desobediente, contribuindo, ainda mais, para a sensação de impunidade que assola o País.

É o seguinte o teor do tipo penal específico, que teve sua pena alterada pela Lei n. 14.994/2024:

> Art. 24-A. Descumprir decisão judicial que defere medidas protetivas de urgência previstas nesta Lei:
>
> Pena – reclusão, de 2 (dois) a 5 (cinco) anos, e multa
>
> § 1º A configuração do crime independe da competência civil ou criminal do juiz que deferiu as medidas.
>
> § 2º Na hipótese de prisão em flagrante, apenas a autoridade judicial poderá conceder fiança.
>
> § 3º O disposto neste artigo não exclui a aplicação de outras sanções cabíveis.

15. Crime de perseguição

O crime de perseguição vem previsto no art. 147-A do Código Penal, tendo sido acrescentado pela Lei n. 14.132/2021. O crime tem como objetividade jurídica a tutela da liberdade individual, assim como a proteção à integridade física ou psicológica da pessoa.

O crime de perseguição, embora recente no Brasil, já era incorporado e tipificado por diversas legislações estrangeiras, sendo conhecido pelo nome de *stalking,* termo derivado do verbo inglês *to stalk,* que significa perseguir, vigiar.

Sujeito ativo pode ser qualquer pessoa. Muito embora a grande maioria dos casos envolva um homem como sujeito ativo, nada impede que uma mulher seja a perseguidora. Inclusive, é perfeitamente possível a coautoria ou a participação de terceiros, que serão responsabilizados penalmente pelo mesmo crime (art. 29 do CP). O § 1º, III, prevê a prática da perseguição mediante o concurso de 2 (duas) ou mais pessoas, configurando causa de aumento de pena de metade. Nesse caso, estamos diante da chamada *gangstalking,* ou perseguição organizada, que envolve mais de um perseguidor contra um indivíduo apenas.

Sujeito passivo também pode ser qualquer pessoa. Caso o sujeito passivo seja criança, adolescente ou idoso, estará presente a causa de aumento de pena de metade prevista no § 1º, I. O mesmo ocorre se a perseguição for praticada contra mulher por razões da condição de sexo feminino. Considera-se que há razões de condição de sexo feminino, nos termos do § 2-A do art. 121, quando o crime envolve violência doméstica e familiar ou menosprezo ou discriminação à condição de mulher.

Embora o sujeito passivo desse crime possa ser qualquer pessoa, é no contexto de violência doméstica e familiar contra a mulher que muitas vezes a perseguição se apresenta, daí por que é bastante pertinente a abordagem do tema nesta oportunidade.

A conduta típica vem expressa pelo verbo *perseguir,* que significa seguir, ir ao encalço. Evidentemente que a conotação dada ao núcleo do tipo, caracterizado pelo verbo *perseguir,* não se restringe à perseguição física, significando também vigiar, incomodar, importunar, atormentar, acossar etc. Pode ocorrer por meio físico ou virtual (pela *internet,* redes sociais etc.), presencialmente ou não, por telefone, por carta etc.

Para a configuração do crime, é necessário que a conduta seja praticada *reiteradamente,* ou seja, por diversas vezes, repetidas vezes, continuamente. Trata-se, portanto de *crime habitual,* que requer a habitualidade, a reiteração para sua tipificação. Vale ressaltar que a prática da conduta uma só vez não caracteriza o crime em comento. Anteriormente à vigência da Lei n. 14.132/2021, a prática de um único ato de perseguição poderia ser tipificada como a contravenção penal prevista no art. 65 do Decreto-lei n. 3.688/41 – Lei das Contravenções Penais. Entretanto, tendo o referido art. 65 sido revogado expressamente pela Lei n. 14.132/2021, ocorreu verdadeira *abolitio criminis,* sendo atípica a conduta de perseguir a vítima apenas uma única vez.

Entretanto, com relação à perseguição reiterada, em vista da revogação expressa do art. 65 da Lei das Contravenções Penais, houve continuidade normativo-típica, permanecendo a conduta típica, prevista no art. 147-A do Código Penal. Evidentemente que o art. 147-A, por constituir norma penal mais severa, somente pode ser aplicado aos fatos cometidos após a vigência da Lei n. 14.132/2021.

Outrossim, para a caracterização do crime, a perseguição deve se manifestar de três formas:

a) Mediante ameaça à integridade física ou psicológica da vítima: neste caso, a ameaça se traduz no prenúncio de mal injusto e grave, envolvendo a integridade física ou a integridade psicológica da vítima, causando-lhe ansiedade, temor ou degradação de seu estado emocional. Embora a perseguição não se restrinja aos casos de violência doméstica e familiar contra a mulher, o art. 7º, II, da Lei n. 11.340/2006 – Lei Maria da Penha, bem retrata o que se entende por violência psicológica, entendida como qualquer conduta que cause dano emocional e diminuição da autoestima ou que prejudique e perturbe o pleno desenvolvimento ou que vise degradar ou controlar as ações, comportamentos, crenças e decisões, mediante ameaça, constrangimento, humilhação, manipulação, isolamento, vigilância constante, perseguição contumaz, insulto, chantagem, violação de intimidade, ridicularização, exploração e limitação do direito de ir e vir ou qualquer outro meio que cause prejuízo à saúde psicológica e à autodeterminação.

b) Restrição à capacidade de locomoção: neste caso, a restrição não é apenas o cerceamento físico à capacidade de locomoção (como ocorre no sequestro ou cárcere privado), mas também a restrição à locomoção da vítima em razão de temor, de medo, que faz com que ela, por exemplo, não saia de casa por receio de sofrer a importunação, ou não frequente locais públicos por medo de ser perseguida, observada ou molestada pelo sujeito ativo.

c) Invasão ou perturbação da esfera de liberdade ou privacidade, de qualquer forma: nesta modalidade de crime, a forma de prática da conduta é livre, já que o tipo penal emprega a expressão *de qualquer forma*. Ou seja, a invasão ou perturbação da liberdade (de ir e vir, de expressão etc.) ou da privacidade da vítima pode ocorrer de qualquer modo que lhe cause constrangimento, incômodo, detrimento, dano moral ou material, tolhendo-lhe o direito de desempenhar costumeiramente suas atividades normais.

Merece destaque a ocorrência de tipificação do crime analisado por meio do chamado *cyberstalking*, praticado no âmbito virtual, que pode se dar pela internet, por *e-mails*, pelas redes sociais ou por qualquer outra forma.

Trata-se de crime doloso, não sendo admitida a modalidade culposa. O tipo penal também não exige nenhum elemento subjetivo específico, ou seja, nenhuma motivação especial por parte do agente.

A consumação ocorre com a prática reiterada da perseguição, caracterizando crime habitual. No caso de ameaça à integridade física ou psicológica da vítima, a consumação se dá independentemente de qualquer resultado naturalístico, caracterizando crime formal. Já na restrição à capacidade de locomoção e na invasão ou perturbação da esfera de liberdade ou privacidade da vítima, há necessidade de resultado naturalístico para a consumação, tratando-se de crime material.

Não se admite a tentativa, já que se trata de crime habitual.

A ação penal é pública condicionada a representação, nos termos do § 3º. Portanto, a vítima terá o prazo de 6 (seis) meses, contado da data do conhecimento da autoria do fato, para oferecer a representação (condição de procedibilidade) contra o sujeito ativo.

Por se tratar de infração penal de menor potencial ofensivo, é cabível a transação (art. 76 da Lei n. 9.099/95) e a suspensão condicional do processo (art. 89 da Lei n. 9.099/95), exceção feita aos casos que envolvam violência doméstica e familiar contra a mulher (art. 41 da Lei n. 11.340/2006). Ocorrendo qualquer das hipóteses dos §§ 1º e 2º, não será possível a transação, uma vez que o máximo da pena privativa de liberdade cominada ultrapassará o limite de 2 (dois) anos.

Não sendo cabível a transação, não tendo o crime sido praticado com violência ou grave ameaça e não tendo o crime sido praticado no âmbito de violência doméstica ou familiar ou praticado contra a mulher por razões da condição de sexo feminino, o Ministério Público poderá propor ao investigado o acordo de não persecução penal, nos termos do art. 28-A do Código de Processo Penal.

15.1. Causa de aumento de pena

O § 1º do art. 147-A prevê causa de aumento de pena de metade quando o crime for praticado contra criança (pessoa até doze anos de idade incompletos), adolescente (pessoa com idade entre doze e dezoito anos), idoso (pessoa com idade igual ou superior a sessenta anos), mulher por razões da condição de sexo feminino (§ 2º-A do art. 121 do CP), ou ainda mediante concurso de 2 (duas) ou mais pessoas ou com o emprego de arma. Neste último caso, a arma poderá ser branca (faca, canivete, estilete etc.) ou de fogo (revólver, pistola, espingarda etc.).

15.2. Cúmulo material

O § 2º do art. 147-A estabelece que as penas do crime de perseguição são aplicáveis sem prejuízo das correspondentes à violência. Portanto, havendo emprego de violência na prática delitiva (lesões corporais etc.), as penas deverão ser aplicadas cumulativamente, ou seja, deverá a pena do crime de perseguição ser somada à pena do tipo penal em que for tipificada a violência.

16. Juizados de Violência Doméstica e Familiar contra a Mulher

Inspirada pelo Princípio da Especialização, a Lei de Violência Doméstica e Familiar contra a Mulher previu, no art. 14, a criação, pela União, no Distrito Federal e nos Territórios, e pelos Estados, dos Juizados de Violência Doméstica e Familiar contra a Mulher, órgãos da Justiça Ordinária, com competência cível e criminal, para o processo, o julgamento e a execução das causas decorrentes da prática de violência doméstica e familiar contra a mulher. Previu a lei, ainda, que os atos processuais poderão realizar-se em horário noturno, conforme dispuserem as normas de organização judiciária.

Os referidos Juizados integram a Justiça Comum Estadual, em decorrência da matéria, tendo competência cível e criminal.

Juntamente com a criação dos Juizados, a lei previu, sempre no intuito de garantir a proteção integral à mulher vítima de violência doméstica e familiar, a implantação das curadorias necessárias e do serviço de assistência judiciária, podendo a União, o Distrito Federal, os Estados e os Municípios criar e promover, no limite das respectivas competências:

a) centros de atendimento integral e multidisciplinar para mulheres e respectivos dependentes em situação de violência doméstica e familiar;

b) casas-abrigos para mulheres e respectivos dependentes menores em situação de violência doméstica e familiar;

c) delegacias, núcleos de defensoria pública, serviços de saúde e centros de perícia médico-legal especializados no atendimento à mulher em situação de violência doméstica e familiar;

d) programas e campanhas de enfrentamento da violência doméstica e familiar;

e) centros de educação e de reabilitação para os agressores.

Entretanto, e considerando as dificuldades em criar e implementar, em todo o País, os Juizados de Violência Doméstica e Familiar contra a Mulher, a lei estabeleceu, subsidiariamente, competência cumulativa para as Varas Criminais, até que efetivamente sejam implementados os juizados especializados.

Portanto, dada a cumulatividade de competência, no Juizado de Violência Doméstica, poderá o juiz aplicar tanto as medidas protetivas de urgência que obrigam o agressor (art. 22) como as medidas protetivas de urgência que pertinem à ofendida (arts. 23 e 24).

Deve ser ressaltado que permanece íntegra a competência das varas de família, que, não sendo postulada nenhuma medida protetiva, poderão continuar decidindo as ações de separação, divórcio e outras que resultem de violência doméstica, ficando afetas ao Juizado especializado apenas as questões de natureza puramente cautelar.

Outrossim, o art. 15 da Lei de Violência Doméstica e Familiar contra a Mulher criou um foro concorrente especial, que, por opção da ofendida, passa a ser competente para os processos abrangidos pela nova legislação. Assim, é competente o Juizado:

a) do domicílio ou da residência da mulher;

b) do lugar do fato em que se baseou a demanda;

c) do domicílio do agressor.

Por fim, determina o art. 17-A, acrescentado à Lei Maria da Penha pela Lei n. 14.857/2024, que o nome da ofendida ficará sob sigilo nos processos em que se apuram crimes praticados no contexto de violência doméstica e familiar contra a mulher. Esse sigilo, entretanto, não abrange o nome do autor do fato, nem tampouco os demais dados do processo.

17. Violência doméstica e familiar contra a mulher e a Lei n. 9.099/95

Previu expressamente o art. 41 da Lei n. 11.340/2006 a impossibilidade de aplicação da Lei n. 9.099/95, em sua integralidade, aos casos de violência doméstica e familiar contra a mulher, estabelecendo, por consequência, que os crimes que a envolvem não são de menor potencial ofensivo. Essa previsão é absolutamente constitucional, à vista do disposto no art. 98, I, da Constituição Federal, que reservou à lei ordinária prerrogativa de definir quais os crimes de menor potencial ofensivo.

Portanto, descabem, em crime de lesão corporal, ainda que leve, ou outro delito que envolva violência doméstica e familiar contra a mulher, a transação e a suspensão condicional do processo, posição pacífica no Supremo Tribunal Federal, conforme explicado no item abaixo.

Nesse sentido, estabelece a Súmula 536 do STJ: "A suspensão condicional do processo e a transação penal não se aplicam na hipótese de delitos sujeitos ao rito da Lei Maria da Penha".

O rito processual, portanto, será o ordinário ou o sumário, previstos pelos arts. 394 e s. do Código de Processo Penal, com as alterações introduzidas pela Lei n. 11.719, de 20 de junho de 2008, inclusive podendo ser decretada a prisão preventiva do agressor, para garantir a execução das medidas protetivas de urgência (art. 313, III, do CPP, com a nova redação dada pela Lei n. 12.403/2011).

Nada impede, também, a prisão em flagrante do agressor no caso de crime que envolva violência doméstica e familiar contra a mulher, ainda que seja de lesão corporal de natureza leve, já que não mais é possível a lavratura de termo circunstanciado, pela inaplicabilidade dos preceitos da Lei n. 9.099/95.

Caso a ofendida reporte à polícia (militar ou civil) a prática de violência doméstica e familiar, poderá o agressor ser preso em flagrante delito, nos termos do que dispõem os arts. 301 e seguintes do Código de Processo Penal. Nesse caso, poderá a autoridade policial arbitrar fiança, no caso do art. 322 do mesmo Código. Caso a autoridade policial não arbitre fiança, poderá o juiz fazê-lo, ou então conceder liberdade provisória sem fiança. Nesse último caso, entretanto, além da ausência dos requisitos do art. 312 do Código de Processo Penal, deverá o juiz verificar se a liberdade do agressor não comprometerá a execução das medidas protetivas de urgência.

Importante ressaltar o teor da **Súmula 589 do Superior Tribunal de Justiça**: "É inaplicável o princípio da insignificância nos crimes ou contravenções penais praticados contra a mulher no âmbito das relações domésticas".

Também a **Súmula 588 do Superior Tribunal de Justiça**: "A prática de crime ou contravenção penal contra a mulher com violência ou grave ameaça no ambiente doméstico impossibilita a substituição da pena privativa de liberdade por restritiva de direitos".

18. Ação penal

Seguindo a regra geral do Código de Processo Penal, a ação penal nos crimes que envolvam violência doméstica e familiar contra a mulher é pública incondicionada, com iniciativa do Ministério Público.

Com relação ao crime de lesão corporal, ainda que de natureza leve, nosso entendimento sempre foi o de que a ação penal é pública incondicionada, não devendo a vítima oferecer representação. Isso porque a Lei em comento vedou expressamente, no art. 41, a aplicação das disposições da Lei n. 9.099/95, estando evidenciado o descabimento da representação.

Havia várias decisões do Superior Tribunal de Justiça entendendo pela necessidade de representação da vítima, em caso de lesão leve: STJ – HC 157.416/MT – Rel. Min. Arnaldo Esteves Lima

– 5ª T. – *DJe*, 10-5-2010. Também: HC 110.965/RS – Rel. Min. Laurita Vaz – 5ª T. – *DJe*, 3-11-2009; HC 137.620/DF – Rel. Min. Felix Fischer – 5ª T. – *DJe*, 16-11-2009; HC 113.608/MG – Rel. Min. Og Fernandes – 6ª T. – *DJe*, 3-8-2009, dentre outros. Entendendo pelo descabimento de representação, em caso de lesão leve: HC 91.540/MS – Rel. Min. Napoleão Nunes Maia Filho – 5ª T. – *DJe*, 13-4-2009; REsp 1.000.222/DF – Rel. Min. Jane Silva – 6ª T. – *DJe*, 24-11-2008.

O Supremo Tribunal Federal, entretanto, em diversos precedentes, já vinha entendendo que a ação penal nos crimes que envolvem violência doméstica e familiar contra a mulher é pública incondicionada, com iniciativa do Ministério Público, ainda que se trate de lesão corporal de natureza leve (HC 106.212/MS, Rel. Min. Marco Aurélio, j. 24-3-2011).

Inclusive, em 9 de fevereiro de 2012, por 10 votos a 1, o Plenário do Supremo Tribunal Federal (STF) votou pela procedência da Ação Direta de Inconstitucionalidade (ADI) 4424, ajuizada pela Procuradoria Geral da República, dando interpretação conforme a Constituição Federal aos arts. 12 (inciso I), 16 e 41 da Lei n. 11.340/2006 (Lei Maria da Penha). O entendimento da maioria é que não se aplica a Lei n. 9.099/95, dos Juizados Especiais, aos crimes abrangidos pela Lei Maria da Penha, assim como nos crimes de lesão corporal praticados contra a mulher no ambiente doméstico, mesmo de caráter leve, atua-se mediante ação penal pública incondicionada, independente da representação da vítima.

Nesse sentido, estabelece a Súmula 542 do Superior Tribunal de Justiça: "A ação penal relativa ao crime de lesão corporal resultante de violência doméstica contra a mulher é pública incondicionada".

Nada impede, entretanto, sejam praticados contra a mulher crimes que envolvam violência doméstica e familiar de ação penal pública condicionada à representação (ex.: ameaça – art. 147 do CP) ou de ação penal privada (crimes contra a honra ou alguns crimes sexuais), oportunidade em que será necessário o oferecimento de representação, no primeiro caso, ou de queixa-crime, no segundo caso.

Se, porém, for cometido contra a mulher algum crime que demande representação (ação penal pública condicionada), deverá a autoridade policial tomá-la a termo, se apresentada pela ofendida, segundo o disposto no art. 12, I, da Lei em comento.

A representação, segundo entendimento do Superior Tribunal de Justiça (HC 101.742-DF, j. 22-8-2011), "é um ato que dispensa formalidades, não sendo exigidos requisitos específicos para sua validade, mas apenas a clara manifestação de vontade da vítima de que deseja ver apurado o fato contra ela praticado".

Tanto a renúncia do direito de representação (quando a ofendida não a apresentou perante a autoridade policial por ocasião do registro da ocorrência de violência doméstica e familiar) quanto a retratação da representação já apresentada em sede policial, somente serão admitidas quando feitas perante o juiz, em audiência especialmente designada para tal finalidade, antes de recebida a denúncia, ouvido o Ministério Público.

A intenção da Lei é evitar que a mulher, sem ter conhecimento das consequências de seu ato e da utilidade das medidas protetivas de urgência, renuncie ou se retrate da representação, colocando-se novamente em situação de vulnerabilidade perante o agressor.

Nesse sentido: "AGRAVO REGIMENTAL NO *HABEAS CORPUS*. CRIME DE AÇÃO PÚBLICA CONDICIONADA À REPRESENTAÇÃO DA VÍTIMA. CONTEXTO DE VIOLÊNCIA DOMÉSTICA. RETRATAÇÃO DA REPRESENTAÇÃO NÃO REALIZADA FORMALMENTE. AUDIÊNCIA DE JUSTIFICAÇÃO. ART. 16 DA N. LEI 11.340/06. PRECEDENTES. NO MAIS, NÃO ENFRENTAMENTO DOS FUNDAMENTOS DA DECISÃO AGRAVADA. SÚMULA 182/STJ. AGRAVO DESPROVIDO. I – Nos termos da jurisprudência consolidada nesta eg. Corte, cumpre ao agravante impugnar especificamente os fundamentos estabelecidos na decisão agravada. II – Assente nesta eg. Corte Superior que 'Nos termos do art. 16 da Lei n. 11.340/06, 'nas ações penais públicas condicionadas à representação da ofendida de que trata esta Lei, só será admitida a renúncia à representação perante o juiz, em audiência especialmente designada com tal finalidade, antes do recebimento da denúncia e ouvido o Ministério Público' (...) de tal sorte que somente após tal manifestação é que o Juízo deverá designar a audiência para sanar as dúvidas acerca do real desejo da vítima quanto à continuidade da ação penal' (HC n. 196.592/DF, Quinta Turma, Rel. Min. Jorge Mussi, *DJe* de 4/5/2011, grifei). III – Afastada qualquer flagrante ilegalidade, importante esclarecer a impossibilidade de se percorrer todo o acervo fático-probatório nesta via estreita do *writ*, como forma de desconstituir as conclusões das instâncias ordinárias, soberanas na análise dos fatos e provas, providência inviável de ser realizada dentro dos estreitos limites do *habeas corpus*, que não admite dilação probatória e o aprofundado exame do acervo da ação penal. IV – *In casu*, no mais, a d. Defesa limitou-se a reprisar os argumentos do *habeas corpus*, o que atrai a Súmula n. 182 desta eg. Corte Superior de Justiça, segundo a qual é inviável o agravo regimental que não impugna especificamente os fundamentos da decisão agravada. Agravo regimental desprovido" (AgRg no HC 689.959/SE, Rel. Min. Jesuíno Rissato (Desembargador convocado do TJDFT) 5ª Turma, *DJe* 19-11-2021).

Deve ser ressaltado que, embora a Lei não mencione expressamente, no art. 16, a possibilidade de retratação da representação já ofertada pela ofendida, é de se entender que, também nesse caso, deve o juiz, por analogia, designar audiência especialmente para o esclarecimento das consequências de tal ato. Trata-se de norma processual, não sendo vedada a analogia, até porque, no contexto da proteção integral à mulher em situação de violência doméstica e familiar, o próprio art. 4º menciona que, "na interpretação desta Lei, serão considerados os fins sociais a que ela se destina e, especialmente, as condições peculiares das mulheres em situação de violência doméstica e familiar".

19. Prisão preventiva do agressor

Admite expressamente o art. 20 da Lei de Violência Doméstica e Familiar contra a Mulher que, em qualquer fase do inquérito policial ou da instrução criminal, caberá a prisão preventiva do agressor, decretada pelo juiz, de ofício, a requerimento do Ministério Público ou mediante representação da autoridade policial. Essa hipótese vem prevista também no art. 313, III, do Código de Processo Penal, com a redação dada pela Lei n. 12.403/2011.

Decretada a prisão preventiva do agressor, poderá o juiz revogá-la se, no curso do processo, verificar a falta de motivo para que subsista, bem como de novo decretá-la, se sobrevierem razões que a justifiquem.

Os requisitos para a decretação da prisão preventiva do agressor serão os mesmos já constantes do art. 312 do Código de Processo Penal, acrescidos da real necessidade de garantir as medidas protetivas de urgência que foram ou virão a ser aplicadas.

20. Vedação de pena de cestas básicas e outras

No contexto da proteção integral à mulher em situação de violência doméstica e familiar, proibiu expressamente a Lei n. 11.340/2006, no art. 17, a "aplicação, nos casos de violência doméstica e familiar contra a mulher, de penas de cesta básica ou outras de prestação pecuniária, bem como a substituição de pena que implique o pagamento isolado de multa".

A rigor, a "pena de cesta básica" é corruptela da pena restritiva de direitos de prestação pecuniária (art. 45, § 1º, do CP), convertida em prestação de outra natureza (§ 2º), que acabou por banalizar o instituto, gerando na vítima e na população em geral o sentimento de impunidade. Ademais, essa modalidade esdrúxula de pena viola os fundamentos básicos das penas restritivas de direitos, substituindo a obrigação de fazer pela obrigação de dar. Não raras vezes, o agressor familiar ou doméstico retirava os mantimentos de sua própria casa, em prejuízo de sua prole, para cumprir a "pena de cesta básica" que lhe foi aplicada pelo juiz ou transacionada com o Ministério Público.

Sob a vigência da nova lei, não mais sendo cabível a transação, por impossibilidade de aplicação da Lei n. 9.099/95, não poderá o juiz, no final do processo, quando da prolação da sentença condenatória, substituir a pena privativa de liberdade aplicada ao agressor por pena restritiva de direitos consistente em prestação pecuniária ou prestação de cestas básicas, nem tampouco operar substituição que implique pagamento isolado de multa.

Ademais, dispõe a Súmula 589 do STJ: "É inaplicável o princípio da insignificância nos crimes ou contravenções penais praticados contra a mulher no âmbito das relações domésticas".

Com relação à substituição da pena privativa de liberdade por pena restritiva de direitos, estabelece a Súmula 588 do STJ: "A prática de crime ou contravenção penal contra a mulher com violência ou grave ameaça no ambiente doméstico impossibilita a substituição da pena privativa de liberdade por restritiva de direitos".

21. Notificação compulsória dos casos de violência contra a mulher

A Lei n. 10.778/2003, parcialmente alterada pela Lei n. 13.931/2019, estabelece a notificação compulsória, no território nacional, do caso de violência contra a mulher que for atendida em serviços de saúde públicos ou privados.

De acordo com a referida lei, constitui objeto de notificação compulsória, em todo o território nacional, a violência contra a mulher atendida em serviços de saúde públicos e privados.

Para os efeitos da lei, entende-se por violência contra a mulher qualquer ação ou conduta, baseada no gênero, inclusive decorrente de discriminação ou desigualdade étnica, que cause morte, dano ou sofrimento físico, sexual ou psicológico à mulher, tanto no âmbito público quanto no privado.

Além disso, entender-se-á que violência contra a mulher inclui violência física, sexual e psicológica e que: I – tenha ocorrido dentro da família ou unidade doméstica ou em qualquer outra relação interpessoal, em que o agressor conviva ou haja convivido no mesmo domicílio que a mulher e que compreende, entre outros, estupro, violação, maus-tratos e abuso sexual; II – tenha ocorrido na comunidade e seja perpetrada por qualquer pessoa e que compreende, entre outros, violação, abuso sexual, tortura, maus-tratos de pessoas, tráfico de mulheres, prostituição forçada, sequestro e assédio sexual no lugar de trabalho, bem como em instituições educacionais, estabelecimentos de saúde ou qualquer outro lugar; e III – seja perpetrada ou tolerada pelo Estado ou seus agentes, onde quer que ocorra.

Para tanto, a autoridade sanitária proporcionará as facilidades ao processo de notificação compulsória, tendo esta caráter sigiloso, obrigando nesse sentido as autoridades sanitárias que a tenham recebido.

Outrossim, a identificação da vítima de violência referida a lei, fora do âmbito dos serviços de saúde, somente poderá efetivar-se, em caráter excepcional, em caso de risco à comunidade ou à vítima, a juízo da autoridade sanitária e com conhecimento prévio da vítima ou do seu responsável.

Por fim, a inobservância das obrigações estabelecidas na lei mencionada constitui infração da legislação referente à saúde pública, sem prejuízo das sanções penais cabíveis.

22. Atuação do Ministério Público

Mantendo tradição em nosso direito pátrio, foi dado ao Ministério Público, na Lei de Violência Doméstica e Familiar contra a Mulher, papel fundamental na defesa da mulher vulnerável em razão de violência doméstica e familiar.

Previu a lei, no art. 25, a intervenção do Ministério Público, quando não for parte, nas causas cíveis e criminais decorrentes da violência doméstica e familiar contra a mulher, cabendo-lhe, em remate, segundo o art. 26, sem prejuízo de outras atribuições, nos casos de violência doméstica e familiar contra a mulher, quando necessário:

a) requisitar força policial e serviços públicos de saúde, de educação, de assistência social e de segurança, entre outros;

b) fiscalizar os estabelecimentos públicos e particulares de atendimento à mulher em situação de violência doméstica e familiar, e adotar, de imediato, as medidas administrativas ou judiciais cabíveis no tocante a quaisquer irregularidades constatadas;

c) cadastrar os casos de violência doméstica e familiar contra a mulher.

E não é só. Conforme bem salientado por Luiz Antonio de Souza e Vitor Frederico Kümpel (*Violência doméstica e familiar contra a mulher*, cit., p. 75), "o artigo 37 complementa legitimando o *Parquet* para a defesa de interesses e direitos transindividuais nos termos da legislação civil pertinente (Leis 7.347/1985 e 8.078/1990), podendo atuar concorrentemente com associação civil de atuação na área, constituída há pelo menos um ano. Entre as principais áreas de tutela ministerial observa-se que o Ministério Público pode atuar como: a) autor de ações penais públicas incondicionadas e condicionadas; b) *custos legis* nas ações penais privadas; c) autor de ações civis individuais que envolvam violência contra a mulher-criança; d) autor de ações civis individuais que envolvam violência contra a mulher idosa; e) tutela de natureza transindividual que envolva situações específicas previstas na LVM".

23. Alterações no Código Penal, no Código de Processo Penal e na Lei de Execução Penal

23.1. Alterações no Código Penal

O art. 129 do Código Penal já havia sofrido alteração em 17 de junho de 2004, quando a Lei n. 10.886 acrescentou-lhe dois novos parágrafos, o 9º e o 10, criando nova figura delitiva denominada "violência doméstica", modalidade de lesão corporal.

Com a Lei n. 11.340/2006, nova alteração sofreu o referido artigo, sendo, entretanto, mantido íntegro o preceito do § 9º ("Se a lesão for praticada contra ascendente, descendente, irmão, cônjuge ou companheiro, ou com quem conviva ou tenha convivido, ou, ainda, prevalecendo-se o agente das relações domésticas, de coabitação ou de hospitalidade"), alterando-se apenas a pena mínima (passando de 6 para 3 meses) e a pena máxima (passando de 1 para 3 anos). Essa pena foi novamente alterada pela Lei n. 14.994/2024, passando a ser de reclusão de 2 a 5 anos.

Esse preceito mantido, inclusive, não cuida apenas da violência doméstica e familiar contra a mulher, abarcando também lesões praticadas contra ascendente, descendente, irmão, cônjuge ou companheiro, ou com quem conviva ou tenha convivido.

O § 10 do art. 129 do Código Penal foi mantido íntegro pela Lei Maria da Penha, a qual acrescentou o § 11, prevendo que, na hipótese do § 9º, a pena será aumentada de um terço se o crime for cometido contra pessoa com deficiência.

A Lei Maria da Penha também alterou a circunstância agravante do art. 61, II, *f*, do Código Penal, que passou a ter a seguinte redação: "*f*) com abuso de autoridade ou prevalecendo-se de relações domésticas, de coabitação ou de hospitalidade, ou com violência contra a mulher na forma da lei específica".

Cremos que, dada a proteção especial à mulher vulnerável em situação de violência doméstica e familiar, essa circunstância passou a figurar como preponderante no concurso entre atenuantes e agravantes (art. 67 do CP).

Inclusive, a tese firmada pelo Superior Tribunal de Justiça no Tema Repetitivo 1197 é no sentido de que: "A aplicação da agravante do art. 61, inc. II, alínea f, do Código Penal (CP), em conjunto com as disposições da Lei Maria da Penha (Lei n. 11.340/2006), não configura *bis in idem*".

O crime de lesão corporal, previsto no art. 129 do Código Penal, passou a contar com mais um parágrafo, prevendo figura qualificada se a lesão for praticada contra a mulher, por razões da condição do sexo feminino, nos termos do § 1º do art. 121-A do mesmo diploma. O § 13 foi acrescentado ao art. 129 pela Lei n. 14.188/2021, a qual também definiu o programa de cooperação Sinal Vermelho contra a Violência Doméstica como uma das medidas de enfrentamento da violência doméstica e familiar contra a mulher previstas na Lei n. 11.340/2006 (Lei Maria da Penha) e no Código Penal, em todo o território nacional. Portanto, a Lei n. 14.188/2021 inseriu no art. 129 mais uma qualificadora no crime de lesão corporal leve, justamente quando esta vem a ser praticada contra a mulher por razões da condição do sexo feminino, nos termos do § 1º do art. 121-A. De acordo com o disposto no § 1º do art. 121-A, considera-se que há razões da condição de sexo feminino quando o crime envolve violência doméstica e familiar, e menosprezo ou discriminação à condição de mulher. Essa circunstância passou a figurar no § 1º do art. 121-A por força de modificação introduzida pela Lei n. 14.994/2024, que transformou o feminicídio, que até então era uma modalidade de homicídio qualificado, em crime autônomo.

23.2. Alterações no Código de Processo Penal

Quando foi promulgada a Lei Maria da Penha, houve alteração no Código de Processo Penal, especificamente no art. 313, que trata das hipóteses de decretação da prisão preventiva. A nova lei acrescentou ao referido artigo o inciso IV, do seguinte teor: "IV – se o crime envolver violência doméstica e familiar contra a mulher, nos termos da lei específica, para garantir a execução das medidas protetivas de urgência". Atualmente, entretanto, o art. 313 do Código de Processo Penal sofreu nova alteração em sua redação pela Lei n. 12.403/2011, figurando, agora, no inciso III a hipótese de decretação de prisão preventiva se o crime envolver violência doméstica e familiar contra a mulher.

23.3. Alterações na Lei de Execução Penal

Na execução da pena restritiva de direitos consistente em limitação de fim de semana, poderá o juiz determinar, por força do parágrafo único ao art. 152 da Lei de Execução Penal (Lei n. 7.210/84), o comparecimento obrigatório do agressor a programas de recuperação e reeducação, nos casos de violência doméstica contra a mulher, medida essa de caráter puramente educacional.

A Lei n. 14.994/2024, inclusive, acrescentou à Lei de Execução Penal o art. 146-E, estabelecendo que o condenado por crime contra a mulher por razões da condição do sexo feminino, nos termos do § 1º do art. 121-A do Código Penal, ao usufruir de qualquer benefício em que ocorra a sua saída de estabelecimento penal, será fiscalizado por meio de monitoração eletrônica.

24. Assistência judiciária à mulher em situação de violência doméstica e familiar

Dispôs a lei, no art. 27, seguindo a orientação de proteção integral à mulher em situação de vulnerabilidade, que em todos os atos processuais, cíveis e criminais, a mulher em situação de violência doméstica e familiar deverá estar acompanhada de advogado, ressalvado o previsto no art. 19, que trata das medidas protetivas de urgência. Logo, o acompanhamento da mulher por advogado continua sendo imprescindível, salvo em caso de concessão de medidas protetivas de urgência, que poderão ser requeridas diretamente por ela, seja em sede policial, quando do registro da violência doméstica e familiar sofrida, seja ao Ministério Público ou a Juiz de Direito.

O art. 9º, III, da lei, incluído pela Lei n. 13.894/2019, estabeleceu o encaminhamento da mulher em situação de violência doméstica e familiar à assistência judiciária, quando for o caso, inclusive para eventual ajuizamento da ação de separação judicial, de divórcio, de anulação de casamento ou de dissolução de união estável perante o juízo competente. Foi garantido, também, segundo o art. 28 da Lei em comento, a toda mulher em situação de violência doméstica e familiar o acesso aos serviços de Defensoria Pública ou de Assistência Judiciária Gratuita, nos termos da lei, em sede policial e judicial, mediante atendimento específico e humanizado.

Por fim, previu a lei, nos arts. 29 a 32, a criação, junto aos Juizados de Violência Doméstica e Familiar contra a Mulher, de equipe de atendimento multidisciplinar, a ser integrada por profissionais especializados nas áreas psicossocial, jurídica e de saúde.

49 Terrorismo
Lei n. 13.260/2016

1. Introdução

Os abomináveis atentados terroristas ocorridos em vários países do mundo e a ocorrência, no Rio de Janeiro, dos Jogos Olímpicos em 2016 fizeram com que o Brasil se apressasse em aprovar uma Lei Antiterror que garantisse, de alguma forma, rigorosa punição aos envolvidos em condutas que pudessem colocar em risco a paz social e ou trazer receio inusitado à população brasileira.

O terror tem se espalhado pelo mundo e, embora não seja um fenômeno recente, vem trazendo desassossego à população de diversos países e ensejando o recrudescimento das legislações penais, muitas vezes em detrimento de liberdades e garantias a duras penas conquistadas.

É que a luta contra o terrorismo invariavelmente faz com que as liberdades constitucionais e as liberdades fundamentais sejam substituídas pela cultura da segurança nacional.

No Brasil, a Doutrina da Segurança Nacional, muito cultuada e disseminada em passado recente, ensejou uma peculiar tipificação do crime de terrorismo, na antiga Lei n. 7.170/83, que definia os crimes contra a segurança nacional. Essa lei de segurança nacional sucedeu a Lei n. 6.620/78, que estabelecia, em seu art. 1º, que "toda pessoa natural ou jurídica é responsável pela segurança nacional, nos limites definidos em lei". A Lei n. 7.170/83 foi revogada expressamente pela Lei n. 14.197/2021 que acrescentou o Título XII na Parte Especial do Código Penal, relativo aos crimes contra o Estado Democrático de Direito.

Abstraídas as injunções políticas da antiga lei brasileira, a citada disposição muito se assemelha às diretrizes que vêm sendo estabelecidas por diversos países da Europa e pelos Estados Unidos, determinando a todo cidadão a obrigação de cuidar da segurança nacional contra o terrorismo. Nesse sentido, inclusive, a cartilha antiterror do Departamento de Defesa norte-americano.

Vale mencionar que, no Brasil, o Decreto n. 3.018/99 promulgou a Convenção para Prevenir e Punir os Atos de Terrorismo Configurados em Delitos Contra as Pessoas e a Extorsão Conexa, Quando Tiverem Eles Transcendência Internacional, concluída em Washington, em 2 de fevereiro de 1971.

Dispõe o art. 1º da referida convenção que "Os Estados Contratantes obrigam-se a cooperar entre si, tomando todas as medidas que considerem eficazes de acordo com suas respectivas legislações e, especialmente, as que são estabelecidas nesta Convenção, para prevenir e punir os atos de terrorismo e, em especial, o sequestro, o homicídio e outros atentados contra a vida e a integridade das pessoas a quem o Estado tem o dever de proporcionar proteção especial conforme o direito internacional, bem como a extorsão conexa com tais delitos".

Pois bem, a revogada Lei n. 7.170/83, em seu art. 20, punia com reclusão de 3 a 10 anos as condutas de "Devastar, saquear, extorquir, roubar, sequestrar, manter em cárcere privado, incendiar, depredar, provocar explosão, praticar atentado pessoal ou atos de terrorismo, por inconformismo político ou para obtenção de fundos destinados à manutenção de organizações políticas clandestinas ou subversivas".

O terrorismo foi definido pela Lei n. 13.260/2016 como a prática por um ou mais indivíduos dos atos previstos no seu art. 2º, § 1º, por razões de xenofobia, discriminação ou preconceito de raça, cor, etnia e religião, quando cometidos com a finalidade de provocar terror social ou generalizado, expondo a perigo pessoa, patrimônio, a paz pública ou a incolumidade pública.

A lei enumerou, no § 1º do art. 2º, o que entende por "atos de terrorismo", punindo sua prática com a pena de reclusão de 12 a 30 anos, além das sanções correspondentes à ameaça ou à violência, nos seguintes termos:

a) Usar ou ameaçar usar, transportar, guardar, portar ou trazer consigo explosivos, gases tóxicos, venenos, conteúdos biológicos, químicos, nucleares ou outros meios capazes de causar danos ou promover destruição em massa.

b) Sabotar o funcionamento ou apoderar-se, com violência, grave ameaça a pessoa ou servindo-se de mecanismos cibernéticos, do controle total ou parcial, ainda que de modo temporário, de meio de comunicação ou de transporte, de portos, aeroportos, estações ferroviárias ou rodoviárias, hospitais, casas de saúde, escolas, estádios esportivos, instalações públicas ou locais nos quais funcionem serviços públicos essenciais, instalações de geração ou transmissão de energia, instalações militares, instalações de exploração, refino e processamento de petróleo e gás e instituições bancárias e sua rede de atendimento.

c) Atentar contra a vida ou a integridade física de pessoa.

2. Terrorismo e manifestações sociais

A nova lei fez questão de diferenciar atos terroristas de manifestações sociais, até mesmo para atender ao anseio de congressistas e entidades populares que temiam a aplicação desse diploma aos movimentos insurgentes no País que busquem o direito ao livre exercício do protesto como forma democrática de oposição ao *status quo*.

Nesse sentido, o § 2º do art. 2º dispôs expressamente que não constituem atos de terrorismo a "conduta individual ou coletiva de pessoas em manifestações políticas, movimentos sociais, sindicais, religiosos, de classe ou de categoria profissional, direcionados por propósitos sociais ou reivindicatórios, visando a contestar, criticar, protestar ou apoiar, com o objetivo de defender direitos, garantias e liberdades constitucionais, sem prejuízo da tipificação penal contida em lei".

3. Crimes de terrorismo

Além das condutas caracterizadoras de atos de terrorismo previstas no § 1º do art. 2º, a Lei n. 13.260/2016, nos arts. 3º a 6º, trouxe outras condutas típicas, analisadas a seguir.

3.1. Organização terrorista

> Art. 3º Promover, constituir, integrar ou prestar auxílio, pessoalmente ou por interposta pessoa, a organização terrorista:

> Pena – reclusão, de cinco a oito anos, e multa.

O crime de organização terrorista vem previsto no art. 3º da lei, punindo as condutas de *promover*, *constituir*, *integrar* ou *prestar auxílio* a organização terrorista.

Organização terrorista, segundo a definição dada pelo art. 1º, § 2º, II, da Lei n. 12.850/2013, é aquela voltada para a prática dos atos terroristas legalmente definidos. Esses atos terroristas vêm enumerados no § 1º do art. 2º da Lei n. 13.260/2016, já mencionados no item 1.

A organização terrorista é uma espécie de organização criminosa e, de acordo com o disposto no art. 1º, § 1º, da Lei n. 12.850/2016, deve ser integrada por 4 ou mais pessoas.

O sujeito ativo pode praticar as condutas típicas pessoalmente ou por interposta pessoa.

A consumação ocorre com a prática de uma ou mais das condutas incriminadas. A tentativa é admissível.

3.2. Atos preparatórios de terrorismo

> Art. 5º Realizar atos preparatórios de terrorismo com o propósito inequívoco de consumar tal delito:
> Pena – a correspondente ao delito consumado, diminuída de um quarto até a metade.

Atos preparatórios são aqueles que se situam fora da esfera de cogitação do agente, embora ainda não se traduzam em início da execução do crime. Em regra, os atos preparatórios não são puníveis, a não ser que, por si sós, já configurem atos de execução de infrações penais autônomas. Como exemplos de atos preparatórios podemos citar, no homicídio, a compra da arma, a direção ao local do crime etc.; no furto, a obtenção dos petrechos necessários à subtração etc.

Atos de execução (ou executórios) são aqueles voltados diretamente à prática do crime, iniciando-se a reunião dos elementos integrantes da definição legal do crime.

Para distinguir *ato preparatório* de *ato de execução*, existem dois critérios básicos:

a) Critério *do ataque ao bem jurídico tutelado*, ou critério material, que se funda no perigo corrido pelo bem jurídico tutelado. Se o ato não representar esse perigo, não será ato de execução.

b) Critério *do início da realização do tipo, ou critério formal*, também chamado de formal-objetivo, o qual sustenta que o ato executivo deve dirigir-se à realização do tipo, ou seja, deve ser o início de sua realização, amoldando-se a conduta ao núcleo do tipo (verbo).

O Brasil adotou a *teoria objetiva*, exigindo o Código Penal o início do ato de execução (critério formal) para a ocorrência da tentativa. Em tese, portanto, o Brasil adotou o critério formal-objetivo.

Entretanto, é voz quase unânime na doutrina que o critério formal-objetivo precisa de complementação, em razão da existência de atos muito próximos do início da execução que precisariam ser tipificados. Por exemplo, o agente que é surpreendido no alto de uma escada encostada ao muro de uma casa, preparando-se para lá ingressar e praticar a subtração. Ou então o sujeito surpreendido no telhado de uma residência, afastando algumas telhas para lá ingressar e furtar. Ou ainda o sujeito que é surpreendido no interior do quintal de uma casa, preparando-se para furtar, sem ter, contudo, subtraído coisa alguma.

Para alguns, a solução seria adotar a complementação proposta por Reinhard Frank, incluindo na tentativa as ações que sejam necessariamente vinculadas à ação típica, sendo consideradas parte integrante dela, como nos exemplos acima citados. Para outros, a solução estaria na adoção da teoria individual-objetiva, de Hans Welzel, segundo a qual a tentativa engloba todos os atos imediatamente anteriores ao início da execução, de acordo com a intenção do agente.

O artigo ora em comento vem recebendo duras críticas por parte da doutrina pátria, justamente pelo fato de punir atos preparatórios de terrorismo. Entretanto, é bem de ver que a prática de atos preparatórios de terrorismo já constitui a consumação do crime do art. 5º, não havendo que se falar em ofensa à teoria objetiva, adotada pelo Brasil. A legislação brasileira não está isolada no mundo, sendo encontradas disposições semelhantes em legislações antiterror de diversos países da Europa (Espanha e França, por exemplo), além dos Estados Unidos da América, havendo real preocupação com a punição dos atos preparatórios a fim de evitar o início da execução dos atos de terrorismo, dadas as implicações gravíssimas desse tipo de crime.

Vale mencionar, por derradeiro, que o agente deve ter o *propósito inequívoco de consumar* o crime de terrorismo, elemento subjetivo que deverá ser analisado em cada caso concreto, à vista das circunstâncias e das peculiaridades do fato.

Por fim, para que haja a configuração do crime de atos preparatórios de terrorismo, deve ser observado o que se entende por terrorismo, de acordo com o disposto no art. 2º, *caput*, da lei e, fundamentalmente, deve estar presente a motivação dos atos, ou seja, por razões de xenofobia, discriminação ou preconceito de raça, cor, etnia e religião.

Nesse sentido:

"*HABEAS CORPUS*. ATO INFRACIONAL ANÁLOGO AO CRIME DE TERRORISMO. ART. 5º, C/C O ART. 2º, § 1º, I E V, DA LEI N. 13.260/2016. ELEMENTARES DO TIPO. MOTIVAÇÃO POR RAZÕES DE XENOFOBIA, DISCRIMINAÇÃO OU PRECONCEITO DE RAÇA, COR, ETNIA E RELIGIÃO NÃO CARACTERIZADA. TIPO PENAL DO ART. 5º SUBSIDIÁRIO EM RELAÇÃO AO ART. 2º DA LEI ANTITERRORISMO. 1. O tipo penal exerce uma imprescindível função de garantia. Decorrente do princípio da legalidade, a estrutura semântica da lei incriminadora deve ser rigorosamente observada e suas elementares devem encontrar adequação fática para que o comando secundário seja aplicado. 2. O uso da expressão 'por razões de' indica uma elementar relativa à motivação. A construção sociológica do ato de terrorismo conjuga motivação e finalidade qualificadas, compreensão essa englobada na tipificação penal brasileira. 3. O delito do art. 5º funciona como soldado de reserva em relação ao delito de terrorismo, art. 2º, ambos da Lei n. 13.260/2016. Trata-se de criminalização dos atos preparatórios do delito de terrorismo, expressão que remete ao dispositivo anterior, exigindo a interpretação sistemática. A tipificação da conduta descrita no art. 5º exige a motivação por razões de xenofobia, discriminação ou preconceito de raça, cor, etnia e religião, expostas no art. 2º da Lei Antiterrorismo" (STJ - HC 537118/RJ - Rel. Min. Sebastião Reis Júnior - 6ªT. - *DJe* 11-12-2019).

3.3. Auxílio e treinamento a terroristas

> § 1º Incorre nas mesmas penas o agente que, com o propósito de praticar atos de terrorismo:
>
> I – recrutar, organizar, transportar ou municiar indivíduos que viajem para país distinto daquele de sua residência ou nacionalidade; ou
>
> II – fornecer ou receber treinamento em país distinto daquele de sua residência ou nacionalidade.

§ 2º Nas hipóteses do § 1º, quando a conduta não envolver treinamento ou viagem para país distinto daquele de sua residência ou nacionalidade, a pena será a correspondente ao delito consumado, diminuída de metade a dois terços.

O § 1º do art. 5º prevê a figura do auxílio e treinamento a terroristas, punindo as condutas de *recrutar*, *organizar*, *transportar* ou *municiar* indivíduos que viajem para país distinto daquele de sua residência ou nacionalidade, e também as condutas de *fornecer* ou *receber* treinamento (terrorista) em país distinto daquele de sua residência ou nacionalidade.

O agente deve atuar com o *propósito de praticar atos de terrorismo*.

3.4. Financiamento do terrorismo

> Art. 6º Receber, prover, oferecer, obter, guardar, manter em depósito, solicitar, investir, de qualquer modo, direta ou indiretamente, recursos, ativos, bens, direitos, valores ou serviços de qualquer natureza, para o planejamento, a preparação ou a execução dos crimes previstos nesta Lei:
>
> Pena – reclusão, de quinze a trinta anos.
>
> Parágrafo único. Incorre na mesma pena quem oferecer ou receber, obtiver, guardar, mantiver em depósito, solicitar, investir ou de qualquer modo contribuir para a obtenção de ativo, bem ou recurso financeiro, com a finalidade de financiar, total ou parcialmente, pessoa, grupo de pessoas, associação, entidade, organização criminosa que tenha como atividade principal ou secundária, mesmo em caráter eventual, a prática dos crimes previstos nesta Lei.

O crime de financiamento ao terrorismo vem previsto no art. 6º da lei, punindo a conduta de quem *receber*, *prover*, *oferecer*, *obter*, *guardar*, *manter em depósito*, *solicitar*, *investir*, de qualquer modo, direta ou indiretamente, recursos, ativos, bens, direitos, valores ou serviços de qualquer natureza, para o planejamento, a preparação ou a execução dos crimes previstos na lei. Pune também quem *oferecer* ou *receber*, *obtiver*, *guardar*, *mantiver em depósito*, *solicitar*, *investir* ou de qualquer modo contribuir para a obtenção de ativo, bem ou recurso financeiro, com a finalidade de financiar, total ou parcialmente, pessoa, grupo de pessoas, associação, entidade, organização criminosa que tenha como atividade principal ou secundária, mesmo em caráter eventual, a prática dos crimes previstos na Lei Antiterror.

O Brasil é signatário da Convenção Internacional para a Supressão do Financiamento do Terrorismo, promulgada pelo Decreto n. 5.640/2005, sendo certo que o Conselho de Controle de Atividades Financeiras (COAF) coordena a participação brasileira em diversas organizações multigovernamentais de prevenção e combate ao financiamento do terrorismo.

Nesse sentido, "o Conselho de Controle de Atividades Financeiras (Coaf) coordena a participação brasileira em diversas organizações multigovernamentais de prevenção e combate ao financiamento do terrorismo. Assim, o Conselho busca internalizar as discussões e orientações de como implantar as recomendações dos organismos internacionais, com o objetivo de se adequar às melhores práticas adotadas para combater de forma efetiva os delitos financeiros. Além disso, cabe ao Coaf disciplinar, aplicar penas administrativas, receber, examinar e identificar as ocorrências suspeitas de atividades ilícitas, além de comunicar às autoridades competentes para a instauração dos procedimentos cabíveis quando o Conselho concluir pela existência ou fundados indícios de crimes de lavagem de dinheiro e financiamento do terrorismo. Diante disso, o Coaf publicou a Resolução n. 31, de 7 de junho de 2019, que estabelece procedimentos a serem observados pelas pessoas físicas e jurídicas reguladas pelo Coaf sobre operações ou propostas de operações ligadas ao terrorismo ou seu financiamento" (disponível em: https://www.gov.br/coaf/pt-br/assuntos/o-sistema-de-prevencao-a-lavagem-de-dinheiro/o-que-e-o-crime-de-lavagem-de-dinheiro-ld. Acesso em: 26 ago. 2024).

Vale ressaltar que o COAF mantém a sua denominação originária, não obstante, por breve período, tenha sido renomeado para Unidade de Inteligência Financeira. Vale conferir a Lei n. 13.974/2020, que estabelece a competência e a estrutura organizacional do COAF, entre outras providências.

Merece destacar, também, o teor da Lei n. 13.810/2019, que dispõe sobre o cumprimento de sanções impostas por resoluções do Conselho de Segurança das Nações Unidas, incluída a indisponibilidade de ativos de pessoas naturais e jurídicas e de entidades, e a designação nacional de pessoas investigadas ou acusadas de terrorismo, de seu financiamento ou de atos a ele correlacionados.

3.5. Causas de aumento de pena

O art. 7º da lei dispõe que, se da prática de qualquer crime previsto na Lei Antiterror resultar lesão corporal de natureza grave, a pena será aumentada de 1/3, e, se resultar morte, a pena será aumentada da metade. Referidas majorantes não se aplicam quando a lesão grave ou a morte forem elementares do crime.

3.6. Desistência voluntária e arrependimento eficaz

De acordo com o disposto no art. 10 da lei, mesmo antes de iniciada a execução do crime de terrorismo, na hipótese do art. 5º, aplicam-se as disposições relativas à desistência voluntária e ao arrependimento eficaz previstas no art. 15 do Código Penal. Nesse caso, o agente somente responderá pelos atos praticados e não por crime de atos preparatórios de terrorismo ou de auxílio e treinamento a terroristas.

4. Disposições processuais

Para todos os efeitos legais, considera-se que os crimes previstos na Lei Antiterror são praticados contra o interesse da União, cabendo à Polícia Federal a investigação criminal, em sede de inquérito policial, e à Justiça Federal o seu processamento e julgamento, nos termos do inciso IV do art. 109 da Constituição Federal.

Além disso, de acordo com o disposto no art. 12 da Lei n. 13.260/2016, o juiz, de ofício, a requerimento do Ministério Público ou mediante representação do delegado de polícia, ouvido o Ministério Público em 24 horas, havendo indícios suficientes de crime previsto na Lei Antiterror, poderá decretar, no curso da investigação ou da ação penal, medidas assecuratórias de bens, direitos ou valores do investigado ou acusado, ou existentes em nome de interpostas pessoas, que sejam instrumento, produto ou proveito dos crimes nela previstos.

A lei também autoriza a alienação antecipada para preservação do valor dos bens sempre que estiverem sujeitos a qualquer grau de deterioração ou depreciação, ou quando houver dificuldade para sua manutenção (§ 1º).

Outrossim, o juiz determinará a liberação, total ou parcial, dos bens, direitos e valores quando comprovada a licitude de sua origem e destinação, mantendo-se a constrição dos bens, direitos e valores necessários e suficientes à reparação dos danos e ao pagamento de prestações pecuniárias, multas e custas decorrentes da infração penal (§ 2º).

Nenhum pedido de liberação será conhecido sem o comparecimento pessoal do acusado ou de interposta pessoa (§ 3º).

No § 4º do art. 12, a lei autoriza a decretação de medidas assecuratórias sobre bens, direitos ou valores para reparação do dano decorrente da infração penal antecedente ou da infração penal nela prevista ou para pagamento de prestação pecuniária, multa e custas.

Quando as circunstâncias o aconselharem, dispõe o art. 13, o juiz, ouvido o Ministério Público, nomeará pessoa física ou jurídica qualificada para a administração dos bens, direitos ou valores sujeitos a medidas assecuratórias, mediante termo de compromisso.

No que tange à extraterritorialidade, o juiz determinará, na hipótese de existência de tratado ou convenção internacional e por solicitação de autoridade estrangeira competente, medidas assecuratórias sobre bens, direitos ou valores oriundos de crimes descritos na Lei Antiterror praticados no estrangeiro (art. 15). Essas medidas assecuratórias podem ser determinadas independentemente de tratado ou convenção internacional, quando houver reciprocidade do governo do país da autoridade solicitante (§ 1º).

Na falta de tratado ou convenção, estabelece o § 2º do art. 15, os bens, direitos ou valores sujeitos a medidas assecuratórias por solicitação de autoridade estrangeira competente ou os recursos provenientes de sua alienação serão repartidos entre o Estado requerente e o Brasil, na proporção de metade, ressalvado o direito do lesado ou de terceiro de boa-fé.

Por derradeiro, a Lei Antiterror prevê, no art. 16, a aplicação das disposições da Lei n. 12.850/2013 (organizações criminosas) para a investigação, processo e julgamento dos crimes nela previstos, incluindo, no art. 18, os crimes de terrorismo no rol daqueles sujeitos a prisão temporária (Lei n. 7.960/89).

50 Tráfico de Pessoas
Lei n. 13.344/2016

1. Introdução

O comércio de pessoas constitui uma das atividades mais aberrantes e hediondas da atualidade, traduzindo uma face ainda pouco conhecida do crime organizado. Efetivamente, fenômenos modernos como a globalização econômica, os progressos da ciência, da medicina e da tecnologia, além de outros admiráveis frutos da inteligência humana, não conseguiram, até o presente momento, extirpar de nossa sociedade o cancro da escravidão e da mercancia de seres humanos.

É neste cenário deplorável que o Brasil, ao lado de diversos países da Ásia, América do Sul, África e Europa, tem no tráfico de seres humanos o maior exemplo de violação dos direitos humanos básicos, sendo a escravidão contemporânea, sem dúvida, um de seus aspectos mais preocupantes, uma vez que se caracteriza pela clandestinidade, autoritarismo, corrupção, segregação social e racismo.

O tráfico de pessoas pode acontecer dentro de um mesmo país, entre países fronteiriços e até entre continentes. Historicamente, o tráfico internacional acontecia a partir do Hemisfério Norte em direção ao Sul, dos países mais ricos para os menos desenvolvidos. Atualmente, no entanto, acontece em todas as direções: do Sul para o Norte, do Norte para o Sul, do Leste para o Oeste e do Oeste para o Leste. Com o processo cada vez mais acelerado da globalização, um mesmo país pode ser o ponto de partida, de chegada ou servir de ligação entre outras nações no tráfico de pessoas.

O grande desafio deste século, sem dúvida, é a eliminação do trabalho escravo, como vertente econômica do tráfico de seres humanos, condição básica para a sobrevivência do Estado Democrático de Direito.

Nesse sentido, as Nações Unidas (*Office on Drugs and Crime – Global Programme Against Trafficking in Human Beings*) ressaltam: "Human trafficking takes many different forms. It is dynamic and adaptable and, like many other forms of criminal activity, it is constantly changing in order to defeat efforts by law enforcement to prevent it. The responses to the problems are also rapidly evolving, in particular since an internationally agreed upon definition was adopted by the United Nations in November 2000. We learn daily about new ways of preventing, investigating and controlling the crime of trafficking and about more effective ways of protecting and assisting the victims of this crime. International cooperation, which is so crucial to the success of most interventions against human trafficking, is gaining a new momentum and new cooperation mechanisms are being developed".

No âmbito internacional, em 2005, com a publicação do relatório "Uma Aliança Global Contra o Trabalho Forçado", a Organização Internacional do Trabalho (OIT) estimou que aproximadamente 2,4 milhões de pessoas foram traficadas em todo o mundo, 43% das quais destinadas à exploração sexual e 32% destinadas a outros tipos de exploração econômica. No Brasil, já foram mapeadas mais de

240 rotas de tráfico interno e internacional de crianças, adolescentes e mulheres provenientes de todos os Estados, sem distinção.

De acordo com esse relatório, segundo ressalta o Manual sobre Tráfico de Pessoas para fins de Exploração Sexual (produzido pela Subsecretaria de Direitos Humanos da Secretaria-Geral da Presidência da República e pela Secretaria Especial de Políticas para Mulheres, em parceria com o Ministério da Justiça – por meio da Secretaria Nacional de Justiça, da Secretaria Nacional de Segurança Pública, do Departamento de Polícia Federal e da Academia Nacional de Polícia –, com o Ministério Público Federal – por meio da Procuradoria Federal dos Direitos do Cidadão – e com a Organização Internacional do Trabalho e o Escritório das Nações Unidas sobre Drogas e Crime), o lucro total anual gerado pelo tráfico de seres humanos chega a 31,6 bilhões de dólares. Os países industrializados respondem por metade dessa soma (15,5 bilhões de dólares), ficando o restante com Ásia (9,7 bilhões de dólares), países do Leste Europeu (3,4 bilhões de dólares), Oriente Médio (1,5 bilhão de dólares), América Latina (1,3 bilhão de dólares) e África subsaariana (159 milhões de dólares). Estima-se que o lucro das redes criminosas com o trabalho de cada ser humano transportado ilegalmente de um país para outro chegue a 13 mil dólares por ano, podendo chegar a 30 mil dólares no tráfico internacional, segundo estimativas do Escritório das Nações Unidas sobre Drogas e Crime (UNODC). O tráfico aumentou drasticamente na Europa desde a queda do Muro de Berlim, em 1989. Segundo estimativas do Instituto Europeu para o Controle e Prevenção do Crime, cerca de 500 mil pessoas são levadas por traficantes para aquele continente todos os anos. Os principais países de destino estão localizados na Europa Ocidental: Espanha, Bélgica, Alemanha, Holanda, Itália, Reino Unido, Portugal, Suíça, Suécia, Noruega e Dinamarca. A maioria das mulheres traficadas vem de regiões do Leste Europeu (Rússia, Ucrânia, Albânia, Kosovo, República Tcheca e Polônia), mas também do Sudeste Asiático (Filipinas e Tailândia), África (Gana, Nigéria e Marrocos) e América Latina, especialmente Brasil, Colômbia, Equador e República Dominicana.

O tráfico de pessoas é uma atividade de baixo risco e alta lucratividade. As mulheres traficadas podem entrar nos países com visto de turista, e as atividades ilícitas são facilmente camufladas de atividades legais (modelos, babás, garçonetes, dançarinas) ou, ainda, articuladas pela atuação de agências de casamentos. Onde existem, as leis são raramente usadas e as penas aplicadas não são proporcionais aos crimes. Traficantes de drogas recebem, em regra, penas mais altas do que as impostas para aqueles que comercializam seres humanos.

Da "Convenção das Nações Unidas contra o Crime Organizado Transnacional", denominada "Convenção de Palermo", resultou o texto do Protocolo Adicional à Convenção das Nações Unidas contra o Crime Organizado Transnacional Relativo à Prevenção, Repressão e Punição do Tráfico de Pessoas, em Especial Mulheres e Crianças, ratificado pelo Brasil em 29 de janeiro de 2004, que passou a integrar a legislação brasileira pela promulgação do Decreto n. 5.017/2004.

O art. 3º, *a*, do Protocolo de Palermo define o tráfico de pessoas como "(...) o recrutamento, o transporte, a transferência, o alojamento ou o acolhimento de pessoas, recorrendo à ameaça ou uso da força ou a outras formas de coação; ao rapto, à fraude, ao engano, ao abuso de autoridade ou à situação de vulnerabilidade ou à entrega ou aceitação de pagamentos ou benefícios para obter o consentimento de uma pessoa que tenha autoridade sobre outra para fins de exploração. A exploração incluirá, no mínimo, a exploração da prostituição de outrem ou outras formas de exploração sexual, o trabalho ou serviços forçados, escravatura ou práticas similares à escravatura, a servidão ou a remoção de órgãos".

Com relação à punição ao tráfico de pessoas, o art. 5º, § 1º, do protocolo estabelece que deverá ser operada a partir de critérios estabelecidos por cada país signatário: "cada Estado Parte adotará as medidas legislativas e outras que considere necessárias, de forma a estabelecer como infrações penais os atos descritos no Artigo 3º do presente Protocolo (...)".

No Brasil, uma das demonstrações mais efetivas da vontade política de erradicação de todas as formas de escravidão contemporânea foi o lançamento do Plano Nacional para a Erradicação do Trabalho Escravo, em 2002, que apresentou medidas a serem cumpridas pelos diversos órgãos dos Poderes Executivo, Legislativo e Judiciário, Ministério Público e entidades da sociedade civil brasileira.

Em 2007, o Escritório das Nações Unidas sobre Drogas e Crime (UNODC) realizou em Brasília o Seminário Nacional de Enfrentamento ao Tráfico de Pessoas, justamente com a finalidade de discutir políticas e formas de implementação do Plano Nacional de Enfrentamento ao Tráfico de Pessoas (PNETP), em observância à determinação contida no Decreto Presidencial n. 5.948, de 26 de outubro de 2006.

Como bem observado nesse seminário, o Brasil já criminaliza, ainda que de maneira singela, algumas condutas relacionadas ao tráfico interno e internacional de pessoas, embora dando a esse fenômeno, como se depreende da redação dos arts. 231 e 231-A do Código Penal, tratamento eminentemente relacionado à exploração sexual.

No dia 8 de janeiro de 2008, o Plano Nacional de Enfrentamento ao Tráfico de Pessoas foi aprovado pelo Decreto n. 6.347, ficando estabelecidas prioridades atinentes às ações de enfrentamento ao tráfico de pessoas e crimes correlatos, dentre as quais o aperfeiçoamento da legislação brasileira quanto à matéria, discriminada na prioridade n. 6 do anexo do referido decreto.

2. Breve histórico do tráfico de seres humanos

Desde as mais remotas épocas da humanidade, cedeu o homem aos influxos atávicos de dominação, procurando submeter ao seu mando e desejo os outros animais e seres humanos, principalmente aqueles mais vulneráveis e com capacidade de resistência diminuída. Sim, porque as guerras e conquistas ao longo da história da humanidade nada mais foram que frutos da resistência de um povo ao domínio de outro, negando-se ao jugo nefasto da escravidão, seja ela corporal, econômica ou cultural.

O tráfico de pessoas tem sua origem na Antiguidade, quando, em razão de frequentes guerras e disputas territoriais, os povos vencidos eram apropriados pelos povos vencedores, que os transformavam em escravos. Os escravos, entretanto, deveriam ser alimentados e tratados, onerando os recursos dos povos vencedores, que, muitas vezes, não tinham interesse na mão de obra. Os escravos, então, eram comercializados, surgindo daí a mercancia da mão de obra excedente.

2.1. A escravidão em Roma

Na disciplina da lei romana, os homens se dividiam em livres e escravos. Escravo era aquele a quem a norma positiva da época privava de liberdade. Seu destino, por imposição legal, não era outro que não servir ao homem livre, definindo seu *status pessoal*.

A definição de escravidão, em Roma, não se resumia à condição do homem que era propriedade de outro, já que existiam escravos com dono e escravos sem dono (*servi sine domino*). Todos os escravos se destinavam a servir de modo permanente, apenas cessando seu *status* quando se lhes fosse dada uma declaração de liberdade.

A instituição da escravidão – não privativa dos romanos, mas comum aos povos antigos – teve nos primeiros tempos de Roma um caráter distinto daquele que se apresentava em outras épocas históricas.

Nas origens de Roma, faltavam escravos dentro da família plebeia, que se bastava no cultivo de suas terras, empregando seus próprios membros nos afazeres domésticos e agrícolas. Os poucos escravos que havia não se distinguiam muito dos membros da família, todos eles submetidos à *manus* do *pater*.

Foi somente nos últimos anos da República e nos primeiros do Império que a escravidão alcançou seu auge em Roma, por meio das muitas conquistas e da grande quantidade de prisioneiros delas derivada. O escravo passou a ser considerado *res*, aplicando-se à escravidão as normas do direito das coisas. Mas não se negava ao escravo a personalidade natural. No regime das XII Tábuas, as lesões praticadas em face dos escravos eram consideradas corporais e não dano causado a coisas. Apenas na quantidade da pena é que se distinguiam as lesões corporais praticadas contra o escravo e contra o homem livre. Mais tarde, ao cabo de séculos, *a lex Aquilia de damno dato* veio a contemplar as lesões aos escravos como dano a coisas, equiparando os escravos aos animais.

Já nos tempos da república romana, entretanto, existia uma corrente humanitária que pregava uma melhora na situação dos escravos, fomentando as declarações de liberdade (*favor libertatis*). Na época imperial, quando a *humanitas* penetrou com firmeza na sociedade romana, no calor da doutrina estoica e sob os influxos da doutrina cristã, foi que se começou a reconhecer o direito do escravo à vida, à integridade corporal e moral.

Sob a *lex Petronia* se proibiu ao *dominus* condenar o escravo ad *bestias depugnandas*. Cláudio declarou a liberdade do escravo abandonado por seu dono, *ob gravem infirmitatem*. Antonio Pio dispôs que, se alguém matasse o próprio escravo, teria o mesmo tratamento que se matasse um escravo alheio. Constantino chegou a classificar como *homicidium* a morte intencional de um escravo. A acusação caluniosa contra um escravo era considerada crime – *crimen calumniae*. Nesse caso, o *dominus* poderia exercer a *actio iniuriarum* pelas ofensas à honra do escravo.

Justiniano, sob a influência dos princípios cristãos, considerou iguais todos os homens, proclamando a si mesmo *fautor libertatis*. Por meio de várias disposições, enfraqueceu certas antigas causas de escravidão, introduzindo novas formas de libertação, seja mediante manumissão (*manumisssio vindicta, manumissio censu, manumissio testamento*), seja sem ela, proibindo que o escravo fosse objeto de qualquer forma de crueldade.

Merece destaque, entretanto, a precisa lição de Ricardo D. Rabinovich-Berkman (*Derecho romano*, Buenos Aires: Astrea, 2001, p. 264) no sentido de que os romanos não empregavam a expressão "escravo". Esta foi cunhada na Alta Idade Média, a partir dos carregamentos de cativos das etnias eslavas que eram vendidos nos mercados do Mediterrâneo. Em latim, ressalta o festejado mestre, usavam-se principalmente as palavras "servo" e "servidão", tendo a tradição vertido a palavra *servus* para "escravo", talvez para diferenciá-lo do "servo de gleba" medieval e das servidões reais.

2.2. A evolução da escravidão

Sendo a escravidão um fenômeno comum na Antiguidade e na Idade Média, o tráfico de seres humanos somente veio a ganhar maior relevância econômica com o advento do que se denominou "escravatura". Com a intensificação das grandes navegações, intensificou-se o tráfico negreiro e, por conseguinte, multiplicou-se o volume de pessoas traficadas.

Os europeus (principalmente portugueses e espanhóis), com a descoberta de novas terras, passaram a utilizar-se, prioritariamente, da mão de obra negra-escrava, advinda do continente africano, para poder desbravar, explorar e possibilitar o povoamento das terras descobertas, agora colônias vinculadas a suas metrópoles.

A inexistência de legislação vedando o tráfico de pessoas fez aumentar o volume de negócios e a lucratividade dos povos dominadores, que cresceram e evoluíram à custa da privação da liberdade dos semelhantes.

3. O tráfico de seres humanos como expressão do crime organizado transnacional

O crime organizado é tão antigo quanto a própria humanidade. Desde os tempos mais remotos, os homens perceberam que atividades levadas a cabo por meio da união com seus semelhantes eram mais exitosas que as praticadas individualmente. O crime, então, como fenômeno social derivado da natureza humana, foi sendo potencializado por meio da união de malfeitores com propósito comum, que passaram a atuar de maneira mais ou menos concertada visando um objetivo econômico ou moral. Surgiram os bandos de criminosos, responsáveis por saques e mortes de inocentes e até mesmo pelo extermínio de facções rivais.

Conceituar crime organizado, entretanto, não é tarefa simples, na medida em que vários elementos devem ser considerados nessa noção, ainda mais tendo em conta que toda atividade humana evolui. Uma conceituação que se vincule a aspectos existentes na oportunidade em que foi elaborada tende a se desatualizar com o tempo, demandando novos esforços de atualização, tão trabalhosos e difíceis como os primeiros.

Partindo da perspectiva da política criminal para a fixação dos critérios de determinação do crime organizado, o Professor Guillermo J. Yacobucci (*El crimen organizado – desafíos y perspectivas en el marco de la globalización*, Buenos Aires: Editorial Ábaco de Rodolfo Depalma, 2005, p. 55) esclarece: "Un estudio comparativo de los sistemas penales permite discernir lo que es considerado de manera más o menos precisa el núcleo de la ilicitud que caracterizaría desde una perspectiva político-criminal al crimen organizado. En ese campo, una primera conclusión es que lo determinante a la hora de ponderar los comportamientos u omisiones como constitutivos de delincuencia organizada es la mayor capacidad de amenaza a la tranquilidad pública que supone una estructura tendiente, básicamente, a delinquir. De esa forma, lo que se presenta como núcleo de interés político es la organización criminal en sí misma, entendida como entidad que amenaza las regulaciones del Estado, incluso antes de concretar algún hecho ilícito. Por eso se suele distinguir entre la conducta asociativa misma y los delitos fines que se propone realizar orgánicamente.

Esta asociación delictiva, sin embargo, debe representar un mayor grado de agresión o peligro que la simple sumatoria de personas. Por eso se habla de organización o criminalidad organizada. La estructuración de los participantes es un punto relevante en la cuestión en tanto suponen medios y personas orientados a delinquir en ámbitos sensibles de la convivencia. Desde ese punto de vista, importa el nivel de amenaza que representa para el orden público en general, para las instituciones políticas del Estado pero también, y en especial, para el sistema socioeconómico y el respeto por las reglas de juego que regulan los intercambios sociales".

Dentro da política criminal, a resposta penal ocupa um lugar fundamental, pois exige definir qual desses conflitos possui as características que permitem defini-lo como um injusto penal e consequentemente justificam a aplicação de consequências de igual natureza.

A política criminal, em sua fase penal, tem entre suas funções a de selecionar os conteúdos que traduzem o componente material do conceito de delito e, por sua vez, a opção, segundo critérios de proporcionalidade, dos tipos de consequências a aplicar. A tarefa de seleção gera então um rol fundamental, pois tem por objeto os dois polos da relação propriamente penal – delito e sanção.

Assim é que a identificação dos princípios mercê dos quais se produz a seleção está no início da legitimação da decisão política, tanto na instância legislativa como na de ordem jurisdicional ou aplicativa. E mais: pode-se dizer em nosso tempo que o processo mesmo de formação dos critérios de seleção oferece um ponto de interesse científico-penal, mas também sociológico e ético. Trata-se do problema constante da validade e vigência dos critérios que formam a decisão jurídica.

Esse problema faz parte da análise da racionalidade da lei penal, que envolve, como demonstra em seu estudo Diez Ripolles (*La racionalidad de las leyes penales*, Madrid: Trotta, 2003, p. 18, 23 e 34), diferentes etapas (pré-legislativa, legislativa e pós-legislativa), nas quais os vetores de atração são múltiplos, considerados social e politicamente. O professor espanhol identifica em seu ensaio os fundamentos que conferem importância particular à fase pré-legislativa, pois é lá que cobram significação os denominados "agentes sociais" – nem sempre institucionalizados –, os meios de comunicação, a burocracia e os grupos de pressão. Na interação de todos eles, que dão forma à denominada "opinião pública", aparece o primeiro parâmetro da decisão política criminal. Este resulta constituído pela identificação e diferenciação de uma disfunção social que passa a formar parte da agenda de debate midiático, político e, depois, legislativo.

A conclusão evidente dessa busca de significado é que o Direito Penal não esgota o conteúdo próprio da política criminal, ainda que esta se valha dele como instrumento mais incisivo do poder estatal em face de determinados comportamentos contrários à ordem legal. Isso demonstra que reduzir a política criminal somente à produção de leis penais, assim entendidas aquelas que determinam tipos de comportamentos merecedores de sanção, é restringir o campo de análise política própria ao uso de instrumentos punitivos em detrimento de outras opções.

Se assim é, a dialética extrema entre uma racionalidade instrumental – marcada pela eficácia – e outra de ordem material – marcada pelos princípios prático-morais da legalidade – deve ser superada por quem tem a seu cargo o desenho das respostas sobre os fenômenos de natureza criminal e os que hão de concretizar a criação e aplicação dos instrumentos normativos.

Nesse sentido, a política criminal aponta como integrante do conceito de crime organizado a atividade grupal, mais ou menos estável, ordenada para a prática de delitos considerados graves. O Conselho da União Europeia, em 1998, descreveu a organização criminosa como uma associação estruturada de mais de duas pessoas, com estabilidade temporal, que atua de maneira concertada com a finalidade de cometer delitos que contemplem uma pena privativa de liberdade pessoal ou medida de segurança de igual característica, não inferior a quatro anos, ou com pena mais grave, para delitos que tenham como finalidade em si mesma ou sejam meio de obter um benefício material, ou para influir indevidamente na atividade da autoridade pública.

A Convenção das Nações Unidas contra o Crime Organizado Transnacional, de 15 de dezembro de 2000, com sede em Palermo, definiu, no seu art. 2º, organização criminosa como "grupo estruturado de três ou mais pessoas, existente há algum tempo e atuando concertadamente com o fim de cometer infrações graves, com a intenção de obter benefício econômico ou moral". Essa Convenção foi ratificada no Brasil pelo Decreto Legislativo n. 231/2003, integrando o ordenamento jurídico nacional com a promulgação do Decreto n. 5.015, de 12 de março de 2004.

Assim, para a existência de uma organização criminosa, são necessários os seguintes elementos:

a) atuação conjunta de, no mínimo, três pessoas;

b) estrutura organizacional;

c) estabilidade temporal;

d) atuação concertada;

e) finalidade de cometer infrações graves;

f) intenção de obter benefício econômico ou moral.

Nesse sentido, detecta-se uma atuação muito diversificada do crime organizado transnacional, devendo ser destacadas as três principais modalidades criminosas, levando em conta a lucratividade que proporcionam: o tráfico de drogas, o tráfico de armas e o tráfico de seres humanos.

4. A Política Nacional de Enfrentamento ao Tráfico de Pessoas

Aprovada pelo Decreto n. 5.948, de 26 de outubro de 2006, a Política Nacional de Enfrentamento ao Tráfico de Pessoas tem por finalidade estabelecer princípios, diretrizes e ações de prevenção e repressão ao tráfico de pessoas e de atenção às vítimas, conforme as normas e instrumentos nacionais e internacionais de direitos humanos e a legislação pátria.

Para os efeitos dessa Política, foi adotada a expressão "tráfico de pessoas", conforme o Protocolo Adicional à Convenção das Nações Unidas contra o Crime Organizado Transnacional Relativo à Prevenção, Repressão e Punição do Tráfico de Pessoas, em especial Mulheres e Crianças, que a define como o recrutamento, o transporte, a transferência, o alojamento ou o acolhimento de pessoas, recorrendo à ameaça ou uso da força ou a outras formas de coação, ao rapto, à fraude, ao engano, ao abuso de autoridade ou à situação de vulnerabilidade ou à entrega ou aceitação de pagamentos ou benefícios para obter o consentimento de uma pessoa que tenha autoridade sobre outra para fins de exploração. A exploração inclui a exploração da prostituição de outrem ou outras formas de exploração sexual, o trabalho ou serviços forçados, a escravatura ou práticas similares à escravatura, a servidão ou a remoção de órgãos.

São princípios norteadores da Política Nacional de Enfrentamento ao Tráfico de Pessoas, além da proteção integral à criança e adolescente: I – respeito à dignidade da pessoa humana; II – não discriminação por motivo de gênero, orientação sexual, origem étnica ou social, procedência, nacionalidade, atuação profissional, raça, religião, faixa etária, situação migratória ou outro *status*; III – proteção e assistência integral às vítimas diretas e indiretas, independentemente de nacionalidade e de colaboração em processos judiciais; IV – promoção e garantia da cidadania e dos direitos humanos; V – respeito a tratados e convenções internacionais de direitos humanos; VI – universalidade, indivisibilidade e interdependência dos direitos humanos; e VII – transversalidade das dimensões de gênero, orientação sexual, origem étnica ou social, procedência, raça e faixa etária nas políticas públicas.

Como diretrizes gerais dessa Política, temos: I – fortalecimento do pacto federativo, por meio da atuação conjunta e articulada de todas as esferas de governo na prevenção e repressão ao tráfico de pessoas, bem como no atendimento e reinserção social das vítimas; II – fomento à cooperação internacional bilateral ou multilateral; III – articulação com organizações não governamentais, nacionais e internacionais; IV – estruturação de rede de enfrentamento ao tráfico de pessoas, envolvendo todas as esferas de governo e organizações da sociedade civil; V – fortalecimento da atuação nas regiões de fronteira, em portos, aeroportos, rodovias, estações rodoviárias e ferroviárias, e demais áreas de incidência; VII – verificação da condição de vítima e respectiva proteção e atendimento, no exterior e em território nacional, bem como sua reinserção social; VIII – incentivo e realização de pesquisas, considerando as diversidades regionais, organização e compartilhamento de dados; IX – incentivo à formação e à capacitação de profissionais para a prevenção e repressão ao tráfico de pessoas, bem como para a verificação da condição de vítima e para o atendimento e reinserção social das vítimas; X – harmonização das legislações e procedimentos administrativos nas esferas federal, estadual e municipal relativas ao tema; XI – incentivo à participação da sociedade civil em instâncias de controle social das políticas públicas na área de enfrentamento ao tráfico de pessoas; XII – incentivo à participação dos órgãos de classe e conselhos profissionais na discussão sobre tráfico de pessoas; e XIII – garantia de acesso amplo e adequado a informações em diferentes mídias e estabelecimento de canais de diálogo, entre o Estado, sociedade e meios de comunicação, referentes ao enfrentamento ao tráfico de pessoas.

Mas o enfrentamento apresenta também diretrizes específicas de prevenção ao tráfico de pessoas, que são: I – implementação de medidas preventivas nas políticas públicas, de maneira integrada e intersetorial, nas áreas de saúde, educação, trabalho, segurança, justiça, turismo, assistência social, desenvolvimento rural, esportes, comunicação, cultura, direitos humanos, dentre outras; II – apoio e realização de campanhas socioeducativas e de conscientização nos âmbitos internacional, nacional, regional e local, considerando as diferentes realidades e linguagens; III – monitoramento e avaliação de campanhas com a participação da sociedade civil; IV – apoio à mobilização social e fortalecimento da sociedade civil; e V – fortalecimento dos projetos já existentes e fomento à criação de novos projetos de prevenção ao tráfico de pessoas.

Com relação à responsabilização dos autores do tráfico de pessoas, são diretrizes específicas: I – cooperação entre órgãos policiais nacionais e internacionais; II – cooperação jurídica internacional; III – sigilo dos procedimentos judiciais e administrativos, nos termos da lei; e IV – integração com políticas e ações de repressão e responsabilização dos autores de crimes correlatos.

As vítimas também foram alvo de atenção da Política, sendo fixadas em relação a elas as seguintes diretrizes: I – proteção e assistência jurídica, social e de saúde às vítimas diretas e indiretas de tráfico de pessoas; II – assistência consular às vítimas diretas e indiretas de tráfico de pessoas, independentemente de sua situação migratória e ocupação; III – acolhimento e abrigo provisório das vítimas de tráfico de pessoas; IV – reinserção social com a garantia de acesso à educação, cultura, formação profissional e ao trabalho às vítimas de tráfico de pessoas; V – reinserção familiar e comunitária de crianças e adolescentes vítimas de tráfico de pessoas; VI – atenção às necessidades específicas das vítimas, com especial atenção a questões de gênero, orientação sexual, origem étnica ou social, procedência, nacionalidade, raça, religião, faixa etária, situação migratória, atuação profissional ou outro *status*; VII – proteção da intimidade e da identidade das vítimas de tráfico de pessoas; e VIII – levantamento, mapeamento, atualização e divulgação de informações sobre instituições governamentais e não governamentais situadas no Brasil e no exterior que prestam assistência a vítimas de tráfico de pessoas.

Outrossim, para a implementação da Política Nacional de Enfrentamento ao Tráfico de Pessoas, fixou o decreto o desenvolvimento, pelos órgãos e entidades públicas, no âmbito de suas respectivas competências e condições, de ações na área da Justiça e da Segurança Pública, na área das relações exteriores, na área da educação, na área da saúde, na área da assistência social, na área da promoção da igualdade racial, na área do trabalho e emprego, na área do desenvolvimento agrário, na área dos direitos humanos, na área da proteção e promoção dos direitos da mulher, na área do turismo e na área da cultura.

Já o Decreto n. 9.833, de 12 de junho de 2019, regulamenta o funcionamento do Comitê Nacional de Enfrentamento ao Tráfico de Pessoas (Conatrap), vinculado ao Ministério da Justiça e Segurança Pública. Entre as principais competências do comitê estão a proposição de estratégias para implementar a Política Nacional de Enfrentamento ao Tráfico de Pessoas (PNETP), bem como a realização de estudos, pesquisas e campanhas educativas. O Conatrap também fomenta a criação e o fortalecimento de redes de combate ao tráfico de pessoas, como núcleos e postos de atendimento humanizado, além de articular com conselhos nacionais e apoiar comitês estaduais, distritais e municipais na definição de diretrizes e execução de ações.

A composição do Conatrap inclui o Secretário Nacional de Justiça, que preside o comitê, representantes de três ministérios (Relações Exteriores, Cidadania e Mulher, Família e Direitos Humanos) e três representantes de organizações da sociedade civil ou conselhos de políticas públicas, selecionados por processo público para mandatos de dois anos, prorrogáveis por igual período. Especialistas e representantes de outras entidades podem ser convidados a participar das reuniões, mas sem direito a voto.

O Conatrap reúne-se ordinariamente a cada semestre e, de forma extraordinária, sempre que convocado. As reuniões ordinárias são realizadas presencialmente, enquanto as extraordinárias podem contar com videoconferência para membros fora do Distrito Federal. As discussões internas são sigilosas, salvo autorização prévia da presidência, e as deliberações são registradas em ata e publicadas no site do Ministério da Justiça e Segurança Pública. O comitê deve aprovar um regimento interno por maioria absoluta, que será submetido ao Ministro da Justiça para validação e publicação. A participação no Conatrap é considerada prestação de serviço público relevante e não é remunerada. Além disso, a Secretaria-Executiva do comitê é exercida pelo Ministério da Justiça e Segurança Pública.

5. A legislação brasileira

A Lei n. 13.344, de 6 de outubro de 2016, dispõe sobre o tráfico de pessoas cometido no território nacional contra vítima brasileira ou estrangeira e no exterior contra vítima brasileira, estabelecendo que o enfrentamento ao tráfico de pessoas compreende a prevenção e a repressão desse delito, bem como a atenção às suas vítimas.

Verifica-se, portanto, que a nova Lei do Tráfico de Pessoas vem estruturada a partir de três eixos fundamentais: a prevenção, a repressão e a assistência à vítima.

Em seu art. 2º, a lei estabelece os princípios norteadores do enfrentamento ao tráfico de pessoas. São eles:

> I – respeito à dignidade da pessoa humana;
>
> II – promoção e garantia da cidadania e dos direitos humanos;
>
> III – universalidade, indivisibilidade e interdependência;
>
> IV – não discriminação por motivo de gênero, orientação sexual, origem étnica ou social, procedência, nacionalidade, atuação profissional, raça, religião, faixa etária, situação migratória ou outro *status*;
>
> V – transversalidade das dimensões de gênero, orientação sexual, origem étnica ou social, procedência, raça e faixa etária nas políticas públicas;
>
> VI – atenção integral às vítimas diretas e indiretas, independentemente de nacionalidade e de colaboração em investigações ou processos judiciais;
>
> VII – proteção integral da criança e do adolescente.

De igual modo, no art. 3º vêm dispostas as diretrizes básicas traçadas pela lei para o enfrentamento do tráfico de pessoas:

> I – fortalecimento do pacto federativo, por meio da atuação conjunta e articulada das esferas de governo no âmbito das respectivas competências;
>
> II – articulação com organizações governamentais e não governamentais nacionais e estrangeiras;
>
> III – incentivo à participação da sociedade em instâncias de controle social e das entidades de classe ou profissionais na discussão das políticas sobre tráfico de pessoas;
>
> IV – estruturação da rede de enfrentamento ao tráfico de pessoas, envolvendo todas as esferas de governo e organizações da sociedade civil;
>
> V – fortalecimento da atuação em áreas ou regiões de maior incidência do delito, como as de fronteira, portos, aeroportos, rodovias e estações rodoviárias e ferroviárias;
>
> VI – estímulo à cooperação internacional;
>
> VII – incentivo à realização de estudos e pesquisas e ao seu compartilhamento;

> VIII – preservação do sigilo dos procedimentos administrativos e judiciais, nos termos da lei;
>
> IX – gestão integrada para coordenação da política e dos planos nacionais de enfrentamento ao tráfico de pessoas.

6. Prevenção, repressão e assistência às vítimas

Conforme salientado linhas atrás, a Lei do Tráfico de Pessoas no Brasil se estruturou sobre três eixos fundamentais:

a) Prevenção.

b) Repressão.

c) Assistência às vítimas.

O art. 4º da lei estabeleceu alguns meios pelos quais a prevenção ao tráfico de pessoas se dará no Brasil. São eles:

I – implementação de medidas intersetoriais e integradas nas áreas de saúde, educação, trabalho, segurança pública, justiça, turismo, assistência social, desenvolvimento rural, esportes, comunicação, cultura e direitos humanos;

II – campanhas socioeducativas e de conscientização, considerando as diferentes realidades e linguagens;

III – incentivo à mobilização e à participação da sociedade civil; e

IV – incentivo a projetos de prevenção ao tráfico de pessoas.

No âmbito da repressão, o art. 5º previu:

I – a cooperação entre órgãos do sistema de justiça e segurança, nacionais e estrangeiros;

II – a integração de políticas e ações de repressão aos crimes correlatos e da responsabilização dos seus autores;

III – a formação de equipes conjuntas de investigação.

Por derradeiro, quanto à proteção e ao atendimento à vítima direta ou indireta do tráfico de pessoas, as providências elencadas pelo art. 6º da lei compreendem:

> I – assistência jurídica, social, de trabalho e emprego e de saúde;
>
> II – acolhimento e abrigo provisório;
>
> III – atenção às suas necessidades específicas, especialmente em relação a questões de gênero, orientação sexual, origem étnica ou social, procedência, nacionalidade, raça, religião, faixa etária, situação migratória, atuação profissional, diversidade cultural, linguagem, laços sociais e familiares ou outro *status*;
>
> IV – preservação da intimidade e da identidade;
>
> V – prevenção à revitimização no atendimento e nos procedimentos investigatórios e judiciais;
>
> VI – atendimento humanizado;
>
> VII – informação sobre procedimentos administrativos e judiciais.

De acordo com o disposto no § 1º do referido art. 6º, a atenção às vítimas dar-se-á com a interrupção da situação de exploração ou violência, sua reinserção social, a garantia de facilitação do acesso à educação, à cultura, à formação profissional e ao trabalho e, no caso de crianças e adolescentes, a busca de sua reinserção familiar e comunitária.

No exterior, estabelece o § 2º que a assistência imediata a vítimas brasileiras estará a cargo da rede consular brasileira e será prestada independentemente de sua situação migratória, ocupação ou outro *status*.

Importa salientar, a propósito, que a assistência à saúde prevista no inciso I do art. 6º deve compreender os aspectos de recuperação física e psicológica da vítima.

7. Novo tipo penal – tráfico de pessoas

Sob o *nomen iuris* "tráfico de pessoas", a lei inseriu no art. 149-A do Código Penal um novo tipo penal:

"Art. 149-A. Agenciar, aliciar, recrutar, transportar, transferir, comprar, alojar ou acolher pessoa, mediante grave ameaça, violência, coação, fraude ou abuso, com a finalidade de:

I – remover-lhe órgãos, tecidos ou partes do corpo;

II – submetê-la a trabalho em condições análogas à de escravo;

III – submetê-la a qualquer tipo de servidão;

IV – adoção ilegal; ou

V – exploração sexual.

Pena – reclusão, de 4 (quatro) a 8 (oito) anos, e multa.

§ 1º A pena é aumentada de um terço até a metade se:

I – o crime for cometido por funcionário público no exercício de suas funções ou a pretexto de exercê-las;

II – o crime for cometido contra criança, adolescente ou pessoa idosa ou com deficiência;

III – o agente se prevalecer de relações de parentesco, domésticas, de coabitação, de hospitalidade, de dependência econômica, de autoridade ou de superioridade hierárquica inerente ao exercício de emprego, cargo ou função; ou

IV – a vítima do tráfico de pessoas for retirada do território nacional.

§ 2º A pena é reduzida de um a dois terços se o agente for primário e não integrar organização criminosa".

Objetividade jurídica: é a proteção da liberdade pessoal do ser humano, que não pode ser escravizado nem submetido a qualquer das práticas indicadas pelo dispositivo legal.

Objeto material: o ser humano (homem ou mulher) sobre o qual recai a conduta criminosa.

Sujeito ativo: qualquer pessoa, nacional ou estrangeira. Trata-se de crime comum.

Sujeito passivo: qualquer pessoa, nacional ou estrangeira.

Condutas: vêm expressas pelos verbos *agenciar* (servir de agente, de intermediário, representar), *aliciar* (recrutar, atrair, seduzir), *recrutar* (reunir, atrair, alistar, seduzir), *transportar* (levar, conduzir, carregar de um lugar para outro), *transferir* (mudar de um lugar para outro, remover), *comprar* (adquirir), *alojar* (acomodar, dar abrigo) ou *acolher* (amparar, receber). Trata-se de tipo misto alternativo, que se consuma com a prática de uma ou mais das condutas elencadas. Praticando o agente mais de uma das condutas típicas, cometerá um só crime. Algumas condutas traduzem crime instantâneo (comprar, aliciar e recrutar) e outras indicam crime permanente (transportar, alojar e acolher). Quanto às condutas *agenciar* e *transferir*, poderão ser consideradas instantâneas ou permanentes, a depender das peculiaridades do caso concreto.

Meios de execução: o dispositivo estabelece que as condutas devem ser praticadas mediante *grave ameaça, violência, coação, fraude* ou *abuso*. Trata-se de crime de forma vinculada.

Elemento subjetivo: é o dolo. O tipo penal estabelece, ainda, finalidades específicas (elemento subjetivo específico), que são: a) remover órgãos, tecidos ou partes do corpo da vítima; b) submeter a vítima a trabalho em condições análogas à de escravo; c) submeter a vítima a qualquer tipo de servidão; d) adoção ilegal; e e) exploração sexual. Nesse aspecto, é evidente que deve o agente conhecer e ter consciência de uma ou mais das finalidades específicas mencionadas. Um agente poderia, por exemplo, transportar a pessoa vítima de tráfico sem saber que esta seria alvo de exploração sexual ou de servidão.

Consumação: o crime se consuma com o emprego de grave ameaça, violência, coação, fraude ou abuso para agenciar, aliciar, recrutar, transportar, transferir, comprar, alojar ou acolher a vítima. Cuida-se de *crime formal*: embora tenha resultado naturalístico previsto em lei, este não é necessário para a consumação. Portanto, o crime se consuma com a prática da conduta típica, independentemente da efetiva remoção de órgão, tecidos ou partes do corpo da vítima; independentemente da submissão da vítima a trabalho em condições análogas à de escravo; independentemente da submissão da vítima a qualquer tipo de servidão; independentemente de adoção ilegal; ou independentemente de exploração sexual.

Tentativa: é admissível, já que o *iter criminis* pode ser fracionado.

Causas de aumento de pena: dispõe o § 1º que a pena será aumentada de um terço até a metade se o crime for cometido por funcionário público no exercício de suas funções ou a pretexto de exercê-las; se o crime for cometido contra criança, adolescente ou pessoa idosa ou com deficiência; se o agente se prevalecer de relações de parentesco, domésticas, de coabitação, de hospitalidade, de dependência econômica, de autoridade ou de superioridade hierárquica inerente ao exercício de emprego, cargo ou função; ou se a vítima do tráfico de pessoas for retirada do território nacional.

Causa de diminuição de pena: o § 2º prevê a figura do tráfico de pessoas privilegiado, sendo a pena reduzida de um a dois terços se o agente for primário e não integrar organização criminosa.

8. Disposições processuais

Algumas disposições processuais da lei são dignas de nota.

A primeira delas diz respeito a medidas assecuratórias que podem ser decretadas pelo juiz. Nesse sentido, dispõe o art. 8º que o juiz, de ofício, a requerimento do Ministério Público ou mediante representação do delegado de polícia, ouvido o Ministério Público, havendo indícios suficientes de infração penal, poderá decretar medidas assecuratórias relacionadas a bens, direitos ou valores pertencentes ao investigado ou acusado, ou existentes em nome de interpostas pessoas, que sejam instrumento, produto ou proveito do crime de tráfico de pessoas, procedendo-se na forma dos arts. 125 a 144-A do Código de Processo Penal (sequestro, arresto, alienação antecipada etc.).

Com relação à alienação antecipada de bens, esta será decretada pelo juiz para preservação do valor dos bens sempre que estiverem sujeitos a qualquer grau de deterioração ou depreciação, ou quando houver dificuldade para sua manutenção.

Comprovada a licitude da origem dos bens, direitos e valores, o juiz determinará a liberação total ou parcial deles, mantendo, entretanto, a constrição daqueles necessários e suficientes à reparação dos danos e ao pagamento de prestações pecuniárias, multas e custas decorrentes da infração penal (§ 2º).

Impende ressaltar que nenhum pedido de liberação será conhecido sem o comparecimento pessoal do acusado ou investigado, ou de interposta pessoa a que se refere o *caput*, podendo o juiz determinar a prática de atos necessários à conservação de bens, direitos ou valores, sem prejuízo do disposto no § 1º.

Outrossim, ao proferir a sentença de mérito, o juiz decidirá sobre o perdimento do produto, bem ou valor apreendido, sequestrado ou declarado indisponível.

Por fim, ainda neste cenário, o art. 9º da lei estabelece a aplicação subsidiária, no que couber, das disposições da Lei n. 12.850/2013, que define organização criminosa e dispõe sobre a investigação criminal, os meios de obtenção da prova e infrações penais correlatas. Impende ressaltar que o crime de tráfico de pessoas não é considerado hediondo, tampouco equiparado a hediondo, embora o art. 12 da lei tenha acrescentado o inciso V ao art. 83 do Código Penal, estabelecendo o cumprimento mínimo de dois terços da pena para a obtenção do livramento condicional. Daí por que é de fundamental importância que as polícias, o Ministério Público e o Poder Judiciário tenham a seu dispor preciosos mecanismos de investigação e colheita de provas, tais como a colaboração premiada, a infiltração, a ação controlada, dentre outros.

9. Acréscimos ao Código de Processo Penal – arts. 13-A e 13-B

Entre as novidades trazidas pela lei está o acréscimo de dois dispositivos ao Código de Processo Penal de fundamental importância para a investigação e o combate ao tráfico de pessoas.

O art. 13-A do Código de Processo Penal, acrescentado pela lei, dispõe:

"Art. 13-A. Nos crimes previstos nos arts. 148, 149 e 149-A, no § 3º do art. 158 e no art. 159 do Decreto-Lei n. 2.848, de 7 de dezembro de 1940 (Código Penal), e no art. 239 da Lei n. 8.069, de 13 de julho de 1990 (Estatuto da Criança e do Adolescente), o membro do Ministério Público ou o delegado de polícia poderá requisitar, de quaisquer órgãos do poder público ou de empresas da iniciativa privada, dados e informações cadastrais da vítima ou de suspeitos.

Parágrafo único. A requisição, que será atendida no prazo de 24 (vinte e quatro) horas, conterá:

I – o nome da autoridade requisitante;

II – o número do inquérito policial; e

III – a identificação da unidade de polícia judiciária responsável pela investigação".

Disposições semelhantes já se encontram em outros diplomas legais, a saber, no art. 15 da Lei n. 12.850/2013 e no art. 17-A da Lei n. 9.613/98.

Referido dispositivo permite ao membro do Ministério Público ou ao delegado de polícia requisitar, de quaisquer órgãos do Poder Público ou de empresas da iniciativa privada, dados e informações cadastrais da vítima ou de suspeitos. Nesse caso, o prazo para atendimento da requisição é de 24 horas.

Deve ser ressaltado que essa requisição de dados prescinde de autorização judicial, não estando sujeita, portanto, à cláusula de reserva de jurisdição. Os dados em si podem ser acessados pelo membro do Ministério Público ou pelo delegado de polícia. Não se trata de violação a qualquer garantia constitucional, já que o acesso aos dados não traz nenhum gravame ao investigado ou à vítima. Ao contrário, tem a finalidade de auxiliar os investigadores a localizar o paradeiro da vítima e de suspeitos de envolvimento no crime de tráfico de pessoas.

Nesse sentido, é bom ressaltar, o art. 13-A não se aplica somente ao crime de tráfico de pessoas, mas também ao sequestro e cárcere privado (art. 148 do CP), à redução a condição análoga à de escravo (art. 149 do CP), ao sequestro relâmpago (§ 3º do art. 158 do CP), à extorsão mediante sequestro (art. 159 do CP) e ao crime do art. 239 do Estatuto da Criança e do Adolescente.

Já no art. 13-B vem estabelecida providência que demanda autorização judicial, nos seguintes termos:

"Art. 13-B. Se necessário à prevenção e à repressão dos crimes relacionados ao tráfico de pessoas, o membro do Ministério Público ou o delegado de polícia poderão requisitar, mediante autorização judicial, às empresas prestadoras de serviço de telecomunicações e/ou telemática que disponibilizem imediatamente os meios técnicos adequados – como sinais, informações e outros – que permitam a localização da vítima ou dos suspeitos do delito em curso.

§ 1º Para os efeitos deste artigo, sinal significa posicionamento da estação de cobertura, setorização e intensidade de radiofrequência.

§ 2º Na hipótese de que trata o *caput*, o sinal:

I – não permitirá acesso ao conteúdo da comunicação de qualquer natureza, que dependerá de autorização judicial, conforme disposto em lei;

II – deverá ser fornecido pela prestadora de telefonia móvel celular por período não superior a 30 (trinta) dias, renovável por uma única vez, por igual período;

III – para períodos superiores àquele de que trata o inciso II, será necessária a apresentação de ordem judicial.

§ 3º Na hipótese prevista neste artigo, o inquérito policial deverá ser instaurado no prazo máximo de 72 (setenta e duas) horas, contado do registro da respectiva ocorrência policial.

§ 4º Não havendo manifestação judicial no prazo de 12 (doze) horas, a autoridade competente requisitará às empresas prestadoras de serviço de telecomunicações e/ou telemática que disponibilizem imediatamente os meios técnicos adequados – como sinais, informações e outros – que permitam a localização da vítima ou dos suspeitos do delito em curso, com imediata comunicação ao juiz".

Nesse caso, o membro do Ministério Público ou o delegado de polícia poderão requisitar, mediante autorização judicial, às empresas prestadoras de serviço de telecomunicações e/ou telemática que disponibilizem imediatamente os meios técnicos adequados – como sinais, informações e outros – que permitam a localização da vítima ou dos suspeitos do delito em curso. Ressalte-se que a redação legal é equivocada, pois menciona "requisição" do membro do Ministério Público ou do delegado de polícia "mediante autorização judicial". Necessitando de autorização judicial, não se trata de "requisição", mas de requerimento do membro do Ministério Público ou de representação da autoridade policial.

Curioso observar que no § 4º do artigo o legislador inseriu uma cláusula de reserva de jurisdição temporária, uma vez que, não havendo manifestação judicial no prazo de 12 horas, a autoridade competente requisitará às empresas prestadoras de serviço de telecomunicações e/ou telemática que disponibilizem imediatamente os meios técnicos adequados – como sinais, informações e outros – que permitam a localização da vítima ou dos suspeitos do delito em curso, com imediata comunicação ao juiz. Ou seja, é dado ao juiz um prazo de 12 horas para se manifestar, ao cabo do qual poderão o membro do Ministério Público ou o delegado de polícia, aí sim, requisitar o necessário, apenas comunicando ao juiz.

Nos casos referidos no mencionado art. 13-B, o inquérito policial, se já não tiver sido instaurado, deverá sê-lo no prazo de 72 horas, contado do registro da respectiva ocorrência policial.